编委会

EDITORIAL COMMITTEE

从平凡到卓越

济南劳模工匠故事丛书·第一辑 1

济南市总工会 编

济南出版社

图书在版编目（CIP）数据

从平凡到卓越 / 济南市总工会编 . -- 济南 ：济南出版社，2024.4
（济南劳模工匠故事丛书 . 第一辑）
ISBN 978-7-5488-6349-6

Ⅰ . ①从… Ⅱ . ①济… Ⅲ . ①劳动模范 – 先进事迹 – 济南 Ⅳ . ① K820.852.1

中国国家版本馆 CIP 数据核字（2024）第 071747 号

从平凡到卓越 1
CONGPINGFANDAOZHUOYUE
济南市总工会 编

出 版 人 谢金岭
责任编辑 朱 琦 代莹莹
责任校对 于 畅
装帧设计 胡大伟

出版发行 济南出版社
地 址 山东省济南市二环南路 1 号（250002）
总 编 室 0531-86131715
印 刷 山东联志智能印刷有限公司
版 次 2024 年 4 月第 1 版
印 次 2024 年 4 月第 1 次印刷
开 本 170mm × 240mm 16 开
印 张 80.25
字 数 1300 千
书 号 ISBN 978-7-5488-6349-6
定 价 268.00 元（全三册）

如有印装质量问题 请与出版社出版部联系调换
电话：0531-86131736

序　言

人民创造历史，劳动开创未来。

勤劳是中华民族千百年来的行为倡导和传统美德，“不惰者，众善之师也”，对劳动的肯定和赞美是中国传统文化的重要内容。新中国成立后，党和国家大力礼赞劳动创造，将人民群众在劳动实践过程中展现的精神面貌逐渐凝聚上升为劳模精神（劳动精神、工匠精神）。2020 年 11 月 24 日，习近平总书记在全国劳动模范和先进工作者表彰大会上指出：“在长期实践中，我们培育形成了爱岗敬业、争创一流、艰苦奋斗、勇于创新、淡泊名利、甘于奉献的劳模精神，崇尚劳动、热爱劳动、辛勤劳动、诚实劳动的劳动精神，执着专注、精益求精、一丝不苟、追求卓越的工匠精神。劳模精神、劳动精神、工匠精神是以爱国主义为核心的民族精神和以改革创新为核心的时代精神的生动体现，是鼓舞全党全国各族人民风雨无阻、勇敢前进的强大精神动力。”2021 年 9 月，党中央批准将劳模精神（劳动精神、工匠精神）纳入第一批中国共产党人精神谱系。

济南是一座有着光荣传统的英雄城市，新中国成立以来，不论是和平建设时期的艰苦创业，还是改革开放时期的大河奔涌，广大劳动人民筚路蓝缕、

开拓创新，创造了一个又一个敢为人先的辉煌成就，谱写了一曲又一曲激昂嘹亮的动人篇章。从这里驶出过中国第一辆重型卡车“黄河 JN150”，生产过第一台 729 型龙门刨床、全球第一台电机上置式家用豆浆机……在此期间，涌现出一大批勇于拼搏、追求极致的劳动模范和技能工匠，他们用无怨无悔的滚烫人生诠释着勤劳奋进的精神底色，激励着无数泉城儿女砥砺奋进、共谱辉煌。

精神永续，薪火相传。时代在变，奋斗的底色永远不变。党的十八大以来，广大劳动者们赓续“三个精神”，奋进伟大时代，各条战线上英模辈出、群星璀璨。为广泛宣传劳模工匠的先进事迹，济南市总工会联合济南市作协，组织编写本套丛书，深入挖掘百名劳模背后鲜活、感人的故事，立体呈现他们在平凡中造就伟大、在岗位上铸成辉煌的发展历程。翻开此书，劳模们在岗位上默默耕耘、勤恳奋进的身影跃然纸上：以无畏艰险的钢铁脊梁护卫一方安宁的人民警察，以济世安民的大爱仁心守护生命健康的医务工作者，投身于项目建设、车间一线的产业工人，奔忙在街巷楼宇、田间地头的基层干部，还有教师、公交车驾驶员、环卫工人、企业管理者……在生活中，他们都很平凡，只是芸芸众生中的一员。但如果真正了解他们，就会发现他们每个人身上都有着过人之处。他们胼手胝足、孜孜矻矻、苦心孤诣，那种艰辛是常人难以想象的。当谈到个人所获荣誉时，他们没有骄傲，而是诚惶诚恐，把个人荣誉视为集体荣誉，归功于组织的关心、同事的帮助。他们是勤勉务实的奋斗者、朴实无华的追梦者，是千千万万成长在基层、奉献在一线、建功在岗位的劳动者的生动缩影，是广大职工的优秀代表。正是身为榜样的先行风采、服务本色、担当品格和奋斗精神，让他们一步步从平凡走向卓越，在铸就梦想的道路上，活出了精彩的人生。

伟大时代呼唤伟大精神，崇高事业需要榜样引领。新时代社会主义现代化强省会建设中处处凝结着劳动者的智慧和汗水，“强新优富美高”的美丽

图景要靠劳动创造来绘就。谨以此书，我们将镜头对准劳模，以笔墨书写风采，播撒正能量，浸润社会风气，希望引导和激励广大人民，特别是年轻一代，以劳模为人生榜样，学习劳模、争当劳模，培养造就更多劳动模范和先进工作者，继承和发扬“三个精神”，充分发挥工人阶级主力军作用，为新时代社会主义现代化强省会建设注入不竭动力，继续谱写“中国梦·劳动美”的新篇章！

2024 年 3 月 25 日

爱岗敬业　争创一流　艰苦奋斗

勇于创新　淡泊名利　甘于奉献

目录

涧溪蝶变

——记全国优秀党务工作者、济南市劳动模范、济南市章丘区双山街道三涧溪村高淑贞

张宝中

好日子是一点一点拼出来的

章丘有个三涧溪村，位于章丘城东、经十东路以北，全村有1160户3300多口人。之所以叫“三涧溪”，是因为这个行政村是由东涧溪、西涧溪、北涧溪三个自然村组成的。

三涧溪村在全国都很有名，多次登上《人民日报》头版、中央电视台《新闻联播》等国家级主流媒体，其他媒体的报道更是数不胜数。习近平总书记曾于2018年6月14日去三涧溪村考察。以三涧溪村的故事为素材创作的电视连续剧《三泉溪暖》，经央视和多家地方卫视、地面频道播出后，反响强烈。

现在的三涧溪村和章丘城区连在了一起。村头的公交车有七路，其中以三涧溪村为始发站的有两路。马路宽阔整洁，50多栋楼整齐气派，其中高层住宅22栋，全村3300多人各得其所。几乎家家都有汽车。章丘中医院坐落在村头。大大小小的企业有72家。美食街雕梁画栋，青砖绿瓦，古朴典雅。城市客厅“悦然三涧溪”，“现代简奢融合东方美学，以雅致之美风华启幕”，

每天接待能力1300人左右，是举办婚宴、宝宝宴的好去处。灯光球场、健身广场、笼式足球场、滑雪场、敬老院、学校、幼儿园、智能充电桩、便民超市、青年创业园、研学基地、电商数字中心及金融、医疗卫生等配套服务设施一应俱全。村里年轻人多，穿着很时髦。外地口音的人多，大都是在这里从事经营活动的商户。漫步在村部附近的街道，简直不敢相信这里是农村。

现在的三涧溪村拥有“全国文明村”“全国乡村治理示范村”“全国民主法治示范村”“全国平安家庭创建先进示范村”“全国妇联基层组织建设示范村”等众多美誉。

可是，20年前的三涧溪村又是什么样的呢？到处是低矮破旧的民房，垃圾成堆，污水横流，土路坑坑洼洼，村民有打架斗殴的，有偷鸡摸狗的，甚至还出过命案。村支书走马灯似的换，6年换了6任，任期最短的只有一个星期。当地老百姓都说，“三涧溪神仙也治不了”。

探究三涧溪村为什么能由乱到治、由穷到富，发生如此大的变化，就得说到一个人，她就是三涧溪村现任党委书记高淑贞。她个人的荣誉和头衔能罗列一大串：全国优秀党务工作者、全国三八红旗手标兵、全国基层理论宣讲先进个人；第十届省委候补委员，第十一届、十二届省委委员，党的十九大列席代表、二十大代表，省妇联第十三届副主席（兼职），现任济南市妇联副主席（兼职），等等。

2024年春节前的一天，笔者去三涧溪村采访了高淑贞。她工作十分繁忙，电话不断，找她汇报工作的也络绎不绝。她声音有些沙哑，脸色有些苍白，看上去很疲惫。中等身材，体格微胖，但步态很轻盈。说一口地道的章丘话，快人快语，直白简捷。

高淑贞认为，三涧溪村之所以有今天的变化，从她个人方面来讲，主要得益于两点：一是她有较先进的乡村治理理念，多年来，她始终没有停止过学习，包括从书本上学，以及去先进地区参观、培训等；二是“敢”字和“干”字，敢想敢干。“我不否认民主过程，但这个民主过程谁来主导？这就要凸显党的绝对领导，不能光等、光靠、光讨论。叫我来干啥？叫我来当书记，那么我就运用一些先进理念领着你干。”

在采访中，高淑贞多次提到自己“有斗争精神”“敢于亮剑”。“我就是善于‘打仗’。所谓‘打仗’，就是争论。好日子不是天上掉下来的，是一点一点拼出来的。”

人类社会的发展规律表明，文明的进步离不开矛盾运动，有矛盾就会有斗争。习近平总书记强调，“中华民族伟大复兴，绝不是轻轻松松、敲锣打鼓就能实现的，实现伟大梦想必须进行伟大斗争。”“当严峻形势和斗争任务摆在面前时，骨头要硬，敢于出击，敢战能胜。”大到治国理政，小到治村理事，都是如此。

三涧溪是个大村，一个人一个心，人心不齐，用高淑贞的话说，“庄稼有歪头的，有长刺的，也有开花结果的，人也一样。但庄稼长不好你能砍了它，人却不行”。从人格和道德上说，哪里都有好人和坏人。村里那些品行卑劣的人，有占集体便宜的，有告黑状的，有暗中使绊子的，有存心找碴的，歪风邪气有时会冒出来。“也不是故意臭老百姓，有些人真是很卑鄙。人品不一定坏，但养成了坏习惯。东涧溪西涧溪竞争，你治我我治你，你告我我告你；有的人整天游手好闲，就想混吃混喝。”高淑贞对这些人“恨铁不成钢”，说起来就禁不住连连叹气。

三涧溪历史遗留问题多，各种矛盾盘根错节，在这个村当村支书，一般人真干不了。如果你想干事，势必会触及一些人的利益，就会得罪人。即使你不想干事，只求四平八稳，也会有人给你出难题。高淑贞说，墨守成规、按部就班的“老好人”，在三涧溪就完蛋了；要想干下去，只能迎难而上、主动出击、先发制人，不仅敢于斗争，还要善于斗争。“光用嘴去和他们叨叨，连门也没有。什么是文明道德？敢于斗争也是文明道德。既来之则安之，我既然来了就不怕你。”

笔者认为，高淑贞在三涧溪村当书记的经历，就是一部“斗争史”。对高淑贞和三涧溪村来说，“斗争”的内涵很丰富，其核心是冲突与化解。高淑贞和三涧溪村的故事之所以能被改编成电视剧，主要是因为其中既充满了“戏剧冲突”，也充分展现了高淑贞在党的先进理念指导下巧妙化解冲突的智慧。

外界都知道三涧溪发展得好，却很少有人知道这是高淑贞斗争来的。村里的老党员赵珍平说：“这个人确实不简单，三涧溪村 3300 多口人跟着她沾光了。”现任村党委副书记叶玉辉说：“这个过程非常非常艰难。”74 岁的老干部李云宽在接受笔者采访的一个多小时里，五次感慨“真不容易”。

这个娘们行

高淑贞是章丘明水街道东太平村人，生于1965年，姊妹八个，她排行老六，有四个姐姐、一个哥哥、一个妹妹、一个弟弟。她从小身体壮实，个性要强。上中学的时候，她体育成绩特别好，曾获济南市高中女子乙组5公里竞走冠军、“三铁”（铅球、铁饼、标枪）项目全市第三名。1987年，她高考落榜，赶上县里招聘农村代课教师，她被招到明水镇王白中学担任体育和生物老师。其间与英语老师赵云昌相恋并结婚。

王白中学在三涧溪村北，距离东太平村也很近，当时都属明水镇。高淑贞一个女体育老师，教学成绩让很多男体育老师都望尘莫及。她当时的学生，现济南源虎食品有限公司总经理、三涧溪村青年创业党支部书记王元虎（其故事详见本书《轨迹与位移》一文）说，高淑贞个性很要强。“那时候其他学校的师生可能不知道俺校长叫啥，但都知道俺体育老师叫高淑贞。”据他回忆，当时明水镇其他中学学生数量是王白中学的三到五倍，但在全镇各中学的运动会上，王白中学的体育成绩是前三名。鼓号队锣鼓喧天的，精气神很足。王元虎上初中的时候也酷爱体育，身体很强壮，但高淑贞跟他掰手腕，能毫不费力地掰过他。

高淑贞不光体育教学成绩十分突出，动物学和植物学这两门比较枯燥的课，她也讲得妙趣横生，学生都爱听。很快，她在王白中学就脱颖而出，担任校团总支书记、片区少先大队辅导员，被评为优秀教师，还得到了组织的认可，于1993年5月入党，进入校委会。随后被评为山东省“新长征突击手”，荣获山东省“青春立功”一等功。

高淑贞当村支书，是因为一个偶然的机会。

1994年秋天，明水镇举办农民运动会。镇党委书记等领导坐在主席台上。五个运动员方队鱼贯入场。前四个方队松松垮垮，像赶大集似的。可是，第五个方队入场时，精气神让人眼前一亮。入场口响起洪亮的“一二一、一二一”的口令，一群青年男女身穿整洁、统一的运动服，动作规范有力。领队和教练是个浓眉大眼、短发及耳，看上去很精干的年轻妇女。走到主席台前时，她高喊口令“向右——看——”，便举手敬礼；队员们齐刷刷地向主席台行注目礼，正步走得更加整齐。

主席台上的镇领导都兴奋起来。镇党委书记问身边的镇教委主任："这个娘们是谁？"——在章丘，人们习惯把已婚妇女称"娘们"，"们"发音"妹"，没有儿化韵，这个词是中性词。镇教委主任告诉镇党委书记："这个娘们叫高淑贞，是王白中学的代课老师。"镇党委书记说："这个娘们行！"

镇党委书记又问高淑贞在学校里的表现，镇教委主任先把她的教学业务如实夸了一通，然后说，在农村中学，公办教师入党都很困难，但高淑贞一个民办教师，去年就破格入了党。

一年多以后的 1995 年冬天，王白庄管理区党总支书记郭强来学校找高淑贞，问她想不想换一份工作。高淑贞说当老师挺好的，她没有换工作的想法。郭强告诉她，镇领导相中他了，想让她回娘家村当村支书，不知她愿不愿意去。高淑贞脱口说出一句毫不掩饰的大实话："去！我非得把这个村治好，也给娘家人长长脸！"

高淑贞虽然已出嫁好几年了，大女儿都 5 岁了，但很关注娘家村的情况。东太平村由王白庄管理区管理，是个小村，只有 100 多户 300 多口人。还是个穷村，村民除了种地就是在附近的煤窑和黏土矿打工。高淑贞很为娘家村的发展着急，现在让她去当村支书，她一秒钟的犹豫都没有。

郭强很欣喜，但又给她打"预防针"，说这个村的支书不好当，谁都治

不了。高淑贞说："我不信有真治理不好的村。党领导一切不是名正言顺的吗？从中国共产党成立，不都是党领着干吗？"

1996年元旦过后，村两委换届时，31岁的高淑贞回东太平村去当支书了。

牛刀小试，大显身手

在东太平村，高淑贞做的第一件实事是修路。

村外那条土路坑坑洼洼，还很窄。下雨天，自行车和摩托车别说骑了，推都推不动。路基原来是6米宽，但两侧的一些村民把砖头、瓦块、秸秆等杂物堆在路边，还有人种上了桃树，路面就越来越窄，最窄的地方不到两米，拖拉机都没法开。

要修路，就得先把两边的杂物清理掉。磨了一些嘴皮子，大多数村民都把自己家的杂物清理了，但种桃树的那一家却狮子大开口，要求一棵桃树赔偿500元，一共6棵桃树，要赔偿3000元。那个人为人强势，不太讲理，但高淑贞巧妙地清除了这个"拦路虎"。

修路期间，怀着二胎的高淑贞挺着大肚子，天天泡在工地上。站得久了，脚都肿得穿不上鞋。婆婆硬把她拽到医院，一检查，羊水都快没有了，必须马上剖宫产。产后40天，高淑贞就抱着孩子上了工地。

6米宽的柏油路修好后，与外面的公路相连，汽车可以开进村。高淑贞继续修村里的其他路，四周的路越来越宽、越来越多，断头路也成了环形路。

第二轮土地调整时，中央文件规定村集体要保留5%的机动地，用于新增人口，但很多村没有执行，地都被分光了。东太平村一些村民也要求把地都分了。高淑贞坚持保留了65亩机动地，每亩每年以100元的价格租给两个种植专业户。这6500元是长期"空壳""倒挂"的东太平村的第一笔集体收入。

高淑贞要让村里富起来，她琢磨了很久，想到一个好项目。

村里有一条三四米深的河沟，两边是很高的河堤。这条河沟是新中国成立后人工挖掘的，后来水少了，几乎荒废了。高淑贞要借助河堤建石灰窑。在河堤下面掏窟窿，直通堤顶，顶上竖个筒子，石灰窑就成了。两孔石灰窑包给本村两户村民经营，当年收租金3000元，第二年提高到6500元。后来把河堤一段一段包出去，谁有钱谁建窑，向村里交租金。村里的妇女们拿钩子选料，选出一级料、二级料，也能挣一份工资。1998 年，村集体收入达到 3 万元。按照农村脱贫标准，东太平村已摘掉了“贫困村”帽子。

高淑贞千方百计为村里上产业，每天都忙忙碌碌。其间，为方便孩子上学，她在章丘城里买了一套房子，家也搬过去了。她每天骑一辆蓝色的摩托车上下班。王元虎家是东太平村的，那时在章丘四中上高中，经常见到她。至今他眼前总浮现出这样一个场景：高淑贞骑着摩托车，上下班的时候用围巾把两个女儿绑在身上，前边一个，后边一个，风风火火的。她忙起来没空管孩子，村里的大娘、婶子都抢着给她看孩子。两个孩子今天吃张家的，明天吃李家的，是吃“百家饭”长起来的。

村里的产业渐渐兴旺起来。村集体也有钱了，相继盖起了文化大院、村委办公室，村道安上了路灯，后来又陆续建起了幼儿园、卫生室。变压器由原来仅够照明的 50 千瓦，扩容到 150 千瓦，村里的棉花加工产业又兴盛起来，成了棉花加工专业村。高淑贞一鼓作气，又引导村民养殖畜禽，东太平村又成了养殖专业村。

曾经的穷村、乱村成了富裕村、先进村，60% 的村民盖起了新房。

其间，高淑贞于 1997 年当选为济南市人大代表；同年，代课教师身份转正，成为事业编制的公办教师。1999 年，她被评为山东省三八红旗手。在明水镇，一提起高淑贞，都知道她是个能人。她也真给娘家人长了脸。

高淑贞牛刀小试，却大显身手。2000 年春节后，她被提拔到某街道管理区任副主任。

去三涧溪当村支书

当时的那个管理区管理 10 个村，因有煤矿，10 个村都是富裕村。但八项规定出台之前那儿的风气很不正。高淑贞说，有的村支书和村主任内斗，正事不干。有的村干部个人修养差，满嘴脏话。

那时高淑贞就认识到，基层组织之所以弱化，就是村干部个人素质差导致的。她分管党建，她认为抓好党建就抓住了各项工作的牛鼻子，所以始终坚持自己的原则和正义感，洁身自好，不贪不占，敢于同一些不良现象作斗争。

有些村干部说她“多事”“不识趣”，她理直气壮地说：“这是党给我的权力，这是党叫我干的！”她这么说，他们就不敢吱声了。有时候，他们骂骂咧咧，甚至想动手，高淑贞就大声呵斥：“你骂谁呀？别看我不是这庄上的，你动我一指头试试！”

高淑贞在那个管理区“斗争”了两年，“摔打”了两年，能力得到了极好的锻炼，各项工作也都“蹚开”了，并由副主任改任党总支副书记。

后来，根据“教师归队”的政策，她被调到新成立的章丘实验中学，担任女工主席、妇委会副主任，分管体育和卫生。她工作很出色，得到了学校和教育局领导的一致认可。学校是新建的，干干净净，办公室夏天有空调，冬天有暖气。她一个高考落榜的农村姑娘，现在成了重点中学的中层干部，这让她很欣慰。她跟上过大学的同学开玩笑说：“别看你们考上大学了，我没花一分钱学费，也和你们一样了，工资也不低。”学校离家近，她能照顾家庭了，生活也很舒心。

这时，她回望在东太平村和管理区那六七年里“打那些仗”，最强烈的感受是“累”。她觉得还是当老师好，打算这辈子好好地教书育人。

她没想到，自己的人生轨迹会再次发生改变：继续当村支书。

2004 年 3 月，刚开学不久的一天，三涧溪村党支部书记王庆孝骑摩托车来学校找高淑贞，请她吃饭。王庆孝也在那个管理区当过党总支副书记，是高淑贞的老同事，半年前被任命为三涧溪村党支部书记。

在学校附近一家小饭馆吃饭的时候，高淑贞问王庆孝在三涧溪干得怎么样，王庆孝大倒苦水：这半年，他都快疯了。三涧溪是个烂摊子，他根本没法干。章丘筹建城东工业园，在村里征地，方案已经通过了，有的村民却漫天要价、胡搅蛮缠。

王庆孝诉了半天苦，说了这次找高淑贞的原委：想让她接替自己，去三涧溪当村支书。他说，他了解她的工作能力，她肯定没问题；三涧溪是她的婆家村；她在东太平村干那么好，已经有了当村支书的丰富经验。

高淑贞当时表示，她觉得当老师就很好，不愿去三涧溪蹚那个浑水。

又过了一段时间，校长去高淑贞家里找她，说街道党工委已决定让她去三涧溪村当支书，教育局也同意了。他也建议她去，相信她能胜任。高淑贞是党员，“党叫干啥就干啥”，既然组织上已经决定了，那就坚决服从。但她有个请求：干不好再回学校。校长告诉她，为解除她的后顾之忧，学校与街道党工委签了协议，保留她的教师身份，人事关系还是学校，工资由财政发放。

随后，街道党工委下发文件，任命高淑贞为三涧溪村党支部书记。

比神仙还厉害

2004年6月1日傍晚，街道党工委组织委员、副主任王恩峰陪高淑贞来到三涧溪村，准备召开党员大会，宣布任命；王庆孝也随同交接。之所以傍晚去，是因为白天大家都下地干活。

在去三涧溪的路上，高淑贞有些兴奋。三涧溪村是个大村，党员有73人。高淑贞曾任教8年的王白中学就在村北，村里20多岁的年轻人都是她的学生。她婆家口碑不错。她和婆婆相处和谐，从没红过一次脸。她辈分较高，很多同龄人叫她婶子或奶奶。她相信，她来村里当书记还是受欢迎的。因为街道党工委两天前就下通知了，她还以为那些党员已坐了一屋子，都等着开会呢。

可是，到了开会的地方，高淑贞的心一下子凉了。

因村部办公场地小，这次党员大会借用了面粉厂的南屋。三人进屋的时候，屋里只有十几个人，都在抽烟，有斜着身子的，有跷着二郎腿的，都懒懒散散的。白炽灯泡瓦数本来就低，再加烟雾弥漫，屋里气氛有些沉闷。高淑贞坐下来，神思有些恍惚。

73个党员才来了十几个，王恩峰急忙让他们挨家挨户去叫，有3个人出去叫了。等了半个多小时，又稀稀拉拉来了20多个人，总共37人。按相关规定，如果参加会议的党员人数不过半数，这会就不能开了。37人，刚刚过半。

党员大会议程很简单：王恩峰宣读街道党工委的任命；新老书记交接；新书记表态发言。

需要交接的只有一张纸，即村里的一份收支表格。高淑贞这时才知道，村里欠外债80多万元。她有些泄气，但表态发言时还是说，一定会全心全意地干，让老百姓都过上好日子，希望大家以后多支持，等等。

当时就有人问："你带来多少钱，能给村里干啥？"语气充满了明显的不信任和挑衅意味。

高淑贞知道大家都不信任她，都等着看她的笑话。这一年她39岁，年轻气盛，不想看他们的脸色，马上厉声说："我一分钱都没带来，就扛了两个膀子一颗头。这是党员大会，不要再提这样的问题！”

会场里顿时鸦雀无声，都没想到她这么厉害。

会议不到半个小时就草草结束了。离开会场的时候，有人悄声议论：“大老爷们都治不了，一个娘们能治得了？”“谁也治不了，神仙来了也白搭。”这些，高淑贞都听见了。

三人来到村里的小饭店吃饭。老板一见高淑贞，就骂前几任村两委啥也不干，就知道吃喝，这么多年在他这里就打了很多白条。高淑贞说，她当书记期间，这些账一定都还上。

截至这天，王庆孝在村里当了9个月零10天的村支书，今天“噩梦”终于结束了，所以一直笑嘻嘻的。王恩峰皱着眉头，看上去忧心忡忡。高淑贞表态说：“请组织放心，我不怕！我就不信治不了三涧溪！”

高淑贞说话硬气，是因为她有底气。经过在东太平村和管理区几年的历练，无论抓班子还是上产业，她都懂。如果“神仙来了也白搭”，那她比神仙还厉害。今天开会的时候，她就决定马上抓班子。“光换灶了没换锅，光换了我自己，其他人都没动，这样工作就没法干。”

高淑贞由几个从东太平村嫁过来的妇女陪着，开始“入户”，一是向那些德高望重的老支书、老党员征求组建新班子的意见，二是了解群众反映最强烈、最盼望的事情是什么。什么人家都去，包括那些调皮捣蛋、打架斗殴的人家，听听他们说什么。大家要求很多，其中反映最强烈的就是修路、通自来水等。

德高望重的老支书马厚滋向高淑贞推荐了几个班子人选，其中有叶恒德、李云宽、马素利、徐绍霞、李东刚等。高淑贞希望他们先做事，年底换届的时候都进两委。她就一个一个地找他们，开诚布公地谈自己的设想。

李云宽曾当过多年村干部，这时正在一家钢球厂当火炉工，月工资6000多元。高淑贞“三顾茅庐”，请他回村工作。他有些犹豫，说干了那么多年，力没少出，气没少受，连工资都没有；现在靠技术和力气吃饭，不光挣钱多，心情还舒坦。高淑贞说，如果他回村工作，每月只能开给他600元，还得先欠着。李云宽说，他愿意为村里做点事，只要不生气，多少钱无所谓。高淑贞说了下一步修路、安装自来水等设想，一大堆事情都需要有人领着干。李云宽觉得高淑贞是个干事的人，心里一热，答应回村里工作。

马素利也当过村支书、村主任。在章丘城东工业园征地、拆迁工作中，有人举报他贪污，他百口莫辩，被迫辞去村书记一职，由王庆孝接任。马素利当过兵，正年富力强，虽然心“凉”了，但很佩服高淑贞的工作能力，表示愿意再为村里出把力。

清除“拦路虎”

三涧溪村共有32条街路、42条胡同。路全是土路，是窄窄的羊肠小道，不少还是断头路，连卖菜的都不愿去。雨天骑摩托车，一不小心就会骑到沟里。道路不畅，村庄就成了一潭死水。和在东太平村一样，高淑贞上任后，最想做的事也是修路。她要把路都拓宽、打通、硬化，还要建成环村路，让整个村子“活”起来。要修的路很多，先挑走人多的修，其中通往学校的路最不能耽搁。

但她要修路的时候遇到了“拦路虎”。谁都知道修路是好事，但很多人家的门前堆满了煤炭、柴火、砖瓦、农具等杂物，虽然门前的地方是公用的，但有一些人不愿把东西搬走，漫天要价。还有人盖房子的时候，台阶伸到了街上。这些人都有自己的“小九九”，不考虑集体利益，用高淑贞的话说，“身上哪里痒痒哪里抓，自家门前弄好就行了”。

修第一条路的时候，沿途有个猪圈。养猪的人叫王奎良，猪圈用的是集体土地，但王奎良从没交过承包费。猪圈挡住了半边街道，并且猪粪尿常年往大街上淌，臭气熏天。但很多年来，包括村干部在内，都敢怒而不敢言。修路需要拆掉王奎良的猪圈，但他不让拆，说盖猪圈是经以前的村干部同意的。村干部好话说尽，他就是不松口。

高淑贞召集村两委开会的时候说：“既然好话都说尽了，他还不把老少爷们放在眼里，还不把党组织当回事，咱们也不能客气了，只能以硬碰硬了！”

高淑贞不让王奎良吃亏，该赔偿的赔偿，还另找了一块集体闲置地让他继续养猪，但必须交承包费。

这条路上需要拆除的还有一个磨坊，由郑甫安承包，但他也没交过承包费。磨坊这几年不怎么赚钱，他打算卖掉，这时赶上修路，就想狠狠地敲一笔：赔偿6万元，不然就不拆。

高淑贞想了个办法：找了一个年轻人，让他买那个磨坊。郑甫安以为那块地修路用不着了，心里很失落，急于把磨坊卖掉。经过一番讨价还价，以 3 万元成交。接着，村里以 3 万元从那个年轻人手中收回，之后拆掉。

“拦路虎”一个个被高淑贞巧妙地清除了。她上任两个多月后，是年 8 月底开始修路。李云宽回忆说：“修路非常辛苦，那时候我才 50 来岁，领着那些包工的，有时候通宵地干。高书记晚上不睡觉，给我们做饭。白天她该上班上班，该干啥干啥，精神头很大。干到 11 月份，路基出来了，水泥也铺完了。”

其间，高淑贞的身体出了问题，先是鼻子出血，连续一个星期止不住，继而嘴唇发紫，嗓子沙哑，也发不出声来。到医院一检查，是血管破裂，声带上也有结节，必须住院动手术。出院后，她落了个后遗症，说话多了嗓子就沙哑，至今也没好。

三涧大道是村里的另一条大道。路基刚平整好，沿线堆了一些土方，准备与石灰搅拌后夯实路基，再浇筑混凝土。这时，有人趁夜在土方上插了几根高粱秆，上面夹着小纸条，纸条上写着“豆腐渣工程”“祸国殃民”“欺骗老百姓”“为自己捞钱”等。明眼人都知道，矛头指向的是高淑贞。

有人告诉高淑贞，是杨效申等人干的。高淑贞马上明白了，杨效申家的房子建得很气派，门前有个土坡，砌着台阶，拓宽街道必须刨掉土坡、砸掉台阶，他是不希望修这条路的。

高淑贞判断，杨效申接下来肯定还会使歪招，如果不把他搞定，其他村民说不定会效仿。对付这样的“滚刀肉”，必须巧取。

需要找个人来对付杨效申，找谁呢？高淑贞想起了一个人：杨效申的儿子杨巍。杨巍年近三十，人高马大，性子急，脾气倔，动辄吹胡子瞪眼，村里的小混混都怕他。但他的优点也很明显：为人正直，不怕事，敢担当。他还是高淑贞的学生，见了就恭恭敬敬地叫“高老师”。

高淑贞找到杨巍，说想让他到村里干施工队。杨巍受宠若惊，急忙说愿意听高老师的吩咐。高淑贞就说了让他带几个人配合施工队清障的事，并叮嘱他一定要注意方式方法，凡事要讲理，不能欺负人。至于跟他干的人，由他自己选，但人必须正直，还得敢碰硬。每人每天报酬是 30 元。

施工队到杨效申家门口时，果然走不动了。杨效申跳着脚地骂，不让动他门前的土坡和台阶。杨巍接到电话，带人赶到现场。如果是别人这么不讲理，他有办法。可面对他爹，他脸红脖子粗，一时不知道该怎么办了。一些村民围着看热闹、起哄。杨巍凑到他爹身边，小声说好话，请他配合。杨效申却一蹦三尺高，唾沫星子喷杨巍一脸，还扬起手要扇他耳光。人群里爆发出一阵哄笑。

杨巍皱着眉头，咂巴咂巴嘴，忽然沉下脸来，对他爹说："今天你同意得砸，不同意也得砸，我是砸定了！"说着，他手一挥，施工队"哐哐啷啷"一阵子，把门前的土坡刨了，把台阶砸了。

这事给了高淑贞启发，她发现原则性强、敢作敢为的年轻人适合干事。另两个"涧溪"，她也选用本村的年轻人，都由杨巍指挥，还给他们起了个漂亮的名字，叫"为民服务队"。这些年轻人都是高淑贞的学生，对她很恭敬。高淑贞和他们约法三章：不得动武，不许谩骂，一定要当众处置，得有人看见。

高淑贞的用人之道很"奇葩"：不顾风言风语、冷嘲热讽，让爱挑拨的人管调解，让爱挑事的人管监督，让爱提意见的人出点子。这样，就把人的缺点变成了优点。这些年轻人看惯了村里人的白眼，心里凉，这时竟然成了"高老师"的座上宾，心里都火辣辣的，憋着一股劲，要走正路。村里修路，也给他们带来了赚钱的机会，他们各显神通，筹钱买来挖掘机、工程车，来工地揽活。高淑贞一碗水端平，不管什么活，都经村民代表大会讨论，谁能干让谁干。

其中，受益最大的是杨巍，他先后成立了施工队和建筑公司，资产渐渐达上千万元。——顺便说一句，高淑贞和爱人两家的亲属很多，村里那么多项目，投资动辄几百万、上千万元，但从没有人跟她沾过一分钱的光。她不拿村里一分钱工资，相反，很多事情还得自己搭钱。比如修路的时候，水泥不够了，地面砖不够了，她就急忙取出自己的钱；自己的积蓄不够，就向亲属们借，"以私谋公"。

村里的路陆续修起来了，纵横交错，仅环村路总长就达 18 公里。

盘活"死"资产

高淑贞上任时，村集体欠债80万元，是一笔糊涂账。她要摸清全村的家底，然后千方百计为村集体积累财富，让老百姓都过上好日子。

村集体的财富有资金、资产、资源等三种。三涧溪村部周围是集体用地区域，有一些工厂，过去都是村集体的，承包给村民后，大都没交过承包费。有一些集体土地被村民承包后办起了养殖场，也不交承包费，说是赔本了。村民你不交我也不交，结果都不交。还有一些零星的集体土地散落在房前屋后，也被村民无偿占有。那些没占到集体便宜的，觉得自己吃亏了，心理不平衡，就不交电费。家庭用电每月才几十块钱，但不交的人多了，加在一起也是个不小的数目。这笔钱也得由村集体垫付，不然全村都会被停电。

家底很快就基本摸清了：仅是能找到承包协议的承包人就欠村集体 30 多万元，其中最多的是 3 万元。找他们要钱，所有人都说亏本了，没钱交。

高淑贞想出了一个折中的办法：有协议的按协议执行；没协议的丈量土地面积，重新签订协议。以 2005 年为界限，以前拖欠的承包费暂做挂账处理，并向村民公布；从 2006 年开始，承包费一年一交，逾期不交者断水断电，或收回承包权；各家各户拖欠的电费必须交，一分都不能少。

办法出来了，但承包费还是没人交。那些承包人都有一种观望心理，都不愿带这个头。

高淑贞决定先拿黏土矿开刀。最初，村集体投资 9 万元，为黏土矿购置电缆、变压器，建了配电室，黏土矿也是村里投资最大的企业。承包人是 4 个，粗略估算，每家每年至少能赚十几万元。村干部多次找他们交承包费，他们都找各种理由不交。

高淑贞不得不使出一个狠招：以村委会的名义，请供电局断掉黏土矿配电室的电。但不久，那 4 个人又凑钱自建了一个配电室。高淑贞不得不又使出一个更狠的招：她听村民说黏土矿“挂羊头卖狗肉”，说是开采黏土，其实是偷煤，而且还是越界盗采，涉嫌违法。她掌握了确凿证据，由村民向主管部门反映了该矿涉嫌违法的事实，并配合主管部门进行处理。最终，黏土矿被迫停工。

之后，村里通过招标，将黏土矿承包给外地一家企业。该企业除返还村里最初的投资，每年交承包费 30 万元。前三年不给现金，用承包费为村里修路。村里修的第一条路的投资，就是承包费折抵。

面粉厂最早由赵尊明承包，后来转给马志健。高淑贞要求马志健重新与村里签合同、交承包费。马志健说他已经给过赵尊明钱了，不能交两份。高淑贞说，这是集体资产，私下交易不受法律保护。马志健仍拒绝交承包费，高淑贞就让人锁了面粉厂的大门。马志健只好妥协，答应从他接手开始算起，每年交承包费 3000 元；之前赵尊明所欠的承包费做挂账处理。

马士全经营的理发店不交承包费，高淑贞就在村民代表大会上宣布要建老年活动中心，地点就在理发店。那些老人平时没地方玩，天天盼着老年活动中心建起来。高淑贞让人搬出理发用具，把三间房子粉刷一新，放上棋牌桌。那些老人天天去打牌、下棋、唱歌，玩得很“嗨”。马士全傻眼了，只好另换地方。

商店由赵升昌夫妇经营，因生意不好，也一直没交承包费。高淑贞告诉赵升昌，村卫生室要搬过来，让他们另找地方。赵升昌也不想干了，但还有 3000 多元的货底子不知怎么处理。高淑贞自己出钱，把那些油盐酱醋拉走，挨家挨户送给亲戚。村卫生室原先在村外，只有一间小破屋，搬到村中心后，村民看病方便多了。

三涧溪北面有家煤矿，原是乡镇企业，后归章丘东风集团所有。运煤的载重车每天进进出出，把村里的道路轧得凹凸不平，晴天尘土飞扬，雨天满地泥泞，村头的胜利桥也破损严重。不仅如此，煤井紧挨着村里的耕地，已有 500 亩耕地出现了塌陷，浇地的时候漏水，但煤矿没给村集体一分钱补偿。

高淑贞决定向煤矿讨个说法。她先派村干部去找矿长，但矿长要么躲着不见，要么爱答不理。她亲自去找矿长，矿长说要出去开会，脚底抹油，溜了。高淑贞很生气。

高淑贞找人写了起诉书，把煤矿告上法庭。法院判令煤矿出资 10 万元，由三涧溪村出人工，把胜利桥修葺一新；每年补偿 20 万元，其中 5 万元给村集体，15 万元给耕地塌陷的村民。

刚拿了两年的补偿，2007 年，高淑贞得知煤矿因资源枯竭，要闭坑了，正偷偷往外运设备。如果他们拍拍屁股溜了，那些耕地塌陷的村民，以后找谁拿补偿？高淑贞找到矿长，要求把场子留给村里。矿长说这是国有资产，他说了不算。

东风集团派代表和律师与村里交涉。高淑贞开出条件：除了采煤生产设备外，留下房子和其他物资，进行评估，之后再决定给村里使用多少年。

煤矿办公区域占地 15 亩左右，这时所有可用设备、采出的煤炭都运走了，只剩下房子及办公家具、部分废旧设备。东风集团决定保留国有资产所有权，以长期租赁的形式，将 15 亩地及地上物移交给三涧溪村，每年象征性收 1 万元租金。之后，村里采取发包形式变卖了废旧物品，房屋以招标形式租赁给村民，用于经营活动。

那些废旧物品卖了 69.5 万元，房屋租金每年收入 10 万元。村集体从中拿出 20 多万元，把塌陷的耕地彻底深耕、平整了一次，又挖了一眼灌溉机井，把 PC 管铺到地头，彻底解决了灌溉漏水的问题。

高淑贞和煤矿的斗争，挽回了村集体的损失，维护了村民的利益。

村里的商业街是一位建筑企业老板垫资兴建的，共建 9 套上下两层的商住房，一楼开店，二楼住人。建筑成本每平方米 600 元，产权属于村集体，村民可认购使用权，每平方米 800 元。9 套房子很快就被抢购一空。除去建筑成本，村集体收入约 30 万元。

房前屋后那些被各家各户占用的闲置地也全部收回，承包给村民用于种植和养殖。

高淑贞自己不在乎钱，但为了村集体，她算盘打得“啪啪”响，把一大堆“死”资产都渐渐盘活，让村集体越来越有钱。

自己做“母鸡窝”

无论在城市还是农村，征地都是个“老大难”问题，只要有一户不走，整片地都征不成。章丘城东工业园需征用三涧溪村 4000 多亩地。村里的地大都是薄地，种庄稼不赚钱。每亩地每年补偿 1200 元，比种庄稼划算多了；工业园建成后，村民可在家门口就业。但因少数人漫天要价，这事只能一拖再拖。高淑贞之前的三任村支书都一筹莫展，其中王庆孝受欺负就是因为这事。

为这事，高淑贞没少动脑筋，能用的办法都用上了。比如，有个“精明人”撺掇一个老年丧偶的“炮筒子”一起出难题。高淑贞巧使“离间计”，给“炮筒子”找了一份门卫的差事，经常去看望他，除夕夜冒着大雪给他送年货，还带着酒和熟食去陪他喝酒。最终，那个“炮筒子”被感化，不再被那个“精明人”当枪使。对那些吃硬不吃软的“地头蛇”和“钉子户”，高淑贞态度强硬，毫不畏惧：“打就打，踹就踹，拔葫芦我就给你拔葫芦，掏拳头我就给你掏拳头，谁怕谁呀！”

但在这个过程中，如果有村民利益受损，高淑贞则会“护犊子”。有一户村民种了 3 亩牛蒡，这是一种较名贵的中草药，但补偿规定中没有补偿标准。高淑贞找到用地企业，要求除政府给予的普通农作物补偿之外，由企业参照当年的牛蒡价格补足差价。最终，那户村民以每亩 2 万元的价格拿到了补偿。——顺便说一句，高淑贞个性强悍，对歪风邪气敢打敢踹，但如果三涧溪的村民谁家出了大事，比如在重大医疗纠纷、交通事故中权益受损，她会第一时间出面，跑上跑下，给他们撑腰，毫不含糊。这样的例子不胜枚举。

城东工业园征地这个“老大难”问题，最终被高淑贞攻克。其中的艰辛，难以详述。

工业园吸纳了全村八成就业，但无法为村集体创收。“光解决打工的问题，只是工资性收入，要真正壮大集体经济，必须自己做母鸡窝，不能光养公鸡。”高淑贞所说的做“母鸡窝”，指的是招商引资。

位于天桥区的山东联发医用塑料制品有限公司董事长杨莲英，曾获“山东省十大巾帼英雄”、山东省三八红旗手等众多荣誉称号，是在国内外享有一定知名度的女企业家。公司面临拆迁，选新址的时候，杨莲英看了几个地方都不满意，冲着高淑贞的声望，想把厂子迁到三涧溪村。经人介绍，她来村里和高淑贞洽谈。两个都想干事的女人一见如故，惺惺相惜。

杨莲英介绍说，联发公司的产品主要出口，对环保的要求极高，是劳动密集型企业，主要靠手工装配，是轻体力活，也是细活，最好是女工干，村民也可以领回家干，按件计酬，每月能收入两三千元。

高淑贞很兴奋，觉得这是个打着灯笼都难找的好项目，一定得想办法引进来。杨莲英在三涧溪看了看，相中了一处厂房，但提出了一个苛刻的条件：必须 10 天内在厂外建一条硬化路，还要建一个配电室。10 天修一条路，时间太紧张了，但高淑贞一口答应下来。

杨莲英的工厂周围已变成废墟，只剩下她一家厂子，进出很不方便。她急于搬家，后来又提出了一个更苛刻的条件：7 天内硬化好厂区外的路。高淑贞向她保证：没问题，请放心！

高淑贞立即召集村两委开会，并分派任务：修路征地的事由叶恒德负责，马素利配合；修路的任务由村里的一支施工队承担，要没白没黑地干，必须在 7 天内修好。修路期间，高淑贞也没白没黑地泡在工地上，浑身脏兮兮的。

那条路按时修好。杨莲英与村委会签订了厂房租赁协议，公司每年支付租赁费 50 万元，租金每 5 年提高 10%，为期 30 年。

之后，高淑贞带领村两委和村民清理现场垃圾，帮公司引水、建配电室、搞绿化，仅用了 3 个月，就建成了一座有凉亭和喷泉的花园式工厂。村里 70 多人进厂务工，230 多人领零件在家装配。

在招商引资工作中，有一种不好的现象，叫“引人上门，关门打狗”，说的是客商落户后，所在地的人想方设法“敲竹杠”，反正你又走不了，宰你一刀是一刀。而三涧溪村不仅不给联发公司制造任何麻烦，还在公司遇到麻烦的时候出手相助。

村民邓兆光在工厂东墙外办了家养猪场，猪粪味经常飘进厂子里，与花园式的内部环境很不协调。更重要的是，空气中的猪粪味还导致联发公司的环境评估通不过。杨莲英很气愤，和邓兆光交涉时也闹僵了。

按照协议约定的义务，这事高淑贞可以不管。但她认为，在道义上，村里有义务为联发公司创造良好的营商环境，于是决定把养猪场迁走，另外找个地方。但邓兆光提出，让联发公司拿 70 万元买下他的养猪场，别的免谈。联发公司不需要那片地，当然不愿买。高淑贞实在没有别的办法，决定自己先出钱买下来。经讨价还价，以 53 万元成交。可是她手头没钱，不得不用自家的房产做抵押，从银行贷款 20 万元，又向姐妹、朋友借了 33 万元。

养猪场拆除后，那片地闲着，但高淑贞一直用自己的工资支付贷款和借款的利息。直到一年半以后，附近一家钢结构公司扩大生产规模，征了那片地，她才“解套”了。

为一个招商引资项目，高淑贞这么拼，让杨莲英十分感动。——顺便说一句，高淑贞抵押自家的房产，不只是这一次。王元虎刚创业的时候，她就用房产做抵押，为他担保贷款 300 万元，把他“扶上马，送一程”。村里建育苗基地的时候，需要贷款 300 万元。她的“红本本”有一大摞，有资格享受银行的“荣誉贷”政策，但需以个人名义，还要抵押自家房产。为了村里的发展，她押上自家房产和个人“荣誉”，贷了那笔款。

叶玉辉告诉笔者，高淑贞自己出钱买下养猪场的事，让很多投资者对她肃然起敬，其中不少人都是冲着她的名望和声誉来村里投资的，他们都说：“没有你高书记，俺不上三涧溪来。”

因高淑贞的努力，三涧溪的“母鸡窝”越来越多，增收路也越走越宽广。

高淑贞很善于学习，尤其是每年的中央 1 号文件，一发布她就马上逐字逐句地学，学深悟透，活学活用，从中寻找三涧溪村的发展新机遇。叶玉辉告诉笔者：“上级一出来新政策，她接着就学习，接着就传达。那些政策，往往是在俺这里先落地，俺村每次都抢在头里。别的地方还不知道，俺这里已经开始了。”

比如，2006 年中央 1 号文件提出“加强宅基地规划和管理”，高淑贞经不懈争取，使三涧溪村被追加为新农村建设试点村。村里没钱，她就“空手套白狼”，让施工单位垫资建起了 4 栋楼房。

学校、敬老院、幼儿园等多个关乎村民共同利益的公共设施，都是高淑贞捷足先登抢抓机遇，经积极争取才建起来的。可以说，三涧溪的跨越式发展，很大程度上得益于高淑贞做事靠谱、成事有道、尽心尽责、善抓机遇，能搭上国家政策的“顺风车”。

三涧溪村的物质生活不断得到改善。与此同时，高淑贞抓精神文明建设也从未松懈，每年都组织丰富多彩的文化活动，渗透社会主义核心价值观，以党风带家风，以家风促民风，形成了充满活力、团结和谐的社会风气。

信仰的力量

2018 年 6 月 14 日上午，习近平总书记在山东考察期间专程来到三涧溪村考察。以下摘自次日《人民日报》头版头条的报道：

> 习近平乘车前往济南市章丘区双山街道三涧溪村考察。这个村通过抓班子建设、发挥党员带动作用、以党风带家风促民风，3 年时间实现了由乱到治的变化。在村党群服务中心，习近平听取这个村以党建为统领，强化班子建设、推动产业发展、保护生态环境、汇聚人才资源、建设文明村风家风、壮大村级集体经济等情况介绍。习近平指出，乡村振兴，人才是关键。要积极培养本土人才，鼓励外出能人返乡创业，鼓励大学生村官扎根基层，为乡村振兴提供人才保障。要加强基层党组织建设，选好配强党组织带头人，发挥好基层党组织战斗堡垒作用，为乡村振兴提供组织保证。
>
> 习近平十分牵挂村民的居住和生活状况。他走进村民赵顺利家，同一家人围坐一起拉家常，问他们收入怎么样，搬迁花了多少钱，生活上还有哪些困难。赵顺利拉着总书记的手激动地说，这些年老百姓的生

活可好了，致富路越走越宽，日子越过越红火，全靠党的政策好。习近平听了十分高兴，叮嘱随行的地方领导，农业农村工作，说一千、道一万，增加农民收入是关键。要加快构建促进农民持续较快增收的长效政策机制，让广大农民都尽快富裕起来。要把党的政策用生动通俗的形式宣传好，让广大群众听得懂、能理解。要加强村规民约建设，移风易俗，为农民减轻负担。离开三涧溪村时，闻讯赶来的村民们齐声向总书记问好，习近平挥手向大家告别。掌声在村庄上空久久回荡。

在后来的5年多时间里，高淑贞和村两委牢记总书记的嘱托，充分发挥党建引领作用，“三会一课”雷打不动。村党组织先后升格为党总支和党委，创造性地把支部建在产业上，下设5个功能化的产业党支部。开展为民服务“五个一”，实行党员“积分制、捆绑式”考评。紧跟政策脚步，充分挖掘自身优势，着力发展三产，在古村旅游、培训、康养、餐饮等方面做文章，形成乡村振兴源源不断的内生动力，探索出一条可复制、可推广、可借鉴的乡村振兴新路径。

高淑贞说：“乡村振兴不是一个方面，如果你光有一个指导思想，‘学思想、强党性、重实践、建新功’，这十二个字可好背了，但如果让你解读解读，你可能就说不出来了。‘强党性’干啥？你说你党性可高了，但如果道德品质败坏，这是‘强党性’吗？你说你的党性可高了，写的笔记有多少本，理论背得滚瓜烂熟，可真要捐个款啦、助人为乐啦，你啥都没干，这是‘强党性’吗？鹅毛大雪落下来，连一滴水都没看见，你振兴个啥？关键是‘重实践’，是干，是落地。”

这5年多，高淑贞思路清晰，“一张蓝图画到底”，和村两委带领群众做了很多实事、大事。产业振兴、人才振兴、文化振兴、生态振兴、组织振兴等“五个振兴”都可圈可点、亮点纷呈。

在产业布局上，三涧溪村按照“南工、中旅、北农”的整体思路，南部强化园区带动，提升二产层次；中部突出文旅主题，发展古村旅游；北部彰显田园风光，培育都市农业，着力走“二产带三产促一产”的富民强村新路。

村里给年轻人提供施展才能的平台，让他们充分利用自身优势，全力对接当前的数字经济、网红经济、跨境电商等新经济、新产品、新业态，帮村里的农产品打开销路，也促进周边村的特色农产品销售。近几年返乡的年轻人多达200多人。“三涧溪平台多，创业氛围浓。让年轻人干产业，让年轻人带年轻人，你引我，我引你。”高淑贞说。

依托新时代文明实践站、文化广场、活动室、科技图书室，组建庄户剧团、舞蹈队、合唱队、老年戏曲艺术队等，传播新思想，引领新风尚。晚上，中老年人在文化广场上跳广场舞，小伙子们在足球场、篮球场踢球、打球。“原先一说文化，仅仅局限于蹦蹦跳跳、逢年过节的时候搞些娱乐活动，现在已经常态化了。最明显的改变就是移风易俗，重视教育的多了，夫妻恩爱的多了，孝敬老人的多了，邻里和睦的多了，厚养薄葬的多了。”高淑贞说。

这5年多也是三涧溪村的高速发展期：全村路网、管网、绿化、美化全面改造提升；村北，投资5200多万元建设了集科研、种植、养殖于一体的农创园；村南，修缮建成了“三涧溪乡村振兴学院”；村东，规划建设了美食街、商贸城、康养区。经过几年的发展，数字大棚、数字经济、涧溪云、亲子乐园、研学拓展、文化旅游、参观培训、体育赛事、婚宴经济等新业态、新质生产力层出不穷，发展成了新的经济增长点。

为了增加村民收入，同时增强集体经济抗风险能力，三涧溪村在“集体经济合作社”基础上，分成五个小合作社，多渠道助农增收。高淑贞把其比喻为“把大火车头换成小火车头，让农民搭上‘致富小火车’”。同时，鼓励村民资金入股，这样既能得到打工和土地流转的收入，也能跟着合作社一起分红。

村委委员徐绍霞和5名妇女联合发起成立了“巾帼商贸”合作社，销售本村特色农产品、土特产、旅游用品等；物业管理党支部书记李檬带头成立了“古村旅游合作社”，专门负责美食街、乡村振兴学院等生态旅游和观光接送；青年创业党支部书记王元虎成立了绿涧生态农业合作社，通过农创园吸引外来人才返乡创业。园区免费提供大棚和基本农业设备，同时还有山东农业大学教授辅导。这种让创业者“拎包入驻”的模式，很受年轻人喜爱。李其晓辞去在事业单位的工作，加入绿涧生态农业合作社，种植、销售多肉植物；毕业于中国传媒大学南广学院的刘亚楠承包了两个大棚，一年能轻松收入十多万元。

为保证村民收益最大化，三涧溪村开创性地提出了“乡村振兴合伙人”理念，运营公司、村集体、资金内置合作社共同运营美食街项目。股权结构上，村集体占50%，运营公司占30%，资金内置合作社占的20%对村民开放，村民自愿入股，享受分红。

赵珍平介绍说，这项工作启动后，第一期已征集500万元了。一股是1万元，他也入了一股。年利率不低于6%，甚至会超过10%。“农民变股民，不光让你土地流转了，不光让你就业、做小买卖了，除了挣这些钱，还用资金再挣资金，这个思路了不得”。

这5年多，三涧溪村不断强化农民增收的举措，积极推进“资源变股权、资金变股金、农民变股民”的“三变改革”+平台建设，把三涧溪村的资源、资金、劳动力真正盘活利用起来，让村民就业有门路、创业有出路、增收有平台。只要人不懒，到处有钱赚，年年有分红。“会啥的就叫他们干啥，各尽所能，人尽其才。绝对不能老是在北墙根晒太阳，不能光等、靠、要，得尽最大努力动起来。”高淑贞说。

现在，三涧溪村民的工资性收入是历史上空前的，城东工业园、章丘中医院的物业、保洁、绿化，解决了1000多个劳动力就业，75岁以上的保洁员随处可见，工资性收入占他们家庭收入的一多半。财产性收入也是三涧溪村历史上从没有过的，前些年除了放羊的就是打石头的，现在几乎每家每户都对外租赁房屋。政策性收入方面，60周岁以上的农民可以退休，有合作医疗、大病报销等。截至2023年底，三涧溪村民年人均收入达到3万元以上，村集体年收入突破1200万元，集体固定资产达30多亿元。

2022年，村两委换届后平均年龄43岁，其中新当选的5名成员平均年龄不到35岁，还有两名是大学毕业生。这些“小苗子”都是高淑贞悉心培养起来的。村党委组织委员王立丽说，十几年来，高淑贞拿她像亲闺女一样，关心她的成长和进步。赵珍平感慨地说：“现在的两委班子达到了空前的团结，真是心往一处想，劲往一处使。”

结合2024年中央1号文件，谈到三涧溪村下一步的发展，高淑贞说，下一步工作的重点主要是提升乡村产业发展水平，把一、二、三产业串起来。“三涧溪村的站位不能太低，因为这是一个核心村，要把周边的村庄甚至一些跨市、省的地方都带起来。聊城有啥，枣庄有啥，徐州有啥，我这边可能就去做啥。因为电商的平台太广阔了，完全可以去做。再就是必须在数字经济上下功夫，这是新质生产力，能做的就去做。”下一步的乡村治理，则要在“善治”上下功夫。“乡村振兴的关键是人，如果没有法治做保障，没有人的素质的提高，没有多层次人才的支撑，产业再大也白搭。”

高淑贞要做的事情很多很多。

2024年，是高淑贞在三涧溪当书记的第20个年头。这20年，她本着“让老百姓都过上好日子”的初心，从没有过丝毫懈怠，仗着身体“底子”好，天天都那么劳累，年年都那么劳累，承受着各方面的巨大压力。“压力不是别人给我的，是自我加压，想好上再好，就像强迫症似的。”她的人事关系一直在教育系统，职称是中学一级教师，按相关政策，55岁就该退休。她爱人赵云昌已退休，盼星星盼月亮似的盼着她也退休，好好休息休息。

这么多年，赵云昌一直很支持高淑贞的工作。他们的房产抵押过三次，赵云昌每次签字的时候都很痛快，用王元虎的话说，“考虑不超过10秒钟，可以说是毫不犹豫”。年轻人创业需要钱，赵云昌工资卡里的钱每攒够一万元，就问高淑贞“你看还有谁使钱吗”，谁需要就借给谁。王元虎动情地说：“每个成功的男人背后都有一个默默付出的女人，每个成功的女人背后也都有一个默默付出的男人。赵老师的伟大之处在于，你是光，我就在后面做你的影子。”

赵云昌多年来又当爹又当妈，两个女儿的成长和教育什么都没耽误。两个女儿都很优秀，大女儿是北京大学博士、山东大学博士后，现在在济南工作；小女儿是济南某媒体记者。高淑贞很快就当姥姥了，她也想含饴弄孙，享受天伦之乐，但目前这只是奢望。

她有些动容地向笔者坦露心迹：“我认为我是个有信仰的人，是信仰的力量推着我往前走。为啥这么说？因为没有谁逼着我非干不可，而是下不来。这个事咋治，那个事咋治？有一种事事都放心不下的感觉。不干吧，怕毁了；干吧，怕越陷越深，就这样纠结着。一开始是到脚腕子，现在到膝盖了，再干下去就到腰了，就拔不出来了，从精神上拔不出来。我心里就是装着老百姓啊，我来三涧溪是干啥嘞？是为老百姓服务的，是要让老百姓都过上好日子的，这种情怀现在真割舍不下。”

（为尊重当事人隐私，文中部分人名为化名。）

播种阳光

——记全国优秀共产党员、济南阳光大姐服务有限责任公司卓长立

宋俊忠

2019 年 10 月 1 日，庆祝中华人民共和国成立 70 周年盛大阅兵式在北京天安门广场隆重举行。这天上午，在位于英雄山下的济南阳光大姐服务有限责任公司办公大楼一楼大厅，阳光大姐的员工们早早地等候在电视机前，翘首以待她们的领头人——公司董事长卓长立。随着巡游的花车徐徐驶来，身穿标志性红色西装上衣的卓长立出现在“不忘初心”花车上。花车缓缓驶过了天安门前……“看到了，看到了！”姐妹们挥舞着手中的袖珍五星红旗，激动地呼喊起来。

此时，站在缓缓驶过天安门前的花车上，卓长立更是心潮澎湃，激动万分。

作为一名来自基层的家政人，今天能在彩车上和英雄模范一起祝福祖国万岁，祝福人民生活美满，感动感激之情溢于言表。她在心头默默地想，自己能够现场观看阅兵式，参与群众游行，非常荣幸。按捺不住自己激动的心情，她挥舞手中的旗帜，向天安门城楼上的习近平总书记等党和国家领导人高呼：“祖国万岁！祖国强大！祖国，我爱你！”她的心仿佛都要飞到习近平总书记身边，再次向总书记说出自己的心里话：“感谢共产党带给老百姓今天如此幸福的生活！”

卓长立是济南阳光大姐服务有限责任公司党支部书记、董事长、总经理，当选第十二届、第十三届、第十四届全国人大代表，担任全国家政服务标准化技术委员会秘书长、全国妇联执委、济南市妇联兼职副主席、济南市家庭服务业协会会长等职务，荣获“全国优秀共产党员”、全国五一劳动奖章、全国三八红旗手标兵等荣誉。

这位曾经的济南染织厂下岗女工，亲身经历了改革开放的洗礼。她 20 多岁开始承包宾馆，长达十余年，带领 60 多名下岗女工实现了再就业，成为自立自强再就业典型。2003 年，受济南市妇联委托，二次创业接手“阳光大姐”，全身心投入家政事业。她以服务大局为担当，以安置就业为己任，用“安置一个人，温暖两个家”“责任加爱心”等朴素理念，通过“阳光大姐”这一就业创业平台，把党的温暖传递给员工和家政服务员，传递给家庭与社会，为规范推动中国家政服务业健康发展做出了积极贡献。

此时，站在行驶于十里长安街花车上的卓长立，眼睛似乎有些湿润了，摸爬滚打 20 多年的往事历历在目，浮现在脑海中。

驱散乌云

1982 年，年仅 19 岁的卓长立来到济南染织厂，做了一名纺织工人。她每天都高高兴兴上班去，快快乐乐下班来，想干一辈子自己喜欢的纺织工作，从没想到过有一天会离开心爱的挡车工岗位。然而，天有不测风云，伴随着整个纺织行业的不景气，济南染织厂也面临破产的危机。1992 年，进厂整整十年的卓长立成为染织厂第一批下岗人员。人生的至暗时刻突然到来。闲下来的卓长立很不适应，她每天做完家务，就呆呆地望着窗外。听到外面传来邻居们下班后的一阵阵自行车铃声，看到夕阳西下，心里就空落落的，滋味很不好受。

清闲得发慌，卓长立就主动要求去厂劳动服务公司上班。到公司第一天，她就被安排去烧锅炉。她是家里的老小，从没点过炉子，为了不影响早晨六点用开水，她爱人小盛就五点钟起来陪她去厂里，帮她把锅炉点起来。善于琢磨的卓长立，不几天就把炉子的脾性弄清楚了，成了烧锅炉的好手。别人烧锅炉是进去一吨煤，出来半吨渣，而她却是让煤充分燃烧，出来不足一桶灰。

每当闲下来休息的时候，她都坐到门口的三轮车上，手里下意识摸搓着两根黑黝黝的发辫，静静地思考。她思考怎么样干好工作，更思考今后的路怎么走。

锅炉烧了不到一个月，领导又让卓长立做洗衣工。她把床单、被罩洗得干干净净，用水少，还节约了洗衣粉。领导看她善琢磨、负责任，又让她去干采购员。每次她都跑遍周边的菜市场、副食店，货比三家，买根黄瓜都看看形状直不直。她采购回来的原材料质高价低，把食堂的成本降了下来，但这也动了别人的奶酪，挡了别人的财路。那个人冲她破口大骂，和她动刀子，但她毫不畏惧、退让，最终还是她赢了。卓长立认准的是，一定要珍惜这份工作，爱护这个单位，就是要严管理、降成本，少花钱多办事。她的管理才能得到了初步显露。

在劳动服务公司，卓长立从锅炉工、洗衣工，到天午宾馆餐厅的采购员，像掌握十八般武艺似的，体验宾馆行业每一个环节的苦辣酸甜。这些经历既磨炼了她的意志和毅力，又让她增长了见识。

市场经济改革的大潮一浪高过一浪，经营亏损的济南染织厂在 1994 年宣告破产，工人全部下岗。“铁饭碗”被打破了，就连卓长立所在的劳动服务公司也不存在了。

这个时候，天午宾馆也成了无人负责无人问津的烂摊子，卓长立面临彻底下岗。当时宾馆的状况是：房间、设备比较陈旧，床位仅有 50 多个，由于经营管理松懈，生意十分清淡，工资也不能按时发放。谁会来接这个烂摊子呢?

经过一番深思熟虑和考察研究，卓长立暗下了决心：她要承包天午宾馆。那时的她并不懂得何为“转换机制”，何为“再就业”，她只是一次次告诉自己，不能再回家过那种失落空虚的日子，要带领下岗的姐妹们闯出一条新路。

这一决定遭到了家人的强烈反对。卓长立理解，有哪个做父母的不希望女儿能过得舒服、安稳，有哪个做丈夫的不希望回家后能看到妻子？一旦承包宾馆，自己就没有时间照顾这个家了，丈夫也必须做出牺牲。为此，夫妻俩展开了一场激烈的争论。

也许是卓长立的决心说服了丈夫，也许是她必胜的信心鼓舞了丈夫，曾经早起帮她点燃锅炉的丈夫还是深爱着她，支持了她，她也终于获得了所有家人的赞同。可是亲人们还是为她捏着一把汗，为这次承包的风险暗暗担忧。

时间不等人，卓长立无暇顾及太多，她振奋精神，开始走上艰辛的再就业征途。

早在承包天午宾馆之前，细心的卓长立就凭借采购员的优势，跑遍了济南大大小小的汽车站和火车站，并常常在马路边从熙熙攘攘的车海人流中研究客源情况。她制订了这样的经营思路：抓住宾馆紧靠长途汽车站的优势，针对客源的消费水平，不做豪华装修，以优质服务取胜。

通过严格的管理，天午宾馆的业务很快走上了正轨。客房布置得虽不富丽堂皇，却美观、大方、实用、整洁，特别是那蓝白相间的格子床单，为房间增添了清爽、舒适的感觉。房间里配有空调和电视，便于客人更好地休息、娱乐；走廊一角挂着许多雨伞，以备天气不好时客人出门使用。除此之外，宾馆还提供代客洗衣、代客买车票、免费存放贵重物品等服务，保证客人高兴而来、满意而去，真正体验到“宾至如归”的温暖。

卓长立始终保持着一名普通工人勤俭朴素的作风，和职工打成一片，从不摆经理架子。在她心里，宾馆是大家的，虽然自己是承包人，却不能一个人说了算，有什么要解决的事情，大家坐下来商量。

厕所下水道堵塞，卓长立挽起袖子亲自手动疏通；洗衣工生病请假，她就替她们洗好床单。几年来，她没有休过节假日，吃住基本在宾馆，即便是回家，也都在晚上十一二点钟以后。如果宾馆有急事，再晚再累她也要马上往回赶。这种干法，恐怕身强力壮的男同志都吃不消，可卓长立硬是挺了过来。

抓节约是宾馆首先实施的措施。卓长立跟大伙达成了共识：节约每一滴水、每一度电，爱护宾馆的每一件财物。时间一长，姐妹们都养成了节约的好习惯，甚至锅炉房里也备上一只桶，用来接热水瓶里的残水，涮洗拖把或擦地板。卓长立承包前，天午宾馆每月的水电费需 2000—4000 元；承包后，夏季算上开空调，每月也只有 2000 元，冬季每月只需 1000 多元。

1995年，全市开展创建卫生城活动。当时天午宾馆的房间和家具比较陈旧，需要全部清洗粉刷。卓长立就带领姐妹们当粉刷匠，买来涂料、油漆，将全部房间和家具粉刷、油漆一新。“女将”们纷纷出马，真有点巾帼不让须眉的味道。她们没白没黑地干了半个月，按期按标准完成了升级改造任务，受到了检查团的好评。那半个月，大伙儿没吃过一顿安稳饭，没睡过一个囫囵觉。卓长立觉得自己年轻，脏活累活抢着干，整天弄得灰头土脸，以致许多客人把她当成了女维修工。

天午宾馆的面貌有了改观，经济效益也一天天好起来。看到床位住满时，大家心里就甜滋滋的，都在想：如果每天都这样那该多好啊！可客人一走，她们望着空荡荡的床位又开始发愁了。卓长立从中受到了启发：如同这流动的客源一样，经营管理的思路也要不断更新、变化，才能跟上市场经济的节奏。

随着旅社的增多，以及交通与通信设备的便利化、现代化，路途近些的人们外出办事多是朝出夕归，当天往返，天午宾馆紧靠车站的优势大大减小了。面对这种情况，卓长立对姐妹们发起总动员：“没有旅客住宿，就像我们厂没有棉纱织不出布一样。我们不能坐在家里等客进店，要走出去，迎客进门！”

卓长立亲自骑着三轮车带头，十几个姐妹一条心，北去汽车站，南到火车站，四处找客源。不爱说话的大嫂放下了架子，容易害羞的小妹拉下了脸皮。风吹日晒，雨淋雪打。到了冬季，她们为多揽到几个客人，常常在冰天雪地里一冻就是三四个小时。可她们以诚相待，热情服务，把客人当亲人，为他们送去一片真情和温馨。天午宾馆公平的价格和迎客到店的做法受到了顾客的青睐，在激烈的竞争中树起了自己的“品牌”。

一次，济南下了一场大雨。地势相对低洼的长途汽车总站和火车站周边积水很深，也使许多在旅途奔波的人陷入无家可归的困境。迎着肆虐的暴风雨，蹚着湍急的水流，一辆三轮车艰难地行驶在火车站、汽车站和宾馆之间。卓长立驾驶的三轮车犹如“诺亚方舟”，来回穿梭，把这些滞留在异乡的旅人拉到宾馆，免费让他们吃住。客人们躺在洁净舒适的床上，吃着喷香的饭菜，喝着温热的汤粥，感慨万千，热泪盈眶。后来有不少人成了天午宾馆的忠实旅客，只要再来济南，放着星级宾馆不住，把这里当成唯一的旅居之所。

大家的努力给宾馆带来了生机和活力，入住率逐年提高，旺季时甚至超出一倍，还需临时加床；即使是淡季，入住率也达到 80%。经过调整和扩建，床位增加到 100 余张，职工的月工资平均达到 700 元以上，每年按时上缴利润近 30 万元。这时，卓长立又对姐妹们说：“不能忘记我们洒下的汗水，有一分耕耘才有一分收获。”

创业从来都不会一帆风顺，有阳光，也会有风雨、雷电、霹雳。

1995 年 7 月，对卓长立来说是一段最难熬的日子。

宾馆紧靠车站，交通便利，客流量大，这是其不可替代的优势，但往来人员也复杂，是案件易发地段。

那天，卓长立请姐夫下班后来宾馆帮忙安装电器，姐夫欣然应允了。就在他安装灯箱的时候，碰上了流窜作案的歹徒，他抄起家伙与歹徒展开了英勇搏斗，被连捅数刀，倒在血泊之中，当场牺牲，来给姐夫打下手的丈夫小盛也身负重伤。

这突如其来的噩耗，对卓长立而言，无疑犹如晴天霹雳，她不能相信自己的耳朵，差点昏厥过去。看着年幼的外甥，她不知如何向家人交代；听着那一阵阵哭泣，她的心如刀割一般……此时此刻，这个坚强的女人再也支撑不住，她紧紧搂着小外甥，大滴大滴的泪水流过面颊。

失去亲人的悲痛和周围人的议论，让卓长立陷入了深深的悔恨与自责中。可是她究竟错在哪里呢？难道危难之际承包宾馆是个错误？难道带领姐妹们转换思想、开辟新天地是个错误？难道靠自己的双手创造幸福的生活也是错误？为什么多舛的命运要与她作对呢……

与卓长立下岗后同来的 18 位姐妹也都为她伤心，她们担心她承受不了这惨重的打击。她们的劝慰让卓长立慢慢清醒和冷静下来，无论多么悔恨，姐夫已经走了，可还有更多的人需要她，宾馆的运转一天也不能停。她不能倒下，要化悲痛为力量，加倍工作，以出色的成绩来告慰亲人的在天之灵！

就这样，卓长立擦干眼泪，顶着巨大的压力，坚强地站起来。她一面维持宾馆的正常工作，一面协助公安部门进行调查。当案件侦破时，她瘦了一圈。同事们都说：“长立，这样的大事都没让你垮下来，你真不简单！”

卓长立没有回答，她在心里感谢家人的理解和同事们的支持。关键时刻，宾馆的姐妹没有一个退缩的，而是团结一致给她信心和力量。有了这样的支持，再大的坎坷也挡不住她。

就这样，经过四年多的努力，天午宾馆在济南干出了名堂，干出了名气。随着知名度的不断提高，《齐鲁晚报》、齐鲁电视台、济南电视台等新闻媒体纷纷来到天午宾馆，采访卓长立这位再就业明星的事迹。

赞扬和荣誉并没有改变卓长立真诚、质朴的本色，她还是忙忙碌碌、快人快语，操心着宾馆的大小事情。

1998 年 6 月 24 日，时任省委书记吴官正来天午宾馆视察，点名要亲自见一见卓长立这位从普通下岗工人成为经理的再就业女标兵。不愿谈个人事迹的卓长立，说起宾馆的事情毫不怯场，侃侃而谈。还是那身朴素的衣着，还是那从容不迫的神态，她陪同吴官正书记参观了宾馆的客房、餐厅，有条不紊地介绍这里的情况。吴官正书记充分肯定了她的成绩，对她和姐妹们给予了高度评价。并鼓励她们继续努力，做大做强，安置更多的人就业、再就业，为社会做出更大的贡献。

到 2001 年，卓长立的宾馆开到了 6 家，安置就业人员 100 多人，这位下岗再就业明星终于驱散了乌云阴霾，迎来了曙光。

阳光初照

2001 年 10 月，济南市妇联为下岗女职工排忧解难，搭建再就业平台，成立了阳光大姐家政服务社。成立仪式就在 12 平方米的办公室门前的草坪上举行。天午宾馆为阳光大姐家政服务社捐赠了价值 8000 多元的劳保用品，经理卓长立也站在庆贺的人群中。

一年多以后的 2003 年春天，已运营两年的“阳光大姐”准备进行公司制改革，将其推向市场，市妇联在全市范围内寻找合适的带头人。

妇联领导确定，选任阳光大姐带头人的条件有三个：市妇联系统的再就业带头人，对妇联组织有感情；懂经营善管理；对下岗职工有感情。济南虽大，但这三个条件全都符合的人并不好找。卓长立却全都符合。那时的她承包天午宾馆，正干得风生水起，她本人更是获得再就业明星、劳动模范等多个荣誉称号，很多省市领导都到她的企业视察过工作。

一天下午，卓长立接到了市妇联主席雷杰的电话，要求她对阳光大姐进行为期一年的机构调研。卓长立没有任何犹豫，安排了一下宾馆的工作，匆匆忙忙收拾了一下简单的行囊，未来得及向宾馆的姐妹们告别，就赶到阳光大姐报到了。一年时间过后，她圆满完成了调研任务，向雷杰主席汇报了调研情况。雷杰却没有放她回去，用一份红头文件下发了任命书，正式任命她为济南阳光大姐有限责任公司总经理。

然而，迎接卓长立的却不是鲜花和掌声，而是当头棒喝的下马威。

到阳光大姐上班第一天，她被眼前的景象惊呆了：所有房间就像被洗劫了一样，一片狼藉，空无一人，能用的桌椅板凳一件不剩，被撕毁的资料纸屑散落一地，电脑、打印机、复印机等办公用品无一可用，几件缺胳膊少腿的家具东倒西歪，像是在看自己的新主人如何应对。上一任负责人给卓长立留下了一个烂摊子。

但是，生性倔强、永不服输的卓长立没有退缩。

在调研期间，她和很多家政服务的姐妹们建立了良好的关系，听说她来担任阳光大姐的负责人，她们都高兴坏了，姐妹之间互相传递着信息。那天济南下着大雪，从下午到晚上，居然陆续来了60多人。她们围在卓长立身边，听她朴素的话语。大半天过去，姐妹们心里暖意融融，坚定了跟着这位朴实大姐干下去奔前程的信心。

“我那时候衣食无忧，生活非常安逸，孩子马上要考高中，也想安安稳稳地过日子，多一些时间陪孩子、家人。但妇联的领导找到我，我觉得有责任把这副重担接过来。”

这种勇气从何而来？卓长立说了两个词：信任、感恩。

信任，是济南市妇联领导对她的信任，把她从众多的济南女性当中选出来放到这个岗位上。

“我不是最好的，也不是能力最强的，但妇联的领导可能认为我是最合适的。”凭着这份信任，卓长立无论在工作中遇到什么困难，都义无反顾地坚持下来。她累过、委屈过、哭过，但从没抱怨过，更没有放弃过。最艰难的时候，她也曾因为问题没有解决，连续三天不回家，吃住都在公司，心中只有一个信念，一定要把领导交代的工作做好，对得起领导的信任。

“除了信任，我还常怀感恩之心。”卓长立介绍，她本是一名下岗的纺织女工，是在省市各级领导特别是妇联的关怀下，实现了第一次创业——承包宾馆并取得成功，这次创业也改变了她的命运。

“是党和政府培养了我、成就了我。尽我所能来回报党和政府，我责无旁贷。”

信任、感恩，就是凭着这份朴素的情感，卓长立十几年如一日，勤勤恳恳，把阳光大姐打造成了全国性的家政金字招牌，将自己与企业的发展完全融为一体。

旭日东升

2013 年 11 月 27 日，济南笼罩在温暖、和煦的阳光中，正在山东考察的习近平总书记在省市主要领导陪同下，来到了济南市外来务工人员综合服务中心，调研了解当地政府为外来务工人员提供一揽子服务、帮助其融入城市等情况。

在二楼招聘大厅，总书记面带微笑来到了阳光大姐招聘展位前。他与阳光大姐的工作人员和前来求职应聘的人员一一握手。

总书记看着阳光大姐的招聘展牌问道：“这个展位怎么这么多人？阳光大姐是做什么的？”

总书记身穿深灰色外套，语气亲切而温暖。

身穿橘红色工装的阳光大姐董事长、总经理卓长立，铿锵有力地回答道：“总书记好！阳光大姐是我们妇联创办的，是为广大妇女提供培训、就业的家政服务机构。”

总书记又说道：“家政服务应该属于灵活就业。”

卓长立回答：“是的。”

总书记问：“阳光大姐是什么意思？”

卓长立说：“阳光大姐就是，让党的阳光照亮妇女就业创业之路，把党的温暖送进千家万户！”

总书记听后频频颔首，表示肯定和赞赏。

随后，总书记停下来，对前来求职的人员关切地询问起来。

以前素不相识的刘朝英和李华做梦也没有想到，会在这里见到敬爱的习近平总书记。她们俩正在阳光大姐招聘展台前咨询应聘。幸福来得太突然。

身穿黄色羽绒服的刘朝英激动地迎上前去，紧紧握住习近平总书记温暖的大手，颤抖着说：“习总书记好！”

“噢，好，好。”习近平总书记握着刘朝英带着老茧的手，对她微笑着点头。

站在旁边身穿红色羽绒服的李华，也激动地迎上前去，用她那皴裂的双手紧紧握住总书记的手。

“你是怎么知道阳光大姐的？”

刘朝英说：“送孩子上学的时候，听孩子同学的妈妈说阳光大姐挺好，就来应聘了。刚才在这里问了问，感觉挺好的，刚填完表准备去参加培训，做家政。”

总书记说：“做家政很好，社会需求很大，是可以大有作为的。”

“你找到工作了吗？”习总书记又看着李华问道。

“刚才阳光大姐的那位老师给我介绍了一个工作。”李华赶忙回答。

“什么工作？”

“陪护病人。”

“医院陪护还是家庭陪护？”

“是医院陪护。”

“噢，医院陪护应该比家庭陪护收入高吧？”

“是的，总书记。”

“在照顾好别人的同时也要照顾好自己的身体。”总书记像是对李华说，也好似对周围所有人嘱咐着说。

总书记说：“做陪护很好，现在进入老龄社会，照顾老人的需求很大，做陪护还可以获得比较高的收入。要与人方便、自己方便。家政是现代社会的需求，上有老，下有小。老年服务供不应求，孩子也需要照顾，但是这个工作非常需要诚信的，也是非常需要职业化的工作，你们在这里要起好带头作用啊。”

卓长立汇报说：“现在家政服务不是进家就服务这么简单了，需要按照标准来培训。现在阳光大姐上游是教育培训，中游是家政服务，下游是家庭相关产业链条。”

习总书记笑着满意地点了点头，对卓长立和现场所有人说：“家政服务大有可为，要坚持诚信为本，提高职业化水平，做到与人方便，自己方便。”

在阳光大姐招聘展位前，习近平总书记停留了足足十几分钟，随后边走边了解其他招聘单位的情况，并与现场人员握手。

当总书记就要离开二楼大厅时，突然又在楼梯口停下脚步，转过身来，第三次握着卓长立的手，语气凝重地嘱咐道：“家政服务很有前途，你一定好好给她们找工作，一定要好好给她们安排工作。”这是党的最高领导人对自己的党员同志的殷殷嘱托。

习总书记离开后，卓长立和现场的姐妹们久久地沉浸在巨大的幸福之中。她们蹦着，跳着，笑着，身上好像注入了巨大的能量和活力，要马上投入到服务工作岗位中去!

卓长立和她的伙伴们把总书记的殷殷嘱托牢牢记在心里，更是落实在实际工作中。

听着卓长立娓娓道来，我又一次仔细打量着这个与我同龄的阳光大姐掌门人。眼前的卓长立，依然身穿标志性的橘红色工装上衣，一头乌黑的短发显得干净利落。交谈亲切而真诚，没有华丽的语言，但只要一谈起家政，就滔滔不绝、充满激情。

“总书记视察时，我向总书记汇报说，‘让党的阳光照亮妇女就业创业之路，把党的温暖送进千家万户’，这是我们阳光大姐企业文化的重要内涵，也是阳光大姐这个名字的寓意。可以说，她在诞生时就拥有了红色基因。”卓长立自豪地说。

经过 23 年的发展，阳光大姐从当初一间 12 平方米的小屋，变为拥有 300 余家分支机构的大品牌，发展成为全国家政行业翘楚，服务内容包含母婴生活护理、养老服务、家务服务和医院陪护 4 大模块，拥有 12 大门类 31 种家政服务项目，服务范围涉及十几个领域。累计培训家政服务员 240 多万人次，安置就业 320 多万人次，服务家庭 310 多万户。固定家政服务员 6 万多名，1 万余人获得高级工资质，60 余人被评为首席技师、突出贡献技师，被授予行业内首个“国家级技能大师工作室”“首席技师工作站”等。

阳光大姐成立 23 年来，卓长立在“掌门人”的位置上工作了 20 年。“阳光大姐”这四个字，甚至已经成为中国家政行业的代名词。

“这么多年来，阳光大姐牢记总书记的嘱托，真正坚守了创立时的红色初心”，卓长立自豪地说，“阳光大姐提出‘安置一个人，温暖两个家’的服务宗旨，为千千万万失业或生活困难的妇女提供了就业机会，让被安置的人得到了温暖，也让被服务的家庭得到了温暖，我们没有辜负总书记的殷切期望！”

2018 年 3 月 8 日，习近平总书记参加十三届全国人大一次会议山东代表团审议，卓长立再次见到了总书记。她在山东代表团的分组审议会上，面对面地向总书记汇报了阳光大姐的家政服务工作。

听了卓长立的汇报后，习近平总书记再次对家政行业作出重要指示：“家政业像‘阳光大姐’这个名字一样，是朝阳产业，既满足了农村进城务工人员的就业需求，也满足了城市家庭育儿养老的现实需求，要重视家政培训和服务质量，要细分市场，把这个互利共赢的工作当作事业来做，做实做好，办成爱心工程。”

在向习总书记汇报时，卓长立专门讲了秦翠慧的故事。来自沂蒙山区、只有小学文化、左手残疾的秦翠慧，在来阳光大姐之前生活困难，找不到工作，甚至应聘给饭店洗盘子都没有人愿要，一度只能以卖报纸为生。刚到阳光大姐时，秦翠慧非常自卑，低着头，缩着手，不敢同别人打交道。通过在阳光大姐的培训学习，秦翠慧脸上的笑容多了起来，性格也开朗多了。

“原来是我找工作，现在是工作来找我。”秦翠慧感触颇深。几年下来，她在济南买上了房，在省技能大赛中夺冠，还光荣地入了党，当上了省劳模。现在，秦翠慧已是一名阳光、自信的养老服务员。

在阳光大姐，像秦翠慧这样下岗、失业、生活困难的女工还有很多，她们通过阳光大姐走上了就业创业之路，生活重新被阳光照亮。带着这份阳光，她们走进千家万户，用她们真诚的服务温暖着他人。

2021 年 11 月，习近平总书记再次来到山东调研黄河流域生态保护和高质量发展工作。恰好正值习总书记视察济南八周年，阳光大姐家政服务员满怀激动的心情，给习总书记写信汇报几年来的工作。习总书记在百忙中委托中办向阳光大姐表示问候，省委、市委领导作出批示，并在市委常委会专题传达习总书记的问候。阳光大姐全体员工备感振奋，备受鼓舞，干劲更足了。

艳阳高照

市场经济泥沙俱下，家政市场因人员构成有一定的特殊性，也不例外，鱼龙混杂，乱象迭出，有时甚至发生像“杭州保姆纵火案”那样的极端恶性案件。每一个涉及保姆的“恐怖事件”的背后，都有一个“保姆来自哪家家政公司”的问题。这就提出了一个“家政公司怎样把关、如何把关、如何监督管理”的问题。

有些人因为偏见，认为保姆是伺候人的差事，好像低人一等，所以年轻人、文化层次高的人都不愿从事家政工作，因而从业人员供不应求；而有些所谓的家政公司中介不分良莠，来者不拒，甚至从不审查从业者的身份情况。家政市场发展之初，由于缺乏行业规则，消费纠纷不断，用户不满意，服务人员委屈，陷入了恶性循环。同时，家政行业中，养老、月嫂、家务等项目常年供不应求，服务人员的技能满足不了消费者日益增长的实际需求，这种供需的结构性矛盾长期存在。家政公司难道脱离不了恶性循环吗？破局之路在哪里？卓长立陷入了深深的思考。

2005 年末，济南的冬天格外寒冷。肆虐的北风吹掉了树上的枯叶，光秃秃的枝丫在寒风中瑟瑟颤抖。英雄山下的阳光大姐办公大楼里却温暖如春，一片热气腾腾的景象。中层以上领导齐聚在会议室里，在等待卓长立给大家召开一个重要会议。会议伊始，卓长立没有寒暄，她铿锵有力的话语直奔主题："我们阳光大姐目前第一要务，是要开展'ISO9000'认证。我们目前成了全国家政服务行业的领头羊，我们有责任和义务带头。"

石破天惊，一语激起千层浪。这些昔日的下岗工人，除了抱抱孩子、打扫卫生、照顾病人和老人比较内行，"ISO9000"是什么玩意儿一点也不明白。就连曾经在国有大厂从事过多年主要领导工作的高玉芝，也十分不解，她深知这件事情的难度。当年高玉芝所在的济南国棉三厂做"ISO9000"，凭借国营大厂人才济济的优势，动用相当的人力，费了九牛二虎之力才勉强通过。要在文化水平和素质普遍不高的家政行业做第一个吃螃蟹的，无异于天方夜谭。但是，高玉芝深知卓长立的性格，深知她认准的事情一定要坚持干到底，绝不会半途而废。高玉芝和卓长立目光坚毅地紧握双手："干！"

她们请来了"方圆标志认证中心"这个认证行业的专家帮助工作。短短几天的时间，阳光大姐便完成了"求职报名—岗前培训—签订合同—跟踪回访—满意度调查—纠正措施"所有的业务流程。ISO9000 认证就像一只无形的巨手，把企业从求职培训、前台管理到后台数据梳理得清清楚楚，一目了然。

开弓没有回头箭。仅用了不到半年的时间，阳光大姐 ISO9000 认证通过了第三方国际质量体系审核。2005 年底，阳光大姐在全国家政行业率先通过了这一认证。

在此之后，阳光大姐实现了几次快速跳跃，2006 年荣获了"山东省服务名牌"和"山东省著名商标"称号。

"三流企业出服务，二流企业出品牌，一流企业出标准"。卓长立又把目光瞄向了创建家政服务标准化这个更高目标。而当时的家政服务标准从国内到国际几乎是空白。

在省市质监局的大力指导帮助下，阳光大姐成立了标准化工作领导小组，卓长立亲自担任组长，授权管理者代表具体抓，做到快速、有序、有效推进。经过数百个日夜的工作，阳光大姐的家政服务标准初稿成型，后又经修改、审核。2007 年，阳光大姐成为首批省级和国家级服务业标准化试点单位，同时成为家政服务业首批国家级服务业标准化示范单位、示范项目。

2010 年 2 月 4 日，农历腊月十八，离除夕仅有 12 天。这注定是一个光耀史册的日子。济南舜耕会堂笑语喧天，彩旗飞舞，热闹非凡。阳光大姐荣膺“中国驰名商标”，授牌仪式在这里隆重举行。国家奖励给阳光大姐 80 万元奖金，阳光大姐公司又配套 50 万元，总计 130 万元人民币，全部奖励给了伴随阳光大姐一路走来的优秀家政服务员。而作为阳光大姐的灵魂和核心，卓长立分文未取。亮节高风，两袖清风，有这样的带头人，何愁公司上下不万众一心、众志成城？

2012 年 10 月 16 日，阳光大姐承担起全国家政服务标准化技术委员会秘书处工作，全国家政服务标准化技术委员会揭牌仪式在济南隆重举行。国家标准委员会主任陈刚亲自将这块招牌挂在阳光大姐的办公楼门前。熠熠生辉的招牌闪着灿灿金光，映照着卓长立白净的脸庞，犹如洒满了一层金色阳光。

到目前为止，阳光大姐制定了各类企业标准 1500 项，并起草制定了 9 项山东省地方标准和 5 项国家标准。也正是因为有了标准这个“度量尺”，用户清楚了各项服务的职责范围，服务员也不用为超范围服务得不到用户理解而烦恼，投诉量明显减少，服务满意度由最初的 70% 上升到 98% 以上。阳光大姐牢牢掌握了行业话语权。

太阳每天都是新的。

目前，阳光大姐建设的位于济南新旧动能转换先行区的 7 万平方米全国家政服务标准化示范基地已经落成，能够发挥教育培训、研发、信息化、产业推广等方面的集聚作用，未来这里将成为输出标准、输出管理模式的基地。

阳光大姐还与公安部门身份验证平台联动，开发出以标准化为支撑的“家政服务诚信平台”，实现了多方信息联动，用新技术破解诚信难题。用户能够及时查验服务员信息，了解家政服务员从报名、培训、服务到用户评价的全过程，形成可追溯体系，让消费更安心。

“标准化是帮助企业养成良好习惯的科学有效的工具，一个标准可以催生一个产业，我国的服务业要实现高质量发展，尤其需要标准化。”卓长立不仅是标准的受益者，更是标准的推广者和实践者。

播种阳光

随着经济的发展、社会的进步，人们的生活水平越来越高，追求美好生活的愿望越来越强烈，对家政行业的要求也在不断升级。

“习近平总书记等党和国家领导人，多次对家政行业的发展作出过重要指示，我本人也被评为全国优秀共产党员，并被推选为全国人大代表。跟二十一年前一样，党和国家的这份沉甸甸的信任，将继续督促和鞭策我更加努力前行。我会按照习总书记的指示，把家政行业当作一项事业来做，做出更大的成绩。”卓长立对我说。

在卓长立心里，不仅只有“阳光大姐”，还始终装着整个家政服务行业，装着所有从业的家政员工。有一次她去一个理发店理发，坐在另一把椅子上理发的一位中年妇女正在与周围的人聊天。她说起自己家里雇了一个家政，好一通刻薄褒贬：饭吃得多，身上有难闻的气味，还偷懒磨洋工。卓长立实在听不下去了，她不顾头发只理了一半，从理发椅子上“腾”地站起来，摘掉身上的围布，走到那个女人面前：“请您不要说了，每一个家政服务员都不容易，我替她们给您谢罪了！”说着，没等人们反应过来，她给那个女人鞠了个躬。卓长立从小到大没有过惧怕过什么，何时低过头弯过腰？她在宾馆与那位因被动了奶酪向她动刀子的人搏斗，与到宾馆挑衅砸场子的闹事人员拼过命，从没有眨过一下眼睛，今天却为素不相识的家政服务员“请命”。

卓长立给人家鞠躬的事，迅速在家政业传开，震动了所有阳光大姐的每位从业者。

毋庸讳言，据了解，从事家政行业的人员，90% 以上是下岗职工、农村妇女和外来务工人员，文化程度偏低，年龄多集中在 40 岁到 60 岁之间，而且技能单一，难以满足社会上对家政服务越来越高的要求。还有相当一部分从业者存在实际困难和问题，甚至是家庭不幸有家难回或无家可归的人。是阳光大姐照亮了她们的前程，把阳光的种子播种在那些荒芜的心田里。

秦翠慧是一位从沂蒙山大山里走出来的手有残疾的姑娘。她来到阳光大姐后，以优异成绩取得了上岗证。可因为手有残疾，几次都没有签下合同、找到雇主。她几近绝望，收拾包袱准备离开。但她还没有踏出公司大门，卓长立就把她叫了回来，亲自推荐她去给一位老大娘做保洁。秦翠慧不相信这次会出现奇迹，眼里滚动着泪花。卓长立鼓励她说：“去吧，我跟大娘商量好了，不满意不付一分钱。”她递给秦翠慧一份已经填写好的协议书，前来选人的老大娘也面带笑容冲秦翠慧点了点头。

秦翠慧颤抖着在协议书上郑重签上名字的那一刻，心里面好像照射进一缕温暖的阳光，瞬间把冰雪融化了。

不识字的农村妇女刘长兰老家是商河县，离济南市区近百公里。她为了到阳光大姐报名，天不亮就从家里动身，天快黑的时候才辗转找到英雄山下的阳光大姐办公地点。这时已经过了下班时间。刘长兰举目无亲，又不识字，分不清东西南北，在门口无声地抹泪，不知如何是好。卓长立得知情况后来到她身边，让她上了自己的汽车，把她送到天午宾馆，安排好她的吃住，第二天又开车把她接到公司。

类似的故事不断上演。王秀惠、蔺新燕、罗丽亚……名字数也数不清。卓长立把一粒粒阳光的种子播撒进每一位求职者的心中，淬火成金，再撒向千家万户，让每一个需要的家庭也充满温暖的阳光。

罗丽亚2014年来到阳光大姐从事养老服务工作。她待老人如亲人，用心付出，照顾一位90多岁高龄的老人近10年。在她的悉心照顾下，老人颐养天年，身在国外的子女十分感激她无微不至的照护。罗丽亚为照顾老人，连续8年没回家过年。她还积极学习服务技能，热心为周边的老人义务理发、做按摩，深得老人喜爱。她始终以雷锋为榜样，发扬职业精神，干一行爱一行，无私奉献、乐于助人，是阳光大姐"雷锋式"家政人的典范。

栾志敏是一个有家难回的人，她离家出走来到济南，在省城3年时间里到处打工，那些"草台班子"式的家政公司给她带来无尽的欺辱和痛苦。2011年冬天，她来到了阳光大姐这个充满阳光的地方，经过系统的培训后，她走进了第一个客户家。这是一位因多年脑梗后遗症生活严重不能自理的老太太。老太太的儿子把栾志敏领到家里后，就匆匆离开了。栾志敏看到老人想要起身，动了几下没有起来，就赶忙上前去搀扶。一股难闻的气味扑鼻而来，熏得她胃里剧烈翻滚。她还发现，老太太还不时地用干枯的手指去挠下体。

栾志敏第一件事就是把老太太弄到卫生间，给她洗澡。给老人洗澡时，她看到老人的下体居然有一些不知名的小白虫爬来爬去。看着那些小白虫，她浑身的鸡皮疙瘩都起来了，脊背阵阵发凉。但她顾不上这些，顶着难闻的气味，把那些小白虫一只只清理掉，差不多清理了一个小时。之后又给老人全身消毒，擦洗干净，送到已换成清爽干净的床单、被褥的床铺上。在栾志敏的精心照料下，老太太像换了一个人，原本干瘦蜡黄的脸上渐渐有肉了，面色粉红，看上去很健康。遗憾的是，栾志敏的亲娘直到去世都没有享受到闺女这样的孝敬。

一分耕耘一分收获。在栾志敏的母亲去世几个月后，栾志敏被评为"济南市最美劳动者"。她擦干泪水，把鲜红的荣誉证书敬献在母亲遗像前，告慰天国里的母亲。

我问栾志敏，是什么力量支撑着她如此舍身忘我，尽心尽力地伺候与自己没有任何血缘关系的老人？她毫不迟疑地回答道："是阳光大姐这个温暖的大家庭的教育和培养，是卓长立大姐给我树立了榜样。责任加爱心的企业文化，促使我们尽职尽责地工作。我们的职责就是要让温暖的阳光照亮每一个家庭。"

刘长兰服务的是已经105岁的章贞基老人。章贞基老人的儿子已经80多岁了，而且老伴也身体不好，生活无法自理。一开始，他在一家小家政公司给母亲找服务员。可是，第一个只待了一个上午就不辞而别；又找了一个，不到一小时也甩手而去。最后他找到了阳光大姐，找来了刘长兰。

刘长兰是一位从业多年、富有经验的服务员。但章贞基老人却“不好伺候”，她是齐鲁医院的妇产科专家，曾经是远近闻名的助产士，经她接生来到人间的新生命少说也有5000多个，被称为“山东的林巧稚”。她没有牙齿，刘长兰就用料理机把食物打碎，料理机都用坏了好几台。因从事过医务工作，章贞基有洁癖，必须天天洗澡，每一次洗澡都累得刘长兰气喘吁吁，浑身冒汗。她的肠胃动力差，便秘严重，大便的时候，刘长兰就用手抠。时间长了，一个姿势累了，就换一个姿势。后来，刘长兰就在卫生间的地上铺一张报纸，仰脸朝上，小心翼翼地抠。她觉得这个姿势方便，更容易操作，不容易抠破老人的肛门。有时不注意，大便就落到她脸上。就这样，刘长兰一干就是5年多。这不长不短的5年时间里，章贞基老人沐浴在阳光之中，在一片和煦温暖中离世。

像这样的事例，在阳光大姐数不胜数。“责任加爱心”已经深深烙印在每一位阳光大姐人的心里，熔铸进每一位阳光大姐人的灵魂里！

阳光普照

2023年，阳光大姐23岁了。

人生二十正青春，这是人生中最好的年华。23岁的阳光大姐，也一如人生的花样年华，绽放出最美丽的花朵，闪射出最耀眼的光芒。

站在长安街上徐徐行进的花车上，卓长立扬起头，微风吹拂着她浓密的黑发，灿烂的阳光洒在她坚毅的脸上。她目光炯炯遥望远方，心仿佛飞回了齐鲁大地，飞回了泉城济南。

卓长立无比自豪地在心里说：“阳光大姐，就像一棵参天大树，把根深深地扎进人民的土壤里，她必将逐步成长为浩瀚森林，为更多的人挡风遮雨。她更是和煦的阳光，照进千家万户，温暖亿万人心！”

首席技师

——记全国劳动模范、中国重汽集团济南卡车股份有限公司刁统武

邢云奎

2023 年 4 月 21 日，《重型汽车报》的一篇报道中有这样一段文字：“作为中国重汽集团的名牌产品，‘豪沃重卡’近二十年来累计生产销售超过 170 万辆。”

消息令人振奋，却很少有人知道，在技术上为“豪沃重卡”系列、“新黄河”重型卡车驾驶室稳定性“保驾护航”的，是一名维修钳工和他带领的 26 人创新团队。

他从技校毕业，在中国重汽集团济南卡车股份有限公司当维修钳工 19 年，刻苦自学，努力钻研，心无旁骛，练就了一身“真本事”和“超凡本领”：仅靠肉眼就能识别各种焊接缺陷；能在上千个零件中迅速发现问题并做出准确修正；擅长解决驾驶室焊接过程中的各种技术质量难题；能熟练掌握气压系统控制、液压系统控制和焊接机器人 PLC 控制，现场经验十分丰富；识图能力强，根据夹具图纸就能确认是否满足焊接要求；能熟练应用 3D 绘图和夹具设计技术，对焊接夹具进行改进；精通驾驶室焊接过程中所有环节，能够策划整个驾驶室焊接生产线建线布局……

他是从一名普通工人成长起来的企业技术攻关带头人，更是一位善解难题的“尖子生”和“技术工匠”：由他主持、参与的技术创新成果达 120 多项，

十多项荣获国家专利，多个项目获得省、市技术创新成果奖，其创新成果为企业产能提升、质量提升、设备优化等创造了巨大经济效益。身边领导和同事们对他的评价是：“学东西快，比较能钻研，爱动脑子。”

他以驾驶室为舞台，追求焊接夹具设计、维护和维修工作的“黄金品质”；他以精湛技能践行“工匠精神”，点滴热爱汇聚前行的动力，以高质量、高水平和高效率出色完成多项“急难险重”工作任务，在中国重卡新产品驾驶室研发制造中做出了突出贡献，用激情和汗水谱写了一曲壮丽的劳动者之歌。

他不善言谈，平时工作中身穿“重汽蓝”，在一群忙碌的同事中间并不显眼，却是一个了不起的“工匠”，更是现代产业工人的标杆和榜样，曾获“全国劳动模范”“全国五一劳动奖章”“山东省优秀共产党员”“山东省劳动模范”“山东省富民兴鲁劳动奖章”“山东省齐鲁十大金牌职工”“山东省技术能手”“山东省首席技师”“齐鲁大工匠”等十余项荣誉，并享受国务院政府特殊津贴。2023 年 3 月 23 日，他登上山东省质量大会领奖台，摘得“第八届山东省省长质量奖”。

一个普通的技术工人，为何能取得如此骄人的成就？他成长路上有着怎样的故事？

近日，笔者走进中国重汽集团的一线车间采访了他。交谈中，他那极富传奇色彩的故事深深吸引了我……

“要凭自己的真本事吃饭”

“我从小就对机械感兴趣，喜欢动手拆装各种小零件！”刁统武说，没想到小时候的爱好，后来竟成了自己一生为之奋斗的职业。

1994 年 9 月，15 岁的刁统武考入山东省枣庄市滕州技工学校，学习钳工专业。当时，他倾向学习电工专业，但当年这个专业没有招生，只开设了钳工和铸造工两个专业。于是，他选择了前者。

入学之初，刁统武就听到身边同学讲，成绩好的，今后就业选择余地大，可以分配到更好的单位。为了更好就业，同时也随着对钳工这个专业的深入了解，他喜欢上了这个专业。

在技校学习的第二学期，刁统武就到一家企业实习当学徒，修理机器发动机。一个偶然的机会，车间主任神秘地介绍说，带他们实习的老师是个“八级钳工”！这是他第一次听到“八级钳工”称号，深感这是人生一次幸运的相遇。

当他了解到“八级钳工”都是些顶尖级钳工，并具有临场解决实际问题的超凡本领时，不禁热血沸腾。他暗下决心，一定要成为那样的人！

就这样，刁统武怀着一种崇拜的心情刻苦学习，再加上实习老师的要求严格，他的学习成绩在整个班级一直名列前茅。

三年后，刁统武技校毕业。紧接着，他又考入山东省高级技工学校装配与修理专业继续学业。这个专业的学习比较系统，特别注重理论与实践相结合，尤其对理论层面的要求比较高。他是一个善于思考、爱琢磨的人。通过一段时间的磨合，他慢慢找到了感觉，渐渐掌握了机械的原理和本质。可以说，这个阶段的理论学习很关键，为他以后工作中熟练掌握相关技能打下了坚实基础。

经过两年的专业学习，1999 年 9 月，刁统武毕业了。毕业后，他分配到山东小鸭集团济南英特制冷公司，从事大型冷柜的装配工作。有了正式工作，他心里只有一个想法，就是一定要好好做，做到最好。当时，公司各方面条件都很艰苦。没有宿舍，他只能在外面租房。为了省钱，他就选择就近的农村租住平房，与两个同事合租，分摊房租。

在小鸭集团工作的第一个月，刁统武就领到了 500 多元的工资，这在当时还算是很可观的。有时，赶上订单量大的时候，他一个月最多可以拿到 2000 多元。即便如此，他也没有放弃学习。2003 年 8 月，他成功考取了钳工类技师资格证书。

回想起在小鸭集团工作的那 5 年，有两件事让刁统武至今记忆深刻：一是在那里他结识了妻子，并于 2004 年 1 月结婚，家庭很幸福；二是他第一次接触到公司“7S”管理体系。严格、规范、先进的管理制度，如春风扑面，不但让他开阔了眼界，增长了知识，提升了境界，还得到了很好的锻炼和快速成长。

“要凭自己的真本事吃饭”是刁统武父亲经常对他说的一句话，不管走到哪里，他始终铭记在心。他特别感谢父亲的教诲，也庆幸自己一开始参加工作，就得到了“真本事”的种种馈赠。

2004 年 9 月，刁统武与小鸭集团合同到期。是继续留下来，还是走出去开拓一片新的天地？接下来，他将再次面临一个人生重大选择……

刚上班就跟着外国专家“钻地沟”，交流全靠“打手势”

刁统武考虑再三，还是决定要出去闯一闯。

2004 年 10 月，中国重汽集团面向社会招工。得知这一消息后，刁统武毫不犹豫地报名参加招考。

“当时来应聘的人很多，我的压力也很大，但众多应聘者中具有技师职称的只有两个，我是其中一个。到了面试和实操环节，我也发挥得比较好！”刁统武感慨地说，他通过考试进入中国重汽集团济南卡车股份有限公司车身厂焊装二车间，从事维修钳工工作，不久便担任维修钳工副主办技师，这让他再次体会到“真本事”的重要性。

当时，中国重汽集团正在建设豪沃（HOWO）驾驶室焊装生产线。这条生产线，代表当时中国重汽集团乃至中国重卡行业的最先进水平，但关键的夹具设备均为国外引进，这对于刚进厂的刁统武来说，是机遇，更是严峻挑战。

“在开始这项工作之前，我对驾驶室的焊接和生产装备一无所知，一切从零开始！”刁统武坦言。“豪沃重卡”主拼焊装线由外国公司设计安装，纯英文的说明书，成为横在他面前最急需跨越的障碍。那时，整个车间能看懂说明书并能够与外国专家交流的人寥寥无几。

没有老师教，老员工也不会，怎么办？

经过短暂的迷茫后，刁统武很快振作起来。那时，他满脑子就只有一个想法：“不管多难，我必须学会这条生产线的维修技术，这是我的工作、我的饭碗！”

起初，因为不懂英语，与外国专家交流全靠比画和打手势，但为了掌握豪沃驾驶室焊装生产线流程，刁统武豁上了。他每天扎在施工现场，不懂就问。一次，他根据自己的理解拧螺丝，事后拿扳手一比量，外国专家脸上露出满意的笑容，给了一个“OK”的手势。虽是一个简单的手势，却让刁统武信心大增。

当时，刁统武的月工资只有 700 多元，但为了方便交流和查阅资料，他花 400 元买了一本电子英语词典。遇到不明白的地方，就查字典。他的这种执着精神，让外国专家深受感动。后来，他们之间的交流逐渐顺畅起来，他也因此获准上机亲自操作。

“只要积极主动，就有机会！”刁统武一说起当时“钻地沟”的事，就有一种豪气在他的脸上洋溢。一次，经过多轮调试，设备总是调不好。由于设备装在地下，只能钻地沟去调试。

“让我去吧！”刁统武不顾危险，主动请缨。就这样，刁统武与外国专家一起匍匐在地沟中，他们边打手势边工作，设备很快就调试好了。爬出地沟的刁统武，扑打着一身的灰尘和油泥说：“这个活儿虽简单，但不跟着干，不亲自干，就没有感觉！”

后来，刁统武加班熬夜设计了一个配件，彻底解决了调试的难题，以后就不用再钻地沟了。

刁统武果然不负众望，一上手就收获了无数赞赏的目光。

那个时候，有一个场景让刁统武很难忘：有一段时间，焊接机器人经常会出现故障报警。这个时候，车间主任经常说的一句话就是：“刁统武到了吗？”类似情况还有很多，很多工友工作上有困难也都是直接找他。这样一来，无疑给他增加了很多工作量，但他从不推辞。大家有困难需要他帮助，他总是第一时间赶到现场。

有人问他：“为什么要这样做？这样做你就不怕‘种了别人的地，荒了自己的田？’”刁统武回答说，把难题解决了，既帮助了别人，又提升自己的技术水平，这是“赠人玫瑰，手留余香”，何乐而不为？

就这样，在技术专家们的指导下，刁统武硬是靠着翻词典、查资料、做笔记，靠着勤学苦练，一点一点地往里渗透，最终用了不到两个月的时间，就把“真本事”学到了手，基本掌握了主拼焊装线的工作原理和夹具控制等复杂技术，并在全车间一举拿下了多个“第一”：第一个掌握主焊线操作技术、第一个掌握机器人操作技术、第一个掌握驾驶室焊接结构原理、第一个学会解决传输过载故障、第一个学会调整夹具……他特别赞同中国重汽集团董事长谭旭光经常说的一句话，那就是“不争第一就是在混！”

初战告捷，但刁统武并没有松懈。他明白，接下来，他接触的才是真正的“战场”。因为随着中国重汽集团市场开拓的步伐不断向纵深推进，会有更多的技术难题等着他去攻克和破解。

我原本想收获一缕春风

“豪沃重卡”驾驶室焊装生产设备调试完毕后，专家就回国了。谁也没想到，不久该设备就出现了质量问题。

“当时的情况是，车间内有两台进口车门包边机，它们在工作过程中经常出现车门中间凹坑现象，无法达到质量要求！”刁统武说，车门出问题的时候，项目已交付。由于是进口设备，没有专家指导，谁也不敢动。

“让我试一试！”刁统武自告奋勇，主动找到领导说出了自己的想法。他说，自己虽然掌握一些机械、液压工作原理以及焊接原理，却没有十足的把握。但如果不尝试一下，连修好的机会都没有了。我们不能受制于人，必须把技术掌握在咱们自己手中。退一步讲，即使最后没能修好，恢复原状还是没有问题的。

在刁统武的坚持下，领导终于打消了顾虑。他看向刁统武的目光里，多了几分欣赏。

接下来，一连数天，刁统武都泡在现场观察、分析和研究，寻找解决的方法。经过观察，他发现问题的症结在于受力不均匀。

为了不影响别人，刁统武利用中午休息时间，对包边机进行了维修调整。他运用“多点同时焊接”技术，结果在试装第三个车门时就完全消除了凹坑。

产品出来后，的确没有明显的缺陷，但如果仔细察看，仍然有一些非常细微、几乎看不出来的小斑痕。大家为此很受鼓舞，说这样已经很好了，不用再继续维修了。

刁统武是一个做事追求完美的人。他主动找到领导“请战”，说“小斑痕”也不行，必须完全修复！

在领导的大力支持下，第二天中午，刁统武又进行维修调试，终于消除了瑕疵，车门平整如初。

在刁统武手上，像“多点同时焊接技术”这样的“绝活”，还有很多。这一切，都是他在实践中一点点摸索出来的。

2007年5月，刁统武接到任务：设计改进铰链装配夹具，以确保“豪沃重卡”车门安装后内间隙的稳定性和准确性。

当时的情况是，委托加工的两组车门铰链装配夹具完全不能使用，厂领导心急如焚，要求在现有基础上进行改进。

虽是第一次接触铰链装配夹具，但刁统武有充分的心理准备。他明白，这样的挑战，也许在今后会不断涌向自己，他必须时刻调整好心态，不断破解极限难题，实现创新超越。

当时，摆在刁统武面前的，有一个很棘手的问题，就是产品图纸都是扫描图纸，根本看不清，查找坐标更要经过多次计算。经过一番试验，他把原来的半成品上面的定位装置全部取消，重新设计，利用检测装置边测量边装配，半个月后该项维修全部完成，并且使用效果非常好，不仅大大提升了车门安装的效率，也完全消除了之前的车门间隙反复调整的问题。

“这次改进，提升了我对驾驶室装配精度的认识！”刁统武感慨地说。这些问题的有效解决，填补了中国重汽使用铰链装配夹具的空白，也标志着车门装配技术上又上了一个新台阶。

谈到刁统武的技术革新，中国重汽集团济南卡车公司负责工会管理工作的周保钢同志赞不绝口："很接地气。举个例子来说，他能从关车门的声音是'砰'还是'咣'中，听出驾驶室车门是否存在缝隙、缝隙有多大，这就不是一日之功！"

他说，刁统武本身就是来自生产一线的工人，他靠勤学苦练成为熟练掌握驾驶室焊接工艺、产线规划，精通气动、液压、焊接设备操作和维修的"技术尖子"。现在，由他主持和参与的技术创新成果达 120 多项，有 10 多项获国家专利。其中，他提出的"焊接工艺和焊接参数优化方案"，使生产效率提高数倍。

2005 年 12 月，中国重汽开始研发"豪沃四开门"驾驶室，主要面向军用和消防用车。刁统武当时在技改组，一有空就跟着师傅们学习驾驶室技术改造。一来二去，从单件改制、划线、切割、组件焊接整个流程，除钣金活外他基本都学会了。那个时候，他刚开始学焊接，眼睛被焊接弧光刺得发红，整个脸部都感觉火辣辣的疼，手上到处都是烫伤，但他硬是坚持每天工作到晚上 8 点多，并且连续干了 5 天，终于完成了一台四开门的驾驶室！后来，他又参与了驾驶室整个侧围夹具和主拼夹具的改制，不仅学会了所有焊接切割设备的操作，而且对驾驶室构造组成有了全面了解。在与师傅们朝夕相处的日子里，他们身上那种严谨、认真、吃苦耐劳的精神，深深影响了他。

2008 年，中国重汽集团针对"豪沃重卡"市场需求激增的态势，提出同步提升驾驶产能的战略部署，但该款车型驾驶室焊装线是国内卡车行业首条自动化焊装线，其中包括智能焊接机器人，自动化程度高，改进难度大。

"再难也要啃下这块'硬骨头'！"刁统武领命后，与设备工程师一起，经过认真研讨，确定了通过对焊接工艺和焊接参数进行优化，从而改进机器人焊接路径的思路。说干就干，他们从早上上班一直干到晚上 7 点多，一鼓作气，终于将整个主拼线所有机器人的焊接参数和焊接轨迹改进完成，使焊装一台驾驶室由原来的 5 分钟，减少到 4.2 分钟，单车节约 0.8 分钟。按每班 8 小时计算，可每班增加产量 16 辆，不但满足增加产量的要求，还积累了焊接方面的宝贵经验。

很多时候，刁统武庆幸自己能够踏上中国重汽这艘航船，向着远方，坚定目标，踏浪前行。

2012 年 10 月，公司新建一条 T7H 中宽体驾驶室焊装线，刁统武担任项目现场负责人。“该线车型较多，结构切换复杂，除原四种车型外新增窄标、窄长和窄高三种车型，共七种车型！”刁统武说，在那几天，为了抢时间，他反复测试，反复调整，中午吃饭都是在焊装线上。经过努力，最终把风窗骨架的吊具气动控制系统改动了，更换了气动控制阀，彻底解决了风窗骨架安装的问题。

为了解决驾驶室数据问题，刁统武把夹具的所有定位结构都分析了一遍，每天晚上都工作到 8 点多，有好几次干到晚上 10 点多，晚饭和原因分析都是同步进行，最终找到了影响尺寸的原因。他让厂家全部把夹紧位置改正后，再测量数据便全部达到了技术要求。

“往往是一个难题解决了，不久又会出现一个新难题，这几乎成了一个规律。不过，这也印证了我们的产品在不断进步和升级！”刁统武说，他永远都不知道下一个难题会什么时候到来，但他对追求维修技术新境界的决心却坚如磐石。

2015 年，刁统武接手一个更具有挑战性的任务，那就是 T5G 四开门建线工作。从夹具制造厂家图纸会签开始，一直到驾驶室所有的质量问题解决完成，整个过程他都是全程参与、全程现场负责。当年 10 月份，公司接到集团通知，年底开商务大会，要求 T5G 四开门消防车参展。这就意味着，11 月前驾驶室就要制造出来。

为了赶时间，刁统武及时调整设备参数和驾驶室工艺方案，决定让外协厂家生产零部件，经检测合格后，再运回公司进行组装。生产过程中，他边干边进行焊接工艺指导。“夹具不能自动夹紧，我们就进行手动夹紧，边测量，边焊接，在驾驶室不停地爬上爬下。每天从早晨干到晚上 8 点多，夹具不合适修卡栏，产品件不合适修产品件！”他说，他们没日没夜连续干了 3 天，第一台驾驶室终于下线了。随即，他们又连夜进行检测，检测结果完全达到技术要求。

此后，刁统武主持的 T5G 四开门驾驶室建线工作，又持续了一年多时间。随着该项目的结束，他对驾驶室定位结构也已经了如指掌。一年来，他因为超负荷工作，身体一下子瘦了 10 多斤，白发也开始长了出来。但是，当看到 30 辆车顺利完成发往香港的报道后，眼睛禁不住潮润起来。

那年，刁统武 36 岁。

2015 年 4 月 20 日，“最美汽车人——2015 汽车人之夜”主题盛典在上海举行。在当晚举行的“伟大出自平凡·汽车人之夜”颁奖仪式上，刁统武等30名来自汽车行业一线的工人代表获评“最美汽车人”称号。主题盛典给刁统武的颁奖词是：全国技能竞赛“操作技术能手”、山东省“富民兴鲁”劳动奖章获得者，是他台前的风光。而他更愿意把自己定位一个普通的钳工技师。干钳工很难，工作乏味，辛苦，且难出成绩，刁统武却十年如一日，坚守在这 “枯燥”的岗位线上，为中国重汽驾驶室稳定性保驾护航。

2016年5月，刁统武突然接到了一个紧急任务。

这是一个让他心跳加速的任务，它蕴藏着中国重汽集团的一个重大决策部署。

12月底，中国重汽集团将召开商务大会，向广大客商展示一项成果，那就是“T7驾驶室卧铺加宽”项目。

这就意味着，从现在开始到任务交付，还有不到7个月的时间，而必须要完成的工作有“产品件数学模型成型分析”“组织供应商产品件模具的开发与验证”“焊装线改造”“焊装线与涂装线通线模拟与调试”等，任务非常艰巨。

为了争取更大的主动权，刁统武集思广益，提前布局，提出“手工制作卧铺加宽后围产品件”的构想，得到一致赞同。

7月，正是一年中的酷暑节气，炎热难当。刁统武带领团队冒着30多度的高温，充分利用冲压车间的工艺废料，选取合适的尺寸，下料切割、折弯，再进行拼接，焊接了一个外形轮廓相差无几的“样件”。8月，他们完成了车身部焊装线和涂装线关键风险点现场排查与确认，并开始改造工作。9月，他们通过手工制件再次完成焊装线和涂装线初步调试。10月7日，首批次5辆份宽体后围件送达车身部焊装现场。经检验合格后，开始进行焊装线和涂装线的精密调试和确认。10月16日，“T7H卧铺加宽驾驶室”成功下线。

经过连续7个月主持设备调试工作，刁统武实现了由施工向设计的成功转型。截至目前，共有926辆驾驶室从这条完全由重汽人自主调试的焊装生产线上顺利走下，下线合格率达100%。

道阻且长，行则将至；向着险峰攀登，必定是天道酬勤。

2020年10月，刁统武奉命来到济南莱芜，参与智能网联新能源重卡焊装项目，即“NG17驾驶室建线”工作。调试过程中，他和同事们一起抬着产品件进行对位改进：下面的人抬着，上面的人接，在工装夹具之间爬上爬下，一天的时间就这样匆匆过去。很多时候，他们下班走出车间时，已经是晚上10点多了。“从设备入厂到第一台NG17驾驶室焊装下线，我们仅用了84天！”刁统武不无自豪地说。

接下来，开始进行设备调试。那年，中国北方经历了近30多年来最冷的一个冬天。在莱芜，最冷的时候曾达到零下20℃，刁统武小组所有人里里外外都裹着多层衣服，依旧冻得浑身瑟瑟发抖。他们即使是脚穿加绒加厚的劳保鞋，两双三双地增加袜子，脚底依旧冻得麻木。在此期间，卡车车身部领导踏雪送来了棉帽和加班餐，董事长谭旭光也来到车间亲自安排通上暖气。

设备运行期间，由于机器人上件暂时无法实现，刁统武就安排三个人一组，组织人工抬件。上件初期，由于需要精确对位定位销，经常需要高举产品件停留好大一会儿才能放入托盘小车，放完接着抬侧围，抬车门，放完一轮，下一轮接着就来了。

时间到了大年三十这天，刁统武小组队员就如同往常一样，在生产线上匆匆吃几口简单的快餐，便又投入到紧张的工作中。从早上7点多干到凌晨1点，连续十六七个小时的工作，累得大家筋疲力尽，站着都能睡着。大年初一下午4点，刁统武小组终于完成百辆份NG焊装下线任务，在一片欢呼声中，他们互相问候“过年好”。

诗人汪国真在其诗作《我该怎样感谢你》中写道：“我原想收获一缕春风，你却给了我整个春天。”

今天，我国正在全力推动制造业向高端化、智能化、绿色化发展，需要越来越多的革新人才和“技术工匠”。刁统武进入中国重汽集团济南卡车股份有限公司工作19年来，从未停下创新的脚步。他不仅熟练掌握“多点同时焊接”“T7H中宽体焊装线”“T7驾驶室卧铺加宽”等诸多关键技术，以及三坐标测量原理分析、CAD绘图、CATIA三维设计，精通驾驶室焊接过程中的各个环节，对整个驾驶室的生产线建线流程和驾驶室产品的组装流程更是了然于胸。他长期战斗在生产一线，练就了一身通过“听、摸、看”快速发现设备故障、熟练解决设备难题的过硬本领。

刁统武告诉笔者，他没想到自己一路打拼会收获那么多。从这种意义上讲，那些曾经连夜加班赶工期的日子，那些拖着一身疲惫走出车间的瞬间，那些看着产品缓缓走下生产线时溢出的泪花，它们最终都成了收获的一部分。

情系“新黄河”

2019 年初，为进一步提高市场竞争能力，中国重汽集团开始布局“智能重卡”即“新黄河”的建线项目。

从先期的工装夹具图纸会签，到首批 34 辆“新黄河”重卡驾驶室下线，刁统武和他的 5 人技术团队全程参与其中。

出于保密的需要，首批“新黄河驾驶室”是在南方某地生产的。“生产现场周围，全部用铝合金和没撕掉纸的有机玻璃进行围挡封闭，密不透风！”刁统武苦笑了一下，继续说道。当时，六七月份正值江南的梅雨季节，天气潮湿闷热，又正是疫情期间，他们每天都戴着口罩，从早到晚汗流浃背，衣服就像水洗的一样。

不仅如此，现场的劳动条件也很简陋，但工作要求却很高。刁统武介绍说，生产过程中，下面的人要把产品件举到头顶，上面的人得弯腰去接，频繁的上下传递进一步加大了劳动强度。每天，大家干完活后胳膊上全是划伤，腰和手腕钻心的疼。下班回到宿舍，累得筋疲力尽，倒头就睡。尽管刁统武也十分劳累，但他作为带头人，必须坚持做完数据分析，把第二天的工作捋一遍，先干什么，后干什么，怎样才能保质保量快速完成工作等，才能休息。由于长时间处于紧张和疲劳状态，让原本就患有颈椎病的刁统武身体亮起了“黄灯”。有一段时间，他疼得实在厉害，白天贴着膏药上班，晚上则戴着护颈套、枕着矿泉水睡觉，一下子消瘦了许多。

“其实最考验人的，还是工装夹具图纸会签！”刁统武说，在项目会签中前后共出现了 700 多个问题，这就需要集中精力，眼睛盯着大屏幕，逐项逐点地看。同时，还要想着生产过程，判断哪些环节容易出问题，这绝对是一件烧脑的事情。

一天，刁统武突然接到妻子打来的电话，说孩子这几天要参加中考，要他回家来陪陪孩子。当时，驾驶室生产正处于关键时期，刁统武实在走不开。于是，他当即就回绝了妻子的请求。然而，就在他挂断电话的那一刻，愧疚感袭上心头，鼻子一阵发酸。

“新黄河”重型卡车如同蕴含美好期待的花朵，只有精益求精的坚持才能让她完美绽放。“我们在焊接过程中，发现了一个 7 mm 的缝隙，便立刻停止，进行排查！”刁统武说，100−1=0 的道理必须坚持！前围和地板组装配出现

7mm 的间隙，这个部位对驾驶室来说是至关重要的，它会直接导致生产的驾驶室不合格。于是，在他的带领下，技术团队用了一整天时间，把所有焊接设备、焊接工装、上百个产品零件挨个对应检查，从早上 8 点一直持续到晚上 10 点，终于找到问题所在。刁统武一下子坐在地上，长长地出了一口气。这时，他才想起来，自己一天都还没吃饭。

2019 年 9 月 16 日，刁统武亲眼见证了中国重汽集团发布的“新黄河”重型卡车在聚光灯下缓缓驶出的场景。首批 34 辆代表全球最低风险系数的“新黄河”重型卡车驾驶室，在他和他的技术团队手中新鲜出炉！

那一刻，他激动得流下了泪水。

从“个人超越”到“团队超越”

为解决 T7H 驾驶室金属风窗玻璃安装效率和质量问题，刁统武带领技术团队组织攻关，用了不到一周时间，就设计出了小风窗装具，将有机玻璃小风窗改为金属材料的小风窗，应用于生产后，完全满足了生产技术质量要求。不过，这一次产品组装没在车间进行，而是在一间办公室完成的。

这间办公室叫作“刁统武创新工作室”。

质量问题在一线，“解题”能手也在一线。2012 年 12 月，中国重汽集团以刁统武的名字命名了创新工作室。在刁统武的带领下，工作室成员一路披荆斩棘，拼搏奋进，攻克了 100 多项技术工艺难题，在大幅提升生产效率和产品质量方面做出了重大贡献。

“一花独放不是春，百花齐放春满园”。据了解，“省长质量奖”选拔一线技术人才，需要具备很多条件，但其中有一条就是“不能只会自己干，还得会带动团队一起干！”

刁统武就是这样一个“会带动团队一起干”的技术带头人。

2013 年，刁统武在接收 A7 原夹具资料时，发现夹具的数据和驾驶室坐标数据完全对不起来。数据不统一，会造成分析错误，后果不堪设想，但是全车间有 112 台夹具、5 个车型，数据更正工作量非常之大。

迎难而上，是刁统武性格中最亮眼的气质和色彩。他专门组织成立了“解题小组”，进行技术攻关。他先是安排小组成员每人做一个班组的夹具测量作业指导书，全部按照驾驶室标准数据去做，然后逐一检测测量。不料，在具体实施过程中，却一次次遭到了失败。困难面前，有的队员有些泄气，甚至想到放弃。为了鼓舞士气，在检测每个夹具时，他都跟进指导，出现问题及时修正改进。就这样，用了近半年的时间，所有数据全部得到更正，无一差错。经此一战，他和大家也学到了“真本事”，以后在面对任何新上线驾驶室的时候，都能从容应对，凭借数据分析快速了解它的结构、性能、工艺等情况。

习近平总书记指出：“要大力弘扬劳模精神、劳动精神、工匠精神，适应当今世界科技革命和产业变革的需要，勤学苦练、深入钻研，勇于创新、敢为人先，不断提高技术技能水平，为推动高质量发展、实施制造强国战略、全面建设社会主义现代化国家贡献智慧和力量。”

刁统武是一个有心人，也是一个善于抓住机会去拥抱更多创新知识的“工人专家”。遇到难题或看不懂的地方，他就经常与新来实习的大学生们一起讨论、请教，拜他们为师。后来大学生们说，在他不断提问和虚心学习的精神的感染下，他们也重新拿起了课本来学习。一次，刁统武团队邀请大学生们一起讨论设计画图问题，却被告知他们没有学习过 CATIA 软件。于是，大家就组成了学习小组一起进行学习和探讨，攻下了很多技术难题。

刁统武长期扎根生产一线，通过传帮带的方式，抓住每一个技术攻关的机会，把自己掌握的技巧、经验以及解题思路毫无保留地传授给年轻人，帮助他们去践行心中的热爱。他说，要成为技术领域的“拔尖者”，没有捷径可走，只有靠“真本事”，靠大量的实践积累。为此，他把每一次完成任务的过程都当成一堂“创新公开课”，尤其遇到一些高难度技术攻关，他都会带领技术团队到现场观摩学习，并配以细致的讲解，积极鼓励大家创新。

扶上马，还要送一程。近年来，刁统武采取多种形式培训工作室成员 8000 多人次，带出了一个善打硬仗、创新意识强和充满活力的技术团队。26 名“徒弟”中，个个身怀绝技，成为焊接、钣金、冲压、机械等多个领域的“技术大拿”。

90 后焊接工程师张昕，在生产一线从事技术质量管理工作。自 2016 年 7 月进入中国重汽工作以来，在刁统武的指导下，勤奋上进，从不轻言放弃，取得了令人瞩目的成就，是一个在技术创新领域的“新秀”。有人说，在他身上有很多师父刁统武的影子。

通过多年的一线磨砺，如今，张昕能够独立处理焊装生产线的瓶颈问题，他主持设计开发的三坐标尺寸检测数据分析平台，将 15 个检测数据库设计整合为两个，并加入 CII 指数、6sigma 等数据分析工具及多层界面设计，数据获取分析更为直观快捷，准确率达到 100%，实现了实时动态微调，将驾驶室 ± 2mm 尺寸最高合格率由 65% 提升至 80%，为焊装行业领域三坐标数据分析提供了宝贵经验；在“豪沃重卡”T7H 车型内外饰提升项目中，他全面负责分部生产准备及工艺策划实施，T7H 车型累计上场 35 款，新增及变更图纸达 455 余次；他独立策划及编制驾驶室焊装工艺 78 组，外购检验工艺 458 套，质量档案 116 份，标准作业 100 份，工装夹具设计开发 47 套，制订提升行动计划 150 项，设计创新方案 36 项，攻克生产技术质量难题 85 项，有力推动了 TH7 系列驾驶室的上场进度及质量控制提升，获评“济南市创新能手”“山东重工年度企业文化之星”“集团公司青年工匠”等荣誉称号。

1983 年 1 月出生的刘斌，高级技师，“济南市五一劳动奖章”获得者，主要从事焊接设备、工装胎具的应用与维护工作。参加工作以来，他一直跟随刁统武在生产一线进行各种技术难题的攻关突破，先后拿下 70 余项创新项目。他发明的“一种焊接质量检测装置及其检测方法”，可提升检测效率在 60% 以上，获 2022 年国家发明专利。

刘斌不断追求技术突破，在生产实践中锻造卓越技能，在做事风格上颇得刁统武“真传”。他自行设计的一整套螺母专用定位工具，有效解决了螺母烧焊不同心问题，在确保整车装配质量方面实现重大突破。他主持的科研项目“改善卡车减震器密封处漏油问题”，以及“TRIZ 方法在驾驶室焊接定位中的应用”，双双获得“2022 年山东省创新方法大赛二等奖”。

…………

刁统武说，每天走在宽敞、阔大的车间，到处都散发着创新的气息、青春的气息、争创一流的气息，当然，还有收获的气息。

看着年轻人一茬茬成长起来，尤其是驾驶室焊接领域人才辈出，刁统武难掩心中的喜悦。他欣赏他们朝气蓬勃、勇于超越的样子，在他们身上看到了自己的昨天，也看到了中国重汽集团的未来。

用长满老茧的双手，握起城市美容的画笔

——记全国劳动模范、济南市城市管理局马洪亮

晨 曦

当喧闹的街道人声鼎沸，当繁华的夜市进入梦境，辛勤的保洁员正奔波在城市的街道、立交桥、高架路、隧道快速路，忙碌地劳作着。他们像技艺娴熟的画家，用灵巧的双手描绘出一座城市崭新的市容。

——作者题记

一

如果说城市的生活像一首宏伟的交响曲，那么，在党旗引领下的济南清扫大队环卫工则像乐谱上的音符。正是这一个个小小的音符，才组合成城市生活的和谐主旋律，描绘出大美泉城的五彩锦绣。而保洁员马洪亮，就是环卫大家庭中的一员。

2001 年 4 月，济南市决定从全省各地市招收一批外来务工人员从事环卫工作。32 岁的马洪亮便从老家邹城来到济南，成为一名保洁员。那是他从小到大第一次走出家门，来到一个陌生的大城市。2004 年，因工作突出，他被选调到新成立的济南市机械化清扫大队。

当问到这些年工作的感受时，他说："19 年来，我一直跟垃圾打交道，从当初的手工作业到今天的机械化作业，这一路走来，不管受过多少苦和累，现在觉得留下的全是踏实和快乐。我没有文化，也说不出什么豪言壮语，但我心里始终认为，既然咱从乡下来到城里，领导把任务交给咱，就是对咱的信任，咱无论付出多少，都首先要把活儿干好。能为城市的清洁出一份力，这是咱的骄傲。"

话朴实无华，却掷地有声。正如他给自己定下的工作誓言："诚实做人，认真做事，啥时候也不能让人家戳咱的脊梁骨。"马洪亮虽没有轰轰烈烈的壮举，但他用自己辛勤的汗水换来城市的整洁亮丽，谱写着自己平凡而精彩的人生。

说起环卫工人，人们总会想到"脏、臭、乱、差"这几个字眼。用老百姓的话说，"夏顶烈日冬冒寒，一年四季不得闲"。然而，持重沉稳的马洪亮对于自己从事的这份职业，却有着不同的理解。上班第一天分配作业片区，环卫所领导就遇到了一个棘手的问题：大家都希望能被分到人少偏远的地方。因为比起繁华商业区的路段，这些地方工作要清闲一些，且车流量小，危险自然也小。而从小就不怕吃苦的马洪亮却主动跟领导提出，去繁华的大纬二路大观园作业区。该区域点多、线长、面广，路况复杂，环境清理强度大，作为城市窗口位置，又是市区重要的文化商业区，要求整洁程度高。马洪亮深知其中的艰辛，但他还是义无反顾地走上了自己选择的岗位。

那时，每天凌晨 4 点就要起床到岗作业，晚上 9 点才能下班，而工资每月不到 800 块钱。一个多月下来，马洪亮所负责作业的区域每天都被打扫得干干净净，一尘不染。一位住在附近跟他熟悉的离休老干部见他工作认真，人品好，便说："你从农村出来是为了挣钱养家，这里工资低，还又脏又累，我给你介绍个单位，光打扫卫生，轻快不说，工资也高，还管住。"面对这位老同志的热情相助，马洪亮婉言谢绝："我既然选择了它，就该无怨无悔；既然干了环卫工作，我就把它当成圣洁的殿堂。"

对本职工作的热爱，是一种朴素的职业情感。即使在平凡的岗位，只要用心去做，也能干出一片新天地。马洪亮不但工作认真，也是一个做事严谨、荣誉感很强的人。为了保证自己负责的路面的卫生质量，他严守作业时间，不迟到，不旷工，不早退，按时普扫，按时捡拾，每天作业时间都在 16 个小时以上，早餐和午餐几乎都在路段上吃。一般是早上 4 点开始，6：30 结束，完成第一遍推扫；下午 1：30 到 3：30 完成第二遍推扫。对人行道、树坑、绿化带中的纸屑、烟蒂，他一点一点捡；遇地面有痰迹，他就用随身携带的水和卫生纸擦拭干净；对沿街的垃圾箱，他每天坚持清掏、擦洗两遍，保证无积存、无臭味、无蝇蛆，箱体外观整洁。他所保洁的路面时刻达到"五无五净"，即无尘土、无污泥、无落叶、无烟蒂、无垃圾，路面净、路牙净、树穴净、垃圾箱体净、绿化带净。每月的市级卫生检查，要求尘土计量标准不得超过 15 克，而他打扫的区域从未超过 10 克，他所负责保洁的路段连年被评为全市"示范路段"。

保洁员的工作虽算不上复杂，但也需要一些小窍门。马洪亮刚上班那几年，一把扫帚、一个布袋，外加一只铁簸箕，就是他人工清扫的全部装备。但日积月累，他发现很多路边死角的垃圾，用配发的工具很难完全清理干净。于是，他开始利用业余时间搞起了小发明，针对不同路面的特点，从多年的保洁经验中摸索、创新，发明了"五样宝"，即推扫路面的长毛宽扫帚、推扫人行道的短毛窄扫帚、推扫路沿石的直角扫帚、清理小广告的铲刀、绿化带内的夹子。这一创新被命名为"马洪亮工作法"，并在全市环卫一线推广。运用这一工作法，既能提高作业效率，又能保证卫生清理的清洁度。

如今 19 个年头过去了，马洪亮这个没有一技之长的保洁员，硬是靠着自己的努力做出了惊人的成绩。其间，他还于 2012 年入了党，成为济南市环卫系统的首批外来务工人员党员。

泰戈尔有一句名言："果实的事业是尊贵的，花的事业是甜美的，但是让我们做叶的事业吧，叶是谦逊地专心地垂着绿荫的。"泰戈尔所说的"叶"，不正是这些无私奉献的清洁工吗？他们将自己变成叶来映照花的芬芳，衬托果实的清香。

2007 年 7 月 18 日，济南遭遇 50 年不遇的特大暴雨袭击。为了及时清理马路上被雨水冲出的淤泥垃圾，马洪亮凌晨一点多就来到路段，疾风暴雨让树叶、杂物将一些下水道井盖堵塞，还有部分井盖被冲走，给车辆和行人造成了很大的危险。为了消除安全隐患，马洪亮光着脚，蹚着深到大腿根部的雨水，一个一个井盖清掏、疏通、补盖，一泡就是十几个小时。双手被划得伤痕累累，加上长时间浸泡，疼痛难忍，双腿累得几乎失去知觉，饭顾不上吃，水也没喝一口。直到第二天中午一点多晕倒在雨水中，才被同事强行送回单位。他的忘我精神感动了无数济南市民，也激励着所有环卫工人用心用情去呵护这座城市的每一个角落。

二

时光飞逝，作为城市发展的见证者和亲历者，回望过去，尽管垃圾清运保洁从人力手工作业进入机械化、科技化清扫时代，繁重的体力劳动已渐行渐远，但环卫工人手工作业艰辛的工作历程却成为城市永恒的记忆。

1998 年 5 月，随着城市道路的拓宽和新建立交桥、高架路、隧道快速路的增多，原始人工清扫工作已不能满足城市发展的时代需求。按照市委、市政府的要求，成立济南市机械化清扫大队。这也标志着城市环境卫生清扫工作，由原始人工作业进入现代化机械作业时代。马洪亮就是在这一年经层层选拔，来到机械化清扫大队的。

2019 年初春，受寒潮影响，一场罕见的大雪袭击了济南，给市民交通出行带来了极大的困扰。加之风大，最低气温零下 20 多度，道路积雪、冰冻严重。一时间，整座城市变成了一座冰城。当时正值省"两会"召开。由于机械化作业中，路牙石下和背阴面的冰疙瘩无法清理，人手少、任务紧，马洪亮便带领路段的保洁员用铁锹铲，用镐头凿，双手、耳朵被冻伤，脸被冻得毫无知觉，鞋和袜子冻在一起，脚冻得钻心疼。实在太累了，就随便找个地方打个盹儿，醒来再接着干。就这样，他和同事们硬是在极其恶劣的寒冬，强忍着伤痛“浴雪”奋战了三个昼夜。有的同志劝他回家休息，换一下衣服，他说：“路上的冰雪清不完，容易出车祸、出事故，我得清完再走。”直到自己分管路段的清雪除冰工作全部完成，他才松了一口气。

作为“城市美容师”的保洁员，过去他们靠着一双手加上一把扫帚、一辆人力三轮车为城市“梳妆打扮”，如今，“一把扫帚扫遍大街小巷”正逐渐成为历史，取而代之的是现代化的环卫机械设备。环卫机械化保洁在保证一线环卫工人安全的同时，有效提升了城市管理品位，提高了城市道路的保洁率。但马洪亮不会开车，在大队发挥的作用就越来越小。善于学习进取、永不服输的他决定自费考取大车驾驶证。对文化程度不高、年龄已 48 岁的马洪亮来说，学开车难度相当大，但如果不学，很多工作都没法干，就意味着要失去自己深爱的这份事业。

在驾校报名后，马洪亮坚持每天晚上下班背交通法规教材，一直到深夜。换休时，顾不上休息赶着去练车。对于时常出现加减挡手脚配合不一的问题，他就利用休息时间在家拿脸盆和扫把练。功夫不负有心人，一年多以后，他

终于拿到了驾驶证。那天他高兴得像个孩子，手捧着新发的驾驶证，激动得流下了眼泪。

为了尽快掌握扫路车清扫机械的调整方法，马洪亮像个小学生一样，跟在修理工后面一遍一遍地问，发现解决不了的难题就记在本子上，一有机会就向老驾驶员请教。就这样，上车仅仅半年，他已熟练掌握了驾驶及机械清扫操作的全部流程，机械清扫驾驶技术得到很大提升，并在年终市城管局组织的驾驶作业竞技比赛中获奖。

一个城市就是一个星光闪耀的世界，而机扫队员似闪烁的星星。尽管人们不知道他们的名字，但他们却在自己工作的轨道上发出光和热，去无私地照耀别人。每天凌晨，干净的机扫车披挂着一串悠扬的音乐，欢快地把清水洒向街道，把路上的尘土、石渣、污物、纸屑吸入箱体。这支被誉为“走在太阳最前面”的队伍，一切是那样的环环相扣、有条不紊。

从“老三把”人工传统作业到“定人定车定路”机械化精细化作业，马洪亮驾驶洗扫车已有 5 个年头。机械化车辆上路，实行两班人员轮班制。自从上车作业，马洪亮一直保持着手工作业时的习惯，每天都会提前一小时到达车前，提前给作业车辆进行“体检”，然后才开始驶往目标路段进行冲洗、清扫。启动车辆、连接电源、放下扫刷，马洪亮熟练地操作着大型洗扫车控制设备。“洗扫车要贴边行驶，才能精准吸附路边的垃圾，但又不伤害到周围植被；大部分车没有自动巡航功能，速度要自己控制。”他一边操作一边向记者介绍。路边有洗扫车无法吸附的垃圾，他就将车靠边停好，放置好安全警示牌，下车捡拾垃圾。短短 5 年，马洪亮从一个对车辆驾驶、清扫操作一窍不通的门外汉，成为能保养维修的行家里手。

在我采访跟车作业的途中，马洪亮不无自豪地告诉我：“现在实行环卫机械化作业，不但降低了环卫工人的劳动强度，也提升了城市道路清扫保洁效率，原来很多人清扫一条街道，现在我一个人就能清扫多条。以前人工清扫不仅费力，扬尘严重，且存在安全隐患。换成机械化清扫后，这些问题都解决了。现在是清扫、洒水、冲洗同步作业，不产生一点扬尘，工作效率也高。”

作为机械化清扫队伍，为不影响城市交通畅通，春夏秋冬，当第一缕晨曦还未出现在城市上空，凌晨 4 点他们的身影就出现在静悄悄的作业线上。马洪亮和他的同事们坚守在平凡的岗位，用坚定的步伐完成平凡而辉煌的使命，用饱蘸温暖的心把城市的面纱轻轻撩起，将其装点得如诗如画。当秋风吹下落叶，尘土逗留路边，积雪结冰，他们就是让城市恢复整洁的马路天使。当创建卫生城市和文明城市时，他们默默地奉献着智慧和汗水，“宁愿一人脏，换来万家洁”，以责任点缀城市的美丽。

走在大街小巷，我们总能看到一辆辆机械化环卫作业车辆在行进。而当市民还在睡梦中的时候，他们早已开始了忙碌的工作。冲洗、湿扫、吸污，车队所过之处，落叶、尘土、杂物一扫而空，路面光洁如新。他们唤醒黎明，谱写悠扬的晨曲，使荷尔德林“诗意的栖居”不再是梦想。美丽整洁的都市，是市民生活的福地和精神的乐园。

三

寂静安宁的夜里，当城市的霓虹与星星辉映，马洪亮和他的同事们正奋战在工作一线，在寒夜中丈量着城市的每一座立交桥、高架路、隧道快速路。随处可见的洒水、吸尘、喷雾等车辆，成为城市清扫、大气污染防治的“主力军”。寒冬，棉衣变成冰甲；夏日，单衣变得透明。对苦和累、脏和臭，马洪亮没有丝毫抱怨。他把脏和累留给了自己，把干净和优美献给了百姓。多少次助人于危难，多少次拾金不昧，多少次见义勇为，多少次勇救轻生者，多少次充当义务消防员，多少次急送车祸伤者……这些，对马洪亮来说已是司空见惯的事情。

2017 年 7 月的一个傍晚，马洪亮在一条绿化带里捡拾垃圾时，突然发现冬青丛中有个黑色塑料袋，里面有存折、银行卡、身份证等物，其中存折上的存款是 8 万多元。他第一时间报告给队领导，当天下午就通过银行找到了失主刘女士。刘女士紧紧握住他那双满是泥水的手，并拿出 1 万元作为酬金，他推辞说：“没丢就好，这钱说什么我也不能收。”据统计，马洪亮干保洁员十多年，仅拾到手机、存折、银行卡等就有 70 多次，价值达 60 多万元，他都通过各种渠道还给了失主。他虽然是个普通的外来务工人员，家庭并不富裕，但他用农民那种最朴素的方式践行着社会主义核心价值观，用保洁员那种最真诚的心展现了济南环卫群体无私奉献、厚道本分的精神风貌。

2019 年 7 月 5 日，一场强降雨使北园高架桥多处下水口被垃圾堵住，无法排水。马洪亮和同事们连续 5 天，从早上 6 点一直清扫到次日早上 6 点多，全身趴在水里用手一点一点往外抠，硬是靠着一双被划得伤痕累累的手，清理下水口 1976 处，平均每天清理近三百处。每天回到家，累得倒头就睡。“虽然辛苦，但作为机扫人，能够为城市的美好环境做出力所能及的贡献，再苦再累也心甘情愿。”

唯一让他和同事们不能释怀的是，直到今天，社会上仍有些人认为他们的工作是“跌份儿”的活儿。清扫大队很多职工找对象，对方一了解他们的工作，就没有了下文。令人欣慰的是，随着市容环境越来越好，马路越来越整洁，理解他们的人越来越多了，人们给予他们的关爱也越来越多了。比如，沿街众多商户主动为他们免费提供热水和临时休息点，还有热心商家和市民为保洁员提供免费早餐，等等。

保洁员常年工作在马路上，加之私家车越来越多，随时都会有危险降临。2022 年 5 月 10 日下午，当马洪亮作业结束从黄冈高架桥西下道口下来返回车队时，一辆由北向南行驶的拖挂大车违章闯红灯，将马洪亮正常行驶的作业车撞坏，驾驶室被撞得变了形，马洪亮的身体被牢牢卡住，左腿骨折。120 救护车将他送到省立三院，等做完手术，他不顾大夫和队领导的劝阻，仅仅在医院住了半个月，便回家静养。他说：“队上这么忙，我住在医院里，领导和同事们还都惦记着，时不时过来看望，我心里不是个滋味。”他一能下地活动，就每天拄拐来队上，做些力所能及的工作。身体还没完全康复，他就开始了正常工作。事后，同事们都说他是个铁打的人。

一粒沙中看世界，一滴水中见人生。熟悉机扫工作的人都知道，环卫工作没有节假日，没有休息日，作业时间不固定，临时性的工作随时都会有。多年来，马洪亮始终把“做事先做人，万事勤为先”作为自己的行为准则，凡事想在前、干在前，处处发挥共产党员模范带头作用。一年四季，周而复始，他单调地做着同一件事，但毫无怨言。他和同事们汇成一道亮丽的风景线，也影响和带动着职工共同为自己所热爱和追求的事业默默奉献。

19 年来，他用长满老茧的双手，执起“城市美容的画笔”，扫过春夏秋冬，掏走污秽恶臭，用实际行动诠释着一名共产党员的平凡和伟大。没有豪言壮语，有的只是对环卫事业的热情与执着。他的忠诚敬业、朴实担当，得到了各级领导和社会群众的普遍赞扬，连续十年被评为“优秀保洁员”，先后荣获“济南市劳动模范”“十大杰出职工”“山东省劳动模范”“全国劳动模范”等众多称号，2012 年，光荣当选山东省第十二届人民代表大会代表。2019 年，他还荣获中共中央、国务院、中央军委颁发的“庆祝中华人民共和国成立70周年”纪念章。

2012年1月，济南市城市管理局率先在全市城管系统推出以全国劳动模范马洪亮领衔的“马洪亮劳模创新工作室”。工作室自成立以来，为当好城市“大管家”，做好市民“好家政”，他始终坚持带头弘扬、践行劳模工匠精神，爱岗敬业，精益求精，勇于创新，带领工作室全体人员充分发扬“孺子牛、拓荒牛、老黄牛”精神，让工作室每位成员都成为城市美化的标兵。

在采访中，我曾问过马洪亮这么一个问题：“你现在该有的都有了，为什么还这么拼？”他笑了，充满感慨地说了这么一段话：“说实话，当初我从农村来到济南的时候，刚开始感到大城市很新鲜，真正走上这个岗位，脏累不说，还经常受到城里人的白眼，那时心里有时也很不得劲。可不知怎的，一晃19个年头了，干着干着，就对这份工作有了感情。渐渐地，每当看到自己负责的路段清爽洁净，心里就觉得很舒畅。特别是从最初的扫把清扫，到今天的全机械化自动清扫，看着自己工作的城市越来越美，我心里总是有一种自豪感。一想到自己用双手撑起自己的日子，也用劳动为这座城贡献了一点力量，心里就开心快乐。再说是这份工作成就了我，在各级领导和党组织的关心、帮助下，让我一个成为党员，并给了我这么多荣誉，我不能忘本啊。我虽然是个保洁员，但更是一名党员，共产党员就应该做到初心不改、矢志不渝。只要城市变得美丽，我再苦再累，心里也是美的。”

积跬步成千里，汇溪流成江海。伟大的事业都是由人创造的。西方有一句谚语：“为他人付出，即使没有赞扬，在黑暗中也能闪闪发光。”在济南浩瀚千年的历史长河中，像马洪亮这样的普通劳动者，如璀璨星空下一粒粒晶莹的露珠，虽平淡无奇，却为这座城市立起了神圣的道德标杆。他用奉献换来市容的整洁干净，用整洁亮丽为城市绘上绚丽的色彩，用大爱呵护着水韵泉城的大美风景，以不懈努力和无悔追求，践行着一名共产党员的铮铮誓言，展现了新时代机扫工作者的良好风范。

初心永恒

——记全国公安系统一级英雄模范、济南市公安局特巡警支队张保国

蓝 茹

若非勇敢之士，难成英雄之名。

弹药维修、销毁，是世上公认的最危险的职业之一，张保国却一干就是35年。

从1988年军校毕业到部队，1999年转业到济南市公安局，他都一直坚守、奋战在军地废旧弹药销毁和危险爆炸物排除的一线，一次次与死神擦肩而过，用闪光的奖章和耀眼的荣誉，用那一双再也伸不太直的伤痕累累的手，诠释

着一位从军中走来的公安楷模和排爆英雄永恒的初心和执着的坚守。

也许，他的赤胆忠心、勇往直前的人生，早已经浓缩在父亲给他起的名字里。

转身再出发

1999年9月，陆军少校、原济南军区某军械雷达修理所正营职干部、工程师张保国，带着“TNT装药倒空制片装置”“深井定向爆破引水技术”等多项军队科研成果奖证书，离开了他熟悉的军队弹药技术部门，投身到刚刚起步的公安排爆战线。

在这之前的一年半时间里，张保国曾作为部队废旧弹药销毁方面的专业技术人才，被部队委派到济南市公安局，指导、帮助公安鉴定、销毁战争年代遗留下来的各式炮弹、炸弹、手榴弹、地雷等危爆物品。他以自己全面系统的理论功底和精湛出色的技术水平，成为大家眼中的“公安排爆行业紧缺急需的专家型实战型技术人才”，一些单位和部门也通过各种各样的方法或渠道，诚邀他加入方兴未艾的民用工程控制爆破中来。

虽说是“铁打的营盘流水的兵”，可真要离开倾注了十多年心血且成果累累的军械弹药技术领域，张保国“还真狠不下这个心来”，也舍不得那身父亲曾经穿过、他自己已穿了十余年的绿军装。

但一想到那些暗藏在桥梁、路基、商厦甚至是居民区等地下的各种未炸响的航空炸弹、炮弹、手榴弹等战争遗留危爆物，想到它们可能会对人民群众生命财产安全和社会稳定带来的严重干扰和威胁，对经济建设带来的严重影响和制约，张保国就觉得肩上的担子沉甸甸的，恨不得生出三头六臂，尽早尽快把这些危机四伏的战争遗留危爆物清除掉，还社会一片安全与宁静。

“能在八一军旗下为国守和平多年后，聚集到金色盾牌下为百姓守家门，亦是另一种形式的保家卫国。”因为，家是最小国，国是最大家。

思虑再三，张保国婉拒了部队领导的真诚挽留，毅然决然地把自己投入到那片警蓝色的海洋。

难忘的头两个任务

转业后的头两个任务，仿佛是专为考验张保国而特别设置的“面试题”一样，毫不留情地让他领教了什么是“隔行如隔山”，什么是“军地有别”，什么是“既不能盲目胆大，也不能盲目胆小”。

第一个任务出现时，张保国正兴致勃勃地观看着入警培训开学典礼文艺演出，时间是1999年9月11日晚7点30分。

科长那透着浓浓焦急和期待的声音敲击着他的耳骨：“城郊接合部的一个出租屋内，疑似有炸弹，请立即前往处理。”

警情就是命令。张保国顾不得多想，来不及换件衣服，穿着那身军绿色迷彩服就飞奔到现场。

在场的派出所民警介绍说，屋内的这对男女不是夫妻，认识时间也不长，但警察刚才例行检查时，男子突然抱怨起女子，说了一句“他再揍我们，就炸死他”。警惕性极高的民警立即将此敏感问题上报有关部门，领导想到了张保国。

“你们大家先在这待着，我先进去搜查一下。”张保国打着手电筒，走进了那间灯光昏暗、横七竖八地堆放着各种各样杂物的出租小屋。

枕边、床旁、行李里、床垫下……细细搜索下来，竟然发现了9枚大小不一的土制炸弹。其中最大的一个，是用啤酒瓶子改装而成的“酒瓶炸弹”。瓶内装满了炸药，但究竟是什么炸药，谙熟火炸药的张保国一时也无法用肉眼断定。瓶口上做了三种引爆方式：一种是鞭炮芯子；一种是拉绳，即如手榴弹一样一拉就响；第三种是用擦炮做的。瓶身的外面，用透明胶带缠着一百多粒钢珠，一旦爆炸，这些钢珠就如同一百多发子弹，其威力不亚于几枚手榴弹。

此外，另有3枚用三通管和5枚用其他铁管做的土炸弹，看起来杀伤力也不可小觑。

后据犯罪嫌疑人交代，那是他精心准备的，哪一天警察来抓他，或是仇家来找他时，用于防身或同归于尽的。

面对着这么多与以前接触和熟悉的军用炸弹完全不同的土制炸弹，张保国不由得紧张起来，能听得见自己的心脏“怦怦”乱跳之声，能感觉得到热辣辣的汗珠争先恐后地涌上身来。

他绞尽脑汁地想了又想：这些土炸弹里面，装的是什么炸药？装了多少炸药？敏感不敏感？都是什么结构，什么原理？排除时安全注意事项和程序是什么？……结果全都是未知数。还有，这9枚疑似炸弹中，有多少是真炸弹，多少是假炸弹，也都是个未知数。

“怎么处理啊？”张保国默默地问自己，努力让自己镇定下来。

屋外边的公安局领导也有些着急地问：“怎么处理啊？要不要马上疏散这一带的住户？”

“黑灯瞎火的，这么多的住户，怎么疏散？需要疏散多大范围内的住户？”张保国一边极力镇定地回答着领导，一边努力回想着帮助公安工作时期，刑警遇到这些事，是如何思考和处理的；他们的处理方式，与部队的处理程序有哪些不同。

“与枪炮、弹药为伍，哪有不危险的？但我们不能盲目胆小，也不能盲目胆大，而是要以科学的态度和精神去正视它，战胜它。”想起军校老师和部队首长常说的这些话，张保国有种干渴的禾苗遇到了春雨的舒畅之感，顿觉思路清晰了，呼吸也匀称了不少。他故作轻松地对领导说：“那边有一个装满水的大桶，我去把那个最大的‘酒瓶炸弹’泡了它。你们先退到一边去。”

“泡了它？行吗？你可要注意安全啊。你连警服还没穿上呢！”领导不无担心地看着张保国。

张保国深受感动，说“没事。我就是学这个专业的，我不去做，谁去做啊？”

领导听后微微放心地点点头，边退边叮嘱张保国：“一定要小心点儿！”

就这样，张保国小心翼翼地把9枚土炸弹放进水桶中，用水隔绝火源，暂时消除了危险。

第二天一早，在一个荒郊野外的山沟里，张保国躲在一块大石头后面，用力把那个“酒瓶炸弹”扔了出去。他原本想摔碎它后，再看看里面到底是什么炸药。可没想到，那瓶子一落地，就“轰”的一声爆炸了。

他当即就明白了：那瓶子里装的是对撞击和摩擦极其敏感的自制土炸药。

“真的是不幸中的万幸。”回想起那惊险的第一案，张保国忍不住连声感叹着。

在当时，公安排爆工作刚刚起步，无任何现成的经验可借鉴，也无任何规章可遵循，张保国只能凭借着军校和部队工作中积累的知识、经验及一些

最朴素的常识摸索着应对，真的是每一步都“行走在刀尖之上”。

没想到，两个多月后的入警培训结业典礼上，张保国再次临危受命，前去处理一个可疑邮政包裹，其惊险程度丝毫不亚于上一次处理那批危险爆炸物。

邮局分拣人员发现一个“说是鞋，分量却不对头；没有具体收件人，寄件人也查不到”的可疑包裹时，想到了两年前爆炸的邮包，恐慌情绪立即如浓雾般在邮局弥漫开来……

接到报警后，领导觉得“必须请张保国出面”，于是拨响了张保国的手机。

赶到现场后，张保国一下愣住了：眼下手头什么检测设备也没有，具体情况也没人能说得清，这怎么处理啊？张保国有种“巧妇难为无米之炊”的感觉。

可看到满屋子的邮包，看到大家紧张、恐慌的神情，想到它可能会产生的社会不良影响与后果，张保国还是鼓足勇气和信心，轻轻凑近那个可疑邮包，透过那层薄薄的包裹布，仔细地观察、辨别起来。

“我现在还清清楚楚地记得，那个可疑邮包里面是用类似于面包服一样的，看起来比较厚和软的布，包裹着一个比较软的东西，怎么看都不像是包裹单上填写的‘鞋’，可那又是什么呢？”20多年后的今天，张保国仍然清晰如昨地记得当时的情景。

虽然无法用肉眼看出那可疑邮包里到底是什么，但张保国十分清楚：必须尽快把这个可疑邮包从分拣大厅安全转移到外面人少、地势开阔的地方去，然后再做进一步的处理。

于是，张保国徒手走上前，弯下腰，双手轻轻伸向那个可疑邮包……

突然，一位公安领导轻轻喊了一声："停——先等一下——"

那位领导双眼潮红地说："你先等等。你这样赤手空拳地上阵，任何防护都没有，万一有个意外怎么办？你先在这看着等着，我们去找点防护用品来。"

张保国感激地点点头。

他们在附近的派出所找来了一顶塑料头盔和一床褥子。在当时那个安全防护观念严重滞后的年代里，这让张保国十分感动。

张保国戴上头盔，轻手轻脚地捧起那个可疑包裹，慢慢走到30多米外的院子里，把它轻轻放到铺了褥子的平板车上，如呵护危重病人一样，小心又着急地把它拉到了10多里外的一片麦田里。

这时候，张保国才发现自己浑身是汗，双腿酸软如刚跑完马拉松一样，双手也有些痉挛似的微微发抖……

事后发现这只是虚惊一场。"我十分清楚，万一发生爆炸，头盔和被子几乎没有任何防护作用，当时紧张得直冒冷汗，双手都僵硬了。"面对随时可能爆炸的可疑物，张保国并不讳言他有过胆怯。但让他战胜胆怯走向可疑物的，是那一个个惶恐又信任的眼神，是那份自他选择这份职业起就恪守于心的忠诚与责任。"但我必须去做，只要国家和人民需要，我就是那个最先站出来的人。"

行走在"刀尖之上"

2002年，济南市公安局组建排爆中队。已在排爆战线上奋战了3年的张保国终于有了队员和专业的排爆工具。

但他的心里却并不轻松：这些队员虽然经历过军旅生涯的磨砺和锤炼，但没接受过军地相关弹药理论和排爆专业的训练。作为排爆队的负责人和老大哥，张保国实在不愿意看到有同事因为排爆而受伤，甚至丢了性命。

"组织和家人把一个个活生生的队员交给咱，咱不能让他们因公伤了残了、没了性命。虽然选择了这身警服，就意味着流汗流血甚至是牺牲，但咱还是希望干好工作的同时，努力保护好每一位队员的安全。"

因此，队里的那套防爆服几乎都被他“霸占”着，轻易不让他人穿。因为，谁穿上那身重达70多斤的防爆服，谁就是主排爆手，谁就是“给死神做手术”、亲自剪断爆炸物那条夺人性命的导火线的第一责任人。

2005年3月2日，依照惯例，张保国带领排爆队员将废弃弹药运往山里销毁。一些媒体记者一同前往，正当张保国给记者讲解销毁过程时，废弃弹药中的老旧发烟罐突然泄漏起火。

“快跑！”张保国向记者和同事大喊一声，紧接着飞快冲到火药堆旁，果敢踢飞了冒着浓浓烈焰的发烟罐。记者和同事都撤离到了安全的隔离地带，张保国却被瞬间蹿起的十多米高的大火团团包围……

虽然他迅即按照有关处置要求，倒地、翻滚，快速冲出火场。但他身上仍有8%的面积烧伤，脸部二度烧伤，双手深二度烧伤，落下七级伤残。两次住院，四个月治疗，经受十多次痛不欲生的植皮、矫正手术，因两次大面积取皮移植到双手上，身上留下了两道50厘米的疤痕，至今在天热或深呼吸时，仍有干痒、紧绷等不舒适感。尤其是那双手，经历了“如穿糖葫芦一样，把弯曲、变形的手指掰直，再用钢针一节一节穿起，缠紧绷带，强行拉直，疼得直用头去撞墙”的多次不忍回想的植皮、矫正手术，到现在仍有些功能受限。

2005年5月2日，张保国出院的第三天，某交通医院报警发现可疑爆炸物。

领导、同事打电话咨询、请教张保国。他一听，立即让同事开车把他接到现场。

当时他脸上刚刚长出新皮肤，一接触阳光照射就会过敏红肿；双手刚刚经历治疗，还缠着厚厚的绷带，只能如随时准备出击的拳击运动员那样端举着双手。但他知道，仅有的三名队员处理这样一个复杂的排爆现场，实在有些困难，自己的双手虽不能动，但在现场指导一下，关键时刻提个醒，也是对队员的支持和保护。就这样，张保国端着被绷带缠绕得如戴了厚厚的白色拳击手套一样的双手，和大家一起警戒现场、研究方案，指导操作排爆机器人和其他装备，顺利完成了鉴定排除可疑物的任务。

因在烈日下暴晒时间过长，张保国脸上如撒了辣椒面和盐水一样又痛又痒，双手更如加压泵一样把这种让人抓狂的痛楚加速度地涌遍全身……即便如此，张保国还是觉得那次现场指导去得值。

时光荏苒。转眼到了2008年8月6日晚上9点多，距离北京奥运会隆重开幕不到 48 小时，举国上下都沉浸在欢乐、祥和、喜庆的氛围中。

突然传来重大警情：济南长途汽车西站停放的一辆大客车上发现一个装有爆炸物的黑色塑料袋。

警情就是命令。正在家中休息的张保国立即和其他队友分头赶赴现场。

到达目的地后，没等同事反应过来，张保国就习惯性地把防爆服往自己身上套。

同事们则担心地问："你行吗？"

他那双植过皮的手，远看如在褐红色染料中浸泡过一样，右手的小指还蜷曲着伸不直。

张保国平静、淡定地笑笑说："放心吧！有我在，我就是第一排爆手！"同事帮他穿好排爆服后，他就步履坚定地走向爆炸物现场。

在场的领导想到张保国受伤的情景和康复的艰难过程，忍不住一遍遍地问他："你真想好了？要亲自去排除爆炸装置？"

张保国隔着头盔露出自信的微笑。

凭着"不盲目胆大，也不盲目胆小"的过人胆识和游刃有余的娴熟技术，张保国顺利拆除了炸弹物上的引信，成功避免了一起恶性爆炸事件，为全市奥运安保工作消除了一大安全隐患。

此时已是深夜两点，看到街头灿然成一片五光十色的灯光，张保国欣慰地笑了。

他知道，自己终于彻底战胜了伤痛带给他的心理阴影，他会比受伤前更稳妥、周全、细心地制订好处置措施和方案，更坚决、有效地把自己的所专所长，融入、转化为"维护着祖国的尊严和千家万户平安"的团队胜势。

弦歌不辍育新人

自从受伤之后，张保国切身感知了生命的珍贵和脆弱，他时常想着，要把自己经历了危险的历练、压力的考验、受伤后的挫折等所思所得，尽可能多地传授给年轻的队员，所谓"授人以鱼，不如授人以渔"。

2016 年 2 月 26 日，一家超市发现疑似爆炸装置，张保国带队前去处置。在赶往现场的路上，他经过对案情的综合判断，初步判断这次十有八九是个真爆炸装置。

现场勘查后，证明他的分析判断完全正确，这是一个真的爆炸装置。但爆炸物中的药量很小，拆除原理也比较简单，出现意外或发生危险的可能性非常小，张保国就想让年轻队员来“锻炼锻炼”。

“只排除一些模拟的或确认为不具爆炸性的疑似‘爆炸物’，不真刀真枪地排除几个‘真家伙’，永远也成不了一名合格的排爆警察。”张保国把任务交给了年轻队员陈龙。

陈龙兴奋地连声感谢师父，说他“盼望这一天，已盼了三年之久”。

张保国有些不放心地叮嘱陈龙道：“这个爆炸物不是定时的，可以慢点儿，想清楚了再干，实在不行就回来。”

穿上排爆服、扣上排爆头盔的瞬间，陈龙的身体突然有些微微地发抖。

张保国笑着拍拍陈龙的肩膀说：“没事。手工拆解前，紧张甚至是恐惧，都是正常的现象。这时，排爆手要排除一切干扰，把全部精力都集中在排爆这一件事上，相信自己一定能行！”

当陈龙顺利拆除炸弹，兴奋地回头对师父竖起大拇指时，却见张保国脸色苍白，一下子坐到了地上。

陈龙急切地走到师父身边，详细汇报了排爆过程。

张保国边听边点头，紧紧握住了陈龙的手。

陈龙发现师父的手心里全是凉汗，眼角却泛起了笑纹。

另一位年轻排爆队员王彬，是 2018 年 1 月正式跟着张保国学习排爆的。

他很快就发现师父张保国有个“特别的习惯”，就是爱买最新款的电子元器件，然后带着他们一起研究、拆解。

“师父始终坚持着这个爱琢磨、爱钻研的好习惯，坚持着‘时时修为，时时提升自己专业知识和实战经验’的本色，太令人敬佩了。”说起师父张保国，王彬满是骄傲和自豪，敬佩有加地说起了那个“远程识图辨炸弹”的事儿，说他和他的同学都要跪拜了。

那是 2019 年 4 月初的一天。王彬接到同学的请求电话后，十分犹豫要不要答应同学，向师父张保国请教。因为他知道，《致敬中国英雄》摄制组正加班加点地拍摄师父张保国的专辑，师父正跟着剧组一起没黑没白地忙碌着，有时连喝口水的工夫都没有，满嘴的燎泡，让人看着特别心疼。

可他禁不住同学的恳求，也替同学着急。同学所在的派出所接到报警，群众挖到了一枚炮弹。

同学说，大家都知道张队是这方面的专家，他们就想把那枚炮弹拍成照片传给王彬，请他问问张队，这个有危险吗。如有危险，他们好拉上警戒带啊。

想到可能存在的危险，王彬忍不住还是把炮弹图片从微信里发给了师父。

张保国很快回电话说，告诉他们“没有什么危险”。这是一枚60迫击炮弹，但底火没了，引信也没有了。这张照片拍得不是很清楚，问问他们，弹顶上是不是有一圈黑色的标识。有的话，就是一枚训练弹，让他们拧开弹头的防潮塞，看看里面是不是有黑色的东西。如果有，那就是一点危险也没有的教练弹。

王彬的同学照着张保国的指教：先查看弹头，果然有一圈黑色的标识。再拧开弹头一看，里面真有黑色东西。于是他们把确认没有危险的炮弹，按工作流程交给了治安支队。派出所民警迅速撤下了警戒带，一场虚惊就这样化解了。

王彬开心地向师父转达了同学的感谢。

张保国则笑着嗔怪王彬“真会见缝插针”，说自己在摄制组忙了一整天，刚回到家里，连一口水都没顾得上喝，就接到了王彬指派的活儿。现在要赶紧润润冒烟的嗓子了，之后再随时听候各位徒弟的指派。

“这哪儿像一位全国闻名的专家、大英雄啊？邻家哥、自家兄弟，也不一定有这般随和、平易近人啊！”王彬激动幸福的神情令人眼热心暖。

张保国独特而行之有效的带教方法让王彬受益匪浅。王彬说，他将师父的带教方法概括为三句话十二个字，即：循序善诱，扩展知识，紧贴实战。2019年4月，王彬跟着张保国参加了青岛海军节的防爆安检工作，并荣立了三等功。

“要不是师父耐心、行之有效的传授，我不可能在这么短的时间里就取得这样的成绩。”王彬所言所感，也是张保国的另两位徒弟——山东省仅有的两位女排爆队员孔祥芝和阮惠的共同感受和心声。

孔祥芝至今仍清清楚楚记得第一次学习使用爆炸物摧毁器——水炮枪时的情景。

那时孔祥芝成为一名排爆队员已有半年时间了，她觉得凭着自己本科、硕士研究生期间计算机专业的系统学习，再加上转业前在南海舰队航空兵某部指挥中心自动化站10余年的实战实践，学习操作这个摧毁爆炸物的水炮枪，对自己来说应该是“没什么难度的”。

因而师父张保国讲解示范完一遍后，孔祥芝就信心满满地要动手操作。

张保国却一摆手说：“稍等。还没讲完呢！听完这一遍之后再说。”随后，张保国又仔仔细细地给孔祥芝等徒弟重新讲解了一遍水炮枪的构成原则、每个零部件的作用、不同天气或环境中使用时应该注意的问题等，如同第一次讲解一样。

孔祥芝却有了不同的感受，真切体会到师父强调的“一回生二回熟，三回四回记得牢”的要义。经过师父二次讲解和示范，她不仅加深了记忆，而且对之前一些似是而非的问题也有了新的了解和理解，真正有点“知其然，更知其所以然”的味道了。

但张保国却不满足于他的二遍讲解，而是让孔祥芝等徒弟逐一边讲边动手操作一遍，从最基本的水炮枪组装到准确说出每一个零部件的名称、功能及使用中应该注意的事项等，直到徒弟们全都准确无误、流利顺畅地演示、讲解完之后，他才满意地结束了这堂“战训结合”课。

孔祥芝也进一步领悟了师父张保国一直推崇的“不盲目大胆和自信，也不盲目胆小和畏惧”的内涵，找到了扬长补短、尽快成为一名合格而优秀的排爆队员的方向和路径。

另一位女排爆队员阮惠则对师父张保国专业、严谨、细致、身先士卒的品格“感受特别深，永远难忘怀”。

她第一次跟师父张保国去排爆现场出警，是 2021 年 6 月的一天。

那时阮惠刚到排爆中队不久，指挥中心接到警情：济南市高新区某银行服务大厅内发现了一个无主可疑包裹，似乎能听到断断续续的类似机械表的“嗒——嗒——”声……

张保国立即带领 4 名排爆队员，跳上装备车，拉响警笛飞驰而去。

阮惠既兴奋又有点紧张。能与自己的偶像——排爆英雄张保国支队长一起出现场，跟他实地学习排除危险爆炸物，真的很自豪，可同时也有一些小小的紧张，毕竟她成为排爆队员仅 3 个多月，这是她第一次以排爆队员的身份闻令出警。

她发现，其他三名排爆队员，甚至包括司机，也都挺紧张的。车厢里，除了师父张保国，其他人都表情凝重，一言不发，静得能听到心跳和呼吸声；司机开车的动作也与平时不太一样，感觉很急且有些僵硬、不流畅，仿佛总想超车，却总也没超成功，晃得大家更加紧张。

张保国看出了大家的紧张情绪，于是笑呵呵地说道："大家不用那么紧张和担心。首先呢，根据警情分析，那个无主包裹极有可能是疑似爆炸物，不太像真的。其次呢，就算是真的危险爆炸物，不是还有我吗？以前我说过，谁的党龄长谁先上，现在依然是这样，党龄长的先上，领导干部先上。我既是我们中间党龄最长的，也是领导干部。所以大家放下心来，根据现有的警情情况，梳理一下，到了爆炸物现场，我们首先应该做什么，如何才能保证快速、准确、按流程处理好警情。"

他这一说，大家立即就镇定下来了，表情不那么凝重了，车也开得稳了，你一言我一语地开始分工、协调起来。阮惠真切地感受到，这时的保国师父和支队长真的像"定海神针"一样。

到达现场后，大家按照车上的分工和预案准备，迅速各就各位、各司其职。阮惠作为一名排爆新人，主要负责拍照、走访和帮助疏散周围的群众。张保国则如他一直遵循的诺言那样：独自走近那个可疑包裹，仔细察看起来。确认不是危险爆炸物后，他让一名已当了 3 年排爆队员的男队员穿上排爆服，严格按照排除危险爆炸物的流程，一步一步、小心翼翼地完成了这次实战排爆训练。

阮惠虽没能穿上排爆服动手排爆，却如走进考场完成了一套真题一样，对如何做好危险爆炸物排除的流程有了真切的认识和体会，对做好排爆工作信心更足，决心也更大更坚定了。

芳林新叶催陈叶，流水前波让后波。雏凤之声，一定会清于老凤声。张保国深谙此理，并竭尽全力地做好它。

2019 年 5 月，张保国走上了济南市公安局特巡警支队副支队长的岗位，肩上的担子更重了，头上的白发多了、明显了，培育新人、传播正能量的力度也更大了。

仅这两三年时间里，他独自或带领排爆中队民警完成了 10 多项专利申请，先后有十余篇论文获奖。其中，他个人完成或参加研究的专利有 8 项；指导徒弟或与徒弟一起共同完成的专利和刊发的论文多达 15 项（篇），《关于排爆机器人图像系统升级改造的几点思考》《浅析当前济南排爆安检现状与建议思考》等论文先后荣获 2021 年"第十二届中国国际反恐防爆技术研讨会"二等奖、"第二十届中国安检排爆技术研讨会暨全国防爆排爆高层论坛"三等奖等。

与此同时，张保国还踊跃担当，积极参加了中宣部、中组部、全国总工会、退役军人事务部和山东省、济南市相关部门组织的先模报告会和宣传活动 300 余场次，让全国数以亿计的听众、观众从他鲜活生动的讲述中，感受到了榜样的力量、红色文化的魅力和永恒初心带给人的无穷活力与精彩。

虽已荣誉等身，年近花甲，面临退休，但张保国仍如听到冲锋号的年轻战士一样，继续坚持坚守在排爆一线，遇到警情特别是急、难、险警情时，仍然一如既往地带领年轻排爆队员冲在一线，期待在这一次次实战中，把自己在军地 35 年风雨岁月中积累的有关弹药销毁、危爆物排除等丰富经验，更多更好地传给徒弟，为公安防爆排爆事业后继有人做出自己最大的努力和贡献；同时加大了指导或带领排爆中队民警，积极开展科技创新和专利申报等工作，把“科技强警，提质增效”等愿景落实、融入日常的工作学习中，以实招见实效、促发展。

有时他也觉着很累，一些领导或亲朋好友也建议他适当推掉一些报告会、新闻发布、校外辅导等活动，但他觉得，能通过自己的现身讲述，积极传播正能量，弘扬爱国奉献、敬业拼搏等核心价值观，为培育优秀青年学子和文化强省、提升济南软实力建设做出自己的努力和贡献，自己再苦再累也甘之如饴。

尾　声

“蓦然回首，我已经在安检排爆岗位上战斗了 24 个春秋。尽管腰背不再挺直，手脚有些颤抖，眼睛开始昏花，仍未曾想过要离开它。身后是脚印，前方是太阳。不必徘徊顾盼，不畏路途荆棘，昂首阔步，奋力向前！”

这是张保国曾在媒体上发表过的一段文字，也是他转业到公安 24 年的缩影。

迄今为止，转业到公安 24 年来，张保国已成功处置涉爆现场 130 多次，排除爆炸装置和可疑爆炸物 140 多个，鉴定、排除、销毁各类炮弹、炸弹等 18000 多发，销毁废旧雷管 30 余万枚、导火索 50 余万米、导爆索 1.5 万余米，完成重大活动的防爆安检、防爆备勤任务 2000 余次。

一朵朵饱蘸着“章有德，序有功”的荣誉之花，亦如璀璨的宝石、雨后的彩虹，竞相绽放在张保国“屡战奇功，屡获殊荣，却从未因此停止前进步伐”的征途上——

2018 年 5 月 29 日，人力资源和社会保障部、公安部授予张保国“全国公安系统一级英雄模范”荣誉称号。

2018 年 11 月 10 日，中宣部、退役军人事务部授予张保国“最美退役军人”荣誉称号。

2019 年 5 月 27 日，张保国被公安部授予第三届全国“公安楷模”荣誉称号。

2019 年 6 月 25 日，张保国荣获第九届“全国人民满意的公务员”荣誉称号，受到习近平总书记亲切接见。

2019 年 9 月 5 日，张保国荣获第七届“全国道德模范提名奖”。

2019 年 9 月 25 日，张保国荣获“全国最美奋斗者”荣誉称号，并应邀参加了新中国成立 70 周年观礼活动。

这些闪光的奖章和耀眼的荣誉，彰显着张保国在生死之间逆向而行的勇气和信仰，也映照出一名共产党员、一名退役军人“大写的人生”。

“15 年‘军队战场’，24 年‘公安战线’，虽然职业不同，但忠诚与责任永远不变。在党和人民最需要的时刻，我随时准备献出自己的一切，甚至生命。”张保国掷地有声地说。

“医”路花开，“勇”往直前

——记山东省劳动模范、山东麦德森文化传媒有限公司王勇

钟 倩

经常地，我会想起他，想起他那副饱经苦难又走向辉煌的拐杖。

将时间定格在 2019 年 5 月 16 日：北京人民大会堂，第六次全国自强模范暨助残先进表彰大会隆重举行，习近平总书记与受表彰者亲切握手。隔着两排轮椅，有位拄双拐的年轻面孔格外眼熟，他就是山东麦德森集团创始人，集团党支部书记、董事长王勇。

我在不同场合见过这副拐杖，但是，这次坐在电视机前，目光拂过，难抑激动之情，湿了眼睛。通过这副拐杖，我重新认识了他。

第一次邂逅王勇，是那年冬天在一场公益活动中，他坐在我的对面，脸上始终挂着笑容，旁边坐着“战斗英雄”袁永福，身着军装，挂满勋章，发

出耀眼的光。王勇用手轻轻抚摸袁老的勋章，听他讲抗战的故事，那一幕被我用相机定格。短暂的接触并没有留下多么深的印象。相隔几天，我去山东省作协高研班培训，作家鲁先圣跟我说起王勇："他心眼好，平时开车路上遇到乞讨的人，他把汽车停在远处，拄着双拐走过去放下善款，留下一份爱心。"

他是怎样的一个人呢？那副拐杖又有哪些故事？

后来，我有幸聆听他的事迹报告，也与他走进长清大学城做过同台宣讲，在深入的接触中，我心底的答案明晰起来。

1

王勇，中共党员，肢体三级。中医文献学博士、中国中医科学院中医学博士后。先后荣获中国五四奖章和全国自强模范、山东省劳动模范、山东省优秀共产党员、济南市担当作为"出彩型"好书记等 20 多项荣誉称号，其身残志坚、创新创业、扶残助残的先进事迹被中央电视台、《人民日报》、《中国青年报》、山东电视台等 30 余家媒体采访报道。在外人眼中，他头顶光环，身上贴有多个标签：80 后创业者、公益慈善家、民营企业家。很多人容易忽略，他还是中医药传承人、匠心劳动者，如他的微信名字：让世界人民共享中医药的美好。

1980 年 9 月 27 日，王勇出生在菏泽单县终兴镇朱庙村一个农民家庭，作为家里的第一个孩子，他的身上寄托了父母的太多希望。然而，八个月大的时候，家人发现他无法站立，后来才知道，他感染上脊髓灰质炎，错过了最佳治疗时期，导致双腿残疾。眼看同龄的小伙伴活蹦乱跳，四处玩耍，他的眼里闪着泪花。不能走，他就爬，趴在地排车的轱辘上，往前爬着走。两三年后，他开始拄棍。后来，父母四处筹钱，带他穿梭在全省各大医院之间，一晃就是五个年头。这期间，懂些民间中医的祖奶奶，不间断地给他针灸、按摩，盼着重孙子有一天能站起来。

王勇清楚地记着，六岁那年，省级矫形专家团队去单县义诊，父亲听到消息，卖掉自家的黄牛，拿出所有的积蓄，为他做了矫正手术。那次手术很成功，改写了他的命运，他凭借拐杖能够站立了。殊不知，村里还有三个小伙伴和他一样的情况，一个夭折，一个瘫痪，一个扶着板凳走动，只有王勇恢复得最好。这与祖奶奶的中医治疗密不可分，就在祖奶奶去世前几天，还喊着王勇过来按摩呢，那时候他已读高二。

到了上学的年龄，王勇拄着拐走进教室，有同学给他起绰号“瘸子”，但是，更多的同学会主动帮助他。轮流值日擦黑板，有同学站出来：“王勇的黑板，我来擦！”尽管走路吃力，家庭贫苦，每次班上交学费，家里东拼西凑，最后一个才交上，他的成绩却十分优异，经常受到老师的表扬。

“勇啊，你可要给大大争口气啊！”“勇啊，你腿不好，就学医吧，将来当个好医生，给大家看病治疗，解除痛苦，兴许能把自己的腿治好！”父亲的叮嘱在他的心底回响，激荡出梦想的涟漪，他立志学医，用双手医治自己的双腿。漫漫求学之路，他一走就是二十多年。“我要上学！我要上学！我要上学！”初中、高中、大学、硕士……王勇凭借坚定信念，把读书进行到底。1998 年 9 月，他如愿走进山东中医药大学，选择最冷门的专业中医文献学，残缺的身体里跃动着感恩回报社会的火热之心。

长兄如父，兄妹六人，他深谙父母的不易，大学期间，没有给父母要过一分学费，擦皮鞋、做家教、发广告、干兼职，他不让自己停下来，一副双拐踏平了坎坷路，又出发。有一年，农村电网改造，父亲与人发生纠纷，欠下外债，逃到东北，他一度被劝退学，出去打工，他更加坚定靠自己双手养活家人的无悔信念。

2

毕业找工作，那双残腿成为横亘在王勇眼前的最大障碍。

“对不起！”“不好意思！”“您的身体状况不符合我们的……”

半年过去，投出去的简历石沉大海，一句句抱歉的话语，一个个异样的眼神，像一把把尖刀，剜痛王勇的心，也蹂躏着他的尊严。这并没有挫伤他的意志，他痛定思痛，认为还是自己不够优秀，能力不足以弥补身体的残疾。2006 年底，在老师的热心帮助下，他有了第一份工作，成为《中国肛肠病》杂志编辑，这一干便是三年。三年里，他有过孤独与迷茫，历经爱情与彷徨，承受负重和压力。眼看微薄的收入不足以赡养老小，还要为家里还债，多少个深夜里，他重重地叹息。早出晚归，重复日复一日的枯燥。“这种一眼就能看到后半生的生活，不是我想要的！"2009 年，他做出一个所有人都反对的冒险举动：辞职！创业！开公司！

创业是很多年轻人的主动选择，可是，谈何容易。创业，意味着体验失败，意味着背水一战。他租了一间民房，启动资金是四处借来的，办公桌、电脑是从旧货市场淘来的，招不起员工，他既当老板又当业务员。他骑自行车跑业务，不知摔过多少跟头，受过多少冷眼。有一天，他撞向了一棵大树，重重摔在地上，好久才爬了起来，伸手一抹，鲜血直流。

功夫不负有心人，大约半年后，他赚到了"第一桶金"——河南焦作职工医学院一部教材的稿费。就是凭借这股子执着，他一手创办了山东麦德森文化传媒有限公司。"麦德森"，"医学"的英文发音，这三个字氤氲出他的梦想。"用我们的德行守望一片青山绿水，通过我们的努力来服务改造社会，促进社会的发展。"他解释道。筹资金、找场地，联系业务客户，那个时候，每天他能打 300 多个电话，一个月才能有单生意，但他不气馁："别人能够做到的事，我也能够做到，别人做不到的事，我相信通过不懈努力我也能做到！"信念堪比金子，他拄拐前行，磕磕绊绊，也有摔倒，每一次摔伤都是一场灾难。有一次洽谈业务，出来在停车场，他被不起眼的小坑绊倒，造成小腿胫骨骨折，钢钉、缝针、锥痛，疼痛起来能听到骨头摩擦的声音。但认准的路就要走下去，他用汗水和泪水蹚出一条大道。

3

王勇是个成功的民营企业家，更是卓越的医药创造者。很多人并不知道，他走向中医药之路，除了父亲的期望，与自己的经历也密不可分。当年，他在单县一中读高中，每当往返于学校和家之间，就会路过向阳路和文化路，向阳路东面，文化路中段是单县中心医院。他爱动脑筋琢磨事，经常思考一个问题："人们为什么喜欢选择西医治疗？是中医疗效逊色，还是其他原因？我的残腿不就是受益于祖奶奶的中医按摩吗？看来还要投身于中医典籍中寻找答案。"

公司创建之初，王勇敏锐地意识到，出版专业性医疗图书这条路子会越走越窄，从中医药文化发展看，要精准靶向细分领域的专家学者、科研工作者课题研究，打造医学科技领域知识堡垒。在他的带领下，公司业务不断扩大，业务领域瞄向精准需求，史书、年鉴、地方志等，至今编印出版的志书达千余部（集），多部荣获省级史志书年鉴优秀作品奖。

时间到了2015年12月11日，瑞典斯德哥尔摩宣布，2015年诺贝尔生理学或医学奖授予中国女医学家屠呦呦。这个消息传来，振奋国人心灵。一株小草改变世界，一枚银针联通中西，一缕药香跨越古今，王勇在对科学家无比崇敬的同时，从中医文献学博士研究生的角度捕捉到一个细节：屠呦呦获得诺贝尔奖，颁奖典礼上感言其得益于温习中医古籍《肘后备急方》时得到的启示，正是"青蒿一握，以水二升渍，绞取汁，尽服之"的截疟记载给了她灵感，从而开启青蒿素的发现之路。

王勇顿悟：作为中华文明宝库的"金钥匙"，中医药为健康中国注入源源不断的文化动力，中医药典籍是人类与疾病作斗争的智慧结晶，每位医药学家都应大力弘扬。他进一步想到，中医药古籍浩瀚如海，医药学家怎样才能快速、全面、准确地查找到自己想要的中医学知识呢？为此他四处调研，带领团队加班加点研究和揣摩，这期间遇到一个又一个科研瓶颈，他耗费太多心力，认为只要对社会有意义的事，就一定坚持到底。

2017年，经过700多天的筹备和战斗，国内首个中医古籍数字化平台"博览医书"横空出世。2018年升级为2.0版，2023年升级到4.0版，累计投入资金3000余万元。截至2023年，"博览医书"逐年升级，在原有基础上不断完善和上新功能，涵盖基础古籍库、专科古籍库、珍稀古籍库、域外古籍库、病种古籍库、医案古籍库、古籍影印库等15大数据库，古籍入库量2500余种、中医病种300余个、方剂9万余首，形成7万余条中医词网，整合30余部中医辞典，拥有23项专利软著，已成功加入国家文化产业发展项目库，入选2018年度国家新闻出版改革发展项目。

"博览医书"是长在王勇心中的梦想，他的追梦足迹有太多不平凡。就在博览医书运作过程中，他与时间赛跑，与自己较劲，不断充电和学习，开辟新的"赛道"。2018年底，他给自己立下目标：从事中医药大数据博士后的科研工作。四年前脱产攻读中医医史文献博士学位，他把自己关在屋里半个多月；这一次又是一场别开生面的"马拉松"，两年的学习和科研，他攀登上了更高的山顶，看到了更美的风景，顺利完成中国中医科学院中医学专业中医古籍数字化博士后研究工作，为公司下一步的发展储备和赋能。

2021年，他推出“好医书”智慧平台，集图书销售、版权引进、出版咨询、医考培训、学术会议线上服务和无人智慧图书馆线下布局为一体的智慧平台，致力于打造医学知识生态闭环，这是深度探索中医药文化走向世界的新的尝试。

2023年，王勇打造的“盲手道”中医诊所在济南正式开业。“盲手道”是王勇一手打造的连锁品牌，是将中医特色诊所和盲人推拿有机结合，围绕协调阴阳、和调脏腑、通畅经络、节欲保精、益气调息、饮食调养，提出形神共养的全息养生理念，提供推拿按摩、艾灸调理、脏腑调理、深度康复治疗等高端服务。而中医诊所的建设更进一步，在于充分发挥中医调治特色优势，努力提高中医服务水平，探索形成中医适宜技术品牌推广新模式，

90后大学生付兴侨与王勇是老乡。一次聊天，无意中说起了王勇：“高三那年王勇老师来我们单县一中做过励志报告，我很受鼓舞！”我打趣地说：“你能考上理想大学，是不是也与受到他的激励有关？”他两眼放光，回答道：“绝对有关系！在我们老家，有很多麦德森药店，家喻户晓，他为乡亲们做了很多好事，大家都知道他这个人。”

“医”路花开，“勇”往直前，这正是王勇不变的初心。当年上学途中路过县中心医院、县中医医院的那个拄拐少年，以另一种方式反哺家乡。

4

“我有一个梦想，让世界因为我的存在而温暖！”王勇曾在不同场合说道。早在2008年汶川大地震时，他在杂志社工作，工资仅有一千多元，他却拿出500元，打进了市慈善总会的账户，那是他人生的第一笔捐款，也是从“小我”走向“大我”的开端。每一次走上领奖台，他都会感谢身边的亲友：“是您让我丢下拐杖，懂得知识的力量，是您下雨天背着我上厕所，是您帮我打来每一顿餐，是您在我摔倒后陪我疗伤，是您在我创业最无助的时候关心我……”昔日无数人温暖了他，现在他把这份暖意慷慨播撒。

公司党支部副书记桑守正是名老党员，他回忆起这样一件事。那年冬天，济南创城到了最关键的时候，公司党员突击队利用周末休息时间分批到办事处帮忙，前一天晚上王勇还在北京，第二天一大早六点钟就赶了回来，顾不

上休息，直奔活动现场，与同事们抡起扫帚打扫卫生，干得热火朝天。“他在场，大家就有了干劲，就有了精气神！”他说道。很多人并不知道，当时王勇的母亲做完手术没几天，他多么想第一时间去医院看看，可是身不由己，他只能把愧疚搁在肚子里。“王勇不仅是残疾人的榜样，更是所有健全人的楷模！我们不能像他那样干事创业，但我们能够从点滴小事做起，把每一件小事做好，这也很了不起。”桑书记最后说道。

“天将降大任于斯人也，必先苦其志，劳其筋骨，饿其体肤，空乏其身，行拂乱其所为，所以动心忍性，增益其所不能。”公司每月都要举办员工集体生日 Party，有一次赶上王勇在外地出差，大家觉得他不会来了，没想到的是他风尘仆仆赶了回来，进门后笑着说：“这么重要的场合我怎么能缺席，给大家一个惊喜！”大家喜出望外，发出“啊啊”的声音，上前与他紧紧拥抱在一起。老员工珊珊说：“无论多忙，他都丝毫不减少对我们的关心。晚上有应酬，谈工作到凌晨，第二天照样打起精神来，我们很敬佩他！”采访中多位员工都不约而同说到这一点：“他经常工作到凌晨三四点，无论睡得多晚，第二天见到他总是精神饱满。”

王勇的公司里，有三分之一的残疾人员工，盼盼就是其中之一，因为车祸失去左腿，靠拄拐行走。刚来公司那会儿，她很不解：“老板铺这么多地毯，是为了好看吗？”慢慢地，她才知道，走廊地上有时会沾上水，极易摔倒，老板铺地毯是为了预防残疾员工二次滑倒，她心里是说不出的感动。凡是去过山东麦德森公司的人，会觉得那里与其他公司不同，看上去有些“不务正业”，文化励志长廊里摆满残疾人的书画和手工艺品，随时接受社会爱心认购；党群活动室不时传出欢声笑语，正在举办兄弟姐妹文艺活动，这里成为市残疾人文艺联合会、市肢体残疾人联合会的专属活动场地。走廊里，随处可见残疾员工，有的娴熟地打手语，手指翻飞，无声胜有声；有的脚步缓慢，身体变形，却自信盈面；还有的低视力残疾，眼睛看不清，心灵却似镜明……“过去我觉得自己什么都不行，来到这里后，我觉得自己很可以！”残疾人员工自豪地说道。

2019 年初，盼盼不小心肋骨骨折，不偏不倚正好是拄拐的坏腿一侧，她请了一个月的病假。长期请假，必须王勇批准，他听闻后心急如焚，关切询问怎么回事，让她在家好好休养，并派人登门探望。事后，盼盼才知道，王总那个时候自己也受伤了，她不禁一阵自责：“我摔伤了能请假，老板却咬牙坚持，四处奔波，拜访客户。”原来，去年冬天下第一场雪时，王勇出差途中，一个脚下打滑，把髌骨摔骨折了，不得不坐轮椅，出席活动、洽谈业务，他一个事情也没耽误。“为了麦德森人的共同梦想，他很拼很累，我真的非常心疼！”说到这里，盼盼红了眼圈。

5

2023年6月10日下午，2023年夏季高考结束，背着书包走出考场的张云生，第一时间与在外等候的姥姥拥抱。此时，人群中有位拄拐的男人迎面走过来，送上提前准备好的鲜花。这个男人不是别人，正是王勇。偶然机会，王勇了解到张云生由姥姥一手抚养成人，在生活和学习上为他提供很多无私的帮助。张云生满脸感激地说道：“王勇老师就是我人生道路上的明灯！”王勇对他说道，高考成绩不重要，感恩最重要！这个感恩的大男孩，顺利考入了中国人民解放军空军工程大学，圆了军旅梦。

王勇多次说过：“我做企业，不是为了利润，也不是为了赚更多的钱，而是要为我们残疾人兄弟姐妹做一点事情。”或许，第一次听到这句话的人，还有些半信半疑，但是，交往久了就能够感受到他的真诚。他以爱心为半径，用责任和担当绘就人生公益版图：企业招聘，他提出“残疾人优先”的口号，提供的不只是岗位，还有广阔的成长舞台和青春的出彩机会；设立“王勇助残助学奖学金”“王勇研究生奖学金”，为寒门残疾学子提供帮助；为特殊儿童送教上门、捐赠图书；举办残疾人集体婚礼、残疾人文艺书画展、残疾人艺术培训班，打造“勇哥有约”残疾人公益婚恋平台……他极力去做的是为残疾人实现梦想而添柴助力。

“我有一个梦想，这辈子我一定要实实在在地帮助一万个人，播种一万粒爱的种子。”王勇帮助别人、奉献爱心的同时，会有一个不成文的“条件”——与帮扶对象或帮扶家庭签订一份爱心承诺书，承诺在自己走出困境后，要力所能及为社会做点什么，把爱的种子继续播种下去。这份承诺书，其实有另外一个名字，那就是“责任书”。他心怀社会责任，心系芸芸众生，要通过自己去传递这种责任感，让爱充盈每个角落。就像他的憧憬：“如果这辈子我能够签订一万份这样的爱心承诺书，我相信到下一代就会有一万份一百万份，下下一代就会有千千万万粒爱的种子，我们社会就不会再有冷漠和拒绝了。”

有个叫晓雪的姑娘，王勇格外牵挂。晓雪的老家在南部山区，父母都是残疾人，家徒四壁，生活贫寒，他决定资助她上学，那一年晓雪读初一。转眼间，七年过去了，晓雪考上了大学，王勇对她的资助从未间断，他语重心长地说：“只要你愿意读书，有梦想，就是读研究生我也供你！”晓雪的父亲直说：“你是大好人，孩子遇见你有福了！”2019 年 2 月 5 日，己亥猪年，大年初一，王勇放弃陪伴家人，开车带着儿子和同事一行四人，去残疾人家中拜年。从济南市区到南部山区，他们走访探望了十几户残疾人，都是他牵挂的“穷亲戚”，送上红包和慰问品，其中就有晓雪一家。中午时分，他们在晓雪家吃饭，当看到儿子举起搪瓷杯子，与晓雪的弟弟碰杯，说“祝你新年快乐，学习进步！”那一刻，王勇笑得眼睛眯成一条线。上小学的儿子也许还不懂得什么是做公益，但他幼小的心灵已经受到熏陶，王勇备感欣慰。晚上回到家，已经深夜，公司同事累得瘫倒在了床上，动弹不得。事后，她缓缓地说道：“我这老胳膊老腿还能跟得上王勇博士的速度，也是很欣慰了！他拄着拐一天爬了两个五楼，佩服至极。我们奔波十多个小时，一百多公里，在济南画了一个大圆圈，真是充实而快乐的一天！”为残疾人做点事情，他时刻用行动影响身边的人。

6

马克思的一段话，被王勇奉为座右铭：“如果我们选择了最能为人类而工作的职业，那么，重担就不能把我们压倒，因为这是为大家做出的牺牲；那时我们所享受的就不是可怜的、有限的、自私的乐趣，我们的幸福将属于千百万人，我们的事业将悄然无声地存在下去，但是它会永远发挥作用，而面对我们的骨灰，高尚的人们将洒下热泪。”

荣获全国自强模范，接受媒体采访时他说道：“如果明天我不再醒来，无怨无悔！”听到这里，我的心头一震，久久不能平静。

公司规模不断扩大，事业如日中天，但是，王勇觉得没有找到“家”。2013 年，他主动找到当地街道党工委，创建党支部，可是并非一帆风顺。经过两年多的筹备，五名党员终于过上了党支部生活，预示着公司党员先锋力量的凝聚。

扛着党旗创业，戴着党员徽章奉献，成为他的政治信念。经过一番摸索，他又创新打造了“长鼓型”党建工作模式。所谓“长鼓”，一边是党支部的党建工作体系，一边是企业的经营管理体系。党支部这边汇智决策、凝心聚力，即“知”，企业这边负责目标分解、执行落地，即“行”。把两者捏合到一起的是党支部和管理层的交叉融合，即长鼓的“腰”，长鼓中关键部位是党支部书记和企业董事长，是长鼓的“芯”。只要芯正腰直，鼓面绷得紧，鼓声就响亮，党建和企业就能奏响协奏曲。

党建工作是企业发展的晴雨表。在王勇看来，是党员，就要甘于奉献，是党员，就要冲锋在前，他创新性将党建工作融入公司管理，2017年组建一支由优秀党员、中层管理人员组成的党员突击队，打造“金点子工程”“未来之星工程”等，成为公司发展的红色引擎。

创城行动，公益演出，急重任务，寿光水灾，疫情防控……哪里有需要，哪里就有党员突击队的忙碌身影。当然，党支部书记王勇做出了表率。2019年“五一”劳动节放假，厂里接到一单来自日本的订单，时间紧，任务重，员工放假回了家，他带领突击队成员加班加点，泡在厂里，为卡子装弹簧，最后干到眼睛模糊，终于按时完成任务。

最让人难忘的是2017年8月，公司接到第九届全国残疾人艺术汇演东部片区的接待任务，骨干员工全部上阵，王勇坐镇一线指挥，不惧高温和疲累，在宾馆驻地和比赛剧场之间来回奔波，事无巨细地为参赛残疾人提供周到服务。残疾人忘记带化妆品，派专人买来送达；为参赛演员配发闪光门铃，服务指南特别加印二维码，安排员工24小时待命；统计各代表队演员的生日，他带着志愿者送上蛋糕和祝福……满负荷运转的日子里，还有更重要的事情等着他，忙到凌晨，他顾不上休息，投入到紧张的复习，准备医师资格证职业等级考试。员工小贺心疼他太累，劝他以后还有机会，他直摆手。凭借这股子坚忍劲儿，他出色地完成了接待任务，也顺利地拿到了医生资格证。

那一副拐杖沉默不语，却见证着王勇的奋斗心路；

那一副拐杖不动声色，却记录着王勇的酸甜苦辣。

2019年5月19日，全国助残日。“荔枝花开”首场公益报告会在济南市图书馆新馆举行，王勇分享受到习近平总书记接见的感受，台下坐着很多孩子和家长。讲到激动处，他唱起了国歌：“起来，不愿做奴隶的人们！”声音震彻心灵，在场者情不自禁地跟着大声歌唱。演讲完毕，他缓缓起身，面

向观众，一手扶拐，鞠躬致谢，弯腰的瞬间，我注意到他的身体在微微颤抖，略有前倾，似乎有一种磅礴的力量冲决而出。此刻，好像全世界都投来温情的目光，让人肃然起敬。

2022 年 3 月 4 日，2002 年冬残奥会开幕式在国家体育场“鸟巢”举行，作为唯一一位来自山东的个体演员，王勇和其他演员出场展示国际残奥会会徽，“击掌、烙印、传递，用最小的会徽展现最大的力量”，面向世界展示出新时代残疾人的青春风采。很多人并不知道，导演要求，从出场到指定位置需要走 60 步，必须在 45 秒之内走完，为了这 60 步，王勇封闭训练了整整一个半月。

我的目光再次拂过那副拐杖，在舞台灯光照耀下，发出金色的光，如他金子般的心。

儿时身体落下残疾，是父母的亲情守望使王勇有了站起来的可能；一路求学努力打拼，是亲友的慷慨相助使他微笑拄拐“吟啸徐行”；辞职创业事业辉煌，他怀揣感恩反哺社会，成为残疾人群体的主心骨、领头雁和圆梦人。那一副拐杖，陪伴他走过四季，转过青春，迎来人生的最高峰。很多时候，王勇尽可能甩掉拐杖，独立行走，他要以己之力为千万人的幸福而不懈打拼，用心灵去飞翔，用行动去诠释：

主动选择的青春最美丽，站立行走，是为了千万人的幸福，为了中医药这棵大树根脉葳蕤，普度众生！

采访札记

采访王勇着实是件困难的事情，他实在太忙了。周一开完会，周二去北京，周三返回来接待客人，结束后又出差外地，周五回来安排工作，周末两天外出开会……他总是在路上，那副拐杖也成为他生命的一部分。

在路上，他为梦想打拼，为社会做贡献，胸膛里跃动着一颗医者仁心。他说过，等自己退休了，就去中医馆坐诊，为乡亲们免费看病拿药，那样多好。

因为儿时生病致残，他选择走学医的道路，从求学到创业，再到今天的事业蒸蒸日上，他的每一步都是靠双手打拼，用匠心浇灌，骨子里始终保持“农村娃”吃苦耐劳、艰苦奋斗的精神和本色。他是个踏踏实实的劳动者，不断超越自我，勇敢创造奇迹。

写这篇文章时，我的案头放着水运宪长篇小说《戴花》。书中有段话写道：“工资高当然喜欢，到底跟当劳模不能比。钱再多，屋子里头都留不住，迟早要用完的。大红花呢？那可是一辈子的财富呢。活在世上给家人长脸，埋在土里给子孙留名。光照千秋你晓得不？祖祖辈辈，满门光彩呢。”这是师父莫正强对徒弟杨哲民的教诲。虽然时代不同了，但是，争当劳模胸前佩戴大红花的价值观没有变——大红花沉淀为骨子里的信仰和忠诚，是一个人的价值向度和精神追求。

回过头来再看王勇，他成功了，有自己的公司和事业，但是他从未停歇，他要创造更大的价值和更多的奇迹，这是他的神圣使命。身为劳动模范，他胸前的那朵大红花，始终红艳如火，炽烈燃烧，幻化为坚毅笃行的不竭动力。

2022年从北京冬残奥会载誉归来，王勇又开始琢磨事了，他提出了党支部党建品牌“勇向前·永争先”。“我们麦德森在党的领导下，勇毅前行，勇担新时代使命；在党的召唤下，探索先行，永远争当中国特色社会主义民营企业的排头兵！”他说道。

勇往直前，永不放弃，这就是王勇。向他致敬！

长田答卷

——记山东省劳动模范、济南长田实业有限公司张勇

邢云奎

一辆看上去稍稍显旧的黑色奥迪车驶进院内，在一座办公楼前停下。

张勇从车上下来，提着一个手提文件包，朝大楼里面走去。见到张勇，门卫赶紧起立。他示意门卫坐下，然后径直朝楼上走去。此时，办公大楼大厅的落地钟显示的时间是早上 7∶15，距离正式上班还有 45 分钟。

张勇来到六楼，打开自己的办公室。他先冲了一杯绿茶，放到办公桌上。随着玻璃杯中卷曲的叶片缓缓翻滚，他打开电脑。很快，屏保上便赫然显示出“长田集团”字样。

同样一行字，也矗立在这座办公大楼外面的顶端，与院外马路上拥堵的车流和人声鼎沸相映成景。

2023 年 7 月的一天，笔者走进了这座大厦。

坐落在黄河北岸，地处济南市济阳区中心城区的这座大厦，是济南长田实

业有限公司总部。53岁的张勇，就是这家公司的党支部书记、董事长、总经理。

“我要让乡亲们也过上和城里人一样的生活！”30多年前，张勇在下海创业之初，曾这样表达自己对未来的美好向往与憧憬。

30多年后，他的这个愿望变成了现实。

如今的长田集团，已成为一家拥有资产近6亿元、员工300余人，下辖华百广场、盛世龙华酒店、长田物业、长田实践教育基地、易丰农业、龙格黑陶、济北手造、长田实践教育基地等十几家子公司的综合性集团公司，成为引领济阳人生活消费方式的标杆，更是一家“土生土长”、一心一意带领父老乡亲走上共同富裕道路的民营企业。

张勇处理完手上工作的时候，已到了上班时间。

这时，他突然想起了什么，便打电话给司机，说自己今天上午10点要去区里参加一个会议，现在就出发，顺路到一个地方看看。

这样的场景，在张勇这些年的打拼中，不知重复了多少次。他说，保持调研的好习惯，是一个公司决策者的基本功。

每天，张勇都处在这样一种紧张的工作状态中。作为长田集团的“掌门人”，他既要挂帅，又见微知著，但他却乐此不疲，到底是什么力量让他始终都能保持着一种坚忍和骁勇之气？

随着采访的深入，其中的答案便开始浮出水面。这个答案让人振奋、让人敬佩、让人着迷……

艰难的抉择

张勇在电话里说要去看的地方，是一个叫朱家村的村子。

济阳区委、区政府十分关心、支持长田实业的发展，多次深入公司开展调研，帮助解决经营中遇到的实际困难，对长田实业秉承“诚信为本，品质经营，责任发展”理念，以及大力实施“现代城市服务商，美好生活引领者”发展战略的做法给予充分肯定，并赋予长田实业为全区经济发展和乡村振兴“当标杆”“做示范”的重大使命。

朱家片区城中村改造，就是区委、区政府交给长田实业的又一项艰巨任务。

张勇在村里边看边走，还不时与村民热情地打着招呼。早在3年前，长田公司响应区委、区政府号召，接受了朱家片区旧房改造建设任务。该项目总投资达 16 亿元，堪称长田实业的又一力作。因为，若干年后，这里的村民将变为城里人，昔日破旧的房屋和街道，将被一座现代化大型商业综合体项目所取代。

想到乡亲们今后能够在家门口上班，张勇心里涌起一股暖流。2021 年 2 月 7 日，该项目举行了签约仪式，但很多细节问题，他喜欢到现场去找思路、找灵感。这是他创业十几年来形成的习惯。

1970 年 9 月，张勇出生在济阳区济阳街道董家村，父母都是面朝黄土背朝天的农民。他的父亲也曾是一名军人，从部队复员后在镇上中学当了一名地理老师。由于他做事认真，善于学习，深得学校师生和家长们的喜爱与尊敬。母亲虽是一位农村家庭妇女，却很有见识，从小就教育张勇和他的两个弟弟要认真读书，将来好好报效国家。父母的言传身教，深刻影响着张勇今后的人生之路，很早就在他心里埋下了一颗梦想的种子。

多年以后，这颗种子开始生根发芽了。

1990 年 12 月，张勇经过 3 年部队磨炼之后，复员到济阳县孙耿镇做行政后勤工作。部队养成的吃苦耐劳、永不言败的作风，让他很快就进入了领导和同事们的视野。

有一天，镇领导把张勇叫到办公室，告诉他镇上有一个招待所，由于长期经营不善导致停业，已经闲置了两年多。其间启动了几次，都没人承包。镇党委经研究，决定趁眼下改革开放的大好形势，再次对外承包。领导开门见山，问张勇敢不敢试一试，不用现在回答，可以回去跟家人商量商量。

“不用商量，我干！”心里一直憋着劲想干一番事业的张勇，终于迎来了一次难得的机会。

当他把自己的这个决定告诉家人时，却遭到了反对。家人说，现在他端上了“铁饭碗”，工作又体面，突然放弃这些去创业，风险太大。

张勇说：“要做事肯定有风险，但更多的是机遇。我如果连试一试的勇气都没有，就不配说自己曾经是个军人！”

在张勇的坚持下，家人最终被他的真诚打动了。不仅如此，他还说服母亲，把家中的耕牛卖掉，地也转让出去，换回钱供两个弟弟都上了大学。虽说当时母亲很长时间对这件事都耿耿于怀，但后来看到两个弟弟很争气，大学毕业后，都回到家乡济阳工作，就不再说什么了。

就像战场上接到一个攻占阵地的命令，张勇接手招待所后，尽管面临重重困难，但他却精神抖擞，攻克了资金、人才、市场、客户等一个个难关。第一年下来，招待所破天荒地有了盈利。

接下来，张勇又步步为营，在抓规模、抓服务、抓经营上“排兵布阵”，全身心培育市场，一头解决职工就业问题，一头让招待所走上良性循环之路，成为当时济阳县城一个知名度很高的服务窗口。

3年后，招待所承包到期。随后，张勇趁热打铁，又用了3年时间，把一个名叫“醉春风”的大酒店打造成济阳口碑最好的酒店。

6年的打拼，张勇在餐饮业可以算得上驾轻就熟。他说，这6年宝贵的“练兵”，给了他很多驾驭市场的本领和创造的激情。他造就了市场，同时市场也造就了他。

下一步，他决心要在生他养他的这片土地上，打一场大战役、写一首长诗、描绘一幅与众不同的乡村振兴画卷。

商海逐梦

机会总是青睐有准备的人。

2004年，一家建筑集团公司老总从济南来到济阳，主动找到张勇寻求合作。老总说：“你经营的酒店现在很有名气，下一步想不想向房地产开发方面发展？”

在与老总的一番交谈中，张勇心中的那盏灯被拨亮了。

说干就干。接下来，张勇与这家公司合作，在济阳城区开发建成了一个2万平方米的住宅小区。售楼公告一发布，很快被居民抢购一空。

开发住宅小区“一炮打响”，更加坚定了张勇进军房地产的信心。当时，中国城镇化建设方兴未艾，市场需求越来越大，房地产开发也由此应运而生，而且发展势头强劲。

2008年，张勇敏锐地抓住这一难得的发展机遇，成立了济南长田实业有限公司。

新成立的“长田实业”，以初生牛犊不怕虎的勇气，在房地产市场不断攻城略地，一路高歌猛进，先后开发了济阳崔寨商业街、华百电影文化广场、勇建大厦等多个商业项目。通过一系列的市场运作，张勇和他的“长田实业”在日趋激烈的市场竞争中扎下了根基。

从房地产开发起笔，一个关于“长田实业”的新财富故事正在徐徐展开。

2015 年，张勇和长田实业临危受命，要在一片停工近两年的工地上规划和建成全区第一个城市综合体。

这个城市综合体有一个很文艺的名字——华百电影文化广场。

这个广场是当时济阳县重点招商引资项目，但开发商却中途放弃，成为“烂尾”工程。多年后，该项目重启。区委、区政府经研究，决定将这个项目交给长田实业来完成。

这是一道难题。因为城市综合体是一种全新的经营模式，在济阳区更是无人涉及，没有前例可循。

张勇深知，这个项目一旦接手，就会面临“内忧外患”双重叠加的现实困难:对内要面对设计规划、产品定位的难题，对外则是招商的层层阻碍，但他还是决定排除万难、放手一搏。

“没有路子就自己探索，没有经验就在干中积累！”张勇掷地有声的豪情，感染了和他一样勇往直前的长田人。在他的带领下，长田人迎难而上，背水一战，从设计规划到产品选型，再到装修呈现，每一步、每一环节都紧跟落实。在历经 730 多个日夜的艰苦奋战之后，一座建筑面积 4 万平方米的华百电影文化广场落成并交付使用，长田人用智慧和汗水把“不可能”变成了“不，可能”。

“为了满足济阳老百姓对美好生活的向往，我们长田人拼命也要把这个惠民工程拿下！”张勇介绍说，华百电影文化广场建成后，将成为长田实业旗下主力商业项目，集精品超市、儿童体验购物中心、国际影城、美食广场于一体，成为首个家庭式 360 度体验中心和全客层、全业态消费中心，对于提升济阳消费者生活品质、引导全民消费理念、提升城市形象、提高城市知名度将起到决定性作用。

2016 年 10 月 26 日，济阳华百电影文化广场招商成果发布会召开。发布会上，共有政府代表、商家代表及媒体同仁等 200 余人参加，入驻商家代表受邀上台进行签约仪式。

横店影城、屈臣氏、高第街 56 号、品聚书吧、蜀香三绝……出席本次招商成果发布会的主力店品牌云集黄河北岸的济阳，像极了那个果实飘香的秋天。横店院线总经理吕康表示：“横店影城很看好济阳的发展前景，很荣幸能够进驻华百电影文化广场，他们专业细致的服务团队、与商家共赢的合作理念，让我们受益颇多。希望大家携手并进，实现共赢！”

在与某国际快餐巨头进行洽谈的过程中，张勇为表现出足够的诚意，十二次往返于济南和青岛之间，与其进行极富建设性的沟通。他说了济阳人的热切期待，说了济阳良好的营商环境，说了长田人的诚实守信，也说了济阳黄河滩区旧貌换新颜的美丽风情，说得彼此热血沸腾，相见恨晚。

一花引来百花开。此国际快餐巨头与华百电影文化广场签订合作意向后，济阳迎来了快餐行业的第一家国际知名品牌，接踵而来的是第一家影城、第一家书吧、第一座过街天桥……

2016 年 11 月 2 日上午，济阳华百电影文化广场产权旺铺的选房活动在万众期待中盛大开启，一批次共推出商铺房源 40 余套，不到 20 分钟，一层房源全部售罄。

客商云集的火爆场面，“有朋自远方来”的高涨人气，再次点燃了张勇的激情，他满怀信心地说：“这里优越的区位、便捷的交通、广阔的平台，是兴业发展的首选之地、理想之地。我们将秉承‘为合作者着想，帮投资者盈利，促经营者成功’的服务理念与运营宗旨，为进驻商家提供‘零距离的贴身服务’‘零缺陷的个性服务’，实现合作共赢，共同发展！”

关山初度尘未洗，策马扬鞭再奋蹄。华百电影文化广场建成四年后，长田实业又启动了朱家片区旧房改造项目。该项目是华百电影文化广场项目的迭代升级，总建筑面积 39 万平方米，引入国内外一线餐饮、商超、健身等品牌，焕新生活品质。同时，该项目以巨大的体量为基础，以传统商业升级为主线，建设大型商业 Mall、商业街区、现代办公楼、豪华星级酒店、高档泳池、旱冰场，引入国际国内知名品牌，形成都市型、街区型和邻里型商业等多种形态，打造全新的服务型、体验型、沉浸式的领先的时尚商业业态，成为引领未来时尚生活的“新引擎”。

现在，已经渐渐融入省会城市发展圈的济阳人，他们在描绘着未来的模样，张勇也不例外。朱家片区，是长田实业长远发展的一个伏笔，也是奉献给济阳老百姓的一个惊喜。

华百电影文化广场（后简称为华百广场）从 2017 年 6 月商家正式入驻，到今天已经走过了 6 年的历程。6 年“精耕于内，外秀于形”，华百广场始终与时代同步，与城市共生长、同发展，商务、休闲、餐饮三大主题，时尚购物、儿童天地、餐饮娱乐、视听体验、康体运动、休闲友聚六大都市生活模块，在为市民提供美好生活的征程上，华百广场坚守品质、专注创新、持续改善、稳扎稳打。在保持主力店品质基础上，引入特色店铺，满足年轻人对潮流化、特色化产品的需求。长田人用心践行“视客为友，以顾客为中心”的经营理念，每周开展不同主题的文化活动，推出特色精细服务；定期组织安全培训、安全演练，为消费者提供一个安全舒心的购物环境……华百广场，生而不凡，引领着行业发展，同时成功塑造了济北核心商圈，打造济阳商业新地标。

2008 年以来，长田实业根植齐鲁大地，聚焦现代服务业，稳扎稳打、砥砺前行，从版图扩张到战略升级，初步形成了贯穿大众全生活周期的产业格局，各产业形成上下游生态链闭环并独立运营，相互之间还可产生协同效应，集团表现出强劲持续的发展势能。

2019 年 1 月 25 日，13 名管理者在“长田实业 2018 年度述职会”上，交上了本部门一年的“答卷”：华百广场销售上涨 122.95%，小背篓菌类养生火锅上桌率达到了 107%……一组组翔实、鲜活的数据，客观呈现 2018 年各部门良好的运营状况。

一份份可圈可点的“成绩单”，浸透着每一位长田人的辛勤汗水，也见证了他们与长田一起成长的点点滴滴……

刘淑华，2014 年 2 月加入长田实业，现任高第街 56 号餐厅凉菜主管。9 年来，她秉承初心与菜品本真合一，制作的炭烤烧鸭、烧味拼盘、蜜汁叉烧、港式捞汁鸡、口水椒麻鸡等，获得了顾客的一致好评，多次被评为公司“优秀员工”“优秀主管”“优秀管理者”。她把这些年摸索出来的“绝活”，毫无保留地传给徒弟，用一丝不苟的敬业精神诠释了“我是长田人”的自豪。

李凤，2013 年 11 月加入长田实业，现任公司财务部经理。她是入职长田实业的首批大学生，也是该公司稳步发展的见证者、参与者和推动者。作为一名财务人员，她恪尽职守，兢兢业业，精益求精，练就了工作十年“零差错”的过硬本领，为长田实业发展构筑了现代财务管理体系，连续多年被评为集团“优秀经理人”。

杨善利，2017 年 1 月加入长田实业，现任长田物业华百项目部工程主管。他秉承“预防是实现安全生产的最有效手段”的要求，巧用“四诊法”，即询问、观察、触摸、诊断，为设备“精准号脉”，进一步提高了设备维修效率，连续三年被评为公司“优秀主管”。他带领团队成员，推动全面落实安全责任，为设备正常运行提供有力技术保障。

…………

这个名单，可以列得很长。这群埋头苦干、追求卓越的长田人，就像一条条清澈的小溪，最终汇入长田实业这条长河，形成滚滚向前的奔流。

张勇说，有了这样的小溪，就有了对未来的憧憬，就有了不断提升境界的动力，就有了踏平坎坷的信心与勇气，就有了“上下同欲者胜”的凝聚力。

2020 年起，受新冠疫情影响，市场风云突变，长田实业营收全面下滑。“在疫情带来的困难面前，我们认识到了品牌建设的重要性。为了尽快摆脱不利影响，我们坚持‘一个核心，两个提升’战略不动摇，一手抓巩固，一手抓创新，把我们的项目优势转化为机制优势、规模优势、观念优势，谋求在‘危’中寻‘机’，以自我的确定性应对外界的不确定性！”张勇说，“我们‘咬定青山不放松’，三年来一步一个新台阶，压力变成了动力：2020 年，启动品牌建设战略，倾力打造‘长田乐享’品牌；2021 年，以‘长田乐享’品牌建设为抓手，启动‘一个核心，两个提升’项目，即‘以企业文化落地建设为核心，实现职能部门管理体系提升、经营部门业绩提升，努力增强公司创新能力和核心竞争力’；2023 年，以优化企业资源配置、增强全员创新意识为目标，探索建立‘精细化管理’机制，使之成为长田实业高质量发展的不竭动力。”

2020 年 8 月 19 日，长田餐饮旗下盛世龙华酒店、小背篓菌类养生火锅、高第街 56 号餐厅的 50 余名前厅一线人员，在前厅经理的带领下，参加全员培训。本次培训，由具有十余年酒店管理经验的小背篓菌类养生火锅经理马海霞授课。马海霞强调，前厅是酒店的神经中枢，是客人和酒店联系的纽带，是给客人留下第一印象和最后印象的地方，前厅的精细化管理与标准化服务反映着长田实业餐厅的整体服务质量，因此一定要重视前厅服务，秉承用“心”的态度，从大处着眼，从细处着手，用“情”积极主动为客人提供专业化、标准化、精细化的服务。

这是长田餐饮苦练内功、打牢基础、积极寻求新突破的一个缩影。“尤其经过三年疫情的考验，长田餐饮、物业管理无论是经营理念，还是运营手段，都实现了一个全新的提升！”张勇感慨地说。

2022 年 6 月 26 日，长田实业在华百广场开启首场直播，随后小背篓菌类养生火锅、高第街 56 号也开启线上直播带货，直播间累计观看近 1 万人次，成交 1000 余单，点赞数 10 万余次，充分展示了长田实业在挖掘潜在市场、扩大市场占有率方面的成就，同时也从侧面印证了长田实业在济阳人心目中的良好声誉。

为进一步扩大战绩，长田实业积极探索自身特色与风格，搭建了线上商城店铺，为各个业态开通专属抖音号。通过这些数字化平台，可以实现长田实业与消费者之间的高效连接，激活用户的多样化需求，打破时间和空间的限制，补足线下消费流量短板，重塑消费场景和销售渠道，拉动消费升级。

前不久，省城某高校一位研究经济管理方面的教授来到长田实业考察，问了张勇一个问题："听说三年疫情过后，你们长田实业的经营领域不但没有减少，反而还增加了很多，这是为什么？"

"是这样的。因为我们有一个很强大的引擎！"张勇说的这个"很强大的引擎"，就是指长田实业的党建工作。从 2008 年到 2018 年，长田实业在张勇的带领下，一路披荆斩棘，开拓进取，不论是在经营规模、经济实力、市场竞争力，还是一、二、三产业融合发展，以及带动地方就业等方面，都取得了骄人成就，实现了商海逐梦的一次次壮观的抵达。张勇深知，接下来，随着长田实业一步步走向更大、更宽阔的舞台，如何凝聚力量，勇毅前行，为长田实业的再一次出发注入强劲活力，是摆在他面前的又一次大考。

他有信心答好这份历史的答卷。

2018 年 8 月，在张勇的积极倡导和推动下，中共济南长田实业有限公司支部委员会正式成立，张勇担任书记。从此，分布在各业态的党员，在党支部的坚强领导下，迅速成为长田实业在竞争激烈市场上冲锋陷阵的中坚力量。

在张勇身上，有很多桂冠：山东省劳动模范、山东省退役军人"创业之星"、齐鲁乡村之星、济南市脱贫攻坚先进个人、优秀本土民营企业家、"济南慈善奖"爱心捐赠个人、济阳区餐饮行业领军人物、2018 影响济南年度创业人物……但他最看重的，还是党员这个身份！

为把党组织建设成一个团结一心、敢打硬仗、战则能赢的"红色引擎"，长田实业坚持用习近平新时代中国特色社会主义思想凝心铸魂，先后成立团委、工会、妇委会组织，积极开展"善作善为，美好长田"党建品牌创建活动，提出以党建带群团促经营的目标要求，严格落实"三会一课"、主题党日活动，推动党支部会议第一议题制度化、常态化，将"不忘初心、牢记使命"作为

加强自我教育、自我提高的终身课题，将学习教育作为提高党员综合素质的重要手段，不断创新学习形式，推出“长田微党课”等学习栏目，以高质量党建工作为市场竞争保驾护航，让长田实业始终在“既能创造财富，又能担当社会责任的民营企业”轨道上阔步前进。疫情期间，长田人在公司党支部带领下，上下齐心，共战疫情，传递了“信心比黄金更重要”的人间大爱。

随着长田实业向规模化、现代化迈进，加强人才队伍建设成为摆在张勇和长田领导集体面前的一个重要课题。为此，长田实业党支部提出“内外联动”人才建设计划，一方面从全国各大院校、科研院所招贤纳士，一方面注重内部培养，大力实施“长田工匠”“长田榜样”以及“人才储备”工程，为长田实业的持续发展提供坚实的人才保障。

打开长田实业的人事档案，你会看到很多来自山东财经大学、西南科技大学、南京理工大学等大学的高才生，聚集了经济管理、建筑工程、金融、营销、农艺、食品、计算机、旅游、中文等各类专业人才。现在，长田实业中层部门负责人全都是大学科班出身，个个怀揣大思路、大气魄、大担当。

“工匠精神将指引长田人在千锤百炼中凝聚力量，坚定方向！”2022 年 4 月 29 日，在长田实业召开庆祝“五一劳动节”暨第一届“长田工匠”表彰大会上，张勇作热情洋溢的讲话。此次受表彰的 10 名“长田工匠”，从 300 多名员工中脱颖而出，成为长田人追逐的“明星”。他们中有厨艺精湛、追求卓越的盛世龙华酒店烹调一级技工李俊岭，有为发扬传统技艺刻苦钻研的龙格黑陶拉坯师张恩佑，有认真务实、奋发有为的华百广场营运主管王睿，有“干一行爱一行专一行”的长田物业综合维修工鲁文海……

为了让各类人才在长田实业尽快成长起来，形成梯次结构，公司党支部高度重视，多次召开会议进行专题研究。按照工作部署，长田实业积极行动起来，举办“长田讲堂”，结合工作实际进行全面知识灌溉；面向全国与高校建立产学研合作机制，邀请山东省著名企业管理顾问李志亭等专家学者授课；开展岗位技能练兵，积极营造深耕业务、崇尚一流、比学赶超的浓厚氛围，不断吸纳新观念，开拓新视野，树立创新思维。

2022 年 8 月 30 日，张勇登上《长田讲堂》，以《人生三部曲》为题，从过去、现在、未来三个维度，与员工们一起分享了自己的人生感悟。张勇说，他最自豪的事情，就是正在将一个人的梦想变成一群人的梦想，长田实业眼下正在以更加开放、务实和包容的姿态，重塑管理认知，优化组织架构，将企业管理不断引向标准化、规范化、智能化，形成独具特色的文化价值体系。

这是行色匆匆的历史的庄重选择。

在美丽的黄河岸边，在济阳这片生机勃勃的热土上，在长田实业的新征程上，历史又一次展现出动人的风采……

绿叶对根的情谊

2018 年 7 月 9 日，济阳黄河大堤上的地面温度足有 42 度。

这天，张勇的心情也和高温天气一样火热。因为，他和他的长田实业，将迎来一个让人心跳加速的时刻。

这个时刻，蕴含着张勇的一种情结、一种情谊、一种情怀。

一阵鞭炮响过，长田实业旗下又一个分公司“济南易丰农业科技有限公司”在济阳街道董家村挂牌成立了。

这些年，从董家村走出来的张勇，一直记挂着乡亲们。从下海经商的那天起，他就立下誓言，一定要凭借自己的诚实劳动，让乡亲们尽快脱贫过上好日子。创办长田实业后，他一方面默默地积蓄力量，一方面寻找时机，希望在济阳这片生养自己的土地上大干一场。

机会来了。

2016年，他积极响应区委、区政府提出的“万企兴万村”号召，带着十几年的企业经营管理经验、雄厚的资金实力，以及具有现代眼光的市场运营团队，回到家乡董家村，在济阳街道、董家村委会的热情支持下，流转村中300多亩土地建立农业基地，打造“长田乐享”特色农业品牌，吹响了长田实业进军乡村脱贫攻坚的冲锋号。

为盘活村中“沉睡的资产”，“易丰农业”与村民、村集体签订三方协议，将村中闲散宅基地和村集体建设用地重新盘活利用，建设易丰居特色民宿，发展庭院“微经济”。通过打造生态、宜居、宜游的“乡村经济”，村民房前屋后的“方寸之地”，成为省城济南和周边地区居民周末、节假日一家人旅游休闲好去处。

目前，在“易丰农业”上班的村民达50多人。据长田实业副总经理朱宝刚介绍，易丰民宿总占地面积1300多平方米，总投资1200多万元。民宿由济阳当地典型的四进院落组成，设有会客厅、农家菜特色包间、客房、露台，还有民俗展览展示，可以为客户提供更好的旅游体验。2021年，易丰民宿被评为三星级民宿。

在张勇的推动下，村中很多废弃的坑塘也“变废为宝”。经过一番整理修缮，这些坑塘也摇身一变成了设施完备兼具优美田园风光的养鱼池塘，供游客休闲垂钓。

“乡村振兴，关键是产业要振兴！”张勇认为，发展乡村产业要选准切入点和突破口，要以市场为导向，依托当地具有区位优势的特色资源，以及自身的优势和能力选准适合自己发展的产业。

为提高“长田乐享”特色农业品牌的核心竞争力，张勇提出长田实业要做“现代城市服务商，美好生活引领者”的目标要求。在生态种植养殖加工领域，长田实业先声夺人，大力实施“两链协同”战略：一是进一步延伸产业链，建立“农场+订单”的发展模式，分级建立易丰农产品客户群，将产业链直接延伸到下游市场和消费者。根据客户需求，每天定点上门配送产品，实现了新鲜农产品由农田或农场到餐桌的“无缝衔接”；二是加强农产品深加工，提升价值链，建立豆工坊等，开展农产品初加工，提升农产品附加值。2022年，长田实业投资500多万元，建立永庆昌食品加工厂，布局预制菜标准化、规模化、自动化流水线生产，依托长田实业强大的营销能力，开拓“电商直播平台+线上线下市场”产业链条发展新模式，拓展了农产品的销路，提升了“长田乐享”

品牌的市场影响力。

“通过闻泥料在烧制中散发的气味，就能知道窑内温度情况，从而掌握好火候，最后烧出颜色均匀的黑陶……”济南市非物质文化遗产龙山黑陶制作技艺代表性传承人徐庆增，在向笔者介绍黑陶制作工艺时，神情中透着满满的自豪感。

济阳黑陶历史悠久，久负盛名，是黄河文化的重要组成部分，早在4000多年前就有历史记载。它选取黄河边优质泥料，运用独特的压光工艺及雕刻艺术手法，将古典美学与现代时尚熔为一炉，出炉的作品焕发出华丽、典雅的光芒。

2022年5月29日，济阳团区委组织40余名儿童和志愿者到黑陶烧制车间参观。徐庆增一边为孩子们演示，一边讲解黑陶的整个拉坯工艺，把孩子们带入了一个悠久而神奇的世界。在这里，孩子们可以动手去体验拉坯机的飞速旋转、拉坯工艺流程等。体验中，孩子们双手沾满了泥巴，却领略了劳动之美，收获了快乐与感动。

为推动济阳黑陶在新时代实现创造性转化和创新性发展，让黑陶文化焕发新的生机和活力，2019年6月，张勇创立济南龙格黑陶艺术研究院，随后又投资200余万，在董家村建成占地500多平方米的车间，形成集研发、生产、销售一体的黑陶产业基地，聘请徐庆增担任生产技术负责人，不断开发和创新黑陶产品制作工艺，推进农业与旅游、文化产业的深度融合，济阳黑陶制作技艺先后被列入济南市级非物质文化遗产名录、山东省级非物质文化遗产名录。2022年，龙格黑陶成功入选首批市级非遗工坊项目库名单。

为了下好“农业扶贫”这盘大棋，张勇和长田实业自觉将企业经营与国家扶贫行动融合在一起，既抓现代农业，又“扶精神、扶智力、扶文化”，推动董家村的脱贫攻坚工作出现了史诗般的变化。

2022年2月，长田实业在董家村投资建设实践教育基地项目，打造研学教室、济水春秋博物馆，创新“研学+”模式，通过展示乡村历史文化、经济发展，让新时代山乡巨变成为弘扬社会主义核心价值观的生动教育课堂。

近年来，长田实践教育基地吸引了济南齐鲁学校，济阳天山外国语、澄波湖学校等多所学校1万多名师生来这里开展研学活动，“山东龙山文化陶艺研学基地”“山东大学儒学与黄河文化研学基地”“济南市少先队校外实践基地”“济阳区研学旅游基地”“济阳区巾帼文明岗”，以及济阳区美协、摄协等多家文化组织在此设立实践或创作活动基地。为携手打造济阳区研学教育新高地，长田实业与山东鲁朗小脚印签署战略合作协议，实行研学和教育资源融合，推动“研学教育”与“乡村振兴”同频共振。

2022 年 6 月，由张勇发起的济南市济阳地域历史文化研究促进会成立，张勇担任执行会长。随后，他又推动成立山东济北手造文化发展有限公司。7 月 20 日，济阳区“济阳 @ 黄河”地域文化研究促进会举行盛大系列活动，通过开展济阳地域历史文化研究促进行动、山东济北手造宣传推进行动，举办“济阳 @ 黄河”文化论坛、“济阳 @ 黄河”系列文化展，联合山东大学开展儒学与黄河文化研学活动等，将济阳区和周边手造工艺品、非遗文化产品推向市场，以滔滔黄河为背景，以大地田野为课堂，努力讲好大河时代的“新济阳故事”。

现在，设在长田集团总部的山东济北手造展示体验中心，已有 50 余种 200 余件展品向社会展出。在这里，你可以欣喜地看到，经过挖掘和抢救，济阳剪纸、老粗布、烙画等传统手造产品，几近失传的古老技艺重新焕发出勃勃生机。

为适应互联网时代市场化运作模式，长田实业开通电商直播平台，携手非遗传承人通过短视频和新媒体直播，让非遗成为“遗产”的同时变为“财产”，让非遗传承人“富起来”“受尊敬”。

2023 年 7 月，山东济北手造展示体验中心成功通过省委宣传部认证，成为济南市首个由区县独立建成并获得省级认证的手造展示中心。

经过 5 年的努力，张勇和长田实业在董家村这块试验田上，累计投资 3000 余万元，闯出了一条生态种养殖、休闲旅游、非遗文化传承、研学旅行“四位一体”推动乡村振兴新路子，董家村自此走上富裕之路，村集体收入由 2014 年的 0 元增加到 2022 年的 57 万元。长田实业被评为乡村振兴齐鲁样板示范村、省级卫生村、济南市文明村、旅游示范村、最美乡村。2020 年，长田实业被授予“山东省扶贫龙头企业”，张勇被授予“齐鲁乡村之星”“脱贫攻坚先进个人”。2023 年 7 月，长田实践教育基地被评为“三同教育实践基地”，被赋予了新的历史使命。

中国文联副主席、中国民间文艺家协会主席、山东工艺美术学院院长潘鲁生，省关工委主任、省委原副书记、省人大常委会党组原书记、常务副主任高新亭，济南市委副书记、市长于海田，市委常委、组织部部长陈阳等领导、专家先后莅临长田实业文化阵地、山东手造济北展示体验中心、长田实践教育基地调研指导工作，为长田实业助力乡村振兴增添了强大动力。

新农村建设是一个宏大的时代命题，也是一份沉甸甸的历史答卷。通过对长田实业的采访，对长田旗下农业基地的采访，尤其对董家村旧貌换新颜的思考，我看到了现实中新农村建设的一个样板、一个模式、一串硕大无比的坚实脚印。

在产业扶贫、文化扶贫做得风生水起、有声有色的同时，张勇从未忘记自己的初心和使命，他以长田实业为平台，持续实施“长伴计划”志愿服务项目，为 3000 余名低收入家庭儿童、监护缺失儿童、残障儿童、留守儿童等群体提供物质和精神帮助；他提出“退役军人优先”的建议，得到积极响应，目前，已有 30 余名退役军人在长田实业就业。逢年过节，他还主动到老兵家中走访，把省市给自己的奖金转赠给他们，送上长田实业的一份温暖；他积极倡导设立“长田人 · 乐善行”社会公益组织，10 余年来慈善捐资数百万元，捐助范围包括捐资助学、尊老爱老、尊师重教、扶贫济困、扶残助残、修路架桥、植树绿化、体育事业等领域……

李旺村是济阳区的一个贫困村，村民收入很大部分来源于大棚里种植的黄瓜等农产品，但由于道路狭窄，黄瓜运输成为困扰村民的难题。了解到这一情况后，张勇毫不犹豫地捐资 6 万元，帮助李旺村修建了一条宽敞、结实的，一直通到田间地头的致富之路，彻底解决了蔬菜运输问题。

济阳区曲堤镇河沟村残疾学生赵守杰，凭着顽强的毅力，考上山东中医药大学，牵动着社会各界的目光。为了帮助他完成学业，张勇闻讯亲自来到赵守杰家中，以“长田慈善基金”名义送上 1 万元助学金。

…………

树高千尺也不忘根。这就是张勇，一个本土企业家的深厚情怀。多年前，他从董家村走出，参军、下海、创办长田实业，企业做大之后，自觉承担起更大、更多的社会责任，这便是长田实业保持高质量发展和基业长青的奥秘所在。

若无忙碌挂心头

张勇心头常记挂的这个“忙碌”，就是他的工作。

这些年，忙碌似乎成了他生活中的主旋律。他生活很节俭，不抽烟不喝酒，一辆奥迪车开了 18 年。从下海承包酒店，到创办长田实业，他从未停止过开疆拓土的脚步，到今天已拥有了以建筑工程、酒店餐饮、物业管理为主体，以现代农业、非遗传承、观光旅游为支撑的集团公司，这就是张勇忙碌的价值和意义所在。

除了工作，张勇业余时间就是看书、运动。闲暇的时候，他会把自己的点滴思考记录下来。他喜欢读经济管理类的书，华为、万达、小米等一些企业成功的经营案例，曾一次次给他的思考打开一扇窗口，让他豁然开朗。他还喜欢读《康熙王朝》《明朝那些事儿》等文学作品，他说从这些作品中，能读到团结、毅力和自强不息的精神，而这些都是市场竞争所必须具备的营养元素。

在长田实业，有一首大家都耳熟能详的歌《长田之歌》："长田我的家／细心呵护陪伴她／分工不同增砖添瓦／齐心协力共建伟厦……壮志愿尝酸甜苦辣／热血激扬青春年华／何惧霜雪艰难莫怕／心中有方向砥砺走天涯。"每当公司召开年度总结大会，或是有重大活动的时候，张勇都会带领着全体员工，一起唱响这首长田人自己填词作曲的歌。在歌声中追忆风雨同舟的荣光，张勇感慨万千。当初跟着他一起"打天下"的人，如今很多人都成为长田实业独当一面的顶梁柱：副总经理成峻志、长田物业凤凰城项目部经理孙涛、财务部副经理李凤、行政部主管窦冉冉……张勇感谢他们的真诚付出，也为他们优秀的表现感到骄傲。在新时代市场竞争的大潮中，张勇决心将继续与他们并肩战斗，向着长田实业更高发展水平的目标冲击。

在谈到长田实业下一步的发展方向时，张勇说："不管干什么，产业方向一定要与国家的政策要求相匹配！"

追求极致是一种做事的态度，但结果却总有这样的规律：收获梦想的同时，也有你不曾想到的缺憾。

为了弥补这样的缺憾，张勇不管工作再忙，也会尽量抽出时间照顾好家庭，照顾好家人，让家庭成为幸福的港湾。每到周末，他会到父母家中，陪老人吃顿饭，说说话；在办公室伏案工作久了，他会打上一个小时左右的乒乓球，通过坚持运动，让自己每天都保持旺盛的工作精力……

在采访快要结束的时候，笔者问了张勇一个问题："有那么一天，若无忙碌挂心头，你最想做什么？"

张勇笑了笑说，不敢想象，不忙碌了会怎样……

向阳而生

——记山东省劳动模范、山东世博华创动漫传媒有限公司丁姣

蓝　茹

她压根儿没想到，那一朵无意间闯入她生活的向日葵，会如灯似梯，在她的“健康之门”关闭后，让她通过这灯这梯，如愿找到并打开了那扇窗——那扇星光灿烂的“幸运之窗”。

那扇窗也是她的“涅槃之窗”，让她这位数年处于高位截瘫状态的90后病残弱女子，活成了创造“能独立行走”医学奇迹的励志女孩，活成了爆红泉城的“核酸贴纸”女孩，活成了奥林匹克残奥委盛情发来邀请函的漫画师，活成了数以万计粉丝“无法不感动、不敬佩、不点赞”的“中国大学生自强之星”“全国优秀共青团员”“济南榜样”“山东省劳动模范”等荣誉获得者，

活成了她自己想要的“用画笔记录温暖，传递正能量”的人。

她，就是山东世博动漫公司前期部部长丁姣。

1

“那时，我大概六七岁吧。”也许是2岁起不幸患病、3岁多不得不做那个“成功率大约30%”“术后一夜回到婴儿状态，连坐都不会”的手术，让出生于20世纪90年代初的丁姣本应有的五彩童年，被医院的白墙、白衣和总也打不完的吊瓶浸泡成了“常常孤独地被锁在家里”的“有点惨兮兮”的灰白色。

“有一天，无聊地翻着电视频道，突然看到一位老师正在教小朋友画画，一下就被那欢快的场景、金灿灿的向日葵吸引住了……”虽说已是二十多年前的事了，可在丁姣神采飞扬的眼神中和清泉般轻盈悦耳的声音里，那情那景宛如就发生在昨天——

瘦瘦小小的丁姣迅即抓起桌上做算术题的纸和笔，跟着电视上的老师和小朋友一起画了起来：先画一个大大的圆圈，然后在里面打上小网格，每个格子里点上一个小黑点，象征着一粒粒饱满的瓜子；之后，在外面一圈一圈地画上漂亮的花瓣，也可根据自己的想象或喜好，画上溪流、小草、蓝天或白云。最后，给向日葵涂上鲜亮的金黄，给小草、天空染上油油的绿色或浅浅的蓝色。

丁姣没有彩笔，她就双手托着腮帮子，睁着黑葡萄似的大眼睛，惊喜地看着电视里的小朋友变魔术般染出一朵又一朵流金淌蜜的向日葵。

“顿时觉得心里好暖、好甜，比吃了香香甜甜的果仁巧克力还让人心情美丽和幸福。”这种金灿灿的甜美感，丁姣之前的记忆中只有过两次：一次是父亲给她戴上那块黄灿灿的儿童塑料手表，另一次是堂姐递给她那个小巧、可爱的黄色自行车小挂件，它们是她灰白色童年中少有的金光闪闪的暖和甜。

二十多分钟后，电视教学节目结束了，丁姣从此爱上了画画，尤爱那抹暖融融的金黄和那朵始终围绕着太阳转动、成长的向阳花。

那会儿，丁姣还不知道向日葵的花语是“坚定、忠诚、向阳、向上”，但老师一遍遍重复的那句话——“我们一定要画出它朝气蓬勃的精神”，却像冬日暖阳、雾中明灯，在丁姣小小的心田里种下了一颗大大的种子——

我虽不能像别的小朋友那样，可以在楼下自由自在、快乐无比地行走、奔跑，也不能像他们那样，可以背上漂亮的小书包，欢欢笑笑、成群结队地到学校听老师讲课，但我仍然可以“朝气蓬勃起来”，像那朵昂然挺立的向阳花，甚至是窗外那些小野草，不管风雨怎么吹，最终都会立起来，健健康康地成长。

我一定要站起来！我一定能站起来！

2

苦心人，天不负。2007 年春暖花开之际，经过 14 年浸透着汗水和泪水的漫长而艰辛的治疗、康复训练，脊椎血管瘤手术后连“坐起来”都无法完成的丁姣，终于能扔掉双拐独立行走了！

虽然她的步履仍有些沉重、缓慢，身姿也有些摇摇晃晃，但她毕竟能稳稳地站起来，一步一步地向前走，一步一步地走向远方……

同年 9 月，经过有关学校的考查测试，完全靠治疗、康复之余刻苦自学的丁姣，如愿成为一名她心心念念、“能坐进教室，听老师讲课”的学生了！而且是一名直接跳过小学、从初中一年级读起的中学生！

虽然这一年，丁姣已经 16 周岁了，比她身边的同学大两三岁甚至三四岁，但她仍然觉得“自己很幸运”，十分珍惜这个“无数人共同努力，无数爱共同滋养，最终才有的学习机会”，全然不顾她虚弱的病残之躯，一累就会发烧或鼻血长流不止。课堂上她认真听讲学新知，课后则奋力弥补自学中因时代和家庭条件所限而存在的一些薄弱环节，同时挤出时间苦练绘画技艺。

曾经，丁姣希望自己能成为自己的偶像和榜样——（张）海迪阿姨那样的作家。因此，艰苦康复训练之余，她常蹲在墙角，看小蚂蚁爬，看天上飘过的云彩、飞过的小鸟，然后模仿小学语文书里自学到的课文，编成一个个或长或短的小故事，讲给辛苦挣钱的爸爸妈妈听。有时，她也会拉着哄着黏着年长自己 5 岁、每次来家都会给自己辅导功课的堂姐听。为了能讲得生动些、大家爱听些，丁姣还自学了朗读、主持等知识。

邂逅那堂课、那朵金葵后，丁姣忽然明白了：原来不只是文字才能表达出自己的所思所想，那支小小的画笔，也可以很好地传递出自己的喜怒哀乐，甚至更一目了然些！

高二时，丁姣直接转入了美术特长生班。

她希望“能用自己手中的画笔，多记录、多留存一些生活中暖暖的像金色太阳一样让人觉着很温暖很舒服的人和事，哪怕只是一些零星的、碎片化的东西”，丁姣也愿意如淘金者一样，把它们聚积到自己稚嫩的画笔下，做一个像（张）海迪阿姨那样对社会有用的人。

转眼到了 2013 年绿荫如盖的 6 月，丁姣信心百倍地走进了高考的考场。结果却应了那句话：逐梦的征途上，从来没有一蹴而就，也从来没有谁会轻而易举地成功。

3

“你看看，你说说，这到底是（怎）么回事啊？专业课挺好的，可文化课呢？但凡能正常发挥点，甚至只发挥出平常三分之二的水平，也不至于考这点分啊。”丁姣至今仍清清楚楚地记得，班主任老师拿着卷成筒状的高考成绩单，又气又急，无奈又心疼，还有些担心地想狠狠“敲打”自己脑袋的情景。

“我复读！”别看丁姣的个儿不高，长着一张白白净净、始终挂着清纯甜美笑容的娃娃脸，但她的骨子里却有着空气垫下越砸越实、越砸越纯的铁坯一样的坚韧和刚强。

“我相信，只要我好好复习，努力把文化课成绩提上去，考个本科应该没问题。”就在丁姣已交完复读费，收拾好行囊准备启程复读时，一个陌生的电话打到了她的手机上。

自报家门后直接问她：“明天就要开学了，你为什么还不来报到？”

“我昨天已经给那位招生老师说过了，我没有填报过贵校，而且我的目标是上大学本科而不是专科，我已交完复——读——费——了。”丁姣有意把最后那句话说得慢一些、声音大一点，如同给文字加黑加粗似的。

电话那头的陈老师仍笑意盈盈地问道："那你填没填'服从调剂'？你想上的是不是动漫专业？"

"对啊。我是特别想上动漫专业，我也在'服从调剂'那一栏上打了勾，可贵校是三年制的大专，不是我想上的四年制本科。"丁姣坦言道。

陈老师随即爽朗地笑了起来："这不就结了？你来我校是'服从调剂'，录取你的专业，是你特别想上的动漫专业。你怎么就能断定，大专生一定比不过本科生、成不了材呢？"

"还有，我是一个残疾人，行动不——方——便——"丁姣心里也明白，学历并不代表能力，只要自己愿意，通过"专升本"一样可以成为一名本科生，可她就是想通过复读直接考个本科，于是她抛出了"自己是残疾人"这一"杀手锏"，希望对方能"知难而退"。

哪想电话那头的陈老师得知她只是"腿部有残疾，生活完全能够自理"后，笑声更亲切了："那你还担心什么呢？我能保证，你到我们学校后，会像其他同学一样，正常地学习、生活和逐梦。如果不信，你可以先来看一看。"

"看看就看看。权当旅游了。"丁姣嘴上不服，心里却已荡漾起了期待的涟漪。

到学校后，丁姣才知道，给她打电话的陈雁宾老师竟是这所校企合作学院的负责人之一。

而她身边那位笑起来就会露八颗牙齿、让人一见就感觉很温暖很亲切的高而健壮的男老师，如老友相见似的热情握着她父亲的手说:“辛苦了！欢迎！欢迎！”

之后，他和蔼有加地笑着对丁姣说：“你来这儿就对了！我是山东轻工职业学院世博动漫学院的院长王振华，我会让你忘掉自己是一名残疾人。”

虽是初次相见，丁姣却有一种似曾相识的感觉。

“在哪儿见过呢？”丁姣一边陪着父母跟着王振华院长参观学校，一边在脑海中苦苦搜寻着。

“我们一定要画出它朝气蓬勃的精神。”当年，正是这堂课这句话，让丁姣如干渴的幼苗遇到了阳光雨露般的滋养；如今这句“我会让你忘掉自己是一名残疾人”，与之何其相似？！

“是先上个大专，再慢慢提升，还是复读二战？”就在丁姣在心里反复比较着、纠结着时，她的父母罕见地替她拿了主意：“就上这所学校吧。”

“凭什么？”后来丁姣才知道，在他们参观学校期间，王振华院长已见缝插针地做通了她父母的工作，并答应帮助她的父亲在学校食堂找一个面点师的工作。这样，她的父亲就可以工作和照顾女儿两不误了。

但当时王振华院长给丁姣的回答却是：“就凭我们不准备给你减免学费，让你和其他同学一样，靠自己的努力、能力和实力来说话，而不是一个需要别人同情、照顾甚至怜悯的残疾人。”

随后，王振华院长结合“疤痕试验”的故事，给丁姣做了详细的解释和说明，并对她即将开始的大学生活和学习给出了初步的建议和规划。

“可以这样说，正是从那天起，我才如王振华院长，也即我后来的王爸爸所希望的那样，真正开始从心理上一点一点地站了起来，不再把自己当成一个需要照顾、始终觉着低人一等的残疾人。”听着丁姣深情的话语，看着她暖阳般明快、幸福的笑容和火焰般跳动的青春气息，谁能相信，她是一名两岁多起就与病魔顽强抗争、为了能站起来而历尽无数磨难和考验的 90 后残疾人。

4

进入大学后，丁姣才发现，“考上大学就可以轻松了”之说，真的只能是高考前的一个别样减压方式。大学绝对是山外有山、人外有人的新赛道、新考场，自己需要弥补、追赶的地方，如校园外连绵起伏的群山一样层出不穷。

“自己曾引以为傲的绘画技能和水平，与一些已会在电脑上作画的同学相比，明显太 low（落伍）了；一些同学，在高中甚至是初中时，就会利用互联网查阅资料，找到自己想学、想看的相关知识或内容，自己却是到大学后才开始学着用电脑……”面对这些年龄比自己小、现代化学习能力和绘画技能却高出自己一大截的学弟学妹们，丁姣感到压力很大，但她也坚信：自己能一步一步“走”进大学校园，也一定能“学有所成”地走出校园、走上工作岗位，成为有能力回报社会、回报父母的自食其力的有用之人。

从此之后，确切说，应该是从丁姣直接跳过小学上初中后，她就“从来没有在晚上 12 点之前休息过”，她的父亲也是从那时起，对丁姣说得最多的一句话就是“可以休息了。已过 12 点了”。这话到现在，丁姣已三次走上央视《新闻联播》、成为省市劳模了，她父亲仍然常在夜阑人静时，一边轻轻敲着丁姣灯光闪烁的房间门，一边心疼地叮嘱着、提醒着。

丁姣勤学苦练的同时，王振华院长亦如当初承诺的那样，对丁姣这个特殊学生予以了特殊的激励方式，千方百计为她创造或提供参加校内外各种比赛活动的机会，让她在大大小小的实战中，检验、促进专业基础知识的学习，积累经验，扩展眼界，更加明确学习的方向、人生的规划。

“这种激励方式，真的比直接减免学费更有效、更暖心，让人特有尊严感和荣耀感。”这或许就是丁姣所说“从心理上真正站起来”的原因之一吧，也即古人所说的“授人以鱼，不如授人以渔”，用现在的说法，就是与其“输血”，不如提升其“造血”功能。

丁姣亦不愧是她堂姐口中“特别能吃苦，特别能拼搏，特别能坚持”的“励志女孩”，进入大学仅仅三个多月，就以其优秀的学业成绩、源源不断的获奖证书和阳光自信的甜美笑容，成为学弟学妹们心服口服的学霸学姐和学习委员。

她父亲皱纹密布的眼窝里，也如解冻的小溪般流淌着越来越多的笑意，清瘦的脸颊上，则如涟漪般荡漾起层层的笑纹。

丁姣有时打趣父亲道：“食堂的工作早起晚睡的，您怎么还越活越年轻了？”

父亲心满意足地笑答道：“能天天看到我的宝贝女儿像快乐的燕子一样学习生活，我能不开心吗？天天看着这么多朝气蓬勃的学生，有滋有味地吃着我亲自做的面点，我能不‘笑一笑，十年少’吗？就连你妈妈也说，她现在很放心我们爷俩，工作起来也没以前那么累了。”

看着父亲如此开心，丁姣学习的劲头更大了，前行的步伐也更坚定有力了。

一个周末的晚上，丁姣犹豫了好一阵才低声细语地告诉父亲说：她想申请入党，像她的堂姐、表弟那样，争取早日在那面绣着金灿灿的镰刀锤头的旗帜前宣誓，可她又怕自己是一名残疾人，离党组织的要求差得太远……

父亲一听，立即竖起两个大拇指，泪光闪闪地鼓励道：别怕！只要朝着那个目标，坚持努力，永不放弃，就一定能行。

不知不觉就到了翌年“举头已觉千山绿”的仲春时节。

丁姣的父亲却突然有点慌了：已连续三天没有看到丁姣来食堂吃饭了。打电话一问，撂下一句“好着呢，正忙”就挂了。

第三天、第四天，仍没看到丁姣来食堂吃饭。

她父亲不管不顾地再次拨通了她的电话，却是一个陌生女孩子的声音：“叔叔，我丁姣姐正忙着。您放心吧！”

直到第六天，丁姣的学妹才去食堂给她父亲报信说：“丁叔叔，我丁姣学姐这几天基本没睡，一直在赶稿子参加比赛，您放心吧，我们已经把学姐送回宿舍了。”

两天后，终于睡过瘾的丁姣，骄傲而自豪地告诉父亲说：“这 6 天里，您宝贝女儿吃住在教室里，是在完成一件——大——事。”

两个多月后，喜讯传来，丁姣奋战了七天七夜完成的漫画作品《懦懦的梦》，荣获“第十六届齐鲁国际动漫艺术博览会原创漫画作品金奖”。

随后，各种漫画奖、征文比赛奖、“中国大学生自强之星”称号、中国残疾大学生励志奖、国家励志奖学金、全国优秀共青团员、“感动淄博”人物提名奖等奖项或荣誉，鲜花盛开般绽放在丁姣摇摇晃晃却坚定异常的身后。

次年石榴花开红胜火之际，在山东世博动漫公司热火朝天地忙着毕业设计的丁姣，突然接到通知：立即返校，参加预备党员转正宣誓大会。

“我终于成为一名中国共产党正式党员啦！”丁姣泪如雨下地拨通了堂姐的手机。

“祝贺祝贺祝贺！没想到我们的残疾人同志，也能这么顺利地成为我们这支先锋队中的一员。这真是‘生逢盛世，与有荣焉’。”堂姐之言，也是丁姣最深的感悟。

“我志愿加入中国共产党，拥护党的纲领，遵守党的章程，履行党员义务，执行党的决定，严守党的纪律，保守党的秘密，对党忠诚，积极工作，为共产主义奋斗终身，随时准备为党和人民牺牲一切，永不叛党。”宣誓完毕后，丁姣却久久不愿离开……

她觉得那金子一样闪亮的镰刀和锤头，“既像心中的那朵向阳花，也像一束光，一束闪耀而照亮你的光，给你能量、温暖和力量，让你有能力有动力向前去冲和拼。”

5

时光荏苒。转眼到了2022年阳春三月，寅虎年春节欢乐吉祥的气息还或浓或淡地徜徉在神州大地上，一份特殊的邀请函跨越千山万水，飞到了泉城山东世博动漫公司董事长王振华的手上。

尊敬的中国山东世博华创动漫传媒有限公司：

新春快乐。

这里是国际残疾人奥林匹克委员会品牌与宣传部·国际残奥委会（简称IPC），是残奥会的主办机构，也是全球残疾人奥林匹克运动的治理结构。

我们了解到贵公司漫画师丁姣女士曾创作过大量有关残疾人运动员的漫画，对推广残奥运动起到了很积极的作用。

值此北京2022年冬残奥会即将到来之际，我们诚挚邀请丁姣女士创作北京2022冬残奥主题的系列漫画，并希望作者和贵司能够授权我们在数字媒体上使用漫画内容。

我们在此承诺：我们将尊重公司与原作者，在内容发布时标注作者及公司名称；同时相关内容不涉及商业使用，仅用于体育推广及宣传。

感谢你们对于残疾人奥林匹克事业的支持。

希望更多的人能够通过你们的作品感受残疾人奥林匹克的魅力。

敬礼

国际残疾人奥林匹克委员会内容主管

2022年3月1日

“这也太意外了吧。”面对这份邀请函，丁姣惊喜地喃喃自语道：“没想到我的漫画作品，能被国际残奥委关注和喜欢。”

其实，几个月之前，丁姣已因其创作的96幅生动传神、Q萌可爱的东京残奥会即第16届夏季残疾人奥林匹克运动中国残奥冠军的系列漫画，在网络上爆红，其作品点击量逾亿次，受到中国残联的点赞和表扬，并作为残疾人就业典型，被央视《新闻联播》、全国总工会等数十家主流媒体争相报道。

至今，山东世博动漫公司工作大厅的方形水泥柱上，仍醒目有序地张贴着丁姣精心创作的东京残奥会中国残奥运动员夺冠瞬间的96幅漫像作品。

“看到自己的作品贴满了工作大厅的方柱上，是不是觉着特别开心和自豪？”我一边兴奋地欣赏着，一边小声问丁姣。

丁姣却羞赧地微红了脸庞说：“每次看到，都觉着挺不好意思的，总觉着当时画得太赶、太匆忙了，好多地方都可以画得更好、更传神一点。”

“丁姣果真是把高标准、严要求当成了习惯和日常。”东京残奥会中国残奥冠军漫像创作中，丁姣曾连续几天都是早上9点起就一刻不停地画到凌晨两三点，甚至是四五点。可就这样，她的绘画速度仍然跟不上中国队夺冠的速度。比赛结束时，丁姣只画完了42幅漫像，她的右手腕因劳累过度拉伤了韧带，她缠上绷带，戴上写着“勇敢拼搏，不怕困难”黑体大字的白色护腕手套，继续没白天没黑夜地创作。

父亲看她累得都有些恍惚了，便心疼地劝她稍稍慢点，别让受伤的手腕再落下个什么残疾。

丁姣却甜甜地一笑说：“放心吧。我还没好好孝敬您跟妈妈，怎么会再添个什么残疾呢？冠军们都等着我的漫像，我必须要快马加鞭地画完，让更多的人了解残奥会，知道我们残疾人同样能为国争光。”

国庆节前夕，丁姣终于如数完成了96幅东京残奥会中国冠军的漫像创作，实现了她“用自己的画笔，把中国残奥冠军顽强拼搏、勇争一流的精彩故事画下来、传下去，向世界展示出中国残奥冠军青春靓丽、勇创佳绩的形象。”

但丁姣没想到，这组漫像作品能有上亿的点击量，更没想到国际残奥委员会的官员会关注、喜欢她的作品，并发来热情洋溢的创作邀请函。

“可国际残奥委会对北京冬残奥会漫像创作有什么要求呢？”丁姣问自己，也问一直悉心引领着她、甘当她逐梦路上“随时可以扶着前行的‘拐杖’”院长、董事长王振华爸爸，得到的答复却是：“没什么要求，根据你的擅长和想象，自由发挥。”

“这可就难了。”丁姣既高兴可以自由发挥，也感到压力很大。

“因为有的时候，没要求，反而比有要求的创作更难让人琢磨和找到方向。”加之冬残奥会因寒冷的天气和在冰雪上比赛，运动员需要把面部保护好，比赛时包裹得都特别严实，很难看到运动员的脸或面部表情，这比“只要能抓住运动员获得冠军时灿烂的笑容等表情，就可以创作出各具特色的漫像作品”的夏季残奥会漫像创作难度大了好几倍。

“大胆去做！相信自己！更要‘相信美好，创造美好’‘让世界生动起来’。”这话，丁姣做学生时常听王振华院长说起，如今闻此语，丁姣顿感信心倍增：王董事长这是在用公司的“企业情怀”和“企业愿景”启迪她、鼓舞她啊！

“有整个公司做后盾，我还有什么好犹豫和担心的？”丁姣如战士听到冲锋号一样，全身心投入到这场“把北京冬残奥会中国残疾运动员顽强拼搏、勇争一流的精彩故事画下来、传下去，向世界展示出中国残疾运动员为梦想奋斗不止的精神和阳光可爱的风貌”的特别战斗中。

蔚蓝如海的底色，白底、黑字、彩色线条构成的“北京 2022 年冬奥会”会徽，如一枚方方正正的图章，居中兀立在蓝色画面的正上方，紧随其下的，是一行耀眼的金色文字：黑夜给了我黑色的眼睛，我却用它来寻找光明。其中，“黑夜”“寻”“光明”三个字词明显比其他的字大而粗。画的下半部，则是戴着白色绒帽和黑色大墨镜、穿着红色羽绒服的盲人运动员，即将把跳跃着红火焰、黄火蕊的奥运火炬准确插进火炬台的感人瞬间……

北京冬残奥会开幕式上，盲人火炬手“一遍遍尝试，最后终于靠自己成功把火炬准确插上火炬台”的顽强和执着让丁姣深深感动，她瞬间有了灵感和创作方向：他们在冰雪上比赛，其实也是一种追梦的过程。残而不废、身残志更坚的精神，就似一双双隐形的翅膀，带着身体残缺不全的他们，在洁白的雪花、晶莹的冰面和曲曲折折的赛道上，勇敢地拼搏和逐梦。

凌晨时分，丁姣一气呵成地完成了这幅漫像作品并发到了微博上。一天之内，点击量就达到了 10 万 +，私信或关注她的运动员或粉丝潮涌般暴增。

丁姣却无暇享受首战成功的喜悦。她把手机调成静音，紧跟着赛场上运动健儿的步伐，在她的工作室里苦思冥想地构思着、创作着。

“不能看到运动员的面部，就更多地去捕捉他们的动作，尤其是独有的、精彩的动作，然后准确、生动、传神地定格、记录下来，再配上软萌可爱的动漫要素，把他们比赛中最闪光的瞬间和状态，生动、形象、精准地呈现出来。”事实证明，丁姣的这个思路鲜活、独特而有效。

但在给冰球运动员申翼风画漫像时，因比赛时他穿得太严实了，根本看不见他的面部表情，无法刻画他的五官，而这张漫像，同时也是央视体育频道希望丁姣去绘制的。

“怎样才能把他画得好一点，既能体现出他作为一名肢残运动员的那种拼搏、付出的状态，又跟他本人更像一点？”丁姣一遍一遍地想啊、画啊，窗外的灯光从众星闪烁般变成了漆黑一片，她仍在通宵达旦地苦苦画着、改着、完善着。

次日霞光洒满天际时，丁姣终于长舒一口气，美美地伸了伸因连续作画六七小时而有些僵硬的双臂，同时在心里给了自己一个萌萌的“赞”。

央视体育频道的编辑收到丁姣通宵达旦完成的这张漫像后，连声称好。

丁姣喜极而泪眼婆娑，一遍遍看着这张“费时最久，也画得很是熬人”的漫像作品，对“运动员手中那把直指天空的宝剑和萦绕在其身边的那几朵祥云”这个细节尤为满意。这让她意识到：写文需细节取胜；作画，一些看似无关紧要的小道具小装饰，同样能生动形象地表达出主人公冲破阻碍、展翅飞翔的精神面貌和状态。

这种精益求精、善用细节凸显精神和内涵的绘画追求，让丁姣在随后而来的紧急创作——“核酸贴纸”创作中大放异彩，让她一举爆红，也让历史文化名城济南在关键时刻彰显出了文化软实力的巨大魅力和无可替代的作用。

6

“我们山东有辛弃疾、李清照等众多名家大家，济南又是历史文化名城，我们做文化的企业，为什么不能挖掘、创作出助力抗疫、提振信心的漫画作品呢？”2022年春疫情再次席卷而来时，以“公益作为企业的必修课和本能”的王振华董事长经过一番思虑后，给丁姣发了条特别的微信。

“交给你一个任务，画一个辛弃疾，你觉得怎样画好，就怎样去画。放手大胆去画，下午下班前交给我。”正准备去吃午餐的丁姣看到“老大”发来的“作战任务”后，随即请同事帮自己带份午餐回来，她则如接到攻坚任务的突击队员，旋即投入到战斗中。

“该用什么风格画呢？日漫（风格）的，与严肃的抗疫主题不太搭；写实（风格）的，网上太多太滥，难出新意和特色。那画成什么风格呢？”丁姣飞速地思索着，一遍遍在电脑上画着、比较着，最后决定画自己最擅长的Q版风格，且以简洁Q版为首选。

“因简洁Q版适用范围广些，接受度高些，画面的颜色没有过分艳丽或压抑的色彩而看起来会更舒服一点。毕竟疫情再次发生，大家的心情都有些沉郁而不美丽。因此必须把检测贴纸画得可可爱爱点，让大家一见就心生喜欢。”如此精心构思和设计，难怪丁姣的绘画作品无论大小，都那么令人爱不释手。

下午4点左右，丁姣信心十足地把没着色的定稿图微信传给了王振华。

“很好。请立即着色发我。”王院长的肯定，让丁姣心花怒放，她立马着色、定版、上传。

忙完这些后，丁姣才感到又饿又渴，也才想起来自己的午餐还没吃，已整整5个小时没喝过一口水……

两个多小时后，丁姣的手机“突然频繁地振动起来，如中了病毒似的”，她“有些紧张地打开一看，竟然有100多条未读信息……”

原来她设计绘制的这张“辛弃疾核酸检测贴纸”被市卫健部门选中在槐荫区检测点试用了，结果大受好评和欢喜。亲朋好友或粉丝从网上、朋友圈看到后，便发来了点赞或渴盼拥有等信息。

随后，丁姣就接到了“再画几个”的任务。

“扁鹊是中医诊断学的鼻祖，而中医药在抗疫中也起到了很大的作用。如果把他画成一位慈眉善目的老爷爷，会给人一种很舒服的感觉，也会让人觉得安全感十足。”

“秦琼是门神，头上的头盔、身上的衣服如何设计，才能让他看起来不是那么凶悍而拒人千里之外？他手里始终不离武器，可画个什么武器才能既符合他门神的身份，也与别人所画的有所不同？”细细思忖后，丁姣决定“把秦琼的浓眉画得斜一点、竖一点，让他看起来既凶而威严还很可爱。手中的武器则变成了左手长枪、右手短剑，仿佛在说：‘病毒你别来啊，我可是会很多武功的’”。丁姣舒畅、纯真的笑声，如雪梅吐幽香似的令人神清气爽。

在李清照动漫形象创作上，丁姣则别有深意地采用了海棠花瓣的外形，让人一看到这张Q萌的六角形状漫像贴纸，就会情不自禁地想起李清照故居和她诗词中摇曳的朵朵海棠，想起她婉约、豪迈的“知否知否，应是绿肥红瘦”和“生当作人杰，死亦为鬼雄”等诗词名句，“抗疫必胜”的信心、信念如雨后春笋般勃然生长……

7

至今，仍有不少泉城人（也包括我）悉心珍藏着这组被誉为核酸贴纸“天花板”的“泉城抗疫天团”卡通画贴纸。

因它“不仅为抗疫增添了一份温暖的慰藉和必胜的自信，也为深入挖掘历史文化名城济南的文化资源、提升城市文化软实力做出了深刻而有启发意义的探索”，更让主创者、身残志坚的残疾人漫画师丁姣爆红泉城，成为泉城人人皆知的“核酸女孩”和“励志榜样”。

“济南市劳动模范”“济南市优秀党员”“济南榜样”“山东省劳动模范”等荣誉，鲜花吐蕊般缤纷着丁姣执着跋涉的征程；丁姣活泼、坚毅的身影和自强不息的故事，也被央视和省、市新闻媒体越来越多地聚焦播出，她也成了越来越多的中小学校或一些单位争相邀请做演讲、报告的“网红”和偶像。

父母实在不忍心身体有恙的丁姣如此忙碌和劳累，劝她减少一些社会活动，尤其是演讲、报告等。因他们知道，丁姣从小就特别害怕背记东西。当年在大学入党时按要求要背记《党章》，丁姣把课间、餐前、睡前的时间都充分利用上了，仍用了差不多一个月时间才把两万余字的新版《党章》一字不落地熟记于心，而演讲、报告中一次次的回忆，多多少少都会触及她心中永远也不想去触碰的伤痛。那是她父亲这位七尺男儿也不敢不愿去回想的不堪往事啊！

但丁姣却淡淡一笑说："没事。我可以的，我必须要坚持。"

因她心中有个小小的却金子般闪闪发光的执念——

"如果我的演讲、报告或说分享，能够对他人——尤其是一些残疾朋友、中小学生们有一点点帮助或启发，让他们感到一种正能量的传递，更多一些积极向上的状态和梦想追求，我苦点累点也值了。能为社会做贡献，是一件多么开心和美好的事情啊！何况，这些活动对我也有提升作用，让我能通过这种方式，去履行一名共产党员'努力提高为人民服务的本领''密切联系群众，向群众宣传党的主张'等义务，这是多么值得坚持和坚守！"

听着丁姣满心幸福和真诚地说这些肺腑之言，我无法不给她送上一个大大的"赞"，并真诚地道一句：

"谢谢你，丁姣！感谢你在逐光而行的征程中，把自己变成了一束光，一束温暖、有力、炫目却朴实如初的光！"

北关社区的“大管家”

——记山东省劳动模范、济南市天桥区北坦街道北关社区杜春霞

张宝中

济南市天桥区北坦街道北关社区位于大明湖以北、铁路和顺河高架路沿线，是一个典型的老旧的开放式小区，面积约0.27平方公里，居民有2300多户5500多人。社区内有济南铁路局、原济南第二印染厂、省黄河河务局、大明湖景区管理处等多家单位的宿舍，居民楼很密集。

社区党委书记、居委会主任杜春霞生于1971年，中等个头，快人快语，说一口地道的济南话，是一位敢担当、有激情、善攻坚、作风实、能成事的基层党务工作者。27年来，她带领两委为北关社区实施了100多件民生实事，北关社区先后荣获省级文明社区、山东省最佳志愿服务社区、市级先进基层党组织、市巾帼文明岗等荣誉称号，她本人也先后荣获全国妇联系统劳动模范、“山东省优秀共产党员”、山东省担当作为好书记、济南市担当作为出彩型好干部、抗击新冠肺炎疫情山东省三八红旗手等众多荣誉称号。

稀里糊涂成了居委会副主任

杜春霞是1997年7月来北关社区的，从事社区工作也很偶然。

她是临沂市莒南县人，中师毕业后在莒南县任小学教师。她爱人是她的中学同学，大学毕业后在家乡的铁路部门工作。1996年，他通过考试，被济南铁路局择优调进机关某重要技术部门工作。当时赶上济南铁路局最后一批福利分房，但两地分居的夫妻不享受这一政策。杜春霞觉得两地分居不是长久之计，她早晚要来济南，这时正赶上分房子，就辞了职来到济南。他们分到的房子在北关社区大赵庄的铁路宿舍。

杜春霞丢了“铁饭碗”，打算先找个学校代课，同时自学法律，考取法律职业资格证书，在济南当律师。她思维敏捷，表达能力强，对法律也感兴趣，觉得自己也比较适合当律师。她从书店买回一大摞法律书籍，每天在家废寝忘食地“啃”。考试科目中，大学语文已经通过了。

一天，一个“看上去很亲切”的阿姨到家里找她，自我介绍说是社区的党委书记和居委会主任，也是楼下的邻居，名叫李学峰，然后说：“听说咱们单元来了两个大学生，我想问问是从哪里来的，了解了解情况。”杜春霞就说了夫妻二人来济南的经过。李学峰又问她平时在家干什么，她又说了自学法律的事。李学峰看了看桌上那一大摞书，说年轻人就是有知识有文化爱学习，别的没说什么，就告辞了。

过了两三天，李学峰又来找杜春霞。这次她带了一个蓝硬皮本，里面有一些表格，说水电费由小区居民轮流收，现在轮到她家了，让她尽快把这个单元各家各户的水电费收齐。杜春霞不会看水表，李学峰就教给她。各家各户的电表都在楼道墙上一个箱子里，上面的数字倒容易看明白。

杜春霞的爱人工作比较忙，经常出差，她只能一个人挨家挨户收水电费。有些邻居家，她去了几次都没人，就在门上留个字条，请他们回来后去找她。短短一个星期，她就把所在单元各家各户的水电费都收上来了，交给了李学峰。李学峰没想到这么快，就表扬了她一番，并说别人收水电费，基本上都得用一个月左右，拖拖拉拉的。

又过了几天，李学峰第三次去找杜春霞，这次就“直奔主题”了：请她在居委会临时帮助工作。李学峰说，居委会一共有三名工作人员，除了她，还有两个副主任，其中刘副主任得了癌症，不来上班了，她和胡春荣副主任两人实在忙不过来。那位胡阿姨，杜春霞认识，也是她那个单元的，在楼下见过，还聊过天。杜春霞问居委会是干什么的，李学峰说：“明天你跟我去居委会看看吧。”

第二天上午 8 点半，李学峰叫上杜春霞，一起去了居委会。到了那里，杜春霞十分惊讶，没想到那么寒碜：居委会是个十平方米左右的铁皮屋，在明湖西路中段，旁边有修理摩托车的，有电焊的，电焊发出的声音十分刺耳，路上还淌着脏水。进了屋，里面有三张抽屉桌、三把木椅、一条白色的锈迹斑斑的连椅，其他就什么都没有了。杜春霞心想，这里充其量就是一个什么“服务小组”，能算居委会吗？她原来任教的莒南四小有教学楼、职工宿舍，都干干净净、像模像样的，相比之下，这里的工作环境和条件太差了。

李学峰简单介绍了当时居委会的常规工作，有计划生育、对外出租居委会的自建房，卖老鼠药、花圈，还要经营小饭桌、托儿所等，所谓“事不出居，热情服务”。杜春霞没想到居委会的工作这么复杂，尤其是听到“卖花圈”时，她吓了一跳。她问：“你叫我来帮忙干什么呢？”李学峰说：“你就把刘主任分管的计划生育接过来。”

李学峰给了杜春霞一个本子，里面斜插着 68 个残缺不全的写有姓名和住址的硬纸卡片。李学峰说，这些都是辖区内的育龄妇女，把她们管好就行了。这些人里面有男扎的，有女扎的，有放环的，有待孕的，有限孕的，还有用避孕工具的。每个月都得和她们见一面，了解她们的情况，然后让她们在这个本子上签字。

借助派出所提供的居民身份信息资料，杜春霞很快就掌握了那 68 位居民的基本情况。她拿着那个本子，一家一户地上门，询问她们什么时候上班、什么时候在家，都记下来，并说：“我就在这个地方住，你要是白天上班，以后我就晚上来，不打扰你。”所有和杜春霞接触过的居民，都觉得这个头发扎个把子的“小杜子”礼貌、周到、细心、朴实，都很喜欢她。

这时，一位在省公安厅工作的亲戚帮杜春霞联系了一家代课的学校，在槐荫区 106 医院附近。亲戚把她的大学毕业证复印件等资料给了校长，校长说如果她愿意代课，就过去当面聊聊。杜春霞先去学校看了看。学校在城乡接合部，位置较偏僻，一些硬件设施也很差：当时正是暑假，操场上的篮球架子是歪的，下面长着荒草；教室破烂不堪，从窗户往里看，桌椅板凳很破。

杜春霞心里凉了半截，纠结了好几天，心想干什么都是干，还是在居委会先干着吧，边干边自学法律。

转眼到了10月上旬。一天，北坦街道党工委书记马继水骑自行车来社区，要转一转、看一看。他问杜春霞："小杜啊，这段时间感觉怎么样？"杜春霞说："这三个月和两位阿姨打交道，她们对我都挺好的，居民对我也很友善。"马继水高兴得一拍手，说："这么说，你还是挺喜欢这个工作的？"杜春霞说："马书记，我谈不上喜不喜欢，我只是觉得干了就得干好。别看我只是李阿姨叫来帮忙的，帮忙也要帮好，做到善始善终。"她还说到她的父亲，是个老党员，当过兵，曾受到周总理的接见，在村里当过8年支书，直到因病动了手术才不得离开岗位。老人一辈子要强，干什么都尽最大努力干好。从小耳濡目染，她也是和父亲一样的人。

杜春霞又如数家珍地详细汇报了三个月以来的工作情况。马继水听完，沉思了一会儿说："小杜，你看这样行不行，你在这里先安心地干着，我们也不能白用你，给你发个工资。你呢，也不耽误学习。"杜春霞说，回家和爱人商量一下。

杜春霞的爱人同意她在居委会帮助工作。过了一个星期，马继水又来了，问杜春霞和爱人商量好了没有。杜春霞说："行啊，我既然要你们的钱了，肯定干得更好。"她当时的想法是："你给我钱，我给你干活，等有一天我把自己的事业安排好，就心安理得地离开。"

杜春霞的月工资是260元，存在一张工商银行的存折上。看到这个数字，她心里有点凉。沂蒙山区的农村女孩，能考上大学很不容易。她是村里第二个考上大学的女孩，为表示祝贺，村里还连着放了三天电影，村支书也勉励她努力学习，将来报效国家。她是全村的骄傲，可在济南却领260元的月工资，连在莒南四小的一半都不到，觉得有些给父老乡亲们丢脸。但一想到反正是要考律师的，也没太在意。

居委会快换届了，马继水又找杜春霞谈话，说李雪峰已经50多岁了，已经过了法定退休年龄，只是因养老保险还没交够年限，不能办理退休手续，等养老保险交够了，就马上退休，到时候那一摊子工作就由杜春霞接过来。马继水让杜春霞参加换届选举，杜春霞不太懂这事，就稀里糊涂地参加了，之后就稀里糊涂地成了居委会副主任。

把“不可能的事”干成了

换届之后，居委会还是三个人，只是杜春霞替换了那个得癌症的刘副主任。三人重新分工，除了李学峰管党建和大型会议，胡春荣管环境卫生，其余所有工作都由杜春霞负责。那时她还没要孩子，没有家庭拖累，能扑下身子工作。但她心里有个顾虑：“我管这么大一摊子事，将来有一天我走了，不就麻烦了吗？”

但以杜春霞的个性，只要一天还没走，就要干好这一天，绝不糊弄。她必须“快马加鞭”，尽快了解社区的基本情况，尽快进入角色。正好那时民政局每月给居委会发一本《街居通讯》，杜春霞觉得这本小册子很实用，读得很认真。有一次，她在一本《街居通讯》的最后一页，看到了新华出版社《怎样当好“小巷总理”》一书的邮购启事。她十分欣喜，心想这不正是我所需要的吗？于是马上骑自行车去邮局，汇款30多元，邮购了一本。

那段时间，她捧着那本书，白天学了晚上学，爱不释手。她全面了解了居委会的组织性质和职责，牢牢记住了居委会的“主战场”是“三自”，即自我教育、自我管理、自我服务。“居委会的职责，给了我一个宏观的轮廓。为居民服务是不变的宗旨，这深深地印在了我的脑子里。”那本书现在还摆在杜春霞办公桌上，都快被翻烂了。

从此，杜春霞的工作方向清晰了，那就是为居民服务。她主动找每个楼长和一些居民拉呱，晚上哪里人多去哪里，了解他们的需求。她真切地感受到，居民对她这个27岁的副主任有期盼，甚至有人说“你来了不能换汤不换药，都是老一套”。她心理压力很大，决定尽快干些实事，来回应居民的期盼。同时也意识到，只有摸准社区的特点，创新性地开展工作，才能让居民和政府满意。她发现，居民反映最强烈、最迫切需要解决的问题主要有两个：一是小区环境脏乱差，二是小区治安状况差。

社区虽然有多家单位的宿舍，但都没有物业，环境卫生没人管。存放垃圾的铁楼子一到夏天就往下滴脏水，倒蜂窝煤渣的老人还爬上不去。后来用砖头垒了两个垃圾池子，但还不如铁楼子易于清理，里面的垃圾一满，就被人用铁锨扬在外面。用什么办法来改变小区环境脏乱差的现状？杜春霞有空就琢磨，并虚心请教城管部门，但始终没有找到突破口。

那时候没有手机和网络，杜春霞晚上喜欢听收音机。有一次，她听到一则关于“垃圾袋装化”的新闻，说是广东省佛山市一个村子，村民都把垃圾放在自家门口，由村里派人挨家挨户去收走，村容村貌非常好，村民都很满意。杜春霞很兴奋，脑子里马上冒出一连串的问号：人家村民能上门收垃圾，咱们的城市居民就不能吗？上门收垃圾就得找人，找人就得发工资，工资从哪里来？办事处肯定不出这个钱，那么给谁服务谁拿钱，行不行呢？

第二天一上班，杜春霞把这一想法告诉了李学峰和胡春荣。胡春荣跷着腿，端着一个搪瓷茶杯喝茉莉花茶。李学峰把凳子挪了挪，冲着杜春霞，就在那里听，但光听不吱声。胡春荣说：“姑娘，你的这个想法不现实。我跟你说为什么不现实，你知道你说的那个地方，人家是干啥的吗？是烧瓷砖的，可富了！人家是村里拿钱，老百姓能不愿意吗？咱们这里的人，一分钱当锅盖花，哪有钱弄这个？这是不可能的事。”

当时的北关社区是“贫民区”，有一大片平房（2008年棚户区改造，这里就是其中之一），有的一家好几代人住一间十平方米的平房，睡觉还得打地铺。李学峰字斟句酌地说：“你这个想法挺好，也许多年之后有可能实现，但目前不大行。”杜春霞说：“可以少收点钱，给上门收垃圾的人工资也少一点，这事不就成了吗？要不先找几栋楼搞个试点？”胡春荣不吱声，李学峰也不吱声。

过了几天，有一次杜春霞回家上楼的时候，李学峰正好开门，看见她了，就把她叫到家里。李学峰的儿子和女儿都在铁路上跑车，在新疆买了一些葡萄干，李学峰想送给杜春霞一袋。当时李学峰的爱人也在家，他在某铁路分局担任领导职务，眼界比较开阔。杜春霞又说起了“垃圾袋装化”。李学峰的爱人说：“什么事都不敢尝试，怎么发展啊？指望你们这些老嬷嬷干不出什么事儿。小杜，你有想法就去干！”杜春霞说：“我还得靠两个阿姨的支持。”她请李学峰把她们楼上的骨干先叫到一起开个会，听听他们的意见。

开会的时候，大家听了杜春霞的设想，都觉得很新奇，属于新鲜事物，但既没人明确表示支持，也没人明确表示反对，事情还是没进展。杜春霞决定先搞试点，从铁路宿舍挑了楼长比较有号召力的四栋楼。同时，她写了一封“致居民群众的一封信”，谈了实行“垃圾袋装化”的设想，让爱人去街上的打字部印了3000份，有红纸、绿纸、蓝纸、粉纸。那封信占了大半页纸，下面是一个表格，请居民填写需要居委会提供哪些服务。杜春霞安排各楼楼长把那封信发给居民，过几天收上来。杜春霞说，这个时候，她算是“正式拉开了为社区居民服务的序幕”。

选了铁路宿舍的四栋楼搞“垃圾袋装化”试点，是先服务后收费。找了两个保洁员，买了两辆二手的三轮车，让他们先干着，过一段时间根据收费情况，再参照社会上小时工的报酬标准支付报酬。他们都是外地农村的，和老伴在济南看孙子，老爷们儿没多少事干。他们都说给不给钱无所谓，权当锻炼身体了，都干得很认真、很卖力，让杜春霞很感动。居委会为这四栋楼的居民发了垃圾袋，让他们每天早晨七点之前和傍晚五六点钟，一天两次，把垃圾放在自家门口，由保洁员上门去收。保洁员在上门收垃圾的同时，还把楼道里堆放的杂物清理干净了，又用涂料粉刷了楼道。

这四栋楼的垃圾没有了，楼道也干净了。其他楼的居民不断有人过来看，都很羡慕。

“垃圾袋装化”试点于 1998 年 4 月开始，7 月份已见成效，年底就在北关社区全面推开了，社区居民都很满意。直到现在，“垃圾袋装化”在北关社区仍实行着，每家每户每月收费仍是 5 块钱。这是后话。

“你有作为了，然后就有地位了，也就有机会了。”杜春霞感慨地说，因为搞了“垃圾袋装化”，转过年来又有“好事”了。

“逮着好吃的不放筷”

1999 年春天，省妇联推出了一项工程，叫“绿色环保家庭”“楼道革命”创建活动，并在全省选试点。北关社区“过五关斩六将”，有幸被选中了，评选出了李金贵等 10 户“绿色环保家庭”和 10 栋样板楼。这意味着，北关社区将得到一笔专项资金。

楼道除了墙面，铁扶手要刷绿漆，还要刷底漆。北关社区有多家单位的宿舍，拿到那笔资金后，杜春霞就一家一家地跑那些单位，协调他们粉刷各自宿舍的楼道，能自己刷更好，如果不能自己刷，就出一些钱，由居委会找人刷。济南铁路局有自己的建筑段，就派建筑段来施工。有些单位没有施工队伍，就给了一些钱。也有一些单位确实很困难，既没有施工队伍，也拿不出钱来，但最后也一块把他们的宿舍楼给刷了。

这个过程非常艰辛，杜春霞不愿详细回忆。令人欣慰的是最后还是干成了，为居民办了一件大实事、大好事。杜春霞这个年轻的居委会副主任，更让社区居民刮目相看。

居委会召集党员和居民代表开了一次会，征集居民下一步需要居委会做的工作。就有人提议修路，找济南铁路局要一些钱。社区的很多路坑坑洼洼，晴天一身土、雨天一身泥。其中，进出小区的唯一一条主路两边都是铁路宿舍。说到再找铁路局，杜春霞很怵头，心想这是“逮着好吃的不放筷”了，她真不好意思再得寸进尺。她个性要强，轻易不愿求人，但一想到居民的期盼和自己的职责，觉得自己的面子是小事。

她写了“致铁路局领导的一封信”，并打印了出来。第一页是那封信，后面几页是每栋楼上10个居民代表的签字和手印。她先给铁路局负责物业管理的部门打电话，简单说了修路的事。接电话的负责人说：“还从来没人因为这事儿找过我们。”杜春霞半开玩笑半认真地说：“从来没有，总得有啊。”按照约定，杜春霞带着那封信，和两位从铁路局退休的老同志一起去了。那位负责人说：“铁路局在济南的宿舍有好几个，都需要修路，给谁修不给谁修？这个口子不能开。”

后来杜春霞又去了好几趟，磨破了嘴皮子，都无功而返。最后，她请求相关领导去北关的铁路宿舍看一看，亲身感受一下。

几天后，铁路局一位分管物业管理的领导和三名工作人员，乘坐一辆黑色奥迪车来到社区。杜春霞详细谈了修路的设想，他们也真切地感受到她是个敢于担当、为居民干实事的居委会副主任，被她的诚心所打动，最终批了22万元修路款。在当时，这是不小的一笔钱了，远远超出了杜春霞的预期。

铁路局建筑段来修路，机器轰轰隆隆。居民可高兴坏了，纷纷从家里拿出破布和旧床单，铺在水泥路上，还在路边垒上木头，用砖掸起来，不让人走，怕踩坏了路面，并在路边看着。还有人用盆子从家里端来水往路面上泼，让路面滋润着，防止裂纹。

路修好了，又有居民提出：这么好的路，得安上路灯。杜春霞得知，那22万元的专项修路款还有剩余，就硬着头皮协调施工负责人，最终安装了7盏路灯。

杜春霞是个喜欢闷头做事、不愿多说的人，但这些事却在北坦街道办事处传开了。工作人员都议论说：“北关可厉害了，没出一分钱，垃圾袋装搞了，路修了，灯也安了，环境卫生得到了彻底整治。”

2002年，杜春霞在全市关于社区环境卫生综合整治工作的大会上作了典型发言，各级妇联也邀请她介绍关于“楼道革命”的经验和做法。市里和省内其他一些地方经常派人来参观。其中，内蒙古曾派人来学习“楼道革命”，杭州曾派人来学习城市社区环境卫生综合整治。

北关社区的环境卫生综合整治，就这么“红”了。

其间，杜春霞于1999年11月入党；2004年，社区换届后，她书记、主任“一肩挑”，真正成为北关社区的“大管家”。

什么风气带出什么人来

北关社区距离济南火车东站（现大明湖站）不到一站地，经常有一些旅客背着包呼呼啦啦地从火车道上走，人员流动性特别大。周边又有农贸市场、建材市场，进进出出的车辆很多。这些都让居民觉得小区的治安很乱。

杜春霞开始攻坚小区治安。在此前的一系列工作中，涌现了一批热心社区工作的骨干，主要是退休老党员。杜春霞召集他们开会，提出了一个设想：你们能不能吃完饭没事的时候，上午出来转两个小时，下午再转悠转悠？胳膊上戴着红袖章，什么都不用说，如果来了小偷，就会害怕。但没有工资，纯粹是义务的。如果大家愿意，就成立一支“老党员义务巡逻队”。

那些老党员都表示愿意参加巡逻队。其中两个老党员主动联络其他老党员，共有15人报名。2005年5月19日，这支北关社区第一支志愿者队伍、济南市第一家义务巡逻队举行了隆重的成立仪式。

杜春霞向街道办事处汇报了此事，办事处觉得挺好，又向区委政法委汇报。没想到，事情一下子弄大了：区委政法委大力支持，出资给巡逻队配备了小灵通、军大衣、雨伞、雨靴、马扎等物品。一看巡逻队这么受重视，又有很多退休老党员陆续报名参加。2006年5月19日，也就是巡逻队成立一周年那天，北坦派出所统计了一个数字：可控性案件同比下降了75%。市公安系统三辆大巴车在社区开了一次现场会，居委会专门做了几块展板，杜春霞手里拿着一个商贩常用的那种电喇叭，介绍了经验和做法。后来，区、市不同层面的现场会在这里开过好几次，也有外地来参观学习的。

“北关社区的治安又这样红了。”杜春霞欣慰地说。

这支“义务巡逻队”如今已走过18年，除了老党员，越来越多的居民群众也积极参加。巡逻队的职责也由最初单纯的巡逻，拓展到了参与社区管理、维护社区和谐发展、社区环境卫生监督等方面。他们在巡逻的过程中宣传党的政策法规，对一些居民的不文明行为进行劝导，发现垃圾和小广告就顺手清理掉，真正成为社区治安的“保护神”和社区工作的“润滑剂”。

杜春霞说：“一个社区的风气靠感化、靠传帮带，什么风气就能带出什么人来，就像家风的传承一样。”得益于社区在治安方面用力大、“底子”好、各支部工作给力，现在的北关社区，12345工单是整个北坦街道最少的，各类矛盾纠纷几乎没有。今年8月上旬，街道办事处要求各社区上报上半年以来发生的矛盾纠纷，杜春霞和两委成员使劲想了半天，一件都没有。办事处工作人员说：“真的一件都没有吗？不能是零啊。”杜春霞说：“没有就是没有，总不能造一个报上去吧？就说谁和谁打仗了，我们去调解的？”

志愿服务的快车道

社区居民对杜春霞的工作能力越来越认可，杜春霞做群众工作的信心也越来越足。接下来，她按照搞“垃圾袋装化”试点时那封“致居民群众的一封信”反馈上来的意见和建议，又陆续解决了一批民生难题，包括供气、水电户表改造等。其中，最难最难的是供暖。

二印宿舍有5栋居民楼居民500户左右，大都是老年人。很多老人找到杜春霞，请她操操心，把集中供暖的问题给解决了。杜春霞心想，这事应该好办，北关社区旁边就是明湖热电厂，管子拉过来不就行了吗？她就开始跑这事，一跑不要紧，这才知道这事没那么简单。因北关社区居民楼太密，竟找不到一块几十平方米的空地建换热站。杜春霞想用北关社区内相邻的湖光山色小区的换热站，但又不知道人家愿不愿意、在技术上是否可行。这成了她的一块心病。

有一次，她在办事处见到了街道人大工委主任李军，就向他请教。李军从部队转业后在民政局工作过，那时候就知道杜春霞搞“垃圾袋装化”等工作，后来调到办事处担任人大办公室主任，分管过居委会，和杜春霞接触较多，

一直很欣赏她的才干。这次，杜春霞说了在湖光山色小区建换热站的想法，李军说：“你这个想法也不是不可能啊，我给你问问。”他抓起电话，打给了湖光山色小区的承建单位济南二建集团公司某工程分公司总经理商长恒。商长恒在电话里说：“请明湖热电厂的技术人员过去看看，如果他们认为能行，那就完全可以，再说都是邻居。”

商长恒这么痛快，其中一个原因是欠杜春霞人情。二建集团公司在兴建湖光山色小区时，相邻的这边几栋楼的居民不愿意。因为那边地基比这边高出来一米，这边的居民怕雨水往这边流。这一带本来就地势低洼，下大雨的时候总是被淹。所以，湖光山色小区一施工，这边就有一些人站在储藏室的房顶上，往那边扔石头，不让人家干。那几栋楼的居民心很齐，一家收两块钱，买来遮阳伞支在储藏室的房顶上，西瓜、茶水不断，只要那边干活就扔石头，十几个人轮流扔。

杜春霞把那些人叫到居委会，说：“你们有什么诉求就跟我说，咱把人家叫过来，坐下来商量商量，咱不能不让人家盖楼。”那些居民就说出了担忧，并要求这边的污水管道从那边走，不然这边有可能“肠梗阻”。杜春霞认为这一要求是完全合情合理的，就又到湖光山色小区那边协调。那边在技术上做了相应的改进，避免了有可能出现的“肠梗阻”，可谓皆大欢喜。如果她不及时介入，那边的工期会被耽误。所以，她给商长恒打电话时，商长恒非常客气、热情，并说“我早就想去感谢你呢”。

明湖热电厂的技术人员经现场查看，说社区可以用湖光山色小区的换热站那个地方，但设备要用自己的。

杜春霞带领二支部书记唐秀珍等党员和居民代表往热电厂跑了十几趟，终于把小区供暖这个“老大难”问题解决了。

之后，供气、雨污分离、户表改造等一系列民生实事相继完成。个别楼前面的道路比较窄，不具备安路灯的条件，就安了太阳能灯。整个社区的所有角角落落，晚上都是明明亮亮的。居民没地方晒被子，就安装不锈钢晾衣架。危险的地方安上安全镜、凸透镜。电动车没地方充电，就安装充电桩。社区老年人多，就开办综合养老食堂，既有日间照料，也可以住宿，成为老人的“家外之家”。

只要居民有需求，就尽可能满足他们，能做到的马上去做，一时做不到的，就作为持续不断地努力的目标。“出于一种责任的驱使，要把居民期盼的事给干了，没办法也要硬想办法。不然的话，一些居民瞪着两只眼睛，满怀希望地拽着你的手求你，咱心里也难受。我想的就是多给老百姓做一些事情，人家找政府也远，又不知道找哪个部门，有事就找居委会，咱得担当起这个角色来。”杜春霞说。

根据居民多种多样的需求，社区相继成立了 30 多支志愿者队伍，做被子的、磨刀的、理发的、维修的、剪树枝的等，涵盖日常生活的方方面面，志愿者达到 375 名。60 岁以上的老人理发免费，60 岁以下的收两块钱。磨剪子抢菜刀，60 岁以上的免费，60 岁以下的象征性收点费用。

一位热心志愿服务活动的居民形象地说：“社区把参与志愿服务的高速公路修到了每位居民群众的家门口，我们一踩油门就走上了参与志愿服务的快车道。”

其中，很多居民参加志愿服务活动，都是出于“感恩”和“回报”心理。九支部书记刘衍萍从周一到周五，每天上午都在居委会二楼干活，一天都不落。为居民修裤子、褂子，做棉被、毛巾被，绣衣服、换拉链，等等，几乎全都是义务的。收费也都是象征性地收成本费，用于社区公益活动。这些志愿者中，年龄最大的已 90 岁。“我们都这么个岁数了，都领着退休金，到底图什么呢？也不是在家闲着没事干，就是想在杜书记的带领下，为社区做点事情。”刘衍萍说，她爱人对杜春霞非常佩服，也主动报名参加志愿服务活动，参加绿化队、理发队、维修队等。

在精神和文化生活方面，社区通过吸收有才艺特长的居民，组建了舞蹈队、朗诵队、柔力球队、太极拳队、合唱队、书法队、穿珠队、声乐队、瑜伽队等20多支文化志愿服务队，依托社区各类活动平台，根据居民的不同喜好，开展艺术讲座培训及文艺演出。很多活动都在居委会二楼的综合活动室举行。刘衍萍说，社区的文化活动真是丰富多彩，安排得满满当当的，生活非常充实、快乐。

据统计，北关社区的各类便民志愿服务活动，年均服务时长22万小时，服务人数9万余人次，服务场次600余次。通过开展这些活动，居民爱往居委会那座小楼上跑了，和居委会的沟通更加密切；居民之间打交道多了，彼此更热乎了。居民作为北关人的归属感、自豪感、责任感大大增强，“人人为我，我为人人”的文明道德风尚日渐凸显。

两个“初心”

采访杜春霞，她不愿过多地谈自己。在社区工作27年，她遇到过很多困难，遭受过很多委屈，但她只是云淡风轻地说：“虽然有过心酸，但更多的还是快乐。现在想想，你遇到那些事情的时候，有困难是必然的。如果没有那些困难，怎么能赢得居民的心？过去受的那些委屈，现在也都成美好的回忆了。”社区居民对杜春霞心怀感恩，杜春霞同样也对两委班子、热心社区事务的骨干分子和居民心怀感恩：“你遇到困难的时候，总有一群人在干事，并不是你一个人在那里冲，所以我很感谢他们。”

2007年7月18日，是杜春霞终生难忘的日子。那天傍晚，济南遭受了特大暴雨袭击。当时还在一间平房办公的居委会成了一座“孤岛”。那天夜里，杜春霞和四名年轻的女志愿者留守在“孤岛”上。积水一会儿就到了膝盖，转眼间又达到腰部，深一米多，她们不得不坐在桌子上。杜春霞把五个人分成三个组，分头去地势低洼地带挨家挨户排查灾情，其中她自己一个组。她艰难地行走在齐胸深的浑浊的雨水里，积水打着转儿向她涌来，水里漂着沙发、盆子、纸箱子等物。她自己实地排查了100多户，回到办公室后，又和四位志愿者一起，给低洼地带的1200户居民逐一打电话询问情况。大雨过后，北关社区没有一间房屋倒塌，没有一人伤亡。

从那以后，只要下雨，杜春霞晚上就不回家，蹚着雨水到处巡查，夜里在办公室沙发上休息。

2019 年 6 月，杜春霞荣获“山东省优秀共产党员”称号，并领到 1.2 万元奖金。这些钱她一分都没要，而是成立了“春霞关爱基金”，用于以下几个方面：优秀党员和十佳志愿者家里未满 14 周岁的孩子，每年“六一”儿童节可奖励学习用品；给予考上一类高中或本科的孩子相应的奖励金；每年老年节买慰问品，看望优秀党员和十佳志愿者的父母；为优秀党员和志愿者金婚夫妇在结婚纪念日拍婚纱照。第一笔奖金的获得者是社区志愿者杨桂凤的儿子，他考上了济南外国语学校。杜春霞的很多朋友都成千成千地捐款，支持她的工作。

疫情防控期间，杜春霞的工作千头万绪，一个人顶几个人用，曾连续一个多星期住在办公室里。她工作那么忙，还给那些居家隔离的居民当起了 24 小时全天候的“生活保姆”，帮他们买菜、倒垃圾等。她的贴心、耐心、细心让他们都不好意思了，她就主动通过微信、电话挨个询问：“你家还有什么需要我做的吗？要是有，随时说。”

在她的带领下，社区涌现了许许多多的感人事迹。如去年 3 月到 10 月做核酸检测，唐秀珍和刘衍萍当志愿者，一天都没落下，一天都没休息，每天从下午 2 点忙到晚上 9 点，有时要忙到凌晨 2 点。其间，刘衍萍的公公还住院，她每天从核酸检测点到医院，再从医院到核酸检测点，有时累得腿都迈不动了。疫情防控放开后，她们两人都“阳”了。

居委会委员曹振兴告诉笔者，20 多年来，杜春霞每天早晨 7 点多到居委会，晚上 6 点多才回家，每天在岗 11 个小时。她几乎从没歇过班，周末和春节都在居委会值班，其中春节那天一定在这里，让年轻人回家。北关社区的工作任务很繁重，平时根本没有闲下来的时候。

杜春霞告诉笔者，家人对她的工作都很支持。爱人经常开车接送她。女儿正上大学，明年毕业。女儿小的时候，父母来帮她带孩子，就没回去。她在南全福小区买了房子后，父母就住在她过去住的铁路宿舍里。老父亲今年 82 岁了，这些年一直在社区当志愿者，理发、剪树、磨刀、巡逻等，报了 6 个队伍，一直到今年 3 月突发急性脑梗才不干了。弟弟住在湖光山色小区，父母主要由他照顾。刘衍萍说，老人突发脑梗那天，杜春霞早晨 5 点多把他送到医院，上午就去市政府开会了，一天都没管，真是一心扑到工作上。

“人心换人心，杜书记为社区做了那么多的好事、实事，谁不尊重她？”唐秀珍说，她的女儿在领秀城买了房子，想让她也去那边住，但她坚决不去。她从1987年至今一直在这里住，对这里有感情；这里的环境卫生越来越好，像公园一样，生活很舒心。更重要的是，她担任二支部书记十几年了，很愿意和杜春霞共事，很想再为社区做些事情。

居民郭延杰说，如果她能给杜春霞的工作打分，一定打100分。

笔者发现，社区居民见了杜春霞都很亲，一些老太太上去就紧紧地拥抱她。她经常外出开会、学习，如果时间长了，很多居民都会想念她。有一次，她作为济南市首批、天桥区唯一的社区书记，到深圳市益田社区挂职学习一个月。一天，郭凤梅老人给她打微信视频电话，问：“主任，你上哪儿去了？”（因杜春霞最早当过居委会副主任，很多上岁数的居民仍习惯叫她“主任”。）原来，那几天郭凤梅去居委会好几次，都没见到杜春霞，心里没着没落的。杜春霞告诉她，正在深圳学习。她哭了，问：“南方的饭你能吃习惯吗，你在那儿能吃饱吗？”杜春霞鼻子酸酸的，但极力保持镇静，问：“郭姨你有什么事吗？”郭凤梅说：“没什么事，就是想你了……”

每次换届的时候，都有一些九十多岁的老人，拄着拐杖、扶着楼梯，颤颤巍巍地到居委会二楼给杜春霞投票。他们来与不来，并不影响选举结果，但亲自给杜春霞投上那一票，觉得心里踏实。

杜春霞说，她不敢提退休的事。有一次开会的时候，她无意中说了一句“按正常情况，社区书记应该50岁退休”。没想到大家反应非常激烈，就像炸锅了一样，纷纷说：“啊？你什么意思啊？”“可别呀，大家都跟着你干呢。”其实，现在她想退休也退不了，因为她是干部身份，55岁才能办理退休手续。她是目前北坦街道各社区中年龄最大的书记了，也是天桥区唯一一个没有办理退休手续的社区书记。

北关社区现在整治得很好，但以后的“骨头”会越来越难啃，居民的期待也越来越高，工作难度是边际递增的。杜春霞经常教育两委成员：“一定要走进居民的心，让他们从心里认可你，等有一天我退休了，你们才能和他们打成一片。社区工作是良心活，你把居民当亲人，居民也拿你当家里人。如果你玩套路、耍心机，居民期盼的事好干的就干，不好干的就找借口往外推，最后你就成光杆司令了，工作就没法干了。”

杜春霞1997年夏天刚来济南的时候，梦想是当律师。在忙忙碌碌和生活的惯性中，她已不记得这个“初心”是什么时候丢掉的。那些法律书籍摆在她家的书橱里，都没时间再翻一翻了。但她的另一个初心却日渐坚定，那就是“为居民服务”。对她来说，做社区工作一开始是职业，后来就成了事业和情怀。和公务员相比，她的工资相当低，和律师群体相比，更是低得可怜，但她不在乎这些。按照政策，优秀的社区书记可以考事业编，但她又超龄了。“我觉得这些都无所谓了，没有那些想法了。社区像我的家，居民就是我的家人。每天和大家在一起都很快乐，这样就挺好。”

27年来，杜春霞从“为居民服务”的初心出发，甘愿把自己当成北关社区的“大管家”，胼手胝足，孜孜矻矻，呕心沥血。她的辛劳和努力给5500多人带来了满满的幸福感，她也因此感到快意和欣慰。这27年，她没有轰轰烈烈，却无怨无悔。

“裁缝大师”与他的“城市晚礼服”

——记山东省劳动模范、奥斯福集团有限公司李强

李书忠

8月17日上午，我如约来到地处济南市高新区龙奥北路阳光金融中心的奥斯福集团采访。集团党支部书记、董事长李强在办公室里等我，见面寒暄、落座后，我俩互加了微信。随即，他将一篇名为《点亮》的美文通过微信推荐给了我。于是，我与李强董事长的交谈就以阅读的方式，瞬间被“点亮”了……

这篇美文的作者名叫李宸锐，是一名上初二的女学生。她在文中写道：

1978年，我父亲出生在济阳。……

来到济南，他什么都干了，电气焊、五金、打字复印、门头牌匾，等等。他说，那时候买不起酒，就拿酒精兑上水往胃里灌，火辣辣地灼着五脏六腑。一闭眼一仰脖，所有的愁绪、顾虑都被烧了个干净，再去饮生活那瓶更烈的“酒”。……

他的车跑过济南的每一条路，那些等待着他来点亮的大楼，都静静地注视着他把汗水挥洒在它们脚下。那些嵌进泥土里、散进烟尘中、叩在瓷砖上的脚步，都被串联起来，白天挂成施工的长梯触上高耸的楼顶，夜里则继续生长，去借星星的光。

终于，他碰到了星光，把他带了下来。他的车经过的路都亮起来了，洒下汗水的地方都变成绚烂的灯光，夜夜在高楼上流起川流不息的彩河。他不来自这座城市，却用自己的脚步把这座城市点亮。

18年，公司五次迁址。父亲的灯光已融入城市的血脉，点亮了无数济南人的夜晚。他同样点亮了多年前那些不眠不休地奋斗的夜晚，点亮了自己的人生……

该文以第三人称，采用意识流的写作手法，突出“点亮”这一主题，描述了其父在“城市亮化”行业，一路走来洒下的汗水和取得的成就。文章用隐喻、暗喻、比喻、虚实结合等多种修辞方法，提炼出其父热爱生活、热爱家人、挑战自我、成就自己的心路历程。清新的语言，透着淡淡的哀怨、浓浓的情。如果作者未标明身份，让人很难相信这篇短小精悍的美文，竟然出自一名初二学生之手。当然，文章一开头就点明了“他”是“她”的父亲，也是我今天要采访的民营企业家、模范人物李强。

“三件套”：从市场低端到增量蝶变，创造价值的“起搏器”

20世纪90年代是我国全面完成现代化建设第二步战略目标的重要阶段。这10年间，我国经济发展由于受世界经济环境和自身一些客观因素的影响，曾出现过“过热”或“过疲”的现象，发展可谓跌宕起伏、曲曲折折。

但国家及时出台积极有效的宏观调控政策，以及在市场经济杠杆的撬动下，使得国内经济保持了较高的增长速率，经济总体运行呈现出良好的发展态势。在改革开放春风的吹拂下，很多农村剩余劳动力纷纷涌进城市务工创业。在这支浩浩荡荡的务工队伍中，就有李强的身影。

李强出生于济阳县太平镇一个普通的农家。1998年，高中毕业不久，他凭着一股初生牛犊不怕虎的勇气与胆略步入了社会。年轻气盛的他，有种近似于“少年狂望一时无。清坐不堪肌起粟，高谈还喜唾成珠”的成熟与霸气，带着追求卓越的抱负和不甘沉沦的激情，兜里揣着还带有母亲体温的2000元钱，来到了离家不远的省会济南。他每天穿梭于全福立交桥下的劳务市场，寻找一份搬砖推车、填饱肚子的体力活。把自己安顿下来后，创业的种子在他理想的土壤中逐渐破土、萌发……

有句谚语说得好：播种行为，收获习惯；播种习惯，收获性格；播种性格，收获命运。每一个人的今天，都是由无数个昨天累计叠加呈现的“象”，这就是命运。

行为决定人的命运，思维决定人的行动。当初，李强从母亲手中讨来2000元钱后，就在心中默默地告诫自己：要做一个用智慧换取劳动价值的管理者，绝不做用体力劳动养活自己的打工者。在经过一段时间的考察与观察后，他先是在全福立交桥西侧租赁了一间逼仄的门头房，搭起了干事创业的“大舞台”。

巧妇难为无米之炊。创业的“舞台”已经搭好，但是，唱戏的道具哪怕再低端，也要置备那么几件。于是他又狠狠心，从2000元中挤出一部分，购买了一部传呼机、一辆二手人力三轮车、一台二手电焊机。

“三件套”购置后，2000元钱已所剩无几，每月600元的房租又成了难题。面对找上门讨要房租的房主，李强涨红了脸，嗫嚅着说，因来济南时父母只给了2000元钱，购置完干活的工具后，手里的钱已不够一个月的房租，能不能半个月交一次？房主看到这个年轻人省吃俭用，风里来、雨里闯地劳作，当时就动了恻隐之心，毫不犹豫地答应了。

从此，这个立志要为城市亮灯的人，就骑着带有电焊机的脚踏三轮车，穿梭于济南市区的大街小巷，在楼宇房顶安装灯箱，或是手持焊枪不住地点燃钢花释放电光。聚沙成塔，集腋成裘。通过滚雪球的发展方式，有了一定的原始积累后，他的营业规模不断壮大，经济效益也在不断提高。蚕蛹化蝶、振翅起飞已是水到渠成的事情了。

艰苦困苦，玉汝于成。经过六年的打拼，李强于2004年华丽转身，由劳动密集型向技术密集型转变，成立了济南奥斯福广告有限公司，后更名为山东奥斯福市政工程有限公司，再到奥斯福集团有限公司。业务范围涉及城市照明、景观亮化、装饰装修、环境艺术、智慧控制、标识推广、智慧文旅、机电安装等多个领域，为一家集设计、施工于一体的综合型企业。

此时的李强并不满足于现状，更没有自我陶醉；他追求卓越，要以实业报国的雄心大志，做一名干事创业的实干家。他不断放宽眼量，追加投资额，将发展的触角伸向全国各地，先后成立了青岛分公司、内蒙古分公司，并在全国二十多个城市设立了办事处，全面打造“系统联盟、合作共赢”的战略平台，承接了国内众多的城市规划、楼体亮化、景观亮化及道路桥梁亮化的设计与施工等大中型工程。公司逐渐成长为行业领先、国内知名的成长型企业。

“三体验”：探索营造互动、沉浸式的健康人居环境

夜幕降临，华灯绚丽，贯穿济南市区东西的经十路，美轮美奂的楼体光影、三位一体的广场灯光特效、曼妙灵动的水色光影等一组组炫彩灯光秀映入人们的眼帘……渐变的光影、多彩的色调、动感的效果，使经十路如同一条流动的彩绸，飘逸、舒展起来……

“人是万物的尺度。”这是公元前 5 世纪古希腊哲学家普罗泰戈拉提出的观点，亦是“以人为本”哲学思想的早期表达。针对当前城市亮化工程中存在的问题，李强面对笔者如数家珍，娓娓道来：人是城市的建造者、构成者，同样也是体验者。城市灯光秀的构建也应从“人”的角度、受众感知的视角着手，在规划和设计中，应时刻考虑人的需求。如灯光色彩、亮度、光效等要素，都应以人的需求为出发点，为人们创造舒适、安全、有益身心健康的光环境。

李强认为，通过科学控制灯光亮度、照明时长等要素，可减少夜间照明对动植物的影响，加大生态环境的保护力度。同时，应改变灯光秀现有的“我播你看”的单向交流方式，将智能控制技术、交互技术与灯、城市真正融合，提高它们之间的交互性、参与性和娱乐性，提供给受众人群更丰富、更沉浸的感官体验、情感体验、精神体验。

他说，有的城市照明建设杂乱不统一，有些楼宇照明开启不正常，图案、文字显示不全，严重影响城市形象；有些楼宇为了应付，只安装了一些简陋的照明设施，千篇一律，缺少美感和城市特色；有的照明设施损坏无人修理，导致亮灯效果无保障。

“通常来讲，建筑物的景观照明都由各个楼宇物业自行负责。”李强介绍，放大到一个街区或者整个城市来说，城市照明存在建设主体多元化的问题。这就导致照明建设周期不统一、建设标准不统一、控制模式不统一。同时，由于缺乏监管机制和专业维护队伍，质保期内巡查、维保不及时，质保期外

更是难以管理，由此带来的资产效能损耗、灯具寿命周期缩短等问题比较突出。随着城市发展，还出现了城市照明设施老化、用电安全、网络安全等隐形的“城市病”现象。

随着城市精细化管理水平的不断提升，城市景观照明资产不清、运行状况不明、运行电费维护费用不清等，都是亟待解决的问题，城市照明统一运营便至关重要。长期有着城市景观照明建设和管理经验的奥斯福集团，正是瞄准了这一方向，从技术研发、管理完善、资金投入等多方面发力，争当“城市照明智慧管理专家”。

“我们就是要解决城市照明重建设、轻管理、缺养护的问题，做到每个灯都有人管，延长其使用寿命，降低使用成本，做好城市照明的档案管理、数字化管理和资产管理等工作，将大数据管理方式融合到物业管理环节中。”李强表示。

“要做好这些，就必须通过科技创新，使用智慧化的手段。”李强介绍，这个过程并不是一蹴而就的。奥斯福坚持走科技创新之路，深耕技术研发，拥有发明专利及实用新型专利 50 余项，技术创新位于全国同行业前列。

企业还主导了《城市景观照明运行维护技术标准》《城市道路照明设施养护维修服务规范》《户外电子媒体网络安全规范》《智能化多媒体展厅建设服务规范》等标准的制定。

经十路好似一条流动的大动脉，贯穿于济南市区的东西两向。它既是对外的窗口，代表着省会的精神面貌和外部形象，也是济南市的地标性建筑，体现出经济发展的快慢与实力，其亮化工程的技术要求不容小觑，灯光秀要求比较高。奥斯福接到经十路亮化工程的施工任务后，按照有关部门提出的夜游景观的要求，多次组织专家和公司的业务精英，通过实地调研、考察，在景观设计上不断升级、改造。

通过模拟实验，如果达不到理想的效果，就忍痛割爱推倒重来，再升级再改造。最终，经过无数次的模拟实验，经十路灯光秀竣工后，各项技术超出验收标准，被评为全国有名的样板工程，并多次登上中央电视台，让全国人民目睹济南的唯美画面。

“每当夜幕降临，经十路沿线的夜景就能同时被点亮。”透过奥斯福集团的落地玻璃窗，居高临下，经十路唯美的夜景一目了然；而在公司控制室内，每一个景观节点状态更是尽在掌握，这得益于企业研发建设的城市智慧照明云控平台。

李强介绍，通过运用大数据、云计算、人工智能等技术，对城市照明进行集中统一控制，实现了“一把闸刀一张网、一个平台保运营”，解决了政府在照明资产方面存在的家底不清、现状不明等突出问题。目前，我们的系统设置了节日模式、平日模式、深夜+模式等多种照明模式，可以根据重要时间节点、重大活动等实现不同时间段、不同区域的亮灯需求。

目前，经十路沿线及奥体片区的城市景观照明，就是按照“126城市照明智慧管理体系”进行设计、施工和管理维护的。

“美”至“媒”，传播济南历史文化底蕴和文脉特色

“我国城市灯光秀的建设发展已持续近20年，在重塑城市夜间景观、提升城市形象、带动城市夜间经济发展等方面起到了极大的促进作用。城市灯光秀这类项目建设发展的背后，体现的亦是当代城市夜间光环境营造之路的探索过程。”李强从灯光秀环境的专业角度侃侃谈道，“中华文明五千年，每座城市都有着自己独特的历史文化和文脉底蕴。那么，如何通过灯光、科技联结人、空间与时间，构建真正能够体现城市历史文化，同时又呈现现代城市风貌的城市夜间光环境？这是城市建设者和设计者当下要持续思考、亟待解决的问题。只有通过灯光秀这种新型的、被动的强势视觉媒介，构建与所在城市多元化相匹配的丰富多样的灯光秀，才是未来发展建设的核心。”

从庆祝新中国成立70周年到庆祝建党100周年，从抗击新冠肺炎疫情到欢度新春佳节……每个不同的时间节点的景观照明，都在鲜明的主题背景下，融入时代特征和文化价值。影像、照明、激光、互动、制景等多种表现手段，在设计师的巧妙构思下，勾勒出城市的个性灵魂。

要打造特色鲜明的景观照明，从建设初期就需要因地制宜，将客观环境、城市个性、艺术设计等与各种灯具的特性、照明方式融合考虑。在奥斯福集团展厅，能够看到各式各样的照明设施，玻璃橱窗、电梯门、透光混凝土……全部可以嵌入照明，成为城市照明的一部分。

为了集思广益，提升照明画面的质量，2021年，济南市举办首届“天下泉城”城市灯光秀创意作品大赛，奥斯福集团参与承办，赞助近200万元，在全国寻找景观照明“设计达人”，征集“建党百年”和“天下泉城”两大主题创意作品。获奖作品在主要楼宇、媒体屏上进行展播。七一前后，济南市民的朋友圈频频被经十路沿线景观照明刷屏。活动期内，济南景观照明更是四登央视，6月26日晚，《东方时空》栏目以近6分钟的时间，对济南主题景观照明“山泉湖河城 同心庆华诞”进行直播，《新闻联播》《午夜新闻》《朝闻天下》也相继报道。“泉城新夜宴”迅速走红，成为市民游客喜爱的网红打卡地。尤其是系列短视频作品，全网累计点击阅读破亿人次。

景观照明已成为城市对外的窗口。与此同时，安全又成为摆在管理团队面前的新课题。万家灯火时，景观照明绝对不能出一丁点差错。以“政治过硬、反应迅速”为引领，奥斯福依托系统信息安全等级三级的智慧照明云控平台及“一键关停”技术，与济南网警共建“枫桥式网警工作站”，每逢重大活动节点，网警值班岗、城管局值班岗人员在岗值班，实时监控播放画面，通过政企共建，共同打造平安中国、平安山东。同时，奥斯福配备了专业的维保队伍，做到全年365天，每天24小时待命，一旦照明出现问题，管理平台便会报警，确保及时维护。

为了提升管理水平，奥斯福创新“126城市照明智慧管理体系”，即台账管理、集中控制、实时告警、数据决策、设施寿命诊断、确保网络安全“六大”解决方案，实现提高城市管理效率、提升城市资产效能“两大”目标，达到让城市照明更安全、让管理服务更安心的“一个”宗旨。

绿色低碳，让城市思考、让生活更美

在“双碳”战略目标大背景下，城市照明既要绚烂，更要“绿色”。

为了促进“双碳”目标下绿色照明及智慧照明的可持续发展，全面推进照明系统节能增效，加快制定照明行业节能标准，完善统计监测体系，做好夜景亮化对打造夜经济、提升城市品质不可或缺。但是，城市景观照明超高耗能、光污染等问题也不得不关注。因此，科学适度布局功能照明和景观照明，用智慧管理促进节能减排，全面塑造绿色发展新优势，也是城市照明管理的重中之重。

“节能减排不是‘一刀切’方式大面积拉闸限电，而是通过绿色化、智慧化、数字化管理，实现节能增效。”李强介绍，在城市照明工程建设过程中，高效节能产品的使用是节能减排的第一道关卡；在管理过程中，则通过城市智慧照明云控平台进行全程把控。

奥斯福在建设阶段，实现智能监测设施与主体工程同步设计、同步建设，依托城市照明智慧管控平台，建立制定节能监测网和能耗考核制度，定期对照明节能情况进行监督检查和节能体检。同时，智慧管控平台实施集中管理、集中控制和分时控制模式，采用分区、分时、分级的照明节能控制技术。“比如深夜时段，路上行人减少，照明灯光可自动调节亮度，实现节能目的。”李强介绍。

在智慧城市建设过程中，平台形成的数据构成了城市照明的数字化档案，成为一笔宝贵的财富。这份档案包括城市照明管理提供能耗数据、灯具设施节能数据、施工单位维修维护管理数据等，可查询、可预警、可追溯，可以为城市照明管理提供翔实、准确、及时的大数据决策支持，为全面提升城市照明管理水平提供科学依据。

李强介绍，奥斯福通过这一系列技术的应用，对照明灯光实现全生命周期管理，实现节省电费30%以上，降低设备损坏率40%以上，亮灯率和故障发现率99%以上，降低市民投诉率70%，真正提升市民生活品质、提高城市管理效率、激发城市资产效能，实现了“城市会思考，生活更美好”的宏观愿景。

奥斯福智慧照明云控平台也被山东省工信厅评为山东省大数据发展创新平台、省级大数据“三优两重”项目。

天赐食于鸟，但绝不赐食于巢

在谈到奥斯福集团的发展时，李强告诉笔者，发展、做大、做强是每一位企业创业者和经营者的目标与追求。但是，在发展的道路上什么时间做大、做强？若控制不好发展速度，打不好发展基础，会很容易前功尽弃，甚至连先前赚取的企业利润都会打水漂。

有时候看到同行异军突起，就会蠢蠢欲动，追求跨区域、多元化发展。其实，更多的时候，要看清人家的出身、起点、周边资源及股东结构等实际情况。发展中"馅饼"和"陷阱"并存，有多少企业因为未认识到自身的不足，匆匆上马又下马，跟着就是轰然倒塌，有多少创业者死在了"为了更好"的路上，一夜之间从神话变成了笑话。每一个今天都是由无数个昨天累积叠加而成的，所有的显性现象都是由无数个隐性因素组成的，量变引发质变。

当我们取得全国照明工程设计甲级、城市及道路照明工程专业承包壹级的"双甲"企业资质时，手持"尚方宝剑"，心里也是沾沾自喜，拿到资质就自以为双肋生出了翅膀，到了高飞的时候了。李强面有愧色地说，因过于相信自身的能力和水平，他们在未经市场可行性研究后，曾经盲目承揽了新的施工项目。跨行业投资，不会一蹴而就成功、赚钱，它需要新的专业人才，需要长期的人才储备和"养粉"。如果在不熟悉的领域内瞎折腾，烧钱不说，关键是会挫伤员工干事创业的精气神，使公司大伤元气。第一次跨行业投资失败后，有人建议李强投资房地产行业。该行业虽然投资大，但高额的回报率会让公司一夜暴富。

有了一次跨行业投资失败的经验教训，李强作为公司的一把手、掌舵人，不再人云亦云地进行头脑"风暴"。他需要冷静下来，认真分析瞬息万变的市场动态，好高骛远不切实际，飞得高摔得也疼。只有将主业做大做强，员工有奔头，公司得利益，创建百年老店才有希望。

家有千口，主事一人。团队内应该只有“一个思想、一种声音、一个信念、一个发展方向”。为此，李强给笔者列举了一个“球体论”的例子：公司所有的人走在一个黑暗的球体中，如果思想不统一、行动不一致，你还敢把后背留给队友吗？如果每个人都有自己的思想和独立的行为，球体平均受力是静止的，都在互相拆力，甚至是后退。

“天赐食于鸟，但绝不投于巢。”他说，发展是永恒的，“馅饼”与“陷阱”将始终并存于发展的各个阶段。我们既不能忘却公司发展的目标和宗旨，更不能忽视公司发展面临的风险。根基打得牢才能建高楼，基础做得好才能走得更加长远、更加健康。敢问路在何方？其实路就在脚下。

狼羊同框，培养团队的凝聚力和群体奋斗的拼搏意识

李强说，奥斯福内部一直倡导“我们是相亲相爱的一家人”的主流文化，也就是柔性的“羊文化”，全力打造一个“和谐、奉献”的团队。“羊文化”的内涵是温情、贴心。赋能则是儒家文化倡导的礼、义、仁、智、信，注重团队共同的成长。然后，通过对人性价值的重视，使员工对企业有归属感。但也不能忽视“羊”的“保守、懦弱、依赖”的另一面，如果不重视，很容易让人处于“温水煮青蛙”的状态，使员工缺乏“生于忧患，死于安乐”的危机感。

同时，他还提出用刚性的“狼文化”，激发干部员工去拼、去争、去搏。他将“狼文化”总结为：有危机感和超强的敏锐嗅觉；有奋斗进取、不达目的誓不罢休的精神；有团队凝聚力和群体奋斗的意识。古人说的“慈不掌兵，义不掌财”就是“狼文化”的一种体现。

奥斯福在注重“家庭文化”的同时，不断引入“竞争文化”，让“羊文化”和“狼文化”相辅相成，相互融合。

在公司发展中，如果员工身上的“羊气”太重，有了困难就找领导，缺乏担当和必胜的信念，依赖性就会太强。失去“狼”的血性，协同和作战的能力就会大打折扣，“王侯将相宁有种乎”“欲与天公试比高”的霸气就会降低。“阳刚、气门”微弱，精神就会萎靡不振，任务就不敢保证完成，汇

报工作不敢说时间和节点，害怕被检视。工作出现失误，认为与己无关，损失都由公司来承担。

奥斯福倡导的“狼文化”，既不违反道德范畴和法律底线，也不让员工无节制地乱作为。工作中，提倡所谓的“血性”就是让员工有一种阳刚之气，增强“我的地盘我做主”的霸气感，不达目的、不出成果的自责和内疚感。

“狼文化”是一种拼搏进取的外拓文化，“羊文化”是一种默默奉献的内敛文化。公司极力打造“狼”“羊”文化的共同体，就是让“狼”的血性和斗志弥补“羊”的懦弱和依赖，让“羊”的奉献和感恩填补“狼”的贪婪和残暴。“狼”“羊”并存、优势互补，也是公司发展生存之道。

高站位，让灯光秀释放满满的社会正能量

灯光秀通过绚丽多姿的流动画面，让受众沉浸在美的意境之中。它既是信息传播通道，也是现代科技推动人类传播跃升到新的发展高度的一个最新成果。不少传播学家认为，第四媒体跨越灯光秀宣传间的界限，集报刊、广播、电视等灯光秀宣传的优势于一身，可以将文字、声音、图片、图表、动态图像等媒体符号综合在一个传播单元中，构成多媒体信息，使传播更具综合性、直观性、形象性，最大限度地还原信息的本来面目，也更加符合人们的接受习惯和思维规律，提高传播的综合效果。

所以，奥斯福集团在灯光秀的设计、制作、播放过程中，战略性地提出了“政治过硬、反应迅速”的工作要求。

智慧云控平台在投入使用之前，奥斯福把它定位为城市夜景照明的“大脑中枢”。每日开灯前，设专人审核、核实播放模式和播放内容，在亮灯后快速远程浏览，一旦出现不可预料的问题，要快速反应，将失误和隐患消灭在萌芽状态，不仅要保证夜景效果，还要确保“城市晚礼服”内容健康。到达关闭时间后，要在所有的电源断电并办理值班记录手续后才能离岗。

公司要求每一位员工牢记“在岗一分钟，紧张六十秒”的敬业宗旨，在内容制作、审核、上传、播放等环节中，保持敏锐的政治意识，在遇到数据信息攻击时，快速掌握信息处理的主动权，确保网络传输安全、画面滚动播放安全。尤其是在重大节假日，或遇到大型会议和重大社会活动时，要具备

“孙悟空的能力”，做到眼观六路耳听八方，瞪大眼珠子，打起百倍的精神，握好掌心中的“核钥匙”，做到工作环节严丝合缝、滴水不漏，保障正常运行，不出任何纰漏。

为确保灯光秀播放内容的绝对安全，奥斯福在实际工作中，不断磨炼、培养员工稳快准狠的工作作风，通过线上值班、线上巡视的方式，对发现的故障及时跟踪，精准处理。其次是通过智控运维平台“九步工作法”，用流程化、标准化监督工作成效，解决环节中存在的问题，坚决做到“现在、立刻、马上”的敏捷程度，让“一键关停”技术扼杀各种事故苗头。

传承红色基因，用“红色动力”践行社会责任

“我们始终坚持听党话、跟党走，讲正气、走正道。”李强说，作为民营企业，奥斯福非常注重党建引领，这也为企业发展注入了强大的“红色动力”。说着，他将手机屏幕切换到“学习强国”的页面上，他在“学习强国”的个人积分就豁然出现在眼前。他把手机递到我眼前，自豪地说，他每天都在“学习强国”平台上进行党建视听学习、文章阅读、趣味答题等，现在个人累计得分74000多分。从此可以看出，党建工作也是企业经营中的一部分，两者之间好比车之两轮、鸟之两翼，不可偏废一方。

奥斯福集团通过与中共山东省委党校(山东行政学院)共建“画说党史、重走长征路”红色党建展厅，再现了我党在各个历史进程中的丰功伟绩，让广大党员干部缅怀先烈，重温革命精神，坚定理想信念。

该展厅自2020年9月建成启用以来，免费组织和教育党员干部群众30000余人次，已成为党政机关、团体、企事业单位及社会组织红色文化学习的新阵地。截至目前，展厅已成为中共山东省委党校（山东行政学院）现场教学基地、中共济南市委党校（济南行政学院）和济南市社会主义学院教学科研基地、山东省发改委“党建链动点”、山东省工信厅“主题党日活动基地”、济南市政协“商量工作室”、济南市总工会“党性教育基地”、济南市公安网警支队“党建教育基地”等。

打造“一山一水一圣人”灯光演绎展厅，弘扬齐鲁文化。为弘扬传播齐鲁文化、儒家思想，集团以城市底蕴文化剪影为载体，充分利用字幕水帘投影、音乐喷泉等高科技手段，打造了独具特色的“一山一水一圣人”灯光演绎展厅，让人穿越古今，感受泰山映像的“国泰民安”、济南大明湖的“广纳百涓”、孔子的“儒家思想”。集团筹办首届“天下泉城”城市灯光秀，共同点亮泉城夜景。

与省发改委、山东黄河河务局共建“走进黄河新时代”黄河文化展厅。黄河文化是中华文明的重要组成部分，是中华民族的根和魂。集团利用声、光、电技术，建成了全国第一个沉浸式黄河文化展厅。该展厅从黄河发源地一直讲到东营黄河入海口，深入挖掘黄河文化的丰富内涵和时代价值，重点描绘了济南黄河流域生态保护和高质量发展之路。

充分发挥党建优势，为企业发展提供红色动力与抓手。集团设立了党支部网警工作站、党员活动室、党员先锋岗。通过在内部开展三会一课、主题党日、党建学习、知识竞赛等活动，以党建引领带动集团团支部、工会加强“红色文化”建设，增强企业凝聚力和向心力。每年“六一”儿童节、国际助残日及高考期间，开展爱心公益活动；积极响应政府号召，参与路灯捐赠、乡村振兴、陇南扶贫、湘西扶贫等公益事业，累计捐款捐物100余万元。

尤其在抗击疫情期间，集团协调各方力量，为济南市市中区、高新区、历城区一线防疫工作者和下沉社区党员捐赠了价值300余万元的防疫防护用品、日常生活用品，充分体现了民营企业的家国情怀和责任担当，集团被济南市工商联评为2020年度“抗疫先进企业”。集团董事长李强本人先后荣获山东省劳动模范、山东省“网络安全保护工作”先进个人、山东省经营管理“雏鹰”人才、山东省大数据产业“领军人物”、山东省照明最美科技工作者、“影响济南”年度经济人物、济南市委“抗疫出彩·统战人”、济南市劳动模范、济南市“优秀党组织书记”等荣誉称号。

公司成立18年来，凭借“靠上、拼上、豁上，要急、要争、要抢”的“三上”“三要”精神，聚焦专业、聚力创新，先后获得国家高新技术企业、专精特新企业、全国照明设计（工程）公司30强、省市级瞪羚企业、山东省知名品牌企业、山东省优秀市政施工企业、山东社会责任企业、山东省虚拟公共空间体验中心、山东省照明工程领军单位、山东省大数据发展创新平台、济南市全员创新企业等荣誉称号。

悠然见“南山”

——记山东省劳动模范、灵岩御菊茶业有限公司赵西玲

魏文森

芒种时节，去灵岩御菊茶业有限公司采访康其国、赵西玲夫妇，对省劳模、新型职业农民赵西玲有了较深入的了解。夏至来临，对长清区农业农村局副局长、区农广校校长王桂军进行专访，侧面了解了赵西玲低调为人、踏实行事的风格。后来又通过对农业科技推广、农民培训方面专家老师的群访，多角度地感受到赵西玲执着坚毅、终身学习、提升发展的不懈追求。

作为灵岩御菊茶业有限公司的副总经理、工会主席，赵西玲秉承农民吃苦耐劳的本色，开拓进取超越，“拔节”成长为全省外来务工人员创业的典范。

没有人会随随便便成功。赵西玲的成长经历已经成为乡村振兴的一个范例和榜样。她的经历体现了对劳动、劳模、工匠精神的创新性转化和创造性发展。在本文中，笔者着眼于赵西玲通过打拼奋斗、创业争先，从一个普通进城打工妹到一个泉城新农人的华丽蝶变。

牵手打拼出幸福路

说到赵西玲，自然而然地要说到她的过往和家庭。

树有根，水有源。康其国和赵西玲能成就今天一番蒸蒸日上的事业，并不是偶然的。康其国的父亲是在东北出生的。康其国的祖父从灵岩村闯关东到了吉林，凭着实诚和吃苦肯干，在当地赢得了很高的威望，新中国成立前就入了党。他曾担任吉林省蛟河煤矿宣印科的科长，1958 年，又积极响应国家支援大西北的号召，毫不犹豫地到了新疆乌鲁木齐，做了 156 煤田地质勘探队下属工厂的厂长。在康其国的父亲康茂法 9 岁那年，康其国的祖父因病去世，康其国的祖母就带着三儿两女回到了泰山西麓的山东长清灵岩村。康其国的父亲长大后娶了一个同村的姑娘为妻，生下康其国和弟弟、妹妹三人。康其国生于 1971 年，血脉里流淌着敢闯敢拼、吃苦耐劳的基因。

康其国在村里小学毕业后，到了镇上的长清第五中学上初中。初中毕业后，康其国来到济南第三职业中专学习烹饪，1992 年 6 月，取得了中专毕业证书和厨师资格证书。那时候，餐饮行业有专业证书的不多，所以康其国非常抢手。一开始，他被千佛山脚下的九重天饭店重金聘用。他在饭店里大显身手，做的九转大肠、糖醋鲤鱼、爆炒腰花、蒜爆肉片等鲁菜深受顾客欢迎，其中鸡茸菜花还获得了市厨艺大赛一等奖。1995 年 8 月，通过严格、复杂的技能考试，康其国获得了特一级厨师的资格证书。从那时起，他就逐步重视起食品营养文化来。一桌饭菜荤素搭配科学合理、色味俱佳。饭店的经理夸奖说，康其国做的菜品人见人爱、人见人夸。后来，他又到了青龙山庄的青龙居宾馆干了近三年。从 1996 年到 1999 年底，作为特一级厨师的康其国在济南著名的趵突泉宾馆做了三年厨师长。之后，经朋友介绍，承包经营青州市东阳宾馆后厨。2002 到 2007 年，又在济南建工培训中心担任行政总厨。

经历就是收获，过程就是财富。从餐饮技术到管理技能，康其国积累了一定的餐饮管理经验后，更有信心和妻子赵西玲建起更广阔的舞台。

比康其国小三岁的赵西玲，祖籍为沂蒙山区的莒县小店镇吕家崮西村。提起莒县，很多人都知道浮来山上那棵树龄近4000年的“银杏王”。这棵银杏树高近30米，树围近20米，树荫遮天蔽日，面积660多平方米。相传有一位秀才进京赶考时，因避雨来到大树下。他想知道树干有多粗，就围着大树搂了起来。七搂之后，没想到有个年轻小媳妇也靠着树干躲雨，无法再搂下去，只好去拃余下的那些，八拃之后没法拃下去了，于是就有了银杏树“七搂八拃一媳妇”的说法。赵西玲说，在她的老家，都称赞那个敢于迈出大门的有胆有识的小媳妇。

1991年7月，赵西玲在莒县的张家崮西中学毕业。在家待了三个月后，她拿定主意要到济南发展。经亲友介绍，10月6日，她坐了一天的汽车，来到了原济南军区总医院后勤部，开始当学徒工。三年后，又到济南军队物资油料部青龙居宾馆做起了后勤工作。1994到1998年，主要从事原济南军区干部培训中心的接待工作。

1994年10月的一天，一个热心大姐说：“赵西玲，给你介绍个对象吧，这人是一个大酒店的厨师长。”就这样，赵西玲和康其国相识了。1998年春天，赵西玲带着康其国回了趟莒县老家，她的父母对康其国十分满意。半年后，他们结婚了，后来有了一女一男两个孩子。夫妻二人相濡以沫，艰苦创业，在济南餐饮行业打出了一片新天地，并在市中区买了房安了家。

2003年8月，山东英才学院要聘赵西玲为餐饮部经理。这时，他们的两个孩子还没上幼儿园，只好请康其国的父亲来济南照料孩子。担任一个大学的餐饮部经理，可不是简单的事，可赵西玲一干就是四年。她勤奋肯干，在做好经营服务的同时，也不断总结其中的甘苦得失。后来，赵西玲便和康其国商量，要寻找一条将二人打拼的经验转化成财富的途径。

炒煎炸煮烹出人间美味，竭诚服务悟出生活真谛。2007年，看到越来越火的餐饮业市场，夫妻俩决定做餐饮产业供应。康其国对行情变化了如指掌，赵西玲则对销售服务一清二楚。夫妻同心，其利断金。二人做起了高端食材（半成品）的加工服务，用冷藏车从港口取货，在车间里包装后投放到市场上。仅仅均匀分割包装秘鲁大墨鱼一项，他们一年就销售了200多吨。

2009年，随着买卖越做越大，他们在长清乐天小区租赁了一个大院落，购置了冷藏加工设备，招聘了大学城建设拆迁村的闲置人员，集中培训后上岗，餐饮食材的经营种类也更加丰富了。2010 年，他们成立了济南晋康食品有限公司，注册了“念康”商标。二人一个是管产品开发的总经理，一个是管产品销售的副总经理。公司经营规模由小到大，餐饮产品由零散到规范。他们每季度都有新产品问世，公司也建起了产品链条清晰、纵横立体的现代化销售网络。傍晚时分，忙碌完一天的工作后，夫妻俩就驱车回到市中区的家里休息。

行走在御菊开发的原野上

2011 年，就在康其国、赵西玲夫妇的生意做得如火如荼的时候，他们却放弃了舒适、优越的城市生活，回到了灵岩村，踏踏实实做起了农民。

灵岩村建村虽晚，但因寺而名，也算是个名村了。

灵岩村南有两座山，统一称作“南山”。按照所在方位，村里人还分别称作“南红山”和“北红山”。传说是杨二郎担着两座神山来到这里，担着担着，北面的神山在绳索处豁开了。杨二郎索性撂下不担了，气得一屁股坐下了。他坐的地方，就变成了今天的东平台。他又将两只鞋里的土倒出来，就成了现在的南红山和北红山。一气之下，他还就地撒了泡尿，这就是常年有水的明光沟，一个常年流水的小泉子。“南山”的木鱼石层是深红色的，才有了

南红山和北红山的说法。据说南红山脚下的位置是朗公和尚草创灵岩寺的地方，后来又在靠东北一点的方山下建起了灵岩寺。

这灵岩寺可不得了。1987 年，泰山被评为世界第一批自然、文化双遗产，其中自古就是泰山旅游重要组成部分的灵岩寺功不可没。灵岩寺现在还是全国重点文物保护单位和全国 4A 级景区。在灵岩村南侧，就是久负盛名的“济南七十二名泉”之一的檀抱泉。这檀抱泉可不得了，有诗赞曰：

彭祖年高逊檀树，檀生细叶液湍湍。
盘根错节龙宫去，引来琼浆好炼丹。

檀抱泉是灵岩寺旅游的重要景点，游客游览灵岩寺时，都要到寺外的檀抱泉看一看“古檀方塘”的盛景。

三年前，济南市要求做好南部山区的生态、产业、文化旅游这篇大文章，“南美”的颜值和价值并驾齐驱。而康其国、赵西玲，就是要带领乡亲们在陌生而熟悉的土地上，从御菊产业入手，“采菊东篱下，悠然见南山”，贡献产业振兴的智慧和力量。

“浮云吹作雪，世味煮禅茶。”灵岩寺是中国北方茶道的祖庭。相传降魔藏禅师就是在灵岩寺兴起饮茶之雅的，随后便风靡了中国北方。济泰区域自然就是北方茶的策源地和最大的茶叶集散地。

在灵岩村，世世代代、口口相诵着这样一个美丽的传说：灵岩寺初建于东晋，盛于唐宋，在宋代被列为浙江天台国清寺、江苏南京栖霞寺、湖北江陵玉泉寺等海内四大名刹之首。据说灵岩寺建寺之前就有一棵粗壮的大树，当地人从来也不知道是什么树。炎炎夏日的时候，和尚们就在这棵浓荫似盖的大树下念经、练功。念得口干舌燥、练得汗流浃背的时候，就端起粗碗里的白开水一饮而尽。立秋后，不时就有树叶掉在水碗里，和尚们休息时就用枝条捞出碗里的叶子，之后把水喝掉。晨钟暮鼓时刻，主持按规矩检查弟子们的正常起居，看到练了一天功的徒弟们倍有精神，就很纳闷：春困秋乏才是常理，这是什么原因呢？谜团终于解开了：和尚们是喝了这树叶浸泡的水后提神解乏的。之后，和尚们就把这棵树的落叶晒干后储存起来泡水喝。后来才知道这棵树就是茶树。

这虽然是个传说，但灵岩与茶确实有着很深的渊源。这里“群山环抱，岩幽壁峭；柏檀叠秀，泉甘茶香”，雨热同季，昼夜温差大，光照充足，易于有机质的积累和储存。而独特的山区小气候，加之湿度较高、远离污染，茶叶持嫩性强。灵岩茶如此，灵岩御菊也亦然。赵西玲觉得，对灵岩御菊，他们要持之以恒地传承保护下去。或许这就是茶道吧。

从小在灵岩村长大的康其国清晰地记得，春暖花开的时候，灵岩村特有的美味就是炸四芽——御菊芽、香椿芽、花椒叶芽、薄荷芽。一家炸，全巷香，那个味道就别提多美了。一炸惊四座，再炸邀八仙。住在灵岩宾馆的很多游客，往往专点炸御菊这道菜，临走时还带上一些回家炸着吃。

有着深厚餐饮文化素养的康其国敏锐地发现，这些药膳有着丰富的营养价值和广阔的市场前景。这里的灵岩御菊叶两面泛绿，御菊花香甜可口无杂味。御菊能生吃，是灵岩一带所独具的。康其国由此终于明白了读初中时《晏子使楚》的那句话：“橘生淮南则为橘，生于淮北则为枳，叶徒相似，其实味不同。所以然者何？水土异也。”遍野的菊花过了灵岩村就不是这个味道了！这是灵岩村小地质区域、小地势气候共同作用的结果。

2010年，在成立济南晋康食品有限公司、注册“念康”商标时，康其国就有了种植和开发灵岩御菊的想法。因为餐饮市场大鱼大肉过时了，人们的口味倾向于营养均衡、健康特色。要把家乡特产——灵岩御菊推向市场，惠及大众。灵岩御菊这么好的产品，市场潜力无限。而且，种植御菊还能带动村民致富。于是，夫妻二人就决定回到家乡做灵岩御菊产业。

这灵岩御菊浑身是宝，已经有五百多年的食用历史了。“久服以利血气轻身耐老延年。”乾隆皇帝七下江南八次驻跸灵岩寺，品尝此菜，赞其“物华天宝，风味清绝”。灵岩御菊属中医药膳，遂赐名“灵岩御菊”，后来就成了九省御道上皇帝钦点的御用食品。

深山里种植御菊，没有经验可以借鉴。说实在的，那时候赵西玲心里很忐忑。既然丈夫十分愿意干，正好手头上还有一些资金，就叫他试试吧。

知子莫如父。康其国看准了的事，八匹马也拉不回来。老父亲知道了儿子的打算后，默默地和老伴给儿子收拾好了一个房间。他们疼爱孩子，之后就不辞劳苦地帮着康其国在田间地头忙活。

邻庄的村民看到康其国下地后，惊讶地问：“星级酒店的大厨，好不容易从农村走出去，咋又回来当农民了？”康其国憨厚地笑笑，不作任何解释。

灵岩御菊原来就是漫山遍野的山菊花。现在市场大规模的需求，仅靠原生态的野菊花肯定就不够了。仿照野外生长环境种植，口感应该不会有多大变化。康其国要做灵岩村从没有过的大事：让乡亲们的金饭碗里盛着金疙瘩，他要带领大家种植灵岩御菊发财。

康其国做事的风格是胆大而心细。2011 年冬天，他先承包了村民的 41.76 亩丘陵山地。每亩 1400 元的流转费在当地的价格是最高的；对已经种上小麦的，每亩再补助 400 元。

第二年春分时节，康其国就发动村民，在南红山、北红山地域内把灵岩御菊刨下后送到他这里来。那时候的收购价是每斤 3.5—5 元，村民的积极性很高。此时，打理好公司的业务后，赵西玲就回到灵岩村帮衬着丈夫采菊芽。他们雇了七八十人采芽、剪根、分茎。大家爬到山上和地头上去找御菊。灵岩村是全市的长寿村。上到耄耋老人，下至垂髫儿童，都来帮着采御菊。区农业局的专家也来进行科学指导。看着热火朝天的情景，看着忙忙碌碌的丈夫，赵西玲风趣地说："哎呀，跟着康其国又混成农民了。"

因之前照料孩子、经营公司等，忙碌的赵西玲平时很少跟康其国回灵岩村，和村里的大娘、婶子们都不熟。但山里人朴实善良厚道，她们知道康其国的媳妇回来帮着种御菊后，就主动拉起赵西玲的手说："中午到俺家吃饭吧，侄媳妇。现在有钱了，多亏了俺其国啊。俺这把年纪了，还能采菊芽、收菊花挣些钱。"看着这些实诚的婶子、大娘、妗子们的笑脸，赵西玲被淳朴的乡风感染了，她态度明朗起来：丈夫回灵岩创业的抉择是对的，要全力以赴和丈夫侍弄好、开发好灵岩御菊，让乡里乡亲都富起来。

接着，康其国、赵西玲请长清区农业局的专家来田间指导。在杜立忠、魏红新等专家们的帮助下，灵岩御菊移栽的成活率大大提高了。后来，专家们又慢慢摸索出种植标准，制定了灵岩御菊的种植规范。有了农业局专家的指导，灵岩御菊的棵越长越高，高的能长到一米半，产量也上来了。灵岩御菊采芽，一年要采十多次鲜芽。采一次要发生侧芽，再发第二次侧芽。就这样越采越多，品质也越来越好。这一年，光卖给西安、成都、合肥的御菊芽就达到上百吨。在营销中，赵西玲过去做食材时建起的经销网络起了大作用。

寒露时节，最后一季御菊花开了。康其国先将它们采摘晾晒，再将干花包装后推向市场。剩余的一些碎末渣子、草棒子顺手就扫到了地边上。到此，九个多月的灵岩御菊种采周期才算结束。从此以后开始养根，因为根粗壮茂密了，第二年的花芽才多。

这时候，康其国就扳倒葫芦算起了总账：40 多亩地，卖芽卖花等总收入近 70 万元。除去人工外，亩收入达到了 15600 元，比传统的农作物种植升值了近 20 倍。在提高乡亲们收益的同时，也解决了就业问题。康其国、赵西玲的信心更加坚定了。从那时起，他们逐步扩大土地流转面积，渐渐占了灵岩村总土地的近七成。这期间，村里的乡亲们托人托到赵西玲婆婆那里，想把流转到别处的土地要回来，让康其国种御菊。

赵西玲是个一旦认准了路就百分百上心的人。2013 年雨水那天，在查看大田土地墒情时，赵西玲和婆婆惊喜地发现：去年倒碎末渣子和草棒子的地边上，长出了绿油油的一簇簇御菊苗。赵西玲激动得跳起来，迅速打电话告诉丈夫：“这御菊有种子，这御菊能人工种植！”

2014 年，赵西玲、康其国开创了灵岩村历史上的先河，搞起了人工种植灵岩御菊。区农业局的专家们也非常激动，就更上心帮助指导他们科学种植。农业局的专家们对南红山、北红山这一片的土壤进行了采样分析发现，这里的土壤含锌、硒、锶等丰富的微量元素。再加上独特的区域气候，灵岩御菊不生蚜虫，叶片两面都泛绿，没有别的地方背面发白的情况。后来原农业部的专家也到这里勘测，发现这里是沙质土壤，渗水性能特别好。这里属于檀抱泉水系，综合水质在全省排到了前五名。

在檀抱泉附近，还有一道独特的景观叫滴水崖，这里的水都是渗出来的。上有水涌泉，中有沉积岩，下有渗滴泉。因为渗出来的水能结冰，流出来的水不结冰。冬天，这里形成了长 100 多米的冰挂，煞是好看。驴友们说这是全国唯一的，专家们说这里的水系和檀抱泉是一脉相承的。

有山有水有灵气。康其国、赵西玲夫妻二人种出了灵岩御菊，创造着灵岩奇迹：这亘古未有的有了，这异想天开的开了。随后原农业部的专家对灵岩御菊进行了广泛采集和检测分析，结果是：“灵岩御菊含有丰富的营养价值，每 100 克食用部分含钙 189 毫克、维生素 C31.1 毫克、铁 29.6 毫克，同时含有其他丰富的微量元素。灵岩御菊聚山川之灵秀，色泽青翠欲滴，口感清新怡人，具有清肝明目、清热解毒、祛风润燥的特点。”

正是基于这些，在区农业局领导和专家的鼓励支持下，2015 年 8 月，夫妇二人以“济南市长清区灵岩御菊种植产业发展研究中心”的名义，申报了中华人民共和国农产品地理标志——灵岩御菊。经过一番严密的考核考察、实践验证后，2016 年 8 月，终于获得原农业部的认可认证。看到证书上庄严的国徽，赵西玲觉得太珍贵、太神圣了。

赵西玲喜极而泣，她感受到了什么是“支持”的力量！原农业部的专家学者从北京来这里实地调研，进行数据分析，聘请第三方来做绿色食品检查、技术种植规范的认证等工作。为查询“灵岩御菊”文脉传承，市、区农业局的专家到档案馆借阅、查找清代、民国和现代版的《长清县志》。2015 年秋天，他们与各位专家一起去北京答辩时，专门购买了服装，因为赵西玲觉得这些代表着企业精神和长清形象。

在区农业局、农广校的指导下，长清区的瓜蒌、玉杏、灵岩御菊、长清茶等分别取得了中华人民共和国农产品地理标志。而四个之中，唯一可吃、可喝、四季可供销的就是灵岩御菊了。赵西玲继续将灵岩御菊产业做大做强，实现乡村振兴的大梦想。

产业振兴灿放着岁月的光辉

对长清地方文化有深厚研究的李现新老师，为灵岩御菊创意的广告词是：“登泰山，游灵岩，品御菊，养身心。”寥寥数语，形象地概括出了健身养心的境界和品味灵岩御菊茶的情怀。

自康其国、赵西玲 2012 年发起成立济南市长清区明康山菊花种植专业合作社以来，他们从事灵岩御菊的育苗、种植、研发，以及茶叶、速冻食品的加工和销售，至今已十多年了。到目前为止，种植面积已接近 1200 亩，合作社员发展到 115 户，辐射带动了周边村庄 600 多农户，每户可增加收入 3 万元左右。他们朝着“全域致富”的方向迈进着。

公司长期用工是 40 多人，季节采摘最多时近 100 人。仅仅是来灵岩御菊基地采摘的村民，平均一天至少能挣 400 块钱。村里一个手脚麻利的妇女，曾创造了日收入 846 元的纪录，相当于一个高级农艺师的日收入。乡村振兴的第一位是产业振兴，只有农民收入增加了，才是真真正正地造福桑梓。不受年龄限制，不受专业技术限制，就近就业收入高，村里很多人都不愿意外出打工了。灵岩村村民王风玲已经在御菊田间打工多年，谈起灵岩御菊产业，她自豪又感激地说：“康其国两口子回村后，我们村变化可大了。多些这样的能人回村，不愁发展不好！”

御菊产业每年带动村内近百名劳动力就业，光是费用支出就在300万元左右，村民在家门口打工已成为常态。赵西玲认为产业是乡村振兴的动脉，更是“千万工程”（千村示范、万村整治）的助推器。

2013年，速冻鲜芽每斤12元，合肥某单位一次就要了五六百斤。赵西玲组织采摘鲜芽后，先进行90度的热水漂烫，冲凉后进行真空包装。之后进入速冻冷库，进行零下30至35度的速冻保鲜，四小时后厢式货车装箱发货。赵西玲选了最高档的一款冷冻厢式货车，直接运到维尔康冷链物流，从而延长了保存时间。赵西玲与维尔康冷链物流签订了冷链运输合同，由此发往全国四面八方。当年，公司实现产值3000多万元。

产自特定区域，彰显独特品质。赵西玲认准了灵岩御菊地标上的无复制性和原产地的价值，就着力在灵岩御菊衍生产品上做文章。发挥济南晋康食品有限公司农业龙头企业示范作用，实现了菊芽“种植—采摘—加工—冷冻—储藏—包装—销售”的一体化。他们使用鸡肉、猪肉、牛肉等和御菊芽进行科学配比，先后研发了菊芽鸡肉丸、撒尿牛丸、菊芽狮子头、御菊五粮系列食品、御菊酒等30多个产品。2020年，还与临朐商家合作，将御菊和山楂等科学配比，联合研发了广大消费者喜爱的灵岩御菊山楂饼。灵岩御菊的30多个衍生产品已畅销全国各地。

赵西玲憨厚直爽，诚实善良。她认为入口的东西绝不能以次充好，所以公司选用的肉食配料如金锣、六合，都是顶呱呱的品牌。赵西玲说：“砸自家牌子的蠢事绝不能干！”

近十年来，灵岩御菊系列产品以独特的风味相继荣获多个品牌大奖。2015年，御菊包心丸获“济南市名牌”；2016年，灵岩御菊芽被中国饭店协会评为“中国好食材”；2018年，灵岩御菊茶业有限公司被评为“省乡村示范产业基地”；2019年，灵岩御菊获第二十届中国绿色食品博览会“金奖”、中国第十六届“林交会金奖”，位列农业农村部“2019年全国乡村特色产品特色种植产品目录”；2020年，灵岩御菊加工工艺获两项发明专利；2021年，获“谁能代表济南十佳品牌农产品”。

民族要复兴，乡村必振兴，而乡村振兴的关键就是产业振兴。2018年，康其国、赵西玲成立灵岩御菊茶业有限公司时，投资1000多万元建起了1300多平方米的现代化深加工车间，用来制作灵岩御菊茶系列产品。除了众多的回头客来此购买外，他们还给一些单位加工定制产品。“灵岩御菊”被确定为济南市十大特色产业，就是因为带动了周边乡村的产业振兴。农民从走出去打工到赶回来就业，特色产业打破了农民“汗珠子摔八瓣”也难富裕的传统农业生产瓶颈。

在农业部门的支持下，赵西玲夫妇又建起了科技繁育智能温室，这就是这对农民企业家的过人之处。科技繁育智能温室充分发挥了“繁育推和提纯扶壮”的重要作用。比如说，灵岩御菊茶业有限公司里现在既有移栽种植，也有种子种植，两驾马车并驾齐驱，保存御菊野生性能和种植规模化相结合，保证了灵岩御菊的独特性和丰富性。例如，有些地块里的御菊长势不旺或枯萎了，要及时更换移栽，那就要从繁育车间选取移植旺盛的苗子。科技是第一生产力，赵西玲重视灵岩御菊的科技含量和前瞻研发，实现了内容品质的后期保证。她在“教科研繁育推”上下足了功夫，尽管投入很大，但能化验、能检测、能培育、可移栽、可培植，灵岩御菊公司做到了精准生产。

赵西玲觉得，灵岩御菊能够发展到今天，要感谢各级各界的倾力支持，更要回报全社会的指导帮助。区里、街道上挑选的助力“乡村振兴”的青年人可以随时到公司车间、财务、研发等部门，跟岗学习工匠技能、财务管理、创新创业知识，成为乡村振兴的有用人才。有什么疑难问题，赵西玲和丈夫都是热情解答。赵西玲说：“作为‘新型职业农民’，就应该扛起更多责任，把我们的技术、经验也播种在土地里，帮助更多农民实现转型，特别是心智上的转型。”

展厅里那一缕缕文化情怀

赵西玲觉得，一个企业发展要靠科技和文化两条腿走路，产业离开文化是不长久的。扶危济困、乐善好施是中华民族的优秀文化传统，也是灵岩御菊公司的责任担当。多年来，赵西玲一直帮扶万德街道西侯村的多个贫困户，物资的、现金的、岗位的都有，直到他们走在社会主义小康大路上。万德街道举办广场舞比赛，她冠名“灵岩御菊杯”，给予全力支持。街道上举办运动会，她提供御菊系列产品当奖品。

赵西玲觉得老百姓的生活达到小康后，要提高他们的精神文化层次，他们的幸福感、获得感才会更有分量。实现乡村振兴不仅要塑形，更要铸魂。赵西玲夫妇决定建设一个灵岩御菊综合展览厅。展览厅融文化与经济于一体，除了摆放销售开发的系列产品外，还要对外展示丰富的灵岩御菊文化内容。展览厅现在即将竣工。里面将放上灵岩御菊最早记载的《长清县志》《乾隆皇帝写灵岩的诗》和檀抱泉胜景等图片，放上灵岩御菊产品荣誉证书、奖杯奖牌，放上康其国、赵西玲在全国各地的讲课资料和影集，还要放上康其国祖父60多年前获得奖励题款的玻璃镜子，以彰显敢闯勇创的家族品格。要让家庭文物“活”起来，也让历史“告诉”未来，以家族荣耀激励、启迪奋斗争先精神，充分发挥好家教、家风的承续熏陶作用。还要放上改革开放以来的各种农业发展政策，包括2006年开始免除的上缴了2000多年皇粮国税的农业税政策。电视是必不可少的，要随时播放灵岩御菊公司的发展历程专题片。博古架上再放上赵西玲在田间随手捡来的泰山石、木鱼石。还要加上图文并茂的展板及中央农广校和山东农业工程学院专家教授的题字、题画。还放上康其国获“区人大代表”、长清区首届“乡村之星”、“山东省高级农民农艺师”等称号的证书，以及和农民大师的合影照片。还放上赵西玲相继获得的证书和在山东会堂获得2023年“山东省劳动模范”称号时的照片，等等。

灵岩御菊茶业有限公司将“绿水青山的颜值转化为金山银山的价值”，本身就是生态振兴的最好诠释。赵西玲夫妇认为，灵岩御菊茶业有限公司发展蒸蒸日上，依靠的就是“天时地利人和”。“天时”就是党的各项惠农、利农的“三农”政策，要时时刻刻坚持“党建引领”。为此，在加工车间最显耀的位置设立了支部办公室，让公司党员在这里学习、交流、探讨。

赵西玲和她的灵岩御菊茶业有限公司从“万企帮万村”的义不容辞到“万企兴万村”的踏实笃行，再到助力“千万工程”的逐步实施，他们在乡村振兴的实践中，实现着“产业促发展、就业促增收、文化促新风、公益促和谐、携手促党建”的社会担当。

泉城新农人的时代追寻

这世上唯一不变的就是天天在变，所以我们每个人都要变。作为农民创业者，赵西玲更是在不断地学习更新、不断地与时俱进、不断地开拓创新。

在灵岩御菊茶业有限公司的荣誉室里，一尊原木漆座的水晶玻璃奖杯闪闪发光，这是山东农业工程学院颁发给优秀学员赵西玲的。这也是她最最珍贵的东西。山东省“头雁工程”培训在赵西玲的老家日照市启动后，赵西玲在山东农业工程学院进行了近半年的脱产学习。她说，半年学习时间虽短，但受益却多，圆了她从小就梦寐以求的大学梦。

人是因为后来的继续学习拉开差距的。知识就是力量，技能就是方向。在山东农业工程学院的脱产学习，分为室内的政策理论学习和室外的互助提升两部分。这让赵西玲开阔了视野，打开了眼界，有了脱胎换骨的感觉。思想是行动的先导，国家重视“三农”发展的政策理论学习让她醍醐灌顶：方向更加明确、思路更加清晰。而室外的互助提升，更是拓展了灵岩御菊的发展空间和思路。赵西玲在小组相互交流中得到激励，在实地观摩实践中受到启发，在汇报展示中有了醒悟。她觉得，这些先进典型都是成功的，又都是可以复制、移植的。

在学习中，老师们将个人经验毫不保留地传授给每一个学员。其中还有一个环节是产业对接，到实地加工厂和基地参观学习。上擂台、亮成绩、比实功、晒经验、话发展，这种学习实践给了赵西玲很多启发：取长补短，在营销中重视产业对接和融合，之后会走得更快一些。

“头雁工程”培训结束了，但后期项目融合、跟踪对接培训又来了。前不久，山东农业工程学院院长和指导老师亲临灵岩御菊茶业有限公司，大家就电视直播带货、产业品质提升、持续跟踪培训等进行了交流。

赵西玲因为在山东农业工程学院的学习而提升，而山东农业工程学院因为有她这样的优秀学员而自豪。2023 年 4 月 8 日，山东农业工程学院在淄博校区体育馆举办建校 70 周年庆祝大会，赵西玲以优秀学员、“头雁领头人”、特邀嘉宾的身份参加了盛会。在主题为“文化校庆、学术校庆、师生校庆、校友校庆”的大会上，她把灵岩御菊拳头产品展示给来自全国各地的校友们。

看赵西玲的户口本，她是一个地地道道的农民；看赵西玲的履历表，她又是一个敢闯敢干的新农人。一切巨变都源自孜孜不倦的终身学习。凡有学习的机会，赵西玲再忙都不会错过。有好几次，都是得到消息较早的王桂军校长帮她订书报名的。因为好学向上，所有荣誉和证书都不过是水到渠成的事情，无论是食品检验工、公共营养师（三级）的国家职业资格，还是山东省的“外来务工人员之星”“山东省劳动模范”，抑或是长清区的“巾帼致富带头人”、“巾帼增收带头人”、巾帼先模宣讲队优秀成员、新型职业农民协会优秀会长、劳动教育指导导师等称号。

赵西玲的朋友圈里有这样一段视频：75 岁的老公公第一次驾驶新式综合农机设备车，挖、铲、平、耕、锄、推……老人家样样操控得有规有矩。老把式，新技能。赵西玲说：“和老公公一对比，自己哪有资格不上进。”“活到老、学到老，越学越觉知道得少”就是赵西玲的一贯态度。

职业大赛上的飒爽英姿

2019 年“全国农民丰收节”那天，赵西玲接到了王桂军校长的电话，让她参加山东省新型职业农民创新创业大赛。赵西玲推辞说：“校长啊，你让我去学习学习可以，要去参加省里的比赛，我真不行啊！”王校长说：“都给你订书报名了，你就当作一次学习的机会吧。”无奈，赵西玲只能参赛了。丈夫康其国、区农广校陈洪常老师和长清区其他参赛者一起去了日照赛场。

赵西玲去的时候心情特别复杂：日照是她的老家，要是拿不到名次，丢人可就丢到“家”了。她进入会场的时候，很多在一起培训时认识的老朋友跟她打招呼：“老赵，你也来参加比赛啊？”“赵总，你是来拿奖的吗？”赵西玲自信地说：“必须的！”实际上赵西玲心里特别特别紧张。说出去的话泼出去的水，这是全省的比赛，她们 6 人代表的可是省会济南啊！

第一天，没有自己的比赛项目，赵西玲从早晨 6 点到晚上 12 点多，一直在赛场观摩学习，连饭都没来得及吃。看着从容比赛的选手、漂亮的标书、精致的产品后，她觉得自己一点都没有参赛的优势。临阵磨枪，不快也光。一天的观摩，让赵西玲知道了怎样扬长避短。第二天，在 50 人参加的统一项目预赛中，她以第十名的资格进入了决赛。进决赛的最后一名既幸运又惊险，赵西玲太激动了。预赛是第十名，决赛时赵西玲却抽了个第一。第一个参赛，选手的准备时间最短，只有十分钟。进入会场前，赵西玲问指导老师还要注意些什么，老师说就发挥你个人的长处就行了。六分钟的即兴发言时间里，赵西玲游刃有余地说完了个人创新创业历程、产品展示、未来规划后，问：“还要补充点内容吗？”下面的评委评价说：“很全面，挺好了。”赵西玲默默走出考场，感觉心里还是没底，认为拿名次几乎是不可能的事。

晚上 11 点多了，王桂军校长一直在打电话焦急地询问结果。为了平复紧张的心情，康其国和赵西玲去了海边亭子里看海景、品海鲜打发等待的时间，其实那时哪有心思呀。

子夜时分，成绩公布了：赵西玲获得了山东省新型职业农民创新创业大赛的第二名。她兴奋地把这个好消息报告给了王校长。不到五分钟，王校长朋友圈就转爆了，大家纷纷给赵西玲发来敬佩的祝贺。

经过参加省、市创新创业大赛的磨炼，尤其是在专家教授们的指导和鼓励下，赵西玲更加自信、更加有胆有识了。现在，灵岩御菊茶业有限公司已成功从国外引入粉末破壁技术。赵西玲介绍说，破壁流程有二十多道工艺，破壁的滚珠都是进口的。公司新近研发成功的破壁抹茶，满足了社会不同群体的消费需求。豪爽实在的赵西玲积极参加国际、国内的茶叶市场博览会、绿色食品展会、行业年会等，让灵岩御菊系列食品走向世界的每个角落。2023 年 5 月 13 日，在“山东手造——慧心巧编杯”长清区首届编织大赛上，赵西玲的御菊产品展台却占尽了风头。展示的产品被抢购一空，满怀歉意的赵西玲又一一加上客户的微信，答复随后及时送货到家。

冰雪结晶出的那一轮轮光环

参与才有机遇。

2020 年 1 月，王桂军校长接到第二届全国农民冰雪项目运动会的通知后，觉得康其国是山东大汉，属于力量型选手，就在市里给他报上了名。不久，济南市农广校副校长王思刚给赵西玲打电话，让她参加冰雪运动会，说还是她最合适。康其国在重要场合都西装革履的，古板得不像个农民；倒是赵西玲，一看憨厚朴实，即使穿上比赛服装，评委也不会怀疑她的农民身份。

王思刚太了解赵西玲了：事业有韧性、生活有梦想、生命有激情、责任勇担当。凡事先是谦虚推让，真到了节骨眼上，又绝不会掉链子。赵西玲说：“校长啊，冰雪运动会场地俺都从没走过，你让我在土道上走模特步都行。我嗓门儿大，要不俺去给你当啦啦队吧。”王思刚说：“那个你别管了，我给你报上名，到时候咱们一块儿去。”当时，赵西玲并不知道自己代表的是山东省，直到参赛前夕，领队带选手们统一去买服装时，她才缓过神来。

从济南到河北省尚义赛场，整整用了 12 个小时。赵西玲下车的时候，两条腿都不会打弯了。在宾馆里，赵西玲看到对手时就傻眼了：人家那一招一式，敢情都是专业训练的。管不了这些，也不多想了。赵西玲消化着教练的指导，只等到时候看临场发挥吧。第二天，赵西玲到了赛场上更是惊呆了：全是冰啊，自己还没从上边走过呢。入场式上，24个代表队站成一排。在赵西玲他们前面，礼仪小姐举的标牌上是醒目的“山东省”三个大字。这时候，赵西玲反倒镇静了：她代表的是山东省，与擅长冰雪项目的东三省等选手同台竞技。光脚的不怕穿鞋的，说什么也要拿个名次，以对得起带队的省农广校姜家献副校长。

比赛的第一个项目是拔河比赛。和强手的差距太大了，山东队拔河比赛失利了。第二个项目是雪上对对碰。赵西玲想得找个技巧了，要利用自己的特长来限制对手的发挥。她和队友们商讨了对策，之后大家抓紧适应场地，没穿过冰鞋临时学，没在冰上走过临时练。赵西玲雪上对对碰的预赛对手是黑龙江队。黑龙江队队员无论是体重还是专业能力都比山东队员强。顾不了这些，赵西玲瞅准机会以快制胜，三秒钟之内就把黑龙江队淘汰了，这大大提升了山东队的士气。秒杀黑龙江队后，赵西玲这匹黑马一黑到底，接着击败了吉林队，杀进了决赛。最终，她获得了全国比赛第二名。

赵西玲惊险跌宕的比赛，激励了山东队员，最终大家齐心协力，在参加的七项比赛中获得了六个大奖。全部比赛结束后，赵西玲和队友们激动得哭了。因为大家都不是专业的，都是依靠不服输的精神取得胜利的。当晚9点半，姜家献、王思刚等一起为山东的选手们举杯庆贺。

与此同时，赵西玲还获得了第二届全国农民冰雪项目运动会的“体育道德风尚个人奖”。赵西玲说自己最大的收获就是战胜自我、突破自我。记得在滑雪比赛中，她坐电梯到了200多米高的冰山上，当时整个团队除了她就没有上去的。她也有恐高症，想顺着电梯下来，工作人员告诉她，没有下来的电梯。开弓没有回头箭，看来只有拼了。赵西玲回想着老师的指导，横下一条心，穿上冰鞋后就从长长的赛道上冲下来……参加完比赛后，她悟出这样的一个道理：没有比人再高的山，没有比脚再长的路。

鲜花是别人送的，掌声是自己挣的。

没有经过训练的赵西玲取得全国农民冰雪运动会的第二名，这在各农广校引起了反响。不久，农业农村部、中央农广校的领导从北京来到灵岩御菊茶业有限公司调研。随后，灵岩御菊基地作为乡村振兴的示范案例，被编入中央农业广播电视学校和中国农民体育协会联合组编的农业农村部农民教育培训规划教材——《高素质农民手册》。

尾声

在灵岩御菊茶业有限公司，员工们都有这样的生产习惯：在种植移栽御菊的时候，田埂上要多踩一脚，因为土踏实了，根就扎深了。赵西玲则养成了这样的生活习惯：在角角落落里捡到精美的石头就喜欢得不得了，珍藏起来并赋予它一种意义。对于每块石头，她都能说出一个故事来给你听。这些石头在她看来都是有形有状、有模有样的生命，这就是人们常说的“石缘”吧。石缘其实就是土地缘、乡情缘，也是赵西玲创业路上拼搏的见证。

灵岩御菊花开的时候满眼金黄，与灵岩寺盛景相映成趣。当游客看完泰山、灵岩寺后，就一拨一拨地来灵岩御菊基地，看“南山”，看御菊，看展馆，体味乡村旅游文化的魅力。伫立在基地纹理分明的岩层剖面（这里能看到寒武纪、深海云泥岩即木鱼石、变质岩、花岗岩等岩层）前，一眼望穿亿年沧桑，这里已经成为“网红”打卡地。

三年前，中央电视台农科频道来济南南部山区录制专题，宣传南部山区的绿色生态、风物特产等，标题就取名为《悠然见南山》。中央电视台曾连续四次来灵岩御菊基地取景、采访。节目播出后，在全省引起了极大反响。

采菊东篱下，悠然见南山。陶渊明先生采的是心境和梦想，赵西玲带领着村民们采的是产业和希望。这“悠”字更凸显着康其国、赵西玲带领乡亲们实现乡村振兴和农业强国的心力和定力。

绣江河畔酿酒人

——记山东省劳动模范、山东百脉泉酒业股份有限公司汪慧慧

陈玉珍

“遥看汉水鸭头绿，恰似葡萄初酦醅。”

开元二十二年（734），李白途经襄阳，过汉水，见江水碧绿，写下了著名的《襄阳歌》。

章丘，地处泰沂山区北麓，长城岭绵延于南，长白山矗立于东。其境内也有这样一条澄碧的河，水纹如绣，谓之绣水。周边泉群汇涌，水源汩汩而不竭。不知从哪朝哪代起，河边上涌现出许多作坊。人们取来泉水，用稻米做引，酿制出口感醇厚的美酒。“高粱老烧酒”“软枣杠”“黄米酒”……诸如此类，早在明清时代就已经在周边县镇享有盛誉。

及至近代，一家名叫百脉泉的酒厂横空出世，他们承袭祖业，并在此基

础上将其发扬光大，将章丘白酒再一次推向更广阔的天地，这便是“百脉泉”“清照”系列白酒的前世今生。

有些憋屈的起点：正入万山围子里，一山放出一山拦

“此江若变作春酒，垒曲高筑糟丘台。”

绣水泱泱，泉水潺潺。绣水河畔的酿酒人，酿泉为酒，泉香而酒洌。年轻的技术总工程师、一级品酒师汪慧慧，便是其中的一员。

说她年轻，其实也不全然属实。40多岁的汪慧慧发不过耳，眉眼含笑，是那种一眼看去就感觉心地澄明的人。

“他们都说我长相太年轻，咋看都不像是个品酒师，还国家级的……”她有些难为情地抿嘴而笑，“长成这个样子，有啥办法嘛。”她两手一摊，习惯性地挑了挑眉。

“那是他们不了解你！”旁边宣传部的马主任抢着搭上话头，“像我们这些‘天子近臣’‘跟前兵’‘马前卒’的，哪个不知道汪总的本事？一路披荆斩棘，过关斩将，才走到今天！容易嘛！”说着，马主任得意地抬起下巴，脸上尽是仰慕钦佩之色：“可惜咱不是搞专业的呀，否则，早成了汪总技术攻关团队的一员啦！”

“岂止是一员，确切地说，是一员大将！”汪慧慧笑呵呵地回答。

两人的合作源于酒，又不止于酒，多年共事，早已将性别不同、性格迥异的两个人，培养、发酵成了惺惺相惜的战友。而女品酒师汪慧慧的故事，也在我们的畅聊中拉开了序幕。

“我其实从未想过，自己有一天会成为一名品酒师。”汪慧慧坦言道，“我最初其实志不在此。”

汪慧慧1980年出生在临沂费县一个偏僻的小山村。母亲不识字，父亲却是当地小有名气的文化人，一路经小学推荐到乡中学，又从乡中学推荐上了高中，毕业后反哺乡里，成了一名光荣的人民教师。

桃李不言，下自成蹊。“父亲一直是我的榜样。”汪慧慧说，“从小到大，

我的梦想就是成为另一个他，甚至，比他还要强，比心中的高山还要高。”

“我从未想过自己还会失败。”汪慧慧笑了笑说，“直到自己高中毕业。”

从小学到高中都很顺利的她，没承想，第一次高考居然以失败告终。“我其实一直知道自己的心理素质不是很好。越临近高考，压力越大，成宿睡不着觉……最后的结果嘛，可想而知，考的那点分数……勉强能上个专科吧。”说起那段陈年往事，汪慧慧仍然不胜唏嘘。看似平淡的语气中，却不知隐含了多少意难平。

高考结束后，没能实现理想的汪慧慧心灰意冷，决定弃学务工，到一家木材厂做事。说是做事，其实像她这个年龄的女孩子，从小在父母的羽翼下长大，没经历过风雨锤炼，人又瘦小体弱，手底下没几分力气，能给她安排的工种其实十分有限。她能做的，无非是跟在那些成年妇女的后面，干些零碎的杂活。木工师傅把整片的皮子从旋木机上旋下来，再整合到一起，压成板材。皮子上有窟窿的地方，便由她们这些小工来进行找补。工厂按照件数计费。一天下来，熟练工能找补个百十张。而她，也就能完成个四五十张，还经常因为箍不动皮子，伤及手掌，手心上青红一片，让疼她的母亲直掉眼泪。

没办法，汪慧慧只好再次选择逃离。从木材厂出来，她又先后到陶瓷厂、玩具厂上班，换了几个不同的工种，却都不甚了了。此时的汪慧慧宛如一头陷入泥沼中的困兽，她张开双臂挣扎，铆足了力气扑腾，换来的却是更深的窒息。她看不到光亮，更看不到方向，更不知道自己的价值在何方。

“难道就这样了吗？”无数个不眠的夜里，她扶额叹息，辗转反侧。像村里那些姑娘一样，嫁人，生子，每天在鸡零狗碎、蝇营狗苟中度日？她做不到。她还有残存的梦想。但一时又想不到自己还能做些什么。她只能暗中积蓄力量，时刻准备着，伺机而动。

好在命运之神眷顾了她，并且将幸运的火种带到了她的面前。那一天，来“救”她于水火的，正是自己当年的物理老师李希普先生。与他一同前来的，还有学校负责复读班的班主任石光峰老师。他们联袂前来，是来请她回学校复读的。

彼时的汪慧慧，正在水田里跟着母亲栽稻苗呢。听到这个消息，她隐隐觉得要发生什么了，顾不上挽起的裤腿，还有脚上的淤泥，拽起母亲就往回跑。

她生怕自己会错过这迟来的最后一班车。

果不其然。院子里，父亲已经在和两位老师寒暄了。他把从小卖部刚买来的香烟打开，抽出两支，递给两位不速之客。然后夹起一支，放进嘴里。抿唇，点火，深吸，再噗的一声，吐出一口烟圈。

“我不打算让孩子复读了。”他说。那双曾经亮堂的眸子里晦暗不明，语气却十分坚定，听上去颇有些不容置喙的味道。

“怎么会？”坐在凳子上的两位老师惊讶得张大了嘴巴，“您不是一直很重视孩子的教育吗？”

“是啊，”父亲又吸了一口烟，点点头说，“可女孩子家大了，还上啥学？还不如早挣钱，找个婆家嫁了算了。咱庄户人家的孩子，不求别的。”

“汪老师呀，你可不能这么想呀！”教慧慧多年的李老师苦口婆心地劝着，实在不想无功而返，“慧慧是个好孩子，你可不能说放弃就放弃呀！”

“就这么定了吧！”父亲捻灭手中的烟头，正想起身送客，慧慧母女俩风风火火地闯了进来。

“我要上学！”慧慧说。

“听闺女的！”慧慧妈说。

正午的阳光从头顶上泻下来，照在母女二人满头大汗的脸上，散发出明亮的光泽。就这样，在这样一个普通得不能再普通的午后，命运的车轮再一次发生重大变化，向着更好的明天转向了。

再一次回到校园的汪慧慧，很快便如鱼得水，如饥似渴地吮吸着知识的琼浆。她不再彷徨，不再患得患失，目标清晰而坚定。梦想的小船，再度扬起了风帆，出发了。

很快，她迎来了自己人生中的第二次大考。发挥稳定的她，如愿考上了烟台大学，进入食品科学与工程专业学习。就是在这里，她第一次接触到了与酿酒有关的知识。生物化学，微生物，葡萄酒、白酒、啤酒的发酵，一个个有趣的科目，都让这个自小喜欢理科的姑娘无比兴奋。她觉得，自己就是那只终于找到了方向的大雁，在自己喜欢的天空尽情翱翔，就连空气都是香的了。她和同学们一起做香肠，做面包，用水果酿酒，发酵酸奶，玩得不亦乐乎。

美好的时光总是快乐而且短暂的。踌躇满志的汪慧慧大学毕业了。跟她一起毕业的同学，有的当了老师，有的当了公务员，有的当了工人。“你不是也想当老师吗？”家里人问她。“可我现在不想了。”汪慧慧回答。

初试锋芒：总有世间一两风，填我十万八千梦

关于自己的职业，其实汪慧慧早有盘算，与其回到自己熟悉的学校，时刻担心自己复读的经历被人嘲笑，还不如换一条路走，兴许走得更远，也更宽。于是，23 岁的汪慧慧，选择了与自己专业对口的兰陵酒厂，在李白曾经盛赞的那个地方，正式开启了自己的职业生涯。

“兰陵美酒郁金香，玉碗盛来琥珀光。”从小读着唐诗长大的汪慧慧，从来就知道，藏在诗词歌赋里的酒，远比她所知道的更加久远、绵长。从仪狄酿酒甚至更早的时间开始，一直飘飘洒洒到今朝。而且，还将世世代代传承下去。文脉不断，酒香不绝。汪慧慧迫不及待地想亲眼验证一下，一粒高粱，到底需要经过多少道工序，历经多少次艰辛，才能化身为一滴醇香的美酒。

比起在大学实验室里的小打小闹，汪慧慧其实更想到一线车间亲自去实践一番，经历一个完整的酿酒的过程。但万事总要讲究个缘法。作为一名新手的汪慧慧，被安排到了与她学习经历最为接近的实验室工作。一屋子的瓶瓶罐罐，再一次成了她的友好小伙伴。每天勾调酒体，测试酒糟、酒醅，整理数据，再送到车间指导生产。工作算不上繁重，甚至小有轻松，但汪慧慧却始终觉得似乎哪里缺了点什么。

摆满仪器的实验室，每日里都十分安静，除了杯体之间偶尔发出的相撞声，几乎听不到别的声响。汪慧慧的心，在不同的酒体之间沉醉，却也经常和桌子上的量杯一样，觉得空落落的。有时候，脑海中还会不自觉地响起晋代江统《酒诰》中的句子：“酒之所兴，肇自上皇；或云仪狄，一曰杜康。有饭不尽，委之空桑；积郁成味，久蓄气芳……”这些美丽的句子在她的耳边絮絮叨叨着，似乎天生就自带一种魔力，裹挟着她，一趟趟往车间跑。

与安静的实验室不同，车间里永远那么繁忙，带着蒸蒸日上的气息。酒甑蒸汽的嘶嘶声、翻拌糟醅的铁锨声、基酒入坛的潺潺声、行车运行的轰轰声……不同器物之间摩擦发出的声响，在别人听来或许杂乱无章、尖锐刺耳，对她而言却如同弦歌和乐一般美妙动人，甚于世上最美的风景。

她多么喜欢那些粮食的颗粒啊！它们选择待在不同的窖池里酣然入梦，然后成为酒糟和酒醅，成为各种不同纯度的芬芳酒体。

她的脚下似长了毛，每一根毛发都朝向一个方向。到车间里去，到酒的世界里去，哪怕是晃悠一趟也好。她沉浸在各种机器的混合声响当中。很快，便和车间里的师傅们都混熟了。一众大老爷们在挥汗如雨的同时，也乐意顺手指点一下这位好学的年轻人，对她提出的问题知无不言，言无不尽。这其中，就有一位姓王的老师傅，见她是个学习的好苗子，就有心点拨她："姑娘，有些工作啊，看起来是很枯燥，就看你怎么干了。"说着，他俯身抓起一把酒糟，让她闻一闻："来，说说，都闻出些什么？"

"发酵好了？还是不好？"汪慧慧试探地发问，其实心中犹疑不定。她知道自己委实判定不了。与眼前的这位老师傅相比，自己几斤几两，实在不用多说什么。

老师傅哈哈一笑，说："年轻人，瞧见这一把酒糟了吧？我在车间干了三十多年，也闻了它三十多年。从蒸煮到摊晾，再到发酵，它每个时期散发出来的味道，我都能分辨得清清楚楚。拿在手里一看一闻一攥，就知道发酵好坏。这是什么？是经验，也是智慧。"

说着，他举了举另一只手上的铁锨，语重心长地对她说："慧慧，你是个聪明孩子。好好干！用心思去干一件事情，再枯燥的工作，一样有门道，有乐趣！值得干一辈子！"说着，他抹了一把额头上的汗水，挥动起手里的家伙什，继续与糟醅的山丘掰扯去了。

那一天，汪慧慧站在那里，愣了很久。

有好长一段时间，她都没有再去过那里。

自那以后，大家发现，那个天真活泼的小姑娘似乎有了心事。除了每天必做的功课，汪慧慧几乎足不出户，在实验室里一待就是一天，偶尔还会坐在椅子上，盯着一堆瓶瓶罐罐发呆。难道是谈恋爱了？人们猜测着。可谁也不知道的是，这些天里，汪慧慧想得最多的，其实不是别人，正是在车间里给她上了一课的老师傅。

他湿透的衣衫、铿锵的话语，一次次浮现在她的心头，也无时无刻不在提醒着她，该为自己的将来做点什么了。生活不能浑浑噩噩，稀里糊涂。她还年轻，怎么能活成自己最不喜欢的样子？ 每天把简单重复的工作做好，其实就是最不简单的事情。

想透了其中的道理，汪慧慧又变回了汪慧慧。她像一只小燕子，在实验室，在车间，在酒库，来回穿梭。人们再一次惊奇地发现，这个小姑娘，能干的事情似乎越来越多了。从她手里给出的数据越来越精细，专业性也越来越强。不仅如此，她一人还化身为多个工种的小学徒，从粮食粉碎、酒醅出窖、拌料加曲，到装甑蒸馏、量质摘酒、入池发酵、分级入库，哪里都有她的身影。炎炎盛夏，跳进四十度高温酒窖里的，有她；数九寒天，爬上二十多米高储酒罐的，也有她。她和谁都能说得上话，谁的工种她都觉得稀罕，而且总想着掺和一下。就连车间里男人们都皱眉头的体力活，也成了她手里的香饽饽。挥舞着一杆比她人还要粗壮的铁铲，在地上吭哧吭哧地铲……

“嗨——慧慧，”工友们忍不住和她开玩笑，“你再这么不要命地干，小心找不着婆家！”

可不是嘛，在酒池糟台里待久了，身上的“酒糟”味早已深入骨髓，洗都洗不掉了。可汪慧慧不在意这些。她的青春她做主，她觉得，自己既然是注定要与酒打一辈子交道的人，这些就都不是事。扒拉一下身上的酒糟，她嘻嘻哈哈地跑远了。实验室里，还有她今天要出的酒醅数据，在等着她更新；新酿出来的酒要装坛了，她和品酒师傅约好了，要亲口去尝一尝第一口香……脚步不能停，她的梦想还在路上，她必须尽快掌握全部的工序，酿出世间少有的美酒。

那个年代，穿越剧风刚刚在荧屏上刮起。爱做梦的汪慧慧想着，要是她也能穿越到唐朝，一定带上自己酿制的美酒，让诗仙李白也尝上一尝。“‘玉山跌倒扶未起，金鞭留当酒家里。’嘿嘿，一杯喝下肚，保管让他醉得跑不了，说不准，还能让他赋一首比《客中行》更好的诗呢！”……

想着想着，眼前的玻璃罐、玻璃瓶就越发清亮起来。她举起其中小小的一个，对向窗户的方向，与涌进来的风，轻轻相碰：把酒祝东风，且共从容。

“我一定能做得更好。总有世间一两风，填我十万八千梦。”年轻的小姑娘，踮起脚尖，悄悄筹划着自己的未来。

再起波澜：
聚散苦匆匆。此恨无穷。今年花胜去年红

计划总是赶不上变化快。

正当汪慧慧忙于职业冲刺时，命运的车轮再一次向着另一个未知的地方转向了：2004 年，已经跟汪慧慧恋爱多年的爱人，离开大学校园，来到章丘明水一所学校任教。即将步入婚姻的汪慧慧不得不离开兰陵，来到章丘一所民办高校当辅导员。好在，她工作的场所还是实验室。只不过，这里的瓶瓶罐罐不再与酿酒有关。她的任务，是领着一群学生做化学实验。

比起喧闹的车间，这里的环境不知道要好上多少倍。没有了酒香、酒糟的日子，她却越发觉得空虚起来。她发觉自己的一颗心，丢在了兰陵的酒缸里。夜夜睡梦里都是忘不掉的酒香。无法割舍。也不能割舍。她再次无比清醒地认识到，离开了酒，她的人生恐怕再不能完整。

脑海中，再一次回想起老师傅说过的话："再枯燥的工作，一样有门道，有乐趣！值得干一辈子！"

她下定决心离开，到百脉泉酒业有限公司应聘。当时面试她的，正是公司负责技术的马副厂长，见她有相关的工作经验，又在大厂工作过，十分欢喜，当下就拍板定下了她。

"招新兵不如抓俘虏。"至今马总想起这件事，还会这样调侃她，"机会总是留给有准备的人。"

是的。汪慧慧想起自己当初在酒厂所做的一切，觉得一切都没有白费。那些吃过的苦、流过的汗，如今都变成了一颗颗闪亮的星星，在她的履历上闪闪发光，帮助她向着更高处前进。

而此时的百脉泉酒业，正面临着历史上前所未有的困境。厂房、设备老旧，技术有待更新，规模也有待提升。不在沉默中灭亡，就在沉默中爆发。作为一家有着几十年历史的老厂，百脉泉酒业急需涅槃重生。彼时，山东各家酒企都在争抢一款新型白酒的上市——芝麻香。谁能率先解决适口问题，谁就能抢先上市，从而最大限度地占领市场份额。

作为一名资深技术人员，汪慧慧的到来，无疑为这家老厂破茧重生带来了更多的希望。

"那时候，可是连张办公桌都没有！电脑也没有几台。"回忆起往事，汪慧慧不自觉地放慢了语气。一缕碎发从她的耳边垂落下来，温柔地抚过她的脸颊。

"但是我那时候就是年轻嘛，喜欢干呀！手里的工作从来不过夜。"作为一名技术科研人员，她对自己负责的每一项工作都报以最热烈的深情。酿

酒工艺要改良，工艺标准要制定，酒体设计要创新……这些看似枯燥的工作，她做起来却如鱼得水，游刃有余。她仿佛天生就与酒有缘，骨子里蕴含的酒基因一旦被激发，就迸发出令人惊叹的力量。

她们部门三个人组成一个小队，全力投入到芝麻香型白酒的研发工作中。她带领队员们建窖池，制酒曲，发酵堆积，高温蒸馏，分层存储……每一道工序都严格控制，并记录下详细的参数。又经过无数次勾调实验，最终找到一个最佳的比例，制成小样，确定好标准工序。将成熟的酒方送到车间，最终才能投入生产……

为解决芝麻香型适口的问题，她和她的同事们当起了“小白鼠”，自告奋勇进行超量实验，然后根据自己的切身体验，不断对酒体的味道进行微调。原定喝四两的白酒，她们喝到了八两。她们最想知道的是，当人处于微醉的状态，这款酒带给身体的最初体验，是不是和她们设想的那样美妙……就这样，几个本不善饮酒的女子，硬生生把自己练成了“酒缸”。有时候，就连她们自己都觉得，身上的酒味实在是浓到化不开了，似乎每个汗毛孔里都有酒香溢出来。每每回家的时候，有邻居从她们身边走过，都忍不住为之侧目……

“不知道的，还以为我们不是好人呢！”汪慧慧呵呵笑着说。言辞中有着些许的无奈和自我揶揄。

就这样，在大家的一致努力下，“清照芝麻香”诞生了。汪慧慧如愿以偿地喝到了自己亲手酿制的第一口白酒。百脉泉酒厂期望中的春天，也如约而至。2007 年实现产值过亿元，2014 年产值过三亿元。蓬勃的春意，把每个人的心房鼓胀得饱饱的，仿佛要撑开似的。就像一朵花，到了约定的花期，就一定要开放啊！任是谁，也挡不住了。

“那时候，可忙啦！一到过年就忙不过来，人人忙到四脚朝天，几乎所有人都去帮忙灌装和包装。”说到这里，汪慧慧骄傲地挺直了胸膛，“我很幸运，赶上了酒厂的腾飞时刻。”

“你也是这份幸运的创造者。”我忍不住由衷地发出赞叹。

再攀高峰：你当像鸟，飞往你的山

2015 年，汪慧慧被提拔为酒厂技术中心副主任，全面负责新工艺、新型酒体的研发工作。她组建了自己的团队，开始向着新的高峰登攀。

我们去拜访她的时候，汪慧慧在她的技术研发中心接待了我们。那是一处二层小楼，红墙灰瓦，颇有些“庭院深深深几许”的味道。相对于偌大的厂区而言，它像是一叶碧波中的小舟，安静地泊在一处小小的角落里。

院子是 2017 年她接管技术部门以后改建的。楼上是她的工作室，楼下是扩建的实验室。不大的庭院里绿草如茵，卵石铺地。中间，耸立着一棵经年的老梨树，不知是从何处移植而来，在此地将养得久了些，便也沾了些酒中豪杰的况味。开花和结果，都不由得别人说了算。春天的花开了几朵，我们无从得知。倒是那些果子，着实结得随意了些。大大小小的果子，没有一个是和别的果子完全重样的。这个季节，外面的梨子大都急哄哄地赶着上市了，它却一点也不着急。慢悠悠地生，慢悠悠地长，除了时间，似乎没有什么能让它加快速度了。骨子里蕴含的那份自在和随意，竟颇有些“我醉欲眠卿且去，明朝有意抱琴来”的况味。谁来了都忍不住多看它一眼，脚底下的步伐也不由得随之变轻，变慢，生怕搅了它的好梦。

汪慧慧说，最有趣的是下雨天呢。她最喜欢的事，便是端一杯自己酿制的美酒，站在楼上和它两两相望。“东篱把酒黄昏后，有暗香盈袖”，时间仿佛在这一瞬间凝滞下来，一天的疲劳为之一空。

好的环境能让你静下来。汪慧慧说，一个精致的酿酒师，其实和诗人吟诗作赋没什么不同，必须得让身心安静下来。全身心地沉浸和投入，才能体会到天地之间蕴含的那一分深意。酿酒人酿的不只是酒，更是自己的心境和人生。

当上技术中心主任的汪慧慧，其实并没有感受到多少喜悦，各方面的压力如同一块块巨石，狠狠地压榨着她脆弱的神经。考验和机遇如同一对孪生姐妹，如影随形，闻风而至。那一年，章丘本地市场冒出了一款颇有分量的竞品，不论是价位、包装，还是酒体风格，都与公司当时的主打产品“百脉泉9年”极为相似。一时间，搞不清状况的消费者们议论纷纷，市场上一片混乱。如何破除迷障，走出困境，成了公司上下亟待解决的问题。逆水行舟，不进则退。深感责任重大的汪慧慧临危受命，决定从技术层面入手，带领团队对产品进行调整和升级。不把对方干倒就把自己打趴下的她，不服输的劲头从来不输男儿。她买来市场上相同价位的畅销产品，一瓶瓶尽数摆在工作台上，反复进行比对。在熟练掌握对方数据的基础上，进行有的放矢的小样勾调试验和消费者口味测试。

“那段时间，我做梦都是‘9年’，‘9年’……”汪慧慧回忆着说，“酒品是酒厂的生命线，一款酒品的诞生是无数人的心血，我绝不允许它砸在自己的手里。”

有段时间，她们的实验遇到瓶颈，一连几天没有进展。汪慧慧召集大家开会，用老鹰重生的故事给大家加油打气。她说，鹰一旦活到40岁，旧了的喙老化不能用了，就必须换新的。而这个换的过程，却是十分辛苦。需要通过不断地击打岩石，才能让旧的喙完全脱落，长出新的喙来。

“置之死地而后生，除此以外，我们别无选择……”她斩钉截铁地结束了自己的发言。

别无选择的她们选择了将实验进行到底。她们反复勾调，光调出来的小样就达到了上百款之多。每一款小样出炉，汪慧慧都会不厌其烦地组织人员进行测试，收集数据，反复调整口味和舒适度，直到完全找到自己的格调和感觉。

经此一役，新款“百脉泉9年”重获新生，逆势上扬，很快获得了消费者的广泛认可，一度岌岌可危的市场底盘得到了巩固和加强。汪慧慧她们，打了一个漂亮的翻身仗，一举击退了隐形的敌人。

人们在击掌庆贺的同时，汪慧慧却始终保持着清醒。她意识到，市场上风云变幻，波诡云谲，一个不小心就会翻跟头，吃暗亏。作为一个技术人员，敏锐的嗅觉不仅仅用于品酒，更应该面向市场，紧盯市场，时刻掌握市场的形势变化，不断更新换代，调整战略部署，才能真正掌握市场的主动权，稳居不败之地。否则，就只有被淘汰，被遗弃。时代抛弃你的时候，连个招呼都不打。一款产品的湮灭，一个酒厂的兴亡，在经济大潮中，也无非是一朵不起眼的浪花。

痛定思痛。为更快地适应市场需求，提升市场匹配度，2016 年，公司提出多元化发展战略。关键时刻，汪慧慧挺身而出，率领团队全力担下了“精酿啤酒生产线项目”。

对于汪慧慧她们来说，这不啻为一次全新的挑战。不同于往日在实验室里的较量，这一次，汪慧慧她们需要解决的可不仅仅是技术问题，还有厂房、工艺、设备、布局等方方面面的工作，其难度不亚于攀登一次珠穆朗玛峰。

“觉得难吗？”我问她，“一个女儿家，有没有觉得自己柔弱的小肩膀，也有撑不下去的时候？”

“难处当然不会少！难过的时候也有。”汪慧慧笑着说，“但退缩不是我的本色。”

她从橱子里搬出一大摞笔记本，一本本摞起来，足足有一尺多高。“喏——”她又习惯性地一挑眉，露出得意的笑容，“这就是我的制胜法宝！”

“这么多！都写了什么呀？”我和同伴好奇地走过去细看，见每一个笔记本上都写满了密密麻麻的娟秀小字，有关于工程进展情况的记录，也有工艺设计方面的各种参数，写得满满当当的，有的还有多处删减和修改。可见写它的人用了十足的心思。

翻开扉页，每一本册子上都留有作者手抄的励志小句，显然是写给自己的座右铭。

“用这个给自己打气，老好用了！”汪慧慧打开其中的一本，念给我们听，“真正决定一个人成就的，不是天分，也不是运气，而是严格的自律和高强度的付出。成功的秘密，根本不是秘密，那就是不停地做。复杂的事情简单做，简单的重复做，重复的事情认真做。如果你真的努力了，你就会比自己想象的还要优秀得多。”

这还有更霸气的呢。我忍不住抢先一步，大声念出来：“你一定要做到可以取代任何人，却不能被任何人取代！”

再换一本，上面写着：“改善即是创新，处处皆可创新。”

另一本更加霸气，简直有些一统武林的意思了：“天下不归我所有，但归我所用。”

当然也不乏谦虚谨慎、劝诫自己的句子：“领导不是地位和权力，而是示范和表率，要有大局意识、责任意识和团结意识。”

为了更好地完成任务，汪慧慧像“拼命三娘”一样工作着，她完全忘记了自己的性别和家庭角色，全身心地投入到新产品线的建设中。养护窖池、改造厂房、工艺设计确定参数、设备布局描画图纸，她几乎把自己变成了一台全能机器人，疯狂地连轴转，一忙就是几个通宵。图纸上的数据改了又涂，涂了又改，桌子上用来记事的本子换了一茬又一茬。随着上线日期的逐渐临近，召开会议的频率也越来越高。人们能感觉到，汪总的步伐越来越快，也越来越坚定，几乎要带起风来了……

万事俱备，只欠东风。厂房、设备到位后，鲜啤生产线逐渐显露峥嵘。终于可以投入生产了。跟着汪总冲锋陷阵，脑子里始终绷着一根弦的同事们也长舒了一口气，觉得她可以稍稍放慢前行的步伐了。可她就像是车间里那台加满了油的行车，怎么也停不下来。从实验室里刚刚钻出来的她，又一头扎进了投料、蒸煮的队伍中。

“这人怕是魔怔了吧？”久不见她按点回家的丈夫，不得不请出岳母大人给她上眼药。“妮妮啊，咱悠着点干吧，不能不要命啊！”母亲语重心长地劝着她。

“知道了，妈！”她一边答应着，一边放下电话，又一头扎进车间里去了。

这一回，工程师正在给新上的设备做最后的安装调试。汪慧慧自然不能缺席这重要的时刻。她低着头，弯着腰，偎在机器旁边仔细地观察。突然，只听“嘭”的一声响，现场几个啤酒瓶当场爆裂，几块碎片划过她的下颌，划开一道长长的口子，顿时鲜血直流。吓坏了的同事们生怕她有个好歹，紧急把她送往医院，缝了 20 多针。接到消息，丈夫也火急火燎赶到医院，见妻子满面苍白躺在病床上，又是心疼，又是气愤，恨不能立马把她打包运回家里去，先锁上几天再说。

“不准上班！上班我就跟你急！”丈夫气急败坏地下达了指令。

可汪慧慧躺在床上，闭上眼睛就是车间里的一台台机器和即将上线的啤酒线。怎么能躺得住呢？她从床上悄悄爬起来，摸摸裹着纱布的脸庞，瞅着丈夫不在家，又马不停蹄地赶回了车间。当她缠着绷带的脸又出现在车间的那一刻，同事们真是哭笑不得，不知道该说她什么好。

好在命运总是眷顾努力奔跑的人。很快，由汪慧慧亲手泡制的“古威”啤酒和“快乐泡泡”果酒终于新鲜出炉，在市场上引发了强烈反响。尤其是主打年轻版的“快乐泡泡”低醇起泡果酒，酒精度只有2%，果汁的香味却十分浓郁，再加上时尚的广告语，完全敲在了年轻人的需求点上。犹如一枚深水炸弹，在年轻人群体当中迅速走红，其影响力之大，完全超出了人们的想象，一度引发了市场的短暂脱销。

“那个时候，找我私下打听泡泡果酒的，可多了去了！”说起自己的得意作品，汪慧慧脸上有着掩盖不住的骄傲和自豪，“就连我们家几个亲戚的孩子，都追着我要泡泡果酒呢！”

可不，那段时间，汪慧慧几乎成了泡泡果酒的代名词。谁见到她，都得乐呵呵地问一句：“汪总，今天你泡泡了吗？”开心的笑容像花儿一样在厂区里处处开放。

不用说，汪慧慧再一次成了人们眼中的红人。2017年，公司中高层工作调整，不出意外地，汪慧慧又升职了。这一次，她从技术中心副主任直接被破格提拔为技术总工。这下，压在她肩上的担子更重了。可汪慧慧似乎生来就是一个不怕压担子的人，别人或许拈轻怕重，她只担心“生命不能承受之轻”。在她的字典里，困难是什么？是弹簧，遇到的难题越大，她的反弹力就越大。她又习惯性地拿出笔记本，条分缕析着自己总工的职责，心里开始默默盘算起“鲁酒责任”，一场新的战役开始在她的脑海中逐渐成形。

多年的摸爬滚打，让汪慧慧养成了随机应变的习惯。随着岗位的变化，汪慧慧也在不断调整着自己的视野和格局。她通过调研发现，随着竞争态势的变化，啤酒行业的天在变，白酒行业的天也在变。“当地酒当地销”的老皇历，早已成了老掉牙的曲，弹不得唱不得了。在全国大流通的背景下，一个地方酒厂，要想守住自己的“大本营”而不被外来酒抢占，靠一成不变的策略几乎是不可能做到的。打铁还需自身硬，想在市场的大潮中站稳脚跟，就必须学会主动出击，而不是被动防守。通往罗马的路有千条万条，唯有变革是不可或缺的通衢大道。

汪慧慧深知，变革就是创新，处处皆可创新。为彻底改变百脉泉“地产酒”的标签和风格，经过慎重的考察和研究，汪慧慧团队决定引进茅台坤沙工艺，生产酱香型白酒，完善、优化五粮浓香和芝麻香型白酒生产工艺，通过改良“高温流酒，精细摘酒”“低温入窖，缓慢发酵”等技术，使酒的高度和绵爽实现完美结合。“泉城壹号”“齐鲁壹号”系列产品相继问世。如今，这两款产品都已成为市面上的畅销产品。人们过年时走亲访友，喜欢提上一提；日常朋友相聚，喝起来也倍有面子。就连我这个在济南市区生活了多年的章丘人，也会常常被朋友再三嘱咐：“回老家别忘了带瓶‘壹号’回来！”

就是这么香。挡都挡不住。

正入万山圈子里，一山放出一山拦。对汪慧慧来说，前行路上的一座座高山，何尝不是一个个难得的历史机遇？一马平川的生活固然令人舒适，却也是滋生平庸的温床。当人生进展到某一个阶段，固有的经验、既定的模式或者某些已经成就的舒适区，就会成为职业生涯当中的一座座大山。如果我们不选择翻越，就会永远被囚禁在一个既定的范围内，故步自封。

她宁愿给自己一双翅膀，无论何时何地，都可以选择飞翔。

文化再造：
不知酝藉几多香，但见包藏无限意

时间如白驹过隙，转瞬即过。转眼间，汪慧慧来到酒厂十八年了。十八年的时间，足够一代人的成长，也让汪慧慧从一个职业菜鸟成长为一个专业的酿酒人、国家级品酒师、“山东省劳模”、“齐鲁工匠”、“齐鲁首席技师”、“山东省技术能手”，还是山东白酒行业唯一获“山东省女职工建功立业标兵”称号的女职工。她所在的百脉泉酒业也从一个不起眼的小酒厂，发展到了鲁酒十强第一方阵，2021 年，被认定为国家 4A 级工业旅游景区。其中，汪慧慧的贡献不可谓不“厥功至伟”。

“品酒师水平的高低直接决定着白酒质量的高低。”汪慧慧说。每个酒厂都有自己的品酒队伍，但要培养出一个优秀的品酒师，却并不那么容易。

但凡第一次跟汪慧慧见面的人，几乎都会用同一种语气，问汪慧慧一连串同样的问题：“汪总，品酒师是干吗的？是不是就天天喝酒？还免费的那种？那汪总你岂不是很能喝？”

每每遇到这样的问题，汪慧慧都会报之以尴尬的笑容。

“怎么说呢？”汪慧慧伸手捋了捋耳边的碎发，又习惯性地抬了抬眉，“品酒师是要天天与酒打交道，却不能滥于酒，更不可能天天酗酒。”

事实上，品酒师远没有人们想象中的那么潇洒。白酒品评是利用人的感觉器官——眼、鼻、口来鉴别白酒质量的一门技术，同中国很多传统的技艺一样，是需要经过专业训练才能成就的一门技艺。品酒如同中医把脉，酒的香味好不好，好到什么程度，单靠冷冰冰的仪器设备是检测不出来的。在实验室与产品线之间，有一根隐形的生命线，这根线就是品酒师。白酒生产的每一个阶段都离不开品酒师的介入，靠品酒师专业化的品评、调整和维护酒体的数据，最终才能酿制出合乎消费者口感和舒适度的好酒。可以说，一个好的品酒师，决定着一款好酒的质量，也决定着一个酒厂的前程。对任何一个酒厂来说，品酒师都是极为重要的岗位。

李白斗酒诗百篇，长安市上酒家眠。人们印象中的喝酒其实和品酒师的品酒是完全不同的两个概念。诗人喝酒喝的是心境，是胸怀，是洒脱不羁的生活状态。而品酒师眼中的品酒，更多的是科学，是数据，是自己辛苦酿造的产品。完全不同的性质，决定了两者截然不同的心境。

听上去潇洒无比的品酒师，其实是一个非常辛苦的职业——试想一下，当一个人把喝酒当作职业，当作任务，平均每天要品尝上百种酒，脑子里要储存上万种的味道和信息，一天下来，舌头喝到几乎麻木，味觉几近丧失，即便是诗仙李白，他还能“斗酒诗百篇”吗？还能毫无羁绊地大呼“天子呼来不上船，自称臣是酒中仙”吗？

怕是谁都不能。

汪慧慧和所有的女生一样，喜欢美食和一切美好的事物。但自从结缘品酒行当以后，往日里曾经幸福的一切都化作了水中花、云中月。什么火锅啦，雪糕啦，秋日里的第一杯奶茶啦，一切与味道有关的东西，都不属于一个品酒师的品尝范畴。就连女生最喜欢的长发、首饰和化妆品，都得毫不留情地舍弃。

与时尚绝缘的女品酒师，打眼一看，似乎和白开水一样素净、寡淡。但只有了解她们的人心里十分清楚，她们的内里，绝非表面上看上去那么简单。多年来行业里的浸染，早已把她们熟成一杯老陈酿，浓醇而又绵长。可偏偏又能以老熟的姿态，气定神闲地看待周遭万物。世间的一切繁华对她们来说，不过是过眼云烟，能放在她们眼里的，只有一杯酒，一杯老熟的酒。

2016 年 10 月，国庆假期。汪慧慧准备参加国家级白酒评委考评。彼时，正值新产品“泉城壹号”开发的关键阶段。同事们都度假去了。汪慧慧也给自己制订了一份假期计划：每天上午训练品酒，下午勾调产品。七天的国庆假期，被她安排得满满当当的。

这一天，汪慧慧又像往常一样，独自一人来到勾调室。厂区里没有什么人，房间里安安静静的。汪慧慧习惯性地打开橱柜，把品酒用的酒具一一摆放整齐。再拿出事先准备好的白酒，逐一斟到三分之一处。一切准备就绪，她在椅子上坐下来，习惯性地跷起二郎腿，用脚尖顶着桌子，轻轻摩挲着。她抿了抿唇，开始进行每日必备的第 N 次品酒训练。睿智的目光扫过桌子上的四个杯体，先是观察酒的色泽，再将头略略低下，将酒杯置于鼻下两三毫米的距离，扇动鼻翼，轻轻嗅闻。从左到右，再从右到左，完整走上一个来回。然后端起酒杯，缓缓倾倒，让酒液依次流经舌面的不同区域，先是舌尖，然后流入舌的两侧，再鼓舌，让酒液在舌的中部停留 8 秒钟左右，最后到达舌根……

“只有这样，酒的五味才能被品尝和记录下来。”汪慧慧笑着说道，“品酒是一门技术活，品的越多越老练。老到一定程度，一看，二闻，三尝，综合评定一下，酒的品质基本就能定下了。”

“品酒需要天赋，但普通人经过一段时间的训练，也能很快品尝出一杯酒的好坏，你也可以。”汪慧慧说着，端起一小杯白酒，递给我，“来吧，你也试一下！”

我学着她的样子低头嗅闻，只觉一股浓烈的酒香扑鼻而来。噗的一声，一个喷嚏不约而至，我连忙捂住自己的口鼻，迅速将头扭向一边。

“不行不行！”我摇着头，连连摆手，“这活儿我可干不了！单是这训练的过程，说起来容易，做起来难，可不是一般人能坚持得住的吧？”

“那倒也是。”汪慧慧笑着点点头，说，“干什么都需要勇气，需要坚持。我始终记得老师傅说过的那句话，再枯燥的工作，只要用心，就会有门道，有乐趣，有价值！”

“别人家的老总费油费电费化妆品和时装，俺们家汪总，费鞋！”坐在一旁的马主任接着调侃道，“陈老师，不信你问问汪总，一个国庆假期下来，她都在品酒室里干了什么？”

啊？居然还有这样的事？我赶紧把目光递向汪慧慧。却见她刚刚还在正襟危坐，这会儿已经笑得花枝乱颤了。

好一会儿，她才勉强忍住嘴角溢出的笑意，抬起脚晃了晃脚尖，说：“我有个习惯动作嘛，这边忙着调酒，脚底下也不闲着嘛，脚尖就在桌子底下磨来磨去的，连续几天下来，喏，一双新皮鞋，可不就被磨掉了一层皮嘛。他们都笑我说是磨皮实验。”

还能有这样的操作呢。在场的几个人都忍不住哈哈大笑起来。

功夫不负有心人。搭上一双新鞋的汪慧慧，最终以全国第四名的成绩，考取了国家级白酒评委。与此同时，新推出的 52 度“泉城壹号”，在全国 200 多个参赛产品中脱颖而出，荣获“中国白酒酒体设计奖”。并连续五年摘得布鲁塞尔国际酒类大赛大金奖 1 枚、金奖 7 枚、银奖 1 枚。先后申请专利 68 项，填补白酒业多项空白。在全省乃至全国人民的餐桌上刮起一阵又一阵“壹号”旋风。

同年，另一款新型白酒也在泉城济南悄然上市。深谙章丘文化底蕴的汪慧慧，依据“清照与酒”的文化理念，研发推出了清照“国词”和清照“国韵”两款词韵香型白酒。李清照的诗、百脉泉的酒，在汪慧慧的手中完成了一次史上最完美的勾调，醉了宋朝的天空，也让百脉泉酒业实现了又一次蝶变，向着更完美、更多样不断转型，再转型。

2022 年公司年会，汪慧慧登上舞台。和扮演李清照的演员同台，隔着几百年的时空，向词人李清照敬上三杯自己亲手酿制的美酒，第一杯，“试问卷帘人，却道海棠依旧”；第二杯，“东篱把酒黄昏后，有暗香盈袖”；第三杯酒，“争渡，争渡，惊起一滩鸥鹭”……

汪慧慧说：“我一直想成为像李易安那样的女子，追求她‘不爱红妆恋酒香’的本真生命态度。”唯一不同的是，她们一个用生命来谱写诗行，一个用青春酿造美酒，也酿造美好的生活……

菜地里的秘密

——记山东省劳动模范、济南市莱芜区明利特色蔬菜种植专业合作社陈明新

张玉山

一

2022年12月22日，冬至。“明利”蔬菜合作社晨明基地开始移栽越冬西红柿，移栽的西红柿叫“香妃玉”。去年，合作社周转了300亩土地，上了几个大棚，种植西红柿、西瓜、莱芜生姜，预留了很大一片土地种大田蔬菜。晨明基地坐落在莲花山下，莲花山是国家4A级旅游景区，陈明新看上的是莲花山纯净的水、空气和健康的土地。

晨明基地是“明利”蔬菜种植合作社最有潜力的一块土地，陈明新的“野心”和“雄心”在“晨明”悄然延伸，声名远扬的“明利”蔬菜，很可能再次一跃而起。晨明基地是陈明新的智慧农业试验区，现代化管理、纯绿色种植、高品质的天然味道将在这儿实现。香妃玉作为“明利”蔬菜的当家花旦，率先进驻晨明基地，显见他对香妃玉情有独钟。

在“明利”蔬菜的菜单上，西红柿绝对占有重要位置，香妃玉、丑柿子、汤柿子、芙蓉西红柿、灯笼西红柿……香妃玉是“明利”蔬菜试种的新品种，圆润艳丽、汁水丰富、酸甜爽口，是餐桌上难得一见的果中翘楚。香妃玉论颗卖，在北京、上海、天津、深圳各大超市里卖到10元一个，仍然一“柿”难求。对于生活在大都市远离故土的人，香妃玉特有的舌尖上的滋味，撩拨着人们的味蕾，很容易唤醒他们日渐荒芜的乡村记忆。

红翡绿翠出天然，香妃玉果美名传。
轻捻慢吸唇留香，余味如丝忆童年。

这是陈明新专为香妃玉写的一首诗，诗味浓郁，见“柿”，见性情。他以地为纸、以水为墨，用真情写诗，一垄垄蔬菜、一架架西红柿就是他的诗行。他爱香妃玉，爱每一棵蔬菜，他的诗清新活泼，耐看耐读，绿莹莹、青湛湛、水汪汪、甜津津、酸溜溜，好看，好吃，他的诗总是那么诗情澎湃，总是那么情思绵绵。

明利特色蔬菜种植合作社“蔬菜家庭配送”流程上，写着粲然醒目的一段话，或者是他为“明利”蔬菜设计的软广告，更是他情怀的真实写照：“徘徊于琳琅城市中的你 / 是否会怀念 / 童年乡间的阡陌小路 / 和院中的犬吠鸡鸣 / 远方总有一片新鲜与绿色 / 为你而留 / 在熔金落日下 / 抑或万家灯火中 / 敲开你的那扇门 / 久违啦，还记得吗 / 我是你梦中怀念的儿时的味道。”

这个美轮美奂寄托着离乡人少年梦境、交织着乡愁滋味的“儿时的味道”，说的就是香妃玉。去年，明利蔬菜的“明新香妃玉”获得国家知识产权局商标注册，这是国家知识产权局第一次“人性化”注册，从此，陈明新和香妃玉合二为一，不离不弃，深情款款，携手走遍大江南北。

香妃玉是陈明新最看好的品种，他认为香妃玉还不完美，可谓“美人有瑕”。因此，陈明新不甘心，他想继续塑造它，让它成为市场的新宠，独领风骚。

像它的名字一样，香妃玉不好伺候，很有点香妃的“傲娇”脾气，对土壤酸碱度、温度、水肥、营养、光照要求很高，热了裂果，冷了裂果，旱了裂果。陈明新想培养香妃玉的韧性，通过昼夜温差，提高它的品质。

西红柿的生长周期平均在四到六个月之间，往年 9 月下种育苗，10 月进棚定植，11 月开花挂果，赶在春节前采摘上市。这次，陈明新改了章程，移栽时间后移了整整一个月。这个“抗冻”实验是否成功，不论对香妃玉还是晨明基地，意义非同一般。

在香妃玉身上，陈明新已经投入了太多的精力。就是这个执念，在前后长达几年的时间里，他夜以继日，风餐露宿，不停地优化繁育，不停地试种改良，经常被一个接一个的问题困扰着，为一个又一个的新发现兴奋着，常常夜不能寐。经过几年栽培繁育，不论是技术、果型、口感，番茄素、维生素 C、B 族维生素含量，他都是满意的。但香妃玉性状仍然不稳定，产量不高，裂果问题一直困扰着他。

莲花山属于高海拔地区，气温比山下平原低 3℃ ~4℃。这两天气温骤降，室外温度 –10℃左右，棚内温度只有 2℃。陈明新没有采取保温措施，他想“练苗”，压压它的“娇气”，通过“抗冻”实验，增强香妃玉的抗病性，提高单株产量。香妃玉栽上了，等于栽上了一个心事，不论多么忙，他每天都要来基地看一看。生姜出芽了，黄瓜结果了，西瓜成熟了，他心里不放心的还是香妃玉。

对香妃玉的性状改良，解决裂果问题，陈明新费了不少脑筋，经常跟合作院校的植物学、土壤学、营养学专家探讨和交流，专家们也没有好办法。那就自己来吧，实践出真知，从培根壮苗开始，从植株“抗冻”开始，香妃玉需要寒暑的磨炼，需要时间的化育，只有自己的认知世界有了新发现、新突破，才是成功的开始。

这天，陈明新又来晨明基地了，刚要进西红柿大棚，看场的老刘把他叫住了：“理事长，你等一等，我说句话。”陈明新是合作社的理事长，大家都这么叫他。老刘披着黄大衣，一脸心事：“理事长，家里，不让我在这干了。”老刘说话吞吞吐吐，他觉得对不起陈明新，老陈人好，很照顾他，可是基地太冷了，太孤单了，在这绵延百里的大山里，晚上只有晨明基地孤零零的一盏灯。

老刘走了，找了十几个人，找谁谁摇头，没有人愿意在这里忍受寂寞。

在这远离村庄的旷野，无边清冷的滋味确实不好受，一到晚上，呼啸的风声、凄厉的猫头鹰的叫声让人头皮发麻。无论如何，基地是离不开人的，即便老刘不走，陈明新每晚也必来基地，观察植株发育生长情况，晚上他不住在这里，看完大棚，陪老刘坐一坐说说话，老刘太孤独了。

第二天，陈明新抱着被褥住进了晨明基地，基地需要有人看管，更重要的是香妃玉“抗冻”实验到了关键阶段，不管多么苦多么难，他必须做下去。

二

再过几天就是新年，每年春节 30 万吨蔬菜的出货量，赶在这么短短的几天，几乎是不可能完成的任务。三年疫情，陈明新建立起来的“绿色通道”有一些已经断了，再衔接起来困难重重。北京、上海、天津、深圳，电话一个接着一个，有时会在电话里“吵”起来，也难怪，对于吃惯了“明利”蔬菜的客人来说，“味觉记忆”培养起来了，让他们换一换口味好像也不现实。

陈明新一边热心解释，一边为自己的蔬菜悄悄骄傲了一下，没想到“明利”蔬菜这么受欢迎。他笑哈哈地回答着人家的问题：“您是明利的老客户，马上给您发货，保证不耽误你们过年。”连续几天的劳累，他脑子高速运转，太阳穴酸胀起来了，眼里的红线一道一道，连合一会儿眼的时间也没有。有时候他想，春节哪有不忙的，等忙过这几天就好了，卖完了这茬菜，好好休息几天，好好睡一觉。可是，忙过这一阵，还有无数的忙在等着他。

电话又响了起来，来电话的是华西村吴协恩书记。吴书记说：“老陈，我可等着你的菜过年！”吴书记说的是玩笑话，也是实话，吴书记常年吃“明利”的菜，离了他的菜，口感就迟钝了，生活的味道就淡薄了。

十几年前，陈明新和大哥陈明利到华西村考察，受到吴仁宝、吴协恩父子的热情款待。最近几年，他和吴书记“走动”越来越频繁了，有时是电话里相互关切，有时吴书记派人过来看望他。他和华西村的友谊弥香久远，就像吴协恩书记送他的华西酒一样浓烈一样芬芳。吴书记哈哈笑了几声，软绵绵的吴音侬语在耳边回响：“老陈，忙过这几天，过来玩哟。”春节过后，华西村新能源公司的孙总受吴书记和中组部、农业农村部干部培训学院吴云娣院长的委托，专程来莱芜看望他，带来满满的情谊。他是想出去走走，去看望吴书记，顺道考察江浙一带的种植模式，回访一下“明利”蔬菜的老客户们，可是他哪有时间呀。

太忙了，各种脚不沾地的忙，各种心急火燎的忙，各种有序无序的忙。陈明新像一条百足蜈蚣，像一台高速运转的马达，忙起来手脑并用四脚朝天。可忙归忙，每当看到合作社的社员们一张张笑脸、一个个忙碌的身影，看到一车车“明利”蔬菜运往全国各地，他的苦他的累又算什么呢？这时候，他幸福着、苦恼着、自豪着、劳累着，浑身洋溢着激情，身体里的每一个细胞仿佛在奔跑。

进了腊月，陈明新一直待在合作社，调度订单、联系菜源，验收质量、配送发货。合作社 20 多个行政村，1500 家种植户的蔬菜，都到合作社来卖，大车、小车、三轮车，把合作社的小广场挤满了，一直排到大路上，排到大棚边儿上，吵吵嚷嚷，说着笑着，像一个热热闹闹大集市。西红柿、芹菜、甘蓝、黄瓜、西瓜、甜瓜，一批菜农走了，一批又来了。陈明新不停地跟菜农们打招呼，他对每一个菜农都很熟悉，从他们的笑容里，他判断着他们的收成，在心里为他们高兴。

“理事长，明天还收不收？”

“收，有多少要多少！”

“理事长，过年家里喝酒去！”老何说，晃着手里一沓钱。真替老何高兴。

“老何，今天卖了多少？”老何伸出两根指头，两千斤。

“一定保证质量，萝卜快了不洗泥可不行。”

“放心吧理事长，质量出了问题，俺没脸见你。”

陈明新说的是玩笑话，也是温暖的提醒。“明利”蔬菜合作社实行统一种植、统一管理、统一标准，一荣俱荣，一损俱损，蔬菜品质比他的命还值钱，种植户们是知道的。每年 2000 万斤蔬菜从合作社走出去，没听到过任何抱怨，没接到过任何投诉，他绝不允许一棵“明利”蔬菜带病上市。

菜农们走了，员工们下班了，办公楼寂静了下来。陈明新长舒了一口气，原本想到大棚里看一看采摘情况，制订明后天的出菜计划，但他太累了，连走路的力气也没有了，两条腿隐隐酸疼，毕竟不年轻了。儿子陈浩给他递了一杯水，他心疼爸爸，知道爸爸在想什么：“爸，您休息一会，我到大棚看看。”

陈浩单薄的背影在夜色里消失了，陈明新突然觉得对不起儿子。大学毕业，儿子原本可以找一份工作朝九晚五，他一句话他把儿子“绑”进了合作社，将来儿子的生活必定和他一样，背负着那么多沉重，和土地、蔬菜打一辈子交道。后来他后悔了，多次建议儿子找一份工作，离开土地，离开他辛劳了半辈子的“明利”蔬菜。可是，看到他疲惫的样子，陈浩不忍心离开，他想陪着父亲一起种菜。合作社里都是老员工，年龄大，文化低，越来越跟不上“明利”发展步伐了，“明利”蔬菜需要文化、需要科技、需要新生力量。

人才问题是“明利”发展的瓶颈，陈明新深刻地认识到了。这些年，他到大学讲学，讲栽培，讲植保，讲理念，想物色一批人才来“明利”发展。让他失望的是，涉农专业配置越来越不合理，植保、土壤、环境、生物防控，有些专业没有了，有些专业招不到生。陈明新既希望儿子留下来，又希望儿子离开，他的心情很矛盾。晨明基地规模上来了，但是没有人才支撑，他的智慧农业又能走多远呢？他迫切需要儿子一样的年轻人加盟到“明利”蔬菜中来。

以前，陈明新和大哥陈明利把同一副身板、同一腔情怀献给了“明利”，把“诚信”种在大地上，用“良心”培育出累累的果实，“兄弟同心”长出的“良心菜”，在全国各地的餐桌上斑斓芬芳。现在，陈明新像一头拓荒牛，肩负沉甸甸的责任，带着儿子、侄女、侄子继续着大哥未竟的事业，躬身奋蹄，不停地往前走。

三

这天到家的时候，已是晚上九点。妻子守着一桌饭菜，等着陈明新和儿子。“你还知道回来！你不饿，儿子不饿？”这是关心，也是抱怨，好话无好腔。陈明新早已习惯了妻子的抱怨，妻子也习惯了他的早出晚归。吃了几口饭，他才想起没见爹娘，问：“爹娘吃了吗？”妻子说：“吃了，睡下了。”陈家兄弟是远近有名的孝子，忙起来，孝心让位给了“良心”。父亲今年 85 岁了，刚过了寿诞不长时间。

吃了晚饭，陈明新一时手足无措，他在家里待不住，香妃玉像一根青藤，紧紧地缠绕着他。妻子抱出一床被，摁到他怀里：“他爸，今晚能不去吗？降温了，冻出个好歹来，这个年不过了！”妻子知道说服不了他，这个人没救了，他的魂被香妃玉勾走了。陈明新抱着被子出了门，陈浩想陪他去基地，他坚决不让。妻子追出来说："别冻着了，早点睡，好像你多年轻似的！"他应了一声，消失在茫茫的旷野之中。

以前老刘在，每次听见他的咳嗽声，老远就迎过来，向他汇报基地一天的工作，有时陪他进大棚转转，不陪他进大棚的时候就把炉子捅亮，把小屋烧暖，等着他喝一壶热茶，避一避寒气。进了基地，寒风在耳边呼啸，莲花山暗影憧憧，远处一片昏黄的灯光，他判断那是"明利"基地，一片连着一片的大棚闪烁着白光。再往前，莱芜主城区彻夜的灯光，迷离成一片霓虹似的灯海。

进了小屋，生上一炉火，打开收音机，尽量弄出一点动静来。披上大衣，带上手电、笔记本进了大棚，大棚里湿气氤氲，在灯光的照耀下，这个一百多米长的大棚像一条幽暗空旷的隧道，他蹲下身子，打开手电，观察香妃玉植株的生长情况。定植没几天的香妃玉，植株长高了，毛茸茸的叶片上结着细小的露珠，腋芽开始生长，温度计上显示的棚内温度是3℃，说明香妃玉没受低温影响。他不由欣喜起来，香妃玉已经度过了最困难的时期，开始适应气候、土壤。

借着微弱的手电光，他开始做笔记，气温、湿度、株高、长势。不知怎么的，他突然想起了大哥，眼角不觉湿润了起来。从24岁起，大哥陈明利开始种菜，每天趴在菜地里，观察蔬菜的生长变化。菜地里热浪滚滚，蚊虫叮咬，臭味熏蒸，大哥就那样蹲着、趴着，一看就是一半天，观察完了认真做记录。那时候他很不理解，不就种菜吗，又不是搞科研。后来他才知道，大哥终于发现了菜地里的秘密。

大哥去世那一年，把一摞厚厚的笔记本交到他手上："明新，蔬菜有灵性，你对它好它能感觉得到。把它的习性弄懂了、弄通了，一定能种出最好的蔬菜。"捧着大哥的观察日记，陈明新激动不已。大哥没上过几天学，靠着一本字典自学成才，成了远近闻名的土专家。大哥已经走了七年，又好像没走，在菜地里看到一棵挺拔的蔬菜，他一定走过去跟它说说话，看到一颗硕大的西红柿，他一定伸手摸一摸，他觉得它身上一定沾着大哥未走远的魂。

今晚特别寒冷，一个人守着一座空荡荡的基地，陈明新感到分外孤单，开始怀念大哥。如果大哥还在，"明利"蔬菜会是什么样子呢？不只是今晚，他常常这样想。困难的时候，一想到大哥，他就浑身充满了力量；有了高兴的事，就想和大哥一起分享。以前，他和大哥来莲花山考察过，这是一块理想的地方，远离市区，远离污染，空气洁净、水源充足、土壤肥美，那时他们没有力量，无法配套水电道路。

今天上午他来看香妃玉，太阳从棚顶上照了进来，阳光下的香妃玉整整齐齐列队欢迎他，他像一位指挥千军万马的将军，检阅着这一支绿意蓬勃、器宇轩昂的队伍，感到特别亲切，特别自豪，蔬菜带给他的快乐是那么真实。晚上的香妃玉进入了梦乡，睡意蒙眬，植株不那么精神了，但香妃玉独有的清芬的气息，仍然让他兴奋不已。不用多长时间，西红柿就会开花、挂果、成熟，由小变大，由绿转红，满棚里都是收成，满棚里都是幸福。

他蹲下来，轻轻拨开泥土，香妃玉的根系向四周蔓延，壮根素起作用了，他不由欣喜起来。脚下的土壤很松软，他的植物堆肥正在分解，散发出热乎乎的气息，二氧化碳独有的气味在空气中弥散开来。一层玉米秆，一层豆粕，一层花椒籽肥，在土壤中缓慢发酵，释放氨氮、二氧化碳和钾离子。这是他几年前的发明，秸秆作物肥在“明利”基地以及 1500 户菜农中广泛使用。

植物肥料提供的营养适合植物吸收，是农作物最好的匹配。多年来，“明利”蔬菜不用化肥，也很少使用羊粪、鸡粪。农家肥的大量使用，氨氮过于

集中，会杀死土壤中的活性物质和微生物菌群，造成烧根、卷叶、黄斑病。当然，他更不使用农药，而是采用物理诱杀，比如粘虫板、灯光诱杀、性诱杀，有的是办法。不论在“明利”蔬菜大棚，还是大田，经常看到地垄上、菜畦里一堆一堆蚯蚓粪便，说明地力是非常肥沃的，说明土壤是活性的。陈明新是高级农艺师、植保专家，经多年研究，他建立了一套跟蔬菜之间的沟通渠道，他知道蔬菜需要什么，不需要什么。

看完了香妃玉，捏着笔记本的手冰凉，他想去看看西瓜。西瓜是10月栽种的，早已圆个了。西瓜棚里温度高得多，他看了一眼温度计，棚温18℃。西瓜的秧蔓整整齐齐，一般高矮，每一棵秧蔓上挂着一只硕大的西瓜，一棵瓜秧只保留一个瓜，“独生子女”的优势显现出来了，瓜大，圆润，甘甜。每一个西瓜上都挂着一个牌牌，登记着西瓜的品名、出生日期和回溯信息。

这一批西瓜很快上市了，最迟五天后采摘。陈明新的脑子里存储着上百种蔬菜信息和算法，“明利”蔬菜的每一种蔬菜，都有自己的“档期”，何时育秧、何时栽种、何时采摘上市，他都“算”得清清楚楚。几百亩土地没有一寸闲地，每一个大棚、每一种蔬菜没有一天是空窗期，土地获得了最高效的利用，效益跟着上来了。

2021年，合作社集体收益达到1500万元，每个种植户分别拿到3万~4万元的“分红”，每个人的脸上都洋溢着笑容。菜农们手勤嘴笨，虽然嘴上不说，却在心里默默念着合作社的好，默默感激带他们致富的陈明新理事长。

看完大棚，回到小屋，火炉早已灭了，屋里像冰窖一样。时间过了12点，他反而睡意顿消。他和衣躺着，浑身酸疼，浑身发冷，门外风声呼啸，夜暗如漆，他盘算着明天的事、后天的事、未来的事，不知过了多久，终于进入了梦乡。

四

大年初一早上，陪爹娘吃了饺子，陈明新就有些魂不守舍。知夫莫若妻，妻子看出了他的心事：“一年就一天是你的，过个安稳年不行吗？”说归说，妻子做了几个菜，一一装进保温盒里，预备他一个人在山上过年。妻子说：“不出去拜年吗？一年一遭儿，给婶子大娘问个好，到大嫂那边看一眼，缺这少那的，过去问一声。”其实，不用媳妇唠叨，他一定过去看望大嫂。大哥走了之后，不管多么忙，只要有时间，他都会去看望大嫂。

大嫂一个人在屋里，电视开着，她无心看电视，正在发呆。每到过年这一天，她都会不由得想起丈夫陈明利来，眼里止不住泛酸。陈明新进了门，问了嫂子好，没见侄女陈秀荣，就问："秀荣呢？"大哥和嫂子只有秀荣一个孩子，嫂子说："秀荣今天值班，吃了饭就走了。"陈秀荣是莱芜区委工作人员，跟大哥一样，心里只有工作，只知道忙。

嫂子问："今天还上山？一年三百六十五天不够你忙的？"跟媳妇一样，听着是批评是抱怨，心里却是满满的关心。他想跟嫂子多坐一会，嫂子说："明新，忙你的去吧，跟你大哥一样，整天魂不在身上。"嫂子的眼圈泛红："明新，年纪不小了，多注意身体，别跟你大哥似的。"怕他看见，大嫂扭头把眼角的泪水抹掉了。这是心疼，每次见到陈明新，都忘不了嘱咐两句。

大哥陈明利走的那年只有 50 岁。2017 年 10 月 17 日是国家第三个"扶贫日"，这个带领 900 户农民致富的"田秀才"倒在了"扶贫日"这一天。他是累死的，没黑没白，身体透支了，身体长瘤了，他不管不顾，不进医院，不眠不休，把整颗心交给了养育他的土地，用短短的一生实践了一个共产党员的信仰。

大哥弥留之际，把他叫到床前，紧紧抓着他的手，断断续续地说："明新，合作社交给你了，我想把明利办成全国知名合作社，为乡亲们做一点事，可惜呀，我做不到了……明新，一定把合作社办好，二十多个村庄眼巴巴地看着合作社，别让他们失望！"陈明新满含眼泪答应了大哥，从那一天起，他把大哥肩头上的重担接过来，开始走得踉踉跄跄，后来越走越坚实，再后来是奔跑，一路走过来，才体会到大哥肩上的责任有多么重。

以前，大哥唱主角，陈明新唱配角。大哥在家主持一摊子事务，育种、栽培、管理，多少事儿呀。陈明新在外面联系客户，传授大棚蔬菜栽培经验。那时候，有大哥顶着，他可以偷懒，可以做自己想做的事，甚至发脾气使性子；大哥走了，所有的压力迎面而来。

这些年，他一路风雨，一路泥泞，心无旁骛，专心研究、种植蔬菜。2019 年，明利合作社进入全国农民专业合作社 500 强、全国农民合作社示范社行列，2022 年再次入选全国 500 强，位次提高到 122 名。拿到 500 强的第一时间，陈明新去看望大哥。在大哥坟边坐下来，兄弟俩仿佛面对面坐着，说说土地的事，说说合作社的事，说说未来的事，说说高兴的事、苦恼的事。大哥不容易，他又何尝容易呢，这些年，他付出了多少艰辛，经历了多少苦难，只有他自己清楚。

到了基地，远远看见小屋的烟囱冒出缕缕炊烟，陈明新心里不由一热。肯定是陈浩，这孩子一天比一天懂事，知道心疼他了。今天是 2023 年农历新年第一天，按照往年的惯例，春节前他到村里的老人家里坐一坐，唠一唠家常，送一份温暖，每家一桶油、一袋米、一箱“明利”蔬菜。大年初一到老人家里拜年，老百姓把拜年叫“见节”，给老少爷们见完节，然后到合作社慰问值班的员工，再然后，就是进大棚，跟他的蔬菜们见见面。今年春节正赶上疫情，拜年问好的事只好免了。

侄女陈秀荣从屋里走出来，问了二叔过年好。陈明新心里很诧异，又很温暖，问：“秀荣，你今天不是值班吗？”陈秀荣笑着说：“跟别人换班了。二叔，我在这里值班，干什么活儿，您说吧。”秀荣是种菜的好手，周六周日来基地帮他种菜，这孩子脑子快，每当他有了新想法，总愿和她碰撞一下。“秀荣，回家陪你妈去，你妈太孤单了。”陈秀荣依旧笑着说：“二叔，是我妈让我上来的。你难得休息一天，家里还有那么多事等着你呢。”

爷儿俩在地头坐下来。今天太阳和暖，山上的松涛发出低沉的呼啸声，山下的牟汶河开冻了，河面上闪烁着细碎的波光，仿佛听见哗哗的水流声，一两只白鹭在天空飞翔。不知怎么的，这两年白鹭成了留鸟，冬天不再回南了，大概是因为牟汶河水变清变暖了吧。

一片片的农庄和城市连接起来了，山水田林路得到了综合整治，农村面貌发生了很大变化，一天比一天美，村民们正在富裕起来。农田里错落着一座座大棚，这些大棚是蔬菜种植户的，也是“明利”合作社的一部分，将来还会有更多的农户加入进来。想想能为村民做一点事，为种植户们提供种苗、技术、服务，陈明新由衷地感到高兴。

山腰的农田是晨明基地刚流转过来的土地，这片土地离村庄远，基本被村民们弃置荒芜了，太可惜了！这几年土地的产出效益越来越低，农民越来越不愿种地了。陈明新把土地流转过来，农民增加了一块收入，既解决了村民就业，又解决了“明利”合作社发展用地，何乐而不为呢。这片土地，陈明新找人做了规划，购买了大型农机具，接入了北斗系统，全部实现了种植现代化。

“二叔，你为什么规划那么多大田蔬菜呢？”看着整齐的农田，陈秀荣问。

陈明新笑笑说："我想种高品质的蔬菜，只有在自然环境下，蔬菜才会保留它的天然味道，反季节蔬菜提高了产量，缩短了生长周期，蔬菜口感、营养物质不如大田蔬菜，品质才是最重要的。"二叔跟父亲一样，从来不关心自己挣多少钱，在蔬菜质量品质上却锱铢必较，绝不含糊。

这片预留的大田，陈明新计划大面积种植露天蔬菜，"香妃玉""高庄芹菜""莱芜生姜""高庄韭菜"等，培育更多的有机优质特色蔬菜，让"明利"的所有蔬菜"有名有姓"，成为国家认证的优质蔬菜。去年他培育的韭菜获得"全国名优特新农产品"认证，他深受鼓舞，将来还有更多的蔬菜进入国家"名菜目录"保护系列。

2012年，高庄芹菜在北京全国农交会上荣获金奖，"高庄芹菜"获得国家地理标志登记保护。最近几年，陈明新培育出了"嬴芹1号""嬴芹2号""嬴芹3号"，是远近闻名的"水果芹菜"。春节前，广东的一位客商打来电话："老陈，你的水果芹菜吃上瘾了，有多少给我发多少！"听听，这口气！可惜，喜欢吃高庄芹菜的，可不止你广东一家。

汪曾祺在《家常酒菜》中这样写道："蔬菜的命运，也和世间一切事物一样，有其兴盛和衰微，提起来也可叫人生一点感慨。"高庄芹菜的命运也让人感慨，在未获得国家地理标志之前，高庄芹菜就是普通的蔬菜，嫩、脆、香、甜，味道鲜美，但价格上不去，没人把它当成生活的珍品。

就像西红柿一样，在"明利"菜单上，高庄芹菜绝对居蔬菜之首。春节那几天，好多顾客单点高庄芹菜，为的就是甜津津、凉丝丝的那一口鲜。陈明新仔细研究过，取样调查过，晨明基地的土壤富含有机质的潮褐土和淋溶褐土，保水保肥，土壤适宜pH值为6~7.6，非常适合种植高庄芹菜。高庄芹菜是莱芜的土著品种，他想把高庄芹菜原汁原味保护下来。

优质农业在于优质的种子。"一粒种子可以改变一个世界，一项技术能够创造一个奇迹。"2013年12月的中央农村工作会议上，总书记的这句话揭示了其中真谛。全国各地围绕着种子问题"加速跑"，陈明新正大步走在"新长征"的路上，从晨明基地开始，从种子开始，扬鞭催马，千里跃进。他的香妃玉是不是种子呢？他的智慧农业是不是种子呢？他的纯绿色种植是不是种子呢？一定是的，他要种最健康的菜、最高效的菜，给无数农民示范引路，给美好的生活增添一块"明利"色彩！

爷俩进了香妃玉大棚，边观察边记录。“二叔，你看！”陈秀荣惊叫了一声，有一株香妃玉开始结穗了，腋芽上居然长出了花苞，花苞只有米粒大小，但看得真真切切。这是成功的开始，说明香妃玉经受住了“抗冻”实验，将来它还要经历“抗旱”“抗高温”实验，他相信香妃玉一定如他所愿，成为全国蔬菜市场一道亮丽的风景线。

外边有人说话，原来是女儿陈秀婷、儿子陈浩和侄儿陈伟。陈伟是陈明新三弟的儿子，跟陈浩一般胖瘦高矮，大学毕业也进了“明利”，现在兄弟俩负责家庭配送，做得有声有色。今天，兄弟俩跑到山上“偷艺”，他们已经不满足开车送菜这样简单的劳动了，想尽快成为种菜的小专家。陈明新很高兴，“明利”蔬菜后继有人，有了晨明基地，有了孩子们加盟，“明利”蔬菜将会越办越好。

陈明新摘了一只西瓜，为春天祈福，为“晨明”祈福。小屋里暖意融融，笑声不断，外边阳光美好，风声呢喃。莲花山像它的名字一样，花开富贵，馨香百里。吃着西瓜，享受着生活的甘甜，陈明新觉得这个春节过得特别富足，特别有意义。

焊花绽放出人生华彩

——记山东省劳动模范、莱芜钢铁集团建筑安装工程有限公司张晓

金明春

钢城，有着大山的巍峨气势，又有着汶河的柔美风姿。钢城，有着钢铁的硬实的性格，又有着瓜果飘香的田园景色。钢城，有着现代脚步的铿锵，又有着古老历史的厚重。每一处，都是美妙的音符；每一处，都是精彩的图画。这是一个生长梦的时代，这是一片生长梦的地方。

钢城区有一座山叫棋山，这里是一个盛产传说的地方。棋山文化历史悠久，宋代的佛洞子、棋山观，明代的后宫、佛爷殿、雪蓑碑，近代的徐向前元帅碑、抗匪英雄碑等人文景观，形成了深厚的棋山文化内涵。这里树木茂密，是天然氧吧。幽凉的叶荫下，松脂的暗香、花草的芳馨、野果的清甜，随风弥散，潜入心间的是那自然的芬芳。莱芜古八景之一的“棋山柯烂”坐落于此。诗云：“流水行云世代殊，石棋山上有樵夫。至今传说樵柯烂，不识当年柯烂无。”站在山顶上，极目四野，你会感到你是在做梦。

棋山脚下，有一个工厂——山东济南莱钢集团建筑安装工程有限公司金属结构制造工程部。厂区内，一片热火朝天的工作场景。

你见过春天的微笑吗？

我看到了春天的微笑。

春天，漫山遍野的桃花纷纷绽放。那是漫山遍野的微笑，风一吹，使整个春天都很香。在春天，漫山遍野的烂漫桃花盛开到了极致，那是一种怎样的动人浪漫的情致？这些来自天堂的美丽的花，动人地开，迷人地开。这是世上最迷人的微笑。

阳光充足的地方，果子便会香甜甘美。桃园里，几个村民正十分细心地摘桃子。你虽然看不清她们的相貌及脸部的表情，但看得出她们的身姿有着丰收喜悦带来的快乐动感。虽然她们已经被不断重复的一上一下弯腰动作累坏了，但并不显得疲惫不堪，显然是丰收带给她们的喜悦和怀着对每个桃子的感情冲淡了劳累。她们是在采摘大地和阳光的馈赠，她们是在采摘流淌过的汗水的馈赠。

2023 年 4 月，一个散发着果香的消息传来，莱钢集团建筑安装工程有限公司金属结构制造工程部张晓获得山东省劳动模范称号。

张晓，他拥有一张英气的脸：眉秀如远山，眼睛亮如朗星、清如湖水，唇如菱角般翘起，脸庞瘦削又棱角分明，带一股生机勃勃的神采。那双黑白分明、眸正神清的眼睛，让人们深深地窥探到他内心的纯净。

他比较含蓄，不张扬，给人的感觉很温暖、很亲切。真诚、内敛、自律、勤奋、有礼，外柔而内刚，全身散发着儒雅气质。一个自信的男人一定是优雅而从容的，脸上也永远挂着一切尽在掌握之中的微笑。他有着优雅的气质、内心的纯净和善良、真我的外在表现、洒脱自然的风度。

张晓，莱芜钢铁集团建筑安装工程有限公司的一名焊工，高级技师。他精于工，匠于心，品于行。如切如磋，如琢如磨。

工匠不是重复机械的工作，而是代表着一种执着的气质，坚定踏实、精益求精的意念和精神。他有一双神奇之手，他有一双精准之手，执着忘我练就一身功夫，巧思钻研成就创新达人，他用行动诠释着工匠精神。他始终奋战在生产一线，将焊接技能练得炉火纯青，他将产品当成艺术，将质量视为生命。正是这样的极致追求，在他身后，才有了一连串的荣誉光环：莱钢技术状元、莱钢青年岗位能手、莱钢创新能手、莱钢工匠、山钢工匠、山东省技术能手、山东省创新能手、2021 年度“济南工匠”、济南市劳模、山东省劳模等。

这位钢铁汉子，初中毕业后便参加工作，他是怎么一步步走向事业的美丽蝶变的呢？

一

1986年，张晓参加工作。

第一天上班时，父亲告诉他：“儿子，记住，当一名工人，一定要有一技之长。”

他父亲曾是一名军人，退伍后在青岛工作。1958年参加工作，一直在建安公司从事铆工工作。

大山深处的激情燃烧岁月。“三线建设”，是20世纪60年代从备战出发进行的以国防工业建设为中心的战略大后方建设。济南钢城区，曾经是泰沂山区革命根据地的核心地带，是山东革命历史的重要策源地和红色根据地的重要组成部分，在鲁中地区占有重要的战略地位。在这片红色热土上，在历史的长河中，连绵不断地掀起惊天动地的红色浪潮。

这里山势雄奇，巍峨险峻。张晓的父亲离开青岛，来到这里，参加了这里的小三线建设，投入莱钢的建设队伍之中。

他们奔赴到这大山之中，把青春、智慧和汗水甚至生命奉献在这里。

一个个胸怀大局的创业者，就这样毅然告别了原工作单位，离开了繁华城市，背起行囊来到大山之中。山一程，水一程，身向大山行。风一更，雪一更，心在信念中。在大山深处，他们停下脚步，但心中铺开万水千山。他们留在这里，开拓着，坚守着，这是怎样的情怀？这是怎样的信念？岂曰无衣？与子同袍。是工作服，更是战袍。是工人，更是战士。

寂静的山区阳光灿烂。此时，他们走进大山深处。他们将是莱钢建安的探路者、拓荒者和第一代创业者，他们即将成为这里的主人，他们即将吹响冲锋的号角，他们即将唤醒这片沉寂的大山，他们即将点燃这片红色的热土，他们即将掀起一场热火朝天的奋战场面，他们即将开辟一段光辉岁月的无上荣光。

他们咬紧牙关，不怕苦，不怕累。他们“先生产后生活，生产从严，生活从简”。

土房子，石头小屋，成为首批拓荒者的栖身之处。民房、草棚、大门楼子都曾是拓荒者的居住之所。

那时候，这里到处是山，没水没电，他们用铁锤、铁锹、小推车开始了莱钢的建造。在这片红色热土上，掀起惊天动地的红色浪潮。

那一场场气吞山河的壮举，那一次次壮怀激烈的奋战，在这大山深处，在这红色的历史长卷中，和汶河水一起激荡滚滚洪流，标注为一代人的精神坐标。

张晓的父亲回忆说，当年住的是称为“干插缝”的房子。“干插缝”是用石板岩碎石干垒摆成的墙，没有水泥或石灰抹缝。在那个物资极度匮乏的年代，大家没有暖水瓶，没有脸盆，很多人都是到山沟里的小河边捧水洗脸。由于工作强度大，很多男同事一个月定量的 29 斤粗细粮十来天就吃完了，只能向家里要，或向女同志借。

在当今的盛世欢歌中，那与新中国一起编织祖国命运的铿锵脚步在耳边响起。平淡的生活中，总有一种情感让我们感动并铭刻心底，总有一种付出让我们乐于去做，总有一种精神支撑着我们的信念，总有一种力量驱使我们追求精神所在。这一曲红色战歌，嘹亮在历史的长空。

沐浴在这精神的光芒中，让红色精神的结晶，析出在我们美丽的心田。让红色品格的雨露，滋养我们美丽的心灵。那一幕幕感人的场面，再一次点燃精神的火焰，照耀着后人前行的步伐。

大会战现场，他们披星戴月，风餐露宿。“革命加拼命，苦干加巧干，掉它十斤肉，流它几身汗，完不成任务不下火线！”“全厂总动员，奋战六十天！”“党把任务交给咱，不吃不睡也要干，任务保证提前完！”一句句豪言壮语掷地有声，一声声劳动号子铿锵有力。

我们无法想象，那是怎样严峻的考验？那是怎样艰难的磨炼？

酷夏时分，在接近摄氏 40℃的高温天气下，他们连续奋战 36 个小时不下火线。有的年轻人把原来准备的婚期一拖再拖，有的同志把医生开的病假条悄悄地掖进衣袋里。他们的誓言，气势如虹，壮怀激越。他们坚定的意志，如他们脚下的大山。他们心中涌动着的澎湃热血，如浩浩荡荡的汶水。他们的事迹，冲击心灵，感人肺腑。

为了使得车间厂房地基坚牢，需要挖十来米的地槽，为了赶工期，他们每天都要工作到天黑甚至到凌晨。

历史不会忘记，这是无法磨灭的一个红色印记。在这片大山深处，在我们心灵深处，树起一座历史丰碑。莱钢因时代召唤、历史重托、国家意志、战略安排而诞生的三线企业不忘初心、牢记使命、风雨兼程、无悔担当。

张晓的父亲把以前的照片拿给他看，那一张张发黄的照片，瞬间戳中了他的泪点。世上哪有什么岁月静好，只是有人为我们负重而行。

张晓的父亲对他说："要干一行爱一行，要勤快，要认真学习业务知识，要尊重师傅，团结同事。"

当时，他从父亲的眼神里看到了对他的期望。他读懂了父亲的眼神。

于是，一颗"要做就做最好"的种子埋在他的心中。

点燃精神的火焰，照耀着他前行的步伐。沿着父亲走过的足迹，他又触摸到了那凝聚时代特色的红色脉搏。这红色足迹，铸造起我们的精神航道。信仰的锤炼，意志的锻造，穿越时光，成为联通红色精神的航道，将引领他今后前行的脚步。

二

走进工厂，张晓心里异常激动。这是一种最硬朗的生产，没有哪一种生产像制作安装焊接钢铁构件设备这样，如此惊心动魄。

钢铁是怎样炼成的?

他善于观察，更善于思考。

一次，他听到一位老工人说设备中存在的一些问题。

他对这位老工人说："我们可不可以对设备进行改造？"

"可以啊！但这是工程师和专家的事，我们工人怎么做改造设备的大事？"老工人说。

他陷入了沉思：没有扎实的理论基础，创新谈何容易。必须给自己充电！

于是，他购买焊接专业杂志和书籍，学习起来。在学习中了解到最新的技术动态和行业发展状况。他找资料，看图纸，白天一忙就是一天，晚上还要学习充电。

梦想启航了。

看到儿子的举动，父亲打心眼里高兴。父亲鼓励他说："人可以没有学历，但不能没有知识；可以不进大学殿堂，但不可以不学习。只要发奋学习就能成就事业。”

工作岗位是展现才能的广阔舞台。用技术武装头脑，用实践证明实力，用奉献成就事业，用创造体现价值。从一项项小的零部件改造做起，他完成了一个个改造。慢慢地，厂领导发现他有一股子创新的热情，便慢慢地让他参与厂里的一些创新项目。

技术创新是艰难的，一次，他中途想打退堂鼓。

他把这个想法告诉了父亲，父亲沉思片刻，突然问他：“为什么有人总是捡到钱？”

他愣了。

没想到父亲这样问他，他不知道怎样回答。

父亲一向很幽默，笑着说：“这是个问题，如果破解了这个问题，想必是很有诱惑力的吧？”

父亲接着说：“其实，很简单。为什么有人总是捡到钱？因为他总是低着头走路。是啊！一个总是昂着头走路的人，怎么会看到脚底下的钱呢？我说这个不是让你真的去捡钱，哈！脚踏实地，做好当下，才会挖掘出财富。我在杂志上看到一个故事，说有一个年轻人拖着疲惫的身子在大街上走着。快一个月了，他还没找到工作。他看到一家公司在招聘网络文员，要求很简单，只需熟练操作电脑即可，但要求先爬五十层楼梯然后才有资格参加考试。很多人都看到这种要求就不屑地走了。这位年轻人没有，他随着人事小姐来到经理室，经理说：‘考试前，必须先爬五十层楼梯，不同意者，请先行告退；欲留者，先站一边。’‘不就是五十层楼梯吗？读中专时，为了筹措学费，我给别人送牛奶，每天早上不是爬楼梯吗？’他点了点头，站到了一边。经理笑了，他是第一个留下来的人。同意爬楼者共有 10 人，他们被人事小姐带到一座大厦前，人事小姐指着一块牌子，笑着对他们说：‘经理已坐电梯在五十楼的办公室等候诸位，祝你们好运！’爬到 15 楼，人们气喘吁吁，爬不动了。爬到 20 楼，人们筋疲力尽。‘五十层楼要爬到什么时候？或许，或许，老板是故意玩我们……’‘……好累，我不爬了……’‘我也不想爬了……’‘喂！老兄，爬不动就不要再爬了，看你那瘦小的样子也不可能爬上去，不如，先休息一下……’有个年轻的影子仍在继续着，脚步时快时慢。‘我好累呀，脚也发酸，这是送牛奶时从没有的感觉啊，不过，忍耐一下就会有工作了。’

年轻人一想到工作，咬咬牙，继续行走起来。只有这位年轻人到了终点，他被录取了。经理说：‘年轻人，知道为什么叫你先爬楼梯吗？古人云，“天将降大任于斯人也，必先苦其心志，劳其筋骨，饿其体肤”，虽然网络文员不是什么重要角色，但也必须有这份意志，才能将这份工作做好。’”

张晓明白了：最简单的事，也是最能考验一个人毅力的事。一个人，最重要的事是先做好平常的事。毅力，创造奇迹。

他喜欢看《钢铁是怎样炼成的》，书中有这样一句话：“当他回首往事时，不因虚度年华而悔恨，不因碌碌无为而羞愧。”在我们的生活中，有很多人不敢直面自己的过往，往往只能在风烛残年时黯然慨叹几十年的碌碌无为。是什么造成了世间成功与庸碌的分别呢？那些无所作为的人到底输在了哪里？是因为他出身寒微没有受过良好的教育？还是因为职务卑微不受人关注？或是因为年龄增长跟不上日新月异的知识更新？抑或是一生怀才不遇永远碰不到慧眼的“伯乐”？如果谁要这样总结人生的失败，那成功将永远与他擦肩而过。“玉不琢不成器”，人生就像一块顽石，只有你用心付出不懈的努力去打磨它，最终它才会向你显现玉色本质。让我们永记碌碌无为的羞耻感，让我们保持内心“我本玉质”的高贵感，激发出自己如喷涌的山泉般的求知进取精神，灌溉、激励我们走完人生路途。如此走到终点，我们不会

因虚度年华而悔恨，不会因碌碌无为而羞愧，我们将满载成功的荣耀。保尔的精神鼓舞了他，激励了他。

2004年，张晓第一次代表莱钢参加全国冶金行业技能大赛。走出去，他终于感到，自己的技能水平和其他选手差别较大。回公司后，他下决心提高焊工技能水平，缩小与其他选手的差距。他开始拼命地练习，每天晚上练习到9点左右。通过努力，2005年，他与山东电力三公司组队，代表山东省参加全国工程建设系统大赛，取得了团体第一名的好成绩。

以前是“咱们工人有力量”，现在则是“咱们工人有技术”。

张晓在《庄子》中领悟到了匠心，以庖丁解牛、匠石运斧、老汉粘蝉等生动事例，诠释了古代匠人的技艺能够达到鬼斧神工的至高境界，“臣之所好者，道也，进乎技矣”。他开始崇尚道技合一、匠工蕴道。

从一个毛头小伙，成为一个事业有成的中年汉子。从一个初中文化的普通工人，到成为工程师，成为一名技术设备创新能手。钢铁，就是这样炼成的。

他始终保持着旺盛的工作热情，开拓创新、敬业爱岗、踏踏实实、兢兢业业，一心扑在工作上，以强烈的事业心和高度的责任感，在公司的各项重大技术改造、产品质量管理、新工艺新装备的研制开发和重大改扩建项目中发挥了积极作用，为公司的发展做出了突出的成绩和贡献。

在机器轰鸣的车间里，他走过了金色的青春年华。在设备改造探索中，他用一颗真诚的心来丈量无数个漫长的夜晚。

面对钢铁，它的沉重令人沉思，它的坚硬使人刚强。它的冶炼过程，使他悟出人生的道理。

在古板的教科书上，冶炼原理可以用几个化学方程式来表述。而它的人文、哲学和思想价值远非一个化学方程式所能诠释的。冶炼钢铁的过程，也是一个还原的过程，在高温之下，把铁还原出来，从否定走向肯定，最终达到超越。人的成长就像一个冶炼过程，把一个人最为钢质的东西凸现出来，把人的坚强凸现出来，剔除掉人的虚伪、软弱、贪婪的劣根。一个人的“冶炼”过程，需要用一生炼就。

而对一个人心灵的“冶炼”，则要更炽烈的火、更持久的火。

火，在冶炼中是灵魂。

火，是冶炼中最富感情的一种成分。

铁矿石在火的哺育下生成铁，就像庄稼在阳光的作用下生产出粮食。光合作用生成的粮食，喂养着人类。钢铁，是建设的粮食。钢铁，喂养着建设。当我们守着一座座炼铁炉时，如同农民守着他那片庄稼地，一样的大汗淋漓，一样的辛勤耕作，一样的充满期盼。

把铁炼成钢，是除去过多的碳素，加入一些其他金属元素，从而使其性能、品质更加优良。这不仅仅是一种净化，更是一种完善。一个人因纯洁而美丽，因丰富而有力，坚强、智慧的人，该经过多少次“冶炼”啊！

《钢铁是怎样炼成的》是关于成长的一本书，它教会我们如何把自己百炼成钢。

打开门捷列夫的元素周期表，在 26 号位置上有一种坚韧的元素——Fe。它像一颗星星，镶嵌在无际的夜空中，它虽然不是最明亮的那颗，正如铁远不如金、银贵重，但它朴实地存在着，同众多的繁星一起，使我们的夜空星光灿烂。

张晓一步步走来，每一步都铿锵有力。他就像百炼而成的钢铁，坚实有力。历经艰难，不断进取，用炽热的热情投入工作，用炽热的激情“冶炼”自己。

钢铁，就是这样炼成的。

三

举起焊枪，点燃激情。焊花飞溅，那是美丽的花朵。这美丽的花朵，在张晓面前绽放。这盛开的花朵，将结下完美的果实。

张晓刻苦钻研技术，树立“干一行，爱一行，精一行”的理念，通过理论学习和实践操作，很快成长为单位的施工生产骨干。“张师傅，您看，这个问题应该怎么处理啊？”“张师傅，您看，这里出现了一些问题，请您来一下，看看怎么处理？”……

像这样的问题，只要接到信息，他都火速赶到现场。

追求细致、极致、卓越、超越，与时代、产业发展同频共振。他懂得，持续更新知识技能，才能走在产业发展的最前沿。2015 年，参与 1 号、2 号 $5100m^3$ 高炉（全国最大高炉）热风炉建设，攻坚克难提高质量，项目成功申报全国优秀工程奖。

2021 年 9 月 20 日，河北太行钢铁集团 1 号高炉热风炉热风插口与炉壳连接处焊缝开裂。根据河北太行热风炉项目部的要求，钢结构事业部决定安排张晓和一名职工到现场进行焊补。

厂长找到张晓，对他说：“有个很重要的项目，去外地施工，但难度很大，这个重担你来挑吧？”

他说：“请领导放心！我们一定全力以赴，坚决完成领导交给我的任务。”

话说出去了，接下来就是一个字：干！

他带领项目组一班人，精心设计施工。查找资料、和同事们一起研讨，那是一段忙并快乐着的日子，那是一段累并快乐着的日子。

到达现场后，他和设计人员对存在的问题进行研讨，制定焊补方案。技术攻关的战役打响了。一次次实验，一次次否定。一次次研究，一次次完善。终于，他们设计出工作方案：对焊缝进行清根焊接。

焊后热风炉投运后，使用正常。

2022 年 1 月 10 日，天下着鹅毛大雪，他们冒雪前行。汽车艰难地在雪路上行驶着，三个多小时的路程走了近七个小时，终于到达施工地点，他们马上投入工作。他们研究确定了施工顺序：先把裂纹处上部热风管道加强圈进行切割拆除，切割尺寸为 1200mm 范围全部拆除。炉壳板切割拆除 1000×300（上部两角倒角 R30）。热风管道上部拆除 800×400（2 角倒角 R20）。砌筑及灌浆完成后将炉壳补上，经复风试压无泄漏。

这几次抢修，都是张晓带领员工进行施工，每次都按甲方要求顺利完成抢修任务。

他们不怕苦不怕累，从焊接设备、施工工具的设置，到炉壳的更换焊接，都精心操作。

为了抢工期，保证第二天甲方复风投产，张晓加班到凌晨两点多，回到宾馆，他腰疼得直接睡不着觉。同事给他用热毛巾热敷、给他按摩也不管事，疼痛依然不减。

但是，作为一名共产党员，能为公司解决问题，得到甲方的认可，高炉能顺利投产，他心里感到非常欣慰和自豪。

这里是钢筋铁骨构筑的世界，这里有钢筋铁骨般的汉子。他们，用焊枪绣出一个个完美的钢铁作品。

每天上班前，张晓总是早早地来到工厂，走进设备间，穿戴上自己的装备，准备工作。对于工作，他感到像奔赴一场骏马奔驰的赛场，也像一场自我的修行。握紧焊枪，就如战士端起武器。这里不是战场，胜似战场。

酷暑，车间温度高达四五十度。焊接的时候，一不小心火花就会溅在脸上、身上。

寒来暑往，平凡的人生，拼搏的足迹。

耀眼的电弧中，他在焊接，汗水从他额角滴落。

这是技术与劳作的熔合，这是智慧与技艺的闪光。

汗水，在流淌。湿透的衣裳，湿了又干，干了又湿。

烟尘，呛进胸腔……

他，依旧紧握焊枪。

让开裂的世界，用他的焊枪弥合；让青春岁月，用熔化焊条喂养；让人生事业，用熔化焊条滋养。

张晓端详着焊件，心里默念：焊缝要粗细均匀，成型要完美……每次焊完那道焊缝，他都感觉这是一件艺术品，他陶醉在自己的艺术品前，乐在其中。面对付出心血并完成的产品，那种感情，就像面对自己刚出生的孩子一样。

四

张晓把太多的时间用在了工作上，妻子的工作也很忙，儿子很小就自立。儿子上托儿所时，总是自己回家。看到别的小朋友的爸爸妈妈车接车送，儿子提出抗议。他哄儿子说："这说明你能力强啊！小朋友的家长都夸奖你呢，说我有个能力很强的好儿子。"

一天晚上，风雨交加，电闪雷鸣。他和妻子都需要加班，凌晨3点回家后，看到儿子躲在床边还没睡觉。

他问："怎么了？孩子！"

孩子委屈地说："害怕！"

他在心底为自己制订了目标：做创新型人才。把求实创新作为自己的愿景。需要解决的问题就是学习！没有考上大学，但不能放弃继续学习的想法。当一名知识型工人，学习是非常重要的，必须用学习来提高自己的自身素质，提高自己的技能，这样才能成为一名优秀的工人。要做一名好工人，除了具有出大力流大汗这种饱满的工作热情，同时还应该具有智慧，把这种智慧融入到工作当中，把这种知识充分运用到工作当中，做一个现代的知识型工人，这样更能适应现在和将来的工作要求。

创新，是企业发展的永恒主题。变革与创新是企业核心价值观之一。而创新与风险相伴而行，这就需要营造一种鼓励创新、积极向上的开拓性企业文化，以形成不畏风险、勇猛精进的良好氛围。创新是适应信息化和经济全球化的客观要求，不去创新，企业就没法生存。

2002年，张晓参与山东省内最大的高炉热风炉项目。当时正巧赶上春节，为了赶工期，单位没放假，他和妻子都在工地上加班。当时，幼小的孩子还在上幼儿园。大年三十，所有的孩子都没来幼儿园，只有他的孩子在那里，老师把自己的孩子也领过去，和他的孩子一起玩。

早七晚九，是张晓的工作常态。

他和妻子都是焊工，工作忙的时候，孩子没人照看，只好锁在家里。一次，他在工作休息时，给家里打电话，打了好几次都没打通。他慌了，回家一看，孩子躺在地板上睡着了……

他一年有七八个月在外地工作，妻子很支持他的工作。

多年来，作为一名普通电焊工，他扎根一线，立足本职，勤奋工作，历练出了良好的职业道德和较高的焊接技能水平，也有幸见证了莱钢建安公司的发展历程。他伴随着公司一步步由弱变强。公司前身为莱钢安装处，1990年与建工处合并成立莱钢建安公司，2002年组建莱钢建设公司，公司的每一次转变都是一次质的飞跃。

其中，金结工程部前身叫铆焊厂，以高炉、热风炉、钢结构施工为主，多年以来，从只是承建莱钢内部高炉、热风炉的建设，到把热风炉工程建设辐射到全国，并走出国门（巴西、波兰热风炉工程），从施工120m^3高炉热风炉，到现在施工5100m^3高炉热风炉（全国最大高炉），从单一的冶金行业扩展到具有民用建筑、有色金属、大型设备、长输管道等大型钢结构施工能力的国内综合企业，焊接技术突飞猛进。

张晓作为一名党员，不忘初心、牢记使命，不管走到哪个岗位，都认真地做好本职工作，不断加强学习，提高自己的业务能力，开拓创新，以适应公司发展的需要。在这30多年的工作中，他从一名普通焊工成长为电焊工高级技师、山东省冶金行业首席技师。他谦虚地说：“除了自己的努力，也离不开企业的培养，以及各级领导、老师、同事的关心和帮助。”他参与了公司所有大的工程建设，其中两次，分别为莱钢大型1号、2号1880m³高炉热风炉建设和日照精品基地1号、2号5100m³高炉热风炉建设。

2002年底，莱钢吹响了迈向1000万吨钢的目标，大型1号、2号1880m³高炉建设当然是重中之重的项目。这也是公司承建的山东省内最大的高炉热风炉项目。那时张晓是电焊班班长，领导把热风炉炉壳、管道、框架的焊接任务交给他们班。因为没有这方面的焊接经验，工期又紧，质量要求高，他只能边学边干。首先，他研究制订出炉底、炉壳焊接工艺和方案，并在施工过程中不断优化，保证施工质量。施工过程中经常遇到技术难题，他认真查阅相关资料，想办法解决。就这样，他带领全班30多名焊工，克服各种困难，攻克各种技术难题，顺利地完成了焊接任务，也为莱钢跃上1000万吨钢大关贡献了力量。

培训人才的小课堂上，张晓用自己总结的专业知识，为台下求知似渴的学员讲解着：

焊接在工程建设中是非常重要的工序，焊接质量直接影响到工程质量，一旦出现焊接质量问题，就可能出现较大的质量事故，会对施工人员造成伤害，给国家和企业带来财产损失。作为一名焊工，要在自己的工作岗位上认真负责，兢兢业业。时时想着企业，为企业排忧解难，及时解决生产中的焊接难题。如：怎样解决箱型柱焊接变形、高炉垫板焊接泄漏、圆管柱环板焊缝内部质量难题？怎样提高气电立焊焊缝内部质量的工艺措施？根据现场施工情况，对气电立焊机改造，可以采用不对称坡口的焊接工艺控制炉底变形，解决转炉托圈裂纹焊补难题、电炉出钢口的焊接难题、风力发电基础环下法兰焊接变形难题。

张晓说："成就不仅仅是一项荣誉，也是一种责任，技能更是我们安身立命之本。"

20年间，张晓为各单位培训焊工200多人，其中获得高级技师职称的有10人，获得技师职称的有30人。所带的6位徒弟，均已成为技术骨干，其中蔺红霞获得全国技术能手称号和山东省富民兴鲁劳动奖章，为十九大代表。

张晓先后获得了莱钢技术状元、莱钢青年岗位能手、莱钢创新能手、莱钢工匠、山钢工匠、山东省技术能手、山东省创新能手等荣誉称号。解决施工过程中遇到的各种技术难题，并把解决技术难题的过程进行总结整理，申报了国家专利，到目前为止已取得了18项国家专利，其中一项为发明专利，为公司创造经济效益约800万元。

张晓说："2015年，山钢集团日照精品基地建设正式拉开帷幕。我公司再次承接了1号、2号5100m^{3}高炉（全国最大高炉）热风炉建设，这又是公司第一次承建5000m^{3}以上的高炉热风炉项目，炉壳焊接质量要求高、技术难度大、工期紧。我这时虽然是质量管理人员，身份的改变没有改变我的初心和使命，领导再一次把焊接技术攻关任务交给我，我下定决心一定要把这项工程干好。虽然我已经积累了热风炉焊接的经验，但这次甲方要求炉壳纵缝、环缝全部采用自动焊，难度非常大。从设备的调试、焊接方案的制订、焊接工艺评定的编制、焊材的选择、焊接过程控制到最后的验收，每一次的技术难点攻关，我都全程参与。焊接质量得到甲方和监理的高度评价，整体质量达到了较高的水平，1号5100m^{3}高炉系统工程已经申报全国优秀工程奖。"

夜深人静，人们都进入梦乡，但张晓还在写技术业务总结：

在工程建筑行业，由于钢结构具有很多独特的优越性，诸如高强、高韧、抗震、轻质、占用空间小、可拼装、可拆卸、绿色环保、节能等，越来越广泛用于民用和工业建筑中。而在钢结构的施工中，不断遇到新材料的焊接、新的工艺、新的设备，本人不断学习研究，及时解决了施工中遇到的难题。现场研究圆管柱环板角焊缝焊接位置、清根位置、焊枪角度、操作方法，解决了环板角焊缝探伤合格率较低这一施工作业难题，解决了长期困扰莱钢高炉冷却壁进出水管的密封板焊缝、补偿器焊缝煤气泄漏这一重大安全难题。本人通过研究分析找出补偿器的应力点，合理制订了先焊补偿器后灌浆，在焊接时避开应力点，制订并采取密封板焊接新工艺，使出铁后的高炉本体煤气泄漏量降到24pp。高炉及热风炉炉底板水平度超标、变形，会影响炉底砌筑工程的标高和水平度，从而影响高炉及热风炉的运行安全和寿命，给企业造成重大损失。本人一直致力于高炉及热风炉炉底板焊接变形控制研究，使我公司施工的10座高炉炉底及18座热风炉炉底板安装焊完成后的水平度控制在2mm之内，提升了企业的劳动生产率，取得了较大的经济效益。和山东冶金设计院合作，把热风炉市场拓展到全国及国外。国内先后承建了重庆钢厂、西宁特钢、河南济源钢厂、徐州特钢、河北唐钢、天津钢厂高炉热风炉制作工程，国外承建了巴西、波兰高炉热风炉制作工程，在施工中认真组织，严格要求，精细管理，使各项工程的施工质量都能达到设计要求，国外工程得到了外国专家的认可。各项工程的顺利交工，为打开国内、国外热风炉市场奠定了基础。

首次焊补成功转炉托圈裂纹这一难题。转炉托圈（规格 δ = 70mm）裂纹在转炉使用中很少出现（一般都是炉壳问题较多），因为托圈只是起到传动作用，它本身的内部水温、压力都不是很高（水温不超过 100℃，压力 0.5Mpa 左右），应该是不会出现裂纹的。在山东富伦钢铁有限公司炼钢 120t 转炉托圈出现的裂纹，甲方焊补 20 多次都没有成功。我通过对母材的化学成分分析以及托圈受力情况、生产情况的了解，制订出合理的工艺措施。按新工艺焊补的托圈裂纹，质量达到了设计要求。转炉生产后运行一切正常，甲方给予了高度评价。

张晓用智慧和汗水，为自己浇铸出丰硕的成绩：

他忠诚敬业，经验丰富，是工程项目的掌舵人。在实践中捕捉细节，在过程中总结经验。先后参与了莱钢内部、高炉热风炉（包括日照 1 号、2 号 $5100m^3$ 高炉热风炉，是公司承建的最大的高炉热风炉工程）、莱钢信息能源管控中心、德州新城综合楼、莱钢技术研发中心科技大厦、青岛即墨锦绣华隆万佳国际、特钢事业部升级改造项目、河南济源钢厂升级改造项目等几十项工程，部分工程获得了国家、省级及行业的质量奖。国外热风炉工程的施工质量得到了外国专家的认可，为公司能够拓展国外热风炉市场打下基础。在工程中捕捉细节，在施工和检修中攻坚克难，敢于创新，及时解决生产中的多项技术难题，先后解决了热风炉炉底的焊接变形、高炉垫板焊接泄漏、提高圆管柱环板焊缝内部质量、转炉托圈裂纹的焊补等十几项工程技术难题，为公司带来约800万元经济效益。他技艺精湛，全国领先，是生产一线的带头人。

他刻苦钻研技术，先后掌握了冶炼工程施工中的各种焊接方法和操作技巧，并积累了丰富的实战经验。精通电焊工初、中、高级理论知识，焊接热处理，各种钢结构件的变形控制以及焊条电弧焊、氩弧焊、二氧化碳气体保护焊、埋弧焊、下向焊、气电立焊等多种焊接方法。他多次代表莱钢参加全国和山东省电焊工技术比武，获得全国工程建设系统“优秀焊工”和山东省职工职业技能大赛焊工第五名等荣誉。在工作中他把解决技术难题的过程进行总结整理，申报了国家专利，申报并取得了 16 项国家专利，其中发明专利 1 项，实用新型专利 15 项，另外在国家和省级期刊上发表论文、工法 6 篇（项），为公司创造经济效益约 3000 万元。

他热心带徒，甘于奉献，是队伍建设的领航人。三十六年的工作经历，他从一名普通的电焊工成长为莱钢电焊工高级技师、莱钢首席技师，到现如今的山东省冶金行业首席技师、山东省创新能手。参与施工的德州新城综合楼工程（钢结构工程）获得国家鲁班奖，参与施工的莱钢信息能源管控中心工程（钢结构工程）获得全国焊接金奖，参与施工的莱钢科技研发大厦工程（钢结构工程）获得全国焊接金奖。

他硕果累累，运筹帷幄，是职工心中的榜样人，先后荣获全国工程建设系统“优秀焊工”、山东省冶金行业首席技师、山东省技术能手、山东省创新能手、济南市劳动模范、济南市工匠、济南市五一劳动奖章、山东省劳模等众多荣誉。

五

焊光闪耀，映照初心。

张晓的儿子张建晖大学毕业后，也来到建安公司工作，从事数控切割和超声波探伤电焊工作。张晓的父亲是这个公司的，他和妻子也是这个公司的焊工，如今儿子又是这个公司的焊工了。他自豪地对儿子说：“我们是一个电焊世家。”

他对刚上班的儿子说：“你爷爷当年跟我说，要干一行，爱一行，要勤快。你刚上班，要多学习知识、尊重老师。今天我也把这句话传给你，这也算是祖孙三代的一个传承。”

张晓说：“莱钢建安，我在最美的年华里遇见了你，也遇见了最美的自己，在最美的年华熠熠生辉。”

张晓身上有着执着专注的持久精神、作风严谨的务实精神、精益求精的探索精神、敬业守信的钉子精神、推陈出新的创新精神。这些工匠精神和“艰苦创业，团结协作，开拓创新，无私奉献”的三线精神放射出夺目的光辉，散发出震撼人心的力量，闪烁出生命的壮烈和光华。

战士打仗，何必带刀枪；英雄喋血，无须在疆场。心中驻扎一个信仰，那是他坚持下去的力量。

他，迈开坚实的脚步，一步步走向未来，一步步走向美好。

他，在这大山深处奉献青春、奉献热血，奏响了一曲曲激昂的、荡气回肠的战歌。他用信念、用意志、用汗水、用青春编织出一个光辉灿烂的历程。

他的身上，有着拓荒岁月落地生根的种子精神；他的身上，有着困难面前艰苦奋斗的拼搏精神；他的身上，有着年复一年精诚敬业的工匠精神；他的身上，有着关键时刻舍己为公的牺牲精神；他的身上，有着共产党员一马当先的头雁精神。这是中华民族的精神之钙，这是大中国的兴国之魂。他的身上，有着赤胆忠诚、坚毅笃定、无悔担当的凛然正气；他的身上，有着与时代同命运、与祖国共甘苦的激情豪迈。慷慨豪迈的英雄般壮举，激荡在这个汉子的血脉里，化成自己的精神图腾。

这里劳作与技术一体，这里秋水共长天一色。

这焊枪在他手中，如同绣针，缝补着钢铁的裂缝。

这沉稳的汉子，一拿起焊枪，便激情澎湃。他用焊枪，焊接现实与梦想的距离。他用焊枪，焊接出事业的辉煌。

不负青春，不负时代。岁月流转，他把每一次焊接都当成一次创作，将缺憾焊接成完美。同时，也为自己焊接出一个壮美的人生。

让青春闪耀在万家灯火

——记山东省劳动模范、中国电建核电山东拓能重机制造有限公司孙妍妍

展恩华

“用户在我心中，质量在我心中”，这是孙妍妍始终恪守的职业道德。从事无损检测工作 19 年来，她以忠诚的态度、敬业的精神、无私的品格，谱写了中国劳动者踔厉奋发、勇毅前行、开拓进取、勇创辉煌的绚丽篇章。

1984 年，孙妍妍出生在济南市平阴县安城镇一个叫东凤的小山村，父母都是农民，家境相对贫寒。抱着“羊羔跪乳”“乌鸦反哺”，尽快拿一份工资，让父母享享清福的朴素愿望，2004 年，中专毕业的孙妍妍，应聘来到了济南济锅华源锅炉有限责任公司，当了一名“探伤”工。

7月中旬，正是盛夏。毒辣辣的太阳挂在天上，以不可遏止的激情往地上喷着40℃的热量。企业板房车间就像一个蒸笼，温度达到50℃以上。偌大的车间内堆着满满当当的钢管。“大叶子”风扇狠命地吹着，吹出的也只是一股股热浪。工人们挥汗如雨地忙碌着。金属切割的刺耳声不绝于耳，四处飞溅的金属切割火花闪烁明灭，空气中还弥漫着呛人的铁锈的气味，让人不得不掩鼻而走。刺眼的光与刺耳的声，肆无忌惮地虐待着人们的感官。“这是不是传说中的人间炼狱？”这是孙妍妍第一次到厂时的最深印象。

孙妍妍学的是会计专业，在开着空调的办公室里喝着茶做个表、算算数，拿一份不菲的工资，这才是自己“原版”的理想工作啊！可眼前的景象与自己想象的生活有着天壤之别，换任何一个女子都会做出同样的决定：拜拜了您呢！随之便毅然决然地甩手而去。

然而，出乎所有人的意料，孙妍妍选择了留下。她做出这样选择的原因也很简单，这个厂基础不错，前景看好，在这里工作又能拿到一份可靠的工资。除此之外，她想到了一句话：“艰难困苦，玉汝于成。”这是刻进她骨子里的一句名言。她知道，温室里永远长不出能抗风雨的花，人也只有在不断的淬火中才能百炼成钢。

正是这种非凡的特性，注定了孙妍妍非同凡响的人生。

从初出茅庐到“探伤”行家

领孙妍妍参观工厂的领导，一边介绍着企业发展的现状与前景，一边悄悄观察着孙妍妍的神情变化。看到汗流浃背的孙妍妍并没有因为环境的恶劣而垂头丧气，而是兴致不减地听着自己的介绍，直觉告诉他，这是一个外柔内刚、绝不轻易言败的女孩，“孺子可教也”，断定她将来必大有所为。厂领导语重心长地对她说：“我们的企业发展到今天，很不容易。虽然现在还不算理想，但用不多久，通过大家的共同努力，咱厂就会发生翻天覆地的变化。你这么年轻，如果能吃得了苦，在华源一定大有所为。”

得到了领导的鼓励，孙妍妍更坚定了在华源“安身立命”的信念。当时，厂里最缺的是“知识型”能吃苦的年轻人，如果孙妍妍能来厂工作，无疑也是企业向年轻化、知识化转型的一个标志。

对于选择什么样的工种，孙妍妍表示，一切服从安排。根据需要，领导决定让孙妍妍从事产品“探伤”工作。

所谓的“探伤”，就是像医生通过观察X光底片，看产品的焊接有没有“伤痕”，简言之，就是质量检测。

“探伤”室里，四面墙壁悬挂着一张张光片。“探伤”工穿着白色大褂，把光片拿着手里，对着灯光，仔细地审视，那范儿俨然像医院里的大夫。孙妍妍是新手上路，自然要先拜师父。师父是一位既严肃又和蔼的长者。面对新徒弟，他首先郑重地说明了这项工作的重要性：“企业生产的都是大型锅炉，所用材料都是焊接管道。锅炉的气压极高，如果焊接处有一小孔，那热气就会像出膛的子弹，可以在瞬间把人身洞穿。如果发生爆炸，那能量毫不次于火炮的炸弹。除了厂毁人亡，没有第二种结局。悠悠万事，唯此为大，产品质量就是生命。从某种意义上说，‘探伤’人就是企业和职工生命的主宰。”

师父的这些话像刀刻一样刻在孙妍妍的脑海里。而正是师父的这些话，让她不仅感觉到自己身上的责任重要，而且认识到自己生命的价值所在。当天，在日记里，孙妍妍写下了这样的话：“自己的工作关乎企业的命运，自己的生命关乎着别人的生命。用生命呵护生命，就是我工作的价值意义所在。”

“探伤”工累不说，还要面对笨重的X射线机的辐射。X射线能杀伤红细胞，长期从事这项工作易患白血病，所以很多人便“望机生叹”，避之唯恐不及，躲之唯恐不远。孙妍妍却像军人爱手中的武器一样爱着X射线机。这机器虽说有损人体健康，但它却是隐患的“杀手”，是用户生命安全的保护神。

“探伤”工作，对刚参加工作的孙妍妍来说是一片空白。为使自己尽快进入角色，她遵听师父 “多看、多想、多问、多动手”的教导，抓住一切机会锻炼自己。

孙妍妍聪明好学，进步很快。看有无“伤痕”能一目了然，说伤痕特点能一言中的。她慧眼独具，让师父很是高兴。然而，在质量这道关口上，她依然有过不去的“坎”。

一次，孙妍妍发现一焊接有“内伤”，便“按图索骥”，找到焊接师傅说明情况，令其返工。谁知，焊接师傅一听就火了：“你个毛丫头，你懂什么，我是高级焊工，有没有问题我最清楚。你如果硬说有问题，那就请你告诉我，有什么问题，问题形成的原因又是什么？”

孙妍妍被焊接师傅的“连珠炮”给轰蒙了，她委屈得眼泪直流，却无言以对。

这就像一个医生，通过看片子知道病人得了癌症，却说不清楚得癌症的原因。你说不清原因，就等于没病。这无异于强词夺理。但因为自己的知识不够，自己理屈词穷。孙妍妍第一次感觉到什么是“书到用时方恨少”。

那天，师父去济南办事，不在厂里。没有办法，孙妍妍只得向师父“呼救”。师父从济南赶回，才救了孙妍妍的“驾”，没让有伤的产品过“探伤”这一关。

孙妍妍下决心尽快成为让人心悦诚服的行家里手。她知道，要懂得焊接原理和金属材料知识，就必须懂得氩弧焊焊接的知识和诀窍。于是，她在没黑没白地向书本学习的同时，坚持每天到“现场”去，向焊接师傅学习。

孙妍妍坚持每天进车间，详细了解产品的制造、焊接全过程。

她弄了个氩焊帽，每天戴在头上，俨然是个氩焊工。当真正的氩焊工焊接的时候，她就站在氩焊工的身后，或蹲在一侧仔细观察。电焊瞬间产生的温度很高，把她的手臂烤得都脱了皮，生疼生疼。但她毫不在意，依旧固执地坚持“偷师学艺”。

为了解详情，她还会不停地问这问那。焊接师傅都有“独门绝技”，是他们的“看家本领”，他们不会轻易把门道传授于人。有的焊工师傅被问得不耐烦，说出话来像是吃了枪药：“怎么着，还想偷偷学活啊？去去去，滚一边待着去，别耽误我干活。”

虽说都是一个厂里的同事，但他们毕竟有着一层“猫和老鼠”的关系，对于为“猫”者的孙妍妍，他们说话一点都不客气。

当时，孙妍妍毕竟是一个刚满二十岁的姑娘，脸皮很薄，听到这些被人嫌弃的话，心里委屈得很。憋不住的时候，就躲到没人的地方偷偷哭一场。哭完了，洗洗脸，再找另一名焊工师傅继续学。这件事足以证明了孙妍妍“外柔内刚”、坚忍执着的特有秉性。这种秉性，正是一个人走向成功不可或缺的关键因素。

正是凭着这种倔强，孙妍妍学到了很多焊接知识，彻底实现了焊接和无损检测之间的“无缝链接”：不但能发现问题，还能说清产生问题的原因，找到解决问题的方法——这就是本领。本领在身，所向无敌。以后，也常有让人“哑口无言”的情况发生，可“哑口无言”的不是孙妍妍，而是那些自命不凡又出现问题的焊接师傅。再以后，那些牛气哄哄的焊接师傅，在孙妍妍这个柔弱的女孩面前，一个个成了很听话的“乖乖男”。当然，师傅们也有自己的说辞：“我们服的不是谁，而是理。谁叫理在人家妍妍那里呢！”

通过几年的锻炼，孙妍妍从一名锅炉行业的外行迅速成为内行，成为公司无损检测队伍中的一名技术骨干。2010 年，她被公司任命为无损探伤质量管理责任人，从此担起了公司整个无损检测工作的重担，实现了她人生的第一次华丽转身。

从“钢铁女侠”到“安全女神”

在孙妍妍办公桌的玻璃板下面，压着她手书的一句名言：业绩是拼搏出来的，幸福是奋斗出来的。

是啊，人生能有几回搏？没有奋斗又哪来的幸福？没有奉献哪来的快乐？孙妍妍用这句近乎真理的名言激励自己，让青春在奋斗中闪耀，让生命在拼搏中夺目，用自己全部的努力实现人生的最大价值。

孙妍妍是公司探伤组中唯一的一名女同志，真真是“一枝独秀”。但她从不搞“特立独行”，每天和其他男同事一样，游走在钢管和钢板之间，用一双洞若观火的眼睛，检查产品中存在的问题，哪怕是蛛丝马迹，也绝不放过。

为了近距离地检查工件，用肉眼能观察到小至发丝、针鼻的外表缺陷，孙妍妍要爬到两米多高的生产线钢架上，脚下踩着五六根钢管铺成的宽度极窄的管子向前行走。每走一步管子都会上下颤动，就像杂技表演中的走钢丝一样，稍不留神就有滑落的危险。

孙妍妍一向有恐高症，即使她十分小心，依然避免不了意外发生。她好多次从数米高的架子上摔下来，身上摔得青一块紫一块，甚至皮破血流，但她都没叫过一声疼、喊过一声苦。事情发生了，她拍拍身上的灰尘，揉一下身上疼痛的地方，再爬到高处继续工作。她多次戏说自己“不摔打不成器”。

孙妍妍对“探伤”工作充满了热爱。每天重复着同样的工作，从不感到单调。一天的评片张数多达上千，从不觉得乏味。别人笑她“天天吃馒头也津津有味”。她说：“简单的工作重复做，只要不厌其烦，就能做成专家。”她认真记录每道焊缝的检测数据，仔细分析产生问题的原因，反复探讨解决问题的方法。正是孙妍妍的这种认真，才有了华源济锅过硬的质量，才有了华源济锅驰名遐迩的信誉。

每道焊缝的检测数据误差不得超过正负 0.5 毫米，需要探伤人拥有崇高的职业道德和极其严谨的工作态度。孙妍妍从早到晚“瞪”着眼，盯着片子看，一天工作下来眼睛睁得生疼，一闭眼睛眼泪就会流下来。“瞪眼看片，闭目流泪”成了探伤人之“伤”。日复一日，月复一月，年复一年，导致双眼过度疲劳。所以，别人每天早上一睁眼，那是一片通亮，而孙妍妍起床后视力都是模糊的。孙妍妍的评片室的抽屉里常年都会备着一瓶眼药水，她一有空闲就拿出来滴上几滴，然后再做几分钟的闭目养眼。“多给自己上点眼药，少给别人出点难题”成了孙妍妍自嘲的名言。

俗话说“吃得苦中苦，方得苦中乐”。孙妍妍的工作，保障了产品质量的安全；她的工作态度，得到了领导和工友们的肯定。她不怕苦不怕累，和男同志一样工作，巾帼不让须眉，被工友们称为“钢铁女侠”。特别是听到客户称赞华源产品质量好时，孙妍妍就像孩子领到了奖状，心里那个美啊，特舒服。所以，工作虽苦，她却乐在其中，原因就在于此。

领导对孙妍妍放心，同志们对孙妍妍满意，可她的家人却强烈反对她做这项工作。

“探伤”是一种特殊的检测手段，它的特殊之处在于，如果防护不当，它会对检测人员的身体健康造成一定的伤害，而且这种伤害一旦发生就是不可逆转的。这好比病人去医院做 X 光检查或是做化疗，必须要在专门的 X 光室或化疗间进行。检查过程中，门口亮着“当心电离辐射”提示灯，其他人员和医生都禁止在此房间内停留，甚至要求远离此处。这就是因为检查用的 X 射线对人体有辐射作用，若被 X 射线照射后，身体的细胞就会发生病变。探伤的原理与医院的 X 光检查是一样的，但是探伤采用的 X 射线的能量可比医院用的 X 射线大几百倍，甚至上千倍。

所以说，“探伤”是一项高度危险的工作，有人说干这项工作就是慢性自杀。然而，自开始学习“探伤”起，孙妍妍就坚持这样一个理念：自己的每一次“探伤”，就是在为别人的生命和幸福安上一把安全锁。特别是，当她从一个厂家因发生锅炉爆炸让数人丧命的案例中，深刻认知到“生命的可贵、质量的重要”。此事故虽说与华源和自己无关，但质量问题却像悬在自己心头的一个警钟，每时每刻都在鸣响。她始终告诫自己：“探伤”工作是神圣的，因为只有产品的“无伤”，才能保证生命的完美。

这是责任，也是使命。

为了这份责任，为了这份使命，孙妍妍便多了一份担当。为了不让家人担心，为了避免家人的反对，多年来，她向家人隐瞒了这项工作的危险性，只告诉家人这就是普通的检验工作，就像是医生给病人看病，是再正常不过的事情。

由于工作的特殊性，孙妍妍非常重视工友和个人的防护工作。作为一名女同志，她发挥了女性特有的做事细心的特点，每天工作前都会仔细检查同事和自己的防护装备是否配备齐全，穿戴是否规范，确保每位同事和自己不被辐射所伤。

2008 年，孙妍妍到了结婚生子的年龄。为下一代的健康着想，公司安排她调离“探伤”岗位。没有理由，别人也会找理由离开，可孙妍妍却向领导提出了令一般人匪夷所思的要求：生完孩子后再继续从事“探伤”工作。

纸里包不住火。孙妍妍的家人知道了工作的危险性。父母心疼女儿，担心女儿的安全，便轮番上阵做她的思想工作。一向乖巧听话的女儿，这回却是油盐不进。工作做不通，妈妈就拿出了绝招——绝食。爸爸同样是苦口婆心：“闺女，咱不能拿命来挣钱啊。钱是处处有，可命你就只有一条啊！你难道为了这工作，自己的命不要，还想搭上你妈这条命不成？”丈夫知道后，上网查找关于“探伤”事故的文章和案例，看到报道说有人被射线照射后病重甚至死亡的案例，就极力反对她继续从事“探伤”工作。丈夫看着身边熟睡的儿子，对孙妍妍说：“你也知道这份工作对自己的身体不好，万一你有个好歹，我和儿子以后咋办呢？以后就是没工作了也不能再继续干这个行当了，没钱挣我养你。”说这些话时，丈夫的眼泪一直在眼眶里打转，孙妍妍分明感到丈夫内心对自己、对儿子、对这个家浓浓的爱恋。

可孙妍妍是个认准了的事三头牛都拉不回来的人。为说服家人，她也是费尽了口舌：“如果都怕危险，都不去做这项工作，那就把危险带给了客户。我的工作就是要用自己的危险，换来广大用户的安全。”她向父母和爱人再三解释，这份工作并没有大家想象的那样可怕，并且公司为他们每个探伤人都准备了辐射防护装备。她还向家人保证，一定会保护好自己，绝不受任何伤害。

就这样，孙妍妍不顾家人的反对，在孩子六个月大的时候，又义无反顾地回到了“探伤”岗位上。

正是有了孙妍妍这样的“门神”把关，华源济锅的产品以质量过硬走俏中国市场。在广大客户眼里，“探伤”责任人孙妍妍就是一位神圣的“安全女神”，有了她的呵护，才有了万家灯火下的温暖与幸福。

生命无伤，岁月无恙。这是孙妍妍这位“安全女神”奉献给济锅用户的无疆大爱。

从学习型职工到创新型专家

一个学徒工成了厂里“探伤”部门的负责人，孙妍妍的人生之所以发生这样的转变，用她自己的话说，“全是沾了好学的光”。

知识就是力量。孙妍妍知道，凭着自己的会计知识，永远也干不好本职工作。知道自己是个外行，就下决心成为内行。而实现这一转变的“灵丹妙药”，就是学习、学习、再学习。

为了能够学到最专业的技术知识，孙妍妍从不会放过任何一个学习的机会。在单位跟着师傅学，在家里看着书本学，在外面跟着教授专家学。每次外出学习，她都会像一个小学生一样，认真听、认真记、仔细思考、反复回味。好好学习，天天向上，是孙妍妍学习生活的真切写照。外出学习，她从不忘带着U盘拷贝导师的课件，回到单位再仔细看。她把这一过程称作“老牛反刍”。

2011年4月，山东省质检局在日照举办射线的培训班。这次的授课人是中国特种设备协会的探伤专家。专家亲临教学，这可是一次非常难得的学习机会。接到了公司的学习通知，孙妍妍却没有了以往的干脆决绝，而显得有些优柔寡断。当时，她的孩子只有几个月大，一个哺乳期的婴儿怎么能离开妈妈呢？何况，足足是半个月，不是三两天。但如果不去，就失去了一次很好的学习机会。况且，自己有几个技术方面的疑惑需要去请教专家呢。丧失了机会，岂不是莫大的遗憾？

正在进退两难之际，婆婆决定助她一臂之力：陪她带孩子一起去。到了日照，孙妍妍把婆婆和孩子安顿在离培训地点最近的宾馆住下，每天上完一节课就回宾馆给孩子喂奶，然后再返回教室上课。虽说每天要来回跑好几趟，有些马不停蹄的味道，辛苦归辛苦，却做到了学习、喂奶两不误。晚上，等到把孩子哄睡着了，她再悄悄地从床上爬起来，趴在桌子旁小心地翻开教材学习。直到眼睛困得实在睁不开了，才躺回到床上。经过半个月的学习，孙妍妍顺利通过了理论和实践考试，取得了合格证书。

从事“探伤”十几年来，孙妍妍一直在不断学习。通过坚持不懈的努力，2006年，她考取了国家射线初级资格证书；2007年，考取了射线中级资格证书；2010年，考取了专科学历；2011年，获得了射线、磁粉、渗透三项中级无损检测资格证书；2014年，考取了国家发布的无损检测高级资格证书；2019年，取得了大学本科学历。一步一重天。孙妍妍当之无愧地成为公司内无损检测的带头人，也当仁不让地成为平阴县“探伤”高级证持有者的“第一”和“唯一”。

从一个外行，终于成为名副其实的探伤专家。2014年12月，孙妍妍被公司评为“技术带头人”荣誉称号；2017年5月，被平阴县人民政府授予“平阴工匠”荣誉称号；2019年4月，获济南市总工会颁发的“五一劳动奖章”；2019年12月，被济南市总工会授予“济南工匠”荣誉称号。

这些闪光的荣耀，无一不是实至名归。

2002年，在山西某电厂的一次“华山论剑”，孙妍妍高超的“剑术”，让几位业内高手从内心臣服。

话说这年冬天，济锅破天荒地接到山西用户的投诉，称锅炉运行一年后发生爆管现象，并提出高额索赔。这无疑是一个晴天霹雳，不仅会造成企业财产损失，还会严重损坏企业声誉。领导很紧张，孙妍妍也很揪心。但有一点，孙妍妍信心满满地说：问题绝不会出在产品质量上。

孙妍妍向来有强烈的质量意识，她有一句口头禅：“干活要对得起良心，才能睡得安稳。”为保证质量，她制订了严格的工作程序，每一根管子的检测都收录进档案，长期保存，做到任何时候都可追溯、可查档、可对证。

来到厂家，孙妍妍一行便被“兴师问罪”：“质量出了问题，责任全在济锅，你们必须承担全部责任。”孙妍妍和山西厂领导及厂里聘请的专家一起看了现场后，便开始了“针尖对锋芒”的论辩。为了让对方心服口服，孙妍妍拿出了档案记录，让专家们仔细看过。专家没有挑出任何毛病。然后，孙妍妍一针见血地指出了问题的所在：“施工者忽略了安装防磨罩，因而造成了管道磨损。一句话，施工方的大意造了这次爆管事故的发生。”

专家听了，点头称是。厂家听了，无言以对。

为了体现华源济锅和其他企业的“不一样”，孙妍妍主动提出帮助厂方进行维修。她的慷慨大度，让厂家和专家禁不住对这个年轻的专家发出啧啧赞叹：“不简单，就是不简单！”

孙妍妍在成就自己的同时，还带出了一个特别能吃苦、特别能战斗的团队。

在她的带动和传授下，其手下的“兵”全都成了“战将”，陆续取得了射线、磁粉、渗透中级无损检测资质，成了行家、专家，从而壮大了济锅工程技术人员队伍。

创新是一个民族前进不竭的动力，更是一个企业立于不败之地的根本法宝。在长期的工作实践中，孙妍妍不仅是一个忘我工作、不知疲惫的工作能手，还是一位大胆改革、不断创新的先锋。

原来做“探伤”用的是胶片，每年要花掉60万元的胶片钱，加上用人多，劳动量大，极大地加重了企业的负担。随着公司一年一年的不断发展，检测成本也在不断增加。

还有，由于生产任务增加，交货时间又紧，原本需要两天时间才能检测完成的任务，要求一天时间完成，这对孙妍妍和她的团队来说无疑是一次严峻的考验。

世上无难事，只要肯登攀。为提高工作效率，减轻企业负担，促进新旧动能转换，孙妍妍萌生了用自动化、数字化检测代替手工胶片检测的想法。

2014年，孙妍妍带领自己的无损检测团队，开启了“新旧动能看济锅”实践活动。她带领检测队伍开展连续半年的攻坚，每天工作十二小时，“五加二”“白加黑”地连轴转。这一攻坚行动，突显了孙妍妍麾下的探伤团队“团结一致、奋发有为”的团队精神。经过不懈的努力，他们终于试制出螺旋管焊缝实时成像数字化自动检测设备，并将其成功地运用在螺旋管焊缝检测工作中。

这是省内首台可多位置检测螺旋管焊缝的检测设备，开创了“数字化检测”的先河。这一成果，大大提高了检测效率，可旋转多角度进行焊缝检测，扩大了检测范围，提高了缺陷的检出率，从而提高了产品内部质量。同时，检测成本下降了 60%，每年节约资金达 100 多万元。科技就是生产力，这一论断在孙妍妍的这项成果上得到了印证。由此，华源人的科技意识进一步增强，从而保证了华源济锅的长足发展。

青春因奉献而闪光。回顾十九年来的工作，苦过，累过，委屈过，但对孙妍妍来说，更多的是在踏踏实实、任劳任怨的工作中，在爱岗敬业、无私奉献中，展示了才干，成就了事业，带出了团队，促进了企业又快又好地发展。这是孙妍妍的欣慰，也是孙妍妍的自豪。

作为劳模，她始终以劳动为荣；作为工匠，她始终以“匠心独运”为耀。“没有最好，只有更好！”今天，功成名就的孙妍妍依然用她特有的坚忍刻苦、追求卓越的“匠心”品质，继续书写着自己的“匠人梦”。

青春无悔，因为从没有虚度。

青春无怨，因为劳动带来快乐。

青春闪耀，因为万家灯火中的幸福和快乐，有她的付出和呵护。

孙妍妍很想写一首歌，歌名就叫《青春闪耀在万家灯火》。

我想，一首从劳模心中飞出的歌，一定很美、很动人。

灵魂有香

——记山东省劳动模范、商河县市政工程服务中心孙丽

万洪梅

“这个荣誉太重了，我只是做了自己该做的事，都是些小事。”孙丽获得山东省劳动模范荣誉称号时说。

农家才女初长成，慈父教诲启航灯

一条狭长的乡间小路上，飞驰着一辆自行车。路旁，树木绿意盎然，在微风中欢笑着鼓掌后退。夕阳抛出一道红彤彤的丝绸，悬挂在天际。路的尽头，一座经年里的村庄安卧在广袤的平原上。袅袅炊烟渐次缓缓升起，宛如母亲寻常的呼唤。

两扇木门敞开着，欢悦的自行车直接拐进了宽敞的院子。“六百零八分！”车子尚未停稳，女孩已经跳下来，一边快速支好车子，一边冲着屋里大声喊

着。父亲从屋里走出，笑眯眯地看着风风火火归来的女儿。“爹，六百零八分，我考上了吗？老师说，全县超六百分的只有六名同学。”父亲略微沉思了一会儿，郑重其事地说：“可能算是考上了，但这只是万里长征迈出的第一步，你的路还长呢，以后需要更加努力，为了更好的自己，也为了能够真正光耀门楣。在学校里，你是第一。在商河县，你即使是第六，走出去也未必会榜上有名。天下之大，人才济济。坐井观天的青蛙不会懂得鸟儿的话，只有跳出井口才会发现天空并不是目之所及。”女孩若有所悟，点点头，喝了一口水，仰望着院子上方。浩渺的高空一望无际，像课本里学到的深蓝色的海洋。一只飞鸟忽地掠过，飞镖一般射向远处，拉走了她的思绪。

她就是山东省劳动模范、商河县市政工程服务中心主任——孙丽。

1990 年，她带着中考分数回家时的情景一直历历在目，一说起来，嘴角就飞扬着青春的微笑。当年父亲的话在她急欲展翅的心灵深处牢牢扎根，像定时的闹钟时刻提醒着她。

谈及山东省劳动模范这项殊荣，孙丽总是满含愧疚地说：“于我而言，这项荣誉太重了，我只是做了平常该做的小事。每当想起那些保家卫国的军人，那些有卓越贡献的科学家等默默无闻、无私奉献的人，我就觉得这是天上掉馅饼，砸到我头上了。”俗话说得好，举头三尺有神明，人在做天在看，或许，这掉落的馅饼也是神明附体吧。

四年漫漫求学路，喜遇恩师擘宏图

面对陌生的专业名词，孙丽犯难了，她知道粮食学校是管理粮食的，有饭吃，饿不着。市政工程专业从字面意思看就是济南市政府的工程，其余专业名词更是闻所未闻，无法理解。她大胆地选择了市政工程专业，进入山东省城建学校。或许，这就是冥冥中注定的缘分。

来自江南水乡的吕红老师具备了江南女子特有的气质，高雅温柔，端庄淑丽，温婉如玉，安静如水。在那物质贫瘠的年代里，这样的女子出现在一个十七八岁少女的天空里，可谓是美得不可方物。单那份清新脱俗的气质、纤尘不染的眸子、灵动若出水芙蓉的笑容、甜美轻柔的声音，在举手投足间，都会引起孙丽心海的微澜。这世上竟然有如此动人心弦的女子，若能得其真传，岂不是幸甚至哉。孙丽是幸运的，现实与想法不谋而合，这令人心仪的女子正是她的老师。

第一堂课，吕老师的气场以全自动模式自然打开，不是阳刚霸气，而是文静柔美。她的眉梢眼角里贮满了秀气，举止言谈里露着温柔。孙丽喜欢注视着老师，生怕漏掉一句话，或者错过一个细节。那清晰的声音，像缕缕清冽的甘泉，缓缓滋润着一颗饥渴难耐的心灵。听着听着，孙丽觉得自己内心有朵花儿正在悠然开放，她不觉暗自欣喜，自己选择的市政专业完全是歪打正着了。原来，市政专业就是铺路架桥啊，这对偏重理科知识的她，是最合胃口的一道菜。想着将来可以做工程师，她的嘴角不觉上扬起一个美丽的弧度。

课堂上，孙丽专注地听着，那是她通往梦想的桥梁。有时，她会有种“半亩方塘一鉴开，天光云影共徘徊”的感觉。越听越爱听，越听越入迷，思绪跟着老师的话语翱翔在漫无边际的空间里，她尽情享受着知识撞击思维的快乐。灼灼闪光的眼眸里，流淌着求知的兴奋。老师读懂了她的眼神，她也走进了老师的心里。她暗下决心，卧薪尝胆也好，悬梁刺股也罢，坚决不负青春时光，就为了将来可以当工程师。工程师，多么高大上的字眼啊！渐渐地，这三个字稳稳当当地站立在了她心里。

每一天清晨梦醒时，总有个声音在她耳畔响起：“孙丽，你是未来的工程师，要加油啊！”她总是一个骨碌爬起来，揉揉惺忪的睡眼，在朦胧的晨光中，一头钻进课本，忘情地吮吸知识的甘露。

其实，市政工程专业的内容很深，尤其是数学。对一个初中毕业生来说，简直就是天方夜谭。全班仅有几名同学可以听懂，孙丽就是其中一个。数学老师看在眼里，喜在心里。一个贫困县来的女孩子如此聪慧勤奋，怎能不令人惊喜呢。因此，老师倍加赏识她，她也更加扬鞭奋蹄。

“世有伯乐，而后有千里马”。伯乐，才是千里马驰骋奔腾的贵人，否则，千里马也仅仅局限于“千里马”这三个字而已。

铺路架桥比须眉，巾帼英豪花木兰

1994 年，孙丽以优异的成绩毕业，怀着满腔沸腾的热血走进了商河县市政工程办公室。

领导们出于照顾女孩子的好意，安排她在办公室里上班。在当时来说，这可是多少人梦寐以求的美差。领导一走，办公室门一关，喝茶、看报，悠哉乐哉。别人眼里的逍遥仙工作，在孙丽这里却成了太上老君的八卦炉，她越待越难受，天天犯困，感觉是在浪费生命，是在慢性自杀。一抹明媚的阳光，射进窗子，让她猛然惊醒。她指着镜子里的自己不断发问："孙丽啊孙丽，你忘记自己的初心了吗？这样下去，工程师的远大理想岂不泡汤了？四年苦学的知识岂不荒废了？恩师的教诲难道忘记了吗？"她一拍脑门，直奔工地。领导也对这倔强的女孩惊诧不已，摇头笑了笑："这孩子有股子劲儿，是个人才。"

从此，孙丽戴上安全帽，背上测量仪，拿着纸和笔，开启了铺路架桥领域的大门，一干就是 26 年。早上 6 点，晚上 10 点，成为她的日常工作时间。

2002 年，永安街修建。这是老城区的一条街，东起田园路，西至商中路，长约 850 米。沟槽回填工作正在紧锣密鼓准备时，天公不作美，下起了雨。眼看所有的石灰来不及铺路，就要毁于雨水。孙丽立即指挥搅拌机，把石灰全部搅拌进灰土。雨不紧不慢地淅沥着，似乎在和孙丽开玩笑。孙丽可没这心思，她撑着伞，跟着机械一起运转。石灰全都被搅拌进去了，全都在雨水中均匀地铺到路上了，一袋也没失效，孙丽这才松了一口气。顺着发梢滴落的水珠儿，不知道是汗还是雨，她顾不得擦拭。雨如果继续下，后果不堪设想。她不禁仰天长叹：老天爷啊，咋不睁睁眼呢？这可是民生工程啊！说来也怪，一阵风倏然而来，抚摸着孙丽一绺绺湿透的头发。漫空的乌云像帘子一样，自北向南轻轻卷起，淡蓝的天空像水洗过一样洁净。

太阳嬉皮笑脸地露出头来，好像和刚才使坏的雨无关。孙丽在沟槽里来回走了两趟，指挥轧路机上场。这场雨过后，沟槽回填灰土的含水量恰到好处，轧出来的路面跟镜子一样，锃光瓦亮。孙丽心里感谢老天爷这么眷顾她。

两位德州来的老监理看得目瞪口呆："哎呀，这条路是真好哇，这辈子第一回见颜值这么高的路。"他俩边看边赞不绝口，走到孙丽身旁，好奇地问："您是怎么做到的？"孙丽淡然一笑："刚才下雨的时候，石灰都一起搅拌进去了。"两位老监理不约而同地伸出大拇指，连声说"厉害"。孙丽欣慰地笑了，要不是她急中生智，所有的石灰都将失效结块，造成那样的浪费，她会寝食难安。

这条信息长了腿一样，传到了张县长那里。他特意来永安街看了看，喜上眉梢。在怀仁检查工作的时候，他深深感慨："哎呀，你们这一帮男同志，还不如孙丽一个女同志干得好呢。"

如果说永安街是孙丽的杰作，那么富民路就是她的传奇。

2003 年，富民路开工修建。那是当年县里最大的工程，也是孙丽参加工作以来记忆中最苦最累的经历。

孙丽早晨 6 点到工地，一忙就忙到晚上 10 点，像个男子汉一样，穿梭在泥土遍地的沟槽里，几乎脚不沾地，但她不喊苦、不说累。工地上大都是男人，来自四面八方，大家非亲非故，看着孙丽一个女同志来回不停地干这干那，都暗自佩服。熟悉点儿的工友忍不住问："这么个干法，不累得慌吗？"她只是笑笑，哪能不累呢，毕竟是一介女流，体能是绝对劣势。但累又怎样？能不干吗？这是商河的路，是她孙丽的路，就像她家盖房子一样，她不上心会良心不安。这是应该干的，这是工作，这是饭碗。当初的选择就是这样，她始终都以此为傲，始终都感觉累并快乐着。任由骄阳似火，任由汗流浃背，任由泥土拥抱着裤脚，一切过程都是享受。

中午，她从不回家，在工地食堂里和工人们挤着狼吞虎咽地吃点儿。等所有的机械都停止了喧嚣，她才像个追风少年一样，骑着摩托车风驰电掣般赶回家。看着熟睡的儿子胖嘟嘟的小脸，一天的疲惫顿时烟消云散。每每这时，她才想起幼小的孩子稚嫩的话："我总是好多天见不到妈妈，只有在梦里才可以。我知道妈妈上班很忙，可是妈妈能不能上班之前叫醒我，让我看一眼再去上班呢？就一眼，行吗？"她何尝不想呢，何尝不想抱着儿子高高举起，亲吻那张柔滑的脸庞，听一听那银铃般的声音再走呢？可是，她不能。她不仅仅是妈妈，还是商河修路搭桥人。宁可愧对孩子，也要对得起商河的老百姓。

每一天，她都汗流浃背，皮鞋当水鞋穿。领导不忍心她一个弱女子如此付出，劝她回家休息休息。责任使然，秉性使然，她一刻也不舍得离开。她深知，在她的眼皮子底下，一根钢筋都不会缺，一铲混凝土都不会少，一个坎坷不平的地方也不会有。她常说："老人们都说，女人心眼小得跟针孔一样，我的心比那针孔还要小啊。看不见施工，我就睡不着觉啊。"

孙丽日夜坚守，不分晴天雨天跑工地，让富民路成就了一段 20 年的传奇。以至于时限到期翻修时，施工队惊叹孙丽负责的那一段路基依然完好。

孙丽这样脚踏实地、真抓实干的人才，可谓是稀缺资源。富民路完工后，住建局徐局长慧眼识栋梁，点名把她要到住建局规划科，让她规划、市政两肩挑。这在当时来说，是业内人士求之不得的事，孙丽轻而易举就进去了，貌似不费吹灰之力。孙丽也有了保护路的能力，她提出新修道路五年内不准挖开，无论任何理由。这一做法有效制止了乱挖道路现象，受到一致好评。朋友和同事们都理解她保护路的心情，那是她的汗水换来的，就像拉扯自己的孩子一样，一把土一把土修起来的，能不心疼吗？

千锤百炼成钢铁，独领团队挑大梁

2007年，商中路改造办公室成立，孙丽任团队技术人员。

商中路改造的部分大都在老城区，地面情况极其复杂，地下管道纵横交错毫无秩序，完全是一团糟。有些单位施工图纸找不到了，有的施工方根本没有按照图纸施工，难度之大，任务之艰，大家都捏了把汗。尤其是当时的商中路改造办公室主任，不是市政专业，心里一点儿底儿也没有，整天愁眉苦脸，压力山大。他多次要求上级领导加派专业人士，避免技术失误，得到的唯一回复是："孙丽不是在那里了嘛！"这位主任一听就更着急了，一个女同志不过就是个摆设，能够顶起这么重的任务吗？

为了不耽误工作，这位主任硬着头皮不厌其烦地找领导，非要再增加个技术人员。当时的领导见他如此执着，笑着很认真地对他说："只要孙丽在，你就把心放到肚子里。别看孙丽是个女同志，她比谁都专业，她一个人顶一个团。古有张翼德长坂坡一声喝退曹兵百万，今有孙丽商中路力鼎千钧。"这位主任半信半疑，也只能憋屈着接受现实。

盛夏的太阳，早晨一出来就跟着火一样，烧得到处热乎乎的。一股股热气四处肆虐着，让人喘不过气来，躲也没处躲，藏也没处藏，只有空调房里才可以长舒一口气。商中路上，施工一刻也不能停。各级领导、技术人员和工人们都裸露在火辣辣的太阳底下。孙丽和工友们一样，在一阵阵热风卷起的滚滚浓烟里承受着炙烤。她戴着安全帽，从南头到北头，再从北头到南头，好几百米的路程，她深一脚浅一脚地一步一步丈量。半年施工期内，她不知道每天要来回走几趟，不知道要指挥多少处。工友们劝她回办公室歇歇，谨防中暑。她可不放心，这工地就是她的命啊。

施工中的商中路像一大块光秃秃的石板，没有一寸阴凉之处。连蚊子都

不愿光顾，好像怕这蘸了辣椒水一般的阳光伤害了它们的嘴巴。

无论气温多高，孙丽的身影都会出现在工地上。她的衣服湿透了，鞋子里都是水。被太阳过度“宠溺”的皮肤黝黑发亮，乌黑浓密的秀发打着绺。一双清澈睿智的眼睛，似乎是镶嵌在圆圆的脸庞上的艺术品，越发显得魅力无限。

在孙丽蜜蜂采花一样的工作精神感染下，施工单位更加认真，垫层、钢筋、混凝土等材料都均匀到位，压实地面，回填土、水量等也都恰到好处。孙丽就是这样，工作无小事，凡事都亲力亲为，不能有丝毫马虎，这样才会睡得着觉、吃得下饭。商中路改造成功后，被行家誉为商河公路建设历史上的一大进步。

随着工期日渐接近尾声，起初压在商中路改造办公室主任心头的那座大山，飘悠悠地飞走了。他眉宇间皱起的惊涛骇浪，也悄无声息地褪去了。

2019 年，机构改革分人时，出现了怪象：各部门都抢着要孙丽，谁也不放手。最后书记拍板：西城的道路绿化包装都是孙丽负责的，让她去交通局吧。

孙丽觉得，只要实实在在地干，在哪里都一样。她觉得自己干的都是平凡的小活儿，没有什么大不了。古语云：“君子坦荡荡，小人长戚戚。”只有脚踏实地干工作的人，才会获得人生的价值和意义，其余的都是浮云。

2021 年，商东路北延，南起青年路，北至富民路，道路全长 763 米，红线宽度 40 米，建设内容包括主路、人行道、路沿石、雨污水管道、照明、交通信号灯及桥梁工程等，所有繁杂事务一并全包。“黄沙百战穿金甲，不破楼兰誓不还。”对于粘在工地上的孙丽来说，这根本不叫事。别人都有畏难情绪，她却敢于独挑大梁，带着市政办公室团队十五六个人，一起协商事宜、接收项目、设计图纸、招投标、修路等。所有流程她都懂，但从不独断，有问题和想法及时和队友们一一沟通交流。无论多少疑难杂症，在她的团队面前都不过是“天空飞来五个字儿：那都不是事”。

2021 年，抢修商中路和鑫源路。当时，附近个别村民蓄意闹事，阻止施工机械进入。这路段至关紧要，县里一直盯着，因为牵涉到该路段附近的一所新建学校。拆迁完房子已经 7 月底了，新学校已经招生，9 月 1 日学校开学在即。本来就时间紧、任务重，寻衅滋事人还无理取闹，真是“烧饼糊了不看火候”。情急之下，孙丽只能让施工机械强行进入。带头闹事的人立即怂恿人围攻，好在政府领导闻讯及时赶到，才化解了一触即发的危机。

8 月 1 日，负责施工的城建集团开始日夜不停抢修，一人负责一段，各种机械齐上阵，工作人员轮流休息，施工机械分秒不停。孙丽看着那赶时间、赶工程的场面，感动得几度热泪盈眶。皇天不负有心人，这条路终于在开学之前全面通车，号称“深圳速度”。县委袁书记来查环保，一看就很高兴。他看看这一段挺好，瞧瞧那一段也挺好，一时间忘记了环保。临走时，他才笑着回头：“注意环保啊，我高兴得竟然忘记了。”

已戴皇冠必承重，廉颇虽老砥砺行

2009 年左右，孙丽第一次甲方采购商中路路灯。到货之后，细心的她发现灯壳是塑料的，还有三个孔，据介绍是防止破裂和漏掉雨水之用。灯罩里边最容易招蚊子，用不了多久，所有的路灯都是黑乎乎的，特别难看。她没有请示局长，不假思索地当机立断，全部退回。

都说小说故事情节容易巧合，现实生活也总是那么一寸不差。局长见路灯迟迟没有动静，一问才知道事情的缘由。这可把局长急坏了，县里刚下紧急通知，有观摩活动，领导们首选商中路，没有路灯，难道观摩灯杆不成？孙丽胸有成竹，笑着向局长保证，不仅要让观摩团看见路灯，还会让他们乘兴而来尽兴而归。局长知道她有实力，也不再过问，只有一个要求：10 月 18 日之前必须把路灯竖起来。

立完军令状，孙丽快马加鞭协调供货方。再三协调下，钢化密封灯壳路灯终于来到了，并赶在观摩之前成功立了起来，收效甚好。

令孙丽最堵心的，是她负责招标信号灯那件事。在检察院、审计局、纪委、市政等多部门联合监督下，孙丽去济南参加招标。当时有两家企业同时竞标。孙丽平静如水地回复向她征求意见的评估专家，一切必须公平、公正、公开。其中一家企业负责人曾要求提前和孙丽见面，遭拒后面色一直不悦，听到这话脸色像霜打的茄子。该家企业产品价格高出另一家100万，经专家评估，质量位列第二。

为了保证质量，孙丽开始实地考察，质量第一的那家企业是军工企业，属于我国航母辽宁舰参造单位，信号灯的质量好，价格又便宜，这才是标准的物美价廉。没有比较就看不出优劣，相比之下，另一家企业就像手工作坊。参与考察的各单位都中意孙丽定的这个标，既省钱质量又好，真是两全其美，谁说鱼与熊掌不可兼得呢。

当孙丽沉浸在喜悦中时，一个电话让她醍醐灌顶。“小心，注意，有人暗地里调查你。”一股无名的怒火顿时熊熊燃烧起来，但是静下心来一想，查去吧，反正一没吃二没拿，怕个啥。同时参与监督的各单位同志也觉得不可思议，难道对方来者不善，想把这么多监督部门和工作人员都弄成摆设或者同谋？大家百思不得其解：此次招标，不仅为县里节省100多万，又购得了优质灯具，还有什么可挑剔的呢？

《礼记·儒行》曰：“儒者可亲而不可劫也，可近而不可迫也，可杀而不可辱也。”尽管孙丽向来敦厚善良，这次实在忍无可忍。她找到领导诉说烦恼的同时，义正词严地再三强调：“领导您放心，我有三点您必须清楚：第一，这个人总是背后查；第二，咱选的产品又好又便宜，绝对没有问题；第三，我没有和两家竞标企业提前见面。总之，我一点儿私心也没有，怎么查，我也不害怕，随便查。”局长知道孙丽为人忠诚厚道，一个连谎话都不会说的人，怎会有问题呢。他坚定地说：“你放心，叫他们查去吧，查到这里来，不管什么事，咱们交通局有我，没你什么事，不用怕。”一件令人欢欣鼓舞的好事，被搅和得乌烟瘴气。同事们都劝孙丽：“清者自清，浊者自浊，随他们去吧。”

从此，孙丽工作更加细致严谨。不管什么人想抓她什么“把柄”，都枉费心机。

随着时间的推移，孙丽慢慢释怀，她很感谢那次不愉快的经历。也是从那一次开始，她善良朴实的内心更加坚强，脚踏实地的方向更加清晰，斗志昂扬的精神更加抖擞，积极工作的力量更加所向披靡，没有什么可以阻挡她对这份工作炽烈的挚爱。

近年来，商河县委县政府努力打造生态商河，小城环境越来越好，美景无处不在。每个华灯初上的夜晚，人们看到了令人心旷神怡的景观，不由自主地发出赞叹：哇，好美！人们的幸福指数飙升，却鲜有人知道这路灯背后的故事。

有的单位安装的路灯，一夜之间跟着狂风去旅游再也没有回来，几十万或者几百万元随风而去，杳无音信，成了前车之鉴。为保证质量，孙丽亲自实地考察，严格采购了几款路灯，统一安装在交通局门口马路上，等待领导审核。

县委领导班子带领检察院、纪委、审计局、交通局几十人参观。朦胧的夜色中，柔和的灯光令人舒适放松。县委袁书记不由自主地说："这个灰色款挺好看，你们怎么看？"大家都说差别不大，都挺好看。袁书记让秘书叫孙丽过来。当时，孙丽远远地站在人群外围，根本不知道刚才发生了什么。听到"接龙"式传话，她才大步流星地走上前。书记问："你觉得哪个好看？""这个像鲜花盛开的好看。"孙丽话音刚落，周围的人都悄声笑了。孙丽立时就蒙圈了，重播了一遍脑回路，觉得也没说错什么话呀。秘书笑着说："书记刚刚说了灰色好看，你非得说花形的好看，大家能不笑吗。"一位老领导悄声嘱咐孙丽再补上一句："其实，灰色款也挺好看，显干净。"孙丽也笑了："我就是这么认为的，我得坚持自己的观点，不能糊弄书记。"书记笑了，大家都笑了，或许这就是书记点名叫孙丽过来的初衷。

流水可以带走飘零的落叶，却无法带走水底的水草，因为生命的力量在于不随波逐流。孙丽，无论什么时候，都是孙丽。她，从来不要求完美，但历来尽心尽力、尽职尽责。因为世界本不完美，如果一味追求，不过夸父逐日。她早已把寸心寄予这座历史悠久的商河小城，把寻常人的生活留在了岁月的长河里。

80 多岁的婆婆身体不好，需要照顾。雨期将至，道路铺设工程刻不容缓，只能提前，不能延后。时间紧，任务重，孙丽又一次开启了"5+2""白加黑"工作模式，像棵大树一样栽种在工地一线，只能忙里偷闲回家陪伴老人。她握着老人的手，很想陪在床边多唠唠嗑，但是工作不允许。她不属于个人和家庭，而是属于工作。为了提前完成工程，争取早日回家陪伴老人，她夜以继日地忙碌着。可是，时间不等人，老人离开了，给孙丽留下了终生的遗憾。每每提及，她总是眼含热泪，满怀愧疚。自古以来，忠孝不能两全，孙丽只能化悲痛为力量，把对老人深深的爱融化到工作中。

不变初心守本色，建设家乡志不渝。

工程建设过程中，与各个部门、单位之间的对接协调也极为重要。有时候，重要节点的地上物迁改不能及时进行，就可能影响工程的总体进度。

2022年，在文昌街西段施工期间，有一组变压器正好位于道路交叉口，严重影响了工程车辆的通行，多次协调供电部门后，均表示先收到预付款才能备料、迁改。孙丽积极想办法，在财政、项目单位均对迁改费用一筹莫展时，再次登门与供电部门协调，表示资金到位后马上拨付。供电公司被孙丽的诚恳态度和为了公事不怕麻烦的工作精神打动，在未收到工程预付款前，将影响工程进展的变压器进行了迁改。

有人说，商河交通建设战线上有孙丽这样的虎将，多少“拦路虎”也会被踩到脚下。是的，没有金刚钻不揽瓷器活。孙丽主动承担起县委县政府提出的建设“交通强县”任务，就是实力所驱。于她而言，工作无小事，是一切行动的指南针。保持努力工作的兴趣和激情，为这座小城增添色彩，才是她的精力所在。规划时，她是主帅；指挥时，她是先锋；工作时，她是排头兵。加班加点是正常，紧盯项目心不慌。两道深深的眸光，犹如深深的潭水，似乎可以容纳项目进度、质量、安全、环保等所有的工作环节。城区道路建设情况复杂，任务艰巨，又如何？试问，全县现有市政道路和城区桥梁，哪一处没有她坚毅的身影和深深的足迹？

天才禀赋不寻常，改革创新献力量

通常，架空线路是架在地面之上，电缆由一个杆塔向另一个杆塔，裸露在空中，常年遭受风吹雨淋，易受到大气中酸碱气体和水汽的腐蚀，很容易发生电缆老化，绝缘层脱落，因此架空电缆具有诸多的安全隐患。

孙丽在多年的工作中善于观察，勤于思考，通过积极学习，发现电缆埋管敷设是具有更高安全性的一种敷设方法，既可以增强城市电网的可靠性，又可以增强城市的传输能力。埋于地下的电缆线路，可以达到很多的回路，同时地下高压电缆一般具有效率更高的铜导体，使它能更高效地输送电能。庞大密集的城市架空线，很大程度上破坏了城市的美观，破坏了传统建筑与现代建筑的视觉效果。架空线入地，就可以还城市天空一片纯净，可以减少视觉污染，能够让人们的视觉产生一种舒适美感，美化城市环境。

随着时代的发展，土地越来越成为价值含量高而且比较稀缺的资源，尤其是一线城市的中心位置，由于架空线的空间安全距离要求比地下管线更高，降低了土地的利用价值。采取地埋的方式，既可以提高利用价值，又可以更好地避免或减少事故的发生。

迫于常年任务量大、时间紧、任务重，孙丽越来越觉得必须改变传统的施工工艺，采用先进的施工办法，才能达到事半功倍的效果。她积极向先进单位学习，努力探索、尝试，终于在 2021 年，创造了集成管线组合式侧模施工工艺，彻底改变了强弱电线管预埋的传统方法，既节约了侧模混凝土用量，还解决了强弱电管线重复建设的问题，为工程创新打开了一扇光明的大门。侧模集成管线是通过将路灯、交通等管线集成于水稳边与混凝土同步浇筑。此工艺与传统施工相比，既能使快车道边提前浇筑砼侧模，高程控制更精准，同时节约水稳，避免浪费，又能管线同步实施，避免二次开挖，节约建设成本，还能管线集成后，混凝土包封，避免二次及后期开挖破坏，且易维护，后期使用方便。

26 年来，孙丽就是这样且行且思且创新，聪慧的大脑始终行走在市政道路上。26 年来，她先后主导参与了 70 余条道路建设以及污水管网铺设工程，并且将每一条道路都建设成为精品工程，为交通强县建设做出了突出贡献。当人们行驶在宽阔的马路上，愉悦地欣赏着小城美景时，很少有人想到这是她不负使命、恪尽职守、砥砺前行换来的。

时光不声不响，半百之年的孙丽带着她的团队还在全力以赴地奔忙，无惧风雨，勇往直前。她深深懂得，人生之旅犹如一年四季，有风有雨是常态，风雨无阻是心态，风雨兼程是状态。面对济南市“北起”战略的实施和建设新城市组团的发展要求，为了把商河这座国家级生态文明小城建设得更加美丽，她像一朵伫立的清莲，于市政工作的道路上，悄然释放着无限美好和积极向上的力量。

眼里有光，灵魂有香；心若充实，一生向阳。

一路繁花相送

——记山东省劳动模范、济南百合园林集团有限公司吴晓静

陈玉珍

夏季的花，永远都不气馁——

它们坚强地开了，含着自己的雨水

——题记

时令在这里仿佛凝滞了。

到处是各色的花，浓碧的叶，密密匝匝地在偌大的展厅里罗列。而香气，早已浓得化成了一锅粥，随着你的每一口呼吸，侵入你的五脏六腑。你只觉得这香气如落梅般纷乱，一不小心就乱了心神，想伸手去拂一把，却拂了一身还满。

一路穿枝拂叶，穿过拥挤的甬道，一处防腐木搭就的花榭呈现在眼前。前方，有两个身着蓝色工服的身影。她们身后，则是一处不大的蓝色板房，墙上赫然挂着“百合园林生产部”的字样。不用说，正是济南百合园林集团有限公司生产部部长兼经理吴晓静和她的工会委员赵文婷——此刻，她们正如约迎接我们的到来呢。

“您好！吴总！”

“您好！欢迎两位！”

一阵寒暄过后，我们被安排在旁边的花榭当中就座。小赵殷勤地给我们倒上茶水，我和吴总的对话也在袅袅茶香中，徐徐展开——

“吴总，您这工作环境不是一般的好呀！”陪同我一起前来采访的作家春燕一边喝着茶，一边环顾四周，忍不住感慨道，“花香拂人面，衣有带来香。整天在这样的地方工作，岂不是和神仙一样了？”

“可不是嘛。”我笑着接话道，“真是羡煞旁人啊！”

上午，我和春燕刚刚在重汽公司采访了一位一线的老焊工，和吴晓静一样，也是一位省级女劳模。见识了她昏暗的生产车间，再来看这鸟语花香的花卉展览大厅，竟着实有些不适应。

“其实，我大部分时间都不在这里。”吴晓静打量着我们说，“这个展厅呢，只是我们公司的一小部分产业，主要用作公司的窗口，实际创收可不仅仅靠它……”

经过吴晓静的详细介绍，我们这才知道，原来，我们眼前这位年轻的女劳模，是济南百合园林集团有限公司花卉市场分公司负责人，不仅管理百合花卉展销市场，还负责着两个苗圃和花卉工程等多个项目的工作，可谓身兼数职，是百合园林集团一位不可多得的“悍将”。

“您进入这个行业有不少年头了吧？”我好奇地问道。

“2001 年，我来济南，进入苗圃，一直从事和园林相关的工作，一晃 22 年了。”她摩挲着手中的茶杯道，“真快，我也成园林行业的老兵了。”

“我是中专毕业的。”她徐徐说道，思绪逐渐进入到了回忆之中，语调也越发柔和起来。因为家里有长辈在园林部门工作，她顺理成章地上了农校，修学园艺专业。毕业以后来到济南，在一家叫光合园林的企业工作过三年，然后去一家纺织厂工作过半年，最终又回到了园林行业。只不过，不再是原来的光合园林了，而是今天的百合园林。这一干，就是小二十年。而她自己，也渐渐抵近了“不惑”之年。

她这 22 年的时光足够漫长，经历也足够丰厚。而她，寥寥数语就仿佛说尽了自己的前半生。语言极度简单、质朴，除了脸上偶尔浮现出的笑意和眼中的光亮，我几乎看不到她有任何的矫饰和遮掩，哪怕是一丁点的形容，对她来说都是奢侈。这样简单的人生，真的是一个省级劳模所拥有的吗？

脑子里对劳模的固有认知一股脑地涌出来，在我的笔尖涌动着，促使着我，一笔一画地记录下这位劳模普通却又不普通的人生……

苗圃十年：一个人的长征

“面壁十年图破壁，难酬蹈海亦英雄。”

1917 年，19 岁的周恩来负笈东渡，慷慨悲歌，写下了这首著名的《大江歌罢掉头东》。

2001 年，18 岁的吴晓静农校毕业，离开家乡枣庄，远赴省城，开始了一个人的“长征”。

那时候，她还是一个小姑娘，一个不知道“天高地厚”的小姑娘。

“妮妮呀，咱还是别去了吧？省城那么远，你要是想家了，可咋整呀……”临出门时，白发苍苍的爷爷还牵着她的衣襟，不想松开。一边絮絮叨叨地嘱咐这嘱咐那，一边用手擦着眼里溢出的泪花。

“爷爷……”攥一把手里的车票，吴晓静的眼眶也忍不住有些湿润了。

对于一个从小在父母羽翼下成长的小姑娘来说，选择过什么样的生活、定居哪一座城市、做什么工作，其实都不是能轻易做出的决定，每一种选择的背后都暗含代价。太多的未知，太多的难以预料，都让她一颗小小的心充满了忐忑。不知怎的，她的脑海中就浮现出了周总理的这两句诗。无数个辗转难眠的夜晚，她一遍遍地在笔记本上来回涂抹，反复书写，给自己加油打气。她知道自己难以企及伟人半分，可仍愿意在这种反复的诵读中，感受着伟人雄迈的胸怀和克服困难的决心。

“我行的。”她对爷爷说。又何尝不是对自己说呢？在迈出家门的那一刻，她就已经下定了决心，无论怎样，她都要在省城闯出一片天地来。

她不是一个轻易认输的小姑娘。外面的世界那么大，她要用自己的脚去丈量。

就这样，她只身一人来到了济南，到光合园林公司找到了一份工作，也是她的第一份工作，工作地点就在东郊的苗圃。很快，这里便成了她在济南的第一片天地，也是她的第一个“家”。

“那时候，你都干些什么呢？”我的眼睛追随着她，跟着她在记忆的长河里回溯，捡拾河滩上遗落的一片片贝壳，感受阳光落在河面上发出的粼粼微光。

“起初啊，就是干些杂活，像是挖树、挖坑、除草、浇水，工人能干的，我都干过！”她有些羞赧地抬起手，拂去额前的一绺碎发，“好在这些活计，对我来说都不是事儿。在老家的时候，就没少领着妹妹们干过。来到这里，很容易就上手了，一点不为难。跟着苗圃的哥哥姐姐们干活，也学技术。也是那时候，我才渐渐地发现，课堂上学到的知识，远不如实践中得来的更加深刻而有意义……”

对吴晓静而言，苗圃与其说是工作场地，不如说更像是她的第二个课堂。她把在课本上学到的专业知识，原封不动地挪移过来，埋进土里，嫁接到枝头，灌之以汗水、以希冀。而天道酬勤，土地对耕耘者的期约也从不辜负，不久竟结出美丽的果实来。一棵棵幼苗在她的呵护下，在苗圃里落地生根，由她亲手栽植的苗木成活率均达到了 90% 以上。

北美红枫是一种美丽的亚热带落叶大乔木，树形高大笔直，树冠椭圆或圆形，枝叶婆娑，开张优美。尤其到了秋风乍起的季节，满树碧绿化为红霞。这正是：红叶经霜久，依然恋故枝。开窗聆晓鸟，俯首拾新诗。

但就是这样一种美丽的树，扦插成活却是个难题。种苗运来以后，苗圃内一批有经验的老师傅第一时间接到了扦插任务，却不承想，越美丽的东西越脆弱，多次扦插实验均以失败告终。美丽的北美红枫在苗圃人的心底长出了一根刺，触之生疼。吴晓静看在眼里，急在心里。她查阅了大量资料，对比了历次实验的数据，最终决定采用对比试验的方法，在不同时期对树苗进行扦插，并选择不同的扦插基质进行实验，有纯珍珠岩、纯蛭石的，也有将黄土和珍珠岩、蛭石混合配比的，再逐一进行比对，从而验证出成活率的高低。通过大量的数据提炼和总结积累，吴晓静最终找到了最适合北美红枫的扦插方式，成功地让这种美丽的植物，在距离它家乡十万八千里的地方存活了下来，并逐步将成活率提升到了 70% 以上。

在此之后，更多难出苗的品种辗转落到了吴晓静的手上。南天竹、白皮松都是经由她的手，成功在苗圃的土地上落户、成活。有一年，园林局从日本进口了一批江户彼岸樱的种子。一包给了植物园的工作人员，另一小包，就交到了吴晓静的手里。吴晓静丝毫不敢懈怠，她深知这包种子的重要性，珍贵性更是可想而知。小小的几颗种子，拿在手里，吴晓静竟觉得沉甸甸的。但她有个习惯，越是急事越要缓办。每次回家，老父亲总是这样耳提面命，认真严谨的工作作风早已刻入骨髓，事越大，反而越要举重若轻。苗木入土之前，她习惯性地向书本要方法、要技能。长久以来，这早已成了她的潜意识。每次完成一个小小的跨越，她的这种认知就会更深刻一些——这世上，真的没有比书籍更好的老师了。

通过查阅资料，她了解到，这种来自日本的洋樱花，其实有个很要命的特性——入土之前，必须在冰箱内先冷藏几个月，之后才能像其他植株一样正常播种。如果违背了它的这种规律，它就宁肯长眠于地下，也拒绝重见天日。得知这个秘密，吴晓静欣喜若狂。她小心翼翼地将种子包起来，放入冷藏室，直至达到适宜的月份，才像老母鸡孵小鸡一样，将种子埋进土里……不久，奇迹果然发生了！彼岸樱顺利出苗，且棵棵长势喜人。“吴晓静”这个名字再一次在园林界被叫响。了解她的人，无不竖起大拇指：“这小姑娘，牛着来！”

岁月流转，四季不歇。转眼间，1000 多个日子过去了，吴晓静在苗圃的树荫下已经度过了三个春夏。悠长的日子里，夏日的蓝天三次高悬过她的头顶，她也一次次越过苗圃的围墙仰望蓝天。天是如此寂静、锋利而又高阔，而她自己，却一次次陷入某种困惑和迷茫之中：“我是谁？我将成为谁？”对自我的定位、对人生价值的渴求，再一次撬动了年轻人的心。多少次，一个声音在她耳边反复回荡：“黎明就醒来吧，成为精神，成为庄严、广阔和崇高，有似清晨霞光中的雪山，有似群树之上夏日天空的沉静、钢蓝。”

人生忽如寄，居世遽能几。人类的时间应该用来成为自己，而非毫无意

义地复制和重复同一种活法。她拒绝倦怠和停滞不前，决定重新出发，寻找生命的意义。2004 年，吴晓静报考了山东农业大学园艺专业，开启了她又一段崭新的求索之路。此时此刻的她，早已褪去了初出茅庐时的青涩，专业越来越娴熟，心地越来越坚忍，她也由最初的“菜鸟”成长为一名管理人员和行业领军人物。每每工作间隙，巡场累了的时候，她都会坐在苗圃的地头上，拿起手边的专业书籍，贪婪地看上几页。最终，她以优异的成绩毕业了。随后，她又马不停蹄地报考了山东农业大学土木工程专业。本科毕业以后，又继续攻读党校研究生。在这期间，她还插空考取了市政公用工程、机电工程一级建造师，拿到了由济南市人社局颁发的中级工程师证书。在不断的学习中，她像飞鸟一样不断越过自己的山，完成了对自我的一次次重塑：

> 我轻松愉快走上大路，
> 我健康自由，世界在我面前，
> 长长褐色的大路在我面前，
> 指向我想去的任何地方……

惠特曼的诗，伴随着她，向深林更深处探寻。直到，遇到她自己命中既定的“九色鹿”。

玫瑰的花：在夜里拼命地吸吮汁液

2007 年，吴晓静结婚了，并很快迎来了第一个孩子，是个男孩。此时的她，脱离了璞玉时期的沉寂和隐忍，散发出夺目的光芒。

属于她的职业人生，一次又一次迎来新的绽放。自 2008 年开始，她先后担任济南百合园林集团有限公司副项目经理、项目经理。2016 年，公司实行“事企分开”企业化运作以后，她又被委以重任：先后担任济南百合园林集团有限公司生产部副部长、部长，花卉市场分公司负责人兼文旅花木公司经理、党支部书记。

她变得更加忙碌和纯粹。不但要管理好多达 400 多亩的苗圃，开展庞大的花卉展销业务，还主动与市场对接，开始承接园林绿化工程，所谓跨界发展。与此同时，她大刀阔斧地向旧体制宣战，革除旧弊，守正出新。除继续发展优质苗木生产、施工与养护管理等常规业务以外，不断向新领域、新技能大胆开拓。完善和提升了花卉展销大厅的服务水准，带领部门员工出色完成了历下区山体生态修复及城区绿化提升改造、纬二路分车带布花、CBD绸带公园等多项绿化提升工程项目，向园林界提交了一份又一份耀眼的成绩单。2022年4月，由她率队参与的"雪野风景名胜区专项整治生态恢复工程"，荣获山东省住房和城乡建设厅颁发的省工程建设"泰山杯"二等奖。短短几年的时间，她先后被授予"全省道德模范""济南市女职工建功立业标兵""济南市国企楷模优秀人物""济南工匠""济南市劳动模范"等多项荣誉称号。我们去采访她的那天，她又刚刚被评为"山东省劳动模范"。

一张张光华璀璨的荣誉证书，像展厅里的年宵花，把她的人生装扮得分外亮丽、热烈。然而，不知道内情的人，大抵只能看到面上的花团锦簇，却难以洞察其背后的辛酸和付出的汗水。

2022年秋天的一个晚上，正在家里侍候孩子吃药的吴晓静，突然接到一个电话，只听电话那头传来急切的声音："吴晓静吗？八一立交桥分车带要紧急布花，你马上带队赶往现场！"

随着"嘟嘟嘟"的几声响，电话像来时那样突兀地挂断了。抱着孩子的吴晓静还有些恍惚，"八一立交桥，紧急布花……"早已习惯了这种工作节奏的吴晓静，拿起手机，拨出了自己最熟悉不过的那个号码——是的，这个号码不是自己最亲近的人，自己的丈夫，而是孩子的奶奶，那个最为义无反顾支持他们的人。丈夫和她一样，其实都是极为"靠不住"的人，同样工作在园林一线，加班加点都是家常便饭。这不，这个时间点了，丈夫还不知在哪个工地上呢。吴晓静决定不告诉他，告诉也没有用，还不如直接打给自己的婆婆更靠谱。

"喂——"婆婆的声音听起来有些喑哑，显然已经入睡了。

"妈——"吴晓静顿了顿，实在有些说不出口，但又不得不说，"我一会得出门，单位有个急活儿……"

"知道了，我这就往你那边儿赶——"婆婆对儿媳的突发事件早已习以为常，利索地挂断了电话。

果然，不大一会儿，婆婆就敲响了她的家门。

"妈，怎么这么快？"吴晓静惊奇地问。

“打车。”婆婆一边换拖鞋一边说，“孩子吃过药了？退烧了？”

“药吃过了，也退烧了。”吴晓静回答。

“快走吧，别耽误。”婆婆催促她说，“路上注意安全。”

就这样，吴晓静放下孩子，马不停蹄地赶到了施工现场。等到了现场，她才发现，公司老总、副总和市园林局局长等一干领导早已静候在侧，正焦急地等待她和同事们的到来。

见他们几个一到，副总松了一口气，说:“来来来，咱们商量一下布置方案。”

这次他们负责的这块区域，对他们部门来说，其实已经很熟悉了。从经一路路口一直到经八路路口，全线 1.2 公里，沿途大约有七八个路口，上百盏路灯，每一盏都曾温柔地照过他们的眼。白天，这里车辆川流不息，人流量、车流量浩浩荡荡，连绵不断。要想在这样的环境下施工作业，在白天几乎是不可能完成的任务。于是，他们就专挑晚上没人的时候干。几十号人连夜奋战，一干就是一整夜。他们连续奋战了四五个日夜，顺利完成了整条线路的布花任务。

如今，却是要在八一立交桥顶上实施作业。

“在桥上的隔离桩上挂上花盆，填土，栽花。至于栽什么，怎么栽，你们拿出方案来！时间节点：明天早上 9 点。”市局领导斩钉截铁地下达了任务。

时间紧，任务重。想在这样复杂的环境里完成布花任务，难度可想而知。且不说在隔离桩上挂花本身就比较麻烦，单说挂花用的花盆，就很难在短时间内调拨到位。更别说施工的人员要到位，种花用的基质土也要到位，时令花卉更要到位。一桩桩，一件件，事事需要时间。大晚上的，让他们这些人去哪里淘换这些东西呢?

“怎么办？怎么办？”在场的人无不急得团团转。一个个抓耳挠腮，恨不得自己就是孙悟空，从头上拔下三两根猴毛，喊一声“变变变”，就什么都办了。

和领导现场敲定完方案，已接近 12 点。吴晓静摸起手边的电话，习惯性地抿了抿嘴唇，一字一句地开始下达指令，声线清晰而稳定：“立即通知各部门能联系到的人员，马上到现场报到！”除了生产部，工程部、养护部的负责人也各自下达了相关指令。

随着电话一个个拨出去，接到通知的职员、工人陆续到达现场。临时拉起的这支 100 多人的队伍，精神抖擞地立在城市的夜里。周围华灯摇曳，地上人影绰绰。路灯照不到的地方，吴晓静命人打开手电筒照明。一时间，照得现场的路面如同白昼一般。在场的众人无不明白，一场没有硝烟的战斗马上就要开始了。

订购花盆的，联系草炭土的，调拨时令花卉的，大家按照吴晓静的安排，各司其职，各负其责，有条不紊地忙碌起来。在这个寂静的夜里，一个个信息通过电波来回传递。

“喂，是张姐吗？我们现在急需海棠，四季海棠、大花海棠，哪种都行！”

“是基地吗？我们要花盆！马上要，现在就要！”

“这个点了，上哪找去？”电话那边的人一个个睡意蒙眬。

“没有也得有啊，姐！我亲姐！拜托拜托——”

“支持兄弟一把呀，哥！急活——”

电话那头的人不情不愿地爬起身，挨个给同行打电话，电话打不通的，干脆就直接去人家门口咚咚地敲门。在这个不同寻常的夜里，青州、唐王、孙村、长清，四个基地全部被惊动。他们带着人，押着车，风驰电掣般向济南驰援。最终，几百个花盆如愿调拨到位。填充的草炭土和时令花卉也全部从青州等地运送过来。900 多米长的八一立交桥开始热闹起来。吴晓静率领三个部门配合作战，前面的人用 8 号或 10 号铁条固定好花盆，后面的人接着填土、栽花，流水作业，干得那叫一个酣畅淋漓。

董事长也一夜未睡，人钉在现场，像影子一样在工地上转悠了一圈又一圈，一遍遍地问：“小吴，咱能完成吗？ 9 点，咱能完成吧？”

吴晓静他们用事实做了最好的回答。等到第二天早上，初秋的阳光照上桥面，路过八一立交桥的人们无一不惊奇地发现，一条五彩的绸带，不知什么时候，从桥的这一头一直飘到了那一头。

“真好看！”人们赞叹着说。

可他们不知道的是，玫瑰的花，是怎样在夜里拼命地吸吮汁液，才有了凌晨时刻的欣然怒放。

紧接着，吴晓静他们又承担了佛慧山开园等多项市局重点绿化项目。行业里的人都知道，但凡是吴晓静负责的工程，几乎都不用审核，更无须出具图纸。因为，吴晓静本身，就是图纸。她说怎么干，就怎么干，干出来还保证漂亮。有她在现场指挥，就两个字“放心”，再两个字“精品”。“吴晓静”三个字几乎成了行业标杆的代名词。别的不说，单是街景花园里的造“线”

工艺，吴晓静就达到了近乎神技的境界，经她的手画出来的线条，柔媚圆润，富有变化。扎实的技艺，着实让园艺专业毕业的一帮小伙艳羡不已。

2022年，吴晓静又迷上了花境工程。她再次发挥了自学成才的特殊技能，在山东省首届花境技能竞赛中，她参与设计施工的作品“山水间·花影处·泉城里”花境设计，获得二等奖。

我问她获奖以后的感受，她笑笑说：“花境其实就是一种艺术的综合体，色彩、环境和文化相互碰撞的艺术，当你把中国传统的空间美学、文学艺术与自然界的天然元素结合在一起的时候，你就会觉得，没有比花的事业更为纯粹的了。把花的事业当成艺术来做，是一件多么有成就感的事呀……”

比花更纯粹的吴晓静，从不让自己有片刻清闲。“她就爱瞎鼓捣。”心疼她不为自己着想的老公，总是这样抱怨她。可就是这样热衷“瞎鼓捣”的吴晓静，一不小心就会鼓捣出一点有价值的东西来。2023年，由她设计的“一种园林绿化花箱装置”，取得国家知识产权局颁发的实用新型专利证书，并得到广泛应用。

到了年底，吴晓静再次迎来了一年中最忙碌的时刻。由她负责的百合花卉市场，人声鼎沸。

若要数点属于冬日里的限定浪漫，除了一场雪的莹白，年宵花的热闹和多情也应算是其中不可或缺的一份。尤其是在雪后的时节，天空因为杂质挥发，蓝得更为纯粹，远远铺展于空荡的枝丫和人声之上。冬日的人间如此寂寥，却将喧嚣和烟火一股脑儿送给了城市边缘的花卉展销大厅——百合花卉市场。这个济南东部最大的花卉市场，集花卉苗木生产销售、市场租赁于一体，功能、门类样样齐全。网上超火的绣球花和百合花、净化空气的天堂鸟、各式各样的玉石和工艺品应有尽有，保准让你选得眼花缭乱，寸步难移。在买花的同时，你还可以逗逗小鹦鹉、喂食小金鱼，做各种浪漫又可爱的事情。生活明朗，鲜花可爱，百合花卉能承包你一天的小小幸福……

每年年底，我和爱人也会驱车从西边赶过来，跨越一座城的距离，来这里赴一场浪漫之约。蝴蝶兰、仙客来、金玉满堂……凡是好看的，都有资格供你挑选。买来送亲朋好友，再合适不过了。当然，也要以此来奖励辛苦了一年的自己……

“要生活得漂亮，就得付出极大的忍耐，一不抱怨，二不解释，三要舍得下功夫……”

吴晓静手里端着一杯茶，娓娓道来，神色越发坚定起来。我聚精会神地听着她的故事，笔下唰唰地做着记录。一颗心，也跟着她在起起伏伏的人生旅程中跌宕，时而激越，时而沉寂……她用她的人生旅程告诉我们，人生没有白走的路，每一步都算数。活出多重体验的人生，才算不枉此生，不负这张人间乐园的入场券。

为母则刚：救助落水儿童

2018年，吴晓静迎来了自己的第二个孩子，也是个男孩。

“说起来，最亏欠的是老大，我对他的陪伴最少，连老二的一半都没有……”

说起自己的两个儿子，一向刚强的吴晓静也不免软下身来。她在工作中是一位好员工，一名优秀的共产党员，但不代表一定是个“好”妈妈。家庭和事业的天平，有时候不但不能趋于平衡，还有可能重心失调。而且非此即彼，无法兼顾。每当这种时候，婆婆和公公便成了“顶班”的不二人选。

“亏得有老人在。”吴晓静说。每个女强人的背后都有着强大的支撑力量，吴晓静也不例外。但长期的缺席让她始终心怀愧疚。为弥补对孩子和老人的亏欠，吴晓静就尽其所能地挑上个周末，带上老人和孩子，到附近的公园里转一转，有时候，也带到花卉展销厅里来。

“两个小家伙喜欢这儿吗？”我问。

“喜欢着哩！”吴晓静笑着说，“一来就满地跑，在花丛里钻来钻去，别提多欢了！尤其是那辆装花用的小推车，一个前边拉，一个后边推，都成了他俩的玩具车了……”说起儿子们的糗事，吴晓静满眼都是笑意，还特意点开朋友圈，让我们看她俩儿子的照片。母性的光辉让她圆润的脸庞散发出更加水润的光泽。

就像金子在哪里都能发光，吴晓静即便是在陪孩子玩耍的空档里，也能整出一番“大事”来。

有道是偷得浮生半日闲。五月的一个周末，刚刚生了二胎宝宝的吴晓静，带上大儿子到高新区马山坡的松鹤亭玩。见大儿子在亭子里爬上爬下，玩得不亦乐乎，吴晓静趁机歪在亭子的廊柱上，闭上眼睛，用心感受着阳光洒在身上的温度，惬意地享受着这难得的片刻闲暇。而不远处，则是一片蓝莹莹的湖水。五月的风，拂过水面，些许微凉。不经意间，吹皱一池碧水。

不一会儿，大儿子玩累了，跑过来偎在母亲的怀里打瞌睡。眼睛一睁一闭的，像只小瞌睡虫。吴晓静轻轻地拍着他，想着该回家了。就在这时，突然，湖面上传来一声惊呼，紧接着，传来“扑腾扑腾”的声响。吴晓静打眼一看，不禁吓得一个挺身站了起来。只见湖中央，一个小姑娘正在水里扑腾，溅起巨大的水花。

“不好！是有人落水了！”吴晓静迅速把孩子推到一边，来不及嘱咐什么，就风一般地向湖边跑去。“扑通”一声，跳入湖里。

湖不大，水亦不是很深。但湖水还是顷刻间肆虐了她的全身，冰凉的感觉迅速蔓延到每一寸肌肤。她忍不住打了几个寒噤，因生育还未完全恢复的身体，清晰地向她发出警告。耳边，隐约还能听到岸上儿子的哭声。恍惚间，她依稀想起来自己好像还不会游泳。但她顾不上这些了，深一脚浅一脚艰难地向着湖中央蹚去。近了，近了，她一把抱住因拼命挣扎而渐渐失去力气的小姑娘，长舒一口气，转过身来再一步步向岸边蹚回来……

“嗨，嗨，救上来了！救上来了！”岸上围观的群众围拢过来，七手八脚地把她们俩拽上岸，帮她按压小姑娘的胸腹，清理腹中的积水。有人取过一条浴巾来，盖在小姑娘湿漉漉的身上。很快，被湖水呛得近乎背过气去的小姑娘，“嘤”的一声醒转过来，紧接着哇哇大哭起来。她的家人也赶了过来，一把扑了上去。一家人哭作一团。

吴晓静坐在一边的草地上，用手撸了几把脸上的积水。浓重的腥臭味毫不迟疑地传递了过来。低头往身上一看，到处黑乎乎的。是湖里的淤泥，不知沉积了多少年的淤泥。再一摸兜里的手机，早就不知道落到湖里的哪个地方了。吴晓静无奈地站起身，顾不上清除身上的痕迹，赶紧朝儿子的方向跑去。

儿子正蹲在凉亭的地上哭得上气不接下气的，见妈妈安然无恙地回来，一下子扑过来抱住了她的腰身，“妈妈，我怕——”儿子在她的怀里抽抽搭搭的，抱着她的脖子不肯撒手。吴晓静蹲下身，抱紧了他，一下下拍着他的后背，安慰他说：“没事了，没事了。小妹妹已经救上来了……”

“当时，你就没感到害怕吗？”我上下打量着吴晓静单薄的身体，实在想象不出，在这个明显不够强壮的身体里，到底居住着一个怎样强悍的灵魂。

“当时嘛，好像啥都没来得及想，大脑一片空白……”吴晓静的手，无意识地划过自己胸前的党员徽章，思忖着，“回来以后，婆婆、老公都凶了我一顿，尤其是老公，劈头盖脸的，说我一个不会游泳的旱鸭子，哪来这么大的豹子胆……嘿嘿……”

“你不会游泳？”我目瞪口呆地盯着她，几乎说不出话来了，“孩子呢？也不害怕吗？”谁能想到，一个敢纵身跳入水中救人的年轻母亲，竟然不会游泳！

“孩子没事，哭了几嗓子就好了。倒是我婆婆，紧张到不行……”这些事，吴晓静说来都云淡风轻，我却在她轻飘飘的语言背后，听到了一丝丝凉意，那是来自家里人不放心的叮咛……

隔日，“年轻母亲勇救5岁半落水女童”的事件，当地多家媒体都进行了报道。2018年，吴晓静入选“济南好人榜”“山东好人之星”；2019年，荣获“全省道德模范”荣誉称号。也是通过媒体的报道，吴晓静这才知道，当天和女童一同落水的，还有一名男童，是小姑娘的哥哥。是哥哥在湖边戏水时，不小心滑进水中。意识到危险的小男生，下意识地伸手一拉，一下子将妹妹拽入湖中，并且甩了出去，而他自己，也因为卸去了大部分力道，被旁边眼疾手快的一名男子一把薅了上来……

幸亏没出事。不然一个家庭就毁了。吴晓静总是这样想，唯独没想过她自己。

“你实在是太牛了！”我再次忍不住朝她竖起了大拇指。她旁边的小赵也笑起来，仿佛在说：“瞧吧，我们领导就这么牛！与这样的领导共事，谁不感到‘与有荣焉’呢？”就连我们，都深感亦然。

结语：一个不能算句号的句号

临走的时候，我提出去苗圃里看看。吴晓静欣然答应了。她和小赵在前头带路，带我们走过一条七拐八拐的小道，就来到了花卉展销大厅后面的苗圃基地。

走在自己工作了十年的这片土地上，吴晓静格外踏实。跟着她，走过一丛丛花、一丛丛苗木，她逐一向我们介绍它们的名字，熟稔得像极了自家的孩子，自豪之情溢于言表。柳叶马鞭草、百日菊、格桑花、月见草……那些知名或者不知名的各色植物，在暮色中摇曳，轻轻牵绊着她的衣裙。

岁月不居，时节如流。站在初夏过半的节点上，眺望自己来时的路，吴晓静内心不禁生出几分眷恋和怀念来。“十年，对一个人来说，能有几个十年呢？”吴晓静似是喃喃自语，又似乎是对着满园的芬芳缓缓倾诉，“苗圃十年，我也是一棵苗，在土里蹲结实了，走到哪儿都不怕了……”

吴晓静嘴里的“蹲苗”，是苗木养护当中一个普通的技术用词。但就是这样普普通通的一个词，吴晓静却把它当成一件很重要的事情去做。做得踏踏实实，最终成就了今天的自己。

她十几年如一日，单纯、觉醒地专注于当下，专注于修炼自己的精神世界，毫不犹豫且心无旁骛地走过自己选择的路。而她路过的世界，也热情地拥抱和回报了她，一路繁花。

我和她安静地站在这片园子的边缘处。墙外，是车水马龙的人间；墙内，是她坚守了十年的热土，静谧，沉寂。园子里的花都开得极为繁盛。它们以为自己密不透风了，风还是以不经意的方式把花香吹得到处都是。

吴晓静说，倘若这园子里有一个先知，那一定是风。没有哪一朵花的开放是风不知道的，也没有哪一棵芽的绽放是不经过风允许的。它看似没有给谁盖过章、签过字，时令和秩序却丝毫没有混乱过。四边的院墙都极高，生怕把外面的喧嚣透露过来分毫。吴晓静和她的园艺工人用时间擦擦汗，尽量不显得青山过于苍老，而城市每天都在她们的手下发生蝶变。

美是她的代名词。毋庸置疑。

亲爱的吴晓静，愿你始终走自己的路，种自己的花，爱自己的宇宙。愿你像这夏日里的花，坚强地开放，无论是含着自己的雨水，还是汗水。

“工匠”是如何炼成的

——记山东省劳动模范、山东小鸭精工机械有限公司赵炳晓

苗培兴

引 子

当我的微信里，传来济南市作协发来的“请采访山东小鸭集团精工机械有限公司车轮模具车间主任赵炳晓”的信息时，我的心头一震，暗想：“小鸭？小鸭不是已经……”于是，我怀揣着一种疑惑与期待，第二天一大早，便驱车 30 多公里去了位于济南市高新区的小鸭集团。

赵炳晓早已在门前等候了。

我一下车，便冲迎上来的赵炳晓问道：“这是过去那个生产洗衣机的小鸭厂吗？”赵炳晓先是一愣，马上回道：“是。”我继续问道：“小鸭不是……”我想说“不是倒闭了吗”，可没好意思说出口。赵炳晓笑了，说：“你是老济南吧？”“是。”我回，“20 世纪八九十年代，小鸭洗衣机可有名了，家家户户都用。1986 年我结婚的时候，媳妇的嫁妆就是一台小鸭牌的双桶洗衣机。可是，后来就没音了，作为济南人心里很不是滋味呢。”

由于不解，我一口气说了这么多。赵炳晓又笑了，笑得很爽朗。他说：“2004 年，企业通过重组转型，早就走出了困境，现在的小鸭已经不是

过去的那个小鸭了，是小鸭控股集团了。现在，我们的主导产业有两个：一个是以洗涤技术、制冷技术、康养技术为主的电器制造产业；二是以汽车模具、汽车装备及特种零部件为主的汽车配套产业。我们的许多产品，像各类商用展示柜、商用洗衣机、家用洗衣机、小家电等，都早已行销全国，还有好多都出口了呢。”然后又转过身来，指着眼前的一座既高大又宽敞、装有各类加工设备的车间说：“你看，这是我们精工机械的模具车间。我们生产的产品——车轮设备自动化线、车轮模具、汽车覆盖件模具在国内处于领先水平，就是在国际上也有很强的竞争力。像国内的一汽、二汽、重汽、上海宝钢等企业，国外的像俄罗斯、土耳其、斯里兰卡、韩国、伊朗等国的企业也都在用我们的产品。”“哟，是吗！”我不无惊讶地说，“这么说，我们济南的小鸭已经变成大天鹅飞向世界了。”

我的疑惑解开了，这时，我才开始认真地打量赵炳晓。他已年届中年，身材中等，方脸大眼，十分魁梧。我点了点头。他见我点头，笑着说：“现在想起我来了。”我一听这话，一下子不好意思起来，说：“不好意思不好意思，你才是我今天要采访的对象，光惦记着小鸭了。”他说：“没事，我能理解，这是咱们老济南人对小鸭的一种情怀，作为小鸭人我感到非常荣幸。”

从矿区走来的帅小伙

1976 年，赵炳晓出生在烟台莱阳。1984 年，因当兵的父亲 1969 年从部队转业到了淄博矿务局章丘埠村煤矿，按照当时的“农转非”政策，他们一家人“移民”到了章丘。

赵炳晓告诉我，他是在矿区长大的。他的小学和中学都是在埠村煤矿子弟学校度过的。他眼里看到的、耳朵里听到的都是矿工的事。后来稍稍大一点的时候，脑子里有了一点点想法，那想法也是做一名矿工，往大里说就是做一名好矿工、优秀矿工，能够每年受到一次表彰，让父母脸上有光彩。

“那个时候，我们矿上每年都开表彰大会，对那些优秀矿工和家属进行表彰，可隆重了。我可羡慕了。就是在这个时候，父亲告诉我，当一名好矿工也不是一件容易的事，是需要文化的，不能光知道使蛮力，也要学会用脑子。聪明的脑子怎么来的？读书。所以要好好读书，书读得多了，脑子自然就灵光了。这是我最早的关于读书的重要性的记忆，是和做一名好矿工联系在一起的。”他说。

“看来，你书读得不错。你毕业于哪所大学？”我问。

“我没上过大学。我是山东省高级技工学校毕业的。”他说完这话，望了我一眼，或许是见我有些疑惑，便又说道：“哦，后来，2007 年到 2009 年我自学拿了个烟台大学企业管理大专的文凭。2010 年到 2013 年又自学拿了个山东轻工业学院机械制造及自动化专业本科的文凭。这算上过大学吗？”

“这当然算了。上大学的形式不重要，重要的是你读懂了那些书，拿到了合格的毕业证书。不过，我很想知道，你为什么是自学，而不是进入某一所大学呢？”

这次，他叹了一口气，说：“那个时候，也就是我该考高中的时候，当时的政策是，我们煤炭系统的学生不能考地方高中，而我们系统内的高中，竞争又比较激烈，就是上了，估计也很难考上大学。所以我父亲就说，不如就学门实实在在的技术好，什么时候都好使。于是，我就报考了济南市劳动局技工学校。在选专业的时候，我父亲说，钳工是万金油，干啥都好使，所以我就选了钳工。”

“你父亲很有眼光。”我赞许道。

“这所学校在西郊，是中专。我在那里读了三年。快毕业的时候，总感觉自己还缺点什么，心里有些空落落的。有一天老师跟我说：‘快毕业了，别急着找工作，你还年轻，好好复习一下，去报考山东省高级技工学校高技部吧，它可能要改大专，多学点东西有好处。’你不知道，我当时心里一震，突然就明白了我感觉中缺少的那点东西。看一看，当时我才十八九岁，和我同龄的人，他们好多人都刚参加完高考准备进入大学，而我却要离开学校了，我的心里有一种不可名状的酸楚，所以我就决定报考省劳技了。很幸运，我考上了。我是我们那一届毕业生中唯一一个考上的。”他说。

“说明你很优秀。”我说。

他摆了摆手笑着说：“我在省劳技读了两年书，学的是机械加工与装配专业，1997 年毕业，毕业的时候我是我们那一届毕业生中仅有的几个八级工之一。”

“八级工，什么意思？”我不解地问。

“八级工是工人高级工技术的最高等级。”他说。

“哦——我明白了，也就是说，你是最优秀的学生。”我顿悟。

他笑着点了点头，说：“我毕业后就来到了这里，一直干到现在，整整26年了。”

从挫折中奋起，从勤奋中成长

对一个人来讲，在学生时代，家长和老师的教育起着最主要的作用。这些教育，在其生命底色里，除了建立起一种最基础的知识结构外，更重要的是建立起一种精神层面的良知，树立起一种正确的价值观、人生观和世界观。但是，在工作以后，单位的教育、师父的教育、现实社会的教育以及周围环境风气的影响却是最主要的。它是决定这个人未来生命情态的最重要的因素。

“我庆幸有两个好师父。”赵炳晓说，“一位是王善银师父，一位是李印宝师父。王师父带我到2002年，李师父带我到2004年。这两位师父都很爱护我，对我的成长起了很大的作用。”

“能具体谈谈吗？”我问。

“当时，我来工厂后被分配到钳工组，学做冷冲压钢板模具。这是一种生产洗衣机配件的模具。王师父对工作很认真，对我要求特别严。那个时候我也是年轻，爱玩，经常和几个刚进厂的同事聚会喝酒。师父每次都唠叨我，说我浪费时间，有这个精力钻研钻研技术多好。”

“你心里很不情愿吧？”我插嘴说。

“有点。”他笑道。

“那个时候，说真的，我有一种优越感，有点心高气傲，感觉自己是八级工，在学校里，钳工技术样样精通，所以对装配模具这活，有点不以为然。暗想，不就是按图纸装配吗，有啥可学的。可是，真要自己动手做了，才发现不是那么回事。”

“能具体地谈谈吗？最好说个实例。”我要求道。

“可以。”他说，“那天一上班，师父就给了我一摞图纸，说先把这些图纸仔细地看看，看明白了再动手。就是装模具。当时我接过图纸，心里想，有什么呀，我给你装个看看。其实，对我来说，看图纸并不难，在学校里我们学过机械制图，所以一个上午我就把图纸全看明白了，下午一上班我就开始动手装模具了。当时很顺，很快就装完了，然后就拿去试模，结果一试模，不行，冲压出来的产品件毛刺不均匀。我当时就有点蒙，暗想，这是咋回事啊，都是按图纸装的，怎么会不合格呢？我看看师父，师父就说了一句‘好好琢磨琢磨吧’就走了。唉！就是这个活让我琢磨了好长时间也没琢磨明白。其间，我拆了装装了试，弄了两三遍也没弄好，后来还是师父把模具间隙调匀了，弄好了。唉——这是我平生第一次摔跟头，心里结结实实地有了挫败感。当时，我感到自己真的是一点法儿也没有，我所有的骄傲，就在那一刻，全被这套模具给打掉了。同时，我也陷入了一种迷茫，开始怀疑我过去的认知。就在这个时候，师父告诉我，课本上的是理论，与实际有很大的差距。理论必须与实践相结合，而且要反复地结合才行。于是，我痛定思痛，下定决心，扑下身子来好好地从头学起。”

“蜕变，往往都是从认识开始的。挫折不可怕，可怕的是没有觉醒，没有认识到挫折的原因。有了认识，才会有行动，才会有改变。”我插嘴说。

“是啊。”他说，“下定决心后，我稳定了情绪，端正了思想和工作态度，然后给自己树立了目标。同时也丢掉了骄傲，开始向师父们虚心请教。无论装配什么类型的模具，遇到什么问题，我都反复思考，刻苦钻研，走‘理论与实践相结合’的路子。有时候遇到一些暂时理解不了的问题，就按师父说的，先把它背下来。那个时候，我经常熬夜到十一二点，休息日也不休息，脑子里除了模具就是装配模具，不把问题搞清楚决不罢休。后来，经过几年的努力吧，我基本上可以独立完成一些模具的装配工作了。”

“挫折是最好的老师，一点儿也不假！”我感慨道。

“是啊。可以这么说，那次挫折对我的触动很大。正是有了那次挫折，我才开始慢慢地成熟起来，开始正确地评价自己，不再盲目自信了，走上了一条新生之路。”他说，“2002 年，王师父调任了工厂调度，我又开始跟着李师父学习。李师父和王师父一样，也很爱护我，什么都教给我，从不藏着掖着，还经常带我到现场处理一些在实际工作中出现的问题，然后给我分析这些问题产生的原因以及今后要注意的事项，让我的实际操作能力和现场分析、处理问题的能力都得到了进一步的提升。”

“这一圈下来，除了你的技术有所提高外，还有什么收获？”我问。

“收获很大。”他说，“通过这几年的实践，我深刻地认识到，冷冲压模具的装配绝不是一件简单的事，要想熟练掌握这门技术必须下苦功，必须付出比别人多十倍甚至百倍的努力才行。只有在理论的指导下，从工作中反复实践，才能获得一定的经验积累，才能达到‘别人能做的我能做，别人不能做的我也能做’的工作能力；同时，我也认识到，我们在模具装配方面还存在着一些需要改进的地方，而为了这个改进与创新我必须学习，掌握更多的理论知识来丰富自己，从而提升认识问题、分析问题、处理问题的能力。所以，后来我又利用业余时间参加了成人高考，拿了两个文凭。就是我刚才说过的，一个是烟台大学的，一个是山东轻工业学院的。”

“你的收获确实很大。请你再谈谈，你认为你的两位师父，在你的成长过程中，起到的最重要的作用是什么？”我说。

这次，赵炳晓没笑，表情有些凝重，想了想说：“总起来讲，王师父教会了我模具装配的基础知识。对我这个刚毕业的学生来讲，他巧妙地纠正了我盲目自信的缺点，让我懂得了理论必须与实践相结合的道理。更通过他的言传身教，让我明白了，一个优秀的技术工人，应该以怎样的一种态度来对待自己的工作，那就是爱岗敬业，精益求精。李师父是在我基本掌握了模具装配技术以后带我的，他除了把更多的工作经验传授给我之外，最重要的是让我懂得了责任。我们每个成年人都是有责任的，都担负着某一社会角色所赋予的责任。作为我们技术工人，每做一项工作都要对企业负责，对用户负责，同时也要对自己的人品负责。责任心，就是对自己的人品做的最好的注解。”

“你说的这个态度和责任，特别好，谢谢你。我想再问一下，你平时都是怎么和师父、同事们相处的？”我问。

“这个没有什么特别之处，”他说，“就是以诚相待呗，讲信用，相互尊重。”顿了一下他又说：“对师父，要十分尊重，平时手脚要勤快，少说多做，保持工作场所的卫生，等等。”

一个人的本质好不好，将来有没有发展前途，其实就体现在这最普通的生活细节里。

《史记·留侯世家》里就记载了这么一段故事。说的是汉臣张良，博浪沙一击，大志未酬，曾强忍黄石公无理要求，圯桥进履，得授《太公兵法》一书。其昼夜研读，尽得韬略，后助刘邦推翻暴秦又打败了项羽，建立起西汉王朝。这段故事的核心思想就是：胸怀大志，百折不挠，尊老敬贤，至诚隐忍，勤奋刻苦，成人成己。其实，这体现的是一个人的品质。试想，如果当初张良没有大志，没有博浪沙一击，他就遇不到黄石公（良师择徒而授）。

如果张良拂袖而去，也就没有了得书一事；如果得书而不刻苦研读，他就不可能收获智慧，也就没有了后来的能力与功业。所以，如果一个人没有志向，不懂得尊重他人，就不会获得他人的帮助与支持。如果一个人不能克己而自强，也不能获得知识与经验。没有这些，他就不可能取得快速的进步与成功。这种品质，在日常的生活里，体现为有目标有思想有志向，在挫折中奋起，在勤奋中学习，尊重师友，严于律己，宽待他人。我想，赵炳晓正是有了这种品质，才能获得师父和同事们的爱护与帮助，最终取得了今天的成绩。

厚积薄发，创新无止境

2001 年到 2004 年，是小鸭的多事之秋——企业亏损、转型重组、职工自谋生路。2004 年 3 月，赵炳晓也通过应聘，暂时去了一家民营企业。5 月初，小鸭模具更换了新一届领导班子，总经理邢照斌开始逐个给在外的职工打电话，谈企业眼前的困境、领导层的决心及未来的发展前景。“唉，我当时一听，就落泪了。”赵炳晓说，“我心里想，我得回去。小鸭是我家，我必须回去。再难，我也要回去。”于是，他毅然决然地辞掉了高薪工作，于月底回了工厂。

“这个时候，我们开始试着从做洗衣机配件模具转为从市场上接零单做汽车车轮模具。就当时来讲，我们对这个行业，一是对市场不熟，二是对技术标准不熟，有些‘摸着石头过河’的意味。所以不久，单位领导便派我和几个同事去了海信学习。”赵炳晓说，“这次学习收获很大。在那里学了三个月，除了学习海信的模具装配经验、先进的工艺流程、先进的管理经验之外，更重要的是让我们看到了这个行业的前景，对这个行业有了充足的信心。回来后，单位领导就明确了以车轮模具为主攻方向的工作方针，同时提拔我做了钳工班的班长。”

“领导很信任你。面对这个新行业，你是怎么考虑的，又做了哪些工作，才奠定了你们企业今天的优势地位呢？”我问。

赵炳晓想了想说：“说句实在的，就当时来讲，选择这个行业确实是有一定难度和风险的。无论是技术还是市场，它都已经很成熟了，需求市场基本都被各厂家瓜分完了。但是，既然厂里确定了这个主攻方向，那么我们全厂职工，特别是我们模具技术这一块，就必须积极行动起来，团结一心，不畏艰难地向这个方向努力。可如何努力呢？突破口在哪儿？当时我们所有人都不是很清楚。”

“很难吧？”我说。

“是很难。”赵炳晓笑着说，“寻路，确实很难。不过，还是让我们找到了突破口——创新。走一条以创新带动企业发展的道路，用技术创新在市场上杀出一条血路来。”

“创新，这个法子好，可实际做起来可不是一件容易的事。”我说。

“是啊。其实，就创新本身来讲，技术还不是最主要的，思想统一、树立信心才是最主要的。”他说。

“怎么讲？”我问。

“就模具本身来讲，一些技术和工艺问题就明摆在那儿，只要你是一个从业多年的师傅，并且善于思考，对这些问题就该有所感触，如有些工艺太复杂，既费工又费料等。可面对这些问题，你有没有想过把它修正一下呢？如果你想了，你敢不敢把它修正一下呢？这个‘敢’字了不起，它是‘破’。‘破’就是把旧有的、已经习惯了的东西修改、推倒，甚至是打碎再重新排列组合。这需要的可不仅仅是能力，而是一种观念、一种胆量了。所以，当我把这个想法提出来的时候，立马就遭到了一些质疑。很多人都没有信心，认为现在的车轮模具制造技术与工艺都已经非常成熟了，我们要在这方面搞创新那不是天方夜谭吗！面对这种质疑，我思考了很多，后来我想到了种子。我想，种子，无论在什么地方，无论环境多么恶劣，它总能破土而生，为什么？因为有生命力。这个生命力从哪里来？就来自它本能的求生欲望和生长的欲望。今天我们的企业就像一粒种子，土地就是车轮模具行业，无论这个行业多么艰难，我们都要以求生、成长为动力，用一种顽强的生命力破土而生。这个生命力表现在什么地方？就是创新，不断地创新。想到这里，我从思想上切实想明白了，必须坚持这个意见。我们就是要在现有的情况下走一条不断创新的路子，积极发现问题，积极寻找解决问题的方法，用新技术新工艺改造和制造新一代车轮模具。只有这样，我们才能跻身车轮模具行业，在这个行业里生存、发展，最后成为行业的翘楚。”

“你这个比喻很好，‘沧海横流方显英雄本色’。越是艰难，就越能凸显我们非同一般的胆识和勇气，牛！”我一边伸出大拇指，一边说，“请谈谈你们具体做了哪些尝试？”

“我们做了很多。比较有代表性的大体上有这些吧：‘冲风孔模具’‘小线轮辋扩张模具’‘8mm 热轧板桥壳片落冲成型整形压坡口三套自动化线冷冲压模具’。这三项模具都被中国模具协会评为了‘精模奖’。其中‘小线轮辋扩张模具’是现在我们公司的拳头产品，又经过这几年的不断改进，技术水平已经达到了国际领先水平；我们创新的《一种几字形汽车横梁的成形模具及冲压工艺》《一种快速确定定位板安装位置的压型模具及方法》，都获得了国家发明和实用新型两项专利。这两个项目共获得四项专利。”

“你们的成绩确实很大。这些项目都解决了哪些问题？你们是怎么获得的？能不能介绍得更详细一点？”我很感兴趣地问。

“可以。先谈谈‘冲风孔模具’吧。”他说，“顾名思义，‘冲风孔模具’就是一种冲孔的模具，它是用在生产汽车轮辐配件上的。过去传统的轮辐冲风孔工序需要一套单冲孔模具来完成。一件轮辐 15 个孔，工人需要操作设备 15 次才能完成一件轮辐。这样做的问题是：一是精准度不高；二是费时费力费材料，劳动效率低下。而且因为是在斜面上操作，很容易造成定位不准产生偏差。针对这种情况，2007 年，我和同事们便开始一起研究，翻阅了大量的资料，借鉴了许多类似的经验，经过十几次调试实验，终于克服了诸如模具材料强度、硬度、耐压、耐磨等困难后，将原本需要的多次冲裁工序缩减为了一次定位冲裁成型，也就是说只用一套模具一次就解决了 15 次完成的工作。而用这个模具冲裁出来的轮辐，精度高不变形，效果非常好。同时，还大大降低了工人的劳动强度，工作效率也提高了好多倍，节省材料超过了20%。所以，这个模具一经问世，便获得了好评，获得了中国模具协会2008至2010年度的精模奖。就这一项创新，就让我们的企业在这个行业站稳了脚跟，并一举跻身国内知名企业行列。再比如我们的专利技术《一种几字形汽车横梁的成形模具及冲压工艺》，是2012年完成的。这套模具是用来生产双排轻卡汽车后地板前横梁的。过去传统的工艺需要五道工序，也就是要五套模具才能完成——一套模具六七吨重——存在着工序多、加工效率低、费材料、模具生产周期长以及人力成本高等诸多弊端。我们经过研究，最终将模具改为落冲、成型、修边侧翻整形三道工序，用三套模具就实现了设计要求，成功解决了上述问题。再比如我们现在的拳头产品——轮辋扩张模具。这个产品是在2008年开始研制的，当时也是在传统产品的基础上，经过工艺改进、技术提升、细节强化之后，又经过了不断的精益求精，最终才达到了现在的国际领先水平。正是完成了这些创新项目，我们的企业才一步步走到今天，有了这个车轮行业龙头的位置。”

“这很了不起。这些模具订单多吗？”我问。

“多。”赵炳晓说，“光扩张模具这一项，每年的订单就在20套以上。冲风孔模具，这个月，一位乌兹别克斯坦的客户一次就订了三套。因为我们的产品技术先进、质量好、服务好，所以很受客户欢迎。”

“你们做了这么多的工作，取得了这么大的成绩，了不起。请谈谈你的感受好吗？”我还是一边伸出大拇指一边说。

“感受很多，但最重要的一条是，企业要想在竞争激烈的市场上不被淘汰并求得发展，创新是唯一的路子。作为个人，也是这个道理。技术上，不断地学习与实践是提升自己的唯一方法，也是体现自我价值、为社会多做贡献的唯一方法。”他说。

攻坚克难，舍我其谁

“赵主任，你从技校毕业到现在已经26年了，一直在从事这个模具制造业，在具体的工作中，肯定有不少难忘的时刻，请谈谈好吗？”

“好的。我是个工人，是从生产一线一点点干过来的，即使后来当了车间主任，也没有完全脱离一线，确实有不少难忘的时刻，这些时刻都是与高强度高难度高标准连在一起的。”

赵炳晓喝了口水，继续说：“我就说说最近这几年的事吧。2019 年，我们公司承接了国庆阅兵重汽军车项目。当时这个项目任务很重，要求的时间很紧，对技术标准的要求也很高。我们公司领导非常重视，认为这是一次在全国人民面前很好地展示我们小鸭实力与形象的大好机会，是一次很好地向党和人民回报我们改革成果的大好机会，也是一次锻炼队伍的大好机会，所以专门召开了会议，制订了工作方案，调精兵强将成立了专项组。当时，我是作为一名优秀党员、一名劳模、一名‘工匠’被优选进入这个项目组的。我的职责是负责 30 多套钢板模具的装配和调试工作。当宣布我进入项目组的那一刻，我很兴奋。我就想，我要起到一个优秀共产党的模范带头作用，时时处处都要冲到最前面。进入项目组后，我一刻也没有耽搁，迅速进入角色，马上与机加工组对接，根据实际情况，调整了装配计划，给自己制订了工作目标与要求——当天任务必须当天完成，就是加班加点，一夜不睡，也绝不能拖入第二天。终于，在经过了三个多月的日夜苦干之后，将模具装配完成，并提前半个月全面完成了提供 5 量份的样件计划。在完成任务后，又主动承担了 7 套焊接工装的装配任务，并参与了首批军车的手工制样与军车的试焊接任务，为国庆阅兵军车的生产做出了自己的贡献。”

“当时，是不是很苦很累啊？”

“那还用说吗！当时根本就不用减肥啊，我瘦了一圈。家里什么也顾不上了，就是个睡觉的地方。我老婆说，就和家里没我一样。当时，我们所有进项目组的人都这样，人人都精神饱满，干劲十足，体现着一种奋发向上的精神风貌。唉！那真是一段充满激情的日子。虽然很累，但每个人都心情舒畅倍精神，因为人人心里都装着国家，都清楚国庆阅兵是显示国家力量的盛事，都知道我们是在干一件非常有意义的工作。唉——现在想想都让人激动。项目完成后，公司领导特意在 10 月 1 日那天，组织大家一起在公司的大屏幕前观看了那场阅兵仪式。当我看到凝结着我们心血的重汽导弹车稳稳地经过主席台接受党和国家领导人检阅的时候，我流泪了。我从心里对自己说：再苦再累都值了。”

“真是值了，我听着都激动。”我说。

听我这样说，赵炳晓晃动了一下身子，显然，此刻的他还是很激动。他看了我一眼，又继续说道：“有点激动。我再给你说个吧。2020年初，冲压大冲线最后一台800T设备（共4台设备）由于螺丝受拉力的作用断了，掉进了模具缸体，将缸体内壁大范围拉伤，需要马上修复。”

“我先打断一下。请问一下，这个大冲线最后一台800T设备是干什么用的？它坏了有什么影响？修复很难吗？”我插话问。

“这是我们的一套全自动设备。长期以来，我们和重汽有合作，为重汽提供汽车冲压件，这个设备就是生产冲压件的。以前，我们是人工操作上下料，每班只能生产300余件，不能满足重汽装配生产线的需求。后来，我们投资了500多万元，上了这套全自动化机器人上下料，产能提高到每班能生产1100多件，基本满足了重汽的需求。如果这个设备出现了故障，就无法保证供货量了，影响我们自己是一方面，还影响人家重汽的生产，所以必须马上修复，刻不容缓。”赵炳晓解释说。

“哦，我明白了。”我说。

“当时由于新冠疫情的影响，全国大部分地区都按下了暂停键，不管是定做一个新缸体，还是请人来修，价格高先不说，关键是时间来不及。怎么办？当时公司领导也是一筹莫展，因为过去我们就从未出现过这种情况，也从未干过修复缸体的活，所以谁都没有经验，更没有把握。但是，重汽的生产不能等，他们每天需要1000多件冲压件，如果供应不上，他们就得停产了，那损失可就太大了。时间就是命令，困难就是命令，作为一名优秀党员、一名省级劳模，越是困难就越要上，攻坚克难就是我的责任。所以，当时，我立即向领导请缨，请求由我来完成这个修复任务。在这关键时刻，我很感谢领导的信任，把这么艰巨的任务交给了我。接到任务后，我马上投入了工作。说实在的，这个活咱以前没接触过，而且要求还很高，要求研磨完的缸体，其高低差不能超过0.05mm，如果差多了就封不住油，一上工作台就会自动下滑，造成安全事故。当然，差得越小越好。我在经过认真分析之后，确定了方案，先是割研磨样板，焊接，然后钻到缸体里实施精磨研配。当开始具体操作的时候，难度来了，由于缸体空间太狭小，而且在设备上无法拆卸，所以只能用升降车把人送进去笔直地站在里面打磨。你想象一下，人笔直地站在里面，动也不能动，是什么感受，很难受啊！人在里边站二十来分钟两腿就开始打哆嗦，浑身就冒虚汗，根本站不稳。怎么办，只能把升降车再降下来，把人拉出来活动一下，然后再送进去继续干。当时，我和我徒弟两个人用了三天三夜才研配完成。当试模冲出了合格的配件时，你不知道那个心情是多激动，真是无法形容啊，自己感到特别宽心。我觉得一名共产党员、一名劳模、一名工匠就应该在危急时刻挺身而出，战胜困难，为公司排忧解难，我想这就是责任吧。”

“说得好。我想问一下，你是什么时候入的党？什么时候担任的车间主任？”

“我 2007 年入党，2010 年开始做车间主任。”他说。

“你认为，你的思想，在入党和担任车间主任前后上有什么变化？是什么动力让你做了这么多在常人看来很难完成的事情？”我问。

这次，他很认真地看了看我，沉默了好一会儿，显然是在思考这个问题，最后说：“这个变化主要来自入党。过去我只是作为一个技术工人，满脑子想的都是怎么样把技术学好、把分内的工作做好，不让别人说三道四，或者说是让别人高看自己一眼，都是围绕着自我在打转悠，可是入党以后就不一样了。通过参加组织生活、学习党史、学习各个时期我党英模的事迹，我真正明白了共产党的宗旨‘为人民服务’的内涵，明白了‘无私奉献’的精神内涵，明白了在新时期下我们每一个人学习知识掌握本领的目的，不能只是为了表现自己，让别人高看自己一眼，而是为了更好地为集体、为社会、为国家做贡献。作为一个党员，不仅要在平时严格要求自己，而且还要肩负起一种责任，那就是，在困难面前，起模范带头作用，永远冲在最前面。”

“说得好！”我说，“人的力量是无穷的，所以《逸周书》上说‘人强胜天’，也就是我们现在所说的‘人定胜天’。对这句话，我的理解是：这里的‘天’不是指狭义上的老天，而是指广义上的人世间，包括自然灾害在内的所有的艰难困苦。战胜这些困难的力量从哪里来？就来自我们的智慧，就来自我们的心胸和格局，就来自我们正确的三观（价值观、人生观、世界观）。‘君子喻于义，小人喻于利；君子怀德，小人怀土（《论语·里仁》）。’抛开小我，公义存心，胸怀天下，我们每个人就会迸发出无穷的力量。这也正是我们党以民族解放为己任，从弱小不畏艰难地一步步走来，团结民众、模范民众、觉悟民众、发动民众、服务民众，进而领导全国人民推翻‘三座大山’建立新中国的成功奥秘。正是有了像李大钊、彭湃、方志敏、焦裕禄、雷锋、钱学森、袁隆平等无数胸怀天下、无私奉献、勇于牺牲的英雄人物，我们的党才能取得如此辉煌的胜利成果，我们的社会主义国家建设事业才能取得如此辉煌的伟大成就。”

尾 声

“‘建设知识型、技能型、创新型劳动者大军，弘扬劳模精神和工匠精神，营造劳动光荣的社会风尚和精益求精的敬业风气。’这是党的《十九大工作报告》中的一段话。它既是我们国家在新形势下培养人才的任务，也是一个长远的培养人才的战略性的目标。那么，什么是‘工匠精神’呢？我想，爱岗敬业、精益求精、勇于创新、追求卓越是其精神内核。”赵炳晓说。

是的。“工匠精神”既是我们每一个劳动者个体努力的方向，同时也是我国各行各业作为实体所共同追求的目标。现在，我们国家正从一个“制”造大国向着“智”造大国迈进。这是一个伟大的时代，这是一个伟大的工程，它标志着我们中华民族全面振兴的伟大使命即将实现。“国之重器，成于匠心”。因此，奋斗新征程，建功新时代，我们需要更多的具有“工匠精神”的能工巧匠，组成一支浩浩荡荡的大军，勇攀事业高峰。

“作为一名优秀的共产党员、省劳模、齐鲁工匠，我有责任为公司、为社会培养更多的人才。现在，我被山东省劳动职业技术学院聘请为了劳动教育客座教授，每年定期为在校的师弟师妹们进行理论与技能的培训。我在单位所带的众多徒弟中，一人被评为了中国模具协会工匠，一人被评为了济南工匠，一人成长为民营企业家，十余人成长为企业骨干。但是，我觉得还不够，我要为企业、为社会培养更多的人才，继续践行‘三牛’精神（为民服务孺子牛、创新发展拓荒牛、艰苦奋斗老黄牛的精神），为国家建设贡献自己的全部力量。”赵炳晓说。

“璞玉雕琢成器，明珠尘尽发光（《悟道诗·宋·柴陵郁》）。”让我们祝福他，祝愿他心想事成，祝愿他这颗明珠发出更灿烂的光。

驿寄梅花，鱼传尺素

——记山东省劳动模范、中国邮政集团有限公司济南市分公司王明梅

吴　苹

清早五点多钟，晨曦刚刚拉开帷幕，村庄和花鸟虫鱼还在夜的容器里蛰伏，王明梅已驾车行驶在上班的路上了。

从王舍人镇曲家村到山师东路投递部，约莫23公里，婚后，她每周有6天走在这条路上。最早的时候骑电动车，单趟要骑上一个多小时，冬天还因此冻伤过；后来，改乘公交车，投递部7∶00上班，早班公交车却是6∶10发车，加上一路要转三次车，搞得每次上班都在争分夺秒。315路公交车开通后，早上5∶30发车，她才算松了一口气。后来，她买了车，每个工作日，她的车轮都要在这条路上温习上两遍，周围的建筑物早就温习得烂熟于心。之前，工业北路沿途多是低矮的民房，近几年来，高楼大厦竞相破土而出，现在已呈鳞次栉比之势。尤其是火车东站、黄台电厂、全福立交桥等，这些济南东北部标志性的建筑，每每看到便使人心生暖意。

山师东路在山东师范大学的东侧，因此而得名。山师东路附近有几所高

校：山东师范大学、山东艺术学院、山东中医药大学等，道路两边绿竹婆娑、繁花似锦，散发着浓郁的文化气息，就连墙壁上都刻着李清照、辛弃疾的诗句。投递部得文化气息的熏染，自有一番独特的平和与厚重。

王明梅将车子停好后走进投递部大院，“中国邮政”几个大字赫然映入眼帘，字是黄色的，底是绿色的，当然，邮政车、邮筒、邮包、邮递员的制服也都是绿色的。绿色，是春天的颜色。王明梅从资料和网络上得知，邮政行业统一色调最早是从秦朝开始的。那时，邮递员被称为“轻足”，顾名思义，这个行业的人首先要脚力好、跑得快。秦朝人崇尚黑色，上至帝王将相，下至引车卖浆，都以黑色服装为主，因此，黑色成了轻足们的统一着装；到了汉代，邮递员则被称为“邮人”或“驿足”，邮人的制服由黑色变成红色，他们头戴红头巾，肩套红袖套，身上背着赤白囊，那是一种红白相间的专用邮包，整个装束鲜艳、醒目，像一团火，离得老远，人们看到风风火火的邮人，都自觉地为其让路；鸦片战争后，帝国主义在我国海关试办邮政，英国人葛显礼规定：信差、船夫穿海军蓝哔叽马褂，到了夏天，马褂的颜色则由海军蓝换成蓝灰色。1905 年 1 月，邮政由法国人帛黎把持，他规定黄绿两种颜色为邮政专用色，黄绿两色不许交叉成条纹，要以绿色为主要色调，黄色作为点缀。这也形成了我国邮政黄绿色调的雏形。中华人民共和国成立后，1949 年 12 月 10 日，第一次全国邮政会议在北京召开，会议最终决定，将绿色定为人民邮政的标志色，以寄托和平、青春、茂盛与繁荣的美好期望。

中国邮政的徽标像一只绿色的飞鸟，它是“中”字与邮政网络的形象互相结合、归纳变化而成，并将翅膀的造型融入其中，使人联想起鸿雁、青鸟等美好词汇。飞鸟、翅膀这些元素既是中国古代对于信息传递的形象比喻，又表达了邮政行业服务于千家万户的企业宗旨，它代表了邮政的企业形象：快捷、准确、安全、无处不达。中国邮政的徽标造型朴实有力，以横与直的平行线为主，象征秩序与四通八达；稍微向右倾斜的处理，表现了方向与速度感。

王明梅换上制服，收拾停当，和同事们一起开始了热火朝天的工作。分拣邮件是每天的第一项工作。之前，无论录入还是分拣都要靠人工，后来，单位里增加了邮件分拣机，那是一种像长龙一样的设备，大家都管它叫“皮带机”。来自全国各地的邮件从皮带机上走了一趟后，又马不停蹄地奔向所辖的各条段道。尽管有了皮带机，王明梅和她的同事们依然是手眼不停，忙得不亦乐乎。9∶30左右，邮件分拣完毕后，被分门别类放进邮包，搞得那些邮包个个都像吃多了青草的羊儿，被撑得鼓鼓囊囊。9∶50，一排排电动车整装待发，即将跟随邮递员们开始一天的行程。

王明梅负责的区域是燕子山西路和环山路南段，这两片区域里的很多人她都认识，一进小区她就不停地打招呼："阿姨，去买菜了。""叔叔，您出去啊。"见到孩子在楼下玩耍，怕碰到他们，她就推着车子前行；见到老人提着东西准备上楼，她便支好车子，帮他们将东西送到家门口。这些年，她付出了热情与真心，也收获了认可与温暖。到了夏天，她给用户送邮件，很多人都会提前将茶水泡好等着她，为了让她节省时间去下一家，茶水的温度总是不凉不热刚刚好。这两片区域多山地，一路上总是不停地上坡下坡，王明梅长得比较小巧玲珑，身后驮着两个沉重的邮包，上坡时要使出全力，下坡时则要小心翼翼，当邮件超重时则显得摇摇晃晃的。尤其到了雨雪天，路面打滑，连人带车一起摔倒的事情也是常有的。好在段道上的人大都是热心肠，看她摔倒了，便有几个人一起跑过来帮她扶车子，还安慰她说："姑娘，摔疼了没有？以后再上坡的时候喊一声，大家都会来帮忙的。"

投递的间隙，王明梅常常想起自己这三十多年来的人生轨迹，能够和邮政结缘也是冥冥中自有天意。

小时候，王明梅就比较崇拜邮递员。她姥姥家在外省，20世纪90年代，电话和手机还没有普及，人们和外地亲人联络的主要渠道便是通信。那是她五六岁时的事情，镇上的邮递员每两三天来村里一次，到了后，便将信和报纸一起放到大队部。王明梅最爱做的事情是跑到大队部等信。当她看到一身绿衣的邮递员，不等他到近前，便欢快地迎了上去："叔叔，有我家的信吗？"待听到"没有"时，她则有些怅然若失；如果哪天等来了信，她接过信便一路小跑着往家里飞奔。

2004年6月，王明梅毕业找工作，恰逢邮政系统招聘，得知消息后她满怀期待去应聘。天遂人愿，面试顺利通过，当时她住在山师东路附近，便顺理成章地分到了山师东路投递部。入职后，由师父刘庆带她。上班第一天的上午，师父带她到自己区域的各条街巷上转了转，主要是让她认认路。下午，师父让她独自去一栋楼送邮件，师父则去送下一家，王明梅送完邮件出来没有看到师父，便回到原处找了找，却没有找到。当时没有手机，不知道怎么和师父联系，好在认识回单位的路，她思忖了片刻后便独自回了单位。师父见她没有跟上来，心中不免焦急，当即找了一家店铺的座机给单位打电话，听说王明梅回去了，这才松了一口气。后来，王明梅和师父刘庆每每说起这段小插曲，总是忍不住哈哈大笑。

上班第三天，师徒二人正在送邮件，突然下起雨来，开始时雨下得不大，两个人用防雨邮布盖好邮件，继续投递。当她们走到家乐福超市附近时，雨势骤急，只一瞬两人的衣服全淋透了。师父说："梅梅，雨下得太大了，先找个地方避避雨吧。"两人便挽起裤脚，推着自行车蹚着积水，走到家乐福一楼避雨。此时，暴雨下得铺天盖地，视线里俱是一片白茫茫，路上的积水以肉眼可见的速度上涨，转眼就漫过半个车轮，行人和车辆在暴雨中举步维艰。突然，扑通一声闷响，众人蓦地一惊，原来是几步之外的围墙轰然倒塌，师徒两个忙随众人一起跑过去查看，好在没有人被砸倒，算是万幸了。

师父说："梅梅，咱们邮递员不仅要做好工作，也要注意人身安全。如果遇到像今天这样的暴雨，一定要找个安全的地方躲避一下，待雨势小了再走。这种暴雨是很危险的，像围墙倒塌、窨井盖被水冲走之类的事情，都是有可能发生的。"

后来，师父将自己的工作经验整理到一个本子上，把本子送给了王明梅。王明梅在实际工作中遇到了一些问题，也常常让师父帮她答疑解惑。两人这份美好的师徒情谊一直保持了很多年。

自古以来，邮递员这份工作就与美好与诗情画意紧密相连。在古诗词中，信使有很多雅称，最美好的莫过于"鸿雁"和"青鸟"。如杜甫的《天末怀李白》："凉风起天末，君子意如何？鸿雁几时到？江湖秋水多。"还有李白的《千里思》："一去隔绝国，思归但长嗟。鸿雁向西北，因书报天涯。"鸿雁为候鸟，春来飞到北方，入秋飞回南方，它们信守时间，被古人奉为鸟中君子。因此，古人以鸿雁来指代信使，也是对信使的一种尊崇。关于青鸟的诗句也是不胜枚举，唐代李璟在《摊破浣溪沙》中写道："青鸟不传云外信，丁香空结雨中愁。"李商隐的《无题》中有这样的诗句："晓镜但愁云鬓改，夜吟应觉月光寒。蓬山此去无多路，青鸟殷勤为探看。"为什么青鸟会作为信使的代称呢？据《山海经》中记载，三危山上有三只青色的大鸟，它们的脑袋是红的，眼睛是黑的，是天神西王母的座前神鸟，经常往来于昆仑山为西王母取食。当西王母要驾临某地时，它们会先行报信，相当于西王母的使者，后来人们便将青鸟作为信使的代称。

浪漫与美好常常只停留在古诗词里，现实中，邮递员的日常却要和繁忙、劳累为伴。考虑到一些老人行动不方便，王明梅很少将报纸、信件放到楼下的报箱，总是一层层地爬楼将报刊送到他们手中。临走时，见门口有垃圾，她也会顺手提到楼下垃圾桶。刚入职山师东路投递部那几年，王明梅负责的是东关大街片区，那一片全是五六层的楼房，楼内没有电梯，一天当中不停地爬上爬下，到了晚上双腿沉得就像灌了铅一般。

夏天，济南的温度高达三十八九度，在外面待上片刻便头昏脑涨，但邮递员们却要顶着烈日奔忙；冬天，逢天气不好时风和雪便一起夹击，王明梅和她的同事依然要穿行在大街小巷。因在户外的时间较长，即使戴着手套，很多邮递员的手上也长了冻疮。冻疮轻时红、肿、痒、痛，严重时手背肿得像发面馒头，然后溃烂，稍稍一碰就出血。北方人都知道冻疮治不彻底就会年年复发。下班后，生冻疮的同事便会聚在一起，相互交流治疗方法：是用茄子根煮水搽洗管用呢，还是用白酒泡辣椒涂抹管用呢？这些方法只在冻疮初期时有效，严重时都无济于事。听说槐荫区有个老中医用祖传秘方配了一种药膏，治冻疮药到病除，有同事便大老远地跑过去买，用过见效后第二次便买了十几盒，都是帮单位其他同事捎的。除了阴魂不散的冻疮，某些职业病也如影随形，如腰肌劳损、颈椎病、关节炎等，分拣邮件要弯腰低头，外出投递风吹膝盖，这都是无法回避的。每年一到秋风起时，那些骑车送邮件的姑娘们已戴上厚厚的护膝，看看大街上的同龄女孩，还都穿着连衣裙和风衣，确实显得身段苗条、步履轻盈，瞬间的羡慕之后便是平静和心安：邮递员虽然苦点累点，但什么工作不累呢？况且，邮递员的这份归属感和充实感也不是人人都有的。

地球飞速运转，世界日新月异，近二十年来，手机和电脑等电子产品闯入大家的生活，它们包罗万象，新鲜又刺激，现已成了中青年人生活的主导。但仍有一部分老年人在坚守着他们的旧情怀，以纸媒为窗口来观察世界、充实精神仓廪。他们当中的很多人给王明梅留下了深刻的印象，印象最深的要数东关大街的一位老人。

那是王明梅刚上班没几天的事情。她去东关大街送邮件，用户中有一位老太太，七十岁左右，人很干净利索，穿旗袍，头发梳得一丝不苟。老人订了很多报纸，有《齐鲁晚报》《济南时报》《新民晚报》等。那天，王明梅将几张报纸交到她手中，她简单翻了一下说：“怎么没有《新民晚报》？”《新

民晚报》是上海的报纸，因中途运输等诸多因素而晚到的情况也是有的，王明梅初来乍到不了解此事，还以为是自己将报纸弄丢了，忙说："阿姨，我刚来邮局上班，不知道这份报纸是弄丢了还是送错了，我帮您找找，好吗？"老人一听就急了："其他的报纸丢了没关系，《新民晚报》是一期都不能少的，如果真丢了我就要投诉你！"王明梅忙给单位打电话，当时她没有手机，是借别人的座机打的。之前负责东关大街的同事说，老太太老家是上海的，年轻时嫁到济南。现在她的儿女都在外地成家立业，老伴去世了，老太太一个人生活。她订《新民晚报》已经很多年了，主要是为了抚慰思乡之情。了解这个情况后，王明梅颇能理解老人的心情。段道上也有其他用户订《新民晚报》，为了搞清报纸到底是丢了还是送错了，她便挨家挨户去问，当得知其他用户也没有收到报纸时，她又马不停蹄地折回去安抚老人："阿姨，报纸还没有到，等报纸到了后我一定第一时间给您送来。"下午，报纸到达投递部，王明梅带着报纸在烈日下一路骑行。到了小区，她顾不得擦脸上的汗，便气喘吁吁地敲响了老人的门。

老人看王明梅如此认真负责，非常感动。以后，王明梅再送报纸，老人总是热情地为她倒水、拿水果，逢饭点还再三挽留她吃饭。

经过这件事之后，王明梅专门买了个笔记本，记录用户的姓名、地址、所订报刊以及用户的各种特殊情况。

那一年，邮政系统推出珍藏版的邮册，源于对工作的认真负责，王明梅便抱着邮册走家串户地介绍。刚进东关大街的一处小区，老人正好在楼下，看到她过来，老人忙说："孩子，你给我留一套，我帮你问问，看邻居有要的吗。"那一年，老人一个人就帮王明梅卖出六套邮册。她还不遗余力地帮王明梅介绍用户，每次一见到亲朋好友就说："你们要订报纸就找明梅那个孩子，那个孩子很实在，很负责。"

在投递工作中，地址欠详的信件并不罕见，邮递员们管这种信件叫"死信"，按规定死信可以做退回处理。但王明梅总是尽最大努力寻找收件人，力求让所有的死信都能起死回生。曾经有一个大额的汇款单，王明梅光寻找收款人就找了四五天。那张汇款单上只有小区和收款人，没有具体的楼号，在那个有几十栋楼的小区里，王明梅拿着汇款单逢人便打听，找了几天却一无所获。这么大额的汇款，也许用户有急事等着用，要是耽误了实在是不应该。想到此，王明梅便带着汇款单去了居委会，居委会的工作人员费了一番功夫，终于找到了收款人。居委会和收款人联系了之后，王明梅按照居委会提供的详细地址到了那人家里，人家已经满怀期待地在等候她了。

一封信件维系了一份真心，一张汇款单传递了一片爱意，邮递员就是绿色的桥梁，让人间真情永远畅通无阻。

在邮政系统这个大家庭，王明梅不仅收获了荣誉和职业幸福感，还收获了友情和爱情。她的爱人曾经和她是同事。那时，她爱人大学毕业后到山师东路投递部工作，王明梅负责带他。按照以往的惯例，王明梅先带他把自己区域的各条街巷熟悉了一下，然后，拿出专门的小本子逐一介绍各个用户的情况：他们分别订了哪些报刊、各种报纸杂志的出刊日期、哪家有老人需要特殊照顾的，并重点告诉他与用户沟通的方式以及一些问题的解决办法。后来，王明梅做了替班员，小伙子有了不明白的问题向王明梅请教时，她总是知无不言言无不尽。王明梅做这些不仅仅因为是他师父，还源于邮政系统内部约定俗成的规矩，凡是有新同事加入这个大家庭，老员工总是尽最大努力来帮助新人。在平时的工作中，当同事忙不过来时，相邻的台席也总是伸出热情的援手。

再后来，两个年轻人顺理成章地恋爱、结婚。

怀宝宝的时候，王明梅常常感觉腰疼，去医院做检查，医生说她得了肾积水，她是先天性的一个肾脏，现在，唯一的肾脏出了问题，最好是立即停止工作回家休息。当时王明梅并没有太在意，以为是妊娠期的不适和胎儿的挤压所致。怀孕四个月的时候，她外出投递时淋了雨，接着身上起满了红疹，到医院看医生，医生说她的肾积水已经非常严重，并再次郑重地提出让她休息。从医院回来后，王明梅将自身的病情详细地向领导讲了一遍，领导考虑她在孕期又有其他病症，为了照顾她，让她歇了病假。

宝宝出生后，王明梅去医院复查，得知肾积水有了一定程度的减轻。医生说，生产之后，胎儿不再挤压肾脏，肾脏内的积水有一部分会随着新陈代谢排出体外的。之后的两年，王明梅的身体并没有特别的不适，再加上邮递员常年在外面跑来跑去，身体相对比较皮实，有小病小灾的都不太在乎。对于之前的肾积水，王明梅也就将它放在一边了。

那是在宝宝两岁多的时候，某个清晨，王明梅起床后感觉身体有些不适，却依然像往常一样去了单位。她带着邮件刚到一个小区，病情突然发作，腰腹痛如刀绞，旁边的一个大姐见此情景，忙将她搀到物业的办公室里。大姐扶着王明梅在一张椅子上坐下，并给她倒了一杯热水。一杯水喝下去后，腰腹的疼痛丝毫未减，还越来越剧烈。原想着休息一下继续工作，看这种情形根本无法进行，王明梅忍着疼痛给单位打了电话，让其他同事过来接替她的工作。挂掉电话后，她疼得出了一头冷汗，腰背已经无法直起，连身体都缩成了一团。大家见她如此痛苦，又着急又心疼，忙帮她打了120。救护车很快到来，医护人员将她抬到车上，随后帮她联系了家属。到了医院后，她再也坚持不住，疼得休克过去。经过系统的检查，王明梅才知道因为患病的时间太长，肾内的积水没有及时排出，已经化脓。医生严厉地批评她："你难道不知道吗？你就这么一个肾脏，现在这个肾脏出了这么严重的问题，再耽误下去你还要不要命了？！也太拿自己的身体不当回事了！"

这一夜，王明梅睡得很不踏实，干扰她的不仅有疼痛，还有其他病友的说话声、起夜声、呼噜声。除此之外，她心里还有丝丝的焦虑和担忧，医生说先插管引流再进行手术，她不知道自己要在这里躺几天，也不知道手术是否会顺利，手术后是什么样的结果。丈夫看出她的心思，安慰她说："你尽管把心放到肚子里，该吃吃该睡睡，咱们积极配合医生治疗，很快就会康复的。"听了丈夫的话，她似乎心安了一些，天快亮的时候，她终于睡着了。尽管只睡了很短的时间，到了4∶40，她仍像平常一样准时醒了过来。她刚要起床，旁边的丈夫扶住了她："你要去哪里？"她这才想起来是在医院里。

窗外的大树上，小鸟叽叽喳喳地进行着奏鸣曲，医院花园的小径上，有三三两两的病人在散步。往日的此时，她应该走在上班的路上，而现在……想到此，一种怅然若失感登时涌上心头。

上午，医生查房，病人输液、换药，医护人员来来往往，一些探望病人的人大声地说着话，她的心也像周围的环境一样纷乱。

午饭后，她正准备休息，听到走廊上传来一阵熟悉的说话声，接着，病房的门被推开，呼啦啦涌进二十几个人，是她的领导和同事。大家将手中的鲜花和营养品放下，围在她的病床前，询问她的病情，竞相安慰她："梅梅，你尽管安下心来养病，不要太牵挂工作，你的段道上有同事在帮忙，你放心好了。""梅梅，需要钱尽管说话，姐这里有。"……

她再也忍不住，眼泪唰唰地流了下来。

一周之后，医生对王明梅进行插管引流治疗，之后又进行了手术，她的心情也从最初的担忧渐渐走向平静。手术很顺利，再休养几天应该就能去上班了。她的自行车、邮包，还有同事们、段道上的叔叔阿姨，她已经想念她们太久了。

马上就要回到单位了，这份憧憬让她精神大振。她早早地将一切收拾妥当，来见主治医生。医生先是叮嘱她按时吃药，停了一下，又说："你的肾脏已经有了损伤，切记不要劳累，尤其不能再干繁重的体力活，毕竟你和其他病号不同，人家好歹有个备胎，一个肾脏出了问题，另一个还能顶岗，你的那个始终是在孤军奋战……所以，目前这份工作对你来说，也是不太适合的。"王明梅一下子愣住了，好半天才缓过神来，怎么会这样呢？医生对她丈夫说："好好照顾她，一定要安抚好她的情绪。"

在家休养的那段日子，陪伴她最多的是她的老朋友——一辆旧自行车。自行车、车后座上的两搭袋、身上背的挎包等，对于邮递员来说都是损耗品，是单位给他们配备的。在单位时，王明梅和它们朝夕相处，几乎形影不离。她很爱惜它们，外出投递时不小心摔一跤，每次她都是无暇顾及自己，爬起来后先将它们细细检查一遍。这些年，她将那个挎包缝了补补了缝，旧得实在不能用了才向领导申请换了新的。自行车更是她的心头肉。逢雪雨天，车子上沾了泥水，她总是再三擦拭，将污渍擦得干干净净才放心。车子的零件坏了，也都是自己花钱修理。单位有规定，自行车的使用年限是四年，车子、邮包、邮袋等用品用具报废之后，邮包、邮袋要留在投递部，自行车则自行处理。她没有将那辆嘎吱作响的旧自行车丢弃，而是带了回来。它就像一个征战沙场多年的老兵，尽管伤痕累累破旧不堪，又何尝不是一种圆满？而她呢？却要中途退场了。这些年来，单位和用户已经在她的身体里扎了根，且长得枝繁叶茂，如今却从血肉里生生剥离，这种痛让她无所适从、无法呼吸。她的青春、她的幸福将从此随风而逝，以后，她要在无数个日夜里看着这位老朋友，以此来一遍遍地温习往事。

家人看到她的情景，说："工作再重要，也没有身体重要啊，咱们可以再找其他工作。三百六十行之中，肯定有适合你的啊。"有朋友在酒店干管理，邀请她过去一起工作，并承诺她说，工资将是在邮局的两倍。她想了想还是拒绝了，她不是干不了，而是和邮局的感情太深太浓了，浓得足以抵抗得住任何物质上的诱惑。她记得怀孕的中后期，因为身体原因，她请了一段时间的病假；哺乳期时，领导让她在完成当天的投递任务后，可以提前一会儿下班，好回家照顾宝宝。单位对自己如此关爱和包容，做人要懂得感恩！干了这么些年怎么就不能干了呢？又不是重到卧床不起，只是身体弱一些罢了。

最后，对单位的感恩之心以及骨子里的不服输还是占了上风。复诊的时候，王明梅问医生："医生，难道就百分之百不能干这份工作了吗？！""那倒不是，我只是给你建议，这件事情还得你自己考虑。"医生说，"如果你真能承担这个工作量，那你可以试一段时间。你半年来复查一次，如果没有加重，那也不是不可以。"

王明梅再次回到山师东路投递部，如同鱼儿回归大海、小鸟飞回山林。单位里的同事见王明梅大病初愈，在工作中也都不约而同地帮助她，遇到抱报纸、搬邮件之类的重活全都不让她插手；她到自己负责的小区投递时，用户们纷纷过来嘘寒问暖，见她要停下车子，旁边的人也都来帮忙。

半年后，她去医院复检，医生很高兴地告诉她："一切良好！"

从那次手术到现在，一个十年即将过去了，王明梅仍活跃在邮政系统的一线，每天穿大街走小巷，将邮件送到千家万户之中。

有几次，那位在酒店干管理的朋友和她开玩笑："来酒店干呗！"她笑着说："不去，哪儿都没邮电局好！"

见过王明梅的人都知道，她很爱微笑，她的微笑很清澈，像山间的泉水，连泉底的石子都清晰可见；她的微笑很明媚，像田野里的向阳花，没有一丝一毫的阴霾。无论是对同事还是陌生人，她从不吝啬脸上的微笑，她的微笑总是不由自主地感染别人，让别人的心情也随之好起来。她的要求不高，只要简简单单地生活，开开心心地工作，毕竟简单才会快乐，淡然才会幸福。王明梅认为，一个人的心态决定着很多事情的走向，当人以平和乐观的心态去工作时，基本上很难遇到刁钻的人和棘手的事；即便遇到一些问题，每个人的心情不同，解决的方式不同，结果也就不同。从业近二十年，王明梅时刻铭记在心的是责任心和感恩，她和别人聊天时，说得最多的是领导和同事对她的帮助、用户教会她很多东西，以及她对这份工作发自内心的热爱。

人嘛，说到底就是怀着一颗纯粹的心，做普通的工作，接触平凡的人，收获简单的快乐。

2015 年，王明梅被评为三星级邮递员；2016 年，被评为济南市分公司优秀员工；2017 年，被评为济南市劳动模范；2018 年，被评为山东省劳动模范。2019 年 12 月，王明梅成为一名光荣的共产党员； 2022 年 6 月，她以党代表的身份参加了中国共产党山东省第十二次代表大会。

如今，王明梅依然穿行在一条条熟悉的街巷，每天的风景如此熟悉，每天的风景又别有新意。

供暖专家暖万家

——记山东省劳动模范、济南热力集团有限公司和道分公司孙芹

张丽语

一

那个下午，要不是内心要强的念头提醒她，估计孙芹就撑不住了。

刚进9月，天空湛蓝如洗，一扫夏季的燥热烦闷。济南热力公司有个不成文的习惯，从9月1日开始，凡是具备注水条件的，就开始对暖气管道打压整改，以备天冷能及时快速地供暖。

孙芹已经忙碌了一个夏天。本来，作为单位的先进工作者，她又获得了劳动模范的荣誉称号，按照单位的奖励制度，是铁板钉钉地可以去日照疗养度假的。在那里，蓝天碧水，空气清新，踩着金黄柔软的细沙，肯定会让

一直紧绷的神经放松下来。可是，考虑到回收自管站的整体改造工程，她还是惴惴不安，就像放下还没出满月的孩子出去潇洒一样，总有点魂不守舍。于是，她自告奋勇留在了工地，跟着研究图纸、检查现场。施工问题、安全问题、监理问题，哪一项都是她头脑里要反复演算的公式。相关人员拍着胸脯向她一再保证："放心吧，孙姐，这是我们的专业。"她用警告担忧的眼神、脱皮干燥的嘴唇一丝不苟地叮嘱："这是关系千家万户的民生问题，大意不得！我们要做到零失误！"

夏天的骄阳像在空中挥起了无形的火鞭，扫到哪里，哪里就是炽热的气浪。烤在脊背上像贴上了火红的烙铁，地面烫得鞋底儿都快融化了。孙芹成功地把自己烤成了焦糖色，只有戴眼镜的地方像是大熊猫留出的眼白。好不容易在秋高气爽的日子可以缓口气儿了，谁知这天就出了娄子。

卡着9月的节点，冷运一旦启动起来，新一年的供暖检测就步入了正轨。在这个老小区，新建自管站打压时，楼内管道焊口连接处漏水，水喷涌而出。不久，汩汩的流水就像蜿蜒的蜈蚣一样钻进了附近的店铺。旁边的一家跆拳道馆受了影响，几个小青年挥胳膊舞袖子，气势汹汹地闯进了办公室。"请问，我们的场地被水泡了，谁管？"刚从工地转了一圈回来的孙芹还没坐下喝口水，只得赶紧安抚他们的情绪。

其实，热力公司制定的片区负责制，每个区域都会在相应的位置贴上公示牌，上面有负责人的照片和联系方式。可是，这几个小伙子情急之下，哪还管那么多？他们找上门来，面色阴得能拧下二斤黑水。孙芹决定先帮他们想办法解决问题。按正常途径，打公司的投诉电话或者反映给热力能源部门，都能把问题解决了。可是，这几个青年已按捺不住火气。这两年新冠疫情影响了学员的训练，即使开门营业也门可罗雀。他们咬牙凑钱把场地装饰一新，准备大张旗鼓地在开学季多招几个生员。为此，他们印制了宣传页，骑着车子四处撒广告，在街头拦住家长费尽口角劝他们带孩子来免费试学。教练也找好了，摩拳擦掌，跃跃欲试。万事俱备，就在这紧要关头，场地被泡了。

"换了你？你能不着急吗？能不上火吗？"其中一个青年，胳膊上文的花绣也张牙舞爪，肱二头肌鼓成拳头的姿势，似乎随时要狂飙一场。

换了孙芹，她也着急呀！她也感到难过，虽然责任不在她，甚至管子漏了也不归她这个部门负责，但她看着把桌子拍得砰砰作响，让茶杯都要蹦起来的年轻人，她觉得不能坐视不管。文花绣的青年还说，要是没人管，他就打 12345，哼哼，到那时，由不得单位不管。只要牵扯公司的声誉，不管哪个部门，都是自己的家呀！都不愿让它抹黑呀！

“怎么会没人管呢？”孙芹说，“我不就站在你们跟前吗？咱们有问题解决问题，先别冲动。”从上午 10 点，她像被审讯的犯人一样，被这几个小青年轮番数落，似乎招生不利、店不赚钱，都是她的问题。偌大的办公室里，回荡着他们声嘶力竭的吼声。本来办公室就只有他们三个人，一个外出，一个在工地上，只有孙芹用单薄的一米六的身板对抗着他们的怒气。孙芹同情地看着他们，像看到自家的孩子一样。她知道，他们只是朝她发泄牢骚和不满，但她总得帮他们把问题解决了。她不停地打电话联系房东、物业，协调相关部门来处理。说得口干舌燥，钟表的指针已不知不觉指向了中午。小青年们也累了饿了，其中一个出去买了一兜大包子。几个人狼吞虎咽，吃饱喝足，到饮水机接水的时候，才抓着头发，不好意思地说："孙老师，实在抱歉！我们光顾着自己吃了，忘了给您留个包子！"孙芹说："只要你们气儿消了，我少吃一顿饭也不觉得饿。"

一直到下午两点，房东、物业和施工队都急匆匆地赶来了。根据规章制度，该赔偿的损失本着公平公正的原则予以赔偿，问题终于妥善解决了。房东不好意思地握着孙芹的手："要是上午我早点赶回来，不至于让您受这么大委屈！"只要能被理解，只要不影响公司的形象，孙芹觉得再大的委屈也值了。

二

其实工作中的很多委屈，到最后反而成了让泪腺潮湿的触点。

山大北路 69 号，有个近 90 岁的马大爷，深居简出，独来独往，脾气有点古怪。热力公司因为供暖问题和他打上了交道。

为方便用户交费，公司发放了供热卡，户主可以用手机微信或支付宝，公众号交付费用就可以了。如果是集体户由热力公司改造或自行改造变成分户控制的，改造完验收合格以后，由热力公司服务到户。孙芹他们的想法是"产权有分界点，服务没有分界点"，偶尔有些集体户需要放气儿或出现小的问题，他们就顺便免费做了，举手之劳嘛。

可这次，马大爷的事可不是一般的麻烦。当冷空气让衣服越穿越厚，让人忍不住把手要贴在暖气片上找回点温度时，马大爷觉得他的暖气片冰凉如初。他怀疑自己的触觉有了感官障碍，让邻居也试试暖气片，确实不热乎。马大爷来气了：“欺负我年老体衰吗？为什么不给我供热？”其实，这个时间段所有用户都还没有进行热调试。他不知道找相关部门去咨询问题，就光在家里生闷气。眼看着过了交供热费的时间，按照制度，如果在相应时间户主还没有交费，工作人员就会按照“自动默认”报停暖气。孙芹担心有些业主因为工作繁忙或特殊原因，总是拿着报停单上门拜访，在做到充分提醒以后才最终关闭供热阀门。

这天，她敲开马大爷家的门。一听是热力公司的，马大爷一把就把她揪了进去，开始兴师问罪：“暖气刚热，你就想给我关了吗？”

孙芹根据从楼上楼下了解到的情况，告诉马大爷说，办理供热卡的时候，因原单位提供的户主姓名明细表里，他家的姓名写错了，所以卡上的姓名也跟着错了，这需要入网重新输入正确数据。老大爷一听，户主名字不是他的，惊骇之下，忍不住说：“房产证都给我换了？你们把我的房子卖给谁了？你们这些骗子！社会渣滓！”马大爷似乎没心思听孙芹的解释，抖着手在屋子里转圈。孙芹一看，老大爷耳背，情绪又激动，就拿笔在纸上面写：

“大爷，相信我！没人卖您的房子！您只需要提供房产证和身份证复印件更换房主姓名就行。您若不信，可以去派出所打听清楚。我叫孙芹，这是我的联系方式，×××（手机号）。您有不明白的可以随时和我联系！”

马大爷果真拿着纸条，带着户口本去了派出所。民警一听就乐了，向他解释。民警说，有的房子租出去以后，相关部门家访时，有的租客就签了自己的名，导致数据出了问题，这种现象也不是没有过。民警还说：“大爷，这热力公司的人把自己的姓名和手机号都告诉你了，她要是坏人敢这样做吗？”最后查明，是当初马大爷的原单位在给热力公司提供户主姓名时写错了。

明白了真相，马大爷又打电话让孙芹帮忙，让她拿着身份证、房产证复印件重新办理供热手续。马大爷掏出一沓钱塞到孙芹手里：“两千够不够？不够我再给你！”孙芹说，按照面积，钱还会剩回来一些。她把钱推给马大爷：“我先替您交，回头您再按具体数给我就行。”马大爷坚决不让：“我怎么能让你替我垫钱？剩下的零钱也不用给我了。我相信你！”

孙芹跑到二环东路的齐鲁银行，终于帮马大爷办妥了手续。想想马大爷一个耄耋老人确实进出不方便，她能帮他跑跑路，也算给他一点慰藉。等她把找回来的零钱连毛带分地都摆在桌子上，给马大爷交代清楚，马大爷那双枯瘠的布满青筋的手又禁不住抖起来。他叹气说：“你呀，比我自己养的女儿都强！”原来他有三个女儿，其中一个还是中学老师。不久，这位老师主动加了孙芹的微信，说：“感谢！感谢您替我们尽孝！”她解释，她姐妹三个都觉得自己的父亲不好相处，说话一不留神就会引起雷霆之怒，最后总是弄得不欢而散。这次的事情，马大爷的三个女儿都明白，但她们也不敢跟他解释，更不敢偷偷地替他把钱交上。

到了腊月，北风凄厉，如猛虎吼叫，窗户上的枝条打得玻璃啪啪作响。孙芹又禁不住想起了马大爷。从上次他家暖气正常了，过了这一阵儿，不知他家的暖气热不热？等又一次敲开马大爷家的门，见到孙芹含笑发亮的脸庞和垂着眼角微笑的眼睛，马大爷又一把把她揪了进去：“闺女，天这么冷，别冻着！我一直盼着你能来看我呢。”

最初被马大爷误会所受的委屈，和他给予的如迟暮夕阳一样的牵挂相比，那丝不快早就像早上的露水被蒸发干了。

问题是，没有委屈，纯粹是表扬，孙芹也不愿接受。

还是滴水成冰的冬天，脚踩在雪窝里，留下一个又一个深深的雪坑。孙芹就这样一路咯吱咯吱地走到了袁佩颖家里。打开门映入眼帘的，是袁佩颖的老父亲裹着棉被，冻得双肩还是忍不住瑟瑟发抖。孙芹不止一次听袁大姐发自肺腑地赞美自己的老父亲：共和国英模人物，无数的功勋。

孙芹曾经犹豫过，跨片区解决供暖问题，而且又不属于同一家热力公司，会不会让同行觉得自己是逞能呢？有一次她在袁姐的央求下动了心：“我们这一片儿不归你管，但你就当是朋友来家串门给看看也行。”孙芹以为，自己辖区的某些用户总是吆喝着暖气不热，可能多半是身在福中不自知。她平均每天要跑几十家用户，有的一测温度，25度以上，而用户都希望高于30度；有的用户通着暖气却开着窗户；有的用户是没有放气，热水不循环了。她把经验都告诉了袁姐。可袁姐还是诉苦：“确实不热呀！我没什么，我老父亲受不了！”

突如其来的大雪，让孙芹忍不住替他们担心。来了，她就后悔没有早点来。她原来说的那些经验确实派不上用场。这栋楼院里有总阀，还能正常用。家里客厅比较大，有一扇30柱的50型号（中心距50公分高）的暖气片。常规暖气片用60型号的多，这扇暖气片的回水阀门年久失修，已经锈成了铁疙瘩。

孙芹和工人商量，先关掉院里的总阀，再用最快的速度换掉回水阀，否则会影响楼上其他用户的供热。为不得罪同行，还不能公开作业。袁大姐说：“我们是私人帮忙，我算自己找人修还不行吗？”于是，孙芹和工人脱下工作装，穿着便服，拆卸管子重新安装。工人在里面作业，她在门口帮着清理垃圾，打扫积水。进出的人还以为她是保洁阿姨呢！

等袁姐摸到暖气片开始发热，忍不住喜极而泣：“多少年了！暖气逼得我们换房子的心都有了！”袁大姐是 12345 的义务监督员，也是区里的道德模范。她说：“我必须好好写篇文章来表扬你！”而孙芹怕的就是这个，说我们这是义务劳动，这事不能写。换位思考，她也体谅同行的苦衷：多一事不如少一事，老区的管道一动就伤筋动骨，如果判断不准确，本来以为只是换个阀门，弄不好就可能要换整个管道。到时候造成的损失谁来承担？弄不好会引起很大的纠纷。当然，像这种棘手问题，需要一个供暖管家敢于担当的责任态度和灵敏的经验判断。

其实偷偷摸摸做的好事还少吗？东至洪楼南路，西至山大路，南至山大北路，北至花园路，共有 13 个换热站近 45 万平方米供热面积，这都是孙芹要挑起的责任。

洪楼西路 94 号的一家新用户，疫情期间阳了，老两口初来乍到，刚在济南定居，就封闭在家。他们也不知道怎么供暖，孙芹就电话征得他们同意，在没见面的情况下先拿自己的 1700 元钱替他们把暖气费交了。老两口一直催了一个多月才见到孙芹，把钱还给了她。

公安局宿舍改造七八年后，管道有的漏水，有的不热。一位 60 多岁的住户在家里照顾 90 多岁的老妈，打电话说暖气不热后就急不可耐，没过几分钟就接连不断地打电话，诉苦自己的诉求得不到重视。等孙芹他们去检查，发现是主管边上的旁通阀堵了，需要更换。这家住户仅有的亲戚都在老家泰安，两个老人在这里紧巴巴地过日子，几十元钱也拿不出来。孙芹偷偷地对施工的王哥说：“咱俩今天学雷锋，你出力，我出钱，帮她家把阀门换了吧。”至此，这家住户再没打过电话诉苦，当然她们也没打听这阀门的费用到底是谁承担了。

三

孙芹的工作节奏是这样的。

冬天供暖的5个月，她从早上出门上班，就很少在办公室里坐着，往往到住户家解决各种问题，入户一直到晚上9点。晚上12点回家是家常便饭。下井、爬高对她来讲也是小菜一碟。最多的时候，她一天要下几十个管道井，不停地爬高、拧阀门，调节供热。在供暖季，孙芹每天还要接听二三百个用户电话，同时负责辖区内入户维修、检查管道和暖气阀门等工作。为了及时解决用户诉求，孙芹细心准备了用户记录本，第一时间记录用户的地址和问题。一个供暖季下来，她能记满三四本。翻开笔记本，工整地排布着娟秀的笔迹。黑色的是基本信息，非常严重的问题就直接用红笔再标注解释。

自从有了数控能源公司做的ERP运营平台以后，一天24小时，她又可以随时用管家手机了解用户的远传温度，根据片区楼房的建筑结构，她会凭经验做适当的温度调整。比如有保温结构的楼房，可以根据每户的流量表数据，调高或调低流量来平衡室温。而新楼房的顶层和底层，则相应地增加流量来让室温达标。即便这样，她也至少保持5家住户的走访记录，以确保做到用户满意。

同时，有了用电物业系统的集抄功能，她就能对一些老楼片区集中出现的问题进行处理。比如，现在通过热计量数，可以鼓励用户做到节能低耗。根据住房面积和用电数量，所交费用可以多用多拿，少用少拿。新楼盘情况好一些，从住户入住开始，基本上都是提供的最新供热系统。但是对一些老供热区，倡导他们用科技的做法供热，就很难推行下去。很多用户考虑到要自己拿钱，即便是居委会说有一部分补助，也仍然申请不了布线、走线的问题。而有些事业单位的宿舍楼，20世纪90年代都是自己烧锅炉，或用燃气建立供热自管站，随着时代的进步和大家生活质量的提高，逐渐被列入淘汰的名单。于是，单位开始改制，市政拿出一部分资金，单位自投一部分费用，热力公司再给予最大的优惠政策，计划三年时间回收所有的自管站，进行整体改造。这些，有的需要对用户做思想工作，有的是对具体环节做解释工作，有的是要深入基层跟着工人一起做安装工作。

停暖之日，开工之时。

阳春三月，暖气停了。热力公司又启动新的忙碌模式，上报先前工作中的漏洞，进行技术整改，申报材料交给安全生产办负责准备，然后择机施工。施工队来了还要和他们进行思想和技术方面的沟通，还要一再叮嘱安全问题，比如避免拉管子时碰了用户停在路边的车辆等。

生于 1974 年的孙芹，从 1995 年参加供热工作，到现任济南热力集团有限公司和道分公司的中心站班长，她秉承着员工之间“传帮带”的优良传统。作为热力集团第一位女“供暖管家”，她似乎比男管家有更大的沟通优势。他们办公室里只有三个人。除了她这位已经工作了 28 年的老将，还有一位即将退休的任老师和年轻的去年刚调入本部门的石老师。

当年作为供热“小白”，孙芹下一线后便勤勉地跟着老站长学习理论知识，进行实践培训，短短时间便能独当一面。起初，用户看到是女职工拿着扳手、钳子上门服务，还质疑过孙芹的业务能力，但最终都被她出色的业绩所折服。

现在，孙芹又把自己的工作经验毫不保留地教给年轻人。比如新用户平均分流热量的问题，根据每单元的测温枪，在出水 48 度时回水可以控制在 38 度。通过换站的最末端，把阀门全打开，不控流量表，用倒着调的方式保证温度的均衡。除了理论讲解，她还现场示范，并及时总结。

四

在和孙芹交流的时候，谈到她辖区的用户，她如数家珍，滔滔不绝，对他们了如指掌。她的脸上洋溢着一种幸福的光彩，如同在谈起自己的家人。

我忍不住好奇，问她："您是当初就选择了这个职业吗？难道不觉得苦和累吗？"

她的面颊绯红，有一丝羞赧和不安。实际上，她最初从事企业管理，在办公室里制定各种规章制度。而一个刚毕业的小姑娘，难以去理解制度产生的原因和背后的深浅，更让她难堪的是，同学们聚会总是问最关心的话题："你既然在热力公司，那你们到底是怎么供暖的？"一句话问得她面红耳赤。

是呀，到底是怎么铺线、加热、供暖、回流呢？连这个都答不上来，还能算是一个合格的热力公司的员工吗？

正巧，又赶上单位鼓励员工到基层锻炼，从小不怕吃苦的孙芹主动报名上了一线。她非要把整个供暖系统的原理掌握清楚不可。

"实际上，一线操作没有那么困难！很多人觉得又脏又累，其实只要你能拿得动扳子、钳子，能提得起二三十斤重的东西，这项工作完全可以胜任。"

孙芹不光自己下一线，还带动了她的丈夫。他们算是青梅竹马，这么多年来没红过脸，没吵过架。丈夫知道她经常加班，下班后回到家，总是先把菜洗好，一听到楼下她的电瓶车响，就开始炒菜。有时候菜端上桌放凉了，她还没有上来。一打听，原来楼下有两家暖气不热，把她截住问开了专业问题。丈夫耳濡目染，也成了半个供暖专家。他最初还帮着朋友打电话咨询孙芹，后来自己就摸上了门道。他在历城区疾控部门工作，是优秀共产党员，这份党性和自觉让他不由自主地把供暖知识深入浅出地讲给同事们："你拧阀门的时候分不清方向，就想想怎么开车的，驾驶时方向盘左转就是逆时针，右转就是顺时针。"

后来，丈夫见孙芹总是披星戴月地回家，就包揽了所有家务。冬天，他用布袋把热好的奶一层层包起来，送到孙芹的工地上。而他看到的孙芹，实际上不是没有做好回家的准备，骑电动车的护膝已经绑在了腿上，可是又想起了工地上一些不放心的细节，就不断地在检查、修补。丈夫除了理解支持外，只能尽可能地帮着分担一些工作。在给她递上热奶时，还有从口袋里掏出的一把核桃仁。剩下的，就是他的实际行动。他弯下腰，帮着清洗滤网或者调试阀门。天长日久，大家都认识他了，称他为热力公司的名誉职工。

五

孙芹用她百分百的工作热情，用“暖万家”的服务态度，尽职尽责地完成供热任务。济南市巾帼建功立业标兵、济南市十佳供暖管家、济南市服务明星、济南市身边好人、济南热力集团先进工作者、济南热力集团积极分子、济南市劳动模范……这些挂满墙的大小荣誉，还有用户每年悄悄送到办公室的锦旗，是孙芹深夜回家时的慰藉。爱人的无条件支持，更是她前行的动力。

孙芹住在甸柳街道多年，作为社区的一员，她积极参与社区活动，主动承担社区事务，已经成了社区的红人。下大雪的日子，丈夫定上 6 点的闹钟，催她起床去扫雪。两个人互相比较着督促着，一起把路铲出雪道。等上班的居民出门，发现从楼洞到主干道干干净净，可以放心大胆地走路。而孙芹和丈夫脸红扑扑的，笑眯眯地跟大家打着招呼。要是夏天，她出门早，路上看到谁家门口的垃圾没扔，就顺手拎着下楼。

国家大力实行垃圾分类政策后，甸柳社区积极响应号召，率先在社区内设立分类垃圾箱。孙芹看到后也立即行动，将家里的垃圾进行分类，厨余垃圾、可回收垃圾、有害垃圾……她都一一处理好后再打包，扔进对应的垃圾箱。为了给垃圾分类工作打好知识基础，保证高效正确地进行垃圾分类，孙芹还多次参加社区的志愿服务活动。通过活动她了解到，在社区居民每天产生的垃圾之中，厨余垃圾占了近六成，可回收垃圾占了两成，而对其他垃圾和有害垃圾，大家的处理意识还比较薄弱。于是她建议社区试行垃圾分类回收“兑换积分”机制，通过正确的分类换取相应的积分，累计积分还能获得相应的生活用品。这样一来，大家不仅养成了垃圾分类的好习惯，也切身体会到了低碳生活带来的快乐。

提起孙芹，居民们个个都竖大拇指，称她为“居民的热心人”。而她守护的4000户供暖居民，更是对这位供暖管家赞不绝口，甚至有的用户送来锦旗，夸她是“不住在一起的好邻居”“热力巾帼，暖心管家”。

工作之余，孙芹也会翻看微信朋友圈，观看新闻节目。每每看到家中有困难的人,不管认识不认识,她都要力所能及地提供帮助,或是捐款,或是捐物,这些年来累计帮助了100多名困难群众。在她的带动下，身边的亲戚朋友也陆续参与到公益活动中，为社会各界的人提供帮助，传递爱心力量。

因为忙，孙芹很少有时间照顾家人。她觉得欠家人的太多了！可正是这份愧疚和在与用户沟通中设身处地为对方着想的角度，让她变得心胸宽广，利落大方。孙芹说，对工作都要“先处理好心情，再解决好事情”，更要把最好的脾气留给家人。她父亲50多岁就走了，她一直为没有报答父亲的养育之恩而遗憾。大概为弥补这种遗憾，她对另三位老人倾尽了所有的理解和宠溺,甚至有时候,丈夫觉得母亲说话颠来倒去而有些沉不住气,她就立马提醒:“百善孝为先。老人说什么是什么，没有一点儿错！谁也不许拿话堵他们！”而他们的儿子在家庭的熏陶下，从小乐于助人，温和善良，现在上班又是单位的好苗子。一家人上下和睦，团结一气，她家连续被社区评为文明家庭。

一个社会的文明，是每个人增砖添瓦，由量变到质变逐渐推进的过程。其中总会有一些思想和行动上卓越而突出的人身先士卒，以身作则，形成一种巨大的精神内核，辐射源源不竭的动力光源，感召、影响着周围的人，一起努力，共同奋斗，把照亮前行道路上的光束打得更持久更光亮。我不由得想起孙芹，这位热力公司的供暖女管家，戴着安全帽，穿着深蓝色工装，微笑着，在万家灯火的夜晚传递着光和热。

坚守一线的石化匠人

——记山东省劳动模范、中国石油化工股份有限公司济南分公司张迎

徐 萍

大音希声，大象无形，无声但有力量，这是对平凡一线劳动者最好的诠释。

他是一个普通人，走在人群中，也许都没人会注意到他。然而，就这样一位中等身材、面容温和、不善言谈的中年人，用三十年如一日的坚守，默默付出，勇挑重担，将平凡的工作做到极致的完美。

他就是张迎，52 岁，中共党员，大专学历，中石化济南分公司首席技师、炼油三部运行一班大班长。

认识他的人都亲切地叫他“张师傅”，而他的故事却影响、教育着身边无数的年轻人。

他1991年参加工作，用32年的坚守，守护着一份职业、一份热爱，立足平凡岗位，追求模范业绩，以“人做好事，事成就人”为座右铭，深耕一线岗位，以敬业、创新、担当的工作精神，由一名操作工逐渐成长为一名技术全面、素质过硬、业务水平高的优秀班组长，先后获得山东省劳动模范、山东省五一劳动奖章、“山东省优秀共产党员”和中国石化劳动模范、技术能手，以及济南分公司特等功、厂级标兵、技术能手、道德模范、技能竞赛一等功等荣誉。

匠心启航，一颗“赤诚心”始终如一

中国是世界上最早发现并使用石油资源的国家之一，石化一直是国民经济的重要支柱产业。作为石化产业的重要领域，炼油行业是衔接上游勘探开发和下游生产生活用能的重要环节，既承担着保障国家能源安全的重要责任，也为下游化工产业链提供原材料。

同时，石油化工行业具有自己的生产特点，即高温高压、易燃易爆、有毒有害、低温负压等，是一项高危工作，如果出现失误，有可能造成火灾、爆炸及人员伤亡，事故的后果非常严重。

因此，要求操作人员的素质是比较高的，不仅具有专业的技能操作水平和理论知识，重要的是具有高度的责任心，才能保证工作生产的安全。

安全是什么？对于一个人，安全意味着健康；对于一个家庭，安全意味着完整；对于一个企业，安全意味着效益；对于一个国家，安全意味着强大。

熟悉“张师傅”的同事，都知道即使平时简单的工作，他都会严谨认真负责，任何细节都不漏掉。炼油三部的操作工每天的工作就是对着一套装置几千个参数，保证工艺参数在正常范围之内，出合格的产品。这么多的参数枯燥又乏味。

张迎的操作思路是重视参数的操作趋势，找出它们的规律，做到操作心中有数，保证参数在工艺范围之内，还要调整它的趋势，让参数运行在一定的曲线范围之内。

他还经常调出趋势图来观察。有一次看到压缩机的震动曲线，经常出现不规则的跳动，然后又恢复正常。他感觉这个情况有异常，随后汇报车间技术人员，安排仪表专业人员检查，后来发现是仪表的一个信号放大器元件出了故障，及时更换解决了隐患。如果不及时发现，有可能会造成震动值突然失灵，压缩机连锁停机的重大事故。

领导和同志们都称赞他工作严谨认真。他却谦虚地说："认真负责的工作态度是我们石化人的传承。"

32 年前，张迎刚参加工作当学徒工的时候，师父们就要求他牢记"严守安全制度，要有强烈的事业心、责任心和一丝不苟、精益求精的工作态度"。这也是几代石化人传承的"高严细实"的优良作风。

俗话说"严师出高徒"，有一丝不苟的好师父，才能造就出类拔萃的好徒弟。

1991 年，高中毕业的张迎刚进厂时，有一次给地下污油罐充压，师父告诉他压力达到 0.1MPa 就用对讲机告知。谁知他心不在焉，当压力大约 0.2MPa 时，才告诉师父。师父不放心，亲自跑来看压力表时，已经大于 0.2MPa，立刻非常严肃地批评了他。师父告诉他："每个罐的压力都是有工作压力的，你超过它的工作压力会出大事故的。并且这是一个常压罐，我们的工作稍有不慎，将会酿成大祸。这也说明你的工作态度极端不认真！"

面对师父的严厉训斥，张迎羞愧难当。师父对待工作细致入微的认真态度，影响、教育了张迎，使他在以后的工作中始终以"苦干"传承着以"家国情怀、求真务实、精细严谨"为主要内涵的石化传统。

"有条件要上，没有条件创造条件也要上""宁肯少活二十年，拼命也要拿下大油田……"一句句铿锵有力的誓言，六十多年来，大庆精神、铁人精神被一代代石化人传递、赓续、弘扬，在岁月的长河里熠熠生辉。

年轻时的张迎看到，每当雷电交加的暴雨天气，师父们严肃地静坐在仪表器前，紧盯着仪表，严阵以待，准备着处理随时发生的停电或仪表失灵等突发事件，一步不离操作室，一直处于高度关注状态，等到雨过天晴才放松下来，才想起工作一天了还没有顾上吃饭。

这件事情对张迎震动很大。师父们的言传身教，让他感觉到作为一个石化行业的工人，身上扛着责任和担当。

俗话说："一日为师，终身为父。"师父们对他的呵护关爱，让他永远铭记在心。

装置周期的设备大检修，是一件又苦又累又危险的工作。

在设备进行清理、检修、更新时，师父们穿着检修服，戴上口罩，钻进高近 30 米、直径 5 米的分馏塔里，清理那又黑又臭的重油，在罐里工作两小时后出来的时候，满脸满身全是油污，脱下检修服，浑身上下全都湿透了，大口大口地拼命呼吸着外面的新鲜空气。这样的高危工作，师父们从不让年轻的徒弟们插手，总是语重心长地教育年轻人："当一个石化行业的操作工，光有不怕吃苦、不怕危险的精神是不够的，关键是要练就一身硬功夫。除了掌握现场操作的流程原理，更重要的是拥有较强的处理设备维护操作及故障判断能力，必须通过三年工作中的勤学苦练，才能独立顶岗。"

老石化人吃苦耐劳、兢兢业业的工作精神和高尚的职业道德操守，是一种无形且强大的力量，鼓舞和激励着张迎今后要做他们那样的人。

干过石化这个行业的都知道，开新装置是要掉十几斤肉、脱一层皮的，这也是张迎他们班组人员没有一个人肥胖的原因。

有一次，张迎参加开 8 万吨 / 年苯抽提装置，正好是冬天零下 14℃，苯的凝固点是 4.8℃，所以管线里的苯凝固了，管线不通。他就抱着蒸汽带对管线一点一点吹，当把最后一段弯管吹通的时候，他的脚却动弹不了了，最后发现蒸汽的冷凝水在低温下将他的脚给牢牢地冻住了，他和同事们都笑了起来。这次他出色地完成了工作任务。

2021 年 1 月初，一场严寒极端天气袭击了济南，凌晨气温降到了零下 22℃，这对生产装置意味着有很大的不可预测的危机。

张迎他们装置的设计是按照济南 15 年以来的最低气温零下 15℃设计的。虽然事先也采取了一些保温措施，但零下 22℃还是造成好多仪表失灵，好多控制阀门不能工作。他们整个班组所有人都抱着蒸汽带给不能工作的阀门加热，从夜里九点钟在室外与严寒抗衡，到凌晨六点钟，一直到控制阀能够正常工作。

事后，领导表扬他们时说："石油工人战天斗地的优良传统，在我们这一代石化人身上得到了发扬光大。"

张迎虚心好学，不耻下问，总是带着实际工作中的问题去探索学习，在日常工作中，他无私奉献、恪尽职守，担当作为，认真巡检、精心操作，为装置的长周期平稳运行做出了重要贡献，也取得了领导和同志们的信任。

"宝剑锋从磨砺出，梅花香自苦寒来"。经过张迎坚持不懈地努力学习和刻苦钻研技术业务，他终于在 2008 年取得了技师资格，2013 年取得了高级技师资格，2018 年被公司聘为主任技师，2022 年又晋升为首席技师。

一个班组长的工匠精神

在成绩面前，张迎始终保持谦虚谨慎、不骄不躁的作风。

情系石化，怀一颗匠心，做一个匠人。工匠精神是一种以极致的态度要求自己，对工作精益求精，恪尽职守，尽显英雄本色。

在一次设备巡检中，他打开看火窗，查看加热炉火嘴的燃烧情况，观察炉管的颜色，突然发现加热炉炉管有一根颜色和其他炉管的不一样，其他的炉管都是暗红色，这一根是明亮的红色。他随即汇报给车间领导，车间领导很重视，立即汇报公司相关专业人员检测，发现炉管物料短路造成炉管超温。随后立即停工处理，避免了一次大事故的发生。

鉴于张迎这种认真负责的主人翁精神，公司特授予他“特等功”一次。

企业给了张迎这么高的荣誉和肯定，他心怀感恩，更加热爱石化行业，将工作当作一种爱好，扎扎实实加倍地努力工作，刻苦钻研技术业务，以一流的工作业绩来回报企业的培养。

2013 年，60 万逆流连续重整开工建设，这是世界首套中国自主产权设计的逆流连续重整。

之前，连续重整装置都是进口美国 UOP 的技术，我们每年要交高昂的专利费。

为了摆脱美国人的技术垄断，60 万逆流连续重整经过 SEI 专家在实验室成功后，并没有进行终试。但济南炼厂公司党政领导和科研技术部门，为了公司今后的发展强大，将中国石化行业装置的连续重整全部实现国产的逆流连续重整技术。

公司领导决定在全厂挑选精兵强将。

张迎凭借着过硬的操作技术，参与了多套新装置的建设和开工工作，并积极配合科研团队和 SEI 专家们的工作，日夜坚守，攻坚克难，所有工作步骤都安排得非常精心和严谨。他发挥自己的聪明才智，创新思维，助力这套世界首创工艺技术的装置一次开车成功，创造了世界石化行业装置史上的第一，为中石化企业产品结构优化、绿色低碳发展做出了突出的贡献。从此，我们中国中石化装置的连续重整全部采用国产的逆流连续重整技术。

2005 年 7 月，因工作成绩突出，政治素质过硬，张迎光荣加入了中国共产党。他内心备感自豪的同时，又感觉到了身上的责任和压力。

作为一名共产党员，他对自己的要求更高、更严，从工作生活的点滴做起，敢于担当、乐于奉献、务实肯干，处处争当创一流的表率和标杆。

他积极参加党组织举办的党员教育活动，按照公司党委“双保双创”要求，积极参加“两学一做”“不忘初心、牢记使命”主题教育活动，提高了自身的政治修养，坚定共产党人理想信念，不断增强“四个意识”、坚定“四个自信”、坚决做到“两个维护”，自觉在思想上、政治上、行动上同党中央保持高度一致，始终忠诚于党和人民，在群众中发挥党员的模范带头作用。

张迎的政治素质过硬，业务技术扎实，受到了济南石化公司领导和职工的普遍赞扬。

2013 年，他被公司安排到班组长的岗位上。

班组长作为班组的带头人，肩负的工作具体而又复杂，不但有生产方面的任务，也有管理方面的任务。班组长业务能力的好坏、技术水平的高低，将直接影响班组工作的质量。

作为班组长的张迎在工作中不但要做到“以理服人”，更要做到“以技服人”。他所带的班组成员有 18 人，老中青都有，把班组人员团结起来干好工作是关键。

他要求自己有勇挑重担、独当一面的能力，还要有与职工们融为一体的工作方法。摸透班组人员的思想，以真诚待人处世，关爱老职工的生活和工作，对年轻职工搞好“传帮带”。

与同事们相处不说大话、假话，实事求是，合理安排工作，严格操作规程，明确安全责任人。

团结利用班组四名党员，发挥党员的模范带头作用，成立党小组，生产中的急、难、险、重任务，党员冲锋在前，让群众看到了党员的身影。

作为从事化工行业多年的员工，张迎比任何人都清楚化工行业是个高危职业。例如，加氢装置洗盐，为了得到洗盐的效果，洗盐后的污水需要半个小时采样化验，含盐污水中上万 ppm 的 H_2S，如果操作不细心，人吸入后就会中毒。

在这样的高危工作面前，张迎身先士卒，带领三名党员佩戴空呼器，首当其冲，两人一组轮流采样，经过五个多小时的紧张工作，完满完成工作任务，避免和处理安全生产中的隐患，受到了公司领导的好评，他所在的班组被评为二星级班组。

工匠精神是新时代发展的需要，也是民族振兴的前提。张迎以身作则，把工匠精神体现在工作中的方方面面，他所在的部门是炼油三部，负责五套生产装置，20000NM3 制氢 160 万吨 / 年柴油加氢，两套 SZORB 装置，60 万吨 / 年逆流连续重整。工作量非常大，操作人员顺着每一根管线要摸上好几遍。张迎简单估算了一下，一天要走 3 万多步，这还不包括爬高上梯。

在 30 万吨 / 年半再生重整装置开工中，他提出利用氢气提前进重整反应系统，大大缩短了开工时间。

世界首套逆流连续重整装置开工中，面对积碳少再生器烧焦困难的情况，他结合平时工作中的实践经验，提出提高入口氧含量可以超过 1.2% 的高氧操作法，为装置的一次开车成功做出了突出贡献。

近年来，随着原油持续劣质化和炼油装置运行周期不断延长，装置平稳运行愈发重要，否则易引起非计划停工，造成巨大经济损失，甚至酿成安全环保事故。为此，中石化建立了炼油装置平稳运行评价体系，基于实时数据库，用均方差法计算平稳率，以应用到实践工作中。

张迎在装置平稳运行期间，认真钻研学习技术业务，勇于创新，针对高温高苛刻度情况下，逆流重整的积碳量迅速增加的问题，提出降低装置的四

反反应温度，把四反的积碳量控制在3%以下，减少四反的催化剂装填量等多项合理化建议。这些建议不仅优化了装置的生产运行，还推动了企业节能创效的高质量发展。

三十二载斗转星移，爱岗敬业甘为人梯

师徒传承，守正创新。在石化行业中，“师父”是传道授业解惑者，也是岗位技术、发展理念、企业文化的传承者。

几十年来，中国石化以“人本、责任、诚信、精细、创新、共赢”为企业核心价值观。

中国石化的企业文化以“爱我中华、振兴石化”的企业精神和“三老四严”“苦干实干”“精细严谨”等优良传统为重要内涵，企业文化在中国石化的改革发展中起到了有力的引导与支撑作用。

企业人才培养是现代企业发展的重要战略之一，它不仅关乎企业自身的生存与发展，也关乎国家和社会的整体进步。

人才是企业最重要的资源之一，人才培养是提升企业核心竞争力的关键。通过培养和发展人才，企业能够拥有具备专业知识和技能的员工，提高企业整体的创新能力和执行力。优秀的人才能够为企业带来更多的价值，推动企业的持续发展和壮大。

而工人技师就是技能工程师，是具备相关技术，掌握或精通某一类技巧、技能的人员。工人技师是企业中有丰富业务知识和熟练的操作技能的技术工人，他们在提高职工队伍素质、强化生产管理中具有示范和引领作用。

张迎是一位石化行业经过多年培养出来的工人技师，他怀揣着一颗感恩之心投入工作中，用心、用情、用功带好队伍，充分发挥“领头雁”作用，打造了活力型的班组。同时，他也是带着一颗报恩之心带好徒弟，为了让徒弟们更快熟悉石化行业专业技术的各项知识，他将多年来积累下来的操作经验倾囊相授。

他秉承先做人后做事，教育徒弟们牢固树立爱岗敬业的工作态度，在工作、学习、生活中关心照顾徒弟，用自己的实际行动带动徒弟们的热情，鼓励他们做到敬业、精业、勤业。教导徒弟们常常怀快乐之心、勤奋之心、感恩之

心待人处世。

在传帮带过程中，他本着“诚恳、热情、积极”的态度，适时对徒弟们提出不同的要求。他经常对徒弟说：“不懂就要多问，石化行业是技术密集型，自动化程度高，技术更新很快，如果不努力学习掌握新知识，很快就会被淘汰。在实际工作中，你们要带着问题去思考，关键是如何亲手去解决问题。”

张迎还把自己的两个“法宝”教给他们，一个是“反思”，另一个是“总结”。他告诫徒弟们，要经常“反思”自己哪里做得不对，哪里还存在不足，然后要针对性地去补充学习。“总结”是经历的每一次生产的波动都要好好总结，只有充分地总结，才能遇事后有收获，才能不断提高。这个总结不仅仅要写出来，更要讲出来。他真正发挥“传帮带”作用，激励徒弟们在工作中不断学习、不断总结经验，让年轻人在短时间内快速成长。

去过济南炼化公司的人，都会被现代工业的“壮美”与“智造”品质的设施而震撼。整个厂区大约有 4000 多亩地。这里有高大巍峨的工厂塔楼，有令人眼花缭乱的各种粗细管线，也有生产一线的紧张劳作。整个厂区整洁、有序、科技，没有丝毫异味，花园式厂区让人耳目一新，空气清新，环境优美，烟囱里冒出来的是水蒸气，而不是烟雾。工作区域整洁有序，安全措施完善，科技赋能之下的绿色低碳发展卓有成效，绿色正成为济南炼化发展最动人的色彩。

“在这优美的环境高科技化工行业里，没有理由不干好工作。”这是张迎常挂在嘴边的话。

一个有感恩之心的人，一生运气不会差。张迎非常感恩石化公司给他们一线工人提供了良好的工作环境和条件，让他们能够专心工作，发挥自己的聪明才智。

人们常说：“铁打的师父，流水的徒弟。”这些年来，他带过的徒弟纷纷成长为技术骨干，有的还走上了领导岗位。他们在各个岗位上成了管理专家、技术能手，为石化公司创新创效做出了贡献。

看到徒弟们个个表现出色优秀，张迎动情地对他们说：“一声师父，就是一辈子的缘分；一声徒弟，更是一辈子的承诺。教无止境，学无止境，青出于蓝而胜于蓝，这才是我带徒弟的最终意义。”

师者匠心，止于至善；师者如光，微以致远；师者如舟，千里不殆。张迎为徒弟们的优异成绩喝彩，徒弟们也会因为拥有这么好的师父而感到“三生有幸”。

张迎就是这样用自己的实际行动，成了公司年轻人快速成长、成才的阶梯，彰显了一名共产党员一心为公、甘为人梯、无私奉献的宝贵品质。

一餐一饭皆生活，平平淡淡才是真

没日没夜地加班加点，而又耻于言及报酬；不顾死活地带病顶岗，而又坚持“不下火线”；没完没了地挑战生理和心理极限，而又强作乐观佯装笑脸……诸如此类，这便是一些人心目中的劳模形象。

然而，现实生活中，张迎是一位阳光、豁达、热爱生活的普通人，拥有一个幸福美满的家庭。正如习近平总书记谈劳模精神、劳动精神、工匠精神时所说：“伟大出自平凡，英雄来自人民。”张迎一直认为，“工作亦是生活”。

星空不问赶路人，岁月不负有心人。一位把工作当作爱好的劳动模范，无论是工作还是生活，定会全力以赴，把工作变成爱好是认真，不是“卷”。

平时，他是一个非常喜欢运动的人，热爱生活，有积极向上的生活态度，善于享受生活中的每一个瞬间。他喜欢挑战自己，不断尝试新的事物和经历，从体验中汲取力量和灵感。他的生活仪式感很强，他认为“一餐一饭皆生活，平平淡淡才是真”。在平常的日子里，即使工作再忙碌，也要把柴米油盐的生活过得有滋有味。

他喜欢烹饪美食、干家务，“人间烟火味，最抚凡人心”，做饭是他最快乐的时刻，况且是做给他宠爱的人吃。张迎在家里是一个地地道道的“宠妻狂”，妻子对他依赖性很强，只要他在家里，妻子就是甩手掌柜。他也非常理解妻子，妻子作为医务人员，工作压力和强度比较大。“医者仁心”“救死扶伤，治病救人”这些道理，他从当医生的老母亲那里早就有所耳闻。他认为，最好的婚姻就是：“经历柴米油盐、粗茶淡饭，我懂你的辛苦，你理解我的不易，彼此长久地关心、在乎。”

为了妻子上下班方便，一家三口的日常生活起居基本上都是在她们单位山大二院，不足60平方米的顶层、20世纪90年代的老职工宿舍里。

“我们的小窝，不用很大，充满笑声，温馨就好。”这就是张迎夫妻生活的真实写照。

二十多年来，张迎每天起早贪黑，来回开两个多小时的车上下班，妻子理解他的辛苦，主动承担了辅导教育、培养儿子的重任。

家风传承，是一个家庭最宝贵的财富，承载着一个家庭的生活方式、生活态度、文化氛围、理念、价值观和人生观。

张迎良好的家庭氛围，培养出来的孩子也热情阳光、勤奋好学、诚实、尊老爱幼。他的儿子非常优秀，现在就读于南昌大学。

家庭和事业从来都是不可分割的。张迎事业的成功离不开幸福的家庭。

张迎的兴趣爱好很广泛，开车自驾游、骑自行车旅行、打羽毛球、读书、听音乐……他是一个灵魂有趣的新时代劳动模范。他经常对身边的亲朋好友说："人生在世，唯有健康最重要，拥有健康的身体是一个人最大的责任。"他特别喜欢骑自行车运动，喜欢在路上的感觉，自由自在地骑行，想走就走，想停就停，不在乎骑行的终点，只在乎沿途的风景和欣赏风景的心情。

骑行是一种生活态度，是一种力量。只要是假期，他经常从济南骑着自行车翻山越岭去泰山边上游玩，来回需要一天的时间。通过长途跋涉的骑行，他可以挑战自我，体会到身心疲惫的感觉，这需要极大的毅力和决心。对于他这样勇于迎接挑战的人来讲，骑行是一种非常吸引人的生活方式，也是一种绿色环保的出行方式。

其实，人生就像骑自行车，要用力才能前进，如果没有用力还在前进，那只是在走下坡路，心态调整好了，上路就对了。

周末或者假期，除了看望双方的父母，张迎夫妻喜欢携三五知己好友，去羽毛球场馆打一场酣畅淋漓的羽毛球赛。张迎的羽毛球打得出神入化，在公司还获得过单打冠军。

当别人问起他是如何练就出炉火纯青的羽毛球技艺时，他感慨地说："羽毛球教会我专注的力量。在球场上，每一个动作、每一个决策都需要瞬间的判断和精准的执行。无论是快攻、扣杀还是轻吊、高远球，都需要我全神贯注于每一个细节。这使我学会了在快节奏的环境中迅速做出反应。在反复的练习和比赛中，磨炼了耐心和毅力。同时，羽毛球让我理解了团队精神的真谛。羽毛球是一项双人运动，需要搭档之间的默契与配合。无论是进攻还是防守，我们都需要相互支持、相互补位。在困难时刻，我们需要相互鼓励、共同面对，这让我深深体会到了团队精神的内涵。羽毛球还教会了我接受失败的勇气。在羽毛球场，失败是常有的事，但每一次失败都是一次成长的机会。面对失败，我学会了坦然接受、积极总结，从而不断提升自己的技艺和能力。”

新时代劳模精神是具有丰富的当代价值。

因为妻子是医务工作人员，平时工作很忙，假期的时候，他们享受快乐幸福的时光就是开车一起外出自驾游。

张迎在日常生活中，常常被妻子戏称为“暖男”，妻子和他一起外出，从来不需要“带脑子”，因为张迎会将一切都安排得妥妥的。

一个男人最大的成功，不是有钱，也不是地位和名望，而是拥有一个幸福的家庭，懂得对自己的妻子好。

张迎是一位石化企业一线最普通的工人劳动模范，又是一个有担当、有强烈的社会责任感和使命感的人，他把工作和家庭的责任都扛在了肩上。

张迎用一名共产党员的初心，一定会承载好党的初心。

相信他在今后的工作生活中，一如既往，立足本职、开拓进取，为建设“精优强美绿色企业”做出自己更大的贡献。

正如他在参加石化公司劳模表彰大会上的发言中所说的：“公司这个大平台成就了我的人生。我从一个高中毕业生，成长为技师、高级技师、公司的首席技师，是因为在这个有着光荣传统和‘石油精神’‘铁人精神’的国有大企业里传承了前辈们身上的精神，才取得了一点微不足道的成绩。我只是石化公司一名最普通、最基层的操作工，干了我应该干的工作，却获得了这么多石化人和领导们的认可，这是一份荣誉，也是一份压力和沉甸甸的责任。”

这就是新时代工人劳模新的内涵和新的诠释。

编织精彩的人生

——记山东省劳动模范、济南元首针织股份有限公司明建建

吴晨阳

2004 年，明建建从职业学校毕业，来到济南元首集团内销成衣车间缝纫一组，成为一名普通的服装缝纫工。踏上工作岗位后，她努力工作，掌握了专业技术，凭借个人的努力，从一名普通的工人，一步步成长为企业的技术骨干，先后获得济南工匠、济南市优秀共产党员、山东省技术能手、山东省首席技师、山东省劳动模范、“山东省优秀共产党员”、全国五一劳动奖章等多项荣誉。2017 年 6 月，明建建作为济南市唯一的一名产业工人代表，光荣出席了党的十九大。如今，明建建已经是济南元首针织股份有限公司党委副书记、工会主席。

明建建是新时代纺织产业工人学习的楷模，她在基层磨炼，在一线成长，她在平凡的岗位上，用青春和汗水编织出了精彩的人生。

咬定青山，不改初心

明建建说："树高千尺，根在沃土，职业教育改变了我的人生，成就了我的未来。我很幸运遇到了好老师，他们那种精益求精的工匠精神感染了我。如果没有老师的帮助，我很难取得成绩。"

明建建永远不会忘记校园生活，不会忘记她的班主任李老师。李老师为了上好每节理论课，每天都去图书馆查找资料，精心准备教学课件。实训课上，李老师耐心地指导她学习缝纫技术，手把手地教她做西装和衬衫，告诉她缝纫动作和缝纫技巧，鼓励她不断地尝试。在李老师的帮助下，明建建终于掌握了最基本的缝纫技术。

2004 年 6 月，18 岁的明建建毕业了，来到元首集团，被分配到成衣车间，成为一名普通的服装缝纫工。从此，她和纺织服装行业结缘。

明建建第一次走进纺织车间的时候，被眼前的情景震撼了：只见老师们用灵巧的双手，熟练地操作着各式各样的缝纫机。想起自己将要在这里工作，她的心情非常紧张。虽然在学校的时候有了一定的基础，但熟练程度还远远不够。

刚开始操作的时候，明建建的脚与眼睛、脑子与手的协调性一般，就连最简单的线都走不直，导致成品的合格率很不理想。开始，培训老师也没看好她，因为在所有的学员中，她只是最普通的一个，个子不高，话不多，学技术也不是最快的。老师对她说："缝纫这个活不容易，双脚需要蹬踩松起，双手需要配合协调，动手还要动脑。劳动强度很高，非常枯燥，想要干好、干精不容易。很多人因没有掌握技术要领，干几天就走了，单位人员的流动性很大，不知道你能干住吗？如果感觉不合适，不如趁着年轻早做打算，换个轻松的工作。"

听了这些话，明建建沉默了，她知道老师的好心，但她并不甘心就此罢休。她说："虽然我很普通，学技术也不是最快的。但我相信，只要脚踏实地刻苦学习，不断地探索，肯定能干好。您放心，我会努力的。"

看着明建建倔强的表情，培训老师高兴地说：“世上无难事，只怕有心人。刚开始的时候，这些动作很难，但只要你不断尝试，肯定能熟练地掌握。”在老师的鼓励下，明建建有了信心。她说：“三百六十行，行行出状元。既然选择了这一行，就要干到最好！我一定能在缝纫行业干出一片天地。”

作为职场上的新人，明建建反复思考这样的问题：如何快速地从一名新手，成长为熟练地掌握专业技术的师傅。她知道自己做不到一学就会，但相信慢工出细活。为了练成过硬的本事，她虚心地向老师们学习各种机器、各个工序的标准操作法。她反复看产品的工艺指导书，把书上的操作要点详细记录下来。但是，等她独立上机操作时才发现，没有老师手把手的帮助和指导，自己干的活经常出错，每天的成品合格率很低。

那段时间，明建建的情绪很消极，她对自己的能力产生了怀疑：缝纫女工是很普通的职业，但想干好真难。是走，还是留？她很犹豫，萌生了辞职的想法。真的要走吗？她反复地问自己，难道就这样离开？很快，她打消了这个念头。经过短暂的迷茫后，明建建终于调整过来，她重拾信心，全身心地投入到工作中。她按照操作要求，用心揣摩，不断地尝试，苦练技术。下班后，她找到一些下脚料，练习走线。很多人都非常关心产量，想着求快求效率，却不去关心细节的时候，她却反其道而行之，坚持慢工出细活。她说：“把每件小事做好就是成功。要么不做，要做就最好。一个产品一次没有做好，就做第二次。我绝对不允许手中出次品和废品，绝不干图产量不重品质的事。”

在明建建的不懈努力下，成品合格率终于上去了，但效率却没有提升。明建建认为，又快又好才是做产品的要求。只有精益求精，才能追求卓越。为了熟练掌握技术，她每天早晨都提前一个多小时来到车间，晚上六七点钟才离开。后来，她干脆住到了单位，泡在了实训场地。除了吃饭睡觉，她把所有的时间精力都用在工作上，自我加压。她认真地思考每个动作，找准短板，反复练习。工作之余，她大量阅读缝纫操作、生产管理等方面的书。慢慢地，她手脚的动作协调起来了，逐步掌握了平机、八一、双针、打结等各种机种的操作。经过不断地练习，这些动作成了肌肉记忆的一部分。她的缝制技术越来越高超，产品质量的各项指标逐步提高，渐渐跃居车间的榜首。她不断摸索操作技术，思考改进的方法，和同事们一起探讨解决问题的方案。针对操作过程中存在的问题，提出优化建议，使得成衣的产量和质量有了很大提高。

经过努力，明建建终于用最短的时间，完成了从实习工到缝纫技术骨干的转变，成为技术多面手，在这个岗位上一干就是15年。和她一起进厂的同事，很多都因为受不了这份工作的辛苦而离职，她却坚持了下来，成为单位的技术骨干。她很敬业，如果有员工缺岗，她会毫不犹豫地顶上去，保持流水线的通畅。遇到单位有临时的紧急工作，她会主动放弃休息，留下来加班。

为了适应市场的需要，企业开始了“小批量、多品种”的生产模式。这种生产模式，需要大量熟练多机种多工序、掌握新设备新工艺的人才，也对缝纫工人的综合素质提出了更高的要求。

明建建认识到，只靠吃苦练习是不行的，必须提高自身的能力。掌握新知识，才能适应现代化纺织服装行业的发展。为了能快速地成长，她自我加压，一次次地从零开始学习，不断地学习新的技能，练习新本领。很快，她就成长为一名技术全面的操作工，她的工作由程序化的缝制，转向探索型的样品试制，成为单位的技术骨干。

2006年9月，经过层层筛选，明建建作为单位的代表，参加了全省针织行业服装职业技能大赛。

初生牛犊不怕虎，面对全省同行业的技能能手、专业精英，明建建毫不畏惧。她沉着应战，第一次参加比赛就夺得了全省缝制项目第三名的好成绩。随后，她又代表山东省参加全国技能大赛，并取得优异成绩，为元首针织公司和山东纺织服装行业争得了荣誉。明建建的技术水平不断提高，很快就在工作上独当一面，挑起了单位的大梁。

成衣市场的竞争日趋激烈，为了更好地应对市场，元首公司内销成衣车间专门成立了技术攻关小组。明建建负责样品的试制造工作，这项工作工艺烦琐，标准严格，很有挑战性。明建建决定先行先试，形成标准后再指导大家进行生产。她带领团队，不断探索高效的操作方法，认真总结服装缝纫技术的规律，改进产品的工艺，探寻最佳生产方法和工艺流程。经过努力，她的团队取得了丰硕的成果。以前，做一款T恤衫的领子，要同时采用梭织布和机织布，把两种不同特性的布料融合在一起。经过多次试验，她摸索出了梭织布贴衬画领打压脚的方法，攻克了同时采用两种操作融合不同材质布料的难题，提高了生产效益和产品质量。

在平机的工序中，梭织布的领座与针织布的领座在缝制的过程中总是不同步，生产出的领子总是偏，影响美观，穿着也不舒服；生产效率也低，每人每天的产量不足25件，在车间订单交期紧的情况下，影响了车间的产量。为了解决这个问题，明建建反复操作，终于找到了方法：先把织布的领子烫衬，再在领座上用板画线，确定两肩的位置。这样就不用担心偏领，既保证了质量，又提高了效率。

2011 年 10 月，明建建服从车间领导分配，调任缝纫一组组长，工作岗位由单纯的技术生产转向技术管理。没多久，公司举办技术比武大赛。领导安排她参加比赛，她虽然已经离开了一线的操作岗位，却没有任何怨言，而是克服重重困难，加班加点，努力训练，最终取得了一专多能赛区第二名的好成绩。随着技术水平的快速提升，明建建有了更高的目标。在繁忙的工作之余，她一头扎进书海里，潜心学习专业知识，先后拿到了中原理工大学的专科和济南大学的本科学历，为今后事业的发展奠定了基础。

工匠传承，甘当人梯

公司从采用纯棉到采用各种新型面料的过程中，生产难度明显加大。面对新的挑战，明建建没有退缩，她迎难而上，仔细研究新面料的特点。根据面料的性质，改进工艺流程，提出使用弹性较好的弹丝缝纫线进行缝纫，取得了良好的效果。因为新面料又薄又滑，很容易卷边，缝制拉领的工序很不容易，每人每天最多 600 件。明建建和车间保全工一起钻研这个难题，终于想出了为拉领工序自制防卷边笼头的办法。她根据面料的特性，选择使用气动双针，对产品进行收边。由于合身工序的弹性较大，生产中很容易造成拉扯。明建建通过调节两针四线机器的差动、改变员工的操作习惯等办法进行生产，提高了劳动效率，每人每天的工作量达到了 1400 件。因新面料的广泛使用，公司的销售收入实现了大幅度增长。

2013 年，明建建被授予全国五一劳动奖章，这是她人生道路上一个重要的里程碑。在荣誉面前，她没有停步，而是不断地走向更高的目标。她努力钻研技术，实现新的突破。

2016 年，“明建建劳模创新工作室”成立。明建建带领大家研究服装工艺，创新制作方法，把生产中遇到的难题总结出来，集中优势力量进行技术攻关。在她的带动下，团队的攻关取得了多项成果。2016 年，团队完成 100 多个品种 891 件样品；2017 年，团队完成 60 款 38 件样品，完成产品的设计制作 3

类 18 款，完成技术改造项目 5 项，提高了劳动效率；2018 年，完成各类样品制作 787 款，为公司创造了较大的经济效益。

劳模创新工作室成立以来，为适应市场多元化需求，明建建带着大家先后开展了一系列攻关活动，累计制作各类服装样品近 500 种，大部分是新面料、新工艺、新设计的产品。他们开发的长绒棉随形产品，面料轻、薄、滑，弹性特别大，对操作的力度、尺度有着极高的要求。面对生产中遇到的这些难题，明建建反复试验、反复研究，召集大家开会，来一场集思广益的“头脑风暴”。他们晚上加班到下半夜，终于找到了缝制的方法，确保了大货生产。

明建建说：“工作室是提升素质和培养人才的重要基地，个人强不代表班组强，只有形成合力，才能将班组效能发挥到最大。”她通过合理化建议、五小成果、金点子等一系列活动，把大家的创新成果发掘出来。在工作中大胆实践，形成了技术进步、人才培养的良好氛围，在节约挖潜、提高效率、开发新产品等方面取得了显著成绩。虽然取得了成绩，有了荣誉，但明建建从来都没有骄傲，她依旧低调工作。

明建建说：“不爱岗就得下岗，不敬业就得失业。只有以厂为家、爱岗敬业，才对得起工作。干工作就是要有一种孜孜以求、一丝不苟的态度，要有一种干就干好、精益求精、誓争一流的工作标准，才能做出质量最高的产品。”

明建建认为，作为一个老员工，帮助新学员解决生产中出现的问题，帮助他们快速成长，让更多的人有一技之长，是一种快乐，更是一份责任。

2011 年，明建建开始担任车间缝纫工的辅导员，负责新学员的培训指导工作。近几年，纺织服装企业竞争激烈，掌握熟练技术的员工频繁流动。有很多员工学到技术后就不辞而别，企业不得不花很大精力招聘新员工进行人员补充。很多岗位的新员工最少要经过半年的学徒期，才能基本胜任工作。很多技术水平高的老员工不愿意带徒弟，因为传技能不容易，要耗费大量的时间精力，是件吃力不讨好的苦差事。但明建建却愿意帮助更多的人，她把多带徒弟、带好徒弟、传好手艺作为自己的责任。虽然工作繁忙，她依旧放弃休息时间，亲身示范，毫无保留地把自己的操作要诀传授给新员工。无论徒弟来自何地、素质高低、年龄大小，她都会手把手教她们，让每个新学员都能熟练掌握技术，独立完成生产计划。

当学员遇到困难并产生畏难情绪，状态不好的时候，明建建开导他们保持良好的心态，积极投入到工作中去。她培养了很多徒弟，这些徒弟是公司

发展的重要力量。她为人真诚，悉心培养新人，和徒弟结下了深厚感情。每天晚上，她都会把当天工作中出现的各种问题归纳整理好，提前准备第二天班前会的内容。开会的时候，她详细地讲评前一天工作中出现的各种问题，提出改进的办法，并且布置好下一步的工作。

她带出了十多名技术尖子、能工巧匠，有两人在参加省市服装缝纫行业技术大比武中获奖。在她的带动和影响下，公司先后涌现出了全国纺织工业劳动模范卢振斌、全国针织行业技术能手王凤、山东省劳动模范赵燕、齐鲁首席技师张子安、济南工匠王慧、济南市五一劳动奖章获得者姚雪丽等一大批优秀技能人才。其中，赵燕是他们的优秀代表。

明建建在担任工会主席之前，和赵燕在同一个车间工作。多年来，赵燕始终以明建建为榜样，立足岗位，勤学苦练，严格要求自己，刻苦学习技术。她掌握了车间所有缝纫设备的操作方法，她的产品质量始终名列前茅，在公司比赛中屡次获得佳绩。

赵燕说："我和明建建认识 20 多年了，关系非常好，她是我的老师，也是我的同事。刚进厂的时候，我什么都不会，学技术也很慢，但幸运地遇到了明建建，她对我很有耐心。在明建建的帮助下，我终于成长起来。"

赵燕曾在济南市服装职业技能大赛中获得第一名，先后荣获山东省技术能手、齐鲁首席技师、济南市杰出技术能手、济南市五一劳动奖章、泉城首席技师、山东省纺织工业首席技师、济南工匠、山东省富民兴鲁劳动奖章、济南市市级领军人才等荣誉。赵燕是“明建建劳模创新工作室”的成员，因技术过硬，她很快就成为工作室的核心成员。

2016年，车间成立了以赵燕为骨干的“快速生产线”。她们将总结出的先进操作方法推广到各缝纫班组，其中改进的梭织布加领座T恤制作方法，让劳动效率提高了40%左右。2020年9月，这个项目的视频被评为“山东省轻纺行业劳模和工匠人才教学视频大赛”一等奖。

“春送岗位、夏送清凉、秋送助学、冬送温暖”是公司工会四季服务的品牌。明建建为这个品牌的建设做了大量工作，付出了很多汗水。“春送岗位”是工会助力企业发展的重要组成部分。明建建分管大学生招聘工作，她深知人才是企业发展的重要力量，企业的发展离不开人才，为了招到优秀的人才，她付出了大量的心血。

有一次，明建建去天津参加双选会，天还没亮，就背着沉甸甸的招聘材料去赶高铁。当她风尘仆仆赶到双选会现场的时候，公司招聘摊位前已挤满了前来求职的大学生。看着一张张充满朝气的面孔，她非常高兴，热情地为他们宣讲企业的前景，介绍岗位和薪酬情况，帮他们设计个人的成长计划。她耐心地讲了一上午，中午只是简单吃了口饭，下午继续招聘。一天很快过去，看着眼前厚厚的一摞简历，她露出了满意的笑容。晚上，她乘坐高铁赶回了济南，因为第二天还要主持公司的一个重要会议。在回济南的高铁上，她接到了很多求职者的咨询电话，她耐心地解答。回到家时已是深夜，她不顾一天的疲劳，打开台灯，整理那些求职者的简历，研究校企合作方案，谋划招聘工作的连续性。

功夫不负有心人，近几年，明建建招收了40多名不同专业的大学生。他们的专业涵盖了服装设计、纺织工程、轻化染整、市场营销、国际贸易等方面。他们有热情、有才华、有知识、有文化、好学上进，来到公司后，很快就能胜任工作，成为国内销售、进出口业务、生产管理方面的骨干力量。其中一人成为山东省轻纺行业的金牌职工，多人被评为公司的优秀共青团员、青年岗位能手。

李姗姗、冯宗琳、于新尧等人是其中的优秀代表。2021年6月，李姗姗从齐鲁工业大学计算机专业毕业后，申请到公司的人力资源部工作。人力资源部原来计划招一名统计专业的大学生，李姗姗的综合条件不占优势。明建建通过简历筛选、电话邀约、线下面试等环节，对她进行全面的考察，她表现非常出色。最终，她如愿以偿。入职后，她很快就掌握了岗位的基本技能，成长为公司的管理人员。

明建建知道年轻人的成长进步需要什么样的平台，也知道企业的发展壮大需要什么样的人才。她是从一线操作工成长起来的领导，非常重视工会的技术比武活动，鼓励大家在比赛中成长。2023 年 12 月，公司举行了第 22 届职工技术比武运动会，明建建鼓励李珊珊去参加。李姗姗不负众望，凭借着丰富的专业知识和熟练的操作技术，一举夺得 Office 应用技能组的第一名。在荣誉面前，李姗姗没有骄傲，继续埋头工作。她发挥专业特长，把计算机技术应用到人资信息的统计工作中，提高了人资信息化和自动化管理水平。李姗姗被评为公司的优秀共青团员，成为青年职工学习的榜样。

用心用情，成就梦想

2020 年 9 月，元首集团核心企业整体搬迁到济阳，明建建担任企业搬迁工作领导小组后勤保障组副组长。搬迁工作时间紧、任务重。为了让职工更好地工作，明建建想职工所想，急职工所难，做了大量耐心细致的工作。济阳离家远，来回路上用的时间较长，有些职工上有老下有小，要照顾老人、接送孩子，去济阳工作不方便照顾家，因此思想产生了波动，有些骨干职工甚至产生了离职的想法。

为了稳定职工队伍，明建建鼓励大家到工业园工作。她畅谈公司未来的美好前景：济阳的新家非常好，厂里都是数字化自动化的新设备，和十几年前的老设备完全不同，车间里智能机器的噪音明显降低。有人说纺织行业是夕阳产业，但我们可以让纺织行业这棵老树发新芽、开新花。为了让职工更好地工作，她为大家申请了出勤补助。

明建建认为，职工利益无小事，细微之处见真情。她千方百计地满足大家乘坐班车的问题。因为职工人数多，居住地点分散，所以，班车路线的设计和站点的安排都要全面考虑，既要保持班车运行的顺畅，又要尽可能地优化线路，缩短站点到职工家的距离。明建建反复听取大家的意见，初步安排了班车的站点和线路。随后，她又多次调研，一遍遍地细化，最终确定了班车的路线。她还积极协调餐饮公司，为职工做出了美味可口的饭菜，保证了职工食堂的就餐质量。

为了提升职工公寓的硬件水平，单位给每个宿舍都配备了空调和独立的卫浴房间，宿舍的家具和床铺也都设计得非常温馨。由于工作细致，稳定了职工队伍，因企业搬迁而流失的员工不到 2%，重点岗位骨干员工的流失率更低。

作为工会的领导，明建建非常关心员工的生活。她不定期组织员工进行健康体检，根据体检结果，跟踪相关人员复查和后续的治疗情况，帮助职工解决子女入学等方面的困难。烈日炎炎的夏天，为了让“夏送清凉”活动取得良好效果，她到车间调研，倾听大家的心声。她是从车间成长起来的，更能体会到一线职工的辛苦。她积极向上级协调慰问活动的资金，多渠道地对接活动的物资供应商，多方比价、留心品质，为职工提供最优质的降温用品。

2021 年元旦即将到来之际，为庆祝济阳新园区的顺利投产，公司准备在济阳新园区的职工活动中心举办“携手并进，筑梦元首”元旦文艺汇演活动，公司工会通知各部门准备节目。

作为公司的文艺骨干，贾太云承接下了销售分会的演出任务。从接到通知到正式演出，只有不到一个月的准备时间。贾太云利用业余时间，创作了歌舞、演唱、京剧、朗诵等各种形式的节目，然后组织大家进行排练。他们编排的小合唱需要演唱者和乐队的默契配合，对演唱者的唱功要求很高，排练难度很大，需要反复练习。此时正好赶上年底销售工作的高峰期，任务繁重，工作压力大，有些员工忙不过来，想放弃排练，活动因此一度陷入了停滞。

明建建了解到情况后来到现场，鼓励大家继续专心排练节目。她说：“我们举办这个文艺汇演活动，是为了把职工的才艺挖掘出来，让员工走上舞台当主角，做公司的主人，展现大家积极向上的精神风貌，表达我们对企业未来发展的美好祝愿，同时也为了庆祝济阳新园区的顺利投产。这个活动需要各部门员工的积极参与才能办好。”在明建建的指导下，节目终于顺利地排练下来，在文艺汇演中精彩亮相，获得公司上下的一致好评。

在公司的支持下，明建建工作室牵头建成了藏书 3525 册的职工书屋。职工书屋的藏书非常丰富，涉及党史、新中国史、科技、人文等方面的内容。大家在工作之余，有了一个安静的读书环境。公司建成了一个占地约 600 平方米的羽毛球和乒乓球场地，为职工健身提供了良好的场所。明建建协助后勤改善了职工就餐的质量和环境，安装了净水器，让职工喝上了放心水。公司的年轻女工多，为了响应国家的三孩政策，公司专门为哺乳期的妇女建设了“妈妈小屋”，这个小屋给公司的女职工提供了温馨舒适的私密空间，让她们有了“温馨港湾”，找到了家的温馨和归属感。

近年来，在明建建和其他人的共同努力下，工会工作开展得有声有色。工会先后举办了庆三八趣味运动会、“迎建党百年”巾帼劳模先进事迹报告会等活动，组织职工参加了元首集团庆祝建党100周年文艺演出、全市国资系统“献礼建党百年，迈向伟大时代”文艺汇演、“永远跟党走，奋进新征程”全市职工合唱大赛、山东省第八届职工运动会、济南市第十届职工运动会等活动。公司工会为企业挖掘文体人才搭建了平台。通过活动的开展，进一步稳定了员工的队伍。

多年的坚守，成就了明建建的人生梦想。她从一名普通员工，成长为党的十九大代表和公司党委副书记、工会主席。成功的背后是坚定的信念、执着的汗水。明建建说：“感谢领导和同事们的信任，是公司给了我实现梦想的舞台。荣誉只代表昨天，今后我会更加努力地做好本职工作，努力向老前辈学习，为企业、为社会多做贡献。”

永葆初心，止于至善

——记山东省劳动模范、济南市城肥清运管理一处杨金平

雨　兰

44年来，他一直坚持工作、奋斗在济南市环卫战线。

他在工作中成长，在成长中奋进，在奋进中坚守，在坚守中淬炼，在淬炼中担承。

他一直相信，没有错付的工作，没有白下的功夫，只有不努力、不上进的人。

他始终认为，一个人无论处于社会的哪个位置，都会有属于自己的初心与情怀、使命与担当。

从最初的济南匡山肥料厂一名清除工，到单位的团总支书记、政工科长，济南市城肥清运管理一处的工会主席、副书记，再到济南市生活废弃物处理中心的主任、总支书记和济南市渣土管理处处长、书记……在一个个工作岗位的变换中，他作为劳动者的本色不变，他为城乡环卫事业奋斗的精神不变，他坚守初心，勤勉进取，开拓创新，任劳任怨，展示着一个共产党员的使命

与担当。

他就是山东省劳模、济南市生活废弃物处理中心原主任、总支书记杨金平。

2023年初冬的一个上午，笔者在济南市生活废弃物处理中心城肥处理站的一间办公室里，听他叙说自己的人生经历，叙说自己的工作历程，叙说一个城市环卫事业的发展与变革，叙说着一座城市的蝶变……

16岁的清除工

在新中国成立初期，济南的环卫仅有两大块，一是生活垃圾，二是城市旱厕粪水。20世纪50年代至80年代的济南，大部分是家庭旱厕。那时城市的楼房很少，城市旱厕的清理主要靠手挖、肩挑，然后运到匡山、甸柳庄两个肥料厂。

1979年11月，16岁的杨金平参加工作，成为匡山肥料厂的一名清除工。

匡山肥料厂也是大名鼎鼎，在20世纪七八十年代的济南，几乎家喻户晓。匡山肥料厂是有着光荣传统的国营单位，在20世纪60年代初期，曾经获得过全国爱国卫生先进单位称号，老厂长王其洪曾经和毛主席三次握手。

那个时代，对于粪便的处理，还比较简单，比较原始。

一勺勺、一桶桶、一担担、一车车……掏粪的工人们辛辛苦苦把粪掏出来、运回来，晴天的时候得及时进行翻晒，雨天的时候要及时盖上雨布，防止“粪流成河”，这些工作都要靠人力来干。

16岁的杨金平，在掏粪晒粪班组，干的就是翻晒粪干的工作。每天的主要工作就是和粪便打交道。

说起当时的掏粪晒粪场，杨金平至今都印象深刻。“那时候，站在济齐路匡山的山顶向北方、东方望去，满眼都是肥料厂的大大小小的粪堆，那场景，也是相当壮观，相当震撼！”

每天的日常工作是筛炉渣、晒粪干、翻粪干、堆粪干，每天在工作场地触目所见的都是粪便：湿的粪、干的粪、粪饼、粪堆、粪丘……眼里、脚下，都是一堆堆、一地地的粪干，鼻子里闻到的全是粪便的气味。

杨金平说，当时在粪场、粪堆里被熏上这么一天，感觉自己全身的衣服上都充满了浓浓的味道……

杨金平至今还记得，20 世纪 80 年代，匡山肥料厂所辖的市中区和槐荫区大约有 15000 多处旱厕，每天的工作强度都很大。基本上是每天天没亮就出发，天黑了才回家。4 吨的挖粪车，每天出车七八次，每人一共要挑 80 多担粪，累得腰酸背疼，肩膀都给磨肿了。这是掏粪工的一天。和掏粪工相比，自己所干的工作相对还轻松一些。也许因此，工作之外，杨金平还有精力负责管理着全单位的图书室，并利用业余时间给单位的职工开放电视，丰富职工的业余生活。

那时候的杨金平，尽管身板单薄，但对工作却充满责任感和使命感，并经常用时传祥的事迹和“扁担精神”来鼓励自己，脚踏实地干好每一天的工作。

尽管劳动没有高低贵贱之分，尽管人们清洁美好的生活环境离不开环卫工人的辛苦付出，但社会上总有那么一些人，对这一职业怀有深深的偏见，并对从事环卫工作的人冷嘲热讽，说他们是掏大粪的、扫马路的，没出息没文化，等等。

工作辛苦，杨金平不怕。工作环境脏乱差，杨金平也不怕。自己年轻，有的是力气。可是，他受不了一些人的讽刺和挖苦。另外，他也深刻认识到当时环卫工人普遍文化水平比较低的事实。

勤奋上进的人会拥有精彩美好的人生

勤奋好学是中华民族的传统美德，2000 多年前的伟大教育家孔子就曾经说过不少关于勤奋好学的名言：“学而时习之，不亦乐乎？”“温故而知新，可以为师矣！”

自古以来，勤奋好学就是一个人的美好品质。杨金平一直坚信，勤奋好学的人会拥有精彩美好的人生。

一个从乡村来到繁华大城市上班的少年，正是贪玩的年龄，是对一切充满好奇，特别是对大城市生活充满好奇和兴趣的年龄，杨金平却把自己业余的主要精力放在工作和自我学习提升上。而且，这一发就不可收拾。

他先是跟着电视学完了高中课程，得到一个没有学历证书的“电视高中”。接着，又以坚忍不拔的毅力，读了黑龙江刊授大学汉语言文学专业，拥有了专科学历。后来，他又考上了山东师范大学的夜校，专业依然是他喜欢的汉语言文学。

可是，让杨金平没有想到的是，自己花费几年的时间和精力辛辛苦苦学习取得的文凭，居然不被承认为正式学历，心里难免有些失望。但他很快又振作起来，毕竟，当初学习并不仅仅是为了去取得学历和文凭，在学习中自己收获了不少，积累了丰富的知识，开阔了视野，也收获了宝贵的学习经验。

杨金平还广泛涉猎哲学和社会科学书籍，把单位图书室里的经典名著几乎读了个遍。他最感兴趣的，还是中西方古典哲学和中国古典文学书籍。

功夫不负有心人，机会总是给有准备的人，而命运也总会垂青那些勤奋好学的人。1985 年，杨金平参加了山东省广播电视大学的考试，凭借出色的成绩，被录取为党政干部管理专修科班的一员。

20 世纪 80 年代初，在国家尊重知识、尊重人才的大环境、好形势下，在单位领导以及同事的支持、鼓励下，杨金平脱产两年去上学。

坐在大学的课堂里，游弋在知识的海洋里，杨金平非常珍惜这来之不易的宝贵学习机会。在课堂上他认真听讲、认真记笔记，在课余的学习上是刻苦再刻苦、努力再努力。1986 年，因为在学校各方面表现突出，杨金平被批准成为中共预备党员。1987 年，大学专科毕业的杨金平，回到了曾经工作和奋斗的单位，同时，由预备党员成为一名光荣的共产党员。

1988 年，通过换届选举，杨金平成为单位团总支副书记。由于工作突出、乐于奉献，1989 年，被选举为单位团总支书记，并兼任政工科长。1995 年，借调在环卫局工作的杨金平，回到城肥清运管理一处，任工会主席。2005 年，杨金平任城肥清运管理一处副书记兼工会主席。2009 年，杨金平任环卫局老干部处处长。2010 年，组建大城管后，杨金平回城肥清运管理一处任专职副书记。

这是杨金平在城肥清运管理一处的工作履历，也可以说是一个来自乡村的孩子一步一个脚印踏踏实实工作的奋进历程。

杨金平在年轻的时候，也曾经有过文学梦、作家梦，在《济南日报》《中国建设报》等报刊发表了不少数量的纯文学作品以及新闻作品，还是山东省作家协会文学讲习所第一期学员。后来，随着工作越来越忙碌，肩上的工作担子越来越重，他只好把自己的作家梦埋进心底，一心扑在了工作上。

学以致用，读书丰富人生。文学梦、作家梦虽然被埋进心底，但杨金平一直在利用自己的文学写作特长，用自己丰富的文学积淀，做着踏踏实实的工作，为自己的人生插上翱翔的翅膀。

1987 年，杨金平为单位撰写《厂志》，展示了扎实的文字功底和文字格局。他参与《济南史志》，负责撰写《济南史志》的环卫部分，从 1902 年写到 1980 年，翔实的史料和扎实的文学功底，又在一行行文字中凸显。单位创建济南市级文明单位，他撰写出了高质量的汇报材料，还曾被慧眼识珠的环卫局党委书记发现，借调到环卫局从事文字工作。此外，他还撰写了不少文采斐然的高质量新闻报道和工作通讯。

最忙最累的“娘家人”

一个单位的工会工作人员，可以说就是单位职工的“娘家人”。

多年来，担任城肥清运管理一处工会主席的杨金平，一直是最忙最累的“娘家人”，是甘于付出、甘于奉献的“娘家人”。

在济南市城肥清运管理一处，尽管每天忙碌不堪，尽管每天都有操不完的心，但杨金平忙碌着、累着也幸福着。“为环卫职工服务，是我幸福指数最高的时候。”杨金平发自肺腑地说。在这里工作了 20 多年，是他感觉最熟悉、最亲切的地方，这里有他的青春年少和梦想，有他成长与奋斗的足迹，这里有他敬爱的老师，这里，更有一个团结奋斗、和谐美好的环卫大家庭。

环卫职工家属遇到大事，找谁？找城肥清运管理一处工会杨金平主席。

环卫职工家里有红白喜事，谁最忙碌最操心？城肥清运一处工会杨金平主席。

杨金平切切实实为工作、奋斗在环卫一线的职工谋福利，做好他们的坚实后盾。

在评先树优工作中，杨金平想方设法向单位一线工作环境艰苦的岗位上的职工倾斜，多位掏粪工获得省、市劳模荣誉称号。2006 年，坚守在一线工作几十年的老掏粪工纪永强获得了“富民兴鲁劳动奖章”。牛振清、张德贵、李德福、杨国强等不计其数的省劳模，都是经过他的推荐。

在济南市总工会的倡导下，杨金平还带领职工创办了“职工消费合作社”，只为让辛苦劳作在环卫一线的职工享受到最好的福利待遇，能够切切实实体会到单位工会的温暖与关心。

杨金平惜老慰贫，深切感受到环卫职工的不容易。连续十多年，每年春节前，他都会带着慰问品，到已经退休的老环卫职工家里去慰问，送上“娘家人”的关心与温暖。由于退休的环卫职工分散在全省各地居住，杨金平不辞辛苦，冒着严寒，细致规划好路线，把关心与温暖一一送到退休环卫老职工的手上和心里。

在担任工会主席的那些年，杨金平是环卫职工最忙最累的“娘家人”，可是，对于自己的小家，他却亏欠得太多太多。照顾孩子，接送孩子上学放学，辅导孩子作业，照顾家里的老人……这些生活的重担，都压在了他爱人的身上。不知有多少顿年夜饭杨金平没有和家人在一起吃过了，以至于爱人都习惯了：“有你也过年，没你也过年。”爱人全心全意支持杨金平的工作，也甘愿成为“成功男人”背后的那个女人。杨金平很感谢自己的爱人，用默默的奉献，谱写着一曲家庭的赞歌，守护着那份家的温馨。

荣誉也不会辜负付出努力的人。杨金平所领导的单位工会，从 3600 多家基层工会中脱颖而出，被评为第一届十佳基层工会。杨金平个人，也荣获济南市五一劳动奖章、省“富民兴鲁劳动奖章”等荣誉。

是升职，更是工作重担在肩

高速发展的社会，每天都在产生大量的生活垃圾。在一个上千万人口的城区，每天每人都在进行着吃喝拉撒睡，每人每天产生的生活垃圾，都去了哪里？

1998 年到 2011 年，济南市生活废弃物处理中心是市区唯一的生活垃圾处理场所。

2011 年 4 月，杨金平调任济南市生活废弃物处理中心，担任主任、党总支书记。这对他来说，是工作职务的提升，但更是工作重担在肩。

生活废弃物的处理水平，既是衡量一座城市文明程度的重要标志之一，也是实现可持续发展、提升城市品质的客观标准。生活废弃物处理工作处于环卫工作的最末端，业务产业链长、区域广、门类多，工作开展难度较大。

当时的济南生活废弃物处理中心是什么状况呢？

出了济南市区，过了黄河，在济南市城区的大东北，济阳县孙耿镇 104

国道路东小杜家村，矗立着一座高高的垃圾山，垃圾山下附近低矮的楼房和平房，就是济南市生活废弃物处理中心的办公区域。

使用了10年的第一生活垃圾填埋场已趋于饱和，光大焚烧发电厂还在建设中，短时间内还无法投入使用，而生活垃圾每天还源源不断地从市区运送过来，一下大雨、暴雨，处理中心的办公区域里，混合着垃圾渗滤液和雨水的黑色积水能达到人的膝盖深。

垃圾山也是一些人的“金山”。那时的垃圾山上，到处是靠垃圾谋生活的“拾荒大军”，每每到了晚上，当一辆辆的生活垃圾清运车开来，当处理中心的工作人员忙着开展填埋工作，垃圾山上的“拾荒大军”也开始了忙碌。于是，垃圾山上便人头攒动，各种车辆来来往往。拾荒大军的“忙碌”，经常严重干扰和影响到工作人员的正常垃圾填埋工作。

同时，济南市生活废弃物处理中心还承担着全市的城市粪水处理任务，城市粪水、化粪池粪水要进行脱水然后污水处理，达标之后才可以进入城镇污水处理厂。

…………

面对千头万绪的工作，杨金平身上的那种不服输精神、实干精神、担当精神，又被激发了出来。他成了垃圾山上那众多实干的“老黄牛”中的“领头牛”，每天，他和干部职工在远离市区的垃圾山上斗严寒、战酷暑，迎着臭味上班，闻着臭味工作，带着臭味回家。

“杨金平主任是一个实干家。除了制定落实标准规范的生活垃圾处理流程，还坚持现场工作法，每天一早到处理中心，先到垃圾处理现场转一圈，及时发现问题，及时解决问题，工作中的问题就是在这一次次工作现场发现解决的。现场工作法不仅能及时发现问题、无缝隙解决问题，也为杨主任的工作决策和计划提供了第一手资料。”办公室主任边书君最熟悉杨金平每天的工作日程，也最了解杨金平的劳累和辛苦。

正是在这种实干精神的引领下，杨金平和干部职工做出了骄人的成绩。这一组组的数据足以说明：“每年平均处理192.5万吨垃圾，实际燃烧掉111.5万吨垃圾；日均处理垃圾5288吨，焚烧掉垃圾3062吨；年发电量3.9亿度，相当于济南市15万个家庭一年的总用电量，产生的炉渣可用作建筑材料，烟气经过脱酸加入活性炭吸附、布袋除尘后变得无害，有毒的废液通过处理也变得清澈、洁净。”“每天大概2000余吨垃圾被填埋，体积相当于12

架波音机 747。”体积庞大的垃圾产生的污水也不容忽视。每天 600 吨垃圾渗滤液，完全按照国家生活垃圾填埋场污染控制标准进行处理，水质达到国家一级 A 标准。每年通过污水处理而避免的水污染，几乎相当于 2.4 万个趵突泉。

雨点就是命令，雨声就是警报

“夜窗听雨翻书叶，晓研凌霜注井花。”古人的诗句里，听着窗外的雨声，闲闲地翻动书页，手边一杯清茶飘香，是一件浪漫又闲适的美事，是富有诗意和闲情的赏心乐事。

听雨这样的闲情，在生活废弃物处理中心工作的几千个日夜里，杨金平从来没有体会过。对于他以及处理中心的干部职工来说，雨点就是命令，雨声就是响在耳边的警报！

夏秋季节的生活垃圾含水率大，特别是在汛期，渗滤液产量大，生活垃圾处理之外，多了一项防汛抗污的工作。每逢汛期下雨，留厂防汛、现场巡查便成为杨金平的工作主线，大风大雨，回家是每个市民百姓的日常，而处理中心的干部职工却成为风雨中的逆行者，杨金平就是那个领头人。

不知道有多少个下雨的夜晚，杨金平在生活废弃物处理中心的各个场所进行巡查，现场部署工作：垃圾填埋场堆体是不是安全；渗滤液暂存池是不是保持在正常水位，有没有外溢的可能；雨污分流是不是顺畅；晚上的垃圾填埋作业还能不能正常运行；每天激增的生活垃圾是不是能够及时清运……

如果遇到台风这样的极端天气，形势就更严峻了。2019 年 8 月，第 9 号台风“利奇马”一路北上，风大雨急，来势汹汹。

废弃物处理中心早就做好了防汛应急预案，一项项工作也在持续展开。从 8 月 10 日起，杨金平就带领防汛队员辗转巡查中心的各个工作环节，现场部署工作，重点对防汛物资、排涝设施、办公场所、库房、围墙、避雷设施、用电线路等重要部位进行了排查，及时加固垃圾进场道路和作业平台，对填埋库区进行全面覆盖，确保台风降雨期间垃圾填埋场堆体安全、渗滤液暂存池安全、雨污分流顺畅、垃圾填埋作业运行正常。

在“利奇马”台风降雨期间，杨金平加强应急值守，加强垃圾填埋堆体和场区安全巡查，及时导排雨水，确保垃圾填埋场堆体安全、垃圾填埋作业运行正常。

杨金平说，他三天三夜没睡觉，实在困了累了，就在就近的地方打个盹休整一下，然后继续忙碌。

这一年，生活废弃物处理中心的干部职工受到省委、省政府的表彰，杨金平被评为抗洪先进个人。

永葆初心，让党旗永远飘扬在民生之山

在春夏秋季节，这里各种树木郁郁葱葱，野花遍地，草木丛里，不时会看到小刺猬、野鸡等小动物。这里有平整的草坪，草坪上经常有鸟雀飞上飞下；这里有弯弯曲曲的石板路，可以供人悠闲地漫步、放飞思绪……

谁会想到，多年前这里曾是一座臭气熏天、苍蝇飞舞、污水冒着泡泡的垃圾山。

如今，这里已看不到任何处理垃圾的痕迹，看上去就是一个普通的山体公园，鸟语花香，草木葱茏，安静雅致。这要得益于济南市生活废弃物处理中心提出并坚定践行的“加强一带一园建设，为城市打造一片绿水青山”。

“处理中心党总支以党建为统领，扎实学习落实习近平新时代中国特色

社会主义思想和党的十九大精神，坚持强化思想政治教育、服务固废处理的原则，充分发挥基层党组织的战斗堡垒作用和广大党员的先锋模范作用，带领全体党员和干部职工，圆满完成承担的职责任务，建设邻利型产业园区，使垃圾山变成消纳生活垃圾、邻利园区驻地的民生之山，为济南市黄河以北贡献了一片绿水青山，让党旗永远飘扬在民生之山。”这是杨金平在一次主题教育读书班上的一段发言，也是他从心里发出的铮铮誓言。

作为生活废弃物处理中心的主任和党总支书记，杨金平一手抓业务，一手抓党建，把各项工作开展得有声有色，树立起“两山支部”等多个品牌支部。

处理中心的职责是安全规范处理生活垃圾，是民生基本环境保障兜底单位，垃圾一天处理不了是环境问题，两天处理不了是民生问题，三天处理不了就是政治问题。处理中心的工作，就是时刻保证生活垃圾都能安全规范处理。特别是在急难险重时刻，更能表现出一个人的担当。

“我们处理中心的党总支，是最具有团结协作精神的总支，我们处理中心的领导是最有担当的领导！”说起杨金平书记，在处理中心工作多年的办公室主任边书君从心底里敬佩，“2012 年，济南市第二生活垃圾处理厂填埋场投产后，渗滤液处理能力客观不足，叠加济南市 2013 年开始推进城乡环卫一体化，生活垃圾增量大产量大，渗滤液产量陡增，开始积存。其间，济南市城管局党委安排杨金平主任去规范建筑垃圾处理工作，这个过程中生活垃圾渗滤液处理工作推进缓慢，待杨主任带着组织的重托又回来着手处理渗滤液问题，此时面临中央环保督察的严峻形势和工作压力，杨主任没有讲任何要求和条件，扑下身子一头扎进工作里，想方设法安全存放渗滤液，千方百计推进渗滤液处理设施建设。苦心人天不负，最终，既保证了生活垃圾安全规范处理，保障了市民百姓的基本卫生需要，又实现了渗滤液环保问题销号，圆满完成中央环保督察要求的整改任务。这个过程中杨主任表现出的敢于担当的精神品质，是强烈的职责担当，是无畏的民生担当，更是坚决的政治担当！”

在杨金平的带领下，济南生活废弃物处理中心这个团结和谐的大集体，先后获住建部先进集体、山东省环卫系统先进单位、山东省工人先锋号、市级社会主义核心价值观实践教育基地等称号，先后涌现出杜永军、刘强、滕世坤等一批省、市级党代表、劳动模范、五一劳动奖章获得者。

给职工一个干事创业的好平台

“己欲立而立人，己欲达而达人。”“成己达人，臻于至善。”……这是做人的格局与境界，也是成就事业的格局与境界。

回顾自己的工作历程，杨金平深刻认识到，自己是在工作中不断努力学习和成长起来的，是通过不断自我提升成长起来的，自己在内心一直深深铭记也深深感谢单位的、部门的领导、师父及同事的关心、鼓励和帮助。如今，自己作为单位的“领头羊”，也要尽力给单位职工、给年轻人一个良好的干事创业的平台，在单位营造一个让干部职工干事创业、自我学习提升和进步的良好氛围。

杨金平是这样想的，更是这样做的。

正是在这样的良好氛围下，不少年轻职工奋楫争先，奋发有为，在各自的岗位上踏实工作，勇挑重担，在工作中成长淬炼，成为在工作中独当一面的能手、高手，培养了一批有着高度自觉性和坚定党性的优秀干部职工。

在评优树先上，在专业职称评定上，在干部考核提拔上，秉承着公平公正、适当向一线职工倾斜的原则。

青年职工贾强在大学期间学的是环境工程专业，2012 年 2 月，他通过层层考试来到济南市生活废弃物处理中心，成为一名专业技术人员。2019 年，通过济南市工程技术中级评审委员会评审，他获得环境工程专业工程师资格；2019 年 7 月，他被聘任为处理中心工程师；2019 年 10 月，他任原污水处理科副科长；2021 年 11 月，他转任处理中心运行指导部副部长。从这份履历可以看出，从职业到事业，贾强一步一个脚印踏踏实实地走着自己的人生之路。

说起自己的单位和领导，贾强一脸的自豪与喜悦，他很感谢单位领导给了自己一个干事创业的平台、一个自我成长的舞台，感谢工作团队的同事们的通力合作、真诚配合，感谢单位营造的干事创业、共同进步的良好氛围。

贾强还告诉笔者，济南市生活废弃物处理中心的领导，是有着大局意识和情怀担当的领导，经常向大家强调：“从习近平总书记提出绿水青山就是金山银山的理念，到十九大报告关于生态文明建设的论述和固废处理的具体要求，作为一名垃圾处理工作者，我们要意识到生态文明建设在党的十九大报告中不再只是概念，不再只是方向，不再只是蓝图，而是更加系统、更加具体、更加严格的行动和要求。我们要深刻理解生态文明建设的重要意义，良好的生态环境是最普惠的民生福祉，在工作中我们要履行好垃圾无害化处理这一基本职责，把好最后一道关口。”党的十八大以来，济南市生活废弃物处理中心不断改善垃圾处理厂驻地生态环境，为济南市黄河以北片区打造一片青山绿水。

姜魁是2016年从部队转业到处理中心垃圾填埋一线的年轻职工，他踏实的工作作风，得到处理中心领导和同事们的认可，先后被评为2019年度济南市优秀环卫工人和2020年度齐鲁最美环卫职工。他说：“在处理中心，我是‘两山支部’的践行者，跟‘固废处理、服务民生’在一起。而这也是一代代处理中心人坚守的初心使命，是处理中心人一路走来‘艰难困苦，玉汝于成’的宝贵财富，是在推进垃圾处理绿色低碳发展，实现从垃圾山走向绿水青山的高光时刻。”

像贾强和姜魁这样年轻有为、脱颖而出的优秀职工，还有很多很多。

再担重任，打造渣土管理的济南样板

随着城市发展建设步伐的不断加快，渣土运输逐渐成为城市建设中的一个重要环节，渣土运输管理问题也成为城市管理工作中的难题和焦点。“疯狂的渣土车”曾经是济南市的“心病”，粗放式渣土运输一度成为城市的“伤痛”：渣土车的违规超载、沿街抛洒、带泥上路、私拉乱运、随意倾倒、尘土飞扬、横冲直撞、强闯红灯、鸣笛扰民……更是不仅让渣土运输管理者头痛，给居民带来严重困扰，让城区居民怨声载道，也让这个原本亮丽典雅的历史文化名城蒙羞。

由于杨金平在济南生活废弃物处理中心工作突出，踏实奉献，2015年，他再担重任，调任济南市渣土管理处处长、党总支书记。

雄关漫道真如铁，而今迈步从头越。杨金平深知，如何使渣土运输安全、有序、规范、整洁，关系到卫生城市、园林城市、生态城市、环保城市创建工作的顺利开展，关系到群众对城管执法的认可程度，更关系到群众的身心健康。

杨金平决定探索渣土运输管理的长效机制。在经历过一次次的座谈、一次次的实地调研，在夜晚的一次次巡查、围追堵截，一次次的开会讨论之后，一项项关于城市渣土管理的措施逐步实施。

第一个措施就是追根溯源，在源头治理下“猛药”，使渣土之乱成为历史。渣土产生的第一个源头——施工现场，是治理的重中之重。为此制定了“六个一”“五不开工、四不出门”的渣土规范处置标准，确保“净车”出门。渣土产生的另一个源头是建筑渣土倾倒场。在建筑渣土倾倒场安装智能扬尘监测自动喷淋系统、人工扬尘监测喷淋（雾炮）系统。所有渣土场出入口都进行硬化，采取随作业随压实、覆盖、绿化等措施，防止二次污染。渣土车出去时，通过门口的槽式洗车池，对车轮进行冲刷，避免带泥上路。第二个措施就是利用高科技的力量，“智能通”全程监管渣土运输，让每一辆渣土运输车都在监管视线里。第三个措施就是品牌建设促良性循环。不仅济南市的渣土管理在日益精细化的基础上，打造行业管理品牌，济南市在全国创新提出的“三讲评、一调度”制度，目前已成为行业管理品牌。在运输队伍的管理方面，也向品牌化迈进。

一项项措施落实下去，成效显著：“疯狂的渣土车”不见了，一条条道路干净了，扰民的噪音不见了，冬天的时候久违的“泉城蓝”出现了……城市渣土管理的长效机制已经探索成功，并开创了城市渣土管理的济南新样板。

“渣土治理是个难事，是个大事，同时也是个好事。”济南市城管局局长田德昌说，“是难事，是因为渣土治理是动态的，同时需要多部门联动才能做好；是大事是好事，是因为治理渣土意义非凡，既能抑制扬尘，又能改善环境，关系民生。”

有两年的时间，杨金平同时担任着济南生活废弃物处理中心的主任、党总支书记和渣土管理处的处长、党总支书记。如果说，在济南生活废弃物处理中心，杨金平用右肩担起了一个重担，如今，他的左肩又担起了一个重担。杨金平在处理中心和渣土清运管理处两边跑，两边都要干好。其中的辛苦和忙碌，只有他自己心里最清楚。

“父亲的一句话影响我一辈子”

一个人的成长，总是有迹可循的。

最初，杨金平能够从事环卫工作，也算是子承父业。

那个年代，国家有这样一项政策：成年子女可以接替将要退休的父母亲的班。

杨金平的父亲是新中国成立前参加工作的老环卫工，退休前是济南匡山肥料厂清除班的班长，也是一位任劳任怨的环卫工人。

人们常说，父母是孩子的第一任老师。一个人的成长，一个人性格和品格的养成，离不开第一任老师的教导。

杨金平的父母亲虽然都普普通通，但都是善良正直的人，是勤勤恳恳、踏踏实实做事的人，这也深深影响了杨金平，给了杨金平做人的底色——勤劳、质朴、坚强、善良，也给了杨金平成长的底色——认真、上进、努力、刻苦。

说起父亲对自己的影响，杨金平说，父亲曾语重心长地对他说："平儿，我这一辈子没做过对不起别人的事，我希望你也这样。"就是父亲的这句话，影响了他一辈子。

父亲的这句话，也被杨金平深深烙印在脑海里，成了自己做事做人的"人生信条"。

多年师徒成父子

父母亲之外，说起对自己的人生影响最大的人，杨金平第一个想到的就是老师孙承俊。

"老师当时是厂里的文化教员，我参加工作之后，老师对我的帮助、指引和影响最大，可以说，没有老师当年对我的深刻影响，就没有我后来的进步。"说起自己的老师孙承俊，杨金平满怀深情，又满怀感激。

刚参加工作的杨金平，还是个十几岁的孩子，对社会懵懵懂懂，对自己的未来也懵懵懂懂。而且又家在外地，父母亲人都不在身边，老师孙承俊就成了他工作和生活上的引路人。老师不仅在工作中照顾他，在生活上照顾他，还成了他精神上的父亲。指导他读书学习，鼓励他多读书，多学习文化知识提升自己，激励他在人生路上大胆前行，要勇于挑战自我，勇于超越自我，还要勇于放弃，追求大格局、大境界……

杨金平觉得自己很幸运，能够遇到老师这样的人："我老师喜欢读书，博学多才，眼界开阔，思路开阔，这都深深地影响了我。”

有一天，杨金平偶然翻看一本书，发现书里面居然夹着老师写的一张纸条，上面写着：“一日为师，终身为父。”杨金平和老师的关系，体现得清清楚楚。

老师很欣赏和看重杨金平，看重少年时期的杨金平身上的那种学习精神、那种不服输精神，看重成年时期的杨金平身上的那种实干精神、那种担当精神。

这也是老师和杨金平师徒“双向奔赴”的最好证明。

“父母生我养我，老师教育培养了我。”看着老师那熟悉又亲切的字迹，杨金平忍不住眼眶湿润了，他不知道老师什么时候写的纸条，也不知道纸条是什么时候夹到书里面的。

多年师徒成父子。重情重义的杨金平，和老师一家处成了和谐的一家人。每个月，杨金平都会抽出时间去看望年老的老师，和老师聊聊天。师母去世后，每年的清明节，杨金平都会陪着老师去为师母扫墓。

老牛亦解韶光贵，不待扬鞭自奋蹄

和生活废弃物打了大半辈子的交道，杨金平成了环卫战线上一名名副其实的“老兵”。他不仅是见证者，更是积极的参与者。

城市管理在进步，在发展，在变革，城乡环卫事业在发展，在变革，在进步。44 年的环卫工作历程，无论是在日复一日的工作中，还是在工作职位职务的变迁中，杨金平每一步都走得扎实，走得沉稳，走得坦荡，走得从容。

老牛亦解韶光贵，不待扬鞭自奋蹄。从济南市生活废弃物处理中心退下来的杨金平，退而不休，担任着山东省城乡环境卫生协会副会长、垃圾分类工作委员会主任的职务。44 年的环卫工作经历，也让杨金平有着浓重的“环卫情结”，他希望自己能够继续发挥余热，做一些有益于环卫事业的工作，做一些有益于环卫职工的事情。

生活垃圾的数量依然在增加，种类也越来越多样化、复杂化，垃圾分类工作任重而道远，实现原生垃圾的“零填埋”，还有比较艰难的一段路要走……杨金平会一直关注并为之呼吁、努力、奋斗！

感恩的心

——记山东省先进工作者、济南市第一人民医院王春霞

徐清源

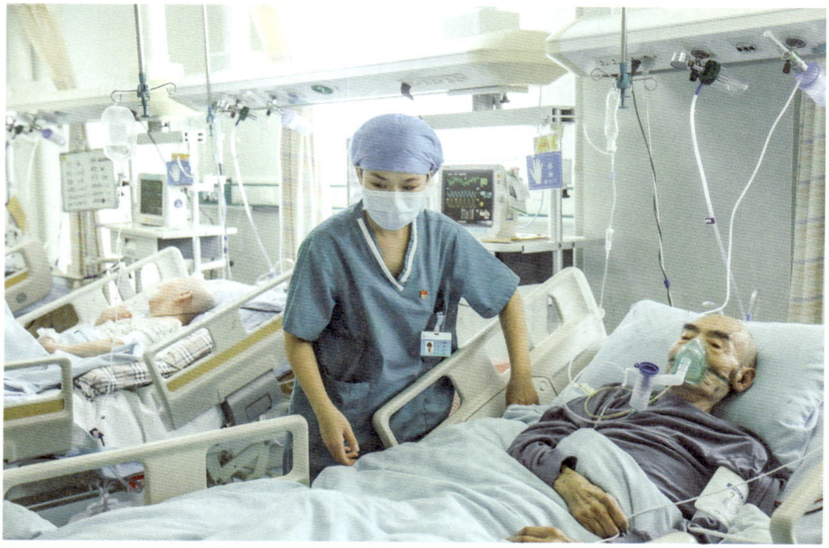

采访王春霞护士长，是对我的一次深刻的生命教育。交谈中，她多次提到“感恩”二字，感谢父母的养育之恩，感谢医院的培养之恩，感谢人生路上那么多同事、伙伴和朋友的扶持帮助之恩……我能感受到，这个85后年轻人对祖国、家庭、生活的强烈热爱。正是这份爱，让她年轻的肩膀承担起了更多的责任与使命。

在支援外地医疗行动中，王春霞以共产党员的高度自觉性，第一个递交了参战请愿书，不畏艰难，不避风霜，冲锋在第一线，为泉城人争光，为年轻一代树立了坚强的榜样。

她微笑着告诉我：“我从参加工作起就明白，功劳是大家的。只有整个团队团结一致，凝聚力量，形成坚强的队伍，才能做到众人拾柴火焰高，战胜困难，取得胜利。我的个人荣誉来自市立一院这个强大的正能量集体……”

整个采访中，她都很少提到自己，都是在说大家，因为在她心目中，个人力量十分渺小，就像趵突泉的一滴水，只有将微不足道的自我汇入众泉喷涌之中，流向广阔大海，才能发挥巨大力量。

王春霞把自己的成长归结于持续不断的努力学习，还有，在人生路上，她遇到了最好的"老师"——

"父母是最好的老师，我的一切成绩，首先来自父母的教育。母亲从小就告诉我，世上无难事，只怕有心人。她是村妇联主任，我从小就看着她一心扑在工作上，带领乡亲们一起创业，建立饲料销售中心，家里第一个安电话、安电视……她一直用实际行动告诉我，舍小家，顾大家，行动起来，把我们身边的世界建设得更美好，这就是人生的价值。"

母亲是王春霞生命中的第一个榜样，在她幼嫩的心灵中，种下了坚强的种子。

"我觉得母亲非常伟大，记得小时候跟她到单位，好多家的孩子在一起玩，每次她分给大家好吃的，总是先照顾别人家的孩子，把好的、大的分给其他小朋友，最后才轮到我。我一开始不理解，还生她的气，但后来她教育我，做人做事一定要将心比心，如果自私自利，把好的都留给自己，怎么对得起乡亲们的推举和信任？能力越大，责任越大，站得越高，越得自律。在一个大集体中，面对利益，争着不足，让着有余……"

母亲这些质朴纯真的话，成了王春霞成长路上的路标和灯塔，让她明白——将心比心，做任何事情，都要摸着自己的良心想一想，善恶对错，不用别人指出来，自己就应该明白。

"我上学的时候，把母亲的话都写在日记上。别的同学都是背诵科学家、文学家的名人名言，只有我背诵母亲说过的话，激励自己克服困难。长大后想起来，非常感恩有这样伟大的母亲，她教给我的是最有用的知识，自强自立，追求信仰，知书达理，谦逊友爱。她虽然忙于工作，疏于对我的照顾，但我感觉到，她就像一束光，始终照在我身上，照亮了我前进的道路。"

母亲是良师，学校里的老师更是良师。

谈起从小学到大学的求学生涯，王春霞能清清楚楚地说出每一位班主任的名字。

"我的毕业纪念册里，第一页就是班主任的赠言。在我心目中，老师对学生的付出是最无私的，至今还记得，那些老师站在黑板前为我们讲解习题，从春到夏，从秋到冬，粉笔末飘下来，染白了他们的鬓发。老师就像他们手里的粉笔，越用越短，却把知识书写在黑板上，书写在每一个学生的心里。他们就像老家村里的青石板街，一块块干净清白的石板连接起来，就成了乡村孩子脚下的路，让我们从无知走向有知，从顽劣的孩童成长为有价值的青年……”

王春霞感恩教过自己的每一位老师、扶持过自己的每一位班主任，不但记住他们的名字，还记得他们的样子。

“我每年春节都要去给老师们拜年，他们虽然老了，但他们教给我的知识永远年轻。‘老师’这两个字，让我明白——春蚕到死丝方尽，蜡炬成灰泪始干。想一想，如果世界上没有老师，那些人生的河流和沟壑之上，就没有了桥梁，多少孩子的求学求知之路会被阻断？我从小就知道，老师是人类灵魂的工程师，感恩我的老师们，没有他们的悉心教导，就没有我的今天。”

大学毕业后，王春霞怀着一颗报效国家、回馈社会之心，踏入了市立一院，就像青春的小马第一次拉车赶路一样，遇到了不小的挫折。因为在学校里学的知识，到了工作中不够用，几乎天天遇到新问题，弄得她焦头烂额，自信心受到严重打击，一度都怀疑自己是否能做好一个医护人员。

“有一次，一件很小的事出了问题，被病人家属投诉，我实在忍不住，躲在材料间里大哭。从小到大都很要强，但在这一刻，我想打退堂鼓，觉得自己连小事都出错，未来的路肯定是崎岖坎坷，越来越难走。”

如今想起那件事，王春霞脸红了。在母亲和老师那里，她学到了面对成功的喜悦、面对赞美的从容，但她太年轻了，看不到荣誉背后必须付出的艰辛。

“我当时的师父找到了我，没有批评和指责，而是拉着我到食堂，先让我好好吃饭，然后手把手教我，从最简单的工作做起，不像是同事对同事，就像是母亲对女儿一样。在师父这里，我感受到了社会的爱和温暖。这种爱是最无私的，不求回报，不求名利，就是医护人员中前辈对后辈的引领和传授。这才是人类社会越来越美好的秘诀所在，一大群有爱的中年人在前面，带着后面的年轻人走向光明。当年轻人成长，从跟随者变成了引领者，又可以带着后来的年轻人向前走。日复一日，年复一年，我们的生活越来越美好——这是爱和集体的力量，没有在台上激昂慷慨的演讲，也没有瑰丽璀璨的烟花典礼，只有默默地传授与教导。一日为师，终身为母。在我心中，师父就像母亲，已经从同事关系变成了亲情。”

现在，师父已经退休，每年的母亲节，王春霞都会认真地备好礼物去看师父。在她眼里，师父是马拉松比赛里的路标，在她迷茫的时候为她指明方向，让她奔向光明的未来。

“在师父面前，我永远都是徒弟。回到医院，我的身份转变，又成了年轻人的师父，把师父教给我的，一点点教给她们。我觉得，在自己教学的时候，师父虽然不在场，但她说过的话、做过的事，一直都在深刻地影响着我。”

在市立一院，王春霞还感受到了来自院领导的关心和信任。这份信任，让她觉得自己肩头的担子更重了。

“领导的信任，不仅仅是荣誉，而且成了压力和动力，让我时刻提醒自己，绝对不能辜负整个医院的重托。”

王春霞现在还记得，为了完成任务，面对从未接触过的新工作、新知识，自己又仿佛回到了高考的时候，全部心思放在学习上，恨不得把一天当成三天用。

“特别难……咬牙坚持，不想让领导失望。他们培养我，给我机会挑大梁，关键时刻我不能掉链子。总之，要做到最好，就像高考，有考一百分的实力，就绝对不能让自己漏掉半分。”

在她心目中，领导也是老师，用压任务、压责任的方式，让她在拼搏中成长。

“有时候工作特别累，我就想起妈妈说的话。她送我到市立一院报到的时候，在医院门口说过这么一句话——来了就干活，不管别人说什么。这句话特别简单，又特别管用。我每次想起这句话，再苦再累，也咬牙坚持。那么多人帮助过我、教育过我，我背后是很多人期待的目光，绝对不能倒下。我父母给我起‘春霞’的名字，就是让我做‘春天的霞光’，绝对不能给父母丢脸……不能给老师和师父丢脸！”

王春霞的“拼劲”在市立一院是出了名的，她在生活中是个温柔可爱的女孩子，但在工作中，却是经得起摸爬滚打、耐得住高强度考验的“花木兰”。

她还说到，对于医护人员来说，病人就是最好的老师，因为每个病人的情况不同，考验着医护人员的水平。压力就是动力，在接触病人的过程中，她的眼界越来越开阔，思路越来越敏捷。

“病人来到市立一院，是对我们医院的信任。那么，他们眼里只有医生、护士，而不会刻意针对每个人。如果我们的工作出现瑕疵，影响的是医院的声誉。明白这一点，就知道自己责任重大。在病房，护士要成为病人的朋友，将心比心，照顾对方。我们不但要把科学的护理方式贯彻下去，而且必须让病人理解为什么要这样做。记得市立一院的领导说过，这里是医院，治病救人是我们的责任，做不到这一点，从我这里就说不过去。我跟年轻人说过，每个病人都是一本教科书，教导我们学会怎样面对不同类型、不同状态的病患，这是学校里学不到的。注意观察，耐心总结，谦虚学习，加速成长……”

王春霞善于总结，所以，她护理过的病人，都是她的“学习卡”，跟随她的年轻人心悦诚服，都在学习并践行着她这一套理论。

“孩子也是我的老师，我女儿今年八岁，说妈妈不是一个矫情的人，这就是一个很高的评价。我特别希望成为孩子的朋友，把自己的经验传授给她，但孩子有她自己的世界。我家的孩子是‘散养’，不上辅导班，注重解决问题的能力。我在带孩子的过程中，发现我们要想跟上时代发展，就必须以孩子为老师，因为孩子站在社会风潮的前沿，善于用自己纯真的双眼发现更美好的东西。我向孩子学习纯真和美好，真的，现在的社会变化太快，如果只是跟成年人交往，就会失去棱角和纯真，我们需要在某些时候及时纠正过来，不能失去纯真。人和人的交往，以纯真为基础，就更容易激发出友爱和奉献精神，在别人需要我们的时候，不计利害得失，及时挺身而出，帮助别人。如果社会处处都有这样的正能量，整个世界都会变得和谐有光。我觉得，以孩子为师，最大的好处就是保持心灵的纯洁，尤其对于一个医护人员来说，这一点非常重要。它能让我们公平公正地对待工作中的所有细节，不因私废公，不把生活中的情绪带到工作中。我的进步，也离不开孩子的督促——”

在沟通中，王春霞始终面带微笑，谦逊有礼，保持着医护工作者的高素质、高标准、高情商。

很明显，她是一个非常注重自我修养的人，善于学习新知识，在生活中不断自我完善，不断进步。

“我喜欢读书看报，也是小时候妈妈给我养好的好习惯。我家长年订阅《少年文艺》《儿童文学》，现在家里还存着好几箱子。书中的英雄人物时常激励着我积极向上，比如刘胡兰、潘东子……我热爱英雄，他们在所处的那个年代，为了国家和人民，都做出了巨大的牺牲。我们这个时代呼唤英雄，在某些时刻，模范榜样的力量无穷无尽，一个好的榜样，能够带动一个集体、一个单位、一个城市……我前几年带着孩子去看抗美援朝题材的电影，一起体会那些革命先辈为了保卫祖国、维护和平做出的贡献。我们今天所享受的

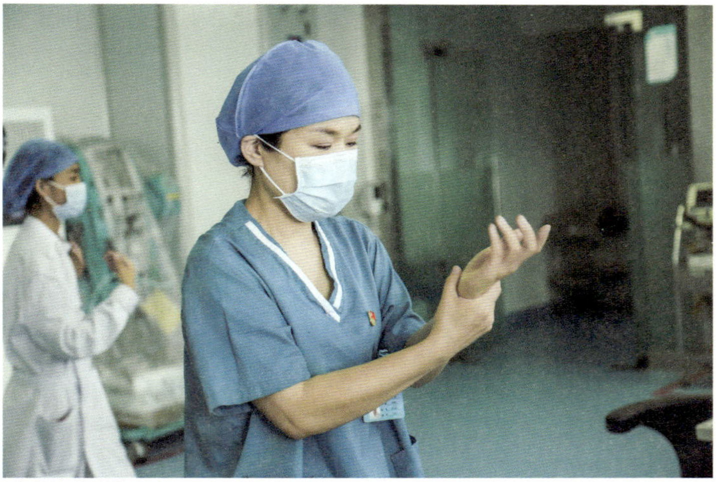

平静生活来之不易，如果没有先辈的热血牺牲，哪有现在的和平之花？和平年代，我们不能像他们一样上前线杀敌立功，那么一定要继承先辈们的精神，做好本职工作，随时接受祖国的召唤，到最需要我们的地方去！”

王春霞是个知行合一的人，平时很注重收集英模人物的事迹，回家讲给孩子听，同时也激励自己苦练技术，准备迎接更大的挑战。

“其实在同事们眼中，我是个很固执的人，比如我刚刚说了好几遍的‘将心比心’。这四个字知易行难，说起来简单，真正应用到工作中去，就不是一件容易的事了。举个例子，有时候病人需要固定在病床上，对于医护人员来说，是必需的医疗手段，但躺在床上的病人是什么感受呢？我曾经带着实习生到重症监护室，从自己做起，要求每个人体验被固定在床上的感受，半小时、一小时、两小时……如果我们能做到将心比心，就知道被固定的病人非常难受，他们需要医护人员重点照顾，不管是心理安抚，还是生理上的缓解，都要及时跟上。病人家属不能进入重症监护室，只能通过小窗探视。那么，我们医护人员就要做好这道沟通的桥梁，让病人和家属保持关联。家属的关心，更能激发病人的治愈信心……”

王春霞向我讲起一件事：一位病人家属在老伴去世后，抱着她的腰一直哭。那时候，她觉得医护人员如果足够坚强、足够通情达理，就能成为对方的主心骨，让对方克服悲伤，坚强地活下去，真正做到——逝者已矣，来者可追。

“有时候，医护人员可以流泪，但大部分时间，在病人或家属面前，我们一定要忍住眼泪，用最科学有效的沟通方式，让大家安静下来，这样有利于病人的治疗。所以，病人、家属在病魔逼迫之下，他们可以乱，但医护人员不可以乱，更不能崩溃。在医院，我们见多了生老病死，有时候必须保持绝对的冷静，严格按照护理规范去做。这其实就是孩子说我‘不矫情’的原因。我在生活中可以感性，但在工作中必须理性。”

在这个话题上，王春霞表现出了一个医护人员高度的专业素养。

她在休息日看电视剧的时候，可以随着剧情大笑或者落泪，尽量释放工作压力，但一进了医院，就会转换身份，牢记自己的职责，做到一丝不苟，不留瑕疵。

“医院治病，是没有硝烟的战争，医护人员也是战士，必须保持绝对的专业性。工作就是工作，容不得半点马虎。这么多年来，我始终觉得医护工作非常神圣，因为我们齐心协力，挽救病人，为病人解除痛苦，一次次战胜病魔……我们是济南人民的健康守护者，我以自己的医护人员身份为荣，每次别人问我的工作，我都骄傲地回答，我是市立一院的护士。”

有一次，在大明湖晨跑，王春霞跟几位跑友聊天，热情地向他们介绍市立一院的情况，被人笑称是“市立一院的义务宣传员”。从这件事，王春霞就反思，市立一院是一家技术过硬、管理一流的医院，当然应该向市民宣传，让市民放心就医，方便快捷地诊断病情，解除痛苦。如果每一个医护人员都能敞开心扉，向别人介绍自己的单位，那就达成了医院和病人的双赢。

所以，她跟人的交往过程中，多次向大家介绍市立一院，以单位为荣，与单位共荣。

“是市立一院培养了我，我最欣慰的一件事，就是治愈后的病人来医院送锦旗，那是病人对我们单位的高度认可。每次到单位的荣誉室，我都感到振奋，市立一院从领导到员工，齐心协力，努力向上，争取到了这么多荣誉，是荣耀，也是激励。我们85后、90后、00后的年轻人，一定要时刻提醒自己，刻苦磨炼基本功，争取再立新功，为单位增添新的荣誉，让我们的市立一院，百尺竿头，更进一步。”

每次王春霞带孩子来单位，都会领着孩子去荣誉室参观，给孩子讲述每一面锦旗、每一座奖杯背后的故事。

“有一次，孩子问我，什么时候能为市立一院增添一面属于‘王春霞’一个人的锦旗？我那时就意识到，其实自己做得很不够。记得大学毕业离开母校时，校长在毕业典礼上语重心长地叮嘱我们——今日你以本校为荣，明日本校以你为荣。孩子的话，引起了我的反思。如果只是干好工作，远远不够，要在工作中具有创新精神，把普通工作岗位变成自己挥洒汗水、赢得掌声的生命舞台。做一个尽职尽责的小我远远不够，一定要让自己变得更强大，成为团队的发动机。我以能够在市立一院这样的优秀单位工作为荣，更要让市立一院以拥有我们这样一群优秀医护人员为荣！”

王春霞善于将想法付诸行动，她的手机里有一组照片，是 2021 年 12 月 10 日，她带领着科里的护士，走进济南市普亲养老院开展志愿者护理服务工作时留下的。

照片中，她们为养老院的工作人员普及护理知识，一起为老人们打扫房间，清洗衣物，并送上了新鲜的水果。

“医护人员不应该仅仅完成本职工作，而是应该放宽眼界，敞开心胸，用自己的专业知识反哺社会，把温暖送到需要我们的地方去。我们这次到养老院去，年轻护士都很受教育，因为她们知道，这个世界上有很多人需要照顾，一个护士的工作是无比神圣的，每个人都应该化为一道光，为那些有需要的人照亮前路。”

陪同采访的领导介绍，到普亲养老院去的这次志愿者活动，一方面是在天寒地冻的冬天，给老人们送去了一份来自市立一院的温暖与关怀；另一方面，在单位的年轻人里引起了巨大的反响，激发了单位的正能量，大家纷纷报名，要求参加下一次志愿者活动。活动中，王春霞起到了模范带头作用，已经成长为团队的主心骨，也是年轻人学习的榜样。

王春霞诚恳地表示，只要有合适的机会，市立一院的年轻人都很愿意参加志愿者活动。医院的领导看到了这种涌动的正能量，大力协助，才促成了这次情真意切的志愿者活动。

“我们到了养老院，先看望了抗美援朝的老战士和几位腿脚不便的孤寡老人，然后了解了养老院的护理模式，很有针对性地向那边的护理员们培训了鼻饲技术操作，还有一些插胃管、胃管护理及打鼻饲液的专业知识。养老院的领导表示，他们特别希望老人们在养老院得到规范护理，非常欢迎市立一院的专业护理团队去指导工作。在这次活动中，我们对养老院的生活有了深入了解，希望通过志愿服务活动，呼吁更多社会上的善意人士支持敬老养老工作，我们市立一院的志愿者团队，也会持之以恒地将温暖送到其他养老院，让更多老人过上温馨祥和的晚年生活。”

说起志愿者服务活动，王春霞又一次提到“将心比心”。

“谁都会有老的那一天，古人说，老吾老以及人之老，幼吾幼以及人之幼。

如果全社会都来关心老年人，养老问题就一定能解决。古人还说，百善孝为先。养老问题的核心关键，还是孩子们的孝心和关心。将心比心，我们今天认真关爱每一位老人，明天中国的养老事业，就一定能以中国模式和中国智慧，解决全球的老龄化问题。”

志愿者服务活动，是王春霞关爱社会、回馈社会的一个侧影。

同事们介绍，每次科里有针对困难病人的捐赠活动，王春霞都是默不作声地走在最前头，起到了最好的带头作用。当病人家属到科室表示感谢的时候，王春霞总是把功劳和荣誉让给大家。她向年轻人讲过很多次——“赠人玫瑰，手有余香。我们大家在还有余力的情况帮助别人，是在传递社会正能量，受益者不仅仅是病人，而是我们的整个社会，是十四亿中国人，以及中华民族的子孙后代。”

她的捐赠，从来不是哗众取宠、沽名钓誉，而是真正践行了“将心比心”。

王春霞提到这个问题的时候，只说了一句最暖心的话：“病人在意的不是几百块钱，而是社会对他的关心和友爱。科室捐赠的钱最多就是几千块，但这份温暖，就像一根拐杖，能让病人支撑着站起来，最终重新回到生活正轨中来。表面看，我们救助的是一个病人，实际温暖了一家人、一群人。”

同事们都说，王春霞从来不高调喊口号，而是踏踏实实做事、坦坦诚诚做人，跟她交朋友，准没错。

有个同事还透露一点，有次到王春霞家做客，才知道她是小区里的大忙人。邻居家里遇到事，只要她力所能及的，总会冲在前面帮忙，从不拈轻怕重。尤其是小区里有几位困难户，是王春霞的重点帮扶对象，这几年来，送衣送药，嘘寒问暖……她做的这些事，从没在单位里提到过，同事们几乎都不知道。

“怪不得以前春霞在科里向大家要旧衣服，原来拿回家之后，都洗干净、熨平整，送给那些困难户。她做了这么多事，一次都没炫耀过。我们知道以后，她总是说没什么，远亲不如近邻，就是帮把手的事，举手之劳，没什么可说的。”

每一年的冬至，她不管工作多辛苦，都一大早就煮好饺子，送给那些孤寡老人。

“我觉得，自己就是做了最普通的一件事，那些老人身体不好，没条件包饺子。我在家里多包一点，给老人送去，又不费事，老人才能吃几个饺子呢？冬至是中国传统节日，冬至饺子夏至面，吃了饺子，老人们这一年事事顺心舒心，延年益寿，长命百岁，把中华民族的优秀传统都延续下去，这就是年轻人的责任……我只是做了一件小事，不值一提。”

所有人都觉得，王春霞就像一团火，走到哪里，就把温暖带到哪里。

在这一点上，她的父母也很满意，知道自己的女儿虽然没有大富大贵，却拥有一颗金子一样的心。培养了这么优秀的女儿，他们很满足。

王春霞的同事还说过这样一件事：有一次，王春霞带着老公和孩子逛街，遇到有人突然昏倒，她二话不说，就挺身而出，抢救病人，然后打 120，跟着车送到医院，人家以为她是病人的亲戚，最后才知道是市立一院的护士。在抢救过程中，她忘了老公和孩子，等到病人转危为安后，她离开医院，直接就回家了，成了老公和孩子嘲笑她的笑料。

“那的确是真事，其实是我的职业习惯，一旦遇到有病人和病情，在心理上，自己的身份立刻转变，无论在不在医院，都从心理上知道，我是专业护士，必须冲在前面，执行抢救任务。当身份转变时，家庭和家人都会自动往后排。这种潜意识里的价值排序，是师父传授给我的——护士即战士，病情即命令，战斗来临，战士不必等到吹号，就要投入战斗，而我们护士看到病情，不管是不是自己的病人，都得第一时间抢救。”

从立志成为医护人员的那一刻起，王春霞就记住了伟大的南丁格尔精神——护佑生命、竭诚奉献、专业精湛、勇气非凡。

“你知道吗？南丁格尔精神也是爱护弱小事物的精神和本能，它的精髓就在于奉献，无私地奉献自己的爱心，就像蜡烛一样，燃烧自己，照亮别人。”

在我面前的王春霞，已经突破了职业限制，也脱离了低级趣味，成为一个真正的英雄，用她的精神和事例鼓舞着身边的所有人，一起奋斗，一起进步，一起创新创造，一起回馈社会。

在她的援鄂英雄事迹中，每个人都看到了一个坚强勇敢的王春霞。她圆满完成了上级交付的每一项任务，最终跟同伴们凯旋。

同事的手机里，留着一段珍贵的视频。当王春霞结束了援鄂工作，重新回到医院，她在医院门口下车，饱含深情地向医院鞠躬致谢。

“我感恩自己人生旅途中遇到的每一个人——感谢市立一院对我的培养，让我有坚实的护理知识，能够上阵打胜仗；感谢领导和同事，他们在我最疲累的时候，让我重新鼓起工作的勇气；感谢家人，感谢他们支持我勇敢逆行，毫无怨言，为我撑起了强大的后盾；感谢党和国家，协调南北，众志成城，让中国人打赢了这场没有硝烟的战争……”

她的鞠躬行为，感动了市立一院的领导和同事，也感动了住院的病人和在场的市民。她就像一股巨大的正能量，让整个泉城都温暖起来。

王春霞坦言，在那么重大的一次行动中，她平时的专业素养发挥了强大的作用，冷静、镇定、专业、坚忍……她像一台高速运转的机器，一丝不苟地执行任务。无论条件多么艰苦，她都以百倍的精神和力量，迎着困难上，绝不后退一步。

“养兵千日，用兵一时，沧海横流，方显英雄本色。最重要的是，我没给市立一院丢脸，没给医护人员丢脸，没给山东人丢脸！”

援鄂归来，王春霞立刻投入了正常工作。

“经过了那件事，我更珍惜时间、珍惜生命。对待病人更温暖、更科学、更尽职尽责，因为我知道，护士不仅仅是一项工作、一个职业，而是肩负着伟大使命。在市立一院，我们是职工，是护士，但祖国需要我们的时候，我们就是一块砖，无数青砖建成了国家安全的万里长城。为了这个伟大的使命，我们要做得更好，变得更强，磨炼意志，强化信念，时刻准备着……”

采访王春霞的过程，让我一次又一次竖起大拇指，因为她眼神清澈，毫不做作，一言一行都透露着无比的质朴和纯真。

“中华民族有很多名言，妈妈从小读给我听，我记得非常清楚，比如慎独，比如莫以善小而不为，莫以恶小而为之，比如以家为家，以乡为乡，以国为国，以天下为天下，比如博学之，审问之，慎思之，明辨之，笃行之……我们学过很多，记住很多，重要的是要一一践行，让这些古人的智慧，在今天的21世纪发挥更重要的作用。”

采访结束之前，她向我讲起了一件小事。

“虽然是小事，却让我非常感动。孩子上幼儿园的时候，过年放假，给我表演节目，是手语加演唱《感恩的心》。这不是幼儿园老师布置的作业，也不是孩子心血来潮，想要表现什么，而是孩子真正在表达自己的思想，要感谢妈妈为自己所做的一切。当时，我看着孩子表演，内心百感交集，最深的感触就是欣慰。我没有能力给孩子优渥富足的生活，却让孩子跟着我，从言传身教中学会了感恩。我很快乐，也很欣慰，我让孩子感受到这个世界的友爱，开启爱的门扉，如果每一个孩子都能理解感恩、学会感恩，拥有一颗感恩的心，那我们的世界该有多美好啊……”

她给我看手机，五岁的孩子面对镜头，认真地表演。

“感恩的心，感谢有你，伴我一生，让我有勇气做我自己。感恩的心，感谢命运，花开花落，我一样会珍惜……”

我能体会到她当时的心情，仿佛一个辛勤的农民，栽种五年，终于培养出了善良的种子，那份惊喜与欣慰，不是黄金厚禄能够相比的。

“在援鄂最艰难的时期，我有时候累倒在护理间里，但每次看到这段视频，都能让我重拾勇气，继续战斗。过去我们都说，从来没有什么岁月静好，只是有人在替我们负重前行。我无数次告诉自己，为了孩子和家庭，为了国家和民族，为了我们中华民族伟大复兴的中国梦，每一个医护人员，都敢于狭路亮剑，勇敢战斗，拼搏到最后一刻。在向那边的同行、病人介绍自己时，我总是说——我来自泉城，是趵突泉里的一滴泉水，但我、我们济南人从来都知道，位卑未敢忘忧国，愿以绵薄之力报效国家，愿以血肉之躯抵挡病魔，愿以鸿鹄之志护佑我泱泱中华，永远傲立东方。我是来自北方的齐鲁之水，今日千里而来，愿意汇入滚滚长江，与武汉人民一起战斗——”

我情不自禁地为她说的这些话鼓掌：“说得太好了，感性与理性、豪情与壮志都有了，振聋发聩，掷地有声，说得好，你给咱济南人争光了——”

“我只是说心里话，没有那么多口号，因为我父母、我老师、我师父教给我的，就是这个理念。在武汉的日日夜夜，我永远记得妈妈说的话，来就是干活的！咱们济南人，就是择善固执，从不偷奸耍滑，要干就干好，要学就学好，要做人就要做好！出了济南，更爱济南，出了山东，更爱山东，要把山东人的热情善良，带给全世界……”

王春霞是个善良而睿智的好人，谦逊好学，积极向上，勇敢担当，不负韶华。

她能孝敬父母，教育好自己的孩子，就真正实践了古人“老吾老以及人之老，幼吾幼以及人之幼”的真知灼见。她将这份爱和温暖赠予病人、邻人、他人，就是在践行“穷则独善其身，达则兼济天下”的中华传统古训。

在王春霞身上，我读到了中华民族有史以来那些金光闪闪的优秀品质，爱国、公正、敬业、诚心、友善……还有人人为我、我为人人的和谐社会宝贵理念。

我相信，在未来的人生旅途中，她将会收获更多荣誉与赞美，她的人生之路，也将光明而灿烂，永远拥有天高海阔的星辰大海。

在惊险中展示美

——记山东省先进工作者、济南市杂技团侯阿曼

方 远

我自小在剧团大院里长大，对演员是不陌生的。后来，我又从事新闻工作，很长一段时间负责文艺方面的报道，从而更加深了对文艺工作者的了解。从吕剧到京剧，从曲艺到杂技，我能随口说出许多老一代的名字。然而，侯阿曼，却是既熟悉又陌生的，她是新生代，我只是从诸多新闻报道中见过她的名字，却没有采访过她。

在杂技舞台上摸爬滚打了近 40 年，获国内外大奖无数，杂技人侯阿曼可谓功成名就。在这个世界上，每个成功者的足迹都充满了艰难与坎坷，成功的经验也不尽相同。在初冬的这个下午，我来到济南市杂技团党支部书记、主要负责人侯阿曼的办公室，进行了一次细致的采访，试图了解她成功背后的故事，从而为后来者提供一些有益的启示。

在侯阿曼的办公桌上，摆放着一只不大不小的行李箱，里面装满了各种各样的荣誉和获奖证书，这是她应我采访要求而准备的。采访过许多知名人士，他们的证书大多是张贴或悬挂在墙上的，而用行李箱盛，我还是第一次见。

现在，我翻阅着侯阿曼这些五颜六色的证书，从中挑出了一张最早的，上面的日期是 1988 年 6 月，颁奖单位为山东省文化厅、山东省教育厅、山东省广播电视厅。

“侯阿曼参加山东省第二届中等艺术学校会演，获得蓓蕾一等奖，特发此证，以资鼓励。”证书上这么写着。

侯阿曼生于1975年4月，也就是说，她在13岁的时候即获得省级大奖，委实令人惊奇。那么，这篇《在惊险中展示美》就从她的第一次获奖写起。

出场即巅峰

实际上，侯阿曼的家庭与艺术无关，尽管她的父母都爱好文艺。她的能歌善舞是与生俱来的，这便是人们常说的天赋。

1984年的一天，济南市杂技团的专家来到纬十路小学，招收小演员。无论是外在形象还是身材比例，侯阿曼都出类拔萃，也就是说，她的先天条件好，是棵值得培养的好苗子，便被选入济南市杂技团的学员班。只有9岁的侯阿曼当然喜不自胜，这是因为，她在对未来的诸多美好的憧憬中，对文艺情有独钟。从此，做一个在舞台追光灯下璀璨的杂技明星，成为她矢志不渝的追求。

老子在《道德经》里说：“千里之行，始于足下。”济南市文化局职工文化艺术学校杂技班，是侯阿曼梦想开始的地方。

人生的道路总是曲折的，比方，侯阿曼幸运地被选入杂技班，又马上遇到了不幸。由于她是20多名学员中最瘦弱的一个，没有老师愿意带她。别的同学都被老师领走了，她却被剩下了。

“侯阿曼，跟我吧。”队长侯世芳见状，毫不犹豫地说。

都姓侯，而侯阿曼跟侯世芳还真没什么关系。侯世芳出生于艺术世家，从7岁开始练功。10岁时，正好赶上济南市杂技团统一招生，她便考上了，从此成了一名优秀的杂技演员。

阴错阳差却是福分，侯阿曼成了侯世芳的学生。名师出高徒，侯阿曼的成功似乎指日可待。然而，梦想是美好诱人的，现实却是残酷无情的。仅仅一周的时间，天真的侯阿曼便发现，杂技基本功训练的艰苦程度是远远超出她想象的，既伤筋，又动骨，令她苦不堪言。

“就拿‘拿顶’来说吧，顶功就是俗话说的倒立，一般人能坚持一到两分钟就很不错了，而我们却需要通过训练，坚持一到两个小时，甚至更长的时间。”侯阿曼的思绪回到了三十多年前的艺校生活，脸上依然挂着几丝苦痛，

“每天的压腿、翻跟斗、下腰、体能等高强度训练结束，浑身就像散了架一样，饭都懒得吃。晚上回到宿舍，身子一沾床就呼呼大睡，叫都叫不醒。那个时候，我感觉每天的觉都睡不够。练早功时，两只胳膊使着劲儿，在练功的长条凳上，我竟然不知不觉地睡着了。”

有道是，万事开头难，而劳其筋骨，苦其心志，方能成器。无论你从事什么行业，想要成功，概莫能外。然而，那个时候，年仅 9 岁的侯阿曼自然不会懂，一周之后的星期天，她回到家里，就打退堂鼓了。

“日复一日，艰苦而枯燥的基本功训练，让我丝毫体会不到当演员的乐趣，那个在舞台上当耀眼明星的梦似乎越来越模糊了。”说起初入杂技的门槛，侯阿曼继续回忆道。

跟着老师侯世芳训练了一个星期，侯阿曼受不了这份苦，不想去了。父母很是着急，咨询老师。“坚持！一定要坚持！”这是侯世芳老师不容置疑的回答。

值得庆幸的是，侯阿曼是个懂事而执着的孩子，她听从了父母和老师的劝说，重新回到了训练场。

冬练三九，夏练三伏，这是老祖宗留下的训练方法，侯阿曼切实体验到了其中的苦滋味儿。她顽强地坚持，没有退缩，瘦弱的身体健壮了，技艺也在突飞猛进，成为学员中令人刮目相看的佼佼者。然而，天有不测风云，1986年，她 11 岁的时候，却遇到了意外伤病。

事故出在练习《对手技巧》节目的时候，因为训练时间短，侯阿曼与底座演员的配合还不够默契，在完成一个高空抛接动作的时候，由于难度高，下面的人没有准确地接到她。

叭！在人们的惊叫声中，被高高抛起的侯阿曼重重地摔了下来。她下意识地用左手撑地，造成了手腕骨折。疼痛钻心难忍，泪水不由自主地在眼圈里打转。

“我当时害怕极了，在去医院的路上，我一直在想，我的艺术生涯就这么结束了吗？这才刚刚看到希望啊。”现在，侯阿曼看了眼自己的左手腕，还活动了一下，苦笑着说，“我的专长就是倒立，以后再怎么倒立呢？怎么训练呢？”

面对突如其来的伤病，侯阿曼的心情低落而复杂。在接骨的时候，她忍着剧烈的疼痛，咬紧牙关，没流一滴眼泪。

“这是谁家的小姑娘，这么坚强？”医生诊治过无数小病人，像侯阿曼这样的，他还是第一次遇到，就禁不住问。

意外的伤病似乎让侯阿曼在一瞬间长大了，她自豪地对医生说：“我是杂技团的小演员，我的老师告诉我，杂技演员最坚强，可以流血流汗，但是，不能流泪。”

骨折接好了，侯阿曼回到家里养伤。自从进了艺校的门，她就很少回家住了。回到父母身边，躺在自己舒适的床上，她似乎有了因祸得福的感觉。唉，现在可以好好休息一下了，她对自己说。然而，第二天，侯世芳老师就找上门来，手里还提着一只活蹦乱跳的鸡。身体要补，训练也不能中断。左手打了石膏，就练右手倒立。

在三十多年前那个阳光明媚的下午，一个令人啧啧称奇的场景出现在侯阿曼居住的小院里。叔叔阿姨们看到，年仅 11 岁的侯阿曼左手打着石膏，右手单手倒立，脸涨得通红，汗珠顺着脸颊往下滴……

这幅感人的场景留在了叔叔阿姨们的记忆里，为侯阿曼后来的成功做了鲜明的注解。自然，侯阿曼也不会忘记，每每想起都是五味杂陈，感慨良多。

侯阿曼右手单手倒立的过硬本领就是从那时起练出来的，为以后《蹬板凳》《排椅》节目中的单手顶“汗水转”、《钻筒》节目中的“单手顶推起”打下了坚实的基础。

1987 年，侯阿曼与其他三名演员一起被选团里选中，开始练习新节目《双层晃板》。这个节目要求整体配合，把控动态平衡是技巧的难点和关键。为了保持平衡，测定标准数据，控制体重，每次吃饭，每个演员就得按定时、定类、定量就餐。那个时候，侯阿曼只有 12 岁，正是豆蔻年华。相信每个从那个年龄走过来的女孩都会知道，那正是一个贪玩而好吃零食的年龄，侯阿曼自然不会是个例外。但是，经过 5 年的艺校历练，在老师们的传帮带中，她学会了自律。毫无疑问，这是成为一名优秀杂技人的先决条件。于是，侯阿曼将许多自己喜欢吃的小零食统统锁进了抽屉。有时候，她馋得实在受不了，就把零食悄悄地放在衣兜里，忍不住的时候，就拿出来看两眼，算是给自己一个心理安慰。想想真有趣，这分明是一个现代版的“望梅止渴”的故事。

“在我参加工作的第二年，杂技团的《蹬板凳》节目就获得了法国‘明日’和英国世界杂技比赛金奖，为国家争得了荣誉。”谈起自己不懈努力的动因时，侯阿曼深有感触地说，“它像一颗种子一样，种在了我的心里，成为我向杂技艺术高峰攀登的初心和为之奋斗的目标。”

宝剑锋从磨砺出，梅花香自苦寒来。经过多年的磨炼，侯阿曼逐步走出了枯燥无味的适应期，变得更加成熟和自信了。与此同时，她也进入了一个令人羡慕的收获期。

1988年6月，在山东省第二届中等艺术学校会演中，侯阿曼参加演出的《双手技巧》获得蓓蕾一等奖。

1988年9月，在济南市第四届中青年演员会演大奖赛中，侯阿曼参加演出的《转台叠椅倒立》荣获一等奖。

1988年11月，在全国“新苗杯”杂技比赛中，侯阿曼参加演出的《小晃板》荣获一等奖。

1989年1月，在摩洛哥蒙特卡洛国际杂技节中，侯阿曼参加演出的《双层晃板》获银小丑奖第一名。

在不到一年的时间里，初出茅庐的侯阿曼从省市走向全国，又从全国走向了世界。

众所周知，蒙特卡洛国际杂技节于1974年由摩纳哥大公雷尼埃三世创办，是当今规模最大、水平最高的国际杂技艺术节之一，有“杂技界的奥林匹克运动会”之称。《双层晃板》代表中国参加，是侯阿曼第一次出国参加比赛。在团领导和老师的带领下，她和其他小伙伴们团结一致，克服困难，沉着应战。那年，只设一名金小丑奖，《双层晃板》以极其微弱的分差获得银小丑奖，并名列第一名。组委会高度评价这个美轮美奂的节目，却因压缩了金奖名额，只设了一个金奖，让《双层晃板》遗憾地错过了金小丑奖。为此，组委会经过讨论，特别增设了一项组委会奖，与银小丑奖一起颁发给了《双层晃板》。

“我很高兴，为祖国赢得了荣誉。”侯阿曼的思绪仿佛回到了那个颁奖现场，兴奋地说，“我记得最清楚的一幕就是，在颁奖晚宴上，摩纳哥公主斯蒂芬妮主动邀请我们合影留念。我们手捧着两座奖杯，看到不同肤色的外国人向我们投来敬佩的目光，听到他们竖着大拇指高喊，‘中国，太棒了！’那一刻，我深深地体会到，成绩的取得，不仅仅代表我们节目组，而是代表着我们伟大的中国。我由衷地感到，作为一名中国人，能为祖国争光的骄傲和自豪。”

从摩纳哥满载荣誉而归，侯阿曼时常会回忆获奖后的场景。也就是从那时候开始，她的思想发生了根本的变化，她觉得，祖国哺育了她，培养了她，一定要为祖国赢得更多更高的荣誉。在此理念的感召下，侯阿曼从此开启了国内与国外的获奖模式，在荣誉与鲜花中，在各种称号的光环下，如何保持一名杂技人的初心，是摆在她面前的最重要课题。

出场即巅峰，明日犹可待。令人欣慰的是，侯阿曼一路走来，书写着一份份优秀的答卷。

拼搏葆青春

杂技是一门古老的表演艺术，在中国已经有两千多年的历史，而现代杂技特指演员靠自己身体技巧完成一系列高难度动作的表演性节目。或许，普通的观众们不会知道，“杂技”一词，是1950年中国杂技团成立时，由周恩来总理命名的。

“与很多观众更加关注杂技演员在舞台上的高光时刻不同，我对这一职业的认识更加全面和真切。杂技演员艺术周期快，艺术生命短，需要扎实的童子功和不断挑战自我身体极限的韧劲和毅力。”如今，几十年过去，作为一名成就卓著的杂技人，侯阿曼说出了自己的从业经验。

侯阿曼所言极是，她知道，对于杂技演员来说，七到十岁是最佳接触期，十到十五岁是最佳定位期，十六到二十五岁是最佳成熟期。按社会正常规律，许多人二十多岁才开始走出学校，选择工作，但是，一个杂技演员如果到这个年龄才谋划自己的事业，就会错过事业发展的黄金期。毋庸置疑，侯阿曼的艺术青春永葆，就在于每一个重要的转折期，她都能准确地寻找到自己舞台艺术生命延长的技能和定位。人们常说，机会总会留给有准备的人。对侯阿曼而言，《对手技巧》《转台叠椅》《晃板》《柔术》《排椅》《蹬板凳》《钻筒》《转碟》《空竹》《车技》《魔术》《狮子舞》等十多个精彩节目，是她不同时期的拿手戏，她的艺术生命也因此在尽可能地延长。

在这个温情四溢的世界上，每个人都是社会的一员，也是家庭的一员。然而，人的精力是有限的，舍与得是每个成功者的必选课题。几十年来，杂技人侯阿曼得到了许多，那么，舍下的又有多少？

“记得我生完孩子不到半年，当时团里的演出任务非常多，人员搭配不开，我狠狠心，很快就给孩子断了奶。看到孩子哭得几乎上不来气，我心如

刀割，但是，为了能够尽快上台演出，也只能这样做。”说起对女儿的愧疚，侯阿曼禁不住泪湿眼眶，“家人也给了我很大的支持和帮助，遇到演出任务，父母和姐姐就会跟我说，你放心去吧，演出的任务重要，孩子我们来照顾。”

实际上，为了延长自己的艺术生命，侯阿曼晚婚晚育，34 岁才生下了自己的女儿。那年，她到国外演出，远隔重洋，又加上时差因素，和家里联系十分不便。三个多月后，她回国了，迫不及待地回到家里，开了家门。侯阿曼惊异地看到，女儿清澈的眼睛里带着一丝恐惧与陌生。

“女儿怯生生地打量了我很久，慢慢地，她好像闻到了我身上的味道，那个味道就是妈妈的味道，一下子扑到了我的怀里，紧紧地抱住了我，久久地不肯离去，生怕我再离开她。”侯阿曼说到这里，哽咽了。

为了杂技，侯阿曼放弃了一个儿童的欢乐；为了杂技，她选择了晚婚晚育；为了杂技，她不到半年就提前给孩子断奶……这一连串的“为了杂技”，是杂技人侯阿曼走向成功的阶梯，着实难能可贵，令人敬佩，而其中的酸甜苦辣，只有她自己才能体会得到。

孜孜不倦，卧薪尝胆，在业务上，侯阿曼终于成为栋梁之材，实现了儿时的梦想。这个时候，她对自己又有了更高的要求，那就是，向技艺精湛的党员艺术家学习，向党组织靠拢，争取早日加入中国共产党。

“经过几年的磨炼，我逐步走出了枯燥无味的适应期，逐渐变得更加成熟和自信了。训练出了几个强项节目，先后开始登台演出，并在省、市和全国获得了很多的奖项，取得了很好的成绩。在这个过程中，我逐渐地发现，那些让我崇拜的最优秀的前辈演员，那些给我的艺术生涯鼓励和引导的老师、领导们，他们都有一个共同的身份——共产党员。在他们的指导下，我不仅慢慢地喜欢上了杂技艺术表演这一行，并且也坚定了自己的信念：我一定不辜负父母和各级领导、老师对我的期望，努力做一名勇于担当、心系祖国、服务人民的优秀演员。在这个信念的支撑下，我开始更加刻苦地训练。”侯阿曼说。

1995 年和 1998 年，侯阿曼两度被评为济南市优秀共青团员。1998 年，她向单位党组织提交了入党申请书。1999 年，经过党组织培养考察，她成为一名预备党员。

“我从一个普通的小女孩成长到今天，离不开党的培养。我学艺没有交过学费，参加国内、国际的演出也都是党组织给我提供的机会，这是党对我能力的肯定，对我梦想的关怀。感谢党把我培养成对国家有用的人才。”这是侯阿曼入党后的肺腑之言。

1999 年，对侯阿曼来说是一个不同寻常的年份，她入了党，又接到了出国演出的光荣任务。这年秋天，济南市杂技团的《车技》节目组一行 21 人，肩负着祖国的重任和亲人的嘱托，告别家人，飞越太平洋，来到遥远的美国，与世界著名的玲玲马戏团合作商演。

玲玲马戏团建于 1886 年，是世界三大马戏团之一。该团的宗旨是，观众至上，从世界各地挑选和邀请最优秀的演员和节目。

中国济南市杂技团来了，世界五大洲十八个国家的演职员来了，侯阿曼和她的同事们与他国演员们一起将一台气势宏大、融多国艺术精华的“千禧年”版精彩演出奉献给观众。在人们期待的目光中，济南市杂技团的《车技》登台亮相。华丽的服装、高难的技巧、优美的造型、干净的动作、惊人的速度……观众聚精会神，目不暇接。在节目结束的一刹那，观众被浓郁的东方艺术风韵所折服，掌声与欢呼声此起彼伏，经久不息。

这是一次长达一年的出国演出任务，有几万里的行程，跟随玲玲马戏团，侯阿曼与她的同事们先后在美国 40 多个城市演出了 423 场。

纽约百老汇剧院，素有“戏剧之都”美称，为世界戏剧艺术永恒魅力的象征和代表。受玲玲马戏团的邀请，济南市杂技团的演职员在此一展中国杂技的独特魅力。演出盛况空前，观众争相观看他们的精彩演出。济南市杂技团的《车技》节目在异国他乡大放异彩，浓浓的中国风受到广大观众的喜爱，并得到各国演员的一致称赞。大量的报刊登载了演出剧照和文章，印有城市简介以及包括中国演员在内的各国演员演出剧照的数十万册精美画册，也一时洛阳纸贵，被千家万户所珍藏。

“这一年，我们虽然远离祖国，但是，我们的心与伟大祖国的脉搏一起跳动。在车厢内，鲜艳的五星红旗伴随我 365 天。我和我的同事们克服了各种不利因素，圆满完成了祖国交给的任务。我也经受了党组织的考验，顺利转正，成为一名光荣的中国共产党党员。”现在，侯阿曼的思绪从遥远的大洋彼岸收回来，而那份自豪感却再次油然而生，“祖国在我心中，这句话成了我刻苦训练的强大动力。从那以后，我更加严格要求自己，特别是在多次出国执行外事演出任务中，我对‘祖国在我心中’这句话有了更深的理解和感悟。”

2006 年 10 月，侯阿曼又接到了出国演出的任务。临行当晚，父亲在为她收拾行李的时候，胃病犯了，在卫生间里大口地吐血，血渍溅了一地。侯阿曼和家人都吓坏了，连忙把父亲送到了医院。

父爱如山，为侯阿曼操劳一生的父亲病重住院了，侯阿曼何尝不想留下来照顾？可是，第二天的出国演出怎么办？当时，她是整个演出剧目的主要演员，还有很多节目要和大家相互配合。她知道，如果她不去的话，整个的演出剧目，还有很多的节目质量都会受到影响。到底是去还是不去？侯阿曼在心里一遍遍地问着自己，泪水也情不自禁地流了下来。

“我是一名共产党员，祖国的任务高于一切。”终于，侯阿曼擦干眼泪，做出了自己的决定。

第二天，侯阿曼把父亲托付给姐姐，含泪走向了机场。待她圆满完成演出任务回来的时候，家人才告诉她，父亲得的是胃癌，做了手术。

“幸运的是，父亲的手术非常成功，这样多少减少了一些我对家人的愧疚。因为工作的关系，我经常在世界各国巡回演出，很难陪伴在家人身边，这是我对他们最大的亏欠。有人问我这样做值得吗，作为一名共产党员，作为一名杂技艺术工作者，能够通过自己的付出让中国杂技艺术、让中华文化走出中国，走向世界，我觉得这一切都值了。”沉思片刻，侯阿曼继续说道。

从踏进杂技门槛的那一天起，侯阿曼便尽心竭力，无怨无悔，尽显一个新时代杂技人的拼搏精神与高尚品质。那么，是什么赋予她这么大的动力？她的回答掷地有声：“是祖国，是伟大的党。”

几十年来，侯阿曼无数次出国演出，在这个过程中，通过一场场美轮美奂的演出，她和她的同事们展现出中国文艺工作者高超的业务素质和良好的精神面貌，让外国友人从一个侧面了解了中国改革开放以来取得的伟大成就，看到了一个富强、民主、文明、和谐、美丽的中国。

侯阿曼依然记得，他们所到之处无不受到当地民众的热烈欢迎，演出的时候，人头攒动，场场爆满。每场结束后，许多观众都久久不愿离去，争先恐后地与他们合影留念，请他们签名。这个时候，侯阿曼感受到了作为一名中国杂技人的骄傲。手握签字笔，她总是面带微笑，非常自豪地写下“CHINA中国”。

侯阿曼依然记得，在远赴西班牙的演出任务中，一位西班牙观众看完演出后，激动得难以入眠，当晚用电子邮件发来贺电，对他们的成功演出表示祝贺。“现在，我真希望自己是一个中国人！”他最后这样写道。

或许，在侯阿曼初入杂技行的时候，她不会想到，一个优秀的杂技人会在赛场上争金夺银，为祖国争得荣誉，就像奥运选手一样。因此，她为自己当年的选择感到庆幸，她觉得，无论怎样付出都是值得的。

转岗再辉煌

无论如何，对一名杂技演员来说，吃的是青春饭，这是自然规律，谁也无法改变。2001年，侯阿曼被团里任命为演员队副队长，从此走上了管理岗位。

新的岗位，新的挑战，也是新的机遇，无须整理行装，侯阿曼便开始了人生的再出发。

“成绩已经成为过去，未来仍需要前进和开辟。现在，我成为一名管理者，因为年龄、身体等原因，很少有机会再登上舞台。”心怀告别舞台的无奈与遗憾，侯阿曼仍然对未来充满信心，“习近平总书记在文艺工作座谈会上指出，推动文艺繁荣发展，最根本的是要创作生产出无愧于我们这个伟大民族、伟大时代的优秀作品。作为一名杂技艺术工作者，落实习总书记的重要讲话精神，就是要传承好我们中国杂技艺术的特色，创造出更多观众喜闻乐见的节目。”

作为团业务工作管理者和骨干，侯阿曼心知肚明的是，只有不断强化自身理论水平和综合能力，才能胜任新的工作岗位。于是，她自我加压，利用业余时间完成了大专学业，全面提升了自己的文化水平。2019 年，她参加了中央文化和旅游管理干部学院举办的全国文艺院团长培训班，受益匪浅。学无止境，多年来，她还积极参加了中国杂技家协会各项专业培训，通过学习提升了自己的管理水平，从而为做好业务管理工作打下了良好的基础。

杂技艺术创作可以放飞想象的翅膀，但必须脚踩坚实的大地。侯阿曼始终认为，任何文艺形式都必须扎根人民，扎根生活。于是，她不辞辛苦，带领团队下乡、进部队、进厂矿、进学校，进行公益演出。这些年来，每个节假日，她与她的团队都奔波在演出的路上，为人民群众送上喜爱的杂技艺术作品。杂技艺术进校园一直是济南市杂技团的光荣传统，艺术家们的演出得到了孩子们的热烈欢迎。

“我们的演出丰富了学生们多彩的校园生活，强化了他们对传统文化的了解，让孩子们近距离感受到杂技艺术的魅力以及其中所蕴含的勇于挑战、敢于拼搏的精神力量。”说起初衷，侯阿曼说。

为了让杂技艺术更好地传承，像前几辈领导一样，侯阿曼更加侧重于业务规划管理及人才培养等方面的工作。除了亲自监督杂技学员和青年演员训练外，她始终坚持在一线带领团队南征北战，并多次带队参加国际国内的专业比赛，取得了优异的成绩。

“虽然这些过程并非一帆风顺，甚至会困难重重，历经坎坷，但我知道，有各级领导和党组织的信任和支持，我就一定能够做好这个主心骨，带领我的团队克服一切困难，创造济南杂技新的辉煌。更令人欣慰的是，经过几代人的努力，我们杂技团已经有一大批优秀青年艺术人才和创新节目不断涌现。”侯阿曼信心百倍地说。

长江后浪推前浪，一代更比一代强。有了人才的保证与支撑，侯阿曼参与指导编排的《勇者无惧——蹬人》五人翻腾和《炫彩车技》跑背动作独具风采，多次荣获国际金奖。与此同时，侯阿曼和她的团队积极探索传统杂技艺术的创新表达，每年举办惠民演出 100 余场，并先后代表济南市、山东省乃至国家文旅部出访过美国、日本、巴西、澳大利亚等 50 多个国家，向世界展示了中国艺术、中国文化、中国精神、中国力量。

多年来，济南市杂技团编创了《泉城写意》《粉墨》《宝莲灯》《泉城记忆》等大型杂技剧，《空中彩绸》《转台高椅》《台圈》等节目在巴西、俄罗斯、西班牙多国获得金奖。特别是2017年至2018年，在短短的半年内，《蹬人》《转台高椅》《炫彩车技》获得包括中国杂技最高奖金菊奖、法国明日世界杂技比赛最高荣誉、法兰西共和国总统奖在内的6项国内外大奖，不仅为泉城济南增了光，添了彩，同时也刷新了中国杂技艺术获奖的新纪录。

2011年，为庆祝中国共产党成立九十周年，济南市杂技团创作了多媒体杂技剧《红色记忆》。该剧以红色为基调，追忆为主线，全方位从红色艺术作品之中汲取灵感，以独特的文化视角，演绎红色经典故事，把戏剧、歌舞剧与杂技技巧融为一体，以全新的艺术样式，上演了一场红色经典的艺术之旅，得到了省、市领导及专家们的支持和肯定，也得到了社会各界和广大观众的欢迎和喜爱。

“看完这台杂技晚会，我感触很深。现在的幸福生活真的来之不易，年轻人要学习革命先辈们不怕困难、勇往直前的革命精神，忆苦思甜，脚踏实地地工作和生活。”一位观众在给杂技团的来信中写道。

2019年，侯阿曼和同事们团结一心，携《炫彩车技》节目参加第十七届中国吴桥国际杂技艺术节比赛。这是一个近30个人的集体节目，需要大家合理地配合，精确无误地精心完成每一个动作。节目对场地的要求很高，比赛前要在有限的时间内尽快适应场地。在国际赛场，每个团队都是为了自己的祖国而战斗，许多困难和不利的因素都需要去克服。有时候，青年演员们需要半夜两三点钟就起床去适应场地，甚至有的人受了伤，吃上药、打着绷带也要上场坚持。他们知道，这是为祖国荣誉而战。最终，《炫彩车技》凭借独特的技术和精湛的表演得到了专家评委的一致认可，以总分第一名的成绩赢得了金奖。

2023年12月，济南市杂技团再创佳绩，入选全国杂技展演的大型幻景杂技影画《泉城记忆》和四个杂技、魔术类节目《山之魂·高椅》《悟·空——空中吊杆》《炫彩车技》《蓝色梦境》，进入山东省2023年优秀文艺作品奖励名单，数量最多，居全省首位，占奖励总数的六分之一。

侯阿曼知道，这些成绩的取得，源自杂技人数十年如一日的艰苦训练，源自对于杂技艺术的热爱追求和初心使命。

“济南市杂技团取得的优异成绩，是几代团领导的无私付出和全团演职员共同努力的结果。对我个人来说，我更是得到了几代团领导的用心培养，是他们成就了我，他们的高尚品格一直是我学习的榜样和努力的方向，我对他们始终抱有感恩之心。”最后，侯阿曼心悦诚服地说。

常言道，有付出便会有回报，辛勤的汗水自然不会白流。几十年来，在党的培养下，侯阿曼的努力工作得到了各级党组织和广大群众的认可，除了国内外近二十项省级以上专业奖励，在荣誉上，她又屡屡赢得上级党委、政府及有关机构的表彰和奖励。

1997 年，侯阿曼被授予“济南市建功立业劳动奖章获得者”称号。

2005 年，侯阿曼被授予“济南优秀青年知识分子”称号。

2007 年，侯阿曼被授予“济南市杰出青年岗位操作能手”称号。

2008 年，侯阿曼被共青团济南市委授予“新长征突击手”荣誉称号。

2008 年，侯阿曼被中国杂技家协会评为“德艺双馨”会员。

2012 年，侯阿曼被授予“济南市优秀共青团干部”。

2013 年，侯阿曼被授予“山东省优秀共青团干部”。

2017 年，侯阿曼当选为山东省杂技家协会副主席。

2018 年，侯阿曼当选为济南市杂技家协会主席。

2020 年，侯阿曼当选中国杂技家协会理事。

2022 年，侯阿曼当选为山东省第十二次党代会代表。

2023 年，侯阿曼被授予“山东省先进工作者”称号。

侯阿曼目光坚定地说：“对我个人来说，从踏进杂技团第一天，到代表国家和人民进行文化交流和演出；从第一次受伤，到第一次从国际赛场上捧回奖杯；从一名演员到成为剧团的管理者，我始终无悔我的人生选择，无悔成为中国杂技人中的一员。”

坚忍不拔，矢志不移，几十年如一日，成为杂技人的侯阿曼前进的脚步不曾停歇。

百尺竿头，更进一步，侯阿曼依然不忘初心，砥砺前行。

奋斗者永远在路上，侯阿曼的明天更让人期待。那么，就让我们真诚地祝福她！

"粪"青出圈记

——记山东省先进工作者、济南市城市管理局陈国瑞

钟　倩

"人这一辈子，能干好一件事，就不亏心。我想，这就是坚守的意义。"

2022年1月，"全国红色故事讲解员"大赛半决赛中，有一张年轻的"国字脸"刷屏了身边人的朋友圈。他就是济南市城管局城肥一处清疏二班班长陈国瑞。他深情讲述了"守岛人"王继才夫妇的故事，打动了评委和观众。

在山东济南，说起陈国瑞的名字，很多人并不陌生；在城肥系统，陈国瑞更是人尽皆知的"最美职工"。陈国瑞，1987年4月出生，小平头，国字脸，粗眉毛，一身蓝色而整洁的制服，腰板挺拔如松，自带军人的硬汉气质。他性格内向，话语不多，声音却悦耳如钟。那双年轻的手，骨节粗大，手背青筋暴露，拥有与年龄不相称的肤色和阅历，见证他十多年来的心路历程和

爬坡过坎。

陈国瑞的身上贴有多个标签：大学生、特种兵、掏粪工……看上去并不兼容，却拥有相同的宗旨：为人民服务。大学毕业后，他进入城肥系统工作，整天与大粪打交道，却干出了名堂，做出了不平凡的业绩。他先后荣获“中国好人”“全国向上向善好青年”“山东省五一劳动奖章”“齐鲁最美职工”“山东省环卫行业岗位技术能手”“济南市第六届道德模范”“济南市优秀退役军人”“济南市先进工作者”等荣誉。

当兵记

“大家好，我叫陈国瑞，来自济南市城管局城肥清运管理一处。我是一名退役军人，如今，我在城肥清疏一线工作十年了。”简单的开场白，深沉的嗓音，叫人很容易记住这位年轻的劳动者，也记住了他的军人气质。童年是生命的黄金，童年接受的教育关乎人生走向。陈国瑞的爷爷和父亲都是党员，在他小时候，经常给他讲述革命英雄的红色故事，不知不觉中，在幼小的心灵里播撒下红色的种子，幻化为影响一生的精神底色。至今，他记得上三年级时，站在国旗下为全校师生做《党在我心中，祖国在前进》的演讲，从那个时候起，他就对英雄怀有崇高的敬仰之情。

2008 年，陈国瑞从济南大学毕业。如果不是那一场举国悲恸的汶川地震，他将选择留学深造。铺天盖地的新闻，每天刷新的伤亡人数，令人悲痛万分。这时候，人民子弟兵挺进灾区开展救援，激发了他保家卫国的热情，他思虑再三，对父亲说：“爸，我想去当兵，将来报效祖国。”父亲回了一个“好”字，由此，改写了他的人生航道。当过兵的人经常开玩笑说，除了不会生孩子，啥都会干。言外之意，军营对一个人的意志锻造不言而喻。象牙塔里的天之骄子，在部队里完成了蜕变。烈日下的站军姿，雨夜里的急拉练，以及高强度的体能训练，换来了黝黑的皮肤、坚强的心灵、吃苦的精神，不啻“在血水里泡三遍，盐水里煮三遍，碱水里浸三遍”。

陈国瑞是个好学之人，班长的教诲犹在耳畔。他的班长来自英雄杨根思连，曾给他讲过杨根思在长津湖畔小高岭战斗中，抱起炸药包与敌人同归于尽的故事，牺牲时年仅 28 岁，令他唏嘘不已。杨根思连长有“三个不相信”精神，即不相信有完不成的任务、不相信有克服不了的困难、不相信有战胜不了的敌人，他鼓励陈国瑞“永不放弃、永不服输、永争第一”。榜样是前行的路标，受他的感染和影响，陈国瑞严于律己，刻苦训练，新兵下连的时候，他取得新兵营综合成绩第一名的好成绩，被授予“优秀新兵”的荣誉称号。第二年，他就向党组织正式递交了入党申请书，经过层层考核，光荣地成为一名共产党员。

2012 年，陈国瑞从部队退伍，顺利通过退伍安置考试。脱下“橄榄绿”的军装，等待他的却是另一重严峻考验。“倘若事与愿违，一定是老天另有安排”，陈国瑞回忆起当初的选择，说得云淡风轻，听起来却心绪难宁。到了选岗的时候，他把“第一志愿”给了离家近的济南动物园，结果已经招满了人，他随便一勾选，一头雾水进了城肥系统。

报到那天回到家，他上网查询单位的具体工作，看完简直悔断了肠子：济南市城管局城肥清运管理一处，主要承担市里 2 万余处楼房化粪池、公共卫生间、居民家庭厕所的清疏清运工作。“难道我就这样挑一辈子大粪吗？”父母劝慰道：“现在什么年代了，都是机械化清疏，早就没有掏粪工了。”他又把这个消息告诉爷爷，爷爷是个老党员，曾当过兵，2021 年被授予“光荣在党 50 年”纪念章，他语重心长地说道：“国瑞，你要记住，你是共产党员，你就是社会主义建设的一块砖，把你垒到高楼大厦上，你不要骄傲自满，把你放到厕所茅坑里，也不能嫌脏嫌臭。”陈国瑞点点头，好像明白了，又似乎没全懂，他把这段话记录在本子上，在工作中慢慢领悟到这些话的内涵。“在部队，我们都摽着膀子争第一，不做逃兵。现在工作了，我也不想当个㞞包。”

军营里吃下的苦，流过的汗，到了工作中，都成了沉淀在生命之上的盐，晶莹，新雪般的白，泛着耀眼的光。如今，陈国瑞的故事已成为典型案例，每年退役军人都会邀请他去作分享，让他的成长经历给更多人带去精神钙质。

扁担记

事实上，当时济南老城区还有不少家庭旱厕，机械车辆进不去，只能人工清疏。

与大粪打交道这件工作比想象的还要艰巨，考验一个人的心理承受力。

2012年那个冬天，陈国瑞终生难忘。上岗第一天，他换上工作服，跟着老班长走街串巷挑粪。一根扁担、两只铁桶、一把粪勺、一个头灯，就是全部的行当。昏暗的环境、刺鼻的气味、身份的落差，杂糅交织，他的眼窝里盛满了失落感。

凌晨两点多上班，作息晨昏颠倒，每天要挑30担粪，一担近30斤，特种兵出身的陈国瑞不禁紧蹙眉头，拧成一道刀刻斧砍般的褶印。老班长见他有些难为情，说道："你别掏粪了，只负责挑粪吧。"两只挑满粪的铁桶，摇摇晃晃，100多斤重，对他是不小的考验。起初他怎么也掌握不好平衡。冬天气温低，气味还不那么刺鼻，进入盛夏，家厕空气不流通，成群的蚊虫跟着飞转，臭味伴随粪勺翻腾，他头晕反胃，几近眩晕。有的家庭厕所条件简陋，仅容站脚的地方，躬着腰转不过来，只能蹲在旁边一点一点掏粪。汗水夹杂着臭味糊在身上，每天回家洗好几遍衣服、冲好几次澡，那股子臭味依然挥之不去。年幼的儿子陈璟轩嚷嚷道："我的爸爸是个臭爸爸。"

没过多久，大学同学聚会，有个女同学随口问他在哪里上班，还未作答，舍友接过话，脱口而出："你们不知道呀，咱们的特种兵当上所长了，厕所所长，每天掏大粪。"话音落下，满桌人哄堂大笑，陈国瑞的脸红到脖子根处。他坐在角落里一言不发，粗黑的眉毛拧成一根绳，暗自想道：掏粪工怎么了？时传祥也是挑粪工，同样赢得万人尊敬。

凌晨时分，老街巷里投下一束微弱的光，摇曳，轻盈，跃动，空气里回荡着挑粪工"扑踏扑踏"的跫音，只有小区开满栅栏的蔷薇花静静地吐蕊芬芳。每天上岗前，陈国瑞习惯整理下工装，目光俯过"002008号"工牌，内心漾起复杂的心绪，但很快就被繁重的劳作所淹没。有一天，他在上新街入户挑大粪时，"吧嗒"一声，铁钩断了，粪水洒了一身，黄褐色的黏稠物溅到脸上。蓦地，积蓄已久的委屈自胸膛冲决而出，他一把抓起扁担重重地摔在地上，任由泪水撒欢儿流淌。当兵时再苦再累都没有哭过，这一次他哭得像个孩子。老班长见状，弯腰缓缓捡起扁担，安慰他说："28年前，我第一次拿起这根扁担时跟你一样大，我这不是干得好好的吗？你要像扁担一样，有担当，有韧劲！"他拍拍陈国瑞的肩膀，又说："什么工作都要有人去做，如果我们一天不工作，居民的生活会受到多大的影响？比停水停电还难受！我们的同行前辈，全国劳模时传祥也是一名掏粪工，在齐河有个时传祥纪念馆，你真该去那里感受一下。"

陈国瑞大彻大悟，肩挑扁担，是责任，更是光荣。事后，他一人跑到30公里外的时传祥纪念馆，凭吊老前辈，在塑像前泪流满面，他明白了“宁愿一人脏，换来万家净”的真谛，耳畔回响着老前辈说过的话：“我要永远听党的话，当一辈子挑粪工。”那是共产党人为民服务的滚烫初心。他顿悟到，工作无贵贱，行业无尊卑，干一行爱一行，干一天就要干好一天。

从那以后，陈国瑞勤恳干活，任劳任怨，立志要把老一辈环卫人的精神传递下去。“小伙子，你刚来，不会干我们帮你干。”“这个交给我吧，我多跑几趟没事儿！”肩挑扁担不熟，老环卫手把手地教，掌握不住技巧和要领，老班长一遍遍做示范，他眼疾手快，记在心里。业余时间，他挑着水桶爬山，以熟练掌握技巧。经过半年的摸爬滚打和潜心学习，他在全市环卫工技能比武中获得第一名，被山东省住房和城乡建设厅授予“岗位技术标兵”称号。

扁担有温度，老班长有情怀——这种情怀，正是劳模精神。在陈国瑞眼中，这些可爱的环卫老大爷，没有多少文化，也不会讲什么大道理，只是普普通通的劳动者，但他们甘于奉献，不讲条件，热心助人。“我的老班长是济南市劳动模范，当时我觉得不可思议。我印象中的劳模，都是了不得的人物。一个掏大粪的。也可以是劳模，很让人尊敬。他们几十年如一日地工作在掏粪一线，不怕脏活累活，劳有所得，为老百姓服务，就会让他们很开心。”陈国瑞说的时候，眼里闪着泪光。2013年，老班长意外离世，留下那根挑了28年的扁担，那根承载着青春和热血的扁担，本身就是老班长的化身。“劳模精神，是我们扎根一线、服务居民的行动指南。”此时，陈国瑞懂了，读懂了老班长的良苦用心，明白了手中扁担的分量。

陈国瑞是个有心之人。他遍访居民住户，随身携带笔记本记录需求和建议。家庭旱厕在大杂院里，每天凌晨需要有人来开门，见有些老人腿脚不便，他推出“拿钥匙服务”。交给他的是一把把钥匙，也是沉甸甸的信任。“最开始的时候，我们也有点顾虑，但时间久了，觉得这个小伙子很靠谱。”居民如是说道。家里下水道堵了，居民们第一时间找他；不小心把手机掉到厕所里，慌乱时拨通他的手机；孤寡、独居老人平日里遇到什么困难，习惯交给他去处理……点滴的举动，换来居民的心，时间久了，他的手机变成了咨询专线，大家把他当成自己的孩子。

“年轻的小伙子们不怕苦，不怕脏，以时传祥为榜样，劳模精神代代传。”一面面锦旗、一封封感谢信、一句句感谢的话，这些，在陈国瑞心里面，比获得什么大奖都要有分量，更为珍视。他经常想起时传祥纪念馆里的一幅油画，时传祥每到一个胡同里掏粪，身后就会跟着一群孩子，不住地喊“时爷爷喝水”“时爷爷喝水”，喝的是水，暖的是心啊。那股子热乎劲儿，是群众的尊重和爱戴。陈国瑞也亲身感受到了，且一直在用心用情感受着。

伴随着老一辈城肥工作的退休，陈国瑞成了单位最年轻的清疏班班长。接过老班长的接力棒，他首先想到的是如何把工作做好，便请教老班长。老班长向他传授秘籍：“把别人的厕所当成自己家的厕所打扫，就能干好这份工作。”

时代向前发展，城肥清疏渐渐地被机械作业取代，那根被岁月打磨得发光发亮的扁担，正式退休，矗立在纪念馆里，成为历史的荣光与见证。不经意间，扁担化作一枚金色徽章，被城肥人用心时刻擦拭。扁担精神渗透在工作的角角落落，“小扁担艺术团”、“小扁担青年突击队”、道德讲堂宣讲团、“五心”扁担文化长廊等。在陈国瑞的带领下，年轻同事们把精准服务做到老百姓心坎上，将“宁愿一人脏，换来万家净”锻造成红色的信仰。

家厕清疏没了，楼道化粪池清疏却依然担子不轻。陈国瑞和同事们驾驶新能源抽粪车为居民服务，哪里有需要，就把服务送到哪里。

济南市城肥清运管理一处联合高校研发出一套“化粪池溢出监测与报警系统”，一旦化粪池液位升高到警戒位置，就可通过GPS准确定位报警地点。与此同时，他们还上线了数字化管控平台，通过车载定位和监控画面，实时掌握各个工作组的开展情况。如今，市区越来越多的化粪池内安装了液位检测设备，相当于在化粪池中安上了一双“电子眼”，液位如上升发生预警，通过数字化管控平台传递回来的信息，他们第一时间调度安排最近的清疏车辆前往清疏，把对居民正常生活的影响降到最低。

技术升级了，服务不止步，他们奔波在路上。

演讲记

很多人都听过陈国瑞的演讲，他挑着扁担过关斩将，从本地走向全国，一次次站在全国最高的领奖台上，殊不知这光鲜的背后也有一段曲折心路：从“倒数第一”到“全国第一”的逆袭之路。

工作以后，陈国瑞心里始终憋着一股子劲儿，他要让这个行业被更多人知晓和接纳，让扁担精神传承下去。2015 年，陈国瑞主动报名参加了济南市职工演讲比赛，却意外拿了倒数第一名，心里揣着一万个不甘心。他觉得自己代表整个环卫系统，到底是故事不受欢迎，还是表达不够生动，怎么也捉摸不透。

当过兵的人大都争强好胜，陈国瑞也不例外。在部队那会儿，他训练得满身是伤，从不喊停，母亲曾对他说过：“如果训练场上还有一个人站着，我希望那个人是你。”他把这句话刻在心里。为了讲好城肥人的故事，他甘下笨功夫，一有时间就给自己安排任务，搜集单位相关史料，走访退休老职工，走到哪里记到哪里，梳理行业的发展脉络，归纳、总结、领悟，整个行业的“老皇历”被他翻个底朝天，吃透了精髓要义。累了倦了，他就想想老班长说过的话，反复咀嚼，入脑入心；枯燥乏味，他就想想老前辈们走过的路，风雨无阻，肩挑幸福。经过一年多的准备，他带着老班长用过的那根扁担，再一次登上演讲比赛的舞台，摘得山东省“中国梦・小康情”百姓宣讲比赛冠军。

2018 年，“中国梦・劳动美”全国职工演讲比赛，陈国瑞身着那身洗得发白的工装，站在舞台中央，双手端着扁担，娓娓讲述扁担故事，引得台下的观众沉浸其中。全国各地的观众都记住了这个身穿环卫制服的济南小伙。作为评委的某央视主播点评道：“在所有的选手中，如果让我选择一个我最喜欢的表达，那就是陈国瑞。他的演讲，好就好在不宣泄而又克制，这种克制，显得特别有力量。”最终，陈国瑞以全国第一名的成绩荣获总决赛金奖。从演讲层面上论，克制是一种留白艺术；从生活方面看，克制则是一种隐忍精神，源自经年累月的精神磨砺。2019 年冬天，我与国瑞一起去长清大学城给大学生们作报告，他在台上分享过，业余时间自己坚持录音，练习演讲。

如今，济南进入智慧清疏时代，新一代城肥人早已放下了扁担，那根带着体温的扁担被陈列在单位的纪念馆里，它沉默不语，却缓缓讲述着城肥前辈的故事，成为无私奉献、艰苦奋斗、为民担当、坚忍不拔的城肥人精神的象征。

为民清疏是工作，上台演讲也是工作。由于出色的表现，陈国瑞被共青团山东省委聘为“青年讲师团”成员，任山东省总工会“山东省劳模工匠宣讲团”成员、山东省住建厅“我为党旗添光彩——最美建设者”宣讲团成员等。近年来，他进校园、进单位、进社区做主题宣讲，脚步遍布全国各地，宣讲百余场，受众一亿多人。

“做宣讲和做城肥工作一样，都是一个奉献的过程。我想通过讲好城肥人的故事，让我们这个行业更光鲜。”陈国瑞经常这样说道。他担任济南市青年宣讲团团长，在大家眼中，他待人真诚、为人低调，就连自己获奖的信息也从不在朋友圈里转发。青年宣讲团副团长吕奕，经常与他搭档做宣讲、搞活动，她告诉我：“如果用两个字概括国瑞，那就是‘真诚’。对人真诚，对工作真诚。他总能带给我们力量，他身上就是妥妥的劳动美的形象。如果觉得累，和他比比，谁也不敢说累了。”她还说道：“国瑞不仅低头挑粪，还发挥有文化的优势，申请很多专利，推动清疏技术的进步，为扁担精神注入了时代内涵。”

陈国瑞是怎样顶着层层压力登台演讲的呢？他的爱人李妍告诉我，比赛前他会跑步加强运动锻炼，日常注意搜集素材，他们所在的北村街道“印象·工人新村文化展览馆”里，挂有中共一大代表王尽美的图片史料，陈国瑞一有空就跑去学习。的确，他做事有钻劲儿、有韧性，为了研究制造代替手挖肩扛的机械设备，他没少费工夫。他不会就学，不懂就问，不明白就跑到厂家咨询。很多人不知道，大学里他学的是管理专业，与机械根本不沾边。他坚持自学机械理论知识，研究制造代替“手挖肩扛”的机械设备。他泡在图书馆里查阅资料，改图纸、跑泵厂、做实验、请教专家，根据家庭旱厕的特殊环境，设备需要面临动力、噪音、大小、重量、运输等难题，他反复研磨，不断改进。功夫不负有心人，他申请的实用型专利证书获批，机械设备也终于落地，他给它起名“扁担一号”。

将时间定格在 2019 年 4 月 30 日：一个令陈国瑞刻骨铭心的日子。纪念五四运动100周年大会在北京人民大会堂举行，他作为全国向上向善好青年受邀参会，被安排坐在第一排。现场聆听总书记的讲话，他的心情久久不能平静，脑海里浮现出单位老前辈说过的话。当时正值“五一”小长假，他做出一个惊人的举动：沿着当年王尽美的红色足迹，骑自行车回济南，起点是北京大学李大钊塑像前，终点是济南革命烈士陵园王尽美和邓恩铭烈士墓碑前，全程480公里。骑行途中，有苦有乐，当骑车到河北和山东地界时，正值晌午，附近40公里范围内没有商店，他口干舌燥，鼻子流血，有些体力不支。此时，三位骑电动车的年轻人从他身边路过，塞给他一瓶矿泉水。他被青年人的善举所感动，没舍得喝这瓶水，带回来后收藏起来。历时三天时间回到济南，他把大家赞助的万元车费全部捐给了一名孤儿。他说，以这种方式磨砺意志，从而更好地投身热爱的城肥事业中，开启新的攀登之路。

“心中有梦，只要出发，就会到达”。用脚步丈量梦想，用行动践行使命，陈国瑞做到了。

2022年，中央广播电视总台联合退役军人事务部、文化和旅游部、中央军委政治工作部等主办的“致敬国家丰碑——全国红色故事讲解员大赛”，作为全国唯一一名工人代表，陈国瑞先后讲述了时传祥、王尽美、王继才、黄宝妹等先辈催人泪下的故事。这一次，他获得了志愿组银奖的好成绩。比赛结束后，他亲自去王继才夫妇驻扎的开山岛，见到了王继才的妻子王仕花，并参观了开山岛，面对面聆听她讲述守岛的故事，深受感动。他明白了，其实每个人心中都有一座岛，守住了岛就守住了家，守住了岛就贡献了力量。

“讲故事改变了我，改变了我的人生观、价值观。”同年9月23日，“齐鲁最美职工”发布会现场，陈国瑞一字一句地说道，像是为自己的演讲做了生动的注脚。

抗疫记

每次出门培训或做宣讲，陈国瑞都会把儿子叫过来交代几句。“你是个男子汉，在家里要照顾好妈妈，听妈妈的话，还要记得给花浇水。”“咱俩种的大蒜，你要坚持每天写日记，回来我会检查。”小璟轩懂事地点点头，他最敬佩的是爸爸，最害怕的也是爸爸。庚子年春节，新冠疫情来势汹汹。

大年初一下午，妻子李妍就回归岗位，陈国瑞在家看了几天儿子，很快就坐不住了，他主动请战到单位“双报到”社区济南市槐荫区欣苑社区助力疫情防控。

那段时间，社区成了陈国瑞的第二个“家”，张贴通知书、喷洒消毒剂、检测体温登记、晚上入户摸排、做表统计汇总、录制宣传广播……从早上七八点到晚上六七点，一天下来十多个小时连轴转，站疼了脚后跟，说哑了嗓子，双腿就像灌满了铅拖拉不动，晚上回到家连话都说不出。他用真心换真心，小区共有 1631 户居民，他挨个敲门，从最初的不理解到一条心，他被居民拉进业主微信群，成为社区的一员。

陈国瑞是个爱钻研的人，一有时间他就琢磨如何把工作做得更到位。值守党员防控物资匮乏，他自制简易隔离面罩，派上了大用场。疫情防控典型案例及防护知识，他连夜汇总和整理，发到微信群里供居民参考和掌握。千头万绪的事，就是千家万户的事，服务基层，就是服务无数个家庭。业主孩子生病，他比对自己儿子还用心，通过网络问诊，辗转买到药品，挂在住户家的门把手上。特殊时期，有位从北京回来的孕妇令他记忆深刻。孕妇与老公在北京过完年后回到济南，按照规定需要隔离 14 天，隔离结束后，他们打算回济阳老家待产。陈国瑞二话不说，趁中午休息时间，顾不上吃口盒饭，开着自己的私家车送他们回济阳，把他们被感染的风险降到最低。返程时，他从后备厢里拎出两袋子新鲜水果塞给他们，说“等你们好消息！”小夫妇还没来得及说声谢谢，他就已经驶出老远。“我们没有看到他摘下口罩的模样，也没有跟他握手表示感谢，但永远不会忘记他。”半个月后，陈国瑞接到一个电话，脸上堆满笑容：“他们生了个大胖闺女，这就是最好的消息。”

“老百姓需要什么，咱就做什么。”陈国瑞说道，无论疫时还是平时，这是他的常态和心态。很多人并不知道，陈国瑞的爱人李妍是位 80 后社区书记，也奋战在基层防控一线。2 月 14 日，情人节那天，陈国瑞突然出现，送来特别的礼物——一包口罩、一包手套和一瓶消毒水。“我来看看你，老婆辛苦了，一定做好防护！”他说道。无须过多的言语，两人之间的默契早已凝注成爱的习惯。陈国瑞早出晚归，把家当成旅馆，用缺席小家守护大家，李妍没有半句怨言。社区岗位共有六人，他们的儿子成为“第七人”，因为他经常跟着妈妈加班，都是同事帮忙接送上下学。说到陈国瑞的敬业奉献，李妍笑着说：“我们是互相鼓励，互相支持，互相进步。”他的坚守，她懂得，她的辛苦，他理解，或许这就是最好的爱情。

有一天，儿子学校举办的“家长进课堂”主题活动，陈国瑞主动报了名。课堂上，他娓娓道来，分享自己的故事，孩子们的眼睛里写满了好奇，他问道：“同学们，你们的理想是什么呢？”陈璟轩第一个举起了手，认真地回答道：“成为你！”话音落下，他愣住了，又问道：“谁教你这样说的？”陈璟轩脱口而出：“爸爸，你很棒！”那一刻，陈国瑞的心里漾起一丝波澜，是说不出的骄傲。

采访札记

癸卯年春，一个工作日的下午，当我拨通国瑞的手机时，他正在学校里给小学生们做事迹报告。做完报告，他又匆匆返回单位，顾不上休息，接着投身紧张而忙碌的一线清疏工作。对身兼多个社会职位的他来说，早已习惯了这种“满格”状态。“虽然现在都是机械化清疏了，但很多老旧小区下水道老化外溢较多，我们工作压力还是不小，周末加班是常态。”当我问及他现在工作比过去是否轻松了时，他这样回答道。

我认识国瑞多年，一起登台颁过奖，一起同台作过演讲。作为同龄人，我始终被他身上的那股子韧劲儿和吃苦精神所感动。越走近越敬畏，我曾把他的故事写进书里，题目是《一根有灵魂的扁担》。

从部队班长的教诲，到单位老班长的引导，再到成为班长带领新入职的年轻城肥人一起工作，陈国瑞的每一步都走得很扎实，很沉稳，一步一个脚印，给人以踏实的感觉。自然而然，他的“出圈”靠辛勤劳动和实干担当，归根结底靠的是——全心全意为人民服务的初心和责任。

行程万里，不忘初心。掏粪已成过往，清疏依然在路上。在一个新兴业态层出不穷的网络时代，比以往任何时候都需要劳模精神的加持和工匠精神的赋能。

20世纪五六十年代，有一首群众歌曲响彻大江南北——“戴花要戴大红花，骑马要骑千里马。”戴大红花，当劳模，曾是父辈们的理想，当下，有人感叹年轻人吃不了苦，有人觉得新青年太矫情。其实，他们不过是换了种姿态在接续奋斗，陈国瑞就是最好的例证——他是扁担的一个缩影，正是无数个陈国瑞，构筑起了济南的脊梁。

放下扁担，智慧清疏，变化的是工具，不变的是职责——干最脏最累的活儿，走好新时代的长征路。陈国瑞和他的同事们奔走在大街小巷，一肩挑起粪桶百斤重，一肩挑起时代新使命。新时代城肥人守初心、赢民心，挑起为民服务的重担，为那根历久弥新的扁担注入温度，使之有了灵魂。

采访国瑞的时候，他正在备战一个考试，白天忙个不停，晚上回去睡到凌晨。“年轻人应该有星辰大海的梦想，但在追梦的路上，不能一味好高骛远。没吃过苦就不知道何为甜，不管做什么工作，只要为人民服务，都有价值所在。”说到当下年轻人对劳模精神的认识，他这样说道。

平凡的“粪”青，不平凡的劳动者——从嘲讽变称赞，由冷眼变追捧，是“青出于蓝而胜于蓝”的青春奋斗精神，亦是新时代时传祥传承人的真实写照。

明天又要去远行

——记济南市劳动模范、山东省建筑设计研究院有限公司设计三院王岗

邹云奎

采访王岗，是在一家咖啡馆进行的。

此前打电话跟他联系采访时，他还远在千里之外的深圳出差，说差不多要一周后才能返回济南。

几天后，我终于等到了王岗出差回来。不过，他第二天接着就得赶回去。深圳那边的事情什么时候办完，不好说。

经过这样的“反转”，我开始对王岗产生了一些好奇。一年中，他似乎总是在出发，在奔波，在外地，“不是在出发，就是在出发的路上”。他给人留下的印象，也总是一种饱满的精神状态和永远都在寻找的姿势。

我开始有了一种隐隐的感觉：或许，这就是在当前严峻的经济形势下，他带领的团队却逆势发展的奥秘所在。

就在我对王岗做着各种想象的时候，事情再次出现转机。联络员突然打来电话，说王岗院长可以挤出两个小时时间接受我的采访。那天，正好是周六，为了节省时间，地点就定在一家咖啡馆。

我刚坐下不久，王岗就进来了。看上去，他穿着很随意，微笑的脸上略带疲惫，却处处透着温文尔雅的气质，完全不像一个在大西北长大的汉子。

我要了一杯红茶，他自己要了一杯白开水。

“抱歉，有几件事我要先处理一下！”说完，他一边打电话叫来单位的工作人员，一边从公文包里掏出一大堆文件、合同、表格。然后，一一把它们摊放在桌子上。他一再叮嘱工作人员：马上带上这些材料回单位盖章，盖好章后，今天务必交给他。

“没问题！”工作人员看着这些“劳动成果”，内心涌起一阵温暖和激动。他知道，他们的王岗院长又拿下一个大项目！

这样的场景，在记忆里上演了多少次，王岗已经记不清了，但在一家咖啡馆里交办工作，这还是第一次。

他讲话声音不高，却很富有激情和感染力。从他滔滔不绝的讲述中，我感到有一种温暖的力量在我心底涌动着。一次次奔赴，一场场谈判，一次次加班到深夜，一件件设计方案的出炉……让“院长”与“设计大师”这两个形象，渐渐在他身上合二为一。

王岗是山东省建筑设计研究院三分院院长、工程技术应用研究员，也是全省医疗建筑设计的重要开拓者与学术带头人。从事医院建筑设计工作32年，他带领团队完成了深圳大学总医院、山东省公共卫生临床中心、枣庄市妇幼保健院、乌鲁木齐儿童医院等全国近百所医院的建筑设计工作，先后摘得“全国十佳医院建筑师”“国家一级注册建筑师”“工程技术应用研究员”“山东省建筑工程大师”“山东省十佳百优建筑师”“山东建筑大学客座教授、研究生导师”“济南市劳动模范”等桂冠。

这是一串坚实的脚印。它为三分院走向一个更加久远的未来，作了厚厚的铺垫。

也许很久没有这么痛快地释放自己了，王岗很享受这种交流方式。当他讲到上周三分院在深圳精神病医院建筑设计中中标的情况时，我问了他一个问题：“非得你去不行吗？”

他说，关键时刻团队一个都不能少，况且自己还是建筑设计总负责人。项目虽然签下来了，但情况随时都在变化，包括设计、工程、政策、自然环境等因素，所以设计在建筑交付使用之前，都是动态的。医院和深圳工务署都对这一项目寄予了很大希望。时间紧、任务重，很多新理念、新技术、新材料都要在项目中进行体现，这对他们来说是一个很大的挑战。这些情况忽略了，或解决不好，造成的影响将是无法弥补的……

这时，王岗接了一个电话。电话里说，章已经盖好了，很快就会送到他手上。

看着他点头称好的样子，我仿佛看到了这样一幕：拿着这些盖好章的文件，明天，他又要飞回那个才离开了一天的城市深圳。他不知道，那里，会有怎样的惊喜或挑战在等着他……

一出手就拿了个“鲁班奖”

王岗祖籍在山东省济南市章丘区，那里是宋代词人李清照的家乡，也是闻名天下的“章丘大葱”原产地。生于1968年1月的他，从小跟随父母在大西北长大，黄土高坡的沟沟壑壑，以及厚重的地域文化，在他儿时的记忆中占据了很重要的位置。

在上大学之前，王岗对建筑设计这个职业还很陌生，只因听别人说建筑设计与画画有关，能系统学习水彩画、水粉画、国画、油画、素描等绘画技巧。听到这些，从小就喜欢画画的王岗，毫不犹豫地报考了北京建筑工程学院建筑学专业。

时针拨回到1991年7月。这一年，23岁的王岗大学毕业后，来到山东省建筑设计研究院工作。

“一开始参加工作，我就跟着张华章老师学习！”王岗回忆说，省建筑院有一个很好的传统，就是传帮带，这种薪火相传的做法到今天仍在延续着。那时，张华章已经是省建筑院的高级建筑师，在业内名气很大。能跟随在他身边拜师学艺，是很多人梦寐以求的事情。也就是在这一时期，王岗第一次接触到了医院建筑设计。

“得益于山东省建筑设计研究院这个大平台！”王岗坦言，一个人有所成就，离不开平台的托举。从大学毕业到今天32年时间里，他总结自己的成长，大致经历了三个阶段：第一个阶段，是打基础。这一时期，他以做建筑设计负责人为主，工作相对单一，却打下了一个厚实的“底子”。第二个阶段，他开始以设计总负责人的身份主持大型医院建筑项目的设计组织工作，同时负责与甲方进行商务谈判。在他看来，一个好的设计师，他设计出的作品一定是有情感、有温度的。在此期间，他先后主持了江苏大学附属医院总体规划及住院大楼、东南大学附属中大医院、内蒙古自治区医院总体规划及内科大楼保健大楼、暨南大学附属医院病房医技大楼、深圳大学附属医院总体规划及单体楼、深圳石岩人民医院等一批医院建筑设计项目，其中的每一个创意、每一个细节、每一条流线、每一抹色彩，都是他设计理念的情感表达。

内蒙古呼伦贝尔市人民医院新区规划设计，是王岗那一时期的代表作。他回忆说，初次接触这个项目时，他做的第一件事就是带领团队来到呼伦贝尔大草原找灵感。在这里，他看到蓝天白云下面，有星星一样的蒙古包散落在草原上，有缓缓行走的勒勒车，有成群的牛羊在草地上安静地吃草，还有流向远方的小河，就像一条洁白的哈达，围在一望无际的大草原上，构成一幅辽阔壮美的画卷。到了傍晚，夕阳把草原、山丘以及弯弯曲曲的河流染成一片金黄，就像牧人昨夜燃起的篝火藏在里面，让人浮想联翩。大草原独有的自然风光，瞬间点燃了他们的创作激情。很快，一个透着浓郁草原风情的现代化医院跃然于图纸上。

让建筑成为一个地域文化的载体，他们的这一设计思想得到当地领导、规划部门及医院方面的一致认可。

在设计佳作频频亮相的同时，王岗在管理和抓总方面的才能也得到充分展现。2001 年，他被晋升为主创设计师，随后又被提拔担任设计室主任。2004 年 2 月，担任六分院副院长。

三分院是省建筑设计研究院属下一个综合性建筑设计单位，长期以来设计了很多优秀的公共建筑，但很少涉及医疗建设项目。2011 年，王岗迎来了他成长的第三个阶段。当时，全国整个建筑市场都处于低迷状态。这年 4 月，他临危受命，从六分院调到三分院担任院长，成为这家建筑设计单位的新一届“掌门人”。

32 年，不是一个简单的时间段落，它是一个人成长的“黄金期”，王岗也不例外。他从一个实习生做起，到助理工程师、工程师、高级工程师，直到今天的研究员。

上任伊始，王岗经过深入调研，果断调整经营方向，决定变原来的“全面开花”为专注从事医院建筑设计，以“三个一流”，即一流的团队、一流的水平、一流的服务，努力在竞争激烈的医院建筑设计市场开拓出一片新天地，同时也树立起属于三分院的品牌。

“一想起要借钱去投标，心里真是五味杂陈！”王岗说，经营方向的调整，给三分院带来了生机和希望，但现实却给了他重重一击：刚担任三分院院长职务不久，院里好不容易入围一个招标项目，但20万元的投标保证金却交不起，只好硬着头皮到总院去筹借。

“太需要一场胜利了！”回忆起当时的情形，王岗记忆犹新。他说，那时的三分院，就像一片旱得太久的土地，急需一场雨水的浇灌。但他同时也知道，胜利等不来，必须主动出击，到市场上去找机遇，找灵感，找答案，找认同。

就在王岗上任后的第二个月，三分院终于迎来一场“喜雨”，但在他看来，这却是一场硬仗，也是一次大考。

有一天，省院分管人事和生产经营的副院长找到王岗说：“深圳有一个设计项目，别人都嫌远，所以放弃了。你想不想试一下？”

“我接了！”王岗想都没想，就答应了下来。

2011年6月，一直憋着一股劲的三分院最终击败众多竞标对手，一举夺得了深圳大学总医院的设计项目。“有一种从千军万马中杀出重围的感觉！”王岗感慨道。深圳是我国改革开放的前沿，又是“设计之都”，人才济济，高手如林，拿下这个项目意义非凡。

他不敢想象最终的结果会是怎样，但他心里清楚，深圳大学总医院是当地政府确定的重大民生项目之一，是深圳工务署在医院建设方面的旗舰项目，也是深圳特区未来医院设计、施工重要的标杆工程，承载着引领特区医院最新发展方向的重任。如果在这个项目设计中出彩，并由此树立一个标杆，这就是三分院的机会。

“成功险中求！”王岗上任之初，就曾在全院大会上表明了自己的观点，那就是“设计一个项目，树立一个标杆”，因为只有这样做，三分院才能赢得生存，赢得发展，赢得未来。

为了在这次“大考”中取得一个好成绩，王岗亲自挂帅，调集三分院精干力量组成专门的设计团队，开赴深圳“驻扎”下来。

两个月后，设计方案的“盖头”被掀起，立即赢得一片喝彩声。

有网友惊呼：“有S型架空连廊、梭形医疗街、Z型病房，亮点太多啦！”

说起深圳大学总医院，王岗语气中充满了自豪。他介绍说，该医院为三级甲等医院，设计建筑面积13.5万平方米，1300张床位。在设计上，他们采取设计总承包模式，突出“一体化设计理念”“生态花园理念”“人性化空间设计理念”，在设计水平上实现了一次跨越。具体说来，有五大亮点：

一是采用“S 形架空连廊”与“梭形医疗街”相结合的设计模式，解决医院各部门之间既方便联系又相对独立的空间布局。在这样的布局下，“梭形医疗街”与各功能科室之间舒展的空间组合，使医院总体布局有序而机动。纵与横衔接口处标明科室名称，使患者和陪护很容易找到自己的就诊区域和位置，而不会有进入“迷宫”之感。这种清晰的医疗流线，给病人和医护人员带来了极大方便。

二是突出“生态医院”设计，营造“绿肺系统”。设计人员设计时留有一定的建筑空间进行绿化，或以内部院落的形式表达生态环境的重要性。优美的景观设计、良好的通风采光，创造出宜人的室外空间，不但减轻病人由于疾病困扰产生的焦躁和痛苦，也缓解医护人员因工作紧张带来的疲劳和压力。

三是合理解决地面、地下交通问题，实现人车合理分流。在设计医院主入口的同时，对急救、急诊、门诊、探视、感染科、消防、后勤供应等功能区出入口，也一一进行了单独的流线设计。

四是设计“Z 形病房大楼”，建立双护理单元。为避免“一”字形病房楼建筑造型的呆板，设计人员设计了“Z”形造型。Z 形病房主楼与裙房比例协调，体现了综合病房楼典雅的外观特征，使建筑物的外部造型有更多的展示面，让建筑造型更丰富多彩。

五是采用“一体化”设计，彰显人文关怀。比如，在灯带系统设计上，设计人员将灯带、喷淋、灯具、风口、烟感、广播等设备末端高度集成，给人以整洁、干净、美观的视觉感受；在病房内部，运用集成吊顶系统，将窗帘导轨、输液导轨藏到了吊顶天花板的拼缝间多功能组合在一起。地面上采用新型彩色水磨石材料，颜色丰富、施工精细，与整齐划一的吊顶遥相呼应；在卫生间墙面、地面、顶棚的设计上，设计人员采用负压迷路式布局，墙面、地面和顶层严格对缝，不仅提高了使用舒适度，还减少了交叉感染的机会；“舒适的采光通风”设计，内天井、门诊大厅的采光天窗，“梭形医院街”的采光天窗，高效解决了医院内部空间之间的通风采光问题……

2017 年 12 月，随着深圳大学总医院竣工投入使用，三分院也迎来了属于自己的高光时刻：该项目相继荣获“全国建筑业绿色施工示范工程”“全国勘察设计二等奖”“山东省第二届绿色建筑设计方案竞赛一等奖”“广东省建设工程优质结构奖”“广东省建筑业新技术应用示范工程‘鲁班奖’”等多个奖项。

2019年4月，王岗赴成都世纪城新国际会展中心，与来自全国医院建设行业的专家学者和从业人员，共同分享“鲁班奖”工程的设计创新与建设背后的匠心设计和心路历程。“在深圳大学总医院筹建的7年时间里，我们设计团队始终没有一个人员流动，为该项目持续推进奠定了坚实基础！”王岗说。

在完成了深圳大学总医院这一“标杆设计”之后，王岗带领团队又趁热打铁，接连在深圳大湾区中标了10多个医院建筑设计项目，一时间引起国内医院建筑设计界的广泛关注。

“标杆设计”所引发的效应，还远不止这些。

向“专科设计”进军

“他永远都在盯着下一个！”同事们说，王岗是一个很执着的人，他要求高，看得远。三分院在综合类医院建筑设计市场做得风生水起的时候，王岗又将梦想的铧犁放在专科类医院建筑设计领域。那里，是三分院的另一片星辰大海。

当时，三分院在深圳“一战成名”后，很多甲方慕名找上门来，请求王岗团队参加他们的项目招标。

新疆乌鲁木齐儿童医院，就属于这样一种情况。

2017年2月，三分院的设计方案再次中标。王岗带领设计团队迅速转战新疆乌鲁木齐，开始了新一轮的忙碌。

“由于儿童患者年龄小，往往不会表达，所以我们将色彩心理学运用到儿童就诊空间之中。具体说来，就是通过将阳光、空气引入到空间环境图形的设计手法，创造出一个专门为儿童诊疗的人性化医院空间。同时，我们还运用动画、3D建模等高科技手段，加强与孩子们进行互动，以消除他们的恐惧感！”王岗介绍说，唯有爱心才能打动孩子们的心，生动、鲜活、互动感强，永远是设计打动人心的第一要义。

有首歌唱得好：“新疆是个好地方。”新疆风景优美，生物多样，有雪山、湖泊、戈壁、沙漠、草原、胡杨树、雪豹、野马、野骆驼等，生活在这里的孩子，自然很熟悉这些风景。“熟悉的风景，能给孩子带来安全感！”王岗说，他们的设计团队从踏上新疆这片土地的那一刻起，就在用心感悟，努力捕捉灵

感迸发的瞬间。如何结合新疆地域特色，设计出符合儿童行为习惯的建筑空间，消除他们在就诊过程中的紧张感、焦虑感，是他们此番设计的重点。

很快，人们就看到了王岗团队“一花一世界，一叶一菩提”的设计风采，却很难看到背后那些鲜为人知的故事，以及记不清多少个日夜的拼搏。

乌鲁木齐儿童医院总建筑面积 23 万多平方米，设计床位 1200 多个，由 7 栋建筑组成，是一家覆盖全新疆的儿童医院。设计者结合医疗功能，把整个医院设计成一枚树叶的脉络，意在通过树叶衍生表达一种生生不息的美好寓意。在这里，每一个儿童都是一片繁盛的小树叶。在色彩设计上，设计者以新疆地域色彩为主色调。新疆无论春夏秋冬，色彩都是五彩斑斓的。他们把这种“五彩斑斓”引入到建筑设计当中，与儿童心理诉求相映成景。

巧妙的设计构思一下子把我带到了现场。在这里，我仿佛看到儿童患者在接受治疗时一幕幕鲜活的场景：

设计者运用沉浸式的动画技术，让小动物们动了起来，有盖着小树叶的旱獭、追逐蝴蝶的小马、行走在沙漠里的骆驼……儿童患者和小动物可以进行愉快的互动与交流，注意力被生动有趣的童话环境所吸引，对吃药打针的恐惧也随之一扫而光。

儿童患者打吊针时越安静，并且安静的时间越长，对面视觉墙上大屏幕中动物身上落的蝴蝶就越多；

用手机扫描一下视觉墙，打开画面，可以用手机操控喂骆驼，让鸟儿飞到自己的肩头上来；

在医生鼓励下，一个儿童患者怯生生地走到视觉墙跟前，跳起了新疆舞，而画面中的“虚拟儿童”也随之一起翩翩起舞。孩子高兴地跳着舞，妈妈在一旁拍手鼓励，母子俩沉浸在这种有趣的康复治疗中。

运用互联网、智能手机等 AI 技术，设计者特别设计了一棵巨大的“许愿树”，为儿童患者留下美好的就诊回忆。

乌鲁木齐很多孩子都向往大海。为了满足孩子们看海和看海洋动物的愿望，设计者专门设计了一道“贝壳墙”，将大海中的各种彩色贝壳与新疆本地的 12 种动物都固化到一个作品里面。儿童患者在接受治疗的同时，可以得到身临其境般的旅游体验，观看到作品里面所有的动物。

…………

“步入医院的诊疗环境，映入眼帘的是色彩鲜亮、造型可爱的设施，使人仿佛置身于大自然的怀抱！”三分院院长助理巩晓昆说，该儿童医院在内部空间的疏导上，他们做了一些路径上的设计。在每一个路径的节点，设置一些比较有意思的小的场景，这样儿童患者就能够沿着路径走，通过路径设计引导他去自己想要去的地方。

从孩子的视角出发，通过融入众多儿童喜爱的元素，王岗团队成功将乌鲁木齐儿童医院打造成一所孩子们喜欢的“乐园”，成为一个有趣又温暖的地方，甚至可以让儿童患者在这里开启一场快乐而奇妙的就医之旅。

凭借乌鲁木齐儿童医院“一花一世界，一叶一菩提”的设计思想，三分院斩获“新疆维吾尔自治区优秀设计一等奖”，同时荣获“国家优质工程奖”。

乌鲁木齐儿童医院建筑设计的成功，同时也将王岗团队推向一个更深、更远的思考：如何再次突破自己，把“标杆设计”的成绩单拉得更长，把专科医院建筑设计市场蛋糕做得更大？

答案，还是要从市场上去找。

今天，王岗在谈起“生命之花”设计方案时，仍掩饰不住内心的激动与兴奋。

山东省枣庄市妇幼保健院的外观设计在今天仍被人们称赞不已，这要归功于王岗设计团队的新颖手笔。与综合型医院不同，妇幼保健医院作为专科医院，它面对的群体主要是妇女和儿童。接手这一项目后，王岗设计团队一直在寻找一个与妇幼保健功能定位相吻合的创意，甚至结合了枣庄市当地历史文化和人文景观，才最终确定了“生命之花”的设计方案，寓意无数孩子将从这里出生。孩子是祖国的花朵，母亲是孕育花的沃土。花朵绽放，生命不息，这一思维与妇幼保健院的建院宗旨达到完美的契合。“大到整体建筑，小到配饰和环境图案，开放的花朵无处不在，‘生命之花’创意渗透到每一个细节之处！”王岗说。

王岗团队再次走到荣誉的聚光灯下。

2020 年 8 月，王岗赴枣庄市参加第一届全国妇幼建设与发展大会暨“建设创新——建筑设计与工艺流程发展创新论坛”。会上，他从创意、空间、色彩、环境等多个维度解读枣庄市妇幼保健院的设计亮点，分享了他和团队的设计理念。

枣庄市妇幼保健院作为跻身“十三五”全国妇幼保健院优秀案例，在设计上以“保健+临床”为主线，以空间环境与人性化关怀为展示载体，让功能区域成为“生命之花”的经典乐章。比如一层是儿童，另一层是孕产妇，还有一层是妇女保健等，每一功能区域的划分尽显定位合理、流线清晰的格局，正好与妇幼保健院“生命之花”的设计相呼应。

在这里，你可以看到设计者为不孕不育患者专门设计的诊疗空间，为避免交叉感染设计出的内外交通线路，以及为体现妇幼保健建筑人文品位和历史传承而设计的绘画、雕塑、浮雕墙等元素。

在这里，通过在建筑与环境、绿化、景观之间的布局上进行巧妙设计，有关儿童生长发育期间的营养搭配，女性青春期的心理和生理卫生，妇女从怀孕到生产的情绪变化、形体训练等需求，一一得到温暖呵护。

在这里，设计者不仅注重创意，更是时刻把建筑的实用性和医疗功能放在第一位置，因为医院毕竟是一个“治病救人”的地方，好的医疗建筑设计从来都不能“本末倒置”。

…………

论坛结束后，王岗仍意犹未尽。他认为，对他和设计团队来说，一个设计作品获得大奖，也许仅仅是走完了第一步。及时把这些宝贵的实践分享出去，传递出去，去影响更多的人，去启发更多人的创造，是他们不变的初心和梦想。为此，枣庄市妇幼保健院建成后不久，王岗便静下心来沉淀自己，担任副主编和编写执笔人，主持了《妇幼保健机构建筑设计指南》的编写工作。现在，全国各级妇幼保健医院建设均以该“设计指南”为依据进行建设。在枣庄市妇幼保健院，国家卫健委每年至少现场培训两批医院建设人员。

完成一项设计，树立一个标杆，建立一种标准，对王岗团队来说，是一件“自豪的事情”。近年来，他结合设计案例参与了多次全国医院建设大会高峰论坛，并分享了自己的设计成果。通过对一些疑难和前沿问题进行探讨分析，与国内很多专家学者形成了良好的互动。

“自豪的事情”还有很多。

由王岗团队主持设计的山东省公共卫生临床中心，原计划 2020 年底完工交付使用，却不料这一年春天新冠疫情突然爆发。而此时，该临床中心还处在医疗功能布局阶段。

当时，在举国上下全力防控疫情、救治患者的政策布局下，催生出一大批应急医院，山东省公共卫生临床中心就在其中。王岗说，“快、急、专、精”是这类医院的典型特征。如何在“快、急、专、精”前提下，保障医院建筑的整体规划性和耐久性，最大程度避免短期应急行为造成工程资源浪费，是对三分院和每一位设计师的重大考验。

幸运的是，该项目在方案设计阶段，王岗团队就提出了具有前瞻性的“平战结合、快速转换”的运营策划，即非疫情期间，医院为辖区内的患者提供综合学科的一站式服务，解决医疗资源紧缺的就医难题。一旦疫情发生，便迅速转化成为定点收治医院，建立传染病学科、呼吸科、儿科、重症医学科等多个专科相互支撑的综合诊疗平台。

这样的战略眼光，是王岗团队搏击市场风云的信心和底气所在。

“这个项目的最大亮点，就是做到最快的‘平战转换’！”王岗说，事实上，从疫情开始爆发，该临床中心的 800 个床位就转换成了一个传染病救治的治疗基地。在传染病楼、呼吸楼和专科楼的设计上，设计者分别在建筑首层设置独立的专科门诊和配套的常规医技科室，如检验室、DR、药房、B 超室等，二层设置专科 ICU，三层设置专科病区。除少数大型设备需去综合楼外，一栋楼基本可以实现功能闭环。针对普通病患就医，综合学科与传染病在物理空间上各自独立，相互隔离，环境安全，可消除病患对去传染病医院就医的排斥心理。

由于在设计之初就确立了“平战结合”的指导思想，所以全力推进项目的完成，就成了王岗团队的“重中之重”。

“每一个瞬间都历历在目！”王岗回忆说，那一时期，他带领一个由 15 名设计师组成的团队，到现场参与施工管理工作。他们白天在施工现场进行监督和指导，晚上则加班修改图纸、完善设计方案，常常忙碌到深夜两三点。疫情期间，很多工地食堂关闭，街上也很难买到快餐，他们就自备方便面。

经过几十个日夜的拼搏，该临床中心终于提前6个月投入运营，为济南市民提供了一个高标准的疫情救治中心。

2020年7月10日，中国工程院院士、国家卫健委高级别专家组成员、传染病诊治国家重点实验室主任李兰娟一行，到山东省公共卫生临床中心考察和指导工作，在对该临床中心开展新冠肺炎患者救治、疫情防控及医院未来发展规划给予肯定的同时，也对该建筑的设计给予了高度赞扬。

同年11月，由中国勘察设计协会组织评选的新冠肺炎应急救治设施特别设计奖新建项目获奖结果揭晓，山东省公共卫生临床中心设计在此次评选中荣获二等奖。随后，该设计项目又获评国家最高奖“鲁班奖”。2021年4月，王岗应邀参加“平战结合医院建设与高质量发展暨传染病医院示范基地交流观摩专题论坛”，三分院设计的山东省公共卫生临床中心项目获得与会者的一致好评。

有人说，王岗担任三分院院长后，有三件事必做。时间一长，这三件事就被大家亲切地称为“灵魂三件套”：一件是每次中标后，他都要带领团队深入医院科室走访，了解医护人员的真实需求；另一件是他喜欢跑施工现场，为了工作方便，他会在工地上备一双靴子或鞋子；还有一件就是每一次获奖后，他都要进行经验总结，这一次也不例外。事后，他与专家联手共同编写的《传染病医院建设指南》和《方舱式临时医院技术导则》，成为国内传染病医院建筑设计的“拓荒者”和行业标准的“制定者”。

看到王岗团队一次次站在耀眼的光环之下，我心生感慨：看似云淡风轻的讲述背后，一定有你意想不到的不顺。任何经验和“标杆设计”背后，也都会有无数的选择与放弃、得到与失去、惊喜与失望。

我问他：“你在遇到不顺利的时候，是什么样的心情？”

“那是一种揪心的痛！”他说。

明天又要去远行

王岗给我讲起了这样一个故事。

有一次，他安排团队中的一个年轻人去竞标一个设计项目。对这个项目，大家的期望值很高。尽管此次报名参加投标的几家设计单位也实力雄厚，但由于前期他们做了大量精细化设计工作，第一轮评审得到了专家的一致好评。然而，在最后一刻却落标了。看到这样的结果，这个年轻人有些接受不了。忙活了好几个月的他，竟在现场流下了眼泪。

听到这里，我想起了前不久自己写的一首诗《寻找》："我曾想象河流的源头／一定有一片美丽的草原／但抵达之后才发现／那里竟然寸草不生沙砾遍地／但我不后悔／没有草原／我们可以欣赏沙砾／只要有一双善于寻找的眼睛／沙砾也是难得一见的风景。"

没想到，在看待成败得失上，王岗也有着相同的心境。

"作为一名设计师，最残酷的事情就是项目设计不中标了！"王岗说，事实上，三分院这些年的设计项目，不中标的要远远多于中标的，但这并不代表设计团队所做的工作就毫无意义。这种努力，至少让解决问题又多了一种可能。你收获了设计作品成功带来的荣耀，同时也要承受和面对不被认可时的冷落。一个人就是在这样此消彼长的过程中长大的，一个团队也是如此。

在王岗看来，最折磨人的，其实还不是落标，而是一个获奖设计从图纸到建筑竣工投入使用后，才发现其中存在这样或那样的缺憾，比如施工材料不匹配，施工工艺达不到要求，某一处细部处理没有很好地表达出设计原意，前期设计疏漏等。虽说建筑是遗憾的艺术，但每次这些问题暴露出来，都会让他们在心里难受很长一段时间。

星光不负赶路人。心怀梦想，让热爱成为一种力量；勇毅前行，必定是天道酬勤。2019 年春天，王岗团队终于走出国门，远赴非洲国家尼日尔。他们在异国他乡设计完成一所高标准的医院，在世界舞台上展示了中国设计一流的职业形象。2023 年 11 月，王岗应邀参加"英国医疗工程协会论坛"会议，并考察相关医院项目。

从艰难的起步，到站稳脚跟，从标杆设计，到走向世界，全国医院建筑设计领域已深深刻下了"三分院印记"。更重要的是，王岗担任三分院院长 12 年，一路南征北战，披荆斩棘，带出了一支老中青结合、能打硬仗、屡创佳绩的设计团队，推出了一大批优秀的设计作品和建筑设计师。

随着采访的深入，我渐渐发现了王岗的一个特点，或说工作风格：每一次制订设计方案，他都要求必须提炼出亮点来。

铸就经典，离不开这样的文化传承。"刚参加工作时，是老一代设计师带我。如今，我又带我的学生，我的学生又带学生，这么一代代传承下来，三分院就有了不断发展壮大的活力源泉！”王岗说，为让人才尽快成长起来，三分院舍得投入，全力给机会、给舞台、给支持，积极鼓励年轻人参加学术论坛、出国考察学习，让更多的设计大师从他们中间脱颖而出，成为三分院持续发展的中坚力量。

王岗是一个追求卓越的“设计大师”，也是一个重情重义、内心丰富的人。一般来说，一个建筑项目竣工之日，就是甲乙双方关系结束之时，但王岗却不一样。当年全国各地有很多他亲手设计的医院，到今天他和院长们之间仍保持着联系，“设计之后的故事”依然精彩。虽然时过境迁，当年医院的管理者或已退休或工作变迁，逢年过节，王岗仍不忘给他们发条微信、打个电话致以问候。

有资料显示，如今三分院的设计项目已覆盖全国各地，其中 80% 的项目都在省外。对喜欢把设计工作室设在项目现场、设在一线的王岗来说，这意味着遍及全国的每一个工地他都跑遍了。

这些年，王岗密集地来往于济南和全国各地之间，飞机、动车、宾馆就成了他的“流动办公室”。有空的时候，他喜欢看一些建筑设计和军事方面的书，但紧张的工作节奏下，属于他的只有一些零碎的时间。于是，一部《人工智能对建筑设计的冲击》，他拿起又放下，前后用了近一个月的时间才读完。

坚持早上跑步锻炼，是他雷打不动的习惯。即使是到外地出差，他的拉杆箱中也不忘带上运动鞋。每天一个小时的跑步，可以让紧绷的精神松弛下来，以充沛的精力来迎战一天的工作。

每到周末或逢年过节，只要在济南，他都会陪父母吃顿饭、聊聊天，把自己出差在外经历的或听到的一些奇闻趣事讲给老人听。看到老人开心的样子，他心里既高兴又内疚。

明天一早，王岗又要乘飞机返回深圳了。他说，此前他们团队虽然给省内两家精神病医院做过设计，但这次不一样。他们要在这里树立一个新标杆，大家可都在关注着呢。所以，接下来的任务十分关键，那就是走访、沟通、了解更多的不确定因素，然后再对设计方案做进一步的完善……

王岗的一番话，引起了我的兴趣。于是，我就问了他一句：“你们这次的设计理念是什么？”

他笑了笑，随即回答说：“现在还不好说。不过，你很快就会知道的！”

听到这里，我心中不禁有了些隐隐期待。

因为惊艳，所以芬芳

——记济南市劳动模范、山东世通汽车城有限公司时常京

王汉勤

劳模精神，是一种直击心灵的力量，是无论做什么都一辈子爱岗敬业的虔诚态度，是千千万万个劳动成果中令人叫绝的高超技艺，是用智慧与勤劳、自律与坚持书写历史的满腔豪情，是把诚意刻入岁月的厚重信仰。也许他们的名字不像他们的杰作那么引人注目，但这份“匠心精神”足以引发每一位见证者的共鸣。

——题记

一

2023年，济南的春天似乎比往年来得更急迫了一些。

当人们还沉浸在冬天白色的世界中时，春天便带着泉城人三年的期盼和那柔嫩的绿色，急匆匆地闯进了人们的眼帘。嫩绿的柳芽、金色的迎春、顶雪的红梅……便连同那翻飞的乳燕一起，潮水般迫不及待地蔓延开去。从千佛山顶，到大明湖畔，从原本门可罗雀的大街小巷，到经十路一个叫“山东世通汽车销售服务公司”的大院。

与院外相呼应的是，吉利银河、领克、阿尔法罗密欧、几何新能源、山东帝豪等几个宽敞明亮的销售大厅内，熙熙攘攘的人们或咨询，或试车，或签订购买合同，一如那院外的花儿，俨然在赶赴一场春天的大集，热闹非凡。这或许是因了“疫情”三年的情绪释放，也或许是因了这个公司良好的社会声誉。

说起山东世通汽车集团，那可不是一般的小公司。

该集团成立于1996年，是一家以多功能汽车服务业为主导产业，多元化发展，集“解码生命，造福人类”的大健康、物业管理、矿业开发、建筑建材等战略产业为一体的综合性大型股份制企业集团。

在汽车产业方面，山东世通集团是集汽车销售、车辆保养维修、二手车置换、汽车救援为主的多功能汽车服务业为主导产业，具有现代化管理模式的综合性企业集团。集团公司下辖多个独立法人公司，旗下拥有吉利、吉利银河、领克、斯巴鲁、玛莎拉蒂、阿尔法罗密欧、几何新能源、欧拉新能源、睿蓝汽车，参股合作了东风本田、东风日产、广汽丰田共计13大授权经营品牌，35家4S店及网点。销售网络遍布济南市区全域，销售服务网络覆盖济南、潍坊、淄博、聊城、德州、日照、济宁、临沂、泰安、东营、菏泽、枣庄、威海省内13地市。便利、快捷、全面、专业的服务网络遍布山东全境。并与高端豪华汽车精修精养服务商——“中鑫之宝”达成长期加盟合作。

在外贸、旅游、酒店等行业因受疫情影响，经营低迷甚至“关门大吉”的困难时期，该公司始终坚持以诚信为经营之本，秉承“世通用心，客户舒心”的服务理念，努力克服“疫情”影响，休人休时不休战，变被动为主动，从内部入手，借机强化企业文化建设，全力实施人才储备与精品工程战略，大力倡导工匠精神，坚持“以人才为基础、以创新为核心、以服务为先导、以客户为中心”的发展思想，着力打造一支职业素养高、专业素质硬、管理理念新、团队意识强的优秀人才队伍，造就出一个由专业工程师、技师为主干，经过专业化培训的专业汽车服务团队。不断完善制度创造、服务流程创新、经营细节创新，全面塑造世通服务品牌，确保了企业市场竞争力和社会影响力的延续与提升。

现在，齐鲁城乡都能享受到从汽车维修、汽车美容、精品改装、汽车保险、汽车贷款到汽车挂牌等“一站式服务”，公司受到了用户的一致好评，历年来服务满意度一直保持在98%以上。旗下吉利汽车超市以年销10877台的佳绩，一跃成为省内车界成长最快的集团公司、省内最具潜力的标杆企业，连续多年被评为车辆技术管理先进单位、消费者满意单位、AAA级信用企业。企业现有员工800余人，资产总额近20亿元，经营规模近30亿元。

所以，销售大厅如此“热闹”，也是理所当然的事。

相比销售大厅的热闹，中鑫之宝汽车维修服务公司的几个大厅，却“安静”了不少。

不同品牌的待检车、保养车，甚至是面目全非的事故车，整齐地排列在不同“岗位”，没有喧嚣，没有嘈杂，有的只是维修师傅们有条不紊的忙碌身影。

车主们三三两两，分坐在不同品牌休息接待厅中，或看书报或看电视或聊家常，服务生不时送上水果、点心、热茶或几杯浓香的咖啡，一切都是那样的和谐、温馨。

隔着吉利接待厅的玻璃，可看到一男一女两位30岁左右的客人，其中那位女士手拿锦旗，上写“以诚相待，超出客户需求；全心全意，提供满意服务”两列醒目的大字，那位男士正与一位身穿“中鑫”制服的中年男人热烈地握手。

二

没错，这两位客人是专程从潍坊驱车260多公里前来表示感谢的。他们要感谢的那位中年男人，不是别人，正是中鑫公司售后服务总监、集团模范共产党员、济南市劳动模范时常京。

事情还要从2022年的一个冬天说起。

一大早，家住潍坊市坊子区的刘维和小芳（化名）夫妇，就开上前不久从“世通”购买的白色吉利，踏上了前往济南省亲的旅途。当晚刘维喝了不少酒，第二天返回潍坊的路上，由小芳开车。小芳刚拿驾照不久，是新手，一开始倒是小心翼翼，但上高速后，车速不知不觉就越来越快了，加之路上车辆较少，她就慢慢放松了警惕。

小芳不会想到，悲剧即将发生。就在她转头眺望窗外的一刹那，手上方向盘不知不觉拉向了左边，车辆开始向左偏移。紧急之中，她赶紧向右猛打一把，车辆迅速向护栏撞去……

万幸的是，气囊及时打开，两人只是受了点轻伤，后经过医院简单治疗，很快恢复健康。可惜的是，车辆由于撞击严重，前右轮轴断裂。

说起来，多数企业主和消费者总是矛盾的对立体。企业主总想取得最大利益的同时，尽量获得客户的满意；消费者则是想获得最大优惠的同时，得到最好甚至是超过预期的服务。

本来，按照一般处理程序，事故车辆报险，检查、定损、维修就可以了，刘维、小芳夫妇却偏偏提出了车辆整车换新的同时，再赔偿 20 万元医疗费、误工费、精神损失费的要求。集团负责人与他们再三协商，无法达成一致，刘维起诉，公司报警，但均告无果。再后来，刘维竟又使出了打横幅搞事情的招儿，这可难坏了集团领导。这个难题最终还是落到了客服总监时常京的肩上。

这事难就难在，如果按政策和规定处理，的确走进了死胡同。如果企业一味忍让，必将蒙受巨大损失。经再三思考，时常京逐渐理清了思路：讲政策，也要讲人情；重事实，更要讲方法。于是，他和团队向刘维连续使出了“三连击”：

第一击：组织律师团队，调取整理所有国家汽车政策、法规资料和民事、经济纠纷的处理规定，讲清利害，晓之以理。

第二击：亲自带领维修技师，主动配合第三方，认真检查评估车辆损坏程度，承诺受损部件免费更换原厂配件，确保使用安全，保证使用年限，义务定期维护。

第三击：从人情角度出发，“托关系走后门”，查找刘维夫妇的社会关系人，尤其是在政府机关和司法等部门的朋友，从中劝解通融（时常京说，这招很管用）。同时，积极配合保险部门，尽快尽好完成车辆、人员保险事宜，做到仁至义尽。

其实，刘维夫妇并不是一点道理也不讲的人，开始认为车辆损坏还是车辆质量不够好，集体和个人之间，不能让个人吃亏。

半月后，当时常京亲自驾驶着修理得完整一新的吉利车，连同自掏腰包购买的礼物送到刘维夫妇家中的时候，夫妇二人感动得眼泪在眼眶里直打转，拉着他的手，请他一定在家吃顿饭。后来，夫妇二人又专程来济南向他表示感谢。

三

时常京是劳模，更是一个普通人。是领导，更是一个脱不下工作服的“金蓝领”。

在时常京的办公桌上，除了一台电脑和厚厚一大摞笔记本以外，还摆放了一块醒目的匾牌，上面写着“自律和坚持”。

他说，自律，就是时刻提醒自己不贪功、不贪酬、不贪懒。坚持，就是坚持学习、坚持一线、坚持初心。

这个初心，源自他的少年时代。

时常京打小就是个能吃苦的苦孩子。1976 年，他出生于鲁西南汶上县康驿镇解庄村，祖辈务农，生活十分穷困。直到党的十一届三中全会后，才渐渐解决了温饱问题。这使他从小就下定了一个朴素得不能再朴素的决心：好好学习，将来向邻居张木匠一样，学一门技术，改变家庭生活状况。

1995 年，他以优异的成绩考入汶上县城高中。高二那年，为了及早实现自己的愿望，他毅然决然地放弃了考大学的机会，参加了成人中专考试。庆幸的是，一击即中，被梦寐以求的山东省水利技师学院汽修专业录取。

2002 年毕业后，他直接应聘到济南市邮政局汽车大修厂。因刻苦好学、忠厚老实，很快便熟练并能独立完成汽车各类部件的维护、调试、装配等工作任务，成了小有名气的维修技师。

2006 年，在一次行业比武中，他被山东创展汽车销售有限公司相中，对方愣是用三辆公务车作为交换，把他挖去当服务经理，一干又是四年。

2010 年，时常京作为汽车行业的优秀专业人才，最终被收归于山东世通汽车集团麾下。这一干又是 14 年。

经过摸爬滚打，时常京对服务的理解越来越深，汽车的修理技能越来越精。

刚开始，时常京也只是一名普通得不能再普通的修理工，但他热爱这项工作。在实践中，他不仅刻苦钻研维修技能，还积极参加培训，自学了焊工、电工，还学习了营销服务、行业管理等方面的知识，这为他后来的发展打下了坚实的基础。

四

汽车保养与维修，说起来是件很“简单”的活，但真的把这简单的事情做好了就是不简单。

说它简单，是对那些有着先进科学检测仪器或对工作敷衍了事的人而言的。比如，发动机漏油、轴承发生异响，简单到用仪器一测即可发现问题所在。但如何处理，却是个难之又难的问题。可以简单维修，也可以更换零部件，甚至直接整体拆旧换新。如若这样，客户的费用就会大大增加。只有把“简单”的问题“用心”做，才能对得起客户，才能对得起公司的声誉，才能对得起自己的良心。

于是，时常京绞尽脑汁，创造了一套独特的“问闻听切”诊断法。不夸张地说，再大的毛病，到了他手里，不出10分钟，就能找到问题所在，然后指哪打哪，实现有效还原。

由此，他在集团汽车维修和服务行业被视为大师级领军人物，也就不足为奇了。

2020年的一天，一个外地的宝马车主，打视频电话求救，说是汽车使用过程中，发动机故障灯突然点亮了。到当地朋友汽修厂诊断，告诉他将电池负极拧下来，10分钟后再拧上就好，结果果真如此。可没过多长时间，这个灯又亮了起来，便怀疑有其他问题，再送那个修理厂后，说是需要清理节气门、进气道，换空气滤芯，实在不行就换发动机。这位车主很无奈，向时常京询问如何解决。

时常京让车主点火后，看了下亮灯情况，立刻肯定地告诉他，不要花那些冤枉钱，直接检查这几个地方：一是两个氧传感器（三元前一个，三元后一个），90%是这里的问题；二是火花塞，发动机故障灯亮、启动困难、给油没劲，基本就是它的问题；三是看空气流量传感器，它坏了，电脑就算不出发动机的进气量，说明喷油具有问题。记住好车别轻易乱断电线电源，以免造成更大故障。

时常京告诉车主：“车子先不要开了，我们可以马上派人过去，给你详细检查和维护。”

经过检查，和时常京判断的一样，就是三元前的一个氧传感器出现了问题，结果轻轻松松就解决了。

时常京说，没有谁比谁更笨，也没有谁比谁更聪明，关键是看谁比谁更努力，看谁比谁更自律，看谁比谁更坚持。因为热爱，所以坚持。因为坚持，所以专注。

五

作家阿瑟·柯南·道尔曾经写下这样一句话：“人类是渺小的，工作才是一切。”这句颇带工作狂色彩的话，对时常京来说却恰如其分。

2012年冬天，天气格外寒冷，一场暴雪席卷而来，眼前顿时一片银装素裹。此时，他的“无尘喷漆”技术实验到了最艰苦的收官阶段。不幸的是，妻子突然重感冒住院，孩子尚小，父母年迈，这工作、生活的压力一下如潮水般向他涌来。

因为他工作太过投入和忙碌，不是吃住在公司，就是在出差的路上，有时半月都见不到人影。平时家庭生活，都是由曾经一边打工一边照顾老小的妻子来完成的。她理解自己的丈夫，知道他的工作比家庭事务更重要。

这日晚饭后，时常京悄悄躲开孩子和父母，偷偷到离家不远的一个小公园抹眼泪。突然，他的目光落在了一位年约70岁的老者身上，那老者手持弹弓，目不转睛地盯着十米开外的一个可乐瓶，只见他手一松，“啪”的一声，可乐瓶上面的石子应声而落。他立刻被老人高超的技艺惊住了，走上前去和老人打了声招呼，问道：“老人家，您这弹弓打得就像探囊取物一样精准，里面有什么门道吗？”

老人一笑说：“有啊，熟能生巧呗。”

老人说，其实这个很简单。首先要制作自己得心应手的工具，然后就是长期的坚持和专注。瞄准的时候，身体如同没有生命的木桩子一样纹丝不动，举起的手臂像驾车时车头上放一瓶水不歪不洒那样平稳。在实践中不断摸索，修正自己的姿态，那时眼里只看见那远处似乎闪闪发光的石子，脑子里什么也不想。做到这个份上，怎么会打不准呢？

听完老人的话，时常京陷入了深深的思考：是啊，这不就是老子所说的“用志不分，乃凝于神”吗？很多时候，也许你觉得保持专注很难，但事实上，专注恰恰是一门简单的功夫。

这个专注，或许是对兴趣，或许是对目标，或许只对某件事。

于是，他想到了汽车，想到了那个多年来困扰汽车维修时喷漆过程中的那个“难闻的味道”。

如果说训练和坚持是做加法，那么热爱和专注就是做减法。删繁就简，就是把多余的念头像砍枝杈一样大刀阔斧地削减掉，只保留最重要的主干，是保持专注的唯一秘诀。用时常京的话翻译过来，就是：这个用心，就是专注，更是创造。

汽车维修中的喷漆业务，以前都是使用对环境污染比较大的油性漆，不仅对环境是很大的污染，对维修师傅的身心健康也有很大的伤害。

于是，时常京和他的团队便一门心思地扑在了治疗这个“味病”的研究上来。

征得集团领导的大力支持后，他查遍了中外喷漆工艺方面的书籍，跑遍了全国汽修工厂，请教行业教授专家，最终选定了“水性漆喷涂”并制订出了详细的实施方案。如果说，这些事做起来是不辞辛苦、没日没夜，那接下来的实验过程更是困难重重、废寝忘食。

资金不足，就天天找领导、跑银行软磨硬泡；实验材料不过关，就倒了换、换了倒；工具不合适，就砸了修、修了砸；师傅技术不合格，就培了练、练了培；流程不完善，就建了改、改了建……“苦心人，天不负”。多半年下来，人瘦了，堆在实验室的资料却肥了，休息时间少了，能熟练掌握这门技术的“弟子”却多了。虽然中途也曾想过打退堂鼓，虽然也有过难以承受这看似“简单又单调”的折磨，最终，他们还是坚持了下来，最终，油性漆喷涂宣告淘汰，最终，这个节能减排、绿色环保的“水性漆喷涂”研究项目在济南首告成功。

说起来，世通集团确也是“大手笔”：在时常京的积极推动下，从 2013 年开始大力推行“水性漆喷涂”，先后投资千万余元，主导建立了工业北和经十西共两个钣喷中心，设有 18 个水性漆烤漆房、39 个无尘打磨房，烤漆房和打磨房均设有光氧净化装置和活性炭过滤装置，大大减少了大气污染，改善了劳动者的工作环境，为汽车喷漆行业开创了一个崭新的局面。时常京本人也被集团任命为喷漆中心总经理。

“一花独放不是春，百花齐放春满园”。为推广这个项目，提高“弟子们”的工作热情和业务水平，时常京也费了不少心思，他认为最有效的办法就是

联络各个汽修行业的员工一起参与进来，最简单的捷径就是以赛代练。

在济南市交通局、济南市总工会和各大企业的配合下，世通集团先后举办了六届济南市“钣喷技能大赛”、两届“服务技能和维修技术大赛”。通过集中培训、集中讲解、向优秀学习等方式，积极推广水性漆喷涂和无尘钣喷、钣喷人员个人防护等项目，有效提升了汽车行业钣喷技术和维修服务能力，同时也为社会输送了喷漆技师孙远玲、谢晋君、王烈广等大批优秀的钣金喷漆和维修服务专业人才。

用时常京自己的话说：“不逼自己一把，你永远不知道自己有多优秀。”

每每看到拖着疲惫的身体回到家中的“过路客”，妻子总是悄悄地告诉孩子：“小点声，别打扰爸爸休息。”这是理解、包容，也是夫妻间无私的奉献与袒护。

六

“泰山不厌微尘细土，故能成其大；河水不择细流，故能就其深”。平凡的岗位虽然像微尘细土、小水细流一样不起眼，但无数个平凡的岗位交织在一起，就是生生不息的高山大海，一如汽车行业的4S。

所谓4S，即整车销售（Sale）、零配件（Sparepart）、售后服务（Service）、信息反馈（Survey）等“四位一体”。这个“四位一体”，其实就是“一条龙服务”。4S中的各个环节紧密相关、相辅相成。对此，时常京有着更为深刻的理解。他说，销售是目的是核心，服务是保障是放心。咱们再来看看他在这方面的“三板斧”。

一板斧：建立规范的营销服务流程。

这流程，既包括行为规范、技术规范、服务环节和标准，也包括方案预设、效果评定和奖罚措施。他说，作为管理者，最重要的就是抓落实、找毛病，在改进中完善、在实践中进步。做好目标管理，就是使服务步骤标准化、日常工作表格化、检验工作规律化、销售指标细分化、晨会例会培训化。

在时常京工作室的墙壁上，挂有《七个凡事》，也许就是他对己对人的工作要求吧：凡事工作必有目标；凡事目标必有计划；凡事计划必有执行；凡事执行必有检查；凡事检查必有结果；凡事结果必有责任；凡事结果必有奖惩。

二板斧：耐心培养一支高素质营销服务队伍。

作为营销服务人员，最重要的品质就是态度和方法。其中，分析客户状况、了解客户心理、满足客户需求是销售服务成功的前提条件。

在睿蓝汽车销售服务大厅，一位刚入职的服务生小陈，讲述了他亲身经历的这样一个故事：某天，一对年轻夫妇来买车，小陈将他们带到展车前，指着各款车型向他们介绍说："这是 109800 元的标准型，这是 119800 元的舒适型和实用型。"

客户问："这两款车有什么不同？"

小陈答："109800 元这款车没有座椅加热、天窗、电动后视镜等。"

客户又问："装一个电动后视镜要花多少钱？"

小陈答："×× 元。"

客户问："如果我定下来怎么付款？"

小陈答："可以一次付清，也可以分期银行按揭。"

客户又问："按揭一个月要付多少？"

小陈答："如果按揭的话，先付 40%，余下的分三年付清，每个月只要付 ×× 元。如果你们的经济情况可以一次付款的话，买 119800 元的合算，如果采用分期付款的贷款方式，应该买 109800 元的。"

这对夫妇下午 2:30 左右来到展厅，3:30 以后他们的朋友赶到，应该说这是一个当天就可以成交的销售案例。但到了 4:30 他们离开时，这对夫妇只留给小陈一句话："让我们考虑一下是买哪款。"

在第二天的分析会上，时常京做了如下分析。

问题一：当客户问"如果我定下来，款怎么付"的时候，销售人员应该问这样的问题：“您是指这两款中的哪一款？”目的只有一个，让客户明确自己会选哪款车。因为客户离开时的理由就是“我要考虑选哪款”。同时，问清楚客户准备采取什么样的付款方式。

问题二：何种方式付款不是确定车型的条件，条件只有一个，即客户真实的投资目标。你不知道应该先明确客户的购买目标后，再做产品展示的道理。销售人员不去主动询问客户选哪一款车，这是现阶段汽车销售中存在的共性问题，尤其是销售人员销售的汽车有多种款式时，更容易出现这样的情况。当客户已经明确要买某个品牌的车时，首要的任务就是将客户的需求明确化，即洽谈之前就要弄清楚客户倾向性最强的车是哪一款，然后围绕客户的需求目标，不断强化购买会给他们带来的便利和好处，如果可能还可将不同车型甚至不同品牌的车辆情况对比说明，这样才有可能把整个销售引向需求目标。

问题三：当顾客问“装一个座椅加热要花多少钱”时，销售人员应该了解座椅加热对客户是否重要，可以问“您要买的车是否要座椅加热”，并根据客户的回答进行下一步的销售。如果客户的投资不足以购买装备座椅加热的车，就要向客户强调该车空调及密封的优良性。反之，应该强调有座椅加热的车冬天更舒适等。

最后时常京强调：一个不熟悉产品知识的人，是一个无法从事销售工作的人；一个没有真诚和热情的人，是一个缺少销售灵魂的人；一个不会微笑的人，是一个无法搞好服务的人；一个不注重仪表的人，是一个不会受人尊敬的人。

是的，所谓销售技巧，说白了，就是为客户着想，引导客户开心消费、安心使用。

三板斧：大胆尝试营销服务新模式。

在当今网络信息背景下，选择一种精准、快捷、方便的交流模式，已成为人们追求的生活方式。利用微信、抖音、短视频、快手等工具，满足人们信息交流、网上购物、线上会议甚至是“会诊看病”成为可能。

于是，除实体线下正常运营外，时常京团队择机开通了线上服务渠道。

一是配合汽车厂家，利用网上直播和宣传片的形式，宣传公司汽车产品，介绍其种类、性能。网上看车，送车上门。

二是创新网上营销模式，举行网上活动节、“赶大集”、限期优惠等活动。

三是推行网上故障诊断、上门服务。

以上各项新举措，有效地扩大了受众覆盖面，增加了客源，取得了意想不到的效果。为客户带来了极大便利的同时，也给公司创造了可观的经济和社会效益，受到了上级领导和同事们的一致好评。

集团老总周士东评价说："时常京可是咱们集团的顶梁柱，不仅仅业务好、水平高，关键是他人品端正，为人厚道，对自己自律，对工作坚持，有个做不好誓不罢休的态度。"

七

作为一个自食其力的劳动者，做好本职工作就是在为社会服务，满足某种社会需求，奉献社会，然后获取社会的回报，维持自己的生存发展，这是工作的第一要义。时常京常说："别总以为生活欠我们一个'满意'，其实是我们欠生活一个'努力'。"

是啊，劳模精神之所以伟大，源于劳模本身的伟大。而这个伟大，恰恰在于不起眼的平凡。从这个意义上说，劳模的人生，就是一段始于平凡、追求卓越的旅程。

2023年的第一场雪，飘飘洒洒来到了济南，大地顿时一片洁净。

雨后雪霁，济南便美成了老舍先生笔下的样子。那山、那泉、那河、那湖、那城，与这里面含笑容的人们一起，安适地享受着这全天下最美丽的时光。

天越晴，水越清，雪越白，藻越绿。"看吧，由澄清的河水慢慢往上看吧，空中，半空中，天上，自上而下全是那么清亮，那么蓝汪汪的，整个的是块空灵的蓝水晶。"（老舍《济南的冬天》）

世通汽车的展厅内，依然还是那样的人来人往。厅外的梅，身披雪衣，亭亭玉立，一如自信的世通人，一如时常京和他的团队，心有阳光、面含微笑，因为惊艳，所以芬芳。

轨迹与位移

——记济南市劳动模范、济南源虎食品有限公司王元虎

李书忠

王元虎、李少清夫妇家中的一面墙壁上，专门辟出了一块装修精致、隐含创业艰辛、凸显远大目标的“梦想墙”。“梦想墙”的内容是以王元虎的创业经历为主线，即从走出大山又转身回到农村的人生轨迹设置的。心中有梦，脚下生风。他正沿着自己设计的宏伟蓝图，一步一步地往前走，一点一点地朝着心中的“大目标”靠近……

梦想中的“大盖帽”和暖脚的“靰鞡鞋”

1979 年 12 月，王元虎出生在济南章丘南部山区一个名叫盆崖的小山村。

该村四面环山，地形复杂，道路陡险，多坚石，房子是纯石头房，地是石头壤，庄稼大多长在石头上。自1978年党的十一届三中全会召开后，土地承包给个人，家庭联产计酬的改革春风已吹遍神州大地，政府将土地的经营权下放回到农民手中，使农民真正成为生产的主人。多劳多得的分配制度，调动了亿万农民的生产积极性，从而解决了效率问题。同时，也打破了“干多干少一个样”的绝对分配制度，促进了生产效率的提高，让农民基本上解决了温饱问题。

但是，改革的春风似乎还未吹到大山中的盆崖村。因为，没有土地可承包，岩层之上那薄如纸片的土壤，既不能种小麦，也不能种玉米，只能种点耐旱、靠天生长的高粱、地瓜、谷子等作物。如果雨水少，即使这些靠天生存的作物，也收获不了多少粮食，温饱难以解决。

谈起这些，王元虎深有感触地对笔者说：“我家一年收获的小麦，只有那么一小缸，全部磨成面粉后，也不到做10斤馒头的量。为防止老鼠偷吃，平时，母亲将一块薄板石盖严缸口，只有逢年过节时，才挖出来食用。记忆中，我家一年只能吃三次饺子。一次是清明节，包几个水饺上坟祭祖，等祭完祖后，姐弟三个按个数分吃，打打牙祭。第二次是农历八月十五，象征性地尝尝白面水饺的味道，就算过了中秋节。第三次是过年期间，母亲将地瓜面和小麦粉掺和在一起，能吃一顿饱腹的二合面水饺。”

为贴补家用，春天，王元虎跟着比他大一点的小伙伴们，漫山遍野挖药材、捉山蝎，夏天打猪草，秋天揽花椒、摘山果，所有山里孩子能干的农活，他都干过，甚至别家的孩子没有干过的，他也干过。姐弟三个穿的褂子裤子，都是“再生”型的，裤褂的裤筒袖筒短了，用奶奶纺线织造的粗布接上一截，再染一染，照样穿。母亲曾用奶奶纺织的线穗、摊煎饼卖出的钱，给他买了一双两元钱的塑料凉鞋，让他高兴了一个夏天。

父亲在外做工，最让王元虎开心的是父亲休班回家。回到家中的父亲，如魔术师卖关子、抖包袱，从一只黑色的人造革皮包里，掏出一个满是字迹的报纸团球，小心翼翼地揭开裹了好几层的纸团，三五个满是裂纹的白面馒头便呈现在他和姐姐眼前。那是父亲平时不舍得吃积攒下来的，干硬得几乎用锤头砸才能掰开，成了补充姐弟身体的“高级营养品”。

最令王元虎难忘的是，北风呼啸、大雪飘飘的夜晚，刺骨的寒风穿透石墙的房屋，姐弟三个头挨头围着一盏如豆的煤油灯头，借助飘忽不定的微弱灯光做作业。一边做作业，一边将冻僵的手指握成拳状，放在嘴唇上哈气。

等到第二天早晨上学时，才发现，姐弟三个，不是姐姐额前的刘海被烧焦一块，就是弟弟的鼻孔被熏得能抠出一块炭来。雪后的山路冰滑难行，单薄的鞋袜抵挡不住严寒的侵袭，手脚冻得就如肿胀的胡萝卜，那时的王元虎做梦都想拥有一双软胶底、帆布帮的“靰鞡鞋”。

最使他扎心的是，有一年，父亲带他到明水赶大集，看到有小朋友戴着仿制的缀有帽徽的大盖帽招摇过市，他羡慕不已，紧盯着那顶儿童军帽，看了很久很久，直至那顶绿色的大盖帽消失在人群中，他还怅然若失地站在那里不肯离去。父亲自然明白小元虎的心思，由于囊中羞涩，只能假装没看见，于是拉着他的小手，逃一般离开了大集。此后，王元虎的心田里，埋下了一粒参军入伍、戴上一顶大盖帽的种子。

夜幕降临，王元虎有时会爬到家门口前的山头上，眺望远处连片的灯火，向往有一天，能过上城里人那种“楼上楼下、电灯电话”的生活。他在心里默默地发誓：“我一定要走出这座大山……”

种下一亩心愿，耕耘一片田地

1991 年，12 岁的王元虎与父母及两个姐姐终于走出了世代居住的大山，定居在离章丘城区不远的三涧溪村。这次“出山”，只是改变了他的生活和居住环境，心中的那座“大山”仍沉甸甸的，让他觉得没有一点轻松、松懈的理由，反而成了他刻苦学习的动力。每次考试，他的成绩都排在班级前十名。

体育竞技场上，他那矫健的身影，就如在山涧峡谷中跳跃腾挪的野鹿，速跑、跳高、跳远，从没有同学能超越他。在一次跳远中，助跑到起跳线前，他双脚离地，两臂就像两只翅膀腾空滑翔，动作干净利落，一下跳出了 5 米开外。裁判老师只觉得一阵风似的，一条黑影倏忽一下，从眼前就飞过去了。当测出跳远成绩后，简直不相信自己的眼睛，要求他再跳一遍。当王元虎第二遍轻松地跳出后，他惊讶地拍着王元虎瘦削的肩头，好奇地问：“小同学，你是不是从小就练习跳远？”

“我们大山里的孩子，从小就爬沟跳崖，练就了一副攀爬跳跃的好腿脚。”王元虎不以为然地说，“这还不是我的最好成绩，在山里，两三米宽、几十丈深的崖缝，我都能跳得过去呢。”

王元虎这惊人的一跳，在学校引起了轰动，还引起了一位体育老师的关注。这位体育老师不简单，她就是曾获济南市竞走比赛冠军、时章丘县竞走比赛冠军，现任中共山东省第十二届委员会委员，省妇联副主席（兼职），济南市章丘区双山街道三涧溪村党委书记、妇联主席的高淑贞。自从被高淑贞老师盯上后，无论是在德、智、体方面，还是在以后的创业阶段，王元虎都得到了高老师的极大帮助。高老师不但将他扶上战马，还送了一程又一程，以至于让他走到今天，成为名震乡里、具有社会责任感的青年企业家和全国农业劳动模范。

春种一粒粟，秋收万颗子。王元虎刚入初中时，心中定下了非章丘四中不考的志向和决心。皇天不负有心人，正如他所愿，初中毕业，他便以优异的成绩被章丘四中录取。

天赋加勤奋，爱拼才会赢。众所周知，一个自由落体的物体在下落过程中，它的速度是逐渐增大的。如果一个物体做匀速直线运动，它的加速度则是零。王元虎从大山上迁移到地势平缓、土地肥沃的三涧溪，何尝不是一个物理学中的“自由落体”？他没有因生存环境、学习环境的提高而沾沾自喜、不思进取，他不做匀速直线运动，而是逐渐增大进步的速度。

每当遇到挫折或不懂的难题，或者是学习的劲头有所松懈时，他就暗暗地告诫自己：“我是大山里的孩子，我要走出大山，我要人前显贵，必须自己遭罪。只有迈过眼前遇到的一道又一道的坎，才能实现自己的梦想——戴上‘大盖帽’、穿上‘靰鞡鞋’。”

高三学习阶段，王元虎表现出了对物理、英语两门课的极大爱好，成绩自然优于其他几门功课，也因此担任这两门课的课代表。因他学习成绩好，又热心班级事务，后来又当了班长。

山里的孩子皮实，一点都不娇气，磕着碰着，抓把土或捏一撮灰，捺在伤口上面止止血，几天后伤口愈合，结痂新肉就长出来了。王元虎可以光着脚丫子，在布满碎石、棘针的山路上疾驰奔跑，脚板上那层厚厚的皮茧和硬化的角质膜，如同粘贴上了一层刀枪不入的软猬甲，让他在崎岖、陡峭的山路上如履平川。

为减轻家中的负担，筹集上大学的学费，高考之后的第二天，不安分守己的王元虎，在劳务市场找到一份开挖电缆沟的“重活”。劳务经纪人把他和另一位同学带到济钢一座炼钢炉跟前，指着炉下坚硬的水泥地面说，从这里到配电室，下挖一条十几米长的地下缆沟，要求在十天之内完工。他俩面面相觑，心里没底。这时，劳务经纪人恶作剧般地看着两张稚嫩的脸，狡黠地问道："能干不？如果干不了我再另找人，中途溜工误了工期，不但一分钱的工钱得不到，还要追究责任。"听了这话，王元虎咬了咬牙，从嘴里蹦出一个字："干！"

砸地面是个力气活，百十斤的电锤搂在怀里，上下不停地跳动，别说一个十七八岁的年轻人感到吃力，即便是一个青壮年劳力也很难驾驭。镐头落在地面上，只留下一个小白点。这还不说，最让他俩受不了的是，头顶着火球般的太阳，那3000多度的炉膛高温所散发出的热量，就烤得他们几乎窒息。喝进肚子里的水，好像还没进入胃，就顺着毛孔蒸发出来了，咸渍渍的汗水煞得眼睛火辣辣的疼，衣裤被汗水浸得几乎能拧出水来。

这些苦、这些难，他们都能忍受，不能忍受的是，满手心的血泡握不住镐锹的木柄，攥不住电锤的把手。苦是自己找的，不能因苦就打退堂鼓。他们挑破血泡，咬着牙坚持，终于在规定的工期内，完成了那段地缆沟。

错失的“大盖帽”和
医到病除的“畜力先生”

高考时，王元虎发挥失常，实际成绩与估值成绩有一定的差距，但也达到了一本线。望着高考成绩，那顶梦中的“大盖帽”，似乎在不远处向他招手。于是，第一志愿他毫不犹豫地填报了一所军队院校。收到录取通知书后，却被一家“农”字号的畜牧学院录取。那一刻，失落、沮丧、灰心一起向他袭来，近乎迷失，前进的方向也错乱了。一生的从军梦落空了。但是，痛定思痛，克服心理障碍后，在开学的那一天，他背着行李，义无反顾地跨进了畜牧学院的大门……

大学期间，王元虎未因“兽”字专业不好听，而丧失学习的劲头，歪打正着，反而增加了他学习畜牧学的兴趣，帮他打开了从事畜牧行业的成功之门……

从小不安分的王元虎，脑壳里装满了折腾的细胞。大学期间，他在学好专业课程的同时，心里又开始琢磨起事来，寻找打工挣钱的机会。

大一暑假期间，受人委托，王元虎在章丘某小区租赁了一间住房，作为开展移动业务、销售电话卡的办公室。为了让客户相信自己的身份，他第一次违心地对外宣称自己是大学毕业的创业人员，并招聘了十几个电信移动业务销售人员。

凭着睿智的营销策略和吃苦耐劳的拼搏精神，一个暑期，他就为人代理销售了2万多元的移动电话卡业务。当时，委托代理人看他是个学生娃，就骗他说，业务代理费是由他和公司负责结算，之后，再由其将代理费转结给他。因涉世不深和经验不足，王元虎就按照委托人设定好的套路，一路走了过来。开学之际，当他要求委托人结算代理费用时，那人告诉他到济南某业务代销点找他。当王元虎高兴地来到那人所说的代销点时，人家告诉他，根本就没有这么一个人。听到这话，王元虎的脑袋一下就涨大了好几倍，一下坐在地上，半天没缓过神来……那可是他和十几个业务员一个暑期的血汗钱，再加上房屋租赁费，对一个学生来说无疑是天文数字。

王元虎认为，信守承诺、爱国明礼是一个人为人处世的标准，如果一个人不讲诚信，就会失去立身之本，社会就会失去运行之规。面对上门讨债的业务员，他信誓旦旦地说："我王元虎吐出唾沫是个钉，说话算数，半月内，你们找我拿钱吧。"开学后，家里给的5500元学费，不足以支付业务员的费用，于是，他又向同宿舍的10个同学借了3000元，好歹凑够了所欠业务员的工钱。

事实证明，凡是成就一番大事业的人，都有相同的特点，那就是：做事果断，有霸气，深具谋略，敢于冒险，不服输，喜欢创新。同时，还善于把握局势，不会放过任何有利的机会。

大二时，对"畜牧专业"深感兴趣的王元虎，突然萌生出休学回家养牛的想法，并向系主任提交了休学养牛申请书。学校劝他安心学习，并做他的思想工作，告诉他说，大学学习的机会只有一次，完成学业后，养牛的机会有的是。休学申请自然未能通过，但他还在时时捕捉锻炼自己的机会。

机会总是留给那些有准备的人。学校建在城外的养殖场，经常有蟊贼光顾，鸡鸭鹅兔牛羊猪，见啥偷啥，让学校领导很头疼。寒假期间，学校招募勤工俭学人员。由于面临春节，并且养殖场还存在一定的危险性，招募告示贴出后，竟无人揭榜。王元虎和同班的一名学弟得到消息后，积极报了名。

来到养殖场，他们除了加固牲畜圈舍外，还用所学知识为牲畜打疫苗、调配饲料喂养家畜、孵化鸡鸭鹅等。种蛋孵化室是养殖场里的重中之重，过去，一夜之间曾被人偷走600枚待孵化的种蛋，给学校造成了重大损失。为此，每到晚上，王元虎就将自己的床铺安在房门的后边，为震慑、防范蟊贼的侵袭，还在门后放置一杆看家护院的铁叉，在枕头下面放了秤砣、菜刀等器械。

养殖场离城区比较远，生活不便，王元虎两人忙于养殖场的管理，腾不出手来做饭。他们的系主任、系书记每天奔波几十里路，轮流给他们送饭。年三十晚上，周边村子上空，此起彼落的鞭炮声响成一片。王元虎和学弟忙完手头的工作，坐在办公室兼寝室的椅子上，望着窗外的烟花，心中五味杂陈，不知该如何度过这个隆重而又传统的节日。

这时，班主任手里拎着大包小包的年货，提着丰盛的饭菜，风尘仆仆来到养殖场，陪他俩一起吃年夜饭。大年初一清晨，王元虎和学弟伺候完养殖场里的牲畜，脱下白大褂，换上平时不舍得穿的新衣服，在养殖场的大门处，提前等候系主任和系书记的到来。两位系领导来到养殖场门口，看到门口两边、实验室、圈舍的门框上，贴着王元虎和学弟手书的鲜红的对联，还有那膘肥体壮的牛羊猪兔、昂首鸣叫的鸡鸭鹅。经了解得知，3000只鸡已经过人工授精，无一例牲畜死亡，无一头（只）牲畜丢失。两位系领导被深深感动，和他们紧紧地拥抱在一起，以这种方式对他们辛勤的付出表示感恩和谢意。

大四实习时，品学兼优的王元虎被系主任推荐到中国农业大学畜牧制药厂。进厂后，他充分发挥自己的专业特长，善于钻研，表现非常突出，很快就得到了厂领导的赏识。当时，厂里想让他在药品研制部门工作，没想到他却提出了到营销部门实习的请求。厂领导百思不得其解，对他说：“大部分新进人员都想到能学技术、办公环境好的部门工作，你倒好，反而到别人都不想干的营销部门做销售。你要想好，如果没有营销业绩，就会失去这份难得的实习机会。”

著名的推销之神原一平说过一句话：“销售的成功就是99%的努力+1%的技巧。”乔基拉德也曾说过：“销售的成功是99%勤奋+1%的运气。”他们的话都有道理，任何成功都是要有代价的，都需要付出很多辛勤的汗水。“技巧”和“运气”，王元虎是两样都不占，他只有“笨劲”。他义无反顾地走向市场，做了个推销员。

推销兽药，他首选家乡山东的市场。事情不像他想象的那么容易。起初，到养殖场、农村养殖大户那里，人家不熟悉药品的品牌，不敢拿自家的牲畜做试验，他不是遭到拒绝，就是直接吃闭门羹。在很长一段时间里，他没卖出一盒兽药。后来，他外出推销药品时，背包里装着一件“白大褂”，就像大夫出诊，走村入户、入场，以一副“畜力先生”的模样，出现在养殖场长或养殖户面前，采取“买一送一”的营销模式，如果买他一盒兽药，他会免费为养殖户的牲畜提供防疫、治病、骟牛羊等服务。因他专业知识强、业务技术高、售后服务好，很快就赢得了广大养殖户的信任，口碑传遍了四邻八乡，销售业绩直线上升。

王元虎告诉笔者，实习期间，当别人还在过年，沉浸在阖家团聚的欢乐中时，他年初五就踏上了销售兽药的路。具体跑了多少路，他也不知道。最具说服力的是，他大学一位同学的父亲在齐鲁石化工作，看他穿的运动鞋有点裂口，就将单位奖给自己的一双质量上乘、鞋底结实的黑皮鞋送给了他，等实习结束，那双皮鞋的鞋底已被磨透了。

实习期间，王元虎所挣的资金，不但还完了所有的学费，还用剩余的钱买了一块1400多元的手表、一套400多元的西服，满足了一下小小的虚荣心，让他风风光光地回到学校，完成了毕业论文的答辩。

返乡创业，由“大逆不道”到启动乡村振兴的“时光快车”

从异地高校毕业后，能到“北上广”工作的大学生绝对是精英，能站稳脚跟并能取得一定成绩的，绝对是人中龙凤、马中良驹。王元虎就属于这一类型。

他大学毕业后，应聘到北京一家大型企业集团，经过两年的打拼，做到了分公司经理的职位。每当夜深人静，他常常望着家乡的方向若有所思地发呆。湛蓝的夜空，有时偶尔划过一颗流星，看着流星的尾光，他常常想起小时候，站在家门口外的山顶上，眺望被灯火染成一片橘红色的城市。今生一定走出大山，过上城里人“楼上楼下、电灯电话”的生活的誓言，仿佛又回响在他耳旁。

现在，王元虎不但实现了自己的诺言，而且还是在北京工作。他想起来北京工作的前一天晚上，父亲置办了一桌酒席为他饯行。席间，父亲自豪地唱起了“我爱北京天安门，天安门上太阳升……”之后，父亲一改往日的严肃，端着酒杯，笑着对他说：“你考上大学，毕了业又在北京工作，当爹的心里高兴啊。北京我还没去过呢，等你混出名堂来了，我也到紫禁城、金銮殿逛逛，看看过去皇帝住过的屋、睡过的床都是什么样。”说着，父亲一仰脖子，满满一杯酒一饮而尽，满脸幸福的红光。

两年多来，无论是在内部管理、技术革新方面，还是在市场开拓、营销创收方面，王元虎都取得了不俗的业绩。但是，他心里总觉得还缺点什么。说不出，道不明，不说还堵得慌，让他一时陷入迷茫之中。直到有一天，他从新闻媒体上看到了关于恩师高淑贞的新闻。高老师被组织从学校调到三涧溪村担任党支部书记，创办企业为村民谋福祉，这一新闻如同一盏明灯，让他心里一下子亮堂了起来，他当即决定：回乡创业，时不我待。他的创业项目是：养猪。

2003 年 6 月，王元虎不顾领导的再三挽留、同事们的好言相劝，放弃高薪和别人羡慕的职位，办理了辞职手续，悄悄回到家中。

父亲气得暴跳如雷，骂他是个不知好歹、瞎折腾、穷鼓捣的逆子，以至要将他赶出家门，断绝父子关系。但是，只要是王元虎决定的事情，哪怕是天塌下来，也绝不反悔。与父亲闹僵后，他带着两个志趣相同、专业技术精湛的小学弟来到普集镇考察，之后选址准备建养猪场。恰巧那一年，猪瘟肆虐，有的养猪场、养殖大户，一夜间，几百头即将出栏的大肥猪病死殆尽，血本无归。

王元虎和他的小学弟一时踟蹰不前。时间不等人，上帝关上这扇门的同时，也会将一扇窗打开。于是，三个人投入少量的资金，购买诊疗器械、兽药、消毒药品后，走乡入户，再次披上白大褂，重新当起了老百姓口中的“畜力先生”。

给牲畜治病，活马可以当成死马医，但他们珍惜每一只牲畜的生命，决不允许出现一例牲畜死亡病例。他们运用所学的专业知识，为牲畜剖腹接生、骟牛羊、圈养育肥等。这些在农村被视为丢人、不体面的营生，但他们毫不在乎。哪怕是一只小狗小猫，也不因其生命低微而拒绝，甚至是半夜三更，随叫随到，医到病除，干得风生水起。

年轻人，医术高，脑子活，服务好。他们很快就声名鹊起，寻医问道、出诊救畜、邀请授课辅导的，每天都络绎不绝，并逐渐像滚雪球般壮大。时机成熟后，他们建起了自己的办公场所和高标准实验室。实验室设备齐全，省内大中专院校的教授、农科所的专家都慕名前来借用或租赁，进行畜牧方面的实验与研究。

王元虎和他的伙伴们，在下乡巡诊的同时，都是带着课题深入其中的。他们善于调查研究，画出市场波动图，通过数据分析，掌握市场行情。王元虎告诉笔者说，毛猪养殖一般三四年一个周期，比如说今年行情好了，这也意味着猪同期情况下减少了，等到猪价达到鼎盛时期，养殖户又纷纷开始养猪。但是，等新一批猪养出来（一年），行情又开始回落，回落后养殖户们又坚持不住了，不想养了，等大家都不想养的时候，价格又开始攀升了。

"猪周期"难破局，他归结为两方面的原因：心理方面。养猪不仅是身体战，还是心理战。很多养殖户在行情低位的时候，内心备受煎熬，很难坚持下来。当猪价较低的时候，养殖户的手头资金就会吃紧，他们只能把猪卖出去，缓解资金压力。

养猪如同打仗，知己知彼方能百战百胜。2006 年，王元虎做出了一个大胆的决定：将三个畜牧医院和一座设施齐全的实验室转租出去，开始养猪。

为了将有限的资金用在养猪上，他们将猪舍建在了一座窑厂附近，并向附近村庄的农户租赁了几辆地排车，像出窑工那样光着膀子，拉着满载红砖的地排车，在窑厂和在建猪舍之间奔跑。养猪、给牲畜看病是他们的强项，但出窑搬砖他们就是门外汉了。窑炉停火、窑门打开散热两天后，就要将烧熟的红砖搬运出来。之后，再将生坯砖块按部就班地叠摞进去。窑厂为了加速烧砖的循环链，不可能等到窑膛完全凉却后，再派人进去搬砖。

当王元虎和其他几名学弟看到出窑工穿着厚厚的冬棉衣出入窑膛时，幼稚地认为是多此一举，光着脊梁或者穿着单薄的衣裤，不是更容易散热、凉快吗？可是，当他们几人光着脊梁进入窑膛后，六七十度的窑温炙烤得他们的皮肤麻辣辣的疼，呼吸困难，几乎窒息。退出窑膛，每人买了一件军用大衣穿上后，才敢进入窑膛触热搬砖。搬砖不但在他们的双手上留下了烫伤的疤痕，而且这段搬砖拉砖建猪舍的经历，也在他们的记忆里烙上了深深的印痕。

猪舍建起来了，舞台搭起来了，猪该怎么养、戏该怎么唱？为此，王元虎他们专门进行了研究，决定以合伙人的形式，投资入股，人人都是股东，人人都是场主，自己给自己打工，风险共担，利益共沾。第一期投资 40 万元，从南方某养殖场购入了一批优质仔猪。那一年，毛猪市场需求旺盛，行情价格高，加上他们善于管理，毛猪出栏后，除去成本，每人分到了 60 万元的红利。

他们走出了成功的第一步，挖到了创业以来的第一桶金。

也就是在这一年，王元虎收获了爱情，一名善良温顺又知书达理、名叫李少清的姑娘走进了他的生活。但是，当姑娘将这一喜讯透露给父母时，父母得知她要嫁给一个养猪的，勃然大怒："一个养猪的，浑身臭烘烘的，有什么好的？街坊邻居要是知道我找了个养猪的女婿，还不把我笑话死？你不嫌丢人，我们还丢人呢。"同时，为了让她断绝与王元虎的联系，母亲寸步不离地紧盯着她。一天夜晚，趁母亲不注意，李少清偷出了户口本，爬出窗子，回到了王元虎身边。

为了嫁给那个值得她相守相爱、牵手一生的人，出逃后的李少清并不后悔。当听到母亲让人捎话"走了就永远别想再回这个家，除非我们死了"的时候，她那颗坚强的心一下子被击得粉碎，趴在王元虎肩头上大哭了一场……

结婚那天，他俩在用养猪赚的钱买的商品房里，举办了一场双方父母都不在场的婚礼，都感到些许的遗憾与无奈。

俗话说，人算不如天算。在他们追加资金扩大生猪养殖规模后，没想到生猪价格发生了断崖式的下跌，后期投入的资金一下子赔了个精光。那时，王元虎及其团队面临的是再投入继续养猪还是分道扬镳、各奔前程的境地。作为团队的头儿，王元虎不能倒下。组建个团队不容易，他与学弟们能够坚持走到今天不容易，遇到挫折就认㞞，那不是他王元虎的性格——没有“虎”性，还叫什么“王元虎”？

王元虎整理好思路，决定将生猪养殖场异地重建，搬迁至三涧溪村东南一处废弃的铁道边、到处长满野草的荒坡地，并与村里签订了承包合同。王元虎回乡创业的消息，其实早就传到了时任三涧溪村党支部书记高淑贞的耳朵里，对于昔日自己的得意门生回乡创业，她是打心里高兴。但是，为了让元虎在实践中得到历练，积累更丰富的创业经验，她没有过早地给自己的爱徒支着、提供方便，而是等他折腾到一定的程度、遇到解决不了的困难时，才帮助他在土地审批、猪舍建设方面提供了极大的方便。

建设中，银行贷款审核严格，审批门槛高，筹建资金遇到了困难，高书记瞒着丈夫将自家房产证做了抵押；资金缺口大时，她又发动三涧溪村党员干部、企业家为王元虎担保贷款。

建设性土地审批、筹建资金解决了，还得请施工队将规模化的猪圈盖起来。于是，王元虎跑到村里找到施工队长，将养殖场的设计和规划一股脑地向人家做了详细介绍。施工队长见他瘦巴巴的，戴一副近视眼镜，一脸的稚气，弱不禁风的样子，且浑身上下透着一股书生气，哪像叱咤风云、决胜千里的企业家？这还是次要的，他们最担心的是，猪圈盖起来了，工钱断链了，到那时工人向他要钱，他可承担不起。于是，施工队长婉言拒绝了他。为赶工期，王元虎只好跑到大山中的老家，找了一队民工进行施工。

垃圾猪、化工猪、蓝色馒头、化工药水泡制的凤爪等，严重危害人们的身体健康，保障食品安全必须从源头上改变，垃圾食品才不会流进百姓的餐桌。经过市场调研和多次考察，王元虎决定摒弃传统的养殖方式，改变生猪品种，养殖肉质鲜嫩、野味浓郁、风味独特、营养丰富、免疫力强的生态黑猪，并将养殖场注册为“济南源虎食品有限公司”。

“创业猪”让猪快乐，源虎黑猪“上山下乡”显神威

为让黑色小猪心情愉悦，王元虎让它们在生长过程中听音乐、睡席梦思床、

玩玩具，同时配有按摩器具；为保证肉制品质量安全，对 60 斤以前的猪认真防疫，合理饲喂，60 斤以后不添加任何工业饲料；为使源虎生态黑猪肉质鲜美，使其充分运动、任其自然生长 13 个月才出栏；为避免有害激素产生，对猪只进行沐浴、电晕、实施安乐死；为使消费者对产品放心，发挥中国生猪电子平台和当地畜产品质量安全指挥中心的作用，对产品从源头养殖到销售终端的网络化全程追溯。这就是一个返乡创业青年的“养猪经”。“创业猪”让猪快乐，一时成为行业内的美谈。

讲到黑猪的养殖，王元虎告诉笔者：“独有的饲养方式、特色的品种研究，使我们的源虎生态黑猪肉具有独有的、不易被复制的大理石花纹的同时，更加保证了消费者在餐桌上的‘零药残、零激素、零重金属’。”

公司成立后，市场由济南市区逐步拓展到北京、上海、青岛、东营、潍坊等大中城市和周边城市，产品售价 80–200 元 / 公斤不等。销售模式也从原来的社会团购为主，向高端家庭消费为主的零售市场转型。截至目前，公司已在济南市开设了公司直营店 11 家，发展会员 2 万余名。这一现代化养殖场的员工，包括王元虎在内，由当初的 3 名达到了现在的 50 多名，年出栏生猪 3000 余头，销售收入 1100 余万元。

正当王元虎黑猪养殖进入鼎盛时期，准备大展宏图，将三涧溪黑猪养殖场建设成为全国最大的黑猪养殖基地时，一道关于环境污染的难题摆在他面前。

随着章丘东城区的快速扩展和畜禽禁养区、限养区的划定，养殖场搬离城区、到他处选址建场已是板上钉钉。摆在王元虎面前的选择有两个：一是放弃黑猪养殖，转型改做其他产业；二是养殖场搬迁。当然，这个时候，他是不会放弃辛辛苦苦培育出的黑猪产业的。猪场搬迁，现有的基础设施、全动化的喂养设备全部报废，经济损失将会达到 2000 万元。

纠结、徘徊，艰难的抉择。王元虎心想，当初从北京回到家乡创业，为了什么？还不是为了造福一方，实现共同富裕的目标？更何况大学期间就入了党，也算得上是一名“老党员”了。

他经常提到：理想信念是共产党人的精神之“钙”。精神上“缺钙”，就会得“软骨病”，就可能在大是大非面前丧失原则、动摇立场，给党和人民的事业造成损失。哪怕自己受到损失，也不能让居民遭受空气源中的污秽之气。

想通了，眼前就是金光大道；想不通，就会钻进死胡同。关键时刻，他的恩师高淑贞书记又向他伸出了援助之手，在高书记的协调下，他承包了文祖镇黑峪村2000多亩荒山野岭，作为黑猪的散圈养基地。平整地面、猪圈建设、养殖用的电力都好解决，但如果水源解决不了，一切都是零。原有的一条引水上山、灌溉林果的管道，因长期不用、疏于管理，已经爆裂。如果维修继续使用，投入的资金等于重新修建一条新的管道，得不偿失。专家考察后，建议打一眼深井。

此处，巴掌厚的一层土下面就是岩石，取水难度可想而知。为了让新的养殖场尽快完工投产，王元虎也是拼了，马不停蹄地寻找资质好、钻探技术高的打井队，轰轰烈烈地大干起来。那段时间，他吃住在荒山野岭上，紧盯着那旋转的钻杆，恨不得两手掐住，像孙悟空变戏法似的，一下就将钻杆贯穿到800米深处，让甘洌清凉的井水突突突地喷涌出来。当钻杆下钻到550米时，已有水渗出，但极其微弱。再钻，水源还是很小，仅能满足人的饮用，如果上千头猪同时饮用，那就远远不够。没办法，只好放弃此井，在不远处新选井源，重新开钻。

有时，上帝也会和你开个小小的玩笑，考验一下你的耐性。该井钻探到600米时，钻杆咔嚓一下停止了旋转。这一下，把钻井工人吓得不轻，他们最怕的就是钻杆与钻头连接部位的折断，他们都知道，那合金钢材质的钻头极其昂贵，断裂后的钻头提不上来，造成经济损失不说，主要是井筒报废损失巨大。为了将钻头提出来，钻井队从全国聘请了知名专家，来到施工现场指挥，紧挨着此井，再钻一眼同样深度的井，打通井壁，用高科技手段将钻杆与钻头对接后，费了九牛二虎之力才将钻头提出来。

井筒做了通壁手术，显然已不能使用，只能放弃。也许，王元虎这种钻木取火、愚公移山的精神感动了上苍，第三眼井钻到500米时，地下水源汩汩溢出，经测验，该水量能保障上千头猪的饮用。王元虎那颗悬着的心总算落了地。

高大上的养殖场建立起来，容纳上千头黑猪的圈舍，远远地望去，成为乡村中一道亮丽的风景线。

“外表美不算美，表里兼美，才是乡村振兴的大美。”王元虎告诉笔者，“规模化养猪，最让人头疼的就是猪便的处理。未经熟化处理的粪便，是不允许直接向外排放的，那怎么办？为了合理化、循环利用养殖废物，高淑贞书记通过个人关系，帮我们聘请了山东大学的刘玉升教授当顾问，设计了一套废物循环利用的方案。根据方案设计，我们建立了粪便熟化池。当粪便堆积一段时间后就会发酵生虫，虫消化粪便，虫可喂养山鸡，虫的粪便虫砂还可肥田。其次，种植蔬菜和大量种植桑树，桑树最喜熟化后的猪粪水肥料。”因此，“五位一体”的循环农业模式，经过重复利用，很轻松地就把养殖污染问题解决了。

王元虎的创业历程一波三折，遭受了很多想象不到的难题，凭着顽强的毅力和睿智，这些难题都被他一个个地破解了。生活“线团”中结下的疙瘩，也凭着他的孝心和耐心，被迎刃而解。

一天，王元虎和妻子李少清正紧张忙碌地奔波在工地上，李少清的电话急促地响了起来。“你这个死妮子，非得等到我和你爹死了以后，你才踏进这个家门吗？”接听后，电话的那头，母亲带着哭腔告诉她说，“你爹病得很厉害，你回来看看吧！”王元虎将手头的工作交代好后，两人驱车朝着岳父母家疾驰而去。母亲看到久别的女儿，流着眼泪说：“都是爹娘不好，你别记恨俺俩的无知，只要你俩过得好，我们就放心了！”

随后，他俩以最快的速度，将老人送到解放军九六〇医院，并办理了住院手续，直到老人完全康复。

当初，王元虎背着父亲辞去高薪高职的工作，偷偷地返乡养猪，让父亲人前人后丢尽了颜面。更让王元虎锥心的是，他在北京工作期间，也没腾出时间带父亲看看首都的风景。父亲肝癌大出血后，基本是两个姐姐跑前忙后地照顾，他只是利用人脉和关系，找了几位知名的大夫查病治疗。

在齐鲁医院某病房，王元虎守在父亲的病床前，望着睡梦中的父亲，看着老人家清瘦焦黄的脸庞，他心里五味杂陈，内疚得将头埋在一双臂弯里，轻轻地啜泣起来。

“元虎，你要是忙就回去吧，这里有你姐照顾我，你放心好了。”父亲醒来后有气无力地催他回场工作。其实父亲心里很明白，自从大出血二次住院后，他就将自己的后事向儿子做了交代：工资卡的密码，卡里退休金还有多少，付完医疗费如果剩下钱，姐弟三人如何分配；丧事一定从简，不能给别人添麻烦，等等。

王元虎知道父亲时日不多了，再忙也要陪父亲拉拉呱，以此弥补父子之间缺失的亲情，顺便简单介绍了自己的经营情况和帮扶村民增收的事情。父亲工资卡里的那笔退休金到底有多少，他不知道。父亲已去世五六年了，他和姐姐至今未动卡里一分钱。

“章小福”的明天充满了阳光

2022 年注定是乡村振兴齐鲁样板村——三涧溪村“流量”暴涨的一年。先是以三涧溪村为故事原型的电视剧《三泉溪暖》在央视一套首播完美收官；其次，一座长 76 米、高 13.5 米的巨型粉猪建筑又悄然走红，成为章丘当地新的网红打卡地。

这头呆萌的大粉猪叫“章小福”，是由 170 吨异型钢结构打造而成，其中展厅入口处也就是“章小福”圆滚滚的“大脑袋”，全部是章丘铁锅制造手艺人一锤一锤纯手工敲打制成的。据说，还要申请吉尼斯世界纪录。“章小福”不仅有名有姓，还有一个帅气的“老公”叫“章小富”。两者的原型就是王元虎和李少清夫妇。

曾地处三涧溪村的源虎黑猪养殖场搬迁至文祖山区后，王元虎将把该地打造成集科普教育、劳动课程、创业孵化等多种功能于一体的农乐园。而这个“章小福”就是王元虎先期投资 1000 多万元，用一年多的时间打造建成的。而这个网红打卡地的真实身份，其实是“章小福农乐园”。除了这头巨型粉猪“章小福”，农乐园里最大的特色是劳动实践课。

2019 年，在打造“章小福农乐园”之前，这里是猪舍和菜地，孩子们可以尽情和小猪互动，可以体验种菜、采摘，还可以学做饭，真正在劳动中学习知识、感受生活、亲近大自然。

养殖场搬走后，留下的这 1 万余平方米猪舍地，计划投资 3000 余万元，分三期工程。主体建筑“章小福”是一期工程，建筑内部分为两层：一层是园区肉、菜、果蔬的分拣、分割、包装、冷链仓储，满足园区生产和主营业务配套功能；二层是章小福农创空间，既有“章丘好物”展示区，又有精心设计的农业科普课程包，还有“农创 + 创意 + 设计 + 电商直播”工作平台，已于 2022 年 9 月 1 日正式对外开放。

二期计划投资 1000 万元，为中小学生的劳动课和研学，设计规划参观、学习、劳作、体验、传承的完整线路，让孩子们在这里学会养猪、养鸡、种菜和做大锅饭。

三期项目则落地济南猪业研究院，承载整个园区“研”的功能，届时将有院士牵头，会在种质资源和降本增效方面发力，为全省的乡村振兴、产业振兴助力。

“一人富裕不叫富，大家富了才是富”。2018 年，源虎食品公司响应上级号召，积极加入东西部扶贫协作工作中。作为章丘第一批帮扶企业，在湖南湘西州泸溪县宋家寨村建成了 1 个养殖基地、1 个食品加工厂。在章丘和泸溪两地领导的支持下，在团省委、团市委的协调帮助下，经过两年努力，帮助国家级深度贫困村宋家寨村集体增收 60 多万元，其中 2020 年帮助该村产业增收 300 多万元，151 户贫困户脱贫。同时，在各级团组织的帮助下，动员了济南数家爱心企业购买当地椪柑等农产品，带动了数千户农户增收。

在谈到三期转型时，王元虎又告诉笔者：“我们计划用三年的时间，以一二三产业融合的方式，将章小福农乐园打造成为集组织、产业、文化、生态、人才‘五个振兴’于一体的农创园，探索出一条科技赋能农业、文创提升农业品牌的新路径，吸引更多年轻人返乡创业，带动三涧溪村及周边实现共同富裕。同时，通过打造充满趣味和科技感的劳动课程，让全市的中小学生能够在农乐园提升劳动技能，激发孩子们对农业知识和劳动实践的学习热情。”

“乡村振兴的根本是产业振兴，产业振兴又离不开人才”。在王元虎看来，搭建平台是吸引人才回乡创业的关键。在村里的支持下，他牵头创办让返乡青年能拎包入住的“农创园”，探索以“园中园”形式开展农创项目。绿涧生态农业合作社就是其中之一。合作社吸引了 120 多名青年党员、回乡大学生、复退军人入股，大棚种植果蔬。由于种出来的果蔬口感好、售价高，合作社经济效益不错，每年入股社员都能分到 14 万多元的红利。

“年轻人的到来，为乡村增添了活力，也为乡村产业发展带来了更多的可能性。”王元虎举例，90 后李其晓承包了农创园一个大棚，专门种他很喜爱的多肉植物，最多一天能有上万元的销售额，还有人专门养宠物、从事农业技术开发等。返乡的中国传媒大学南广学院大学生刘亚楠，承包了两个大棚，从去年开始，她利用专业特长尝试在网上直播卖货，这些“新玩法”让农业变得“不一样”。

王元虎认为，乡村振兴合伙人制度大有可为，乡村要多打造一些产业发展平台，让更多的人才找到适合自己落脚和发展的项目。“现在的年轻人，很少愿意从事传统农业，乡村还是要走一二三产融合发展的路子，给农业插上科技和工业的‘翅膀’。”

“一个现实问题是，不管是拉长产业链，建加工厂、仓储物流，还是做休闲观光农业，当前推进乡村产业融合发展，土地依然是个很大的制约。”王元虎认为，应进一步加强顶层设计，加快推进农村闲散土地盘活利用，尤其是加快实现村集体建设用地审批“多规合一”，解决返乡创业者的痛点和堵点问题，催生更多农业新业态。

“公司一路走来还是很幸运的。2018 年，习近平总书记视察章丘时，我有幸向总书记做了汇报。他叮嘱我说，在农村创业养黑猪很好，要继续想方设法带领农民增收致富！ 2013 年，时任中央政治局委员、国务院副总理汪洋也来到我们公司视察，并给予了充分肯定。”时至今日，王元虎谈起向习近平总书记汇报时的场景，依然很兴奋，“总书记的鼓励既是肯定也是鞭策，搞农业不能只是靠真金白银的投入，更需要有一颗本真的心，我想我们公司肯定会在做农业的路上不忘初心、砥砺前行的。”

与时俱进，坚守责任。王元虎、李少清夫妇用努力与奋斗，一笔一画书写着属于自己的瑰丽人生。

把青春给你

——记济南市劳动模范、济南铭威生物科技有限公司周丽

柯 群

“周丽：车间工人，长期在生产一线工作，克服学历不高的困惑，刻苦钻研玉米芯粉碎业务，熟练掌握多种设备操作技能，自主研发 10 多项科研产品，获得 6 项国家级专利……”这是在采访济南市劳模周丽之前，我看到的关于她的介绍资料。

深冬的早上，天寒地冻，呵气成霜，凛冽的北风吹得落光了叶子的树枝沙沙作响。拂晓时分，夜色褪去，天空灰蒙蒙的。太阳穿透云层，露了一下脸，又躲进灰蒙蒙的云彩里去了。六点刚过，我坐上城际大巴，跨越济南黄河大桥，一路向北。七点半，大巴缓缓驶进了济阳汽车站。再换乘区内公交，继续往西北行驶，一个小时后到达了新市镇工业经济园区总部。

我按照约定时间，来到了济南铭威生物科技有限公司，见到了 36 岁的周丽。她脸上带着淳朴的微笑，温文尔雅，端庄秀气，身材匀称，皮肤白皙，浑身散发着青春气息。简单寒暄后，我与她聊起了铭威公司 10 年辉煌的发展历史，追寻她凭借初中学历，不惧艰辛、勇于闯关、努力攀登设备技术改良高峰的足迹。

她有些腼腆内向，不善言辞。我问她：“为了公司的发展，你任劳任怨，

鞠躬尽瘁，呕心沥血，业绩如此骄人，是怎么做到的？”她手里翻着几页资料，羞涩地一笑，没有吱声，起身走出宽敞明亮的办公室。不一会儿，她把公司老总贾宝坤请到办公室，我们一起聊起来。

一

新市镇位于黄河北岸、济阳区的西北部。

波涛汹涌、一泻千里的九曲黄河，自青藏高原奔腾而下，绵延5000多公里，流经这里时变得异常温顺轻盈。这里土地肥沃，物产丰富。祖祖辈辈的人们面朝黄土背朝天，日出而作日落而息，凿井而饮，耕田而食，在这片金黄的土地上繁衍生息。

1987年12月，一个弱小的生命降临在一户普通的农家大院里。到她上幼儿园时，父母才给她起了大名，叫“周丽”。父母生养了她和弟弟两个孩子，靠几亩薄地艰难度日。

2002年，年满15岁的周丽初中毕业后，看家境贫寒，日子过得紧紧巴巴，父母终日劳作，吃苦受累，她心疼父母，就毅然决定放弃学业，打工挣钱补贴家用，供小她两岁的弟弟上学。

新市镇属于农业镇，农民们一年四季靠种地为生。秋季玉米收获后，把玉米粒卖掉，玉米芯堆在房前屋后，留作冬天烧火做饭。少数人将玉米芯粉碎后，当饲料喂牛羊。随着社会的发展，农村人也渐渐用上了新能源天然气，没人再用玉米芯烧火做饭了。扔了可惜，留着又没用，就堆在房前屋后，风吹雨淋日晒，日子久了就发霉发臭，严重污染环境。

这时，中专毕业后在青岛一家机械厂打工的贾宝坤，接触到了玉米芯深加工设备。通过市场调查，他发现国内的玉米芯深加工企业不足百家，且全部集中在东北三省，市场空间非常大。北方省份家家户户都种玉米，玉米芯的量很大。他还知道，玉米芯的作用大得很，不仅可以作为原料制成吸味吸臭的宠物垫料，还可以制成原味木屑、抛光物料、颗粒填充物，以及仓鼠、龙猫、刺猬、陆龟、蜥蜴的饲料。何不将这些玉米芯变废为宝，造福社会呢？

2013年秋天，贾宝坤返回家乡新市镇创业，经过半年的市场论证，成立了济南铭威农业科技有限公司，主营玉米芯深加工业务。

同样在青岛打工的踩石镇姑娘周丽，听说贾宝坤公司的情况，就辞掉了工厂的工作，返回家乡，加入贾宝坤的团队里，和他一起开启了艰难的创业历程。

十几位出生于20世纪80年代的年轻人，性格开朗，激情四射，待人诚实，思想活跃，做事稳重，敢想敢干，团队协作能力强，敢于面对各种挑战。他们被同一个梦想所吸引，一拍即合，说干就干。

公司刚开张那段时间里，业务量不是很大，客户对产品的要求也不是很严，粉碎玉米芯，一些小型设备就能对付过去。后来随着业务量加大和市场的拓展，客户对生产设备的要求越来越严，小型设备无论技术标准还是性能指标，都不能满足市场和客户的需求。而当时全国的玉米芯粉碎机械设备，都处在低水平线上。

面对这样的困境，贾宝坤果断决定自己动手改良设备。一向做事认真、沉默寡言、性格倔强的周丽，琢磨了很久，找到贾宝坤，接过了这一棘手的任务。从此，她和她的团队没日没夜地全身心投入到对机械设备的技术改良上。

周丽只有初中文化，她接下的任务属于专业技术人员才敢干的，没有任何参照物，技术难度难以想象。但公司的同事都知道，她爱学习肯钻研，再难的事，她都要弄个明白，否则就寝食难安。

二

2015年，铭威公司接到一单兽药设备的订单，花费40万元从临沂买了一套兽药载体提纯设备。使用半年后，这套设备生产出的产品无法达到客户的要求，影响到公司的形象和声誉。已经怀有身孕的周丽，每天有12个小时蹲在车间，将设备反复拆装，研究每一个部件的性能，经过多日的潜心研究，终于找到了问题的症结所在：精确度达不到客户要求的标准。目数不够，目数的行业标准应该是150目，而这套设备目数只有100—120目。周丽与她的团队改良几次没有成功，把临沂厂家的技术人员请来一起攻关，但还是没有成功。

当贾宝坤想要放弃这套设备时，周丽永不服输的倔劲上来了，她说绝不能半途而废，一定要找到原因，解决存在的问题，这才是对设备、产品、客户负责的态度。当时，行业里没有这种设备。周丽南下无锡，请来了生产中药的技术人员，又到济南请来了山东中医药大学的韩青春教授，一起攻关。

其间，她还去位于长清大学城的山东中医药大学实地考察。韩青春教授是研究玛卡的，对玉米芯粉碎设备不是很熟悉，只能对设备的维修进行指导。因铭威公司没有实验室，周丽只能借助中医药大学的实验室进行分析，实验室的数据分析了玉米芯的结构和数据标准，以及玉米芯内黄曲霉素，粗纤维占6%，灰粉占3%。那提纯设备的问题出在哪里呢？

世上无难事，只要肯登攀。接下来的日子里，周丽连续十天坐在车间的电脑前查看资料，研究设备的构造和工作原理。困了，躺在连椅上眯一会儿；饿了，啃一包随身携带的方便面。一个月后，她又黑又瘦，体重掉了10斤。

多日没回家的周丽，进门后父母差点没认出她来。爸爸抱着她，心疼得哭了起来："孩子，工作固然重要，如果身体垮了，你还怎么工作啊。"母亲双手捧着她憔悴的脸，近乎祈求地说："闺女，你请几天假，妈妈做些好吃的，给你调理调理身子。"

"爸，妈，瞧你们，女儿又不是纸糊的。我年轻，没事的。"周丽安慰了父母一句，吃完饭又去了工厂，一头扎进车间里，继续研究设备的技术改良问题。

经过60天的艰难攻关，设备的技术问题终于找到了：主要存在合金刀数量不足，粉碎机内的压盘间距缝隙不够，风选机风速、风压不均匀等。

针对以上问题，周丽和他的团队集中攻关，增加了合金刀的布局和密度，从8个增加到16个。测试之后，还不行，仍然达不到市场要求。经过反复周密的分析，周丽提议再增加一套振动筛，与风选机组合在一起，组成一套完整的新的生产线，看能否达到预期目的、满足客户要求。

多次测试后，周丽研发改良后的新的生产线，制造出来的玉米芯粉碎机的精细度，终于达到了预期设计标准，样机发出后，客户反馈效果非常好。

这台改良后的设备，打破了玉米芯粉碎设备的行业壁垒，填补了一项国内空白，获得了国家发明专利和实用新型专利证书。

公司成立的10年间，周丽带领她的团队，在技术研发的道路上，克服重重困难，攻克道道难关，以坚忍不拔的顽强意志，在新产品设计制造上，取得了六项国家专利：玉米芯粉碎用的给料机构（粉碎设备）、玉米芯加工用预处理装置、用于玉米粉碎机的清理装置、玉米芯粉碎颗粒分级筛选装置、用于玉米芯加工的粉碎烘干装置、用于玉米芯粉碎的过滤装置。

说到周丽对公司的贡献，总经理贾宝坤告诉我："如果没有周丽对科研事业的执着、在困难面前的坚持，就没有铭威生物辉煌的今天。铭威生物旗飘扬的旗帜上，有周丽她们‘血染的风采’。”

三

周丽从小就对科学有浓厚的兴趣。上小学的时候，课余时间，她把一些小玩具拆了装、装了拆。1995 年 5 月 6 日，中共中央、国务院作出《关于加速科学技术进步的决定》，同时提出科教兴国战略。上初中期间，周丽渐渐明白了这样一个道理：科学技术是第一生产力，中国的发展离不开科技进步和驱动创新。创新是一个民族进步的灵魂，是一个国家兴旺发达的不竭动力。一个没有创新力的民族难以屹立于世界民族之林。科技是国民经济发展的重要支撑。

一个国家是这样，一个企业也是这样。

入职济南铭威生物科技有限公司后不久，周丽就对创始人贾宝坤提出，生物科技公司必须以科技研发为核心，没有科技创新，公司就很难做大做强。

一路走来，铭威生物秉承着这样的发展理念，走到了今天，成为一家国家级高新技术企业，以玉米秸秆、玉米芯等农田废弃物为原料，加工成橡胶助剂、饲料原料、兽药载体、宠物垫料等高附加值产品。公司集农产品深加工、产业园运营等，多产业综合发展，拥有 23 项实用新型专利、2 项国家专利。

贾宝坤非常自豪地说："今天的铭威生物，能成为行业的翘楚、业界标杆，靠的就是科技创新。没有科技的引领，铭威生物就寸步难行；没有创新的支撑，企业很难在残酷的市场竞争中立于不败之地。这，虽然是周丽小组集体智慧的结晶，但她本人也功不可没。没有她在困难时的执着与坚持，很多技术攻关可能就半途而废了。今天的周丽，就是铭威生物的核心。"

听到公司老总这样夸赞自己，性格内向的周丽顿时绯红了脸。

她低着头，摆摆手，谦逊地说："过奖了，领导。我哪有那么大能量，我就是咱们公司科研攻关小组的一员，成绩是大家拼着命干出来的。"

这一刻，我理解了"巾帼不让须眉，柔肩亦担重任"的含义，对这位 80 后劳模肃然起敬。

四

“过去一文不值的玉米芯，现在成了我们手里的香饽饽。我们按一吨 700 元收购，如果你有 10 亩玉米地，每年的玉米芯就有 1000 元收入。对于以种地为生的农民来说，等于是天上掉下一个大馅饼。”

贾宝坤兴奋地告诉我，玉米芯深加工项目给当地及周边老百姓带来了巨大财富。每年秋季到来之前，公司与附近村庄的村民签订收购协议，用高于市场价的价格将农民手里的玉米芯收过来，粉碎后加工成橡胶助剂、玉米芯粉、饲料原料、兽药载体、宠物垫料等高附加值产品。

坐在一侧的周丽抢过了话头：“玉米芯深加工，不仅仅给农民带来财富，更重要的是实现了经济总部园区产业的升级和新旧动能转换。”她告诉我，新市经济总部园区坚持发展高科技、实现产业化发展，牢牢把握“高质量发展与可持续发展”的目标，眼下正在形成以科技创新为引领，以新技术、新产业、新业态、新模式为核心，以知识、技术、信息、数据等新生产要素为支撑的经济发展新动能。铭威生物是经济总部园区的重点企业，必须对标济阳南部的新旧动能转换高质量发展先行区，为园区里的其他企业做出表率、树立标杆。

周丽的这番宏论，再次让我对她刮目相看。

听完周丽的话，贾宝坤哈哈一笑：“看来，我这总经理的位子要让给周丽了。”

周丽有些不好意思地说：“我就是给贾总打下手的。”

过了一会儿，周丽端着一杯热茶，放在我面前，收起笑容说：“作家老师，我这辈子就做一件事，做一件让农民吃饱饭有钱花的事。只要是增加农民收入的事，再苦再累我也干，因为我是农民的女儿。玉米芯深加工，变废为宝，能让农民挣到钱，我就扑下身子干好这件事。当年，我正是看到玉米芯回收，可以让有 10 亩玉米地的父老乡亲，每年额外收入 1000 元，才毅然决然地加入贾总的创业团队的。”

是的，周丽就是凭着这么一腔热血、一股子干劲，在三千多个日夜里与贾宝坤的创业团队打拼创业，不离不弃，同舟共济，克服无数艰难险阻，一路披荆斩棘，愣是把一个不起眼的玉米芯加工厂，打造成国家级高新技术企

业，打造成经济总部园区年销售收入5000万元的省级扶贫龙头企业。她把一个女人一生中最美好的年华献给了铭威生物，献给了她钟爱的科技研发事业。每每看到家乡父老用玉米芯换回大把人民币，乐得喜笑颜开时，她也会像个孩子似的欢欣鼓舞。那种幸福感、获得感，外人是难以体会的。

五

一家企业能做多大、走多远，取决于企业决策者内心的格局和初心使命。

“我们铭威生物创立的目的，就是让父老乡亲彻底脱贫，过上富裕的小康生活。父老乡亲们对美好生活的向往，就是铭威生物全体员工的奋斗目标。所以铭威生物不仅仅是一家玉米芯回收深加工企业，还是一家有着大爱之心和善意之举，充满人性化的企业。公司里的每一位员工都有一颗仁爱之心，大家在一起，像兄弟姐妹一样互助互爱，和谐相处。向社会献爱心，捐款捐物做慈善，是公司的一项常设活动。”贾宝坤告诉我说。

我看到，公司的文化墙上，关于企业的初心与使命，是这样写的：“以爱的名义，行孝善之举，积大德、行大善、传大爱。”

贾宝坤告诉我，这些活动，虽然都是他露脸，但具体运作都是周丽。很难想象一个醉心于科研攻关和技术革新的青年俊杰，还有另外一个身份——爱心慈善大使。所有的空闲时间，周丽都带领着这批优秀的80后，去社会上献爱心、做慈善。

是的，周丽是个心地善良的女孩子。她的母亲告诉我：“别看我闺女不爱言语，从小却是个热心肠，乐善好施。从小到大，从同学到同事，从朋友到闺蜜，无论谁有了困难，她都会伸手帮一把。读小学时，她爱吃零嘴，我给她买的小零食，她自己不舍得吃，全都分给了家境贫寒的同学。”

尊老是中华民族的传统美德。周丽对老年人的关爱，有一份特殊的情感。这与她从小到大所处的成长环境有关。她的童年时代，因父母忙于挣钱养家，她跟爷爷奶奶在一起的时候更多，她的快乐也大都来自爷爷奶奶的疼爱。待她成年后有了收入，每月都给爷爷奶奶买鱼、肉、水果，再苦再累也陪老人家拉呱，定期给老人泡脚，剪指甲和趾甲。

2020年1月，新冠疫情爆发前，一场小雪纷纷扬扬地洒落，新市镇一片冰天雪地，北风呼号，寒气袭人。周丽在公司累了一天，回到家，饭还没吃，躺在床上闭目养神。她忽然想起，该给爷爷奶奶洗脚、剪指甲和趾甲了。于是她掀掉被子，翻身下床，穿上羽绒服，没来得及跟公婆、丈夫、孩子说一声，一头钻进驾驶室，在漆黑的夜色中回了踩石镇的娘家。

父母置办年货还没回家。周丽脱去羽绒服，烧了两盆热水，分别端到爷爷奶奶身边。手伸进盆里试了试水温，不太烫了，就搬来一个马扎，坐在两个盆子中间，脱去两位老人的袜子，卷起裤腿，伸开双手捧起四只脚，轻轻地放进热水里。

头发花白的爷爷抬起两只颤抖的手，猛地将周丽的头搂进怀里，豆大的泪珠涌出眼眶，吧嗒吧嗒地掉进热水盆里。

“爷爷，你咋啦？哭啥啊？”周丽把手从盆子里抽出来，在胸前的毛衫上蹭了蹭，抹着爷爷眼角的泪珠。

奶奶眼里也浸满了泪水，哽咽着说：“你都是给人当娘的人了，还跑回来给爷爷奶奶洗脚，我们老两口心里不是滋味。”

周丽把手重新放进水里，边往奶奶的脚上撩水边说：“这有啥啊，我小时候，你们不是这样养我的吗？”

“老吾老以及人之老。”周丽对周围及社会上的老人，也是关怀备至。

自2023年加入社区志愿者队伍以来，她始终本着“依托社区，服务社区”的宗旨，在满足社区居民需求、弘扬互助风尚、促进社区精神风貌建设中尽心尽力，发挥了模范带头作用。

周丽带领志愿者深入社区老年群体，提供暖心细微的服务，为孤寡老人、残疾人及城区“三无”人员送医、送药、送粮、送钱、送温暖，定期去养老机构，给那些生活不能自理的老年人洗脸、洗澡、擦背、端屎、端尿，让他们感受到人间的大爱和社会的温暖。

2021年夏天，一个骄阳似火的午后，与周丽是邻居的70多岁的刘老太太下楼时，不慎把脚脖子扭伤了，疼痛难忍，老伴扶着她靠墙站立着。周丽正好外出，看到这一情景，她急忙把老人搀扶回了4楼的家中。老两口千恩万谢，说给儿子打电话也没有这么方便。

作为助老志愿者，周丽主动把自己的手机号码写给邻里的独居老人，让他们有困难找她，随叫随到。一次，隔壁3楼一位独居老人打电话说，家里灯坏了，还没做晚饭呢。周丽立即拿着台灯送了过去。

社区里很多老人的孩子都不在身边，有事都愿意找周丽。在社区居委会，老人们纷纷夸赞周丽对他们真好，比亲人还亲。

在周丽的影响和带动下，越来越多热爱公益事业的年轻人加入了志愿者队伍。

六

在公司的荣誉墙上，我看到这样一组数字：“济南铭威生物科技有限公司成立10年间，累计向社会捐款捐物近5万元。其中，疫情三年向一线防疫人员捐款3000元。”

一家拥有几十名员工的民营企业，在自身经营十分艰难的情况下，依然牢记公司成立时的初心与使命，响应党和政府的号召，参与公益事业，为全国经济复苏尽匹夫之责。

济阳区民政部门传给我一份济南铭威生物科技有限公司近几年向社会捐赠各种物资的明细：给贫困村捐助1万元，用于修建生产道路；累计带动5

名就业困难人员就业；在日常生活中帮扶贫困户，春节发放油、米、面等生活物资；捐助 1000 元用于尊师重教，帮扶困难学生；疫情期间为防疫一线的工作人员送去 3000 元慰问物资；2020 年 1 月，向山东省扶贫开发事业捐赠 1 万元；2021 年 1 月，向济南市红十字会捐款 1 万元，用于帮助困难儿童；捐助 1 万元，为贫困留守儿童建造爱心希望小屋；2022 年 1 月，向济南市残疾人福利基金会捐款 2000 元，用于“乡村振兴，防盲治盲”助残公益项目；2023 年 6 月，向新市镇人民政府捐款 2000 元，用于“啤酒牛奶嘉年华”文化旅游活动。

“在保证企业正常经营的同时，力所能及地为社会做些公益事业，是济南铭威生物科技有限公司做大做强的根基。大家可能有所不知，带领员工做公益事业的依然是周丽，并且做这些事情时不占用一分一秒的工作时间。作为公司的决策人，我实在没有分身术，只好辛苦他们了。”贾宝坤总经理说这句话时，眼里浸满了泪水。他发自肺腑地感激这支充满爱心的年轻团队。

工作之余，周丽除了负责组织策划所有的公益活动外，还参与到具体的实施细节中。外联内调，动员全公司职工及家属一起做公益。一支数百人的公益队伍，活跃在新市镇的村村落落。当地百姓和政府夸赞他们是一支“永远走不了的公益爱心宣传队”。

我问周丽：“科研攻关、设备改良的工作，已经让你疲惫不堪，怎么还有精力揽下这么大一摊子事？”

周丽莞尔一笑，这么解释她所理解的企业发展与慈善公益事业的关系：“科研与公益，一静一动，动静结合，互为补充。科研是枯燥的，公益是热闹的。搞科研坐久了，可以做些公益，活动一下筋骨。当然，从根上讲，还是源于公司的初心与使命，以及我最初的信仰：行善积德，储存大爱。我为人人，人人才能为我。”

七

从 2013 年到 2023 年，3600 多个艰难创业的日日夜夜里，济南铭威生物科技有限公司书写了属于这个时代的辉煌篇章，先后获得了众多荣誉：2017 年“国家高新技术企业”“济南市社会力量助力脱贫攻坚先进民营企业”，

2018 年“省级扶贫龙头企业”“济南市就业扶贫车间”“济南市农业产业化重点龙头企业”“济南市青年文明号”，2019 年“慈善爱心企业”，2020 年“济南市专家工作站”“济南市专精特新企业”，2021 年“创新型班组”“市级工友创业园”，2022 年“山东省专精特新企业”“经济建设突出贡献企业”……

这些荣誉的背后，是贾宝坤、周丽等优秀的 80 后们开拓奋进、辛勤耕耘、创优争先、干事创业的雄心壮志，是他们追逐梦想、披荆斩棘、拥抱人生的精彩故事。

荣誉不是终点，创新没有尽头。

持续的企业文化与科技创新机制，是济南铭威生物技术有限公司高质量发展的核心竞争力。从科研到产业，从原料到产品，铭威生物持之以恒地坚持变废为宝、造福社会的经营理念，引领行业朝着下一个十年的宏伟目标砥砺前行。

进入新时代，位于黄河下游的济南市迎来了新的历史发展机遇。

黄河流域生态保护和高质量发展起步区，已经融入国家黄河战略。开启省会北起新征程，引领黄河时代大合唱。济阳新市镇与起步区的核心区域大桥组团、崔寨组团、桑梓店组团，一东一西，东西呼应。新市经济园区总部自觉融入起步区的黄河战略。济南铭威生物技术有限公司随后跟进，进入高质量发展的广阔空间，迎来前所未有的历史机遇。

在这千载难逢的机遇面前，贾宝坤、周丽他们将施展出全部的聪明才智，将玉米芯深加工项目、玉米芯粉碎机设备改良技术，打造成起步区新旧动能转换的标杆，将济南铭威生物技术有限公司打造成全国玉米芯深加工、玉米芯机械设备制造行业的翘楚。

下一个十年，必将是贾宝坤、周丽等优秀 80 后们夺金摘银、大展拳脚的时代。济南铭威生物技术有限公司将继续秉承以人为本、以义取利、积累财富、变废为宝、造福社会的经营理念，创造出属于新时代的社会价值，为黄河流域新旧动能转换高质量发展提供样板。

二十年后，济南黄河北岸将崛起一座现代化名城。贾宝坤、周丽及无数个 80 后，将是这片热土开发建设的开拓者、见证者。光荣属于他们！

翩舞在钢火焊花中的女汉子

——记济南市劳动模范、济南重工股份有限公司李世珍

赵春燕

2022 年 10 月 14 日，“劳动铸就梦想，奋斗开创未来”2022 年度“济南最美职工”发布仪式在济南广播电视台演播大厅举行。济南重工集团职工李世珍荣获“济南最美职工”荣誉称号。当从领导手中接过沉甸甸的奖杯时，这位朴实的女子红红的脸上先是绽开了笑容，继而流下了激动的泪水。

她明白，这份荣誉是组织对自己多年以来努力工作的肯定，更是对自己以后工作的一份鞭策。回首从业路，几多坎坷几多忧。

农家姑娘，萌生梦想

1973 年 1 月 31 日，济南市历城区董家镇江家村村民李寿亭家，一名健康的女婴呱呱坠地。看着襁褓里家中最小的孩子，李寿亭这位上过抗美援朝战场的硬汉子既高兴又发愁。高兴的是家中喜得千金，家族又壮大了一点；愁的是家中那五个儿女尚未长大，又来一个，本来就大的经济压力再次增大。但尽管经济压力很大，他还是很开心地接纳了家庭的新成员，并且更加努力地耕田种地来养家。上过战场扛过枪的他深知活着的意义，他爱着家里的每一个孩子，和爱人努力给孩子们创造一个好的生活环境。

童年的李世珍长着大大的眼睛，皮肤白嫩，生活在父母及哥哥姐姐们的呵护下。一家人的生活虽不是很富裕，但也温馨幸福。李世珍虽然是家里最小的孩子，但她并不娇气。父母的忙碌与不易，她都看在眼里，常常在上学之余，帮助父母干些力所能及的家务，来减轻他们的负担。父亲看在眼里喜在心里，感觉这个小妮儿以后一定有出息，就告诉她说："妮儿，好好干，你将来差不了。"

一晃十几年过去，李世珍高中未毕业，成绩一向很好的她选择了回村待业。因为虽然在省城郊区居住，但家里的主要经济来源还是务农的收入。父母辛苦一年的收入仅够一家八口人维持生计，实在无力支付她上大学。懂事的李世珍为了减轻父母的负担，主动选择不再上学。父母看在眼里疼在心里，有很多的无奈与心酸。

辍学之后，李世珍在家帮着父母干了几年农活。但作为一个热血青年，她是有自己的梦想的，她不甘心一辈子面朝黄土背朝天，她梦想着有一天能够进入工厂成为一名光荣的女工，为国家的建设添砖加瓦。当济南市印染厂到村里招收女工时，李世珍踊跃报了名。然而由于种种原因，她与那次机会失之交臂。看着村里的女孩子们骑着"二六"自行车，穿着工装上下班，再看着自己身上旧得不能再旧、改得不能再改的衣服，李世珍羡慕得不得了。她更加坚定了自己的梦想：一定要进入工厂，实现自己的工人梦。如果能进工厂，自己一定要学门技术，成为一个技术女工。

进入重工，初涉电焊

1993 年，济南重型厂已经是个规模较大的国有企业了，它就建在济南市历城区董家镇江家村附近。碰巧重型厂在招临时工，很想学门技术的李世珍就赶紧报了名。但是和自己梦想的不一样，初到重型厂，李世珍并未被分到车间去学技术，而只是在夏天帮着卖卖冰棍。她每天推着冰棍箱，望着身穿蓝色工装从厂房里出来的工友，心里眼里满是羡慕。她憧憬着自己有一天也能穿起蓝色工装走进车间，拿起工具成为一名真正有技术的工人。

有一次，李世珍推着冰棍车经过车间门口，通过车间门的缝隙看到电焊车间工人们手中电焊冒出的蓝色火花，她觉得非常漂亮，被它所吸引。她觉得那火花特别像过年时放出的礼花，非常亲切。正是这种亲切感，让她在之后 30 多年的时间里，与电焊紧密相伴。

在做了一年多临时工之后，李世珍成为一名正式职工。她没有像一般女孩子那样选择一个轻松的岗位，而主动选择进车间跟着师父学电焊。对于教惯了男学徒的师父来说，领着一个瘦小的女孩子学电焊，简直是不可思议的事。撇过美不美不说，光是安全帽、防护服、护目镜等这一套装备，分量就不轻，再加上一把焊枪，一般女孩子拿都拿不动。师父估计这个女孩子也就是逞逞能，干几天也就算了。

电焊对李世珍来说，也确实是完全陌生的东西。当瘦小的她换上工装、挽起长发、戴上头盔时，只觉身躯变重，眼前有些模糊。再戴上自己用剩布头缝制的口罩以及保护眼睛的眼罩时，她更感觉有些窒息了。拿起焊枪，她小小的手根本就握不住，她发现平时看见的那些高大威猛的汉子拿在手里似玩具的焊枪，在自己手里有千斤重。夏日的车间闷热异常，电焊放射出的火花四处飞溅，各种难闻的气味散发出来，再加上紧张、焦虑，她头痛欲裂，处于晕晕乎乎的状态中。好在有师父在身边手把手指导，要不她就焊偏了位置。师父告诉她，心不专，手不稳，焊不准位置，会出责任事故，甚至关乎性命。她吓出一身冷汗，在战战兢兢中努力克服着自己的各种不适。好容易熬到下班，她被已是浑身湿透，汗水涔涔，一阵阵眩晕，差点因虚脱而倒在地上。怕别人说自己来自农村还吃不了苦，也怕被辞退，更怕父母失望，她只能硬撑。

等回到家，她感觉自己眼睛生疼，到镜子前一看，两眼肿得像铜铃。脱掉衣服摘下口罩，她发现两颊、两手、两臂被火花照得通红。整整一夜，她躺在床上辗转反侧疼痛难眠。父母几次进房看望她，母亲劝她说，如果确实干不了，就别干了。父亲在窗前站了很久，只说了一句“妮儿，好好干，我们老李家的人都是好样的”，就离开了。

经过一晚上的思考，李世珍还是决定继续学习电焊这门技术。第二天，当她那瘦小的身影毅然出现在车间门口时，师父既有些惊讶也有些欣慰，他觉得眼前这个姑娘和一般姑娘不一样。这个不爱红装爱蓝装的姑娘，从此就与那带着火花的电焊结伴前行了。

面对困境，选择坚守

就在李世珍正式进入重型厂，成为一名焊接学员之后不久，国家面临新的形势，厂子也要直面市场经济带来的冲击。自 1996 年开始，济南重型厂效益开始下滑。部分技术过硬的职工，尤其是男职工，靠着微薄的工资难以维持生计。为了养家糊口，他们不得不辞职，去更好的企业发展，毕竟那时的工资也就不到 100 元。也正是这一年，重型厂的“传帮带”出现断层，厂里的“大老师”基本都离开了。而此时的李世珍虽还处于学徒阶段，但她已能独自作业了。

一方面是外面世界的高薪诱惑，一方面是重型厂的低薪苦撑，李世珍有些迷茫了。她不时听到老同事辞职后在外面做生意发财的消息，偶尔也看到一些衣着光鲜的老同事回厂办事的身影。看着那些老同事光鲜的衣着、整齐的妆容，再看着自己那一身“远看像乞丐，近看像捡破烂的，仔细一看是搞电焊的”，被火花烧得满是洞洞、沾满泥污的工装，李世珍心里一时波澜四起。但想到公司面临的窘境，想到自己多年来想成为一名技术工人的夙愿，想到父亲那些掷地有声的话，她决定选择坚守。她相信公司会破茧成蝶，一定会迎来转机。

事实也确实如此。在李世珍和同事们努力工作苦苦坚守之后，自 1997 年开始，单位的状况慢慢开始好转了。但是单位里真正懂电焊技术的人少之又少，李世珍她们那一批职工里很多都没有接受过专业的培训，她和同事们只能边学边摸索。即便是有孕在身，李世珍也坚持在焊接车间上班。

怀孕时，李世珍挺着大肚子，拿着焊枪蹲在车间，一焊就是好几个小时。冬天的车间又大又透风，蹲在焊接机器前，前面热得似火炉，后面冷得像冰窖。常常背上被冻僵，前胸冒热汗。夏天的车间像个大火炉，由于待焊接的机器需要提前预热，车间是没有空调的，只能在旁边安个大电扇。一天的焊接工作结束时，李世珍身上被汗水浸透，长了很多痱子。随着孩子在肚子里慢慢长大，李世珍起蹲越来越困难，一个工时下来，她的腿脚肿胀，要靠别人搀扶才能站起来。回家以后，她几乎瘫在床上不能动。

工友们纷纷劝李世珍早休息，她想到厂子里技术人员缺乏，工作进度太慢，一直咬牙坚持到孩子出生前一天才休息。为此，大家都叫她“拼命三娘”“女汉子”。那些不理解她的人，都说她傻。还好，在同一个单位上班的爱人很理解她，他给她那由于常年戴护目镜和口罩，上半边被电焊火花灼伤变红、下半边被汗水泡白的脸涂着药说：“你辛苦了，等咱儿子长大了，让他向你学习。”可以说孩子的胎教音乐是电焊的“滋滋”声，这也使得他日后与母亲的工作结下了不解之缘。

紧要关头，勇挑重担

一直以来，重型厂电焊工人使用的都是“手把焊”；“二保焊”设备虽然有，但一直不受重视。焊接质检员比较保守，要求只能用手把焊盖面，但二保焊的效率和强度均比手把焊更好。为了证明此说法，李世珍主动向其他单位的技术人员学习，并且查阅了很多资料，也做了很多相关的实验。经过不懈努力，最终，她成为使用二保焊全程焊接的第一人。使用这种焊接技术，既节约工时，又节约成本。

之后，公司借助新旧动能转换的机遇进行产品升级，把盾构机项目作为发展的主要项目。盾构机是具有“工程机械之王”美誉的大国重器的主要部件，光刀盘就重达五六十吨，直径也在七八米，图纸近百张，焊接量和焊接难度堪称机械工程之最。其探伤标准要求极高，很多有着 20 多年工龄的焊工也难以满足要求。当时公司共有三个电焊班，都不敢轻易接下这个看似不可能完成的任务。公司给三个焊接班轮流做工作，但大家都很纠结，不敢轻易尝试，怕出差错。眼看公司又面临大项目流失的困境，想到自己是个党员，结合自

己这些年承担公司急难险重任务的经验，李世珍思索半天，毅然代表班组接下了焊接盾构机刀盘的艰巨任务。

接下任务的那一晚，李世珍彻夜失眠。从来没有见过的复杂结构，同事们由于不理解而发表的各种议论，对于未来所面临问题的未知，种种想法充斥着她的脑子。她觉得压力太大，有些想反悔。第二天上班，正当她准备打退堂鼓的时候，无意间听到的几位男同事的对话触动了她：“李世珍，男的都不敢接的活，她一个女的逞什么能，看她到时候出什么洋相吧。”她想：“女的怎么了？难道男的不敢接的活，我们女的就不能接吗？我就不信这个邪。男人能干的事，女人能干；男人不能干的事，女人未必不能干。古有花木兰替父从军，今有李世珍带队搞焊接。”回到班组，她斩钉截铁地对大家说：“盾构机刀盘焊接任务，咱们班接定了。”说完，她眼里的泪花不由自主地打转转。“女汉子”有泪也轻弹啊。

说干就干。130 多块钢板，最厚的达 100 多毫米，纵横交错，要在不足半米的狭小空间内焊接成型。面对这样的结构，李世珍和同事们当时都傻眼了。有几处甚至需要蹲下仰着头看着焊接，穿着严实的绝缘服，一蹲就是三个多小时。首次试焊，李世珍先上。不足半米的空间内，头伸进去焊枪进不去，焊枪进去视线又是盲区。这样就只能把防护面罩摘掉，眯着眼睛焊。刺眼的火花，打得眼睛生疼。又是夏天，等她爬出来，感觉腰酸痛腿发麻。脱掉厚重的绝缘服，把衣服一拧，全是水，皮肤也被汗水泡肿了。那段时间，李世珍多年的腰颈肩旧疾复发，针灸推拿完，一边贴着膏药一边搞焊接。榜样的力量是强大的，同组工友看见她如此拼命，都跟着她反复试焊、反复总结，不断进步。

随着工期不断缩短，加班是常态。李世珍他们几乎吃住在单位里。有一天休息的间隙，李世珍像往常一样坐在场地胡乱凑合着吃饭，突然看见公司组织的进场参观的职工子女里头有一张熟悉的面孔，仔细一看，原来是自己的儿子。她想起已经很久没有回家看孩子了，他的脸是那样熟悉又陌生。一种愧疚感在心中萌发，她的泪顺着脸庞流了下来。儿子许久没有见过母亲，一时没有认出她那全副武装下上半边黑红、下半边泛白的脸。母子双目对视好久之后，儿子终于认出了他，他也流下了泪。临近高考，对于母亲不能陪伴的那种怨恨，随着看见母亲劳累而心疼的那一瞬间，而烟消云散。儿子终于理解了母亲的努力与不易，临走时，他说了一句话："妈妈辛苦了，我爱你。"正是这句话，让李世珍再也压制不住自己的感情，哽咽起来。虽说为了工作舍小家顾大家，但哪个当妈的不疼爱自己的孩子啊？

儿子那次参观完公司之后，他的理解化为了实际行动，高考之后他选择了一所铁路院校，坚定地与母亲一道，决定为地铁、铁路的建设奉献力量。看到儿子的行为，李世珍感到很欣慰，父母的力量就是榜样的力量，她干工作更起劲了。

退休之后，发挥余热

其实作为一个济南人，李世珍承接盾构机焊接项目，也是有"私心"的，她希望济南地铁能够借助盾构机的力量快速建成，这样济南市民出行就更方便了，自己也算是为济南的公共交通事业出了一份力。盾构机是大的新型机械，它对于地铁的挖掘起到了举足轻重的作用。虽为大型机械，需要焊接的缝隙却是很小的，焊接出来的接口要兼具坚固性与美观性，需要工人有足够的专注力与高超的技术。因此这些焊接接口全部是手工操作，属于"私人订制"。

李世珍往往焊接最难焊接的位置，那前盾人舱半径不足半米，高不及半人，内壁是预热过的很厚的钢板，人要半蹲在里面进行焊接。瘦小的她，拿起了大大的焊枪，动作干脆利索但又精准无误。那焊枪被她握在手上服服帖帖地工作着，似乎是她手上的一根大绣花针。火花四溅处，钢板细微的缝隙被焊成了精美的艺术品。那一刻，火花飞溅处，她的手蹁跹其中，无比美丽。完成任务后，她放下护目镜与焊枪，用手撩了撩被汗水浸湿的衣服，目光无比坚毅。

焊接大国重器，成为一个大国工匠，这是李世珍毕生的目标，她也在努力地践行着。她的努力，成为全家以及全公司人的楷模与骄傲。济南地铁一号线通车那天，公司的好多同事都作为特邀代表乘坐了地铁，李世珍由于加班错过了这个机会，但在电焊的钢火焊花中，她似乎看见了庆祝的礼花。她觉得自己与同事们所有的努力，都是值得的。

时光荏苒，李世珍在重工集团度过了30多年，成了公司焊接行当的“扛把子”。她是实干家，这样的实力干将得到了各级领导的认可，她获得了“济南工匠”、市三八红旗手、市党代表、市劳模等30余项奖项和荣誉称号。2020年，她被评为全国盾构工匠，她带领的班组也被评为“山东省工人先锋号”。这样能干的一个人，尽管有很多不舍，也到了退休年龄。看着工作了多年的单位，她有很多的留恋。

就在李世珍即将开启退休生活时，公司领导再一次找到她。单位焊接部面临老手不足、新手不熟的青黄不接的窘境，希望她留下来带一带年轻的同事。此时，李世珍家里经过了一次拆迁，经济上已经不用她再操心了，家人们都等着她回家享受生活颐养天年呢。一边是衣食无忧悠闲自在的退休生活，一边是钢火焊花的艰苦环境，李世珍再次面临着抉择。想到年轻时“做一个有技术的女工”的梦想，想到工作后“焊接大国重器，成为一个大国工匠”的目标，短暂犹豫之后，她选择了返聘，回公司继续带领团队，引领新学徒。

李世珍坚持每天在工作结束后，总结一天的经验和不足，把它记录下来，形成了《工匠日志》。她将经验分享给其他班组，对焊工手把手进行示范。为了能够更好传授刀盘焊接技艺，做好新人培养工作，李世珍几乎没有节假日，从上班到下班，时间都是在焊花闪闪中度过。在李世珍“传帮带”精神的影响下，由她培养的青年职工庞显宾在山东省第二十四届“青年职业技术比武”活动中荣获二等奖。取得了好成绩的庞显宾非常感激李世珍，他说：“正是由于李世珍老师的教导，才有了我今天的成绩。我将学习李老师的工匠精神，继续钻研，努力为济南重工创造更大的价值！”

如今是一个科技飞速发展的时代，需要把传统的手工焊接技术与电脑操作结合起来。年长的工人有技术但不懂电脑，年轻的工人懂电脑但又不会手工焊接。李世珍看在眼里急在心里，她召集一群年轻同事，手把手指导他们练焊接，又把年长的工人召集到一起学习电脑操作。她要做一个桥梁，承前启后，把传统与现代结合起来。眼看着一个返聘期快到了，李世珍已经做好了再次续聘的准备。正如小时候父亲说的那样，她这么多年以来都“好好干了”也“干得不错”，她努力践行自己的目标，成了一个“有技术的大国工匠”。今后，她还会继续努力，做一个翩舞在钢火焊花中的“女汉子”。

李世珍是工业的裁缝，以钢铁为布料，以电弧做针线，用辛劳与汗水，将一台台盾构机焊接融合成“私人订制”的艺术品。她用实际行动在平凡的岗位做出了不平凡的业绩，书写了不平凡的人生。她和济南轨道交通集团一起，为把济南建设成新时代现代化强省会贡献着自己的力量。

妙手生花处，国之重器生。正是由于李世珍她们这些大国工匠的默默奉献，才有了我们国家的日益强盛。

刑警本色："追逃"永远在路上

——记济南市先进工作者、济南市公安局轨道交通分局卓杰

李　贺

"经常有人问我，是什么能让我把工作做成事业，在'追逃'的道路上无所畏惧。我想应该是责任、坚持和信念。我是一名刑警，打击犯罪、保护人民是刑警的神圣职责和光荣使命，我要让自己成为打击犯罪的一把尖刀，洞察犯罪的蛛丝马迹，让在逃人员归案，让法律彰显公正。"

这位中等个头、身材偏瘦、头发花白，走在人群里再普通不过的中年人，就是被誉为"在逃人员终结者"的刑警卓杰。

卓杰，是警界一个响当当的名字，从一系列的数字就可以看出他的“厉害”：从警16年，抓获各类在逃人员650余名，仅2021年就抓获210名，年度“追逃”总成绩名列全市第一，协助外省市公安机关“追逃”成功率达100%。

“从海量信息中捕捉到有价值的情报，没有诀窍，就是‘执着’二字”

今年53岁的卓杰，是济南市公安局轨道公交分局刑警大队的四级高级警长。16年前，他从部队转业到公安局，脱下军装换上警服，完成了从军人到警察的身份转变。在新的工作岗位上，卓杰感到了无形的压力，公安业务对他来说就是白纸一张，他要从头学起。他的业务是抓捕各类在逃人员，这不仅是一种极其危险的工作，还需要在研判分析在逃人员轨迹上下功夫。卓杰的性格中有种不服输的倔劲儿，他要求自己尽快熟悉业务，尽快做出工作成绩。

为了尽快掌握信息化业务技能，用于研判在逃人员踪迹，卓杰用了整整一年的时间，刻苦钻研这项业务。他以大数据为主导，潜心归纳提炼出“追逃”立体战这一技战法，摸索出了“三环、三线、三立”、网上网下合成的高效“追逃”模式，反复推演资源数据集成工作运用法、逆向验证工作法等“追逃”技战法，并将其在实战中应用，极大地提高了“追逃”的精准度。

卓杰对工作的痴迷到了废寝忘食的地步，为了跟踪在逃人员的踪迹，他通常不吃午饭，也从不午休。因为他知道，大多数人吃完午饭都要休息一会儿，在逃人员也是这样。他要利用在他看来黄金般的中午休息时间，结合自己研究的“追逃战术”，与时间赛跑，从海量的数据中不停搜索，不断筛查，反复研判，抓住稍纵即逝的战机。事实证明，他多次抓获的在逃人员的踪迹，都是在这个时间段研判出来的。

精准研判在逃人员的动态，是一项相当艰苦的工作，它不仅需要孜孜以求、刻苦钻研的精神，还要积累经验，练就过人的追逃本领。卓杰注重钻研战法，创新追逃方法，另辟蹊径、不走寻常路的思维方式，使他“追逃”的技法炉火纯青，逐渐成长为“追逃”工作的行家里手。

为了核对逃犯信息，卓杰经常深入现场寻线追踪，有时冒着大雪蹲守，一蹲就是两三天；有时顶着三伏天的烈日，在几百人的工地里一个工棚一个工棚地摸排；有时沿街查看相关监控长达七八个小时……这些烦琐枯燥的工作，他从不厌倦，从不抱怨，始终脚踏实地，认认真真地对待每一起案件。正是凭着这种对工作的执着和坚守，他总能在错综复杂的案情中发现蛛丝马迹，找到突破口，锁定逃犯目标。

2021 年 2 月 19 日中午，卓杰研判出某市在逃人员姜某在济阳的活动轨迹，立即和另外两名同事赶到济阳王河村实施抓捕。经审查，姜某对其抢劫的犯罪事实供认不讳。该案顺利移交给当地警方。

同年 3 月 3 日，卓杰在研判逃犯信息时发现，涉嫌故意杀人的杨某在我市有活动轨迹。他运用"点线面"结合的追逃策略，"点"上精准位置范围，多"线"辐射实施抓捕，摸排逃犯有可能的藏匿地点。根据他的研判线索，杨某很快被抓获，他的研判战术进一步得到实战的证实。

3 月 23 日中午，卓杰向长清公安分局范村派出所推送逃犯研判线索：在长清区某烹饪学院附近，有在逃人员褚某的活动轨迹。范村派出所民警迅速出击，于下午 2 时将褚某成功抓获。

同年 6 月 23 日，卓杰研判出 10 名涉嫌电信诈骗的逃犯在济南的落脚处，并协助河南洛阳警方一天内将其全部抓获。

2022 年 1 月 13 日，公交分局第三派出所收到卓杰推送的逃犯信息后，立即行动，于次日中午在高新区舜华路附近，将内蒙古在逃人员马某抓获。这也是在卓杰准确的技术支持下成功抓捕的案例之一。

一次，安徽某地公安局刑警支队的同行专程来济南找卓杰，称他们上网追逃的犯罪嫌疑人在济南出现轨迹，请求协助查找。卓杰经排查研判，发现该逃犯在某地车库出现。他与安徽同行一同前往，一盯就是一整天，直到第二天中午，目标还没出现，大家又累又饿，有人提议去目标所在的公司打探一下情况，卓杰连忙制止，说这样不行，万一打草惊蛇，就很难再摸到该逃犯的线索了。"我们就在车库里守着，大家再坚持一下。"卓杰的话坚定了大家的信心，果不其然，没多久，目标出现了，刑警们一举将其抓获。

卓杰运用自己追逃的研判战术，成功将潜藏 22 年、25 年、26 年的三个命案逃犯抓捕归案，省公安厅专门发来贺电向他表示祝贺。总结自己的实战经验，卓杰说："如何从海量的信息中捕捉到有价值的情报？没有诀窍，就是'执着'二字。"

“一个人的能力是有限的，把我的工作经验分享给大家，让年轻民警快速成长，是我最大的心愿”

作为抓捕小组里年龄最大的成员，在一线奋战的同时，卓杰也开始考虑“传帮带”，让年轻民警快速成长，让“追逃”工作后继有人。他不仅将经手的每一起案件的研判详情、抓捕细节进行仔细梳理，为年轻民警提供“追逃”思路，还撰写了50多份研判报告，报告中提炼出多种“追逃”技战法。“追逃”工作中克服各种困难的实战经验，尤其是他潜心归纳提炼出的高效“追逃”模式，都在报告中有详细的讲解说明。

“信息研判不仅要从海量的在逃人员信息库中过滤出有用的信息进行反复比对，还要对很多间接线索认真甄别。”“梳理追逃工作中的线索虽然很枯燥，但是非常关键，不仅需要动脑子想办法，还要有定力和信心。”卓杰把自己工作中的经验、方法以及坚忍的毅力、认真的工作态度，都毫无保留地传授给年轻同志，让他们少走弯路，尽快成长起来。

2021年，经过反复推演，卓杰又总结出了资源数据集成工作运用法、逆向验证工作法等“追逃”方法，并在实战中进行了深入应用和推广，极大地提高了“追逃”工作的实效性和精准度，当年共抓获在逃人员210名，取得公交分局历史最好成绩。

一次，卓杰带新警小高和小梅抓逃犯。这是两名新警的第一次实战，心情都十分激动。一路上，卓杰把可能会遇到的突发情况和注意事项，尽可能详尽地给他俩说了一遍，比如“先把人看清楚，尽量记在脑子里”“面对未知的逃犯，应如何抓捕”等。1个小时后，他们来到逃犯的藏身地，一个开放式老居民区。

小区楼房老旧，门牌号无序，打听了几位居民，都不知道逃犯可能藏身的306号在哪里，他们只能根据大的范围摸排询问。小高和小梅在一排楼前查看时，从楼道里走出一个男人，大声质问他们是干什么的。他俩面面相觑，不知如何回答。卓杰马上赶过去解释：“我们是外地的，想租这里的房子，看看周围的生活区是否方便。”

那人将信将疑地走开了。卓杰连忙对他俩说：“遇到这种情况，必须根据现场情况回答，回答要自然，不能引起怀疑，问就说是租房子或找旅馆的。假设里面有逃犯，千万不要惊到他。还有，走路姿势也要自然，刚才这位居民之所以质问，是因为你俩左顾右盼的小动作太多。如果查询的目的性太明确，容易引起别人的怀疑。”

在卓杰的示范和引领下，三人不知不觉地走过一栋又一栋楼、一条又一条街。突然，他们发现不远处的一个房子的门牌号，就是 306 号！这是一个门头房，房子是一栋加盖的 6 层楼房，这栋楼和其他楼连着，拐弯抹角的。他们走进去，在楼道里听到一个房间里有说话的声音，大概有三四个人。卓杰示意他俩不要贸然进去，马上一起走出了楼道。路边有个卖小吃的妇女，卓杰问她这楼上的房东在哪里，他们想租房。那妇女指了指路边一间办公室。卓杰他们来到房东办公室，直接亮明身份，让房东看了逃犯的照片，问：“认识这个人吗？”房东看后肯定地说：“认识，就是前天租我房子的那个男的，这不正在三楼给他安空调吗，我刚从他那儿下来，听他电话里说有事儿，要马上出去。”

事不宜迟，卓杰的一个眼神，小高和小梅心领神会。他们飞速跑进 306 号院内，直奔三楼。边跑卓杰边低声向他俩交代抓捕战术：快速靠近逃犯，确定身份后不要犹豫，以最快的速度将其控制。

他们快步爬上三楼，迎面下来两个人，和第二个人错身的一刹那，卓杰感觉那人的眼神极像要找的逃犯。“高某某！”卓杰突然大喊一声，那人一愣，转身想跑，后面的小高和小梅一左一右把他摁在地上。卓杰亮出警官证说，“我们是济南市公安局的，你是不是高某某？”此人叹了一口气，小声说：“我是，刚搬来这里还没两天，你们是怎么找到的？”

现在，小高和小梅已经成长为“追逃”路上的业务骨干。“一枝独秀不是春，万紫千红春满园”。卓杰不仅让自己做到了“能文能武”，理论与实战双开花，而且助推了年轻民警们的成长进步。在他的带动下，轨道公交分局涌现出一批敬业奉献、技能高超、勤奋工作的优秀“追逃”民警。

2022 年 1 月 10 日，是第二个中国人民警察节。在这个有着特殊意义的节日里，“卓杰‘追逃’工作室”正式挂牌成立。这是轨道公交分局首个以民警名字命名的工作室，标志着卓杰及其团队的“追逃”工作开启了新征程。同事们称赞他人如其名，“卓越”又“杰出”，他却谦逊地表示：“一个人的能力是有限的，把我的工作经验分享给大家，让年轻民警快速成长，是我最大的心愿。”

“情报研判就是与逃犯的较量，将犯罪分子绳之以法是我最大的成就感”

要说“追逃”工作最难的环节，要数研判后现场抓捕时目标的寻找和认定。这不仅需要认真和极大的耐心，还要有足够丰富的实战经验。“失之毫厘，谬以千里”是卓杰体会最深的一句话，但他始终坚信一个道理：将在逃人员抓捕归案，让其接受法律的制裁，是他们逃不掉的宿命。这些在逃人员如惊弓之鸟，惶惶不可终日，长期紧张的生活一定会露出破绽，所以，无论这项工作多枯燥多艰辛，卓杰总是用足够的耐心和决心对待它。经过常年的工作积累，卓杰把平时关注的在逃人员标注下来，专门整理成档，时时拿出来分析研判。而多年的历练和积累，使他拥有了一双识别逃犯的“火眼金睛”。

2022 年 8 月 1 日，卓杰意外发现了在逃 22 年之久的刘某的踪迹。刘某的位置显示在某城郊接合部的城中村。当卓杰和同事迅速赶到时，才发现情况复杂，这里的房子拐弯抹角，层层叠叠，给抓捕工作带来相当大的困难。如果挨家挨户巡查，容易打草惊蛇。首要任务是锁定刘某的具体位置，缩小范围，这样便于实施抓捕。

卓杰通过城中村一家小卖部的快递业务，发现了刘某来此处领取过快递包裹的线索。他向店主亮明警察身份后，店主怕惹事，不愿意配合调查。他坐下来苦口婆心地给店主做工作，终于弄清了刘某的身份：城中村菜市场蔬菜批发商。

卓杰装扮成买菜的村民，慢悠悠地走进菜市场。职业的本能，让他一眼就锁定了在角落里正忙着批发蔬菜的刘某。虽然从未见过刘某，但因常年跟踪研判，刘某的形象早已烂熟于心。22 年的逃亡生涯，让刘某早已从一个年轻人变成了中年人，模样有了很大的改变。

卓杰上前询问菜的价格。刘某的眼神和照片如出一辙，这更加证实了卓杰的认定。他安排好大家的站位，准备实施抓捕。有的同志提出是不是再进一步确认一下身份，因为此人和在逃刘某的形象相差极大。正在大家犹豫不决时，卓杰坚定地说："事不宜迟，抓错了我负责。但如果在逃 22 年的人员再次漏网，就是我们警察的失职。"

果不其然，此人被带到分局接受讯问时，死活不承认自己就是刘某。当 DAN 鉴定书摆在他面前，证明他就是在逃 22 年的刘某时，他瘫坐在椅子上，如实供述了自己当年故意伤害致人死亡的犯罪事实。只是他怎么也不会知道，自己小心翼翼地隐藏了 22 年后，遇到了"在逃人员终结者"卓杰，也就逃不掉被抓的命运了。

2023 年 10 月 5 日，卓杰成功研判抓获了潜逃济南 25 年的命案逃犯杨某。这是自 2022 年以来抓获潜逃 22 年、26 年命案逃犯后，累计抓获的第三名命案逃犯。省公安厅"追逃办"专门发来贺电，予以祝贺和褒扬。

研判出杨某在济南章丘的信息后，卓杰立即和同事赶到章丘的一个乡镇。杨某已经逃亡 25 年，形体相貌已发生很大变化，但他的东北口音不会变，卓杰就从他的口音入手开始调查。说来比较幸运，卓杰从一位环卫工人口中得知，一家仓库看门的夫妇就是东北人，年龄大约 60 多岁。年龄和口音都对上了，卓杰和同事们立即赶去查证。卓杰进门时，看到那个看门的东北人正从厨房里出来，他对身边的同事说："应该就是他，立即抓捕。"

卓杰的"火眼金睛"不容置疑，那人就是杨某。

杨某归案后，对 25 年前在东北的犯罪行为供认不讳。25 年来，他带着妻子东躲西藏，不敢与家里的父母和孩子有任何联系，被抓后他说自己终于解脱了，再也不想过担惊受怕见不到亲人的日子了。

2023 年，卓杰经过精心研判，相继抓获了潜逃 14 年、9 年、7 年、6 年的在逃人员，他也在业内获得了"在逃人员终结者"的赞誉。"情报研判就是与逃犯的较量，将犯罪分子绳之以法是我最大的成就感。"这是卓杰工作中值得骄傲的体会。

"'追逃'中我从不奢望幸运，幸运是用严谨认真的工作态度和不怕吃苦的精神换来的"

2022 年 9 月 2 日早 9 点，卓杰和两位同事驾车到达西部一个城郊接合部，

准备抓捕一名女性在逃人员。追逃研判已经一个多星期了，卓杰相信自己的直觉，所以一早就叫上两位经验丰富的同事出发了。到达现场后，卓杰感觉今天的“活儿”不好干，这里是大面积的城中村，道路狭窄，楼房有高有低十分拥挤，门牌号也是断断续续没有规律，在这种环境里查人无异于大海捞针。卓杰和同事在比较集中的几处开放式楼房前仔细查找，丝毫不敢放松，又分头楼上楼下敲门入户进行辨认，但始终没有结果。他们又沿街询问，边走边查，大约走了一里多路，仍一无所获。这时，时间已经过去两个多小时了。

“我们应该立即调整查询方向。”卓杰和两位同事坐下来，商量下一步的排查重点，用最短的时间争取最大的收获。最后大家一致认为，应该从这个地区的丰巢驿站入手，毕竟在“网购时代”，这是人人都离不开的地方。

他们来到丰巢驿站，亮明身份，拿出在逃人员照片，让驿站的两名女工作人员辨认。一个说：“这个女的经常过来，上午还来拿了一个快递呢，应该就住在附近。”另一个凑过来说：“这不就是每次来都牵着小狗的那个女的吗？”这个信息太重要了。卓杰他们又了解到，这个女的今天穿一件红色上衣、一双白色鞋子，牵一只白色的小狗，上午拿了快递后出门朝北走了。

北边是一条大道，200 米后就是个丁字路口，周围都是楼房，拥挤不堪，来到这里宛如置身迷宫。卓杰他们找到两家有监控的店铺，没看到任何有用的信息。最后一家有监控的店铺，监控安得比较高，卓杰他们三人踩着椅子轮番翻看，看了几遍似乎也没发现有价值的线索。就要离开时，卓杰让店主往前推几秒看看，就是在这短短的几秒钟内，卓杰看到了一只白色的小狗和一双白鞋的画面。

"她往北走了，继续追！"中午的太阳晒得大家抬不起头来，一上午的查询让他们又累又渴，但监控中这个几秒钟的画面却像一针强心剂，让他们暂时忘记了饥渴，加快了步伐。

再往前是一大片居民楼，从哪里入手呢？大家一致认为应该从租客和小白狗入手。经询问当地居民得知，这里的租客一般都住在二楼以上，一楼是房主的家。"没有捷径，一家一户地找。先吃饭，吃饱饭继续干。"

草草吃了点儿饭，三人分头行动，一栋楼一栋楼地地毯式查询。这里的楼房都是没有电梯的老房子，从一楼爬到六楼，来回两趟就气喘吁吁，汗水湿透了大家的衣服。

卓杰查完一栋楼，又走进另一栋楼，刚上二楼，西户的一家就传来小狗的叫声，他立马顺着狗叫声敲开这家的门。开门的是一个身强力壮的 30 多岁的男人，卓杰说自己是社区工作人员，防疫期间要登记家庭成员。那男的迟疑了一下说，这是他和媳妇租住的房子，他媳妇回老家了，目前就他自己住在这里。正说着，一只小白狗从卧室里跑出来，冲着卓杰叫了几声。这只小白狗，和监控里的那只非常像。卓杰断定这家女主人一定有问题，就悄悄给两位同事发了信息，让他们尽快赶到现场。

"我通过社区大数据，查到你爱人没有离开本市。你不要有什么顾虑，我们就是登个记签个字，都是公事公办的事儿，请你配合一下。"卓杰轻描淡写地说着，那个男的不情愿地打了个电话。这时，两位同事陆续赶到，卓杰的心稍稍放下。他们三人一个堵住门口，两个控制住屋里的情况，一切准备就绪，就等女主人回来。

那女的刚一进门，红色的外套和白色的鞋子就对上了；再看相貌，和通缉的逃犯的照片十分相似。卓杰单刀直入，问女人的姓名，毫无防备的她脱口说出了自己的名字。于是，这对男女被"请"上警车，带回分局接受讯问。

经调查，这对男女都是在逃人员，以夫妻名义隐藏在这里。本以为这里拥挤混乱的环境能让他们安全藏身，哪想到最终还是栽到了卓杰手里。

这次"追逃"取得"一石两鸟"的战绩，是十分幸运的事情。当大家纷纷祝贺卓杰他们时，卓杰却说：“‘追逃’中我从不奢望幸运，幸运是用严谨认真的工作态度和不怕吃苦的精神换来的。”

“我不是在‘追逃’，就是在‘追逃’的路上”

53岁的卓杰是抓捕小组中年龄最大的，但不管抓捕过程有多危险、多艰难，他始终冲锋在“追逃”工作的最前沿。这些年的“追逃”生涯，他遇到过身强体壮的黑社会性质组织逃犯、情绪失控的毒贩、穷凶极恶的涉嫌故意杀人逃犯，他们的凶残程度超乎想象，但卓杰从没有畏惧过，也没有退缩过。

要说卓杰的“追逃”工作有多忙，随手翻看几组工作日志就能找到答案。

2020年8月，天气非常炎热，四川籍贩毒逃犯蒋某潜藏在历城区一处有近千名工人的大型工地。卓杰经过准确研判和4个小时的缜密摸排，将蒋某抓获。

2021年2月的一个阴雨天，卓杰研判出涉嫌强奸逃犯张某的信息，和同事们在雨中守候4个多小时，浑身湿透，但全然不顾，经过一番斗智斗勇，将张某引诱到有利抓捕的地方，将其抓获。

2021年3月，历经8个小时的追踪后，卓杰和同事们将涉嫌故意杀人的逃犯王某抓获；当月，在抓捕涉嫌非法拘禁的逃犯李某时，李某激烈反抗，卓杰手部受伤鲜血直流，但依然协助同事将李某抓获。

2022年3月17日晚，卓杰研判出逃犯侯某的信息，将线索及时推送给了范村派出所，次日清晨6时，侯某被抓获。

5月13日19：19左右，在逃人员李某出现在天桥区某小区。卓杰精准地捕捉到这一信息，立刻推送给当地派出所，派出所迅速出击，15分钟后将李某抓获。

6月10日下午3时许，吉林警方根据卓杰的研判线索，在历下区海晏门附近，将吉林省前郭尔罗斯蒙古族自治县公安局上网逃犯于某抓获。

8月1日上午，卓杰发现了潜逃22年的内蒙古赤峰命案逃犯刘某的踪迹，经过走访摸排，锁定东部一个蔬菜批发市场，于下午5时许将刘某成功抓获。

2020年4月13日，卓杰研判到河北沧州上网逃犯郝某的踪迹，位置是在天桥区北部的一个厂房里，立即与同事准备实施抓捕。厂房地点比较偏僻，一大片空地上孤零零地只有这一家工厂，查询资料得知，郝某自小练武，有一身功夫。

卓杰他们首先来到老板的办公室，调查此人情况。老板说，此人来这里上班时间不长，吃住在厂房，在二楼上班。平时不爱和别人交流，唯一的爱好就是天天练功，经常从二楼跳下来，他见过几次，挺厉害的。一般人从这么高的地方跳下来起码要摔断腿的，他跳下来的时候轻轻着地，一看就有功夫。

知道了郝某的情况，为防止他从楼上跳下来逃脱，大家迅速站好位置，卓杰带人直奔二楼。郝某的屋里没人，正准备四处寻找时，从卫生间出来一个个子矮小、身材结实的年轻人。那人看到卓杰他们，转身就要返回卫生间。卓杰问他是不是郝某，那人没回答，掉头就想跑。卓杰和几个同事一拥而上，把他死死摁住，验明身份后押上警车。

此人正是有一身功夫的逃犯郝某。在卓杰他们走进厂房的时候，他就起了疑心，曾悄悄下楼偷听卓杰和老板的谈话，因房间隔音好，他没听到谈话内容，但感觉不妙，就转身回到房间把匕首带在身上，又拿上随身物品准备离开。也许老天不让他再次逃脱，这时他突然肚子疼痛难忍，想上厕所，于是就发生了开头的一幕：他上完厕所从卫生间出来，匕首忘在卫生间里了，见到卓杰他们，想回去拿匕首，卓杰叫他名字时，他想从二楼跳下去逃跑，但还是晚了一步。他天天苦练的跳楼“轻功”，终究也没有派上用场。

后来总结这次抓捕经验，卓杰认为首先是老天帮了大忙，如果让郝某再次逃脱，也许就很难再找到他了。“多行不义必自毙”，卓杰相信邪不压正，老天永远会站在正义者的一方。当然，针对这种有功夫的容易逃脱的案犯，卓杰他们也做足了“功课”，制订了一系列的抓捕方案，使他身有功夫也用不上，无计可施。

2023 年 6 月初，卓杰惊喜地发现，潜逃了 26 年的杀人犯张某出现了。1997 年 5 月 28 日，因土地纠纷，张某用镰刀将村民残忍杀死后潜逃。2002 年 4 月，张某被黑龙江省公安机关列为上网追逃的重点命案逃犯。

张某是个极其凶残又特别狡猾的人，26 年来，虽然各地公安机关一直对他密切监控、紧追不舍，但他却像人间蒸发了一样，无影无踪。26 年来他从不与家人亲朋联系，以致家人以为他早已不在人世，到当地公安户政部门要求吊销他的户口。

卓杰从来不相信什么“人间蒸发”，在他 16 年的“追逃”生涯中，在与逃犯的正面交锋中，他了解逃犯的心理，特别是命案在身的逃犯，一旦被抓，他们的生命可能就将走到尽头。因此，他们隐藏下来的心理特别强烈。异于常人的忍耐力和从不抛头露面的生活习惯，几乎是所有在逃人员身上共有的标签。所以，26 年没有踪影的张某，一直是卓杰重点关注的对象，当卓杰捕捉到他的信息时，内心不由得一阵狂喜。

为此，卓杰和同事们不敢有一丝疏忽，一连十几天，他们在槐荫区某工业园内蹲点守候，摸排情况。经过连续多日的奋战，确定了张某的落脚点和生活轨迹，抓捕时机渐渐成熟。7 月 22 日上午 11 时 50 分，卓杰带领“追逃”小组在槐荫区某工业园内，将开车来店铺上班的张某成功抓获。张某也是迄今为止抓获的潜逃时间最长的逃犯。

在潜逃的这 26 年里，张某利用假身份和当地女子结婚生子。他深居简出，极少与人交往，生意越做越大。他也不喜欢抛头露面，在济南生活了 20 多年，生活轨迹就是家和店铺“两点一线”，很多公园、景点、商场从来没去过，也不知道济南这座城市日新月异的变化。老婆认为他是一个不喜欢玩儿、一心一意为家庭努力工作的顾家男人。

26 年来，张某从没睡过一个踏实觉，总害怕警察突然入户把他抓走，也从没跟老婆孩子说过自己的真实身份。在这种见不得阳光的日子里，他活得战战兢兢，但又不得不天天面对。他的逃亡经历，正应了电影《无间道》里表现影片主旨的那句台词：“出来混，迟早要还的。”

经过突审，张某如实供述了自己在济南潜藏的事实，对自己当年的犯罪事实供认不讳。同时，他还供出了同在济南潜藏了 20 多年的同案犯张某某。

作为刑警，卓杰似一把尖刀，栉风沐雨，尽职尽责，在“追逃”的道路上义无反顾，勇往直前。作为党员，卓杰无愧于自己的入党誓词，圆满完成了党和人民交给的光荣使命。

一次次准确的数据研判，在“追逃”的道路发挥了至关重要的作用；一次次成功的抓捕，终结了逃犯的逃亡之路。卓杰工作日志扉页上有这样一句话，足以见证他对“追逃”事业的执着与热爱：“我不是在‘追逃’，就是在‘追逃’的路上。”

是的，卓杰一直奔走在打击犯罪的“追逃”道路上，这是他的职责，也是让人肃然起敬的刑警本色。

"猴妈妈"是个纯爷们

——记济南市先进工作者、济南市公园发展服务中心动物园田明亮

高宏璟

男保育员成了"猴妈妈"

田明亮，1986年9月出生，中共党员，硕士研究生学历，民族汉，性别男，地地道道的纯爷们。

2015年，刚进入济南动物园工作不久的田明亮，成了猿猴馆的一名动物保育员。从此，北白颊长臂猿和黑叶猴就成了与他日日相伴的"家人"。这两种动物都是国家一级保护动物，特别是北白颊长臂猿，目前国内数量仅六七十只，非常珍稀，而且也是仅次于猩猩等跟我们人类血缘关系最近的动物，

可以说是人类的“表亲”。

动物虽然不会说话，但是跟我们人类一样也有喜怒哀乐，也有丰富的感情，你对它们好，它们就会拿你当亲人。田明亮每天一上班进笼舍观察，它们就会凑上来跟他打招呼，就好像在说：“嗨，哥们儿，回来啦，怎么天天在外面过夜呢？”

有很多养宠物的戏称自己是“铲屎官”，田明亮觉得保育员才是真正的“铲屎官”。动物园里的猴子不像人类，有厨房有卫生间，能够自由活动，它们吃喝拉撒全在一间笼舍里，不到半天时间，地面上就到处是粪尿和吃剩的食物，一片狼藉。到了冬季，它们更是只能在狭小的内舍活动，如果笼舍不每天清理干净，很容易影响它们的健康。田明亮每天上班观察完动物，干的第一个活就是铲屎，耐心细致，铲得干干净净的，给动物们一个整洁舒适的家。

长臂猿有个比较特殊的习性，随时随地都会排便，有时候正在空中摆荡飞舞，啪，一坨便便就飞快地甩了出来。有时候甩到墙或玻璃上，很难清理。有时候直奔你而来，即便有笼网隔着能阻挡大部分，还是有一些飞溅到你身上，将你搞得狼狈不堪。黑叶猴也不是个省心的家伙，为便于游客参观，动物园在笼舍最外侧安装了一层厚厚的玻璃，在游客们参观猴子的同时，猴子们也会趴在上面参观外面的游客，经常把上面弄得脏兮兮的，每次用擦子擦完玻璃，它们就会立即在上面踩上几个脏脚印，弄得你哭笑不得。

收拾完动物们的家后，田明亮就开始给动物准备营养丰富的大餐，有牛奶、树叶、水果、蔬菜、窝头等各种美味，喂的时候一定要照顾好老弱病残孕及带宝宝的动物，保证每只动物都能吃好。因为猴群里的每只猴都有自己的等级地位，如果不挨个照顾好喂好料，地位低的很可能就吃不到花生、红枣等营养丰富的精料，时间久了，就会影响体况。田明亮一进笼舍，有些地位高的猴子就会凑上来，甚至去掏他装着花生米等小料的口袋，而地位低的猴子一凑上来就会被地位高的给赶走，这时候就得对它们进行特殊照顾了。

喂奶跟我们给孩子订奶加营养一样，也是为了给它们补充优质蛋白质，而且喂奶还有一个非常大的好处，就是让它们养成习惯之后，非常方便投药，不管是治病喂药还是喂驱虫药，掺到奶里就喂进去了，这是动物园多年来慢慢给它们养成的好习惯。吃奶的时候也跟吃料一样，得注意让每只猴子都能喝到奶。地位高的猴子可以长期占据奶嘴，而地位低的猴子则可能刚喝几口奶奶嘴就被抢走了，这时候就得跟它们斗智斗勇了，尽量让地位低的能喝够一定量的奶。

喂完动物之后开始例行的巡视，一方面认真观察动物的情况，遇到游客对动物的热心关注，还要给他们做科普讲解。田明亮说：“有些游客欣赏完这些可爱的动物觉得不过瘾，还想把随身带的好吃的扔给它们，让它们也尝尝鲜，在这里我也给大家科普下，我们给动物喂的料都是已经搭配好的营养大餐，随意投喂首先会破坏了它们的日常饮食均衡，其次投喂的这些好吃的大都是一些高糖、高盐、高油的食物，对以树叶、水果等为主食的它们而言并不健康。更有甚者连包装袋一块投喂，动物很容易误食，导致肠道疾病。碰到这种不文明的行为，我们保育员就得及时出面劝阻了。”

动物保育员每天琐事不断，但只有把这些点点滴滴的琐碎事情做好，才能把动物们养好。如今，田明亮所养的黑叶猴已经成为我国北方地区最大的种群了。

2022 年 5 月，21 岁的黑叶猴乐乐生下了一只猴宝宝。正当田明亮和同事们高兴的时候，作为超高龄产妇的乐乐却在第二天不幸离世了，这样就不得不把猴宝宝取出猴群。在黑叶猴社会中，猴爸爸一般只负责保卫领地，抚育猴宝宝的任务主要由猴妈妈承担。根据工作安排，被取出猴群的猴宝宝由田明亮牵头开始了人工育幼。就这样，他这个男保育员成了“猴妈妈”。

说实在的，一开始田明亮接下这项任务的时候，心里是很忐忑的，因为这是济南动物园第一例人工育幼的黑叶猴，所有经验都得从头摸索。

小黑叶猴出生后不久，妈妈就失去了生命，但是猴宝宝却被其他母猴抱在怀里，母猴虽然非常疼爱这只猴群中的新生命，但它们并没有奶水，睁眼都费力的猴宝宝好不容易含住了奶头，却怎么也吸不出奶水。不能这样拖下去了，得尽快把猴宝宝弄出来。可是，怎么才能顺利地把它从母猴手里“夺”回来呢？猴子们身手灵活，性情机警，一看不对劲就会迅速爬到栖架笼网上去，如果不能一次性把猴宝宝抢过来，后面可能再无机会，只能采用风险非常大的麻醉方式。

紧要情况下，田明亮经过细心观察，一番深思熟虑后，说“让我试试吧”。他抓了一把黑叶猴最爱吃的花生米揣兜里，沉着地进了笼舍。猴子们看到它们的老朋友进来了，刚开始还有点戒备地躲在笼舍上层，毕竟猴群有了重点保护对象。但看到田明亮像往常一样没什么异常，好像没看见猴宝宝一样，猴群耐不住美味的诱惑，纷纷下来围了上来。刚开始，抱着猴宝宝的母猴只是试探性地抓一颗花生米塞到嘴里，然后迅速躲到栖架上。几次试探之后，母猴放心地下来，旁若无人般大快朵颐。田明亮表面上若无其事，却一直密切关注着周围的动向，终于瞅准机会，伸手一把抓住了猴宝宝的身体，等母猴反应过来想夺回去时，猴宝宝已经被田明亮牢牢地抱在了怀里，随后他迅速撤出笼舍。

此时的猴宝宝只有一斤来重，一只手就能轻轻抓起来，金黄色的小脑袋，黑黑的眼珠瞪大了看着他，田明亮小心翼翼地把它捧在怀里。就在这时，猴宝宝开始轻轻叫了起来，已经一天没吃上奶的它声音有些微弱。看着这只可怜的小家伙，田明亮顿生怜爱，暗暗下定决心，一定要倾注心血弥补它的“母爱”，将其养好养大。

为了更好地抚育好小家伙，动物园特意进了一台医用婴儿保温箱，这可帮了田明亮的大忙，保温箱里温、湿度都可以自动调控，省心多了。田明亮找来宠物小奶瓶，兑好奶粉，调好温度，轻轻地碰触猴宝宝的嘴，挤出了一点奶水。猴宝宝吧唧吧唧几下，张口含住了缓缓出奶的奶嘴，田明亮一下有了信心。吃饱了的猴宝宝紧紧地抓着田明亮的衣服，往他怀里钻，它肯定是想妈妈了。田明亮抱着这只小可怜，试着给它妈妈的温暖。猴宝宝跟孩子一样吃完奶会漾奶，所以每次吃完奶，田明亮都得给它拍嗝。为了锻炼猴宝宝的抓握能力，田明亮每天都会让它抓住胸前的衣服，出去转转，有时候还得跑几步、跳几下，有意逗猴宝宝开心。一个 200 斤的山东大汉抱着 1 斤多的小猴子，有时候在那里轻轻拍嗝，有时候又跑又跳，这场景想想就觉得特有趣。猴宝宝就跟刚出生的婴儿一样，随时拉尿，在田明亮怀里时不时就会来一泡，而且，每隔 3 个小时就要喂一次奶，不分昼夜，循环往复。尤其是晚上最难熬，“伺候”完猴宝宝，好不容易刚睡着，闹钟响了，又到喂奶时间了。一晚上喂三四次，根本休息不好。为了把猴宝宝照顾好，同时还不耽误其他工作，田明亮跟搭班同事商量好，轮流来照料猴宝宝。

或许是因为没有吃上妈妈的奶，猴宝宝身体有些弱，人工育幼后经常生病。每次它一生病，田明亮就得 24 小时盯着，晚上连个瞌睡都不敢打。记得最危险的一次，猴宝宝得了胃肠炎，上吐下泻，田明亮和兽医正在给它输液，跟小孩一样，猴宝宝也在田明亮怀里挣扎着，非常不情愿。突然，田明亮感觉猴宝宝一下没了劲，浑身无力地瘫软下来，他一下慌了，颤声招呼兽医说：“坏了，付哥，小猴瘫了！”兽医闻声赶来，见他惊慌失措的样子，一边安慰他，一边要他配合，对猴宝宝进行了惊心动魄的抢救。由于抢救及时，猴宝宝夺回了一条命。在田明亮的精心照顾下，猴宝宝慢慢康复，日渐强壮，终于开始返群训练了。

田明亮对猴宝宝的悉心照料，让他成了名副其实的“猴妈妈”。

其实，这已经不是田明亮第一次照顾猴宝宝了，早在黑叶猴人工育幼之前，他已经参与过一只小金丝猴的人工育幼了。2021 年 6 月，猿猴馆一只才 5 天大的小金丝猴失去了母亲。虽然田明亮不是金丝猴的保育员，但是作为一名共产党员，作为猿猴馆创新工作室的一员，他主动与馆内的同事们担起了养育金丝猴宝宝的重任，帮助金丝猴保育员一块喂奶、换尿垫，自己制作添加辅食，等等。当然，严格说起来，他只是金丝猴的“猴阿姨”，两位金丝猴保育员才是正牌“猴妈妈”呢。

黑叶猴育幼结束没多久，曾经举办过婚礼的北白颊长臂猿“圆圆”和“旺旺”生下了一只小长臂猿。正沉浸在喜添贵“猿”的喜悦中的人们，不久却发现有点不对劲：小家伙只要一吃奶，“旺旺”就好像烦躁得不行。经过仔细观察，田明亮和同事们觉得很可能是奶水不足，就把各种催乳食物和药物都想尽办法给它喂上了，但最后还是不理想。十几天之后，小长臂猿被它妈妈遗弃了，可怜的小家伙被用力地摔在地面上，幸亏地面有很多枯草乱枝，否则一定会被伤得不轻。失去庇护的小长臂猿无助地哀叫，四肢不停地乱抓，想回到母亲的怀里，却无法如愿，而坚硬的枯草乱枝还扎破了它的皮肤，让它更加无助。

看到这一切，田明亮和同事们心如火焚。长臂猿凶猛灵活，直接进去很容易被袭击，被抓到就是一道大口子，被咬到就更严重了。他们先是想着抓紧串笼，但两只成年长臂猿却一直在小长臂猿上方徘徊，迟迟不能成功串笼。一位同事想起电影里小兵张嘎披着棉被炸炮楼的情景，提出披着棉被做防护的建议。田明亮觉得可行，主动接过任务，说他跟两只长臂猿熟悉，它们攻击他的可能性小，让同事在门口守好，他进去拿小长臂猿。同事见他态度坚决，只好密切配合。就这样，田明亮冒着危险冲进了笼舍。幸运的是，两只成年长臂猿果真没有攻击他，他成功取回了被抛弃的小家伙。

一般来说，小长臂猿刚出生的几个月几乎寸步不离妈妈的怀抱，与黑叶猴相比，小长臂猿更加黏人，这也就意味着抚养它需要更多的精力、更大的耐心。每次一给小长臂猿换尿垫、换毛巾、喂奶或者擦便便，它都会牢牢地抱住田明亮的手，田明亮费很大力气才能把它放下，几次，田明亮甚至被小长臂猿的尖爪抓伤了。小长臂猿还特别护食抢食，等到三个月大的时候，小家伙饭量大涨，要给它添加辅食，这可得小心它的尖牙，要是不留神，很容易被它伤到。

长臂猿旺旺虽然奶水不好，可是考虑到长臂猿的择偶性很强，能配对成功不容易，而现在国内仅有六七十只，还得继续繁殖。但生下的小家伙由于母亲奶水不足又会被遗弃。这样，田明亮跟他的同事们上一只刚育幼成功，下一只又接上了。虽然非常辛苦，但看到如此珍稀的物种能够繁衍生息下去，他们都觉得再大的辛苦和付出都是值得的。

遇到它们是多么大的缘分啊

从最初懵懵懂懂看不出动物们究竟哪里精神头不好，到熟知它们的一举一动、各种习性，从曾经跟着师父一点一滴学习，到如今带徒弟、传授经验，作为济南动物园的高级畜牧师、黑叶猴和白颊长臂猿保育员，田明亮始终如一地守护在动物们的身边，细心观察其每一天的细微变化，为野生动物种群的繁育、壮大而努力着，累并快乐着，付出着也收获着。

“这个是姥姥，这个是小姨，这个是小姨父……”在济南动物园白颊长臂猿的展馆前，田明亮一一介绍着它们的角色。而每每说起这些朝夕相处的动物，他总是难掩兴奋之情，言语之间流露着发自内心的喜爱。他自言从小就特别喜欢动物，小时候课外书少，就拿堂哥堂姐的生物、历史等课本当作课外书看，“那时候就觉得动物特别有意思”。

小时候，每逢刮风下雨，常见从树上掉下来的麻雀等。有人将其捡走，在其腿上绑上细绳当作玩具，有人将其带回家后会喂食大米饭等。每每看到这样的情景，田明亮总会想：为什么不送它“回家”找妈妈呢？从那时起，保护动物的意识便已扎根在他心里。因为这份喜欢，考研时他跨专业报考了跟动物相关的专业。2015 年，他终于如愿以偿，来到济南动物园，开始了保育员生涯。他在动物保育一线一干就是 8 年，从最初的懵懂到如今的了如指掌，他就像照顾孩子一样，照顾着每一只动物。

作为黑叶猴和白颊长臂猿的保育员，经多年朝夕相处，对每只黑叶猴和白颊长臂猿的习性，田明亮早已了然于胸。“有的黑叶猴很调皮，常常在我

们工作的时候来捣乱，要么猛一下跳到肩膀上吓你一跳，要么往你身上撒尿，要么就来摘你的眼镜。”面对黑叶猴的“欺负”，田明亮也不生气，他知道这是黑叶猴在和自己互动，和自己玩耍。在外人看来都长得一样、难分谁是谁的黑叶猴，在田明亮眼中则各不相同。“有的比较温顺，有的很胆小，脸型、毛色也不一样。”田明亮能熟练地叫出每一只黑叶猴的名字，知道它的每一个动作代表着什么意思。“只有准确地识别每只动物，才能观察好动物。”田明亮如是说。

而回想起刚到济南动物园时的情景，田明亮直言判若两人。那时跟着师父去笼舍，当师父说“这只猴子精神头不大好”时，田明亮虽然口头上答应着，但并没发现“究竟哪里精神头不好”。如今，对于高级畜牧师田明亮而言，每天观察动物的精神状态、身体健康以及大小便有没有异常等，就像每天吃饭、睡觉一样，早已成为再自然不过的日常“标配”。

跟田明亮约好采访的当天，又是他 24 小时值班的日子。而像这样的工作节奏，他早已习惯了。打扫卫生、洗料切料、喂奶喂药、观察动物、转笼合笼……而说起日复一日的工作，田明亮直言虽有点琐碎，但从未觉得累，反而很开心。“每天跟动物打交道，很单纯，特别是当母猴生了小猴子时，看着它们一点点长大，精神十足，更是高兴，很有成就感。”在与田明亮的交谈中，笔者了解到，他所负责的白颊长臂猿和黑叶猴都是国家一级保护动物。因为珍贵，所以田明亮也格外上心，努力为它们创造安全舒适的生活环境。

“目前白颊长臂猿国内只有六七十只，野外已没有其种群。”因此，白颊长臂猿的繁育，也成了田明亮心中的头等大事。“白颊长臂猿的择偶性非常强，特别挑，硬‘拉郎配’它不一定相中。”田明亮笑言，本来数量就少，还这么挑，繁育的难度可想而知。在田明亮和同事们的共同努力下，济南动物园已成功繁殖白颊长臂猿 4 只，其中与天津动物园合作繁殖 3 只。

“这些野生动物从大自然的广阔天地来到动物园，我也来到动物园，遇到它们，这是多么大的缘分啊！”田明亮直言动物保育是一个良心活，虽然动物不会诉苦、告状，但他从不会偷奸耍滑和懈怠，因为他深知，野生动物的保育看似简单，但要学的东西实在太多。

建立了感情基础，它们才会这样“开玩笑”

隆冬季节，大雪纷飞，寒风刺骨。在济南动物园，国家一级保护动物北白颊长臂猿和黑叶猴坐在温暖如春的猴舍内，悠然地吃着水果欣赏雪景。而85后保育员田明亮，却没有这样惬意。作为一名动物保姆，清理笼舍打扫粪便、照顾猴子们的饮食起居已成为日常，从早到晚，一刻不闲。

田明亮的办公室与猴舍仅一门之隔，这里除了是工作地点，还是他的卧室。因为距离如此近，不时能闻到一股股异味，对此他已经见怪不怪了，给猴子当“铲屎官”，这都是难免的，没啥。进入冬季后，气温降低，北白颊长臂猿和黑叶猴生活在热带及亚热带地区，温度对它们尤为重要。为能更好地照顾它们，田明亮干脆将铺盖搬到了办公室，时刻关注笼内温度。“笼舍的温度一般在 15℃以上，如果太低，就需要增加取暖设施，比如电暖器。”说着，他看了一眼温度计。

猴子们不光住得暖，还吃得好。田明亮的主要工作之一，就是喂食。喂什么？什么时间喂？一天喂几次？采用什么样的投喂方式？这里面的学问可大着呢。动物园每一种动物的饲料，都由专人调配。“大家都知道猴子吃香蕉，但黑叶猴的主食其实是树叶，这也是它们得名的由来。另一特点就是黑色，全身乌黑，跟咱们常见的猕猴长得差别很大。”他笑了笑说，“每天需要喂精料和树叶各两次，包括水果蔬菜，再喂一次奶，一只猴子每天大约能吃1斤多的食物。因为树叶是黑叶猴的重要食物之一，它们每天都不可缺少的。到了冬天，猴子吃的树叶只有少数几种了，吃上一冬天，早就吃腻了，等到天气转暖的时候，公园里哪一片的树会先发芽，我最清楚了，第一时间先给他们采回来尝鲜。”

虽是野生动物，但它们也会挑食，经常吃一种食物也腻。一颗苹果吃几口就扔、大猴子抢夺食物的事，它们干了不止一次。为防止食物浪费，保证每只猴子都有得吃，田明亮会将水果切成小块，用手拿着喂。他还需要根据猴子的进食情况，判断是否该更换食物，避免它们长期吃一种食物而厌烦。

虽然是野生动物，但猴子们还是比较“娇气”的，一不注意就会患病，胃肠道疾病和感冒经常会找上它们。本着“未病先防，有病早治”的原则，田明亮每天都会巡视猴子们，观察它们的精神状态、行为举止、进食情况等。“比如感冒，虽然是自限性疾病，但如果不管不顾的话，很容易造成猴子死亡。”他告诉笔者，巡视中一旦发现哪只猴子和平时的状态不一样，就要叫来园内的兽医进行治疗。

除了日常巡视，田明亮还利用打扫笼舍的机会，像侦查一样，仔细查看猴子的排泄物。笼舍内养着近20只猴子，每天需要打扫两遍，保持干净卫生，也能最大限度地避免猴子生病。每当打扫笼舍时，他会格外注意地上的粪便，如果出现和平时不一样的粪便形态，就需要进一步观察，看看是哪只猴子排泄的，最终判断是不是肠胃出现了问题。

人生病了需要打针吃药，猴子也一样。给猴子打针吃药，也是有秘诀的。“其实猴子也不愿意吃药。这个时候，我会把药放到它们平时喝的奶里，这样喂就比较顺利。”田明亮说道，相比吃药，打针就麻烦得多，要先把猴子抓起来，遇上脾气不好的，反抗特别激烈。那为啥不打麻药呢？其实他们一般不会给猴子打麻药，因为麻药的量很难控制，剂量小了不管用，剂量大了容易对猴子造成伤害。

硕士毕业的田明亮，从小就喜欢动物，高中时期曾担任生物课代表，所学专业也是动物营养与饲料，成为保育员算得上专业对口。不过，他学习的专业领域，是家畜家禽方向，主要是养猪。“和家畜家禽相比，猴子是有野性的，而且手脚灵活，爪子锋利。”初来动物园时，他没少吃过猴子的亏，特别是喂食的时候，刚把手伸进笼子的喂食口，有的猴子飞快跑过来挠一下，衣服都被抓破了。

猴子生性顽劣，让田明亮体会颇深。每当他去笼舍打扫卫生的时候，总会有猴子偷偷往他头上拉屎撒尿，甚至能尿到脖子里。而且还会在背后搞突然袭击，一下扑到他的身上，给他一个措手不及，偶尔还会夺走他的眼镜到栖架上“研究”一番，然后一不小心没抓牢掉到地面上，就这样，有好几副眼镜被猴子们“报销”掉了。对于这一切，他早已习惯，因为只有和猴子们建立了感情基础，它们才会这样“开玩笑”，而对于陌生人，猴子们大多会一哄而散，躲得远远的。

数千个日夜的朝夕相处，让田明亮对这些猴子再熟悉不过，也建立起亲近的感情。对于普通人来说，猴子的样貌都差不多，但他却能通过面部特征精准分辨每一只猴子。“这只叫泉泉，它性格比较温顺，跟我比较熟悉，喂它花生或奶的时候可以抚摸它的后背，跟它握手，但是现在不行，它现在当妈妈了，带着小崽警惕性很高，护崽护得很紧。”“那只叫九九，最调皮了，每次都是它抢我的眼镜。”“所有的猴子都有名字，每只猴子又有不同的性格，通过猴子的面相，就能大体判断出它的脾气秉性。”他自信地说，猴子和人都是灵长类动物，有很多地方都和人类非常相似。

作为国家一级野生动物的保姆，田明亮最大的愿望就是让这个族群发展壮大。我国学者在20世纪80年代中后期开始对北白颊长臂猿进行多轮调查研究，但寻找到它们存在的证据越来越少，估算出的我国境内分布的北白颊长臂猿种群规模，从1985年的99—122只，到1989年的40只，到2008年的10只。而在2011年的调研中，就出现了既找不到长臂猿的痕迹，也听不到长臂猿声音的局面，北白颊长臂猿很可能已经在中国境内灭绝。“这些年，园内一共繁育了4只北白颊长臂猿，黑叶猴也繁育了10只，其中黑叶猴种群已成为国内北方地区最大的种群。”对于猴子，田明亮如数家珍，在人工饲养的情况下，猴子的寿命在二三十年，每胎繁育一只，但配对的难度较大，它们“谈恋爱”都是凭感觉，几乎无法人工干预。

想要当好一名保育员，最大的难点是观察动物。“猴子刚开始怀孕的时候，腹部会微微隆起，平时活动会变得小心谨慎，如果没有经验的话，是看不出来的。我是跟着师父学了两三年后，才能分辨出来的。刚开始，猴子还有一个月就生了，肚子都已经很明显了，我才看出来它怀孕了，但现在，大约两三个月的时候我就能发现它怀孕了！”田明亮说，母猴怀孕后，在饲养过程中就要格外注意，包括饮食起居各个方面。只有让猴子们生活得舒服，它们才会繁衍下一代，这也是判断猴子是否养得好的一个关键标准。

当初来到济南动物园后，田明亮便参与了《国家保护动物黑叶猴异地繁育技术研究》的课题。他精准采集黑叶猴的新鲜粪便，由于黑叶猴白天排便具有随机性，很难及时观察到排便行为、及时采到新鲜粪便，即使偶尔能观察到，也容易因在外舍排便而被污染，无法采样。对黑叶猴习性非常熟悉的田明亮说，早上黑叶猴刚睡醒的时候一般会集中排大小便，容易观察到，而且这时候动物都在内舍，粪便不容易被污染，可以趁机取样。可是夏季动物早晨醒得比较早，田明亮就早上五点多赶到笼舍，等待动物睡醒，坚持了一个多月，最终成功采到了所有动物的粪便样本。每隔 5 分钟对所有黑叶猴进行一次行为记录，克服时间上的差异，观察、记录动物行为。动物在外舍的时候还好，田明亮和同事们能从玻璃窗外观察记录动物行为，可以轮流进行观察，但是动物要是回到内舍，那就不好观察了。为了减少生人对野生动物的干扰，准确记录其行为，他利用自己身为保育员跟动物比较熟悉的便利，在动物进入内舍后独自一人进行行为观察和记录，一盯就是好几个小时，中间还得抽空进行日常作业，以免耽误其他工作。

最后，该课题获 2019 年度山东省自然资源科学技术三等奖。

“喜结连理”

神圣而纯洁的婚礼令人心向往之，而动物举办婚礼却属罕见。2021 年 5 月 2 日上午，济南动物园猿猴馆前面游人如织，在保育员兼证婚人田明亮的见证下，动物园为一对新“猿”举办热闹的婚礼。田明亮还为现场的游客发放了喜糖，让他们一起见证这对新“猿”的甜蜜时刻。

“婚礼”的主角是济南动物园的旺旺和来自天津动物园的圆圆。三个月前，“新郎”和“新娘”刚刚开始见面，开始进行“相亲”。经过为期一个月的恋爱，它们彼此爱慕，感情融洽。动物园决定择日为它们举办婚礼，让它们幸福地生活在一起，将满满的祝福送给这对新“猿”。

在济南动物园长臂猿区，工作人员正仔细地装点着这对特殊“新人”的“婚房”，红色的喜字、彩色的拉花……经过精心布置，“圆圆”和“旺旺”的笼舍变得喜气十足。工作人员在笼舍外忙得不亦乐乎，而在笼舍内的“新娘”

旺旺却懒洋洋地等待着“新郎”圆圆的到来。

上午10时，工作人员打开笼舍铁门，圆圆与旺旺正式合笼。黝黑帅气的“新郎”圆圆一走进笼舍，便吸引了“新娘”旺旺的注意，它直接爬到了圆圆身边表示爱意。无论圆圆爬到哪里，旺旺总会紧跟其后。

据了解，白颊长臂猿是中国、老挝、越南三国交界地区的特有物种，由于该物种数量稀少，已被列为国家一级保护动物。它们没有尾巴，能在树干和地面上直立行走，喜爱唱歌，一夫一妻制，每胎生育一个宝宝。

田明亮继续热情地介绍说，“圆圆”是济南动物园为“旺旺”千挑万选的“男朋友”，今年16岁。两只白颊长臂猿经过一个多月的隔笼适应，感情已非常融洽。它们会隔着笼舍进行非常悠长的和鸣，同时做出非常亲密的动作，比如梳理一下毛发、抓一下虫子之类的。此次婚礼是两家动物园采取合作繁殖的方式，优化繁殖配对方案，以确保种群基因多样性，期待它们早日生下小宝宝，壮大长臂猿家族，充实种群数量。从今天开始，它们将正式生活在一起，希望它们早生贵“猿”。

“白颊长臂猿对爱情的态度比较专一，一旦配对成功后，它们会终生保持伴侣关系。”田明亮饶有兴致地介绍，明显带了褒扬的感情。他说，雌性长臂猿占据主导地位，如果它对“老公”比较满意的话，它会主动向雄性求偶。雄性长臂猿一般处于比较弱势的地位，多数情况下它会躲着雌性长臂猿，只有在求偶的时候，两只猿才会比较亲密地接触。“见到长臂猿‘结婚’，感觉挺新鲜，假期带着孩子来玩一玩，挺开心的！”游客们兴高采烈地纷纷议论。

那是白颊长臂猿“圆圆”和“旺旺”“喜结连理”幸福快乐的一天，也是“猴妈妈”田明亮祝福一对“新猿”幸福快乐的一天。在当“猴妈妈”的日子里，田明亮有苦、有甜、有艰辛，也有喜悦。每当看到母猴成功诞下小猴、族群逐渐壮大时，他心里就充满了成就感。他说，这份工作最大的快乐，莫过于此。

从平凡到卓越

济南劳模工匠故事丛书·第一辑 2

济南市总工会 编

济南出版社

图书在版编目（CIP）数据

从平凡到卓越 / 济南市总工会编 . -- 济南 : 济南出版社，2024.4
（济南劳模工匠故事丛书 . 第一辑）
ISBN 978-7-5488-6349-6

Ⅰ . ①从… Ⅱ . ①济… Ⅲ . ①劳动模范 – 先进事迹 – 济南 Ⅳ . ① K820.852.1

中国国家版本馆 CIP 数据核字（2024）第 071747 号

从平凡到卓越 2

CONGPINGFANDAOZHUOYUE

济南市总工会 编

出 版 人 谢金岭
责任编辑 朱 琦 代莹莹
责任校对 于 畅
装帧设计 胡大伟

出版发行 济南出版社
地 址 山东省济南市二环南路 1 号（250002）
总 编 室 0531-86131715
印 刷 山东联志智能印刷有限公司
版 次 2024 年 4 月第 1 版
印 次 2024 年 4 月第 1 次印刷
开 本 170mm × 240mm 16 开
印 张 80.25
字 数 1300 千
书 号 ISBN 978-7-5488-6349-6
定 价 268.00 元（全三册）

如有印装质量问题 请与出版社出版部联系调换
电话：0531-86131736

编委会

EDITORIAL COMMITTEE

序　言

人民创造历史，劳动开创未来。

勤劳是中华民族千百年来的行为倡导和传统美德，“不惰者，众善之师也”，对劳动的肯定和赞美是中国传统文化的重要内容。新中国成立后，党和国家大力礼赞劳动创造，将人民群众在劳动实践过程中展现的精神面貌逐渐凝聚上升为劳模精神（劳动精神、工匠精神）。2020 年 11 月 24 日，习近平总书记在全国劳动模范和先进工作者表彰大会上指出：“在长期实践中，我们培育形成了爱岗敬业、争创一流、艰苦奋斗、勇于创新、淡泊名利、甘于奉献的劳模精神，崇尚劳动、热爱劳动、辛勤劳动、诚实劳动的劳动精神，执着专注、精益求精、一丝不苟、追求卓越的工匠精神。劳模精神、劳动精神、工匠精神是以爱国主义为核心的民族精神和以改革创新为核心的时代精神的生动体现，是鼓舞全党全国各族人民风雨无阻、勇敢前进的强大精神动力。”2021 年 9 月，党中央批准将劳模精神（劳动精神、工匠精神）纳入第一批中国共产党人精神谱系。

济南是一座有着光荣传统的英雄城市，新中国成立以来，不论是和平建设时期的艰苦创业，还是改革开放时期的大河奔涌，广大劳动人民筚路蓝缕、

开拓创新，创造了一个又一个敢为人先的辉煌成就，谱写了一曲又一曲激昂嘹亮的动人篇章。从这里驶出过中国第一辆重型卡车“黄河 JN150”，生产过第一台 729 型龙门刨床、全球第一台电机上置式家用豆浆机……在此期间，涌现出一大批勇于拼搏、追求极致的劳动模范和技能工匠，他们用无怨无悔的滚烫人生诠释着勤劳奋进的精神底色，激励着无数泉城儿女砥砺奋进、共谱辉煌。

精神永续，薪火相传。时代在变，奋斗的底色永远不变。党的十八大以来，广大劳动者们赓续“三个精神”，奋进伟大时代，各条战线上英模辈出、群星璀璨。为广泛宣传劳模工匠的先进事迹，济南市总工会联合济南市作协，组织编写本套丛书，深入挖掘百名劳模背后鲜活、感人的故事，立体呈现他们在平凡中造就伟大、在岗位上铸成辉煌的发展历程。翻开此书，劳模们在岗位上默默耕耘、勤恳奋进的身影跃然纸上：以无畏艰险的钢铁脊梁护卫一方安宁的人民警察，以济世安民的大爱仁心守护生命健康的医务工作者，投身于项目建设、车间一线的产业工人，奔忙在街巷楼宇、田间地头的基层干部，还有教师、公交车驾驶员、环卫工人、企业管理者……在生活中，他们都很平凡，只是芸芸众生中的一员。但如果真正了解他们，就会发现他们每个人身上都有着过人之处。他们胼手胝足、孜孜矻矻、苦心孤诣，那种艰辛是常人难以想象的。当谈到个人所获荣誉时，他们没有骄傲，而是诚惶诚恐，把个人荣誉视为集体荣誉，归功于组织的关心、同事的帮助。他们是勤勉务实的奋斗者、朴实无华的追梦者，是千千万万成长在基层、奉献在一线、建功在岗位的劳动者的生动缩影，是广大职工的优秀代表。正是身为榜样的先行风采、服务本色、担当品格和奋斗精神，让他们一步步从平凡走向卓越，在铸就梦想的道路上，活出了精彩的人生。

伟大时代呼唤伟大精神，崇高事业需要榜样引领。新时代社会主义现代化强省会建设中处处凝结着劳动者的智慧和汗水，“强新优富美高”的美丽

图景要靠劳动创造来绘就。谨以此书，我们将镜头对准劳模，以笔墨书写风采，播撒正能量，浸润社会风气，希望引导和激励广大人民，特别是年轻一代，以劳模为人生榜样，学习劳模、争当劳模，培养造就更多劳动模范和先进工作者，继承和发扬“三个精神”，充分发挥工人阶级主力军作用，为新时代社会主义现代化强省会建设注入不竭动力，继续谱写“中国梦·劳动美”的新篇章！

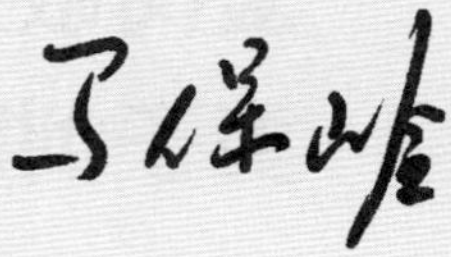

2024 年 3 月 25 日

爱岗敬业 争创一流 艰苦奋斗

勇于创新 淡泊名利 甘于奉献

目录

社区群众的贴心人

——记全国劳动模范、济南市天桥区工人新村南村街道西区社区田象霞

张宝中

工人新村是新中国成立后济南最早建成的住宅小区之一，最早是一大片红砖红瓦的平房。1987 年 8 月 26 日，济南遭受特大暴雨（即“8·26”特大暴雨）袭击，工人新村因地势低洼，房屋损毁严重。灾后，那些老平房被全部推倒，原地建起了住宅楼，于 1988 年建成——也就是现在的工人新村。

工人新村南村西区有居民楼 70 栋，常住居民近 3 千户、7000 人左右，多是原企业职工。大概十几年前，笔者曾多次去过那里，感觉有些“脏乱差”。现在，这个昔日管理难度大的老旧开放式社区，已蜕变为群众安居乐业的“全国和谐社区建设”示范社区。笔者走在小区里，最突出的感受是“安逸”“温馨”“和谐”。

工人新村南村西区能有今天的面貌，与一个人几十年苦心孤诣的努力是分不开的。她就是西区联合党委书记、西区社区党委书记田象霞。

田象霞生于1962年12月，济南市章丘区人，1983年5月来到工人新村南村，在居委会的便民网点当服务员。1992年2月，工人新村南村面向社会公开招聘居委会工作人员，她顺利通过了考试。从那时起，她就有一个梦想：做社区居民的贴心人。她后来长期担任居委会主任、社区党委书记、西区联合党委书记，成为一名优秀的基层党务工作者。她根据长期的社区工作实践经验，总结提炼的“象霞社区群众工作法”，2018年，该工作法被民政部列为全国推广的100个优秀社区群众工作法之一，被全市很多社区工作者“复制”。这些年她获得的大大小小的荣誉称号不下70个。其中，2018年4月，她被中共山东省委、山东省人民政府授予“山东省劳动模范”称号；2020年11月，被中共中央、国务院授予“全国劳动模范”称号；2021年6月，被授予“全国优秀共产党员”称号。

田象霞身材瘦高，皮肤白皙，眉间的竖纹和嘴角的法令纹比较突出，说一口地道的济南话，思维敏捷，快人快语，风趣豁达。她做事雷厉风行；走路风风火火，像脚踩“风火轮”，笔者和她一起走都跟不上她。笔者在采访中发现，在这个社区，田象霞是个“灵魂”式的人物，没有人不知道她。说起她的事迹，很多居民都感动得哭。也有居民说，如果找一些大爷大妈挑她的缺点，坐那儿议论半天，都挑不出她任何缺点来，她这个人“光好没孬”“真是说不出孬来”。他们都说，田象霞在这里当书记，是社区居民的福气，她给居民带来了满满的幸福感。

坐着讲作风，不如干起来看作风

张女现任天桥区南村街道泉星社区党委书记、居委会主任。她视田象霞为自己“入职的领航人、人生路上的老师、生活中的家人”。她从2007年1月开始从事社区工作，曾和田象霞共事10年。她到西社区报到那天是2007年7月18日。这个日子，稍有些年纪的济南人都记得，那天济南遭受了一次特大暴雨（即“7·18”特大暴雨）袭击。

张女说，她到西社区上班第一天，田象霞就给她上了极为生动的一课。

那天快下班的时候，乌云密布，天黑得很厉害，田象霞催促大家赶紧回家，免得路上淋了雨。张女和同事们收拾收拾就回家了，以为田象霞随后也会回家。没想到第二天一早，张女推开办公室的门，惊讶地发现田象霞和副主任张立霞正躺在椅子上睡觉，两人都穿一身湿衣服，地上一摊水渍。

原来，田象霞和张立霞昨天没回家。天桥区是济南的低地势地区，西社区更是一个洼地，再加上社区排水设施老旧，极易雨水倒灌。凌晨1点多，田象霞和张立霞在社区巡查时，发现23号楼一楼的王大娘家里突然点起了蜡烛。她俩急忙敲开门，原来王大娘家里进水了，家具、电器都泡在水里。老两口都有心脏病，王大爷急得脸色苍白，不住地打哆嗦。田象霞和张立霞安慰他们不要担心，找药让王大爷吃下去，然后抓紧时间用簸箕、笤帚、脸盆往外排水。屋里的积水本来就多，外面的水又不断往里灌，她们舀出去三盆，又流进来一盆。她们一直忙到凌晨4点多，才把积水清理干净，累得腰都直不起来，回到办公室就躺在椅子上睡着了。头天晚上，田象霞不光自己没回家，还把爱人叫来帮忙。

这天一大早，王大娘带着家人来居委会表示感谢，说的第一句话就是："上哪里搬俺也不去，就因为咱西社区有个好书记。"

得知这些情况，张女当时的感受是"震惊极了"。

多年来，田象霞养成了一个习惯：只要是下雨天，必须打着伞在社区里转一圈。看到有雨污水井被垃圾堵了，她挽起袖子就掏。她喜欢打一把红伞，她说红色最醒目，居民有事老远就能找到她。张女告诉笔者，每年防汛期间，下午下班后，田象霞回家吃过晚饭，一定会骑自行车再回来一趟。现任西社区居委会主任荆亚男告诉笔者，每年防汛期间，不管半夜还是凌晨，只要连续下15分钟以上的雨，社区两委所有人都要来单位，巡查每一栋楼。巡查完了，别人都回家了，田象霞却不回家，而是睡在办公室的长椅上，为的是万一谁家进了水，能第一时间找她帮忙。田象霞经历过多少个这样的雨夜，实在难以计数。

现在，经过社区环境综合整治，积水的情况得到了很大改善，但田象霞的老习惯却改不了，用她自己的话说，"过来看看心里踏实"。

田象霞有一句名言："坐着讲作风，不如干起来看作风；催着他们干，不如带着他们干。"社区里的所有工作，不论大小，田象霞都冲在最前面。用荆亚男和现任南社区党委书记、居委会主任李敏的话说："什么事儿她都是带着大家干，不是号召大家去干，这就是她的作风。”“她是真干，绝对不喊口号，她真是个实干家。”

说起早些年，人们都记得田象霞清理“垃圾山”的事。那是1997年秋天，不满35岁的她刚担任社区党委书记和居委会主任。社区里有一座“垃圾山”，杂草丛生，臭气熏天，行人路过时得捂着鼻子，附近很多住户都不敢开窗户。好几任书记都想把它清理掉，但都未能如愿。田象霞上任后，把这事当成了她的第一个工作目标。

她挨家挨户上门，动员大家一起干。但是这事太难办了，没人相信她能办成。大家认为这是新书记的“形象工程”，都持观望态度。田象霞心里憋着一股劲，一定要把这事办成。她马上联系环卫部门，让清运车开进了小区。有些角落清运车进不去，她就用独轮小推车一车一车地往外推。一锨下去，老鼠、蜈蚣四处乱窜，旁边的人都吓得直跳脚。经年的生活垃圾经化学反应，散发出十分难闻的气味，让人反胃。路面坑坑洼洼，小推车一不小心就歪倒，有时还会陷进沙石里。田象霞以她瘦弱的身板，每天要推十几小车，累得浑身像散了架，两腿像假的一样，只能机械地一步一步往前走。她在老家干过的最重的农活，也没这么累。她心里很委屈，但一句抱怨都没有，还和围观的人说笑。一些党员群众看她来真格的了，也跟她一起干起来。

垃圾足足拉出去70大卡车，其中包括田象霞自己推的100多小车。大约一个星期后，耸立多年的“垃圾山”终于变成了平地。垃圾清运干净的时候，社区居民都不约而同地热烈鼓掌，还有人给环卫师傅敬茶、敬烟。通过这事，大家知道田象霞是个真干事的人。

每年年底，居委会都要做收取卫生费的扫尾工作。卫生费由各楼楼长收取，但极少数居民就是不愿交，理由其实都不合理，比如：我家旁边有个公厕，有气味；我去居委会盖章没给盖；等等。最后，楼长收不上来的卫生费，居委会去收。有“疑难杂症”的楼道单元，田象霞都留给自己。曾经有一个居民拿着西瓜刀跟她讨价还价，也有人到居委会大吵大闹。有时候，田象霞一连好几天很晚才回家。田象霞的办法是跟他们“磨”，去一趟不行就去两趟，去两趟不行就去三趟，好话说尽，听到难听的话就忍着。有些工作人员受了气，就发牢骚说，少收一户又能怎么样，干吗这么认真？田象霞说：“我们收卫生费，收的是公平，必须都收上来。少收一户，就对所有已交卫生费的居民不公平。”

有一次，有一位居民去居委会，想申请廉租房，但不符合条件。张女向他解释了相关政策，但他还是恼羞成怒，先是谩骂，推倒了桌上的电脑，往张女身上吐了一口痰，接着就要动手。田象霞急忙赶过去，用身体护住张女，对那位居民说："你有什么问题对我来，我是社区的负责人。"她让工作人员打110报了警，并用手机现场录像。那个居民把怨气都撒在田象霞身上，连打带骂，打得她胳膊瘀青，还撕扯下她一绺头发。但她一直耐心地安抚那位居民，向他解释相关政策。

田象霞说，在日常工作中，因为环境整治、办理低保、出具证明等事项，与居民发生争执是常有的事。她的做法是：我给你台阶下，你越不搭理我，我就越主动和你说话，见一次说一次，直到你愿和我说话为止。她说，能受委屈，也是做好工作的一种能力。张女说："田书记教育我，干社区工作就得'脸皮厚'，就得'厚着脸皮'和居民拉近关系，很多事情不忍不行。居民跟你吵，反过头来你还得跟居民打交道。如果你不搭理他，下一步还怎么工作？"

和一些有门卫、物业的单位宿舍不同，西社区是典型的开放式老旧社区，基础设施薄弱，公共资源不足。有的居民为图自己方便，私自乱搭乱建，并在储藏室房顶和楼道里堆放花盆、破桌子、烂椅子等杂物。2017年，借助创城、"拆违拆临"和综合环境整治的契机，田象霞带领同事挨家挨户做工作，动员居民自行拆除乱搭乱建，整理堆放杂物。私自搭建的小屋可以放东西，现在要拆除了，个别居民心里不满。对那些杂物，其他同事没人敢动，田象霞就带头爬梯子上去，一趟趟地往下搬。楼道里违规堆放的蜂窝煤，她用装化肥的尼龙袋子，大半袋子大半袋子地往下背。

社区的很多工作，田象霞不光自己冲在最前面，还常常把爱人和儿子也拉上。比如清理小广告，社区干部分为几个组，两人一组，最后"单"了一个人。其实这个人可以并到任何一个组，但田象霞却说不用并组，她把儿子叫来，和她搭一个组。她的儿子身高一米九多，贴得高一些的小广告伸手就能够着。再比如防汛期运沙包、排积水等脏活累活，田象霞也把爷俩叫来，搬、抬、架，出大力流大汗；疫情防控期间，把爷俩叫来当志愿者；等等。爷俩也都习惯了，只要不是上班时间，每次都随叫随到。很多人都见过爷俩忙碌的身影。

人们都知道田象霞比年轻人都风风火火，但没人知道她身体并不好，每天都要忍受剧烈的腰疼。一天，她从一个窗台上打扫完卫生，跳下来的时候扭伤了右腿上的筋，落下了严重的“纤维肌撕裂”。她完全可以歇病假，但一天假都没请，一天班也没休。此后的一百多天里，她每天早晨让爱人或儿子把她送到单位，晚上再接走。她每天拖拉着走，一条腿使劲。实在走不动的时候，她就让荆亚男和另外一位同事骑着一辆破三轮车，驮着她“现场办公”。其间大约两三个月里，每天她都让同事把她送到社区的一个小门诊按摩，之后继续坐在三轮车上，指挥大家清理乱堆乱放。晚上回家她再用艾叶、花椒煮一大锅热水，泡那条腿。

田象霞感动了很多人，越来越多的党员、居民自觉地加入到创城行动中，共拆除200多平方米的13间违章建筑和161个楼道的临建小房。规划了停车位，实施了交通微循环工程；实现了老旧小区集中供热，近3000户居民家里有了暖气。后来，在2021年的“城市更新”中，48栋楼墙体外立面粉刷一新，屋顶防水、保温层被更新，加装了扶手，楼梯安装了防滑条。统一拆除了居民储藏室，在空地上建起了车棚、私家车停车位以及花坛、绿地。同时，下水、雨水管道被更新，墙面弱电、燃气管道入地。崭新的小区门牌矗立在路边，新增的绿化带掩映着粉刷一新的楼体外墙。田象霞和同事们的努力，创造了老旧社区环境综合整治的“奇迹”。

每天早晨，田象霞永远都是第一个到单位。上午8点上班，她7点就从无影山路的家里骑自行车来到办公地点——西工商河路6号院。这是路边一

个有些狭小、逼仄的二层小楼，工人新村南村的西、南、北三个社区都在这里办公，田象霞的办公室在二楼。到办公室后，她先计划当天的工作，然后在社区里走一圈，和居民聊聊家常，遇到问题就马上解决或尽快解决。

每个社区的业务工作都差不多，但如果想干事，就有干不完的活。正像田象霞所说，“社区工作是良心活，很多可干可不干的事，咱去做了，效果就会不一样。民心就是这样一点一点凝聚起来的。”

荆亚男说：“别的地方可能是活找人，给你安排什么干什么，这个地方是人找活。跟着田象霞工作，肯定比在别的地方干活多，周围都是活，经常很晚才回到家。”

让每个人都高兴

马呈香老人现年 76 岁，从济南针织厂退休后在家看孙女，孙女上学后由她接送。济南师范学校附属小学是一所百年老校，在校学生 2000 多人，附近还有几所学校和幼儿园，路口人多车多。每天上学和下学的时候，马呈香就在校门口维持秩序，把孩子一个个送进校园、一个个接出来。后来陆续有孩子的家长加入，“义工奶奶”渐渐发展到 8 人。不管什么天气，她们每天都坚持，至今已 18 年了。马呈香的孙女已大学毕业了。那些已大学毕业参加工作的孩子，见了她们都亲热地叫“奶奶”。她们的事迹在济南广为人知，也获得过一些荣誉，其中两次获评“感动天桥人物”。槐荫区两所学校曾专门派人去学习她们的做法。

马呈香除了当“义工奶奶”，也积极参加社区的文体活动，跳舞、唱歌、诵读等，音乐班已连续参加了十几年。周一到周五她在学校门口执勤，周末的白天和其他一些大妈在社区执勤，戴上袖章巡逻。她的老伴比她大两岁，他觉得田象霞太不容易，从心里非常佩服她，因此也参加执勤，晚上和其他一些大爷在社区巡逻。

为表彰马呈香，田象霞在社区的邻里节上设立了“义工奶奶”奖，并请济师附小校长为她颁奖。田象霞还给“义工奶奶”们买过面包服、胶鞋、雨伞等。马呈香因表现突出，被推选为入党积极分子。

马呈香看上去比很多60多岁的老年人都年轻。她说，她们这些“义工奶奶”

的精神面貌都很好。在校门口维持秩序，看着孩子们安全，自己心里很高兴；在社区执勤，再参加一些文体活动，每天都过得很充实、很开心，吃饭、睡觉都很香。

马呈香参与的跳舞、唱歌、诵读等文体活动，只是社区众多文体活动的一部分。

20世纪90年代末，一些工人下岗失业转入社区；2003年前后，大批职工退休返回社区。他们忙碌惯了，忽然闲下来，心里没着没落的，难免有消极情绪。田象霞敏锐地意识到，社区需要一股积极向上的精神力量，引领大家走出家门，让每一天都过得有意义。于是，她以党组织引导为主线，多措并举打造“文化型特色社区”。

2004年，社区首先成立了“朝霞艺术团”。刚开始参加的人少，为带动更多的人参加，田象霞每天下班后都赶紧回家吃饭，之后赶紧骑自行车来和大家一起学跳舞。社区居民张国云说，田象霞脑子太好使了，她这个人太“能”了，每一个舞曲、每一个动作，别人还没学会，她先学会了，而且动作比所有人都标准。每次有演出，她都给大家辅导。为鼓励大家，田象霞到江西参观学习时，给艺术团成员每人买一副精美的竹板；她自己掏钱租车带大家到南部山区游玩；她用街道党工委发给她个人的奖金，给艺术团买服装；为把社区博客办得图文并茂，她自己花3000多元钱买了数码相机拍照片。

后来，社区相继成立了10余支文艺队伍和20余支志愿者队伍。这些队伍的名称，很多都由“朝”字打头：朝夕巡逻队、朝阳健身队、朝晖服务队、朝歌合唱队、朝艺腰鼓队、朝乐磨刀队等；其他有义工奶奶队、杨氏太极队、河畔书画队、花剪子理发队等。同时还开办摄影、绘画、音乐、剪纸等兴趣班。总之，所有工作都围绕居民的需求来开展，尽最大可能满足居民的多种需求。志愿者们也在社区找到了适合自己的岗位，成为社区建设、服务居民的重要力量。

从2008年至2013年，田象霞还主导开展了社区之歌、社区口号、社区精神征集活动，确定《我们是社区的主人》为社区之歌，“我的社区，我们的家”为社区口号，“团结、向上、奉献、创新”为社区精神。

除了大家都过的节日，这个社区的居民还都盼着过两个属于他们的节日：单数年的邻里节、双数年的文化艺术节。

邻里节相当于社区的表彰大会，主要表彰公认的好家庭，已举办过九次。

比如沃桂芳，她的爱人因车祸高位截瘫，她每天精心照顾，一照顾就是十几年。有一年邻里节上，沃桂芳的爱人唱了一首《两只蝴蝶》。他动情地说，他第一要感谢爱人沃桂芳，第二要感谢社区的帮助。

文化艺术节的目的是凝聚人心，已举办过十次。一开始规模并不大，后来一年比一年大，舞台、背景、音响、灯光都很“高大上”。

社区的“千家宴”也是很多居民期待的。新冠疫情之前，每年都搞一次，在朝霞广场举行。一个人带一个拿手菜，两口子来就带两个。一桌是 10 个人、10 道菜。大家边吃边聊，说说笑笑，气氛非常热烈。平时不怎么来往的邻居们，彼此间都亲热得像一家人。

张新萍老人今年 78 岁，是济南城建集团的退休职工，退休前在单位从事宣传工作，党龄 52 年。她一辈子没成家，平时也不太爱出门，多少有些自闭，常常感到孤独。她参加过一次千家宴，当时心里从未有过的热乎，眼泪止不住地流，就在纸上写了一首诗《社区的爱》，并当众向大家朗诵：“社区的爱像果汁，甜甜的；社区的爱像咖啡，浓浓的；社区的爱像阳光，暖暖的；社区的爱像大海，深深的。我多想在社区的办公楼前，栽上一排排美丽的枫树，我愿那艳丽的枫叶，铺满社区宁静的小路；我愿我的领导永远不老，陪我走完人生的最后一段路。”在为笔者朗诵这首诗时，她仍禁不住流泪。

疫情之前的 8 年里，社区每年都搞“初一大拜年”。那天上午，数百人在朝霞广场上扭秧歌、划旱船、赶毛驴、打腰鼓；广场上挂着大红横幅，彩旗飘扬，气氛十分热烈。街道领导和田象霞带领社区干部来给大家拜年，和每一位居民握手，感谢大家一年来对社区工作的支持，把来年的工作安排向大家交个底，让大家感受到社区大家庭不一样的爱，对未来充满憧憬和期待。凡是来参加活动的，每人发一条红围巾，寓意是日子红红火火。

在这个社区，如果愿意参加活动，几乎每天都闲不住，每天都很热闹。每搞一次活动，居民的心就凝聚了一次，居民之间就热乎了一些，居民内心对社区充满归属感和认同感。持续近 20 年的“文化型特色社区”建设，丰富了社区居民的文化生活，使社区成为凝聚党员群众的精神家园。

社区“活电脑”

张新萍老人说起田象霞对她的关心，就止不住地抹眼泪。她说，田象霞不是亲人胜似亲人。

有一次，她觉得心里有些不痛快，在小区的马路上抽烟。田象霞看见了，就问：“张姨，你为什么抽烟？”张新萍说：“我有点烦躁。”田象霞说：“烦躁就抽烟吗，就不能干点别的吗？”张新萍也想干点什么，可又能干什么呢？没想到过了几天，田象霞找到她，“支使”她干点活儿：写一篇关于“象霞社区群众工作法”的材料。张新萍虽然只是高小毕业，但因干过多年的宣传工作，文字基本功较扎实，也写得一手好字，写材料还是有基础的。张新萍说：“稿子我可以写，不过我水平有限，不一定能把你的事迹反映出来。”田象霞说：“张姨就别谦虚了，那就辛苦张姨了。”

张新萍接到这个任务，心里很兴奋。她熬了两个晚上，把稿子写出来了。到办事处审稿子，一审就通过了，没人提任何修改意见。在区政府开会的时候，张新萍作为社区的党员代表介绍田象霞的事迹。她在单位当过广播员，普通话非常标准。她一发言，所有人都鼓掌，都说“这个老大姐普通话这么好”。会议结束后，南村街道办事处的一位领导说：“别让张阿姨走，我去送她。”张新萍婉言谢绝，但那位领导执意要送。在车上，那位领导说，想聘请她在办事处干宣传，有报酬。张新萍说：“我是党员，社区有什么事需要我，我会尽最大努力，也不要报酬。但是别聘我，不然我有压力。”

后来，社区一有工作，张新萍只要能干就尽量多干、干好。她所在的党支部是天桥区的先进党支部，开会的时候她负责记录。其他党员都夸她记录得详细、字写得好。听到夸奖，她心里美滋滋的。从那以后，她再也没抽过一次烟。

2020 年，张新萍动了一个乳腺肿瘤手术。田象霞知道后，和志愿者一起到医院看望她 4 次，把慰问金偷偷塞到她枕头底下，还带去很多好吃的。其他病友都是两三个家人陪护，张新萍却有十几个志愿者轮流来陪护。医生、护士都说：“你们社区真好，比一家人还亲。”那年天气比较冷，张新萍出院时，田象霞给她买了一身保暖衣，并把她送到家，说：“张姨，保暖衣的事你谁也不要说。”张新萍这才知道保暖衣是田象霞自己掏钱买的。后来田象霞还和荆亚男一起，带着鸡蛋、牛奶去家中看望她。春节田象霞到她家慰问，给她 2000 元慰问金，她感动得直流泪。

疫情期间，田象霞嘱咐张新萍不要随便外出，经常给她送些蔬菜和馒头。过年包饺子，端午节包粽子，每次都少不了她。平时田象霞经常问她有没有困难，还曾安排义工为她打扫卫生、洗衣服。给她订《人民日报》《济南日报》，送文件给她看。

黑松江老人现年 80 岁，是从一家建筑单位退休的。辛辛苦苦工作了 41 个年头，退休后他觉得该“歇歇脚”了。但一闲下来，他心里就发慌。他发现社区的文化活动很丰富，有唱歌的，有跳舞的，每天都很热闹。看别的老年人那么活跃，他也不想闲着，也希望自己的晚年生活更有意义一些。思来想去，他选择了写作。

黑松江之所以选择写作，是为了弥补一个遗憾。他的父亲在他 13 岁那年就去世了，为了糊口，他小小年纪就出去学泥瓦匠，上学只上到小学三年级。后来早早地参加了工作，通过自学，考取了工程师证，在单位当了项目经理，再后来又被提拔为质量总监。其间他因工作表现好，于 1993 年 9 月入了党。谈起职业生涯，他对自己是满意的。但文化程度低，是他一辈子的遗憾，所以退休后想通过学习成为一个“文化人”。

黑松江写作，主要写顺口溜，歌颂社区里的好人好事。但能不能写好，他心里没底。田象霞听说后，就一个劲儿地鼓励他写。一开始，他字行都写不直，写着写着就“上天”了，就拿把尺子放在纸上比着写。田象霞说：“你这样写字多难看，你得锻炼着把尺子扔掉。”丢掉尺子练了一段时间，黑松江终于能把字行写直了。他把写好的顺口溜拿给田象霞看，田象霞看得很认真，还帮他修改。黑松江的劲头更足了，觉得不好好写就对不起田象霞。有时夜里他正睡觉，忽然想起一个好词儿，就赶快爬起来，拉开灯在纸上记下来。他形容那种状态“都痴迷了”。

“田书记很看得起咱，咱挺受感动。她要是给咱泼冷水，窝囊咱一顿，我早就不写了。”黑松江就这样坚持写，越写越顺溜，至今已出了 6 本《原创作品集》，打印、装订得很精美。他说，写这些顺口溜很有乐趣，很有成就感，他每一天都过得很充实、很快乐。

田象霞心里装着社区的每一个人，无论物质上还是精神上，她知道每个人心里期盼什么。从事社区工作 30 多年来，她最常做的事情是走街串户，了解居民的需求和生活状况，归类建档，牢记在心。社区那么多居民，哪家哪户叫什么名字、做什么工作、有什么喜好等，她脑子里全有，张嘴就来。居民尹清扬说："她见你一面，下次别管过去多久，肯定记得你。"甚至，她见到已搬走十几年的居民，也能一下子叫出名字来。李敏说，她和田象霞搭班子的时候，每个社区干部要对自己分工的事情"应知应会"，但田象霞是"全知全会"。因田象霞脑子特别好使，被同事和居民誉为"活电脑"。

在群众最需要帮助的时候，田象霞总是第一时间出现。沃桂芳的爱人因车祸高位截瘫后，田象霞第一时间赶往医院看望，并在几天内帮他们办理了残疾证和最低生活保障，后来又帮沃桂芳的儿子找到了工作。"我是田书记一步步拽着走过来的，因为她的帮助，我还入了党。"沃桂芳说。

十几年前，居民关玉琴的孩子下了岗，老两口也没有退休金。她的老伴卖起了烤地瓜，却因"占道经营"，三轮车和地瓜炉子被查扣。关玉琴在家愁得哭。田象霞得知后，亲自找相关负责人说明情况，并替关玉琴担保，帮她把三轮车和地瓜炉子要了回来。关玉琴说："这事让我一辈子都觉得特别暖心。"她已搬离社区好几年了，但每天早晨都坐公交车回来参加志愿服务活动。"社区就是我的家，田书记就是我的家人。"她说。

现在在公安部门工作的田峰松，自幼学习很好，但因父亲有眼病不能正常工作，家庭一度陷入贫困。田象霞和社区干部按照政策为他家申请了低保，为他申请了助学金。中学毕业后，他考上了警校。今年夏天，他找到田象霞，提出以后每年为社区捐款一千元，用于社区公益，以此感谢、回报他幼年时期社区对他的小家庭的帮助和付出。田象霞深有感触地说，这是一种"良性互动"，是"爱出者爱返"。

社区里鳏寡孤独和重残的困难居民有十多位，为了让他们活得更有尊严，田象霞发起成立了全省首家"邻里守望协会"，并亲自任会长。党员、楼长、热心居民自发当协会成员，分别认领高龄老人、空巢老人、智障老人等弱势困难群众，给他们理发、洗澡，陪他们聊天，搀扶他们晒太阳，帮他们打扫卫生等。

居民丁振英说，像田象霞这样的社区干部真是太少见了。居民尹清扬说，田象霞和群众真是心连着心，这么说一点都不夸张。

尹清扬入党记

尹清扬老人现年80岁，退休前是百货公司职工，1995年8月搬到西社区居住。她老伴退休前是人民商场储运部部长，退休后在西社区一支部当副书记。

2007年，尹清扬的老伴得了重病，有一次跟她说："清扬，咱们这个田书记人挺好，等我走了以后，你依靠她，我就放心了。"老伴当时说这话，尹清扬并没往深处想。2010年8月22日，尹清扬的老伴去世了。那天下着瓢泼大雨，田象霞带着居委会的几个同志去了尹清扬家，说："大姨，你不要难过，你有什么要求就和我提出来。"尹清扬的大儿子想为爸爸搞一个生平材料，但不知道社区能不能搞。尹清扬说了这事，田象霞一口答应下来。事后尹清扬才知道，田象霞从她家出来，就到街道党工委汇报了此事。党工委当时正开会，立即把会议停下，着手整理尹清扬老伴的生平材料，之后复印了100份，田象霞带回来交给了尹清扬。

送走了老伴，尹清扬觉得天就像塌下来了一样，每天在家里坐着发呆、流泪。过了几天，田象霞去她家，说："尹大姨别再难过了，日子还得过。你明天去趟居委会，咱娘俩好好拉拉。"第二天上午，田象霞在办公室里跟尹清扬拉呱，安慰她振作起来，以后有困难就找居委会。那天居委会二楼会议室有个声乐班正在上课，田象霞还带尹清扬到声乐班，陪她听歌。下课后，田象霞又送尹清扬回家。那天，尹清扬心里忽然敞亮了很多。通过这次接触，她觉得老伴去世前叮嘱她的那些话是对的。

此后，田象霞每次见到尹清扬，都跟她聊一会儿。渐渐地，尹清扬心里越来越亮堂，脸上也渐渐有了笑意。她琢磨田象霞，觉得"她是真有正事儿"，越琢磨越觉得她亲近、值得信任。转过年来，尹清扬心里萌发了一个强烈的愿望：入党。这也是她一辈子的梦想。68岁的她郑重地向组织递交了入党申请书，并恳请组织考验。从下个月开始，田象霞就通知她参加支部的学习。

田象霞是怎么"考验"尹清扬的呢？一开始是让她写文章。尹清扬上学的时候作文写得很好，在单位也写过材料，退休后就把这事放下了，只写日记。有一次她和几个老太太在党群服务中心一起打牌，田象霞问："尹大姨，你干么嘞？"尹清扬说："我玩儿啊，还能干么。"田象霞说："你别玩儿了，你干点活吧，写点文章。"尹清扬说："我会写么？"田象霞说："你不会写，你到文化墙那边去看看。”社区文化墙上大都是居民写的顺口溜，尹清扬看了看，觉得自己也会写。她回家写了八句，拿给田象霞看，田象霞说：“哎哟尹大姨，你写得这么棒啊！”

说到这里，尹清扬哈哈大笑起来。她说她这个人不经夸，田象霞一夸她，她就停不下来了。此后每次写了顺口溜和小文章，都送给田象霞看，田象霞每次都夸她一番，她的劲头也更足了。截至 2023 年 6 月，她的各种文章和日记已写了 4712 篇。

2020 年，尹清扬得了一场病，脑血栓，11 月 24 日出院。这一天，对田象霞来说也是个特别重要的日子：2020 年全国劳模和先进工作者表彰大会在北京人民大会堂隆重举行，她领取了“全国劳动模范”奖章，成为济南市天桥区首位获此殊荣的城市社区书记，也是本届全国劳模中济南市唯一的社区干部。

这天下午，田象霞从北京回来，听说尹清扬出院了，她办公室都没进，在一楼放下包就去了尹清扬家。按照程序，支部将于 26 日讨论尹清扬预备党员转正的事，还有两天时间。可尹清扬却因脑血栓不能说话，心里很着急。田象霞说：“尹大姨，你别说话，听我说。预备党员转正的事，你不要着急，组织都给你安排好了。”原来，田象霞心里记挂着这事，按照程序，已把支部大会改在半个月后的 12 月 12 日举行。

半个月过去了，尹清扬能说话了。在支部大会上，她把转正申请念了一遍，20 多名党员一致通过。她这个几十年的愿望终于实现了，她对田象霞的感激之情难以用语言表达：“这个领导简直不像个领导，她就像我的闺女，我可以这么说。”

社区现有党员 364 名，绝大部分都是从单位退休转过来的，其中包括尹清扬在内的 15 名党员是退休后在社区入的党。其他 14 位居民之所以要入党，都和尹清扬一样，是被田象霞感动了。

在社区入党的丁振英老人现年 76 岁，从针织厂退休后至今一直当楼长、义工，28 年来一直和田象霞打交道。她之所以入党，是因为在她看来田象霞“这个人太好了，说不出孬来”。向笔者说起田象霞的好，她情不自禁、声情并茂地唱起了自己编的一首歌：“田象霞，我们的好书记，她就像那一盏红灯照亮西社区，不怕苦不怕累勇挑重担，舍小家顾大家一心为社区。学习她呀全心全意为人民，学习她呀毫不利己专门利人的好书记……”

一件棉坎肩

说田象霞“全心全意为人民”，并不是修辞意义上的夸张。多少年了，365 天她一天都不休息，从没因私事请过一天假。周末和包括春节在内的所有节假日，也都在社区加班。家里的事她极少管，儿子从小到大，吃饭、上学都是由奶奶照顾。她很小的时候父母就不在了，是奶奶和几个哥哥姐姐把她养大的。尤其是年长她 17 岁的大哥，在她的成长中倾注了巨大心血。大哥去世前，她因工作忙，没在病床前陪伴一天。张女在她身边工作 10 年，从没见她哭过，有一次推开办公室的门，看见她坐在办公桌前大哭，这才知道她大哥去世了。直到现在，她都不敢提大哥，也不敢从大哥生前治病的那家医院门口路过。

田象霞身患心脏病、颈椎病等多种疾病。笔者几次去她办公室，都看见她在服药。她所有的病，都是在工作中落下的。比如颈椎病，是因为有一年党员照片上墙，她在一家印务门市里连续盯了一个星期，也吹了一个星期的电扇落下的。她的右腿那次“纤维肌撕裂”，至今都没好，膝盖以下整个小腿是木的。她走路很快，但走多了就撑不住了。这么多年，不管生什么病，她从没休过一天，每次治病都匆匆忙忙“偷偷摸摸”，唯恐被人发现，身体再难受都硬撑着。她现在仍需要针灸，都是下午下班后去，不占用工作时间。她爱人有一次生病住院 58 天，她也只是一早一晚去送饭，没请假陪护过一天。

田象霞物欲很低，不讲究吃穿。她不吃肉，鱼也很少吃，只喜欢吃馒头、青菜等家常饭。衣着只讲究得体、舒适，不讲究品牌。多少年来，她因个人获得荣誉得到的奖金从不装进自己腰包里，而是成立了“象霞激励基金”，用于社区公益。花她的钱包的粽子和大包子，她自己从不吃一个。艺术团请辅导老师吃饭，她从不陪餐。毫不夸张地说，除了在办公室喝公家的水，她唯恐占公家一分钱的便宜。

张女说：“只要你真心真意、全心全意，公平公正地对待每一项工作，公平公正地对待每个居民的诉求，几十年如一日，居民早晚会看得见。”

黑松江说：“没有真心，老百姓不会这么拥护她。”

田象霞说:“山与山的距离是云,人与人的距离是心。群众在你心中有多重，你在群众心中就有多重。”她认为做好社区工作，要有爱心、耐心、细心、真心。这“四心”工作法，后来又被总结提炼为“三靠三用四到位”的“象霞社区群众工作法”。“三靠”是：社区工作靠群众，群众参与靠发动，发动效果靠活动；“三用”是：用个人的品格感召群众，用欣赏的眼光看待群众，用创新的思路凝聚群众；“四到位”是：静下心来听到位，敞开大门议到位，扑下身子干到位，工作成效评到位。

在田象霞看来，所有工作的核心就两个字：群众。她运用“象霞社区群众工作法”，以群众参与为基础，以群众需求为导向，以群众满意为标准，实现了党群共治、和谐共享。她以 40 年苦心孤诣、清寂孤绝的努力，走进了社区群众的心。

山东卫视曾有一档“情义援助”类节目《惊喜！惊喜》，旨在制造惊喜、传递惊喜。节目编导从外围挖掘“主角”的故事，但一开始瞒着“主角”，直到某个再也瞒不下去的特定环节，“主角”才知道电视台在拍他（她）的节目，这样就有了“意外的惊喜”。田象霞就曾经成为这个节目的“主角”，她感动得哭了，在场的所有人都感动得哭了。

那天一大早，20 多位社区居民被通知去居委会二楼会议室开会，其中有尹清扬。据尹清扬回忆，来参加活动的人一开始都不知道活动内容，只有梁瑞卿、马呈香、关玉琴等几个张罗此事的人知道。人都到齐了，梁瑞卿、马呈香到田象霞的办公室，说：“田书记，我们联合山东卫视搞了一个活动，你去讲两句呗。”田象霞也没问是什么活动，但她讲话从不怵头，任何场合都能临场发挥，就说：“好，讲两句就讲两句。”说着，就和梁瑞卿、马呈香一起来到会议室。一进门，她被眼前的情景惊呆了：会议室里装扮得热烈隆重，贴在墙上的“爱在社区”四个大字分外耀眼，电视台的编导和摄像师正在忙碌着。直到这时，她才知道这个“送惊喜”的活动是为她举办的，她是节目的“主角”。一看这阵势，她扭头就往外走，但马上有人关了门，把她“堵”在了屋里。

活动由社区党委副书记许迎春主持。许迎春说，田书记得过那么多的荣誉证书，今天也送给田书记一个证书，只是没有党委政府的公章，只有老百姓的心。活动的第一项内容，是居民代表给田象霞献鲜花；第二项内容是献一篮子小枣，居民代表说：“田书记，一颗小枣代表一颗心，这是社区所有居民对你的一片心意。”尹清扬说，这个时候田象霞眼睛红了，不知说什么好。

第三项内容，是居民代表关玉琴给田象霞献上一件里外三新的棉坎肩，并说这是由她和范光兰等几位居民专门为她缝制的。关玉琴说："田书记，你冬天跑前跑后的，别冻着了，里边穿上这件贴身的坎肩。"还有一位居民给田象霞献上一条围巾，说："田书记，你颈椎爱疼，围上这个暖暖脖子。"

这时候，田象霞终于控制不住自己了，泪水哗哗地流，一句话也说不出来。她和关玉琴等居民代表紧紧拥抱在一起。在场的所有人都跟着掉泪。田象霞是被"忽悠"过来讲话的，可她不知说什么好，只说了八个字："除了感动还是感动。"这些场景，都被摄像机记录了下来。

节目播出的时候，田象霞的家人、亲戚和朋友都看到了，很多人都边看边哭。

尹清扬说，这件事对自己触动非常大。"居民对田书记就是这么敬爱，这才是真正和群众心连心。田书记评上全国劳模，那是当之无愧。"

那件棉坎肩为手工缝制，新里新面新棉花，大红底白点花，里子是紫色人造棉的。田象霞后来得知，那次"送惊喜"活动，社区好几个支部都参加了，且各有分工，有的买丝巾，有的买手套，有的准备节目；那件以支部名义做的棉坎肩，也是有的买棉花，有的买布，有的缝制。荆亚男说，那件棉坎肩也许值不了多少钱，但里面的"感情投入"很大，充分表达了居民对田书记的爱戴。

从 1983 年到 2023 年，从 21 岁到 61 岁，田象霞生命中最美好的 40 年是在工人新村南村度过的，青春年华也献给了社区。当年那个扎马尾辫的小姑娘，也已进入了老年。这些年她付出了太多太多，但她却觉得自己"赚"了，这辈子活得很值、很精彩。她常说："社区工作只赚不赔，因为投入的资本最少，收获的情感最多。"组织上也给过她很多荣誉和"高光时刻"，其中，北京人民大会堂她曾一年进过六次。这些也激励着她更加努力地工作，以回报组织的信任和关爱。她身体日渐衰老、多病，但共产党员的初心没有变，服务群众的热情没有变，只要还在岗位一天，她就以"满格"的能量全力以赴。

生命因不断淬火而纯青

——记全国劳动模范、环磨科技控股（集团）有限公司李云虎

展恩华

二十八年如一日的坚守，一次次在熔炉中冶炼，一次次在冷水中淬火，让人生和技艺都炉火纯青。他一路走来，竭尽全力做最好的自我，终于把“云虎”这个名字铸就成业内的“金字招牌”，自己也成为大师。他为企业创造了数以亿计的财富，为中国铸造赢得了国际声誉，如今已届天命，仍不忘初心，薪火相传，努力把一个个后来人培养成大国工匠。他信奉这样的格言：路虽远行者必至，事虽难志者竟成。

他，就是从平阴县玫德玛钢公司走出的全国劳模李云虎。

艰难困苦，玉汝于成

我面前的李云虎中等身材，体格健壮，方脸，浓眉大眼，留着平头，一头浓密的黑发，看上去稳重、精干、质朴、亲切。当他的手握住我的手的时候，我立时有一种异样的感觉：生硬、粗糙、厚重、有力。

这种异样的感觉，立时表现在我的脸上：惊诧！一位大老板——环磨科技控股（集团）有限公司法定代表人、总裁，他的手竟活脱脱像一位开山工。

看出我的惊诧，李云虎会心地微微一笑。

这双和大老板身份极不相称的手，极大地触动了我。我说："从您这双手上，我真切知道了您的'全国劳动模范'这一至高荣誉的真正底色。"

于是，李云虎向我娓娓诉说起他的人生历程。

李云虎生于1974年10月。这年是农历甲寅年，属相为虎。看着这个胖嘟嘟的"小老虎"，他的父亲高兴得像是心里打翻了蜜罐子，同时又希望儿子长大后有出息，成为对国家和社会有用的人。他绞尽脑汁，给儿子起了个颇具诗意的名字：云虎。这两个字的寓意，就是期望儿子像一只插上了翅膀的老虎，既能纵横于山林，又能翱翔于天空。

李云虎的父亲知道，任何成功都是汗水的凝聚、拼搏的结晶，任何离开扎实苦干的成功都是异想天开。在李云虎的幼年，父亲就在他心里播下了"艰难困苦，玉汝于成"这一人生信念的种子。

1992年9月，李云虎考入山东煤炭技师学院。因表现优秀，他在全校4000多名学生中脱颖而出，成了当年仅有的两个预备党员之一。

毕业后，他被分配到平阴县玛钢厂。

现在的平阴玛钢公司已是具有国际范的现代化大企业，可谁能想到，当年的玛钢厂竟是个又脏又乱的地摊式作坊。

李云虎至今清楚地记得，他去厂里报到那天是1995年7月15日。他随总经理刘勇来到车间，进门一看就傻了眼：破旧的车间里黑乎乎一片，地上杂乱地摆着一些铁家伙。7月中旬正是一年中最热的时候，车间里更是热得像蒸笼。他进去不到一分钟，短袖衬衫就被汗水湿透了。每吸一口气，都要费很大的劲。墙壁上嵌着几个简易大风扇，都在卖力地飞速旋转，可吹出的风都是热的。冲天炉的炉火正旺，赤红的铁水散发着滚滚的热浪。工人们穿着大裤衩汗流浃背地劳作，他们全身黢黑，间或露出的两排牙齿，显出与环境格格不入的洁白。

面对眼前的场景，李云虎想起了自己的那些同学。他们有的被分配到机关，有的去了事业单位，有的一进矿门就是技师，可是自己呢？自己这个在学校就已入党的优秀高才生，现在却走进了“炼狱”般的车间。他心里不禁有些酸涩，也打起了退堂鼓。可是，就在他想转身离开的刹那，忽然想起了父亲那句话：“不惧艰难困苦，方能玉汝于成。”于是，他毅然脱下了干净的上衣，赤着臂膀跟着师傅一起挥汗如雨。

李云虎所在的车间是铸造一车间。三人一副模具，要在三四十平方米的地方，打满规划好的造型，铸造出三四百吨的产品。

浇注是很累的活。它需要人工手持二十多斤重的浇勺，一勺一勺地挨个将每个铸件浇注出来。一个班大约要浇注五六吨的铁水，其劳动量可想而知。

根据浇注先后时间，间隔四五小时开始泼水、搂件。水泼在铸件上，随着“滋滋”的声响，腾起一阵阵水汽，水汽里有一股臭鸡蛋一样的气味，十分难闻。不久，李云虎产生了一种条件反射：看见鸡蛋就反胃。无论煮鸡蛋还是炒鸡蛋，他一口都吃不下去。很多年后，他才慢慢能吃鸡蛋了，这是后话。

搂出了铁件，装进车斗，一车车运到质检处。运件也不是一件容易的事。不仅需要体力，还需要技巧。一车铸件二百多公斤。在当时，能推独轮车的都是身强力壮、定力十足的“高手”。因为推着二百多公斤的重量，在松软的砂型上行走，需要很强的平衡能力和臂力，不然寸步难行不说，还可能造成车翻人伤。好在，李云虎是山里长大的孩子，从小爱劳动，早已练就了一副好身板，推车这样的事简直是小菜一碟。

整个铸造过程涉及混砂、送砂、造型、熔炼、浇注、扒货、砸货、质检、模具维修等十几个关键工序及辅助工序，工人们分白班、中夜班、大夜班、早班等不同时间上班，一个铸造车间二三百人，每天铸出二三十吨的管件。

毕竟是刚从校门里走出来的白面书生，一个班下来，李云虎满嘴是灰，双手是泡，浑身酸疼，像是散了架。回到家，饭都不吃，倒头就睡，一觉睡十四个多小时。

李云虎的手，不仅手掌心有老茧，而且手背的关节处都有。他说，这都是铸件造型用手捶砂时落下的。他说，那时干活真叫苦，夏天热得够呛，冬天冻得够呛，一年到头累得够呛。车间四面透风，冲天炉一开，粉尘呼呼地往脖子里灌。嘴里、鼻子里都是黑砂。要是雨天，满地的黑砂混合着雨水变成黑色的沼泽，人浑身都是黑色的泥水，玛钢工人成了“黑人族”。有人开玩笑说，在玛钢厂上一天班，得尿三天的黑尿。

一个响当当的大学生,到最脏的车间干最累的活,这本身就让人刮目相看。而他的“关公风范”，更是让人为之由衷地佩服。李云虎有知识有文化，还懂机电。一天，一台混砂机坏了，老维修工捣鼓了半天也没修好。李云虎主动请缨，一支烟的工夫，他就从机器上下来了，拍拍手说：“好了！”在人们怀疑的目光里，他推上电闸，机器就轰隆隆地运转了起来，很正常。人们怀疑的目光变成了赞赏，随之就是一阵热烈的掌声。自此，李云虎成了车间的正式维修工。可不幸的事发生了。一天，机器又出了故障，李云虎爬上去维修。正在他专心维修的时候，一名工人不小心推上了电闸。机器一转，李云虎一下子被机器“咬”断了腿。人们把鲜血淋漓、满脸滴汗的他送到县医院。从受伤到做完手术，李云虎竟一声没吭，一声没叫。人们问他为什么不喊叫一声，他反问道：“叫喊就不疼了吗？”于是，在同事眼里，李云虎就是“关公再世”，有“刮骨疗毒”泰然自若的风范。

艰难困苦，玉汝于成。能吃苦，是李云虎的特质，这也成了所有玛钢人的秉性。正如他们的老厂长孔祥存所说：“吃别人不能吃的苦、受别人不能受的罪，才能干别人不能干的事。”在创业过程中，玛钢公司逐渐形成了“艰苦奋斗，开拓进取，自讨苦吃，创新夺魁”的企业精神。正是凭着这种精神，李云虎一直走在企业振兴的最前沿，迈着铿锵的脚步一步一步走向人生的最高处。

十年一剑，终成行家

李云虎能干、能忍，做事认真，技术过硬，赢得了同事和公司领导的赞誉。从 1995 年 7 月到 2004 年 6 月，他在铸造一车间一干就是十年。其间从学徒工、维修工到质检班长、车间质管员、技术员，他的角色不断变化。但，唯一不变的，是他吃苦耐劳的精神和追求卓越的品质。

在这十年的时间里，李云虎跟着经验丰富的老师傅学修模具、检查缩松、改制模具，后来他就独立自主研究铁水成分、改进生产工艺。在不断学习和摸索中，他从一个铸造白丁逐渐成为铸造技术方面的权威。

寒来暑往，风云际会；群雄逐鹿，金戈铁马。在激烈的市场竞争中，玛钢人经历了一次又一次血与火的考验。他们一路冲锋陷阵，攻城拔寨，所向披靡，不仅在国内市场站稳了脚跟，而且还在进军国际市场中取得了不凡的业绩。

自1998年开始，从亚洲、欧洲、美洲、澳大利亚，大量的新产品订单雪花般飘来。新的品种、新的规格、新的标准给玛钢人提出了新的要求。早已成为玛钢公司技术骨干的李云虎，顺理成章地承担起了公司新产品的开发任务。

玛钢管件有可锻铸铁、球铁、灰铁、铸铜等分类；有英标、美标、德标三大系列、三千多个品种。要制造出品类多样、标准各异、质量合格的新产品，需要的是知识，是技术，是敢于创新的勇气。这些年来，在工作实践中，李云虎已熟练地掌握了浇注系统的设计、改进、成分控制以及各种型芯砂的配制，成了本专业的行家里手。然而，要达到产品质量的“国际化”，还需要付出更多的努力。

为了学习铸造知识，他自费购置了大量的专业书籍。白天工作，晚上读书，像饥饿的人扑在面包上，贪婪得像一只饕餮巨兽。废寝忘食，兀兀穷年，直令灯光漂白了四壁。他天天读、天天悟、天天做，终于悟出了一串串打开科技之门的金钥匙。

前进的路总不会一帆风顺，李云虎也只有在不断的淬火中百炼成钢。

2002年，玛钢公司为美国艾默生公司生产BH500新产品，第一批产品刚到货，就接到客户质量投诉。该管件的生产是玛钢公司与美国电器连接件最大生产商艾默生公司的首次合作。仅仅因一件产品发生断裂，就造成了客户高额索赔，并提出将发往美国的300多吨产品全部退货或者倾倒到海里。这还不满意，他们还声称必须将产品的扭矩力由原来的6.5牛/米提高到11.8牛/米，否则将终止合同。

有人说，这是外国人刁难中国人，不能吃这一套。董事长孔祥存说：“如果我们不答应，我们失去的不光是一笔钱，是一个客户，更是作为企业最可贵的信誉。”人而无信，不知其可。信用是企业的生命。孔祥存下定决心按客户的要求提高产品质量，使之达到“经得住最严厉客户的最为苛刻的挑剔”。为了过好质量这一关，孔祥存直接点将，让李云虎担任技术总监。

沧海横流，方显英雄本色。在总经理刘勇的统筹下，李云虎在各厂区使用不同成分的铁水做实验，同时在退火炉上做文章，每天工作到半夜。饿了，就在厂门口快餐店将就吃一点；困了，就在实验现场眯上一会儿。披星戴月，早出晚归，打个盹就是一觉，这几乎成了他工作的常态。尽管如此，两个月下来，扭矩力依然迟迟达不到标准。面对董事长、总经理的殷切希望，面对客户的不断催促，李云虎感到前所未有的压力。即便躺在床上的时间少得可怜，他也难以入眠。他像是犯了“梦魇”，常常从梦中惊醒。食不甘味、夜不成寐，成了那个阶段李云虎生活的真实写照。

伊里亚·叶菲莫维奇·列宾说：“灵感，是由于顽强的劳动而获得的奖赏。”一天夜里，李云虎辗转反侧不能入眠，又一次陷入了苦苦的思索。突然，灵光一闪，一个“锰”字跳入他的脑海。他跳下床，拉开灯，打开书本，深摸锰元素的“底细”。资料证明：锰元素就是提升扭矩力的“神丹妙药”。

这真是“众里寻他千百度，蓦然回首，那人却在，灯火阑珊处”。他跑下楼，蹬上自行车向厂里飞奔而去。慌忙中，他竟穿错了鞋，一只脚一个样。这件事，工人们至今都津津乐道。

通过两个星期连续的改进，李云虎终于攻克了难题。但他没有沾沾自喜，更没有得意忘形。为使工艺更加成熟稳定，他像痴情的男人追逐心仪的女友一样，跟踪观察冲天炉铁水变化达两个多月。

平时，家人都盼着他回家。但因工作忙，身体太疲累，李云虎回到家就一心想睡觉。长时间不洗澡，砂尘又多，加之汗水一遍遍地浸，那味道真是“好”极了。一段时间，年幼的孩子都怕他回家。为了不影响家人睡眠，李云虎回到家就直接睡在外屋的沙发上。他睡在哪里，哪里就会留下一捧砂。他的妈妈曾笑说他是个“贪污犯”——把公家的砂子带到家里来了。

功夫不负有心人。通过铁水合理加猛，产品的力度提升了。通过反复测试，扭矩力完全达标。当艾默生的老板拿到新产品时，惊讶地睁大了眼睛，由衷地赞道：“奇迹，这简直就是不可思议的奇迹！”

自此，BH500 产品已经成了公司的常规产品，再也没有因材质问题出现过投诉。艾默生公司从此成了玛钢公司的“夫妻式”合作伙伴。

李云虎把这个攻关过程做成 QC 成果，参加了省、市质量管理成果展示，获得了省优秀质量管理成果奖，济南市质量管理成果一等奖。开完表彰会，李云虎回到家，把奖杯抱在怀里，搂着睡了一夜。

因为有了李云虎这样的“土著”专家，玛钢公司的产品在走向世界的过程中可谓一路绿灯。其产品先后通过了中国、美国、德国、英国、西班牙、澳大利亚等多国 IS09001 质量体系认证，获得英国 NQACSA/CUL、德国 DVGW/IUV、韩国 KS、日本 JIS、新加坡 PSB 等国产品质量认证。迈克商标在全球近百个国家进行了注册。李云虎为“日不落玛钢帝国”的建立做出了卓越贡献。

临危受命，力挽狂澜

2003 年，玛钢人开始他们的“二次创业”。这标志着玛钢公司的发展进入了一个大跨越、大扩张、大发展的新阶段。

为适应形势的需要，许多新车间、新产品应运而生。然而，迅速的发展也带来了诸多问题。2004 年底，因为新成立的铸造五车间的造型人员是从各个铸造车间抽调过去的，加之还有部分新招的工人，被人戏称为“乌合之众”。因各个铸造车间的管理方式不一样，生产程序不一样，产品规格不一样，人们的思想很难统一，工作开展很不顺利，业绩排名月月拽牛尾巴。

为了使车间的生产尽快走上正轨，厂领导找李云虎谈话，决定派他到铸造五车间担任调度员。“散了的泥好捏一起，散了的心难拢到一块。”他的车间工友劝他不要趟五车间的浑水，他说：“能救活一个车间，就等于为咱公司撑起了一片天。再说了，咱是党员，关键时候一定要冲得上、豁得出。”

李云虎坚持每天早晨五点半到车间，通过召开班前会，宣传贯彻公司制度，展望公司技改前景，激励大家团结一心向前看，同心同德打出一片新天地。他像是一团火，他的工作热情和工作态度感染、影响着大家，让大家有了希望，大家的工作干劲被激发了出来。

寸有所长，尺有所短，李云虎把合适的人放在合适的岗位上。他让干活细心的员工生产一些结构复杂的铸件，让干活速度快的员工生产一些简单的铸件，让有一定成熟经验的员工生产新产品和高标准的铸件。采取激励机制，合理制定计件定额，根据实际情况给予不同的定额补贴，最大限度地调动职工的积极性。通过整顿，铸造车间的生产终于走上了正轨，造型产量也稳步上升。

常言道：其身正，不令则行；其身不正，虽令不行。工作中，李云虎始终带着大家干，做给大家看，时时处处率先垂范。他本来是调度员，可他甘做一名一线工人，在四五十度的高温车间里赤膊上阵，拿起浇勺亲自浇注。他的身先士卒，极大地鼓舞了大家的士气。不到三个月的时间，无论是生产产量还是产品质量，都在全厂名列前茅。这个车间由公司的“牛尾巴”变成了“排头兵”，实现了脱胎换骨式的嬗变。

李云虎是一只“虎”，他到哪个车间，哪个车间就虎虎有生气，工作就风从云生。

第二年 12 月，李云虎调回铸造一车间担任熔炼副主任。这一安排，标志着他正式成为了一名车间领导。工友上前道贺，但他没有自鸣得意，而是自我加压。每天，他凌晨四点到车间，几乎全天候地靠在岗位上。他这样做，不是为了“熬干灯”，而是为了“炼本领”。他靠在熔炼现场，每十五分钟取光谱样一次，数月下来，他练就了一双“火眼金睛”。通过炉前铁水飞溅的火花，就能看出碳硅的成分含量；通过铁液的亮度，就可以预测铁水温度的高低。为了练就这个本事，他的头发和眉毛不知被烧掉过多少次，也因此有人给他起绰号叫“无眉大侠”。

通过努力，李云虎分管的熔炼工序成效显著。三个月里，问题硬件由 10 吨降到 3 吨，又降至 1 吨；到第四个月，问题硬件直接归零。管件成分稳定之后，李云虎又大力推进技术升级改造，从而让生产效率快速提升，车间产量由原来的每天三四十吨，提高到七十吨以上，直接翻了一番。

匠心独运，成就自我

工匠精神是一种严谨认真、精益求精、追求完美、勇于创新的精神。李云虎把这一精神奉为自己所尊崇的圭臬。

2012 年上半年，李云虎来到品管科，同时负责铸造一车间模具工艺出品率的提高和质量的攻关工作。

在公司里，李云虎是一个能妙手回春的人。他到哪个厂，哪个厂就能起死回生。胡庄外协厂生产的污水管合格率低，年年亏损，压得企业领导喘不过气来。集团公司领导派李云虎去解决质量问题。他像一个老中医，对企业进行了全方位的“望闻问切”。他亲手制定模具浇注系统改制、混砂质量改进、浇注温度的提高等方面的工艺参数，手把手教职工进行操作，从而使污水管质量由原来的 75% 提高到 95% 以上，产量也由原来的 200 吨提高到 300 吨。其中，李云虎为灰铁产品设计的沉降式搭接浇注系统，使污水管焊补率由原来的 30% 降低到 0.5% 以下，新产品一次性开发成功率达到 98% 以上。

李云虎成了公司的专家，他的人生也逐渐开始了向研究型人才的转变。2012 年下半年，他被抽调到研发中心水冷炉项目组，开始了长达一年多的水冷炉研究工作。在承担这一项目期间，他经历了漫长的零下 16℃夜间修炉的凄冷。为了抵御寒气，他从一家军品店买了一件军大衣，成了公司里的“大衣哥”。

搞实验是一件很危险的事，为了实验的成功，李云虎总是把自己的生命安全置于脑后。他先后经历过铁水遇冷水发生的高温蒸汽爆炸、水冷风口烧毁、铁水倒灌炉膛等种种危险。那次高温蒸汽爆炸所产生的冲击波，直接把他推出好几米，身体重重地撞到墙上，后背疼了半个月。他咬着牙忍着，硬是没休一天班。在和同事的共同努力下，水冷炉实验终于成功。这项既节能高效又绿色环保的发明，有力地助推了玛钢公司现代工厂建设，保障了铸造行业的可持续发展。

玛钢公司的富氧送风技术，是与美国 AP 空气化工公司合作进行的。说是合作，AP 公司却进行技术垄断，只允许玛钢公司租赁该公司的富氧阀组，并且还要保证使用该公司的氧气。每年，玛钢公司仅租赁富氧阀组就要多支出 12.8 万元。这个“霸王条款”，明摆着就是要“割韭菜”。

“不蒸馒头蒸（争）口气，绝不能让美国人掐住我们的脖子。”李云虎下定决心为公司解套。2014 年，他借鉴国外气体专业生产的富氧送风阀组设计，自行设计了科技园富氧送风阀组。这项创新研究打破了国外的技术垄断，整套工程为公司节约投入 200 万元，公司每年还降低了 100 万元以上的液氧采购成本。能源消耗大幅降低，每月仅焦炭一项就能节约 30 万元，全公司八个铸造车间推广使用后，年节约总额达到 2000 万元以上。

在学习实践、再学习再实践的过程中，爱动脑筋的李云虎逐渐成了一位设计师、发明家。2015 年，公司智能化创新发展转型升级，引进了世界最先进的造型设备 DISA 线。在玛钢模具设计制作过程中，李云虎组织工艺设计人员，切实做好工艺过程策划和评审工作，认真完善工艺设计规范，积极开展技术改进，并将成熟的工艺试验结果推广应用，不断提高工艺技术水平。在这期间，他们规范完善 DISA 线玛钢材质工艺设计 45 项，设计创新 8 项。他主导的搭接式浇注系统研发成功之后，极大减少了 DISA 废品的产生，提高了铸造合格率，从根本上解决了自动化铸造设备投产以来长期存在的下渣、下砂、粘砂技术难题，使 DISA 线铸造合格率稳定提高到 97% 以上。他大力推进企业的流程改进、技术提升，仅改进 DISA 浇口杯、提高铁水利用率设计一项，就每年节约铁水成本 500 万元以上。

李云虎是一个发明和获奖“专业户”。2016 年，他撰写的《精益化管理在新产品研发中的应用》获 2016 年济南现代化管理成果一等奖。在 2017 年发表的《生产机械装备优化升级过程中转线产品模具开发的系统化管理》获济南市企业现代化管理创新成果二等奖。他为提高造型效率而研究设计的自动松砂器获得国家实用新型专利。

李云虎在创新中不断进取，先后获得“第八批济南市突出贡献技师”“济南市创新能手”“济南工匠”“齐鲁工匠”，以及“中国铸造大工匠”“全国劳动模范”等荣誉称号。无论哪一项荣誉，他都“实至名归”。

与时俱进，再上层楼

虎啸云天，这是虎的境界。欲穷千里目，更上一层楼，这是李云虎的追求。

凭着超强的实力和卓著的业绩，李云虎声名鹊起。他被推选担任了中国铸造协会管件与阀门铸件分会常务副秘书长、中铸产业网咨询专家，还是第六届全国铸造行业技能大赛金牌裁判、第七届全国铸造行业技能大赛副总裁判长、山东省首届铸造行业技能大赛总裁判长。他充分发挥这些职务的桥梁纽带作用，在行业内开展了一系列全国性的活动，为中国管件阀门分会和中国铸造协会注入了生机和活力，极大地促进了中国铸造业的发展。

大才干必须有大平台，大平台造就大才干。2021 年 12 月份，李云虎临危受命，担任玫德威海分公司铸造事业部总监。面对辽阔无垠的大海，李云虎心潮澎湃、热血沸腾，下定决心干一番恢宏的事业。

为了提高公司的知名度，李云虎利用自己在行业的影响力，在公司驻地乳山市召开了中铸协行业会议。他邀请中国铸造行业知名专家来公司指导帮扶，提升了公司的国际化水平。他与时俱进，紧跟时代的步伐，大力推行数字化运用，依靠先进的管理理念，促进铸造生产效率快速提高。以技术为支撑，加强创新意识，狠抓降本管理，实现公司节能降耗，生产成本同比降低 15% 以上，年节约能源消耗 300 万元以上。产量由原来的 3000 吨 / 月提升到现在的 7500 吨 / 月，月销售由原来的 4000 吨提高到现在的 6000 吨以上。一举让威海分公司成了总公司的“领头羊”。

在疫情反复无常的严峻形势下，李云虎逆势前行，亲自挂帅跑市场，不但赢取了高附加值的新产品订单，还和国内大型配重企业合力、中力建立了合作关系。他旗下的企业像一艘巨轮，不断走向深蓝，产品销往意大利、法国等国家。

古希腊物理学家阿基米德说：“给我一个支点，我可以撬起整个地球。”李云虎说：“给我一个平台，我可以开出一片崭新的天地。”

怀揣着梦想，肩负着使命，2020 年，李云虎来到了省城济南，注册了自己的公司——环磨科技控股有限公司（简称 HMR 集团）。集团集矿山开发、选矿大数据及产品、技术创新研发、智能制造、矿山服务、选矿工业物联网于一体。建有山东济南总部产业管理中心、北京科技研发中心、上海环磨数据信息中心三大管理中心；拥有国内外铁矿开发，山东、江苏、安徽等多家选矿新材料和装备生产企业。

对李云虎来说，创新永远在路上。

他深知，创新是一个民族进步的灵魂，是一个国家兴旺发达的不竭动力。整个人类历史，就是一个不断创新、不断进步的过程。没有创新，就没有人类的进步，就没有人类的未来。李云虎深谙科技创新的重要意义，始终把创新作为企业的灵魂。为推动科技创新，HMR 集团建立的以中国工程院孙传尧院士为驻站院士的院士专家工作站，聚集了业内有影响力的不同专业的科研团队，依托国内外科研院校的专业优势，在大数据智能矿山选矿工艺、耐磨材料和选矿运营及服务、技术装备等领域做出了一些颠覆性的创新成果，引领高端选矿新趋势，创建选矿工业新的生态系统。

科技攻关，舍我其谁？做了老板的李云虎依然是科技攻关的先锋。在坚持不懈的攻关下，HMR 集团取得了磁铁矿干式磨选技术的重大突破，解决了低品位、缺水、高寒矿山的选矿难题，拓宽了资源利用边界，达到国际先进水平，成功入选国土资源部《第五批矿产资源节约与综合利用先进适用技术目录》。他们以超强的科技实力，赢得了全球最大钢铁企业宝武集团的青睐，双方建立了全面合作关系。他们联手共同开发了利比里亚邦矿一期 150 万吨铁精矿项目。这是中国利用干式磨选新技术工艺开发海外矿山示范项目。因其在国家资源保障战略方面具有重要意义，被列为中非合作重点项目之一。该项目一期投资 6 亿元，将于 2023 年 10 月达产；二期投资 40 亿元，年产 1000 万吨铁精粉；三期 2000 万吨铁精粉，年产值 300 亿元。目前，项目正在顺利推进中。

海阔凭鱼跃，天高任鸟飞。站在苍茫的大海边，李云虎豪情满怀，他决心凭借科技实力，把中国企业的旗帜插到世界每一个地方。

传技授徒，薪火永传

传技授徒，薪火永传，是中华民族的优良传统，是伟大事业恒久发展的强大动力。

在自身技术不断提升、精进的同时，李云虎心系公司发展，不忘传承。

通过传技授徒，他为企业培训出高级工、技师、高级技师等近百名中坚技术人才。目前，他带出来的高级技师已有 12 个，与他一同工作 20 年的同事夏晓璞就是其中之一。在他的帮助下，夏晓璞 2020 年考取了高级技师的证书。夏晓璞说，李云虎是自己学习和奋斗的榜样，自己也在榜样的带动下不断进步。

这些年，李云虎带领团队进行的技改创新项目有几十项，大大提高了生产效率，有力地促进了公司节能降耗目标的实现。几十年间，李云虎自行设计的新设备、自主研发的新工艺，为公司节约成本、创造经济效益数亿元，对整个铸造行业技术和技能的提升起到了很大的推动和引领作用。

聚火成炬。“公司不是靠一个人发展起来的，而是靠整个团队的力量。”李云虎表示，自己刚进公司时老师们毫无保留地把经验、绝活传授给自己，现在自己也想把技术传承下去，让大家都能成长成才。

聚是一团火，散作满天星。李云虎说：“科技队伍越大，就越能形成燎原之势。这种燎原之势一旦形成，中华民族伟大复兴的中国梦就指日可待。”

这发自肺腑的话语，正是李云虎家国情怀的深情表白。

李云虎获得了许多的荣誉，但他最看重的就是“全国劳动模范”这一光荣称号。现在的李云虎，作为一家科技企业的掌门人，就像老虎插上了羽翼，其前程不可限量。李云虎却说：“无论做什么工作、到了什么岗位上，手上老茧不能掉，劳动者的本色不能丢。”

生命因不断地淬火而纯青，劳模因不止地劳动而光荣。李云虎，一位永远的劳动者。正是千千万万李云虎这样默默耕耘、无私奉献、敢于创造、永不停步的劳动者，构成了中国人昂然不屈的民族脊梁。

王新：创造人生新动能

——记全国劳动模范、达沃控股集团王新

刘 民 杨润勤

2023年春天，走过三年疫情的华夏大地焕新出彩。

走进新时代，黄河流域高质量发展战略和新旧动能转换等国家级战略叠加的山东，正以澎湃之势推进高质量发展。其中，“工赋山东”是山东立足转型升级、数字赋能、绿色低碳等维度，通过发挥工业互联网平台立体化赋能作用，助力鲁企高质量发展的重要举措。

四月秀葽，五月鸣蜩。我们走进黄河北岸的济阳和济南新旧动能转换起步区，走进双雄并峙的达沃智慧产业园和国家级工业互联网平台应用创新体验中心。我们也走近一个人，一个用智慧和汗水，不断创造人生新动能的人。

他叫王新，达沃控股集团有限公司副总裁。他是全国五一劳动奖章和全国劳动模范荣誉称号获得者，是“工赋山东”“园区＋展厅”模式的创想者、实践者。他的职场故事，看似平淡却充满精彩；他的谦逊平和之中，有一颗勇于创新、争创一流的奋斗者的心。

生机勃勃的创业热土

济阳，因地处古济水之北而得名。古时以山南水北为“阳”，故名济阳。汉武帝刘彻曾于此兴建行宫，称济阳宫。西汉末，长沙定王刘发玄孙刘钦任

济阳县令，于此生下东汉开国皇帝——光武帝刘秀。

2018 年 6 月，济阳撤县设区。2021 年 4 月，济阳迎来新的发展机遇：济南新旧动能转换起步区落地黄河北岸。

（一）希望

5 月 21 日，是二十四节气中的小满。

济南经十路 13777 号达沃集团总部，距离达沃智慧产业园大约 50 分钟车程。这个以智慧客服为鲜明特色的现代化园区，位于黄河北岸的济南新旧动能转换起步区东北方向，行政区划属于济阳区。

跨越黄河，一路北行，一路上车水马龙。黄河北岸沃野千顷，小麦长势喜人，丰收在望。济阳黄河大桥之侧，上下三层、气势雄伟的济南凤凰黄河大桥正在紧张施工，一片热火朝天的繁忙景象。济阳，携手孕育了华夏悠久灿烂文明的母亲河，昂然步入跨河而兴的新纪元。

济阳，有厚重的历史文化底蕴和丰富的红色文化资源；这里民风淳朴、物产丰盛，是投资创业的好地方。2021 年春天，为了贯彻落实黄河流域生态保护和高质量发展国家战略，加快山东新旧动能转换综合试验区建设，济南新旧动能转换起步区在黄河以北落地。为积极探索新旧动能转换模式而设立的国家级新型战略新区，恰似润泽济阳大地的春雨——这是继雄安新区之后的全国第二个起步区。济阳区的太平、孙耿、崔寨等街道被划入起步区，迎来了前所未有的发展机遇。

济阳的发展前景吸引了许多企业家在此投资兴业。其中，就有王新率领团队打造的达沃智慧产业园。

“整个园区占地面积 350 亩，建筑面积 28 万平方米。自 2019 年开工建设以来，大部分主体工程已经建成投入使用，整个园区已经实现了 60% 以上入住率。”王新自豪地说，“现在进驻园区的企业，有中国联通、中信国安、中国中车三家央企，在谈项目即将成功进驻，未来三年入园企业能达到 60 家，在园人员近一万人。尽管去年受到疫情影响，但是仍然是济阳运营和发展较好的园区，园区企业实现利税 3000 多万元。”

一个聚集了智慧客服等产业集群的产业园区，一个聚集了近万人的“科创社区”，对济阳经济社会的带动作用无疑是巨大的！达沃智慧产业园是如何从创意到构想，从蓝图到实践，一步一步落地的？作为从初始规划到开发运营的带头人，王新与跨河兴起的济阳有着怎样的因缘？

一个又一个问题，令人对即将看到的达沃智慧产业园充满期待。王新说，这个总投资 30 亿元的产业园，是集团领导和同事们心血的结晶。是的，这是王新与大家共同奋斗的“交响乐”，是团结协作的“钢琴曲”。

（二）征程

一路畅想，一路驰骋。

黄河北岸绿树成荫，泉城的初夏凉爽宜人。驾驶新能源汽车奔驶在济南新旧动能转换起步区，大路宽敞，空气清新，令人心旷神怡。

黄河北岸，黄河大街和澄波湖路交叉口东北部，达沃智慧产业园——省内唯一集聚了智慧客服产业的产业园敞开怀抱。来到园区大厅，产业园招商总监陈颖超迎上前来，介绍园区的规划布局和项目进展情况。

“达沃智慧产业园由达沃集团投资建设，是济南市 2019 年重点工程项目，济阳区政府一把手工程。”陈颖超说，“达沃智慧产业园项目总投资 30 亿元，占地 350 亩，建设面积 28 万平方米，其中现代化厂房 22 万平方米，服务配套 6 万平方米，由 48 栋单体建筑组成。”

站在达沃智慧产业园的沙盘模型前，不由得感叹其优越的地理位置。这里位于济阳济北开发区内，同时又是国家级济南新旧动能转换先行区的核心地带；北距济阳城区 3 公里，东距济南遥墙机场 10 公里，南距济南东站 20 公里，距离济南市区 30 公里。园区周边有 3 条高速公路、6 个高速入口、2 条国道、2 条省道和规划的 R3 线地铁口。纵横交错的立体交通网络通达八方，是投资兴业的好去处。

走在园区里的小径上，曾经的憧憬清晰生动地呈现在眼前。

“这个室内广场 1600 平方米，是济阳区最大的室内活动空间，适合展览、推介、团建、路演、专项等大型活动。”在一个宽敞的大厅前，王新自豪地说，“除此之外，我们还要在园区内建设综合性酒店，完善各种商业配套设施。”

“这个楼可费了劲了，是抢出来的！”王新指着一幢大楼说。原来，这是中国联通智慧客服北方中心的办公楼，当时，因为联通公司需求很急，王新和同事们紧急协调建设方和装修公司，按照联通公司的要求，加班加点儿赶工期，做到了保质保量、提前完工，没有耽误联通公司如期使用。

中国联通智慧客服北方中心，是洋溢着青春气息的青年人的世界。乘坐电梯上到四楼工作区，可以容纳数百人的工作场所井然有序。“像这样的工作席位大约有 3600 个，可以供 4000 名员工使用。”园区注重打造舒适的工作环境和生活环境，王新还谈到了员工的管理问题，“这些孩子们思想并不复杂，只要以一颗父母心给他们多一点关爱和理解，注意及时沟通协调，就能避免很多矛盾和问题。”

跟随王新的脚步，走过中国中车、祥辰科技、鸿联九五等企业的工作场所；走过客服中心员工公寓和商店、星期五药店；走过停放着的承载儿时记忆的绿皮火车，来到拥有几十家特色小吃店的火车主题餐饮广场。

“这里的广场上可以唱红歌，绿皮火车前可以留影。我们要汇集更多种口味的餐饮门店，现炒现做、预制菜、半成品、中央厨房都有。园区要打造夜市经济，外面的人员也能进来消费娱乐，已经成为本地的一个网红打卡地，”王新说，“今年还要筹划打造绿色零碳园区，因为整个园区一年要消耗 800 万度电。我们通过光电储能、地源、氢能等多种方式，逐步实现绿色低碳、

零碳目标，打造绿色低碳的示范园区。”

园区边缘的三角地，是占地 70 亩的体育主题公园，错落有致地分布着羽毛球场、篮球场、网球场和七人制足球场。绿茵茵的球场和周围的绿色植物浑然一体，赏心悦目。

徜徉在达沃智慧产业园内，给人的感觉舒适悠然：这里各种配套齐全，工作、休闲、娱乐、吃住都不用愁，不仅是一个集聚智慧产业业态的产业园区，还是一个黄河之畔环境优美、宜居宜业的现代化综合体。

构建产业集群生态

生态，是贯穿在王新谈话中的一个关键词。

——走在达沃智慧产业园中，感受到和谐的生态。

——产业园介绍中强调的“生态”令人印象深刻：

“以济南新旧动能转化为契机，以政府积极推动产业转型升级融合发展为指导，面向 5G 万物互联、工业互联为触点，洞察先机、统筹谋划、构建园区产业生态发展链条的智慧产业园区。”

——去年 8 月 18 日，达沃集团等多家企业共同发起成立了山东省客户呼叫中心协会，旨在规范行业秩序，构建产业集群生态……

（一）经历

如果你想深入了解一个人，首先要了解他的过去，经历能告诉你答案。比如，为什么王新是财务人员，却组织设计研发了不少计算机应用程序，甚至，部分项目在全国行业系统和不少企业推广应用，创造了数亿元的经济效益？

“我在大学里不是学的计算机，是学的财务”，王新笑着说，自己虽然不是计算机专业，但是却遇到了两个计算机专业的舍友。王新经常翻看他们的书籍，由此对计算机领域产生了浓厚兴趣。

1988 年，王新在北京邮电工业学校毕业后，分配到历城电信局工作。当时，他所在的财务岗位工作繁重，因为大部分活儿要靠手工完成，所以，加班加点儿是常事儿。身处这种繁忙的工作场景，王新就想着利用自己所学，为大家做些什么。于是，作为当时唯一懂得计算机的员工，他利用业余学习所掌握的计算机知识，尝试着编写了一些财务应用小程序。小创新解决了日常繁杂的大问题，极大地提高了工作效率！

2010年，他在济南联通公司任财务经理。当时，财务上有令人头疼的两件事，一是业务人员几乎天天来排队报账，都很辛苦。二是发票使用很不规范，经常出现假发票，识别困难。办事人员和财务人员不仅辛苦，而且容易发生矛盾。

王新说，当时的联通公司领导比较重视创新，打开思路，创新思维，将商城嫁接到企业不就一举两得了吗？说干就干，他立即组织主导开发了互联网平台的"联通商城"，类似于如今的淘宝。"这在企业管理创新上虽有前瞻性，但是破天荒的事，做起来并不容易，要彻底改变央企多年来的传统工作习惯和模式，相当困难。"王新说，"这个平台的开发涉及物资采购、市场、物流、综合、结算等很多部门，财务既是规范管理部门更是服务支撑部门，在公司信息化中心开发人员和相关部室的共同努力下，仅用了三四个月时间就上线试用了。"

联通商城投入使用后，管理效能大大提升，超出预期。一是实现了供应链产业链的系统化、平台化、集约化管理，招标统谈集采，全部用品零库存，降本节支。二是所有用品直接归集到部门，每月与该部门预算挂钩，全过程预算管控，公司一点结算，规避了预算外开支和票据真假风险。三是公开透明，及时评价，使用部门随时可对用品的价格质量、物流时限以及售后服务等环节进行评价，问题用品限期整改或责令下架。

联通商城系统平台首期上线了1281种日常办公及营销用品和上百家产品供应商，实现了商品质优价廉、送货到门，员工们足不出户就可以线上申领所需的办公用品和营销用品，大大节约时间和成本，当年节约采购成本460多万元，节约人力等管理成本500多万元。

"当然，也不是所有人都赞成。"王新说。因为彻底改变了整个公司的管理模式和业务流程，比如不需要那么多人了，原来的近百个办事员只能转岗到其他岗位，特别是部分同事有时不适应新的岗位而苦恼。

联通商城在济南分公司内部成功应用后，因其成效显著很快在全省推广，接着在全国联通系统进一步推广应用，大规模应用后，据粗略统计一年能为全集团降本节支上亿元。

商城模式的企业化应用成效，很快影响到了部分地方财政部门和企业，联通借势将该产品融合成 ICT 产品对外销售，得到了一些地方财政部门和企业的欢迎，为他们实现一体化管理和降本节支发挥了很大作用。这一创新产品还稳定了客户，增强了业务黏性。“当时，在企业内搞这样的商城平台是全国第一，为此获得了中国通讯行业管理创新成果二等奖。至今也是联通系统内不可或缺的管理平台，年交易流水上百亿元。”

王新回忆起在济南联通的时光，他立足专业，结合实际，创新始终没有中断过。

“记得 2010 年初我们与一家商业银行共同开发了一个渠道代理商资金管理系统，从设计策划到正式上线，艰苦努力了三年，先后有集团、省市公司和银行投入近百人进行开发，终于将济南市 3000 多家代理商的营业资金全部即时归集管理，彻底解决了长期未解决的资金沉淀、周转缓慢的问题。”他说，开发这个资金管理系统开始想得很简单，重点解决两个问题：一是代理商运营过程中占压营业款太多，公司不能及时回流资金；二是济南市有 3000 多家代理商，点多分散，管理压力难度大，不良代理商资金欠款或者携款跑路时有发生，辖区的客户经理思想负担重，有的为此抑郁，令人非常心疼和无奈。

在其位谋其政，只要公司出现资金管理的风险，财务部门就有责任协调各方从业务源头分析解决。王新主动牵头组织开发了代理商资金归集管理系统，打通了银行与联通公司的业务资金衔接，通过中台实现双方业务和资金的一致性归集，专业性很强，特别是技术开发难度相当大，将财务、业务、银行三方集成，实现一体化处理还是首次，只能摸着石头过河，遇到问题解决问题。

功夫不负有心人，经过大家三年的不懈努力，系统终于成功上线。业务受理效率大大提升，全部业务可全过程溯源核查，保障了所有业务处理的准确性和业务资金的一对一精准匹配，在业务系统前端直接了规避资金沉淀和资金挪用的风险，客户经理们可以高枕无忧，放心踏实了。这个资金管理系统开通后，全市代理商的资金日归集额平均达到 8000 万元左右，公司整体资金周转率有了快速提升。同时，还降低了代理商的资质审查门槛和大额保证金的占用压力。

低门槛进入、严过程管理、高透明运营服务的模式受到了大家欢迎，发展代理商的业务有了很大提升，合作共赢助推了联通渠道业务快速发展。

“这个管理系统开通后，代理商携款跑路的事件再也没有发生。”这一管理成果节省人力资源成本 124 人，节约资金及管理成本一千多万元。后来联通集团不断升级改造为目前的“沃支付”，一套非常成熟的专用渠道管理系统，代理商的佣金结算和产品政策都可以在平台端操作，极大提升了渠道管理的能力和效率。“据联通集团领导说，把全国几十万家代理商的资金及时归集起来，一年就可节约几亿元的财务融资成本，有效缓解集团的融资贷款压力。”

凭着严谨缜密、脚踏实地、创新求实的工作态度，王新在财务战线上创造了多项管理成果：2008 年，他带领的财务团队荣获“山东省会计工作先进单位”荣誉称号；2009 年至 2013 年连续荣获“山东联通财务工作先进单位”荣誉称号，他被评为“山东联通财务工作先进个人”；2014 年，他荣获全国五一劳动奖章；2015 年，荣获全国劳动模范荣誉称号。

“这些管理系统和创新成果，都是从基层做起来的。”王新说，从全公司的业务链条上看，是由财务部门的创新带动了企业整体的创新。“很多人认为财务就是单纯的服务，其实，跳出财务看财务，业务财务一体化思维是能创造价值的。”

（二）创新

王新坦言，自己坚持创新，构建财务管理新理念，得益于当年学习计算机知识受到的启蒙，得益于长期以来思考和感悟系统化的互联网思维。

2014 年，在公司领导的启发下，协同人力、市场等相关部门共同研究，开发推出支付宝模式的 APP“即时激励宝”，实现对一线业务人员的即时可量化奖励。所有业务人员只要当日发展受理成功的业务，当日即按照奖励标准发放到激励宝账户，次日可自主提现，改变了原来对业务人员“一个月综合考评一次，人人还算不清”的模糊模式。通过每天对业务人员以业绩排名动态分类上榜，你追我赶的激情被瞬间点燃，公开透明产生力量，及时奖励增强能量，上线半年发放绩效奖励 798 万元，获奖人员达到 6042 人，业务发展翻倍增长。

创新，也许一个小小的改变，就能产生巨大的裂变效应。

王新认为，价值创造引领应是未来财务管理的新常态。在竞争不断加剧的环境中，企业要保持持续、稳定、健康的盈利和提升，财务管理不仅要防控风险做好合规管理，更要创造价值、全面提升服务支撑能力。他抢抓机遇，在公司领导正确决策和大力推动下，及时利用集团“光进铜退”财务政策和非货币性交易准则，组织协同各部门全力配合，有序推进，公司实现政策利润 8000 多万元，协助摆脱了经营困境，公司借机轻装上阵，步入快速发展的轨道。2010 年至 2014 年，济南联通公司五年间累计净增利润 297%，平均年增幅 59%。自 2007 年开始，曾经连续 10 年财务绩效指标在全省 17 地市名列前列，创造了一段持续、稳定、健康的不平凡业绩。

“您是哪一年到达沃集团的？”王新在联通公司的经历故事，令人对他为什么会离开产生了疑问。

“2018 年联通实行混改时，我已经 51 岁了。按照公司的规定，五十多岁就要到二线担任非领导职务了。”王新认为，人的衰老是从心态开始的，只有不断坚持有目标的工作，才能永葆年轻态。“我觉得还有很多想干的事情，不愿留太多遗憾，于是想换一种方式或平台，做些喜欢做的、力所能及的事情。不管能否成功，只要努力了就无怨无悔。”

“2018 年底我来到达沃集团，董事长给了我一个发挥专长又富有挑战性的平台，让我以二次创业的精神投入到新的工作。集团的发展规划中增加了产业园区和投资版块，2019 年初让我带一个小团队，在济阳打造达沃智慧产业园。这个园区是济南市重点工程，通过引进智慧客服项目带动了产业结构的改变，将很多年轻人引进了济阳。现在，员工们每天开车上班，停在园区及附近的汽车有上千辆。园区成了年轻人的打卡地和夜间经济聚集区，成了济阳区一张耀眼的名片。”

说到“画像”，可是互联网时代的时髦词儿。一个月之前，印象中王新的“画像”是这样的：

吉林大学本科毕业，天津大学 MBA，中共党员，高级会计师。1988 年参加工作，曾任中国联通济南分公司财务部经理，现任达沃控股集团副总裁。从事通信行业的财务工作 25 年，勇于创新挑战，构建财务管理新理念，先后主持参与完成了多项影响重大的管理项目，创造了数以亿计的经济效益和难以估算的社会效益。

走访达沃智慧产业园和深入接触后，“画像”有了变化：

一个爱岗敬业、业绩卓越的前央企财务经理；一个二次创业，转换赛道，规范民营企业内控架构的管理者；一个整合产业上下游资源，为客户创造价值，为中小企业构建发展生态的探路者、实践者。

"如果没有领导的认可和支持，如果没有好的平台，即使有好的想法也实现不了。"王新很感恩伴随自己成长的两个平台。他说，是平台为他提供了施展的空间和舞台。

"工赋山东"的新高地

步入新时代，济阳和新旧动能转换起步区迎来了历史上最好的发展时期。王新和他带领的团队在这里扎根，不断探索"工赋山东"的落地示范、应用拓展。他们创造了生动鲜活的范例，用心血和汗水书写着浓墨重彩的篇章。

（一）曙光

紧邻黄河岸边，距离济南新旧动能转换起步区市民中心 170 米，一座气势宏伟的建筑映入眼帘，这就是国家级工业互联网平台应用创新体验中心。

走进宽阔明亮的展厅，"工赋山东"四个鲜艳的大字，在巨大的电子屏幕上跳跃闪烁，一股强烈的现代科技气息扑面而来。

"这个展厅分为上下两层，共 6000 平方米，一楼展示，二楼洽谈、培训。包括一实体、一平台，两个中心（推广中心和合作创新中心），组成了完整的'工赋山东'体系架构。"王新说，展厅是国家级项目，其建设的大背景是基于工业 1.0 至 4.0 的升级和山东省打造工业互联网示范区方案获批。

山东，正在加快创建山东特色工业互联网体系。去年 11 月份，省工信厅发布《关于深化改革创新促进数字经济高质量发展的若干措施》，提出力争打造全国数字产业创新发展集聚区、产业数字化转型示范区、数字经济高质量发展新高地。

伫立在黄河岸边的展厅，像一颗明珠。集中展示了橙色云、海尔卡奥斯、浪潮云洲、蓝海等山东省的四大"双跨"平台和全省工业互联网平台创新的主要成果；展厅里，各种技术设备、装备的介绍琳琅满目、流光溢彩，充溢着满满的高科技元素。

“这个展厅是去年5月份开工建设的，是目前省内唯一的工业互联网平台应用创新和示范标杆体验项目。”王新说，展厅由达沃集团运营，集聚了40多家工业互联网企业的创新成果和解决方案，可以系统性、逻辑性地展示山东工业互联网的发展愿景、发展成果和未来趋势。

他说，展厅具备三大功能，一是汇聚集工业互联网企业的创新成果和产品解决方案，形成服务商、产品、方案、设备、专家、政策等6种资源库，为全省广大中小企业提供赋能。二是搭建一套能力底座平台，以“工赋山东”为依托，将展厅作为工业互联网线下体验门户与线上综合服务平台形成立体化支撑，有序整合各种资源能力，共同打造“工赋山东”的核心能力。三是引流和聚集工业互联网相关产业的上下游企业，通过培训、培育、供需对接、专区展示和体验交流，为新旧动能转换起步区和济南市招商引资，助力项目落地。

同时，以达沃智慧产业园和推广中心展厅为应用场景，搭建专注于产业园区服务的特色运营平台，面向中小企业提供政务、商务、财务、税务、法务、劳务、物业等多维度平台化服务，为济南及周边其他市的园区及工业互联网平台应用提供支撑。

王新说：“我们在做开拓未来的事情。”短短几年时间，经过各方齐心协力的拼搏，从智慧产业园到国家级工业互联网平台应用创新体验中心展厅，“园区+展厅”的完美组合已经从创意到实践，成功落地在黄河之滨。

黄河北岸这片生机勃勃的土地，将成为引领“工赋山东”创新发展的高地。从济阳区到与之相融共生的济南新旧动能转换起步区，新工业革命的潮头已起，一浪高过一浪的涛声正隐隐传来。

（二）朝霞

东方欲晓，霞光满天。

特色鲜明的以智慧客服为集群的产业园，“园区+展厅”的“工赋山东”示范化验模式，让达沃智慧产业园和国家级工业互联网平台应用创新体验中心携起手来，也让更多的鲁企彼此建立了联结，携手创造美好的明天。

“为什么我们要举企业之力，全力做好这个展厅？”王新说，就是要面向未来，为众多中小企业参与第四次工业革命，抢抓发展机遇引领示范和探索高质量发展路径。

“工业互联网是从前期采集数据到中间平台到提供解决方案的整体系统，在展厅里能看到工业互联网的四个核心要素，能看到工业互联网的一整套的解决方案和六大应用模式……” 王新说，在这里，能让无数企业家看到“数字强省”的美好前景，从而愿意为之一起奋斗，创造无限可能。

他认为，无论是园区还是展厅或者“工赋山东”的诸多元素，都不是单独的某个方面，而是彼此联结、互相影响。“像种子，像种草”，如果加以精心培育，几年后会形成良性循环的产业链和供应链生态。

谈到今后的发展，王新说要进行企业分类和精准“画像”，围绕“人、资金、技术”帮助企业对接资源，优势互补，解决问题。计划用二至三年时间搭建聚集到产业服务的体系，建设专注于园区的产业运营、服务管理的运营服务平台，力争为全省广大中小企业提供最好的服务。

从“互联网思维”到“挖掘客户价值”，从“为客户创造价值”到“建设产业集群和生态链条”，王新和团队的不懈努力，呈现出清晰的内在逻辑——依托系统化、平台化的互联网思维，构建基于客户价值的生态体系。

互联网思维，是王新思想中的闪光点；勇于创新、担当作为，是他最突出的精神特征。甘于奉献、争创一流的劳模精神，让他创造了职场辉煌，也支撑了他二次创业——这种精神，也必将支撑他为“工赋山东”创造更多精彩！

“‘工赋山东’是省委、省政府和省工信厅提出的发展战略，我们将持之以恒抓好重点工作，通过聚焦到产业园区的运营管理，为全省各市工业化园区的产业运营和服务赋能。”王新对未来充满信心。他说，达沃集团将继续建设和运营好国家级工业互联网应用创新推广中心，积极推动国家级山东半岛工业互联网示范区和工业互联网合作创新山东中心项目，凝聚各方力量，共同构建“工赋山东”工业互联网产业的新品牌、新动能、新生态。

生命最后的“摆渡人”

——记全国先进工作者、济南市殡仪馆辛沙沙

杨润勤

每个人的一生中都会经历两件身不由己的事，一件是出生，一件是死亡。在这两个时段里，个人无能为力，完全依赖他人帮助。帮助迎来的是接生医生，帮助送行的是殡葬师。殡仪师里的入殓师，又称遗体整容师，他们的工作是为逝者化妆整容，让其面容尽可能恢复到生前模样——济南市殡仪馆90后高级入殓师辛沙沙，10余年间已让15000多个逝者温和、安详、有尊严地离去，成为生命最后的“摆渡人”。

执拗选择

5月25日上午9时，我在济南市殡仪馆入殓部看到，90后高级入殓师辛沙沙穿上洁白的隔离衣，戴上口罩、头套和乳胶手套来到工作间。按照习俗，遗体告别仪式一般是在中午稍后举行，这就要求她和同事们在中午之前把当天需要告别的遗体完成整容。

今天她要给一个病逝的80岁老人做遗体整容。

遗体从冰柜里推出来冒着凉气，面部很难上妆，她用热毛巾将遗体脸部焐热后，再用酒精清理遗体的鼻腔、眼部，梳理头发。而后，在逝者面部上打粉底，擦粉饼，涂口红，涂腮红，描眉，画眼线……她像绣花一样全神贯注地操作，纤细的手指灵活自如，画到细腻之处，她的眼睛与遗体面部只有10厘米的距离。

大约两个小时后，遗容整理完毕，遗体与此前的模样判若两“人”。她又在遗体周边布置好鲜花。再看逝者，仿佛在花团锦簇中刚刚睡去，如“秋叶静美”。

这是她做的一次最普通的化妆整容。她每天要为五六个甚至十几个逝者“找回体面”，让他们干净漂亮地“上路”。

在入殓部的休息室里，辛沙沙摘下口罩。按时下的网络语，她是个“圆脸女神”，身材有些瘦弱，眉宇间透着温柔、腼腆和清纯，说起话来语速稍快：“我们这些‘送行人’，就是让逝者漂亮、体面、有尊严地走，让逝者的亲人们得到安慰。”

时下，一提起“火葬场”，许多人都会毛骨悚然，而对与死人面对面化妆美容的入殓师更是“敬而远之”。一个90后的女孩竟然选择入殓师这个职业，不免让人有些匪夷所思。

笔者问辛沙沙：“你小时候的理想是什么？”

“当个茶艺师，从电视里看到，茶艺师的工作那么优雅，羡慕得很。”

“从茶艺师到入殓师，这个弯转得可不小，是个勇敢的选择。”

“我不勇敢，天生胆小，从小不敢看杀鸡的，看见只老鼠就吓得跑；应该是好奇吧，好奇地选择这个职业，但后来后悔了，再后来觉得入殓师比茶艺师更有价值。”

2009 年夏季的一个周末，面临高考的辛沙沙无意间看到了一张报纸，上面有一篇对遗体整容师的报道。当时，她十分惊讶，竟然会有这种“神秘职业”。过去，她一直以为人去世后就直接火化掉，没想到还有这样一群人帮助逝者体面地走完人生最后一程。正是出于这种好奇，她想报考北京社会管理职业学院的遗体整容师专业，也想为逝者“描绘生命最后的美丽”。

她的想法一说出口，全家人“炸了锅”，首先是父母极力反对。母亲说：“我们含辛茹苦把你拉扯大，供你读书考大学，你不光不给家里争光，还要去争霉气、晦气，家里人以后在人面前怎么抬得起头？”父亲郑重警告她：“你要报考遗体整容师，就不是我们的闺女，一分钱的学费我们也不出。”哥哥也来了气：“千万不能报，报了你就等于毁了自己，没人理，让人厌。”亲戚、邻居知道后，也纷纷上门来劝说：“你一个长得这么俊的大姑娘，干什么工作不好？干吗非要和死人打交道？让人看不起，找个婆家都难。”

这个时候，辛沙沙的犟劲上来了，她固执地认为，给遗体整容没什么可怕的，不就是穿上白大褂、戴上口罩，和同事们一起给死去的人脸上抹点颜料。再者，毕业入职这也是民政部门的一份正式工作，自己能够养活自己，还有机会在大城市里扎下根来。

最终，她还是瞒着家里的人，报考了北京社会管理职业学院的现代殡仪技术与管理专业。

临行时，父亲无奈地对她说：“你确定选择这个专业了？改主意还来得及，大不了复读，明年再参加高考。”

她说，不行，哪能没上战场就当“逃兵”。

母亲说：“你真是个‘逆子’，执拗，主意大，瞧着吧，有你后悔的那一天。”

她坚定地说：“不后悔，不反悔。”

随即，她像逃跑似的离开家奔向车站……

回忆过往，历历在目。辛沙沙到大学的第一堂课，是学校组织学生集体观看日本电影《入殓师》，看到血淋淋的画面和太平间里的阴森场景，有的女生捂着眼不敢看，有的干脆怕得退了场。第二天，还有的学生找老师要求转专业。转专业经过再考试是可以的，学校里还有老人护理、康复治疗等专业。

当时，剧中的一段台词打动了她：“让已经冰冷的人，重新焕发生机，给他永恒的美丽……在分别的时刻，送别故人……静谧，所有的举动都如此美丽。”所以，辛沙沙没有动摇。再者，刚进校就转专业，会让人笑话。

好在，大学头两年间，她只是专心致志学懂弄通了遗体修复、美容的枝枝节节，并没有机会直接接触遗体，所以心理上的压力并不大。真正让她感到巨大压力的是2012年夏天到南京一家殡仪馆实习，她感到恐惧、后悔、无助，夜里吓得不敢睡觉，悄悄地流眼泪。

沉默“朋友”

辛沙沙记得清清楚楚，来到南京那家殡仪馆的第二天上午，师父领她来到入殓部，这是她第一次看到一排排的冰柜和不锈钢平板车上的那么多遗体。只见师父揭开一具遗体上的盖布，开始缝合遗体上的破碎头颅。她觉得呼吸急促，背上冒凉气，还没缓过神来，师父让她上手帮着扶一下。她牙齿打战，不敢触碰，连连后退。瞧她胆怯的样子，师父笑笑，让她去洗一块沾了血的毛巾。她战抖着手在洗手盆里洗，肠胃翻腾，恶心、呕吐。

下班在食堂吃午饭前，她连续洗了七八遍手，还是觉得手上有气味，一阵阵恶心，饭一口也吃不下。晚上洗了澡，还是吃不下东西。最难熬的是晚上，不敢关灯睡觉，开着灯迷迷糊糊刚睡着，梦见那具遗体顶着个血肉模糊的头颅站了起来，一步步向她走来。她吓得惊叫一声，浑身大汗淋漓。她不敢睡了，一直开灯熬到了天亮。此时，她真后悔没有听从父母的话。

天刚亮，她打电话给父母，本想诉说苦衷，话到嘴边又咽了回去。当时自己犟气十足，不听父母的苦苦劝说，执意要报这个专业，眼下悔之晚矣。她只能眼里含着泪，让父母别惦着、放心。

再去上班，远远地看到入殓部的大门，她就觉得浑身发冷，但还得硬着头皮进。进去了躲着师父，生怕再让接近遗体。一连几天，她都心神不定，恍恍惚惚。她想，想必这就是自作自受“自酿的苦酒自己喝”吧。

“喝”，再苦咬咬牙也要咽下去，自己选择的路就得自己走，别人能做的事情，自己也一定能。她执拗背后的“硬”气也上来了。

为了走出恐惧的阴影，她在书中寻找“解惧之法”：人类在漫长的演化史中，见过了太多同类的死亡，而其中就有许多人是因为一些传染性的疾病（古代的瘟疫）死亡的，在趋利避害这一本能的驱使下，对死去的人自然就会产

生畏怯。人对未知的事物大都充满了好奇与恐惧，人对死亡是未知的，这也是人害怕死亡的原因。还有一些封建迷信思想以及一些传说、故事的影响，所以人就会对遗体产生恐惧。其实，人死如灯灭，死后不能复生，恐惧是自己在吓唬自己而已。

师父带她天天“练胆”，还不时开导她，鼓励她。渐渐地，她可以从容地面对遗体，并能为遗体清洗、化妆了。有一天，师父让她独立完成一次遗体整容。那是一个头骨塌陷，脸上划伤严重的遗体。她翻阅资料、请教老师，确定了塑形方法，顺利给遗体进行了缝合整容，然后又给逝者精心化了妆。由于她手巧心细，理论基础扎实，整容后的遗体达到了“安详睡去”的模样，得到师父的夸赞。

实习结束前的一天，一个因病去世的六岁小女孩送到了入殓部，死者家属要求找一个年轻姑娘为孩子整理遗容。辛沙沙是年龄最小的实习生，师父安排她独立完成，她壮壮胆应了下来。

这个小小的遗体面部浮肿严重，眼部肿成两个大疙瘩，还有紫斑。她摸着小女孩细嫩的小手，为她感到惋惜和悲伤。她对这具小遗体进行消毒、清洗后，利用防腐液热胀冷缩原理，将面部水分与防腐液一并挤出；打粉底，涂腮红，擦口红……她边做边想，这是一个多么可爱的小女孩呀，如果不是被疾病夺去了生命，她应该牵着父母的手幸福地撒娇，应该穿着蝴蝶一样美丽的裙子和小伙伴快乐地玩耍，自己要让小女孩漂亮一点，再漂亮一点。化了妆，她为小女孩穿上红裙子，剪了刘海、别上发夹，再把一束红玫瑰花放在枕边。再看小女孩，像微笑着酣睡的小公主。小女孩的母亲看到女儿这般容颜，拉着小女孩的手说："我的女儿真好看，你这样离开，妈妈就心安了、踏实了……"

在为小女孩前前后后几个小时的整容中，辛沙沙没有一丝的胆怯。也许是因为心里对小女孩的离世感到惋惜，晚上睡梦中，她看到小女孩微笑着向她走来，她张开双手迎接，还拉女孩坐到自己的床上。她打开灯，又不见了小女孩的影子。此时，她心里没有一丝怯意。噢，她明白了，她把小女孩当成了自己的小朋友，没有把她看作一具硬邦邦的遗体，所以亲近让她不再害怕。

辛沙沙咂摸，世上不管男女老少，都是无奈地死去。他们要体面、有尊严地上路，前来求入殓师帮忙，每一具遗体都是不会说话的"沉默朋友"。入殓师也是最后的"送行人"，和死者家属一道送别他们，让"两个世界"的人都得到安慰。

这是"朋友"之间的帮助，何惧之有？

渐渐地，她转过了脑子里那个"恐惧"的弯儿。

心之安然

2013 年初秋，毕业后的辛沙沙成为济南市殡仪馆入殓部的一名入殓师。

如果说，她由于好奇而选择了这个专业，由于把遗体当作"朋友"而毫无恐惧感，那么，此时的她已把这份职业当作了终生的事业。

她回忆，济南有关部门曾从济南小清河打捞起一具高度腐败变形的无名女尸，尸体被安放在济南市殡仪馆入殓部的冰柜里，一放就是 2 个月。后来终于找到了死者的亲人，死者的母亲从冰柜里辨认出这就是她已失联近 3 个月的女儿，当场哭得死去活来。女孩的父亲蹲在冰柜旁边呜呜地大哭，浑身抽搐，眼泪哗哗地淌个不停。

看着眼前悲惨的场景，听着凄厉的恸哭，辛沙沙感到很心酸，她只能安慰两位老人节哀。突然，死者的父亲跪在她的面前："求求你们呀！给俺妮化化妆吧！再给她穿上俺从老家给她带来的衣裳，俺妮从小爱打扮，俺不想让她这样走，让她漂漂亮亮地走……”

她知道为这样高度腐败的遗体整容，操作起来难度很大，但看着面前两位极度悲伤的老人，她没有推脱，只能从自己学的专业技能里寻找办法。

正值酷热的夏天，她和入殓部的女同事把遗体从冰柜里取出解冻。解冻后的遗体高度浮肿，尽管她们穿着隔离衣，戴着防毒面具，仍抵挡不住阵阵恶臭和福尔马林的刺鼻气味，一阵阵地恶心呕吐。面具、隔离衣捂得汗水把衣服湿了个透。

在汗水和恶臭中，她用手一点点清理遗体破落的肉皮，缝合因腐烂而裂开的皮肉，然后运用四腔灌注防腐法往遗体的腹腔、胸腔、喉腔、颅腔注射防腐液进行防腐处理……用了 2 天的时间，才做好了防腐。接着，她又用脱脂棉蘸酒精一点一点为死者清洗面部；然后打粉底，涂腮红，擦口红……整整 3 天的时间，终于完成了为死者的整容。

当死者的父母看到鲜花间女儿美丽的脸庞，先是一惊，继而对辛沙沙说：“万万没有想到女儿竟能恢复到生前的样子，当爹娘的心安了。你们干的是行善积德的大好事，谢谢你，谢谢你们！”说着，又跪倒在辛沙沙面前。

人生难得是心安，心之安然是最好的慰藉。

在辛沙沙看来，他们的工作就是让逝者的父母心安，子女心安，亲人们心安。所以，在她的职业生涯中，她竭尽全力“写”好“心安”二字，有时“写”着“写”着她会动情，会流泪。入殓师并非“心硬”“心冷”，他们有柔情也有温度。

2019 年 7 月的一天凌晨，在济南市济微路发生了一起严重的交通事故，一辆工程车与一辆电动车相撞，致使一女子因头部遭到工程车碾轧而当场身亡。济南市殡仪馆专运科工作人员赶到事故现场运遗体时发现，女子的颅骨已经被车轮挤压变形，头骨与躯体分离，只保留了一张人形，可以说是“一盆骨头、一盆皮肉”。

事故现场号啕大哭的逝者丈夫说，他的妻子今年才 28 岁，在一家食品厂上夜班，每天早晨才能回家，4 岁的孩子每天都在家门口等着妈妈回来，然后一起吃早饭，现在孩子再也等不到妈妈了。

女子的遗体送到了济南市殡仪馆入殓部，辛沙沙和同事们看着这一堆骨肉，一时不知如何整理。面对碎尸、头部粉碎等，要进行碎尸修复处理，时间长、难度大，必须有极大的耐性、胆量和高超的技术。为了让那个 4 岁的孩子能见到妈妈最后一面，大家经过讨论制订出整容方案后，立马投入了遗体整容之中。

将遗体身上的血渍擦洗干净，缝合身体部位的伤口；对头部进行整合，将颅骨碎片一点点拼凑、打孔、填充、连接、植皮、缝合……十几道工序，经过一天一夜的紧张工作，才将头部整理完毕。接着，与躯体连接。其后是化妆，清洁面部皮肤，涂上凡士林，增加其润滑程度，然后将调节好的底色轻轻地涂在脸上、耳边、颈脖部，修饰眉毛、眼线，上腮红，修饰嘴唇，打粉底，涂口红，最后梳理好头发，再给死者换上了她生前最爱的一套西服外套，别上了一个玫瑰胸针……再看逝者，躺在由白菊、黄菊、百合、康乃馨、玫瑰交织而成的花床上，宛如熟睡一般。

第二天逝者的丈夫抱着 4 岁的儿子来送别这位女子，孩子看着躺在花丛中的母亲，依偎在爸爸的怀里说："妈妈睡着了，妈妈真好看、真漂亮，可她为什么不跟我们说话呢？"

孩子一遍遍地叫着妈妈，充满稚气的声音在大厅里回荡，让在场的工作人员也流下了眼泪。最让辛沙沙欣慰的是，在孩子的记忆里，妈妈是漂漂亮亮地像睡觉一样离开，这样可以减轻孩子心灵的伤痛，在今后的成长中不会留下残忍的阴影。

其实，殡葬不仅仅是火化、告别、埋葬逝去的亲人，也是在安放人们的记忆、情感、认知，体现一个家庭、社会乃至于国家，在观念层面上的价值。一般死者总是经过了痛苦的挣扎之后才咽下最后一口气，面部并不好看；特别是因为交通事故等意外死亡的人，身体及面容往往变形，有的甚至面目全非、肢体不全、五官残缺，给活着的亲人带来巨大的痛苦。入殓师是为逝者整修面容和身体的，他们尽可能还原完整面容和身体，给逝者的亲人们一个寄托情感的完好载体。

入殓师还原这个载体，敬畏生命，让逝者的亲人们心之安然。

最后尊严

与辛沙沙叙谈，她说话轻松，什么苦呀累呀在她看来没有什么，但提到这个职业的社会认同感时，她却长出一口气，脸上显现出莫名的惆怅。

回望传统，人们言生不言死，认为死亡意味着不祥、阴森和恐惧，持回避态度。人们尽量避免提到“死”字，必须用到这个字的时候，往往用另一个词代替，如“去了”“谢世”“辞世”等。这种文化的矛盾，也体现在社会对“入殓师”职业的一种纠结心态，人们知道这种职业很重要，不可缺少，但很少去谈论，甚至从整个社会心理认同的层面上也非常低。入殓师属于“不吉利”的职业，所以他们的交际圈子极窄，原来的亲友也会因为这个特殊的职业而疏远他们。

所以，有时辛沙沙觉得自己孤独和寂寞。

“没有奋斗，人生便寂寞难忍。”辛沙沙也记不起这是哪本书里看到的一句话，但越琢磨越有意思。是的，她孤独过、寂寞过，但没有停歇过。

她记忆最深的是，刚入职不久到单位附近的小区租了房子，可没过多久，房主要收回房子。她问为什么，房主说不愿租给她。再追问，房主直接挑明，在殡仪馆见到过她，怕家里被她染上晦气。她当时被噎得说不出话来，灰溜溜地退房走人。

在济南她只有同事，几乎没有朋友，同乡和同学也有在济南工作的，但知道了她从事的工作后，都不愿和她来往。

过年了，她兴致勃勃地从济南乘公共汽车回老家汶上过年。好久不见家里人和亲戚、邻里们，有种归心似箭的感觉。但让她意想不到的是，来到村口，不少村里人见了她，纷纷转脸走开，装作不认识的样子，她心里禁不住“咯噔”一下。后来，她发现家里过年的味道与过去不一样了，过年邻里相互串门，年初一相互拜年，而这个年他们家里却冷冷清清，无人来访，就连亲戚也很少登门。她心里又“咯噔”一下，禁不住问哥哥是咋回事。哥哥阴着脸说：“人家都知道你在济南那边跟死人打交道，怕沾了晦气，谁还敢来！”

这话像一把锥子一下子刺在她的心上，眼泪夺眶而出。那天，不知道是自责、自鄙，还是内疚，她没听父母的劝阻，匆匆赶回了济南。

馆里的老师傅瞧着她情绪不对劲儿，劝导她说，有一些人对殡葬工作存有偏见和歧视，那是他们没有深刻了解这个行业，越是这样，越需要我们用自己的行动去说服他们。人的追求有高低之别，但职业没有贵贱之分，我们入殓师是对生命的终极关怀，是社会不可或缺的资源，无论在哪个领域，人们都需要这种尊重和关怀，我们的价值是无可替代的。

一边是逝者及家属的期待，一边是世俗的折磨，她坚定地选择了前者。

随着年龄的增长，她又面临着一个找对象的难题。当时，有人给她介绍好几个男友，每每问及工作，她只要说出“殡仪馆”三个字，有的先是一愣，继而冷淡下来，找个理由离开；有的干脆拔腿就跑，像是遇见了凶神恶煞。她心一横，不找了，不谈了，不见了。可这个时候，一位支持她、理解她的聊城小伙向她走来，给了她工作的巨大动力。他们成家了，有了孩子，一家三口幸福美满。

眼下，她的儿子已经 4 岁了，有时问她是干什么工作的。她有顾虑，怕影响孩子，没有说出实情。她想等孩子大一些懂些事的时候跟他说，妈妈是一个给死去的人做化妆美容的入殓师，活着的人喜欢漂亮，死去的人更应该最后漂亮一回，让他们获得人生的圆满。

是的，人生并不仅仅指经历和生活，更包括死亡在内。国家统计局的数据显示，2022 年全国出生人口 956 万人，死亡人口 1041 万人，平均每天死亡人数超过 28521 人，平均每 3 秒就会有一个人死亡。他们的“圆满”离不开入殓师的“送行”。

让辛沙沙感动的是，他们这个职业越来越得到社会的尊重，她荣获了“泉城十大杰出青年”、省劳模、省人大代表、“全国青年岗位能手”、“全国先进工作者”等殊荣。

谁也不要再觉得入殓师晦气，恰恰相反，这是一份神圣的职业。入殓师们所守护的是每一位逝者最后的尊严，他们是生命最后的“摆渡人”。

责 任

——记山东省劳动模范、山东省建设建工（集团）有限责任公司肖衡

徐清源

肖衡说自己是个“工程人”——

“整天跟钢筋、水泥、沙子打交道，视野和生活都变得灰扑扑的。时间上呢，也是随着工程转，工程不停，工作就不停，身体连轴转，思想连轴转。这么多年了，我感觉自己就像一个停不下来的人。别人可能觉着又苦又累，但我乐在其中。你看看我的工作经历，一幢又一幢摩天大楼的建设资料里，都有我的名字，这是件特别光荣的事。开车经过它们，就像是将军检阅士兵。一个优秀的工程师，都得有这种‘连轴转’的干事精神。你想想看啊，工地上砂浆灌注能停吗？春秋两季最适合建筑施工的时间段能停吗？每个大项目分解成阶段施工任务，能停吗？停了就影响整个项目——这一件一件都是责任，是高度责任感驱使着我向前跑。当然，不单单是我啊，济南、山东、全国、全世界的工程人都是一样的，不谈责任，就没有任何优质工程可言。个人责任，集体责任，集团责任……做一个工程人，入门第一课就是责任。”

谈到本职工作，肖衡的表情变得非常严肃。

办公室窗外，就是热火朝天的建筑工地现场。正如之前他所说的，工程人生活中的大部分时间，都是在工地上。有时候因公离开工地，心也在这里，不敢丝毫放松。

“工地‘以人为本’，每个人都是螺丝钉，无数颗螺丝钉联动工作，不能有任何一颗松动。千里之堤，溃于蚁穴。在工地上，没有文学家的惬意，只有零问题、零错误、零疏漏、零瑕疵，从阅读设计图纸开始，整个大楼的全部数据就装在我脑子里。别人来汇报工作，一报出工作面的编号，我就能马上说出各项数据和标准要求。到工作面检查，我的眼睛和脑子都是同步运转的，哪里不合格，一眼就辨认出来，不用来回扯皮，一切以标准数据说话……只有这样，才能把工作效率提上去。在这个工地上，我是一道墙，挡住所有安全隐患，有问题提前预判，现场解决，不留后患。这就是我的责任，在大厦的完工资料上签署我‘肖衡’的名字，就要为大厦的未来负责……”

采访中，有三位助理工程师过来请示问题。肖衡立刻中断采访，先跟他们讨论工作方案，在五分钟内，就给出了肯定的答复，在工作报告上签字，安排他们抓紧进行。

我观察到，他安排工作的时候，每一句话都专业、准确、精炼、肯定，没有任何拖泥带水，也不存在吃不准、犹犹豫豫、无法做决定的迟疑样子。

“我是施工负责人，问题汇总到我这里，必须当场解决。如果事情卡在这里，怎么能行呢？同样，我要求各环节负责人，强化责任，认清事实，既能做出决定，也能勇敢担责。工程人嘛，就是在工地现场解决问题，如果不能在自己岗位上担责，那就是个废料，不适合该岗位，只能挪开。”

跟肖衡谈话，他说得最多的就是“责任”两个字。

“我刚刚说了，我是一堵墙，在工作团队中，每个人都是一堵墙，扛起责任，堵住漏洞，最终汇聚成一道长城，确保项目安全。在整个项目建设过程中，团队的每个人脑子里都绷着一根弦，项目不竣工，这根弦就不能松。我在所有工作会议的第一条，就是强调责任，所有的工作面，都有直接责任人，从小到大，层层压实，做到人尽其能、人尽其职、人尽其责。我常说，既然大家选择了做工程人，就必须把‘责任’两个字刻在脑门上，刻在脑子里，刻在心里……”

在山东建工集团，肖衡在责任方面的“坚硬”是出了名的。每个项目里，从组建工作班底到工程竣工，他能把这两个字强调上万次，并且身体力行，践行责任，不容许任何疏忽。

“有人说我固执，其实根本不对，我不是个固执的人，只是因为热爱建筑这一行，认识到建筑安全重于泰山，才必须坚守这道防线，不能有丝毫的

通融。没有责任，就没有质量，没有质量，就会产生豆腐渣工程，质量关系到国家财产、百姓生命……你看，咱俩坐在这里聊天，我脑子的一大半，还是装着今天、本周、本旬、本月、本季的工作计划，今天是25号，是下旬工作调度会的最关键节点。工期、安全、施工难点、解决方案、分项工作面检查……这些工作必须做，并且必须做好，才能确保下一步工期顺利执行……”

坐在我面前的肖衡，就像一台超级电脑，不断地接受新任务、检查旧任务，没有丝毫停顿，把所有工作安排得井井有条。

“工地是个小社会，每个分项都是麻雀虽小，五脏俱全，因为我们脑子里装着数据，但实际到了工作面上，还是要跟人打交道。工头、现场工人、施工员、机械操作员、监理工程师……我开会时强调，要每个工程师，都学会跟人打交道，‘以人为本’不是空话，而是要真正认识到，即便是在建筑工艺高度机械现代化的今天，某些环节上，其质量和安全，还是由人来掌控。我们接触到的，不是冷冰冰的机械，而是一个个有思想的人。学会与人沟通，就能让整个工地上的人形成一个整体，激发每个人的活力，让责任感从项目总工传递到施工最前线的操作工，就像我们的大脑发出命令，直达人体神经末梢一样。责任，绝不局限于项目管理团队，而是要扩大到跟项目有关的所有人员，甚至是合作方、协作方的所有人。当我们拥有了这种大视野、大格局、大心胸，整个工程的质量就能得到保障。我常常跟同事们说，一个优秀的工程师，要尊重数据、严守规则，但又不能变成书呆子。‘工程人’这三个字，是‘工程’加‘人’，要发挥人的主观能动性，主动出击。不想当将军的士兵不是好士兵，不想当总工的工程师不是好工程师……”

在工作中，肖衡极具理性，并且将这种从容不迫、有条有理的理性传递给每一个人，让热火朝天的工地同时保持有条不紊的超强计划性，工作进度已经细化到每一天的每个时间段。

实际上，当我们谈起大学生活，他又是个非常感性的人。

“我是学生会部长，非常喜欢组织活动，提高团队的战斗力和凝聚力。那时候经常踢球，踢球取胜的关键，就是统一思想、统一目标、统一计划、统一战术，如果做不到这一点，就变成了一群乌合之众。当时我们那个球队的成绩很好，就是因为创建之初，我就带领大家探讨团队精神、团队文化的课题，同时也做好分解目标、压实责任的工作。我愿意做团队的带头人，带领大家不断取得胜利，就是因为我性格当中‘不服输、想办法、动脑子、争冠军’的性格底色。我是外向性格，除了踢足球，还打乒乓球，擅长跟不同的人打交道，把有特长的人组织起来，攻克难关，创造成绩。大学生活多姿多彩，我做了大量联络工作，组织了大大小小百场活动，锻炼了自己与人打交道的能力，为以后的工作奠定了基础……”

谈到大学时代，肖衡没有任何遗憾，他的青春五彩斑斓，充分展示了一个新时代大学生的风采。

“我喜欢动脑子，不懂的就去钻研，把学习当作乐趣，对世界充满好奇心。我总觉得，人应该追逐梦想，每一天都比昨天过得更精彩一些，这才是人生。”

他的微信签名，是化用的苏东坡《前赤壁赋》中的名句：“寄蜉蝣于天地，渺沧海之一粟，哀吾生之须臾，羡宇宙之无穷。”

从这个签名里，也能看得出，肖衡是一个执着于追逐梦想的人。

“每次项目完工，我都想到杜甫的那两句诗——‘安得广厦千万间，大庇天下寒士俱欢颜’。我们建造一幢大厦，就是要让它优雅稳固，永远屹立，就像我们来到这个世界上，踩下一个又一个清晰的脚印。既然都是要做事，那就在每件事上竭尽全力，追求完美，不留遗憾。一个人当然是渺小的，但我们以渺小的生命，不懈努力，去建造不朽的大厦，塑造这个世界未来的模样，那才是青春奋斗的意义所在。”

肖衡说起在大学里第一次读到的“三个建筑工人”的故事，很受启发。我们都知道那个故事，第一个工人的回答是“砌墙”，第二个工人的回答是“盖房子”，第三个工人的回答是“建设美丽家园”。

“我非常喜欢这个故事，三个工人的回答，代表了他们不一样的心态。我在学校的公开演讲中，就是以这个故事为例，呼吁同学们要树立远大目标，敢于追逐人生梦想。那时起，我就把自己的目标设定为城市的建设者，为建设新家园而奋斗。你来看——”

他带我走到窗前，看着外面已经盖到12层的大楼。

“它现在的样子，丑陋而抽象，像是一个钢筋、水泥混凝土捏合起来的四四方方的怪兽，但在我心里，它是一个完美的城市建筑，因为它未来的样子就在我脑海中。它将会屹立在蓝天白云之下，每一扇窗子都干净整洁，每一间办公室里都坐着忙碌工作的职员，他们也是这个城市的建设者……也许，这幢写字楼里也会产生年缴税10亿的独角兽企业，产生第二个腾讯、百度或者阿里巴巴，为济南这座省会城市的未来插上腾飞的翅膀。它的脚下，绿树成荫，街道井然，每一个行人经过大厦的时候，都会挑起大拇指赞叹，真是一座伟大的建筑，这是山东建工集团建造的优质工程，为我们济南的经济发展贡献了力量……”

在此刻，肖衡是个诗人，像苏东坡一样，是一个兼具理想主义、浪漫主义的伟大文学家。他用诗一样的语言，描述着正在建造的大厦、正在建设中的济南汉峪金谷、正在腾飞的济南未来，让我的情绪也被感染，对城市的未来充满希望。

在过去的很多媒体报道中，工程人是很苦的，有时候只能是“苦中作乐”。但是，在肖衡这里，从来没有这种感觉。

“我热爱建筑工作，这种钢筋水泥的世界，让我内心安稳，明确知道，自己每一天的工作是非常有意义的。我记得刚参加工作的时候，父母给我的忠告就是——踏踏实实干活，老老实实做人。那时候我把每一天都安排得满满的，白天工作，晚上学习，如饥似渴地钻研新知识，在工作中学习，边学边干。有很长一段时间，我完全把工作当成了乐趣，对工地上的任何工序都感兴趣。除了读图、测量、放线等本职工作，我还学会了绑钢筋、扎脚手架、材料检测、工程实验等其他项目。三年时间里，我对建筑工地的每一项施工工艺都了如指掌，自学成功，变成了全能人才。我长期记工作笔记，定期对学过的知识复盘，工地生活让我忘掉了一切成长的烦恼……”

肖衡把工作和兴趣完全结合到了一起，工作业绩突飞猛进，是同龄人中进步最快的。“踏踏实实、老老实实”八个字，也成了他的座右铭。

“我们每年的腊月二十五左右，正式结束工作，到了大年初七上班，立刻投入到下一个项目的研究立项中去。每年就这一周时间是完全抛开工作的，全心全意陪着家人，其余的时间都跟工作有关。工作让我充实，它让我觉得，自己是在实现梦想的道路上，一步一步前进。这种感觉，让我不知疲倦，也不会迷茫……”

他谈到家人的时候，有些惭愧：“家人都已经习惯了我的工作状态，感谢我爱人，她为了我们的小家做出了巨大牺牲，又当妈又当爹，陪着两个孩子长大。她是我的坚强后盾，让我后顾无忧，可以全力以赴投入工作。”

前不久孩子放暑假，爱人带着两个孩子到工地上来看他。在有限的时间里，他给孩子们讲建筑工作的重要性，讲工地上有趣的事，竭尽所能，尽到一个父亲的责任。

“我教育孩子们要讲‘诚信’，一个人无信不立，无论在学校还是在家里，都要做一个诚实、有信用的人，希望在孩子心里种下一颗诚信的种子，让他们长大后，为诚信社会做贡献。孩子们对工地上的一切都感兴趣，尤其是大吊车。我们一家四口在工地上拍了好多照片，背景都是脚手架、大吊车、混凝土罐车、叉车、装载机……孩子们可高兴了，因为这是平时生活中根本见不到的。两个孩子特别自豪，把照片发给同学们看，骄傲地宣称‘我爸爸是济南优秀工程师’。那一刻，我开心极了，觉得自己在孩子的成长过程中没有缺位，用自己的踏实工作，为孩子们树立了正能量爸爸的形象。我其实挺希望将来孩子也能从事这一行，就像那个故事里讲的，我们是建筑工人，更是中国广大新城的建设者，是我们，把设计师的蓝图铺就在中国 960 多万平方公里之上，能够参与中国 21 世纪的火热建设，我倍感自豪，倍感荣幸。”

我能想象到他的心情，他希望自己的孩子比他更优秀，成为新一代的建设者。他没有时间去教育孩子，但一直都在用自己的言传身教，陪着孩子们一起成长。

爸爸是家庭的顶梁柱，也许不能拿出大量时间陪伴孩子们学习、做作业、一天天成长，但他追求梦想、塑造人生的过程，就已经为孩子们树立了最优秀的榜样，用这种更直接的方式，让孩子们健康成长。

说到“诚信”，肖衡坦诚地告诉我，从事建筑行业的人，必须做到诚信，不然工程质量就无法保障。

“首先，我们的任何项目都是有执行合同的，工程进行到什么时候就要付款，合同上白纸黑字都写着。工程队完成任务，就要按时结算。工人们干了多少活，就得把钱一分不少地付给他们。我每年跟工程队签订合同的时候，都会非常严肃地告诉他们，不准拖欠工资，不然以后绝不合作。这就是我的原则，有合同就必须执行，不然何必签订合同？在山东建工集团，大家都知道我的脾气，很多工程队的经理和工头都为我挑大拇指，跟我合作的工程队，没发生过一次讨薪事件。每次临近结算周期，我都给工程队开会，让他们保质保量地完成任务，他们确保执行工期和质量要求，我确保及时向集团报送结算材料，保证他们拿到结算款，发放给工人。人心都是肉长的，咱既然说是以人为本，那就是时时处处为别人着想，确保每一次合作都能‘双赢’，干一个项目就交一群朋友。”

采访中，食堂的师傅抬着大号保温桶经过办公室门口。

肖衡向我介绍：“这是给一线工人准备的绿豆汤，本来我要求工程队严格遵守劳动法，必须向工人提供解暑茶或者绿豆汤，绝对避免发生高温中暑事件。这几天工期太紧，工程队人手紧张，有时候来不及执行，我干脆让这边的厨房帮忙提供。一线工人辛苦，我们得保证他们的需求，这事马虎不得。质量和安全，是建筑工地的两条红线，时刻装在我脑子里。”

“刚刚您说，和工程队的关系非常融洽，最后已经成了朋友，会不会有‘礼尚往来’的情形呢？”

肖衡笑起来：“从来没有，这也是我交朋友的底线。我跟工程队的朋友关系，只限于工作范畴。他们遇到技术难题，我可以花大力气帮忙解决，有时候他们找不到合适的现场管理员，我可以通过自己的人脉，帮他们挑选人才，但谁给我送礼，那就是侮辱我的人格。”

他记得第一次被“送礼”的情景，当时他大学毕业刚半年，还是普通的工地施工员，有个工头给他送了两条烟，要求他在工作记录上，给工头多统计 20 个零工，并承诺可以“礼尚往来”，以后多统计的零工可以给他“提成”，每个月至少保证“提成”比他的工资还高。

“我当时就把香烟摔在工头脸上，零工数量一个都不多，也一个都不会少，公平公正，清清楚楚。当时我非常恼火，因为平时大家有说有笑，一起工作，就像是朋友一样。他用香烟换取好处的时候，我突然明白，为什么学校、单位、工地上天天开会进行廉政教育？就是因为，这种贿赂和腐蚀随时都有可能发生。看似是朋友间的礼尚往来，看似是以物易物，看似是神不知鬼不觉的利益交换，其实都是对人性的侮辱与抹黑。我当时工资不高，省吃俭用，连衣服和鞋子都不舍得买。如果我跟工头勾结，抠抠攒攒，每月的钱包的确能鼓一点，也能给家人和女朋友买点礼物，但那肯定是堕落的开始。一个人一旦开始走‘捷径’，就像坐滑梯一样，一路滑到底，滑到深渊里去，万劫不复。”

在肖衡看来，利益面前，能够看清人性。能够克制欲望的人，才能团结聚力，追求未来。

“工作20年来，我遭遇过无数次送礼、送红包、送年货，但我从未拿过工程队一分钱好处费。即便是有朋友在微信上发红包，说明是给孩子的压岁钱，也被我拒收。我现在对‘红包’这两个字非常敏感，有些初次认识的工程队，不了解我的脾气，送酒水礼物，都被我退回去。当然，第一次拒收，我会说明情况，阐明原则，大家和和气气，不伤面子。如果一而再、再而三地送礼，那就对不起了，直接拉黑。我自己身在建筑行业，如果没有其他调动，会一直在自己喜欢的这一行干下去，所以我希望这个行业公平公正、清澈透明、诚信互助、法理完备，让所有参与者，都能树立崇高理想，团结一心，为了建设美丽城市而努力。”

肖衡相信一句话：莫伸手，伸手必被捉。

他亲眼看到过去的一些同事，因为守不住道德底线，与工程队纠缠不清，最后陷入泥淖，追悔莫及，但已经无济于事。

“早知如此，何必当初？我们在大学里意气风发，充满理想，要为祖国建设而奋斗，为什么到了社会上，就改变了初衷，变成了另外的样子？”

说起这个话题，肖衡的表情变得有些凝重。

“工程质量这件事，一点都不神秘，把小事做好，把细节干好，一切都按照图纸和施工工艺标准来，就不会出错。如果偷工减料，以次充好，为了赶工期而忽视了工艺规范，就一定会出事。一个工程师收了工头的烟酒，在验收单上签字，就是在犯罪。集团领导委派我们把守一个岗位，是要求我们不放过任何一个安全疑点，哪怕是被工头讽刺为吹毛求疵，也得毫不妥协。工头们礼下于人，必有所求，今天为了一块砖的瑕疵送礼，下一次他们就敢为了一根灌注桩、一块预制板送礼。‘乱花渐欲迷人眼’，如果被一条烟、一瓶酒所迷惑，大家怎么对得起学校的教育，怎么对得起集团的信任？工头面对面送红包，那不是烟酒和钱，那是匕首和标枪啊……我跟团队的人说过，不收红包是我的底线，谁碰了我的底线，毫不客气，请自己想办法调岗，别等着我向上级打报告撵人。”

我感觉到，肖衡这个人是外松而内紧的，看似随和，面带微笑，实际在工作和生活中，处处都有明确的底线，绝对不容践踏。

他告诉我，实际上很多工程队很“聪明”，如果当面送红包失败，会采取迂回路线，托朋友、托关系、托亲戚，绕来绕去，总想把红包送进来，请他多关照。于是，他每年都会亲自打电话，告诉所有的亲朋好友，拒绝吃请，拒绝照顾，拒绝一切别有用心的所谓“礼尚往来”。

在这一点上，他得罪过很多人，有些亲戚说情失败，会抱怨他“看不起亲戚、不通人情”。

“我骨子里像苏东坡，有文人骨气，不管别人说什么，我都坚持自己的原则，决不改变。因为我问心无愧，为什么要按照世俗观点去圆滑做人？我热爱建筑行业，目标是让这个行业越来越清明，又怎么可能去抹黑它？”

肖衡笑谈：“我身边的工作伙伴，都是‘物以类聚’……”

他为负责的项目组建团队班底时，能够吸引来的，都是跟他同样性格的人，努力工作，不耍心眼，志存高远，不计得失。

“我们都是有远大理想的人，就像寓言故事里的第三个工人，我们不是在建造普普通通的大厦，而是建设未来的美丽生活，每建造一座大厦，就要让它变成工艺精湛、质量一流的艺术品，以后谈起它，都可以自豪地说，我曾经参与了某某大厦的建设工作。它将变成我们团队从优秀走向卓越的里程碑，而不是羞于谈及的耻辱柱。”

他向我介绍了目前团队里的几位同事，都已经成绩斐然，却都谦逊低调，跟肖衡的工作作风保持一致。

为我们做采访记录的年轻人，是去年刚刚毕业的研究生，已经在肖衡的指导下，勤恳工作，身兼数职，但从不叫苦叫累，像海绵吸水一样，奋斗在工地的第一线，不断地在工作中提升自己。

“看到这些年轻人，我就想到自己刚刚参加工作的时候。我希望把自己的工作经验传授给他们，只要他们愿意学，我就愿意教，知无不言，言无不尽。”

肖衡告诉我，集团领导曾经多次强调，要做好梯队建设，80 后、90 后、00 后的人员配置要衔接紧密，筑牢基础，绝不能出现断层。所以，以他为年轻领军人物的山东建工集团，不但担负着一线工作重任，还肩负着培养新人、搭建梯队的另一层重任。

他以这位年轻的研究生举例，对新人既要在业务上培养，又要在生活上关照。

“我们经历过的工作挫折，也会在他们身上重演，这就要求我们既像导师一样辅导他们，又像朋友一样开解他们，有时候是拉着他们成长，有时候又要托举他们，给他们更多、更大的展示舞台，让他们担任更重要的职位，做到工作上的磨炼和提升。这就要求我们有博大的胸怀，看到年轻人成功的时候，真诚地为他们鼓掌喝彩。”

肖衡在培养年轻人方面，非常注重提升他们的个人荣誉感，把更多来自集团的奖励，侧重于年轻人。

“我们的建筑行业需要优秀的年轻人，他们深度融入，热爱工作，才能让我们这个行业紧跟时代步伐，不会掉队。我们的山东建工集团始终目标远大，保持与国际接轨，各种新工艺、新机械，始终与国际上那些超级建筑集团同步，并且又有针对我们国情的创新创造。我们大力培养年轻人，实际就是在打造集团稳步向上的阶梯。将来，由年轻人掌握新理念、新潮流，给集团注入活力，力争上游……”

我看得出，肖衡的确对集团、行业充满了信心。在他的描述中，建筑业与国际接轨，是一个坚定不移的方向。

“我们中国人的‘大国工匠’精神，将会给全世界建筑业带来崭新的动力。这是中国建筑业的机会，更是建筑从业人员的责任。一定要有‘安得广厦千万间’的远大理想，更要有‘大庇天下寒士俱欢颜’的胸襟气度，这才是我们中华民族的大国责任、伟大复兴中国梦的宏伟蓝图。”

陪我采访的那位研究生，已经跟随肖衡一年。

他眼中的肖衡，有很多“金句”，比如在工作中提升、把工作做到极致、工作像骑自行车不能停、三观合一、要知行合一、要胸怀坦荡、做人要有责任感、压力就是动力、劳动创造价值、工作能力和收入成正比……

他印象最深的就是团建，很多团建项目，都是围绕着“责任感”来的。

“肖总工非常看重‘责任’两个字，他告诉我，要把这两个字贯彻到工作和生活的方方面面。在工作中，做一个负责任的工程师，哪怕只是一个测量员、放线员，也得把工作做到极致，不出错是本分，把普通工作做出花来是本领。在生活中，也要让自己做一个负责任的人，做到‘每日三省吾身’。生活懒散的人，肯定会把那种坏习惯带到工作中来，所以要做到知行合一，坦坦荡荡做人，做一个没有道德瑕疵的好人……”

他提到，在目前的团队里，最强烈的感受就是“三观合一”。每一个同事都把工作责任放在第一位，在本职工作上，做到清爽干净，不留后患，在工作交接环节上，做到提前预判、工作相融，为交接同伴扫清麻烦。

“肖总工经常说，咱们的建筑项目就像 4×100 接力赛一样，你是交棒者应该怎么办？你是接棒者应该怎么办？你是教练应该怎么办？这都是有章法可循的。一个团结紧密的团队，一个优秀项目的诞生，就是一场 4×100 接力赛。每个人竭尽全力，都拿 100 分，团队就得 400 分，完美夺冠。如果一个人得了 60 分，直接就让团队出局。所以，我们要防患于未然，要有团队精神，要让每个人加速成长，让整个团队拿第一。在肖总工的启发下，我很快就融入了团队，现在越来越喜欢手头的工作，越有压力，就越有动力。”

我们聊起“骑自行车”的比喻，肖衡深有感触：“人生的每一个阶段，都是逆水行舟，不进则退。如果我们在骑自行车，只要不停下就不会倒对不对？所以，只要上了车，就要向前、向前、再向前。不管遭遇多少困难，我们一定要努力向前，让整个团队都跑起来。”

肖衡在选人、用人方面，一直保持开放的心态。

比如面对每年进入集团的年轻人，他会先看人、后选择。

“在看人方面，我最注重的是三观和人品。技术不够强，我可以手把手教，努力督促他成长，所以人品很重要。同时，对待一个年轻人，要因材施用。在我的团队里，我熟悉每一个人的特点，知道他们的优点，大力发扬，他们自身的缺点，我会选择合适的机会指出来，给他们改正意见。我从来反对闭门造车，一定会把新思想、新工艺、新观念引进来，在团队内部形成积极探讨的风气。我每年都会创造机会，让团队的年轻人出去学习深造。工地上很忙，但我每次都能调整人员结构，给年轻人学习的机会。这是一个重大战略问题，贯彻了我们山东建工集团领导的工作方针，一定要有全员学习、全员进步的观念。他山之石，可以攻玉。谁若在 21 世纪互联网时代还闭门造车，故步自封，那就是自我毁灭。而且，我每次都能欣喜地发现，这些外出学习的年轻人，回来之后都能学以致用，为团队注入新想法，形成了正向循环……”

采访中，两位办公室的同志表达了对肖衡的敬佩：“肖总工是个非常乐观、积极向上的人，我们都知道，不管是新歌老歌，就没有他不会唱的。在文艺宣传、文化建设方面，他可是高手。我们一开始都没想到，一个理工男竟然有那么多热情和爱好。跟他在一起的感觉，简直是如沐春风。”

在跟肖衡谈话时，我已经感受到这一点。

他语调温和，不疾不徐，是一个非常优秀的叙述者，讲出的每一个例子，都让我很受启发。所以，这一次是采访，也是我向他学习的过程。

“肖总工智商、情商都很高，在工作中，是当之无愧的工程权威，除了完成本职工作，还积极研究创新，跟专家合著出书。每一年的年轻人轮训，他都是最优秀的讲师，在讲台上妙语如珠，让年轻人直挑大拇指。在集团工作中，他又勇挑重担，是攻坚战的不二人选。哪里的项目打不开局面，他就主动请缨，去那里展开工作，顺利拿下项目，再创佳绩。在生活中，大家都喜欢跟他在同一个团队，哪怕工作再艰苦，也能有很大收获。他这个人，从来都是乐观向上，浑身都充满正能量，同时又谦逊低调，乐于接纳每个人、帮助每个人……”

“肖总工在工地的口碑非常好，就像你看到的，他为一线的工人们准备绿豆汤解暑这件事，只是无数小事中的一件。他关心每个人，能够细心地发现每个人的需求，及时提供帮助。很多工人都说，肖总工是个善良的好人……”

采访肖衡的过程中，我不断发现他身上的闪光点。从大学至今，他就像一颗不断被磨砺、被雕琢的钻石，越来越精彩，越来越璀璨。正如他所说，是“责任”这两个字，让他变得越来越成熟、越来越自律、越来越向着优秀工程师的目标迈进。

他让我想到苏东坡的一句诗——“此心安处是吾乡”。

刚刚在聊天中，他也提到过，工程人就要有“随遇而安”的定力和勇气，每一个新项目开启时，困难重重叠叠，意外随处发生，但只要有了足够的定力和勇气，就能见招拆招，拨云见日。

我明白，肖衡口中的“随遇而安”绝不是躺平，而是像苏东坡那样，不忘责任，坚定信心，踏踏实实干活，老老实实做人，用实力和韧劲，改变生活，改变自我，改变世界。

在我眼中，肖衡就像砖窑里的一方红砖，自身朴实无华，但却不忘初心，志存高远。无数红砖砌筑在一起，建筑成今日泉城济南的高楼大厦，让我们的城市变成美丽家园。

希望我们每个人都能学习肖衡砖的精神、砖的力量、砖的责任，为实现中华民族伟大复兴的中国梦，做出应有的贡献。

香飘云天外

——记山东省劳动模范、济南市槐荫区中大槐树街道裕园社区刘云香

于　雁

初见刘云香，是个晌午，太阳火辣辣烧着，她站在阳光里，等我。电话里的她，声音温婉细小，像三十岁。见了面，声音依然动听，年龄却多出一倍，大卷短发，衣着整洁，精致柔美。实难想象，这么温柔的女性领导，这么大的社区，取得这么多的成就，被评为省劳模，她是如何做到的？

接待我的，除了刘云香书记，还有位叫闫华的女同志。她是来请刘书记到社区老年大学参加结业合影的，我也被顺便邀请去，路上就听她说：“我们刘书记可不是一般人！”我心想，刘书记到底哪里不一般？到了老年大学，许多阿姨婶婶们都上前和刘书记拉呱，合影时大家簇拥着刘书记坐中间，一

起大声喊“茄子”。我也被这欢快的气氛感染，感受到老人们浓浓的幸福和惬意。照完相，刘书记和我往外走，在门口遇见一个大姐，说：“书记，我听说你家老人……”刘书记急忙摆摆手，说“不说这个”，我看到她眼圈立马红了。瞬间一喜一悲的变化，让我想起弘一法师的临终绝笔“悲欣交集”，那四个字是他半生红尘、半生修行的感悟。从生活中来，到生活中去，刘书记的酸甜苦辣又有哪些？

带着疑问，我在采访中了解到，这位普普通通的社区书记，用柔弱的双肩担起了裕园小区这副沉重的担子，一担就是二十多年。在漫长岁月里，她沐雨经霜，用坚忍和智慧改变了裕园的落后面貌，使小区成为旧城改造的成功典范。其间的付出，从群众对她的拥戴中可闻可见。她不是耀眼的明星，却活成了闪亮的星辰，用生命无限的光热，温暖、带动着身边的每个人。她柔弱却不软弱，刚强但不恃强，她强大的精神内核就是以人民为中心、把百姓装心里，实实在在为老百姓排忧解难，踏踏实实为社区增砖添瓦。她热爱党，热爱群众，热爱事业，因爱而来，为爱而战，无私忘我，忠诚奉献。正是这深沉浓烈的爱，才成就了这位“人民的书记”。

有名的“刘班长”

刘云香是2001年来到裕园小区的，之前在济南机车车辆厂（俗称“铁路大厂”）做技术工作。人生的每一步积累都是为今后的人生做准备。20世纪80年代初，当19岁的刘云香从青岛铁路技校毕业分到企业里，她立志要当个好工人。她深知学习的重要性，一边工作一边学习，以第二名的成绩考上了电视大学，脱产读了三年大学，毕业后回到工厂，经过多个车间班组的历练后，被调到电话室当班长，并被厂里派去广州学习。

电话室是厂里的核心部门，30出头的刘云香领导着十几个人的大班组，电话室男同志负责修外线，女同志当话务员。作为班长的刘云香从来不大声说话，但骨子里却有一股不服输的拼劲。她不仅精通话务程控的所有业务，还跑遍厂里所有的车间、科室，冰天雪地里和男同志一起爬电线杆修线路，险活累活都冲在前面，爬高上梯的本事一点都不比男同志差。大家看着细胳膊细腿、柔柔弱弱的刘班长如此敬业，都不由得竖起了大拇指，“拼命三娘”

的威名就在厂里传开了。刘云香成了有名的“刘班长”。

20 世纪 90 年代，改革大潮来势凶猛，两千多人的铁路大厂成立中国北车集团，刘云香被调到基建处，被派往北京建筑研究院学习绘图软件，学成归来后负责电气设计工作。那时的她梦想成为一名工程师，可天有不测风云，踌躇满志的她遭遇了事业的第一次低谷：厂里改革压缩科室人员，基建处被设备处兼并，她成了一名待岗职工。从“刘班长”到设计师，事业一路顺畅，突然失去了岗位，这对她来说不啻为一次巨大的打击。

三个女人一台戏

刘云香注定是一块金子，放在哪里都会发光。待岗的她先是到派出所驻勤，其间在中大槐树街道办事处第五居委会帮忙更换二代身份证。1999 年，第五居委会换届后，社区副主任离开，她临时受命担任副主任，天天和保洁员一起扫马路，参与了第五次全国人口普查工作。由于工作表现突出，她本人和中大槐树街道办事处分别获得省级先进个人和先进集体称号。

金子发光，天降大任。上级领导看刘云香任劳任怨、吃苦踏实、组织能力强，就派她到裕园小区东区社区担任党支部书记、居委会主任。那时的裕园东区，只有八栋居民楼和大片的棚户区，环境脏乱差，治安也不好，街上尘土飞扬，到处堆满垃圾，晚上没有路灯，自行车天天被偷，居民晚上不敢出门。

刘云香生性不怕困难，似乎越是困难重重，干劲就越足。社区只有三个女同志，俗话说“三个女人一台戏”，这戏该怎么唱呢？刘云香不是演员，却会“唱戏”。她不仅自己能干，还会用人、聚人。她深知社区工作就是与人打交道，不把居民拢在一起，这工作没法开展。于是，她在居委会三十多平方米的小平房里，利用原来的十几本杂志，再到旧货市场买来桌椅板凳，让哥哥打了个书架，建成了济南市第一个社区“爱心书屋”。书不仅是人类进步的阶梯，更是人类情感交流的纽带。有了梧桐树便吸引来了金凤凰，一个妈妈带着女儿主动来书屋帮忙，社区有了第一批志愿者。从“爱心书屋”建成的那天起，刘云香就将爱的种子深播在裕园的土地上。后来陆续加入的志愿者组成“心连心理事会”，三个女人这台戏多出了十几个吹鼓手。大家一起商量路怎么修、灯怎么亮，好戏终于要开演了。

老百姓的心亮了

一没路二没灯，百姓之苦向谁诉？刘云香来到裕园的第一出好戏，就是解决修路和装灯的难题。

“晴天一身土，雨天一身泥”是老百姓对当时裕园道路的牢骚，道路因安装天然气回填没有硬化，结果便成了此等现状。“向东看灯火辉煌，向西看漆黑一片”，东是华联片区，西是裕园小区，一路之隔便是天壤之别。社区老主任是区人大代表，关于“为裕园小区安装路灯”的建议被开发公司以各种理由敷衍，始终解决不了问题。

刘云香的智慧就在于能把不可能的事变成可能。她不怕麻烦，不怕碰钉子，遇到阻力从来不硬碰硬，而是凭着一股韧劲，把“百炼钢”化为“绕指柔”。区体育局给了社区十套健身器材，但没钱安装。刘云香想办法去找钱，叫着楼长和民警上门化缘；有些领导住在裕园，也帮着想办法提供支持；同时发动群众捐款。最终筹到了六七千块钱，修好了社区的第一条健身路。

社区没有活动广场，刘云香就带着班子成员去大路捡修路替换下来的花砖，但因修路结束了，没有捡到。中大槐树街道领导很受感动，在街道资金短缺的情况下，出资为社区购买了一批最便宜的花砖，建起了 120 平方米的小广场，群众终于有了健身和打太极拳的活动场地。

为修好社区的九条路，刘云香翻看济南市电话簿查找责任单位，一遍遍打电话据理力争。施工队迫于“压力”，早晨四五点就来社区修路。这时社区还没上班，社区老党员魏旭厚让施工队从自家水龙头引出水管，并帮助施工队和水泥。整整修了两天，修好了不平路，尘土飞扬的日子一去不返。

路修好了，再解决路灯的问题。刘云香跑到区人大，工作人员说这个问题解决不了。刘云香对工作人员说：“你把老主任的建议案给我就行，我来想办法。”因为当时建议案是开发公司回复的，她就拿着建议案去找开发公司。但开发公司面临倒闭，根本拿不出安装路灯的 30 万元。于是她又骑着自行车去市路灯管理处，但对方答复说：“你们小区没有计划，这事没法办。”刘云香说了开发公司的状况，说居民可以捐款。她跑了几次，并请路灯管理处的领导多次到小区现场查看情况，路灯管理处终于松口了：安装 30 盏路灯，你们居民捐款也捐不多，就算我们义务帮忙，你们拿 18000 元吧。

刘云香又去找开发公司，开发公司答应拨钱，但钱迟迟不给。刘云香一边发动群众捐款，一边利用中午和晚上的时间去找开发公司领导。在她的软磨硬泡下，钱终于拨下来了。她说：“我这个人做什么事都不气馁，不能半途而废。”

功夫不负有心人，刘云香的执着终于收获了硕果：2002 年八月十五晚上，30 盏路灯亮起来了。裕园小区东区和西区两个社区的居民三五成群地出来看灯，像过节一样高兴，大家你一言我一语，说刘主任给咱小区立功了。群众脸上露出激动、满意的笑容，刘云香看在眼里，感觉老百姓心里的灯终于亮了。

心连心理事会

自从刘云香来到裕园小区，社区群众终于有了“好当家”。而刘云香却善于发动群众，让群众当家做主，还政于民。社区成立了“心连心理事会”，大事小事群策群力，为小区献计献策。

路修好了，路灯亮了，刘云香带领大家趁热打铁搞绿化。在这件事上，群众的智慧和力量发挥了重要作用。没有工具，“心连心理事会”的王森泉借来八个镐、八把铁锹。王森泉的儿子开着私家车，带着刘云香和王森泉、李庆平两位老党员，去苗圃买树苗，但转了一圈却空手而归——树苗太贵，舍不得买。这时奇迹出现了，退役军人党员焦世昌开了家苗场，问清需要种什么树后，主动送来一批环保杨树苗。那时正赶上华联商厦盖楼，挖出来的土可以用来栽树。刘云香忍着肚子痛，带人运了四车土，从晚上十点运到十二点。书记带头，群众拥护。刨树坑的时候，八十岁的宋兴文老人亲自挑着担子浇水。大家伙儿都争着抢着干活，用汗水浇灌美好家园。

刘云香来到裕园短短三年，实施了八大民生工程：灯亮、路平、树绿、文化、宣传、健身、平安、暖心工程。这桩桩件件，都关系民生、牵动百姓，受到越来越多的党员、志愿者和普通群众的拥戴。

她的“头三脚”，就这么踢开了。

阳光温暖超市

来到绿树成荫的裕园社区，在健身广场的边上，能看到一家“阳光温暖超市”。走进超市，迎面墙上挂着全国人大常委会原副委员长、时任中国红十字会会长彭珮云 2005 年来裕园视察时的照片。当时全市在裕园社区召开了现场会，观摩棚户区改造、整治成果。在此之前，刘云香要在 100 平方米的废墟上建居委会办公房，其间还发生了一件小插曲。

那是 2003 年下半年，为了盖房，刘云香带人去某军工厂附近的工地拣砖头，找汽车、三轮车、地排车往回运，还发动居民捐石头、沙子、水泥。一位在社区居住的区级领导，看她这么艰难，就主动联系开发公司、房管局和民政局的领导，把街道领导约在一起，让开发公司负责施工，其他单位负责出钱。这时，刘云香当年在北车集团基建处学的本事派上了用场，她亲自设计图纸，对外服务台、居民书社、心语角以及办公服务场所一应俱全，三个单位领导立即拍板。社区办公房盖起来了，阳光温暖超市开业了，裕园社区成了旧小区改造成功的样板，各级领导对她的工作成就给予了很高的评价。

裕园东区社区三年变化中的一砖一瓦、一草一木，都是刘云香一滴汗珠子摔八瓣换来的，酸甜苦辣咸只有她自己深知。但她永远给人春风化雨的柔美笑容，从不把困难说给任何人听。

当年各个小区的阳光温暖超市都因管理不善倒闭了，只有裕园小区的这家超市运行十八年依然温暖着千家万户。社区借助超市搭建互助平台，收到居民捐款 21 万元，救助困难家庭 130 余户，走访慰问老党员、志愿者、群众 1820 余人次，真正将阳光般的温暖送进百姓心里。

滴水之恩

2004 年，东西两个社区合并，西社区的楼长战玉华等一大帮人来找刘云香，说六号楼 5 层以上半年没水吃了，居民要到一楼接水或用消防栓的水。水是生命之源，没有水老百姓生活太不方便了。刘云香找来供水集团的技术人员，测总阀门没有漏压，后来走了几圈，发现一楼门头房下水道旁边的清水向井盖跑水，漏水点应该在一楼门头房地下。

刘云香带着楼长战玉华找到一楼门头房居民做工作，开始对方不同意，经反复做工作才勉强同意。刘云香找来开发公司出钱刨开地面，当时所有人都惊呆了：漏水把地下冲出了两米深的大坑，如果再晚修一些时日，一楼地面就会塌陷，居民会有人身危险。大坑和漏水点修了三天，第三天晚上十点才全部修好。六号楼居民自发送来锦旗，感谢社区解决了他们的用水和安全问题。

刘云香深深感到，社区干部要急百姓所急，自己的事可以放，老百姓的事坚决不能拖。东西两个社区刚合并那会儿，二号楼一位楼长对新社区还不了解，又恰逢下岗失业，情绪不好，冲刘云香发泄。刘书记一点不生气，居民啥样人都有，基层干部没点承受能力可不行。她了解到二号楼楼上供不上水，便找专业人员查了半个月，托人请供水集团找原因，仪器检测不出来，就请来老专家用耳朵听，确认在三四十米远的地方有漏水点，终于在小年那天晚上十点顺利修好。新主任来了，二十多天吃不上水的居民终于在 2005 年的春节吃上了用自家水煮的饺子，吃着别提多香了。二号楼这位楼长彻底改变了对刘书记的态度，成了刘云香得力的支持者。

刘云香倾尽爱心为居民办事，用吃水卡老百姓脖子的事她坚决不同意。

2006年，供水集团推动一户一表，当时整个裕园小区欠费80万元。供水集团想用停水的办法催缴水费，刘云香不同意，她充分发动群众，每个单元找两个人做单元长，负责收水费，10栋楼发动了114名志愿者，用了一年多时间，终于完成了全部户表改造，并收齐了水费，成为济南市户表改造成功的第一个社区。媒体纷纷以“114名志愿者的用水理想”“一个社区的治理观”进行报道。

而刘云香的成功之钥，在于想群众所想、急群众所急，把群众当家里人、贴心人，用群众的智慧和力量去解决群众关心的切身利益问题。用合适的钥匙开合适的锁，没有解不开的难题。

冬日里的一团火

在刘云香服务社区的二十多年里，最难的一件事就是解决东方新天地花园取暖用电问题。那是2013年，在电暖都没有到位的情况下，开发商为了少交违约金，没有完工就允许居民入住了。当时是临时用电，因为电压低，停电的情况屡屡发生。居民愤怒了，找开发商无果，用堵路的方式发泄不满，引起政府重视。

街道办事处领导和刘云香都到场了，刘云香直接找到牵头堵街的居民说，电的问题今年解决，暖气的问题明年解决，让大家回去吧。居民看刘云香承诺了，将信将疑地回家了。话说出去了，但没有解决的路径，刘云香有个信念，给群众承诺的事必须马上办，哪怕上刀山下火海。她工作有“三件宝”，一是认真听取群众心声，二是充分发动群众，三是风雨无阻乘车找。这在解决东方新天地的取暖用电问题上体现得淋漓尽致。

她先召集居民开会，让大家说问题。群众反映没有暖气用空调取暖，但电总是跳闸，家里老人孩子冻得受不了。刘云香及时上报反映，在街道领导的积极协调下，当年就通上了正式的民用电。她代表党委郑重向大家承诺，明年春节前保证能通暖气。

为了这句承诺，她从第二年春天就开始跑了。但是，暖气的问题太棘手了，一是开发商没钱，需要交给市政大厅400多万元的城市配套费，开发商掏不出来；二是一次管网得等两年后经四路拓宽时，才能引进小区。刘云香先跑热电公司，顶风冒雨找领导解决管网入口问题，建议在经四路拓宽之前，就从裕园小区管口接。对口工作人员说裕园小区流量不够，她就让热电公司到裕园小区测试流量，并多次到热电公司协调，见不到领导就不走，直到领导答应重点研究才回去。热电公司的人都感动了，说刘书记太能干了。

一次管网问题解决了，但钱依然是个大难题。她了解到当时开发商在市建委有 400 万元押金，就乘公交车天天跑建委和其他相关部门，八个部门，一连跑了八个月。最后，建委领导说，反正钱都花在老百姓头上，就把 400 万元押金作为城市配套费转拨给了市政大厅。管网和钱的问题都解决后，2014 年 12 月 24 日正式通暖。群众敲锣打鼓放鞭炮，欢天喜地过大年一样庆祝，有些居民要请刘书记喝酒，她婉言谢绝了。居民冯衍华写了首诗送给她，赞颂她是“冬日里一团温暖的火”。男女老少都说刘书记好，而刘云香却说老百姓好才是真的好。

党的好干部

心里装着老百姓，老百姓就会拥护你。方东林老人从报社退休后做了《社区快报》主编，他说，像刘云香这样的党的基层干部，用自己的人格魅力树起了党的形象。她为了公家的事可以去求人，自己的事从来不求人。把党的事业放在第一位，把老百姓放在心窝里，真正做到了以人民为中心，把人民当靠山，全心全意为人民服务。

方东林老人讲了两个关于孩子的故事。有一天，刘云香看见社区一个小孩不上学，就去孩子家里了解情况，发现孩子的家庭非常困难，拿不出钱让孩子上学。孩子是祖国的未来，不接受教育就没有未来。她立即去找派出所所长，一遍遍把所长找服气了，以“特困家庭”条件为孩子办了免费入学。对百姓关心备至，才能赢得好的口碑。刘云香常常因为专注工作而忽略自己的孩子。一次周末，她带孩子去考试，为了赶时间，她跟女儿说，我下楼推出车子来等你，你抓紧下楼找我。结果，她从楼下小屋推出自行车就上班去了，骑车走到半路 ，忽然想到今天是周末，要送孩子参加考试，就赶紧调转车头回家，远远看见女儿正在楼下哭着等她。

家里的事，刘云香几乎不管不问。老伴陈瑞其是济南第二制药厂领导干部，工作很忙，却揽下了全部家务事，支持她把工作干好。有了温馨的港湾，她没有了后顾之忧。她一年的工作当一年半来干，没有休假日节假日，每天晚上七八点回家，还要学文件、写材料。衣服往往深更半夜洗，怕打扰邻居，专门买了噪音小的洗衣机。

刘云香善于依靠群众、发动群众，从初来社区时的三个人，到现在志愿者队伍800多人。受刘云香人格魅力的感召，主动为社区做奉献的居民越来越多，不求名不求利，就想跟着刘书记干。刘云香工资并不高，却从微薄的工资中拿出一万元设立了云香志愿服务激励基金，用于激励志愿者参与社区工作。大家纷纷捐款，如今云香基金已经累积几十万元。

刘云香注重抓党的建设，发挥党组织的战斗堡垒作用，提出了“车轮理论”：党员是车轮，书记是车头，核心是党支部。火车跑得快，全靠车头带。急难险重的事她永远冲在最前面，做到“看我的、跟我来”。社区成立了“老党员金点子议事会”，她说，党是党员的靠山，人民是党的靠山。为老百姓办事，是党员应尽的职责。正是有了立党为公的信念，很多别人干不了的事，她都能做到。

爱在裕园

要让党的旗帜始终在裕园高高飘扬，85岁老党员朱绶玲说。她是社区年龄最大的志愿者，担任社区老年大学校长。她曾是济南六十三中学校长、党支部书记，退休后在社区做了志愿者。刘云香担心她年龄大身体吃不消，但她却说，书记千万不要开除我，我还能为社区做贡献。她说刘书记就是榜样，如果时光倒流，一定像她那样做个好书记。多才多艺的朱校长在社区庆祝改革开放40周年联欢会上，创作了一首社区之歌《爱在裕园》，赞颂刘云香书记的大爱，爱党交给她的基层工作，爱社区所有的居民。她讲了三个“爱”的故事。

70多岁的王桂英，两个孩子都是智障者，老伴去世后每月只有400多元抚恤金，生活非常困难。社区把她作为重点五保户，为她申请办理了低保，刘书记和志愿者们常去给她送吃的用的。她得了心脏病，想去养老院，但身体条件、经济条件都不符合要求，福利院也以种种理由拒绝母子三人。刘书记骑着自行车，多次找市福利院、有关医院沟通，在市人大领导的协调下，为王桂英完善了基础资料，济南市福利院最终接收了她全家三口。王桂英看着两个欢蹦乱跳的孩子说：“感谢党，感谢刘书记，现在我死了也闭眼了。”志愿者们说，遇到了好书记，王桂英真幸福。

文秀英独居，喜欢拣垃圾堆在家里，走廊里臭气熏天，邻居意见很大。刘书记亲自做工作，带着志愿者去她家，从垃圾堆上爬进屋里，帮她打扫收拾干净。2021 年 3 月 15 日下午，文秀英踉踉跄跄跑到书记办公室，拿出一个存折，说是这辈子攒的钱，让刘书记打 120 把她送到医院。文秀英无儿无女，在弥留之际，抢救无人签字。刘书记说：“我们党委签字吧。”在文秀英去世后，刘书记还按殡葬风俗，请来消毒队消毒，按礼仪安排后事。找到她母亲的墓地，将她和母亲埋在一起。志愿者深受感动，说在世上没有亲人的人，死后和母亲团聚了。

朱绶玲说，她老伴是抗美援朝老战士，比她大七岁，2020 年病重时孩子不在身边，她总害怕老伴半夜出事。刘书记说：“朱老师别着急，裕园就是您的家，我们就是您的女儿。”老伴真出事了，朱校长脑子蒙了，没想到女儿，先想着找刘书记。书记让她给 120 和女儿打电话，并急忙赶过来帮助料理后事。当时正值疫情高峰期，书记建议找殡葬一条龙服务，她和志愿者帮老伴换上志愿军军装，佩戴好抗美援朝勋章，一个多小时后女儿才赶到。刘书记嘱咐 120 不要出声音，顺顺利利把老伴送去火葬，并把骨灰安排进英雄山烈士陵园。处理完后事，刘书记问朱校长今后怎么办。朱校长说：“这里有你，我哪里都不去，我会很快走出来的。”朱校长非常感恩有刘书记这样的好领导，在裕园大家庭里不是亲人胜似亲人，只要她还能动，就跟着书记好好干。

永远跟党走

在裕园社区，六七十岁积极要求入党的志愿者有不少。

樊秀娟就是退休后入党的。丈夫和婆婆在她退休之后都相继过世了，她总躲在家里哭。刘云香知道后，找到她说，不要哭，来参加志愿者吧。她文化程度不高，也不敢与人交流，怕干不了。刘书记说，不要紧，会干活就行。刘书记常对她说一句话：“共产党人的信仰是共产主义，你是党员，要永远跟党走。不会不要紧，干就行。”她牢牢记住书记的话，看到书记自己家里事不管，社区居民的事再难也要管，去世的活着的都管，黑夜白天都扑在工作上，腰疼腿疼咬牙坚持，真是裕园大家庭的好家长。她处处以书记为榜样，把心靠在社区。如今，社区一千多平方米的办公楼她主动打扫了两年，负责给社区的孤寡老人送饭，一送就是三年，老人们都拿她当闺女，她也把老人当父母待。

负责社区妇联工作的金黎 2020 年入党，她说，是刘书记圆了她 40 年的入党梦。她全家都是党员，父亲是 70 多年党龄的老党员，她 20 岁下乡时就积极要求入党，因为各种原因未能如愿。退休后来到裕园做志愿者，跟着刘书记干，成了书记的好帮手。书记从不讲大道理，而是把信仰当成习惯，用她的好暖了全社区人的心。她说，在裕园做志愿服务是这辈子最美的修行。60 多岁圆了入党梦，是她一生最幸福快乐的事。

68 岁的杨爱凤也是入党积极分子。她说，最危险的地方总能看到云香书记瘦小的身影，从书记身上让居民看到了社区的力量、党的力量。老伴去世后，杨爱凤总生病，有次晕倒在路上，路人打 120 将她送到医院，医院给书记打电话，书记及时赶到，在病危通知书上签字。志愿者们天天去医院送吃的用的，出院后邻居李老师把她背上楼，书记腿骨折了，一瘸一拐地还来看她。这些，她儿子和姊妹都没有做到。她病愈后当了志愿者，用行动报答书记和志愿者的恩情。

杨爱凤说，刘书记就是大家伙儿的靠山，谁都能生病，书记不能生病。52 号楼有对残疾夫妇，丈夫病重，媳妇向邻居求救，邻居向书记反映后，书记让他打了 120。邻居、志愿者们和书记赶到医院，病人拿不出钱，医药费都是书记垫付的。丈夫去世后，媳妇从女儿家跑回来，知道留在裕园有依靠。别看书记身体瘦弱，任何事她都冲在最前面。疫情期间，东方新天地一号楼一单元封了，志愿者轮流值班。书记一身防护服，亲自往楼上送物资，坚决不让其他人上楼。这些大家都看在眼里，记在心里。

习近平总书记说，要着力解决好人民群众急难愁盼问题。云香书记二十二年如一日，就是这么做的，用实际行动暖心惠民。杨爱凤说，她要努力向书记和其他党员学习，积极向党靠拢，争取早日加入党组织。

云香工作法

作为一名党的基层干部，刘云香被大家尊称为“小巷总理”，除了人美心善肯吃苦，关键在于有智慧。她善于学习、懂得倾听、长于用人、勤于动脑。服务裕园社区的二十几年时间里，她不是盲目干工作，而是有计划有步骤有方法地去落实。她的成功做法，有些不可复制，却值得研究。她是思想的先行者、时间的管理者、行动的引领者，做到了把有限的生命用到无限的为人民服务之中去。

她始终坚持党的领导，把党建工作放在第一位。裕园党委有九个支部，充分发挥党员模范带头作用，并积极发展先进志愿者加入党组织。她来到裕园初期，就成立了“老党员金点子议事会”，让社区党员带动群众，让党的执政理念扎实落地。每逢建党节、国庆节都组织各种活动，通过活动凝心聚气，让党的温暖走进千家万户。她帮贫扶困或解决难题，都强调是代表社区党委签字或承诺。她严格自律、一诺千金，用自身完美形象树立了党的基层干部的威望，让更多的群众实心实意地拥护党的领导。

她始终坚持民主管理，把群众利益放到第一位。当年在铁路大厂电话室当班长，她就写出了论文《论班组民主管理》。来到裕园社区，工作千头万绪，她充分发动群众，依靠群众，服务群众，让老百姓参政议政，让人民当家做主。从最初的两名志愿者到现在的800多名，队伍壮大，一呼百应，用群众的智慧解决群众的难题。“心连心理事会”“助老帮帮团”“综合治理服务队”等，在裕园这样的志愿者队伍很多。一个篱笆三个桩，一个百姓三个帮，你帮我，我帮你，携手共筑幸福家园。

志愿者徐世红的丈夫和女儿都去世了，自己带着外甥生活，有严重的糖尿病。刘书记为她安排了看车棚的工作，每月有500元收入。刘书记和社区居民多次为她捐款，阳光温暖超市也把她作为长期帮扶对象，帮助孩子上学。现在徐世红也加入了“帮帮团”，她说，我亏欠书记、亏欠大家的太多了，我也要为大家服务，报答党的恩情。在云香书记的榜样带动下，为他人服务成了居民最有幸福感和存在感的事。志愿者就像刘书记的一双双眼睛、一只只手，看向、伸向裕园社区的每个家庭和每个角落。群众的智慧和力量是无穷的，让每个人发挥特长发光发热，是云香书记的智慧。她说，在裕园，要让志愿者成为一种时尚，成为美丽的风景，成为活着的雷锋。

她始终坚持公正为民，把社区工作放在第一位。自从来到裕园工作，她几乎没有休息日，加班加点是家常便饭，把工作看得比生命还重要。2014年春节期间，她打电话给方东林老师安排工作，方老师嗔怪地说："大年下你不歇班也不让别人歇班啊。"

她对群众从不摆架子，见了年长的叫大叔大婶，见了年轻的叫姐姐弟弟。群众啥事都找书记，交不起养老保险找书记协调工厂，楼道里灯泡坏了也找书记维修更换。书记随叫随到，从没怨言。她不急不躁，温文尔雅，谦和内敛，执着果断。遇到不友善的群众，骂不还口，公平讲理，最后总能将棘手的问题处理妥当。

垃圾分类工作，她集合了140个志愿者，用140个家庭带动其他家庭，每个楼选出一名"娃娃楼长"，让孩子们明白垃圾分类利国利民，关系下一代的健康成长。孩子奶声奶气地说服大家："刘奶奶讲了，垃圾分类是文明社区公民的义务。"三年的坚持，垃圾分类成功了，现在蚊子苍蝇少了，环境卫生好多了。

2016年，刘云香设立了"云香基金"，奖励志愿者，培育公益组织，社区所有钱物都有专人管理，开支超过一千元要十二个理事、五个监事开会研究决定，保证账目清楚。刘书记从来不拿公家一分钱，不占群众一点便宜。孩子结婚、父母去世、个人生病，从来不说。在她的带领下，裕园社区风清气正，团结和睦。

2017年，济南创建全国文明城市，为积极响应市委、市政府的号召，刘云香带着班子成员冲锋在前、履职尽责。她又以支部网格为单位，组建了百人创城先锋队，并自掏腰包，拿出三千多元，为队员们配备了服装、挎包、帽子。队员们对比测评标准，逐项落实，连续奋战三个月，迎接中央测评组入户调查，取得满分的好成绩。11月，济南市以全国副省级城市第一名的成绩，荣获第五届"全国文明城市"称号。刘云香作为700万济南市民的代表，为这块国字号的金字招牌摘下红盖头，这是对她工作成绩最高的褒奖。

习近平总书记说，人民对美好生活的向往，就是我们的奋斗目标。刘云香用实际行动践行着党的基层干部的入党誓言，不忘初心，爱党爱民，忠诚使命，把济南"脏乱差"的老旧小区建设成了满分的全国文明小区，得到了群众的认可，收获了真诚的赞美。

忠孝难两全

要说刘云香有什么遗憾，那就是疫情期间父亲的猝然离世。那时她为了指挥抗疫工作，住在社区二十多天没回家，刚要回家稍事休息，自己也“阳”了。90岁的父亲身体非常健康，却不幸感染了疫情。2022年12月31日晚上，她回去陪老人，老人发烧39度多，一晚上没睡。第二天一大早，她惦记着社区的一大摊子事，把家人叫来陪伴老人，自己去加班。忙乱间突然接到家人电话，说父亲病情严重，已经送医院了。当她赶到医院，父亲生命垂危，回天乏术。两天后的2023年1月2日，父亲走了。她说：“我太粗心了，如果早一点送医院，父亲就不会有事。”对群众心细如发的云香书记，此时此刻泪流满面，对父亲的去世久久不能释怀。

人生大事，无非生死。生死面前，方显仁义。自古忠孝不能两全，刘云香来到裕园的这些年，始终把社区老人当自己的老人照顾疼爱，却忽视了对父亲的及时救治，成为终生的遗憾。走在小区绿树成荫的小路上，路边关于家风建设的宣传栏极为醒目，上面写着“把挚爱留给父母，把关爱留给老人”。刘云香书记是把挚爱留给了社区，把关爱留给了百姓。如今的裕园，百姓安居乐业，环境优美整洁，人在花中行，香飘云天外。

照 亮

——记山东省劳动模范、山东圣义律师事务所潘杰

徐清源

潘杰律师给我的第一印象是高大、明亮、沉稳、犀利。

见面时间是上午九点钟，这是所有单位的标准上班打卡时间，而他已经工作了五个小时，把未来三天的工作全都安排妥当。凌晨四点钟，整个济南城醒来之前，他已经开始起床工作。这种高度浓缩、爆炸式的工作模式，普通人难以承受，而他却一年三百六十五天甘之如饴。

“多年养成习惯了，清晨头脑清晰，轻松理顺一切。其实这习惯从上学时已经养成，老师常说笨鸟先飞，飞着飞着，就发现这才是最适合我的作息安排。找到最适合自己的工作方法，处理起事情来就能游刃有余。”

潘律师身上，没有一点中年人的油腻。无论衣着打扮，还是说话语调，都透出一种简单大方的质朴和真挚。

他很坦然地谈起公司初创时，团队磨合不够纯熟，业务板块相对单一，困难一堆接着一堆，打开局面的过程道阻且长。

为了给自己鼓劲，也为了给团队同伴打气，他亲笔写下了两句话，很长时间内作为自己的座右铭："事事难成事事成，关关难过关关过。"

作为律师行业里的一位成功人士，他对身边人的言传身教，直接影响着整个公司的企业文化和发展调性。换句话说，他是公司的招牌、基石、船长、舵手、指南针、领航员。他如何言之有物、如何悉心传承、如何以身作则、如何教导晚辈……一言一行，一举一动，都是山东圣义律师事务所健康发展的发动机和推进剂。

除了上面这两句，在我们的谈话中，潘律师几次说出的"金句"，让我感到耳目一新的同时，又让我深感钦佩。

"我时常考虑这样一个问题，一个员工到我们律所入职上班后，还要跟父母要钱过日子，这是我的失职，我应该感到惭愧。"听到这句话，我起初无法理解，但随着潘律师的解释，我豁然开朗。律所为年轻律师提供工作机会，是要让他们在社会上安身立命，一步一个脚印地进步。如果他们入职后的工资连吃饭、租房、社交的钱都不够，那这份工作对他们还有什么意义？

解决这个问题，才能打破现代化公司人才梯队建设、打造团队正能量向心力的瓶颈。

在这一点上，潘律师一直都在换位思考、以心换心，把"以人为本"四个字，不但记于心，而且化于行——

他给予年轻律师的，不仅仅是公司领导对于年轻人的关心和引导，更重要的是帮助每一个踏入律师行业的年轻人，推开一扇成功的门，确信自己当初选择律师这个神圣职业，是做出了一次追求光明的正确抉择。

"律所有完善的培养新员工的流程，有无缝衔接的传帮带体系，有楷模榜样帮助他们思想进步，有各种励志演讲比赛和激情团建，有针对每个人的帮扶计划……"

在我面前，潘律师能够细数每一个新入职员工的能力特征和个人优点，能够分析每个人可以担当的工作职位，能够为每个人做出逻辑有序的职业规划，能够使其准确对标公司内部的优秀榜样。

我感受到，潘律师胸怀宽广，慧眼如炬，有大度容贤的雅量，更有指点迷津的睿智。

有这样一位贴心领导，年轻人成长的天花板正在一步步拔高，律所的工作氛围也变得和谐而高效。同时，我也知道，济南作为现代化大都市，年轻人的职场压力很大，很容易在快节奏的工作环境中迷失自己。“哪有岁月静好？不过是有人替你负重前行。”这句话用在潘律师身上，再合适不过。

他笑着告诉我，凌晨起床工作的习惯，从高中时养成，至今二十余年不变，也是因为常年把别人的压力揽在自己肩上，高度的责任感、创业的使命感、做人的道德感、做事的紧迫感等，让他在有效工作时间的把握上，没有最细，只有更细，没有最珍惜，只有更珍惜。

顶着压力工作，是潘律师的常态，而“勇者无惧”，则是他的处世之道。

“我从不当着年轻人的面发火，他们犯错，律所也有责任。不过我经常告诉年轻人，丢人丢在家里，不要丢在外面。”

上面这句话里的“家”，就是律所。

在潘律师的带领下，公司所有的成熟律师、老员工，都自动承担起培养新人的责任。无论是工作要点还是职场细节，老员工都会知无不言、言无不尽，以恰当的沟通方式提携新人、共同进步。同时，潘律师也要求新人一定要开口问、开步走、仔细看、认真学，同样的错误尽量不要犯第二次，所谓“不贰过”。

公司内部设立的模拟法庭，就是磨砺新人的大舞台。把新人推上台，让他们站在聚光灯下辩论，充分展示自己的长处，也暴露自己的短处，以此为阶梯，让他们加速成熟成长。

“律师工作不是和稀泥，需要极高的专业性。面对法律要做到公平公正，面对客户要做到专业尽责，面对是非曲直要对得起良心，面对复杂案情要做到打破砂锅问到底。”

这些工作原则，潘律师自己做到，也要求每一位新入职律师记住。

无论工作多忙，他都坚持每年给新入职律师上一堂课，核心主题就是《律师的良心》，并且提醒每一个新员工，做律师跟做医生是一样的，要有良心、讲良心，做到“仁者仁心”四个字。

谈到公司管理和发展，潘律师提起了自己过去的国企工作经历，党建引领是圣义律所的工作法宝——

“我们律所有创新党建‘1+456工作法’，即一个引领、四大群体、五大融合、六大板块。一个引领就是确立以党支部为引领的根本原则，充分发挥党支部在引领律所建设发展中的把关定向作用，形成以‘党建为平台、党群齐发力、党建促所建’的运行机制；四大群体是工会、青工委、妇联和统战。五大融合包括党建与所建相融合、支部成员与合伙人相融合、执业律师与行政团队相融合、党内与党外相融合、所内与所外相融合；六大板块分别是组织建设、普法宣传、金牌调解、法律援助、温馨一家和暖心行动。”

中国共产党的先进理论培养了圣义律所全体员工的世界观和方法论，让律所工作变得更高效。

“我们在全所构筑了‘三位一体’的学习阵地，即创办《圣义先锋》杂志、打造党建宣传网站、做好党建微信平台。我们印发‘两学一做’学习教育口袋书，内容涵盖了《中国共产党章程》《中国共产党廉洁自律准则》《中国共产党纪律处分条例》等，党员律师和入党积极分子随身携带，认真学习。在‘不忘初心、牢记使命’主题教育活动中，我们的经验做法得到全国律协党委主题教育巡视指导组的高度评价。”潘律师欣慰地说。

面对年轻人，潘律师把自己多年工作的得失思考倾囊传授，绝不藏私。这不仅仅是对律所负责，更是对社会负责。

访谈中，潘律师多次提到，一个优秀的团队中，队伍建设是第一位的，经济建设是第二位的。团队由什么样的人才组成，团队的方向和高度就向哪个方向发展，这是顺理成章的事。

所以，他在招聘员工、培养新人方面，一直都把思想品德放在第一条。

“在我们律所内部，要做到和而不同。对外工作时，化解纠纷矛盾时，要做到无信不立。”

对内对外的这两大原则，完整地诠释了圣义律师事务所为什么能够在行业浪潮中乘风直上、傲立潮头，实现了连年增长。

仁者仁心、有为担当、和而不同、无信不立……这是真正的“以人为本”。潘律师是这样想的，也是这样做的，而且不断探索，把这四个字继续深化到圣义律师事务所的方方面面。

“律师的办公室是最宽敞、最明亮的，每个人的办公椅价格是其他内务部门的三倍，力求让他们在宽松、舒适的环境中快乐工作。”

说到这一点，潘律师感到很自豪，因为这体现了圣义律所的公平公正。

一线律师每天埋头于卷宗，将全部精力投入到案子中，废寝忘食、夜以继日地工作，当然应该给他们更好的照顾，要把各种福利待遇向一线倾斜。

为他们提供好的办公环境，是公司领导层的责任。

律所上次搬迁办公室，从小写字楼到大写字楼，办公环境有了极大提升。负责搬迁的副总为潘律师安排了宽大豪华、视野开阔的现代化新型办公室，并表示“这是圣义律所的面子”。即便是在这种应得应分的情况下，潘律师也拒绝个人享受，仍然坚持把最好的房间全都调配给一线律师。

“绝对的快乐工作是不存在的，但圣义律所把这四个字作为追求的方向。”

潘律师跟我聊起了律所的团建。每年的团建项目，都是办公室负责人在员工中详尽摸底调查后，精心制订计划，然后报管理层审批。在圣义律所，团建永远不会浮于表面、形式大于内容，而是全体员工的共同心愿。所以，员工们盼望着每年的团建，把它当成圣义律所自己的节日，热情满满，全员参与——吃得好、住得好、玩得好。从 70 后到 00 后，每个人都在团建中展示自己的热情，同事之间的关系更加融洽。

“以人为本，对外是宽以待人，对内是严以律己。”

潘律师说起这句话，刚刚聊到团建时嘴角的微笑渐渐收敛。

对外方面，律所对客户尽心尽力，发挥专业知识，务求为客户解决麻烦，在合理合法的基础上，做到让每一位客户满意。这是律所的主体业务，也是安身立命之本。要做到这一点，对客户的宽容、包涵是必不可少的，毕竟客户不是专业人士，对法律条款的理解总有偏颇之处，认为自己缴纳了律师费就一定要打赢官司，不然就是律师无能。

面对这一类客户，圣义律所在签订委托合同之前，总会将所有可能发生的情况向客户解释清楚，宁愿失去一个利润丰厚的大案子，也绝不能浑水摸鱼、上下欺瞒。这是一个律师的真正良心。

对内方面，潘律师在工作会议上多次强调“严以律己”的重要性。律师的工作特性，跟社会上其他工种有所区别，直接面对国家法律，说出的每一句话、落在纸上的每一个标点符号，都责任重大。所以，工作时间，脑子里要始终紧绷着一根弦，绝不能马虎大意，更不能在经济利益方面放松自我管束，一定要做到“慎独”。

在内部培训会上，潘律师经常把近阶段发生的一些典型案例拿出来分析讲解，以此告诫员工，不以恶小而为之，不能忽视道德约束，谨慎避免酿成大错。

真正的“严以律己”，还体现在圣义律所的“无记名评测”系统上。从领导层到普通员工的工作状况，都会在评测中准确体现。律所人才梯度建设

的升降过程，也会参考核评测的结果。

潘律师反复强调，团队人才质量不能滑坡，所有人员不能有躺平的思想，要从任务和职责两方面进行公平考核，最后得出人人信服的公正结果。既强调仁者仁心的高度社会责任感，又注重科学规范的现代化团队管理方式方法。圣义律所这个正能量团队，就是这样一步步提炼凝聚起来的。

“要赚发展的钱，持续地由大变强，强强联合。”

潘律师始终认为，作为律所的负责人，眼界开阔、目光长远必不可少，一定要加强学习，与时俱进，把握社会经济运行规律，做好这艘大船的掌舵人。

他也提到，社会各界所说的行业内卷，是为了提升执业律师的专业水平，同行之间一定要形成良性竞争，助力社会经济发展，去赚发展的钱。在此过程中，律所始终牢记“由大变强”，做到“强强联合”，扩大市场占有率。

为了培养这种清醒中正的大局观，潘律师平时阅读最多的就是历史书籍，不断地从历史人物的经典例证中，提炼律所运行所需要的智慧营养。在此过程中，电视剧《康熙王朝》曾经给他带来相当多的灵感，他一看再看，奉为经典，并多次向合作伙伴、律所员工推荐。

一位优秀的企业领导，必定在言传身教方面成为公司的楷模人物。与潘律师的五个小时长谈中，他的“金句”给我留下了深刻的印象。他的坦诚率真，有时候让我忘记了自己采访者的身份，仿佛是在听一位良师讲课，一边认真听讲，一边快速记笔记，又回到了兴致勃勃汲取知识的高中时代。

闻其言观其行，让我对这位专业、专注、睿智、豁达的律师产生了浓厚的兴趣，很想从圣义律所员工、潘律师朋友和家人那里，知道更多关于他的信息。

从律所行政部的杨主任那里，我听到的第一个关键词是“钦佩”。

她对潘律师的业务能力和行事作风，都精炼为这一个词。

“在日常工作方面，潘律师对任何事都反应非常快，仿佛脑袋里装着多核高智商电脑处理器，可以同时处理很多事项，条理清晰，绝不混淆，而且对每一件事都有准确而独到的见解。别的同事是专注于一件事，而潘律师则可以同时兼顾多件事，精力充沛，从不懈怠，似乎处理任何公务都能游刃有余。我多次看到，他在两件工作之间顺畅地无缝切换，这种出色能力是学不来的。”

在专业方面，潘律师注重掌握新知识，始终做到与时俱进。在开工作会议时，他所引用的代表性案例都是最新的，而且擅长在喧嚣的媒体泡沫言论之外，一针见血地指出背后的关键逻辑性。

“他的情商非常高，共情能力更是一流。所以，年轻律师都愿意跟他一起开会，提升自己的工作能力，尤其喜欢听他讲圣义律所的内部培训课。”

即便是在谈潘律师的时候，杨主任仍然三句话不离律所工作，因为在她的思维体系之内，潘律师是属于圣义律所的，两者之间不可分割。

“没见过像他那样热爱工作的人。”杨主任的话其实也包含着更深的意思，证明潘律师是个爱所如家的人。对律所工作，潘律师始终怀着高度的责任心和工作热情，乐于为之奋斗。

杨主任说起律所的新律师培训课，感触很深：“这是我们圣义律所的工作特色，我们每周都有‘青年说’活动，邀请年轻律师登台演讲，内容可以是模拟法庭辩论，也可以是工作学习心得，或者是阅读书籍、观看电影的感受。按照潘律师的说法，就要让律师们‘开口说话’，表达出年轻人的朝气和热情，提升律所的核心凝聚力。这个活动面向年轻人，但潘律师很多时候都会亲自担任评委，进行认真恰当的点评。”

我看了杨主任手机里的“青年说”现场视频，每一个登上舞台的年轻人，穿着整洁的工装，多少有点青涩。但是，当他们充满信心地开口表达，就迅速感染了每一个观者。这个活动不是单纯的说教，也不是纯粹的放飞自我，而是让每个登台的人，都感受到律所的集体力量，可以坦然地敞开心扉，表达对工作、学习、生活的看法，提升正能量，鼓动内驱力，让个人脚步跟上律所的整体行动步伐。

我也看了潘律师点评的片段，在这个环节，他的身份有了巧妙的转换，不是作为正襟危坐的圣义律所领导出现，而是旁征博引、谈笑风生，化身为讲台上的老师，对每一个登台者表达的内容进行分析引导。他的高情商与同理心，给“青年说”活动赋予了很大的人文关怀之力。

我笑着告诉杨主任：“如果我是圣义律所的员工，也会跟你一样，对潘律师充满钦佩之情。”

杨主任说，她手机里的视频只是潘律师大量精彩工作表现的冰山一角。年轻律师不但愿意听潘律师讲，也愿意跟着他学，因为潘律师不但擅长说，还擅长教。很多事情在别人看来困难重重，无法完成，而到了潘律师这里，很快就能找出解决方案，并且列出工作步骤。所以，潘律师办公室的门永远敞开着，随时帮助大家解决问题。

在杨主任这里，多次提到一个词——“照亮”。当然，这也是很多圣义律所的员工、客户共同的感受。站在潘律师身边，就好像面对冬日的暖阳，即便是面对再复杂的工作，也能一次次鼓起奋斗的勇气。

其实，在跟潘律师交谈时，我已经感受到他待人接物的热情，情不自禁地就被他的热情感染，被他的温暖同化，也被他身上散发出来的阳光“照亮”。

“客户对潘律师的评价非常一致，正能量、阳光、实干、仗义、有思路、有智慧、没有架子……这么多褒奖标签的背后，是潘律师十年如一日的辛勤付出。但是，在职场中，谁能没有压力？我知道潘律师解压的方法，那就是独处、喝茶、广播体操、度假旅游、关门看剧。”

此前潘律师已经跟我说过，喜欢《康熙王朝》那部连续剧。在杨主任这里，再次得到印证。

“潘主任多次推荐我看这部剧，开会时，多次提到年轻人要多阅读历史书，从书中汲取智慧，形成正确的三观。在他的带动下，我们圣义律所一直保持着热爱阅读的企业文化理念。事实证明，阅读在潜移默化中提升了每一位员工的文化素质，也增强了我们的执业自信。”

刚刚我就注意到，潘律师保持着良好的个人形象，头发浓密，体魄健全，在同龄人中，尤其是长期伏案从事脑力劳动的人群中，很不常见。“这当然是得益于潘律师热爱锻炼的好习惯。”杨主任笑着介绍说，在圣义律所，每个人提升业务水平的同时，一定要关注个人健康，两者几乎提升到同等地位。

“自强、自信是潘律师经常挂在嘴边的，在内部培训课上，他多次提到，对一名律师而言，身体健康必不可少。每一次接受客户的委托，都要阅读海量卷宗，没有好身体，怎么能承担起这么大的压力？所以他安排行政部一定要做好律师的身体健康跟踪，合理安排每天的工作，做到劳逸结合、健康生活。思想积极向上，身体强健有力，精神饱满昂扬，做事善始善终——这才是一名合格的圣义律所员工。在这一点上，潘律师绝对是以身作则，即便长期每天凌晨起床工作，也没把身体熬坏熬垮，每天出现在同事面前的他，都是精神抖擞、步伐矫健，展示了一个新时代律师的良好精神风貌。”

在杨主任这里，谈到潘律师，都是无尽的赞美。

“潘律师是我们的良师益友，跟他在一起工作，浑身都有动力。在圣义律所，每个人都是快乐工作的践行者。他不止一次说过，我们圣义律所的目标是要缔造一个最受尊敬的品牌，培养最有良心的律师。”

正是因为有这样一个美好愿景，有潘律师这样的带头楷模，圣义律所的办公室气氛非常融洽，律师流失率很低，在行业内树立了良好的口碑。

杨主任也说到了公司的团建，的确如潘律师所说，每个人都盼着团建，这已经变成了公司内部的重大节日。

“这是真正体现员工意愿的正能量活动，潘律师放权给行政部，选择的目的地和团建内容，一定要让所有员工都乐意参与，让每一年的团建给大家留下美好印象。大家对于团建的满意度，也是行政部工作考核的重要一项……”

毫无疑问，我从杨主任这里了解到的内容，全都体现了潘主任“以人为本”的管理思路。

他在言传身教方面整体推进，身体力行，坦荡率真，以身作则，是员工眼中的好领导，也是同事眼中的好朋友。

与杨主任交谈的过程中，她还说过一句话，对潘律师做过的工作做了另一个维度的诠释——“深藏功与名”，将个人荣誉隐藏于公司荣誉之后，甚至主动将自己应得的个人荣誉，让给一起工作的同事。在工作上当仁不让，在荣誉上却“推三阻四”，这也应该是潘律师身上一个醒目的标签。

就荣誉问题，潘律师不止一次告诉杨主任，圣义律所的成功，不是他一个人的功劳，而是归功于每一位同事的努力，应该把荣誉向一线员工、年轻员工倾斜，让他们获得集体认同感，培养个人事业荣誉感，为将来成为一名尽职尽责的好律师打下基础。

“咱们潘律师在‘舍得’二字上，做到了别人无法企及的高度，能做到大公无私、坦坦荡荡。在这一点上，你如果有机会询问公司每一个员工，他们都心悦诚服地挑大拇指，认为潘律师是一个无私奉献、胸怀宽广的人。”

潘律师曾被中共山东省委授予“山东省优秀党务工作者”荣誉称号，还有以下醒目荣誉：“山东省律师行业优秀共产党员”、“山东省优秀律师”、“山东省优秀代理申诉律师”、“山东省劳动模范”、“2015 年度全省司法行政系统年度人物提名奖”并记个人二等功、“济南市五一劳动奖章”、“济南市劳动模范”、“济南市司法行政系统先进个人”、“济南市先锋律师”、临沂红十字会“人道奉献奖”……

他曾经无数次说过，每一个荣誉都让他感受到肩上的责任，要对得起党和人民给予的荣誉称号，不能辜负他们的殷切希望，要带领圣义律所做得更好。

潘律师的“心底无私”，还表现在他的“善意大爱”上。

2009 年至今，潘律师通过临沂红十字会累计捐款 30 余万元，持续资助沂蒙山区 32 名贫困学生；出资成立济南市无影山小学棒球队；多次去长清马山镇周家庙村看望困难家庭并捐款；连续 3 年为省听力训练中心的 54 名残疾儿童购买保险等，累计捐资捐物近百万元。

这些工作，杨主任都是亲历者，也是见证者。

“潘律师率领圣义律师广泛开展正能量社会公益活动，在小鲁庄社区、金色阳光社区和黄岗东路社区成立了潘杰工作室，尊重生命、敬畏法律，以义为先、以德为本，开展法律咨询和调解服务，坚持有问必答、有求必应、首问跟踪、负责到底。他在百忙中亲自带领律师和法律志愿者，定期到社区值班，解答居民的法律咨询，现场受理法律援助案件，发放普法书籍，举办法律课堂、法律诊所等活动，把法律基础服务延伸到百姓家门口，让老百姓真真正正地感受到了法律工作者的热情和担当。在这一系列活动中，他奉献了大量业余时间，用自己的一言一行，充当正能量的传播者，成为社会认可、百姓称赞的律师典范。”

“潘律师为咱们圣义律所带了一个好头，每次遇到其他地区遭遇水灾、地震，员工都会自发地集体捐款，为灾区送去来自圣义律所的温暖。每一次捐款，潘律师总是起模范带头作用。”

在杨主任的总结中，潘律师身上自带光芒，走到哪里，就照亮哪里。

“潘律师说过，律师的职责一定是化解矛盾，帮助当事人对簿公堂只是不得已而为之的最后选项，将更多的矛盾纠纷消化在庭前，让双方当事人达成和解，才应该是圣义律师重点打造的看家本领。”

说起“潘杰工作室”，杨主任感到非常自豪。工作室的根本出发点是维护社会和谐稳定、维护当事人合法权益。工作室每周三个工作日值班，安排固定人员、固定时间值班。公示栏中公布当日值班律师姓名、照片、执业证号、联系电话等内容，坚持有问必答、有求必应、首问跟踪、负责到底。迄今为止，潘杰工作室已成功调解法律纠纷数千件，成为当事人信赖的济南律师行业的亮丽名片。

“作为潘律师的同事和下属，我越来越感觉到，潘律师的个人形象与圣义律所的公司形象，已经融为一体。他十几年来砥砺初心，不断奋进，始终朝着‘做最有良心的律师’这一宏大目标前进。他所恪守的‘圣者，义为先’的正能量价值理念，越来越成为我们这个社会的共同追求。”

当前，公司上下都有一致认同，党建引领就是工作进步的法宝。

从杨主任这里，我详细了解到圣义律所围绕建党百年开展的一系列活动，其中包括以“学思践悟新思想，做与党同心同德的人民律师”为主题，开展“我来讲党史”微党课演讲比赛；开展“学党史、话初心”主题征文活动。同时，在开展党组织建设“四个一”活动中，为全体党员讲一次党史专题党课；围绕“学党史、感党恩、强党性”召开一次专题组织生活会；召开一次“学党史、感党恩、跟党走”主题党日活动；开展一次专项走访慰问活动。

在公司采访中，我遇到了两位圣义律所的常年客户，他们对潘律师赞不绝口：“不油腻，不拖沓，不卖弄，不花哨，重视细节，讲究仪表，保持精气神，懂得克制情绪，做事刚正不阿，说话一言九鼎。平时的交往中，没有任何陋习恶习，总是表现得非常得体，是朋友中的谦谦君子。”

当我说起自己的采访经过，两位客户笑起来：“你说得没错，老潘就是‘深藏功与名’，从来不懂得吹嘘自己，哪怕是刚刚领取了上级颁发的荣誉奖状，也不会拿出来显摆。你看公司的荣誉墙上，都是公司的荣誉，哪有他个人的奖状？这是位真正的君子，是咱们和谐社会的真正榜样，值得好好宣传宣传。”

客户对潘律师的认可，首先是执业水准，然后是做人水平，两者全都无可挑剔。所以，跟圣义律所有业务合作的每一位客户，都会成为潘律师的朋友，长期合作，关系越来越紧密。

结束采访前，潘律师和杨主任出门送我。他有感而发：“这十年来忙于工作，对家庭照顾不够，但最欣慰的是家人对我的支持。我儿子像我一样，不喜欢当面夸赞别人，但有一次他在外人面前，说他老子‘挺牛’。家人对我的认可，也是我最硬的底气、最强大的动力。我也希望，圣义律所的同事们，都能在努力工作的同时照顾好家人。家人是我们的后盾，党和百姓是我们圣义律所的后盾，自己说好白搭，上级肯定、百姓口碑更重要，大家好才是真的好……”

完成这篇采访稿的时候，正是午夜时分。想到潘律师的“金句”，想到他凌晨四点钟起床的工作习惯，我情不自禁地再次打开了他的微信朋友圈——“17 年以前见过的树！过往赋予了似曾相识的亲切！”

从他最新的朋友圈里这样两句话，我就知道，潘律师一直都在反思中奋进、在沉淀中腾飞，同时也在汲取中回馈、在磨砺中奉献。在我的想象中，他也是一棵从沂蒙走出来的树，耿直倔强，择善固执，最终化为一根堂堂正正的檩条，为我们的祖国华厦挑起千斤重担。

采访潘律师的过程，就是一个被照亮、被鼓舞、被融化、被提升的过程。真诚希望我们和谐社会的各行各业里，出现越来越多潘律师这样的良心楷模，为我们照亮人生中每一条成功之路。

做一颗螺丝钉，默默铆合于机器之中

——记山东省劳动模范、山东力诺瑞特新能源有限公司张国栋

石丽萍

当清晨的第一缕阳光洒在力诺科技园时，一个人们熟悉的身影穿梭在力诺瑞特新能源的车间里，他的步伐轻盈有力，每到一台机器前都停留 10 秒钟，凝神注视着机器的运转，用心倾听机器发出的声响。他负责三条生产线 313 套设备的管理与维护，在确保所有设备和机器正常后，他返回到热水事业部生产中心技改部，开始一天的工作。

他是看机器的人，也是修机器的人，与机器为伴，日久天长已成为一台“机器”，一台默默旋转、只知奉献、不曾停歇片刻的“机器”。

他叫张国栋，进入力诺瑞特 21 年，21 个春秋他不曾怠慢每一台设备，21 个冬夏他不曾离开车间生产线。他把青春刻进岁月的长河，用汗水浇铸理想的丰碑，没有轰轰烈烈的誓言，只有平凡的日复一日。倘若一个人能泰然处之地接受生活的平凡，那他已经不是一个平凡的人。

张国栋 2008 年被评为济南市泉城优秀员工并荣获五一劳动奖章；2010 年被评为济南市突出贡献技师；2012 年被评为济南市劳动模范；2015 被评为济南市首席技师；2019 年荣获山东省富民兴鲁劳动奖章；2023 年被评为山东省劳动模范。面对诸多荣誉，张国栋笑了笑说，都过去了。

从初级电工到首席技师，每一步都在努力中前行

刚参加工作时，张国栋还是一名初级电工，在工作中责任心强，领导每次安排工作他都执行到位，又脏又累的活抢着干。每一次维修任务，他不光能及时完成，还细心地给操作工讲解故障原因，甚至传授他们一些基本设备原理及维护知识，赢得员工的一致好评。大家亲切地称呼他“栋哥”，车间内“有事找栋哥”口口相传。

2003 年，公司 CPC 集热器生产车间全是德国进口设备，进行封闭管理，技术保密，外人不准进入，违者会受到重罚。其中一套全气动控制框型压机设备出现故障不工作，负责该区域的人员包括出国培训人员都未能解决，车间领导非常着急。CPC 集热器订单紧急，并且是出口产品，如果不能及时交付，会影响公司的信誉，并会造成几十万元的经济损失。

张国栋精通电气、气动液压控制技术。就在大家一筹莫展时，领导派张国栋去现场查看设备情况。年轻的张国栋也是第一次接触全气动控制设备，面对没有一丝电控原理的全气动控制框型压机，难免手足无措。但他很快就进入思考状态，气动与电气都有逻辑控制的相通之处，他通过图纸及气源动作顺序分析排除法，确定气缸尾部一个控制气阀坏死。因为当时买不到相关配件，他根据控制过程分析，把气路稍加改动和调整，实现了控制气路闭环，使设备恢复了正常使用。

每一次车间出现机器故障，张国栋总是第一个到达现场的人，也是总能解决实际问题的人。面对各种复杂线路和设备操控，他几乎总能找到问题并迎刃而解。进入力诺集团一年，他就因工作负责、技术突出，被破格提拔为维修班班长。

他肩上的责任和使命也随之加重。责任就是动力，他坚持利用业余时间不断学习充实自己。特别是进口空压机设备是全英文操作界面，又是单一重要设备，如果空压站停机，会造成 70% 设备因无法使用气源停机，将会给公司造成无法挽回的重大损失。他把操作界面每一页英文全都抄写下来，通过查资料、找专业人士翻译，做到背熟及熟练操作，确保出现故障能第一时间排查解决。

张国栋除了对国产机能改善技术、提高效能，对进口设备也日渐熟悉。这对一个不懂英文的技术人员来说，要面临各种挑战。还好，他从来不怕挑战。

外国机器进入国门，就要为中国人效力，多花些时间研究技术参数，掌握实际操作技能，是他最愿意做的事情。

为了更好地了解、熟知进口设备控制原理及图纸解析，张国栋提前把进口设备原理图纸全部复印下来，晚上回家研究、标记，白天核实查看相关控制元件、执行元件位置，梳理相互逻辑关系。通过不断学习积累总结，最终做到对公司 300 多套设备技术参数了如指掌。每次机器出现故障，他都能快速分析到位，确保每台设备保养维护到位、常用配件到位。在太阳能市场旺季那几年，车间生产量达到日产 2000 台。他带领维修班保证了设备正常运行，按时完成所有订单。

提高设备性能和原材料利用率，是设备管理的一项任重而道远的工作。其中德国进口设备铜管矫直机，原控制是变频电机定速控制，每次下料截取的铜管长度不一。为了达到质量要求的尺寸，需要按照最短的再二次截取，这就造成工作效率的降低和成本的浪费。张国栋通过现场观察，分析设备结构动作原理，确定了改进可行性，根据控制原理，设计、增加、改进原电动机的控制方式，改进线路，增加变频器，使电动机得到无极调速，使速度得到有效控制。并改进控制逻辑，先减速再停止，每次保证准确地停止到需要长度。改造完毕，经过多次验证，效果理想。此项改造每月可为公司节约 2000 余元材料成本。

进入公司以来，张国栋提出并实施应用了 300 多项设备改善课题，降低设备投入、节约成本约 200 万元。从最初的钻研封箱机控制技术起，他开启了改善之路，一发而不可收，在改进中提升，在提升中改进，解放了劳动力，提高了生产效能。

张国栋实施的改善课题中的典型案例要数封箱机了，当时封箱机在总装线体末端属于附属从动设备，只有手动控制，每次需要员工启停，影响了效率；有时还会因为忘记关闭，造成电能浪费。张国栋首先确定目标，将手动控制改为自动控制，根据原生产线图纸重新设计，增加了相关电路，编制了 PLC 程序。改善后的技术提升，使得每台机器节省 2 名人力投入，提升了 50% 的生产效率。

当时仓库有一套闲置的踏平机，产能提升又同时需要一套打扣机。为节约投入成本，缩短采购周期，及时交付车间使用，张国栋到仓库观察、钻研那套闲置的踏平机，打算把它改造为打扣机。经反复设计改造流程，最终，他与同事将踏平机改造成了打扣机，不仅节约设备投资 9 万余元，还比购买新设备提前 2 个月交付车间使用。

2006 年的力诺，内皮卷圆机是公司最落后的设备之一。不锈钢内皮卷圆机需要 4 人同时操作，压紧装置还是手动摇轮调整，不仅劳动强度大，还造成人工劳效低。张国栋观察员工工作流程，分析设备原理及动作步骤，最终实施了气缸自动控制压制胶辊上下运动改造技术，实现了半自动逻辑控制，节省 2 名人力投入，降低了劳动强度，同时提高了工作效率，使卷圆不再是瓶颈工序。

设备自动无人化运行一直是设备人员的奋斗目标。公司外桶皮印刷烘干线设备，前后都是自动连线完成，在设备中间，外桶皮印刷烘干后运转到覆膜处前端位置，为了保证外桶皮覆膜一致，需要 1 人辅助拉动外桶皮靠边对齐，再运行到覆膜处覆膜，造成人员浪费。为解决这个问题，张国栋在车间一蹲就是 3 天，分析人工是否可以节省掉，经和员工沟通，并不断分析，确定可以实现。于是当即找出图纸，设计增加气缸推动系统，增加光电检测，当外桶皮运行到光电处时，给气缸信号，气缸动作推动执行机构把外桶皮推到一侧固定位置，保证每次外桶皮定位一致进入覆膜系统，并且保证覆膜一致。经过不断使用验证，效果良好。此次改进，节省 1 名人力投入。

自动化改造的难点是公司产品型号多，并且混产同时下线。紧凑车间总装线二线封箱工序人工劳动强度大，为节省人工及降低劳动强度，张国栋提出总装后包线处改造升级，由人工折盖改为自动折盖。机械手自动装箱后，水箱运输出机械手位置，人工放置物料之后进入自动折箱机折盖、封箱、打包自动运行。节省 1 人及避免多次弯腰，降低了劳动强度，保证了封箱质量的一致性。投资回收期按照节省一人每年费用大约 9 万元计算，仅需 0.72 年。在购买此设备与设备厂家技术交流时，大型号产品 3 米长度以上都不能满足自动折盖封箱，并且不愿意投入研发定制。

所以最终确定购买折箱封箱机最大规格尺寸到 2 米，公司产品型号多，3 米以上产品占多数，还是不能全部实现自动化。他又急员工所急，现场跟踪使用一周左右，了解该设备功能及动作流程，不断想象判断改进方法并进行使用效果分析，最终确定根据折箱封箱机特点，增加机械机构延长并进行电气控制增加光电检测，使折箱封箱机满足了公司所有产品型号，降低了人工折箱劳动强度。

每一次技术提升，都凝聚着张国栋的钻研和学习；每一款机器的完善，都历练着张国栋的耐心和恒心。他用水滴石穿的工匠精神，在行业里默默奉献，维护着设备的正常运行，守护着车间的安全生产。

作为技术支撑外派他乡，撑起一片希望的天空

随着《可再生能源法》的实施和国家各项节能减排政策的推出，太阳能迎来了发展的春天，太阳能作为国家的朝阳产业，整个行业在以每年20%～30%的速度递增。

随着公司销售渠道的开拓，为适应多营销组织的销售模式，集团计划在多地建厂以满足市场需求。紧要关头，张国栋先后被派往古巴及国内多个城市，率先一人奔赴现场跟踪实施，克服各种困难，在基础建设尚未完全到位前，按期完成生产线建设及水电气铺设，累计完成公司5条生产线的基建与设备水电气设计，并全程参与每条生产线的建设，设计优化问题和设备调试，保证了每条生产线保质保期投产。

2009年，张国栋接到上级通知，他将被派往古巴搞援建工程。当时家人担心距离远又不安全，他看出家人的顾虑，多次给家人做思想工作，说自己出国安装调试设备可以增加个人经历，个人能力可以得到全方位提升，这是一个很好的锻炼机会；何况自己是一名党员，组织需要自己前往国外做项目，说明集团对自己和项目的重视，党员要以身作则，率先垂范，哪里需要就要到哪里，一切都是为集团服务，只有舍小家保大家，才能实现价值和人生理想。最终，张国栋在家人的不舍和担心中去了古巴。

古巴属于热带草原气候，处于赤道低压带与信风带交替控制区，全年气温高、湿度大，张国栋去了之后特别不适应。每天到工作现场转一圈，还没有展开工作，工作服已经湿透。气候恶劣，自然环境差，饮食不习惯，整个人的免疫状态在下降。他那段时间最想家，但每次都告诉自己要咬牙坚持下来，不能辜负领导对自己的信任。

在古巴前期，调试工作基本顺畅，偶尔出现问题，张国栋也能通过图纸分析解决棘手问题。当时有一套设备的控制电源电压与古巴电源不一致，张国栋便通过调整变压器匝数满足了电压需求。

中国和古巴的饮食习惯差别很大。当时设置的临时餐厅，就在张国栋他们集体宿舍的一个小屋里，很多员工都挤在一起吃饭，加上室内温度高，苍蝇蚊子到处飞，周围环境比较差。在古巴吃的多数都是煮、蒸食物，不添加任何佐料，难以下咽。但张国栋心里明白，所有问题都不是问题，必须在最短的时间内调整好心态，做到入乡随俗，尽快适应当地环境和饮食，才能有的放矢地开展后面的工作。在那种特殊的境况下，从山东带到古巴的方便面反而成了改善生活的好食品。每次吃泡面，张国栋都会特别想家，想念远在国内的家人。

古巴人很热情，他们平时喝凉水甚至是冰镇水，知道张国栋喜欢喝热水，当地人专门淘换来一个带电加热的保温桶，供中国员工喝水，大家很受感动。有一个古巴员工学习很上进，张国栋教给他的技能多且教得很细致，他很感动，周末请中国员工去家里聚会。他家人都很热情，外祖母还有中国血统，按照中国餐饮习惯做红烧鱼等饭菜招待中国贵宾。外祖母说她很喜欢中国，喜欢中国的风俗人情。

对张国栋来说，古巴之行可以说是收获满满，不仅体验了异国风情，还提高了自己的业务水平。在古巴生产线设计和施工过程中，他凭着超强的毅力克服了语言障碍、生活困难，确保了古巴生产线顺利投产，为中巴两国架起了友谊的桥梁。

除了远赴古巴，张国栋还被集团派往国内的多个城市。2010 年，公司计划形成以上海为中心的生产发货基地，将逐步覆盖安徽、江苏、浙江等九省市。2009 年九省市产品销售超过 10 万台，在此建生产线能很好地满足上海及附近省市需求，新生产线建成将大大缩短物流时间和物流费用，可减少物流中转等带来的外观损坏。此时，精通生产线设计、施工、调试的张国栋，又一次迎来了技术上的大考验。

2010 年 3 月底，张国栋又率先一人抵达上海青浦。此次住宿条件更加艰苦，住到原厂房建设施工队临时搭建的闲置小屋，屋内黑暗又潮湿；饮食问题需要自己解决。他在最短的时间内搞定生活所需，很快就投入到工作中去。

上海青浦生产线基地基础建设不是很顺利。因原设计厂房外利用部分空间及部分绿植移栽，被上海青浦基地物业最后否决，没有回旋之地，只能马上修改布局、调整地基位置。此时施工队已经到位，为了不影响施工进度，张国栋白天跟踪施工，晚上加班到深夜，保证第二天施工队的施工量。施工过程中，因上海青浦区域地基下挖半米就会有水渗出，给施工带来了很多麻烦。特别是开卷校平线地基及环焊机冷却水井，在开挖过程中不断出现塌陷。张国栋一方面向总公司汇报，同时又积极协调施工方案，避免大面积塌方造成成本浪费。这样连轴转的工作状态持续一周，布局全部调整完毕，最终未耽误基础建设施工进度。

搞完基建，还需确保设备水电气全部施工到位。设备陆续安装好，张国栋一人联系协调吊车卸车，又要落实到位。这样紧张而有序的工作，一直持续到总部派驻其他员工到达现场开始试机，才得到缓解。设备调试交付使用后，他又接到了驻厂的命令。

当时张国栋很纠结，留还是不留，多次与家人电话沟通。得到家人支持后，他驻厂负责生产、设备管理等工作，与家人开始了 7 年的两地分居生活。当时他的孩子还小，他错过了与孩子的最佳成长交流期，导致他后期与孩子交流时，一直还是把孩子当低龄儿童对待，以弥补孩子当年缺失的父爱。两地分居第 7 个年头时，因他爱人身体不是很好，导致轻微抑郁，需要陪伴疏导，集团总部将他调回了济南基地。

攻坚克难，奋力突破关键核心技术壁垒

张国栋担当作为，发挥党员模范带头作用，在技术领域攻坚克难，二十年如一日发挥工匠精神、劳模精神、创新精神，保障设备稳定运行。他凭着丰富的经验和精湛的技艺，对进口设备、PLC 逻辑控制、气动液压控制的精通，获得了高级工、技师、高级技师的称号，并被评为济南市首席技师，他也因此走上了设备管理与维护管理的设备全生命周期管理之路。

张国栋喜欢探索和分析各种设备的原理和构造，有快速分析解决问题的能力，善于举一反三，成功排除了多项设备疑难故障，并解决了多项进口设备厂家未解决的问题。

315 液压机是一套机电、液压综合控制设备，有一次出现故障，滑块工作运行下行慢，不能正常工作。钳工未能找到原因，生产任务紧急，车间领导也找不到原因，张国栋根据液压图纸及电气图纸相结合分析液压系统与电气系统交互关系，根据主液压缸工作流程分析电磁液压换向阀动作顺序，在图

纸上查看液压流向，最终找到了原因：是液压机顶部油箱内底部一个单向阀影响正常工作。通过拆解，确定内部复位弹簧损坏，更换后设备恢复了正常工作。

在 2009 年河南基地生产线建设初期，新加坡进口设备高压发泡机，厂家调试人员 2 天未按照进度完成试机，再不正常试机就会影响整个进度，甚至不能按照确定时间开业剪彩，会给公司声誉造成巨大影响。作为生产线初期建设总负责人，张国栋找到调试人员询问设备情况，得知设备运行不能实现高压运行，现场排查及咨询设备厂商总部也未能找到原因。了解情况后，为了不影响整个生产线交付进度，张国栋开始参与排查，首先通过检查确定了设备外部各个连接无问题，然后分析高压循环的条件及查看图纸中此部分的控制原理，根据图纸接线核实配电柜内实际接线时，发现了问题所在：一路控制线路位置接错了。调整后再次试机，实现了高压循环。在场的所有调试人员都对他竖起了大拇指。

2013 年公司新购进意大利进口设备高压发泡机，设备安装投产后，员工反映使用感觉不如前期购买的同型号设备顺畅、效率快。厂家调试人员也未能找到原因，暂时交付使用后，厂家人员撤离，就这样一直使用。

该设备在一次使用中，员工反映出料慢现象比较严重，甚至有时会出现串料堵枪头现象。这一状况非常危险，会造成黑白料互相串料，回路到管内甚至到料罐，黑白料发生反应发泡后造成管路、料罐甚至枪头报废，损失 20 万元左右。现场维修人员只是拆解清理，也未找到最终原因，隐患还是存在。正好上海青浦基地生产线建设完成，驻厂的张国栋回家探亲期间到公司汇报工作，在车间查看总部设备运行情况时了解了这一情况。

他到现场后，暂时阻止拆解配件安装，根据控制流程分析了一下原因，按照枪头大小液压活塞工作顺序及控制方式，查看控制元件液压换向阀，最终确定枪头大小活塞控制元件液压换向阀，因外形基本一样差别不大导致对应安装错误。把对应大小活塞控制元件液压换向阀按照正确的匹配安装后，试机后验证前期所存在的不顺畅、出料慢、效率低等问题从根本上全部得到解决。

张国栋所在的热水器领域主要有电热水器、燃气热水器、太阳能热水器和热泵热水器四类，其中电热水器和燃气热水器为传统热水器。在 2004 年前后，燃气热水器与电热水器还占国内热水器市场 80% 左右的份额；2009 年，随着

“家电下乡”等鼓励政策的实施，太阳能热水器的市场份额达到57.2%，超过燃气及电热水器的份额总和。

热泵热水器被誉为“第四代”热水器，自2000年后开始形成产品，产业逐渐成长。2010年，热泵热水器产品的市场销量从2007年的10个亿一路飙升到30多个亿。2011年，热泵热水器的市场销量突破了50亿元，市场份额超过了5%，并且增长仍然十分迅猛。特别是2012年，欧盟推出了逐步淘汰电热水器的计划，澳大利亚等国拟考虑太阳能热水系统禁止采用电辅助加热，热泵热水器等节能型生活热水系统迎来新的发展机会。

在这个热水市场大背景下，公司新产品创新上市迎来新的机遇。生产新的产品就要拥有相匹配的生产线，因此产品结构相对太阳能热水器过渡较大，生产线配置复杂。张国栋接到任务后，与热泵研发技术人员一起设计一条自动化、智能化生产线，与工作人员一起交流讨论，先学习了解产品结构与生产工艺，设计产线需求达到的目标。最终，经过一个半月时间，热泵自动化生产线设计完成。在设计中，张国栋提出了十多项创新点，以及机器人的应用、视觉应用、工艺完善、布局的创新等。热泵技术人员反映，此线相比手工线同等产能情况节省操作人员24人左右。

近些年，在劳动力成本提高以及全球经济发展缓慢等因素的制约下，制造业正面临着世界各国竞争压力，转型升级成为企业必须面临的问题。随着中国智能制造的提出，公司也提出了相应目标，产线改造升级省人工无人化开始切入。面对当前形势，张国栋针对劳动强度大、人员密集工序提出了自己的建议，率先实现机器人自动化改造。

彼时，承压内胆悬挂输送自动装配线应运而生。承压内胆装配需要3组6人同时工作，才能满足后续发泡、组装、后包线产能节拍要求。承压内胆一个接近40公斤，需要2人抬起放到固定架上安装附件，在外部再套上外桶皮，然后2人抬起放到组装发泡线上并且立起，劳动强度非常大。此岗位人员流动较大，工人都不愿意在此岗位长时间工作。

为了解决这一问题，张国栋带队设定了承压内胆既能储存运输又能自动装配目标，与车间人员一起了解组装装配工艺，确定悬挂链存储量定位600套，既能晾干内胆表面水分又起到存储作业，为仓库节约面积预计400平方米；与采购、品质协调保证装配部件标准一致性问题；同时与工艺人员协商，需要调整原生产工艺，并且外桶内底部需要增加泡沫，工艺人员设计底部泡沫采购样品到位测试装配无问题，并且核算成本价格比发泡料用量低于持平。

根据各风险点分析及实施对策，他确定了承压内胆悬挂输送自动装配线方案可行。通过采购招标后跟催进度，设备到位后跟进悬挂平台加班加点安装，避免影响空间占用耽误生产。设备整机调试中，遇到了内胆三个供应商一致性问题、自制外桶皮椭圆问题等。

为了实现项目最终目标，张国栋根据问题，提出并攻克了15项以上瓶颈技术难点，特别是完善了内胆悬挂上线定位方案，保证每次悬挂上胆位置一致，避免了位置不固定造成掉落内胆报废；承压内胆安装是立式结构，他提出并确定了以内胆注液口为统一定位，保证每次内胆立式放置位置一致，防止因位置不固定，安装机器人抓取时碰坏内胆；承压内胆进出水管和注液水管厂家焊接过程中、运输过程中，会造成个别水管弯曲变形，为避免安装机器人抓取内胆时碰到水管，在水管处增加对射光电开关，起到弯管报警保护。

此项目投产后，使用效果很理想，降低了员工的劳动强度，提高了产品安装一致性，生产节拍提高到30秒每套，效率提升20%以上，节省人工6人。

关于攻坚克难、打破层层技术壁垒，张国栋说，这只是一个起点，不是终点，因为后面的路还很长，后面将继续研发新的生产线、新的工艺，开发更加绿色环保的产品，在日后的工作中他将继续攻坚克难，打破行业技术垄断，让我们的产品走向国际化。

设备完好率达99%，项目完成率100%，安全事故为零

自从走上设备管理与维护管理的设备全生命周期管理之路，张国栋更是严格要求自己，不断提高政治思想觉悟，凡事都走在前头，率先垂范。他不光通过多途径学习，不断提高电气、机械、液压、气动等多岗位的技能，更是加强学习设备管理知识，不断对设备维护和保养提出新的思路、完善的技术性方案。

张国栋注重培养员工，指导培训操作工做到“四懂三会五知道”工作法，即懂原理、懂性能、懂结构、懂用途；会使用、会维护、会排除故障；知道规章制度、知道岗位职责、知道岗位操作规程、知道危险源、知道隐患控制

应急预案。明确维修人员责任，监督指导维修工作，在定期保养的前提下，分析维修点检、巡检、记录、观察运行情况，下达维修计划，采取机会维修，利用空闲节假日错时维护；提出“工程师+维修人员”巡检方案，建立定人、定区域、定标准、定方法、定路线的巡检方法“巡检定修制”；给维修人员不断灌输“我们需要车间，车间需要我们”共建、共享理念，激发了同事的工作热情，增强了车间工人的凝聚力。

在生活和工作上，张国栋积极帮助和团结工友，带动了工友工作热情和奉献精神的提升。他不断总结、积累、再总结，使公司设备管理模式定型并不断创新，采用预防维修及计划定期维护与事后维修、机会维修相结合的方式；重点设备坚持维护保养与计划检修相结合，一般设备坚持维护保养与事后维修相结合；并且坚持修理改造与更新相结合、专业管理与群众管理相结合的原则。

张国栋始终坚持强抓基础工作，加强部门的活力、凝聚力，身先士卒，为班员做表率，用好的言行来直接或间接对大家产生好的影响，更好地提高部门的活力和凝聚力；坚持每天晨会、例会宣传公司的战略目标方向，确保上下目标一致；每天晨会安排当天工作，总结昨天工作；通过现场会议，商议重要问题的解决。他通过坚持不懈带领设备人员共同努力，确保了设备完好率达到 99% 以上，项目完成率 100%，安全事故为零。

在设备维护管理之路上，张国栋越走越远，路子越来越宽，创新设备保全思路持之以恒，创造并提出按照责任到位、点检到位、清洁到位、润滑到位、分析到位“五个到位”，设备使用管理、检查管理、维护管理、改善管理“四个方面”全面展开工作，致力于消除产生故障的根源，使设备零缺陷、无停机时间，最大限度提高生产效率。他经常利用五个为什么、5W2H 、PDCA 等工具展开分析设备维护记录，提出改善课题，从事后维护到主动维护转变。为了根除故障，不断分析论证改进原有状态，始终以降本增效、保障生产为工作方针，严格控制维修备件提报及领用，能修不换，换下的修补改善作为备用，报废的必须通过他检查及核对确认才能处理。

张国栋心系力诺，着眼未来。

中国向世界做出郑重承诺：力争 2030 年前实现“碳达峰”，努力争取 2060 年前实现“碳中和”。助力实现“双碳”目标，清洁能源行业大有可为，也必将大有作为。作为国内新能源产业的领军企业，山东力诺瑞特新能源有限公司始终围绕“阳光经济”不断创新技术、产品和解决方案，努力向“新能源热利用第一品牌”迈进，为推动低碳生活、绿色发展做出突出贡献。

为实现此目标贡献自己一份力量，张国栋也规划了个人的成长目标：坚持学中干、干中学，为公司顺利生产保驾护航。在个人成长方面，要不断提升技能，随着公司机器人的应用，他学习川崎机器人、ABB 机器人的应用操作及维护，从机器人结构、机器人坐标系统、机器人控制、机器视觉、机器人语言全方位学习，努力做到熟练基本操作、程序修改、问题排查处理。

在自动化、智能化改造方面，他加强自动化生产线智能技术、自动化生产技术、机电一体化技术等学习及应用，从而提高生产效率、保证产品质量，还有生产线中智能化的应用，降低人工劳动强度；在用设备及生产线从安全保障、技术稳定等方面做出改进，老旧设备改造迫在眉睫，他积极从专业角度提出建议。

他还要加强先进管理模式的学习应用，结合实际设备管理软件的应用，做到设备管理数据采集、配件周期分析、故障周期分析等，为设备维护管理提供有效数据。

他同时不忘加强政治理论学习，认真学习习近平新时代中国特色社会主义思想，并坚持不懈同步学习“学习强国”，努力践行党员先进性，持续刻苦钻研业务知识，努力提高理论知识和业务工作水平，遵纪守法，坚持正确的世界观、人生观、价值观，持之以恒积极主动完成公司及领导交代的各项任务，尽心尽责，任劳任怨。

他继续坚持发挥“爱岗敬业、争创一流，艰苦奋斗、勇于创新，淡泊名利、甘于奉献”的劳模精神，用正言正行感染身边人，带动同事及维修人员做好每一件小事、出色完成每一项任务，为企业的发展贡献劳模力量。

都说一名党员就是一面旗帜。作为一名老党员，他时刻将自己的党员身份牢记在心，发挥党员模范先锋带头作用，积极参加政府、社会、单位组织的党建活动及公益活动；在思想上发挥先锋模范作用，不断增强党性，提高思想政治素质；在工作和生活中，发挥模范带头作用，具体做到带头爱岗敬业、带头遵守法纪。同时以获评齐鲁首席技师为契机，在技术上提出重要发明创造或革新思路，充分发挥自己快速分析、解决实际问题的能力，提炼绝招绝技，以质疑法分析创造同行业公认的先进操作法，以良好的职业道德和社会公德、担当意识，为公司发展做出突出贡献。

“力于行、诺于心”，在新时代的浪潮下，作为一名力诺瑞特老员工，张国栋始终坚持一个信念：做工作就尽心尽职，不考虑得失后果，把总目标分解成立马可执行的小目标，全心全意投入到为实现目标而努力的情景里，小目标一个个完成了，目标也就实现了。在未来的工作中，他有信心、有能力做好每一件事情，为力诺瑞特再创辉煌付出努力。他在各种荣誉面前并不骄傲，而是谦虚地说，公司发展，自己才会发展，任何项目不只是做完，还要做到最好。

一颗匠心，挥洒毫厘之间，把平凡的工作做到极致，靠手上功夫，靠心头功夫，奋力攻克一个个技术难关，解决一个个棘手问题，只要张国栋在，无论多复杂的设备和机器都能如期运转。这是合作伙伴的信任，更是张国栋对自己的承诺。

二十余年如一日，他扎根现场，练就调试技能；他精钻深研，打破技术壁垒。他以积跬步至千里的精神积蓄力量，把毕生精力投入到生产一线，他像一颗螺丝钉，默默铆合于机器之中，成为机器的一部分，奉献自己的全部热情和光阴。

又是一个恬淡的清晨，云微风轻，一缕阳光如约洒在力诺科技园，一个熟悉的身影走进力诺瑞特新能源车间。他的步伐轻盈有力，每到一台机器前停留 10 秒钟，凝神注视着机器的运转，用心倾听机器发出的声响，三条生产线 313 套设备的管理与维护工作开始了……

心中有爱传真情

——记山东省先进工作者、济南市历城区城乡交通运输局孙胜萍

吴晨阳

孙胜萍是济南市历城区城乡交通运输局工会主席、妇委会主任，是综合行政执法大队七级职员，先后被授予济南市五一劳动奖章、济南市先进工作者、山东省优秀工会工作者、山东省富民兴鲁劳动奖章、全国优秀工会积极分子、山东省先进工作者等荣誉。

孙胜萍是一位有 35 年工龄的历城交通人，2005 年调整到局工会工作以来的 18 年里，她把全部的心血和汗水都倾洒在所热爱的工会事业上。作为职工的“娘家人”，不知从什么时候开始，她的手机号成了单位职工的服务热线，职工们遇到困难和烦心事就向她寻求帮助。无论什么时候，只要打她的手机，她都“在线”。

流动红旗，流不动了

在孙胜萍的字典里，没有“后退”两个字。无论遇到多大的困难，她都勇于面对。她经常说:“工作早干晚干都是干，为什么不早干？干好干孬都是干，为什么不干好？窗口的工作，代表着单位的形象，我们一定要展现出良好的精神风貌，让每个管理服务对象都能满意而归。”

孙胜萍和窗口岗位上的同事们坚持“站相迎，笑相问，双手接，亲手递，提醒送，一口清，快速办”，把“微笑服务”贯彻到窗口工作的所有环节，赢得了客户们的交口称赞，获得了省级“巾帼文明岗”称号。大家都说，服务大厅的流动红旗，到了交通局的窗口就流不动了。

2002 年 2 月，作为交通局对外服务窗口的负责人，孙胜萍和单位的几位女同志一起进驻历城区审批中心大厅。此时正赶上单位改革，她要起草服务窗口的所有工作流程。这是个很有挑战性的工作，没有可以借鉴的模式，一切都要从 0 开始。

明知山有虎，偏向虎山行。孙胜萍身上有股闯劲，作为“第一个吃螃蟹的人”，她面对困难没有退却，而是站在客户的角度想问题。为了更好地服务客户，她决定简化手续，提高办事效率，让老百姓少跑路、少操心。当时，运输车辆除了驾驶证和行驶证，还需办理道路运输证，否则不能上路。孙胜萍把自己当成刚买了一辆汽车、去审批大厅的服务窗口办理手续的司机，她走进大厅，来到窗口，亲身体验通过哪些步骤就能快速办完手续。有几次，半夜三更冒出了关于办证程序的想法，她就马上从床上爬起来，找来纸和笔记下来。经过不断的修改完善，她提出了“一站式”服务的理念：运输业户到服务窗口，把材料递过来，后续的手续由工作人员统一办理。

她把方案汇报给领导，领导召开工作协调会进行讨论，最终把审批程序固定了下来，做到了一个窗口受理、一次性告知、一站式办理、一条龙服务。这一审批程序得到了客户们的交口称赞。

审批中心当时驻有教育局、工商局等 20 多个有审批权限的单位。大厅每个月都有流动红旗的评比活动，拿到流动红旗的窗口的员工心花怒放，没拿到的也不甘落后。于是，所有窗口都开始了暗中较劲，大家绞尽脑汁，使出浑身解数，不断地改进服务。这场流动红旗的争夺战进入了白热化程度，几家单位打了个平手，比分非常接近，红旗在各个窗口快速地流动着。

孙胜萍的团队来到这里后，情况发现了变化。

她们的服务热情周到，只要办理业务的客户走进窗口，她们立刻站起来，主动热情地打招呼。然后，双手把客户的文件接过来进行登记，迅速办理业务，同时耐心解答他们提出的各种问题。她们把客户当家人，始终面带微笑，赢得了客户的尊重，群众的满意度很高。大部分时间，这面流动红旗都挂在交通局的服务窗口。其他服务窗口都很不服气，却竞争不过孙胜萍的团队。他们都说，交通局的一来，服务大厅的流动红旗流不动了。

2002 年是交通运输业快速发展的一年，历城区有上万辆汽车跑运输，登记运输车辆信息的工作量很大。那时候电脑办公还不普及，车辆营业证的档案是纸质的，工作人员需要手写登记车辆的信息。手写档案速度慢、效率低，已经不适应快速发展的形势了，孙胜萍就琢磨怎样才能提高办证效率。

她和市交通局的分管领导谈起了这件事。市局的领导告诉她：省里的同事非常重视这个问题，他们找了一家计算机公司，正在集中力量研发新的办公软件。听说这个软件已经研发出来了，还在实验阶段。目前，研发者不确定，这款软件能否顺利地投入到实际工作的应用中去，还需要数据的支撑。研发者正在找单位进行试点，如果一切正常，就可以进行大范围的推广了。

听了这话，孙胜萍非常激动，她立即去省交通厅申请使用这个软件，表示：我们愿意第一个尝试当实验品，如果在工作中遇到了问题，我会在第一时间进行反馈，你们可以随时改进。

在上级领导的大力支持下，孙胜萍终于拿到了软件的使用权。因为软件还在测试阶段，不需要花钱购买，为单位节约了一大笔资金。孙胜萍和同事们集中一段时间，把辖区内上万辆汽车的车架号、车型、吨位、单位、业户地址等数据的纸质台账，全部录入到软件中。使用这个软件，能全面掌握车辆的数据，更好地开展一站式服务的审批。

录入数据的时候，孙胜萍又遇到了新的挑战。当时电脑还不普及，大家操作不太熟练。为了赶进度，大家每天都提前上班，中午也不休息，晚上常常干到很晚。随着电脑操作的日益熟练，数据录入的速度也越来越快。那两周，大家还放弃了周末的休息。她们都人到中年，上有老下有小，一堆家务等着干，但没人有怨言。在所有同事的努力下，任务顺利完成了。当时，这项工作处于行业领先地位，她们的先进经验在全市乃至全省都进行了推广。

敬业奉献，勇挑重担

2021 年是中国共产党百年华诞，全国各地都开展了庆祝活动。历城区交通局党组研究决定举办“庆七一”系列活动，其中重头戏是“讴歌党史伟业，唱响交通赞歌”文艺演出。这台演出由局工会牵头承办，孙胜萍是节目的总指挥。

6 月 11 日下午，历城区交通局的文艺演出在济南广电全媒体中心演播厅举行，有 9.5 万人通过“叮咚直播”关注了演出实况。在孙胜萍和同事的努力下，演出取得了极大成功。这也是历城区交通局为建党百年奉献的一份沉甸甸的大礼。

局长表扬孙胜萍说：“我知道你干了很多年的工会主席，能力很强，但没想到你竟然能排练出这么好的节目，在社会上产生了这么大的反响。”

听到领导的肯定，孙胜萍的眼泪瞬间涌出来，不禁回想起这几个月排练的日子。

在文艺演出协调会上，局领导说：“历城区在城乡接合部，管辖范围广，有农村，也有城市，辖区内有很多省市重点工程。区交通局承担着全区的道路建设，责任重大。我们要借着建党一百周年庆祝活动的契机，把交通局的工作宣传出去，让大家了解我们、支持我们。我们一定要把这台晚会办成一台高质量的文艺晚会！”

这是孙胜萍参加工作以来，承担的最大的一次庆祝活动，时间紧任务重。作为节目的总策划，她感到似有千斤重担压在身上。她暗下决心，一定要打造一台精品节目。她心里想的全是如何办好这台晚会，决定集思广益，让大家坐在一起沟通，争取碰撞出智慧的火花。她把道路建设、行业执法等涉及各项业务的负责人召集起来，商量排练节目的事。

孙胜萍说：“央视有春晚，交通局也要准备一台精彩的晚会，宣传我们的工作。大家都是各个部门的分管领导，先谈谈各自的工作重点。我们可以根据工作的情况准备各类节目，比如歌曲、朗诵、情景剧、小品等。央视春晚有‘大腕’，咱们的晚会上有‘草根’。大家都是交通系统的职工，熟悉各自的工作，不需要再去体验生活，只要用心，肯定能演好节目。希望大家八仙过海，各显神通，一起排出精彩的节目。”

有人小声嘀咕："什么？排一台精彩的晚会？闹了半天，是让我们上台演节目，我还以为是看别人的演出呢。单位的工作这么多，我们已经忙不过来了，哪有精力排节目？"

是啊，大家工作忙不说，办公地点也很分散，有的在唐王，有的在唐冶，还有的在大辛庄，离排练的地方都很远。每天下班后，跑这么远的路来排练节目，太不方便了。

还有人小声嘀咕："我们没有艺术细胞，没有上台表演的经验，不敢上台，让我们演出肯定会闹笑话，真丢不起那人。"

看出大家有畏难情绪，孙胜萍耐心地说："你们的想法我都知道，也很理解。但这台晚会是局里的决定，是宣传我们工作的好机会，也是一项重要工作，希望大家克服困难，一起把节目排好。"经她解释、说服，大家终于统一了思想，不再抱怨。

执法大队长向大家介绍说："我们交通执法人员做了很多工作，非常辛苦，但社会上很多人不了解我们的工作，群众满意度测评的得分比较低，我们心里很难受。希望通过节目，得到群众的认可和支持。目前，我们执法工作的重点是治理出租车非法营运和大货车超限超载。出租车非法营运的情况很复杂，治理存在一定的难度。有些不良司机为了多挣钱，拉着外地的游客跑远路、多收费，严重影响了城市形象。上级领导非常重视，在全市范围内开展了一次整顿出租车的行动，取得了一定的成绩。但我们不能松懈，要继续加强执法工作。"

超限超载的问题一直存在，有些商户为了多挣钱，严重超载。如果车辆超限超载，道路就会被破坏，影响群众的出行安全。但在实际工作中，超载的数据很难认定。现在有了智慧交通平台，可以通过电子设备进行抓拍，当车辆经过监测设备的时候，就能自动显示有没有超载，不需要执法人员现场执法了。如果显示超载，信息就会反馈到平台上，执法人员及时督促车主杜绝违章行为，给业户送达违章通知书，并进行处罚。目前，全省多个地市都来学习过这一做法。

孙胜萍听了，非常高兴地说："你说得很好，执法人员的工作非常重要，如果进行正面引导，告诉群众交通执法是为了维护公民的合法权益，他们会积极地配合工作。咱们可以准备一个情景剧，让执法大队的同事穿上标志服，腰上带着电子设备，为观众演示执法的手势。旁边的同事解读这些动作，宣传执法工作，告诉群众我们是代表政府严格执法、规范执法。执法的对象是违反公路法规定的不公平竞争的人，处理超载超限的车辆是为了维护道路安全和群众利益，罚款不是目的，让违法人员改正错误才是目的。我们惩治违法行为是为老百姓服务的，维护良好的道路运输市场秩序，希望大家支持我们的工作。”

彩石的同事谈起了辖区通公交车的故事。彩石街道断岩村坐落在彩石街道东南部，是一个偏远的小山村，交通闭塞，是省级贫困村。村里有几百户居民，年轻人都外出打工去了，留在村里的大都是留守老人和儿童。由于地处偏僻、乘客少，所以一直没有通公交车。村民出行难、学生上学难，修好路、通公交成了村民最大的期盼。为了解决群众的困难，区交通运输局的同事多次到断岩村考察，帮助村民们协调通车的事。经过努力，他们给村里协调了一辆中巴车，终于让 303 公交支线延伸到村口。如今，讲书院和断岩两个村之间有了近 2.7 公里的四级公路，临崖护坡、防护防撞设施也陆续跟上了。交通基础条件和公共服务的条件改善了，村民致富的路也变得越来越宽。早上，断岩村的村民们在村口乘坐 303 路公交车走出大山，到城里务工，晚上又乘坐公交车回家，给一家老小带回了外面世界的见闻，带回了丰厚的收入，也带回了新的生活方式。小山村的人们因交通的畅通而变得富足、文明。

听完汇报，孙胜萍决定把这个故事创作成一个朗诵节目。

交通局的很多职工都参与了疫情防控工作，付出了很多心血。于是，孙胜萍决定排练一个情景剧，舞台背景是高速公路的路口。故事情节是这样的：货车司机夫妻两人从外地赶回来，因疫情原因不能下高速，两名防疫工作人员为他们登记车辆的信息、宣讲政策，由此发生了一系列冲突，最终通过积极协调争取，为货车司机提供了帮助。

这个情景剧是晚会的重点节目，挑选到合适的演员是节目成功的第一步。为此，孙胜萍把单位所有员工在脑子里过了一遍。她在交通局工作多年，能叫出所有员工的名字，知道他们的家庭情况、工作能力、思想动态。她希望每个演员根据各自的情况本色出演。这个剧有几个主要演员：主角是行政执法人员，另两个主要人物是大货车司机和妻子，另有几个配角是主角的同事。主角的戏份是情景剧的重头戏，总导演建议找个专业演员出演。但孙胜萍认为单位的员工熟悉生活、入戏快，大家都是同事，相互间很了解，易于合作。虽然他们的表演不够专业，但能演得更真实，完全可以胜任角色。最终，孙胜萍决定，所有演员都用本单位的职工。

根据主角的人物设计，孙胜萍邀请局办公室的刘老师来出演。刘老师是复员军人，相貌堂堂，声音洪亮，一身正气，是主角的最佳人选。没想到，听了孙胜萍的设想，刘老师的头摇得像拨浪鼓，他瞪大眼睛，使劲摆着双手说："不行不行，我从来没演过小品，一上台就发抖，还要背这么多台词，我记不住啊。不是我不想演，是没有这个本事，您就饶了我吧。"

孙胜萍说："台下的观众不是老虎，不会吃了你，发什么抖？谁说你不行，谁说你没有这个本事？我看你行，这个主角非你莫属。可以先试一试，如果实在无法胜任，咱们就换人。"

刘老师说："如果非让我上台，那我就唱歌吧，我在部队干了十年，会唱很多歌，比如《打靶归来》《一颗小白杨》，独唱、二重唱都行。"

孙胜萍说："已经排练几个唱歌的节目了，你什么都不要想了，抓紧排练小品吧！"

在孙胜萍的再三劝说下，刘老师勉强答应试一试。

孙胜萍又找到办公室的司机高老师，让他出演大货车司机。高老师面有难色，他使劲挠着头、搓着手，叹口气说："我也想演，但没有这个实力，不敢上台，怕大家笑话。再说，这个人不讲理，我不喜欢这个角色。"

孙胜萍说："你就是司机，适合演这个角色。虽然不是男一号，但演好了也很出彩。告诉你，为了让你演好这个节目，我给你找了个'老婆'，演出中你遇到任何问题，她都会帮你解决。"

原来，在节目中，大货车司机的老婆很泼辣，孙胜萍找到了单位的汪老师，她是东北人，以前是舞蹈演员，性格外向，也很有表演天赋，出演司机的老婆非常合适。

孙胜萍又找了几个执法人员出演主角的同事，他们外貌英俊，一身正气，非常贴近角色。

一波未平一波又起。演员找齐后，孙胜萍还没来得及喘口气，节目的排练又出问题了。刘老师因为紧张，演着演着就忘词了，台步也经常走错。这时，导演建议把他换掉，因为时间较紧，怕再晚来不及。

孙胜萍还是想给刘老师一个机会，就找他谈话："我看不是你水平不行，是你没有信心。记住，世上无难事，只怕有心人。我早就看出来你有能力、有水平，浑身上下全是艺术细胞，非常有潜力。只要你多花点时间，多用心，一定能演好。”

在孙胜萍的鼓励下，刘老师终于找到了感觉。他说：“放心，我一定能啃下这块硬骨头，绝对不能当逃兵。”他说到做到，吃饭、睡觉的时候都在背台词，几天后背得滚瓜烂熟，张嘴就来。最终，他胜任了这个角色，在舞台上大放异彩。他激动地对孙胜萍说：“多亏您推我一把，让我发现了自己的潜能。”

这个小品是孙胜萍的得意之作，她付出了大量的心血。几个演员都很努力，他们的演出赢得了热烈掌声。这一刻，孙胜萍的心里就像吃了蜜一样甜。

孙胜萍说：“我们的演出是花最少的钱，办更多的事。”为了降低成本，她想了不少办法：执法人员穿执法标志服，为领诵的演员租了衣服，为两个男员工租了西服，为两个女员工租了裙子。大合唱是王牌节目。孙胜萍负责排练，局里职工演唱的《不忘初心》，拿了两个全区一等奖。当时，孙胜萍是总导演，给大家统一准备了50套合唱的衣服，男员工是黑衬衣黑领结，女员工是蓝色连衣裙。这次演出，这些衣服也派上了用场。

孙胜萍代表交通局和济南广电演播室签了合同：在广电大厅演播室演出，电视台帮他们创作了两个节目，演员用交通局的员工。演出的节目丰富多彩，时长八十分钟。受到“七一”表彰的同事，也给他们留出上台发言的时间。因为是直播，很怕出现差错，孙胜萍心理压力很大。所幸节目非常精彩，晚会获得了巨大成功，孙胜萍圆满地完成了局党组交给她的任务。同事们向她伸出大拇指：“孙主席，您什么事都能干好！”

听了这话，孙胜萍长出一口气，露出了微笑。从3月上旬开始策划，到6月11日正式演出，三个多月的时间里，她一直处于紧张状态。作为总导演，她忙前忙后，四处巡视，大到舞台布景，小到演员的各种动作，她都要求做到精益求精。她忙起来经常没有时间吃饭，更不能好好休息。其间，她的脚后跟长了一个骨刺，从片子上看，那根刺就像钩子一样弯曲，扎在肉上。她每走一步，脚后跟就像针扎一样疼，浑身冒汗，上下楼梯都要扶着梯子。医生给她开了假条，建议她休息一段时间，以缓解病情。她也想在家待几天，去医院做理疗，但她是大家的主心骨，要做好保障工作，解决各种问题，一天都不能离开。她没和任何人说过这件事，咬紧牙关坚持排节目，实在坚持不住的时候就吃点止疼片。演出结束后，紧绷了三个多月的神经终于松弛了下来，她身体也终于支撑不住了，发起了高烧。

疾病无情，工会有爱

孙胜萍经常说："工会是党联系群众的桥梁和纽带，我要真心实意服务广大职工，满腔热情干好工会工作。工会工作看似普通，但关系到职工的切身利益，当他们遇到困难的时候，更需要工会的关心。"

邵老师在执法大队的审批窗口，从事违章车辆的处理工作。她在这个岗位上工作了13年，每天都和接受违章处罚的大货车司机打交道，很多司机有负面情绪，说话很尖刻。面对不满和抱怨，邵老师耐心地告诉那些司机违反了哪些规章制度，讲解相关政策规定及那些违法行为的危害。这个岗位工作压力很大，很多人都想办法调离，岗位的流动性大。但邵老师坚持了下来，她承受了很多，心里经常发堵，单位查体的时候，才知道自己得了乳腺癌。医生说，病情发展得非常迅速，情况很不好，需要马上要动手术。她不相信医生的话，为保险起见，又去省立医院检查一次，还是同样的结果。她觉得天都塌了，没有了活下去的勇气。

她找到孙胜萍，还没说话，眼泪就流下来，过了一会儿才说自己查出了乳腺癌。孙胜萍也很难过，安慰邵老师说："你什么都不要想，听医生的话，好好治病。"说完，她陪邵老师去省中医办理住院手续。邵老师住院的那段时间，孙胜萍经常过去照顾她。邵老师做完手术后，孙胜萍带着牛奶、鸡蛋等营养品去看她。只见邵老师躺在床上，头发稀疏，脸色不好。邵老师有气无力地说："化疗的副作用很大，浑身剧痛，就像受刑一样，真是生不如死。现在我的身体很虚弱，头发快掉光了，也不敢出去见人，都快承受不了了。花这么多钱，受这么多罪，也不知道能不能治好病，好几次都想一了百了。"

孙胜萍不想看着邵老师消沉下去，她要想办法把她拽出来，就开导她说："千万不要胡思乱想，你有个幸福的家，大家都需要你，这么多难关都挺过来了，还有什么迈不过去的坎？现在，大病救助的报销比例越来越高，可以减少个人的很多开支。"说着，她把工会为邵老师申请的大病互助资金交给她，并表示以后还会继续帮她申请。邵老师接过钱，眼泪又流了出来。

这时候，邵老师的丈夫王老师把熬好的粥端过来让她喝。没想到邵老师摇摇头，说没有胃口，不想喝粥。王老师说："人是铁饭是钢，一天不吃饿得慌。你刚做完手术，需要营养，不吃饭怎么行？快把稀饭和鸡蛋吃了。"王老师说着，把煮鸡蛋剥开，看着她吃饭。在邵老师生病期间，丈夫承担了全部家务，让她安心养病，一句怨言都没有。

孙胜萍给邵老师打气：“你的王老师对你这么好，单位的同事也都很关心你，你有什么理由消沉？你现在该吃吃该喝喝，听医生的话，专心养病，大家都等着你早日康复。有困难就告诉我，我会随叫随到。大家也会帮助你，经常过来看你。”

孙胜萍时刻关注着邵老师的病情，经常陪着她，开导、鼓励她，把她当成亲人，帮她争取各种资助。还找了几个性格开朗的女同事过来陪她聊天，给她讲笑话。慢慢地，邵老师的心情好起来了，脸上有了笑容。

大年三十，邵老师在做化疗。局长和孙胜萍以及几个同事，带着水果、鲜花去医院看她，亲切的问候、暖心的关怀，让邵老师非常感动。她不想辜负大家的期待，从此不再消极悲观，而是积极地接受治疗，无论多么痛苦都咬牙坚持。经过一段时间的治疗，她的病情明显好转，人也精神起来。单位一个萝卜一个坑，人少事多，她在家休息，别人就要多干活。所以没过多久，她就申请上班。

邵老师的工作很出色，2015 年和 2018 年，她先后被历城区妇联和济南市妇联授予“三八红旗手”荣誉称号。

孙胜萍说：“因为工作压力大，有些同事的心理负担很重，导致疾病的产生。以前人们不重视心理疏导，出现了很多问题。现在，各级工会的领导都非常关注员工的心理疏导，我们也要多关注这个问题。”

为了更好地服务职工，当好职工的“娘家人”，孙胜萍经常邀请心理咨询方面的专家来单位作报告，帮助大家缓解工作上的压力。孙胜萍本人看了大量心理学方面的书，也看了很多医学方面的书，成了职工心中的“孙大夫”。她还学了很多药方，单位同事身体不舒服，会经常向她求助。

一天中午，孙胜萍正在单位食堂吃饭，看见高老师端着餐具走过来。高老师负责食堂的采购，为了买到新鲜蔬菜，每天凌晨三四点就去菜市场。孙胜萍发现他瘦了，气色不太好，说话也有气无力，就关心地问他是不是肠胃不好，不想吃饭。

高老师说：“我的肠胃很好，特别想吃东西，吃饭很香，但体重不增反降，一下子瘦了十几斤，也不知道怎么回事，想等单位查体的时候好好查查。”

孙胜萍听后，心里咯噔一下，判断他很可能得什么病了。于是就委婉地说：“你突然瘦下来，肯定有原因，单位查体还早，你也别等了，赶紧去医

院看看吧，千万不要耽误。”

高老师就去医院查体，结果查出得了甲亢。多亏发现得早，治疗得及时，他恢复得很好。

有段时间，高老师担心早上起不来床，怕耽误工作，心里很焦虑，总是睡不好觉。他向孙胜萍请教，孙胜萍向他推荐了一种中药——滋肾安神合剂。高老师喝了几天，效果很好，往床上一躺，很快就能入睡，他连夸孙胜萍是“神医”。

为了活跃职工的业余生活，孙胜萍经常组织职工，利用休息时间开展各种有趣的活动，比如帮食堂做各种美食，中秋节做月饼，端午节包粽子。小年的时候，她嘱咐食堂买韭菜、芹菜、白菜，邀请大家去食堂包水饺。她还邀请食堂的师傅教大家做各种造型的面点：小鱼、小蝴蝶、寿桃等。做好后一起吃，剩下的带回家，和家人一起分享。

用心服务，用情工作

作为职工的“娘家人”，孙胜萍总是为大家着想，把职工满意不满意、答应不答应、高兴不高兴作为工作的评判标准，坚持“大事做实、小事做精、难事办通、好事办好”的原则，在维护职工权益、服务职工等方面做了大量工作。因此她是单位最受欢迎的人，是大家的知心朋友。

孙胜萍主导兴建的“路畅人和”职工书屋，是愉悦身心的活动场所，也是干部职工交流沟通的精神家园。“路畅人和”的寓意是：道路安全畅通，干部职工和和睦睦。书屋配备了大量红色图书，引导职工“爱读书、读好书”。书屋经常举办职工喜闻乐见的文化活动：图书分享会、读书征文诵读活动、知识讲座、文艺创作交流等。这些活动极大地丰富了职工的文化生活。

孙胜萍说：“有些单位条件好，书屋的空间很大，他们在书屋里建了健身房。我们单位的工作地点很分散，大部分设在各个街道的办公室。书屋的空间小，没有条件修建健身房，只能因地制宜，修建乒乓球室，购买一些文体活动器械。这样，大家在读书之余，还可以健身，真是一举多得。我们还在原来书屋的基础上进行改造，补充一些新书，让图书在各个书屋流动起来。”

孙胜萍经常组织职工参加区里的各种文体比赛，在健步走、乒乓球、足球等比赛中都取得了佳绩。交通局派出的广播体操队，在全区二十多个单位中拿到了第六名的好成绩。这个成绩凝结了孙胜萍大量的心血，她利用休息时间，召集同事去楼下训练，还请来专业的老师进行辅导。最终，他们拿到了好名次。

作为工会主席，孙胜萍很重视人才的培养。单位的付老师非常有上进心，孙胜萍很关心她的成长，为她提供了各种机会。看到历城区总工会下发了演讲比赛的文件，孙胜萍就找她谈话：“这是一次锻炼的机会，如果拿到了名次，对单位、对个人都有好处，你一定要参加。”

付老师心里没底：“听说区里强手如云，很多人都拿到过好名次，竞争非常激烈，我是个新人，能力不够，和人家的差距太大了。也许拿不到好名次，会垫底……”

孙胜萍说：“能力是在工作中锻炼出来的，谁还没有个第一次？那些很厉害的选手，也是锻炼出来的。我刚当女工委主任的时候，遇到了很多挑战。第一次召开全局妇女代表会，我念稿子的时候也很紧张，把想说的话写在稿纸上都忘了念。但我没有退缩，干了这么多年，终于有了经验……谋事在人，成事在天，做好自己，不要想结果。今年，你就当成去练兵，参加一次，就能积累经验，下次肯定能取得好成绩。”

筛选的时候，区总工会的负责人感觉付老师欠点火候，拿不到好名次，就告诉孙胜萍：如果换个有实力的选手，拿奖的把握会更大一些。

孙胜萍说：“付老师的实战经验不足，多给她提供机会，她肯定能快速成长。”

为了提高付老师的成绩，孙胜萍给她找了很多资料，帮她找了专业的辅导老师，告诉她怎么放慢语速、怎么发音、怎么掌控表情，帮她设计了上台和下台的动作。在孙胜萍的鼓励下，付老师放下包袱轻装上阵，经过一番努力，终于拿到了全区二等奖。

付老师非常感动：“这次演讲比赛有 25 个单位参加，竞争激烈。多亏孙主席帮助我、鼓励我，给我锻炼的机会。要不是孙主席，我根本不敢想象自己能取得这么好的成绩。”

孙胜萍说：“工会工作要用心用情，职工的事再小也是大事。我们多想一点、多跑一点、多干一点，和大家的关系就更近一点。每天为一个职工办一件事，一年就能让几百个职工感受到温暖。我喜欢这个充满了爱的工作，我不会辜负大家的信任，一定会为大家做好服务。”

建在山顶上的“党支部”

——记山东省劳动模范、济南市章丘区相公庄街道鸣羊新村牛刚祺

黄秀峰

2023 年 7 月 16 日正午 12 点左右，我顶着炎炎烈日，在鸣羊新村党委书记牛刚祺的带领下，沿着弯弯曲曲的山间公路驱车前往鸣羊山。

透过车窗望去，蜿蜒的道路两侧是一大片一大片的果园，枝头挂满苹果、桃子，在烈日下，她们像一个个顽皮的孩子，在树枝间探头探脑，迎面而来。还有那大片的玉米，如一排排的士兵，笔直地站在那里，等待我们的检阅。远眺，山顶上“绿水青山就是金山银山”这十个红色大字的标语牌，在阳光下格外醒目。

牛刚祺书记顺着车窗，给我指点着道路两侧的果树，有些兴奋地说道：“这些苹果的口感与品质都超过了烟台苹果！”

我知道，这里种植的苹果，糖分的含量比著名的烟台苹果还要高两度。这是山东省农科院农林专家经多次测试得出的结论。

沿着山路继续往上走。途经一个水厂时，牛刚祺又颇为自豪地告诉我：“黄老师，我们这里的水质比矿泉水都好！”

到了山顶。走下车来，牛刚祺三步并作两步，走向一片长满绿草的草坪，看着山下错落有致的村庄与青绿相间的山坡，他像个孩子般大声吆喝起来：哟嗨嗨……

山上没有风，只有刻着“鸣羊”的巨石与山顶上高耸着的“绿水青山就是金山银山”的标语牌。这些字以近 38 度的热情欢迎着我们，我们也以近 38 度的热情回报着它们。

我环顾起山的四周。漫山遍野的果树长势喜人，硕大的果实在阳光下露出娇羞的红色。还有那梯田上的庄稼，也是长势喜人，在阳光下一片翠绿。这树，这庄稼，映着蓝色的天空，随便取一处，都是一幅清新美丽的田园风景画。

我又热切地向山下望去。山下十九郎村的房舍与马路上穿梭的车辆纵横交织，乡村的繁华景象一览无余。视野中还有一隅，大片大片的碧绿，隐隐约约点缀着红，随风摇曳生姿。牛刚祺指着那片碧绿说：“那就是我们通过挖荒沟整理出的三十亩莲花藕，挖出来的土就垫在这片荒山上了……”噢，那片缀红的碧绿原来是一片莲花池！

牛刚祺这一指，把我从这诗意的梦幻中拉进了现实，拉进了当年美丽的传说与改造这座荒山的岁月中……

1

章丘，北临黄河，南依泰山。其境内还有与世界著名自然保护区之一的吉林长白山同名的山脉——长白山。

章丘长白山，因山势陡峻，长年白云缭绕而得名。虽不及吉林长白山雄伟，但素有“小泰山”之称，甚为壮观。又因这两座长白山都是火山活动的产物，成因一致，而章丘长白山又生成较早，所以，在这一对姊妹山中，章丘长白山是“姐姐”。

沿章丘长白山南眺，便是开篇提及的“花果山”，曰鸣羊山，位于相公庄街道鸣羊新村东南面。这鸣羊新村是党组织优调后，由十九郎村和颜家村组成。关于鸣羊山和十九郎村，还有一个美丽的故事。

传说，很久以前，有只金羊到山上修炼，成仙后，被这里的绿水青山吸引，便住了下来。每到晚上，金羊就从半山腰出来，跑到山顶“咩咩”直叫，山下的人听得清楚，便把这座山唤作“鸣羊山”。

只听过羊叫，却没人见过金羊。有人就想把金羊逮住，见其真实面目。

于是，有人听到金羊发出叫声时，就赶忙跑向山顶。可当到达山顶时，金羊早已没了踪影。也有人提前埋伏在半山腰，坐等金羊出现，结果失望而归。

有一天，村里一老农正在山间锄地。一位仙风道骨的老者路过时，对着堰边的一棵荆蒿树端详半天。老农心想，一棵连烧火都不用的荆蒿树，有啥稀罕的？便问道："老先生，你看的这棵荆蒿，有啥用？"

"你们这山上有只金羊，村里人想逮住它。"

"你咋知道？"老农惊诧。

"这金羊就在鸣羊洞里，要想逮住并不难。这荆蒿树便是开洞的钥匙，但逮羊之人须是一母所生的十九个男子。"老者说完，飘然远去。老农也没当真，回家就把此事当作笑话说给街坊邻居了。

很快，此事就传到了村中一大户人家的耳朵里。这家人生了十八个儿子和一个女儿。

"要是咱这女儿是个儿子该多好，这金羊就是咱家的了。"

"他爹，咱把女婿叫来凑个数不就行了吗。"

"对！"关键时候，老两口心生一计。

第二天拂晓，兄弟十九个便兴冲冲来到山上，一起用荆蒿树打开山洞门。进洞一看，果然有只金羊在吃金豆子。兄弟们赶忙扑了过去，抓住羊角就往外拽。

眼看就到洞口了，却拽不动了。老大喊道："妹夫，你踩着我的脚了！"

这一喊，金羊听出了端倪，扭头就往回跑。兄弟们死死地抓住羊角不松手。"咔嚓"一声，羊角断了，兄弟们被惯性甩出洞外。

"咣"一声，洞门关闭了，只有手中的半个羊角金光闪闪，确是金子。

听完事情原委，老汉叹息说："果然是一个女婿半个儿啊！"

从此，十九个男子逮金羊的故事就传开了，"十九郎庄"的村名也叫了起来。

传说是美丽的，现实是靠奋斗的。在十九郎村二楼的书记办公室，年近七十岁的牛刚祺操着浓重的章丘方言，给我讲述着十九郎村的来历。

村里没有集体积累，没有集体经济，如何改变现状，让十九郎村村民享受到乡村振兴的红利，与全国人民一道走向共同富裕，在偏僻的山村充满幸福感，这个问题成了牛刚祺上任以来的"大问题"……

2

在采访中，村两委委员牛振祺曾告诉我，早些年他担任十九郎村村办企业——十九郎村化工厂厂长时，牛刚祺担任副厂长兼经营厂长，是个有思路、敢说敢干、肯吃苦耐劳的人，做事雷厉风行，有非常好的口碑。

1996年，威信和口碑极好的牛刚祺担任村民调解委员会主任和村治安主任。2004年，由于工作出色，牛刚祺进入村两委。2012年由老支书推举、相公庄街道党工委考核，担任十九郎村党支部书记。那年他58岁。

当上村支书，并未让牛刚祺感到高兴。村里共有村民2500名，其中党员85名，青壮年大都常年外出打工，留在村里的除了老弱病残就是妇女，带领大家脱贫致富可不是件容易的事。

从群众中来，到群众中去，党的工作作风让牛刚祺理出了思路。

十九郎村有800亩卧牛山，二十年前他们走的是靠山吃山、开山采石的路子。创办石料厂，每年给村里带来70万元的收入。在二十年前，这是非常可观的。

环境就是民生，青山就是美丽，蓝天就是幸福。党的十八大以来，全国上下下大决心、大力气推动生态环境保护，“绿水青山就是金山银山”的生态文明理念深入人心、见诸行动。2012年，也就是牛刚祺担任村党支部书记的那一年，十九郎村的石料厂全面关停，村里唯一的经济来源断了。牛刚祺一上任，就遇到了一道“坎儿”。

他召集新一届村两委商议。

“咱村靠着山，靠山还得吃山。”

“卧牛山上就是有石头，石料厂关了，咋吃山？”

“咱不是还有南山——鸣羊山？”

“咱又不是孙悟空，这荒山坡，还能变成花果山？”

大家你一言我一语，牛刚祺一边听，一边走来走去。

突然，牛刚祺说道：“咱这荒山坡，为啥就不能变成花果山？”他说话声音本来就大，此言一出，全场安静。他接着说：“咱小的时候，父辈们不就在山上种苹果吗？”

他的话音刚落，回过神的两委成员炸锅了，你一言我一嘴地说：

“现在和以前不一样了，都是科技种植，村里现在断了粮，买树苗的钱都没有了。”

“这山都荒了 9 年了，漫山遍野的野生树像碗口那么粗，啥时候能清出来？那可是 1300 多亩地啊！”

七嘴八舌里，全是丧气话。

“石料厂关停了，留下了乱石林立、千疮百孔，北山暂时不能动，要看看政府以后还能不能允许继续开发石料再定。我们不是还有南山——鸣羊山吗？老一辈就有在鸣羊山上种果树的经历，我们可以开发鸣羊山。要想发展，植树造林是唯一的途径。种苹果树既有生态效益，又有经济效益。这条路没有错！”牛刚祺认准了这条道，接着说，“党员干部带头上山，明天我就去。老祖宗能愚公移山，咱这鸣羊山，也一定能‘一鸣惊人’！”

说干就干，牛刚祺亲自出马，带领村两委和村民开启了开垦荒山、改造家乡的历程。

天蒙蒙亮，山上就能看到牛刚祺带领村里的党员干部劳动的身影。

开荒山难，买树苗更难。眼看一片片荒山有了开垦的规模，可树苗在哪里？牛刚祺又为考察树苗操劳起来。

经省农科院专家的推荐，他带领党员群众 30 多人，到烟台莱州市郭家店镇小草沟村考察苹果种植。

小草沟村素有种植苹果的历史，2013 年拥有苹果园 600 亩，是我国最大的优品苹果苗木繁育基地，苗木质量、科研实力及技术水平在全国处于领先水平，那时候人均纯收入就达到 1.6 万元。

红红的苹果、绿绿的植被，满眼都是色彩，满心都是希望……望着小草沟村清新朴实、清淡隽永的生态画卷，牛刚祺和村民们品味出了一份芬芳和甜蜜，升腾起了姹紫嫣红、瓜果飘香的希望。

考察结束，他们回到山上，眼看着荒山开出了 100 多亩，心里升腾的希望却因为没钱买树苗难以实现。他们也曾与小草沟村商量着先赊账，可是被拒绝了。

“我是村书记，我先带头捐款！”牛刚祺的牛脾气又上来了。

他捐了 3 万，其他 4 名村干部每人捐了 2 万。就这样，他们用沉甸甸的 11 万块钱，买进了第一批树苗，7000 多棵苹果树。

这苹果树，是致富树，更是牛刚祺种在心里的希望之树。每天早上 4 点多，他就扛着镢、拿着镰，上山种树、精心护树，像对待孩子一样细心，让小树苗茁壮成长。

种树必先开山，开山必先治水。树苗种上了，2 年以后结果，6 年以后达到盛果期。这荒山野岭的，水从哪里来？山上打井，是唯一出路。

牛刚祺在考察时早已了解到，这些苹果树苗要达到结果盛产，大肥大水是必须具备的前提条件。水？水井！只有在山上打井！

“牛书记，之前几辈子都没从这山上打出水来？你能打出水来？”

“就算是能打出水来，打井的钱咋办？总不能再捐款吧？”

牛刚祺又一次被泼冷水。

“没有钱，就跑项目，我就不信这个邪！”牛刚祺到水利部门把自己的想法一说，很快得到了支持。打井队随后就驻在了山上。牛刚祺忙前忙后，端茶送水，安排吃住，整天忙个不停，可 3 天打了 100 米，也没见到一滴水。

“本来信心满满，想大干一场，结果却让我开始怀疑自己的决策是不是真不行。那时候，连打井带开荒，还有家家户户的事，头绪繁多，整宿睡不着。”牛刚祺回忆着往事，仍心有余悸。是呀，我听老支书说，打到 150 米的时候，还是没有水的痕迹，加上诸多闲言碎语，沉重的现实让他越来越焦虑。

火热的心，强壮的身，繁杂的事，这位中年硬汉陷入了迷茫。

“虽然捐款种上了第一批果树，可见效很慢。村里又没钱，开荒也是赊账，要是打不出水来，我就是十九郎村的罪人呀。”牛刚祺一遍遍地跟我诉说。

面对强大的思想压力，牛刚祺一宿一宿地睡不着。阿普唑仑等镇静药一次吃 5 粒都不管用。

“牛书记，你光这样可不行，我和你去医院看看吧。”一起在山上干活的人都疼在心里。

牛刚祺被失眠折磨得实在是难以承受，终于到医院进行检查。

“老牛，你这病啊，得赶紧治，再不治，你就真疯了。”一个认识他的医生这样说。连续跑了七八趟，医生把准了脉，开出了方，四种药配合着吃，才慢慢好转起来。直到今天，牛刚祺还是要靠吃药助眠。

采访中，牛刚祺想到这些，心情仍很沉重：村民的希望，党员的动力，大家都盯着他，开弓没有回头箭！干，必须干，而且要干好！这就是牛刚祺，他不能辜负老书记的嘱托！更不能让信任自己的两委成员失去信心！党组织对自己的嘱托就是带领村民脱贫致富。若遇到困难就退缩，一名党员的党性到哪里去了？

“牛书记，有水了，有水了……”

当时已60岁的牛刚祺，正在山顶上忙，当听到“水”这个字，还是像小孩子一样兴奋地欢呼，一路小跑从山上冲了下来。那份喜悦和甘甜润泽心田。终于啃下了“硬骨头”，带来了新气象！

为保障有充足的水源，满足干旱时期的需求，硬是把井深打到了240米，这样能保障水源更足，水量更大。随着果树种植面积不断扩大，从那时起到现在，一共打了5口井，修了3个500立方米的蓄水池，至今水流不断、绵延不绝，且因水质良好，还生产出了天然矿泉水，备受欢迎。

我问牛刚祺：“我听说，时至今日，山上的井水在经历了2015至2017年的三年大旱考验，从未抽干过？”

牛刚祺颇为欣慰地笑着回答：“是的”。这笑中是对当初坚持打井主张的释怀，是对村民与两委成员的回答，更是对今后工作充满信心的注解。

我们在一起时，他总是习惯性地用右手不停地揉捏着鼻梁，微闭着双眼。他告诉我，他的眼睛视力也在下降，因为患上了老年人常见的白内障……

随着时代的发展，国家一再强调减轻农民负担，取消农业税与三提五统。在问到村民对整治荒山有没有情绪时，牛刚祺给我讲了一个小插曲。

2018年3月，邹平县国税局一位李姓领导在途经鸣羊山时，看到山上热火朝天垦荒整田的劳动场面，颇为吃惊，几十个人集体劳动的场面已经几十年未曾有过了，他好奇地走上前，山上鲜红的党旗在风中猎猎作响。

他问正在干活的牛刚祺：“你们在干什么？”

牛刚祺指指大伙：“我们在开荒田！”

这位李姓领导又问：“每人每天多少钱工资？”

牛刚祺呵呵一笑，答：“大家都是自愿来干的，义务工！”

看到李姓领导诧异的神情，牛刚祺冲着大伙挥挥手，扯着大嗓门问大伙：“我们垦荒有没有工资？”

大伙异口同声地回答：

“义务工！”

李姓干部觉得简直不可思议，当下还有人义务出工。他绕着新修整开垦出的山地转了一圈，问：“这么浩大的工程，全是义务出工？”

一众村民大声喊：“我们想过好日子，我们要把鸣羊山改造成花果山！”

掷地有声的话语道出了所有人的心声，李姓干部不由得伸出大拇指赞叹道：“了不起！了不起呀！”

3

我问牛刚祺：党的十八大以来，特别是习近平总书记关于“绿水青山就是金山银山”论断提出以后，如何增加十九郎村的集体积累，在建设社会主义新农村的同时，让广大人民群众对村两委更加信任，从现实生活中真切感受到社会主义新农村发展带来的红利，感受到十九郎村带来的幸福感与收获感？

牛刚祺答：“您问的问题好。提高十九郎村的集体积累，是我们村两委的头等大事。美丽乡村建设不是喊喊口号了事，这一切要让群众看得见摸得着，亲身感受到党和政府的温暖，才能乐在心里。”

“绿水青山就是金山银山。总书记说得太对了！”说起这10年来的经历，牛刚祺有感而发，“乡亲们离不开鸣羊山，离不开十九郎，我们就在绿水青山里做好乡村振兴这篇文章。”

如今，1300亩的荒山已经种了500多亩苹果、100多亩梨，苹果因为质量好还登上了飞机。通过土地整理项目，牛刚祺投入精力，对一条荒沟进行深挖整理，把泥土拉到山上，作为垦荒种植的表层土地，在整理好的荒沟中种植了30亩白莲藕，其余的河沟整改成水上乐园、水上漂流、水上探险等娱乐项目，又铺设了一段观光栈道。

远远看去，山上果蔬成林，硕果累累。走进山里，既可体验攀登与采摘的乐趣，又可在山脚置身于田田荷叶之中；既可在山上吃到甜而脆的水果，又可在山脚赏着荷花沐浴清雅氤氲的荷花香；既可在山上漂流而下，又可在山脚看人间烟火气的村庄、民宿。山林、果树、荷塘、村庄、民宿、漂流……一幅人间仙境般的画面美轮美奂，让人深深震撼！这还是当年满山荆棘、满眼荒草、满坡荒凉的鸣羊山吗？这分明是生机盎然、瓜果飘香的“花果山”……

采访到这里，我感觉牛刚祺有无数的感慨要说出来，这一切，不正是接过老书记的嘱托，在心中所描绘的美丽乡村的真实画卷吗？

“如今，我们村集体收入超过了100万元。我们为全村300多名70岁以上老人每人每年补贴500元，为80岁以上老人建了‘长者食堂’，中午免费午餐。建设了焕然一新的文明实践广场、四通八达的柏油公路、古朴典雅的文化长廊，美德健康生活方式正日常化、常态化。如今的鸣羊新村，已经基本不缺什么了……”牛刚祺的那份自信和喜悦溢于言表。这，对于一个从零开始的村庄来说，实属不易。

由于党组织优调，十九郎村和颜家村合并为鸣羊新村党委，牛刚祺担任党委书记。他年纪更大了，担子也更重了，荒山坡变花果山的故事还在继续。望着满山丰收的果实，他忘记了浑身疲惫，牛脾气又来了：要利用村内老粮库做民宿，引进专业人才，发展文旅产业，打造田园综合体，让鸣羊新村在擦亮乡村振兴齐鲁样板创新名片中焕发新的生机。

4

采访中，作为鸣羊新村党委书记的牛刚祺，时而回味当年带领大家开荒种树打井时的艰难经历，时而回味买树苗时所遭遇的抢白，时而久久沉思。但他说得最多的，还是“党性”二字。

接过老支书的嘱托，看着一穷二白的十九郎村2300余名父老乡亲期待的眼神，他的心中泛动着的是“党性”，“没有困难，党要我来干什么？”他带领村两委班子成员与村民代表义务开垦荒山的那段时间，由于时间比较长，为方便商讨工作和村民找他办事，他们就把党支部建在了山上，把鲜红的党旗高高地插在山上。

“人在红旗在，红旗下边是阵地，阵地在哪儿我就在哪儿。”掷地有声的语言，不是口号，是当年实干真干苦干的写照。

开完了荒山，一百余亩地的树苗又没钱买，牛刚祺的心里又着急起来：“等下去错过种植季节无异于等死，我是支书，我不带头谁带头？”

这一次，他又带头捐出三万元，支部委员每人五千元，先把树苗买回来种在山上。他时刻把“党性”与“党员的先进性”放在第一位。

2016 年、2017 年，国家出台了有利于乡村发展的土地整理政策。牛刚祺深知土地对十九郎父老乡亲的重要性，他要抓住这一有利时机在鸣羊山上大做文章。一寸土地一寸金，每整理一亩地出来会栽种多少果树，会带来多大收益，他不知算了多少遍。

那两年，在一片杂树荒乱石塘中，村里雇佣三台大挖掘机、两台小挖掘机没日没夜地填土、挖石、清理乱石岗。山上红旗招展，党旗插在最高处，四处机器轰鸣，牛刚祺俨然一位指挥若定的将军，时而指东，时而划西，时而拿起随身带的镢头刨一下土层看看复垦的质量，时而甩开大步，步量一下整理工程的进度，一刻也不让自己闲下来。

其实，牛刚祺心里清楚，这五台挖掘机一分钟也不能停，开垦出的土地可是十九郎村父老乡亲的聚宝盆啊！何况这些挖掘机一小时 240 元钱，不盯紧了干，对不起自己这个“党员”的称号。一天天的风吹日晒，一天天的蓬头垢面，浑身是土，满心是喜，看着整理出来的土地一片片扩大，谁能体会到牛刚祺内心的欣喜？又有谁知道，由于常年超负荷工作、高强度的工作压力，他的睡眠受到了严重伤害。

在儿女劝说、老伴恳求下，牛刚祺接受了去医院检查的要求。在医院里，他一次次跟主治医生讲：“我是十九郎村的党支书，我们村正热火朝天地整理土地，这是我们村千载难逢的大好时机，大伙儿都在山上干活，我能安稳地躺在这里？我没什么毛病，你还是给我配些药带回去吃，我哪怕看着大伙儿干，心里也踏实！”

医生万般无奈，看着这位倔强的汉子，只有千叮咛万嘱咐“一定按时吃药”，才放他回村。

就这样，原本项目整理的土地面积从 160 亩扩大到 210 亩，把牛刚祺乐得像个孩子一样，在新整理的土地上连着走了几圈。是呀，农民靠土地吃饭靠土地生存，这 50 亩地会带来多大的收益呀！

这不仅是一个农民对荣誉的珍惜之情，更是一个党支部书记内心时刻装着人民，脑海中时刻以“党性”要求自己的结果。

采访期间，在我与鸣羊新村文书孟令文交流时，他谈到“内蒙古买驴”一事。

2017 年，为拉动农村经济结构调整，国家拨出专项资金扶持农村经济建设。十九郎村作为山区，村两委经调查决定，依托鸣羊山地理优势发展特色养殖。

驴的饲养粗放，经济价值颇高，牛刚祺与村两委研究决定上马养驴场项目。

依靠国家扶持的200万元，用一部分资金新建18亩地的养殖场，每个养殖车间做到宽敞明亮。

2017年3月5日刚建好养殖场，牛刚祺就马不停蹄地在孟令文陪同下，乘火车赶赴内蒙古买驴。

那天是农历二月初八，春运结束还不到半个月，千百万的东淘大军涌向东北各省，开往东北方向的火车可谓一票难求。牛刚祺与孟令文就在这浩浩荡荡的东淘大军中，费尽周折抢到了两张无座票。正值壮年的孟令文身强体壮，可牛刚祺已是花甲之年，站在晃晃悠悠的车厢中，神色疲惫。孟令文看在眼里疼在心上，他知道，村中父老乡亲眼巴巴盼着早些把驴买回来，致富的路上机遇难得啊！

顾不得满身疲惫，下了火车，两人马不停蹄地转乘公交大巴，辗转于阿鲁科尔沁旗、巴林左旗、巴林右旗、林西县属地的农村集市。

“内蒙古真是大呀，不到内蒙古不知道什么叫地广人稀，每个村与村之间有的间隔一百多公里。就这样，牛书记和我在12天的时间里赶了9个集，买回了200头驴。牛书记不怕累不怕难，一心扑在集体事业上，能省的钱绝不枉花一分。这一回我真是被彻底感动了！”孟令文谈起来，言语之间满是钦佩。

这次内蒙古之行，虽然买回了驴，由于内蒙古与山东的气候差异，养殖经验欠缺，项目引进失败。

采访中，牛刚祺谈到养驴的事也充满自责。

“项目没成功，但国家的钱一分也不能糟蹋，我们把买的驴处理掉，把新建的养殖场对外租赁。由于物价差异，处理完驴不仅没赔钱，还略有盈余。我们保住了国家给我们扶持项目的200万元！”牛刚祺谈到这里，长舒一口气，习惯性地用宽大的手揉捏着自己的鼻梁，习惯性地靠在靠背椅上闭上双眼，稍后坐直身子，“作为一名党支部书记，我必须替党管好这笔钱呀！”

没有慷慨陈词，也没有豪言壮语。这掷地有声的话就是从这位朴实汉子的口中说出的！我不由得端详起这位已过古稀之年的老人：花白的头发，被岁月刻下了沧桑与斑驳。眼睛中两道犀利的眼神，宽阔而又充满活力的脸膛。

我看到的不仅仅是一位老人，更是通体洋溢着旺盛体力与坚强党性的老党员！他用自己的党性践行着曾经的初心。

采访快要结束时，办公室走进来一位面容清瘦、花白短发、拄着拐棍的老同志。听说记者是来采访牛书记的，不由得眉开眼笑：“同志，你可要好好宣传我们牛书记呀……”

来人是牛振祺，谈到牛刚祺做人做事的风格，牛振祺似乎更有发言权。牛振祺侃侃而谈：“早些年我是村办企业的厂长，牛刚祺工作中不仅踏实肯干有思路，最大的特点是不怕吃苦、敢于担当，所以我经与两委商定，任命牛刚祺为经营厂长，专门负责产品销售。牛刚祺进入村委会后，担任治安委员与民事调解员，每天都是东家长西家短的邻里纠纷，宅基地、排水沟、赡养老人、遗产分割……不一而足。在牛刚祺担任治安主任与调解员期间，十九郎村没发生一起刑事案件与村民上访，足见其做事为人的磊落与亲民情怀。”

牛振祺不仅表达清楚，语速也挺快，言语间对昔日的经营厂长充满了欣慰与敬佩。

“大事讲原则，小事讲情怀，”牛振祺又打开话匣子，“他的口头语是一碗水端平才能有邻里和谐社会稳定，没有稳定与和谐，谈什么发展与共同富裕都是空话……”

是的，随着经济发展，社会上人与人之间的关系变得越来越微妙，也变得越来越现实。人性中善良与质朴的本性在逐渐受到侵蚀，无形之中给调解员的工作带来了极大的挑战。然而，牛刚祺硬是凭借自己“一碗水端平”的原则，赢得了村民的信赖与上级政府部门的认可和嘉奖。

十九郎村的牛姓与尹姓两家曾在一处院中租住，从事机床加工业务。后因尹姓人家发生变故而停业，只有牛姓一家热火朝天忙生意。

发生变故后的尹家因不能继续承揽加工业务，日子过得日渐窘迫。因家中上学的孩子面临高考，牛家轰鸣的机器声严重影响了孩子学习，尹家便找到牛刚祺，要求牛家停业或搬迁，毕竟升学决定着孩子的前途，也是人生中唯一可以改变命运的有效途径。

搬迁？对于生意红红火火的牛家谈何容易！不说因搬迁停产带来的损失，单说找一处合适的厂房就是一个大问题，电力、道路、车间，这些都不可能达到牛家搬迁所需要的条件。

一家是言之凿凿合情合理，一家是据理力争毫不让步，牛刚祺被两家闹腾得心烦意乱，不知怎样办理才好。有一天，他在村中不经意间经过尹家老宅院，觉得虽长年未居住，稍加收拾修整，仍不失为一处好住处，就不由得眼前一亮，有了主意。

牛刚祺不知跑了多少次，终于劝说尹家将自己从事加工的厂房转卖给牛家，将自家老宅院装修一下重新居住；到了牛家，又不厌其烦地把尹家因发生变故少了经济来源、孩子需要求学深造的状况摆在桌面，同时又将牛家生意红火、接手尹家厂房扩大再生产会有更高的收益摆在明处，还把两家沾亲带故、理应相助的道理说了出来。最终，以牛家可以接受的价格，让尹家愉快地将厂房转卖给牛家。这样，尹家的孩子既能安心学习，今后学习、生活的费用又有了着落；而牛家扩大了生产规模又没花冤枉钱，还维系了老亲戚关系，可谓两全其美！

牛振祺告诉记者，“百姓无小事，和谐是大局”是牛刚祺时时挂在嘴边的话。能够把百姓小事放在心上的牛刚祺确实不一般，他不仅悟透了新农村新时代新的人际关系的轻重，还把邻里和谐与社会稳定紧密地联系在一起，上升到一个全新的层面上，被授予“全国优秀调解员”的称号也就不足为奇了！

“和谐”是一篇大文章，这体现在牛刚祺身上，不仅仅是抓住新时代新农村经济发展与共同富裕的机遇，还体现在新农村村容村貌的形象工程上。道路宽敞，村容整洁，让百姓生活在不比城里人差的环境中，让人们有满满的幸福感与收获感。

“60 岁以上的老人，每年春节村里发放 500 块钱过节费。为解除在外务工人员的后顾之忧，村里老人食堂每天为 80 岁以上的老人提供不低于 15 元标准的午饭。我们就是让村民享受到鸣羊新村的荣耀……”牛刚祺的话不多，句句都落在了实处！

新时代新农村，会有不少关于民生与经济发展的新问题，有牛刚祺这样的情怀，把共产党员的初心使命践行到如此细致、如此有力，让人民群众有实实在在的幸福感与收获感，我们踔厉奋进新农村的新征途还有什么顾虑与疑问呢？

采访结束时，落日的余晖洒满鸣羊新村，马路两侧绿树相映。远远向鸣羊山上望去，“绿水青山就是金山银山”十个大字醒目地矗立在山上，满山的青翠一望无边。我仿佛看见在山顶上那一面鲜艳的党旗下，牛刚祺与村两委一班人指点着生机盎然的鸣羊山，谋划着鸣羊新村更加美好的明天！

减水剂的摆渡者

——记山东省劳动模范、山东省建筑科学研究院有限公司刘永生

张丽语

保坍攻关

大巴车一路往南，高架桥两边的树木都已在黑夜中放慢了呼吸，与黑夜混成一片。车灯打出的两束光随坡势起伏着，像鼠标在电脑屏上慢慢拖出的虚线。

到了市区，偶尔有骑电瓶车的行人从闪烁的霓虹灯招牌下一闪而过，白天喧嚣的马路也静了下来。大巴靠路边停下，车门缓缓打开。

没有人下来。司机扭头看向后面，问："刘工，是不是该下车了？"

没有回应。司机再问一遍，怀疑他是不是在后面睡着了。每天上下班，刘永生都是坐在大巴固定的一个角落，沉默不语。同事们都知道他在车上也经常思考产品研发的问题，所以也很少打扰他。今晚，他又是乘最后一班专车回来。都知道他所在的混凝土外加剂研究所的重要性，作为能为单位赢得很大产值的部门，司机也知道他们的辛苦。难道是累了一天，在座位上睡着了？

"刘工，睡着了吗？"司机再一次发问，试探的尾音就像发动机要熄火的

震颤。

刘永生回过神儿来，站起来歉疚地说：“对不住，对不住，光想事儿了，走神了！”他拱拱手和司机作别，在回家的路上不免有些垂头丧气。

刘永生在混凝土外加剂研究所主要从事减水剂（外加剂主要是减水剂）研发工作，也算是天天和混凝土打交道的人。混凝土是一种常见的建筑材料，主要由水泥、砂、石和水等原材料组成。在混凝土技术发展的历史上，高效减水剂的出现被公认为是继钢筋混凝土和预应力钢筋混凝土技术之后的第三次技术飞跃，而混凝土高效减水剂则成为混凝土的一个不可或缺的重要组成部分。它不仅改善了新拌混凝土的工作性能，而且从微观、亚微观层次上改善了硬化混凝土的结构，提高了混凝土的物理力学性能和耐久性能，对混凝土技术发展和建筑业的现代化都具有极其深远的意义。可以说，混凝土高效减水剂的出现，使城市建设告别了让工人用小桶运输混凝土的时代。

但最近的实验，让刘永生产生了一种挫败感和绝望的情绪。本来这项保坍技术马上就大功告成了，在前期的反复实验中，数据和测验结果都很稳定，也让人满意。可把试验品在工地一试，却发现不尽如人意，成功率很低，只能把实验推倒重来。肯定是有一项原材料配比或成分有问题，但到底是哪一种，刘永生没有把握。

前几天，应用部门的专家杨少伟博士从工地回来，去化学实验室找刘永生反馈：“工地的进度有点慢，现在是万事俱备，就等着外加剂这股风呢！怎么样？有进展吗？”刘永生摇摇头，用手指想把眉心的川字纹抚平：“快一个月了，就是没有突破！有时候情况好点了，第二天再实验，反应还不如原来，又退回去了。”他找出工作台上的一堆数据单，掀着：“你看，泡沫又出来了。”杨博士伸头瞅着，看着表格上的滴加时间、反应热度、反应状况，忍不住叹气：“也难为你一天十来个小时盯在这儿，看看从这些数据材料里能不能找出规律来，到底是哪里出了问题？”他走到窗前，推开窗子，“我说你们在这实验室里不嫌味儿吗？我进来都被这些化学药品熏得头晕。”刘永生已经习惯了，他仍然专注地看着那些数据，苦闷地说：“我知道，肯定领导让你来催了，我也想赶紧让产品出来呀，就目前的原材料都试了个遍了，一点进展也没有。又不能用双氧水作引发剂，这是易致爆化学品，唉！”

杨博士走过来拍拍刘永生的肩膀，满是同情地说：“再想想办法！领导急得火火的，仓库里还压着货呢，这笔资金可占了咱款项的百分之六七十，你这外加剂早点出来，咱的资金才能早点周转呀！”

这无形的压力让刘永生眉头锁得更紧了。他想起了2017年鲁南高铁施工的那次经历。当地的混凝土和易性太差，正常出来的混凝土应该有较好的黏聚性，可他们那里按正常配比出来的却是水泥浆流跑了，但石子和沙子却裸露在外面，像豆腐渣一样。他们用已有的产品经过多次调整也无法解决材料的实际应用，施工部门也找来其他厂家的产品，也是无法解决这一问题。现场的技术服务人员打电话向刘永生询问，看是否能从济南出差去一趟。刘永生立即随前来接他的车子前往现场，查阅已有的实验记录，调取了几个相关的试验样品。在进行混凝土试验时，他发现有一个样品试验效果良好，通过中试生产、工程试应用，顺利解决了那个棘手的难题。业主和工程施工方向刘永生投去了敬佩的目光，并竖起了大拇指，按照检查出来的问题果断停止了提供水泥和粉煤灰的厂家供应，重新采购了不仅达标而且性能也符合的原材料。事后在庆功宴上，材料公司总经理同时兼任混凝土外加剂研究所所长的领导也特意向刘永生碰杯：“你就是咱山东建筑科学院的一颗明珠，是我们的骄傲！”

正是有了前面这种成功的案例，出于对研究所的信任和以往成绩的肯定，再加上市场原材料价格正赶上销售的低点，领导们决定趁机多囤点货，刘永生他们所里的新产品一出来，又能赶上一波红利。

谁想到，产品在实验室处在了一种胶着的状态。刘永生和另外三个科研人员已经无数次展开头脑风暴。他总是鼓励大家：“你们就放开说，大胆地想，只要不出地球圈，能考虑的全都可以试试。”可大家都穷途末路，只有唉声叹气的份儿。

每天在实验室一待十几个小时，现有的设备只能做两组实验，每一组十几道程序下来，人像虚脱了一样。但关键不出结果，这是比体力消耗更大的打击。

刘永生迈着迟缓的步子，终于到了家门口。书房掩着门，妻子和孩子正对桌学习。想到她们，刘永生就感到愧疚。妻子是初中数学老师，多年在初三毕业班挑大梁，一心扎在工作上，下班也没有准点。孩子从小就吃小饭桌，两口子经常很晚才接她回来，周末也是饥一顿饱一顿的。孩子说：“生在你们知识分子家庭，以为有啥便利呢，结果连饭都吃不上。”

现在孩子马上要面临中考了，有妻子陪着，他不敢过多地打扰，只能轻手轻脚地，做些家务活来尽点微薄之力。

妻子听到动静，出来轻声告诉他："孩子的校服有块污渍，我用洗衣粉在盆里泡着呢，你一会儿帮她涮出来。"

刘永生顺从地进了洗手间，看着盆里的洗衣粉，他眼里闪烁的全是化学符号：增白洗衣粉的爆炸盐是过碳酸盐，俗称固体双氧水，和双氧水这种引发体系在反应上有相似之处。忽然，他揉搓衣服的手停住了，像有一道闪电在脑子里一亮，能不能用过碳酸盐试一试？大脑经过迅速梳理，越想他觉得越有戏，忍不住加快了洗衣服的速度。

果然，第二天上班，当他投料观看反应的时候，皱纹终于舒展了，喜悦让胸腔就像充了气的皮球，一下子轻盈了很多。

近两个月的攻坚战终于拿下来了，保坍技术攻克了难关。当经过几个小时的时间，混凝土的流动性就像新拌制完成时的那样顺畅，应用部门的杨博士不禁喜上眉梢。而刘永生也把这种像渡劫一样的感觉分享给家人的时候，女儿仰着脸用星星般的眼神望着他："爸爸，你是我的榜样！这么一来，再看我的考试题，简直就像小儿科一样。"

指路明灯

刘永生给女儿树立了榜样，他的职业生涯也很庆幸遇到了一位指路名师。

当年，他从山东大学化学系研究生毕业，在几家单位递来的橄榄枝中，他选择了山东省建筑科学研究院。这是一座省属科研院所，可以说是山东省建筑领域最好的研究机构。领导根据他所学的专业，把他安排在混凝土外加剂研究所。

刘永生觉得自己还算是顶着光环进来的。20 世纪 90 年代，本科生毕业都还被单位抢破头，何况他是硕士学历。而当初，在高中阶段，他就已经斩获了化学奥林匹克竞赛的大奖，并因为成绩优异被保送到山东大学。

到了单位，他才意识到自己的浅薄。他以为化学在建筑上的应用就是用到比如涂料、107 胶之类的装饰用化学建材，但对混凝土外加剂一无所知。院总工程师是退休返聘回来的周惠南先生。周老师也是瘦高个，虽然年逾七旬，但身材仍很挺拔，他循循善诱地对刘永生分析目前这一领域的现状和以后的发展前景。刘永生这才发现混凝土外加剂研究是一门交叉学科，既要用到化学方面的知识，又要用到混凝土方面的知识，特别是化学外加剂方面，更突出了化学合成的方面。

当意识到我们国内这一研究领域的苍白和薄弱之后，周先生用沉重而苍凉的声音说："小刘啊，我年纪大了，只能把经验传授给你。对你来讲，任重而道远。你看，萘系高效减水剂虽然是应用时间最长的高效减水剂，它的生产技术和应用技术也趋于成熟，但它性能上的不足和这几年原材料供应的紧张，还有价格的剧烈波动，都严重影响了它的生产和应用。"

周老师一讲起专业来就侃侃而谈，滔滔不绝，两人经常聊着聊着就忘了下班，等到夕阳沉下了地平线，无影山路上的街灯陆续眨起了眼睛，他们才意犹未尽地挥手告别。到了单位门口，周老师又一把拽住刘永生的胳膊，叮嘱他："多买几本杂志啊，研究一下国际前沿的东西。"

于是，刘永生的办公桌开始摞得像一堵小墙，国内的《新型建筑材料》《混凝土与水泥制品》，国外的像美国的《建筑复合材料杂志》、英国的《水泥与混凝土复合材料》等周期性地来这儿报到。刘永生开始关注非萘系高效减水剂的发展，比如脂肪族高效减水剂、氨基磺酸盐高效减水剂和三聚氰胺高效减水剂等。

而对于他的引路人，刘永生在逐步了解中，才知道周先生是建科院混凝土外加剂专业的创始人，是享受国务院政府特殊津贴的专家，也是全国建筑领域为数很少的正高级工程师，曾获得全国城乡建设系统科技劳动模范称号，在建筑材料特别是在混凝土外加剂方面取得了多项首创性科研成果。作为院里的总工程师，他每次和刘永生聊起来都语重心长："萘系减水剂这种主流的产品在 20 世纪 60 年代德国就发明出来了，到现在都很少有替代品，我们国内行业占有率达到 80% 以上，但它的主要原料工业萘对煤炭资源依赖很大。随着煤炭资源的不断开采，萘的供应势必呈现越来越紧张的趋势，需要有新的产品来取代它，以抵消这些不利因素。"刘永生也明白，萘系减水剂在生产过程中还要用到 140℃的浓硫酸进行磺化，对环境污染较大。为降低产品生产成本，减少生产能耗，减少对环境的污染，刘永生准备开发一种可在无热源的条件下进行生产、生产工艺简单、原材料也容易获得的减水剂。

传达室的师傅经常见他从食堂提着一塑料兜包子，心知肚明地问："今天又准备加班到几点啊？"刘永生拍拍后脑勺，尴尬地说："不知道呢！得

看样品的结果。您放心，要是太晚了，您正常休息。办公室里有沙发，我就不回家了。”那时候，实验设备一台一天还只能做一组，原材料反应也比较慢，等到下班了，有时候样品才出结果，这时候还要拿着样品再去做实验。凭着初生牛犊不怕虎的劲头和父母的支持，刘永生全身心地投入到减水剂的研发中。

终于，一种脂肪族磺酸类减水剂产品研究出来了，它没有三废排放，通过中试生产和市场应用，取得了较好的应用效果。整个社科院听到这个消息都很兴奋。他们没有想到，这个所里只有这一个年轻人，却闷声不响地干出了这么一件大事。周先生也终于放心地对他说：“我年纪大了，这次是真正要光荣退休了。有你，咱们研究所就能坚持下去。”带着周先生的嘱托，刘永生又先后研制了氨基磺酸盐高效减水剂产品和新型三聚氰胺高效减水剂。作为主流产品的补充，在一些特殊功能需求（比如保坍、混凝土表面要求较高）的工程中，它们也发挥了比较重要的作用。依托产品的相关科研课题，刘永生也获得了山东省建设科技创新一等奖两项。

乘胜追击

刘永生最初研发的还算是缩合类聚羧酸减水剂这一大类，这些产品广泛应用在工民建、地下基础工程、机场、水利等工程中。

随着国家基础建设大幅提速，高速铁路的建设进一步推进了国内聚羧酸减水剂产品的研发和应用。刘永生也投身于聚羧酸减水剂的研发工作。他先后研制成功 NC—JM8 聚羧酸减水剂母液、NC—JM7 聚羧酸保坍母液，NC—

JM9 聚羧酸减水剂母液产品，同时研发了超高浓度聚羧酸减水剂，以及超支化固体聚羧酸减水剂产品。

时间的指针转眼拨到了 2006 年，市场虽然已经有小范围的聚羧酸减水剂，但很多工程都不关注减水剂行业的这个“小兄弟”。有的老板对刘永生说：“可别给我们找麻烦了！我们原来用的那种产品都顺手了，何况还囤了那么多货，你要研发出新产品，我们还得再学习，哪有那么大脑袋装这些东西？”

但刘永生知道，科技创新的脚步是不会因为我们的懈怠而停止的。就像减水剂，没有它，搅拌水泥很费力，如果有它的加入，搅拌起来就轻松顺滑得多，而且还可以减少水的用量。通过减水剂技术，混凝土可以像水一样流动，也可以通过管道运输，并通过“泵送”技术沿着管道传递到数百米高空。当万丈高楼平地而起，当脚手架上的工人戴着黄色安全头盔，身着红色安全服，看着混凝土因为添加剂的作用，像流水一样舒缓地沿着墙壁自动铺平，那种轻松的心情就像早晨红日初升放出的万丈霞光。

每当这个时候，刘永生在外出对施工单位进行指导的长途路上，看着一座座高楼迅速地从玻璃窗外退到后面，像一排排哨兵静静地护卫着大地，他就觉得幸福感和成就感就像可口的中餐一样让胃充实着、温暖着。

何止是高楼呢？ 2006 年郑西客专一开工，刘永生的工作又忙了。这是铁道部门首次应用山东建科院自主研发的聚羧酸减水剂产品。

但在相关部门决定采用这种产品之前，山东建科院研究所内部也开了大大小小无数个会议。刘永生印象最深的，是对采用聚羧酸减水剂产品研发的争议。

会议室里，部门领导严厉的目光扫视着长会议桌两排的与会人员。还是有人建议用萘系减水剂，他们算了一笔账，就是消耗库存，那也能省一大笔钱。领导让刘永生发言，刘永生也算了一笔账，即便是原来的库存浪费了，用聚羧酸减水剂省工省料的钱也比原来花得少。

“缩合类减水剂，主要存在以下缺点：一是掺量较大，大都在 2% 以上；二是生产过程采用甲醛，产品中存在甲醛残留，造成环境污染；三是碱含量较高，造成混凝土耐久性较差。”

刘永生条分缕析，不急不躁。与会领导频频点头，外加剂所总工程师鲁统卫也推测：“为减少建设过程中的环境污染，以后的基础建设肯定会大量使用聚羧酸减水剂。我们应该未雨绸缪，不能等着市场变成一片红海才去应对。”

又有人提出异议，目前国内聚羧酸减水剂的研发较少，大都使用国外厂家的聚羧酸减水剂产品，但其价格非常高，基本上都在每吨一到两万元。“聚羧酸减水剂确实能使后期省工省料，但它的前期研发成本花费也不少啊！”

几个与会领导休会时凑在一起商量。刘永生被叫过去，问到这么几个问题：“目前国内聚羧酸减水剂的研究到了什么程度？我们现有的方案成熟吗？如果以后工程上一旦使用，供应量能不能保证？”回答自然是肯定的，所里在几年前就有了聚羧酸减水剂这方面的技术储备，并早就开始了产品的研发应用工作。

好消息也随之而来，郑西客专高铁的动车组明确要求修建专线时要用聚羧酸减水剂。而山东建筑科学院的聚羧酸减水剂系列产品也已日渐成熟，和国内仅有的几家同类产品比较，占有明显的市场优势，并且打破了聚羧酸减水剂的进口垄断，使得聚羧酸减水剂产品的价格大大降低，也使得工程造价成本不断下降。

于是，随着郑西客专工程的顺利交付，混凝土在需求日益提高的情况下不断改善性能，使随后的京沪高铁、青岛跨海大桥、青荣城际铁路、济青高铁、哈尔滨西客站、京沈高铁、鲁南高铁等重点工程项目也开始与山东建科院合作，实现大规模应用，创造了产值数亿元。刘永生也无可争议地取得发明专利两项，获得建设部华夏奖三等奖一项、山东省专利三等奖一项以及多项山东土木科学技术奖。

工地试验

刘永生印象很深的，是在京沪高铁建设期间野外工作的那一个多月。

中巴车拉着他和同事上高架、走高速、穿田野、越河流，终于在颠簸中过了德州，来到了山东与河北交界的一处工地。

一下车，工地领导就迎上来，用老虎钳子一样的手与刘永生他们握手：“可把你们盼来了！辛苦几位专家，到这艰苦的工地来给我们指导工作。”刘永生一行人被领导们夸得不好意思，就说：“我们先干活，干活要紧。”他们把随行带来的实验材料和工具从车上搬下来。工地领导招呼几个小伙子也赶紧上来，小心谨慎地帮他们把实验材料和工具都搬到附近一个临时搭建的实验室里。

四下里望，这一片工地还不算偏僻，能远远地看到村落和集镇，远处的麦田经过料峭的春风的吹拂，像马鬃一样起伏着。风还没褪去干冷的寒意，吹得每个人都不由得缩紧了脖子。在简单的寒暄之后，领导搓搓手，抱歉地说：“对不住各位，环境条件有限，你们就将就在这儿办公吧，住的地方在不远的宾馆，这样来回方便。”

刘永生表示就住在实验室也没有问题，虽然实验室在空旷的四周显得孤零零的，像临时搭建的蓝色集装箱。但真的走进去以后，发现这个钢结构的房子还挺厚实的，也很牢稳。工地领导还细心地为他们装上了空调。

一起来工地的外加剂所副总工程师刘志国博士等一干人走后，开始强调工程方的各项要求。屋内室温 20 多度，刘博士打开窗户，一阵冷风嗖的一下刮进来，让人如坠冰窖。“永生，你看这个室内和室外温差还是挺大的，所以，母液和功能材料复配的时候，要充分考虑到户外低温情况下混凝土防冻害的问题。”刘永生点头，预估了一下试验完成的时间。两人多年建立起来的默契和信任让他们很快各司其职。

连续几天，刘有生又开始了两点一线的生活。一早睁开眼，赶到实验室；天黑了，再赶回宾馆。附近的小饭店还不知道藏在哪里，幸亏他来时买了两箱方便面，一箱榨菜和几包火腿肠。用热水把方便面泡熟，调料里的葱花和火腿肠的味道又让他想起了当年在高中阶段参加化学竞赛集训的日子。人不能两次趟过同一条河流，但可能会经常回忆起同一条河流，每一次回忆都会充满对以往的怀念和对未来的期盼。

刘永生隐约觉得，这次能为京沪高铁做点贡献，京沪高铁的成功，后期一定会迎来高速铁路建设的飞速发展。后来他才了解到，高铁的建设从无到有，从少到多，经过十几年的建设，截至 2022 年底，高铁总运营里程已经达到 4.2 万公里，山东省高铁总里程也达到 2446 公里。高铁建设技术日益成熟，目前已出口海外，国产的聚羧酸减水剂也随之走出国门。

这是后话。再说当时的实验进行得很顺利，工程开展得也很快，只是不同的工程阶段要用到不同性能的混凝土，应用于梁、板、柱、桩、墩台、承台、箱梁、底座，涵洞、路基支挡等不同用途或施工部位。有个工地上新来的小伙子看着刘永生也在现场像工人一样操作，忍不住感慨：“你们这搞科学研究的也肯下一线啊？”不等他回答，又忍不住问：“我就是不太懂，天天吆喝减水率，这减水率到底是怎么回事呀？”刘永生看他这么好学上进，就边做实验边讲：“减水率一般用来表征减水剂的作用效果，是指在指定掺量下所能减少的用水量百分比。例如，原来要用100克水能将砂浆搅拌出状态，加入规定产量的减水剂后用了82克水就将砂浆搅拌出状态了，结论就是此减水剂在该规定产量下的减水率为18%。”小伙子若有所思，喃喃地说：“没想到工地上也不仅是搬砖，其实也有很大的学问。”

刘博士招呼他们去吃饭。几个人徒步迈过河沟，走过一段轧坏了的水泥路，到了一家店“农家炒土鸡”。刘博士说：“我们的实验接近尾声了，吃饭饥一顿饱一顿的，大家真是辛苦了！”等老板娘忙着烧起木柴，火舌舔着铁锅，笨鸡和花椒的香味慢慢溢出锅沿，他们已经讨论起复配配方的问题。很多厂家担心自己的技术配方被别人盗取，可山东建科院却一直坚持两条腿走路。厂家如果确实没有技术人员自己进行复配，想买现成的配好的材料也行；如果能自己复配，这边教给他们具体的配比以后，直接买母液也可以。“永生，这样你的压力就大了。市场规律总在强调：人无我有，人有我优。你就得不断超越自己，突破原来的技术，让你的产品不断地更新换代，有更好的性能替代原来的产品。”

刘永生也已经注意到，从我国目前建筑材料的发展趋势来看，高性能和更高耐久性的混凝土、3D打印、机喷砂浆和喷射混凝土、智能化和绿色化工厂，具有透波、轻质高强、耐蚀、易施工等优点的新型建材，防水、防护、修复和改造用加固材料，特种水泥和混凝土，UHPC、清水混凝土的装饰部件等，都需要高性能的聚羧酸减水剂产品，新型装配式建筑使用的高强、早强、抗裂、良好外观效果的各种装配式构件及安装配套用套筒灌浆料等关键材料，也对聚羧酸减水剂的性能提出了更高的要求。此外，混凝土材料的劣化问题，也迫切需要高性能的减水剂产品来解决。他一直在思索，脑海里已经有了几条研发新产品的思路。

身份叠加

当刘永生回到单位，其他部门的人见到他都笑：“怎么一阵子不见，人又干又瘦的？”得知他出差去工地了，有人偷偷告诉他：“听说你们材料公司的蔡总要让你到生产一线去督产。”

刘永生心里一惊，他心里是有点抵触其他的工作安排的。从一脚迈进研究所的大门起，他就一直在这个部门兢兢业业地工作着，从没想过改换自己的工作岗位。

等到蔡总约他在办公室里谈论这事，刘永生本能地想拒绝。但蔡总说，让他监督生产一线的时间不会很长，为保证生产的顺利进行和产品质量的稳定，参与一下有利无弊。前后两任生产部门经理未交接的这段空档期，算是让刘永生兼职，有空还可以继续做实验。最主要的是，想借此锻炼他对材料从实验到生产以及应用等方面全方位掌握的能力。

那段时间，刘永生在生产一线开始学习管理经验，他的认真和坚持让产品的合格率一直维持在较高的水平，而且产品给他很多启发，让他认识到哪些在实验阶段更应该改进，对以后的研发拓宽了更广的思路。

在党务工作上，刘永生又被任命了新的职务——研究所党支部的纪检委员。在实际的组织工作中，他重点加强全体党员的党风党纪教育，组织落实理论学习计划，完善学习制度，确保学习时间和效果，帮助支部书记坚持搞好“三会一课”的学习，组织党员开展形式多样的组织活动，对部分党员和职工进行谈心谈话，深入了解党员和职工的工作状态及工作问题，帮助员工解决思想上的难题。

作为一名党员，刘永生一直模范履行党的义务，保持共产党员的先进性，时时刻刻用优秀党员的标准严格要求自己，在工作和生活中起到了一个党员应有的模范带头作用。

后来，他获得了山东省劳动模范的光荣称号。他仍谦虚地说：“我更像一个为混凝土减水剂摆渡的人，让它朝更好的性能、更有利于环境建设的方向发展。”似乎在青山绿水中，我们看到了一位新时代的艄公，他以玻璃器皿、实验台等作船只，以滴液管、记录笔作船桨，与混凝土共舞，莳弄出一片化学世界的盎然生机。

追 求

——记山东省劳动模范、济南莱电新源投资有限公司任杰

魏佑湖

人活着，总要有追求。有人追求享受，有人追求虚荣，有人追求奉献。任杰追求卓越、创新、奉献。一路走来，他成了供电行业里一颗闪光的明珠。

任杰，男，汉族，1978 年 9 月出生，农工党党员，第十一届济南市莱芜区政协委员，济南莱电新源投资有限公司电工高级技师、正高级工程师。曾获“全国五一劳动奖章”“山东省富民兴鲁劳动奖章”和“山东省劳动模范”“济南市劳动模范”“齐鲁工匠”“济南大工匠”“享受国务院特殊津贴专家（高技能人才）”“齐鲁首席技师”“济南专业技术拔尖人才”“泉城企业突出贡献技能人才”等荣誉称号。

一

“苔花如米小，也学牡丹开。”这句诗，似乎任杰最能深刻地理解它的内涵。

1995年，任杰考入当时的山东省机电学校。4年学一个职业中专，很多同学认为学不学一个样，总有“躺平”的观念。任杰也曾苦恼、困惑过，但他觉得即便是苔花，也要学牡丹开，人生有多条路，学好技术、练好本领总会有用武之地。在校期间，他不停地向老师请教，课余时间也钻研书本。老师很喜欢这个学生，常常带他去工厂参观，他参观后的心得也常常与老师交流。

在校期间，他有一次坐火车，看到高山峻岭上的电网铁塔，就琢磨未来的电网传输能不能有一个能量传输的升级，在一定的距离之内，实现能量的分解转化后发射出去，然后有一个能量接收站做好接收，那样就可以实现电力的无线传送。在30年前，这个想法很离谱。但多年以后，社会上终于出现了手机无线充电。任杰听到这个消息后，当晚激动得难以入眠……学生时代的他，就显示出了超过常人的创新思维。

你永远无法知道任杰下一秒会想什么，他的脑子里总是装着些奇奇怪怪的想法。比如，汽车在行驶过程中遇到堵车，能不能自动转向？遇到暴雨天气，电动车驾驶员如何全面遮挡？当电力设备因烧毁造成数据丢失，有没有一个类似飞机“黑匣子”的东西，能记录、保存各种数据？面对莱芜城区逐渐拥堵的交通状况，能否设计一种“人车混行”的新型立交，既能彻底解决交通拥堵问题，又能成为莱芜的景观亮点？……

世上最重要的事情，不在于我们在何处，而在于我们朝着什么方向走。任杰勤于思考，善于创新，追求理想，令人钦佩，值得称赞。

中专毕业后，任杰进入国家电网，成为一名抄表工，验电、开表箱、复诵、记录，每天无数次地重复这些动作。他爱思考、多奇想的特点，在参加工作后更是展现得淋漓尽致。

有一次抄表时，他的一只手被表箱的棱角划破，鲜血直流。回到办公室后，他陷入了沉思：能不能设计一套装置，实现不开箱门抄表，既能提高效率，还能安全可靠？直到下午下班回家，他突然看到家中的小板凳，联想到能不能在电表的屁股上安一个“小板凳”，实现不开门抄表？他忘记了伤口的疼痛，立即着手设计、修改和试验，连夜制作了一个铁皮“小板凳”，研制出了一款电能表安装支架。第二天拿到现场进行实验，果然实现了不开门就能抄表的功能，既提高了抄表效率，还保证了抄表安全。

这是他参加工作后的首次创新，虽然简单，但效果很明显。这让他尝到了创新的甜头，在心里埋下了“创新”的种子，从此与创新、发明结下了不解之缘。

二

任杰在日记中写道：我要用热血和青春去谱写创新生活的乐章，让它融入中华民族伟大复兴的大合唱。

他虽然有创新的愿望和激情，但很快就遇到了第一个瓶颈：知识储备不足。为提高技能，他想方设法给自己充电，努力完善自己的知识结构。在参加一次电工高级技师培训期间，他为了弄懂一个电路图，在一个零下十几度的寒冬的晚上，为躲避家里孩子的吵闹，竟把自己关在楼下私家车里，一学就是 3 个小时。就这样克服重重困难，如饥似渴地学习。他参加自学，用 8 年时间，实现了从中专生到大专生再到“双本科”的跨越，为更好地创新研发注入了能量。

顾了事业就顾不了家，因工作忙，任杰很少回家看父母，只是每隔一段时间打个电话。亲戚朋友也责怪他不回家看望父母。他说：“为了解决工作中的实际问题，常常加班加点，有时几个星期不回家。出差在外最怕的事，就是听到《常回家看看》那首歌，那时候心都在颤抖，好像看见了父母妻儿期盼的目光。”接受采访的时候，任杰说着说着眼圈就红了。他还说：“我对家庭是有愧的，但我无愧于供电事业。”朴实的几句话，准确地表露了事业在他心中的分量。

水激石则鸣，人激志则宏。汪国真在那首《热爱生命》的诗中写道：“我不去想是否能够成功，既然选择了远方，便只顾风雨兼程……我不去想未来是平坦还是泥泞，只要热爱生命，一切，都在意料之中。”这首诗时时激励着任杰。老母亲也很理解、支持他，常常鼓励他说：“艺不压身，三百六十行，行行出状元，只要你好好干，机会总会有的。”他始终不敢忘记母亲的教诲，对待工作一丝不苟。

青春无问西东，奋斗自成芳华。在创新的路上，任杰努力地跋涉。“凡是别人没有想到、没有做过的，你想了做了，就是创新；在生活、工作中遇到不称心、不满意、不方便，你将它改进了，就是发明。”正是源于对工作的挚爱、对生活的感悟，让任杰有了更多的思考和创新灵感。

2007 年 11 月 24 日，在给雪野一个偏僻的畜牧养殖场送电后，同事段伦兴向任杰抱怨道：“这里前不着村后不着店，负荷太小，想查看表记数据还真难！”听到这话，任杰想起业扩送电中经常遇到的难题——负荷较小时，无法使用电能表校验仪查接线。

回到班里，任杰与大家一起分析讨论，商议解决方案。经过多种方案测试，任杰发现家里烧水用的“热得快”负荷性质就是阻性。他们经过反复研讨和实验改进，研制出一款液体式计量专用负荷仪，成功解决了现场负荷较小时无法使用电能表校验仪进行测试的难题，而且确保计量准确无误。

但他们很快就发现，液体式负荷仪存在重量较大、携带不便且使用烦琐等问题，他们便有针对性地进行了改进，经过一次次实验，研制出干式便携计量专用负荷仪。这项技术获得了国家知识产权局授权和认证的实用新型和发明两项专利，实现了莱芜公司发明专利零的突破，也给了任杰更大的动力。为了完善它的技术性能，他们研发了第二代负荷仪，并成功应用于生产现场。为了实现真正的“便携”，积极与行业专家进行技术交流，为第三代的研究迈出了坚实的一步。

任杰和他的团队经过 4 个月的摸索，一次次地改进，研制成功了远程控制安全费控柜，成功将互联网的便捷运用到了电网的控制中。

在获得各项荣誉的同时，除了电力行业的创新发明，任杰还把自己的目光投入到了解决社会问题的发明项目中。他历经三年半研发完成的世界上第一座方程式立交桥模型，可以有效解决城市堵车的实际难题。这一创新得益于人体血液循环系统原理的提示。人体那么多动脉和静脉，在人体内畅通无阻，任杰就根据这个原理，进行了立交桥的应用设计。他说：“作为电力职工，我认为不仅要在电力行业上有所创新，在社会的方方面面也要敢于探索，为社会多做贡献。”

任杰研发的“配电计量远程控制安全费控柜”，获国家发明专利。成果转化后，在山东、河北进行了推广应用。他研发的分布式灵活应用的营销计量智能实训管理系统，实现了用电设备实时监测、分合闸权限控制和技能实训信息交互与自动评定，该项目已授权6项发明、8项实用新型专利、4项软件著作权，项目整体技术达到国内领先水平，营销计量实训智能化方面达到国际先进水平，项目成果在山东、河北等供电公司进行了推广应用。

任杰以“钻业务、学技术、强本领”的工作态度，不断开展关键技术研究，目前已获得36项专利。其中15项发明专利、4项软件著作权，获市级以上科学技术进步奖13项。2021年12月，他作为第一完成人领衔的科技成果《智能营销计量实用技术及系列装置》，获国网公司科学技术进步二等奖。

三

杰出人物之所以杰出，之所以能干出一番轰轰烈烈的事业，关键就在于他能想人民群众之所想、急人民群众之所急，能够把人民群众的愿望集中起来、反映出来。换言之，杰出人物之所以杰出，并不是因为他离群索居、高于人民群众之上，而在于他与人民群众打成一片、与人民群众心连心，真正成为人民群众的代表和领头人。任杰正是这样一位杰出人物。

创新的成功让任杰感到快乐的同时，也让他明白了一个道理：众人拾柴火焰高，在集体智慧的助力下，个人的聪明才智才能如虎添翼。

为汇聚团队力量、发挥团队优势，为创新搭建平台，2013年，莱芜供电公司计量室创造性开展工作，组建了“水滴团队”，成立了“水滴创新工作室”。员工是水滴，只有汇入到团队之中，才能实现自身价值；团队是大海，只有水滴不断地汇入，才能奔腾不息，勇往直前。任杰成为创新工作室的带头人。在他的带领下，10名骨干成员中，既有动手能力强的“能工巧匠”，又有硕士毕业的“设计专家”，还有巾帼“绘图高手”和须眉“点子大王”。大家心往一处想，劲往一处使，以水滴石穿的精神，攻克了一个又一个难题，创新不断，精彩连连。

好的方法是成功的一半。为指导大家更好地进行技术创新，任杰将20多年计量创新实践经验进行了总结提炼，创造了被称为“创新宝典”的“五步创新工作法”，用于指导创新室开展创新发明。

一是觅难题，分析症结。采用“三工”审视法（即审视工序、工具、工艺），寻觅工作中遇到的难题，分析症结。在工作中处处留心，审视制约工作效率的工序，分析优化工序的关键点；审视使用不便的工具，分析改进工具的难点；审视不符合标准的工艺，分析提高工艺水平的重点。

二是定对策，解决难题。采用“分类归纳法”，确定以理论知识做支撑、可操作性强的对策，形成解决难题的各种方案。发挥团队的力量，通过查阅技术资料、专业书籍，掌握国内外解决难题的前沿技术。利用成熟的 QC 全面质量管理工具和群众性创新方法，共同探讨，归纳分析。

三是比方案，科学论证。采用“逆向推理法”，对解决问题的方案进行逆向推理，论证每一个实施方案的科学性。从现场工作实际出发，结合多年来的工作实践，论证实施方案的可行性。通过论证比较，选择科学合理、操作性强的实施方案。通过理论计算、现场模拟等方式，不断完善实施方案。

四是验成效，巩固总结。采用“三益”分析法，即分析安全效益、经济效益和社会效益，检验创新工序、工具或工艺的成效。在实际应用中，对创新成果使用后产生的安全效益、经济效益和社会效益进行分析，及时检验创新成效，总结创新经验，固化成果，为下一步推广应用打好基础。

五是建规范，推广应用。依据规程、规定和规范的要求，纳入标准化作业进行规范管理。从理论技术和安全角度建立相应的技术规范和安全事项，明确使用范围，严格作业流程和工艺标准。介绍推广创新成果，提升社会认可度，扩大推广应用范围。

“要让事业激励人才，让人才成就事业”。截至目前，他们发扬水滴石穿的精神，“水滴”创新团队先后获得专利 36 项，其中发明专利 15 项，获得市级以上科学技术进步奖 13 项，《智能营销计量实用技术及系列装置》以工人技术创新奖身份，获评国网公司科学技术进步二等奖。借助创新工作室平台，已先后培养出具有突出工作能力的徒弟 12 名，其中 3 人进入管理层，3 人成为班组长。任杰也有幸成为“双师型”人才代表，同获高级技师和正高级工程师，从一名普通的中专生成长为一名技术过硬的专家型技能人才和“工人教授”。

四

创新，是一首抒怀的诗，是一支铿锵的曲，在天地间激荡，弹奏出了时代乐章，激流般地汹涌着、澎湃着……

请看任杰和他的团队的专利小故事：

故事一：电量追补计算器——便携式电量追补装置

针对负荷不稳定、电流变化大的现线路，在更换表计时，利用传统方法计算的换表电量误差大的问题，创新工作室内展开了激烈的讨论。任杰提出："咱们可以根据电能表现场校验仪的接线方式，研制一种电量追补仪，实现电能的不间断计量。"他带领创新室攻关小组，根据这个思路合理分工，从内部元器件选择、图纸尺寸、精度要求、设备重量等方面，进行了可行性分析和反复试验，最终圆满完成了便携式电量追补装置的研制。

这一成果获得国家实用新型专利，并成功运用于日常换表作业中，实现了计量的准确无误，切实保证了计量的公平公正。

故事二：安全计量，"柜"在效益——配电计量远程控制安全费控柜

原来用的计量柜，如果带电换表，有的安全距离不足，有触电的风险；停电换表又会影响客户用电。带着这个问题，任杰召集创新室成员展开讨论。通过反复地研发改进，终于研制出了配电计量远程控制安全费控柜，这样拥有了独立的计量空间，既消除了触电风险，又不需要停电换表，还极大地保证了现场工作人员的安全，同时实现了费控功能，方便了客户远程购电。

故事三：不一样的"安全帽"——电能表电压测量一体式接线装置

在安全日活动中，创新团队成员尹新明提出进行电能表现场校验时，现有的线夹经常因夹不紧而脱落，容易造成安全隐患。这引起了大家的注意，决定设计一种更加安全的接线装置。在讨论中，任杰指出："如果接线夹能

像我们的帽子一样使用时扣上，不用时摘下来，效果最好。”在这个思路指导下，班组成员经过多种方案测试和实验改进，成功制作出一种一体式的接线装置。

这一成果取得了国家发明专利，解决了工作中的困难，保证了现场工作安全，提高了现场校验效率。

故事四：跳跃的火花——电压连接片通断不脱位的电能计量表联合接线盒

水滴创新工作室内，任杰陷入了沉思，思考着现场遇到的接线盒打火和电压连片难连接的两个问题。要提高接线盒的安全性，还得增强操作的简单性。遵循着这两点，对解决的思路进行排查。“采用刀闸式的怎么样？”任杰带领班组成员开始改进，经过一次次的实验，采用刀闸连接方式的接线盒成功研制了出来，并在现场成功使用。

这一发明解决了电压连接片连接困难和打火的问题，提高了工作效率和安全性，目前已取得国家实用新型专利。

故事五：现场校验好帮手——便携式计量专用负荷仪

针对业扩送电中经常遇到的负荷较小时无法使用电能表校验仪查接线的难题，创新团队进行分析。任杰发现家用的“热得快”负荷性质就是阻性，校验向量图就是标准向量图。在这个思路下，小组成员展开问题辨析，经过反复研讨和实验改进，研制出了一款液体式计量专用负荷仪，成功解决了业扩现场负荷较小时无法使用电能表校验仪进行测试的难题，确保计量准确无误。

这一成果获得了实用新型和发明两项专利，实现了莱芜供电公司发明专利零的突破，还获得国网公司科学技术进步二等奖。

…………

任杰还研发了国内首台具有完全自主知识产权的实训室智能管理系统，并已成功研发了第二代，功能得到了显著提升，现已应用于工作室中，已有8项实用新型和6项发明专利已经授权。不仅在创新的大项目上有所斩获，在一些小发明上，任杰也有独到的见解，在他的引领下，万能电焊接地夹、可控式自主倾倒垃圾撮、一体式接线夹、变电站终端远程电源控制器等一个个创新项目层出不穷。

五

有句话说：成大事不在于力量的大小，而在于能坚持多久。创新是一个民族进步的灵魂，是一个国家兴旺发达的不竭动力，也是中华民族最深沉的民族禀赋。唯创新者进，唯创新者强，唯创新者胜。任杰坚信，只要人们拥有创新精神，坚持创新，个人就能实现价值，企业就能获得优势，国家就能繁荣昌盛。

“水滴创新工作室”团队的“创新家园”，创设了“四微大讲堂”和“创造性思维”。

“四微大讲堂”是以人人参与、互补共进为目的，以点带面，以讲促学，着力打造一个学业务、学技能、学管理、保安全的平台。立足四个“微”小着力点，即立足微视角、实行微讨论、积累微成效、打造微专家。

（一）立足“微视角”：提倡讲授内容从身边抓起，从岗位讲起，从工作中的小技巧、小经验讲起；课题重在“抓短板、抓疑问、抓实效”。

（二）实行“微讨论”：班里班外线上线下随时进行，充分利用手机、微信等网络信息化工具，设立微信群、参与云书包，做到形成问题不堆置、随时随地学技能的良好学习氛围。

（三）积累“微成效”：不积跬步无以至千里，通过课程量身定制，遇到问题及时解决，一点一滴地坚持，最终实现班组个人技术的微进步、全员水平的微增长、整体实力的微优势。

（四）打造“微专家”：通过班组四微大讲堂这个交流学习平台，“人人参与、人人备课、人人授课”，以讲促学，互学共进，促进了员工成长成才，逐步成为岗位能手和技术专家。

“创造性思维”，即通过思维，不仅能揭示事物的本质，还能在此基础上提出新的、建设性的想法和意见。好的思维方法能更好地触发灵感，获得创造性的思想。

方法一：换位思维。大多数创造性思想都源于思维角度的改变。对任何

事情，都应该尝试从不同角度、不同位置、不同群体等方面去看一看、想一想，往往会有一些意想不到的发现。视角的特别，往往决定了创造力的高低。

方法二：预测未来。可以想象一下10年后人们会怎样工作。超前思维，虽然要从技术上实现相当困难，但也可以尝试进行研究，至少可以确定为目标，可以进一步往前摸索。也只有这样，你的思维才能超过别人，才会取得大的突破。

方法三：哲学思考。哲学是归纳的结果，具有普适性，下意识地用哲学思想去分析具体问题，往往能更深刻地理解事物的本质，触发灵感。比如要学会辩证、系统、动态地分析问题。从不同层次分析系统要素，研究其结构特性，可以把思维上升到更高的层次。

方法四：把自己想象成造物者。想想如果自己来创造世界，会怎样做。很多问题，用目前的理论无法解释，很多人就不敢碰，却有可能是突破口。只有感悟世界可能的规律，才可能用想象去填补事实与知识间的巨大空缺，才可能从高处俯视自己的领域。

方法五：艺术性思维。把平凡的事赋予艺术性，会变得更有趣、富含深意，就是一种创造力。把复杂的公式简单化，把普通的事做得更精美、更优化，也是一种美学创意。所以，做任何事，要试着把它做得细致入微、精美、有趣或者有意义。

方法六：头脑风暴。把大量不相关的东西放在一起，让他们任意组合、发生联系，再经过筛选分析、启发思维、寻找灵感。有时候随便走走，或者翻翻不相关的书刊，跟无关人员聊聊天，都可能启发思维，不一定埋头苦干才叫工作。

任杰创设的“四微大讲堂”和“创造性思维”，是从一线职工裂变成大国工匠的真实总结，是从实践中得来的，是实实在在、真真实实接地气的，是孵化创新人才的催生器。创新并非高不可攀，而是人人可为。这对今天那些忘记了满天繁星和广阔大地的“躺平”者来说，是最好的警醒剂。

六

采访过程中，任杰说得最多的一个词是“感谢”。他说：“首先感谢家人的理解支持，感谢公司领导给了他创新的环境，让他自由地施展才华，感谢同事们的通力合作。”我想这或许是他创新路上感受最深的地方。

创新需要创新文化，需要创新环境。创新的核心是尊重自由，尊重奇思异想。没有打破原有的思维定式，很难得到创新的成果。这就需要一个良好的环境，这个环境应该是宽松的，你可以自由地想、自由地做、自由地创造。

莱电“水滴咖啡屋”，就是这样的宽松的创新环境，一个碰撞火花的地方。“创新工作室”“水滴咖啡屋”变成了国网莱芜供电公司创新的“兵工厂”。从原则到形式，从“规矩”到原理，无处不彰显着创新文化，无处不彰显着“上善若水，水善利万物而不争”的圣人思想，无处不彰显着《尚书》中用水当度量衡的智慧。

任杰的创新成果，得益于供电公司给了他宽松自由的创新环境。他带领班组获得了“全国百强班组”称号，他带领的“水滴创新工作室”现已打造成为“创新＋实训”的运转模式工作室，取得了41项创新成果，取得专利36项，其中发明专利15项，市级以上科技进步奖13项，有11篇学术论文在国家级期刊上发表。“水滴创新工作室”先后被授予“山东省电力公司创新工作室示范点”“莱芜劳模高技能人才创新工作室”“山东省电力公司优秀创新工作室”“山东省任杰劳模创新工作室”“齐鲁工匠创新工作室”等荣誉称号。目前创新工作室已取得国家市场监督管理总局颁发的“任杰劳模创新工作室”“莱电水滴创新工作室”“莱电水滴咖啡屋”“莱电”四个商标和国家版权局颁发的“水滴团队标识”一个版权。创新室不仅注重有形价值的创造，更走在了创造无形价值的路上。

面对荣誉，任杰说：“证书，只是表面的；荣誉，才是内在。证书只是一张纸，真正的内核，是荣誉背后肩负着一种沉甸甸的责任和担当，是对技术的传授、对精神的传承。这样，荣誉才有价值，才有力量。”“创新需要继承和传承，继承老一辈追求创新的精神，传承创新思维的方法。”他又说：“我所带的团队，不是栽培一棵‘大树’，搞形象工程，而是培育小苗，让他们在创新的土壤里深深地扎根，茁壮成长，静待花开。”

从他的这些话里，可以看到他的责任与担当，看到他广阔的胸怀，看到他对创新的不懈追求。

任杰在看似不起眼的电工岗位上一干就是 22 年，在平凡的工作岗位上做出了不平凡的业绩，用智慧破解了一个又一个技术难题。如今，他已成了莱电人的一个符号、一个代名词。这个符号叫“敢想敢干”，这个代名词叫“奋勇当先、敢于创新”。对生活和工作都充满激情的他，在创新创效的道路上，用实际行动彰显了国网人的风采。

任杰是个有梦想的人，他说：“有梦想的人生是精彩的，我的梦想就是发明，能够自己制造、自己发明，这是我的骄傲。”他刚参加工作的时候，人们不会想到他以后的人生会这样精彩，不会想到他的创新故事如此充满传奇，更不会想到他的追求如此执着、强烈。那些紧咬的牙关、那些奔放的泪水、那些低谷中的彷徨、那些创新后的欢呼，浮凸于时间之上，铭刻于追求之中。

创新没有终点，任杰和他的团队将把人生追求与电力事业完美相融，不断努力创造人生的辉煌。

匠心无言写春秋

——记山东省劳动模范、金雷科技股份公司伊希豪

于朝兰

在钢城区莱钢大道与双元大街交汇处，坐落着目前全球唯一一家专门生产风电主轴的企业，这家企业也是区域内唯一一家A股上市民营企业——金雷科技股份有限公司。公司背靠钢城区作为山东省钢铁生产和深加工基地的强大优势，依托区域装备制造悠久深厚的产业禀赋，在以新能源和低碳经济为主导的革命悄然来临之际，抓住行业发展契机，精耕风电主轴的研发和生产，经过十几年的磨砺和发展，经历无数次自我革命的蜕变和升华，终成行业龙头。如果有人问，十几年光阴对于一段人生，它意味着怎样的造化安排，对于一份记忆，它浸润着怎样的岁月情怀，对于一家企业，它承载着怎样的甘苦兴衰，那么，有一个人最有资格回答这个问题。他就是公司的质量检验员、技术骨干伊希豪。

不可小觑的“看见”

上午11:00，风机加工车间，一批新精加完的主轴，像一枚枚待发射的火箭，规规整整“一”字儿排着，等候检验员的到来。伊希豪和朱本杰、李传强、董方波三名检验员如约而至。面对车间这批不同规格的风电主轴，他们显得有些兴奋。这是客户定制的。新产品，新突破，新发展，新希望。难掩喜悦，

朱本杰等三人对着产品进行了一番“望、闻、问、切”，跟伊希豪汇报说，产品质量不存在问题。伊希豪对自己公司生产的商品一直很有信心，但他做事从不凭想当然，跟三个兄弟说：“再看看。”三人又是一番察看，同时，伊希豪再次从宏观上重新审视一遍。突然，伊希豪的目光在一个螺纹孔上扫了扫，停下了。大家明白他的意思，顺着他的目光找，找来找去，都没有发现任何蛛丝马迹。伊希豪伸出手指一指，说：“看看这个外观，是不是有问题？”三人凑过去看，果然，在那个螺纹孔上有一道明显的划痕。“火眼金睛！”三人不约而同地朝伊希豪竖起了大拇指。伊希豪脸上露出笃定又阳光的笑容，什么也没说。

作为检验员，伊希豪知道，他的每一次“看见”，都是对公司和消费者的负责和尊重；他的每一次“看见”，都在某种程度上降低了公司的经济损失风险，维护了公司的信誉，是一次不可小觑的“看见”。

检验工作就是把好产品质量关，保证不合格的原材料不投产，保证不合格的半成品不流入下道工序，保证不合格的产品不出厂。检验员一次偶尔的麻痹大意可能会造成检验工作失误，会后患无穷。如将合格产品判为不合格产品，会给公司带来损失，如将不合格产品判为合格产品，久而久之，公司就会走向倒闭、破产的边缘。

“看见”是一种责任，更是一种能力。这种能力对于伊希豪来说，不是天生的，是他一点点体会，一点点琢磨，一步步干出来的。

2008 年，高中毕业一年后，伊希豪来到金雷科技股份有限公司，成为一名锻造检验员。这一年，公司刚刚成立两年。公司创立者伊廷雷是他本村的本家，正按照上市公司的标准谋划企业发展，规范公司管理结构，破除家族企业任人唯亲的弊端，实现公司各项财务指标的连续增长。公司不养闲人，也不只用亲人，伊希豪除了好好工作，别无选择。

伊希豪从小热爱绘画和篆刻，曾一门心思想去学美术，最终因为父母的反对而搁浅。走向社会第一年的打工经历让他懂得珍惜在金雷的工作机会。很快，他就找到了画笔和测量尺子之间的联系，他把画画者的细腻和审美情趣带到了风电主轴的质量检验上，学会了“吹毛求疵”，练就了“火眼金睛”，成为同事眼中的“完美主义者”。

来公司半年多后，伊希豪响应公司“三年学习，三年服务”的号召，被调往 600 里之外的位于江苏常州的外委加工厂驻厂。在南方，伊希豪对公司有了全面的系统的了解。2010 年下半年，公司精加线建成后，他申请回公司继续服务。为保证产品顺利交货，他经常晚上 10 点多才回家，与车间一遍遍落实技术关键点、完善工艺，一遍遍反复确认问题，不断攻克一个又一个问题点，直至看着载着合格产品的车子远去。

公司买了一台三坐标，产品检验需要画三维图。全公司只有精加车间的一名山东大学毕业的技术员学过这个画图方法，起初伊希豪都是找他进行绘制，一次两次找人帮忙画图还说得过去，时间长了不是办法。为此，伊希豪主动找他讨教绘图方法，请教完自己再研究，发现有问题再去请教，从安装软件到绘制出能用的三维图，反反复复讨教数十次，最终学会了这门技术。

2012 年，公司开发西门子客户，作为国际高端企业，他们有着一流的质量检验方法，要求很高。第一支产品生产完成后，客户来审核，提出了一大堆问题，整个研发团队的成员都被狠狠打击到了，一个个垂头丧气，觉得无从下手。但公司得往前发展，公司的战略是必须拿下这个对今后会带来重大影响的客户。为此，公司整个技术团队各负其责，一遍遍向西门子国内外专业工程师请教学习，对所负责的检验方法、检验工装、检验要求进行一次又一次完善，详细梳理产品开发中检验环节的流程，将之前的文件、制度以质量体系管理形式进行固化。多方努力下，最终达到客户认可，不仅提升了公司质量检验水平，同时夯实了公司后续面对上电、GE、维斯塔斯等国内外客户的检验基础。正如伊希豪所说："开发西门子产品时学到的管理方法，让我们感到，后续可以游刃有余地应对各种客户。"

0.01mm 的较真

精加工车间里又起了争执。伊希豪和他的团队在测量轴承档时发现，有个产品的外径大了 0.01mm。生产车间的工人不想返修，说伊希豪的测量不准确。伊希豪当着他们的面又测量了一次，结果还是大。双方争执不下，车间主任把总经理找来，让伊希豪反复测量。伊希豪测量好几遍，尺寸都是大于轴承档的公差 0.04mm，最终，车间主任同意这批产品按不合格进行返修。

检验员的工作单调、琐碎，不像生产车间那样直接生产产品，也不像销售部门一样直接带来销量，夹在生产和销售中间不被人关注，还容易得罪人。

有人对伊希豪的这份较真不太理解，性格内向的他不以言语回答，只是浅笑应对。事实上，同事们很快发现，这次较真虽然弄得很不愉快，但自此后少了很多口舌之争。

伊希豪的这种较真和坚守成了一种习惯，慢慢地改变了很多人对检验工作的态度和认识，也在慢慢提高公司的质量管理水平和行业影响。

刚来公司时，整个质量检验部门只有四个人，普遍缺乏质量观念。风力发电机体积庞大，主要零件铸造难度大，耗时久，成本高，质检工作不好开展。伊希豪性格沉稳，坐得住，做事认真，肯钻研，经过一段时间的实践后，很快对检验工作有了自己的认识和不同见解。为了严把企业产品质量关，他与同事们一起讨论技术，研究流程，制订了公司第一条主轴检验标准。依据标准，他率先垂范，以身作则，严格要求自己，产品应查尽查，该谁查就谁查，该怎么查就怎么查，该什么时间查就什么时间查，从来不推诿、不搪塞、不拖延、不马虎。2010 年伊希豪当上检验组组长，至今，他从事检验工作已 15 年，做到了无一“错检漏判”，受到单位同事和客户的一致认可和好评。

能做到这一点，有一个秘密，就是伊希豪心里有一杆“秤”，他会处理关系，一是处理好检验员队伍内部的关系，二是处理好与生产车间和销售部门的关系。要处理好检验员之间的关系，就是两个字：“团结。”生活中要团结，跟同事们打成一片，工作中要团结，敢于担当作为。要处理好与生产车间的关系，也是两个字：“尊重。”尊重他们的劳动，尊重他们的产品。要处理好与销售部门的关系，还是两个字：“按时。”按时完成产品检验，按时交货。

早在外委加工厂工作的时候，伊希豪就意识到了团结的重要性，要想工作顺利，必须跟同事们搞好关系。也巧，伊希豪天生性格讨喜。讨喜是一种感觉，跟家境、学历、长相都没关系。伊希豪从小喜欢美术，凡事喜欢自己动手，很多不起眼的材料经过他的手一拨弄，就跟变戏法似的，变出不同花样来，因此周围有了很多“迷弟迷妹”。刘兆磊笑着说：“有一次，他用银杏叶子做了一束玫瑰花，我们都看呆了，感觉自己特别笨，也想跟他学一招。”他做事仔细认真，技术又高，凡事有担当，做事很靠谱，同事们跟他在一起有安全感。李传强既是伊希豪的同事，又是伊希豪的同学，两人关系亲如兄弟，他说：“产品开发的时候，只要他出现在现场，我们心里就会有很强的安全感，对于不确定的所有因素，有他在，都不是事儿。”伊希豪在同事们心中逐渐有了威信，也慢慢被领导熟悉和赏识。公司副总经理李新生夸赞伊希豪“头脑灵活”“肯钻研”；时任公司品质保证部负责人、现任公司总经理助理刘哲很喜欢伊希豪的做事风格，说他“数据分析能力强”“做事细心”。

公司里有很多50后、60后的老师傅，他们的敬业、奉献精神，那种较真、精益求精、一丝不苟的态度，甚至工作时那种忘我精神，对伊希豪影响很大，让他懂得了不管从事哪个行业，都要全心投入到自己的工作当中，不断深入研究，有所突破。其中有个田主任，是公司2010年聘请的加工车间主任，他负责精加工生产，伊希豪负责精加工检验，工作方面两人接触得比较多。公司精加线刚成立时，田主任领着一帮新人研究加工工艺，很多员工都是他手把手教出来的。开发西门子定制的产品时，面临新的滚压技术、新的加工工艺，因为设备精度不好，田主任担心产品出问题，所以大概有3年的时间，他的办公地点就在滚压床子旁边，仅有一张桌子、一条长凳。每走一遍加工程序，他都要询问具体情况，跟进每一个加工细节，这一跟就是3年。公司有事情，都是到滚压床子那儿去找他，也只有在那里能找到他。近几年，公司考虑到他年龄比较大了，让他做技术支持方面的工作，但是他始终放心不下车间现场，还是经常在车间里面这转转那看看，哪个地方容易出问题，哪里就有他的身影。公司需要推进水电轴和轴承座加工工作，因为是第一次生产这种异形件，技术方面存在很多不确定性，为了保质保量完成产品开发，田主任基本每天都在车间现场，几乎没有间歇地紧盯加工过程，连中午饭空儿都不休息。哪怕他有事走开，回来时也会询问具体步骤以及所产生的效果，确定是否与自己设想的进程一致。

田主任的这种认真负责的敬业精神，直接影响了伊希豪的工作态度。比如测量的时候一定戴上手套，避免测量时间过长，手上温度高产生热量，尺子的数值发生变化，导致测量不准确；测量的点一定要尽量分散，以便观察喷漆是否出现密集的地方，影响外观，等等。伊希豪说：“公司老师傅爱厂如家，对工作兢兢业业，呕心沥血，对自己生产出的产品有感情，可以说当成了自己的孩子。如果检验员不认真对待，因为检验环节出了问题，想想都对不住他们。”

如果说对生产车间的态度是相对感性的，那么对销售部门的态度就是理性的。为了按时完成检验工作，伊希豪带领他的团队做了一系列创新工作。关于这一点，下节专门介绍，此处不赘言。

年轻的“老黄牛”

2020年，公司有一批加急订单，需要在两个月内完成，且订单产品加工精度高，测量难度大，对既有的工作标准提出了挑战。开发周期短，没有合适的量具，国内生产的量具不满足使用要求，如果采购一个进口的话，周期是六个月，完全达不到生产周期要求。伊希豪迎难而上，深挖潜能，在工作中求实效，通过对进口千分尺的反复研究，低成本地提高千分尺测量精度五倍；同时，通过一些方法做一些工装，对它相通的原理方向进行改进，做完之后通过验证，跟国外的尺子基本一致。这样，在没有买到进口量具之前，可以用自己开发的量具在完全达到使用要求的情况下进行测量，减少了产品的开发时间，省去了采购成本，保证了公司的效益。

同年，金雷公司有意开发1300锥轴和1900锥孔产品，致力于突破大兆瓦风机部件及多元化产品生产。但是大型零件内锥测量成了公司发展的拦路虎——锥轴锥孔作为机械行业一种相对较为普遍的结构，既有着普遍性，又有着特殊性，普遍性在于很多装配都会用到该结构，特殊性在于它不能像圆柱那样可以直接测量得出结果，尤其是精度稍高一点，就得借助辅助装置测量再以复杂的计算公式计算出最终结果。当时不管国内还是国外，尤其是一米以上的大直径的产品，没有一个好的测量方法，之前一直用三坐标去测，但是测量完之后有很大的误差，没法去验证。伊希豪本着工作现场去发现问题解决问题，通过改善外部条件、技术交流、设备试用等方式，对测长仪进行优化，确定了一种快捷、简便、稳定的检验方法，且根据MSA-GRR实验数据对比，测量重复性可以保持在0.005mm内，内锥（±0.1）R&R 7.91%，保证产品顺利检测，为公司市场开拓提供有力支持。公司副总经理、总工程师蔺立元夸赞他说：“年龄不大，却是一头具有锲而不舍精神的老黄牛。”

检验工作是一个特殊的岗位，它要求检验员永无止境地学习新知识、新工艺、新技能。伊希豪十五年的工作经历实际上就是在不断探索新方法、不断尝试新方法的过程中走过来的。

2014年6月，伊希豪组织完成“三坐标Y轴量杆安全隐患预防”技术创新，通过设计制作特殊防护架，消除Y轴滑落安全隐患。

2015年，伊希豪在接手公司质量总结报告后，面对以文字描述为主且数据不全的总结报告，先后通过优化图表、简化文字描述、修改报告格式、调整汇报顺序等方式对报告格式及内容进行十余次大改，不断修正、优化复杂的数据，形成一套包含公司到车间异常点的图文并茂的 PPT 报告，通过不断提高所属责任的工作要求，为公司有针对性解决问题提供数据支持。

2016 年 5 月，伊希豪组织完成“检验责任制管理优化”技术创新，首次提出检验责任制，提高检验员责任心；同月，组织完成“提高法兰端面打磨质量”技术创新，通过制定主轴表面外观处理工艺，提高表面外观处理质量及效率；10 月，组织完成“进口拉拔头替代”技术创新，通过研究拉拔头特性，使用更加耐用材料进行加工，实现进口拉拔头替换，提高拉拔头使用寿命，降低拉拔头原料成本；12 月，组织完成“用便携工具清理螺纹孔铁屑”技术创新，通过制定螺纹孔内铁销清理工艺，提高在制品螺纹孔清理质量及效率。

2017 年 9 月，伊希豪组织完成“量棒加工工艺”技术创新，通过更改量棒加工工艺，保证量棒加工误差＜ 0.02mm，提高量棒生产效率及精度。

2019 年 11 月，伊希豪参与“前机架内腔与圆周方向各类孔加工攻关”技术创新，通过设计制作钻孔装置，保证钻孔位置度＜ 0.5mm，实现异形件高精度钻孔加工。

2020 年 3 月，伊希豪参与“双法兰支撑架设计”技术创新，通过设计制作双法兰支撑装置，提高产品流转效率，降低外观质量风险及安全隐患；4 月，参与“高精度长度测量”技术创新，通过策划长度尺寸高精度检测方法，保证测量误差＜ 0.03mm，公差 0.6mm 长度的 R&R 为 3.18%，实现长度尺寸方便快捷、稳定的高精度测量；同月，参与“近端面锥孔 / 锥轴高精度测量”技术创新，通过策划锥孔 / 锥轴高精度检测方法，保证测量误差＜ 0.02mm，公差 0.2mm 内锥的 R&R 为 7.91%，实现锥孔 / 锥轴尺寸方便、稳定的高精度测量；6 月，参与“176 内锥孔检验工装”技术创新，通过设计检验工装，提高生产效率，减少质量问题；8 月，参与“品质保证部新员工”管理创新，通过完善部门培训流程、培训资料，提高新员工培训效果；11 月，参与“内孔圆周角度尺工装设计创新”技术创新，通过设计专用检具，提供快捷性和稳定性的检测和加工依据。

2021 年 9 月，伊希豪组织“各产品包装发货要求电子书”技术创新，通过编辑制作《各产品包装发货要求电子书》，使检验员及操作人员能够更方便、更迅速地检索所需要的信息。

2022 年 3 月，伊希豪参与“三坐标无实物编程的操作办法”技术创新，通过研究三坐标检验程序，检验效率提高 25%；5 月，参与“三坐标主轴放置架设计创新”技术创新，通过主轴放置架的设计，实现覆盖 2MW 到 5MW 所有主轴类产品的放置需求；同月，参与“专用打磨辅具技术创新”技术创新，通过设计专用打磨工具，提升打磨效率及质量；参与“信息化涂层厚度统计分析”技术创新，通过研究检测设备与手机连接，导出所需的报告、图表和原始数据，生成检验结果可视化数据；7 月，参与“图纸形位形状公差附注于 3D 模型设计创新”技术创新，通过将产品图纸所标注的元素信息都附注于模型图上，提高了检验效率，加快了报告的输出；10 月，参与“三坐标双法兰支撑架设计创新”，通过设计专用托架，提供检验效率、放置安全和检验准确性；11 月，组织“可移动安全龙门架”技术创新，通过设计专用工装，保证人员安全作业。

2023 年 3 月，伊希豪参与“通止规辅具技术创新”，通过设计检具工装，实现降本增效；4 月，参与“Tr 螺纹中径三坐标检验创新”，通过研究三坐标 Tr 螺纹检测技术，实现三坐标 Tr 螺纹中径检验，满足客户需求；6 月，参与“取消上电轴承座三坐标竖立检验降本增效项目 ”降本增效项目，通过改善产品三坐标检验方式，提高检验效率。

伊希豪说：“把检验员的日常工作做好，只能证明可以胜任这个岗位，把增值工作做好，才更好地展现个人价值。”

在公司致力于“以创新改进技术、用技术引领产业”的目标下，伊希豪不断结合自身岗位，坚定不移地创新、创新、再创新，在为公司降本增效、提高检验准确性、提高现场安全、提高人员管理水平等方面做出了积极贡献。自入职以来，伊希豪累计取得 27 项创新成果，发表论文 1 篇，取得专利 5 项。2021 年 4 月，济南市钢城区总工会授予他“钢城工匠”荣誉称号；2021 年 12 月，济南市总工会、济南日报报业集团授予他“济南市五一劳动奖章”；2022 年 1 月，济南市总工会授予他“济南工匠”荣誉称号。

“缺席”的幸福

2017 年 5 月 7 日，上午 8：00，莱钢医院。预产期还没到，蔺尧尧就生了，

生了个女儿。蔺尧尧躺在病床上，襁褓里的女儿嗷嗷待哺，几个大人围着母女俩转悠，不见伊希豪的身影。

伊希豪去沈阳参加培训了，这次培训是国际高端客户美国通用组织的。这种培训，无论是对受训人员的专业提升还是对公司的质量管理水平都会有很大帮助，其重要性不言而喻，伊希豪不能不参加。他是早上 4：00 刚走的，先拼车到济南，再从济南坐高铁去沈阳。蔺尧尧生产的这个时间，他正在去沈阳的高铁上。走之前就想到可能会提前生产，但没想到这么快。别的女人生孩子，丈夫都陪在身边，蔺尧尧自己办了件大事。没有丈夫陪，她大大咧咧地说让母亲和婆婆陪，谁陪都一样。事后有同事问蔺尧尧什么感受，蔺尧尧说："这次培训对他来说很重要，对公司来说也很重要，是我让他去的。两个娘在身边，能有什么事？我没有失落，也没有遗憾。"

如此识大体的妻子不多见！如今，他们的女儿可馨已经 6 岁了，特别黏爸爸，兴趣班学习，辅导作业，样样都得让爸爸陪着。伊希豪也有耐心，可馨只要想干的事，他二话不说，就是一个字："陪。"这可能是伊希豪对妻子的一种感谢和补偿吧。

蔺尧尧毕业于哈尔滨商业大学，是全日制本科生，2011 年入职金雷公司，做体系管理员。这个女人不简单，能慧眼识珠。她识大体，有格局，看人不看表面，不看客观条件，一眼就看出伊希豪与众不同。那个时候，伊希豪虽比她早入职三年，在公司内小有名气，但他只是个高中毕业生，学历不高会限制他的发展。老话说，"嫁汉嫁汉，穿衣吃饭"。公司正致力于信息化和智能化结合，专注实业，放眼全球，发展势头强劲，等哪一天，伊希豪因为低学历不适应公司需要而被淘汰属于正常。然而，直觉告诉她，伊希豪能行。认准的事不回头，最终两个人走在了一起。婚后，伊希豪如鱼得水，事业蒸蒸日上。这至少有一半是蔺尧尧的功劳。她有修养，不跟伊希豪争风头，懂得维护和奉献，自己的工作从来不马虎，愿意牺牲自己支持伊希豪干事业。

伊希豪一直是个爱学习肯钻研的人。刚入职时，跟随王师傅系统学习质量检验的相关知识，后来所学的知识，有跟领导学的，有从其他地方摸索出来的，有跟着客户学的。他发现凡是遇到问题难点后，有目的性地学习是一件很快乐的事情，学习能帮助解决困难，即使是找人帮忙也能从中学习一二。自从身边有了蔺尧尧，他学习的动力更足了。为了提高自身能力和素质，积极适应岗位需求，在岗位中做出更多成绩，他开始了持续不断的学习。

正是这种对知识的渴望和对工作的热爱，让他先后自学了大学专科和本科课程，分别于 2017 年和 2020 年拿到了自学专科和本科毕业证。系统理论的学习帮他插上了翅膀，他勇于实践，敢于创新，同时作为公司技术带头人，为公司培养了一批业务精湛的质量检测队伍，为企业发展提供了强大助力，得到了顾客的认可和赞誉，可谓在事业上越走越远，越飞越高。

2018 年 3 月，山东省国防机械电子工会授予他“五一劳动奖章”；2022 年 4 月，中共济南市委、济南市人民政府授予他“济南市劳动模范”荣誉称号；2022 年 4 月，山东省总工会授予他“山东省五一劳动奖章”；2023 年 4 月，山东省人民政府授予他“山东省劳动模范”荣誉称号。

“军功章有你的一半，也有我的一半。”这句话经常用来赞美军人的妻子，把它用在伊希豪妻子身上却再恰当不过。人生难得是知己，最难得的莫过于妻子和知己是一体。舒婷在《致橡树》里是这样写爱情的：

我如果爱你——
绝不像攀援的凌霄花
借你的高枝炫耀自己；
……
我必须是你近旁的一株木棉，
作为树的形象和你站在一起。
……
爱——
不仅爱你伟岸的身躯，
也爱你坚持的位置，足下的土地。

初见乍欢，久处不厌，相互扶持，相互成就，伊希豪和蔺尧尧的爱情令人羡慕。愿岁月静好，相互珍惜，始于初见，止于终老。

检验员的春天

2023 年 5 月，金雷公司。井然有序的厂区里绿色枝丫随风飘荡，红的、黄的、紫的花朵竞相开放，天地间不再是冰冷的水泥建筑和生硬的机器设备，空气里多了几分柔软和诗意，也多了几分希望和生机。

宣传栏上，“一诺千金，雷厉风行，忠诚团结，探索创新”这一行大字，在阳光下熠熠生辉。2015 年 A 股上市，而今已经在济南、天津、上海拥有三家全资子公司的金雷公司，经过技术迭代和创新，已经发展成为全球领军行业，2022 年市场占有率达到 31%。在目前全球风机大型化的背景下，公司适时布局大型化铸造产能，已成功实现铸造轴的全流程生产和供货。朝阳企业，方兴未艾；前途光明，未来可期。

党建活动室内，大屏幕上正播放着伊希豪做的 PPT，他正在给同事们上党课，谈心得，谈体会。党课的主题是《忠于党，从忠于企业开始》。

他说，忠诚是中华民族的传统美德，是为人处世的准则和规范，是人们立足于社会和成就大事的关键。忠诚的对象包括多方面，对党员干部来说，首先要做到对党和国家忠诚，但对本职工作的忠诚也至关重要。我们只有与自己所在单位、所在岗位的实际要求密切结合，切实制订自己的终生奋斗目标，不断充实自己、弥补不足、精益求精，认真履行好自己的职责，努力做好、做精、做细自己的本职工作，“忠诚”才会在我们的岗位上闪光！

他说：“忠诚就是坚守初心。每个人都有自己的初心。我的初心很简单，就是成为一名优秀员工，做一名合格的中共党员。

“正是有了这样的初心，我才有了一股冲劲。刚入职时，在公司老师傅及同事的传帮带下快速成长，才能成为一名工作积极、勤奋好学的金雷人。

“正是有了这样的初心，伴随着企业规模的扩大，我才能不断积极主动学习，精通了各类机加工产品尺寸检验操作及检验策划，精通了检验辅具设计，精通了各类量具使用，熟练掌握了检验误差分析方法，熟练掌握了 CAD、ProE、UG 等国际先进二维三维绘图，为公司开发西门子、GE（通用电气）、维斯塔斯等国际高端客户，以及大径锥轴、锥孔、铸件产品等业务扩展等做出贡献，受到客户以及国内外质量工程师的一致认可。

“正是有了这样的初心，在质量管理工作中，我才能积极学习并精通了SPC、MSA、5WHY、8D等国际先进质量统计分析工具使用，为提高公司质量管理水平，尽职尽责、甘于奉献，才能被政府和公司认可。”

伊希豪开始给同事们讲党课了，这是伊希豪的春天，也是检验员的春天。

2008年伊希豪初到金雷，刚好赶上金雷表彰2007年的优秀党员，看着被表彰的同事们站在领奖台上的样子，伊希豪发自肺腑地羡慕，在心中默默制订了一个目标：一定要尽快掌握工作技能，胜任岗位需要，敢当先锋，加入中国共产党。十年磨一剑，砺得梅花香。2018年11月7日，伊希豪终于如愿以偿，光荣地加入了中国共产党。如果说入党前的十年，一切都是为了自己、为了自己“小家”的话，那么入党后的这五年，就要为“大家”而工作了。伊希豪是这样想的，也是这样做的。他时刻以公司的利益为出发点，时刻用党员的标准要求自己，牢记“全心全意为人民服务”的宗旨，积极宣传党的知识、思想，为大家讲授党课，分享优秀党员事迹，分享自己的经历，激励大家立足本职工作，发挥共产党员的先锋模范作用。

与此同时，伊希豪高度重视公司人才的培养，慷慨地把自己的业务技能传授给身边的每一个人，积极发扬“传、帮、带”的优良作风，为公司培养了一大批实用技能人才。他入职15年，已累计带徒10人，这些人都已成为公司质量保证部的技术骨干，其中2人被公司评为年度“生产标兵”，一个团队被山东省总工会授予“模范职工小家”荣誉称号，为企业长远发展积累了宝贵的人才资源。

伊希豪说：“现在年轻职工越来越多，作为老职工、老党员，我有责任和义务带出更多有用的青年检验员，培养更多的高技能人才，同时我也将结合自身经历，和我的徒弟们真诚交流，帮助他们加深对劳模精神、工匠精神的认识和理解，争做有理想守信念、懂技术会创新、敢担当讲奉献的新时代检验员。”

用非凡壮举成就非凡人生

——记山东省劳动模范、济南市平阴县玛钢厂董家岩

展恩华

平阴县是济南市的远郊县，孝直镇在平阴县的最东南，平阴县玛钢厂地处孝直镇的“边陲”。就在这样一个偏远的乡下，有一家闻名遐迩的企业——济南市平阴县玛钢厂。

该厂自1986年建厂以来，历经风雨而不倒，渐渐发展成为区域经济的支柱产业。之所以有这样非凡的业绩，既离不开像厂长王元海这样高瞻远瞩、运筹帷幄的企业家，也离不开像董家岩这样数十年如一日拼搏在第一线，勇于创新、追求卓越、无私奉献的劳动者。

董家岩是平阴县玛钢厂的技术厂长。1986年进入玛钢厂工作，一干就是37年。他像一棵树，扎根在故乡的土地，历经风霜雪雨，从一株弱不禁风的幼苗逐渐成长为遮天蔽日的参天大树。无论是当一名普通职工，还是当副厂长，董家岩始终坚持工作在生产第一线。他天天读，天天做，天天悟，将读到的知识、悟出的道理，运用到生产实践中，持之以恒，久久为功，在技术改革和发明创造上取得了累累硕果。现在，董家岩已拥有发明专利4个、实用新型专利8个。

董家岩在冲天炉熔炼技术提升上推行富氧送风，使生产效率提高了20%，年节约能源消耗300万元以上，并且成功地把玛钢铸件链板输送机引入企业绿色环保的可持续发展前沿。使用本新型设备，实现了浇注成型后的砂型按照生产工艺要求输送到后工序，整体运行无落砂，年节约维修费用38万元，

在绿色环保铸造方面做出了卓越贡献。由他发明的砂模架脱箱系统，极大地降低了工人脱箱劳动强度，提高了工作效率，脱箱成功率达到100%，消除了安全隐患。特小件生产一直是管件铸造的难题，严重束缚企业产能。2013年初引进覆膜砂，经过两年多的自主研发，通过更新设计理念，砂铁比下降0.7，工艺出品率提高20%，每年节约工资支出30余万元，并且铸造合格率上升到现在的95%以上。新产品开发一次成功率达到90%以上，在近年来开发的多个新产品中，批量生产后铸造合格率均在96%以上。规范完善了垂直线玛钢材质工艺设计30项，创新8项，每年节约生产成本30多万元。

凭着卓越的贡献，董家岩当之无愧地荣获泉城首席技师、齐鲁首席技师、第九批济南市突出贡献技师、济南市创新能手、山东省轻工系统首席技师、山东省劳动模范等荣誉称号。

正如冰心所言："成功的花，人们只惊羡她现时的明艳！然而当初她的芽儿，浸透了奋斗的泪泉，洒遍了牺牲的血雨。"董家岩每一项荣誉的取得，无一不是汗水的浇灌、智慧的结晶。

1967年3月，董家岩出生在平阴县孝直镇丁屯村一个贫苦农民家庭。他兄妹五人，他排行老三。1986年，董家岩高中毕业。他没有选择那令人神往的大学殿堂，而是毅然决然跨进了刚刚创建的乡办企业。他之所以做出这种在许多人看来"犯傻"的抉择，不为别的，就是期盼着早日拿上一份工资，尽早为含辛茹苦的父母分一份忧、尽一份力。

当时的"企业"是在原店子乡一个废弃的农具厂的地盘上建起来的。由于久弃不用，处处是断垣残壁、萋萋野草，十分荒凉。如果是现在招工，人到此厂，目睹其状，定然会甩手而去。可董家岩却满怀兴奋，满怀希望。一入此厂，就象征着自己实现了由一个农民向一名工人、由挣工分向挣工资的华丽转身。一进厂，他就和许多新入厂的工友一起，一砖一瓦地建设厂房，吃住在工地，虽一身泥水、满身疲惫，也乐不可支。

董家岩高中毕业，在"工人"的群体中算是有文化的人。20世纪80年代，"科学技术是第一生产力"的理念已深入人心，厂领导深知技术的重要，就派董家岩到济南玛钢厂学化验。

董家岩背着母亲烙的煎饼、自家腌的咸菜，来到济南玛钢厂。凭着勤勉好学的秉性，加之谦和恭敬的态度，在短短三个月的时间内，他不但掌握了关于玛钢管件化验技术，而且全面掌握了有关铸造方面的知识，得到了铸造技师的诸多“真传”，为他此后成为行业的行家里手、热衷发明创造奠定了坚实的基础。

三个月的煎饼咸菜，让董家岩患上了胃炎。但这个“代价”让他赚来一身的能耐。他学的是化验，回厂后就当了化验员，成了质量上的专家。除了搞化验，他还是一个全才型的人物。整个铸造过程，涉及混砂、造型、熔炼、浇注、砸货、质检等十几道工序，哪里有问题和困难，他就出现在哪里。哪里有他，哪里的工作就顺风顺水。他是厂里的“智多星”，人们一时看不见他，就仿佛一下子没了主心骨。

化验员当了五年，董家岩被提拔为质检科长。这可是一支七八十人的队伍。“产品即人品”“质量即道德”“每一件产品都代表企业的形象”“质量就是企业的生命”“今天的质量就是明天的市场”……这些带有名言警句味道的话，天天挂在董家岩嘴上，时时响在每个质检人的耳边。耳濡目染，潜移默化，就渗进了每个质检员的心里。

董家岩时常告诫自己和所有质检人员：“几百号人的饭碗就掌握在我们手里，如果质量出了问题，就等于砸了职工的饭碗！我们就成了企业和职工的罪人。”为了带好这支队伍，董家岩“人治”“法治”兼用，恩威并施。

说起当年，董家岩语气里有自豪，也有歉意。他说，那时候自己年轻、火气大，看到有人在质量上粗心大意，出了不该出的纰漏，立时就火冒三丈，骂娘的时候都有。他深有感触地说：“脾气好的人，干不了质检。”当年，职工的素质远没有现在高，“人治”很管用，往往都能立竿见影。但是，也往往会结下积怨。对此，董家岩虽说心知肚明，但这种骂人的错误还是屡错屡犯。

后来，董家岩便把管理的重心从重“人治”转移到重“法治”上：建立完善各种规章制度，让制度管人逐渐代替人管人。他精心设计的一系列规章制度，涉及纪律、程序、标准、奖惩等诸多方面，把严格考核、严格奖惩作为质量关口上的“哼哈二将”，在质量标准上谁也别想打“马虎眼”。当然，“法治”也离不开“人治”。一次，他的一位老同学，“照顾”自己的堂哥，管件以次充好，使合格率达标，以避免被罚。这“猫腻”没能逃过董家岩的“法眼”。老同学恳求他放自己一马，董家岩说：“不是我不放你，是规章制度不放你。”最后，不但按规定罚了老同学的钱，还把公告贴在黑板上，以儆效尤。

为了让每个职工把质量意识内化于心，董家岩学习借鉴玫德玛钢集团老董事长孔祥存的做法，让职工通过文化实现“自治”。他把关于质量的名言格言，诸如“细节决定成败”“个个细节有人管，人人都在管细节”“把复杂的事情做简单，把简单的事情做彻底”“让我们的产品经得住最苛刻的用户的挑剔”等等，写在墙上，印成册子，让职工天天读、日日学，牢记在脑，内化于心，使之成为融在血液里的文化基因。他要求每个质检员都必须做到“七懂”：懂生产考核方案，懂产品制造图纸，懂产品质量标准，懂产品检验方法，懂设备使用说明，懂设备操作流程，懂设备精度检测。长此以往，这种企业文化就在质检员心中形成内化，由过去的人管人，就转变为“自己管自己”。董家岩深有感慨地说，这种文化管理模式，不仅大大提高了产品质量，而且大大提高了整个职工队伍的职业素养，起到了事半功倍的效果。

企业要生存，就必须生产社会所需要的产品。20 世纪 80 年代以后，董家岩敏锐地发现，建筑业正如火如荼地兴起，社会上大量需求架子扣，这是赚钱的好产品。而要生产出符合国家检测中心标准的这种管件，看似简单，实非易事。为此，董家岩在车间里整整待了十五天，最终找到了原料的最佳配比，一次送检合格，一举拿下了国家生产许可证。

当年，玛钢生产是一件苦活、累活、脏活，在玛钢厂当工人的被人戏称为“下苦力的”。因为苦，往往很难留住人。要留住人，除了高工资、高待遇，还要能最大限度地减轻工人的劳动强度。就拿加料这个环节来说，人工加料是个体力活，就是身强力壮的大小伙子，干上一天也会累“散架”。这活不仅累，而且速度慢、效率低，还因为靠近电炉存在安全隐患。董家岩用了三个月的时间，自行设计研发了一种自动加料车。这自动加料车的研制和运用，大大减轻了工人的劳动负担，提高了工作效率，增加了安全系数，被厂领导称之为“具有划时代意义”的发明。

有人说，董家岩的脑袋里，有个轮子在不停地转，转着转着就闪出智慧的火花。厂里有一台从外国进口的混砂设备，但这设备虽说先进，却和原有的设备不匹配。董家岩查阅了有关技术资料，弄清了设备的工作原理，改进了进砂角度和转子的叶片角度，不仅实现了“洋设备”和“土机械”的和谐相处，满足了整体造型线的用砂平衡，还使混砂效率提高了 20%。

董家岩研发的砂模架脱箱系统，效果更加明显，提高脱箱工作效率 500%，脱箱成功率达到 100%，极大地降低了工人脱箱的劳动强度，节省了大量的人力物力，提高了工作效率，增加了企业效益。仅此一项发明，每年

减少支出 30 余万元。

玛钢生产还有一个特点，叫“散乱全”。所谓“散”，就是管件种类散，什么可锻铁、球铁、灰铁、铸铜等，百模千样；所谓“乱”，就是型号多，什么英标、美标、德标等，3000 多个品种规格，千差万别；所谓“全”，就是同一材质、同一标准的产品，其口径从 15 厘米到 150 厘米，大大小小上百种，花样百出。对于那种特小件的铸造，尤其考验一个企业的技术水平。

特小件生产一直是管件铸造的难题，出品率低，质量差，严重影响着企业的产能和效益。为了企业的信誉，也为了企业的收入，董家岩对这种铸件的生产进行了重点攻关。

铸好特小管件的关键是用砂和砂铁配比。2013 年初，在董家岩的建议下，厂里先是引进覆膜砂。经过 21 天的反复试验，董家岩终于找到了最佳砂铁配比：由 1.9 降到 1.2。这一成果，大大提升了工艺出品率，铸造合格率从 60% 左右提高到 95% 以上。

曾几何时，玛钢厂在人们眼里是“黑色企业”——烟囱里冒的是黑烟，地上布满的是黑灰，一下雨流出的是黑水，人一出厂门，除了牙是白的，全身上下都是黑的。因为噪声大，厂里的人出来后，都听不清别人说话，被人戏称为“玛钢聋”。

男大当婚，女大当嫁。当年，董家岩眼看到了谈婚论嫁的年龄，媒人给他介绍了一个貌美如花的姑娘。姑娘一听他是工人，还是厂里的中层，收入也不错，很是高兴。家里人捎信让董家岩回去见面。那是个星期天，本来应该休息，可董家岩已在厂里没黑没白地连续忙了半个月，家人催得急，他才放下手中的活回了家。姑娘一看，一下子就呆了：董家岩整个人灰头灰脸，只有两个眼白和两行牙是白的，浑身还散发着灰铁味。刚才还喜笑颜开的姑娘，脸一下子就僵了，她什么都不说，抓起自己的包就走了。

为了自己，也为了玛钢人的脸面，董家岩立志改善企业的生产环境和生产条件。多年来，他念念不忘环保达标。在企业的初始阶段，努力做好通风、透光、抑尘、绿化的文章，在发展阶段，大力推进生产方式、生产工艺和生产设备的改进，平阴县玛钢厂的生产环境和生产条件逐步向好。

随着社会的进步，国家的环保要求越来越高、越来越严。2017 年，是平阴县玛钢厂极不平凡的一年。面临空前的环保压力、空前的技改压力、空前的工作压力，面对着冬季取暖供热的压力，冲天炉将全部关停。

“技改等于找死，不技改等于等死”。“找死”也许能闯出一条活路，“等死”只有死路一条。厂领导班子研究决定，成立以董家岩为组长的电炉安装试生产小组。

既要生存又要发展，鱼与熊掌必须“兼得”，于是，厂里要求“生产技改两不误”。因技改和生产的交叉，作业场地受限，个别工序要多次或重复搬迁，困难前所未有。为保证技改整体工作的顺利进行，董家岩身先士卒，始终坚持在一线，目标明确、流程清晰，倒排工期、稳步推进。边拆迁边建设边生产，一切工作都按计划顺利开展，提前 30 天完成了设备的升级改造，实现了搞技改不停产的壮举。

新型设备的运用，使生产效率大增、劳动强度大降，环保要求达到国家标准。浇注成型后的砂型按照生产工艺要求，既快速稳定又无声无息地输送到后一工序，整体运行无落砂，从而降低了运行消耗和噪音，防止了粉尘污染，不仅有效地改善了企业的生产环境，还为企业年节约维修费用 38 万元。

走进今日玛钢厂，抬头是蓝天白云，低头是绿草鲜花。进了大楼，窗明几净；即使走进生产车间，也静如山林，一尘不染。无论是炎炎夏日，还是冽冽严冬，车间里也四季如春，工人们在工作，也是在享受生活。

寒来暑往，风云际会；群雄逐鹿，金戈铁马。在激烈的市场竞争中，不进则退，不强即亡。董家岩知道，企业要得以长足发展，就必须有强烈的进取意识、创新意识。

平阴县玛钢厂是一家劳动密集型企业，起点低，技术含量低，当初，在别人眼里就是“地摊式企业”。尽快实现企业的信息化、自动化、现代化是董家岩梦寐以求的理想。而要实现这一理想，道路只有一条，那就是创新、创新、再创新！

董家岩常说的一句话就是：“不创新就等死！”这绝不是危言耸听，而是血淋淋的事实。在事实面前，董家岩一点都不敢怠慢。他带领科技团队积极研发新工艺、新设备，走自主开发的新思路。

2021 年，在董家岩的建议下，决定把工作的重点放在精品管件生产上。于是，厂里投巨资新上了中温蜡不锈钢产品生产线。这是全新的产品生产，为确保成功，董家岩带领生产工艺技术人员顶着疫情的风险，到青岛、东营、广东、厦门、浙江、江苏等地考察，通过多方面调研和分析，在二十几天的时间里就拿出了可行性方案。按照所生产产品的工艺路线，立即投入了生产。当年 7 月，顺利进行了试生产。通过检测，各项指标都达到甚至超过计划设计指标要求。在一年多的运行过程中，董家岩带领的科技团队共规范完善不锈钢生产工艺设计 21 项，创新 10 项。他开创的“中温蜡技术精密制造”取得成功，拓展了产品的市场，提升了企业的生存能力，增强了企业的发展后劲。

通过材料对比实验、工艺优化固化提效降本，月产量由起初 100 吨增长到目前的 300 吨，年节约成本 200 万元以上。实践证明，该不锈钢生产线在自动化、数字化、智能化方面走在了全国前列。对此，许多老牌的玛钢企业，都对平阴县玛钢厂刮目相看。

董家岩是土生土长的土专家，却成了让洋专家心悦诚服的发明“专业户”。通过几十年的努力，平阴县玛钢厂不但有了玛钢螺纹加工产品，还开发或参与开发了球铁、灰铸铁、铸铜、不锈钢铸件等新产品；不但开发了适应水、蒸汽、煤气领域的产品，还开发了适应电器、消防、灌溉、石油管道、框架安装、炊具和空调等众多领域的产品。产品涉及社会生活的方方面面，销往世界各地的角角落落。有一位德国专家来平阴县玛钢厂，看到厂里生产的精致产品，对董家岩竖起大拇指，发出啧啧赞叹。

董家岩是一个追求卓越和完美的人，他所负责的新产品开发，一次成功率都达到 90% 以上，铸造毛坯一次提供合格率达到 95% 以上。在近年来开发的 200 多个新产品中，批量生产后铸造合格率均在 96% 以上。他带头规范完善了垂直线玛钢材质工艺设计 30 项，创新 8 项。通过规范模具制作、生产工艺操作规程，杜绝产品超重，仅此一项年节约生产成本 30 多万元。

企业的发展正如人的成长，从来都不是一帆风顺的。平阴县玛钢厂在 37 年的发展历程中，也经历了风风雨雨、坎坎坷坷。特别是从 1992 年以后，先后遭遇了原材料涨价、东南亚经济危机、出口反倾销、通货膨胀、世界经济危机等一系列干扰与影响，企业的效益也是起起落落。但董家岩作为企业的老职工、老领导、老“技术”、老专家，对企业的生存、发展一刻也不敢掉以轻心。他审时度势，积极建言献策，主动搞好新产品研发，及时调整产品生产，使企业一次次化解危机、渡过难关，并得到不断壮大。用厂长王元海的话说：“平阴县玛钢厂能有今天，董家岩厥功至伟。”

对董家岩这样一个难得的人才，不少有眼光的企业一次次盯上他，想方设法要把他挖走，并许以高职、高薪。人往高处走，水往低处流，谁不想生活得更好？面对诱惑，董家岩一次又一次选择了留下。不因为别的，就因为这个企业像自己的孩子，是自己一天天看着它长大的。在它成长的过程中，他付出了无数的汗水和心血，怎么舍得离开它呢？企业又像自己的恋人、妻子，这些年来整天整夜长相厮守，同甘苦共命运，不离不弃，休戚与共，和自己已成为“命运共同体”，又怎么舍得下、分得开呢？

这些年来，董家岩为企业付出的不仅是青春、体力、智慧，还有情感。企业带给他的，不仅是生活保障、闪光的荣耀，还有对家人的负疚。20 世纪 80 年代末，建筑业迅速崛起，他看准了这一契机，建议厂里生产支架铁扣。为了取得生产资格，他没白没黑地加班加点进行实验。工艺虽说简单，但在当时，生产条件和生产工艺都很落后，能生产出合乎国家标准的管件并不容易。他和几个技术人员白天黑夜吃住在厂里，“捣鼓”了三十多天。妻子怀了第一个孩子，临盆在即，他都没在家陪伴、照顾一天。孩子满月的时候，他才第一次见到自己的儿子。他抱起儿子亲了又亲，妻子笑着挖苦他说：“你还好意思抱？”虽说有点抱怨，但妻子毕竟是个通情达理的人。她知道，丈夫玩命地工作，是为了企业，也是为了这个家，咱不支持谁支持？

2017 年，为了一车间的改造，董家岩“长”在了厂里。当时，年近八十的老父亲患脑血管病住进了医院，在两个月的时间里，他都没有近前侍候过一天。在五个兄弟姐妹中，他成了最“不孝”的人。好在，父母理解他，兄弟姐妹支持他。有了亲人的理解和包容，他心里的负疚感才稍稍减轻。企业好了，家才会更好。董家岩说，家人永远是自己的坚强后盾。这成功的背后，也有着家人巨大的付出。

荣誉是对劳动者的奖赏。董家岩是“发明专业户”，自然也成了荣誉“专业户”。2011 年至今，他共获得各项荣誉 41 项：泉城首席技师、齐鲁首席技师、第九批济南市突出贡献技师、济南市创新能手、山东省轻工系统首席技师……每一项荣誉都闪烁着耀眼的光芒，其中他最看重的是“山东省劳动模范”这一光荣称号。

董家岩出身于一个劳动者家庭，他深知劳动对家庭、社会、人类的重要意义。“劳动者最光荣”，人类的一切文明成果都源于劳动。董家岩从劳动中体验到快乐、幸福，更体验到人生的价值和意义。没有劳动，就没有生活的充实；没有劳动，就没有智慧的闪光；没有劳动，发明创造就无从谈起；没有劳动，企业的蒸蒸日上就是痴人说梦；没有劳动，人生一次又一次的高光时刻就是幻影。他感谢劳动，是劳动造就了他非凡的人生。

董家岩说：“我是一个劳动者，生命不息，劳动不止。我要用劳动续写人生新的华章，我要用发明创造为企业的发展、社会的进步做出自己新的贡献。”

用非凡的壮举成就非凡的人生。年届花甲的“土专家”董家岩，对自己的余生充满期待。

林业“守护神”

——记山东省先进工作者、商河县林业保护和发展中心闫家河

万洪梅

根越向下，越深入泥土，树冠就越向上，越接近太阳。人生如树，越基层，越扎实，双脚踏着泥土，双手触摸天空。

——题记

男儿励志出乡关，学业有成生态安

广袤的鲁西北平原上，盛夏的太阳火球一样挂在头顶。悠悠的临商河缓

缓流淌，明如玻璃佩带，装饰着商河这片历史悠久的土地。

明媚的阳光随着微风牵起的涟漪，忽起忽落，忽明忽暗。河畔，枝繁叶茂的槐树林伸展成墨绿色的长廊，一眼望不到头。蝉声阵阵，绿荫深深。羊儿悠闲地吃草，挺秀高颀的少年倚靠着树干，昂首仰望着枝叶剪碎的天空，悠然地吹着口哨。忽然，哨声戛然而止。少年敏锐的眸子里，映进几只俯在叶片底部的虫子。好奇心驱使着那双睿智的眼睛瞪得滴溜圆，翠色欲滴的叶片渐渐出现了透明的花纹。他惊诧地久久凝视着，一种莫名的忧虑在心头。

1985 年，少年以优异的成绩被山东省林业学校森林保护专业录取。在一丝不苟的学习中，他知道了花草树木、庄稼蔬菜也会和人一样生病，慢慢认识了千奇百怪的虫子世界，懂得了树木不仅能提供木材，还对生态保护起着至关重要的作用。他暗下决心，努力学好专业知识，将来能够守护家乡那片绿荫。

宁恋家乡一抔土，不恋他乡万两金。1989 年，他以优异的成绩毕业，颇有权威的惜才的恩师极力劝他留校，奈何他心中的执念固若金汤：在商河植树造林，维护生态，保护古树，才是他持久以来的梦想。恩师痛惜之余，千叮咛万嘱咐，让他一定要在林业部门从事专业工作，并疾笔写下四封书信，分别给商河县林业局正副三位局长和德州市林业局森保工作领导。

他被分配到位于沙河乡大胡家偏角的国营商河林场，也算如愿以偿。初入时，林场地势低洼，燕麦兔葵，幽林鸟鸣，两间红砖红瓦小房孤寂自由。漫步其间，偌大的林场一派生机盎然，高大的树木连冠成荫，葳蕤的灌木密密匝匝，俨然是一片小森林。鸟语声声，惊扰着虫子们的神经。他张开双臂，深深呼吸，清新自然的气息进入鼻腔，流进气管，清洗着肺叶，使整个胸腔慢慢扩张起来，一种轻松愉悦之感随着悠悠的微风流淌进身体。他闭上眼睛，昂着头，任由身心在这大自然的氧吧里自由放逐，静享从未有过的畅然流通的感觉。夏日的阳光被绿色巨伞隔离，一阵风儿拂过，绿意漾漾，与高大的树干交相辉映。“吊死鬼”拉着长长的丝线，蜘蛛离开“中军帐”爬到大门口，鸟儿站在高高的枝头……似乎，所有的生命都在欢迎他的到来。这树和虫子与人类和谐相处、共同生存的场景，不正是他梦寐以求的吗？

安然于斯，快乐于斯。从此，他遵从内心，春天栽树，夏天乘凉。利用从书本学到的病虫害专业知识，自然而然地管理树木、防治病虫害。理论与实践相结合的日子里，这只林场“啄木鸟”淋漓尽致地发挥着专业优势，在时光的流淌中日渐羽翼丰满。

他就是守护生态安全的“森林医生”——山东省先进工作者闫家河。

一日发现新虫种，单凭定名更精神

1990 年 4 月中旬，闫家河春季植树时，在地头的杨树叶片上发现了一种似曾相识又不知其名的昆虫。细致观察其外形，查阅相关书籍，他怀疑这可能就是杨潜叶蜂。与此同时，他想起毕业时，恩师对他说过的话：“家河啊，你回去以后一定要注意杨潜叶蜂，近几年，有可能越来越厉害。”他开始密切关注这种昆虫，每天一睁开眼睛，就跑到林子里观察、记录。他发现虫子潜藏在叶片里边，将叶片撑开形成上下两层的鼓包，把里面的叶肉和汁液吃干净。叶子失去了营养，在骄阳暴晒下自然干枯，远看红乎乎，与周围的绿色格格不入。

一切偶然皆必然。在持续不断的密切观察中，他发现一群小飞虫总是盯着有杨潜叶蜂的枝叶来回转，阳光下舞动着的小翅膀闪烁着蓝绿紫等很靓丽的颜色，好看极了。他驻足定睛，看着那小飞虫飞着转着，迅即落下把屁股插到树叶里边。他凭着所学专业知识断定，这必然是杨潜叶蜂的天敌在产卵。他立即用随身携带的试管小心抓住几头小飞虫样本仔细观察，确认是一种姬蜂，一种天敌。这种姬蜂到底叫什么名字？它的控制能力能有多强？能不能完全控制得了？如果真能控制住，就免除了树木高大人工喷药难度大，而且污染环境的老大难问题，关键是能保住树木的绿色底色，减少农药和人力成本，维护生态平衡，保护生态环境。他根据详细记录观察所得，写信请多位专业老师鉴定，但都石沉大海。闫家河说，失败是助手，经验是老师，诚实是挚友，努力是基础，前进是动力，失败和成功对他来说同样重要。他对知识的渴求有增无减，殚精竭虑做下去的决心牢如磐石。他觉得，能做到什么程度无所谓，每天都有收获和进展才是最重要的。

在随后的几年里，随着杨潜叶蜂的快速繁殖扩散，包括商河在内的山东、河北等华东、华北很多地区的杨树上都发生了严重的杨潜叶蜂虫害。远远望去，原本整齐划一的农田防护林带林网恰似一片红红的火烧状。

看到这样的景象，闫家河焦急万分，痛恨自己所学不精，作为森保专业人员，不能解决实际问题，实在是一种失责和耻辱。职业和专业要求，激励着他必须有所作为。他想弄清楚的东西，没有任何困难可以阻挡。啃着馒头看着虫子，拿着书籍看着树叶，捏着枝条写着记录……不知不觉中，他已全身心投入观察、阅读、记录、分析、探究之中。

1993 年春，他在一本书上发现中科院动物研究所有专家专门研究姬蜂这种类群，遂慕名发信而去。鉴定未知的昆虫种类，需要耗费很多精力和时间，专家们自身课题都忙得应接不暇，谁都不愿意接手。已习惯吃闭门羹的他，自嘲是一把金刚钻，不达目的不罢休。几经努力，一位王老师主动接收了。在殷切的期盼中，急不可待的他频频写信给王老师，一遍又一遍地催促鉴定结果，像个急于知道考试成绩的小学生。强烈的求知欲促使他更加深入观察、研究和查阅资料。在时间的流逝里，他逐渐发现和意识到，不管有没有"户口"和名字，这种天敌具有很大的控制作用和意义。他双手拍拍胸膛告诉自己，不管付出多大努力，耗费多长时间，也要把它的发生规律弄清楚。而搞清它的发生规律是一个艰苦、漫长并且复杂的过程，需要大量真实的数据。可这种天敌根本就没有任何资料可借鉴，怎么办？只能靠实实在在地去观察和研究，为此，日复一日，年复一年，闫家河从不间断。

德国哲学家尼采说，是金子总会发光的。闫家河这位既有技术又有业务能力的专业青年，有一次被抽调参加县里的大型林业普查活动，活动结束后被安排到局办公室，偶尔写写材料，点煤炉子、烧水、分报、接电话、骑自行车传达信息、卫生扫除、开关大门等，都是他每天的日常工作。这些活儿，看起来杂七乱八，他干起来却轻松有序。院里院外以及北关、何家等邻近村庄的树木，都是他继续观察虫子的宝贵基地。秋天和早春，虫子都钻进了土里。业余时间，他就用专业的小铁铲，在树下挖土装在网袋里，拿到水里冲洗，分出一根根杂草，找到虫茧后养到试管里，随时观察虫蛹到成蜂的变化过程。为了进一步观察其发育程度，他必须小心翼翼地抽丝剥茧、层层剖析，认真观察，仔细记录。

"有志者事竟成，破釜沉舟，百二秦关终属楚；苦心人天不负，卧薪尝胆，三千越甲可吞吴。"1998 年，"杨潜姬蜂"终于正式定名发表，不仅是昆虫新种，而且还是一个新属。收到信息后，闫家河没有像常人那样激动得一蹦三尺高，因为漫长的等待过程，也是他持续观察研究的过程，他已经把它的发生规律弄清楚，并解决了关键问题。这种天敌果真完全控制住了杨潜叶蜂危害，成为我国不多见的依靠天敌自然控制重大害虫的典范样本。这个小小的科学发现作为他的科研成长礼，更加笃定了他耐心、细心、潜心、精心、用心进行科学研究的信心。

研究一个昆虫新物种，两年，三年，四年，基本不够；五年，或许有眉目；六年，可能会显山露水；七年，八年，或许才能够确定；甚至需要更长时间。闫家河永矢弗谖，科研不是朝夕随兴而起的游戏，而是日积月累的数据曲线，他要用足够的实力和耐心，孜孜不倦地探索、追求和研究。

多年来，他的办公室里总是摆放着几十个养虫子的瓶管。有人说，他是虫痴；有人说，他是天才。对于这位年过半百的森林医生来说，混迹昆虫微观奇妙的世界里，在夙兴夜寐中踯躅前行，有着无与伦比的快乐。

坚持自我砥砺行，服务大众初时心

闫家河始终坚持服务基层。他为老百姓无偿服务，挽回损失的事情不胜枚举。

服务老百姓的过程，就是自我提升的过程。路遥知马力，日久见本领。老百姓一遇到问题，就会到林业局找闫家河。他也总是不负众望，把老百姓的困惑当成第一要务，能够当场解决的，一一当面详细告知；解决不了的，回头查资料，虚心向各高校专业老师请教。由于他具备一定的理论水平，也有丰富的实践经验（主动下去调查多，老百姓有问题找他咨询多），尽管理论不如高校老师、科研院所的专家高，但他能够把专家学者的术语和先进方法用老百姓的语言解释得通俗易懂，老百姓一听就明白。久而久之，他成了专业老师和老百姓之间的中转站，被称作“庙堂与江湖之间的翻译官”。

2012 年，商河县郑路镇有一片白蜡苗，有的树叶不明原因逐渐干枯凋零。有专家表示，高温灼烧能引起植物自我保护地产生叶片枯萎或者落叶反应。眼瞅着树木不断地叶枯枝秃，育苗人感觉不对劲，风驰电掣般到林业局找闫家河。他放下手头事务，立即驱车前往。疾步走进地里，快速扫视一圈，他选择性地剪下几根枝条，细心地反复观察，最后折开枝条，检查木质部的髓心部分，竟然有蛆状针尖大小的白色肉虫。根据以往经验，他立即给出针对性控制害虫方案。同时，查阅资料，他发现这与文献中的白蜡哈氏茎蜂很吻合，

但又不完全相同。鉴定和确认一种昆虫必须依据成虫。他采集好标本，带回办公室，放到试管里精心饲养，直到第二年才养出成虫，经权威专家鉴定，结果又是一个新物种，而原有文献则学名有误，且记述不准确、不全面。经6至8年持续观察和试验研究，闫家河逐渐摸清了这种新害虫的全国分布情况、危害特点和防治方法，2018年起连续发表7篇相关论文，翔实纠正原有谬误，引导业界同行准确识别和精准防治。

2014年，他获得“全国最美森林医生”荣誉称号。这是他在为老百姓进行技术指导服务、技术推广中，靠平时细心调查、发现、研究，日积月累，不断进行科学新发现的必然收获。

科学是实事求是的学问，来不得半点虚假。亲身的经历，才能产生真实的思考和研究。攻克科研难关不能急于求成，需要脚踏实地，一步紧跟一步，就像饮一瓶美酒，小口品咂，愈品愈香。

2013年，白蜡价格看好，一棵小树苗能卖到三五块钱，稍大一点，就能卖到十几、二十几块钱。7月，正值苗木快速生长期。一天，龙桑寺镇郑家村一村民发现自己培育的几十亩白蜡苗突然停止生长，顶梢眼见着皱缩干巴，很像是得了什么病，用了多种杀菌剂和杀虫剂仍无效果。无奈的村支部书记心急火燎地找到了县林业局。当时，闫家河正有其他公务不能外出，安排技术人员现场查看后，未发现明显的病虫，闫家河让他们采回样本。此时，天已微黑早已过了下班时间。为了早一点找到病因，他急切地将采回的标本放在显微镜下，仔细观察。他发现，这不是典型的虫子，而是一种瘿螨。一般的昆虫都有六根腿、两对翅，但螨类与螃蟹相似，都是八根腿，但没有翅。这种瘿螨体型极小，长度甚至不及头发丝粗，即使普通的手持放大镜也不易发现，只能借助显微镜才能看清。它们密密麻麻地躲在枝梢嫩芽缝隙中，叮吸植物的汁液，使得新梢不能生长，萎缩衰枯，从而导致苗木停止长高，在梢顶下端四处乱冒新芽，成为乱蓬蓬的“顶头疯”，根本卖不了钱。

这也是闫家河第一次接触到瘿螨的实际危害，他立即查阅相关文献资料，搜寻其发生规律和防治方法。确定病因后，他立即采取“两步走”措施。首先连夜起草防治明白纸，根据瘿螨的属性对症用药，指导群众使用瘿螨专防药剂，明确喷洒方法，即主要喷打树叶背面，而不是正面。对症的药剂和方法很快收到奇效，干皱的新梢逐渐焕发生机，回转正常。育苗人感激之情溢于言表。第二步，为防止虫情灾害化，他在继续请教、研究、明确瘿螨具体种类的同时，第一时间上报市、省林业部门领导和专家，通过全省林业有害生物远程诊断系统扩大宣传，并通过山东人民广播电台举办技术讲座，具体讲解识别方法和防治措施。用最快速度、最短时间宣传、推广、普及，全国最大的白蜡苗木培育基地惠民县，还有河北省南部很多县区的林农，及时防治、止损，化解了一场苗木“灭顶”之灾。

为老百姓挽回了多少损失，闫家河无法计算也没有考虑，他只是一门心思发现虫情、调查虫情，对症下药；追根溯源，普及宣传，为民解忧。

面对新的病虫害，一无所知是正常现象。观察探究新物种的生活习性，饲养测量、记录分析、八方请教，是闫家河从学生成为专家的独门秘籍。这秘籍源于他有一颗为民服务的赤诚之心，宛如虬曲的老根长出新的根尖，慢慢伸展，滋养着商河大地上每一寸葳蕤的林间旷野。

百年老树挂果丰，面临灭顶谁焦灼

2016 年，梨花绽放时节，闫家河漫步梨花纷纷的李桂芬梨园，边走边若有所思。

李桂芬梨园以老树居多，皴黑色的树木，像弓背弯腰的老人，诉说着沧桑的故事。盘曲的枝条龙行虎步一般，肆意妄为地钻空而行，豪横地向着明媚的阳光，向着深远的高空。

树下的空隙间，松软的土壤，舒展的野菜，墨绿的韭菜，新绿的小葱，肥嫩的菠菜，勤劳的农人，不会闲着一分土地。

几棵被伐掉的老树像无家可归的老人，孤苦无助地倚靠在林中小屋一侧。菜地里的一位老者说，老树每年都有死亡，早已司空见惯。闻听此言，闫家河的脸色格外阴沉，脚步沉重得几乎挪不动。太阳落下帷幕，他默默地伫立在那棵三百多年的梨树王面前喃喃自语："我如何才能保护你们长久平安呢？"

他关心古树，心疼古树，时常沿着大沙河，看看李桂芬梨树，再转转洼李古杏林。死去的一棵棵古树，像一把把利刃一样剜着他的心。他知道，老树因根腐病和虫害，已经面临灭绝之灾。据说，二零零几年就开始出现老树死亡现象。或许是数量少，未曾引起重视。如果一年死一棵，有多少古树禁得住死亡？古树，是历史的见证，是不可再生的资源，如不加以保护，真可能全部灭绝，这绝不是危言耸听。

对于农人来说，伐去死亡的老树，重新栽上小树，表面上并不影响美观和经济价值。但是，若干年后呢？几百年的老寿星都没有了，还叫什么百年梨园？叫什么古杏林？一阵风儿吹过，枝头挂着的大红灯笼悠然随风，似乎事不关己高高挂起。那些华丽的装饰依附于梨树看似风情万种，但似乎也有一丝关乎梨树生死的悲烈心情。

闫家河忧心忡忡地不止一次实地调查研究，他知道古树死亡的直接原因是根腐病，但到底哪些病菌和因素引起的根腐病？土壤中的根腐病菌蔓延程度如何？这些未解问题深深困扰着他。

2020年国庆节期间，闫家河专程邀请山东农业大学、省林科院、济南市园林和林业科学研究院土壤肥料、果树、病理、昆虫、植物生理等方面专家，齐聚李桂芬梨园进行集体会诊。最终，专家们通过培养、化验、接种、分离（人体医学称之为"病理鉴定"）等流程，查清了病菌种类和来源，找出了病害发生主要原因，提出了防治建议。

单纯防治根腐病等技术性问题，闫家河有比较高的把握。但对于梨园的管理模式和群众的管理习惯，是他最头疼的问题。根深蒂固的不当管理方式方法，是导致根腐病发生蔓延的根源。村里将古树全部承包给了十多户群众常年管理，没有统一的技术标准和管理方式，完全靠农户自行经营管理。大沙河畔都是沙性土壤，严重缺乏有机质，漏水漏肥严重；农户们几乎不施有机肥，全部是铵氮类的复合肥和副作用很大的鸡鸭粪，而且舍不得买质优价高的名优品牌好肥料，多选择小厂家口号喊得震天响的一般性肥料，最大的误区是群众觉得施肥越多，梨树和林下的瓜菜作物就越旺盛。但正是这种质次、量大的过量施肥特别容易烧根、伤根，尤其是对发挥关键吸收作用的须根和毛细根伤害最大。经年累月，细根、须根渐受伤害，根系受伤后，土壤中的病菌乘虚而入，两相作用，逐渐向上蔓延至小侧根、主侧根，最后导致主根腐烂腐朽。老树像老人一样，营养必须跟得上，好吃好喝好伺候还不一定不生病，何况根部受到严重伤害呢？

通过专家会诊，找到了症结所在，闫家河与同事们很快制定了有针对性的综合防治技术方案。他多方联系泰安市一家擅长土壤修复的高科技企业，试验使用菌剂，通过菌剂中的木霉菌、芽孢杆菌等有益菌，来抑制消灭各类根腐病菌，改善土壤菌落结构，达到菌群相对平衡，根腐病菌自然衰退；同时指导群众注重增施有机肥，购置名优品牌的好肥料，适量、适时、适法施肥；疏花疏果减少果品产量和负载量；及时防治梨木虱等其他病虫危害，增强树木免疫力和抵抗力；等等。对于全新的管理方式，群众一时显得并不适应，也不情愿出资购买菌剂和肥料。恰好，县委县政府为表彰闫家河的科研贡献，2020 年奖励他 10 万元科研补助经费，他拿出其中的 6 万多元购买菌剂、药剂甚至用工费，在 30 多亩古梨树核心园区连续进行了一年半的试验性防治，取得了显著的效果。

但是，相对于梨园来说，闫家河的付出或许是杯水车薪。资金太少、菌剂施用量太小，关键是土壤改良需连续多年长期施用才能有效，不可能在短期内一蹴而就；更有一些农户并不十分配合方案的实施。比如，菌剂有最佳施用期限，超过则失效，但菌剂发到农户手里，有的超限多天仍没有施用，导致后期即使施用也不会产生功效；再如，施用菌剂后，要求树下定期少量施用尿素，因为尿素是有机物，是菌剂的食物，但群众认为施用尿素影响果品品质偏不施用；等等。这些不可控因素，让他如山压顶，寝食难安。面对资金的有限和断供，他无奈连连；面对意识不到问题严重性的人们，他又无计可施。闫家河感到胸口有一块巨石，严严实实地堵住了呼吸的出口。诗人艾青说："为什么我的眼里常含泪水？因为我对这土地爱得深沉。"或许，这句诗才是闫家河此时此刻心情的真实写照。

闫家河怎能不着急呢？树龄超过一百年，就是古树。历经沧桑的古树，既是植物资源中的瑰宝，也是有着历史文化积淀的活的生物遗产，具有重要的科研、生态和经济价值，是植物中的宝藏，是会生长不会说话的"文物"，是自然与文化的"双遗产"。众所周知，李桂芬梨园承载着凄美的故事，传承着优秀的传统文化，是商河这片贫瘠土地上的独特景观。如果老树绝迹，自己作为专家，作为技术人员，有何颜面面对这片生养自己的土地，又如何对得起最美"森林医生"的美誉？

保住古树，是闫家河此生的夙愿。为了救治和保全古树，无论多难，他都不会放弃。他深知因为疫情影响政府有心补贴却也实在无能为力。但他没有望洋兴叹，而是多方奔走呼吁。今年，市园林和林业绿化局领导高度重视，多次来商河实地调研，倾听闫家河建议，同意连续二至三年拨款进行根腐病专项研究，并联合有关高校，群策群力，救治古树，千方百计保住这片商河古树资源。

白蛾入侵静悄悄，专家一眼便了然

商河县经济开发区道路两旁的法桐树格外茂盛，尤其夏天，正值法桐树生命力最旺盛的时期，参天大树撑开绿油油的巨型大伞，为柏油马路遮挡住炽烈的阳光。油光发亮的叶子，密密匝匝，匀匀实实，恰是一道避暑好风景。上下班的人们，可以安享绿荫的清爽。

2006 年 9 月 21 日，玉皇庙街道办事处分管农业的路来光副主任和农业办的同事们，上下班时无意间发现几棵法桐树上的叶子几乎被虫子吃光了，特约闫家河去看看。他立即赶赴现场，发现长长的黑色毛毛虫肆无忌惮、得意扬扬地吞噬着法桐叶片，地面上已有一层厚厚的虫粪。凭着丰富的专业知识和职业敏感，只一眼，他就断定，这就是国际国内林业植物检疫对象、中国林业的最大害虫——美国白蛾！

美国白蛾原产于北美洲的美国和加拿大，20 世纪七八十年代在我国东北和沿海地区率先发现和传入。它食性杂、食量大、扩散快、繁殖量大、适应性强、传播途径广，每年可通过成虫飞翔向外自然扩散35至50千米，是危害最严重的世界性检疫害虫之一。某种程度上，美国白蛾的危害丝毫不亚于森林火灾。在中国林业病虫害防治史上，国务院办公厅一共只发过两次重要通知：第一次是1981年为防治松材线虫病，第二次是1984年防治美国白蛾。这足以说明防治美国白蛾的极端重要性和紧迫性。

这是闫家河第一次见到美国白蛾活物。一个县区发现我国最重大的林业害虫，这件事非同小可，别说他个人，即使省、市、县各级政府未经授权，也不能发布疫情信息。他立即赶回单位，第一时间报告局主要领导，县林业局也迅速上报县政府、市林业局。时任县委书记时文进深知美国白蛾的严重危害性，获悉情况后亲自安排部署，全力封控防治。在随后进行的全市美国白蛾紧急普查中，靠近济南市区的济阳县也已有分布，而且德州市齐河县等地也同步发现了美国白蛾。

在一次济南市主要领导干部专题会议上，时任市委书记焉荣竹曾打趣说：“今天请各位大领导来商议防治美国白蛾这个小虫子……这个小虫子是从商河传过来的……”后来，时任商河县委书记李宽端发言时解释说：“我需要说明一下，这个小虫子不是商河传过来的，而是商河一个喜欢研究小虫子的技术人员首先发现的，他叫闫家河，他是咱们济南市发现美国白蛾的第一人。”自此，各县区才消除了对商河的误解。

闫家河认为这个问题很严肃，谁是第一发现人不重要，重要的是李宽端书记为他正名，就是为商河正名。作为“森林医生”，他有责任和义务排除万难，担负起防治美国白蛾的艰巨任务，保护故土的绿野林涛。名利于他而言，只是过眼云烟，有则随缘，无则随风。是自己的，不要也不应该；不是自己的，强求也得不到。无论面对媒体，还是在县内外多次报告会和讲座中，闫家河总是说：“济南市美国白蛾真正的第一发现人是路来光主任，我只是发现美国白蛾的第一名技术人员。这个实际情况，无论什么时候，我都这么说，绝不能埋没真正的有功之人。”这真是：

商河林业忠诚人，
不负书记正名恩。
双肩如铁初心定，
力抗巨鼎擎千钧。

尽管，政府部门紧急发布了美国白蛾预警，或许从领导到百姓都认为，不就是个小虫子吗？至于那么上纲上线吗？不起眼的小虫子一捏就死，有何惧怕呢？但谁也没有想到“千里长堤，溃于蚁穴”的惨痛教训再次上演。2008年，美国白蛾突然性大区域、大范围暴发，一场“无烟的灾害”横空降临。预警有了，方法有了，为什么还会大爆发呢？

作为第十届省政协委员，闫家河站在全省的角度，深刻理解这一现状，冷静分析原因。毕竟美国白蛾是第一次来到我们山东中西部，来到我们济南，重视程度不高、防治不到位是可以理解的，但必须要痛定思痛，亡羊补牢，争分夺秒地遏制美国白蛾的祸害态势。

作为专业技术人员，闫家河清醒地认识到：灾害暴发的原因主要是地方政府重视程度不够，资金不到位，器械不到位，干部群众的认识也不到位。他根据全省各地森防站同行们的建议，结合自己的思考，总结出两个关键点。首先，要请领导重视起来。专业干部、技术人员汇报再多，上级领导都不出面，同级单位、领导干部还会重视吗？或许在他们的心里，不就是个小虫子吗，能有多大危害？还需要副市长、市长出面？其次，林业部门不重视，也就是部门主要负责人不重视。很多地方的林业部门把主要精力放在植树造林、防风固沙、林下经济、行政执法、产业发展等方面，大都没有把美国白蛾防治放到第一位。

2008年省政协会议期间，在庄重肃穆的会议厅里，农业界委员们就农业农村发展、生态资源环境保护等议题积极发言，热烈讨论，闫家河在充分准备的基础上，正式提出了美国白蛾防治实行地方行政首长问责制的提案。相对来说，基层林业部门这样一个较为弱势部门的委员能够提出这样引人关注的提案，的确令人意想不到。他为了什么？大家心里都有一杆秤。

2008年，济南市林业局决定繁育美国白蛾天敌，建立白蛾周氏啮小蜂繁育中心，大力推广生物防治措施，指定闫家河作为技术带头人，在商河建立天敌繁育中心。接受任务后，他带领三位不怕吃苦受累、不畏“脏差害险”的年轻女同志，在做好美国白蛾监测、防控工作的同时，尽最大努力盯上靠上，讲解原理，指导交流，共商共议，充分发挥女同志心思缜密、严谨负责的优势和主观能动性，在学习外地先进经验基础上，创新性地提出有商河特色的整体繁育流程和独特繁蜂方法，繁蜂成功率、稳定率保持在百分之八九十以上。

迄今为止，全省繁育白蛾周氏啮小蜂时间最长，持续到现在的只有少数几家，商河是其中之一，就是因为闫家河一直在专业研究和生态保护征程上栉风沐雨，砥砺前行，永不止步。

辞去局长若浮烟，痴心小虫醉其间

闫家河不大的办公室里，入目皆是书。几把空闲的椅子上，各种书籍二尺多高，一摞挨着一摞，真有小小书山之感。三个大书橱靠墙而立，里面满满当当，除了园林病虫类资料，还有生态灾害、植物分类、濒临灭绝稀有动植物等类别，单看书目就知道这几个不起眼的书橱几乎坐拥一片森林。两张办公桌，除了电脑、成排的资料夹、一摞摞的材料、记录表，还有一行行一列列盖着盖子的瓶管。瓶管里，一截一截木段上养着数量不一的虫子，这都是闫家河每天必看的对象，他视若珍宝。

办公室窗外，绿油油的枝条漫过二楼的窗子，与闫家河隔窗相望。那是一片被护栏围护起来的林子，林子里的好多枝条上都绑着透明的纱网袋子，里边养着他的“专宠”。他不定时来转转看看，有时一天，有时两天，最多不超三天。主要是查看害虫取食情况，枝叶基本吃光后，就要更换新鲜的好枝条，便于虫子的生养繁殖，更便于他观察和收集信息。每次他来观察的时候，都是蚊虫们最兴奋的时刻，对蚊虫来说，趁机饱餐一顿的感觉的确舒服。喂蚊子、被划伤的痕迹，早已是他的家常便饭，无关痛痒。他的注意力不在胳膊腿上起几个疙瘩、有几道血痕，而在乎他养的虫子生长发育进展。

苏轼说：“古之立大事者，不惟有超世之才，亦必有坚忍不拔之志。”做个闫家河这样的林业专家，首先得有献血和献身精神，否则蚊虫们怎会如此爱他。

2018年底，闫家河主动提出辞去县林业局副局长一职，倾心专注于病虫害防治和研究工作。很多人求之不得的官职，他却辞之。有人不理解，他却淡然自信地笑言：辞职不辞责，当副局长和不当副局长，都是为了更好地做好生态保护和学术研究，还不如给优秀年轻同志腾出位子。商河可以缺一个他这样的副局长，但全省甚至全国森防界不能少一位他这样对待工作和科研如此认真的科技工作者。

他全年很少休假，绝大部分时间和精力都投入到工作、监测、研究中，工作时间和业余时间在他这里没有界限。“害虫不管人们的周末和节假日，照常发育，照常危害，不能中断监测。”这一观点被推广到全国森防系统。孔子云：“言必诚信，行必忠正。”闫家河是这么说的，也是这么做的。不仅自己无休息日，连妻子的休息日有时也被他安排没了。

虫情监测最关键、最累人、最麻烦的环节就是挑虫子。

为此，同事们对他又爱又敬又怕。爱他，因为他对同事的体谅和关心，像老大哥帮助兄弟姐妹一样，能帮一把绝不帮半把。那种浓浓的亲情感融化在生活和工作里。闫家河对于年轻的同事们来说，早已不是亲人胜似亲人。敬他，因为作为本单位的学术带头人、最年长者，凡事他都身先士卒，既是领头羊又是老黄牛，他只能比同事们多干，不会比大家少干。怕他，是因为他要求非常严格，不准有半点儿主观性的差错。对于关键数据，不论大小他都逐一过问，亲力亲为。他常说：“某种程度上我视虫情数据为生命。”这种晨兢夕厉的精神时刻震撼着同事们，“定海神针”的美誉悄然而来。

有时，闫家河心有不忍，尤其是对几个女同事。但这是一项工作，他不能过于心软，“凡事不做则已，做就做到更好”。年轻的同事们意识不到他要求的“以学术标准做好业务工作”的重要性，有时候会嘟嘟囔囔：“哎呀，您领着我们常年挑这些小虫子，到底有啥用啊？能不能只挑几种啊？”

挑虫子这项工作是2013年开始的，上至国家林草生物灾害防控中心，中至省市森防部门高校院所领导和专家，下至各县区各镇街同行，提起商河闫家河，没有不知道他和同事们进行研究、挑虫子这件事的。这也是国家级中心测报点设立在商河的主要原因之一。作为首席测报专家，闫家河负责县里重大林业病虫害和主测对象的系统监测，一旦出现重大紧急灾情和危险性病虫害，需第一时间直报国家级相关部门。这种信任，这种委托，不是票子、帽子换来的，而是闫家河自身担当负责的秉性使然。

闫家河是全国森防行业的工作标杆，也是全省森防系统的工作科研双标杆。为了虫情监测数据的准确，他在商河县境内，按照林业资源的分布状况，在东、西、南、北、中有代表性的林地设立了七个监测点，安装了七盏虫情监测灯，系统监测“飞蛾扑火”趋光原理诱集而来的虫情。害虫一旦受光源吸引就会做出扑灯行为，就会撞击到监测灯周边的玻璃屏，从而掉入下面的处理仓，系统会以高温蒸烤迅速灭杀害虫，从而保证虫体完整，便于识别观测。闫家河和同事轮流，每周日、周一开车去各点取回。他很少让同事们额外加班，除非值班和特殊紧急情况。上有老下有小的年轻人，休个周末不容易，他岂忍心打扰？方圆几十公里，转悠一圈好几百公里，取虫、观测、记录，一个人确实挺忙活。他时常动员妻子，以“爱的陪伴”为借口，以开车乡村旅游的名义，让妻子陪自己去取虫子，帮助观察记录。爱妻也总是嗔怪：“跟着老闫沾光了，休息日都被剥夺了。”

他们每周收集四十多包，周一开始集体挑虫子。工作室的六七个人在闫家河带领下，每人一把合手的镊子，端坐在工作台前，打开包装，铺开报纸，把不同的虫子挨个分类。这种看似枯燥乏味的挑虫子模式，在闫家河眼里是最有价值，也是最重要的环节。这道环节主要关系到虫情监测结果，是进行预测、预警和预报的核心依据。而且，这也是进行林业有害生物采集、普查和监测当地生物多样性、环境变化和人为措施影响生物种群变化很有必要的监测手段，更是当前最受关注的大数据、林业有害生物数字化监测预报的基础数据发源点。

截至目前，连续十多年人工挑虫子这项令同事们内心抗拒而又不得不做的工作，全国林业系统三千多个县区可能只有商河在做，只有闫家河狠下心来一如既往地顽强坚持着。挑虫过程中，他磁石般专注的眼神，机械化流水作业一样娴熟的动作，准确无误的分类，俨然是一种享受。时间久了，他还会不由自主地轻声哼唱起来，同事们想偷懒的兴致瞬间被他搅扰到九霄云外。对于他这份与众不同的嗜好，同事们都百思不得其解。闫家河总是微笑着说：“我没有别的爱好，唯一的喜好就是虫子，有我这样的带头人，你们都是幸福的。”同事们才俯身低头，认认真真地挑虫子，还不时互相调侃一下，活跃气氛。笑声落地，闫家河的要求也随之传达到位，大家必须做，还得用心做，不准出半点儿差错。这是一项职责范围内的工作，是监测数据的重要来源，更是商河连续四次获得全国先进国家级中心测报点重磅荣誉的基石。

时光荏苒，在县林业局（现自然资源局）三十多年的工作历程中，闫家河百分之七十以上的业余时间都用在昆虫调查研究上，付出了超乎常人的努力。“宝剑锋从磨砺出，梅花香自苦寒来”，人生最美的风景，都是在无悔地付出之后，无意抬眸的一瞬间，才会发现万丈光芒平地起。

闫家河没有被荣誉蒙蔽双眼，努力的路上一刻也没有松懈。他继续一边工作，一边科研，一边写日记，持续十几年来未曾间断，每年都留下一二十万字的心路历程和四五万字的学术观察笔记。荀子曰："不积跬步，无以至千里；不积小流，无以成江海。"闫家河坚信越努力越幸运，人生之旅如登山，如前行，每天进一步，每一步都是在修炼自己，完善自己。

十一年来，190 多万只虫子被闫家河和同事们用镊子一只一只地挑选过，或许那些虫子也没有想到会有如此殊荣，能进入闫家河这样的知名专家的工作室，还能如此近距离接触。

夜幕下的办公楼，静悄悄的，唯有闫家河"劳模创新工作室"的灯依然执着坚守着。显微镜前，他对光对焦，一次次转动调节按钮，用镊子捏着一截小木段，小心翼翼地转动着，随着电脑屏幕上不断变换的肉嘟嘟的小东西，他眼角的神采潺潺山涧一样欢快地流淌在孤独的灯影里。额头的皱纹像田间灌溉的小水沟，漾满了笑意。转动旋钮的手，也渐渐带上了轻快的节奏，仿佛是在随着内心的音乐舞蹈。当妻子的电话响起，他才起身，伸个懒腰，随手关灯。

小城的霓虹灯倦意绵绵，一辆自行车载着满满快意，奔驰在夜色中，向着家的方向。这正是：

攻坚克难传帮带，
科技创新护生态。
麦丘小城闫家河，
夜以继日健步迈。

在这个世界上，最强大的人是有精神坐标的人，最富有的人是有坚实自我的人。闫家河就是这样一个人。

从创新到灵魂的升级

——记山东省劳动模范、临工重机股份有限公司张业勤

李书忠

“中国创造”作为一个崭新的词汇，已经渐渐地代替“中国制造”而被世界广泛认知。它体现的不再是简单的体力劳动，而是更高层次的脑力创造活动，在世界上占据了越来越重要的地位。张业勤以迥然不同的创新思维、持之以恒的拼搏精神、一项项独具特色的发明成果，诠释了“中国创造”的深度与锐度。

他是别人眼中的“怪才”和“发明专业户”，在颠覆传统中，常常给人意想不到的惊喜。近几年来，实现公司设备改造项目20项，取得了2项专利，解决30多项技术难题。他在坚守中“让梦想落地”，吹响了催人振奋的发明“集结号”。他将系列发明成果引向产业化轨道，为科技强市事业的推进、重工的发展与振兴，做出了一定的贡献。

他，就是创新改善了“单梁焊接专机”“叉架内臂焊接专机”“矩管自动上料、校正设备”及制作叉架新式流水线，实现车间设备自动化的张业勤。这些突破，使他被评为2018年度济南市创新能手，荣获2018年度济南工匠提名奖，多次被公司评为创新标兵、优秀员工，并在2015年、2016年各获得一项实用创新专利。2022年荣获济南市高新区“高新工匠”、“济南市劳动模范”称号，2023年荣获“山东省劳动模范”称号。

脚手架下的“彩虹”

当一座座高楼拔地而起时，映入眼帘的，除了那泾渭分明、纵横交错的脚手架外，还有那高耸入云、旋转不停的井字架提升臂，将一兜兜建筑材料缓缓地降落在施工面上。更让人叹为观止的是混凝土砂浆就像瀑布一样，通过长臂架泵车的输送管道，哗哗地流淌在建设中的楼层面上，一架架剪叉、曲直臂高空运送车，将施工人员和各种建筑材料，如腾云驾雾般从地面直接攀升到施工楼层，让施工人员上下施工如履平川，大大减轻了建筑工人的劳动强度，提高了工作效率和个人产能。

尤其是那涂满红色的剪叉、曲直臂高空运送车，就如阳光下一抹靓丽的彩虹，格外醒目。作为制造生产各种型号剪叉、曲直臂、叉装高空运送车及矿用挖掘机、卡车的临工重机股份有限公司，满怀高度的社会责任感和创新精神，产品远销欧洲、北美、日韩、东南亚等多个国家和地区，并进入全球最大的租赁公司联合租赁，国内市场连续多年行业占有率领先，成为中国高空作业机械行业发展最快的企业。宽体矿车 MT、CMT、RT、UT 四大系列多个品种及大型矿山挖掘机，销售区域不但覆盖中国市场，而且还远销东南亚、中亚、非洲等国家和地区，引领了全球宽体矿车行业的发展。

著名文学家冰心老人曾经说过：“成功的花，人们只惊羡她现时的明艳。然而当初她的芽儿，浸透了奋斗的泪泉，洒遍了牺牲的血雨。”人们在使用这些高科技产品时，是否会想到那些发明创造、维修改良的工程师付出了多少心血、流下过多少汗水？他们默默无闻，从不张扬，可谓是甘苦寸心知。

“钢铁侠”的创新经

俗话说，有志不在年高。在未见到张业勤之前，笔者认为他肯定是行业内学富五车、深耕重工行业的学者型专家。当张业勤身穿一袭浸满油渍的天蓝色工作服、头戴橘黄色安全帽出现在我面前时，我还怀疑是公司安排领我到车间参观现场的技术工人。他看着我疑惑的目光，白皙的脸庞露出一点腼腆的红晕，轻轻地告诉我说：“我就是张业勤，现在在车间一线工作。”至此，我的专访就以这种形式，安排在紧挨生产区旁的一座二层楼上的活动室内进行。

出生于1991年的张业勤，2010年从学校毕业后，凭着机电一体化专业优势和聪明才智，很快就被一家电气化设备公司聘用。工作一年多后，他感觉自己所学与实际工作存在一定的差距，工作起来力不从心。这时，他心中产生了一个念头：趁着年轻，到有利于自身成长、发展空间大的企业中去，或许能实现自身价值。机会总是留给有准备的人，2012年3月，他被临工重机股份有限公司招聘为员工，公司根据他的专业特长，安排他到零部件车间当了一名设备维修工。

零部件车间，说白了就是机械制造中的“配角”，根据主设备的设计要求，为主机生产所需的零部件，并搞好售后服务，对使用中的设备进行改造、修修补补等。张业勤每天一上班就跟码放整齐的钢板、铸铁等制造材料打交道，俨然成了一个游走在“黑铁时代”里的“钢铁侠”。材料叮叮当当的碰撞声、刺耳的切割声、砂轮机的摩擦声更是不绝于耳，飞溅的焊花让人眼花缭乱。一天下来，身子骨就像散了架一般。只要一闭上眼睛，他的脑海中就会自动“回放”在车间流水线上料、搬运钢材的场景。久而久之，他突发奇想，能不能利用自动化编程知识，将传统的人工搬运，创新改造成自动化物料桁架机械手，以减轻工作强度、提高个人产能？

虽然零部件车间不是主设备制造的核心部位，但从零部件生产到设备组装、出库投入使用，一台机车的生产流程就如一台“大戏”，“配角”演不好，“主角”就可能演砸了，环环相扣，任何一道工序都马虎不得。张业勤记得上小学的时候，曾读过美国“挑战者号”航天飞机失事爆炸、7名宇航员全部罹难无一生还的课文。事后，美国政府专门成立的调查委员会查明，此次事故的根源来自一个不起眼的橡胶部件——O型圈。由于发射时气温过低，橡胶造的O型圈失去了弹性，造成原本应该密封的固体火箭助推器内，高压高热气体泄漏，最终导致高速飞行的航天飞机在高空解体。自此，该起事件就如一把刻刀，在张业勤心板上刻下了深深的烙印，让他对待每一项工作都精益求精，不留任何瑕疵。

八小时以外，茶余饭后，张业勤满脑子都是“设备改良”“科技创新”。然而，由于设备改良比较复杂，没有现成的图纸可参考，工作中处处受到制约。爱钻研、肯琢磨的张业勤，只要认定的事，非得尝试一下不可，哪怕推倒重来。

于是，好奇心使他产生了强烈的求知欲望，“不能左右环境，就左右自己”，他决心从零做起，学好文化知识，真正掌握一门安身立命的技能。从此以后，他除了加倍工作外，把业余时间几乎全部用在了设计图纸、模拟焊接组装上。

业精于勤荒于嬉，功夫不负有心人。经过不懈的努力、反复的实验，张业勤终于设计成功了0607矩管贴板自动焊接项目。该项目通过与机械臂结合，可以将焊缝的定位精度提升到0.01毫米，这也是临工重机首条自制的无人焊接自动化流水线。这个设备可以实现整个产品的自动化上料、下料，可以对产品的种类进行识别，自动地调取相应的参数进行产品焊接，可以实现全流程的无人化。这大大解决了原先人工上下料效率低、设备使用率低的问题，使焊缝质量提升60%，年产能提升50%，一年可以节省用人成本180万元。

“匠心”与“匠人”

做正确的事，并比别人更努力，这是张业勤能够获得成功的一个重要因素。水激石则鸣，人激志则宏。要获得成功，总要比别人付出更多的时间和精力。在分享经验的过程中，他多次强调勤能补拙、业精于勤、脚踏实地的重要性，越努力才能越幸运。

为了拓宽自己的视野，提升各方面的能力，班中，他虚心向师父请教，绝不放过任何学习的机会；班后，他刻苦钻研，积累和深化知识，并重新温习在大学期间学过的机械产品艺术造型、计算机辅助设计与制造、机电一体化系统设计、传感器与检测技术等专业书籍，一头扎在知识的海洋里倾心钻研。师父们也给他开“小灶”、吃“偏饭”，使他在实践中很快掌握了书本上学不到的设计经验。

为了提高生产效率，张业勤每天对生产线设备运行状态进行观察分析。经过日积月累、不断摸索，他开始尝试攻克各种零部件的难题。随着初期几台单梁焊接专机和一些技改项目初见成效，他便有了建设一个无人化自动流水线的想法。

理想是美好的，要想取得实际效果，可不是纸上谈兵那么简单。叉架产品焊接精度高，焊接工艺要求较严格，加之产品种类繁多，初次建设的自动化焊接线还处于摸索阶段，设备的焊接质量无法满足叉架的焊接要求，加之他的编程和调试经验不足，导致设备无法及时投入运行，甚至一度导致整个项目进展缓慢。

为解决实践中的困难，他借用公司提供的创新与试验舞台，不浪费每一分宝贵的时间，当其他同事业余时间休闲娱乐时，他在学习试验技能；节假日，同事们都回家团圆或外出度假时，他选择留在车间进行科研项目的设计与试验，为了一份数据彻夜记录；当其他同事躺在宿舍里玩手机时，他已经在不懈积累之中，测试科研新项目的机械性能和运行数据……

为了研发无人化自动流水线，那段"苦其心志、劳其筋骨"的功夫没有白下，最终确定了以锥形定位头的圆轴，带动焊枪旋转的焊枪机械结构，以及托举举升定位的方式，解决了焊接精度难以保证的难题。

任何领域里的奇迹，发生之前都经过了千辛万苦的努力。首先承认自己的平凡，然后用千百倍的努力来弥补平凡。"公司非常支持我们员工开拓创新，当我们对机械设备进行研发改造时，公司会提供设备资源、专业技术等多方面支持，鼓励我们在这创新之路上不断向前。每当我完成焊接设备创新并投入使用后，我心里都怀揣着满满的成就感。"张业勤说。

他的同事们告诉笔者，多年来，张业勤一直坚持创新与发展同步，在设备改造提升上下苦功夫。他长期"泡"在车间生产线上进行设备维修和改造，加班加点对他来说是家常便饭。在他的努力下，由他主导的各类焊接设备改

造都按期高质量完成。如今，作为公司项目设备维修工的他，仍然坚持在一线钻研技术创新。

张业勤深有体会地表示，人的精力是有限的，要管理好自己的时间，专心致志把精力投入于科研创新方面。有舍才有得，虽然牺牲了很多休息时间，但最后的收获让一切都变得值得。不积跬步，无以至千里；不积小流，无以成江海。勤奋好学、积极思考是非常优秀、极为重要的品质，是成功之路上不可或缺的垫脚石。

张业勤凭借着自己的发明，先后完成驾驶自动举升、自动化焊接专机、无人化自动流水线建设等创新项目，获得多项专利，节约公司年度用人成本200万元。一个平凡岗位上的普通员工，立足本职，诚实劳动，干一行、爱一行、钻一行，以高度的主人翁责任感，践行着匠人之心。

创新路上的“苦行僧”

创新是一个时代的主旋律，是一个国家的灵魂，更是一个民族发展的不竭动力。科研创新与每位员工都密不可分，但似乎又距离人们十分遥远。张业勤表示，科研创新，就是一个从无到有、日积月累的过程，耐得住性子才做得了科研。一分耕耘一分收获，他的话简明扼要地为笔者解释了科研的特点。

一入科研路，漫长且艰辛。科研之路任重而道远，要在这条路上走下去就必须投入更多的时间和精力，付出异于常人的努力。当笔者问及当初是如何走上科研之路时，他欣然向笔者分享了上大学时某次的机缘巧合：当时他和其他同学一起参加有关单位组织的科研立项活动，并借此机会进入了实验室。这个过程使他对实验有了初步的了解，在有关专家和老师的帮助下，自己开始慢慢地摸索，也渐渐培养了对科研创新的兴趣。

打铁还需自身硬。为了这个“硬”字，那段时间张业勤没少下功夫。2018年，他只用了5个月时间，重新改造出了“矩管自动上料、校正设备”“单梁焊接专机”等三款创新性设备，把最初的“人工生产”，改造成了“自动化生产”。

“改造前，单梁贴板焊接后需要进行打包、转移、校正工位，人员劳动强度大、效率低。设计制作完成矩管自动化校正线后，实现了矩管自动校正，工作效率和质量明显提高。”张业勤说，“这几台机器还可以自动上料，控制焊接所需材料变量，达到生产配件精细化和一致化。”

“你看，这几台单梁焊接专机设备经过我的改造，成了生产中的亮点，代表着从人工到全自动化设备的进步。”张业勤说，“在改造这个机器的时候遇到了很多波折，经过不断翻阅资料、钻研技术，使自己的编程可以让设备正常运转，并投入生产。”之前的单梁环形焊缝设备是用人工焊接的方式，效率低，劳动强度大，人工很难保证焊缝的一致性。设计制作单梁焊接专机后，每班可缩短70%的生产周期，现在一台机器每天可以生产400根配件，不仅大大提高了生产质量，产量上还提高了近一倍。

“潜心科研，不断钻研；砥砺创新，不忘初心”这十六个字，是对张业勤科研之路最真实的写照。在科创道路上，他拥有了许多受益终生的品质：奔波在车间与工作室的风尘中，他拥有了优秀的时间管理能力；深夜不断调节设备、记录编程数据的日子里，他拥有了持之以恒的工作态度；与师父深入探讨科研创新方向的过程中，他拥有了独立自主的思辨能力。这些难得的品质，使他一直保持优秀，同样使他的科研之路越走越宽敞。

科研创新离不开师父的引导和帮助，若没有师父及同事们的引领，犹如一艘在黑夜里前行的船，看不到明亮的灯塔。让张业勤庆幸的是，他们车间有实践经验非常丰富、在重工机械领域名扬全国的设备专家。他谈及师父给予的帮助时，心情很激动。所谓师父领进门，领的便是方向。张业勤提到：“因我年轻，没有实践经验，自有了师父的指引后，让我大彻大悟，才知道我现阶段该做什么事情，才有了明确的目标，不至于浪费宝贵的时间。在做科研的过程中，师父帮我及时修正错误、优化方案，为我指点迷津，我才能更好地一步一个脚印地走下去，从而取得今天的成绩。”笔者相信，每个师父都愿意帮助那些心存感恩，并将感恩化为动力继续奋斗的徒弟。

一滴水成就不了整个大海，一个好的科研成果，从来不只是一个人努力的结果。在团队合作方面，张业勤强调，要多参与团队的研究，并在团队中尽力付出，因为一个科研项目会涉及多方面，不可能一个人了解整个项目的方方面面，只有团队成员都尽己所能、相互了解，在合作中进步、在进步中成长，才能拓宽自己的知识和科研视野，做出更多的科研成果。科研的旅途不会一帆风顺，唯有团队携手，共同攻克一个又一个的“拦路虎”，才有可能抵达胜利的彼岸。

“燃化剂”与“助推器”

有人说，事业是男人的全部，而男人是女人的全部。张业勤之所以能够在科研创新路上蹄疾步稳地一路走来，并取得了骄人的创新业绩，完全得益于一个理解他、支持他、帮助他的好妻子。

他的妻子任职于一家国内知名的制药厂，为了丈夫在科研创新发面做出成就，她只好做出让步，接送孩子上下学、照顾年老体弱的老人，都由她一个人承担。在张业勤忙于单梁焊接专机设备改造期间，为不影响工期，保证设备流水线的正常运转，他加班加点，监控测试设备，几天都没回过一次家。有天晚上，孩子想爸爸了，哭着闹着要找爸爸，妻子只好打开手机，通过微信视频，让父子俩见一面。当孩子提出让爸爸抱抱时，忙碌中的张业勤只能对着手机屏幕，送上一个吻。事后，妻子安慰他说，不要因家里的事，分散科研创新的精力，家里的一切她都会照顾好的。为解除张业勤的后顾之忧，妻子将家住平阴县的公公婆婆接到济南的家中，就像伺候自己的父母一样，在生活上无微不至地照料。

只要妻子和丈夫的兴趣紧紧地结合在一起，丈夫在工作上就会顺风顺水，生活上就会幸福美满。因为，夫妻两人本身就是命运共同体，妻子没有办法不对丈夫的工作付出更多的精力。所以说，妻子的工作并不只是打扫房间，或是挽着丈夫的手出席舞会。好妻子是丈夫事业成功的“燃化剂”和“推动器”，最终将丈夫推向成功，共赏迷人风光。

“感谢公司为我搭建了一个施展专业技能的‘大舞台’。公司党委还批准我加入党组织，在工作中，我会以一名共产党员的标准严格要求自己，充分发挥共产党员的模范带头作用。”张业勤告诉笔者，“创新是企业发展的灵魂，新的思路、新的血液，甚至颠覆行业模式的创想，催动企业不断向前，持续不断地长远发展。创新与灵魂要不断地更新升级，才会实现真正的高效、创收，实现真正的个人价值和企业价值。”

张业勤作为设备维修岗位上的一名普通技师，勤勤恳恳、任劳任怨地工作，始终保有对技术研究的激情，用精湛的创新工艺书写着自己的“匠心”人生。

金黄的稻束

——记山东省劳动模范、山东电力设备有限公司孙优良

陈玉珍

美国纽约湾区、旧金山湾区和日本东京湾区，号称世界三大湾区。

2018 年，随着世界上最长的跨海大桥——港珠澳大桥正式通车运营，一个堪与之比肩的新伙伴一跃而起，正式进入它们的行列，人们称之为世界第四大湾区，即粤港澳大湾区。自此，世界四大湾区鼎足而立的新态势宣告形成。

珠江两岸，一个充满活力的世界级城市群迎风而立。广州、深圳、珠海……9 大城市，再加上香港、澳门 2 个特别行政区，囊括联想、美的等众多世界 500 强企业，全球最具影响力的国际科技创新中心，“一带一路”建设的重要支撑，宜居宜业宜游的优质生活圈……

大湾区内，海风劲起。无与伦比的构想，无人能挡的大势所趋。热土之上，每天都有以质量与速度为主题的故事发生。作为一名新时代的弄潮儿，谁不想参与到这火热的历史进程，成为被历史铭记的音符？由山东电力设备有限公司研制的粤港澳大湾区南粤通道柔直背靠背工程用变压器便是其中之一。2022 年 5 月建成投产，为大湾区建立一个安全稳定的电网，贡献出独一无二的“山东”力量：

13 台产品一次性通过全部试验，国产优质硅钢片、优化铁心接缝方式、叠积工艺，创新漏磁屏蔽措施，优化线规……一连串创新技术，在主材消耗近似的条件下，损耗较同行业平均水平降低约 30.3%，创造了多项世界纪录。

人们在记住这些优质成果的同时，也记住了完成这项工程的带头人——孙优良。

1

不优秀，毋宁死。

渊博的学识、优秀的人品、优良的作风，这就是山东省劳动模范——孙优良。山东电力设备有限公司正高级工程师、山东省急需紧缺高技能人才、泉城“5150”引才倍增计划创新人才……拨开这一串熠熠生辉的光环，我们更多地看到，一名技术人员在自己的岗位上奋斗不息、逐梦不已的人生历程。

孙优良，1974 年生于河北易县一个叫周任的小村庄。

易县，古称易州。距离易县县城西南 25 公里处有一座山，因山峦起伏，名曰狼牙山。《狼牙山五壮士》的故事，便发生在这座英雄的山上。

战国时期，一个叫荆轲的勇士从此地出发去刺杀秦王，与燕太子丹别于易水，临行时，高歌相赠：“风萧萧兮易水寒，壮士一去兮不复还！”

“巍巍燕山高，潇潇易水寒。英雄五壮士，威震狼牙山。”

从古至今，这片以热血著称的土地，哺育了一代代忠厚朴实的人民，也诞生了无数侠肝义胆的勇士。

从小，孙优良便是听着英雄的故事长大的。

“小时候学《狼牙山五壮士》这篇课文，就特别有感受。因为英雄就在我们身边！从小父辈就没少讲……”

和我见过的大多数河北人一样，孙优良，这个闻名业界的高级技术专家、泉城特聘专家，长着一张圆圆的脸庞，浓眉阔鼻，倘若不是鼻梁上架着的那副眼镜，我们丝毫不会想到他和车间里的工人或办公室里的职员有什么不同。

这就是传说中了不得的孙工吗？我有些疑惑，忍不住再三打量他。工作服，安全帽，蓝色的口罩，这些普通工人的装备，穿戴在他身上妥帖自如，看上去着实有些普通得不像话。

“这就是我们孙工。”工会干事小李郑重其事的介绍，让我一下子从纷乱的思绪中回过神来。

“请坐，请坐！”孙工的热情彻底打消了我的顾虑。宾主一行人分别落座，我们的采访也正式开始。

“从哪儿说起呢？”看上去一脸憨厚的孙工，抬手戳了戳别在鼻梁上的镜框。这个做惯了产品设计的人，在语言包装上，看上去却并不十分擅长，甚至有些拘谨。

“没事的，孙工。您就从您的求学时代聊起吧，说得越全面越好。”我笑着铺开笔记本，做好了准备。

“嗯嗯，我老家是农村的。”率直的孙工一开场就表明了自己的出身，“上学的时候就学的电机专业。呃，不过我们毕了业之后呢，就改了名字，不叫电机专业了，叫那个什么——电机电器及控制专业。”说起自己的专业和求学经历，孙工的话匣子这才打开了，话头也明显多了起来。

“这个专业属于电气工程系，也属于高压系列。以前就是北方的几个老牌学校才开这个专业。很多名人、政要也是学的这个专业，有些还是我们的校友呢！我和他们用的还是同一间教室……”

孙优良告诉我们，他所就读的河北工业大学，创建于洋务运动时期的1903年，前身叫北洋工学院，是一所有着悠久历史的学校。

能够在这样一所老牌工学院学习自己喜欢的电机专业，孙优良一直觉得自己是幸运的。

1997年，孙优良本科毕业，到当地一所变压器厂当了一名实习生。四五个月后，被分配到检验处工作。

“我当时就是负责这个过程检验，对产品生产过程当中的各个工序进行检查，从物料的进厂到产品的生产数据，包括组件原材料、电磁线和硅钢片、变压器油等，都要检查，看它的性能是不是合格，是不是满足要求。大约用了将近一年的时间吧，我把各个工序都完整地走了一遍。后来又被调整到试验站工作，当时恰逢公司对技术人员进行调整，我开始正式涉足变压器设计领域，一直到现在都没有离开过。”

“算起来24年了。”孙优良侧了侧头，有些伤感地说，“一晃都这么多年了。”阳光透过玻璃窗，照在他有些花白的头发上，让人莫名有些恍惚的感觉。

岁月是一把杀猪刀，当它无声地砍下来的时候，几乎没有人能够抵挡。

“您在检验处和试验站工作的这两年，对您后来选择专门做设计有影响吗？”我问道。

“当然有啊！”一回到熟悉的专业领域，孙优良挺了挺腰背，语调明显轻快起来，“从书本到实物，从学堂到生产线，从图形到结构件，如果没有在基层各车间工作的这两年，我对变压器的认识可能还停留在图纸上。但恰恰是这两年的实践，让我对变压器有了最基本也是最为准确的认知。”

“我应该感谢这两年的时光。”他说，“一个刚毕业的大学生，你让他光看着图纸就能想象到怎么操作吗？几乎是不可能的事，或者说，不可避免地会存在一些误差。”他用比较通俗易懂的方式，向我这个非理科生进行解说。

“譬如过程检验中，一个最简单的控制值，一根电磁线的高度和厚度，你可能会觉得，哎哟，用螺旋测微器，咔咔拧几下，响几声，数据不就出来了吗？其实不然，一个有经验的老检查员，他只需要用手一掐，再用千分尺一测，得出的数据就十分准确，完全符合制作要求。但倘若是一个没有经验的大学生，即便是借助仪器，也未必能够准确量出一个控制值需要达到的力。这就是差别。”

实践是检验真理的唯一标准。放在一线的制造业上，尤其如此。

进入设计领域的孙优良，很快如鱼得水，在变压器设计岗位上站稳了脚跟。凭借扎实的功底和实践技能，他从一个行业“小白”迅速成长为变压器行业专家、公司内部不可或缺的中坚力量。凡经他的手设计出来的产品，都是“零缺陷”，从来没有出现过因质量问题而返厂修理的案例。如同南方某些手工艺人的私人签章，“孙优良”三个字，几乎成了公司拳头产品的技术保障力量，比签字盖章还要有分量。

41 岁那年，孙优良迎来了他人生中的第一个大“变革”。他辞去了主任工程师的职位，只身来到广州，在更前沿的领域继续深耕变压器技术，为民族装备领跑世界奉献自己的力量。这一年，也是国际变压器领域风云突变之年——在此之前，国外几家大型变压器公司如西门子等，一直把控着直流装备技术，对中国公司进行技术封锁和高价捆绑销售。换流变压器作为“大国重器”，多年以来一直处于卡脖子的尴尬状况。为此，国内的公司不知花了多少冤枉钱、多跑了多

少冤枉路。为打破这一僵局，中国的电力公司也一直在努力寻找机会，破茧成蝶。孙优良所在的公司也赫然在列。他代表公司参与了其中一个项目的投标，结果一举中标，打破了直流技术领域外国人一家独大的局面，为直流技术更新换代迎来了契机，初步实现了重大直流输变电设备的国产化。

2

站在孙优良办公室的窗户前往外望去，厂区里种了不少高大的树木和低矮的花卉。有些还在开着，有些已经枯萎了，结出了各色的果实。每一颗果实的前身，其实都是春天里最耀眼的花朵。它们迅速开放，又迅速结束，然后进入了缓慢的生长——从白天到黑夜，用身体承接阳光的馈赠，也用身体让阳光沉淀。从外表看起来，它的昨天和今天似乎没有不同，但实际上，只有它自己清楚地知道，它之所以会在秋天恰好变甜，不早也不晚，是因为在这之前，它已经经历了漫长的准备。

能让一颗果实加快速度成熟的，除了时间，再没有什么能让它有丝毫的摇摆。植物如是，作为一名技术人员，亦如是。

此时的孙优良，作为一颗成熟的种子，已经在设计岗位上浸润了 24 年。24 年的时间，足够一代人的成长。也足够时间的种子，在变压器和孙优良之间，长出一棵参天大树。两者彼此间的了解和支持，几乎达到了如臂使指的地步。大大小小各种型号的变压器，熟知孙优良的每一个操作步骤和设计数值；孙优良对各型各类变压器的了解和掌控，也几乎到了登峰造极的地步。

2016 年，孙优良作为人才引进，离开广州来到山东，成为山东电力设备公司攻关队伍的一员。为实现“交直流、全系列、全电压”的既定发展目标，孙优良毫不犹豫地走在了换流变压器产品研发的最前列。此时的他，已经 42 岁有余，小儿子尚年幼，父母也已经进入花甲之年。家庭的重担，却依然结结实实地压在妻子身上。而他，依然保持着年轻时对技术革新的旺盛追求，全身心地投身到变压器“革命”的事业之中。

他的办公室里，有一排书橱，里面整整齐齐地摆放着各种跟电有关的书籍。有些已经很旧了，书页泛黄，不少页面起了毛边儿，一看就是经常翻看的结果。随手拿起其中的一本，我惊讶地发现，那竟然是一本大学教材，里面密密麻麻地写满了字，那是他的学习笔记。字体的颜色深浅不一，有的还反复进行过修改和更正。看得出，这些笔记一直在更新，并不都是上学时期留下的痕迹。

看出我脸上掩盖不住的讶异之色，孙工笑了笑，解释说："这种书籍呀，都是基本理论。虽说现在是个知识爆炸的年代，各种新技术层出不穷，但基本的理论点和知识架构是不变的，偶尔我也会拿出来翻一翻，温习一下。"说着，他又一次扶了扶鼻梁上的眼镜，说："其实，挺有用的，真的。"

一番朴实而真挚的话语，让我和在场的工作人员都频频点头。孔子说，"温故而知新"。越是像他这样的大知识分子，越是对知识充满了敬畏。他的话，让人不由得想起稻田里金黄的稻穗，越是饱满的穗子，越是谦逊地低下自己的头颅，以求无限度地接近生养它的大地。

星光不问赶路人。在特高压交直流变压器产品设计研发领域，尤其是换流变压器领域，深耕细作多年的孙优良，几乎参与了中国所有直流输电工程用换流变压器的研发、设计、制造或科研论证工作，包括世界首个 ±800kV 直流输电工程——云广 ±800kV 直流输电工程和酒泉—湖南工程、昌吉—古泉 ±1100kV 直流输电工程、白鹤滩—江苏工程等一系列特高压工程。从内地到沿海，从平原到山陵，从雪域高原到黄海之滨，他的足迹遍布祖国四方，亲手研制出的上百台高可靠性的大型变压器，每天源源不断地输送出千亿万兆电能，在各个领域发挥着巨大的作用。

扎实的专业理论知识和丰富的实践经验，早已让孙优良在特高压变压器领域成为高手中的"高手"、国内外直流输电领域最权威的专家。光是省部级、市级和集团级科技奖项和成果证书就多达 20 余项，发明专利 40 余项，在国家级以上刊物发表学术论文 40 余篇。为国家解决了多个"卡脖子"技术难题，填补了一个又一个技术空白。

2020 年，他率领团队完成了两个世界级工程。一个是粤港澳大湾区南通道柔直变压器工程，型号为 DFPZ-RZ-575000/500-300，是世界上最大容量、能效最高的变压器工程；另一个则是世界上运行环境海拔最高的直流工程，云贵互联 ZZDFPZ-296500/525-500 换流变压器工程。尤其是南通道工程，被誉为变压器界的一枚"皇冠"。项目刚刚开展时，既没有相关的设计经验，也没有行业内的专家指导，所有的工作都是从头开始。在技术资料几乎为零的境况下，他一人一笔，向柔直变压器的制高点发起了总攻。

已近"知天命"之年的他，论拼劲、干劲，不输任何一个年轻人，甚至有过之而无不及。工作到凌晨早已是家常便饭。为了设计出最完美的变压器，他义无反顾地放弃了周末，放弃了假期。家里人好不容易盼到他回家过年了，可还没等吃上一顿囫囵饺子，他大年初二就去了单位。“没办法，还有一堆数据等着我呢！”每次他都这样喃喃自语。

没有数据，就用材料样品一个数一个数地测；没有图纸，就对着模型一毫米一毫米地优化。就这样，他从概念设计到投标设计、中标后方案设计，对每一个数据、每一张图纸都进行反复的计算和优化，光是计算单的版本，就超过了 90 个。有时候，为了一个数据的准确性，他要连夜进行计算单修改，第二天一早再发布给研发组成员，构建模型，进行核验。为了不耽误工程进度，他一次次推迟了回老家看望父母的时间，就连家中最小的孩子，他都没能照顾到分毫。

“你问孙工，孩子上几年级了？在哪个班？有没有要好的同学？他呀，一准答不上来！”旁边，年轻的团队成员笑着调侃他，“我们孙工呀，就是‘工作狂’的代名词！亏得是俺们家嫂子，还能忍他这么多年！要是换个人，嘿嘿……”

“可不嘛！有一次孩子要过生日，跟我要礼物，我一点儿也没想起来，交了个白卷……”

“还有更离谱的呢，有一次太阳打西边出来了，孙工跟我们说，晚上不加班了，‘特赦天下’，他要去接孩子放学！结果你猜怎么着？”小张故弄玄虚地打住了话头，笑吟吟地看着旁边这位脸上写满了尴尬的领头人。

“过点了？还是被妈妈接走了？”我试着猜测。

“接劈叉了呗！”小张和几个团队成员笑得直不起腰来，指着孙工说，“俺们头儿呀，居然不知道自己孩子上几年级，哪个班的学生！”

“啊，还有这事？回家没挨批吗？”我忍不住也调侃道。

“嘿嘿，习惯了，习惯了……”憨厚的孙工又习惯性地推了推鼻梁上的眼镜，“说起来，最对不住的就是家人，孩子，父母，妻儿，我都没尽到责任……”

还有一次，孙优良要赶去参加国网特高压部在新疆昌吉 ±1100kV 换流站召开的紧急会议，正赶上儿子发高烧。在儿子和事业之间，他曾经有过片刻的犹豫，最终还是一狠心，按照原定计划出发。临行前，他在儿子发烧的脸上亲了亲，对妻子说了一句最简单不过的话语：“我得走了，你照看好孩子……”

妻子点了点头，什么也没说，却不知不觉红了眼眶。

“爸爸——”恰在这时，烧得迷迷糊糊的儿子醒了过来，见他要走，哇的一声哭了出来，上气不接下气地说：“不让你走，不让你走……”

孙优良转身抱住儿子，眼眶也湿润起来。他拍打着儿子的背，哄他说：“乖啊，等爸爸回来，带你去看大喷泉好不好？”

后来，儿子不止一次地问他：“为什么别的小朋友的爸爸每天陪着玩，你却很少，是不是你不喜欢我？”他只好无奈地笑笑，向妻子投去求救的目光。

好在，结发多年的妻子理解他，清楚他面对工作时会永远像战士一样冲锋陷阵，对待自己设计制造的产品比对待自己的儿子都看重。

就这样，他含着对妻儿的歉疚之情，匆匆赶往了当时已经零下三十多度的新疆昌吉换流站。当他裹着厚厚的棉服，站在天山北麓，伴着朝霞仰望苍穹的时候，第一次感受到了人类力量的美好和伟大。澎湃的自豪之情自胸中汹涌而出，让他不由自主地再次湿了眼眶。都说男儿有泪不轻弹，却只因未到情动时。哪怕只是一滴眼泪，也会波涛汹涌。

一“换”亮万家。如今的新疆昌吉换流站，早已是“疆电外送”的源头。数以亿计的千瓦时能源潮流，沿着 ±1100 千伏特高压直流输电线路，从这里出发，穿越新疆、甘肃、宁夏、陕西、河南、安徽六省区，汩汩流向内陆，到达华东腹地，为杭州、上海等多所大中型城市提供清洁、稳定的绿色能源。

曾几何时，中国还在特高压领域仰人鼻息。如今，早已换了天地。“特高压目前只有一个标准，那就是中国标准！目前，中国是全球唯一掌握特高压技术并商业化运营的国家！”说到这里，孙优良再次骄傲地挺直了腰背。从中国制造到中国创造，正是无数个像孙优良一样的勇士，一次次向科学技术发起冲锋，攻克一个又一个难关。中国高端变压器技术从落后到赶超，从跟跑到并跑，再到进入领跑阶段，特高压高端装备研发实力一步步提升，实现了质的飞跃。

2022 年，世界首台 CRAFT-NNBI 高压电源三相一体 ±400kV/150Hz 升压换流变压器，由孙优良团队研制成功。这是国家重大战略工程——热核聚变堆主机关键系统加速器高压电源中，最为重要的组成部分之一。它通过换流变将高功率 NPC 变频器的输出电压，升高至所需要的电压，为后级高压整流器提供高压输入，是一种既节能又高效的王牌产品。一旦成功，带来的社会和经济效益将不可估量。

“实践反复告诉我们，关键核心技术是要不来、买不来、讨不来的。”

面对重重困难，孙优良和他的团队没有丝毫的退缩。无数个不眠的夜晚，他率领队员针对项目需求的 150Hz 工作频率、严苛噪声、强抗短路能力、交直流电场及漏磁场等技术难题进行详细研究，提出多种技术方案，并在此基础上反复进行对比、验证、优化，完善 400kV 换流变主纵绝缘结构、线圈抗短路结构等关键技术方案，全方位保障了产品高质量下线，并一次性顺利通过验收，为国家“人造太阳”工程搭建起又一块坚实的基石。

“欢迎欢迎，热烈欢迎！向劳模学习，向劳模致敬！”2023 年 4 月 27 日，载誉归来的孙优良身披绶带、胸戴红花，在公司专门为他举行的劳模事迹分享会上，和 60 多名前来向他祝贺的同事分享了自己的喜悦。他说：

“在科学上没有平坦的大道，只有不畏劳苦沿着陡峭山路攀登的人，才有希望达到光辉的顶点。我将始终如一，秉持‘爱岗敬业、争创一流、艰苦奋斗、勇于创新、淡泊名利、甘于奉献’的劳模精神，在平凡的变压器设计岗位上努力做出不平凡的业绩！”

从孙工的办公室出来，我们又去参观了设计部团队的办公室。在一间间格子间里，露出队员们可爱的笑脸。浅绿色的制服在灯光的照射下，闪闪发亮，像极了不远处的山峦。

办公室一侧的玻璃窗上，挂着一面红色的旗帜，上面写着“特高压质量先锋队”字样。另一边的橱柜上，摆放着一枚枚金色的奖章和各色的奖杯。奖牌上，黄底红色的“精品工程”字样格外显眼。

“你们真厉害！”我不由得再次竖起了大拇指，“个顶个都厉害！”

可以预见的是，在不久的将来，像孙优良这样优秀的工程师，一定会像雨后春笋一样，在这片热土上冒出来，并层出不穷、生生不息。

这是最好的时代，也是属于我们每个人的时代。每一个努力塑造新时代的我们，也终将被时代所塑造。就像那田野里金黄的稻束，肩荷着伟大的疲倦，伸向更远的远方。我们这一代人，注定要创造历史，历史也终将会从我们的脚下流过，成为一条涓涓不息的河。

大河有约

——记山东省劳动模范、济南先行投资集团有限责任公司丁杰

邢云奎

很多事业有成的企业“掌门人”，他们身上都有这样一个特点：有眼光，有境界，喜欢战略思考，善于在瞬息万变的环境中发现机遇、抓住机遇，一举破题，从而不断开创工作新局面。

面向未来看问题、找思路，是丁杰的一种做事风格。

5年前，她加入济南新旧动能转换先行区加快建设、全面起势的洪流之中。在她的带领下，济南先行投资集团有限公司一路攻关夺隘，开拓进取，仅用3年时间就完成了AA+信用评级，使起步区国有企业资本市场融资议价能力得到显著提升；5年时间实现从最初10亿元启动资金到总资产超500亿元规模体量的“蝶变”；运营团队从最初5人，发展到今天的169人，成为推动起

步区高质量发展的一支“生力军”。

在短短5年时间里就创下如此辉煌“战绩”，她是怎样做到的？她的“战略眼光”“真本事”，是如何练成的？

带着这样的疑问，2023年7月的一天，笔者走进位于济南黄河北岸起步区创新中心5层，在丁杰办公室采访了她。

初见丁杰，笔者心头不禁怔了一下。她给笔者的第一印象，有些与想象中的不太一样。我以为一个在职场上带领团队披荆斩棘、叱咤风云的职业女性，应该是硬派的，但事实却有些出人意料。1974年出生的她，硕士研究生学历，一头漂亮的披肩发，一张沉静中略显瘦削的脸，说话时总是面带微笑，特别有亲和力，很难从中找到一个企业老总纵横驰骋、搏击市场大潮时留下的那种沧桑与划痕。

不过，接下来的讲述，却让笔者看到了一个不一样的丁杰。从她和“先投集团”这些年一路迎难而上、敢为人先的创业故事中，笔者感受到了一股劲、一种辽阔、一种骁勇善战的果敢与柔情……在刚刚过去的“五一节”，她荣获了“山东省劳动模范”荣誉称号。对于她和先投集团过去5年的奋楫先行，这是一种认可，更是穿过2023年这个炎热夏天的最美记忆。

室内，几盆蝴蝶兰开得热烈而奔放，像极了她那些轰轰烈烈的创业故事。

向北，向北

“这个世界上，没有白走的路！”丁杰很感谢参加工作最初那些年的磨炼与积累。多年以后，她感慨道，没有这些铺垫，就不会有今天进军投资领域的信心和勇气。

丁杰是一个做事特别踏实的人。参加工作之初，她从一个普通的会计做起，兢兢业业，刻苦钻研，业务上上手很快。在同事们看来，那些烦琐的记账、算账、核算、报账、写财务分析报告等业务，在她眼里却像磁铁一样，深深吸引着她，让她沉浸其中，并一次次从中收获满满的成就感。认真做事，真诚付出，让她养成了严谨、细致的工作作风，深得领导和同事们的好评。

2000年8月，泰安市新一轮的机构改革开始了。此次改革，主要是对公路、城建、商贸等部门部分职能进行剥离，成立泰安市城建国有资产经营有限公司。

公司成立后面临的突出问题，就是急需大量懂经营管理的人才。

丁杰渴望这样的平台，平台也需要丁杰。

扎实的财务管理功底，让丁杰从众多应聘者中脱颖而出。很快，她就如愿进入该公司，从团委副书记开始做起，不久便开始参与公司运营工作。

当时，全国各地进行大开发、大建设的热潮方兴未艾。为适应市场形势的变化，公司进行机构改革，通过内部竞聘方式，让一批政治素质好、业务能力强的干部走上领导岗位。在这次竞聘中，丁杰不负众望，以绝对实力走上资本运营部副部长岗位。

上任伊始的她，首次与团队合作，完成了与国家开发银行的成功对接。

在丁杰和团队的努力下，公司获得了“国开行”55亿元的授信额度，其中30亿元用于产业培育，25亿用于城市建设。

“开创了一个先例！”首战告捷，好评如潮。公司领导层在惊喜之余，对丁杰在资本运营方面的才能赞不绝口。

“从那时起，全市融资工作就进入了一个巅峰期！”丁杰介绍说，为了培育新的经济增长点，按照“良性循环，滚动发展”的要求，公司稳扎稳打，深入内部挖潜，走出了一条用土地、资产增值进行还款的健康发展之路。为进一步扩大市场化的资本运营规模，公司在充分论证的前提下，对很多收益项目进行打包、质押，在广开财源方面走出了一条新路。

2005年11月，为加快产业培育，在“国开行”支持下，泰安市成立“泰安弘泽融资担保有限公司”，丁杰作为组建者之一，出任该公司副总经理，分管相关业务。不久，泰安市对融资体系进行调整，“弘泽公司”被划转到市财政局名下。

“弘泽公司”成立以来，充分发挥平台优势，竭诚为企业创新发展“助力加油”。“到2009年底，‘弘泽公司’为中小企业担保的规模、体量占到全市50%以上！”丁杰说。

2010年6月，一项新的使命落在“弘泽公司”头上：承担为全市财源建设基金投资提供政策性支持。

同时，丁杰被任命为该公司总经理。

“进入全市50强的企业，基本上都获得过这一政策性支持！”丁杰说，为有效化解融资风险，丁杰在做了大量调查研究之后，推出一项融资担保审核新机制，即核定企业经营质效，不再单纯以企业报送的报表数据为准，而是与税务、工商、公安、劳动保障等部门联合，通过对企业缴纳社保、税收、水电费，以及乘车工具等情况进行综合分析与研判，让融资担保审核工作更加精准，进一步减少了投资风险。凭借在投融资领域的卓越业绩，2013 年，丁杰被评为“山东省年度青年金融领军人物百强”。

2010 年 9 月，丁杰在职攻读的澳门城市大学硕士研究生毕业了。系统的专业学习，更增添了她干事创业的信心和底气。

一种开新局、创一流的工作激情在她心底激荡着。

为进一步突破政府平台市场化运作的瓶颈，创造新的运营经验，2017 年 6 月，丁杰率队赶赴正在筹备之中的济南新旧动能转换先行区考察。

令丁杰没想到的是，她的命运竟因为这次考察被改变。

考察中，济南先行区广阔的舞台、先进的融资投资机制、迷人的发展前景，在她面前打开了一扇窗口，令她兴奋、震撼，充满期待。

2017 年 5 月，济南新旧动能转换先行区管理委员会（筹）设立，济南城市建设从“大明湖时代”正式迈向“黄河时代”。济南市明确提出，对于政府投资的大项目和专业园区，要优先“向北”；对于加快新旧动能转换的引爆性项目要优先“向北”……

济南决策者的这一“大手笔”，深深吸引着丁杰。

2018 年 1 月 1 日，丁杰受邀参加济南先行区召开的一次工作务虚会。会上，她从投资的视角谈了自己的看法。

不久，济南向她递来“橄榄枝”。经过一番深思熟虑，她做出一个决定：到济南先行区来工作。

大河有约

“没想到前些年在财务管理、政府融资方面的工作历练这么重要，没想到机会来得这么突然，没想到济南先行区未来发展空间这么大！”谈起当年到济南来工作，丁杰一连说了三个“没想到”。

2018 年 3 月，丁杰作为“职业经理人”，被正式引进到济南先行区工作。

当时，济南先行区尚处在筹备阶段，人员少、任务重、社会关注度高。这一时期，丁杰的主要任务就是协助招商引资部门对接项目引进和后续跟进工作。

2018年11月，济南先行投资有限责任公司宣布成立，主要承担招商引资、产业孵化、科技成果转化等工作，丁杰担任该公司党支部书记、董事长、总经理。

公司成立之初，一共才有5个人。由于工作刚刚铺开摊子，千头万绪，公司上下从领导到员工，个个忙得团团转。到2019年2月，情况稍有好转，“先投公司”经批准公开面向社会招聘，员工由此增加到19人。

“先投公司”挂牌成立后承接的第一个建设项目，就是中科新经济科创园。

你一定想知道，济南先行区的明天是什么样子？尽管中科院新经济科创园并不是济南先行区的全部，但是“窥一斑而知全豹”，丁杰一番绘声绘色的描述，无疑会给我们插上想象的翅膀。

中科新经济科创园规划总用地面积1100多亩，总投资95亿元，主要是依托中科院研发优势背景，以济南先进动力研究所、济南中科核技术研究院、济南中科泛在智能计算研究院、齐鲁中科碳中和研究院为依托，构建高标准科技赋能服务体系，联动起步区各专业园区，建设国内最先进、最顶尖的国家级研发中心、双创示范基地，形成“研发中心 + 转化中心 + 孵化器 + 加速器 + 产业园区 + 应用融合”全链条产业发展空间体系，打造产城融合、智慧互联、宜居宜业的未来产业社区。

2019年10月，济南先进动力研究所启动现场桩基开钻。

“济南先进动力研究所，又叫中国科学院工程热物理研究所济南分所，是第一个签约落户中科新经济科创园的高端科研项目！”丁杰说，栽下梧桐树，引得凤凰来。科创园区规划确定后，又有济南中科核技术研究院、济南中科泛在智能计算研究院两个重量级项目，陆续落地园区，园区发展展现出蓬勃生机。

然而，天有不测风云。2019年底，新冠疫情席卷全球。“项目工期已经不能再压缩了，现在最大的问题就是没有工人！”中科新经济科创园施工单位提出的这个问题，对于正在施工建设的项目来说，简直就是雪上加霜。

抓住机遇需要“大智”，攻坚克难需要“大勇”。面对突如其来的疫情，丁杰带领“先投公司”不等不靠，积极应对。没有工人，公司领导、项目负责人就和施工单位一起想办法，利用各种关系和渠道寻找劳务资源。劳务资源联系到后，又通过点对点“直通车”方式，解决了运输难题，项目复工复产的脚步由此明显加快。

2020年2月28日清晨，一辆“点对点”包车抵达江苏南通。早已等在这里的工人们，上车后纷纷跟家人报平安。一名工人上车后，立即拿出手机跟女儿视频通话。因为早上走得早，他没跟女儿说声再见就出了家门。他说，因为疫情的原因，家里人不想让他再出门打工，总是担心路上风险太大，不太安全。“‘点对点’包车这种方式很好，也很安全，妻子和父母也都很放心！”在这样的特殊时期，“点对点”包车省去了乘坐火车转乘的麻烦，不下车，不换车，从家门口直接到项目门口，用心细致的服务让每个外地务工人员都感受到春天般的温暖。

第二天傍晚时分，经过850多公里的长途跋涉，近14个小时的车程，52名江苏南通籍的工人乘坐的两辆大巴车缓缓驶进中科新经济科创园项目现场。

这是“先投公司”通过“点对点”包车方式接回的首批返工人员。

接下来，“先投公司”通过这种方式陆续从江苏、河南和山东聊城、枣庄等地包车接回复工人员700多名。

“为加快项目推进，我们各项工作压茬进行，仅用一个月的时间就完成了现场三通一平、全过程咨询单位与工程总承包单位公开招标、地质勘察、临建搭设等准备工作！”丁杰说，那段时间，她几乎每天都要跑工地，以便及时解决工程施工中遇到的各种问题。2020年4月，中科新经济科创园展示中心投入使用；6月，济南先进动力研究所1号综合科研楼和4号试验厂房主体封顶。

“先投公司”由此一炮打响，创下了重点项目建设的“先行速度”。

2022年9月，随着商业中心银座超市、智慧餐厅、泉城书房等首批商业业态正式投入营业，中科新经济科创园成为起步区首个全面投入运营的园区。

园区投入运营后，丁杰又带领“先投公司”运营团队马不停蹄地对接进驻科研院所及企业需求，搭建起科技研发、成果转化、产业化、应用融合“四位一体”的创新创业服务体系，为入园企业和人才提供全流程、全要素、全周期的“一站式”运营服务体系以及休闲场所、公寓等生活配套服务，受到投资商的纷纷赞赏和普遍欢迎。

“未来之城建设，要面向未来，起笔就必须有超前眼光！”令丁杰兴奋的，还不止中科新经济科创园这个“重量级”载体的建成完工。

到目前，园区已成功引进徐建中、沈昌祥两位院士，以及以朱俊强、魏龙为代表的行业顶尖高层次人才221人，引入4家中科系院所，在先进动力、核技术应用、人工智能、碳中和等产业领域取得系列重要科技成果，孵化高科技企业 37 家，面向阿里、华为、北京朝阳医院心脏中心等 75 家行业龙头企业提供高品质产业技术及服务；完成 20 兆瓦燃气轮机的自主研发生产，在国家发动机领域成功突破“卡脖子”技术壁垒，形成约 4000 万元首台套工程订单；帮助入园科研院所及孵化项目取得国家自然科学基金、山东省新型研发机构、起步区首个山东省博士后创新实践基地等 20 余个平台资质及荣誉奖项。

“长风破浪会有时，直挂云帆济沧海”。一个实力雄厚，高科技产业集群云集的现代科创园，正蓄势待发——

当前，中科新经济科创园正在依托中科院平台，规划实施轻型燃气轮试验示范中心、园区智慧应用指挥中心、国博城会展安保等应用场景，同时对接高校、科研院所和产业链上下游企业，联合组建创新创业共同体，打造企业孵化平台，培育战略新兴企业，全力厚植发展优势，增强发展动力，打造引领起步区高质量发展新的增长极。

从丁杰办公室向南望去，不远处就是黄河大堤。在黄河北岸，一座建成才 2 年多的新城，正在悄悄崛起。2021 年 4 月，《济南新旧动能转换起步区建设实施方案》获国务院批复，赋予了起步区在黄河流域生态保护与高质量发展中“做示范”的重大使命。“济南新旧动能转换先行区”升级为“济南新旧动能转换起步区”。2022 年 5 月 7 日，“先投公司”正式更名为“济南先行投资集团有限责任公司”。

在黄河北岸有一个崔寨片区，由于高速公路、机场、高铁等便利交通设施环绕其周围，所以很早这个地方的物流产业就十分发达。

为把这一区域打造成规模化、产业化、数字化新园区，丁杰带领公司团队主动联系“京东集团”，希望该园区建成后，京东集团能作为行业龙头企业入驻，以实现“产业数字化，数字产业化”。

在共同的发展机遇面前，“先投”与“京东”两大集团一拍即合。

2018 年 9 月 29 日，儒商大会召开。会上，“先投”与“京东”正式签署“山东黄河数字经济产业园项目”合作协议，内容包括建设京东（山东）云计算大数据产业基地、山东省电商企业总部集聚区、“互联网＋现代农业”示范中心、“互联网＋工业”示范中心、京东济南智能电商运营中心，其中京东济南智能电商运营中心项目格外引人注目，该项目建成后，它将囊括京东“亚洲一号”自动化仓储营业中心、京东济南区域电商贸易结算中心、电商区域分拨中心等重要组成部分。

2019 年 2 月 27 日，山东黄河数字经济产业园项目和京东济南智能电商运营中心项目同时开工建设。据了解，山东黄河数字经济产业园，是济南市第一个采用“全过程工程咨询”的项目。

“京东济南智能电商运营中心项目，是以现代信息技术为依托，以多式联运为特色，将打造集物资集散、仓储加工、多式联运、城市配送、信息处理、配套服务等功能于一体的现代化、系统化、生态化的电子商务运营基地，对接济南地区的进出口业务和城市配送服务！”丁杰说，为搭建好产业培育搭台，“先投公司”一边加快建设步伐，一边给入驻企业搭建展示平台，产业园建设与招商引资同步开展。

2019 年 7 月 5 日，山东省新旧动能转换重大项目之一“先行区数字经济产业园”举行项目启动仪式。

当天，首批 35 家企业签约入驻山东黄河数字经济产业园。随后，“京东”与“先投”联合山东 13 家行业协会共同发布电子商务绿色发展倡议，携手探索实践电子商务绿色发展之道。

2020 年 8 月，由“先投公司”申报的“山东黄河数字经济产业园”，成功入选“2020 年度山东省级成长型数字经济园区”。不久，该产业园区 PPP 项目通过财政部审核入库。

2021 年 3 月，经过两年多的建设，山东黄河数字经济产业园项目二期六栋厂房主体封顶。11 月，该产业园人才公寓正式完成主体结构的封顶，标志着“先投公司”倾力打造的又一“代表作”出炉。

该产业园区一经投入运营，各路投资商接踵而来。

在丁杰看来，“先投公司”投资建设的每一个项目，都是一棵栽种在济南黄河北岸这片热土上的“梦想之树”，并且很快就会长成一片森林，以清风为笔，尽情描绘着一座未来之城的模样。

现在，黄河数字经济产业园区已集聚企业近 500 家，其中电商类企业 150 余家，云计算、大数据、人工智能、物联网、智能制造等科技类企业 200 家，服务类企业 50 余家，金融类企业 40 余家。

其中，京东科技北方总部基地落户园区以来，通过整合京东在电商、科技创新、培育孵化、上下游生态链条、数智赋能、数字营销等领域优势资源，打造了京东（山东）数字经济产业园，从企业落地、培育，到孵化、赋能、协作，全流程助力企业落地生根，茁壮发展，累计孵化规模以上企业35家，国家级科技型中小企业24家，培育高新技术企业15家，专精特新及瞪羚企业2家，新四板挂牌企业2家，并孵化辖区内首个“一企一技术”研发中心，完成技术合同交易登记2000多万元，先后荣获“中国技术创业协会科技创业贡献奖”“山东省众创空间”“山东省创客之家”“山东新旧动能转换重大项目库优选项目”“2022年山东省数字经济重点项目”“山东电商直播基地”“济南市互联网品牌孵化园区”“济南市电商人才双创基地”“济南市科技企业孵化器”“济南市创业孵化基地”等奖项，并入选山东省首批电商生态链企业“白名单”等殊荣。

同样以大魄力、大手笔建设园区招商引资，推动起步区起势前行的事例，在“先投公司”还有还多。

国际标准地招商产业园建设，就是丁杰和“先投公司”紧贴招商需求进行的一次前瞻性探索。

该产业园位于起步区太平庙廊片区，京沪高速与东吕高速交会处。园区建设聚焦新型机器人、智能汽车零部件、绿色低碳设备、半导体四大核心产业方向，按照引进一个、带动一批、辐射一片的发展模式，推动产业快速集聚发展。在设计理念上，“先投公司”通过配建“运营中心、人才公寓、智慧路网”等高标准配套设施，做优基础服务；通过提供“厂房定制、创投金服、人才引进、场景应用”等一对一产业综合服务，做强特色服务，以此推动企业加速成长、产业加速集聚。

经过6个月的紧张施工，“先投公司”顺利完成了10万平方米厂区建设和7.3公里道路建设。在2020年济南市重点项目建设暨重点工作攻坚年观摩评议活动中，“绿建一期”和“标准地道路管网一期”两个项目也通过考评验收。现在，占地230亩、总建筑面积约15万平方米的国际标准地招商产业园一期标准厂房及其配套23.68公里道路，已建成投入使用，并获批住建部颁发的济南市“新城建”产业与应用示范基地领建园区，取得山东省“合规工业园区”认定，车路协同入选工信部“双智城市试点项目”。

到今天，已有国家电投集团绿动氢能科技有限公司、山东瑞沣新材料有限公司、山东方垠智能装备有限公司等40余家行业领军及其上下游产业链企业落地入园。

“‘引进一个、带动一批、辐射一片’的发展格局正在逐步形成！”丁杰介绍说，“让梦想长大！”是“先投公司”和入驻园区投资商的共同愿景。在这一愿景的“双向奔赴”下，一批科技创新项目正结出累累硕果。

“目前月产值已达到2000万元，从现在到年底工期已经排满了！”位于国际标准地招商产业园的山东方垠智能制造有限公司正在热火朝天地生产，该公司总工兼技术质量部部长寻知磊在近3万平方米的厂房内介绍说，该公司所生产的桥隧自动化工程特种设备等产品将被用于海内外的修路架桥等项目，年产值约6亿至7亿元。

“当初在这里落地的选择是正确的！”寻知磊说，入驻以来，园区从治安、餐饮、住宿、生活各个方面给企业以周全的保障，让企业踏实扎根、安心发展。

与寻知磊有相同感受的，还有邦迈智能技术（济南）有限公司总经理曹为。

走进中科新经济科创产业园启迪之星（济南·起步区）孵化基地，邦迈智能技术（济南）有限公司团队正在有条不紊地开展工作。

“无论是在技术合作、需求对接、人员招聘，还是在办公场地装修、员工安置等问题，‘先投集团’运营团队都会积极帮助我们对接解决，像是一家人，让我们真正实现了拎包入驻！”曹为难掩心中喜悦。

邦迈智能，是一家集矿山高端装备研发、制造、销售、维修及服务为一体的高科技企业，主要从事煤矿采、掘、运、支等先进装备的开发与应用。目前，在采掘装备智能控制、智能高效快速掘进、短壁高效开采、露天端帮开采等相关技术及装备领域均处于国内领先水平。

…………

山海壮阔，风鹏正举。

作为起步区投资建设的“开路先锋”，5年来，丁杰和“先投公司”积极对标国内一流平台国企，着力推动“开发建设、资产运营、产业投资、生态环境、能源、物业、乡村振兴”七大业务板块蓬勃发展，推动已竣工、在建、拟建项目60余个，累计完工建筑面积超95万平方米、在建建筑面积243万平方米、道路施工315公里，完成固定资产投资近160亿元，通过采取银行贷款、供应链金融、债券发行、保债计划、信托、金融租赁、资产证券化等多元化融资方式，累计完成授信批复超550亿元，落地资金达400余亿元，打造出中科新经济科创园、济南国际标准地招商产业园、山东数字经济产业园、黄河流域生态保护和高质量发展母基金、都市阳台创新中心及城市展厅等一批支撑性、标杆性载体项目，向着国内一流城市发展商的目标进军。

2022年，“先投公司”承建的零碳智慧创新运营中心荣获第十七届“全球人居环境规划设计奖”，成为起步区在绿色低碳高质量发展领域获国际认可的标志性成果。

未来是创造出来的。作为覆盖园区建设运营全产业链的品牌园区运营商、服务产业全生命周期的金融服务商和综合实力强劲的产城融合建设者，“先投公司”在丁杰带领下，正在奋力向AAA企业评级等级冲刺。

在省市一体推动济南新旧动能转换起步区成形起势，打造黄河流域生态保护和高质量发展引领示范区的宏大实践中，丁杰和“先投公司”交上了一份合格的答卷。

攻坚铸剑

“每次投资建设一个新项目，都会别无选择地把自身置于一种困境之中，但最终我们还是一次次实现突破，集团也由此得到了发展和壮大！”说起这些“先投”往事，丁杰感慨道。

她说，高起点建设起步区是一项前无古人的事业。虽说在一个项目建设过程中，总是困难重重，但关键时刻总有一种力量，让我们充满信心，勇毅前行。

这种力量，就是坚持党对投资建设工作的绝对领导。

“先投公司”成立以来，在济南起步区党工委的坚强领导下，始终坚持把政治建设放在首位，认真落实全面从严治党要求，党委书记扛起党建主体责任，认真贯彻民主集中制，统筹推进项目建设、队伍建设、改革创新等各项工作，确保“先投公司”始终沿着正确的政治方向前进。2023 年 5 月，济南先行投资集团有限责任公司党委正式成立，共有党员 59 名，党委委员 5 名，丁杰任党委书记。

为把党组织建设成一个凝聚力量、敢打硬仗、创新发展的“红色引擎”，“先投集团”坚持以习近平新时代中国特色社会主义思想为指导，提出“以党建带队建促工作”的目标要求，在所属子公司和集团各部门中建立党支部，积极打造“五个坚持”党建品牌，让党旗在项目一线高高飘扬，努力把党的二十大精神和学习贯彻习近平新时代中国特色社会主义思想主题教育，转化为政治上讲大局、工作上争先进、发展上走在前的生动实践——

一是坚持旗帜领航“明方向”。通过专题学习、研讨交流、主题党课等形式，推动党员干部坚决拥护“两个确立”，坚决做到“两个维护”，在服务黄河重大国家战略的过程中建功立业，以优异成绩诠释对党忠诚；通过发挥党委把方向、管大局、促落实的关键作用，把党的政治优势、组织优势转化为集团公司各条线迎接大战大考、推动重大任务攻坚落实的工作优势，确保各项工作部署落地生根、开花结果。

二是坚持强化阵地“聚人心”。以打造党建服务中心为主线，建设“红色加油站”，打造文化长廊，搭建“争先创优”特色党建平台，开展“模范党员”“优秀志愿者”评选活动，加强调查研究，推动形成“齐心协力谋发展、上下同心干事业”的良好工作氛围；按照“党管人才”要求，实施专项人才培养计划，建立常态化交流锻炼机制，把党务工作岗位作为培养锻炼干部人才的重要平台，确保人才引得进、留得住、长得大；开展“党委书记开放日”活动，进一步畅通基层党员、职工与党委书记之间的交流沟通机制，将党委工作延伸到基层、落实到支部、覆盖到党员。通过“零距离”倾听职工意见建议，提高为群众办实事、解难题的能力和水平。

三是坚持党建赋能“谋发展”。以开展“党建 + 业务”的嵌入式、融合式学习为动力，创建“党员教育学习基地”，举办“领导干部讲党课、党支部书记带头讲授、邀请专家作专题辅导”等活动，打造“行走的党课”，带领党员干部到章丘三涧溪党性教育基地参观学习，在学习中提高政治站位，坚守政治信念；以党务与业务同部署共提升为主线，把“提高企业效益、增强核心竞争力、实现国有资产保值增值”作为集团党建工作的出发点和落脚点，创建“党员创新示范工作室”，通过“揭榜挂帅”方式，聚焦关键技术和服务的突破提升，从课题申报、工作运行、政策支持等方面，开展对标学习与交流，以高质量党建引领高质量发展。

四是坚持健全约束“促规范”。以加强党建规范化建设为抓手，对照“过硬党支部”标准，将落实国有企业党建工作要求写入公司章程，把加强党的绝对领导贯穿到公司管理全过程各环节；坚持“第一议题”制度，建立党委前置研究决定事项、前置研究讨论事项和负面事项“三张清单”，切实发挥党委把方向、管大局、促落实的作用；规范组织生活，认真落实“三会一课”制度、发展党员操作规程，以规范管理促进党内政治生活质量提升。

五是坚持筑牢防线“保安全”。依托“三会一课”、主题党日、灯塔大课堂、党员大会等载体，深入学习贯彻国家和省市关于安全生产部署要求，把学习成果转化为应对风险挑战、确保安全生产的能力水平；举办“党建+安全生产”大讲堂，设置“党员安全生产示范岗”，进一步加大培训力度，将安全生产风险隐患及时化解在一线，化解在萌芽状态。

说一千道一万，打铁还要自身硬。

为了战胜前进道路上的各种风险挑战，“先投公司”党委聚焦对投资权力运行的监督，积极构建纵向到底、横向到边的党风廉政建设责任机制，严格执行有关廉政建设和反腐败工作的“铁规禁令”，对发生的违法违纪问题特别是腐败问题，以零容忍的态度，严格依规依纪予以查处，切实做到发现一起，从严查处一起；深化廉洁教育，聘请专家讲廉政课，创办《鹊华清风》内刊，弘扬廉政文化，将廉洁理念融入日常生产经营；健全体制机制，聚焦管钱、管人、管物、管项目的关键岗位和关键环节，将廉政风险防控嵌入企业运营管理的全流程，努力做到“权力行使到哪里，廉政建设就延伸到哪里”，为实现“先投集团”更高水平的发展保驾护航。

2023年5月24日，在“先投公司”召开的党风廉政建设暨警示教育大会上，丁杰与全体干部员工进行了一次集体廉政谈话，党委副书记、总经理张峰代表党委与关键领导岗位代表签订《党风廉政建设责任书》。随后，集体观看了廉政教育警示片《清除国企蛀虫：“靠企吃企”典型案例警示录》，为每一位干部员工发放了《廉政从业“口袋书”》，教育引导干部员工把纪律和规矩挺在前面，自觉增强廉洁自律意识、筑牢拒腐防变思想防线，廉洁从业，廉洁履职，在集团上下形成干事创业、担当作为、团结实干、风清气正的良好氛围。

因为热爱

丁杰有一个幸福的家，丈夫在机关上班，很支持她的工作。女儿在国外读大学，每到寒暑假都会赶回来与家人团聚。每想到这些，她的心头都会涌起一阵温暖。

幸福的家庭、富有挑战性的工作，对于一个在事业上走向成功的职业女性来说，是很容易做出取舍的，是什么让她痴迷于那种脚步匆匆的忙碌？她给出的理由，只有两个字：“热爱”。

热爱，对于丁杰来说，就是全身心的投入。这种状态，先是因为工作需要，后来成了习惯，现在就形成了一种风格。在“先投公司”，工作日午餐只有半个小时时间。有几次，任务紧急，丁杰就召集中层以上干部到餐厅，边吃边布置任务，吃饭成了“午餐会”。

丁杰经常说的一句话，就是“人无远虑，必有近忧”，这就让本来就少得可怜的业余时间，也让她用来进行知识“充电”。2023 年 3 月，她报考了清华大学五道口金融学院科创金融班。她说，为了迎战未来，从现在起就必须厚植理论功底。

在公司忙了一天，晚上下班回到家，本来该放松一下，换一个频道，与家人谈一些家长里短、柴米油盐的事，借此让自己的身心放松下来。但丁杰却不一样，她脑子里装的全是工作，接打电话说的也大多是工作上的事，这令家人很是不解。时间一长，女儿便给她总结了一句话：“回家不谈工作没劲，一谈工作就眼睛放光。”

其实，这些丁杰心里都明白。很多时候，她与家人“见个面都难”，家里老人一直由妹妹在照看，她只能抽时间过去陪老人说说话、吃个饭。女儿放暑假回到家的那些天，她与女儿主要是打电话沟通，没有完整地陪过孩子一天，这令她不免心生愧疚。

丁杰有一个惯例，2020 年以来，每逢大年三十，她都会带领集团公司领导班子成员，到一线建筑工地去慰问，和工人们一起过年包饺子，向他们送去春节的祝福。

其实，最令丁杰苦恼的，还不是春节不能与家人在一起团聚。

"不理解我们，造成项目很难向前推动！但我们始终不放弃，站在项目方角度进行沟通，一次不行就再来一次，最终不仅得到认同，我们还成了好朋友！"丁杰很善于从解决问题、破解难题的过程中寻找乐趣，比如一个项目最终签约、运营团队又创新业绩、投资商电话中一句真诚的感谢等，都会让她感到一种成就感，而这种成就感可以消解连日来的疲惫……

很早，丁杰就跟家人"许诺"，等有一天工作不那么忙了，一定休个长假，陪着家人出趟远门旅游一次，来个身心的彻底放松。

"不过，现在还不行。我们'先投公司'正在开疆拓土，大家都在争分夺秒地干，这个时候我不能离开！"她说得看似云淡风轻，却让人感到了一种辽阔和担当。

于是，休假的事，便一拖再拖。

家人也习以为常。"好饭不怕晚"，她既然有这个计划，那就再等等吧。

守匠人初心，攀技术顶峰

——记山东省劳动模范、济南四建（集团）有限责任公司刘顺卿

吴　苇

少年时，刘顺卿曾经读过一篇《干将铸剑》的故事。干将走遍三山五岳，采来各地的金铁精华。而后，他选了一个天时地利合宜、阴阳平衡之日开始铸剑。哪知道，炉底的炭火燃了三个月，炉内的生铁却丝毫没有销熔。干将心里疑惑，便和妻子莫邪一起探讨原因。莫邪说：“任何器物都是有灵气的，都需人的精诚奉献，铸剑也不例外。”干将便想起自己的师父，当初他们夫妻冶炼铸物时，炉内的金属同样未能熔化，夫妻二人见此情景，便双双跳入炉内，器物才得以铸成。莫邪说：“你的师父牺牲自己的生命来成就器物，在我看来，这也不难。”于是，莫邪将自己的头发和指甲剪下，投入冶炼炉内，接着命三百童男童女拉风箱、装炭火。做了这些之后，炉内的金铁精华终于

销熔。宝剑铸成后，一把剑被命名“干将”，另一把剑被命名“莫邪”。

刘顺卿读这个故事时，有感动，也有敬佩，古人讲究的是，身体发肤受之父母，不可损伤，以自己的身体乃至生命来成就宝剑，这是匠人精神的一种极致。感动之余，刘顺卿也将“匠心”二字深深地植于内心。只是，那时的他从没有将自己和司机这个职业联想到一起，毕竟，司机这个职业是落在地面上的，是众所周知且毫无神秘感的，少年的梦想是在云端的，是诗和远方，是宏大而高远的。

成年后，刘顺卿和无数个同龄人一样，为了生活将梦想折叠收藏，离开家乡到外地谋生。开始的一两年，他在新疆工作。2013 年的冬天，因为环境等各方面原因，新疆的工作提前结束。距离过年还有一个多月，在家里闲着简直就是浪费生命，刘顺卿便向亲朋好友打听，来寻找新的工作。恰好有个朋友在济南干塔吊司机，朋友便鼓励他来济南。和建筑行业的其他工种比起来，塔吊司机既干净又不遭风吹雨打，这让刘顺卿立时有了兴致。他问朋友做塔吊司机需要哪些条件，朋友说最起码要身体好、不恐高、做事认真，他思忖一下，这三条自己还是具备的，而且自己的身体一向灵敏，自小到大，爬树上房这些事情对他来说都不在话下。于是，他便买了去济南的车票。二十岁，正是一腔热血、无惧无畏的年龄，看到笔直地伸向高空的塔吊，刘顺卿满眼满心全是好奇，想到以后将要和它朝夕相处，早已按捺不住跃跃欲试之心。朋友给他讲了爬塔吊的注意事项，并做了示范。刘顺卿将自己的周身收拾利索，钻进塔吊内，从第一节爬起，中间没有停歇，一鼓作气爬到塔顶的驾驶室。塔吊开始工作，大臂左右旋转，来来往往，吊钩升降起伏，忙个不停。朋友操控着两个操作挡杆，无论是前后操作还是左右操作都很熟练，每个吊物都精准地落在吊点上。眼前的这些让刘顺卿的眼睛应接不暇。午饭时，塔吊停止工作，刘顺卿跟着朋友从塔吊往下爬，地面上的人变成了一个个小小的黑点，身处高空的人似乎成了断线的风筝，这时，他的心里才有些惴惴不安。

刘顺卿独立工作后，首先克服的是上下塔吊的问题。前些年，塔吊没有装安全防坠器，爬塔吊时的安全问题全靠司机把控。塔吊比楼房高出三十米左右，即便是从楼里上上下下，高出的这一段距离也无法绕道而行。最初，刘顺卿攀爬塔吊只从安全上考虑，为了抓得更牢固，胳膊常碰撞到坚硬的护圈，胳膊红肿、出血都是家常便饭。后来，他掌握了技巧，攀爬时将胳膊往里收，屁股往后翘，这样既安全又牢固。冬天，逢下雪或者结冰，给爬塔吊的司机增加了很多难度。有时候上班时并没有下雪，到下班时大雪已经落了厚厚的一层，下塔吊时只能抱着梯子小心翼翼地挪。为了解决这个问题，他在驾驶室里放了一根短钢管，再逢落雪，先用钢管将冰雪敲掉，清理一层往下爬一层。驾驶室安装空调之前，曾有过塔吊司机在夏天中暑的例子。上班期间，司机一直和地面上的信号工保持着正常联系，临下班时信号工却无法联系到司机，底下的人不敢耽误，只好找个有经验的人爬上去查看，见司机已中暑倒在驾驶室里，来人无法将司机从塔吊上背下来，便给他穿戴上安全防护装备，再用塔吊将其运送到地面上。塔吊司机属于特种作业，所以公司对入职者的身体素质有极高的要求，塔吊司机必须持有特种作业证、体检合格报告单才能上岗。

刘顺卿做塔吊司机后，让他最震撼的是他目睹的几起事故。某次，他正在工作，旁边工地的塔吊突然倒塌，万幸的是，塔吊的上半截让正在建造的楼房给撑住，司机从倒塌的驾驶室里慌不择路地钻出来，才算逃出一条活命；另一次也是在这片工地，相邻的三座塔吊一起作业，旁边那个司机在起钩时分了神，疏忽了正在上升的大臂，大臂便一直上升，最后冲到不可控的高度。钢丝绳绷到了极限，砰的一声断掉，钢丝绳末端的吊钩吊着一筐卡扣，只听哗啦一声，无数的卡扣如天女散花般从高空落向地面。地上的不远处有两个女工，被这突如其来的事情直接吓蒙，当场晕倒在地。好巧不巧的是，第二天，另一个工地又因为钢丝绳出现了事故。这次吊的是钢管，因为距离在建的楼房太近，钢丝绳直接被楼房外面的槽钢给挂断，满满一捆钢管从高空争先恐后地往下砸，如同正在下一锅钢管挂面。钢管一根接一根地扎进土里，瞬间地上便扎了十几根。

塔吊发生事故的原因是多方面的，有意外，也有塔吊司机的技术和专注度的问题，还有自检不到位等。建筑事故无小事，一人出了事故，一个家庭便支离破碎。刘顺卿耳闻目睹了这些事情之后，暗暗下定决心，一定对自己高标准严要求，时刻保持一份认真负责之心，将工作做到精益求精，将事故杜绝为零。

每天上班之前，四建集团都要求司机必须对塔吊的各部位进行自检。首先，检查标准节的螺栓，每一节标准节有八个螺栓，一座塔吊几百个螺栓，如果超过五个螺栓有松动，则属于重大安全隐患；接着自检钢丝绳，两根钢丝绳，后面的那根属于主绳，主要负责吊钩的升降，主绳的完好与否也决定了吊钩能不能吊重物，另一根钢丝绳是负责小车的；然后检查附着装置，塔吊增加标准节的过程叫“顶升”，顶升时需要用附着装置来加高，附着装置是固定在墙上的，它一旦出现问题不是塔吊倒塌就是把墙拉裂；另外，还要检查钢结构，这个则需要一边攀爬塔吊一边查看。刘顺卿知道“千里之堤，溃于蚁穴”的道理，因此，在每天的自检中做到仔细再仔细，从来不敢有丝毫的松懈。每检查一项，他便拍好照片存档，最后统一发到单位的群里。除了塔吊司机的自检之外，四建集团的安全部门还会到工地上进行日检，以及上级单位进行月检和随机抽查。如果外地或者别的企业有塔吊方面的事故发生，刘顺卿所在的部门便组织司机进行讨论，分析事故原因，吸取别人的教训，好做到未雨绸缪、防患于未然。

每一个塔吊司机在实际操作中，无一避免都会遇到“稳钩”的问题。尤其是落钩时，吊钩因为惯性会发生摆动，吊钩上的重物约一吨左右，一旦碰到工人身上，在那种巨大冲击力的撞击下，轻者会骨断筋折，重者则会从高空被打落下去。刘顺卿刚入职那几天，起落钩时吊钩有轻微晃动现象，因为这个还被工人提过意见。骨子里不服输的刘顺卿暗下决心，一定要将吊钩练到纹丝不动。他在起落钩的短暂间隙见缝插针，琢磨如何将塔吊开到游刃有余，他觉得稳钩这项技术要求的不仅仅是专注，还要心静、眼准、手稳。为了尽快提升自己，他便在下班后加班练习，每天练足两个小时才肯回去。两周之后，效果显而易见，无论是转大臂、走小车，还是起落钩，每一个动作都如高手舞剑，意到、眼到、剑到。吊钩也像静止的树叶，真正做到了纹丝不动。

塔吊司机平时接触最多的是建筑工人，像木工、钢筋工、水泥工等，每个工种干的都是包工，他们都想让司机先给自己吊物料，且无论给哪个先吊其他人都会有意见。为了争抢吊钩，争争吵吵是家常便饭，抱着吊钩不撒手的也屡见不鲜。入职之初，每天都有工人向刘顺卿抱怨、发牢骚，面对这些事情，刘顺卿就在心里劝慰自己：一定要平心静气，千万不能影响工作。早上，刘顺卿做完自检后，就和他们协商："事情总有个轻重缓急，有个先后顺序，大家争争吵吵只会更耽误时间。"晚上，刘顺卿就加班帮他们将次日清晨的物料吊出来，这样便避免了争抢吊钩之事。时间长了，向刘顺卿发牢骚的人越来越少，他们的关系也变得合榫合柳、水乳交融。偶尔，刘顺卿出去抢修机器，他们便三番五次地打电话催促他回来。

作为一个塔吊司机，光会驾驶算不上优秀，要四懂三会。即，懂操作、懂维护保养、懂维修、懂设备的性能等。刘顺卿平时肯用心、爱动脑、喜欢钻研，逢师傅维修机器时，他便细细观察。一旦遇到机器出现故障，他总是先看说明书，再将出故障的机器一点点拆开，担心组装时记不住顺序，每拆一点便拍一张照片，能自己解决的问题绝不麻烦别人，遇到真正疑难的问题再向师父请教。

塔吊司机常有在外地蹲点的情况，刘顺卿也不例外。在烟台莱阳蹲点的那两年曾给他留下深刻的印象。那是一片荒无人烟的工地，地上全是野草，一脚踏下去，蟋蟀和飞虫惊惶失措、四散奔逃。远远地，看到一棵细瘦的树，从野草的夹缝里顽强地挤出来，孤零零地立在那里，越发增添了荒凉之感。工地离镇子很远，周边没有任何小摊小贩，刘顺卿到了后，先和建筑工人商量吃饭问题，双方协商的结果是，刘顺卿出一部分钱，和工人一起搭伙。刚到的那些天，刘顺卿的任务是看现场、对图纸、定塔吊的位置、控制塔吊的密度等。这些工作都不是坐着能够完成的，必须靠两条腿在现场来往奔波，那一阵子，刘顺卿每天大约要走上两万多步，多的时候一天大约要走三万多步。走路走多了，晚上睡觉时小腿直抽筋，这边刚进入梦乡，腿上猛的一个抽搐，人立刻惊醒了。塔吊的位置定好后，到了安装环节，工地上所需的物料要从济南发过来，刘顺卿则负责接收物料、安置工人、指挥安装、维护保养塔机等。那片工地一共要安装三十七座塔吊，这不是个小工程，每一环节都要做到小心谨慎、万无一失。三十七座塔吊安装好之后，刘顺卿一一爬上去检查、操作、排查所有的安全隐患。工程按部就班地开工，一切都顺风顺水。当楼房快要盖到二十层时突然出现故障，布料机罢工了。现场一百多方水泥才打了三四十方，如果请济南的维修师傅过来，光在路上就要耽搁五六个小时，更不要说还得买机器上的零部件。这样算下来就需要八九个小时，在这么长的时间里，工地上的五六十方水泥早就凝固成坨，一方水泥几百块钱，五六十方水泥的费用再加上工人停工的损失，确实是一个不小的数字。工地上的几十双眼睛都在盯着刘顺卿，期待他在极短的时间里拿出一个稳妥的方案。时间就是金钱，效率就是生命。刘顺卿当机立断，向济南的维修师傅打电话请教，师傅告诉他故障的原因及排查方法。他挂掉电话，打开回转电机，查出坏的零件，又马不停蹄地从当地买了替补件。几个分量轻的零件，他和同事背着爬塔吊运送了上去，一百多公斤的变伏电机无法背负，他们先将电机运到楼顶，再在塔吊大臂上安了个手动的葫芦，装上滑轮，用钢丝绳将电机拉了上去。当时正值盛夏的夜晚，天气闷热，蚊虫围在身边轮番进攻，他们顾不得擦汗，也无暇理会蚊子，从晚上十一点开始，一直到凌晨四点多钟结束，刘顺卿带领同事奋战了五个多小时，终于让机器有了正常的运转。

无独有偶，在潍坊时也有类似的事情。那次是塔吊大臂前端的破绳器出现故障，吊钩无法起落，钢丝绳旋转不停，拧成了麻花之式。刘顺卿将安全带系好，准备走到大臂前端去维修。此时，他的位置相当于整个城市的顶峰，似乎一伸手就能摸到天空的云朵。大臂的边缘只能容一只脚，这就要求维修者不仅要有胆量，还要有良好的心态和敏捷的身手。他思忖了一下，觉得自己还是很有把握的，便调匀呼吸，向大臂前端走去。六十米的大臂，他每一步都走得小心翼翼，终于到了大臂前端。他将破绳器维修完毕，又安全按原路返回。

刘顺卿的匠心不仅仅体现在对工作的精益求精上，还体现在对这份工作的责任心和使命感上。那是在济南长清区恒大绿洲的工地上，他吃过晚饭正准备休息时，外面下起了大雨，雨势很猛，粗大的雨柱连成一片，将天与地密密地织在一起。工地就在山脚下，如果洪水从山上大量流淌下来，工地势必会积水。刘顺卿不敢多想，忙起身穿好雨衣雨鞋。室外，狂风骤雨沆瀣一气，撕扯着他的雨衣，拼命往他衣服里灌。只一瞬，他的领口和雨鞋都进了水。到了工地，车库里果然存满了积水，地基也被冲塌一大片，最危险的要数塔吊，大雨加上山洪，引起塔吊塌方、下陷，塔吊一旦倒塌，后果不堪设想。情况紧急，刻不容缓。刘顺卿忙打电话向领导汇报工地上的情况。领导当即从公司调来汽车塔吊和一部分人员，连夜加班进行抢险。刘顺卿和他的同事们先将塔吊的大臂拆下，再将标准节一节一节地吊到地面上。大家穿着被大雨浇透的湿衣服，冻得牙齿直打战，从晚上八点钟开始干，直到凌晨四点多钟抢修工作才画上圆满的句号。

无论哪一个行业，能在业内做到出类拔萃的人，除了责任、勤奋，一定还有天赋的加持，刘顺卿也不例外。司机接手一台新塔吊是需要磨合期的，少则一两天，多则三四天，在这几天的磨合期里，他们要掌握这座塔吊的优点和劣势，只有掌握了它的脾性才能更好地驾驭它；而刘顺卿和塔机的磨合时间是极短的，只需要吊上三五次东西即可，在和塔机过招的这三五个回合里，他就能迅速了解它的奇经八脉。这也是刘顺卿的过人之处。其实，所谓的善举并不一定要做多少惊天地泣鬼神的大事，每一个普通人若都能做到爱岗敬业恪尽职守，那便是最大的善举。军人恪尽职守保家卫国，则国家安定百姓祥和；医生尽职尽责救死扶伤，病患则少了痛苦和阴霾，生命则增添阳光和尊严；塔吊司机兢兢业业认真负责，建筑工人则多一些欢声笑语，少一些事故和眼泪。刘顺卿做塔吊司机的这些年，真正实现了自己的承诺，做到了十年内零事故，堪称建筑行业的一个传奇，他的成绩也是无数同行望尘莫及的。数十年如一日地专心专注地做一件事情，这是一份弥足珍贵的职业操守。“术到极致几近于道。”“心在一艺，其艺必工；心在一职，其职必举。”刘顺卿将这些话诠释得淋漓尽致。

2019 年，济南市举行了塔式起重机司机职业技能比赛，刘顺卿一举夺魁，并荣获济南市五一劳动奖章；2019 年 8 月，刘顺卿代表济南市的建筑业同行参加山东省的职业技能比赛，荣获亚军；紧接着，全国塔式起重机司机职业技能比赛即将在湖南常德举行，刘顺卿和几位优秀的同行将要出征。因为是全国赛，参赛队员的成绩直接关系到本省的荣誉，在比赛前十几天，刘顺卿有些休息不好，连一向很正常的血压也有了浮动。他特意找医生看了看，医生给他开了药，安慰他说没有什么大事，主要是压力太大导致，并让他放松心情，从容面对。大赛在即，身体不适不能轻视，刘顺卿按医嘱定时吃药，几天之后，血压恢复了正常。大赛如期举行，刘顺卿和山东的队员准时到达湖南常德。第一天是试机，接着便是预赛，晚上，刘顺卿躺在床上，脑子里翻来覆去的全是明天的赛事，同房间的队友和他一样也在辗转反侧。他们发信息问了问认识的几位选手，大家全是一个状态。为了安慰别人也是为了安慰自己，刘顺卿对大家说：“从容面对，吃好睡好才能考出好成绩。”预赛开始，以抽签的方式决定队员的比赛顺序，没想到刘顺卿是一号。全场立时安静下来，刘顺卿穿过众多的目光，第一个走向赛场。塔吊稳稳地坐在赛场中央，既熟悉又陌生，它是他的老朋友，闭着眼睛他都知道每个按键的位置；

它又是他的新朋友，他不知道它的脾气性格，却要和它进行一场至关重要的合作。刘顺卿钻入塔吊内，顺着爬梯迅速爬了上去。坐在驾驶室后，紧张和压力一扫而光，他按照要求熟练地操作，迅速进入人机合一、物我两忘的境界。预赛的成绩出来了，他是第七名，顺利进入决赛。决赛顺序依旧要抽签，此时，戏剧性的一幕出现了，刘顺卿将手里的签打开，简直要笑出声来，统计考试顺序的工作人员问刘顺卿："你是第几个？"刘顺卿笑说："Number one。"得知这个情况，全场立时沸腾了。经过预赛这一环节，决赛时的紧张和压力减少许多，刘顺卿沉着应战，操作娴熟，整个过程畅行无阻，最终在这届职业技能大赛上夺得全国第五的好成绩。同年，刘顺卿荣获山东省五一劳动奖章。

2021 年，全国吊装大赛即将在济南章丘举行，刘顺卿跃跃欲试。亲朋好友纷纷劝他，说："顺卿，这次比赛你一定要想好了，能不参加还是不要参加。大家都知道，比赛都会有一些偶然性，临场稍稍发挥不好，名次可能就会落下来。毕竟在上一届的全国大赛上你拿了第五名，这个成绩也是非常瞩目的。"刘顺卿说："我还是想再冲一次。"经过了上次的全国大赛，这次刘顺卿可以说是成竹在胸。预赛的紧张比拼之后，脱颖而出的三十名佼佼者进入决赛。赛程中的水箱定点停放、吊物杆内运行、撞击方块物等实操项目，每一项都堪称高难度，都是对参赛司机的技术、灵敏度、心理的全方面考量，都必须做到精、准、稳、快。刘顺卿沉着、冷静地操控着塔机，整套动作一气呵成，且质感顺畅丝滑，如行云流水。满分 70 分，刘顺卿考出了 67 分的好成绩，荣获全国吊装大赛冠军。2022 年，刘顺卿被评为"济南市劳动模范"，2023 年，被评为"山东省劳动模范"。

现在，刘顺卿一边做管理工作一边带徒弟。平日里，他将自己多年来积累的宝贵经验总结出来，并结合别的公司的一些事故，做成 PPT 给同事培训，这种方式直观且通俗易懂，很受同事的欢迎。在对工作的责任心和使命感上，刘顺卿做到了晓之以理动之以情，并身先士卒以身作则。每日的自检工作看似简单，却是关系到国家财产和工人安全的头等大事。偶尔有同事偷懒，将往日自检的旧照片当新照片发到群里，刘顺卿发现这个事情后，便让大家在自检时用水印相机拍照，这样照片上会显示拍照时的时间、地点；在塔吊安装和拆除时，要将所有资料整理好报给上级单位，刚入职的新同事做这些工作时难免会有错误和遗漏，刘顺卿就手把手地教他们。同事将资料整理出来后，他总要逐字逐句地检查一遍，确定无误了才将资料报上去。有些塔吊司机工作做得不认真，刘顺卿便会批评他们，批评过之后，想着他们是在高空作业，带着情绪肯定不安全，哪怕错误在对方，刘顺卿也会向他们道歉：“你看，我刚才脾气急躁向你发火了，是我不对，你可不要往心里去，工作时可不能因为这个分神。沉住气，好好干，相信你一定能把这个工作干好！”

这些年，刘顺卿在外工作，妻子一个人照顾两个孩子，买菜做饭、洗衣打扫、辅导作业，一年到头难得有空闲的时候。尤其是2020年，他在烟台蹲点，离家远再加上疫情，导致整整一年都没有回家。妻子太过劳累或有委屈时，偶尔也会在电话里向他发句牢骚，但更多的是安慰和鼓励，她让他不要操心家里，只管安下心来工作就行。下班之后，刘顺卿最期盼的事情莫过于和家人视频。在视频里，孩子向他汇报学习成绩，妻子和他聊聊家长里短，在妻子的叮咛和孩子的欢笑声中，一天的疲劳便烟消云散。刘顺卿和家人建了一个群，当他在竞赛中取得好成绩时，便将奖杯和奖状的照片发到群里，让家人分享这份喜悦。在他的家乡，做塔吊司机的年轻人很多，但像他这样出类拔萃的实属凤毛麟角，村里人在一起聊天时，他的父母通常是被羡慕的那个。作为儿子，他是父母心头的阳光、嘴边的微笑；作为父亲，他是孩子身上的铠甲、笔下的骄傲。这让他踏实而安慰。

很多个清晨，刘顺卿在工地上奔波，忙碌的间隙偶尔回头望向这个城市，从梦中醒来的它饱满而清新，花草树木顶着晶莹的晨露，高楼大厦披着轻软的朝霞，行人匆匆奔赴工作岗位，每每此时，他的内心总如清泉淙淙流过。再过几年，在这个城市里安一方小巢，与妻儿老小相守，将平凡的工作做到极致，彼时，终究没有辜负这凡间的烟火。

欣喜歌声振林樾

——记山东省劳动模范、中建八局第二建设有限公司刘振林

魏文森

他是中建八局“铁军精神”的捍卫者和传承者，他是“大国工匠精神”的传播者和创新者。他就是中建八局二公司的刘振林。1988年出生的刘振林参加工作后脱颖而出，早早地就被评为高级工程师，现任中建八局二公司项目技术负责人。刘振林从事项目技术岗位12年来，从施工员到技术负责人，他负责的多个工程获得省级以上奖项。他本人也获得过很多荣誉，其中2023年荣获山东省劳动模范称号。

“一个社会表面看起来是经济形态，实际上都是文化形态。经济活动的起点和重点都是文化，经济行为延伸到远方一定是文化。”这是一位企业家将经济形态上升到文化角度的总结，从中我们可以看到企业家的高瞻远瞩和犀利独到。中建八局素有“南征北战的铁军、重点建设的先锋”称号。“戎装虽退本色犹存”，中建八局所积淀、传扬的部队传统铁军文化，是区别于其他建筑企业的重要特征，敢打硬仗的优良作风、超强的执行力和作战能力、艰苦创业的光荣传统源远流长，代代相传。

从解放战争的炮火硝烟到国家建设的南北转战，从市场经济的狂风巨浪到高质量发展的卓越创新，磨砺出中建八局英勇顽强、敢打必胜的英雄品格，培育积淀了以“铁的责任、铁的团队、铁的作风、铁的纪律、铁的奉献”为

核心的铁军精神。21 世纪初，公司逐步意识到，穿过军装的老兵陆续退休，新来的大中专学生逐渐成为企业的主力军，如何把部队的精神作风传承下去，是关系到企业长远发展的重大问题。为此，公司总结、提炼、形成了企业文化手册——《筑魂》，组织召开“铁军精神”专题研讨会，最终确定了铁军精神的内涵：第一，“铁的责任”，责任是神圣的使命，高于一切，是企业与客户、员工、社会的相互责任；第二，“铁的团队”，团结协作，步调一致，众志成城，坚如磐石；第三，“铁的作风”，敢打必胜，雷厉风行，日事日毕，高效有序；第四，“铁的纪律”，有令必行，令行禁止，执纪必严，违纪必究；第五，“铁的奉献”，勇于出征，四海为家，顾全大局，公而忘私。

为让铁军精神入脑入心入魂，化为职工的内在行动，公司通过员工培训、公司报刊、网络平台等载体，采用多种形式广泛深入地开展铁军精神传承活动。升国旗、讲军魂、订军规、搞军训、过八一、树军标、看军影、唱军歌、做工程、树丰碑，在具体行动中践行着无往而不胜的铁军精神。

将“铁军精神文化”融进建设者的血脉中

传承、传扬、传递铁军精神，在创新、创造中丰富发展铁军精神的内涵，是刘振林工作以来的孜孜追求和执着向往。他从普通员工到今天的高级工程师，从建设一个占地几千平方米的办公场地到主持几十万平方米的大型项目，他将公司的“铁军精神文化”融进血液里，所以才有了负责的多个工程获得了国家、省级建筑项目奖，才有了山东省五一劳动奖章、山东省劳动竞赛优胜个人的荣誉。在一路栉风沐雨中，在几亿数据中，印证着他磨砺奋斗、勇攀高峰的足迹。站在时代之潮头，担当历史使命，刘振林和所有建设者共同打造出一批批品质过硬、履约完美的精品工程，书写着中建八局二公司唯美、靓丽的时代答卷。近年来，公司荣获国家优质工程奖 2 项、华夏建设科学技术奖 1 项、泰山杯 2 项、山东省优质结构奖 10 项以及多项市级荣誉。多年来，累获省级工法 27 项、省级科技奖 15 项、国家级 BIM 奖 15 项、发明专利 9 个、实用新型专利 112 个，在国家级期刊发表论文 60 篇。这一切都凝聚着刘振林的智慧和汗水、奉献与无私。

中建八局二公司始终不渝地坚持党建引领，培根铸魂，传承红色基因。

坚定信仰，心系国家、社会和人民。刘振林以最快的速度进入角色，熟悉党务工作。他在建筑设计之余，认真钻研党建工作各方面的知识，第一时间查阅大量生动具体的学习资料。在夜晚寂静的办公室里，同事们常常能看到他“挑灯夜战”的身影。在建设工地，他主动与兄弟单位党支部采取交流共建的方式，提高党建学习效果。参加“三会一课”铁打不动，参加“教育实践”雷厉风行。扎根基层苔花开，党徽闪耀映彩霞，不畏困难而自得其芳。刘振林积极参加所在党支部开展的主题教育，精准把握各项工作要求，科学谋划、统筹安排，制订了切实可行的实施方案，结合实际学习，提高用党的创新理论解决公司发展难题的水平。筑牢项目管理根基，高度重视创新发展，积极开辟新赛道，为公司高质量做贡献。“任何困难都不能让我打退堂鼓，因为我是一名党员！”这是刘振林经常说给同志们的一句话。

公司党支部在学习贯彻党和国家的大政方针中，紧紧围绕全局和公司的发展战略，结合各项具体工作任务，立足主责主业，推动党建工作融入中心发展。打造党员先锋示范岗，塑强公司党建品牌，打造烟台城发城市广场、青岛新东方双语学校、烟台城市快速路山海路项目等一批示范党支部，与17家单位建立红色联盟。坚持“支部建在一线”，党旗高高飘扬在施工现场。充分发挥党支部的战斗堡垒作用，熔铸红色基因，廉洁奉公、艰苦奋斗，发扬铁军文化光荣传统。烟台城发城市广场项目获“党建领城建·工地筑阵地”建设活动先进单位、局“超英廉洁文化示范点”称号，烟台城市快速路山海路项目荣获烟台挂图作战指挥部流动红旗，这些就是最有力的证明。

刘振林在施工日记里这样表达自己的心路历程：越是困难越向前，我们面前就没有了困难。在攻坚建设中，青岛公司凝聚了一支支敢打必胜的铁军队伍：山东省重点工程攻坚劳动竞赛示范项目部、山东省安全生产竞赛优胜项目部、山东省青年文明号等，并涌现了以省五一劳动奖章获得者刘振林等一批以实际行动诠释铁军精神的奋斗者。刘振林一路守正创新，拼搏奋进，与同志们一起践行公司“11345”十四五规划，践行拓展幸福空间的使命，在品质为先、完美履约上力争上游，在继承创新、推动转型上勇毅前行。

缩短四百一十五天工时的诀窍在哪里

与精度较量，与精致共进。刘振林为项目的顺利建设奉献自己的才华和力量。2018 年，适值烟台市深化“放管服”改革，烟台市积极拓展政府服务中心功能。而烟台城发城市广场建设项目自然就成了烟台市展现政府形象的重要窗口。在这一历史背景下，烟台城发城市广场顺势开工了。因为刘振林有着丰富的大型场馆施工经验，公司领导就选派他担任了项目经理。

在困苦中无畏前行，在突破中彰显本色。守初心、肯钻研是同事们对刘振林最深刻的印象。烟台城发城市广场项目总投资 10.1 亿元，是一项“超常规工期”工程。刘振林带领团队发挥工程总承包管理的优势，全面统筹土建、安装、智能、装饰等专业项目，科学组织，深度融合。他坚持项目管理中从策划设计、施工管理、绿色示范等方面严格把控，实现品质建造的超越。他清楚地记得，在工程的高峰期里，3500 多人同时作业，24 小时不间断施工。只有团队优秀了，工程才能优质。

管细建筑出精品，内实外美创品牌。刘振林全面推进项目准军事化管理，将“铁军精神传承”进一步引向深入，使“铁军精神”真正内化于心、外化于行，成为广大员工的共同信仰和行为准则，打造了一支纪律严明、步调一致、反应迅速、令行禁止，“齐刷刷，嗷嗷叫”的铁军团队！精神的力量是无穷的。刘振林将项目准军事化管理与项目各项管理责任、目标、制度紧密结合起来，以行动军事化促工作标准化、精细化，项目人员责任心明显增强，执行力明显提高，作风明显改善，效率明显提升。

刘振林积极组织开展重点工程劳动竞赛，搭建“四位一体”平台，做好工人关爱，助推项目高效建造。仅用 7 个月的时间，就完成了烟台城发城市广场建设项目主体工程。

2020 年 4 月 30 日，区行政服务中心正式使用移交。为此，这一工程得到了烟台市政府和新闻媒体的广泛赞誉，项目获评 2022 ~ 2023 年度国家优质工程奖。特别值得夸赞的是较常规工期缩短了 415 天，创造了中铁八局的辉煌建造历史。又是在福地烟台，刘振林得到了更多的历练。他轻车熟路，得心应手地开拓烟台市场，增强了中建八局在烟台市场的综合竞争力，积极拓展“双城”发展格局，服务胶东半岛的高质量发展。

仅用三周建成方舱应急救治所的秘籍是什么

连续三年，新冠疫情肆虐全球，其中 2022 年更是跌宕起伏。刘振林面对新冠疫情，毫不畏惧，勇做逆行者。时间紧、任务重的情况下，参与一线疫情防控设施的建设。他同大家一起昼夜奋战，筑起一道牢不可破的抗疫防线，守护了人民的生命安全，践行了“不计报酬，不惧危难，不辱使命”的铿锵誓言。

2022 年 3 月 18 日，防疫防控最危急的时刻，刘振林接到济南市方舱式临时应急救治场所建设任务。铁肩担道义，妙手著文章。刘振林迅速拿来省住房城乡建设厅、省卫生健康委员会编制的《“方舱式”临时应急医疗救治场所设计导则（试行）》，了解到“方舱式”临时应急医疗救治场所是指在突发重大疫情等公共卫生安全事件以及重大自然灾害时，为解决大量轻症患者集中收治的问题，利用既有建筑在最短的时间内改造的临时救治场所。临时救治场所由清洁区和污染区两个区域构成。根据“方舱式”临时应急医疗救治场所应具有大空间、大容量、临时性的特点，一天的时间内，刘振林带领团队设计出了安全可靠、转换快捷、易于恢复的建设图纸。之后，刘振林连夜召开施工策划会。会议结束后已是凌晨两点。两个小时后，15 名管理人员及大型油锤、挖机等 20 余台机械设备、60 多名员工迅速调集到场。抢时间就是拯救生命。在铁军精神的感召下，大家顾不了疫情防控下的安危了。在密集的时间内，刘振林超前谋划，挂图作战，倒排工期，多管齐下，压茬进行。

在这紧锣密鼓、关山飞越、步步为营的节奏下，刘振林和他的同事们喊出“宁可熬红双眼，不可耽误一时”的口号，紧迫、紧张、紧凑、紧急成了他们的工作鼓点，以钉钉子的精神，鼓足干劲，大干快上。他们舍小家为大家，不歇人不歇马，全天候奋战，加班加点抢工期，全心全意保质量。

遵循着建筑规划中的“医患分区”，满足“三区两缓冲两通道”（污染区、潜在污染区、清洁区三区；污染区与潜在污染区、潜在污染区与清洁区之间所设缓冲区；医务人员通道、患者通道两通道）的要求，按医患分离、洁污分离的方式组织出入口和流线，并预留适度的患者活动空间的原则，刘振林带头冲锋陷阵，不断优化施工方案。7 天时间里，共完成了 5 万余方石方破碎及场地整平。4 天时间里，完成了箱房垫层及基础施工。8 天时间里，完成了 4 栋 3 层病房楼共计 455 间箱房安装……除了一天的规划论证设计外，仅仅三周的时间里，一个占地 80 余亩、建筑面积 1.7 万平方米、设置 1008 张负压病房床位的防疫应急设施完工了。

这 21 天里，刘振林没有回过一次家。在疫情最严峻的形势下，刘振林将责任扛在了肩头，将使命刻在了心中。方舱式临时应急救治场所筑牢济南疫情防控的铜墙铁壁，刘振林和他的同事们演绎着艰难危急中钢铁般的意志，这就是铁军精神的真实写照！

工作十二年拔节生长的印证有多少

从子鼠到亥猪，属相轮回是弹指一挥间的事。刘振林也由刚上班的懵懂生疏变为今天的成熟稳重。12 年里，他完成了从施工员到高级工程师的华丽蝶变，是成长成熟的 12 年、是锤炼磨炼的 12 年、是创造创新的 12 年。

2017 年，刚工作 6 年的刘振林受命担任日照科技文化中心项目的副经理。该项目是日照市委、市政府“旅游富市”的文化新地标。刘振林清晰地记得那个情景：幕墙施工中的重中之重、难中之难。这座大型场馆幕墙总量达 33 万平方米，规格总数超过 20 万种，建设难度远远超过预期。刘振林与建设团队积极探索智慧建造，BIM 全过程参与。通过自主创新，共研发 110 多个参数化模块，累计编写代码 3 万多行。最终实现了幕墙设计周期缩短到原计划的三分之一，而幕墙材料提取速度却提高了数十倍，项目成本明显降低。日照科技文化中心最终高效建成，公司实现了完美履约。这是刘振林最引以为豪的。

2021 年，中建八局铁军在烟台“以现场保市场”，承接烟台市城市快速路——山海路建设工程。这不仅是烟台“12335”政策规划的首条快速路，也是中建八局青岛公司承接的首个基础设施工程。建设团队长期处于“超饱和”施工状态，高峰期施工人数近千人，上百台机械同时开动。项目管理非常复杂，项目纵贯 5 条南北路、9 个村庄，需同时满足群众出行需求。而地下横穿管线密布，地质状况差，地下水位高，地上地下施工难度极大。

刘振林带领团队采用“超常规”战术，在“雨晴不定”的天气下穿梭作业，节假日坚守阵地。以数字建造为抓手，推进 BIM 技术应用，对交通导改方案、深基坑支护模型等进行模拟和施工交底，优化工期管理、质量管理。项目 30 天内就完成桩基 260 根，60 天完成墩柱 146 棵，90 天完成盖梁 103 榀，100 天完成箱梁预制 1035 片。打造了烟台市首个三星级智慧工地，与其他标段的竞赛比拼中取得多个“第一”。凭借“履约第一、品质第一、担当第一”的干劲，实现了最短的时间内以最好的质量正式通车。该项目荣获 2022 年建筑行业安全生产标准化项目、2022 年度全省住房城乡建设系统重点工程“聚焦‘双碳’目标聚力新型建造”创新创优劳动竞赛优秀项目部等荣誉。

中建八局二公司青岛公司成立至今，积极服务国家战略需要，树立标杆项目，成就一流品质。近年来，公司承建的青岛东方影都酒店群工程成功承办上合组织国家电影节，承建的海尔全球创新模式研究中心成为上合峰会新闻中心，承建的青岛市民健身中心体育馆成为山东省 24 届运动会开幕式举办地和主会场。刘振林和他的同事们实干笃行，黄海沿岸筑琴岛华美，见证着青岛海岸的美好未来！刘振林始终铭记铁军央企的光荣使命，在抗击疫情、潍坊水灾、甘肃舟曲泥石流、深圳滑坡等危急面前作标兵、当先锋！

采访刘振林的时候，他哽咽着说的一句话就是“对待工作我无怨无悔，但对待家人我有深深的愧疚”。长时间工作在青岛，家却不在青岛。对家人的思念和牵挂只能由忘我的工作来纾解。他上有老下有小，三年疫情、父母年迈等实际困难存在，但身上更有沉甸甸的建设责任、不忘初心的政治责任。

刘振林以无私无畏的冲劲、舍我其谁的干劲、虚心向学的后劲，持续探索新的管理方式、建造技术，努力为行业注入新动能，让建造更高效、城市更美好。每一项重大工程都见证着城市建设的辉煌，每一次开工竣工都点亮了城市崛起的梦想。从图纸设计到过程管控，从建材选料到砖瓦建筑，强本筑基，精心雕琢，以高品质、高效能履约，擦亮熠熠生辉的金字招牌。鳞次栉比的高楼大厦就像一座座丰碑，印证着刘振林的党性与荣光、汗水与智慧、奋进与超越！

山东半岛精品工程中闪耀几许工匠风采

为实现建设青岛新生城市的宏伟目标，青岛市“十四五”规划提出推进主城区扩容扩能，打造西海岸新区、即墨、胶州三大主城片区。青岛公司乘势而上，在平度承建了一批文教工程和民生项目，助力平度锻造高质量突破发展的红色动能，打好城市更新建设和城市建设的攻坚战。在即墨，紧靠其“对标青岛主城、全面融青发展”的基本遵循，助力即墨全面融入青岛发展布局，创建魅力新城。而刘振林率领的青岛公司则是当仁不让地成为站在一线的建设者。紧随烟台转型大局，紧密围绕烟台市委、市政府构建“12335”中心城区的城建理念，广泛参与高速铁路、高速公路、机场港口、市政设施、轨道交通、新能源等重点基础设施项目的投资、建设，承建了烟台城发城市广场、烟台城市快速路山海路项目等一批重点项目，在城市更新、乡村振兴、节能环保、新基建等领域促成项目落地，全面打响“八二品牌”。2021 年，中建八局与烟台市政府达成战略合作意向。于是在山东半岛，“铁的责任、铁的团队、铁的作风、铁的纪律、铁的奉献”的铁军精神处处闪耀光芒！树立标杆项目，成就一流品质不是口号，而是铁的事实！

刘振林在多岗位、多项目、多环境的锻炼下成长为项目负责人。他非常清楚“独行快、众行远”的道理，迅速调整角色定位，整合智慧、集合众能，积极推动各个项目建设。“工程从来不是一个人干出来的，出色的团队才可能完成出色的工程，最终才能成就出色的个人。”

功成不必在我，功成一定有我。公司职工对刘振林的评价是：为人低调、内敛包容；做事一丝不苟、精益求精。好的工程是一脚一脚丈量出来的。克服一个个困难，扫清一个个障碍，朝着项目按期通车的目标勇毅前行，他就是“领路人”。刘振林带领项目团队冒着暴雨、迎着高温奋战 76 天，平度党史馆拔地而起了。为保障学校9月1日正式入学，刘振林和铁军队员迎难而上，在245天内，新东方双语学校项目竣工并按时使用。而刘振林所带领的烟台城市快速路山海路项目团队工作状态是“全年无休，春节期间项目部仍是灯火通明，埋首图纸、奋战雪天、保障工期节点，做工程进度的‘领跑者’！”。

从刘振林身上，我们看到了新时代大国工匠的精神，他们是传承者、创新者、引领者！

他和团队承担起了何其多的社会责任

一腔热血写忠诚。刘振林和他所在的二公司自觉肩负着巨大的社会责任。公司成立多支青年突击队，在环保、植树、学雷锋等志愿服务活动中发扬着央企光荣传统。作为部队转型而来的央企，青岛公司不忘初心，定期开展丰富多彩的“铁军精神”传承活动，抒发家国情怀，向退伍老兵致敬。疫情期间，接到援建蓬莱防疫隔离点的命令后，火速集结精锐，仅用26天就建成1140间板房，守护人民生命健康，承担央企的社会责任。

刘振林带领公司便民为民青年服务队，将志愿服务的内容延伸到了助残助困、关怀空巢老人、关爱留守儿童等方面。服务队进企业、进学校、进社区，把爱心洒向青岛的各个角落。“越是经济快速发展的时代，孤寡老人、留守儿童、困难家庭等弱势群体，越需要社会的关爱。”这是刘振林经常嘱咐青年职工的。刘振林和同事们用志愿服务温暖了更多弱势群体的心。刘振林和同事们的“爱心助学”活动至今已坚持了8个年头。他们说，“大爱无止境、小溪汇成河”。青岛公司青年志愿服务队定期走进学校开展活动，目前已经在青岛胶州、烟台等地分别建立定点帮扶学校，各区域党支部、团支部组织员工主动结对子“一对一”助学，资助学生至小学或中学毕业，累计捐款百万余元。他们将精准帮扶和人文关怀惠及公司所在青岛、烟台地区，彰显责任担当。赠人玫瑰，手留余香。那些被帮助者挂在脸上的真诚的笑容，就是刘振林最大的开心、收获和动力。

不是尾声的尾声

欣喜歌声振林樾。

一座建筑就是一座历史丰碑，一座建筑就是一首激扬的音乐。我们在仰望高高的建筑中，窥视出建筑者的高瞻远瞩，聆听出建设者的旋律心声。这就是建筑的生命所在、价值所在。中建八局二公司和刘振林给人们带来了众多视觉和感官的盛宴。

临近年终岁尾的时候，中建八局二公司捷报频传。作为烟台快速路网“一轴一横两纵”中重要的“一纵”，作为烟台“12335”政策规划公示的首条快速路和重点民生工程，主线建设工程塔山隧道南—轸大路段 4.5 公里建成通车了。港城东大街跨线桥、轸大路跨线桥目前正在试通车……黄河律动，韵起齐鲁。济南城区新建至济阳区（起步区）有轨电车工程一标段首跨连续梁 0# 块也浇筑完成！

就这样，刘振林和他的同事们锚定目标保进度、争分夺秒抢时间，以“实”字当头、“干”字为先，全力拉满建设“进度条”，凝聚奋斗精彩、积淀铁军精神，创造公司高质量发展的辉煌！

如果幸福可以传递

——记山东省劳动模范、山东省冶金科学研究院有限公司分析测试中心孟丽丽

陈玉珍

丁零零——

随着一阵闹钟的声响，孟丽丽从睡梦中醒来。她揉揉眼睛，伸手把闹钟摁下，坐起来开始穿衣。

“这就起了？”旁边传来丈夫有些喑哑的说话声，“昨晚回来都下半夜了，这会子才睡了几个小时？不要命了啊？”说着，他拽住妻子的手，往被窝里拉，“听话，睡觉！”

孟丽丽无奈地笑笑，用另一只手把丈夫的手拨到一边，说：“不行啊！你知道的，俺们单位那个检测项目到了最关键的时候，一刻都不能耽误呀！”

说着，她再次坐起身子，窸窸窣窣地起床了。

丈夫无奈地叹口气，用手抹了把脸，又用力甩了甩，似乎想甩掉什么。紧接着，他也起床了，趿上拖鞋，嗒嗒嗒地往厨房里走去。

“别忙活了，”孟丽丽一边洗漱，一边从卫生间探出头来，朝着厨房的位置喊，“我路上买点就成。”

“一会儿就好。”丈夫回应着，手底下做饭的动作却一点也不受影响。

很快，简单的一顿早餐便做好了。丈夫把煎好的鸡蛋和面包装进饭盒，转身又把一袋热好的牛奶放进去。

“走吧，我送你到车站。”

“嗯。”孟丽丽答应着，迅速整理好自己的衣物，跟着丈夫出了门。

自从单位搬到新建好的园区，家距离单位就越发遥远。孟丽丽不能再骑电动车了，她需要搭乘地铁到凤凰路，然后再骑单车到单位去。从家到地铁站的这一段路程，便由丈夫代劳，接接送送，从未间断过。

“得亏有他。”每次提到自己的丈夫，孟丽丽总是忍不住露出笑容，“他真的很好。”说这话的时候，孟丽丽也许自己都没觉得，她的眼睛亮晶晶的，里面微波荡漾，还和年轻时一样闪亮。

这样的眼神，大概只有身在幸福中的人才会有。

对于这一点，孟丽丽从不否认。她一直觉得自己是个很幸运的人，从小到大都是。

白日不到处，青春恰自来

1988 年，孟丽丽出生于聊城一个不大的村庄。因村里人以孟姓为主，故名孟庄村。村里有很多专门做家具代加工的小作坊，孟丽丽家也有一个。胡同里其他几户人家也和她们家一样，都是制作沙发板的，专门供县城或阳谷的沙发厂使用。

因村里没有小学，孟丽丽要到邻村的小学就读。路上要经过一条河，便是有名的徒骇河，河水湍急。两村之间的水面上，建有一座石桥。每次上学，年幼的孟丽丽都牵着大她一岁的哥哥的手，心惊胆战地走过石桥，才能走到河对面去。

孟丽丽的家，和村里其他人家一样，作坊不大，活计却不算少。父母都忙得脚不沾地，顾不上管她，便索性让她和哥哥一起上了学，还是同班。一开始，因她上学早，同学们笑她是“早起的小家雀”，后来日子长了，大家一起结伴上学，一路说说笑笑，日子倒也逍遥快活，她很快便淡忘了这些不愉快的事。

时节如流。年轮的指针转得飞快。孟丽丽小学毕业，到镇上的初中上学了。学校离家大约三公里。她和哥哥都不住校，每天上完晚自习，再骑自行车回家。车子很旧，车漆都斑驳了，但他们并不在意。“那时候，该是知道恋家了吧。”孟丽丽笑着说。

没等到初中毕业，哥哥就辍学了，回到家里帮父母做家具，再后来就去了离家较远的一家工厂上班。自小成绩优异的孟丽丽，初中毕业考上了聊城当时最好的高中。从高一到高二，在级部排名一直都挺靠前。

高三时文理分科。孟丽丽学的是理科，但物理成绩始终不太理想，像过山车一样忽高忽低。当传说中的偏科现象一锤砸到自己脑门上，孟丽丽实打实地体会到了个中滋味。她被忽悲忽喜的情绪冲昏了头脑，心理失衡，最终高考失利，没能发挥出一个学霸应有的水准。

打落牙齿和血吞。孟丽丽擦干眼泪，决定到聊城一所职业学院就读。打小就不肯服输的她，不相信命运会从此将自己抛入谷底，再无转圜。她毅然决然选择了最接近自己喜好的理科专业——工业分析。以她的高考成绩，顺利被编入学校的高级班就读。

不甘就此沉沦的孟丽丽，一如既往地刻苦学习。在接下来的两年半时间里，每次都能获得学校的奖学金。在这期间，她无数次拒绝了同学们游玩的邀请，把全副身心都扑在了学习上。在她心中，其实一直有一个梦，一个没有被自己实现的梦。尽管，这个梦对她而言，还有些模糊，模糊到看不清眉眼。但是，她愿意为了它，寒窗苦读，一如高中时候那般。她隐隐记得自己曾看到的一句话：面包会有的，牛奶会有的。梦想也是，万一哪天，它就实现了呢？孟丽丽常常这样喃喃自语。

功夫不负有心人。临近毕业那一年，山东省冶金科学研究院到学校招工。孟丽丽因成绩出众，成了班里唯一一个被挑中的人。

直到今天，孟丽丽还清清楚楚地记得当时参加面试的情景。一起进入面试环节的，除了其他班的3名同学，还有来自聊城其他兄弟院校的十几名学生，个顶个都是学校里的风云人物。面对强手，孟丽丽丝毫不觉得惧怕，反而生出了几分“中原逐鹿，未知鹿死谁手”的豪气。她闭上眼睛，回想一下老师在课堂上操作实验的情景，镇定自若地开始了自己有生以来最难忘也是至关重要的一次实操测试——用重量法和滴定法测试钢铁里的硅含量。

不久，面试成绩出炉。事实证明，她平时所付出的一切努力都没有白费，无论是给出的实验数据还是操作的规范度，她都是最好的。在众多佼佼者之中，她以排名第一的成绩脱颖而出，成功拿下了进入省城工作的敲门砖。

8月，孟丽丽收拾好行装，到单位报到，正式成为山东省冶金科学研究院的一名员工。

那时候的她，满心兴奋，尚不知道，等待她的将会是一场新的人生角逐。

纸上得来终觉浅，绝知此事要躬行

山东省冶金科学研究院那时下辖两个单位，其中一个是鲁冶瑞宝，现在已经分出去了。另一个是标样研究所，也就是孟丽丽所在的单位，专门研制标准物质。

新环境，新单位，孟丽丽呢，自然也是一名新人。生活对孟丽丽来说，就像早晨八九点钟的太阳，一切都是新的。无处不在的挑战，让她浑身充满了斗志。就连工作中遇到的那些困难，她都觉得挺新鲜的。她不但不觉得气馁，还觉得十分有趣。

她摩拳擦掌，准备大干一场。眼里的热忱，几乎要按捺不住了。

孟丽丽所在的标样研究所，当时还分液体部和固体部两个部门。液体部主要是做标准溶液的研制和第三方检测样本的；固体部呢，则是以基体标准物质为主，什么粉末啊，线啊，煤块儿啊，光谱状，等等，都归它管。孟丽丽觉得，两个部门都很有意思，各有各的学问，都有值得她学习的地方。她像是一尾刚出生的小海马，游入了浩瀚无际的海洋。

当时，液体部有四名老职工，都快退休了。孟丽丽是部门里唯一一个年轻人。她觉得自己年轻，腿脚自然要麻利一些，大大小小的活儿便都抢着干。几个老职工也都喜欢这个乖巧又伶俐的小姑娘，争着抢着给她当师父。老职工们对她提出的各种层出不穷的问题，有问必答，倾囊相授，都是她的活字典，家里做了什么好吃的，也不忘给这个小徒弟带一份。尤其是直接负责带她的崔老师，更是把她当成自家闺女一样看待，有事没事就叫她到家里吃大餐。

“就像在自己家里一样……”孟丽丽回忆着说，嘴角溢出甜蜜的笑容。

孟丽丽每天幸福得冒泡。她觉得，自己简直就是个幸运儿，在家有父母和哥哥宠着，在学校有老师宠着，来到省城工作以后，天哪，师父们也宠着！生活中遇到的那些小小的不适应，也在这种愉快的氛围中烟消云散了。

除了崔师父，几位师父当中，孟丽丽印象最深的是一位姓丁的老师傅。

叫她“老师傅”，其实人家一点都不老。虽说是五十岁的人了，但身姿依然窈窕，穿一件合体的旗袍，脚上套一双高跟鞋，化着精致的淡妆，看上去完全是一副“大上海”的小资做派。如果不看她套在外面的白色工作服，你会觉得，下一刻，她就应该端起一杯红酒，袅袅婷婷地走到窗户边上，欣赏窗外的风景。但恰恰是这双端红酒的小手，此刻却在实验室的操作台前，麻利地操作着液体滴定试验。笔挺优美的身姿，看上去如同一幅画，让人赏心悦目，又心怀敬意。也是这样一双手，和所里的其他女职工一样，在包装线上待过，在实验室待过，在样品加工室干过。部门里几乎所有的岗，她们实验室的人几乎人人都经历过一遍。运输条件不好的时候，人手一块标样，从外地背回来的事，她们也都经历过。

孟丽丽身处这样一个巾帼不让须眉的群体，所受到的影响可想而知。她和师傅们一样，定岗前先是在包装部干了一个月，然后又去了样品加工部，最后才到了实验室。

将近半年的轮岗学习，给孟丽丽留下印象最深的，当属在样品加工部的日子。

那个时候，设备还没有那么先进。做焦炭样本测定时，需要提前把标样里面的碎铁屑吸出来。这些工作都需要人工完成。孟丽丽记得，自己经常拿一个马扎，和几个同事一起，在样品室里一溜排开，摆在她们面前的，常常是一大堆乌漆麻黑的焦炭。她们先把一块磁铁用塑料布包起来，然后再拿着磁铁，在焦炭上面来回挪动，直至里面的碎铁屑全部被吸附上来。磁铁因为不断吸附铁屑，变得越来越沉，拿磁铁的手就酸胀起来。可即便这样看似无聊的工作，孟丽丽也干得十分带劲。她和同事们一边聊着工作上的琐事，一边换成另一条胳膊，轮流在焦炭堆上转圈。

“我好像一直保持着一种非常好的心态，看啥都好玩，看啥都想学。”说起这些，孟丽丽的脸上再次浮现出了谜一般的微笑，对新东西、新技术的热情盖过了一切的不愉快。

哦，不，没有什么是不愉快的。对于孟丽丽而言，一切都是那么新鲜，这种新鲜感是如此令她着迷。直到多年以后，回想起这段时间的轮岗学习，她仍然觉得是有意义的，而且是必须的。年轻的时候，在不同的岗位上待过、实践过，无疑是一笔巨大的财富，对她以后的成长起到了非常重要的作用。

几个月以后，在各个部门转了一圈的孟丽丽，如愿以偿地回到了自己最向往的地方——实验室。

令她没有想到的是，更大的困难还在这里等着她呢。

上学的时候，孟丽丽就喜欢看老师做实验。那些神奇的化学反应，似乎天生就自带某种魔性，吸引着她。她也不止一次地在学校的实验室里操作过，自认为还算游刃有余。但真正到了工作岗位才发现，自己之前所学到的，不过是一点皮毛，在书本和实际之间，她差的简直不是一星半点的距离。“冶金、黑色金属、有色金属、国家标准、行业标准、标准物质、溯源性、不确定度、CNAS、CMA……”这些在今天的她看起来毫无压力、信手拈来的行业术语，当时她却几乎一窍不通。四千多项检测标准、各种实验室运行体系文件、几十台仪器设备的操作和维护系统，就像办公楼前的长岭山一样，矗立在她面前。每每看到师父们熟练地操作着各种仪器，她几乎要发狂了。因为，那些仪器的软件大多数是英文版的，对于英语水平充其量只有高中水平的她来说，简直不亚于一部天书……

她茫然了。作为一名从小习惯优秀的学霸生，她不允许自己缴械投降。她下定决心要攻克它们，就像从前一样。

路漫漫其修远兮，吾将上下而求索。《化验员读本》《标准物质概论》《分析化学》《仪器分析化学》……她买来一大批专业书籍，码放在案头，没日没夜地“啃”。不会的，不懂的，问字典，问朋友，问师父。再不济，她祭出了自己当初对付英语单词时的大招：用汉语词汇来标记各种实验仪器上的专用名词。这些词汇大概只有标注它的人才能看懂，却再次成为她出奇制胜的法宝。很多不易懂、不易记的专业名词就是这样被她一一攻克的。

很快地，《牛津英语词典》《仪器化学英语专业术语》……这些常用的工具书被她翻到稀烂，上面写满了密密麻麻的标记，有些标记后边还有附录。看得出，记录者不止一次地在同一个地方留下了学习的印记。直到现在，孟丽丽还珍藏着它们，时不时地拿出来看看。兴致高的时候，她也会拿起笔来，在密密麻麻的标记中，插空再填上一笔。

随时随地做记录，是孟丽丽多年来在实验室养成的好习惯，并且一直没变。

实验规则是孟丽丽这次攻坚战中最难也最重要的一个“山头”，易守难攻。但她毫不畏惧，她把用到的各项检测标准打印下来，揣在口袋里，上班路上背，吃饭的间隙也在背。很快就和它们成了要好的朋友，需要的时候只需拧一下记忆的“水龙头”，这些标准就像水花一样，往她脑门上蹦，好用得很。

带她的崔老师耳提面命：“好记性不如烂笔头。实验中出现的问题，一定要及时总结记录下来，从来就没有失败的实验，重要的是要看有没有总结到位。”

孟丽丽深以为然。也是从那天起，她养成了随时记录、及时总结的好习惯，

并建立起了自己的实验记录本。每做一次实验，她都会把实验的技术要点、总结思考，老老实实地记录在案，从不懈怠。到今天，这样的记录本已足足攒了整整四大箱。

采访她的那一天，我特意去看了看，厚厚的几大摞记录本，整整齐齐地码放在四个大小不一的箱子里。我粗略估算了一下，大概有几十本之多。随手拿出其中的一本，上面的字迹端正又娟秀，有的还画有图示，详细记录了不同实验的参数和物质状态。有的实验还不只做过一两次。仔细比对这些数据，你会发现很多有趣的东西，特别是能够发现问题的“根”出在哪里。而这些，也都成为孟丽丽以后解决技术难点的“关键法宝”。每当遇到问题的时候，她都可以在这些记录中找到自己想要的答案。

几个回合下来，在文字输出和实战经验之间，孟丽丽终于找到了自己想要的那根线，她变得越来越自信，也越来越有想法，掌握的技术也越来越多。

固体废弃物的再利用、食品与添加剂、金属及合金、煤及焦炭、土壤、建工建材、非金属材料、生物质清洁能源燃料等，各个领域的标准物质研发以及检测技术，标准溶液单元素及多元素配制技术……随着孟丽丽掌握的技术门类越来越多，她从当初的行业“小白”迅速成长为行家里手，并具备了扛大梁的能力。用崔师父的话说就是：“丽丽，你出徒了！我没有啥能教你的了。”

手把手带她的崔师父功成身退。她也没辜负几位师父的厚望，连续五年获得公司技能大赛一等奖。在别人看来，赛场上的孟丽丽做起各种实操来云淡风轻，举重若轻，难度再大的比赛都赢得轻轻松松。殊不知，这双手的背后，却是无数的汗水在浸泡着。

纸上得来终觉浅，绝知此事要躬行。孟丽丽用自己的双手，给这句话添加了最生动的详解和备注。

休言女子非英物，夜夜龙泉壁上鸣

孟丽丽一直觉得，自己是一个深受命运眷顾的人。

结婚十余年了，她把大部分时间和精力都交给了自己热爱的标准物质研制工作，家里大大小小的事情，几乎都被丈夫和公婆包圆了。她这个本应该是家庭主妇的人，似乎成了这个家庭的中心——一家人都围着她转，家人能替她代劳的几乎都给她做了。啥事都不用她操心，她得以有足够的时间来干自己喜欢的事业。

而机会，总是会属意那些时刻做好准备的人。

2015 年，公司要向跨领域行业转型，开始实行“研发项目负责制”。孟丽丽首当其冲，成了第一批“吃螃蟹”的人。敢干、敢想、敢于创新，集三“敢”于一身的孟丽丽自然是恰逢其会。公司要研制新型生产液体标准物质溶液的消息传来，孟丽丽觉得自己责无旁贷，毅然担起了“领头羊”的重任，带领团队向新的目标进发了。

深知项目重要性的她，每天一大早都会准时给团队成员开晨会，布置当日的工作计划，根据参数指标分解任务，并对前一天的工作进行总结性陈述。计划是孟丽丽头一天甚至更早就提前做好的。她一向是个计划周密的人，从不无的放矢。无论是市场调研、生产策划、原料选取、标液配置，还是量值核验、产品均匀性以及稳定性控制等等，实验过程中的每一个关口，她都亲自把控，哪怕是有 0.001% 的细微变化，她都会如临大敌、反复核验，生怕出现一点点偏差。为此，同一个实验，她不惜和队员们十几次反复进行，只为求得最准确的数据和最佳的稳定性控制。

那段时间，实验室的灯每天都会亮到很晚。人们都说，孟丽丽像钉子一样钉在了实验室，几乎到了废寝忘食的地步。分取，滴定，检测，记录；再分取，滴定，检测，记录数据……她用并不厚实的肩膀，扛起了标样研制和化学检测的大旗。这些在常人眼里几近于疯狂的重复性工作，孟丽丽她们却甘之如饴。因为在她们眼里，实验台是神圣的，每一次实验都有可能意味着一组新数据的诞生。第一次和第十次之间，永远是一段神秘地带，藏匿着太多的可能。为了这份微不可察的可能性，她们甘愿把每一个实验都做到极致。如果你仔细去观察，会发现孟丽丽的第一次和第十次动作并没有什么不同。穿上实验服的她，动作标准划一，表情专注、安静。笔挺的身姿，像极了她口中所说的“穿旗袍”的丁师父……

无数个同样的夜晚，孟丽丽做完最后一波实验，做好记录，将操作台上的仪器和瓶瓶罐罐一一复位，关上灯，来到走廊上。整栋大楼都黑漆漆的，空无一人。孟丽丽扭动一下酸疼的肩颈，关闭廊上的总控制阀门，缓步向门外走去。大门外，夜幕下的长岭山黑黢黢的，像煤山一样矗立着。孟丽丽望一眼远处阑珊的灯火，信步往公交站走去……

三个月后，环境用及阴离子单元素及多元素溶液标准物质宣布大功告成。又经过两年的稳定性考察，成功获批国家标准物质。公司的标液销售额，也因此从最初的十几万元一下飙升到几十万元，实现了翻番式增长。知道的人都说，这是孟丽丽的功劳。

孟丽丽却从不居功。她和她的团队还年轻，有的是路要走。

2017 年，济钢集团（山东省冶金科学研究院是济钢集团的子公司）进行产能调整，对在职人员进行调整。这期间，有人选择了回家休养，也有人选择另谋出路。孟丽丽呢，当然选择继续“留守”在自己钟爱的实验室。当年的“小孟”，也因此一路飙升，成了大家口中的“孟老师”。此时的她，早已是行业领域的带头人、技术管理的多面手。向她请教问题的，想和她商榷“疑难病症”的，纷至沓来。就连外单位的一些同行，也慕名前来向她请教。姓氏后面被缀上“标志物”的她，俨然成了行业里的“香饽饽”，花见花开，人见人爱。孟丽丽呢，无论自己有多忙，都会抽出时间来，耐心地予以解答，悉心传授。就像她当年的师父们那样，从不藏私，也不敷衍。同事们都笑着说她是“庙里的菩萨”，有问必答，有求必应。“问她准没错，孟老师靠谱！”同事们都这样说。

有一次，环境检测部门的一位实验室主任来找孟丽丽，说是在研究土壤中的六价铬检测标准方法时，遇到了一些问题，希望她能帮助解决。因为涉及自己并不熟悉的环境领域，孟丽丽没有立即回答，但也没有拒绝。她先是阅读了方法标准，然后带领团队开始实验。果不其然，实验并不顺利。孟丽丽静下心来，又重新思考了整个实验的流程，梳理了实验标准，最终发现了结果偏差的根源，应该是来源于某一个前处理的过程——抽滤环节，由于抽滤膜细度的问题造成了滤液的损失，从而影响了实验结果。又经过反复的实验，孟丽丽验证了自己的猜想，最终给出了让对方满意的答复。

“孟老师，就是牛！”环境检测部门的那位实验室主任，由衷地发出了赞叹。

然而，那位主任所不知道的是，孟丽丽开展的这次实验，并不单单成全了他们，也为山东冶金后续的土壤标准物质开发，提供了相关的技术支持。

成全他人的同时，也在成就自己。孟丽丽始终坚信这一点。

“师父当年是怎么教我的，现在我就怎么教他们。”孟丽丽说。

可不是嘛。如今单位里大大小小的中层和骨干，几乎有一半是她带出来的。就连她坐月子期间整理出来的笔记，都成了大家口中的“孟氏宝典”，谁都想借来看上一看。

“你借过吗？”我问旁边一直在忙着做实验的小魏。这个小姑娘有着和孟丽丽一样干净、纯真的面庞，眼神坚定而又纯粹。分取，滴定，动作如行云流水，让人光是看着就赏心悦目。

“那还用说！”小魏骄傲地回答，“我虽然不是孟老师最早的一批徒弟，可是呀，受孟老师的指点最多，早就不知道看了多少遍了！”

“‘孟氏宝典’其实就是孟老师这些年做实验的总结性记录，相当于一部——嗯，相当于实验室内部的一部作业指导书！有实验技术方面的，也有专门针对标准溶液的，孟老师记得可详细了！比书本都好用，我们呐，都抢着看！”旁边的小李笑着说。

她叫李静，是孟丽丽名副其实的“第一代”弟子，“当家大师姐”。自2018年毕业后，就一直跟着孟丽丽，直到自己成熟起来。如今的她，早已是公司负责标准溶液研制的中层干部，出了师，有了自己的“徒弟”，如孟丽丽所愿，早就能独当一面了。

“她们都成长起来了，我就能忙里偷闲，琢磨一点更新的东西了。”孟丽丽欣慰地说。

“苟日新，日日新，又日新。”工作15年来，孟丽丽始终坚信，创新是引领发展的第一动力。别人干过的，她不屑重复干；别人不愿干的，她绞尽脑汁，也想琢磨出点花样来。“咱们呀，不拾人牙慧。”孟丽丽常常挂在嘴边的，就是这样一句话。一切新事物、新领域、新技术、新设备，对她来说都充满了诱惑力，她都铆足了劲想去试一试。

她工作领域内的标准物质，是一种相对来说有着固定标准的物质，是一种已经确定了具有一个或多个足够均匀的特性值的物质或材料。作为分析测量行业中的“量具”，它在校准测量仪器和装置、评价测量分析方法、测量物质或材料特性值和考核分析人员的操作水平，以及生产过程中产品的质量控制等领域，起着不可或缺的作用。工作看似平凡普通，但生产的每一个产品、出具的每一个数据，对各行各业都起着至关重要的作用。

操千曲而后晓声，观千剑而后识器。孟丽丽在梳理自己的工作笔记时，敏锐地发现，尽管行业内的检测标准多达 4000 余项，但大部分并没有详细的解释。一旦实验者某一个关键点掌握得不到火候，实验就无法复现。于是，孟丽丽带领团队展开了针对性研究。几年下来，累积的先进操作法，数量已经相当可观，达到了 30 余种之多，解决了很多关键技术操作难题。研制出基体标准物质 3000 多种、标准溶液 5000 多种，涵盖参数将近 2 万个。可以说，她以一己之力，推动了检测技术的“质量变革”。同时，她带领团队积极调研市场，顺利实现了从冶金领域向食品安全、生态环保、石油化工新领域的转型和突破。获得的创新成果发明专利不计其数，主导起草了多项国家及行业标准，每年为公司带来 1000 多万元的经济效益。

而她自己，也先后获得了“山东省冶金（有色）行业首席技师”“山东省劳动模范”“国企楷模优秀人物”“济南市创新能手”“济南市青年岗位操作能手”“济南市最美三牛先锋”“济南市最美职工”等多项荣誉。

面对沉甸甸的荣誉，孟丽丽越发平静和谨慎。她说，自己最大的成就不是一张张荣誉证书，而是一个个徒弟，他们都逐渐成长为公司的骨干型人才，在各自的业务中独当一面，实现了自身本领的“几何式增长”。

青出于蓝而胜于蓝，这是她最大的心愿。

都说幸福是奋斗出来的。可孟丽丽觉得，奋斗本身就是幸福的。对于那些勤劳的奋斗者来说，奋斗是一个经久不息的动作词，更是一朵常开不败的花。而只有沉迷于它的人，才会见得到。

如果幸福可以传递，孟丽丽希望，自己就是那个优秀的火炬手。

朝受命夕饮冰，昼无为夜难寐

——记山东省劳动模范、国网济南供电公司林力

吴晨阳

林力说：客户感觉不到我们的存在，那是因为我们一直都在。我们电力人就像蜡烛一样，燃烧自己，只为点亮万家灯火。

林力是一个喜欢运动的人，她有着钢铁般的意志，还有一股不服输的韧劲。她就像一只高速运转的陀螺，也像一台不知疲倦的机器。为了干好工作，她常年加班加点，过着全年无休的生活。

建一个工程，立一座丰碑

林力自豪地说：“你用电，我用心。”经济要发展，电力要先行。电力设施跟不上，经济发展就会受到极大的制约。为了实现历下区经济的腾飞，为了让用户用上电、用好电、不停电，我们电力人甘愿付出所有的心血和汗水。

众所周知，历下区不仅是济南的老城区，更多的是以经济大区的身份出现在世人面前，是济南市经济总量最大的区。这里人口稠密，寸土寸金。2009 年 10 月，第十一届全运会在济南奥体中心举行，本届全运会也是山东历史上承办的规模最大、规格最高、影响最广的一次国家级综合运动会。历下区乘着全运会的东风，开始了大规模的招商引资工作。但此时，历下区的用

电负荷非常紧张，全区 70 多个项目，68 万的负荷，面临着无电可用的困局。要解决这个难题，就要建变电站。在人口稠密的历下区建变电站，难度极大。

在 2011 年之前的十多年里，全区没有新建一座变电站。早在 2001 年，110 千伏广场变电站就列入了公司电网建设的“十五规划”，因担心影响到泉脉，项目直到“十二五”还没有落地实施。110 千伏龙泉变电站花了几百万打好了地基，却由于各种原因停工。变电站无法落地，严重制约了当地经济的发展，也影响了公司电力市场的开拓和增供扩销目标的实现。

供电工作牵动着各方面的神经，许多业扩增容的工作无法开展。很多人对这项工作退避三舍，不愿意接手这只“烫手山芋”。这时就急需一个富有开拓精神的人，承担这份艰巨的工作。谁能担当起这个重任？领导把目光放到了林力身上。因为她是一个有干劲、有闯劲、敢啃“硬骨头”的实干家。

从 2004 年开始，林力就担任公司客户服务中心副主任，负责 10 千伏及以上的业扩工作，以及 35 千伏及以上大客户的用电管理。在这个重要岗位上，林力 7 年啃下了几十块“硬骨头”，先后为济钢等 10 余个大客户新上 30 多座 110 千伏客户变电站，新上 2 座 220 千伏牵引站，创造了四个半月建成刁镇明水化肥厂 110 千伏客户变电站的最快纪录。因为有这些工作业绩，领导们一致认为她完全可以胜任这个棘手的工作。

2011 年 7 月，林力被任命为历下区供电部的主管。看到她准备走马上任，很多同事为她捏了一把汗，担心她被困难压倒。但她“明知山有虎，偏向虎山行”。她说：“这是一个重要的岗位，也是一个充满挑战和机遇的岗位，感谢领导和同事们的信任，我绝不会辜负大家的期望，不获全胜绝不收兵！”

林力相信，能力大于位置，才能驾驭好工作。为了增强自己的实力，她做了大量准备工作。她找出了当时的工作重点：尽快解决电力增容受限的问题，否则会影响到全区经济的发展，影响到全区居民的生活。她把突破增容受限的瓶颈作为头等大事，集中单位的所有力量，去打这场攻坚战。有个稳定的团队，才能拧成一股绳，劲往一处使。上任后，林力非常重视单位的团结，经常和同事沟通，协调好同事关系，在她的带动下，单位的领导班子非常团结。

上任初期，她先从自身做起，用行动带动大家，开始了“五加二”“白加黑”的连续工作模式，加班加点成了常态。上任的前三个月，她晚上 11 点之前没回过家。榜样的力量是无穷的，在她的影响下，大家的工作积极性有了很大提高。

整顿好了纪律，林力就开始进行业务的拓展。因为她一直关注着历下区的供电情况，前期也做了大量的准备工作，所以很快就想好了解决问题的对策：深入供电现场进行调研，尽快掌握第一手材料。这是一项烦琐的工作，但林力却毫不退缩。她在调查中发现，历下区最早的变电站是 20 世纪 50 年代建的，还有很多变电站是 20 世纪 70 年代建的。这些变电站早已无法满足当前的供电需要，必须尽快进行新建和改造工作。林力用最短的时间，把历下区所有变电站的位置、容量、负荷率、间隔、线路走廊、地下管道等情况全部调查了一遍，终于掌握了第一手材料。同时，她积极走访政府相关职能部门，准确掌握了全区的重点招商引资计划和项目情况。

林力相信，只要把变电站的建设和当地政府最关心的经济发展紧密联系在一起，就能得到领导的大力支持。她带着团队精心准备汇报材料，用了 3 个月时间，编写《关于加快历下老城区变电站建设的汇报》。这份汇报把历下区严峻的供电形势、建变电站的必要性和紧迫性、电网发展面临的困难等一系列问题，进行了全面分析。同时，她还把所有的出线、进线的电源情况，做成了具有直观效果的彩色 PPT，把 70 个招商引资项目的位置全部标注在历下区地图上。为了做好这些汇报材料，她带着团队加班加点，最忙的时候曾经两天三夜没睡觉。

林力带着材料，向区领导和相关部门进行了多次汇报沟通。她告诉领导：如果不建变电站，全区 70 多个项目 68 万负荷将会无电可用，招商项目一个也进不来。建变电站所需的电气设备，由供电公司投资，当地政府要做的，是选出适合建变电站的地块。看了她的汇报材料，区政府领导非常满意："这么多年，我也看了不少变电站规划的文件，但都没有具体的实施方案。你的材料非常有价值，看完我们知道具体怎么干了。这些年来，压在我心上的一块巨石，终于被你们搬走了。"

很快，林力提出的新建四座变电站的建议，被纳入政府年度工作报告，区政府重点督办。国网济南供电公司也把这四座变电站的建设纳入了"127+1"电网建设的重点工程，占变电站工程数量的三分之一还多。

为了协调各方面力量，加快推进变电站项目的落地实施，区里专门成立了工作组，针对每个变电站的具体情况，由相应职能部门负责人担任组长：广场变电站涉及泉脉论证，就安排园林局负责人当组长；转山变电站涉及土地规划，就安排国土资源局负责人当组长；解放变电站涉及道路的开挖刨掘，就安排市政局局长当组长；茂陵变电站涉及历城区的协调，就安排区建委副主任当组长。林力则担任这四个组的常务副组长，全面协调四座变电站的具体工作。为了完成变电站的选址工作，她同区政府、公司领导及同事进行了90多次的现场勘察，修改了27次。

林力遇到问题就马上解决，从不会拖延。调研变电站选址期间，她看好了一块地，村干部也同意了。没想到，事后村干部又变卦了，说那块地有其他用处，给变电站找了一块其他位置的地。林力心里明白，肯定是村干部觉得原来那块地位置好，舍不得了。她立即带着团队去看那块新选的地。那天刮着大风，下着大雨。林力和同事们开车上山，山路非常崎岖，到处都是碎石头，他们的轮胎被扎爆了，只好徒步爬山。林力打着伞，踩着厚厚的泥巴，走了很长一段山路。快到目的地的时候，她不小心踩在了泥坑里，泥水溅了一身，裤腿和白色大衣上满是泥点子。她的脚也扭了，一阵剧痛传遍全身。

看着眼前这块地，林力心里直发凉：这么高的山，这么崎岖的路，空着手爬上去都很费事。要是开工了，机器和设备怎么运上去？工人怎么施工？这块地根本不适合建变电站！下山后，她立即向上级领导汇报。领导看到她这副狼狈相，非常吃惊。她说明了事情的原委，领导很生气，立即把那位村干部叫来，要求他必须尽快找到适合变电站建设的新址。那位村干部很快就选了一个位置较好的地块，这就是转山变电站。现在，这个变电站成为历下CBD片区楼宇群施工用电的重要电源。

最终，林力仅用了10个月的时间，4座变电站全部选址成功，拖了十几年的规划终于落地。历下老城区电源点缺少的问题，从根本上得到了解决，电力大跨越的发展，也为历下区经济的腾飞奠定了坚实的基础。

危难时刻，大显身手

林力说："你用电，我用心。我们收电费有'三千'精神——千方百计、千辛万苦、千言万语。电力是国家的财产，任何人都不能侵占。我是个很平和的人，但为了保护国家财产不受侵犯，在关键时刻我会挺身而出。"

打赢了艰苦的"遭遇战"，林力又迎来了更加耗费精力的"阵地战"。2013年，她担任营业室主任，中心城区24万客户的收费工作，其困难和压力超乎想象。

一心为公，电费结零是她的底线。当时，诚基、万豪小区存在着严重的设计缺陷，很多地方见不到自然光，只能靠电照明。数百个排污水泵每天24小时连续开着，才能给楼上的居民供上水。这些设计缺陷耗费了大量的电能，导致整个小区的公建用电量极高，小区居民颇有怨气。

2016年，因小区开发商自己的物业公司服务跟不上，居民拒交包括公建电费在内的物业费，开发商的物业公司只好撤走。新来的物业公司入不敷出，小区拖欠的电费和违约金就像滚雪球一样越滚越大，最多的时候达到2000多万元，占全公司欠费总额的90%。两个小区电费的回收问题，被国网公司列为重大督办事项。

林力勇敢地站了出来。别人不敢碰的事，她敢去碰，她打算捅掉这个“马蜂窝”。当然，敢不是莽撞，而是智取。按照政策，对拖欠电费的客户，公司是可以采取停（限）电措施的。但政府多次开会强调不能把停电作为解决问题的方式。在公司内部，对电费回收有严格的考核指标，超时限不结零，整个车间干部职工的奖金全额抵扣！

林力认为，为维护公司的合法权益，为维护市场的正常秩序，除了停（限）电，没有更好的办法。停电前，林力做了大量细致的工作。她自己带队向政府相关部门汇报，争取理解和支持；安排用电检查员轮流蹲点物业要电费；欠费停电通知单张贴在每个单元的公告栏和电梯间。与此同时，她多次组织大家召开“诸葛会”，讨论怎么样才能让停电停出效果。

林力多次强调，在停限电期间，要保证居民的基本生活用电，这是底线。消防、安保设施不能停电，居民家里的电也不能停。经与物业商定，停电的范围是电梯和地下室等公共设施。为避免停电引起混乱，林力制定了详尽的预案：一部分工作人员穿工装，做群众的安抚工作；一部分工作人员穿便衣，进行现场协调指挥和救援工作，确保工作人员的安全。

停电的时候，因物业负责人没有做好协调配合，现场一度有些混乱。部分居民情绪激动，言辞激烈，引发了小区交通堵塞；有些情绪极端的人，和工作人员发生了言语及肢体冲突。幸亏早有防备，在人群中的便装人员做老百姓的情绪安抚工作，确保穿着工装的工作人员离开。随后，林力又先后采取了部分负荷停电、压负荷限电、限时限电等五次停限电措施。每次行动，她都很好地控制了局面，巧妙地化解了危机。最终，停电措施取得了预期效果，市领导高度重视，历下区政府勇于承担责任，痛下决心回收并改造了小区公建设施，欠费也全部收回。

打击窃电，降损增效

窃电是盗窃国家财产的违法行为，但在巨大经济利益的诱惑下，有一些人还是明知故犯，以身试法。林力说："每个变压器都有计量供电量和售电量的表，供进来多少度、售出去多少度都是有数的，如果这两个数对不起来，就说明有损耗或者用户存在窃电现象。"

林力非常重视反窃电工作，有一段时间，她发现窃电现象很严重，不仅是居民客户，还有商户窃电。随着科技的发展，他们的窃电手法也日益提高。随后，她带头组织了几次反窃电专项行动。林力说："如果客户原来一个月用一百多度电，突然间只用了二三十度，这就很不正常。我们一定要去现场核实，检查每块表，确定是否有窃电痕迹。我们根据工作的轻重缓急，采取反窃电措施，先排查高压用户，然后排查低压商业用户，最后排查居民用户。"

根据林力的安排，大家很快就发现了问题。有个经营效益不佳的饭店，采用了高科技的窃电手段：他们在电表内部安装了遥控接收开关，供电公司查窃电的员工来了，就通过遥控技术把电表的连接点断开，查窃电的员工一走，再用遥控把接点连上，继续窃电。这些窃电者和供电公司玩起了"捉迷藏"的游戏。

魔高一尺道高一丈，即使他们的窃电技术再高超，也逃不过供电人的火眼金睛。反窃电人员通过后台监测到用电数据异常，就知道他们的用电存在问题。为了找到证据、抓住现行，他们和窃电用户进行了多次较量。窃电者非常狡猾，查窃电的员工去了很多次，都没现场找出问题。林力和大家一起研究对策：出其不意，攻其不备，趁他们放松警惕的时候，进行突然袭击。功夫不负有心人，在林力带头组织的"闪电行动"中，终于抓到了他们窃电的现场证据。根据法律法规，他们补缴了所有的电费，并接受了相应处罚。

居民偷电的也有，一次现场检查中，查窃电的工作人员发现张先生家的电表有问题。张先生对工作人员信誓旦旦地说："我是守法公民，从来没想过偷电，你们肯定误会了。"当工作人员将窃电证据摆在他面前的时候，张先生继续辩解说是一个朋友帮他维修一下电表，当时他也没注意，完全不知情。

但无论他怎样否认，在证据面前他还是补缴了电费。

仅 2016 年一年，营业室查处窃电行为成效显著，先后查获了 935 户窃电用户，追补电费及违约金 558.20 万元。

甘当人梯，全力扶持年轻人

林力说：青年人朝气蓬勃、充满活力，是企业未来的希望。我愿把经验传授给他们，让他们踩在我的肩上，看得更远、走得更快。我经常鼓励年轻人敢想敢干，为他们创造好的成长条件，帮他们制订成长计划。目前，单位的青年骨干已占到全部管理人员的 60% 以上。

一直以来，林力都很关心青年员工的成长成才，为每个人都制订了 3 至 5 年的职业生涯成长计划。来到单位工作的大学生，只要踏实努力，积极上进，经过几年的学习和磨炼，都能实现成长成才的目标。单位涉及创新创效、竞赛调考、岗位竞聘、急难险重的工作，她都放手让年轻人大胆地闯、大胆地干。如果新员工遇到了困难，她就鼓励、帮助他们找到解决问题的方法。她鼓励创新，不管车间多么缺人，任务多么繁重，只要年轻人有想法，她都坚决支持。

程超是公司营业室的一名抄表员。定岗后，一直在封闭的环境中，备战“金种子”新员工的技能竞赛。他刻苦训练，希望能拿个好名次，为公司为车间争取荣誉。5 个月的努力没有白费，他获得了代表公司参赛的资格。但在比赛的时候，因求胜心切，导致动作变形，成绩很不理想。比赛结束后，他很失落：自己这颗“金种子”，刚埋到土里，还没发芽就发霉了，怎么向领导和同事们交代？

程超硬着头皮去向林力汇报，本以为会挨批评，没想到，林力不但没有训斥他，还心平气和地安慰他：“胜败乃兵家常事，竞赛没有拿到好成绩，是不是想赢怕输，心态出了问题？我是运动员出身，知道心态对比赛的重要性。这次失败不可怕，还会有下一次更重要的比赛。要好好总结失败的原因，把它变成一笔财富。你还年轻，只要肯努力，机会有的是。”

林力的话就像春风化雨，打开了程超的心结。没多久，程超被分到抄表班工作，为了让他成长得更顺利，林力专门安排公司的反窃电专家李生林做他的师父。程超非常感动，他努力工作，很快就成长为班里低压用电检查的骨干，还荣获了公司 QC 优秀成果一等奖。

刘淑磊是浙江大学电力专业的研究生，2011 年刚入职时，他在低压科负责抄表收费工作。每到月底，总会有很多用户忘记缴费，就需要工作人员进行提醒。这项工作很烦琐，要分别给他们打电话，或去家门口张贴缴费通知单。那时，每个抄表员要管几千到一万户，电费通知单都是老师傅们手写，主要信息有：用户名称、电费户号、家庭地址、电费金额等。月底每次都要写几十、几百张单子，他们拿着尺子一行行比着写，有的师傅眼花，总会把表填错。实在写不完了，就把表格拿回家，让家人帮他们一起填。

看着老师傅们每天皱着眉头填缴费单子，刘淑磊决定改进工作方法，提高工作效率。他喜欢编程，就编写了一个电费通知单自动生成小程序，可以把用户的名字、地址、户号等信息自动打印到通知单对应的位置上，又快又准确。林力知道后，夸他有干劲、有能力，马上推广了这个小程序，极大地提高了员工的工作效率。

随后，林力又鼓励刘淑磊把这个小程序提炼总结成公司的“五小”创新工具，帮助他申请相关项目的资助。林力说：“创新不要怕小，只要能解决工作中的实际问题，就是最好的创新。创新也不要怕大，要放开手脚，敢想敢干，不怕失败！好好努力，你肯定能取得好成绩。”在林力的鼓励支持下，刘淑磊拿到了市公司“五小”创新一等奖。此后，他在创新的路上越走越远，先后研发出了高低压合同生成器、台区线损管理小程序。他带领班组，获得了全国质量信得过班组、山东省优秀质量管理小组等荣誉；他本人获得了山东省富民兴鲁劳动奖章、山东省技术能手、国家电网公司优秀共产党员等众多荣誉，取得了山东省富民兴鲁奖第一名的好成绩。

随后，公司批准营业室成立了“刘淑磊创新工作室”，作为工作室的带头人，他组织青年员工开展了多项技术改良，为公司创造了巨大的经济效益。在林力的鼓励支持下，刘淑磊很快成长为济南公司独当一面的骨干。

日夜坚守，只为守护万家灯火

林力说：“点亮一盏灯并非难事，守护万家灯火也非易事。作为电力工作者，我们必须为了肩上的责任，放弃一些东西。因为家人的理解和支持，这么多年来我才能全身心投入干好工作。”

刚参加工作的时候，母亲对林力说：“你想干就趁着年轻好好工作，多为社会做点贡献，带孩子的事交给我和你爸。”林力的母亲是大学教授，一辈子教书育人，桃李满天下。受家庭的熏陶，林力的事业心也很强。由于林力晚上经常加班到深夜，女儿8个月后，就在姥爷姥姥家住着。孩子想妈妈了，就跟着爸爸来单位给林力送饭，陪着她吃完饭再回家。有一次，林力晚上有一项紧急工作，她想着肯定要加班到很晚，下班先回家给母亲说一声。从家里出来的时候，正好遇见了在楼下玩的女儿，女儿非要跟着她去单位加班，她没多想，就带孩子一起走了。回到单位，林力就开始了繁忙的工作，孩子在一旁安静地陪着她。

晚上11点多，林力接到了母亲的电话，母亲吞吞吐吐地说：“有一件事，知道你忙没敢告诉你……孩子丢了，我们到处找，连火车站都去过了……现在我也不知道该怎么办了，我马上报警……”说着，老人就抽泣起来。林力这才想起，因为一直忙着工作，她忘了把带孩子来单位的事情告诉母亲，她急忙向母亲做了解释。母亲听后长舒一口气，气愤地说：“你一声不吭把孩子带走，我的心脏都吓出问题了！”不等林力再说什么，气呼呼地挂断了电话。

加完班，林力带着孩子去给母亲道歉，她站在门外敲门敲了很久，但老人就是不开门。女儿不解地问：“你不是有钥匙吗，为什么不自己开门？”林力说：“姥姥生气了，得等她消气了才能进门。”女儿似懂非懂地点点头。两人在门外站了半个小时，母亲总算开了门，但一句话都不说。林力很内疚，再次向母亲道歉，母亲的气终于消了：“我知道你不容易，每天加班到深夜，一忙起来什么都忘了，早点休息吧，注意身体。”听了这话，林力终于松了一口气。

参加工作以来，林力一直舍小家为大家。都说每逢佳节倍思亲，林力每年的除夕夜、中秋夜都是与员工们一起度过的。林力说：“电力行业比较特殊，越是重要的节日，我们的保电任务越艰巨。除夕夜和春节假期，我们的员工要去千佛山保电；元宵灯会，要去趵突泉保电。他们没法回家，我当然要陪他们一起值班。”林力当时负责的营业室，包含市中和历下两个辖区，是整个公司保电任务最繁重的地方。每年春节，她会亲自去厨房为员工们包水饺，和值班的员工一起吃团圆饭；元宵灯会，她会去趵突泉，与驻守保电的员工一起吃“泉水汤圆”。林力说：“虽然没法陪家里人团圆，但我们守护的是千家万户的团圆。每次凌晨回家，我看着万家灯火，总感觉很自豪。”

2022 年初，在疫情态势最为严峻的时候，林力一直坚守在工作岗位上。看着员工一个个病倒，她非常焦急。“外出工作一定要做好个人防护，保护好自己才能守护老百姓。”在防疫物资最为紧缺的时候，她动用一切力量，为大家调来了 N95 口罩、防护服以及核酸检测试剂。在公司安排最小化办公和轮班的时候，她一直在岗。“我每天在这里，员工们心里会更踏实。他们有的孩子发烧了，有的老人病倒了，我是所有员工的 B 角。”调度岗位比较特殊，他们不仅要密切监控电网运行情况，更要 24 小时接听客户报修电话，处理 95598 工单诉求。为了保障在岗，他们在疫情期间全封闭值班，连续十多天没有回家。林力除了陪他们一起值班，更关心他们的吃住情况，为他们购买了全新的被褥和生活用品。疫情期间，林力没有休一天假。在他的带领下，整个中心的工作运转一直井然有序，保障了全区供电万无一失。

刚柔并济，打造有温度的集体

林力是个有内涵、有底蕴的人，她能文能武，刚柔并济，业余生活非常丰富。她经常给员工说：“好的身体素质，是事业成功的保障。常年坚持运动，不仅强健了我的体魄，更塑造了我咬牙坚持的韧性和超越自我的勇气。”

9 岁的时候，林力遇到了学习游泳的启蒙老师。那时，郑老师刚从省队退役，林力就开始跟着他学游泳。游泳不是轻而易举就能学好的运动项目，需要耐心和毅力。这个过程也是挑战、超越自我的过程。在游泳训练中，林力遇到了很多困难和挫折，但每一次挑战都激发了她更进一步的斗志，她体验到了其中的快乐，最好成绩是取得卡利恩全国大学生游泳邀请比赛个人第五名。跑步、篮球、排球、足球，都是她所擅长的，上大学期间，还拿到过 7 项全能冠军。工作后，她也一直坚持训练，每年的省、市游泳比赛，她都会代表公司参赛，名列前茅。

林力的各项运动都很出色，工作后，她非常重视员工的身体素质，一直提倡营造有活力、有温度的工作氛围。公司运动会，她会亲力亲为地组织每一次方阵排练；健步行、游泳比赛都有她的身影，很多年轻人也得到了她的“真传”。每年春节前，她会组织开展迎新春趣味运动会，让全体职工“动起来”。

每周，她都邀请瑜伽老师来为职工进行专业的身心放松训练。为了增加员工的运动量，她在办公区配备了跑步机、动感单车等运动器械，开展了“每日运动一小时”健步达标活动，这些都是为了员工能拥有良好的身体素质。历下供电中心二楼有一面“笑脸墙”，上面写着“我在这里，我爱这里”。员工们都说，林力有钢的意志，也有水的柔和与胸怀。数十年如一日，林力将公司当成了自己的第二个家，员工则是她的家人。

林力不仅“顾大家”更“爱小家”，她非常孝顺，一有时间就陪母亲聊天，还经常给她买各种礼物。母亲从年轻的时候开始，就想全世界走一走看一看，但由于工作忙等原因，一直没有机会。林立支持母亲的梦想，主动帮她联系好旅行社，鼓励她出国旅游。从 84 岁开始，母亲每年会去一个国家，已经去过了南非、西班牙、埃及、希腊等国，实现了年轻时候的梦想。林力的公公婆婆都在外地，只要有假期，她都会陪同丈夫回公婆家照顾。后来婆婆的身体不太好，林力就把她接到家里照顾。林力给单位员工做出了榜样，在她的带动下，大家在工作之余更加注重对父母的陪伴。

优质服务，人民电业为人民

林力说：“人民电业为人民”从来不是说说而已，优质服务是我们最重要的工作。林力对客户热情服务，真心实意地把他们当成朋友，为他们着想、帮他们说话。

林力当时负责的历下和市中，是城区老旧小区最为集中的地方，很多老小区都没有进行一户一表改造，给他们供电的配电室有的运行了 20 多年，存在很大的安全隐患。趵突泉小区建成于 20 世纪 90 年代初，总共有 704 户居民，供电方式为共用大表，

未分户计量，因已投入使用30余年，小区电路严重老化。随着居民用电需求增加，社区考虑火灾安全隐患问题，多次向开发公司提出一户一表改造意愿。双龙街供电户表改造于2016年申请，申请批复后，社区联系开发公司组织居民进行改电手续申报，因立电杆方案与当时城市管理杆线落地要求不符，迟迟无法开工。办事处向历下区政府寻求帮助，协调继续进行供电改造，但方案中的杆线位置距离居民楼过近，虽然符合国家规定，但居民反对声音较强烈。社区多次做居民工作，联系开发公司、供电施工方多次到现场调整设计方案，但线杆选址问题一直未达成一致意见。

2022年暑期天气炎热，旧变压器超负荷运转烧毁，因变压器生产时间过早，配件已断供。林力带队与街道办事处主任多次现场沟通，调整方案，最终提出了“化整为零”的建议，将大变压器拆成多个小变压器，将粗线杆更换为多个细线杆，分散在小区各处合适的空地，既满足了供电负荷，又解决了居民担心变压器过大、距离过近对生活造成影响的担忧。随后，林力又安排工作人员入户，向居民详细解释辐射量在安全范围内，彻底打消居民顾虑。2023年底，终于完成了趵突泉小区的户表改造工作，704户居民用上了“放心电”。

林力十分注重与区政府、街道的协作。任职期间，她带头与辖区内11个街道办事处建立了“1+1”和“三定联络”机制，实现了一个主任挂帅、一个班长直联，定点、定期、定人的协作模式。她带领员工主动嵌入政府工作，融入社区网格，解决实际问题百余项。芙蓉街是全国闻名的小吃步行街，商业林立，游人如织。但过去的芙蓉街，由于用电负荷过于密集，台区负载率居高不下，客户用电颇为紧张。同时，该处低压线路私拉乱接现象尤为严重，被历下区政府列为“一号安全工程”，存在极大安全隐患。

林力将芙蓉街电力改造作为“支部亮旗·短板攻坚”项目，与历下区政府、泉城路办事处多次协商争取，最终在寸土寸金的芙蓉街片区新增了3台变压器、10台分支箱，利用夜间零点后施工，确保商户和居民零停电感知，彻底解决“网红”街区用电“卡脖子”难题，消除了设备安全隐患，为芙蓉街的商业发展贡献了电力力量。

林力说：“因为热爱，所以坚守。虽然每天的工作很辛苦，但抬头看到万家灯火的时候，我感到了莫大的幸福。我会把所有的热情都投入到工作中去，我在工作中体会到了幸福和快乐，我的人生也因此变得更加精彩。”

经济建设的“守门员”

——记山东省劳动模范、济南市产品质量检验院刘善田

黄秀峰

山东省是中国东部沿海的一个重要省份，位于黄河下游，东临渤海、黄海与朝鲜半岛、日本列岛，西北与河北省接壤，西南与河南省交界，南与安徽省、江苏省毗邻。

山东省不仅地域广阔、资源丰富，且工业门类齐全，工农业生产总值位居全国前列。

济南市作为山东省的省会城市，不仅是山东省的政治、经济、文化中心，还是工业与科技发展的中心城市，许多央企、国企、科研机构分布在济南市各地。而济南市产品质量检验院则是守护着位于济南乃至山东省各地的央企、国企以及各类科研院所的质量监督检测机构。

2023 年 7 月 26 日，笔者在济南奥体东路鳞次栉比的办公楼中，对济南市产品质量检验院理事长、党总支书记刘善田进行了专访。

一

济南市产品质量检验院是国家质量技术监督行政部门依法设立的具有第三方公正性地位的综合性产品质量检验检测机构，1980 年经济南市人民政府批准成立，批准文号为济编发〔1980〕25 号，隶属于济南市市场监督管理局，

承担着全市生产、流通领域的产（商）品质量监督检验和检验服务工作。

归属本院的国家级和省级检验机构和挂靠单位有：国家建材机械质量监督检验中心、山东省印刷产品质量监督检验站、济南质量检验协会。

本院技术力量雄厚，仪器设备精良，环境条件优越，是全国知名重点检验机构，并具有很强的发展能力。目前全所职工 109 人，其中工程技术人员 80 人，高级职称 10 人，中级职称 15 人，研究生 8 人。全所占地 10700 平方米，实验室面积 8500 平方米，设备资产原值 2523 余万元，主要设备近 1500 台（套），其中包括液相色谱三重四极杆质谱联用仪、高效液相色谱仪、微生物鉴定系统、电感耦合等离子体发射光谱仪、气相色谱仪、原子吸收分光光度计、原子荧光光度计、快速溶剂萃取仪、全自动凝胶渗透色谱（GPC）系统、气质联用仪、人造板万能试验机、低温试验箱、定速式摩擦试验机、微机控制电子万能试验机、金相显微镜等一大批先进的大型设备。正在筹备建立计算机网站，整个院内实现计算机网络管理。

本院先后获得中国国家认证认可监督管理委员会和山东省质量技术监督局的资质认证、实验室认可、审查验收。经原国家质量监督检验检疫总局质检食监函〔2008〕25 号批准，本院成为山东省内唯一的一家食品用纸包装、容器等制品生产许可证发证检验机构，同时也是人造板生产许可证发证检验机构。

目前，本院经国家权威部门认证认可的检测能力包括食品、轻工、农药、纸制品、印刷、建材、纤检、服装、棉花、电器、家具、机械、室内空气等 1351 种产品，274 种参数，277 个方法。经省级部门认证认可确认的检测能力包括食品、轻工、化工、建材、纺织、机械、电器、家具等 879 种产品。

刘善田就是这肩负着质量监督检验重任的掌门人。

刘善田，一头花白的头发，白皙的面庞温文尔雅，给人一种学究的感觉，一副白框的近视眼镜凸显出一名高级知识分子的睿智与谦和。

“我更希望人们把我当作一名技术人员，我所从事的行业是一份技术性比较强的工作……”采访开始，刘善田书记这样告诉笔者。

环顾刘善田书记的办公室，二十多平方米的空间挤得满满的，一张书桌摆着台式电脑，书桌上摞着各种专业书籍与一些文件，座椅后面一侧是一排文件柜，文件柜对面是一个双人沙发与一张茶几，书桌一侧是一把椅子。

我在书桌对面的椅子上，与刘善田书记开始了面对面的交流。

二

20世纪八九十年代，国家的经济政策是计划经济模式，质量监督检验的重点基本放在了各生产企业中，与企业的化验室、检验科打交道，几乎与生产企业的职工一样，长期驻厂跟踪，对生产企业的产品进行行业的或国标的检测。一些特殊产品则执行企业标准，对产品进行技术数据检测，确保生产企业出厂的产品合格。

随着国家经济政策的调整，计划经济迈向市场经济，民营企业像雨后春笋般蓬勃发展，城市与乡村沐浴着纵深发展的春风，企业活力在经济政策的助推下以一日千里的态势迅猛发展。

市场经济，顾名思义就是以满足市场需求而运行的经济模式，这在一定程度上刺激了生产力的发展，改善了生产关系。随着改革的深入，几十年一贯制的模式被打破，被捆绑的生产力彻底放开，多种经济形式遍地开花，鼓励一部分人先富起来的政策应运而生。

农民手里有了钱，第一件事便是铺天盖地的盖房运动，一时间建筑急需的建材类产品供不应求。砖石、钢材、水泥、玻璃以及与建房后农民急需的收音机、缝纫机、电视机、自行车以及与生活息息相关的吃喝拉撒相关的生活必需品有着极大缺口，一时间供需之间出现供不应求的局面。

正是在这种情况下，各地纷纷上马乡镇企业。在利益驱使下，一些不法商贩与不法企业把一些不达标甚至严重不合格的企业产品推向市场，更有甚者，一些不法企业甘愿冒天下之大不韪，生产起了冒牌货。从小家电、液化气灶，到服装鞋帽，囊括人们生活的林林总总。一些不法商人为牟取巨额利润，完全以售假为快，与生产假货、供应假货的批发商形成了产供销一条龙的利益链条。

刘善田回忆起当年工作的难度与经历，仍忧心忡忡：“当年的假货遍地都是，假冒的皮尔卡丹、富贵鸟、老人头，从济南市商业中心的舜井街，到天桥区的中恒小商品批发城，再到泺口服装城，以次充好、以假乱真的手段可谓无所不用其极。”

造假售假不仅侵犯了正规企业的商标权与知识产权，也严重损害了消费者的利益。

为打击假冒伪劣商品，刘善田与当时的同事们几乎天天工作在市场与企业一线，抽查检验。在利益的驱动下，一些厂家与供应商和销售商玩起猫捉老鼠的游戏，质检人员一出现，商家便换上正规合法产品，质检人员一离开，商家便继续售卖假冒伪劣产品。

假种子、假化肥、假农药、假轮胎、假轴承、假机油、假酒、假烟、盗版图书、盗版光盘等，涉及国计民生的各行各业。

从20世纪90年代至新千年以后，相当长一段时间内，由于国家法律法规的不健全，一些企业便钻法律的空子，迎合消费者贪图便宜的心理，大肆产生不合格的产品。

谈到这些，刘善田讲到一个案例。

大棚种植户与一些大田农业种植户为确保种子发芽与保垧，塑料薄膜就成了必需的生产资料。农民考虑的是花最少的钱买最多的薄膜覆盖田垄，生产厂家便迎合了农户的心理，以低于生产标准的产品投放市场。没有人想到这些不合格的塑料薄膜由于没达到生产标准，而形成了无法回收又无法被土壤溶解转化的白色垃圾，这些白色垃圾被风一吹，飘到河流之中造成的环境污染有多么严重，危害与后患有多大。一些船舶因螺旋桨被这些塑料薄膜缠绕造成故障甚至船毁人亡，一些鱼类因误食塑料薄膜而大片大片死去，造成的河水海水污染，给人们的生产生活带来的危害更大。

假奶粉、假种子、假化肥、假农药以及一些利欲熏心的企业生产的假药，充斥在社会的各个层面，其对社会的危害、对人民健康造成的隐患更是不可估量。

言语间，刘善田谈到这些更是忧心忡忡。质量监督检验维护的是国家的利益，更是人民的利益，无形之中，也打掉了一些人的利益链，砸了这条利益链上牟取黑心利益的这些人的饭碗。

刘善田摘下眼镜，双手交叉着看向窗外。此时，他的内心波涛汹涌，似乎又回到了20世纪90年代末。

有一次，他们接到举报，在山东东平有一处批发假冒合法品牌的液化煤气灶炉具。

接到线报后，刘善田向分管领导汇报了情况，立即带领十几名同事火速驱车赶到东平县，根据举报线索，找到了不法商贩囤积存放煤气灶的大仓库。

20世纪末，质量监督检验是有执法权的，不仅可以对各类产品进行技术检测，更有查处权限。每一个质监人员心里都清楚，这个仓库中的每一个液化气罐都是一颗“定时炸弹”，一旦经不法商贩之手流入民间，将会带来难以想象的巨大隐患，会有多少人因为这些不符合标准的液化气罐在使用中被殃及生命。

世纪之交，经济建设如火如荼，许多人纷纷购置了可以节省时间的生活用品，“厨房革命”也从煤炉与蜂窝煤时代向液化气时代过渡。这期间一些不法厂家与不法商贩紧密勾结，把一些检测不合格的液化气罐推向广袤的远离大城市的农村市场。

被举报的这家批发商，批发渠道辐射到东平周边的十几个县市区，宁阳、汶上、梁山、嘉祥、郓城、肥城、巨野等地都有二级批发商与分储窝点，只有打掉这个窝点才能消除隐患。

然而，打掉这样的窝点又谈何容易！

这些不法商贩利用不法收入贿赂了一些职能部门的个别人员，这些人员在一定程度上成了这些不法商户的保护伞，或为他们通风报信，或为他们疏通各种渠道。

刘善田一行人从济南赶到东平，与当地质检部门联合，找到存储这些假冒伪劣的液化气罐与炉具的仓库。

仓库在一个大院里，几十米长的大仓库铁将军把门。因为在异地办案，济南质检系统已通知到东平县的相关部门与单位协助。

在等待东平方米面前来协助的间隙，一些路过的群众见许多戴大盖帽的人员，纷纷驻足围观。在当时，质检部门是没有强制执法权的，因是异地办案，必须有当地警方来协助才可完成。

几经交涉，当地警方出动警力强制打开仓库大门，满满一仓库堆积的全是仿制某知名品牌的煤气灶与液化气罐。工作人员拍照、登记、装车，场面比警匪片还要惊险……

三

采访中，我与刘善田的交流格外顺畅。

从林林总总的生活用品，到日新月异的各类工业产品，质检工作的重要性处处可见。

“我的工作性质，就像一名人民公安，守护着国家经济建设的安全大门，一刻也不容懈怠！”刘善田这样对我阐述他对质检工作性质的解读与认知，让我更方便理解，也更易于我们深度交流。

进入互联网时代，能够促进交流与增进高精尖技术创新的软件开发与应用变得越来越广泛、深入。从国防、科研、医疗、卫生、航空航天，网络软件的监督与质量安全的重要性堪为首要，这不仅仅是知识产权的保护，更是国家安全与安定的重中之重。

作为济南市产品质量检验院的理事长兼党总支书记，刘善田更希望人们把他作为一名技术人员，而不要把他当作行政干部。这一点，我不认为是他谦逊，实际上他的工作的重要性体现在技术层面之上，而他的行政工作似乎成了“副业”。

刘善田自 1993 年 10 月进入济南市产品质量检验院和国家网络软件产品质量监督检验中心（济南）工作，其间主要工作如下：

组织参与国家技术监督局立项的“轻工产品检验车”研发项目，通过了国家三部委组织的成果鉴定和验收，获得济南市科技进步三等奖。组织建立 20 余万字的《质量手册》《程序文件》等体系文件。

负责组织 CNAS 实验室认可工作，在 2003 年获得 CNAS 资质。资质的取得使得济南市产品质量检验院有机会参与国际合格评定机构认可多边合作交流，提高了本院知名度；并负责申报食品用纸包装 QS 发证检验资格，使本院成为山东省唯一一家具备食品用纸包装生产许可证发证检验资格的技术机构。

负责组建国家建材机械质量检验中心，填补了济南市无国家检验中心的空白。同时负责组建山东省纸制品质量检验中心等三个省中心。省中心的建立对山东省相关产业的发展起到很大的促进作用。

主持国家级科研项目《食品包装材料表面霉菌快速检测方法研究》，2007 年通过原国家质检总局鉴定，并荣获济南市科技进步三等奖。该项目创新点为霉菌培养基成分优化，得到霉菌最佳生长配方，降低检测成本。

2008 年组织建立“济南市技术标准综合服务平台”（济南市科技局中标项目），荣获省计算机应用优秀成果三等奖。

2014 年至 2021 年，担任国家网络软件产品质量检验中心主任期间，致力于科研能力建设工作。带领该中心参与 1 项国家市场监管总局科研项目、6 项山东省市场监管局科研项目,制定5项国家标准、1项地方标准及2项团体标准。

带领中心员工打造集软件测试、信息安全评估等多功能一体化服务平台,推出“一次办好”“零跑腿”服务,极大方便了软件企业。积极开展“我为群众办实事”活动,组建专业团队一对一服务,疫情期间为企业复工复产提供技术保障。

2021年回到济南市产品质量检验院主持工作以来,结合检测技术开展科研工作,与山东大学联合开展双碳检验技术攻关。与聊城、德州等六地市联合成立省会都市圈检验检测技术机构联盟,搭建共用技术服务平台,为企业提供技术服务300余次。与中国质量认证中心签约,成为CQC安全玻璃产品重点合作实验室,安全玻璃产品检测能力居全省首位。

从1993年到2023年,不说每一份检测报告所经历的细致与艰辛,不说每一个立项项目所承载的责任与担当,也不必说每一篇学术论文涵盖的艰辛,单说刘善田在行业中从济南市跨进山东省系统乃至全国质检系统,这一步步阶梯式的成就,让济南与山东乃至国家成为国际多边合作与交流前沿。这期间刘善田与他的同事们付出了多少汗水与辛苦,会有多少挑灯夜战的经历与实验数据的厘定甄别。三十年黑发染白霜,他由一个青年书生历练成质检领域引领质检技术、守护质量安全的高级工程师,不仅仅是职业的操守使然,更是一名共产党员的责任与使命担当的体现。

是的,刘善田是一名技术型干部,他用行动践行了自己的责任!

四

采访休息的间隙,我在济南市产品质量检验院十七楼的会议室中,见到了挂满墙壁的锦旗。其中一面格外让我注目,是济南市长清区崮云湖街道某社区居委会新冠疫情期间赠送的。

2019年年底,一场突如其来的新型冠状病毒疫情迅速向全国蔓延。口罩是防控新型冠状病毒的必备品。由于佩戴人群不同,口罩又有不同的规格,而在防控一线的医护工作者、志愿者、疫情检查站等人员,要佩戴N95标准的口罩。

作为质量监督检验重要部门的济南市产品质量检验院,在全国抗疫形势十万火急的形势下，接到凿云湖街道某居委会送检的口罩样品，需加班加点完成检测。为尽快投入生产，满足社会各层面对口罩的迫切需求，他们专人专车以最快的速度将质检报告送到凿云湖街道办事处，才有了这面饱含感激之情的锦旗。

“疫情紧急，一分一秒耽误不得，质检报告早到一分钟，企业就会多生产一批口罩，不仅保障了人民的健康，也为社会稳定与焦灼的民心提供了有力的保障。要知道，疫情期间一罩难求，原本十几块钱一包的口罩被一些不法商家哄抬到几十元一只，人们恐慌啊！”刘善田谈到这些时，似乎仍然心有余悸。

一场突如其来的疫情，一如试金石一般，不仅让人民看到党和国家关心人民生命安全的决心与魄力，也让我们看到了如刘善田一般千千万万个有着强烈担当意识与家国情怀的共产党员的操守，正可谓大事看风骨，小事看情怀。

会议室中赠送的锦旗，有一般生产企业，也有高新技术企业、网络公司软件制造企业，无一不是对质量检测表达的感谢之情。“金杯银杯不如老百姓的口碑”，这些鲜红的锦旗，不正是人民对刘善田领导下的济南市产品质量检验院工作认可的佐证吗？

五

一个能够在复杂的社会形势面前保持着昂扬斗志的单位，一个在突发事件来临时凭着责任与担当积极冲锋在一线的单位，一个在日常生活中把自己的价值与人民利益融合在一起、把人民利益与需要放在首位的团队，必定是一个坚强的团队、富有战斗力的团队。

在采访中，我透过每一扇门，看到每个部门的每一位工作人员的紧张有序全身心投入工作的神情，感觉这是一支分工明确、训练有素的团队。

谈到获得山东省劳模称号的感受时，刘善田告诉我：“我院有 102 名干部员工、三个党支部，41 名党员分布在各个部门。每项荣誉的获得，都离不开全体党员干部的先锋带头作用，我只是大伙的头羊，荣誉是我们大家的。”

在济南市开展的“万人下乡千村提升”活动中，济南市产品质量检验院选派一名思想过硬、作风扎实的党员干部，深入到商河县贾庄镇台子刘村担

任第一书记，开展驻村帮扶工作，加强基层党组织建设，加强乡村治理等工作，全面排查信访积案和矛盾纠纷，协调职能部门与质检部门的沟通后，督促村里的责任单位化解信访矛盾，最大限度维护群众的切身利益，积极组织党员干部“以购代帮”，帮助村民解决农产品滞销难题。这是新时代新农村建设道路的全新探索，履行责任促进社会和谐与乡村振兴的有力探索。

在促进社区和谐建设中，济南市产品质量检验院身体力行组织深入推进党组织、党员“双报到”工作，以党建协同、共联共建为形式，延伸拓展“党建＋服务”载体，开展“您身边的泉城市场监管”服务品牌。广泛征求社区居民的意见和建议，深入摸排社区群众的需求，形成翔实的“三张清单”，研究确定重点项目，明确工作重点。充分发挥质检机构优势，结合职业特长在社区设立“市场监管爱心驿站”，380 人次参与志愿服务活动，免费为社区居民检测血压计，宣传产品质量、标准小常识以及消费维权咨询等服务，提升了社区群众产品质量相关的知识，引导居民树立正确的消费观，维护了居民消费者的合法权益。积极参与全国文明典范城市创建，协助社区整理路边杂物、清理小广告、宣传创城文明社区活动，增强了社区群众的环保意识。

为确保社区群众弱有所扶、困有所助、难有所帮，让社区居民时刻感受到党组织的温暖和节日的祝福，每逢佳节来临之际，济南市产品质量检验院便购置花生油、米、面等物品帮扶社区、马东村困难群众，了解他们的工作和生活情况，帮助解决生活困难，把一件件暖心事做到群众的心坎里，提高群众的幸福感。

在社会公益方面，刘善田带领党员干部积极响应无偿献血活动的倡议，踊跃报名参加无偿献血活动，以实际行动践行初心使命，用汩汩热血表达爱党爱国的赤子之心。疫情期间他组织党员志愿者到长清区、钢城区、天桥区助力疫情防控工作，他们被共青团济南市委、济南市文明办、济南市直机关工委、济南市市场监管局评为济南市抗击疫情先锋青年突击队、“五星级党支部”、先进党组织等。

为促进济南市产品质量检验院行业品牌建设，刘善田按照“一支部一品牌，一部门一特色”的思路，拓展新领域，开拓新市场。济南市产品质量检验院与中国质量认证中心签约成为CQC安全玻璃产品重点合作实验室；与BV集团签约成为巴西安全玻璃认证签约实验室；与北京拓普信达技术有限公司签约成为欧洲安全玻璃认证签约实验室，安全玻璃产品检测能力居全省首位。

为凸显济南市产品质量检验院的业务特色与技术优势，刘善田带领团队加强技术攻关，首次在山东省推出纺织产品纤维成分快速检测方法，成为山东省首家执行服装快检任务的技术机构。

从身边社区小事入手，到担负新农村建设帮扶使命，从社会责任到行业权威打造，党建工作的扎实性与系统性、创新性与务实性，让刘善田带领的这支“质检”大军成为济南市乃至山东省响当当的品牌。

无言的汗水、有力的足迹，映衬着一个个实干的身影，作为领头羊的刘善田，用自己的行动引领着这支党员队伍践行着初心使命，履行着责任担当。

爱岗、爱党、爱人民，不负人民的期望与党组织的重托，身体力行率先垂范，刘善田交出了一份合格的答卷。

采访间隙，谈到党性与家国情怀，刘善田这样说：“现在我们国家发展了，物质丰富了，有些人把心思用在了出国上，作为黄皮肤黑眼睛的中国人，只有爱家爱国才是本分，用知识报效祖国就是我们的本分！”

话语不多，字字铿锵。作为一名高级知识分子、一名权威行业卓有建树的党务工作者，这是一种多么值得我们敬重与倡树的情怀！

采访结束后，我驱车行驶在济南奥体东路上，看着车水马龙的道路呈现出一派欣欣向荣的繁忙景象，联想到国家经济建设稳步发展的美好前景，不由得由衷发出欣慰的感叹：刘善田不正是一名守护着共和国经济建设的优秀“守门员”吗？

咬紧牙关，登上国际杂技舞台“高椅”

——记山东省先进工作者、济南市杂技团孔海涛

钱欢青

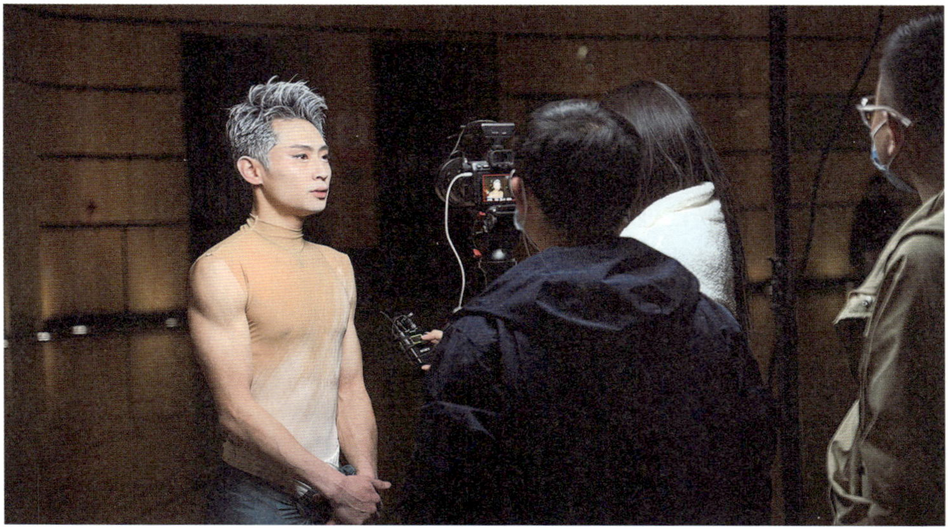

2018年，法国巴黎，素有“杂技界奥斯卡”之称的第39届法国“明日”世界杂技节在这里举办。来自美国、德国、俄罗斯、日本等共20余个国家和地区的26个节目荟萃一堂，同台竞技。济南市杂技团青年演员孔海涛表演的《转台高椅》“杀出”重围，震惊了评委和观众，成为比赛中唯一受到全体评委和观众起立鼓掌的节目。因为《转台高椅》超高的技艺，原本比赛设置的三个金奖浓缩为唯一一个金奖，颁发给孔海涛，并同时颁发给他杂技节特殊奖“法兰西共和国总统奖”。

孔海涛永远记得那个时刻，因为荣誉不仅仅属于自己，更属于济南、山东，属于中国，“那种自豪感，刻骨铭心”。

其实，迄今为止，孔海涛赢得的荣誉已经超过70项。而荣誉背后，必定

是超越常人的付出。对一个杂技演员来说，这种“付出”不仅有身体上的苦和累，还有在空旷的练功房日复一日独自苦练时，潮水般汹涌而来的“孤独”。

没有别的路可以走，必须扛住这苦，咬碎这累，吞下这孤独，才会磨砺出生命的丰盈，才会绽放出耀眼的光彩。

走上杂技之路

孔海涛的家乡在山东巨野孔楼村，那是一个有着杂技传统的地方，许多家庭为了生计而走上了杂技表演之路。海涛的爸爸就是练杂技的。其实一开始谁也没想到孔海涛也会走上杂技这条路，因为家里人都知道练杂技特别苦，一般不会愿意让孩子再进这一行。

海涛爸爸那时候四处“演大棚”，就是吴桥比较流行的那种杂技大棚，到了某个村子或集市，扎个棚子就开始表演。“皮孩子”海涛跟着爸爸四处演杂技大棚，看爸爸在台上表演，他觉得“特别帅、特别酷”，耳濡目染，他也喜欢上了杂技。

但真要让孩子练杂技，全家只有海涛爸爸一个人同意，海涛的爷爷、奶奶、妈妈全都反对。海涛 5 岁时，父亲说，既然孩子喜欢，那就去济南市杂技团考考试试吧。考了一次，没考上，父亲就问海涛：“你确定要练杂技吗？”海涛说：“确定！”于是父亲带着海涛又练了半年多，又到济南参加了一次考试，结果这次考上了。

这次考试，是济南市杂技团的定向培养选拔考试，通过考试的进入济南艺校学习，毕业后“定向”进入济南市杂技团工作。

那是 1998 年，6 岁多的小海涛离开家乡，来到济南艺校，正式开始“练杂技”。

进了艺校以后，海涛就开始练倒立，练的时间不短，但他倒立的形状并不好看，不是那么有艺术感，后来开始慢慢修正。孔海涛记得，也正是在修正倒立的时候，自己赢来了人生的一个节点：“当时团里正在打造一个双人椅子顶的节目，就是把椅子摞起来，一个演员在下面顶椅子，另一个在上面表演。当时节目选中的女孩，驮不动那个男孩，男孩也驮不动那个女孩。我那时候小，而且顶的样子又特别好看，就是有点像体操那种倒立，特别直。

所以我就被选中了。”

然后就是紧锣密鼓的“攻比赛”。这个“双人椅子顶”节目最后被定为女孩为底座、男女同台表演的“双人转台叠椅”。“攻比赛”攻了整整 8 个月，几乎把所有的文化课全停了，辛苦更是不用多说，“睁眼就在练功房，一直到晚上快十点。吃饭也在练功房，我们一边吃饭，老师一边给我们说动作要领，那时候就到那种程度。”

2002 年，孔海涛和搭档表演的“双人转台叠椅”亮相全国（新苗杯）青少年杂技比赛，节目“一下子就火了”，“因为椅子顶是个传统节目，原本就有，只不过原来都是单人表演的，如今是双人造型，自然令人耳目一新”。

当然也有遗憾。那次比赛，他们的节目没拿到金奖，只得了银奖第一。孔海涛记得，比赛结果出来后，他的搭档还委屈地哭了，“但是负责节目创意的艺校校长毕长江、杂技团团长邓宝金和老师们都给了我们充分的肯定和鼓励，让我们感受到了集体的荣誉和力量，也看到了杂技事业的广阔天地。”

第一次大规模的比赛，年龄又那么小，当然紧张。不止紧张，“反正怎么说呢，心是真的到了嗓子眼，那一会儿甚至什么话也不想说，现在想想，觉得根本就扛不住那种压力。”

首出国门，勇夺国际大奖

在孔海涛看来，2002 年的全国（新苗杯）青少年杂技比赛，是自己人生的一个“起点”。这一年，孔海涛从济南艺术学校毕业，到了济南市杂技团，2003 年正式进入杂技团。

进入杂技团之后，“双人转台叠椅”开始再加工，孔海涛继续主攻这个节目。邓宝金团长指派了富有责任心、指导能力强的毕爱洁老师分管基本功训练和节目。毕老师为人师表、以身作则，让孔海涛开始懂得了什么叫专业素质、职业道德，“为了参加 2004 年金狮奖全国杂技比赛，毕老师陪伴我们废寝忘食、夜以继日地创新实践，无数次的磨炼。当我们觉得太苦了，有畏难情绪了，老师就鼓励我们要奋勇拼搏，耐心地开导我们要增强信心，要看到进步。为了我们训练，她几乎没有星期天，没有额外的报酬，她对事业的专注和用心，极大地教育和鞭策着我们。”

训练当然是苦的，别人早上 8：30 上班，孔海涛早晨 8 点就已经在椅子上了，想上厕所了，从椅子上爬下来，上完厕所再爬上去。每天如此，整整三年。

就是在这样严格而又科学的训练中，孔海涛和搭档终于完成了“八把椅子上单臂水平扯人”等一系列高难技巧。

功夫不负有心人。虽然在 2004 年金狮奖全国杂技比赛中，节目还是只获得了银奖第一，但到了 2005 年，“双人转台叠椅”却在国际杂技舞台大放光彩。这一年，节目被选入参加“摩纳哥蒙特卡罗第十七届初登舞台国际青少年杂技比赛”，这个比赛的最高奖是金 K 奖，它和金小丑奖、法国“明日”世界杂技节的总统奖是世界杂技的三大奖项。

那一次比赛，邓宝金团长亲自带队，孔海涛则是第一次走出国门。从未体验过的杂技场环境，从未感受过的电脑聚光灯，对平衡技巧造成了很大困难。但孔海涛和搭档顶住压力，在“转台叠椅”上出色地完成了一个又一个新颖别致的高难动作。在第一场比赛中，为了增强惊险刺激的效果，在旋转的五把椅子背上做单手顶水平拉叉等动作时，孔海涛甚至没戴保险绳。中央电视台《曲苑杂坛》主持人在跟踪报道时，惊叹地称之为“艺高人胆大”。后来，评审团为安全起见，在决赛场禁止了不戴保险绳的做法。

比赛的结果，“双人转台叠椅”节目征服了评委、征服了观众评审代表，评委和观众双双打出满分，打破了该赛场的最高得分纪录，夺得了金K奖第一名和公主杯大奖。摩纳哥大公抱病亲自颁发金K奖奖杯，摩纳哥公主也亲自颁发了公主杯。面对全场观众的欢呼，孔海涛无比激动，“深切感受到为国争光的自豪，感到所有的付出得到了回报”。

孔海涛自己知道，这个“荣耀时刻”的背后，其实有着多少惊险。“就是紧张，连基本的倒立都起不来了的那种紧张。一下子慌了，没进过这么大的场，瞬间就懵了，就不知道怎么弄了。”孔海涛清楚地记得，当时在大棚试完台、对完灯光，练了好几遍都没练成，光失误，沮丧到了极点，“回到住处准备睡觉，毕长江校长就来给我讲怎样才能把这种紧张压下去，讲了整整一晚上。讲完还真管用，第二天就好多了，最后没想到竟然拿到了全满分。”

2006年，“双人转台叠椅”又应邀参加了俄罗斯第六届国际杂技大赛，再次荣获了金像奖。不过这个金像奖是第二名，第一名是广州的升降软钢丝节目。广州的同行让孔海涛认识到了杂技演员的练功，“没有最苦，只有更苦”，“当时他们练功也很苦，反正我们5点多起来的时候，他们已经练上了，具体几点开始练的我也不知道。最后他们取得了金像奖第一，我们是金像奖第二，相差0.2分。”

从跌入低谷，到再登“高椅”

在摩纳哥金K奖的“双满分”破纪录之后，孔海涛开始时常出国，代表中国去访问演出或者参加比赛。一切看起来顺风顺水。但是到2007年，变故发生了。

这一年，他的搭档受伤，不得不退出“双人转台叠椅”节目组。

搭档的退出，给孔海涛的打击特别大，“瞬间感觉自己成废人了，什么也不会了，没节目了。因为我从小就光练了这一个节目，工作那么多年，其他的也没参与——根本就没有时间参与，所有的时间和精力全都在这个节目上，可它一下子就没了。”

职业生涯遭受重大打击，孔海涛的心情也极度颓丧，“功都不想练了”，感觉人生到了低谷，“记得那时候我们团里演了一出《粉墨》。一个大剧，在珍珠泉演出。那时候我刚从国外回来，就跟着去打打杂、混混场。一个杂技演员到了那种地步，失落感真的挺大的。”

当时教孔海涛的老师是毕爱洁，帮助他走出人生低谷的，正是毕老师，“毕老师是我进团后一直教我的老师，看到我那时候的状态，毕老师就跟我说：‘不要着急，孩子，你现在要做的，是好好把你的基本功练好。你的双人椅子既然没了，咱们重新再弄一个单人椅子，咱们把单人椅子开发到极致。’”

但要练单人椅子又谈何容易。原因是，孔海涛从小没有直接接触过椅子。原来练双人椅子时，接触椅子的是他的搭档，他是在搭档身上表演，底下再晃，搭档给控制住了，他找的地方永远是稳的。到了练单人椅子，直接和椅子接触，“真的又是意外的一种感觉”。

这样攻单人椅子攻了三个月，最后演出总算成功。现在回忆起来，孔海涛还觉得，那一段时间真的是有悲有喜，“真是人生的一个节点”。

孔海涛练的这个单人椅子节目，叫《高椅》。原来的“双人转台叠椅”是把椅子叠起来，然后在上面演一些不同的技巧动作，但是单人椅子是以高度为主，不仅要呈现技巧，更要凸出高度。应该说，训练标准和技术难度又加大了。

刻苦地训练、不断地打磨，从零开始，从参加市里和省里的比赛开始，“因为只有比赛的时候，你才能知道你这个节目还缺点什么，该怎么改进。”在这个过程中，孔海涛特别深刻地感受到了毕长江校长、邓宝金团长和毕爱洁老师的敬业精神，“他们一直在琢磨这个椅子应该再怎么去开发，就是想一直往上走，他们那种敬业的精神，对我影响特别大，一直到现在，可以说，我到现在还是那么热爱杂技，和他们的影响是分不开的。他们在家睡觉都一直在想，想起一个点就抓紧记下来，就盼着到早晨上班了，抓紧来试，看能不能成。”

尽管加大了训练的力度，也上了难度，演出也取得了一些好的反响，但是在 2010 年和 2013 年两次参加全国比赛时，《高椅》取得的成绩，又都是银奖。有人因此戏称孔海涛为“千年老二”。他的思想也产生过一些波动，深感倒立技巧训练的艰难，枯燥乏味，多少个日日夜夜为它辛劳，不敢懈怠，再创新高谈何容易。“倒立在杂技里面是属于最苦的，最难练，而且后期也最难保持。有的节目是不掉功的，甚至演出的时候就能当作是练功，但是我这个节目演出和练功是两码事。为什么？因为演出就那一把力量，这是你用底下练的10把力量去打造的，但你光演出演那一把的话，随后就会开始往下掉。倒立就是这样，特别吃功。可是没办法，既然走上了这条路，既然选择了倒立，就等于选择了全年没有休息。必须每天练。倒立就是这样，即使你今天练了没大有进步，但稍微一不练，绝对会往下掉。”

“每天必须练”的倒立，在行程特别紧张的一次美国演出时，让孔海涛吃尽了苦头。

那是2013年的一次出国演出任务。“两个半月，我们在美国走了27个州，跨了72个城市。当时我们是坐大巴车，吃喝拉撒全在大巴车上，早晨起来一睁眼大巴车就出发，下车以后就已经是下午四五点了。到了地方就扎台，对灯光、试台，晚上7：30演出，演完就撤台、装箱、装车，然后再上大巴车，接着赶路，赶到凌晨1点来钟，下来找一个汽车旅馆住下。早上起来接着出发。两个半月，就一直是这种状态。”

练“倒立”，最怕的就是这种连轴转，没有时间训练，“哪有时间训练，车上空间有限，没法训练。到了地方以后接着就要进剧场，就得试台，领服装、化妆，就开始准备了，饭都是匆匆吃一口。”当时孔海涛的老师在别的地方带队，没人商量，孔海涛就想：如果这样下去，自己就真的要废了。于是他决定“挤时间”练。凌晨1点，到了汽车旅馆，忙碌了一天大家都很累了，好多演员都洗洗刷刷吃点东西睡了，同样疲惫的孔海涛先坐下来，缓一会儿。等缓过劲儿来，再咬咬牙，告诉自己：我今天必须得把功练完。然后开练。每天都是凌晨1点开始练，3点睡觉，练两个小时的功。整整两个半月，就是这样下来的。

如此咬紧牙关独自练功的时候，孔海涛心里也会问自己：“为什么我要这样？人家都睡觉了，我为什么还要练功？有时候就会非常想不明白为什么我非要这样，包括后来也是，整个练功房就我自己时，我就会这样问自己。”

没有完美的答案，孔海涛能够给自己的答案只是：“倒立就是这样一种需要天天练的功，天天练也已经成了我的一种习惯。”

当然，这习惯的背后，还包含着老师对他的影响，和他内心里那份对杂技的恒久热爱。

回国后继续“攻”《高椅》，技术难度一直在提升，从来没降过。2017 年，孔海涛的《高椅》终于获得中国杂技最高奖——金菊奖金奖。

这个金奖无论对孔海涛还是济南市杂技团，都意义重大：于他个人而言，事业和人生终于走出低谷；于杂技团而言，这是济南市杂技团建团以来第一块全国金菊奖的金牌。

或许有人会疑惑：为什么国际上得过金牌，全国还没得过？这就和中国杂技的整体水平有关，因为中国的杂技太厉害了，个个都很厉害，所以在国外拿个金奖反倒相对容易一些，但在国内很难。

星光闪耀时

获得全国金菊奖金牌之后的第二年，也就是 2018 年，孔海涛赢来了杂技事业的“巅峰时刻”。在第 39 届法国“明日”世界杂技节上，他表演的《转台高椅》“杀出”重围，震惊了评委和观众，成为比赛中唯一受到全体十位评委和观众起立鼓掌的节目。因为《转台高椅》超高的技艺，原本比赛设置的三个金奖浓缩为唯一一个金奖颁发给孔海涛，并同时颁发给他杂技节特殊奖“法兰西共和国总统奖”。

孔海涛记得，参加比赛前，邓宝金团长就跟他说，如果你还是按现在这个版本去参加的话，肯定拿不了第一。你必须要改。“她就让我站到最高点的那把椅子的椅子背上去，怎么说呢，就比如你本来就站到了 6 层楼那么高，她非让你站到 6 层楼的边上去！”

压力当然特别大，因为原本时间就很紧，比赛前 10 天才定下来增加技术难度，而既然要改技巧，所有的椅子造型也都得改，而且还得试，这是对一个杂技演员能力的巨大考验。那个时候孔海涛都是早晨天微亮就进练功房了，天黑了才出来。那段时间，他就没见过太阳。

令孔海涛没想到的是，到了巴黎的比赛现场，还有很多困难等待着他。“那个演出的台子扎在镂空的舞台上，特别的晃，因为高椅原本就需要实心的地基，因为它摞得特别高，有 12 米，原本就是一个直线，它需要的地基当然要稳，现在这种情况，你上去根本就没法使技巧，你站着都费劲。没办法，我们就从底下打千斤顶，对好 4 个点把台子给固定下来，这样总算好了点。”

没想到，那个台子最后反而让孔海涛如虎添翼。为什么？观众都坐在2米高的舞台底下，这样一来，孔海涛节目中达到的12米高，对于观众来说，视觉上的效果就等于成了14米。这就让节目在观感上更惊险了。

比赛结果，孔海涛的节目获得第一名，而且难得的是，他这个第一名，比第二名高出54分。这也让他打破了举办了39届的“明日”世界杂技节从未打破过的惯例——此前每一届都是三个金奖，而这一次，因为第二名比孔海涛差54分，而第二名、第三名、第四名的分都很接近，第四名不服。最后组委会就彻底破例，让孔海涛拿了唯一的一个金奖。

其实这个金奖的突破意义还在于，在这个赛场，中国的杂技团已经有11年没拿到“总统奖”了，每年都有去的，每年都被打下来。这个奖的含金量很高，因为它不仅要看演员的技术，还要看创意和艺术感，它和金K、金小丑不大一样，后两者主要看的就是技术。

在获奖之后的记者见面会上，孔海涛一度哽咽，他说：“我代表的不仅仅是我自己，我代表济南市杂技团、代表山东、代表中国，这一刻我的伤痛、我的汗水都值得了，谢谢关心、帮助我的每一个人，我会继续努力的。”

孤独与充盈

世界杂技舞台上，最有含金量的三个赛场——金小丑、法国“明日”的总统奖、金K奖，孔海涛已经拿到了两个。

他算了算，迄今为止，大大小小的荣誉加起来，他已经拿了70多个。

而确确实实，这些荣誉都是在苦水里“泡”出来的。和大多数杂技演员一样，孔海涛当然受过伤，他的肩膀大筋、韧带都有撕裂，很快就面临着要断的状态。那些长期训练而留下的伤就更不用说了，肌肉劳损、肩周炎，这都是正常的。即便肩膀韧带到了要断的边缘，孔海涛也不想做手术，“我要是做了手术，等于彻底废了。本来我现在在舞台上就已经属于大龄演员了，但是我还想继续为杂技团贡献两年，只能说是尽自己最大努力。因为我的这个节目，质量一直还保持着，也算是杂技团的一面旗。”

获得了这么多荣誉，孔海涛当然早已名气在外，这些年也有不少人去“挖”他。他记得2010年的时候有人去找他，对方许诺的工资“高得吓人”，但他一直没有选择离开杂技团。获得这么多荣誉，他内心最多的是“感恩”，“因为我知道，我能取得这个成绩，离不开当时邓团长以及毕校长、毕老师的付出。他们对我的影响特别大，对我的教育方式也是特别的，他们让我明白，一个杂技演员，不光要业务能力强，首先得有人品，有艺德。”

在孔海涛看来，这样的老师特别令人敬重，“有些老师光教你技术，不会去说别的，但我的老师在教你技术的同时，也会教你怎么做人。比如，邓团长会用她自身的行动去感染你，她那种敬业精神、奉献精神，每时每刻为大家着想的精神，非常令人佩服。而且我从小就是被邓团长选上的。包括毕校长他们，那个时候虽然我们加班很苦，但他们一直都陪着我们，我们到几点，他们就到几点，我们很累的时候他们就给我们按摩，让我们放松，一边让我们放松，一边还不停地给我们说一些道理。”

如今孔海涛依然主攻《转台高椅》，依然需要高强度的练功、演出、比赛，同时他还是济南市杂技团演员队的队长，带领着 70 多位演员。每天早晨 9 点上班，孔海涛就带着演员练功、练习节目，同时还需要了解大伙儿平时的生活。大大小小的事情很多，一天忙下来，很累，根本就没有自己的一点时间。自己练功的时间，只能留到晚上回家之后了。

不少人觉得，在孔海涛身上能看到邓宝金团长那代人的影子，因为他和邓团长一样，从来不会因为自己多干了一点而心生不满，相反，永远都是想着最后一个下班，大家忙完下班了，他还会看看有没有什么东西落下了。

下班后，孔海涛还会和家人一起照顾孩子，到晚上 10 点，孩子哄睡了，他开始练功。

孔海涛坦言，自己不想让孩子长大后也练杂技了。艺校四年，刻骨难忘的，还有吃的那些苦。他不想让孩子也经历这些。

那是无法忘却的记忆。六岁多就独自一人在外生活，“怎么过来的都不知道”，“吃饭有食堂，一帮小孩排着队去打饭，衣服也不会洗，裤子烂了也不会缝，都是自己拿针缝上一个疙瘩，不漏就行了，就那样”。

每年春节放假三四天，每年只能回家一次，偶尔父母也到济南来看他，“最受不了的就是父母送我到济南，或者来学校看我后离开的那一刻。”

回想曾经受过的苦，孔海涛心里依然会很难受，但同时，他也一直非常感恩那些对自己“狠”的老师，因为杂技就是这样，“你不苦，还真出不来东西。”

空旷的练功房，只有一个人在那里苦苦练功，日复一日，年复一年。有时候会让人觉得，孤独仿佛也有了重量。孔海涛明白，练功的时候，当然应该什么都不管，什么都不想，只一门心思想着练功，想着把节目练好。但偶尔的，内心还是会五味杂陈：“人家都开开心心出去玩了，为什么我自己非要在练功房？一想就难受了，因为这不是一天两天的事情，是几年几十年。”

自从搭档受伤，孔海涛开始练单人《高椅》之后，一个人练功的时间就更长了，“差不多从 2008 年一直到现在。这么大的练功房，就我自己练着最难的倒立。有时候就特别寂寞，脑子有时候也在想，谁发明的杂技？”

尤其是，同一个节目需要不断地提高难度，艰难真是难以想象。有时候也会非常不开心，“当你碰到一个难点，碰到一个你害怕的点，你原本就不想上，但是老师说了，你不上，你就很难再突破。你就只能硬头皮把这个动作练出来。”

就是这样，走上杂技之路就意味着你必须面对跟大部分人不一样的生活方式。很多人以为杂技演员经常出国演出，有机会游山玩水，其实完全是误解，“一是时间紧，二是也没那个心情”，在孔海涛的生活中，就几乎不存在普通人所谓的“玩”，即便现在也是如此，现在去玩，也是带着孩子玩。疫情之后，演出开始密集，经常是一天演三场，还得带队伍，各种细节都要想到。身体累，精神也累。

但无论多么累，无论多么孤独，孔海涛依然无比热爱杂技。在他看来，挑战极限、登到顶峰正是杂技的魅力所在。毫无疑问，这一切都需要超越常人的付出。

而孤独，或许正是生命丰盈最好的磨刀石。

于无声处振翅飞

——记山东省先进工作者、济南市道路和桥隧服务中心于振

魏文森

碧水，跨过了就是桥梁；
高山，打通了就是隧道；
荆棘，踏遍了就是道路。

在济南市道路和桥隧服务中心，作为高级工程师的于振始终以一名共产党员的严格标准要求自己，踏实勤奋，埋头苦干，屡立战功，赢得了领导们的信任赞扬和职工们的尊重信赖。他和同事们逢山开隧、遇水架桥、踏荆成路，保障道路桥隧安全顺通。已逾而立之年的于振用斐然的成绩说话，用创新的成果印证，创造着一个个建设奇迹。

沉潜方能高飞。于振的奋斗和精彩赢得了赞誉与喝彩。他相继获得了“山东省先进工作者”“山东省新时代岗位建功劳动竞赛标兵”“济南市创建全国文明城市工作先进个人”“济南市高层次人才”等多项荣誉称号。

提请改造方案里凸显的工匠精神

匠心筑梦，一路繁花。市道路和桥隧服务中心肩负着市级财政投资的城市道路主干道、桥梁、隧道的养护大中修等具体工作。承担城市快速路、大型桥梁、隧道的日常养护工作和城市快速路、大型桥梁、隧道行业管理的事务性工作。为城市快速路、大型桥梁、隧道的安全运行提供技术支持和服务保障，并积极参与交通运输行业诚信体系建设。于振牢记使命初心，为善始善终地完成这些繁重的工作任务献计献策，并亲力亲为。

于振不善言谈、低调内敛却无妨其严谨细致、一丝不苟、勤勉高效的工作风格。仅仅在今年1至7月份，他就代表市道路和桥隧服务中心提交了《关于开元隧道综合提升改造实施方案的请示》《关于城区隧道提升改造有关情况的报告》《济南市城乡交通运输局关于顺河高架桥大修改造质量监管情况的报告》三份文案。三份文案闪烁着创新智慧的光芒。于振将存在问题清单化，逐一跟进分析后提出专业解决策略。从这些文案中，我们看到了道桥中心贯彻上级文件精神及时到位、问题及原因分析精准细致、提升改造综合施策的科学高效。因为这些申请和报告的可行性、严谨性、准确性、前瞻性极强，呈交到市委、市政府后，就得到了及时的批复。随着方案的及时实施、竣工完善，在最短的时间内、最小的干扰下实现了交通的顺畅，杜绝了因设施不完善造成的交通瘫痪和“肠梗阻”现象。

人前显贵，人后受累。在这一切的背后是于振数次到现场调查数据、访谈行人，不断请教业内翘楚、几度调整方案、征求专家意见。他跑细了腿、熬红了眼，绞尽脑汁将有根有据、有条有理的方案写出来。随后就是亲赴一线、掌握进度、科学调控。每一个环环相扣的步骤、每一个步步为营的阶段都成为于振学术论文里鲜活的论据和范例。

大家可能对开元隧道非常熟悉，而于振则对“全长约1500米，双向六车道，设计时速40km/h”等参数烂熟于心。为了隧道的使用安全和出行安全，于振不顾自己的安全，多次亲临隧道问诊把脉。随着开元隧道使用时间的变化，他和同事们打好提前量，检测评定开元隧道将会存在的安全问题，如混凝土裂化、雨水长期自然影响会出现渗漏水点、车流量增加形成的噪音变化等病害。不过你不用担惊受怕。于振和道桥中心的专家们未雨绸缪，对症下药治未病，确立了及早整改的思路和行动：开元隧道综合提升改造按照“以疏为主、防排结合”的原则，系统化预防和治理隧道病害，同步改造提升了照明、装饰、路面等，实现了景观亮化风格与旅游路沿线新隧道的步调一致。这些，都让市民有了更多的获得感、幸福感、安全感。

提升改造后的隧道更美了。当你行进在开元隧道，安全驾驶中别忘了一路欣赏好风景，因为这里有于振和同事们的杰作和精彩。

特殊工作节奏里留下的爱家愧疚

于振很知足，他有一个幸福美满的家庭，他觉得这是自己全身心做好工作的强大后援。于振每次站在表彰会的领奖台上，总想到身后家人的奉献。这些年来，为了尽职尽责地做好工作，于振亏欠家人很多很多。

无论在城市，还是在乡村，交通都是重要的民生需求。为此，在顺河高架大修改造、开元隧道综合提升等市级重点项目建设中，本着“少挡一天是一天、少占一米是一米”的原则，夜间全饱和施工，白天正常通行。修路不封路，将市民的出行干扰降到最低。在这种特殊的工作节奏下，于振一年到头都是忙忙碌碌的。2022 年，儿子在过 8 岁生日时，在《祝你生日快乐》乐曲里迟迟盼来的却是于振在施工现场调度的场景……像这样因为工作愧对家人的事情还有很多。

有一件事至今都让于振难以释怀。2016 年下半年，他的母亲被查出患上了甲状腺肿瘤，需做切除手术。因为是小手术，于振的父亲担心孩子工作分神，当时就没有告诉于振。手术后不久，于振的母亲就出院回家了。甲状腺有特殊的代谢功能，切除后就不能产生甲状腺素，会造成甲状腺功能低下。不久，于振的母亲就出现了切除后并发症，正常生活和身心健康都受到了影响。医生最后诊断为格林巴利综合征。于振的妻子就陪婆婆住院治疗。于振回忆说，2016 年 11 月份是母亲患病最厉害的时候，老人家完全不能自理，全靠父亲和妻子没白没黑替换着照料。于振总是抽非加班时间去医院看看母亲。那时候孩子又小，还不到上幼儿园的年龄。老人、孩子、工作，弄得于振心里乱得像一团麻。

偏偏就在这个时候，开元隧道发生了一个防火层脱落的事故。事故造成的影响较大，市政府、市交通局领导高度重视，要求“立即采取应急措施，快速封洞封闭处置”。于振跟着市局领导负责现场全面处理，包括组织有关专家论证会、协调应急抢修施工队伍等。老母亲在医院里躺着，小孩子在家里待着，父亲常常领着小的去医院陪护老的。妻子下班后忙得连轴转：做饭、洗刷、探视婆婆。此时，于振却一点忙都帮不上。在那一个月的时间里，他白天全方位组织、协调部门，晚上全身心投入应急、抢险工程，很少有时间回家给搭把手。赶上不是特别忙碌的时候，他中午在食堂匆匆扒拉几口饭，就赶到齐鲁医院看看母亲。

天无绝人之路，在劳累和疲惫中，于振想起了老家的亲戚们，就抽空回去请来姨妈帮忙照顾母亲，这样她才放下心来全力以赴地处置隧道事故。他感谢父母、妻子对自己的理解和谅解。家人们的理解和支持是他最强劲的工作动力。

天道酬勤，事遂人愿。12 月中旬，开元隧道抢险、抢修任务顺利完成。于振的母亲也康复痊愈了，不但能自理了，有时也能帮着照顾一下孩子，同时享受天伦之乐。这让于振非常开心。

“最美星光隧道”里的文化情怀

建筑是凝固的音乐，建筑是文化的载体。于振在浇铸的钢筋、混凝土和铺设的彩色沥青中幻化出泉城的美丽、顺畅和幸福。

在市道路和桥隧建设服务中心被大家赞誉“有两把刷子”的于振，有着深沉的文化情怀。

于振执笔递交给市委的《关于城区隧道提升改造有关情况的报告》言简意赅。市委办公厅的领导称赞说，报告虽简短，文化分量可不轻。在这项民生工程中，于振与项目参建人员共同研究提出了“品质可靠、风格简约、优质低价”的隧道提升改造工作原则。报告中指出：在老虎洞山、白马山、石房峪山等隧道的提升改造中，围绕“深化色彩融合，展现城市风貌”景观文化，渗透泉水、泉城蓝元素，以碧蓝的泉水倒映着蔚蓝的天空。隧道顶部喷涂蓝色防火面漆，局部设置星空灯隧道侧壁，洞门端墙设置不同意境的装饰腰线和彩绘，展示“齐烟九点”“虎啸风生”“石房古寨”“济南战役·奇袭白马山”等典故、传说故事等，体现出济南悠久传统文化和红色革命文化的深厚典雅。在隧道提升改造中渗透文化基因，是济南“青山碧水蓝天”的再度延绵，是“畅安舒美优”高质量发展的文化诠释。

旅游路转山隧道、龙洞隧道作为全市贯穿东西的重要枢纽，是济南的门面和形象。针对隧道穹顶裂缝、局部渗水、照明不足等隐患问题，于振组织专业团队对城区隧道分门别类进行专项研究，按照“泉城特色、和而不同、一路一景、一隧一策”的建设理念，在隧道提升改造中融入“星空顶、泉城蓝”济南元素。路面加铺高粘、高弹、超薄沥青，有效降低行车噪音，极大提升了安全通行率和泉城美誉度。隧道景观亮化融入“泉城蓝、星空顶”，体现济南得天独厚的自然文化。侧壁以装饰板、防火面漆相结合并搭配腰线，呈现出泉城特色景观长廊。

城市之要，民生为先。为有效解决高架桥交通噪音扰民问题，于振以“我为群众办实事”实践活动为契机，反复跑现场、进社区、摸底数、研方案。近年来组织安装声屏障40余公里，逐步实现噪声敏感建筑物集中路段全覆盖，最大限度降低噪声，还静于民。恶劣天气期间，于振主动请缨，放弃休息时间迅速进入战时状态，逆行在桥隧设施一线。他找来《黄河保护法》通读，积极践行黄河流域生态保护和高质量发展理念，牵头编制《济南黄河公路大桥中长期养护规划》，创新性地实现重特大桥梁设计养护一体化管养模式，受到省、市主管部门的大力表彰。

大山因脊而雄，房舍因梁而固，隧道因文而名，道路因人而畅。于振师承中国古代建筑经典《营造法式》的作者李诫认真严谨的态度，传扬创新着优秀传统建筑文化。他跑专业书店、问业界行家，开阔视野、反思提升，实现了干过的每一项工程都成为质量丰碑和文化标杆的初衷。

科技创新中的孜孜以求

于振在自己喜爱的工作里，总闪烁着创造的火花。他和服务中心的同志们积极探索“全寿命周期、常养常新、修旧如新、修旧如旧”等时代养护模式和“桥渐变化、隧越静好”梯次养护路径。他们创新实验使用新材料、新工艺开展桥梁预防性养护，节约养护资金，提升设施耐久性，注重绿色环保低碳。于振团队主导实施养护的燕山立交桥、浆水泉立交桥、荆山高架桥等成为养护的典范样板。

实干笃行中，于振攻克了一道道桥隧养护加固中的难题，打破了一个个濒临停滞的僵局。挑战带来契机，挫折磨砺成功，他深信方法总比困难多。越过坎坷险阻，才有了这沉甸甸的收获。近年来，于振相继获得国家知识产权局“一种公路桥梁伸缩缝密封防护装置”等三项实用新型专利。实践出真知，实践长才干。从这里，我们看到发明专利研究创造的方向——注重实践性、实效性、实用性。这样的专利永远不会被束之高阁。

2022 年是于振的丰收年。这一年，他参与研究的“城市高架桥梁安全防护体系提升改造技术研究”等三项省级科技项目都获得了省级奖励，这在整个交通系统都是极为罕见的。与此同时，于振主导编制的《山东省城市桥梁信息牌设置规则》，被省住建厅发布实施。他组织开展的省级科技课题研究，部分项目技术成果达到国际先进水平。

桃李不言，下自成蹊。业务精通、技能精湛就是于振孜孜不倦的追求。

不着魔不成佛，没有哪个人能随随便便成功。同事们都为于振的执着精神、好学态度点赞。于振说自己懂得的知识就好比是一个圆，半径越大，圆的周长越大，这意味着圆之外自己不知道的更多，必须孜孜不倦地学习。同志们经常看在眼里的，是于振随时测量施工数据并记到一个小本子上。有一次，为弄清隧道顶层的石质纹理，他站在梯子上到隧道顶丈量尺寸，不小心差点从高处摔下来。他经常对同事们说，数据是有生命的，钢筋也不是冰冷的，确凿的数据资料是施工中专利发明的先决条件。他常常为了一个专业研究项目环节，在嘈杂的施工现场去查用过的水泥袋子和剩余的钢筋头。大家经常看到的就是灰头土脸的于振露出的满意笑容。一个同事这样说：于振对工程讲求精益求精，对衣食要求是干净整洁，吃饱肚子就行了。两个包子一盒纯奶，中午饭就在工地上这样对付了。干净整洁的工装虽然陈旧，但于振穿在身上特有范儿。追求专一，心无旁骛，这或许就是于振的气度吧。

山高人为峰，水深风当帆，路远脚作尺。

踏平坎坷成大道，风景只属于步履不停的人。当前，于振和他的同事们按照"学思想、强党性、重实践、建新功"的主题教育目标，围绕服务中心"1+263"工作总思路（推动交通设施高质量发展，全力服务人民出行这一中心任务，围绕"项目突破、建养并重"和"事争一流、服务出行"两条主线，推进"党建引领、项目建设、设施管养、服务提升、创新驱动、安全稳定"六项工作，强化"作风建设、基础建设、素质提升"三项措施），主题教育活动正在轰轰烈烈、扎扎实实地开展起来。

祝愿于振和他的同事们继续把论文撰写在长桥卧波里，将创新奉献铸就在大路隧道上。坚持"民生道桥、品质道桥、数字道桥、清风道桥"时代新理念，继续擦亮"济南道桥"的新名片。"勇当排头兵、建设强省会"，以自己的诚实劳动，勤勉工作，锐意创新，敢为人先，做建设交通强国的开路先锋！

林业卫士

——记山东省先进工作者、济南市园林和林业科学研究院赵燕

苗培兴

一

当市作协通知我，要采访的对象——赵燕是一位工作在园林和林业科学研究院的“山东省先进工作者”时，我心里有一种兴奋。为什么？因为，就在那一刻，我的潜意识里，突然有了山林的气息；有了小桥流水、曲径通幽、叠石为山的景象；有了大明湖潋滟清波的样子。

谁不喜欢这样的景色呢！

于是，第二天一大早，我便急急地驱车35公里去了位于济南东部的研究院。

赵燕已在门前等候了。

我有些惊讶。这家研究院竟是一处老旧的三层办公楼。这与当下比比皆是的内外装修豪华的办公场所完全不同。当然，更没有一点儿园林的气象，没有那些曾让我在潜意识里兴奋的景象。我从车里出来，有些迷惑地朝四周看着。赵燕迎上来热情地和我打招呼。当望向她的那一刻，我又惊讶了。眼前的赵燕微胖，不高，方圆脸，脸上挂着自然的微笑，没有半点儿现代职场女性的衣着与妆容，更

没有矫饰的高冷的神情。她看上去很普通，普通得就像一位在家门前的超市里买菜的家庭妇女。

“现实和想象总是有差距的。”迟疑片刻，我一边摇头一边自言自语地说。

赵燕问：“什么差距？”

我望她一眼，笑了笑，未作回答。

赵燕似乎猜透了我的想法。“差距还不小呢。走，我们上三楼，还没电梯，得自己爬。”

…………

“你这是什么地方啊？”刚一坐下，我看着普通且拥挤的办公室，既不解又明知故问。

“济南市园林和林业科学研究院。”赵燕回答。

“国有的？”

“事业单位，隶属济南市园林和林业绿化局。”

我轻轻地“噢”了一声，环顾左右，想说怎么这样，可话到嘴边却没说。赵燕显然明白了我的意思。“我们搞科研的，在哪里办公都一样，不讲究，只要有活干，有项目做。”接着又说，“干起活来，什么都忘了，什么都顾不上了。”

我顿了顿，说：“这就是专业精神。外表华美者，虚；内心充盈者，真。”

赵燕笑了。

此时，我们在心灵上达成了一致。

…………

赵燕告诉我，她 2009 年研究生毕业后，先是在济南市森保站工作，岗位职责是组织、指导、帮助各区县森保站做好全市林业有害生物的检疫、监测和防治工作。后来转为技术支撑。再后来，也就是 2021 年，事业单位改革，园林系统和林业系统的几家事业单位合并成立了这家研究院。研究院的主要职责是在城乡绿化、森林湿地、土地资源监测、生态功能评估、各种病虫害的防治领域，进行一些科学研究并开展成果转让、技术推广和技术培训工作。她的工作科室是“有害生物研究所”。

“说实在的，我对你这个专业从未接触过。你能用一句话，通俗易懂地概括一下吗？”我问。

赵燕笑了。“我们就是给树木防病治病的。”

“哦！林业医生，林业卫士。”我醒悟。

二

1983年，赵燕出生在泰安市，泰山脚下，大山深处一个叫“赵峪”的小山村里。家里有五口人，奶奶、父母和弟弟。

赵燕告诉我，她的家乡很穷，农作物就是产量不高的地瓜、玉米和小麦。没有大块的土地，都是一小块一小块的，像梯田。别说没有大型的机械化设备，就是有也用不上。乡亲们耕种的土地，贫瘠、零星，散布在周围的山坡上。她五六岁的时候就开始下地干活了。最初是跟在播种、插秧的妈妈后面浇水。妈妈每播下一粒种，每插下一棵秧，她就从水桶里舀起一小碗水浇在上面。后来大了，上学了，就开始每天上学前满山遍野地割猪草，喂猪喂羊……

“唉！风吹日晒，日复一日，从不改变，似乎这样的日子永远没有尽头。”她说。

“你的童年很苦。”我有些感慨地说。

“嗯！我们农村人，尤其是我们山区的农村人，日子过得都很苦。其实，也没觉着有多么苦，当时。”她笑笑说。

“一是习惯了，二是没有对比。”我说。

“嗯。”她低着头说。

“那，你是什么时候感到苦的呢？”我问。

猛然听我这样问，她抬头望了我一眼，接着又低下了头，不说话了。我望着她，突然，我看到她的眼圈有些红，似乎眼眶里有了些泪水，我顿觉无措。忽然，她抬起头，望着我，有些犹疑地说：“这件事，我从没跟人提起过。”然后叹了一口气。“那是刚上大学的时候。在上大学前，我是从没出过我们村的——哦，也不能这样说，应该说是有过一次，和我父亲去长岛给我叔叔送东西，来去时间很短——除了吃母亲做的饭、喝我们山里的水，我几乎没有吃过饭店的饭，也没喝过瓶装的饮料。入学后的第一天我到食堂吃饭，当时我看到打饭的人那么多，饭厅里的饭菜那么多，饭菜那么香，你不知道，当时我就蒙了……吃完饭后，我的一个同学递给我一瓶汽水。说实在的，我当时不知道那是什么东西，瓶子很好看，见同学拧开盖后对着嘴喝，我也拧开盖对着嘴喝了一口。唉，到现在我也忘不了那个感觉，太妙了……”说到这里，她停下来不说了，望向了窗外，似乎在回味。她顿了好一会儿，又继续说道：“吃完饭后，同学们都回寝室了，我独自一人去了校园的小树林。那个下午，我想了很多。我哭了。”

“哭了！”我有些吃惊。过了一会儿，等她平复了心情，我问：“为什么？”

“不知道，我当时感觉我太渺小了。我见识少。我受苦多。我家这么穷。我奶奶、我父母吃了那么多的苦，受了那么多的累，可……总之，我为我自己、为我父母、为我奶奶和我这个贫穷的家伤心地哭了一场。同时也在心里下了一个决心——我要努力，做一个最优秀的人，让我的家人过上好日子。”

听到这里，我有一种说不上来的感觉，感觉很闷，闷里还掺杂了许多说不清道不明的东西，便叹口气说：“谢谢你告诉我这些。”然后又说，“苦难和读书一样，都是一个人成长的阶梯。只要你不被苦难打倒，你遭受过的所有苦难，将来都会化作鲜花回报给你。”

“嗯！”她望着我点了点头。

“谈点高兴的吧。我也下过乡，当过知青，在南部山区，长城岭一带，离你们泰安不远。”我说。

“你在那里下过乡？”她望着我很惊奇地说，“我们村离长城岭不远，从济南翻过去就是了。”

“是吗？这么说还真不远。我记着那里的风光不错。”

“是啊，尽管我们那里的生活条件很艰苦，但是风光却很好。大山峰峦起伏层层叠叠，山林茂密葱茏郁郁青青，山楂、柿子、核桃、苹果、板栗，还有枣树到处都是。各种各样的鸟天天在头上飞。不是有一句老话吗，山多高水多长，我们那里一年四季泉水不断。一到春天，各种各样的花就开了，漫山遍野可好看了。整个夏天，那些花们、树们就像飚劲似的疯长，茂茂密密的，山里就成了一片绿色的海洋，可美了。当然空气也好，那空气吸上一口，顿时觉着透心的清爽。到了晚上，那个月光才好。尤其是在秋收季节，当我们忙完了农活，走在回家的路上，看那月亮升上来，整个大山、整个山林、整个村子就像披上了一层银色的纱幔，可美了，简直就是一首诗啊……”

“你很爱你的家乡。”她正兴奋的时候，我突然插上这么一句打断了她。

“那当然。”她看着我说。

三

“刚才提到大学。请问一下，你读的是哪所大学？”我问。

“山东农业大学，植物保护专业。”她回。

“这所学校是不是在泰安？”我再问。

“是。我在那儿待了7年。2002年到2009年。研究生毕业，硕士。”她很自豪地说。

“噢，那所学校不错，在农科方面。你能考上说明你当年的成绩不错。”我竖起大拇指说。

“还行吧。”她笑笑，笑得很轻松。

“我想问一下，当时为什么选择这所大学，读这个植物保护专业呢？是不是小时候看到家乡的植物繁多就有了这个志向，想将来做个林业医生、林业卫士？”

听我这么一问，她“噗嗤”笑了，还一边笑一边摇头。“可不是的，我那个时候哪有这样的觉悟啊。干脆说吧，我当时什么也不懂。怎么形容呢？哦，就像一位诗人说的，我就像一片漂在水面上的浮萍，随水漂流，漂到哪儿算哪儿。”

听她这么一说，我也乐了。我知道，我犯了“想当然”的错误，便说：“不好意思不好意思，请谈谈你的实际情况吧。”

稍停片刻后，她说：“我刚才已经说过了，我是地地道道的农民，而且还是交通不便、信息不畅的山区的农民，上大学前几乎就没出过我们的村子，你说，我哪来这么高的见识和觉悟？我之所以能考上大学，那是苦难教育的结果。”

“噢？”

“我刚才也已经说过了，我从很小的时候就开始下地干活了。说实在的，现在想想那个时候真的是苦，我还那么小……尤其是夏天，毒辣的太阳能把人晒得脱下一层皮来。有一次，那是我上小学的时候，天麻麻亮我就跟着母亲去地里干活了，干了快一上午了还滴水未进，不到中午，我就饿了，加上又累，就跟母亲说：‘妈，我累了，干不动了，咱回家吧。’母亲说：‘不行，再坚持一会儿，把今天的活干完了再走。’我没好气地说：‘妈，我真的干

不动了，再干，我就累死了。’母亲走过来摸着我的头说：‘别乱说。我们农村人下地干活，吃苦受累，这是命。要想改变这个命，你就只有好好读书，考上大学。考上了大学，就不用下地了，就不用这么苦了。’那天，我母亲还拿我父亲的例子来教育我。”

“你父亲，例子？”我疑惑道。

“嗯。我父亲是一名小学教师。”她说，“我母亲说，你看看你父亲就是个例子。他没读过大学，只是读了一个师范，就有了一份稳定的工作，每个月就有了固定的工资，不管年景如何，地里有没有收成，只要有了这份稳定的收入，咱一家人起码饿不着，你说是不是。所以，你们俩要好好读书，将来考上大学，也有一份工资就什么也不愁了。”

“你母亲很了不起。举例很简单，说理却很透彻，很有说服力。”我竖起大拇指说。

“嗯。我母亲确实了不起，她用苦难教育了我们姐弟俩，用父亲的例子让我们明白了生活的道理，给我们树立了人生的目标，尽管这个目标看上去不怎么高大上。”

“不不不，可不能这么说。”我打断她说，“这个目标很了不起，它道出了人类所有活动的实质——为了活着。有滋有味地活着，按照自己的意愿活着，有尊严地活着。为了活着，我们拓荒开垦土地，我们读书掌握知识，我们从一个地区向另一个地区迁徙，我们对世界进行着各种各样的研究与探索。活下去，是我们人类乃至自然界所有生物进行活动的一个宗旨。”

“嗯。”她望着我点了点头。

四

“我还有一个问题想请教你。”我说。

“不客气，请讲。”

“在我对你的事迹和学术论文做过一番阅读之后，我有一个很深的感受，那就是，你除了专业知识渊博、工作兢兢业业之外，你还很热爱你的专业。可是，你前面说过，在考学和选择专业方面，你是无意识的，就像一叶浮萍，随水漂流。我现在想知道，你是如何从这种无意识到热爱的呢？实际上，一个人如果对自己所从事的工作不热爱，做不到爱岗敬业，是很难做出成绩的。”我说。

赵燕笑了笑，说：“先谈谈考大学吧，这个我应该感谢我的班主任老师——张继民。当时我初中毕业以后就不准备读高中了，想和我父亲一样读一个中专，早一点工作，拿一份固定的工资。可是我老师不同意——我们那个时候只要报考中专就不能再考高中——他坚持让我读高中考大学。后来，家里人斟酌再三，还是听了老师的话，我才读了高中考上了大学。当初如果没有老师的教导与坚持，我是断不会有今天的。所以我从心里一直充满了对我老师的感激之情。是他的教导与坚持让我改变了命运。说到这里，我希望今天借你的笔，向我老师说一声：谢谢！感恩老师！”

“是的。人的一生，看似很漫长，但重要的就那么几步，读大学是第一步，也是最重要的一步。知识改变命运。对普通人来讲，特别是对一个农村学生来讲，读大学几乎是改变命运的唯一途径。值得庆幸，在你人生的重要关口，你有一位好老师，帮你指明了方向。借此机会，我也向这位张老师表示感谢，感谢他为国家培养了一位优秀人才。”

“谢谢！谢谢！”她不好意思地笑了起来。

“再谈谈我的专业吧。”她说，“我本科读的是植物保护专业，研究生读的是森林保护专业。”

“两个专业，有什么不同吗？”我问。

“总起来讲差不多，只是防治的对象不一样。植保专业防治的是一般的农作物病虫害，像棉花、玉米、西红柿等的病虫害；森保专业防治的是森林树木的病虫害，像美国白蛾、松材线虫、杨小舟蛾、板栗红蜘蛛等。”

“噢。可读研时，你为什么舍弃了植保专业而选择森保专业呢？有什么特殊的原因吗？”

“也没什么特殊原因。当时考研选导师的时候，我从网上看到了一篇周成刚老师发表的论文，那篇论文是研究‘板栗红蜘蛛’的，写得很好。当时我家乡的板栗树很多，每年都遭受这个害虫的危害，觉得跟这个导师读研，可以学到防治这种病虫害的知识，到时候帮家乡找出最好的防治措施，所以我就考取了周老师的研究生，考上了才知道是森保专业，算是无意之举吧。”

“可不能这样说。”我想了想说，“这看似无意，实则是有意。这个有意是你爱家乡才促成的。当你看到这个导师的研究可以防治你家乡板栗树上的病虫害时，你便选择了这个专业，这不是有意的吗？这完全是有意的，只是你未意识到罢了。一个人有了爱，就会有使命。有了使命，就会变得无比强大。所谓‘为母则刚’就是这个道理。”

“你说的这个特别对。不管什么事，只要你爱它，你就有动力，你就会为它付出。我们经常去受灾地区考察，当看到那些树木，由于染病，枝叶都发黄发蔫甚至干枯的时候，我这心里就特别难受。这些树木就像我的孩子一样，病成这样，我受不了，真受不了。”她说。

“你这个‘受不了’特别了不起，这是大爱之心。”我说。我想起一句古语：“民吾同胞，物吾与也。”（张载《西铭》）在中国文化里，认为宇宙为一，天地阴阳之气化育生人、生万物，所以天地乃吾父母，世间万物乃吾兄弟姐妹。我们人类作为万物之灵，要做“仁”者，要“亲亲而仁民，仁民而爱物”（《孟子》）。换言之，仁爱之人，不光爱自己的亲人，还要爱所有人，爱天地万物。看到树木染病干枯便心生悲戚之心，这就是仁爱之心，这是大爱，这是一种浩大的胸怀，这就是“天人合一”（张载《正蒙》）、“天地与我并生，万物与我为一”（《庄子·齐物论》）的哲学思想及中华传统文化宇宙观的具体体现。“现在看来，你之所以能在你的专业领域里取得如此大的成绩，绝不是偶然的，是你有一颗爱心、仁爱之心，进而回报社会的拳拳之心。”我不禁感慨地说。

五

2009 年，赵燕毕业了，经过考试，成为一名林业卫士。今天，在经过 14 年的努力之后，她已经成长为一名高级工程师，发表科技论文 7 篇，获得 3 项科技成果奖，成为这个行业里的“青年学术带头人”。2023 年又被山东省委、省政府授予“山东省先进工作者”荣誉称号。说实在的，对这样的成就和速度，我有些惊叹。我想，她是如何取得这些成绩的呢？她究竟是以一种怎样的工作热情、学术态度和学习精神才能在这短短的 14 年里，从一个稚嫩的来自山区的女学生成长为一名行业专家的呢？

赵燕告诉我，她这 14 年的工作经历大体上可以分为三个阶段：一是学习阶段；二是学习与思考阶段；三是转型阶段。在这三个不同的阶段，虽然有着不同的工作侧重，但每一个阶段基本上都是从学中干、从干中学，虚心向前辈们请教、向同事们学习，努力在实践中求真知的过程。她坚持每天读书，积极参加行业组织的各种专业学术研讨会，无所保留地和同行们交流彼此的工作经验。她订阅了专业杂志，每当忙完了家务和孩子，便秉烛夜读，密切关注行业动向，学习各类病虫害的防治经验……

“这 14 年，你的岗位职责有变化吗？”我问。

“基本上没什么变化。主要就是组织、指导、帮助各区县森保站做好全市林业有害生物检疫、监测和防治工作。”

“我想请你谈谈具体工作好吗？”我说。

“从哪儿说起呢？”赵燕琢磨了一下说。

“我过去也搞过科研。我知道科研工作细小琐碎，日复一日，每天都在重复着近乎相同的工作。但是，就是这无数次的细小琐碎，才会成就一次伟大。请先从你参加的第一个项目说起吧！”我说。

“那就从防治‘美国白蛾’开始。”她说，“2009 年，我毕业时，正好是‘美国白蛾’在我市上演大爆发的一年，当时又恰逢第十一届全运会在我市举行，所以，疫情显得异常严峻，从上到下，都极为重视，防治刻不容缓。”

“请等一下，请你先谈谈这个‘美国白蛾’是怎么回事？”我打断她说。

“‘美国白蛾’是一种世界性的检疫害虫。它原产北美洲，1979 年传入我国辽宁丹东，1982 年传入我省荣成，2006 年传入我市。它具有食性杂、繁殖力强、适应性广、传播速度快、防治难度大的特点，因为是外来入侵种，缺少自然天敌，疫情很容易反弹，尤其是雨水好的年份，自然死亡率低，虫口密度大，为害严重，大发生时能将寄主植物叶片全部吃光，严重影响林木生长，甚至侵入农田，危害农作物，造成减产减收，甚至绝产，被称为‘无烟的火灾’。”

“哦！这个害虫主要对哪些植物造成危害？”

“它危害的植物种类非常广，农作物、阔叶类树种几乎都能危害。像林业的桑、胡桃、苹果、梧桐、李、樱桃、柿、榆、柳树等，农作物的玉米、大豆、花生、白菜、萝卜等。在美国白蛾暴食期，几天时间，树木的叶子就会被吃光，如果不及时采取科学防控措施，我们看到的可能是光秃秃的树林。”

“吆！危害程度这么大。你们采取了哪些措施，效果怎么样？”

“我当时在森保站负责林业有害生物的监测工作。疫情就是命令，我们马上投入了紧张有序的防治工作。这就像一个危急病人被紧急送进了急诊室。不管哪种病虫害，想要及时防治，就必须掌握这种病虫害在当地的发生规律以及发展动态，所以监测工作非常重要。”

“请再等一下。同一种病虫害的发生规律和发展动态难道不一样吗？”我再一次打断她问。

“不一样。同一种病虫害，由于所处的地域环境，在气候、温度、湿度等客观条件方面有所不同，所以表现也就不同。因此你必须到实地监测，了解并掌握实际情况。因为你只有了解了它的这些特点，才能够准确地采取措施，否则，时机选择得不对，采取的措施也不起作用。监测是防治病虫害的依据和前提。为了确保监测数据的及时准确，我们采取了最为严格的监测和防治措施。我们一天一次监测信息、收集信息，作正态分布图进行信息分析。根据分析结果，每天根据美国白蛾诱捕量、发生面积及危害程度，向各区县实时发布动态监测信息，指导防治工作。当时，我们的这一严密科学的工作模式取得了很好的效果，快速遏制了美国白蛾的进一步发展与扩散蔓延，保护了咱们市的生态环境。后来，我们的这一做法还作为一种工作经验和工作模式在全省得到了大力推广。在此期间，我还参与了《白蛾周氏啮小蜂大规模人工繁育与利用研究》和《美国白蛾发生规律和防治技术研究与示范》课题的研究工作。这两项科研成果分别在2013年和2015年获得了济南市科技进步三等奖。我还发表了学术论文《浅谈美国白蛾无公害防治技术》。”

“吆！这么说，如果当时没能遏制住这个害虫的话，我们市的树木岂不是都要被它吃光了，都成了‘秃头’？”听到这里，我十分震惊地说。

“嘿嘿。”她看我一脸震惊的样子，笑了，说，“怎么，吓着了？我再给你讲个更吓人的。”

“请讲。”

“2019 年春在咱们济南市莱芜区发现了一种新病害，叫‘松材线虫病’。这是我市首次发现。”

“请先讲讲这又是一种什么害虫？”我打断她说。

“这不是害虫，是线虫，一般将它归为病害。‘松材线虫病’又称‘松树萎蔫病’或‘松树枯萎病’，是松树的一种毁灭性病害，被称为松树的‘癌症’。它也是外来入侵物种，是全球最具危险性的林业病害，在我国属于国家重大生态灾害。”她说。

“它危害的林业是什么？”我问。

“松树。”她说，“当松树染病后，在当年的秋季便会出现枯死。”

“这个病害比刚才那个怎么样？”我问。

“两者相比，它更具有毁灭性。”她说，“这种线虫繁殖力惊人，致病能力极强，发病速度也快。科学研究表明，通常在 25℃温度下，1 条雌虫一个半月就能繁殖 4000 万亿条，从而堵塞树干内所有的孔道，阻断水分输送，使枝条萎蔫、针叶下垂，整个树冠状如火烧，全株干枯而死。在高温干旱时，松树从染病到枯死只需要 3 个月左右。从开始出现症状到死亡大约 30 到 45 天。由于传播速度很快，3 到 5 年便会造成大面积的松林毁灭。当时我们莱芜区有 32 万亩松林，你可以想象一下，如果不及时消灭这个害虫，用不了几年……后果会有多严重。”

“这么厉害！你们采取了哪些措施？”

“疫情发生后，我们还是多次实地调查情况。只是这次与过去不同，难度更大，工作更艰苦，也更危险。由于是首次发现，所以大家经验不足，这就需要我们必须去实地进行监测。那是怎样的一个实地啊！松林基本都长在深山里，有的还长在悬崖峭壁上，你想想……山高林密，山路崎岖，山崖陡峭，作业真的很危险。当时我们顶烈日、冒酷暑，不顾山高路险，一连数月在大山里开展实地调查与防治工作，效果显著，遏制了它的蔓延与传播。之后又经过了三年的死树清理、伐桩处理以及成千上万棵松树的打孔注药和对传播对象‘松墨天牛’的防控，最终实现了‘松材线虫病’疫情被彻底拔除，保护了我市森林资源和生态安全。”

“我想问一下，为什么是‘又经过三年的死树处理’呢？树死了不就完了吗，怎么还需要处理？”我问。

“这是因为‘松材线虫’深藏在树体中，普通的喷药技术很难将其杀死。而染病的树木死了以后，‘松材线虫’却并没有死，它还会通过传播媒介——‘松墨天牛’到处传播。所以要把死树全部挖出来，进行科学的处理，同时还要消灭‘松墨天牛’。这些工作很艰巨，处理树木和消灭松墨天牛是一项既科学又繁重又需要时间的工作，稍有不慎就会前功尽弃。”她说。

六

经过这些年的实践，赵燕已经从一名稚嫩的学生迅速成长为一名理论知识扎实、专业学养深厚、工作经验丰富的科技工作者。她不仅对全市林业有害生物防治工作有了全面的了解，而且针对这些年在防治工作中存在的一些问题进行了认真思考。对如何调动技术人员的积极性、提高技术人员专业技术水平、加强工作的科学性做了深入而细致的思考。2013 年，在思考的基础上，为了指导全市对有害生物的防治工作，赵燕编制了《济南市主要林业有害生物监测、预测、预报办法汇编》。该汇编的完成，第一次让全市技术人员在林业有害生物防治监测方面有了科学、统一的技术规范和标准，大大提高了全市技术人员的监测技术水平，也使全市有害生物的防治工作从此步入了正轨，迈上了一个新的台阶。

2014 年，我国第三次林业有害生物普查工作启动。这是我国林业有害生物测报史上的大事件，全国各地都迅速行动起来。我们济南市也不例外，从上到下积极响应。为确保这次普查工作的顺利进行，赵燕从理论出发，结合多年的工作经验，牵头制订了《济南市第三次林业有害生物普查工作实施及技术方案》。该方案的制订与实施，规范了普查工作的技术行为，促进了普查工作科学有序地进行。

当 2016 年来临的时候，普查工作也进入到最紧张最关键的时期，恰在此时，赵燕却迎来了她最为艰难的时刻——她生了二胎，母亲查出了乳腺癌。特别是母亲的病让她的身心遭受了巨大的打击，由于悲伤过度，她一度曾吃不下睡不着，萎靡不振。然而，使命感，一个科技工作者的使命感，强烈地呼唤着她。“我要振作起来。我必须振作起来，不能倒下。”她说。于是，她强忍着内心的悲苦，克服种种困难，坚强地站了起来，并以百倍的努力，凭一己之力，经过无数个日日夜夜的伏案疾书，终于完成了全市 847 种林业有害生物（虫害 710 种，病害 121 种，有害植物 16 种）以及 36 种天敌的分类和目录整理工作；并从全市数万张照片中筛选并完成了济南市林业 481 种虫害的危害情状以及不同虫态照片和 79 种病害危害情状照片的整理工作，为全市林业有害生物普查工作做出了巨大贡献。

“唉——这个时期，确实是太难了。”当回忆起这段经历时，她摇摇头说。

…………

“宝剑锋从磨砺出，梅花香自苦寒来。”14 年的刻苦学习与辛勤工作，赵燕先后获得了如下科研成果和荣誉。

科研成果：

1.Phenoloxidase from Gastrolina depressa and its inhibitors[J].*Pesticide Biochemistry and physiology* 2010.

2.4- 己基间苯二酚和曲酸对舞毒蛾酚氧化酶的抑制作用研究 [J]. 林业科学 2009.

3. 舞毒蛾酚氧化酶的酶学特征及其有机溶剂对其活性的影响 [J]. 山东农业大学学报 2011.

4. 夏季杨树病害的发生与防治 [J]. 农业知识 2016.

5. 浅谈美国白蛾无公害防治技术 [M]. 中国林业出版社 2016.

6. 春尺蠖防治技巧 [J]. 农业知识 2017.

7. 鲁中南山区核桃病虫害防治 [J]. 农业知识 2017.

荣誉称号：

1.2014 年，山东省林业厅授予“2011—2013 年重大林业有害生物防控工作先进个人”。

2.2018 年，济南市人才工作领导小组授予“第七批济南市青年学术带头人”。

3.2023 年，国家林业和草原局生物灾害防控中心授予“2022 年度国家级林业有害生物中心测报点优秀测报员”称号。

4.2023 年，中共山东省委 . 山东省人民政府授予“山东省先进工作者”。

七

当采访就要结束的时候，我问赵燕，这么年轻就取得了这么大的成绩，获得了这么多的荣誉，有没有感到压力？或者说，有没有什么新的打算？

“压力当然有啊！”她笑着说，“‘山东省先进工作者’，这是多么大的荣誉啊！其实，在我看来，这个荣誉不光是发给我个人的，是发给我们这个集体的，我只是这个集体中的一个代表。如果没有单位领导的支持，没有老师和同事们的帮助，没有我们这个集体的智慧和力量，仅凭我个人是做不成什么事的，所以我更愿意把这个荣誉看作是颁发给我们这个集体的。至于下一步的打算，我还是有的。我想除了继续做好自己的本职工作、继续对林业保护做更深入更广泛的研究外，我还想走出去，到广大的乡村去，用我所学的农作物保护的专业知识，为农民朋友们服务。如：编制农作物常见的病虫害防治手册，为农民朋友们举办病虫害防治讲座等。把知识送到田间地头，帮助他们防治病虫害，提高农作物的产量，尽一个科技工作者的职责，不辜负党和国家对我的培养以及给予我的这份荣誉。”

…………

“‘坚持以人民为中心，牢固树立和践行绿水青山就是金山银山的理念，把建设美丽中国摆在强国建设、民族复兴的突出位置，推动城乡人居环境明显改善、美丽中国建设取得显著成效，以高品质生态环境支撑高质量发展，加快推进人与自然和谐共生的现代化。’这段话是习近平总书记在 2023 年 7 月召开的全国生态环境保护大会上的重要指示。无疑，这是总书记向全国人民吹响的生态文明建设的冲锋号角。我作为一名林业科技工作者，坚决响应总书记号召，决心走在队伍的最前面，用所学知识服务社会，为建设美丽中国贡献自己的力量。”她说。

“人不负青山，青山必不负人。”“我不负时光，时光必不负我。”让我们祝愿赵燕，祝愿她心想事成，祝愿她在这一“建设美丽中国”的伟大事业中再立新功。

DNA 的秘密

——记山东省先进工作者、济南市公安局长清区分局刑警大队路俊雷

张宝中

DNA 检验不允许一丁点儿错误

1997 年 11 月 29 日晚，某区一商户家中发生一起入室抢劫杀人案，一对夫妇和 9 岁的儿子遇害，用于经营的现金等被洗劫一空。现场一片狼藉，引起了周边群众的巨大恐慌。公安机关抽调精干力量展开调查，但限于当时的技术条件，一直没有突破性进展。

26 年后的 2023 年 8 月 28 日下午，济南市公安局物证鉴定处利用仅有的一点现场物证，通过 DNA 新型技术手段，终于确认了犯罪嫌疑人的身份。

那么，遗留在现场的物证上有什么？有一种肉眼看不到的东西：犯罪嫌疑人留下的脱落细胞。脱落细胞里有什么？有犯罪嫌疑人的 DNA 信息。

DNA 是英语“Deoxyribo Nucleic Acid”的缩写，化学名称是“脱氧核糖核酸”。众所周知，人体是由细胞构成的，细胞由细胞膜、细胞质和细胞核等组成。在细胞核中，有一种叫染色体的物质，其主要成分就是脱氧核糖核酸，即 DNA。DNA 是细胞的遗传物质，也就是基因。每个人的 DNA 都是独一无

二的，就像没有两片完全相同的树叶一样，它决定着人的长相、身高等体貌特征。人们所熟知的亲子鉴定，目前用得最多的就是 DNA 技术。人的血液、毛发、唾液等都含有 DNA 信息，都可用于亲子鉴定。

30 多年来，我国的法医 DNA 技术取得了巨大成功，被广泛应用于刑事侦查、民事诉讼等领域。DNA 技术是刑事侦查技术和生物科学的完美结合，作为法医物证，能为刑事侦查提供准确的侦查线索，拓宽侦查途径，从而在最短的时间内锁定犯罪嫌疑人，节省人力物力。比如，在性侵或凶杀案件中，犯罪现场会留下犯罪嫌疑人的精液、毛发、唾液、血液、细胞等，从中可以提取 DNA，从而认定犯罪嫌疑人。运用 DNA 技术，也可以将无辜的嫌疑人排除。

济南市公安局有一个专门从事 DNA 检验的机构——济南市公安局物证鉴定处 DNA 检验室。

济南市公安局物证鉴定处办公地点在南山区仲宫街道，办公楼 2014 年投入使用时，是当时亚洲最大、最先进的公安技术楼，面积 1 万多平方米，是全国公安机关重点 DNA 检验鉴定实验室和公安部一级实验室，并且是“全球标准”“国际认证”，在全国名列前茅。

DNA 检验室的负责人名叫路俊雷，是警务技术一级主管，副高级资格。他生于 1980 年 10 月，泰安人，先后毕业于济宁医学院临床医学专业、中国刑事警察学院法医学专业，为医学、法学双学士，一直从事重特大案件的现场勘查和 DNA 检验鉴定工作。他身高一米七八，胖瘦适中，说一口带济南味的普通话，戴一副 600 多度的近视镜，如果不穿警服，气质很像一个严谨、古板的“理工男”。他的同事评价他“工作非常敬业，精益求精，技术精湛，是个称职的业务带头人。”“具有开拓创新精神，风风火火的，闲不住。脾气很急躁，有了活儿哪怕不吃饭也要赶紧弄完。”笔者在采访中发现，路俊雷作为部门负责人，没有一点“领导”架子，比他年长的同事叫他“小路”，比他年轻的叫他“路哥”，都叫得很亲切。

路俊雷虽然是急性子，但工作起来却十分严谨、认真。为了能从一份疑难检材中提取到 DNA，常常一坐就是几个小时，加班加点更是家常便饭。“DNA 检验是终身负责制和错案倒查制。如果鉴定做错了，你把报告发出去了，要么抓错一个好人，要么放过一个坏人。DNA 要做就做到极致、做到最好，不允许一丁点儿错误。如果出了一份错误的鉴定书，我们这个专业十年八年都缓不过劲来。这个责任太大了，担不起就不能干这个。要干这个就必须把责任心树立起来，必须刻到骨子里。”

DNA 最怕的是污染，非常非常敏感。隔着窄窄的门缝打招呼，如果没戴口罩，唾沫星子飞进屋里，就可能把 DNA 给污染了。所以，进实验室必须戴口罩、手套，穿隔离衣。戴口罩和手套还有顺序，先戴一层手套，然后戴上口罩，这样手套和口罩就有接触了，为避免污染，再戴一层手套。手套是一个检材一换，做完一个检材之后、做另一个检材之前，把外面那层手套换下来。

当然，DNA 的污染是很难避免的，往往是肉眼看不见的，被戏称为“鬼影之手”。“我们能做的是尽量避免污染。其中低级错误绝不能犯，在这方面是有过教训的。从事 DNA 检验工作，无论多么认真、严谨，都不过分。”路俊雷说。

两米尼龙绳被剪成 2000 段

路俊雷那间朝阳的 20 多平方米的办公室里，满满当当地摆着 5 张办公桌，他在最里面。墙上挂着一张磁性白板，上面用蓝色水性记号笔写着几起命案积案的案发日期、受害人姓名，还有一些箭头和人名。其中，白板最上方左边，写的是那起入室抢劫杀人案。

笔者采访路俊雷那天下午，坐在他办公桌旁和他交谈。另外四位同事坐在电脑前各忙各的，办公室里很安静。不时有年轻民警过来向路俊雷汇报工作。后来，路俊雷和同事们都兴奋起来，说话嗓门也高起来。笔者问怎么回事，路俊雷欣喜地说，那起入室抢劫杀人案的嫌疑人“比中”了。他还跟笔者开玩笑，说笔者是他们的“福星”，不早不晚，偏偏这天去采访，26 年前的命案积案的嫌疑人这天就比中了。

案发现场勘查结果显示：嫌疑人从受害人家储藏间破窗而入，直奔卧室，用钝器将尚在睡梦中的受害人杀害，将现金等洗劫一空后逃离。嫌疑人为掩人耳目，提前准备好粗尼龙绳和木棍，把绳子绑在两条窗棂中间，再用棍子旋转绳子，使窗棂弯曲，这样就可以在几乎不发出声音的情况下进入室内作案。

路俊雷向笔者简单介绍了刑事案件的要点：“凶杀案的犯罪动机，一般是情、财、仇三个方面。该案发生后，当年的办案人员经过调查，首先排除了情杀。那时候做买卖，交易方式都是现金流，死者做的生意比较大，家里肯定存了很多现金，犯罪动机有可能是侵财。但是，如果犯罪嫌疑人是为了抢钱，把钱抢到手就完事儿了，为什么还那么残忍地把一家三口都杀死？这说明可能有仇。那对夫妇是做生意的，可能在秤上多多少少有些问题，得罪了一些人。但如果是仇杀，一般应该有预谋，而这个案子没有预谋犯罪的那些特征。情、财、仇都排除了，这就属于难破的案件了。”

由于作案凶器被嫌疑人带离现场，现场留下的有价值证据，只剩下那条用于撑开窗棂的粗尼龙绳。当年也对尼龙绳做过 DNA 检验，但受限于当时的检验技术，对绳子的检验仅限于可以验明绳子的材质以及混凝土附着物，其他与嫌疑人有关的信息无从知晓。在经过大量走访调查无果后，该起案件的侦查工作转入另一个阶段，那条粗尼龙绳也作为唯一的证据被封存起来。

时光流转，曾经的案发地早已不是原来的模样，当年参与办案的民警大都青丝变白发。这起案件像石头一样压在路俊雷心里，他要给死者一家三口及家属一个交代，为他们伸张正义。“这个案子，我只管能不能比中嫌疑人，能不能在嫌疑人死之前锁定他，不能让这个案子一直在墙上挂着，等退休了还没比中，咱丢不起这人。”

2021 年，济南市公安局刑警支队对全市命案积案进行进一步排查，认为这起命案积案相关检材仍具有很强的检验价值。时代变迁，随着近些年刑事科学技术的飞速发展，对相关检材的处理和检验的精确度也有了大幅提升。路俊雷决定再对检材进行全面提取，利用最新的检验技术再试一次。

那条粗尼龙绳被路俊雷剪成了近 2000 份小绳段，每段小绳再分成十余份单根的线，逐个样本进行检验。他工作很忙，不能所有时间都靠上，什么时候手头暂时没事了，或周末在单位值班，断断续续地有空就做。2022 年 12 月，正好那段时间他有空，又用了将近一个星期的时间，做出了 1000 多张 DNA 图谱，但最后能用的只有 20 多张。

做这种陈旧检材的 DNA，首先要排除污染。除了犯罪嫌疑人，把接触过那根麻绳的人员都要排除掉。最后，运用 DNA 新型技术，在笔者采访路俊雷的那天下午，终于确认了犯罪嫌疑人的身份。这个过程非常艰辛、曲折，因 DNA 新型技术“涉密”，路俊雷没有多说。

嫌疑人张某已 72 岁。路俊雷在综合研判信息后，看张某的户籍照片，发现他左侧颈部有一个肿块，有可能会发生严重病变。“如果他突然去世了，这个案子的一些情节就很可能说不清楚了，所以现在的确是和时间赛跑。”

路俊雷说。

采访路俊雷两个多月后的 11 月 14 日，张某被抓捕。

笔者了解到，张某虽已到案，但办案民警的压力并没有减轻。虽然已掌握充分的检验证据，但如何让张某主动开口承认自己曾经杀人，仍是审讯时的难题。民警从侧面了解到，张某年轻时经济来源并不稳定，却极要面子。20 世纪 90 年代，他曾借钱给家里盖了瓦房，直到 1998 年春节前，他突然还了债主近一万元的借款，之后就很少出现在村里，借钱盖起来的瓦房也几近荒废。

民警分析，张某当年突然还钱的举动，可以作为撬动他心理防线的支点。于是，审讯时更多地从他的经济情况入手。通过对张某的日常消费情况进行调查，民警发现他近些年来爱买彩票，于是在审讯中就装作无意实则有意地和他聊彩票。这一话题果然触动了张某的神经。民警借机提出，可以帮他买彩票，圆他“有钱就有面子”的梦想，借此继续加大对他的心理攻势，劝他放下戒备，还受害人公道的同时也让自己得到解脱。不出所料，第二天一早，张某如实交代了当年作案的全部过程，一桩尘封 26 年的命案终于告破。

张某年轻时务农，农闲时经常贩些蔬菜水果到某市场售卖。但他开销较大，总觉得钱不够花的，于是就溜门撬锁，干一些偷鸡摸狗的勾当，并因盗窃被公安机关打击处理过。之后他并没有醒悟，胆子反而越来越大。1997 年 11 月，46 岁的张某眼看自己的正常收入还不上盖房的借款，就决定铤而走险，抢劫杀人。他曾到受害人所在的市场卖过蔬菜和水果，对那里很熟悉，对哪家商户家里有钱也较了解。受害人家离市场中心区域最远，平时住在店铺里，且现金量较大，张某就选择了这一家。作案后，张某开始了四处躲藏的生活，很少回村里，当年借钱盖的瓦房也几近荒废，院子里长满一人多高的杂草。

嫌疑人张某已被依法采取刑事强制措施，等待他的将是法律的严惩。

这起命案积案，是路俊雷和同事们利用 DNA 技术，成功锁定犯罪嫌疑人的众多命案积案中的一起。

路俊雷自 2006 年从号称“福尔摩斯的摇篮”和“警界清华”的中国刑事警察学院毕业后，一直在济南市公安局工作。刚入行时从事了 8 年法医解剖工作，同时兼职 DNA 检验。“案子不分时候，接到电话就得走。尤其是命案，出了现场解剖完尸体，还要对带回的现场物证连夜加班做 DNA 检验。其他专业的同事都去休息了，我拿着检材到实验室，一干就是一个通宵。现在那些年轻的同事幸福多了，一参加工作就有防护服、干净的解剖室，解剖室还安装了空调。我刚干法医的时候，有的区县条件很简陋，尤其是农村的案件，田间地头找敷料一铺，人一蹲，就在那里干活。如果是在夜里，还得别人拿手电筒给照着。洗手，哪有洗手的地方？就是用喝的水简单冲一冲手，不然没法上车。到了研究案情的地方，再打上肥皂好好洗一次手。冬天的时候手冻得都伸不出来，但该怎么干怎么干。”

不管是夏天腐败尸体的恶臭，还是冬天的严寒，路俊雷在案发现场往往一干就是几个小时。最忙的时候，他曾7天6夜只睡了16个小时。“那种血腥的案子，要说恶心，描述起来确实也有。尤其再加上那种腐败严重的，自己看了也不舒服。”路俊雷说，他曾出过一个凶杀案的现场，死者被扔到玉米地里，一个月后才被发现。当时是7月份，天气炎热，尸体高度腐败，上面全是蠕动的蝇蛆。用解剖刀把肚子一划开，蝇蛆立马涌出来，满地爬，然后顺着他的腿往上爬，他干完活就把鞋子扔了。只要是腐败的尸体，大部分现场都这样。

自参加工作以来，路俊雷共参与现场勘查300多次，检验现场物证及违法犯罪人员22万余份，出具鉴定书6000余份，无一差错。在多起案件的侦破中，他的鉴定结果提供了重要证据支撑，发挥了重要作用。“济南是全国唯一一个连续13年命案全破的省会城市，其中DNA发挥了重要作用。”路俊雷自豪地说。

DNA检验，让命案积案真凶伏法

“现在我们有时间就做命案积案。随着时间的延长，嫌疑人有的突发疾病去世，或者其他各种原因，证据就没法固定了。做命案积案，我们就是在和时间抢速度。从我参加工作以来，我们破获的命案积案有60多起了。如果没有DNA技术的进步，这些案件破获的希望就很渺茫了。”路俊雷说，2022年一年破了4起命案积案，现在的命案积案越来越少了，能留到现在没破的，肯定是难上加难的案件了。

路俊雷向笔者介绍了几起利用DNA技术侦破的命案积案。

嫌疑人何某经长期预谋，于1996年12月先后把他的5个朋友杀死后藏匿，

后因尸臭被邻居举报。何某自知事情败露，闻声潜逃。济南市公安局立即成立了专案组，开展了大量的侦查工作。但因何某有较强的反侦查意识，就像人间蒸发了一样，破案没有任何线索。公安部把他列为部督 A 级逃犯。随着 DNA 技术的发展和数据库的普及，DNA 鉴定人员利用新型技术，发现了何某在外省的线索。两地公安机关立即复核，发现正羁押在某市看守所的在押犯“马辉”就是已经漂白身份的何某。何某潜逃后一直没有正式工作，漂白身份后靠要账为生，但因背负 5 条人命，也是惶惶不可终日，被抓后他也终于得到了解脱。

案发 13 年后，这一系列杀人案成功告破。2010 年，何某被押回济南，2016 年被执行死刑。

2002 年，在某区工地一搅拌机的料斗内，发现一具女尸。经调查，死者为刘某，被强奸后杀害。为尽快消除社会影响，市、区两级公安机关第一时间成立专案组，做了大量工作，但因案发现场杂乱，环境复杂，又地处城中村，有大量暂住人员出入，破案面临巨大困难。虽然现场提取到了相关物证，但受限于当时的技术水平，一直未能破案。

2022 年，省公安厅再次开展全力推动全省命案积案攻坚行动，拟挂牌督办一批命案积案。路俊雷主动对接有未破案件的单位。某分局认真梳理命案积案，重新调阅案件卷宗、查找相关案件物证，在卷宗中找到了刘某被杀案的相关物证，立即委托送检。

据了解，当年死者刘某被杀前刚与丈夫发生过性关系，在同一份现场物证上留下了死者、死者丈夫和嫌疑人的混合基因。多人混合物证的提取、检验、分析和研判都是DNA鉴定的难点，而且又是20年的陈旧物证，更是难上加难。路俊雷和同事对剩余检材制定了多种检验方案，经过连续多日加班，终于在物证上提取到满意的结果。通过信息研判，发现王某案发前在案发现场附近暂住，案发后离开济南，具备作案条件。综合所有信息，王某有重大作案嫌疑，办案人员在“冬奥会”前在北京将其抓捕。经审讯，他对杀害刘某一案供认不讳。

2004年，某区出租车司机陈某被杀死，现场较血腥。专案组做了大量工作，但鉴于当年技术水平有限，案件侦破一直没有进展。

2022年，随着DNA新型技术的发展应用，济南市公安局物证鉴定处再次梳理该案生物检材。根据陈旧检材的存放情况，路俊雷组织人员制定了检验方案，通过仔细提取、检验，成功在车辆上做出两个有效结果。“通过我们检验的物证，综合判断嫌疑人为两名，其中驾驶座的嫌疑人受伤，副驾驶是另一名嫌疑人。”路俊雷说。之后，办案人员利用新型技术，将两名犯罪嫌疑人成功抓获。

在日常工作中，DNA检验室参与破获的命案，如果死者是无名尸的，就先找尸源，找到了尸源，案子就有80%破获的可能了。提取到检材后，一般不会超过6个小时，就能出DNA鉴定结果。今年8月，有人在某区黄河段捞上来一具人体躯干，但不知道死者是什么人。侦查民警在案发现场周边走访排查、调取监控，调查还没有眉目，路俊雷这边DNA已经比对出来了，已经知道死者是谁了。找到了尸源，很快就抓获了犯罪嫌疑人。

2011年，某县公安局接到报警：村民王某查看麦情时，在一机井口发现大量血迹，井内扔有大块石板。“一开春清理机井，准备灌溉，结果这个机井捅不开。”路俊雷和同事们迅速赶往现场，在井内石块下打捞出一具男性尸体，头部遭受重创，应为一起杀人抛尸案。

专案组确定了“查找尸源定方向、信息追查划范围、走访排查摸嫌疑”的工作思路，把侦查力量分为走访调查组、物证排查组、技术串并组、信息分析组，重点采集死者样本进行检验，并按照死者的特殊标记在失踪人员和未知名尸体系统中查找尸源。

因死者是未知名尸体，尸源难以确定，侦查工作陷入了僵局。当天晚上，路俊雷不顾现场勘查、尸体检验的辛苦，回到单位后连夜进行 DNA 检验，经认真细致地提取，对现场物证和死者样本分析检验，确定死者为马某。

专案组人员立即对马某的社会关系进行调查。马某于 2007 年曾因盗窃受过处理，平日不务正业，经常骚扰邻村妇女刘某，但近期他家大门紧锁，已数日不见踪影。

刘某有重大作案嫌疑。办案人员围绕刘某展开调查，经周密布控，在淄博某村的出租楼内，将逃逸的刘某等 6 名犯罪嫌疑人抓获。犯罪嫌疑人供述，死者 4 岁的女儿已被抛在另一眼机井内淹死。

这起特大杀人抛尸案让路俊雷“很心痛”。“那时候我也刚有孩子，干这个活儿的时候就非常痛心。嫌疑人心狠手辣，孩子都不放过，孩子是无辜的。”

2009 年 9 月，济南市某路公交车司机倪某像往常一样，在公交车到达终点站后检查车辆，突然闻到一股汽油味，随后在公交车内尾部发现一个黑色塑料袋内装一个鞋盒，疑似爆炸装置，随即向公交总公司报告并报警。省市各级领导高度重视，要求尽快破案，严惩犯罪。

路俊雷不顾连日加班的辛苦，连夜对油爆装置进行了物证提取，会同物证鉴定处其他部门的同事，针对该案疑难物证多、检验难度大等特点，进行认真细致的分析，处理接触性 DNA 检材 35 处，于次日凌晨在油爆装置上多处位置提取到倪某的 DNA。

根据油爆装置的构造，倪某报案后没有条件接触到提取 DNA 的位置，“外面严严实实裹着胶带，油爆装置内部肯定没有别人接触，只有嫌疑人自己能接触。”路俊雷说。根据 DNA 结果的研判分析，认定该汽油爆炸装置为倪某本人制作。

在强有力的证据面前，犯罪嫌疑人倪某供述：他为骗取公交公司的奖励和荣誉，制作了汽油燃爆装置，并把装置放在车厢后排空档处。“在此之前，公交公司曾经有一名女司机在车上发现了一个管制刀具，上报后公交公司奖励她一千块钱，还给予‘五星级驾驶员’之类的荣誉。倪某也想弄个荣誉，没想到把自己弄进去了。”路俊雷说。

为济南战役无名烈士寻亲

1948 年 9 月 16 日，解放军华东野战军 14 万官兵向济南发起全线进攻，激战 8 个昼夜，攻克 10 多万国民党军重兵据守的济南。济南战役的胜利，解放军付出了伤亡 2.6 万多人的代价，其中牺牲 5000 多人。由于战事紧张，条件简陋，牺牲的烈士就地掩埋，捧土成墓，削木立碑。随着岁月变迁，加之风雨侵蚀，一些烈士的姓名无从考证，成为无名烈士。仅济南革命烈士陵园内就安葬着 790 名无名烈士。他们牺牲的时候还很年轻，大都没有子女，也不知道他们的家庭信息。很多烈士的家属都不知道亲人是怎么牺牲的，又埋葬在哪里，这成为他们长久的甚至终生的遗憾。

济南市有关部门从未放弃为烈士寻亲的工作。早在 1998 年，济南革命烈士陵园就设立寻亲小组，在全国率先开通烈士寻亲热线。因当时条件所限，只能为有名有姓的烈士寻亲，那么多无名烈士，仍没有办法找到他们的家人。由于这些无名烈士的父母和兄弟姐妹多已过世，小辈子侄也进入古稀之年，为他们寻亲成为一件迫在眉睫的抢救性工作。

2020 年，济南革命烈士陵园利用烈士墓区改造、烈士迁葬的契机，探索利用 DNA 技术为在济南战役中牺牲的无名烈士寻亲。经多次对接、论证，市公安局物证鉴定处协助市退役军人事务局开展这一活动。

路俊雷从业以来处理过的 DNA 样本难以计数，但为烈士遗骸提取 DNA 样本还是第一次。他认为，在刑侦领域，DNA 技术被称为“证据之王”，已经得到普遍应用，用于烈士寻亲，在理论上和实践上都是可行的。几年前，他接到上级安排的一批 80 多年前的样本的检验任务，那是他第一次接手 DNA 陈旧检材的检验工作。其间他和同事们翻找了大量资料，请教同行专家，和试剂生产商交流，最终圆满完成了任务，并积累了宝贵的陈旧检材处理的第一手经验。

无名烈士的遗骸一直埋葬在地下，无法预知腐败、降解程度。根据经验，埋葬这么多年的遗骸，可用的 DNA 检材仅有牙齿和长骨。牙釉质比较坚硬，可以将 DNA 保存在牙髓中长达十几年甚至几十年；比起肋骨等较脆薄的骨骼，长骨中也有可能存留部分 DNA 物质。

2021 年 1 月 28 日，济南市无名烈士 DNA 样本提取工作正式启动。

那是济南入冬以来最冷的一天。一大早，济南市退役军人事务局的工作人员在济南革命烈士陵园搭起临时工棚，开始挖掘无名烈士的遗骸。在路俊雷等专家的指导下，工作人员对安葬在陵园内的 790 位济南战役无名烈士 DNA 样本进行提取。木板上铺着白布，将烈士遗骸放到上面，用小刷子清除掉遗骸上的浮土后，小心地将几颗牙齿提取下来，放在牛皮纸材质的物证袋里，标明样本编号。路俊雷再三叮嘱，一定要轻拿轻放，千万不能搞混。“我们主要是挑选保存条件相对比较好、状况好的牙齿，如果牙根一捏就断了，就很难提取到结果了。”路俊雷说。

无名烈士DNA样本提取涉及811名烈士,其中有105座烈士墓中没有遗骸，只有帽徽、镜子、子弹、手榴弹等遗物；有的甚至只有半块头颅、几块碎骨头。先期 80 名无名烈士的牙齿被送往济南市公安局物证鉴定处 DNA 检验室，统一登记、统一编号、统一存放。

在实验室里，路俊雷的工作一丝不苟。“我们把检材带回实验室以后，首先要进行清洗，因为毕竟在地下，有一些腐殖质、微生物，甚至树根都附着在牙齿上，我们要把这些影响因素全部去除。然后放到酒精里浸泡，再拿到紫外线下消毒、干燥。之后用砸牙器把牙齿砸碎，使用工具研磨成粉后，放入一种特殊的裂解液，进行消化裂解，让 DNA 充分释放出来。每隔 12 小时要加一次试剂，每隔三四个小时进行一次震荡，大约经过 72 小时的处理，检材就进入离心、纯化、扩增、检测环节。整个提取过程需要 5 天，中间不能间断，一旦间断，就会直接影响提取效果。尤其是埋在地下 70 多年的牙齿，DNA 含量本来就少，任何一个环节出现偏差，检验就会功亏一篑。”

尽管 DNA 鉴定被认为是身份确认的“金钥匙”，但利用 DNA 技术寻亲不是 100% 都能成功。路俊雷说，成功率大概在 95% 以上。陈旧烈士遗骸鉴定比对困难重重，隔代非直系亲属的鉴定比对也是一项难题。

在无名烈士的牙齿上成功提取到 DNA 后，通过 DNA 新型技术手段比对，综合研判，将结果反馈给退役军人事务局。寻亲中心根据反馈结果，查找史料，综合研判，逐步缩小目标范围，最后确定烈士身份。有的线索指向上千个目标，需要反复核实印证、逐一甄别排除。比如，有的烈士参军后改了姓名，这就增加了寻亲的难度。有一位无名烈士的 DNA 线索指向威海市某村，该村宋氏家谱上有个“宋丕清”，是一名烈士。而济南战役《烈士清册》里有位叫“宋培清”的烈士，籍贯也是那个村。为确保无误，需要采集烈士亲属的血样做

DNA 鉴定。宋丕清参军时还没结婚，他的兄妹也都早已去世。工作人员采集了他 76 岁的侄子的血样，做了进一步的检验，最终确认“宋丕清”就是“宋培清”。

寻亲工作人员每一次寻访的过程都费尽周折，同时也伴随着感动和泪水。

滕学尧是运用 DNA 新型技术确认身份并为其找到家人的第一位烈士。

2021 年 9 月 7 日，寻亲工作人员来到烟台某村，见到了滕学尧烈士 88 岁的弟弟滕学顺老人。滕学顺老人回忆说，哥哥去当兵那年他才 12 岁，已记不清哥哥的模样了。那时村里没有年轻人了，都去当兵了。如果不是年龄小，他也和哥哥一起去当兵了。新中国成立后，他领到了哥哥的烈士证，白天黑夜地哭，也曾去济南查找哥哥的信息，但一无所获。70 多年来，他和家人一直不知道哥哥埋葬在哪里。得知哥哥葬在济南革命烈士陵园，他禁不住老泪纵横。

2021 年 12 月 3 日，寻亲工作人员来到烟台某村，告诉于秉初烈士的女儿于翠香：她父亲的遗骸埋在济南革命烈士陵园。73 岁的于翠香老人失声痛哭。这一天，她等了半个多世纪。她听母亲说，父亲 1947 年 6 月参军的时候，她刚出生 5 天。母亲在世时，一提起父亲就会落泪，自己也不敢多问。每当想念父亲，她就把烈士证拿出来看一看。她一直想确认父亲的安葬地，这次终于有了结果。

2021 年 12 月 8 日，在济宁某镇，张玉金烈士的侄子张慎和告诉寻亲工作人员，他的父亲弟兄四个，20 世纪 40 年代，三伯参军后再没回来，只寄回一封信，家人一直珍藏着。写信日期是 1948 年 9 月 6 日，离济南战役打响还有 10 天。从信中得知，张玉金原在国民党一六一旅当兵，他所属旅部在大汶口被华野围歼，他被解放军接收并编入九纵后勤警卫连。在解放战争中，大批起义、投诚、被俘的国民党士兵通过思想教育改造，迅速投入新战斗。张玉金给父母的那封信只有 200 多字：“我非常高兴，生活很好，上级对我非常关心，同志对我比亲兄弟都热爱。因为人民军队就是自己的部队，是代表咱们穷人的，所以我坚决在这干，希望大人不要挂念。家中有困难，民主政府以后来照顾……”

张慎和说，三伯牺牲的消息传回家中后，爷爷奶奶一直不敢相信是真的。爷爷去世前叮嘱儿孙说，还有一个亲人在外面漂着没回家，要把这封信好好保存着，一定要等到他回来。60 多岁的张慎和能在有生之年了却爷爷的遗愿，心里有说不出的感激。

张淑卿老人是烟台某村烈士孙学通的妻子。她清楚地记得，她和孙学通是 1946 年农历九月初四结婚，孙学通是 1947 年农历六月初五走的，那天雨下得特别大。孙学通给家里来过两封信，说部队马上就要解放济南了。张淑卿按信上的地址赶紧回了一封信，却再也没有收到回信。

张淑卿不知道的是，孙学通参加了济南战役，战争结束后，部队始终没有他的下落。她一边劳作一边照顾老人，不时打听丈夫的消息，始终没有音讯。新中国成立后，当初和孙学通一起当兵的很多同乡都回家了，孙学通却没回来。1958 年 8 月，孙学通被追认为革命烈士，烈士证上写的是“失踪”。

张淑卿一直认为孙学通还活着，就等他回来，也一直没有改嫁。20 世纪 60 年代初，她曾在家人的陪同下到济南革命烈士陵园查找孙学通的信息，可看遍了所有的墓碑，核对了所有烈士的名字，没看到孙学通的任何信息。随着年岁的增长，她渐渐相信孙学通已经不在人世了。她曾伤心地说，只有等她也到了那个世界，见到他的时候再问个明白了。

她没想到，在有生之年还能得到丈夫的确切消息。晚年她住在当地的社会福利服务中心。2022 年 1 月 12 日，寻亲工作人员找到她，告诉她说，孙学通烈士的遗骸找到了，就安葬在济南革命烈士陵园。

94 岁的张淑卿很久没有说话，表情也没有任何变化。过了一会儿，她脸上渐渐浮现出淡淡的笑容，慢慢悠悠地说：“说实话，听到这个消息我不高兴，我想让他回来找我……要是能看见他真人，我真想掐他两下，问他为什么留下我一个人，受这么多苦。”过了一会儿又说，“他对我好啊，就是有点心狠……”

从 19 岁开始，这 75 年她是怎么熬过来的，外人是无从想象的。望着她饱经沧桑的脸，寻亲工作人员和身旁所有人都哭了。

2022 年 9 月 24 日，济南解放 74 周年纪念日。济南市退役军人事务局为首批寻亲成功的 49 位济南战役无名烈士举行了隆重、肃穆的立碑仪式。仪式完成后，烈士亲属前往墓区祭奠。74 年的等待与期盼，终于梦圆英雄山。

大规模利用新型 DNA 技术为无名烈士寻亲，在山东乃至全国尚属首次。济南市公安局物证鉴定处参与的这一活动，已取得初步成效和成功经验。截至目前，济南市公安局物证鉴定处 DNA 检验室共受理 235 份济南战役无名烈士遗骸，已经为 103 名无名烈士找到了家人。下一步，济南市公安局将继续积极做好为无名烈士寻亲的工作。

济南只做第一

路俊雷工作特别忙，每年光看卷宗就3000多卷。每年接案数千起，最多的时候一年接案3600多起。休息对他来说是奢侈的事情。今年夏天因为动了个小手术，不得不休息了10天，这也是他参加工作17年来第一次休这么长时间的假。平时他一在家休息就不知道干什么，心情很烦躁，还不如去上班。他老家就在泰山脚下，从济南翻过山去就是，但他参加工作以来没爬过一次泰山。他的父母都去世了，13岁的女儿正上初中。妻子在某医院工作，每周都要值一个夜班，周末还有白班。两口子忙起来，甚至几天都见不上一面。

在繁忙的工作之余，路俊雷还搞了很多科研项目，写了很多论文。曾荣获省公安厅科技进步二等奖二次、三等奖二次，2022年公安部基层技术革新奖三等奖，山东省基层技术革新奖一等奖等等；入选第七批济南市青年学术技术带头人，入选公安部青年人才库、齐鲁公安英才库和山东省青年人才库、全省公安机关DNA专家库。先后有20余篇论文在各级刊物上发表。近5年来共申请国家实用新型专利5项，其中参与的课题“案件相关微量DNA检材PCR直接扩增方案”和“便携仿生熏显器”被列入公安部应用创新。

因成绩突出，路俊雷先后受市公安局嘉奖2次，被省委省政府授予“山东省抗击新冠肺炎疫情先进个人”和“山东省先进工作者”称号，荣获“全省公安机关DNA数据库建设工作先进个人”称号2次、“济南市优秀公务员”称号6次，荣立个人二等功1次、三等功2次，等等。

DNA检验室这个团队，是一个积极向上、充满朝气和活力的队伍。近三年来，DNA检验室被授予“山东省三八红旗集体”和“全国巾帼文明岗”称号，并受到集体嘉奖。“不忘初心，牢记使命，作为一名共产党员，服从命令听指挥，在专业工作上，关键时刻绝不掉链子。在领导的大力支持和同志们的共同努力下，济南参与的全省DNA考核和比武竞赛，我们一直都是第一。今年全省DNA半年考核，我们又是第一。我们重视每一项工作，唯旗是夺。济南就是要做第一，也只做第一，起步就是冲刺。现在我们正全力冲刺，争取2023年的全年工作保持第一。”

说这话时，路俊雷的语气和眼神中充满了不容置疑的自信。

研发番茄种子“芯片”的“山东姑爷”

——记济南市劳动模范、山东夏之秋果蔬有限公司吴景春

李书忠

见到山东夏之秋果蔬有限公司党支部书记、董事长吴景春实属不易。他实在太忙了，要么在出外考察的路上，要么在蔬菜种植辅导班的讲台上传经释惑，要么在实验室、大棚里面，培育和提纯那些被他称作为番茄“芯片”的种子。

经多次电话联系，吴景春终于腾出时间，约定在济南市天桥区桑梓店街道耿庄村南沃尔富斯番茄文化产业园基地，接受笔者的专访。

初冬，黄河北岸公路两旁的树木已落光了树叶，暖烘烘的阳光照耀着一片片褐棕色的大地，一垄垄黛青色的麦苗生机盎然地扎根于这片肥沃的土地上。

远远望去，一座占地面积 396 亩，由几十座大棚、上百间湖蓝色彩瓦组成的现代农业产业园映入眼帘。该园区建有蔬菜种质资源圃、育种试验基地、

蔬菜标准化生产示范基地、果蔬采摘园、科普研学实践基地等功能区域。

他们依托黄河流域生态保护的优势，采取“农科教 + 文旅”协同发展的模式，着力打造一、二、三产业融合发展的创新型现代农业产业园。

走进园区，一块块展示组织建设成果，突出园区特色、优质番茄品种的文化展板，矗立在园区主干道的两旁；一个个大小不同、散发着红彤彤光彩的番茄卡通造型，让人看后似乎能闻到那酸酸甜甜的气息。得知我到来，吴景春身穿一件印有单位名称的深蓝色的长及过膝的工作服，拎着一个绿色手提兜，从大棚的玻璃幕墙开口处匆匆走了出来。

只见他红扑扑的脸上挂着一层密密的汗珠，双手沾满了泥土。看到我，他几步迈到一个水龙头跟前，用凉水冲洗了一下双手，在工作服上抹擦了几下，未来得及脱掉沾满西红柿枝叶磷粉和淡黄色花粉的工作服，便带我来到园区内的接待室，谈起了他从福建到山东创业的故事……

相信自己，相信明天，相信青春没有地平线

1974 年，吴景春出生于福建省德化县龙门滩镇的一个小山村。龙门滩是个人杰地灵的好地方，四面山峦松苍竹翠，俨如云霞盖顶，景色幽美，气候宜人，温和多雨，溪水荡漾，绿树成荫，四季如春，宛如人间仙境。但是，自然美却解决不了现实生活中的难。在那个吃不饱穿不暖的年代，为了填饱肚皮，聪明的南方人冒着风险、壮着胆子出外做点小本生意，网被套、打绳、修雨伞，或做货郎鼓，挑着挑子下乡，卖点针头线脑，换点油盐钱。

改革开放初期，虽说温饱基本上能够解决，但家庭收入方面还是捉襟见肘、入不敷出。此时，作为家中长子的吴景春，迫不得已地替父母分担着家庭的重担。

“小学起我就自己挣钱交学费，一担柴 100 斤能卖 1.5 元，因为年龄小，每次只能挑 80 斤，卖 1.2 元。”吴景春回忆起自己的童年，“小学毕业时，除了每学期交学费的钱，我还将省下的 72 元交给父母，贴补家用。”至今都让他难以忘怀的是：小学三年级时，他一人上山砍柴，在砍伐一根碗口粗的枯树枝时，锋利的柴刀不小心划伤了手腕，血汩汩流淌，他忍着疼痛，薅了

一把止血草，简单处理了一下，又继续砍柴劳作。时间不停地向前走，这件事情可能早已经在他漫长的人生旅途中淡去，可是，那道暗红色的伤疤却永远留在了他的手腕上，也刻在了他心里，成为他苦难童年挥之不去的记忆。

都说穷人的孩子早当家，这句话不无道理。从刚能做事起，吴景春就每天都跟着父母下田劳作，插秧、除草等农活儿做得有模有样。但他并不喜欢农业，一心想跳出农门。虽被困在乡村野地与茫茫大山中，但这些阻挡不了他对未来的憧憬。他深知，要想离开这座大山，想要拥有一个崭新美好的明天，读书是唯一的出路。为此，他刻苦学习，成绩始终保持在前列。

他有一个科技梦，高中毕业时，毅然报考北京科技大学。可事与愿违，他最终却被福建农业大学园艺专业录取。其实，在刚刚收到录取通知书的那一刻，他内心是崩溃的。也许是上苍的安排，一心想摒弃农业的他，却鬼使神差地与“农”字结缘。

“与农业结缘是美丽的误会。”回忆起这段过往经历，他感慨道。

既来之，则安之。虽没能如愿，但也要珍惜大学时光。每天除了上课，还有很多的空余时间，作为学校勤工部部长，他带领团队掀起头脑风暴——举办图书展卖等社会活动，带领同学们赚到了近百万元。

四年的大学时光一晃便过去了，吴景春和其他同学一样，迫不及待地加入找工作的队伍中。在四处投送学习简历的同时，他无意中得知，台湾农友种苗股份有限公司正在招聘员工。他自信满满地奔赴公司所在地厦门参加面试，并且以优异的成绩从 800 多位报名者中脱颖而出，成为十几位被录取者之一。

实习期间，他们被派到农场一线。这样的工作对其他人来说是一次难度不小的考验，而他则驾轻就熟。因为，他本来就出生在农村。“实习第一天，我们就被派到农场挑鸡粪。那臭烘烘的鸡粪，熏得人喘不过气来，恶心得令人窒息。这时，有的同学还未靠近鸡粪堆就撂了挑子，捂着鼻子跑到一边，当场就吐了起来。”吴景春说。

实习三个月，离半年试用期结束还差三个月的时候，农场的活儿对他来说已经没有什么挑战了。于是，他给农场领导写信，表示要去挑战行销。也正是因为这封信，他被调到公司厦门总部去做种子销售。

天上不会掉馅饼，既然选择了这个行业，就要为此付出。于是，他每天都要背着沉甸甸的种子和材料，穿梭于大街小巷，推广产品。脸被毒辣辣的太阳晒得发黑、发紫，肩膀被背包勒出两道深深的印痕。四十摄氏度的高温，一出门就是一身汗，牙都快晒黑了，半天下来就会中暑，走路像踩棉花。跑城市、跑公司、下乡村，天天就像寻食的小鸟，有时候真分不清自己是在“好好活着”，还是“撑着不死”。

日复一日，他记不清磨坏了多少双鞋，也记不清站过多少次绿皮火车车厢。可是，为了自己的目标与梦想，他始终都不愿放弃。他咬着牙，把血与汗吞进肚子里，孕化成能量又重新输出。

在跟着实习主管出了两次差之后，吴景春又开始毛遂自荐：“给我个市场，我自己来。”他第一次接手的是江西市场。一个月里，每天行程 110 公里，讲 15 堂课，销售业绩让众人刮目相看。因表现出色，他被调往公司北京办事处担任高管，开始策划在整个北方市场推广“圣女红果”“千禧小番茄”“黑美人西瓜”“黄肉小西瓜”等水果蔬菜种子的工作。这几个优良品种在北方市场大力推广后，经大面积种植，至少产生了数亿元的产值。

正是这份工作，让吴景春与番茄结下不解之缘。

因“圣女红果”入赘山东，成为“山东姑爷”

“25 年前，时任福建省委副书记习近平曾先后 5 次出席闽宁对口扶贫协作联席会议，开辟了闽宁东西部协作的新机制。电视剧《山海情》主人公的原型林占熺是我大学校友，1997 年他被习近平同志点将，来到宁夏西海固的彭阳县，利用菌草产业，帮助当地实现脱贫致富，被亲切地唤作‘宁夏菇爷’。”吴景春面对笔者侃侃而谈，“非常巧合的是，我也是一名福建人，与林占熺有相同的经历。林占熺是菌草技术的开创者，他的‘战场’在宁夏。我是国内水果番茄的创始人，我是山东女婿，我的‘战场’在山东，根已经深扎在齐鲁大地上。”

缘分天注定，爱拼才会赢。吴景春与妻子都出自“农”字号大学，因业务上的事情偶然相识，经过一段时间的恋爱，牵手步入了婚姻殿堂。

在这之前，吴景春已在公司内取得了骄人的业绩，被委任为销售总监一职。同行业其他公司得知他的能力和水平后，多次直接或间接地接触他，并许以高职高薪等优越的条件，好言相劝、“威逼利诱”，想把他挖走，但他不为所动。原来，他的心里，一颗创业的种子正在悄悄地破土萌发。自己创业，源于在大学毕业时，他曾在同学的毕业纪念簿上写下“今生创造一个亿的财富”。一个亿，不是小数字，如果单靠打工来实现这一目标，无异于痴人说梦。唯一的办法就是自己创业、自己当老板。

吴景春与妻子结婚后，先是在济南长途汽车站附近一个小区租赁了一套住房，拿出仅有的3万元钱，成立了沃尔富斯种子公司。此房既是两人的爱巢，也是他俩的办公室。他曾调侃地戏称：“一间办公室，两名员工。丈夫是总经理，妻子是办公室主任。”

俗话说，跟着杀猪的翻肠子，嫁给当官的做娘子。公司成立后，为了节约成本，凡事都亲力亲为。妻子负责包装、发货与打杂，吴景春则是既当总经理又做业务员，天南海北推销种子，除了西藏，几乎在祖国各地都留下了足迹。

其实，最让吴景春痛苦的，是这段时间里他感受到的心理落差。原先，他是公司高管，出入星级酒店，如今却只能住一晚上十几元的小旅馆。每每夜深，辗转难眠，回想这一路走来，他不免觉得有些失落。夏天的南方火炉般闷热，他背着大包小包，满头大汗，却不知道市场在哪里。自己选择错了吗？他反问自己。这一路走来，支撑他的只有梦想。可是，为了梦想放手一搏，难道不是一种人生的慰藉吗？不停反问，得到的始终只有“坚持”与“不懈”的回音。出汗当减肥，走路当旅游，他学会了用欣赏的眼光看待一次次劳苦奔波。

记忆中，为了能买到两张去广州参加蔬菜种子交流会的车票，他曾托关系找人购买，当人家告诉他，已给他预订了济南至广州的硬卧车票时，他在心里犯起了嘀咕：如果两人都坐硬座的话，一二百元钱就解决了，换成卧铺要多花好几百元钱。随后，他赶紧给朋友打电话，预留两张硬座就可以了。

人家直笑他，托回关系却买两张硬座票，也太小家子气了吧？他心里明白，区区几百元钱在别人眼里是小钱，而对于创业初期的他们夫妇来说，能办好多的事情。事实上，吴景春也具备南方人那种“龙门能跳，狗洞也能钻”“能睡地板才能当老板”的吃苦耐劳的精神，火车上吃泡面，让他大快朵颐，座椅下面的车厢地面，能让他美美地睡上一晚。正是凭着这种坚如磐石的信心、只争朝夕的劲头、坚韧不拔的毅力，一步一个脚印把自己的工作向前推进。

研发种子“芯片”，打造世界级“番茄王国”

随着公司实力的不断壮大、业务规模的不断扩张，吴景春夫妇不再单纯地卖番茄种子。他想，如果一直卖下去，顶多是个“二道贩子”；而制造番茄种子的密码，永远掌握在种子顶端研制人员的手中。他暗下决心，一定要破译番茄代际传承的密码，研究培育别人无可复制的番茄“芯片”，帮助更多的菜果农种植出高端、营养丰富的番茄，增加收入。

番茄炒蛋、凉拌番茄、番茄火锅……这些耳熟能详、一日三餐离不开的家常菜，常常被人们抱怨，粉红沙瓤的西红柿不见了，取而代之的是由催红剂、人工色素合成的“化工柿”，要么品相不好，要么味道不正。一直在销售、研发番茄种子的吴景春，决心延伸产业链，重新定义人们对番茄的认知。

2016 年 9 月，吴景春成立了山东夏之秋果蔬有限公司，从研发基地筛选高品质水果番茄，“沃小番”番茄品牌应运而生。

“‘沃小番’的寓意是肥沃土壤上的小番茄。如果说圣女果是 1.0 版，千禧果是 2.0 版，那么，沃小番就是 3.0 版。”吴景春说，“为了让大众真正吃到放心、安全、好吃的番茄，研发团队不惜耗费大量资金，把种植基地的土壤送去国外检测。选种、育苗、定植、灌溉、施肥、去病虫害、采摘等各环节统一管理，严把质量关。每批成熟的小番茄都要经过专业的检测，合格后方能进入市场。”

在育种基地，吴景春搭建起 21 个标准化的番茄大棚，其中有 16 个是科研育种、试验棚。育种大棚内，每一株番茄都有编号，每株番茄从定植、灌溉、施肥，到去病虫害、采摘，各个环节都有详细的跟踪记录。

“从第一粒‘沃小番’开始，我们采用了‘3600 进 3’的‘选美’模式，可以说是大比例淘汰。反复优选试配 3600 多种组合，多方比较，先筛选出 10%，从中再选出 10%，优中选优的几十个组合，跟全球最好的西红柿品种进行 PK，前三名才能真正进入‘沃小番’家族。”吴景春表示，“这个筛选程序，就好比是小学生、中学生、高中生比赛考试，好中选好、优中选优，优胜劣汰，最后只剩下品学兼优的进入清华、北大。”。

截至目前，公司组配了几万个番茄杂交组合，培育出了 100 多个品种推向市场，从过去种植环节高产高抗到现在的高品质发展，“沃小番”品牌市场销量靠前的沃粉系列、博粉系列、千粉系列，也赢得了7–11、盒马鲜生、百果园等多个连锁品牌和互联网平台的订单。

“如今，全国每100个番茄里就有1个叫‘沃小番’。除了现有的品种外，接下来，‘沃小番’家族还会针对不同人群研发出定位更加精准的番茄，比如儿童番茄、老年番茄、孕妇番茄、青年番茄等，不断扩充家族体系。”吴景春说。

“小番小番你好，我要30斤沃小番2号，请送到济南市高新区具体地址。”吴景春兴奋地描绘着未来农业的图景，“对着手机，说出订购‘沃小番’的产品，24小时内番茄就会出现在消费者的餐桌上。从番茄采摘到出库全部实现自动化，我们正在为这样的图景努力着。”

“种子是农业的‘芯片’，没有种子就没有中国农业的未来，我们要掌握自己的种源。随着时代的发展，人们对食品的要求更加严格，无形之中对育种工作提出了更高的要求。”吴景春坚定地认为，“打破国外高端育种的壁垒后，种子可以为后续全产业链提供技术和数据支持，让农业真正从源头有了记忆和智能。”在他的带领下，沃尔富斯从最初打造一条从品种研发、标准化生产、到消费者餐桌的番茄全产业链，尔后再到如今专业从事高品质番茄食品及高端水果、蔬菜、农业新技术、新产品的研发、推广与销售，俨然已成为一条环环相扣、相互咬合、良性循环的发展链。

2017年，沃尔富斯集团整合资金，建设全国首家以番茄为主题的沃尔富斯番茄文化产业园，这也是一个集科研、示范、生产、休闲观光与教育培训于一体的综合性现代农业产业园。

“华为有8万名科学家，我们的目标是整合全球800名番茄全产业链领域专家，打造亚洲最大的‘沃小番’番茄全产业链服务平台，我们的目标很明确，就是要成为番茄领域的‘华为’，带领企业真正实现农业现代化。”吴景春认为，“做农业要打破传统思想的禁锢，思维要转变，眼界要放宽，视野要变大，要走产业化发展的路子，更要在技术、信息化等方面持续发力。”目前，在解决人工智能问题方面，吴景春通过自动采摘机器人来实现番茄的大面积育种、采摘，通过后台操作实现生长数据的记录，把真正的自动化、信息化方案植入到每一块田地中。

“‘沃小番’是国内番茄产业转型升级，走高品质发展道路的典范，开启了中国番茄产业品牌化的新时代。”近日，在一次权威的西红柿产业论坛上，与会专家对山东夏之秋果蔬有限公司的番茄品牌“沃小番”赞不绝口。在远赴波兰、哈萨克斯坦，火爆国内高端水果市场，取得一连串国内外荣誉之后，山东夏之秋果蔬有限公司的“沃小番”当仁不让地成为国内番茄产业的发展标杆。

据业内人士介绍，番茄产业分为番茄制品和鲜食番茄两大类，在番茄制品领域，经过20多年的发展，中国已经成为全球最重要的番茄制品生产国和出口国；在鲜食番茄领域，中国市场则是全球市场容量、产量、销量均最大的市场。

梦想成真，让舌尖品出“童年的味道”

“在‘沃小番’出现之前，国内番茄产业没有出现具有全球、全国性影响力的番茄品牌，导致产业规模虽然很大，但在国际国内市场上的竞争力不强，话语权弱，产业带动效应、增值效应相对较差，与市场地位、产业规模严重失衡！”一位业内专家介绍。

那么，是什么制约了国内番茄产业的品牌化呢？

以鲜食番茄为例，调查发现，主要制约因素有三个：首先是市场空间受限。

因为产品运输和存储问题，当前国内鲜食番茄的销售半径大多在300公里范围内，决定了大部分番茄产品只能是小品牌、区域品牌；其次，科技支撑乏力。分散的农户、合作社和中小公司缺乏科技投入，研发的动力和能力都不足，难以对品牌形成有效支撑；最后，市场口碑效应不强。当前，在大众追求有机、绿色、无公害消费的新趋势下，鲜食农产品要获得市场认可并形成口碑并不容易。

“品牌的‘缺位’已经严重制约了产业发展，推进番茄产业品牌化已经刻不容缓。‘沃小番’的出现对国内番茄产业发展来说，具有革故鼎新、破旧立新式的划时代意义！”一位业内专家盛赞“沃小番”。

“‘沃小番’2016年才正式推出，但此前的准备工作已经做了18年，从育种到播种、管理、采摘全部采用现代高新技术，严格按照有机、绿色、无公害的标准统筹运行，满足了人们对高品质水果番茄的消费需求，‘互联网+’的销售方式，让产品能够迅速送达各地消费者，在全国范围内得到了消费者的认可。”吴景春介绍道，“为确保‘沃小番’的品质，公司不但聘请了‘中国番茄之父’、东北农业大学李景富教授为技术顾问，还把生产基地的土壤送往日本进行专业检测并精心改良。”

大家都知道海尔集团张瑞敏砸冰箱的故事。那年，张瑞敏的一位朋友要买一台冰箱，结果挑了很多台都有毛病，最后勉强拉走一台。朋友走后，张瑞敏派人把库房里的400多台冰箱全部检查了一遍，发现共有76台存在各种各样的缺陷。于是，张瑞敏把职工们叫到车间，问大家怎么办？多数人提出，也不影响使用，便宜点儿处理给职工算了。张瑞敏说：“我要是允许把这76台冰箱卖了，就等于允许你们明天再生产76台这样的冰箱。”他宣布，这些冰箱要全部砸掉，谁干的谁来砸，并抡起大锤，亲手砸了第一锤。很多职工当亲手砸自己生产的冰箱时，都心疼得流下了眼泪。

为保证“沃小番”的品质，不让一粒不达标的小番茄流入市场，吴景春同样做了一件近似于“张瑞敏怒砸冰箱”的事。那是在2018年的春夏之交，受持续干旱热风的影响，吴景春在寿光北部无土栽培种植生产基地的几十亩水果番茄，品质达不到预定要求，无法给200多家超市供货。为了让好不容易建起来的“沃小番”品牌不受损害，也为了不让辛苦付出的农户们受损，吴景春毅然决定，按原价给农户支付报酬，并将这批货全部销毁。等一切处理好后，公司直接损失300多万元。

最让吴景春刻骨铭心的是：地处黄河以北的“沃小番”科研基地，因地势矮、排水不畅，自2020年以来，有几场暴雨下过之后，洪水多次淹没了基地。大棚里，培育种植的2000多份种质资源和新研发品种，浸泡在齐腰深的积水中。那些待筛选、提纯的番茄种株，正是吐花挂果的关键时期，积水浸泡之后，逐渐地枯萎、死亡。对这些经他和科研人员亲手授粉的母株，他像对自己的孩子般疼爱呵护。被毁后，心疼得他几天几夜都睡不着觉。即将到手的研究成果，其科研价值是无法用金钱来计数的。

为把“沃小番”的有机、绿色、无公害落到实处，吴景春在全球首家番茄生产程序中，植入世界领先的可追溯、回放系统，让每一粒“沃小番”从育种、选种，到育苗栽培、日常管理、采摘、运输、销售等全程，可“回放”查询，让消费者吃得放心、安心。独一无二的生产管理体系，成就了“沃小番”的顶级品质，出现在全国各地商超的“沃小番”，不但营养价值无可比拟，更有着原生态的口感。众多消费者纷纷表示，吃“沃小番”吃出了“童年的味道”。

在国内，“沃小番”在北京、上海、广州等市场供不应求。“互联网+”让沃小番全国畅行无阻的同时，线下全国渠道建设正在快速推进，上海、深圳、南京、苏州、成都等地的知名酒店、餐厅纷纷前来寻求合作。在国外，借“一带一路”的东风，“沃小番”已经成功进入哈萨克斯坦、波兰等国家和地区，有关合作项目也正在紧锣密鼓地向前推进。

“全球各地国家不同，人们的肤色不同，但对无公害农产品、绿色食品、有机农产品的消费需求是共同的，这是‘沃小番’进军全球最大的‘底气’，这也是再造中国番茄产业的必由之路。‘沃小番’不仅是中国的，更是世界的！”吴景春自豪地对笔者说道。

捧出一串珍珠，挖出一座“宝藏”

“这就是我的‘核武库’，3000多个筛选提纯后的小番茄种源和受精后的花粉，都在这些玻璃瓶里装着。”在一座硕大的车间内，吴景春指着一间封闭严实的冷储室对笔者说。透过厚厚的玻璃窗，只见一个不锈钢冰柜的搁架上，摆放着一排排盛着番茄花片的玻璃小瓶。随后，吴景春从口袋里掏出一个白色的血糖仪样的小仪器说，“这些种源都是经过测试、检验，甜酸度达标后保留下来的，相当于启动‘核武库’的钥匙。”

车间廊道两壁的墙面上，既有传统农耕时代的耩子、犁铧照片和实物，也有用来喷洒农药的无人机、自动采摘的机器人等高科技设备和图片。

最引人注目的，是习近平总书记所指示的“种源安全关系到国家安全，必须下决心把我国种业搞上去，实现种业科技自立自强、种源自主可控”的展板内容。通过学习、领悟总书记的指示精神，吴景春充分认识到了加强党的组织建设的重要性。作为党支部书记、优秀共产党员，他雷打不动地落实‘三会一课’的学习制度，把党性教育引领贯穿到实际工作中，受益匪浅。

作为一名共产党员，吴景春把“办一个企业，兴一个产业，带一方发展”作为自己的神圣使命。为了全面助力乡村振兴，圆更多人的“致富梦”，他综合运用发展产业、智力帮扶、吸纳就业等多种形式，为周边村居培养了一批农业带头人、科技示范户和发展小能手，壮大了周边村的集体经济。

耿庄村 65 岁的王京宽夫妇，原有 10 余亩地，靠种植玉米、小麦维持生活，每年收入只有一万多元，靠儿子养老、给生活费。自从土地流转后，吴景春将老两口招至公司就业，除土地租金外，两人每月还有工资，年收入可达七八万元。现在，两人不仅自给自足，还经常给孩子贴补点家庭费用。

“沃小番”全产业链的建设，更是带动了产业园周边的耿庄村、前房村、后房村的发展，陆续有四五个现代农业项目在此落户，这几个村也获得了济南“十百千”工程及“乡村振兴齐鲁样板村”等荣誉称号。

走进“沃小番”培育种植大棚，只见一行行高过人头的番茄植株上，挂满了一嘟噜一嘟噜红的、黄的、紫的小番茄，就像一串串颜色各异的玛瑙、珍珠，让人目不暇接，仿佛进入了一座宝石王国。

“不用擦不用洗，直接放到嘴里吃就行。”吴景春随手从番茄枝条上摘下一颗红彤彤的小番茄递给笔者说，“这些番茄种源都是自然生长的，已经过一次人工授粉了，还需要多次的筛选、提纯，把那些免疫力强、饱满、酸甜度达标的种子保留备用。”

随后，只见他又摘取一颗鸡油黄的小番茄，咬掉一半后，在那个白色的番茄成分测试仪的屏幕处一捺，立马显示出 13.2 样的液显数字。他说，“这是小番茄所含的甜酸度。虽然这上千株番茄只筛选了一遍，但因母系纯度比较高，酸甜度最低的也能达到 10% 以上。”

每天，吴景春都“长”在大棚里。中午，累了就半躺在角落里，裹裹工作服作短暂的休憩；饿了，就随手采撷几枚酸甜可口的“沃小番”填填肚子。他说，园区示范基地种植的 300 多种番茄，他挨个尝了个遍。天天大量地品尝小番茄，一哈气嘴里就弥漫出一股番茄味，直吃得看见就想吐。可是一想到自己远大的使命和理想，他还得继续坚持，一往无前地吃下去。

“100 个番茄里就有 1 个是我家的种子。”说起自己的种子公司，吴景春自豪之情溢于言表。此时，他用十多年的时间，完成了市值几个亿的目标，远远超越了最初的 1 个亿。

谈起未来的规划，吴景春说，沃尔富斯集团将打造出亚洲最大的番茄产业链！首先要实现市值 100 亿元的梦想。其次，把集团旗下的济南市景春农业研究院打造成“番茄界的华为”。

因选择爱情、追逐“圣女红果”，吴景春尝遍了创业中的各种辛酸，但也让他邂逅了事业和生活中的甜美，他一如既往，无怨无悔。

春夏秋冬四季轮回，每个季节都有独特的魅力。而在吴景春眼里，四季则代表着番茄的播种、生长、收获和希望。

无限风光在“建峰”

——记济南市劳动模范、山东省章丘鼓风机股份有限公司沈建峰

韩　飞

在国内通用机械同行眼里，高级工程师沈建峰是一位“技术权威”，不仅水平高超，还是行业标准的编写者、制定者；在同事们口中，沈建峰的标签是“工作狂魔”“业务专家”“创新超人”；在公司新一代技术精英看来，他们的引领者沈建峰是一个全才，不仅带领他们一步步攀登技术高峰，还善于营造浪漫、温馨、和谐的工作场景，是一个集才、貌、品于一身的“职场达人”。

沈建峰自 2000 年毕业于莱阳农学院机电一体化专业，一直致力于风机事

业的开发研究，从多级离心风机到单级高速，从空气悬浮一直到后来的通风机，积极钻研行业的高、精、尖技术，德技兼修，攻克了一个又一个技术难关：相继成功开展了山东省级创新项目6项，获自主知识产权三十多项，她的产品多次荣获山东省机械工业协会科学技术进步奖、济南市人民政府科技进步奖，其中“铸造结构多级离心鼓风机”被山东省企业技术创新奖审定委员会评定为山东省企业技术创新奖。

可以说，历经23年的孜孜追求，沈建峰从一介书生成长为一名光荣的机电科技精英，凭借高尚的品格和精湛的专业技术，成为“当代大国工匠”的光辉典范。

立志欲坚不欲锐

1976年，沈建峰出生在章丘一个普通农村家庭，她出生的时候家里已经有两个姐姐，按照当时的计划生育政策，她已经算是超生，家里没有可能再生第四个孩子了。有文化的爷爷极力掩饰内心的失望，思考了好几天，略有遗憾又充满期望地从自己最喜欢的诗句“宝剑锋从磨砺出”中选取两个字给她取下名字：剑锋。当时的农村，诗词对于大多数人还都是奢侈品，“剑锋”两个字超出了一般人的理解，不知什么时候，在大队文书或派出所登记员甚至民师那里，就变成了“建峰”。

沈建峰一直认为，影响自己一生的第一个重大事件是中考落榜。当时改革开放的春风开始吹进每一个小村落，原本做木匠的父亲因收入低廉，已改行做了工程。她的两个姐姐，一个出嫁，另一个跟着父亲到工地上当了小工。自己也初中毕业了，是重复姐姐的路务农、打工？还是继续学习？收到落榜消息之后好几天，她都郁郁寡欢，举棋不定：想继续学习，可是自己实在算不上读书天才，既缺乏浓厚的兴趣，也没有培养起良好的习惯；想去打工，又没见过打工人的生活是什么样的，不知道自己能不能适应……

经过几天的辗转反侧，她决定去父亲的工地看看。那是一个夏天的午后，火热的阳光炙烤着大地，连树上的蝉都叫得无精打采，她牵着自家的狗悄悄来到父亲的工地上，想看一看劳动现场，又不愿意被发现，悄悄爬上就近一座小山坡。远处的建筑工地上，正在热火朝天地施工，有的扬沙，有的拖车，还有装吊的、加工钢筋的……多数工人连汗衫也不穿，古铜色的背脊在炎炎烈日下，就像一幅油画。远远的，灰白色的飞尘中走出一辆一推一拉的小推车，车上是满满的泥沙，推车人弓着腰，拉车人因为吃力，脸简直就要贴到地面了……走近了，她发现前面那个拉车的不是别人，正是自己的姐姐！

这一幕刺痛了她的心。如果不是亲眼见到，她无法想象时光进入20世纪90年代末期，马上就要跨世纪了，她的亲人还在使用最原始的生产方式，从事最原始的劳动；她更无法接受，姐姐每天打工2块钱的工资是这样赚来的……

这绝对不是她要的生活，她发誓一定考上大学，做一名最优秀的工程技术人员，创造最先进的技术，用自己的力量帮助所有的劳动者摆脱高强度工作，实现社会生产的根本进步。

已经想不起是怎样离开的了，她带的那条狗因为天热，伸着大舌头在她身上蹭来蹭去催她走，她几乎是被狗带回了家。

于是，带着对知识、科学的强烈渴求，她选择了继续读书。山坡上看到的艰辛一幕常常在她眼前浮现，那个夏天自己许下的誓言也常常在耳畔震响，成绩一路飙升。1996年高考，她以优异的成绩考上了本科。村里要飞出一只金凤凰了！亲友们奔走相告，有的劝她当老师，有的劝她当会计，还有的劝她学贸易……父母和姐姐高兴地卖猪卖粮凑学费，但她却高兴不起来，她知道这不是她的目标，她的目标还在很远很远的地方。于是，在一片错愕的目光中，她走上了机电一体化这条路。

“我教过的学生里，沈建峰或许算不上理论功底最强，却是学习态度最好、最勤奋的一个。”毕业时，导师这样评价她。

2000年，沈建峰以优异的成绩完成了大学学业。同学们的就业愿望五花八门，而她的要求却格外简单：只要能把所学的知识贡献给社会，只要能为科技发展贡献出自己的力量，就足够了。经过了解，她把目光盯在章丘鼓风机公司这家1968年建厂的老企业。

这是一家典型的白手起家、自力更生型工厂，建厂伊始，没有设备就自己土制代替，没有模型就自己手工制作。“土法上马”“因陋就简”，一辈辈“章鼓”人硬是把白手起家的工厂发展成龙头企业，成为章丘第一家上市公司。他们熊熊燃烧的工业化建设激情吸引着沈建峰来到这里，成为为数不多的女工程师中的一员，开启了逐梦的征程。

立志欲坚不欲锐。她离自己的目标越来越近了。

弄潮儿向涛头立

黑格尔说："没有热情，就不能完成世界上的伟业。"一个人的思想和情感只有都投入到自己所钟爱的事业中，才能有所建树有所成就，才能获得真正的成功。

沈建峰23年的工作经历也充分证实了这一点。她从一名普通的工程技术人员，一步步成长为技术能手、工厂劳动模范、技术厂长、济南市技术创新能手、济南市劳动模范，还成为研究所所长、章丘区党代表……每一点进步，都是她满怀豪情的激情跨越，每一项荣誉都饱蘸着她辛勤的汗水。

在章鼓，谈起沈建峰，很多人都会评价她是工作狂魔。她家离火车站只有3.5公里，2000年7月7日，她大学毕业坐火车回到章丘，顾不上回家，拉着行李就直接来到了厂里。

沈建峰说，那时候她心里充满了危机感。1996年她离开家乡的时候，父亲用摩托车把她送到火车站，可是，没到毕业，公交车就开到了家门口。全社会都是飞一般的发展速度，章鼓的技术革新也是日新月异：沈建峰毕业时，这家靠自力更生发展起来的本土企业已经集鼓风机、重型设备、气力输送成套系统、工业泵、电气设备等机械产品研发、设计、生产、制造于一体，成为国家重点风机生产企业、国内规模最大的罗茨鼓风机生产和销售厂家，并且公司先后建立了两家中日合资企业。时不我待，她怕不马上投入，会被甩在后头。

初来章鼓，沈建峰被分配到风机研究所设计二部。高效率的工作氛围，研究所的每个工程师都在忙着自己的设计，作为一名新员工，没有专门的老师带，实际上就是一名"见习生"。她不"安分"于"见习"的身份，每天处理完办公室的杂务之后，就开始观察其他工程师的工作，看了他们制作的图纸，自己悄悄模仿画。了解了工程师的工作，她就去车间转，看工人机械制作。从设计到施工，梳理整个流程，偶有不明白的就记下来，晚上查资料。设计二部有个老大哥喜欢钻研，有事没事地研究三维制图，她也跟着学。当时电脑还不普及，别人白天用，她就晚上用。不光学新技术、制图，有空也学日语、英语，通过他国的语言工具研究他国的技术进程。

年复一年地努力，沈建峰设计的图纸不知有多少，摞在一起早就超过了她的身高，但是她至今记得自己的“处女作”——罗茨风机的一根轴。进厂不久，所长被她如饥似渴的学习热情打动，安排她画一根轴的图纸。接到第一个具体任务，她信心满满，根据所学知识认真计算系数，精心制作图纸，一遍过关，没有任何改动，进入晒蓝图的环节。眼看第一件作品就要生产出来了，没想到，那台风机流产了，这个蓝图也就束之高阁了。她心里虽隐隐觉得遗憾，但来不及多想，因为一个全新的风机设计领域——用于污水处理设备的多级离心风机已经筹备，正等着去拓荒。

据专家考证：1991 年至 2000 年，我国城市污水的二级处理能力从日处理 193.5 万吨猛增至 2753.4 万吨，增长了 14 倍多。污水处理事业得到了前所未有的蓬勃发展，但是同期兴建的大批污水处理厂中的设备 90% 靠进口。并且据专家推断：预计 2000 年至 2010 年，我国城市污水的生化处理能力将从日处理 2753.4 万吨增加到 5639.5 万吨，处理能力将翻一番。2000 年 11 月 14 日，中国环保产业协会发出了“关于推荐城市污水处理重点设备及生产依托单位名录”的邀请函。

谁来揭英雄帖？

章鼓跃跃欲试，一直与章鼓合作的西安交大的学者秦国良教授则一锤定音：开发新技术，合作新产品。

从机电一体化到流体力学的快速应用，难度可想而知。面对技术创新，谁可以担当这一新技术的开发利用？沈建峰说：“‘弄潮儿向涛头立’，舍我其谁？！”就这样，沈建峰受公司委派，选择了去西安交大深造。

新产品开发的根本目的，是运用到社会生产中，快不得，更慢不得。学习归来，沈建峰没有半点的懈怠，快速投入到团队的研发设计中。2001 年 3 月，第一台 C150–1.7 多级离心风机试车成功，开始了公司生产焊接结构风机的新纪元，并于年底实现销售收入。

科学的路上山高路窄，靠的就是登山者一鼓作气的精神。随着多级离心风机技术成熟，沈建峰的目光转向滑动轴承离心风机。2007 年 9 月，在试车房经过两个月安装调试后，第一台滑动轴承离心风机终于到了试车验收阶段。因为电容量不够，一开机，启动柜像是燃起了火焰山。大家都劝她先停下来，可是工期已定，她当机立断，报请公司总部协调先把其他车间的用电设备暂停，咬紧牙关，继续试车。所有在场的人都为她捏了一把汗，但产品最终验收成功。

从此，她得到一个绰号：拼命三郎。

沈建峰始终认为：一个优秀的设计师必须首先是一个优秀的工艺师。她早已不满足于设计几张图纸，而是坚定树立起“做大国工匠，建百年章鼓，筑民族品牌，圆中国梦想”的信念。秉持着这样的追求，她对待每一件设计作品，精益求精，力求做到完美，始终以高度的责任心和缜密的工作精神，既从大的方面把握设计的总体构思，也在细节上严格把控，保证每一个环节都无可挑剔。其中她设计的滑动轴承离心鼓风机，100 多页厚厚的一本，从设计成图到投入生产竟然无一处改动，令人叹为观止。

伴随着她孜孜追求的脚步，离心风机在章鼓从无到有，从焊接结构到铸造结构，从单级高速到再到空气悬浮，技术逐步成熟，市场占有份额逐年扩大。2015 年 4 月，章鼓正式成立通风机研究所，沈建峰责无旁贷地成为研究所掌门人。

使命在身，重任在肩，沈建峰时刻把握、瞄准风机领域的技术发展前沿与国家环保政策需求，以高效化、低噪声化、智能化为重点研究方向，开展通风机产品技术创新及应用研究，积极进行产品核心技术攻关、关键工艺试验研究、重大装备样机研制、相关标准制定、创新人才培养、科技成果转化等活动。

在国家通风机发展历程中，历史真实地记录着她和她的团队的精诚贡献：

——2016 年，她主导完成省创新项目 ZGXTF 型离心通风机，与国内同期产品相比每台至少节能 7%，国内领先，被评为 2018 年度济南市优秀科技创新项目；

——2017 年，她主导完成省创新项目 CE 型脱硫离心通风机，采用国际先进的“TLT”技术即“量体裁衣”技术，不仅保证风机高效、低噪音，而且实现积木式设计，达到国内先进水平，成为国内离心通风机的更新换代产品。

——2018 年，她主导完成省创新项目脱硝稀释离心通风机，采用创新型进风口环状密封弹性薄片技术，提高风机效率，保障运行安全性，同时提高了轴承寿命；保证风机高效、节能。

——2019 年，她主导完成省创新项目 CTF 型垃圾焚烧发电用离心通风机，填补了目前型谱的空缺，多型号离心通风机入选《“能效之星”装备产品目录（2021）》工业装备“能效之星”分类节能装备。

——2020 年，她主导完成省创新项目煤气输送用离心通风机，以高效、低噪、性能曲线平坦、高效区间宽广等优点成为我国钢铁、焦化、煤制气流

程中的主要设备。

——2021 年，她主导完成省创新项目钛合金耐腐蚀离心通风机，是典型的节能环保设备，可广泛应用于冶炼废气治理、石化、污水处理、水泥等行业；同年，她主导设计开发的 ZGXTF 型离心通风机、CE 型脱硫离心通风机、煤气输送用离心通风机等多项产品同时列入山东省技术创新项目计划。

…………

每年都有新突破，2023 年正在研制开发干熄焦风机，更是可以替代进口设备。

除了注重新产品的开发，沈建峰还非常重视对国内现有通风机产品系列的规划工作，先后与西安交大进行合作开发新风机系列，目前已完成了 10 台新系列模型样机的图纸绘制及性能试验工作，其中 6 台达到国家一级能效。

生为弄潮儿，当向涛头立。她的不懈努力，不仅成就了自己的梦想，也推进了章鼓的发展进程：“章鼓”商标被原国家工商总局商标局认定为中国驰名商标，并且作为国家高新技术企业，2011 年 7 月 7 日成功在深交所挂牌上市。2022 年章鼓总产值 20 亿元，其中沈建峰所在的通风机公司实现 3.2 亿元，对章鼓的贡献度达到六分之一。她本人也获得中国通用机械工业协会“科技创新突出贡献奖”，并被聘请为中通协标准委员会委员，并先后荣获多项省、市、区级科技奖，被评为济南市青年技术创新能手和济南市劳动模范。

木兰横戈好女子

大家都知道：沈建峰是一名成功的工程师、一位成功的公司领导。但是，很少有人知道，这位科技达人竟然还是章鼓第一位出去做售后服务的女同志。

通风机公司的风机一般都是根据客户需求单独定制，没有批量生产，每一台套都是“私人订制”，用户多、范围大、品种复杂，售后工作难度可想而知。

但是，沈建峰热爱自己的风机事业，她把自己设计的每一台风机、每一份作品都当作自己的孩子，围绕低噪、节能、智能的方向目标，一台套一台套地进行改进。哪里容易漏油，哪里密封设计不合理，她根据用户反馈一一解决、提升。久而久之，她所领导的通风机研究所承包了产品前期销售支持、产品开发、车间工艺、附件购买、售后服务等所有工作。

相对于设计和生产，售后的工作要复杂得多。有的业务人员无法解答客户的问题，她会不停地接听电话、倾听问题、分析故障、提出解决办法；有的售后人员处理问题不到位，半夜她接通客户电话就会听到一阵臭骂；有时候其他子公司的风机出了问题打电话咨询，她也会耐心了解情况……沈建峰对自己的要求是不辞劳苦、不避艰险、不怕委屈，只要是章鼓的设备，在哪里出了问题，就要第一时间赶到。

2008 年 8 月 8 日晚 20 时，举世瞩目的北京第二十九届奥林匹克运动会开幕式在国家体育场隆重举行。这是一场举世瞩目的体育盛会，为了能够收看开幕式，沈建峰一改往常加班的老习惯，提前安排好自己手头的事务，坐在电视机前等待激动人心的时刻到来。这时候，电话响了，她条件反射地接通电话，如她所猜，正是一台风机出现故障了，需要技术人员现场支持，地点在淄博市。开幕式进入倒计时，她却毫不犹豫地钻进前往淄博某厂的汽车。等到处理完风机故障回来的时候，已经是第二天凌晨。对方真诚的感激她似乎听不到，只是望着已经西斜的上弦月，仿佛欣赏北京上空的烂漫烟花。

2010 年夏末，河北邯郸某铸造厂一台风机现场安装油路有问题，因为当时那台风机整个生产过程沈建峰一直跟踪，非常清楚，所以最好是她亲自前往。但领导考虑到当时她后背上刚刚做了手术，不忍心让她一路颠簸。她谢绝了领导的好意，请缨前往。去之前，她反复交代对方需要准备的工作，对方拍着胸膛保证“万事俱备，只待沈工”。赶到现场后，发现风机油路的位置有三层楼高，也没有工程梯，只有一架竹木梯孤零零地矗立在风里。她真的有点怯了，可是，想想因为故障耽误的生产，想想家里还没忙完、急等她回去处理的工作，她一咬牙，爬上了颤颤悠悠的小梯子。

这样的工作一件件一桩桩，不知有多少。风机的使用功能决定了所安装的位置，往往是化工厂、污水处理厂、炼油厂等，与脏水为邻，不是臭不可闻，就是呛得喘不过气来。但沈建峰从来不以为意，令她念念不忘的，往往是那些令人遗憾的特殊机械配备方式——

2011 年，青岛一客户那里出了一个棘手的问题。对方是一位老大爷，狂躁焦虑，一说话就骂人，去了几波售后人员，都因沟通不畅，没等解决问题就被骂回来了，没有办法，公司派沈建峰前去。还没进厂，在门口打电话时，对方一听说派来一位女工程师，就开始窃窃私语。到了现场，对方更是满脸不信任。这一切，沈建峰全不放在心上，她耐心听对方骂骂咧咧讲述故障情形，不急不躁地和老人聊天，倾听对方的需求，了解风机的使用情况，现场认真查看风机的工作状态。她告诉老人：故障原因就是风机选的太大了，跟工作上下游不配套，关阀门造成喘振，震动太大毁轴承。老人不好意思地跟她说了实话：他买个大风机，为的是下一步设备升级时不用更换风机。临走的时候，老人感激地拉着她的手，把她送上汽车。

2012 年冬，沈建峰拉着沉重的联轴器配件前往内蒙古处理售后问题，因为前期该单位有技术员因为技术问题被扣留，所以办事处派人陪同她前往。通过更换配件，很快就让风机运行了。但在故障排查过程中，她发现风机故障产生的根本原因在于连接风机的联轴器不对中，并且连接孔已经增大，虽然一时可以运转，时间久了必将再次产生故障。她想跟对方研究处理这个问题，建议整套更换。但业务员心里有了阴影，考虑安全问题，赶紧带着她离开。回来以后，她仍然不放心，专门打电话把故障原因及处理方法做了细致讲解。

木兰横戈好女子，八千里路云和月。历经 23 年的执着努力，沈建峰成长为鼓风机售后领域的传奇女神。

他年何处寄此生

有人说：所有成功的背后，都是苦苦堆积的坚持；所有鲜花和掌声的背后，都深深埋藏着叹息和遗憾。

沈建峰也不例外。她有一个普通而幸福的家庭，丈夫既是同事也是大学同学。因为执着于自己的创业梦想，她每天都有做不完的事，别说像正常夫妻一样逛街散步，与丈夫共进晚餐的时候都少得可怜。儿子出生后，基本上丢给了父母，而现在，虽然离父母家的车程只有 20 分钟，但由于工作繁忙，家里的事从来不敢指望她，即便有时父母生病住院，也都是丈夫替她去医院陪护。

刚参加工作时，她怕疏漏，就每天都把当天所做的事以及明天需要做的事记录下来，久而久之养成了记笔记的习惯。有时候太忙了，记得潦草像涂鸦，但再忙再累也要记，大约半年就是一本子。20 多年过去，笔记已经积累了一大摞。偶尔翻看，她总会不由自主地泪流满面。这些记录告诉她：成长之路伴生着多少艰难，荣誉的光环浸透了怎样的心酸。

2006 年夏天的一个深夜，骑车外出买东西的丈夫一直没有回来，沈建峰一人在家带孩子，给丈夫打电话没人接，心里正纳闷呢，接到医院打来的电话：丈夫因意外事故被送到了医院。赶到现场，看到丈夫血肉模糊的样子，她差点吓傻了，听不见大夫说什么，只是机械地在手术通知书上签字。丈夫的命保住了，但她既要上班、管孩子，又要照顾病人，再加上没钱看病，还要打官司，简直就要崩溃了。都认为她无法承受，她却没掉一滴泪，咬牙坚持了下来：孩子托付给父母，丈夫找其他亲人陪护，她一边上班一边和律师找证据、跑法院。直到今天，她内心对章鼓、对章鼓的同事和领导都充满敬意和感激，因为在她最困难的时候，是领导帮她解决了她无论如何都解决不掉的难题：垫付医药费和打官司。这件事也让她一辈子对丈夫怀有歉疚：因为怕影响她工作，丈夫仅仅住院一周就回家了。

2009 年 8 月，因工作需要，沈建峰去西安出差半年。因惦记儿子，她趁中秋节回来看看，没想到儿子说什么也不放她走了，白天像看贼一样看着她，晚上好不容易哄着睡着了，还要抱着她的手，一动，立马就惊悸地哭着找妈妈。为了不耽误工作，她狠狠心丢下孩子走了。她怕听见孩子的哭声，整个工作期间不敢往家打电话；因为怕再次经历与儿子分别的伤感，元旦放假也不敢回家。春节前，当她结束了工作回到家，左邻右舍以及亲朋好友都忍不住抱怨她狠心：孩子太可怜了，秋忙时节，爷爷奶奶忙着收棒子，孩子一个人在土垄上啃青苹果，像个没娘的泥猴子……

2010 年，儿子该上一年级了。之前孩子请求她陪自己去报到，她也答应了。可是没想到，9 月 1 日这天，正好第一台单级高速风机试车，为更好地掌握风机性能，跟踪全流程，避免突发状况，她只好狠心走出孩子失望的目光。不仅入学第一天，从幼儿园到小学，儿子放学她从没接过，学校组织的家长会，她从没参加过。

2015 年，是风机转型设计最关键的时期，长时间的伏案工作，使沈建峰患上了严重的颈椎病，头晕呕吐。她去双山卫生院，打算做一次理疗，没想到一检查，医生直接给她办了住院，不光要按摩，还要输水。她放不下一个个技术问题，急得像热锅上的蚂蚁，输完水拔下针头就往厂子跑。医生嫌她不要命，极力阻止她，她说：除非不干这项工作，只要干，伏案是少不了的，以后自己注意锻炼就是了。

终于有一次，沈建峰不得不停下手中的工作陪儿子。儿子得了一种奇怪的疾病：发烧、呕吐、头疼。去了好几家医院，也没有找到病根，后来去儿童医院住院，专家发现一个现象：只要她在旁边，儿子的病就不会犯。于是专家单独跟她谈话，说这种病叫“紧张性头疼”，应该是长期害怕失去爸爸妈妈造成的。当时爸爸正好在外地工作，让她陪孩子一段时间。她只好请假陪护，儿子的病果然没有再犯。爷爷奶奶不放心，坐公交来看他们，看到孩子平安了，老人才放心回家了。

这天下午，下起了大雪，沈建峰突然接到一个电话，单位要安排节日出游，可以带孩子一起去滑雪。一看她接电话，孩子就哇的一声哭了，并出现呕吐现象。她想起医生的话，就赶紧安抚孩子说，不是去加班，是单位安排旅行，可以带孩子，不过既然孩子有病就不去旅行了。孩子一听高兴了，吵着要妈妈陪他去滑雪，慢慢恢复了情绪，呕吐也好了。看到孩子这些情形，沈建峰更坚信了专家的判断。这时候，她突然想起，下午就回家的父母，一直没有报告平安。她赶快打电话，父亲说，因为天黑下雪，他们迷路了，也不知道现在是在什么位置，手机还马上就没电了。她只好让父亲说一下眼前的标志物，站着别动，打电话让出租车去找。

安排好父母回家的事，沈建峰忍不住哭出声来。哭完了，她抱着儿子讲他们面临的生活：妈妈需要工作，爱工作也爱宝宝；宝宝需要上学，上学的宝宝才是妈妈的好宝宝；爷爷奶奶年纪大了，需要安心生活，妈妈专心上班、宝宝开心上学，爷爷奶奶才能安心……这一串道理她讲了又讲，讲了一晚上。从此以后，儿子再也没有发生过类似的情形。

何处他年寄此生，山中江上总关情。回首往事，沈建峰不知道对亲人有多少歉疚，好在所有的亲人都一如既往地爱她、支持她；更令她欣慰的是，如今已经上大二并且也读机械专业的儿子，更是已经把她当作了自己的榜样，说最美好的愿望就是成为母亲这样的人。

夜雨瞒人去润花

章鼓通风机研究所有一面文化墙，墙上最醒目的是这样一句话：一群人，一件事，一条心，一辈子。这是沈建峰对她的风机事业、对这个团队的深情期望。

通风机研究所现有39人，平均年龄不到31岁，90后年轻人占了65.8%。然而，正是这样一个团队，却负责着通风机公司、商务、设计、工艺、外协、质检的全部流程。

章鼓人事处处长崔桂春评价说：“沈建峰带出的这个年轻团队，能攻关、能创新，是章鼓新生力量中最有活力的一支队伍。”

沈建峰说，她自己的成长经历让她懂得：带团队的核心是爱，只有心里装满了关心和爱护，才会把大家聚集在同一个目标下。

因早年患上严重的颈椎病痛苦不堪，为保障健康，沈建峰想方设法改变员工不良的工作习惯，不仅特意强制性安排了工间操，还安排每位员工每天在不同时间离开电脑，轮流去车间看工艺流程；还不定期地组织员工跑步、打羽毛球等。

在工作中，沈建峰结合自己的成长经历，从掌握制图、观摩设计到参与设计，为新员工量身定做了详细的培养计划。“沈工对我们的成长帮助特别大，问她一个问题，她会回答你一堆问题，无形中增加了我们的知识面。”员工说。

在相处时，她无微不至地把每一个人的情况装在心里。研究所聘请的外地专家，独自一人在章丘生活，每年生日这天，沈建峰都带领大家一起给专家庆祝生日；哪位员工家里的老人病了，总是及时去看望；每年七夕准备好鲜花，让年轻人带给女朋友；每年母亲节给女同志准备好礼物，小到一条丝巾，大到一堆蔬菜，总是惊喜不断……

在生活中，沈建峰善于接受新鲜事物，主动从行为、爱好、习惯各方面向年轻人靠拢。“沈工真是一个百宝箱，抖音、视频号玩得很娴熟，跟她一起玩，没有她不会的，凡是我们喜欢的，没有她不擅长的。”员工说。

沈建峰说：“我哪有这么多‘特长’，不过为了让员工的生活更精彩，使出了浑身解数罢了”。为排练节目，她早出晚归去看广场舞，去文化馆拜师学艺；为让大家做一些体育锻炼，她带头练习踢毽子，早也练晚也练，最后练到3分钟不掉毽，并且花样百出。

很多人问她：你业务这么忙，何必在这些事上耗费心思呢？

她的回答非常耐人寻味：一花独放不是春啊，我四十多岁了，我希望当我退休的时候，我们所孜孜追求的事业不会因为某个人的缺席而出现断档或是停滞。

功名只向马上取，无限风光在“建峰”。从一个农家子弟到高级工程师，从一名普通业务员到通风机研究所所长，从立志科技惠民到步入通风机科技尖端……沈建峰始终把本职当天职，把使命当事业，把奉献当责任，以工匠般的精诚追求产品设计生产的提升，以国内先进独特的“量体裁衣”技术做后盾，致力于机械文明的应用与传播。她的努力，不仅为了实现企业的持续健康发展，而且把通风机的生产工艺提升到前所未有的高度，也把通风机的概念扩充到前所未有的广阔空间，在风机业内成为一段传奇。

面对鲜花和掌声，她没有沾沾自喜，她说，她要把现在的高度当成新的起点，将“劳模”精神传递给更多的人。

用无悔青春谱写天然气管道事业华章

——记济南市劳动模范、山东省中远天然气技术服务有限责任公司周海亮

关 伟

“还有10公里……有8公里……文强，请确保安全的前提下稍微快一点。”

汽车在日兰高速上疾驰，车速表盘显示每小时110公里。这辆山东省天然气管道有限公司临沂输气管理处应急抢险车，司机陆文强已开了多年。虽然他对车的性能了如指掌，但他手心里还是因为紧张渗出了汗。

原来，凌晨3点，周海亮突然接到巡线队信息员电话称：山东管道南线薛庄河管道上方，有多台挖掘机和装载车正在违法偷采盗运河砂，挖掘机极有可能挖断管道。当时年关将近，周海亮意识到，一旦天然气管道和光缆被

破坏，极有可能造成泄漏爆炸和通信中断，后果不堪设想。那可是直径 1.2 米、设计压力 10MPa 的天然气管道啊！

此时，坐在副驾驶座的周海亮已拨打 110 报警，讲明利害关系，并向当地发改局、国土所、镇党委相关人员电话汇报，请求支援。之后，他认真查看管道设计资料，决定必要时申请远程紧急关断薛庄河上、下游截断阀门，组织队伍进行应急抢险。

到达现场后，发现道路已经被挖断，车只能停在薛庄河对岸。周海亮看到，现场有 2 台挖掘机、3 台装载车正在管道上方偷砂，周边还有不少社会青年放哨。在现场情况不明了的情况下，周海亮顾不得危险，立即跑下车冲到河边，向对岸大声呵斥："你们立即停止下挖！如果挖到天然气管道，随时有可能爆炸，造成群死群伤。"

一众违法偷砂人员迟疑着停止挖砂。这时，恰好警车爆闪灯由远及近。违法偷砂人员开始四处逃散，派出所民警四面包抄，将部分违法偷砂人员和作案机械工具依法扣押。

随即，周海亮和同事配合当地发改局、国土局、能源科、派出所联合勘察。相关部门工作人员现场调查后，确认该处采砂未办理采砂手续，避开政府监管进行偷砂盗采矿产资源并危害天然气管道安全，涉嫌违法犯罪。于是，立即将现场情况向政府报告，由河砂治理专班记录跟进。

最终，当地违法偷采盗运河砂的一伙惯犯，被当地公安等机关一窝端掉，消除了管道安全运行风险，有效避免了偷砂盗采导致的管道及光缆受损等恶劣事件的发生。

现场处理完成后，已经是下午 4 点。周海亮带着兄弟们简单吃了工作餐，在返回单位的车上睡着了。

成长与经历，终将被厚爱

周海亮，1986 年 10 月出生在嘉祥县一个普通农村家庭。那年是虎年，他却长得并不虎头虎脑，反而身板瘦弱了些。在他出生前，父母已有两个女儿。虽说他是家中唯一的男孩，父母却并不溺爱他，相反，对他比对两个姐姐的要求还严格。

从小学到初中，周海亮的学业都是在镇上完成的。学习成绩虽谈不上出类拔萃，但他养成了爱读书、爱琢磨、爱动手的习惯。尤其是家里的收音机、电视机等电器，他都喜欢拆来拆去，凭着一股巧劲，大部分零件都能装回去。有些零件装不回去了，等待他的就是母亲的一顿胖揍。

周海亮看着斯斯文文，性格却不内向，反而很开朗。小时候，他喜欢和玩伴一起钓鱼、抓虾、爬树、掏鸟窝。和那些玩伴不同的是，他还善于学习。他有一位邻居是教师，家里收藏的书籍特别多。周末和寒暑假，只要家里没有农活，他就去那位邻居家看书，主要看故事和小说。他还试着写短篇小说和诗歌，因此语文成绩在班里一直名列前茅。初中期间，他一篇篇作品陆续刊登在县里的小说月报上。有一次，他用25元稿费买了一堆糖果，分给家人和邻居。看到大家洋溢着甜甜的笑容，周海亮说“那个高兴，是一辈子都无法忘怀的”。

村里有个在石油大学任教的本家，海亮上高二那年春节，那个本家回老家过年，给周海亮的父母拜年。周海亮的父母夸赞他有学问、有出息，吃上了公家饭，还问他教什么书。他就讲起了石油和天然气，说石油是黏稠的液体，天然气是看不见的气体，它们能用作汽车的燃料，还能将火箭送上天呢。周海亮的父母对压缩天然气、液化天然气一点都不明白，也不太感兴趣，可周海亮却听得津津有味。一时间，他对石油和天然气产生了兴趣，又连珠炮式地问了很多问题。从那天起，他以后要报考石油相关专业的想法，就在心里萌芽了。

2006年，周海亮高中毕业，报考了中国石油大学胜利学院的油气储运专业。虽然是专科，他也很满意。他当时的想法很简单，就是觉得当石油工人有前途，有面子。收到录取通知书那天，父母做了一桌子好菜，以此庆贺。

大学期间，周海亮学习很刻苦，成绩也很优秀，获得了国家励志奖学金，顺利通过了全国大学英语六级考试。他还乐于助人，积极参加学校组织的社团活动。

可就在他大学毕业那一年，一直疼爱他的母亲突然病逝。这对他来说无疑是晴天霹雳。重大的家庭变故，使得周海亮愈加快速成长，他化悲痛为力量，决心用学习成绩来弥补没能为母亲尽孝的遗憾。

2009 年，周海亮大学毕业后，被分配到中石化第一条高压力、大口径、长距离天然气长输管道工作，从最基层的输气工做起。

这个岗位对刚毕业的周海亮来说很具有挑战性，但他觉得越是挑战性的岗位，越能锻炼人。从工作的第一天起，他就立志干出一番事业，成为一名技术能手。

在天然气输气站，作为初来乍到的“技术菜鸟”周海亮，满眼都是进口“洋设备”：Shafer、RMG、Schneider、Elster、Grove、GD……他发现，这些设备设计先进，内部结构复杂，检修和维保都必须由公司外面的专业队伍来完成，自己人做不了。

“在自己的场站，我自己倒成了门外汉了？”周海亮不服输，下决心啃一啃这“铁骨头”，一定弄明白每个设备的结构性能和工作原理。

决心一定，周海亮带头消化设备英文说明书和设计图纸，逐条翻译安装、操作和检修要点。那段时间，他就像钉子钉在了工艺区和机柜间，带领大家弄明白气液执行机构引压管的每一个气路的走向、机柜的每一根线缆的来由。

那份执着，在周海亮身上体现得淋漓尽致。

虽说周海亮的英语已经达到了专业六级，可看一些全英文的专业数据和说明书，还是有很大难度的。

经过一年的不懈努力，他终于掌握了 Shafer、RMG 和 Mokveld 等设备的自检自修要领，硬是把天然气长输管道储运、自控、通信和电气等专业设备最硬的“铁骨头”啃了下来。那一刻，周海亮脸上绽放着久违的笑容，他也得到了领导和同事们的信任。

周海亮正是凭借这种刻苦学习、勤奋钻研的韧劲，快速成长为技能操作骨干，2011 年竞聘为输气站副站长，2012 年竞聘为输气站站长。

经过两三年的工作磨炼和岗位实践，周海亮的特长也愈发凸显。

周海亮的特长是输气设备运行维护和故障维修工作。作为站长，他不但要组织做好天然气输气站场巡检、设备的维护保养，按照调控中心指令向用户供应清洁天然气，而且还要紧盯生产运行中遇到的设备故障难题。他持续攻克了 LKT 型盲板锁环容易卡死、快开盲板无法正常启闭、周界安防对射探头频繁误报警、自控电气设备频遭雷击损坏等难点问题百余项，先后取得《一种适用于天然气输气站可在线排污的环保回收装置》国家发明专利1项、《一种用于锁环式快开盲板的锁环装卸工具》等国家实用新型专利15项，技术成果在生产一线得到广泛应用，工作效率得到有效提升，多次参加公司和中石化集团公司业务竞赛并取得优异成绩。2018年12月，他顺利通过中国石化输气工技师考评，2021年12月顺利通过中国石化输气工高级技师考评。

高级技师的认证通过，让周海亮这个技术骨干很快就在公司有了一个新称呼——“技术大拿”。

输气管理处党支部书记李宜震对周海亮的评价更是一针见血：“周海亮同志不但是一名工作能力突出、思想觉悟高的员工，同时还是一个有毅力、有责任、有担当的山东汉子。”

坚持和热爱，不会被辜负

山东省东南管道工程项目是山东省“十四五”重点工程，作为连接东部沿海海上液化气和中原储气库群的能源大动脉，是山东省节能减排、调整能源结构、“气化山东”的重大举措，也是推动山东省新旧动能转换实施的重要方式，对冬季天然气保供具有重要作用。

2021年春节伊始，周海亮被抽调到东南管道工程项目部，配合开展生产准备工作。当时，为确保山东天然气管网东南干线640余公里管道按期一次投产成功，需要尽快编制《山东管网东南管道天然气管道工程投产试运方案》等资料，并上报中石化集团公司审批备案。在国内，如此长距离、高压力、大口径（设计压力10MPa、管径1219mm）长输天然气管道的投产试运，都是需要依托专业化投产公司进行投产方案编制和保运。在研讨投产规划时，公司领导提出“靠人不如靠己，我们自己编方案、自己组织投产”的总体思路。大家研判后，一致决定发挥生产准备部每个人的专业所长，同时借鉴国内其他大型天然气管道工程投产项目，自己搞。

周海亮提出的“分段置换、同步升压”“东干线、南干线各设一段氮气封存段”等多项建议，被领导采纳。方案编制期间，领导带着周海亮和其他同事，为了能编制好方案，连续加班加点，对氮气置换流程、天然气流速控制优化、升压天然气用量等参数一遍遍核算，最终不到一个月的时间完成了投产方案的编制和上报，得到了上级单位的认同，并获得通过。2022 年 12 月 6 日，公司严格按照该方案组织实施，东南管道投产一次成功。

其间，周海亮还四次奔赴济南，圆满完成 4 批次共计 74 名技术服务新员工的培训班带班任务，为东南管道顺利投产提供了人力支撑。他参加南干线和东干线南段基础设计、详细设计图纸审查以及设备设施技术参数确认和选型，提出的 124 条建议均被采纳。参与编制《南干线生产准备与试车统筹计划表》，梳理出共计 8 大类 100 余项生产准备工作任务，和部门领导、同事挂图作战，倒排工期，做到了件件有落实、事事有回音。

辛苦付出得到了公司领导和同事们的肯定，可周海亮推了推鼻梁上的近视镜，谦虚地说："我只是工作流程中的一环，大家都在各自岗位上辛勤地工作。长输管道就像一条珍珠项链，站场、阀室是珍珠，管道是中间的串线，我们只是其中一环，每个环节都保证安全，才能保证千家万户的灶台做出香喷喷的饭菜。"

其实，周海亮心里最清楚，那段时间真是太难了！在工程建设、投产试运"两线"作战的情况下，管理处所有同事都铆足干劲，晚上加班到凌晨基本是常态。周海亮每每想起这段往事，仍然心潮澎湃。

投产前夕，因新冠疫情严重，管理处驻地被临时封控 14 天，参与投产的部分同事以及检测仪表、工器具、御寒物资、应急食品等后勤物资均被封控，处理不当可能会严重影响整个投产大局。周海亮在外围未被封控，他积极奔走，一方面协调河东区九曲街道疫情防控指挥部，连夜编写情况说明，恳请特事特办尽快解封。另一方面，他冒着风险，于当天晚上组织外围的 3 名同事，在做好防护的前提下，将投产物资转运到站场阀室值守点分发。直到凌晨 3 点，几千件物资全部转运完毕，人已经累到虚脱得说不出话来。

越是在困难的时候，越能体现一个人的担当。在那段时间，让人感动的事例不胜枚举。输气管理处经理耿东攀身体不适，做了手术仍在宿舍坐镇指挥东干线南段工程建设；输气管理处书记李宜震不慎右手臂韧带断裂，去医院打好石膏，第二天继续到现场安排南干线投产工作。

石油石化人就是这样，一次以身作则的示范，就像一场甘霖，润物无声，长留心间。周海亮也一直向他们学习。“我愿做一颗螺丝钉，更愿做一颗持续发光、敢于创新的 304 材质不锈钢螺丝钉……”这是他经常说的一句话。

2022 年 9 月 12 日，一纸调令，使得周海亮既兴奋又紧张。

兴奋的是，这一次异地调动结束了夫妻 8 年两地分居的日子。至于紧张，周海亮也怕有自己胜任不了的工作。

到新单位报到的第一天，领导告诉周海亮：“海亮，我知道你是公司第一批输气工高级技师，在天然气安全生产管理方面有过硬的技能水平，管理经验丰富，但是咱们管理处急缺管道保护管理人员，根据工作需要，要把你从输气岗转为管道保护岗，身上的担子更重了，怎么样？你也说说你的想法。”周海亮知道更换岗位面临的困难，但更理解单位领导的统筹安排，“没有问题，坚决服从公司工作安排。”周海亮掷地有声的回答，让单位领导点头赞许。

面对陌生的岗位、陌生的领域，周海亮决心干出新的成绩。刚到新单位，同事们想让他休息调整一下，可他听不进去，第一时间就赶到了管道现场。

输气管理处刚刚成立，在管道沿线相关信息和数据缺失的情况下，周海亮组织开展了主题为“徒步踏线保生产，夯实基础保安全”的徒步踏线活动，目标是从零开始，走遍每一寸管道、排查每一处风险、收集每一条信息。

输气管理处辖区 380 公里管道，周海亮一步一步走、一米一米量、一遍一遍查，总是用“放心不下、睡不安稳”的责任心去搞管道保护管理。在给管道沿线地聘工培训时，PPT 画面上展示着一个挖掘机在天然气管道附近挖掘作业的场景。周海亮问大家这是什么东西，大家都一头雾水，难道这个挖机有什么玄机？周海亮斩钉截铁地说：这是我们寻找的敌人！这是破坏我们埋地天然气管道的敌人，一旦管道被它们破坏，天然气很可能就会泄漏爆炸！

活动历时一个月，里程 380 公里，覆盖 5 个施工区段，4 个巡护班，25 名巡线员。通过这次活动，摸清了临沂管理处辖区线路的家底，每一项数据都对应一个台账、一张表格。这些数据构成了管理处线路安全管理的基石。

就这样，周海亮仅用 3 个月时间，就基本掌握了管道保护工作中管道巡护、管道完整性、第三方施工等专业管理工作，与管道沿线 4 个地市、12 个区县地方政府建立了良好的沟通机制，管理处管道保护工作也得到了公司专业部门和领导的一致认可。

从事管道保护工作一年多来，周海亮枕戈待旦，及时处置管道沿线应急突发事件。他第一时间处置了薛庄河定向钻上方凌晨机械偷砂事件，全线排查 7 处潜在偷砂点并安装视频监控；处置了薛庄东阀室东侧管道上方夜间打井事件，摸排建立沿线打井队伍台账；处置了沂水段管道上方挖掘坟冢违法土葬事件，排查建立全线穿越家族坟地台账；先后解决汪沟、大庄和碁山阀室被锁事件，梁子沟桥损毁问题，相沟、洙边等乡镇村民反复拨打 12345 和 400 投诉问题，沂水段一村民破坏管道光缆事件，等等。以上突发事件都得到了妥善处理，未造成管道损坏和民众舆情。

同时，周海亮组织对辖区管道上方占压、安全间距不足构筑物发起攻坚，2023 年走访辖区发改等政府部门 36 次，借助政府力量零费用拆除汪沟镇、四十里堡镇等板房占压构筑物 5 座，小成本拆除薛庄河、上冶河定向钻上方等砖混构筑物 3 座，阻建胡阳镇、洛河镇等墙体大棚 13 处，协调莒南鸡龙河新建泵站、沂水新建高压线塔等 6 处构筑物迁移至管道安全间距以外，开展 19 处墙体大棚改建等工作，有力保障了辖区天然气管道安全平稳运行。

2023 年以来，输气管理处各路工作异常繁重，管理处的两位领导宵衣旰食连轴转，周海亮看在眼里记在心里，除了开展好管道保护工作以外，还全力以赴做好管理处领导交办的其他工作。他先后配合完成公司自有操作人员技能鉴定考前培训工作、2023 年度公司技能操作人员职业技能鉴定工作、2023 年度管理处岗能匹配工作、协调辖区输气站水井打井和取水证办理、迎接各级团队观摩检查等任务。协助完成在临沂站举办的天然气分公司管道泄漏应急演练脚本讨论、现场布置、对接政府以及消防医疗单位邀请工作。协助领导筹划天然气分公司第八届“我为发展显身手”业务竞赛，完成临沂站绿化、硬化工作设计和施工，编制《现场布置方案》，梳理人员分工，采购相关物资，使管理处圆满完成赛事承办任务。协助领导全力做好管理处新驻点的寻找确定、南干线沂河定向钻穿越河道占用补偿工作推进、牵头编制《管理手册》和《操作手册》等工作。以上工作都圆满画上了句号。在做好本职工作的同时，持续为领导排忧解难。

输气管理处经理和党支部书记有时半开玩笑地说：“要把最不放心的工作交给最放心的人来干。周海亮同志就是我们管理处最放心的人！”

奉献与付出，埋怨变温暖

“工作是调回家附近了，可感觉你工作更多，休息时间更少了，孩子都陪不了。我看你还是不调回来的好，你不调回来，我和孩子的盼头还少些。”周海亮妻子王玉杰埋怨地说。

妻子本以为周海亮这次调动后，每天可以到点上下班、周末双休。可自从周海亮调回来，那半年正是管道投产最忙的时候，他回家次数屈指可数不说，就算回家，也是深夜加班后才回家，这时孩子已经睡了，天不亮就要去上班，这时孩子还没醒。一天到晚陪不了孩子，难怪妻子埋怨他。

面对妻子的埋怨，周海亮不知道说什么，只是嘿嘿一笑。他知道，他亏欠妻子、孩子和老人的太多太多……

周海亮也知道，妻子作为一名小学教师，还是班主任，工作的辛苦不亚于自己，再加上妻子还要替自己照顾年迈的父亲和刚上学的儿女，她的付出比野外作业的自己更加辛苦。每每想起这些，周海亮总是禁不住湿了眼眶。

每天生活在一个屋檐下，每天油盐酱醋茶，老人和周海亮的妻子难免有拌嘴的时候。周海亮着急的时候就说：“实在不行，让老人回老家待一段时间。”妻子一听很生气，说：“你把老人送走，你这不是制造矛盾吗？你当儿子的，照顾老人是天经地义的事，有不顺心的事两天就过去了。把老人送回家，我们会后悔的。再说，我是你妻子，心里的委屈是有点，可照顾好老人也是我的责任啊！我已经熟悉了老人的起居生活习惯，爸就是住咱家一辈子，我也不嫌烦，何况咱爸这么多年帮助咱们这么多。”

妻子的这番话，让周海亮心里的酸楚变成了感动，虽说自己在工作上奉献很多，可与妻子对家庭的付出相比差得太远了。

曾有朋友问王玉杰，结婚这么些年，周海亮总有让你温暖感动的地方吧？王玉杰想了想，说“有啊”。那是疫情前的秋天，海亮去西安出差，给她带回来一份礼物——正宗的西安凉皮。

这份礼物是王玉杰没有想到的。她吃着周海亮千里迢迢带回来的凉皮，想着自己一个人带着女儿的艰辛，眼泪不由得流了下来。周海亮看见她流泪，问她怎么回事，她说是凉皮里的蒜味辣了眼睛。

有常识的人都知道，葱辣眼，蒜辣心，蒜味是不可能把人辣出眼泪来的。

王玉杰急忙低下头去说："好吃，好吃，还是我们俩谈恋爱的时候吃的凉皮的味道。"

一个人有多好不重要，对你好才重要，真心对你好的人，那些好都在细节里。妻子这句话，暖了周海亮的心。

周海亮在妻子身上学到了"照顾"和"温暖"，他对周围的同事也是如此。

他的同事张靖鹏讲了这样一个故事："2022 年冬天特别冷，天然气管道沿线冰天雪地，寒风刺骨，线路巡护的兄弟们穿着棉工服仍然顶不住，冻得瑟瑟发抖。这一年，周海亮参编出版了《山东管网天然气管道输送技能教材》，他把公司发放的 1400 元稿费全部用来买了棉帽、围脖，分发给四个巡护班线路巡护的兄弟，让大家心里感受到了一股暖流。"

周海亮早已把企业当成家，把同事当成家人，单位的事情就是自己的事情。

他的同事耿鹏程深情地说："2022 年 10 月，管道沿线新冠疫情多点散发，管理处驻地和驻点同事集中感染高烧。当时市面上很难买到退烧药和感冒药品，周海亮把家里提前储存的布洛芬、对乙酰氨基酚和连花清瘟等一箱药品全部奉献出来，并让在药厂工作的姐姐邮寄退烧及感冒药，帮助同事们渡过了难关。”

周海亮在工作岗位上取得了一些成绩，技术和管理水平不断提升。其间，不断有地方燃气公司抛来橄榄枝，想把他挖走，但都被他拒绝了，他说：“我的成长是因为公司提供了广阔的发展平台，我要用感恩和忠诚来回报公司的培养和帮助”。

“一花独放不是春，百花齐放春满园。”周海亮在成长过程中始终坚持“传帮带”，他不断积累日常解决问题的心得体会和技术成果，编辑了《输气站场员工成长手册》等书籍，供大家参考借鉴。他在传授技术的同时，培养大家的团队意识。他的徒弟宣明艺说：“我师父经常对我们说，一个人可能走得更快，但一个团队走得会更远。”他的徒弟现在都已成为输气技术骨干力量，其中 5 位已经在班站长的工作岗位，也在各个级别的技术比武和业务竞赛中获得过优异成绩。

近年来，周海亮获发明专利 1 项、实用新型专利 15 项，连续四年获得公司“先进工作者”称号。他因表现突出，2022 年获得“济南市劳动模范”荣誉称号。2023，年经山东管道公司党委会研究，同意接收他为中共预备党员，预备期一年。

现在，37 岁的周海亮依然奋斗在天然气长输管道的第一线。大学毕业 15 年来，他把最好的青春年华奉献给了天然气管道事业。他用 15 年的热爱和坚守，勇挑重担，砥砺前行，立足自身工作岗位，书写了无悔的青春华章。

城市美容师

——记济南市劳动模范、济南市机械化清扫大队赵元荣

万洪梅

是谁默然于繁华的都市里，迎接第一缕晨曦，为街道增添美丽，保障高架路自由呼吸？当我们畅通无阻地穿行其中，有没有想起社会生活中必不可少的这个群体——可亲可敬的清洁工？他们是环卫工作的老黄牛，是朴实无华的城市美容师。

马路岁月何蹉跎，笤帚扫帚舞成歌

从2005年开始，一年一度的千佛山年会声势浩大，场面壮观，客流量日

均数以万计。摩肩接踵的游客，卖力经营的商家，客流高峰一轮跟着一轮。

一位不惑之年的男子，身着清洁工服装，一手拿笤帚一手扶着铲子，清扫地面。他就是负责此路段的清洁工赵元荣。他魁梧的身材随着一步一弯腰，不断书写成“小括号”。他身旁还有个袋子，簸箕满了，他就一手撑开袋口，一手提起簸箕，动作利索地把簸箕里的垃圾倒进袋子。袋子满了，他就抓住袋口背起来，走到垃圾桶边，一手高高托起袋子底部，另一只手一松，把垃圾倒入桶里。略微长点儿的头发，随着低头与抬头连续流畅的动作，一张一翕地，似乎在演奏着一曲劳动最美的赞歌。橘黄色的工作服，在拥挤的人山人海中格外显眼，宛若这年会上一道最靓丽的风景。

这道风景孤独而缓慢地移动着，与盛大的年会相比，成了一个微不足道的光点。年会上，大大小小数百个摊位，琳琅满目的商品数不胜数，哪一双眼睛的余光会在他身上停留一下呢？哪怕是一秒也没有。没有人关注，他也不在乎，依然步履匆匆地晃动在阳光里，前行在夜灯下，闪烁着属于自己的光芒。什么好看好玩的工艺品啦，地道正宗的风味美食啦，久违的老济南味道啦，走遍华夏神州的传统美食啦，农副土特产品啦，等等，好像与他没有一丝一毫的关系，他只是专注于自己手里的簸箕和笤帚。游客们都被深深吸引着，目光所及，视觉和味蕾忽地打开，无论男女老少，都满载而归，大袋子小手提，尽兴至极。地摊经济是中国千百年来最接地气的经营方式，尤其是宋朝时期，地摊经济无出其右。而今，能够在泉城济南得以繁荣和发展，也是顺应时代潮流、活跃经济的好事，既能让从业者增加收入来源，又能让人们感受到地摊经济的魅力，真正享受“人间烟火气，最抚凡人心”的诗意生活。

川流不息的脚下，一根肉串潇洒落地，一个彩色包装袋悠然而去，一块纸巾随意奔走……各色各样的鞋子，大小不一的长度，没有一个停下来，看一眼地上的狼藉。地摊经济不是肆意污染环境，而是与城市共生共荣的催化剂。身为清洁工的赵元荣时刻牢记着领导的话，深深地明白职责所在。他像熙熙攘攘的人群一样，一步也不停，双脚来回奔波于垃圾和垃圾桶之间。他的眼睛不住地急速逡巡着人们流动的脚步，唯恐漏下一小片地面，唯恐有一小片垃圾跟着飞走。

这是年会最后一天，也是他最后的期盼。年会开始以来，他每天四点半来到岗位，默默无语地劳作。一扫一提的动作貌似简单，却流水作业一样不停。

太阳也累了一天，懒洋洋地趴在西天，看着人们渐渐散去，也催促着他赶快打扫完回家休息。他倒完最后一袋垃圾的时候，夜色已渐渐浓重。困意席卷着整条道路，赵元荣也捶捶腰背，带着工具，拖着疲惫的脚步回家。推开家门，已是晚上八九点钟，简单吃点东西，脑袋一挨枕头，眼睛就睁不开了，即使被人扛走，也没有知觉了。当他再次睁开眼睛，已是第二天上班时间。

“人多，垃圾多，属于正常现象，这也没有别的好办法，就得坚持不松懈地打扫，不就是年会热闹那么几天嘛。我受点累没啥，都是应该干的。”赵元荣接受采访时说。

多么淳朴的清洁工啊，难道仅仅是累年会那几天吗？绝对不是的。300 米长的路段，对年富力强的赵元荣而言，平常的生活垃圾清扫，还可以很容易保持路面洁净。春天，枝条抽出新芽，含苞的花儿初绽，那时景色优美宜人，他是近水楼台先得月，常常驻足街头或路口，静静地观赏着大济南的景色之美。人来人往的流动中，花香也跟着流动，驻扎进了路人的眼眸里，抑或心底里。春天毕竟不长，眨眼间就过了，花儿凋零的伤感，赵元荣也不会注意，只是专注“零落成泥碾作尘”带给地面的乱糟糟。他挥动着那把大扫帚，快速清理，一遍一遍又一遍。他有时候边扫边想，人和花没啥区别，都有盛开期，过完盛开期就落了，归于泥土。何不像花儿一样趁着盛开，释放自己的馨香呢？想着，他扫动的频率不由得加快，“哗——哗——哗——”一声紧跟着一声，清脆响亮，仿佛那不是扫大街，而是演奏一首优美的曲子。

或许有人说，夏天会是清洁工最轻松的季节吧？其实不然。赵元荣说，当天刚蒙蒙亮时，他就手持着笤帚、簸箕，扛着大扫帚，来到自己负责的路段上，快速地打扫。那时，马路上空无一人，也没有车，便于快速打扫。他要在车辆出现之前，把街道的每一个地方都打扫得干干净净。夏日炎炎，烈日像火球一样高高挂在头顶，在济南这座出名的大“蒸炉”里，在路边扫地的清洁工的境遇可想而知。赵元荣满头是汗，汗水顺着额头小河水一样流淌，衣服都湿透了，紧贴在身上，但他依然坚守在自己的岗位上，任由岁月和骄阳在他的面颊上又增添了一道皱纹。他毫不在意，只是低头弓腰，大幅度地清扫着，他心里装满了城市的美丽。天气预报，当日有暴雨，他必须赶在雨来之前，打扫完自己负责的所有地段，避免暴雨来时，垃圾堵塞导致排水不畅，给过往市民造成不便。

赵元荣就是这样一位简单、普通的清洁工，不管是晴天还是雨天，不管是刮风还是下雪，他执着的身影一直站立在岗位上，就像路边的大树，一年四季默然如斯。他打扫大街一丝不苟，日复一日，年复一年，一成不变。他从来没有放过任何一处角落，他工作的卫生地段从来都是一尘不染的样子。

思路出路一念间，取得驾证做“神仙”

2010 年 10 月 13 日，济南市人民政府授予赵元荣“济南市优秀保洁员”称号，2014 年 4 月，济南市总工会授予他“济南市五一劳动奖章”，高度认可了他在城市保洁工作中做出的突出贡献，鼓励他再接再厉。这些荣誉的获得，让赵元荣有了更加明确的方向。他自小在历城区长大，知道济南是一座历史悠久的国家文化名城，承载着厚重的历史和文化。济南未来的发展不可估量，光靠人工打扫卫生肯定不行。于是，他做出了大胆的决定：学驾驶证，准备开清扫车。

2015 年，赵元荣拿着 B1 驾驶证，如愿以偿地走进了济南市机械化清扫大队，初次见到了心心念念中的洗扫车。赵元荣欣喜不已地坐在车里，熟悉着各项操作，车里的现代化装备让他倍感新奇。这车不仅能提高工作效率，还有空调，真是舒服极了，让他真有种从地上平民变成了天上神仙的感觉。他终于可以实现梦寐以求的快速清扫梦了，那份心动的喜欢溢于言表。

赵元荣工作的地段是顺河高架、铁路桥往南到玉函桥，上班时间更改为凌晨 2 点到早晨 7 点。这样一来，与同样是清洁工的妻子就成了“牛郎织女”。两人一个夜班一个白班，本是一家人，却几乎不见面。每当抓起钥匙，踏上心仪已久的洗扫车，赵元荣的感觉就都被车门关闭起来。手脚是车，眼睛是车，脑子里还是车。他一边清扫，一边洒水，不禁感慨：这玩意儿也太神奇了，扫帚簸箕都省了不说，还连洒水也解决了，真是功能强大啊。令他惊喜的还有，洗扫作业模式也多种多样，可以全洗扫，可以左洗扫，可以右洗扫，还可以只洗不扫，还可以只扫不洗。就是一部中型汽车的样子，竟然那么多功能，他的幸福指数噌噌飙升着。不仅如此，车里有空调，冬暖夏凉，再也没有夏天蒸、冬天冻的感觉了。和原来的工作相比，他觉得简直就是天壤之别，更没有理由不好好工作了。

实际情况却并非如此简单美好。秋风翩然而至的季节里，清洁工无休止的劳累模式就又开始启动了。风儿刮过，树上的黄叶就开始纷纷落下，一片，两片，三四片，像一只只枯叶蝶翩翩起舞，玩够了，便像一只只觅食的小鸟趴在地上，任由车辆碾压。瑟瑟的秋风，似乎怜惜清洁工，似乎吹奏着哀伤的笛韵。赵元荣小心翼翼地开着洗扫车，静静地看着车窗外的一切。一片落叶闯入他的视线，轻轻划过前窗的玻璃，慢腾腾地在秋风中旋转着，犹豫地落向地面。这节奏很美，但依然没有影响赵元荣开车的速度。自己负责的路段乱糟糟的，自己都过不了自己的心坎，何况路人呢？作为一名优秀清洁工，他绝对不可以放松要求。他时刻牢记着：为自己工作，不是给领导干工作。又一阵风吹来，满天的落叶随风飞舞，没有人会知道它们什么时候落下，会落到哪里。落叶，不是几天，而是几个月。秋天结束了，也不算完，直到树上的叶子落没了才算结束。不同的树木，落叶时间不一样。即使同一棵树上的叶子，也不会在几天内落光。它们只管自己逍遥，从来不会关心清洁工的死活。赵元荣不在乎，这算啥，不就是开着车多转几圈吗，比扛着大扫帚扫轻松多了。

有人说，赵元荣负责的路段省心，叶子上不了顺河高架。话可千万别那么说，落叶上不上高架桥，谁说了也不算，叶子落脚可不分地方。大明湖北路的杨树特别高大，叶子借着风势飞上高架路，那是“张飞吃豆芽儿——小菜一碟”。再加上过往的车辆来回助力，一片叶子裂变成几片、十几片，甚至几十片，足够清洗车来回转悠几趟。何况那些树上有数不胜数的叶子呢！赵元荣早已习惯了看那层层落叶随风起舞的美丽，他常常一边打扫，一边遐想。凄冷的夜幕下，滚滚落叶随风来回翻卷，像海边的浪花，像一帮霓虹下的小精灵，也像一群奔跑嬉闹的小黄狗。他就是这样美滋滋地想着，慢悠悠地干着。不知不觉中，路面干干净净了。领导每次开车巡查，发现赵元荣的地段总是“一贫如洗”，连个碎叶片也没有。可是，领导并不知道赵元荣一夜未合眼，来回洗扫了几趟。

数十年如一日，每个寂静的夜晚，赵元荣驾驶着心爱的洗扫车，哼着喜欢的调子，威风凛凛地行驶在马路上，认真观察着路面的卫生情况，尽量做到全面清扫。城市的夜晚，圆月高悬，华灯闪烁，使人心情格外愉悦。尤其夜行在顺河高架灯光的流里，真有在天宫开车的感觉，仿佛那灯是星，那路是河。赵元荣常常看到旭日东升的壮观之美，也曾经看到落日余晖之美，却唯独爱这夜色静谧之美。一个人，一辆车，一条路，一股子劲儿，他觉得自己不是在工作，而是在天宫漫步。

一个月光如水的夜晚，赵元荣像往常一样开着车，哼着曲儿，认认真真地清扫着一段双向车道。泉城的夜色很美，美得像梦，宁可沉醉，不愿醒来；又像深不可测的海洋，深沉悠远，神秘莫测。深蓝的夜空下，五彩斑斓的霓虹灯眨巴着昏昏欲睡的眼睛，还不忘把绚丽的色彩抛在空中映出环环灯晕，把空空荡荡的街道装饰得流光溢彩，置身其中，如梦似幻。“嘀嘀嘀嘀——”一阵急促的喇叭声裂天动地。一辆飞一般的小轿车正由远而近呼啸而来。赵元荣赶紧提起刷子，加速前进，力图在最短的时间内赶到出口。眨眼间，后边的小车已经到了背后，还是声嘶力竭地“嘀嘀嘀嘀——”，催命似的响个没完，在黎明前的黑夜格外刺耳。赵元荣的心脏都要跳出来了，耳朵儿近崩溃。幸亏距离出口较近，他才幸免噪音之扰。他停下车子，轻轻揉了揉胸口，安抚一下节奏险些乱了的心脏，才再次启动车子，返回去清扫剩余的路段，他要赶在下班之前完成所有洗扫任务。洗扫车的速度过快，打扫不干净，慢了就影响交通。当他把车开回清扫大队院子里，拖着疲惫的身躯，迈着沉重的步伐，走进办公室的时候，同事说：“赵哥，什么情况？刚才有人举报你妨碍交通。”赵元荣无奈地苦笑了一声，一句话也没说，转身走出办公室。朝阳拉长了他的身影，让他挺拔的身材一下子高大起来。领导跟出来，拍了拍他的肩背：“好好休息一下，你的工作我放心。”赵元荣的心像弹力球一样，一下子轻松弹跳起来，犹如正在冉冉升起的太阳放射着一股暖流涌遍全身，他欣慰地笑了。

2018 年 1 月 27 日，三盛集团、生活日报、济南日报、山东电视台融媒体联合表彰，并授予赵元荣“感动济南城市英雄”荣誉称号。当济南市机械清扫大队的领导打电话告诉赵元荣这个消息时，队友们都兴高采烈地为他庆祝。他却一脸蒙圈，自问道：“我？”他从来没有想过，自己会和“英雄”这个词有联系。他从小仰慕英雄，学习英雄事迹，常以雷锋精神激励自己，立志做个对社会有用的人，却从来没有想过有一天自己会成为“英雄”。

在队友们连续不断地追问下，他努力回忆，才慢慢想起一些零星的往事。那是一个阴沉沉的夜里，天仿佛快要下雨的样子。他开着车，像往常一样在顺河高架上清扫。忽然，路障边一点亮光闪闪烁烁。出于好奇，他开车凑近一看，原来是一部手机，来电正急速地闪动着。他跳下车，捡起那部手机，接通了电话。“喂！这是我的手机，是您捡到了吗？”一阵急促的男声，大

气不接小气地喘息着问。“你咋能把手机掉到高架上呢？我在顺河高架桥附近工作中，赶紧来拿吧。”“我也不知道呢，刚才用手机才发现没了。多谢大哥！多谢！”对方一张嘴几乎要说出十个“谢谢”，才挂断电话。不一会儿，一辆小轿车风驰电掣般赶来。一位四十来岁的男子，下了车忙不迭地道谢，拿到手机后快速离开。对赵元荣来说，这样的事并不新鲜。2018 年他清扫八一立交桥时，也捡到过一外地来济南游玩的女孩子的手机。在等了长达一个多小时后，失主才急急匆匆地赶到。女孩子非常感动，她开始以为手机是被偷了，借了身边人的电话，抱着试一试的心态，结果一打就通了。她大赞济南市民素质高，能够拾金不昧。其实，这样的事情赵元荣做得多了，他自己都想不起来一年有几次。每次捡到手机，他总是待在原地耐心等待失主来寻。有时候，他还会捡到钱包。尤其是拿着笤帚、簸箕清扫的那些年，捡到手机、钱包之类的东西更是常有的事。能够联系到失主的，他都及时物归原主；联系不到失主的，他全都交给单位。他说，不是自己的一定不要占有。俗话说，外财不发家。只有自己脚踏实地，认真努力地干，生活才会有起色。2023 年 3 月，第六十个学雷锋纪念日到来之际，他所在的济南市机械化清扫大队，成为第十七届全国职工职业道德建设先进单位授牌暨雷锋精神实践传播基地。

事实证明，生活从来不会亏待积极乐观、努力向上的人。前行的路并不拥挤，拥挤是因为多数人选择了安逸。生活就是这样，做人就要实实在在地干，耍心眼子偷懒最终还是亏了自己。手脚长在自己身上，即使爬着，也要努力前行，直到抵达憧憬里的风景，甚至变成走过的路与回忆。想当年，赵元荣初来乍到，带着妻子来到济南一起做清洁工，租了一间十几平方米的小房子，仅仅能放一张双人床和一张吃饭用的小桌子。就这么狭小的房子，当时月租金 200 元，还是附近最便宜的房子。那生活，白手起家的创业者们，尤其是飘落在济南的 70 后或许都经历过。夫妻二人的月工资只有 800 元，只能靠实实在在地干活，清扫街道垃圾就跟寻宝藏一样仔细，旮旮旯旯都打扫到，一天到晚脚不沾地，只盼着多打扫一些瓶瓶罐罐之类的可回收垃圾，多卖点钱贴补家用。而今，赵元荣的月工资已经到了 4000 多元，他和妻子都干活实在，奋力追逐的梦想早就实现了。他们在济南不仅买了 100 多平方米的住房，还给儿子成了家。一家人欢聚一堂，其乐融融。休假期间，夫妻二人也可以享受含饴弄孙、承欢膝下的幸福和快乐。

从一把“大扫帚”到现在“全机械化洗扫车”，赵元荣感到无比幸福和满足。每天凌晨他都会自动醒来，2 点准时开始，驾驶着那辆机械化保洁车驶出机扫大队的大院，满怀愉悦地开始新一天的高架路保洁工作。虽然，没有落叶的季节路面很干净，但他始终像打扫自家客厅一样一丝不苟，仔仔细细地洗扫负责路段的每一寸路面。他觉得自己今日之所得，完全归功于自己所在的单位，是领导的认可、鼓励和同事们的帮助，才让他这个实实在在干活的人找到了家，找到了温暖，更找到了前进的能力和方向。他更应该继续实实在在地干下去，直到干不动为止。

究竟是一个什么样的单位，让赵元荣如此脚踏实地成长为劳动模范的呢？

全队齐心如合体，何方“妖孽”不能敌

济南市机械化清扫大队成立于 1998 年 5 月，先后获得“全国文明单位”“全国工人先锋号”“全国职工书屋示范点单位”等国家级荣誉称号。在赵元荣眼中，这里的同事们就像兄弟一样，一起经历工作中的困难和挑战，一起感受生活

的快乐和美好，互相信任，互相尊重，互相关心，互相帮助。这么多年的同事，都是永远的朋友、永远的兄弟，一切不用多说，都在行动中。在同事眼中，赵元荣就是老大哥，就像家人一样，在需要帮助的时候，“老赵哥”永远都是第一时间站出来。

一个即将下班的凌晨，赵元荣收到同事的求助：“老赵哥，我的车坏了，在济北高速出口，抓紧过来帮个忙啊。”他立即赶过去，把同事的工作路段清扫完才下班。

西汉史学家司马迁说：常思奋不顾身，而殉国家之急。济南市机械化清扫大队始终把济南市保洁工作放在首要地位，尤其是高架路。大队将支部建在马路上，各支部做到“六个在一线”：政治组织在一线、日常管理在一线、作业保洁在一线、应急保障在一线、检查考核在一线、关爱服务在一线，很大程度上增强了集体凝聚力。全队以路为家，扫路就是扫家，一日事一日毕，天天整洁有序，人人致力于打造全国最洁净有序的城市高架路。济南高架路实现机械化保洁率100%，保洁质量合格率100%。近些年来，都说济南的高架路比风吹水洗得还干净。这就是赵元荣和同事们的日常工作，看似普通寻常，实际上平凡中彰显着隐形的伟大。

为了全面做好高架路的日常保洁工作，济南市机械化清扫大队针对高架路突发事件，采取“四个第一”的应急处置工作办法：第一时间发现、第一时间到达、第一时间处置、第一时间反馈。全队积极响应、快速出击，以最短的时间、最好的效果，全力保障高架路畅通无阻。每逢降雪，全队人车齐上阵，闻雪而动，提级保障，歇人不歇车，积极发扬“马路支部”精神，把工作干在车轮上。

关于这一点，赵元荣想起2023年1月13日的经历，每一个环节都依然清晰如初。当天下午，济南市气象台发布道路结冰黄色预警信号，13日夜间至14日白天，济南将出现小到中雪，13日后半夜至15日将产生对交通有影响的积雪和道路结冰。为此，机扫大队做好了充分准备。下午4点30分，赵元荣和同事们都按照要求到岗，提前把融雪剂装到车上，静待雪花造访。夜间11点左右，雪花像调皮的孩子洋洋洒洒地在黑沉沉的夜空飘落下来。奉命以待的赵元荣精神抖擞地说：“今夜又将是一场硬仗。”他和同事们在机扫大队大院里接到马上出发的指令后，立即上车启动，开往指定地点。赵元荣熟练地驾驶着，慢慢地上了高架路。根据多年的工作经验，他知道匝道、上下坡是最容易产生交通隐患、最容易结冰的地方，这些区域，机械车进行清雪作业时根本扫不到。他细心地发现，大队已经提前在匝道口布置小布袋融雪剂，并提前人工撒布，以防患于未然。第一轮雪不大，根据经验，还要再撒第二轮，整个高架都要铺满。最均匀的撒布速度需要控制在每小时 10 千米到 15 千米，一趟下来需要好几个小时。融雪剂一辆车只装 10 吨，撒布需两个小时左右。一旦雪情较大，就得连续作战，就得紧急赶回机扫大队大院再次装车、再次撒布。无论来回跑几趟，都要融雪剂把高架桥全覆盖。那夜雪不算大，赵元荣驾车临深履薄，忙碌得后背衣服都湿透了。他和同事们来回跑了三趟，落在地上的雪没有造成积雪。但不知道雪会不会下大，在预测不明朗的情况下，全队只能彻夜值守，以备万一。为防止凌晨 5 点到 8 点之间高峰期时间段道路结冰，机扫大队所有成员进入备勤状态，时刻准备着。200 多名干部职工按照预案，在各自的点位分散开，进行值班留守。跟预测中一样，5 点以后雪花越来越密集，范围也越来越大，随着降雪量逐渐增强，全市发布清雪除冰蓝色预警，启动了Ⅳ级应急响应。赵元荣和同事们积极响应领导要求，随即装上融雪剂再次上路，进行新一轮的清雪除冰工作，力争赶在早高峰来临之前，先保障高架主路面上见不到积雪。一般情况下，融雪剂洒下后，约半个小时后就会融化。赵元荣和同事们一夜奋战后，高架路一夜无雪。上午 11 点 30 分左右，雪又逐渐变大。最新气象信息显示：预计降雪会持续到傍晚，气象台将继续发布道路结冰橙色预警信号和寒潮黄色预警信号。赵元荣这名身经数战的老将，一听这信息，毫无惧色，第一反应就是要做好打持久战的准备。他们按照领导安排，轮岗休息，做到人停车不停，雪下到什么时候，他们就要坚持到什么时候。赵元荣说，从 1998 年第一条高架桥开始，济南市机械化清扫大队就一直这样。25 年来，高架路从未出现过一次因为雪情造成道路拥堵的情况。

济南市机械化清扫大队有可亲可敬的领导，有亲如兄弟的同事，赵元荣很珍惜自己的岗位，每天来得最早，走得最晚，是一般劳动工人工作量的三倍。2022 年，中共济南市委、济南市人民政府授予赵元荣“济南市劳动模范”荣誉称号。颁发证书时，现场响起阵阵热烈的掌声，成为赵元荣前进路上的战鼓，时刻激励着他：不忘初心，砥砺前行。他说自己只是做了该做的事，却获得这么大的荣誉，自己不能给这份荣誉抹黑，因此他每天早来晚归，一心为公，竭尽所能，把劳模精神发挥得淋漓尽致。2022 年 11 月，赵元荣被授予“济南市表现突出外来务工人员”光荣称号。这标志着赵元荣在岗 18 年以来，“宁愿一人脏，换来万人洁”的高尚品质将会进一步发扬光大。他任劳任怨地坚守在环卫一线岗位上，埋头苦干，无私奉献，把脏和累留给了自己，把整洁献给了道路。他兢兢业业，不辞辛苦，带头争创业绩，带头服务群众，在平凡的岗位上做出了不平凡的成绩，是济南市机械化清扫大队的楷模。

赵元荣用勤劳的汗水守护着城市的洁净，用执着的热情绽放着耀眼的光芒，他是城市道路的太阳，也是城市高架上的月亮，他是平凡日子里一道最美的光。

后记：

“月缺不改光，剑折不改刚。月缺魄易满，剑折铸复良。”在我们寻常的生活中，风雨是磨砺，只要努力，总有希望；只要心中有光，不管身处何种境遇，也会有光。这光，是我们老祖宗流传下来的文明之光，是精卫填海的持之以恒，是愚公移山的坚韧不拔，是齐心协力、团结互助，是克己奉公、呕心沥血。

一枝一"叶"总关情，全"歆"全意为西兴

——记济南市劳动模范、济南泉世界商业管理有限公司、印象济南叶歆

展恩华

在济南，有一个地方给人们带来了不期而遇的惊艳。这里，就是横发逆起、迅速爆红的印象济南·泉世界。

在印象济南·泉世界，有一个女子让我产生了由衷的敬佩。她，就是蕙心兰质、怀瑾握瑜，推动印象济南·泉世界横空出世的有力推手叶歆。

1

叶歆，单单这样一个名字就极有诗意。“叶”字，让人联想到被二月春风剪出的细细的柳，清新雅致，青翠欲滴，透出勃勃生机和活力。而“歆”字，则让人想起远古时候，人们在神圣的音乐声中虔诚燃起的祭祀天地的那缕庄严而柔美的袅袅心香。

果不其然，初次谋面，叶歆就给我留下了深刻的印象。叶歆很清新，很热情，仿佛是一泓晶莹碧透、激情四射的泉水，既温文尔雅，又落落大方；既娟好静秀，又精明干练。很多初识叶歆的人，大都会误认为她是一位来自江南水乡的女子。

其实，叶歆是地地道道的济南人。1977 年 12 月，叶歆出生在济南市里一个生活优裕的家庭里。父亲是工厂的领导，母亲是一名教师。本就冰雪聪慧的叶歆从小就受到良好的家庭教育。从小喝着济南泉水长大的叶歆，从内心深处爱上了这座水灵灵的城市，长大后把济南视为自己安身立命、创业发展的沃土，把生命的根深深地扎进土壤里。

济南的山，给了叶歆以坚强的骨骼；济南的泉，给了叶歆以奋涌的激情；济南的文化，塑造了叶歆刚柔并济的秉性。这一切，似乎又注定了叶歆是一个不走平常路的人。

“温柔而有力”，是叶歆给大家留下的最鲜明的印象。

当年考学报志愿，父亲希望她学理工，母亲期盼她选教育，而叶歆选择的是与二者大相径庭的市场营销。毕业后，她凭着聪明干练，从超市再到百货商店，把工作做得风生水起。她是一个策划高手，每年每月都有别出心裁的营销策划。一路走来，叶歆善学勤奋，披荆斩棘，通过不断地策划、宣传，推动了商场的品牌建设，促进了营业收入大幅增长。在她担任营销部经理期间组织的圣诞节夜场活动，创造了济南市同类百货商场的单日销售最高纪录。

人人歆羡的单位、人人歆羡的成绩，并没有留住叶歆。在她面临再度升职加薪的时候，她突然做出了一个让人匪夷所思的决定：跳槽。

干了十年国企的叶歆，决定到一家刚刚落户济南的港资企业就职。有朋友提醒她说：“从国企到民企，你一个人得干十个人的活！千万别自找罪受啊！”

叶歆笑笑说：“这是我的选择。”叶歆的话让朋友有些丈二和尚摸不着头脑。其实，道理并没有那么复杂，是家雀有棚间足矣，是雄鹰必须选择蓝天！有能量的人必须选择足够大的能量场，才能实现自己生命价值的最大化。

港企是外来企业，虽说有“高大上”的优势，同时也有难接地气的劣势。叶歆的到来，补足了“木桶”的短板。经她策划，开展了一系列声势浩大、轰轰烈烈的文化活动，尤其是将“泉水节”活动引入开业晚会，使得济南世茂广场一开业就声势赫奕，火爆异常，轰动了整个泉城，企业赢得了实实在在的开门红。年末，济南市跨年晚会在世茂广场成功举办，市、区各级领导出席，又一次让这里成为济南市备受瞩目的地方，商场当日客流突破20万人次，奠定了世茂商业品牌在济南的开山之局。

2015年9月，宽厚里一二期开业。当时，许多人并不看好这一商业街项目。叶歆却暗下功夫，打出一套营销“组合拳”：首先与主流媒体合作，做匠心独运的“怀旧与时尚碰撞的文宣”，再建立百姓舞台，吸引民间演艺队伍，打造手工艺市集等，攒足人气。尤其是策划了“元宵节非遗灯会”活动，在春节前夕就布置好百米灯廊组，同时结合文化非遗资源，成功将宽厚里花灯会定位为济南市元宵节闹元宵的代表之作，吸引了山东卫视、央视等媒体相继进行报道；通过自媒体和微信、微博大号进行事件传播，使宽厚里开业即火爆，成为济南又一重要的地标名片。

奇迹的创造，就连港企老板都对叶歆这位看上去瘦弱文静的泉城姑娘刮目相看。

叶歆在公司的位置和作用已是举足轻重，工资收入更是十分可观。可就在她声名鹊起、事业红火的时候，她又一次做出了人生的重大选择：再度跳槽！

2

2017年4月，叶歆来到了位于济南市槐荫区兴福街道印象济南·泉世界。

印象济南·泉世界位于山东省会文化艺术中心以北、青岛路以南、腊山河西路以东、腊山河东路以西，用地面积约300余亩，总建筑面积28万平方米，是“济南味、中国风、国际范”，文商旅高度融合，济南地域文化鲜明的休闲街区。

暂时放下这一项目，先谈谈笔者的“济南印象”。

济南是千年名城，地处南北交通要冲，地理位置优越。济南是闻名天下的“泉城”，注定有一种令人艳羡的“天生丽质”：既有塞北铁马秋风的阳刚，又有江南杏花春雨的柔媚。众多的泉水，把济南滋润成了一座水灵灵的城市。甘洌的泉水又孕育出灿烂的济南文化，诞生了辛弃疾、李清照这光耀史河的文化“双子座”。

在新的历史时期，济南有足够的底气在群雄逐鹿中横空出世，一骑绝尘，成为中国城市发展的领军。但由于种种原因，济南的发展和全国的一线城市相比，仍然滞后。然而，不甘人后、永不放弃的济南横下决心、铆足气力，在“十四五”基本建成科创济南、智造济南、文化济南、生态济南、康养济南的基础上，再奋斗十年， 努力把济南建成全国重要的区域经济中心、科创中心、金融中心、贸易中心、文化中心，初步建成“大强美富通”现代化国际大都市。

这是怎样鼓舞人心的战略啊！

时不我待，舍我其谁！宏伟的目标鼓舞了所有济南人的斗志，誓为把济南建设成“大强美富通”现代化国际大都市而冲锋陷阵。

在这种大背景下，印象济南·泉世界适时出炉。地点选在了济南市槐荫区，在中心城区的西部。

在很多济南人的固有观念里，西部几乎成了落后的代名词。叶歆决定到西部参与一个还处在“一张白纸”阶段的项目，便有好友叹息：“一个从事商业的人，放弃历下区，来到槐荫区，真不知你怎么想的。”

叶歆却笑道:“哪有什么这个区那个区,不都是咱大济南吗！”在笔者看来，叶歆除了她固有的秉性外，还有一种天生的使命担当。“济南好我才好，我要让济南因我更好。”为济南的兴旺发达贡献力量,那是自己与生俱来的责任！

怀着一种责任感和使命感，叶歆毅然决然地加入印象济南·泉世界的团队中。

对于这个当时前途未卜的项目，叶歆一直信心满满。济南西城有着潜在的强大实力：区位优势明显，毗邻济南西站、京台高速济南西入口；公交系统完善；这里还是济南最集中的文化区，大剧院、图书馆、文化馆、美术馆等省会文化艺术阵地荟萃于此。

一张白纸画就最美的图画。叶歆带着团队立志打造的印象济南·泉世界，要集文化、商业、旅游、休闲为一体，不仅要弥补济南西部的“缺憾”，而且要成为济南一张光华四射的亮丽名片，要转变济南商业“东热西冷”的现状，要为提升济南知名度和美誉度，促进济南文商旅市场更快更好地发展去努力奋斗。

无论是经商还是旅游，最主要的是人气。没有人气，就没有消费。然而，聚人气，靠“磁性”。磁性在哪里？多年的营销经验告诉叶歆，“磁性”靠魅力，魅力来自特色。没有特色，一切都无从谈起。

生于斯长于斯的叶歆，对济南的特色自然了然于胸，运用起来自然游刃有余。印象济南的建筑风貌是以济南最具代表性的开埠时期和明府城建筑元素为基底，糅以“泉文化”“传统文化”为主题特点，叶歆抓住这一点，陆续在各级领导的帮助下，与团队和商户一起，加入“红色文化”“二安文化”等，打造出“潮范东楼、格调西坊、风情北苑”的总体布局。整个街区，既有浓浓的“济南味”，亦有厚厚的“中国风”，更不失郁郁的“国际范”。

像一位天使的降临，印象济南·泉世界开张5年来，就成为京沪沿线上的一颗璀璨明珠。那别具特色的建筑、鳞次栉比的商家、琳琅满目的物品、车水马龙的客流、流光溢彩的夜景、精彩纷呈的演出，让人目不暇接。那景象，活脱脱一幅现代版的“清明上河图”。

百忙之中的叶歆，陪我赏游印象济南·泉世界。一步一景，移步换景，所到之处，无不美轮美奂，让人击节赞赏。“印象济南”给我留下了不可磨灭的“济南印象”。

一边走，叶歆一边娓娓道来，说起印象济南·泉世界如数家珍。她脸上洋溢着无比的自豪和幸福，仿佛不是在谈印象济南，而是在说自己的既可爱又优秀的宝贝女儿。

“潮范东楼”，尖顶、红墙、塔楼、广场，集中再现了有“远东第一站”之称的济南商埠区老火车站、英美烟草公司、老电报大楼等标志性建筑，彰显出济南自开商埠以来兴起的西洋文化特色。“格调西坊”，白墙、灰瓦、泉水、清溪、坊楼，再现了济南老街古巷、明府城市井坊间建筑风格。由老城寻踪、东夷密码、水法遗风、城墙记忆等景点构成的“风情北苑”，文化气息浓郁，充分展示了济南悠久的历史文化和独特的民俗风情。

一个充满活力的街区，商业是支撑，文化是灵魂，旅游是动力。而这一切都离不开策划团队的创意。叶歆说，印象济南·泉世界之所以取得成功，关键在于“人无我有、人有我新”的街区文化IP创意。

这些年，印象济南·泉世界不仅打造了自有 IP，更开发了具有特色的文创产品，用文化内涵赋予产品新的活力。“泉世界不鸣蛙”树立了济南人奋力创新、高质量发展的全新形象。为创造更大的“外溢”效应，叶歆还把“不鸣蛙”向产业链发展，推出了不鸣蛙文创雪糕、不鸣咖啡等，提升了“泉世界不鸣蛙”的品牌价值。

传统文化最为人民群众所喜闻乐见。为满足群众的传统文化需求，叶歆团队积极打造传统节庆活动，“泉城最美花灯会”和“中秋拜月大典”两大活动，已成为济南市乃至山东省有较强影响力的体现传统文化的品牌活动。街区每年举办和承接各类活动超过 100 场，节假日平均单日客流 8 万至 10 万人次。

济南本就是一座美食之城。印象济南·泉世界着力打造特色主题文化餐厅。景区现有 130 家各具特色的餐厅、6 家主题音乐酒吧、10 多家 24 小时营业门店。在这里，不仅可吃到地道的鲁菜，还可以吃到风味独具的特色美食小吃，不管你来自何方，保证让你大快朵颐。

叶歆说，这是一个科技的时代，这是一个乐享的时代，成功的创意要实现让人流连忘返，就必须让每一位来客在游玩的过程中，得到由现代文明带来的无限享乐。

印象济南·泉世界智能完善的街区配套设施及公共服务体系，让游客倍感安全和舒适。

街区搭建了印象济南·泉世界订阅号、服务号、微博号、抖音号等线上宣传推广平台，广泛开设宣传渠道。街区按照国家 4A 级旅游景区标准，建设了游客服务中心，集合了咨询服务、文化展示、休闲文创、医疗救护、便民服务、多语种人工讲解、智能导航等服务功能。街区免费 WIFI 信号全覆盖，打造了 AR 景观，搭建了 720° VR 云街区，可以为游客提供线上咨询、预定、支付服务，多语种智能语音讲解机器人为外国游客提供了便利。

来到这里，保证让每一个游客玩得好、吃得香、住得下、睡得安，临走，那心仪的“山东好品”足以让人感叹包裹太小。

3

有人说，一个人改变了一条街，一条街改变一座城。让人因为一条街，爱上一座城。这话一点都不夸张。

这些年，叶歆充分利用自身多年的从业经验和积累，运用旅游专业管理服务技能和旅游行业的跨界资源等，将印象济南·泉世界从单一业态一步步转变为文化、旅游、商业并重的休闲街区。客流量从开业初期的每年500万人次增长至2000万人次，拉动年消费额从2.5亿元增长至6亿元。

2020年末，在上级领导和团队的支持下，叶歆作为创建工作负责人，带领印象济南·泉世界成功创建国家3A级旅游景区；2021年创建国家级夜间文化和旅游消费集聚区、山东省级旅游休闲街区；2022年印象济南·泉世界相继获得“国家AAAA级旅游景区”“全国夜间经济示范街”；2023年获得“国家级旅游休闲街区”等称号。叶歆知道，商户是街区存在的基础。为吸引商户入驻，她通过多年积累的媒体圈层，分层次开展项目推广工作，就连偶尔的朋友聚会也会变成叶歆“洗脑式印象济南推介会”。靠着这股深入工作的精神头，让许多商户入驻街区，入驻商户超过280家，招商率达到96%。

现在，印象济南·泉世界已成为济南城市西兴战略中的重要文化商业中心。这非凡的成就，不仅向人们展现了印象济南·泉世界的独特魅力，更印证了叶歆超强的工作能力和卓越的策划才干。

叶歆对印象济南·泉世界的突出贡献，受到领导和同志们的充分赞誉。

2020年11月17日，叶歆担任印象济南企业联合党支部书记，兼任济南市槐荫区兴福街道印象济南商圈党委副书记。2021年8月5日，在上级工会组织支持下，印象济南工会联合会成立，首批近70名商圈内的商户职工加入，叶歆被选为印象济南工会联合会工会主席。同时，她还担任了印象济南的妇女联合会主席。

《国语·周语·单穆公谏景王铸大钟》上说：以言德于民，民歆而德之，则归心焉。

叶歆知道，无论支部书记、工会主席，还是妇联主席，职务无论大小，都是社会稳定的四梁八柱。基础不牢，地动山摇。为了凝心聚力，为了街区的繁荣，为了众人的幸福，叶歆竭尽全力做好每一项工作。

作为支部书记的叶歆，始终坚持以习近平新时代中国特色社会主义思想为指导，以带队伍、强引领、促发展为工作重点，扎实推进党建活动，积极开展党建共建主题党日活动，支部堡垒得到进一步夯实，党员先锋模范作用得到切实发挥，党建促发展能力进一步提升，党建活力明显增强。

作为工会主席，叶歆积极带领商圈团队认真建立“职工之家”，维护职工的合法权益，团结和动员职工共谋企业发展。按照上级工会全年工会组织宣教工作要点，紧紧围绕政府和商圈工作重心，结合工会联合会的实际情况，以工作创新、制度创新和机制创新为理念，夯实基础，注重实效，扎实推进，不断提升工会联合会的工作整体水平。

作为妇联主席，叶歆带领女职工成立“印象济南商圈妇女之家”，为女职工提供专属解困帮扶通道，为广大妇女提供最贴心最暖心的服务。

在叶歆的组织协调下，各种活动广泛展开，商圈凝聚力、向心力大大增强。

一点一滴都是爱，一枝一叶总关情。

新冠疫情期间，印象济南主动帮助应对疫情对商户们造成的影响，积极协调配合减免政策，商管公司为商户们减租约6000万元。2022年7月26日，工会联合会与印象济南企业联合党支部和泉世界商会共同发动企业职工驰援河南，短短2个小时捐款达16万元。

了解叶歆的人都知道，她不仅是一个工作狂，更是一个完美主义者。

2017年4月，叶歆来到印象济南·泉世界，全面负责街区的营销推广工作。时间已经进入了开业倒计时，然而街区里除了36栋建筑，却没有任何符合商业运营需求的营销策划，像精神堡垒、美陈、氛围、广告等设施布置几乎没有，知名度和影响力更是基本为零。公司也尚未建立起系统的推广工作体系和流程安排，在商业运营和推广上，员工几乎全是“小白”。面对既一无所有又千头万绪的局面，叶歆带领部门员工重新分工、制定岗位职责，根据上级公司规范要求，迅速制定相关制度和流程。内部事务理顺后，市场调研、商业定位、分区命名、美陈布置、活动设定、宣传文案、画面设计、商家资源、媒体对接、外联协调等一系列开业筹备工作有序展开。细节决定成败，每项内容叶歆都从细节着手，一文一字都严格把关。在印象济南·泉世界推广团队的共同努力下，2018 年 9 月 21 日，街区成功开业，三天开业客流超过 50 万人次，又一次刷新了济南纪录。

印象济南·泉世界的各项活动，往往邀请省、市、区、集团领导参加，涉及复杂的演出、宏大的美陈、烦琐的流程等，因此各项细节的把握尤为关键。北方人大多是“粗线条”的豪放派，干什么事“差不多”“凑合着”就行。而叶歆对每一项工作都力求做到尽善尽美、完美无缺。她要求团队每一项策划都要“深挖爆点细节”、达到“推出即是精品”的目标。有时，她为了一个细节，常常绞尽脑汁，彻夜不眠，反复思考，反复论证。2020 年，创建国家 3A 级旅游景区期间，正赶上母亲的生日，她本答应和家人一起给母亲过生日，却因为一个细节难题，把给母亲过生日的事忘得一干二净。本来，手机是开着的，为避免手机响干扰思路，就关掉了。家人打不通电话，心里很着急。知妻莫如夫。老公对她的“工作习性”很了解，对家人说：“她又掉进工作里了。”

问题得到解决，兴高采烈的叶歆回到家时，发觉丈夫正在门口等她。她一看表，已是深夜 11 点。她没说话，用一个拥抱向家人表示歉意。

叶歆 1977 年出生，今年已 47 岁了。可是，她给人的印象却不到 30 岁的年纪。问其中的奥秘，她说了八个字：“空杯心态，永葆激情。”

是啊，热爱一项事业，就可以让人迸发出无穷的动力；时刻保持空杯心态，就可以使人永葆青春的活力。商业运营是长期持续、立体化管理的市场化过程，需要有不断推陈出新的营销活动来吸引客流。印象济南·泉世界开业以来，每年举办的各类活动超过 100 场。由叶歆策划的“中秋拜月大典”，成为印象济南·泉世界文化的经典品牌，自开业晚会首次呈现后，到目前已经连续举办了六届，每次大典举行，游客无不爆棚。

前文提到的“泉世界不鸣蛙”IP 形象，也是由叶歆策划创意。她结合济南传统文化，创造了“不鸣蛙”这一形象，寓意“不鸣则已，一鸣惊人”。

没想到，这句话竟成了印象济南·泉世界的真实写照。人们说：“叶歆是一个预言家，早已料到印象济南·泉世界必会不同凡响，一鸣惊人！”

叶歆是一团火，始终燃烧着自己，温暖着他人。她有一个做人的信条：“诚以待人，真情付出。”工作中，叶歆积极践行公司推行的“商企一家人”的工作理念，坚持与广大商户朋友多沟通、多交流，积极帮助商户出主意、想办法，成为大家的“贴心人”。35岁的陈飞在印象济南·泉世界创业4年，他的店铺业绩2023年位居全省前三。在这里，陈飞不仅收获了创业创富的成功，还感受到党组织的温暖，最终如愿以偿地成为印象济南企业联合党支部的一名党员。戴军是“戴记手绣”非遗传承人，也是第一批入驻的商户，疫情之下小店生意经营惨淡，印象济南商圈党委充分发挥职能，联合婚庆住宿等关联商户资源共享，帮他走出了困境。在陈飞和戴军们的眼里，叶歆不光是他们的好领导，更是一位可亲可爱的“暖心姐姐”。

清代画家郑板桥有一首题画诗：“衙斋卧听萧萧竹，疑是民间疾苦声。些小吾曹州县吏，一枝一叶总关情。”叶歆感到这首诗正是自己情怀的写照，就一笔一画地写在自己的日记本中，一丝不苟地记在自己的心中。作为2002年入党的老党员，这些年，叶歆心系商户、牵挂他人，“一枝一叶总关情”；叶歆殚精竭虑搞策划，全“歆”全意为西兴，用她的智慧和忘我投入，为济南的城市“西兴”战略的实施立下了汗马功劳，以昂扬向上的姿态，展现出新时代女性、新时代劳模的崇高情怀和动人风采。

温岭精锻的“许三多”

——记济南市劳动模范、山东温岭精锻科技有限公司许善军

马庆滨

叮当！叮当！叮当！

当许善军看着面前的老旧空气锤砸向烧红的锻坯，不断发出巨大的噪音，纷飞的烟尘也在氧化铁皮时，他的眉头皱了起来。

“哎，许善军，你发什么愣啊，赶紧干活！”

旁边的工友还以为许善军在故意偷懒，只好提醒他。

“老王，你说能不能有一种设备替代空气锤，不发出噪声，没有烟尘，也不会因为误操作产生危险啊？”

“哈哈，有啊，这不是等着你发明创造啊？许善军，别想多了，干我们锻造的不就是用空气锤啊！”

许善军看着烧得通红的锻坯被捶打着，小声嘟囔了一句：“凭啥全行业都用空气锤，我们就必须用空气锤啊，肯定有更好的设备和方法。”

旁边的老王看着许善军不服气的样子，也是无奈地摇了摇头。因为他知道，车间里这个“问题最多，想法最多，思考最多”的“许三多”又“犯病”了。

可是许善军却没空思考老王对他的看法，还是一直执拗地思考有没有一种设备，可以比空气锤生产效率更高，更环保安全。

在此之前，这个家在莱城却因为热爱机械加工的年轻人，瞒着家人从莱城的一家著名钢铁企业辞了职，孤身一人来到了钢城这家叫“温岭精锻”的企业。为啥说瞒着家人呢？因为来之前他和家人商量过，家人不同意。一是女儿才一周岁多一点，老人年龄也大了，离家太远，照顾不了家人和家里的事情；二是一个人来到这里，交通不方便，坐公交车各站点都要停车，加上到莱芜要倒车，要两个小时才能到家，骑摩托车又太远太累，家人是不放心的。但没过多久，他还是来到了“温岭精锻”。

初来乍到的许善军来到车间，很快就发现，公司的模具生产都是靠外面的公司协助加工完成，存在加工费用高、工期长且使用寿命短等问题，严重制约了企业生产。来公司之前，他从事各类机械加工7年多，积累了一些经验，于是就向公司提出自行设计加工各类模具的想法。令他意外的是，他的提议竟然很快就得到了公司认可。但摆在面前的困难也很多，增加设备倒很快，但周边有技术的车工不好找，这是最难办的。

许善军想到了他原来的同事们，但也考虑到，离家这么远，他们能来吗？许善军脾气倔，认定的事就要干，不管有多大困难。他回到老家，找到几个技术比较好的老同事，询问他们有没有去“温岭精锻”工作的意向，但都吃了闭门羹。他们都嫌远，不愿意来。找不到人，这个项目就进行不下去，企业的困难就得不到解决。许善军又回头继续做几个老同事的工作，反复几次后，有三个老同事最终答应一起来。这下，许善军心里的石头才落了地。

从此，许善军和他的同事们开始一边工作，一边学习锻造模具的设计制作及模具材料的应用和热处理工艺。他通过靠在生产一线，跟踪观察模具使用情况，更新和改造模具车间设备，引进数控机床等高精端设备，优化创新模具制作工艺等，实现了模具的自主研发和制作，生产效率和模具寿命大幅提升，年可为公司节约资金200余万元。

很长一段时间以来，行业“轻量化、降成本”的需求渐渐显现出来，但因开发新品成本投入大、周期长、见效慢，行业内一直没有企业愿意去挑战开发试制新产品。作为行业内的龙头企业，温岭精锻挑起了这个重担，揭榜汽车“驱动桥从动螺旋锥齿轮组合锻件”关键技术这一项目。原传统主减速器中螺旋锥齿轮（锻造件）与差速器壳体（铸造件）为双金属组合结构，通过螺栓实现连接，这种结构使汽车驱动桥的尺寸和重量显著增大，制约了整车性能的提升。温岭精锻揭榜的这一项目，需要创造性地把从动螺旋锥齿轮（锻造件）与差速器壳体（铸造件）锻造为一体化结构，实现一体化锻造后，产品具有综合成本低、机械性能好、寿命长、轻量化好等优点。

该项目创新点和实施效果充分论证后得出的结论是：连体齿改变了传统从动螺旋锥齿轮与差速器壳体通过螺栓进行连接的分体结构；轻量化设计，减少了 16 根螺栓的连接，组合结构重量减轻 25% 左右，且提高了产品的强度和寿命；简化了装配流程，提高了装配精度，缩短了产品供应链，降低了采购成本；连体产品符合绿色锻造工艺的要求，传统差速器壳体采用铸造工艺生产，壳体内部存在沙眼等铸造缺陷，影响差速器的使用寿命且污染环境；桥壳的承载能力更强，自重更轻，减少行驶阻力，汽车通过能力强。

产品的优势分析出来了。虽然当前的研发试制存在较大困难，但越是难开发的产品，将来可能就是附加值最高的产品。产品开发试制，许善军顶着较大的压力揭榜了。这个沉默不作声的年轻人暗自也立下了军令状，迈出了敢为天下先的一步。

果不其然，试制的过程是既漫长又痛苦，白天试晚上也试。为什么说漫长？因为模具改了一次又一次，以至于到后来不知道改了多少次。为什么说痛苦？因为每试一次就会造成一件废品，这都是公司的损失，所以他心里是痛苦的。但功夫不负有心人，经过他半年多的试制，产品进行了交样验证，交样后又经过了半年的反复修改尺寸验证，最终产品完全达到了客户的要求，得到了行业的高度认可，获中国锻压协会“神工奖”优质锻件奖；此项目开发的产品批量生产后，产量占比达到了 20%，也成了附加值最高的产品，创造了较大的经济效益。

十余年后的今天，许善军当年开发完成的由“锻件加铸件组合式部件”到“全模锻一体化”生产工艺的替代，早已经成为行业的基本业态，由铸造车轮改为锻造公铁两用车轮，使车轮余量减少，降低了消耗。由于减少了机组的数量和工序，从而简化了工艺流程，车轮的质量和性能也大幅度提高。

可是，年轻一些的从事精锻行业的人都不清楚这段历史了，还认为一直用的是铸造工艺。

“到底有没有可行的设备替代效率低下、产值不高的空气锤呢？”

当在生产一线摸爬滚打十余年的许善军，对供货的设备厂家也提出了同样的问题时，电话那头的人只是打哈哈应付他。可是，这个想法却钻进了“许三多”的脑子里，再也出不来了。只是这次，他不再像十几年前那样孤军奋战了。

这些年，许善军通过无私地言传身教，在温岭精锻培养了技能工人 60 多人、设备操作工 120 多人，最关键的是“科技创新是第一生产力”的经营理念已浸入到企业的血液里。公司还支持他成立了“劳模工匠人才创新工作室”。

最终，在无数个加班加点、无数个凌晨和生产设备厂家电话沟通、无数个实验废品的淘汰、无数个备用方案淘汰后，许善军的团队和设备厂家共同开发的适合螺旋锥齿轮锻造设备、螺旋锥齿轮制坯的油压机、辊锻机工艺“绿色锻造”试制成功，彻底替代了污染严重的空气锤制坯工艺，工艺更加成熟、效率更高的生产线开始运行。

可是，正当所有人为取得的成绩欢呼雀跃，甚至沾沾自喜的时候，只有许善军默默注视着新生产线上忙碌的人群。那些脸上还带着笑容的人们，瞬间又紧张了起来，不知这个“许三多”又琢磨上了什么。

果然，许善军又开始琢磨：精锻行业一直属于高投入、低产出、技术含量不高的劳动密集型产业，现在国家正在大力引导行业升级换代、新旧动能转换，我们温岭精锻能不能借着科技提升的东风，转型“智能制造”，开发大锻件锻造机器人，实现机器代人，以改善工作环境，提高生产效率？

开会时，许善军提出了自己的想法，换来的却是鸦雀无声的抗议和私下里的窃窃私语。大家小声嘀咕：“这么多年来，不计其数的机器人厂家来看了，都说我们的环境差，产品种类多，又是热锻件不好做。”有人劝说许善军休息一段时间吧，毕竟这几年他枕戈待旦、披星戴月地工作太累了。

许善军从第一个孩子一岁多的时候来到钢城，这些年他对老人、孩子亏欠很多，平时忙于工作，很少陪家人。他一年休几个班，掰着指头都能数出来。有两次请假回老家给老人过生日，但因公司临时有事，他放下家人，没进家门就回公司了。他母亲知道他工作忙，生病也不告诉他，以至于最严重的一次，早上觉得很难受也没说，到了中午，是邻居打电话告诉了他。许善军急忙回去，送老人去医院，但因错过了最佳治疗时间，造成心肌梗死，老人住院七天就去世了。这也是许善军这些年心中最大的痛。可是想想工厂里几百人期待的眼神，他依然如同十几年前刚入公司的热血青年一样，再次立下了军令状。

许善军从事过钳工、车工及锻造工等多个工种，取得了首席技师和正高级职称，可是他还是不愿多说话、多邀功、多解释，而喜欢默默地付出。只有和别人说起自己的本专业时，他才会两眼放光，神采飞扬。

这次，当别人躺在旧的功劳簿上，不愿再加班加点时，他只是争辩道：“在实验室里加加班，多付出一些体力和脑力，难道比上战场打仗还难吗？”

这些想法的根源，则来自许善军良好家训的传承。他的爷爷是抗美援朝烈士，1946 年 8 月参加革命，中共党员，所属部队是志愿军 26 军，担任过班长，1953 年英勇牺牲。

许善军的奶奶说，爷爷参军 8 年从没回过一次家，同村一起参军的战友们回来时说，许善军的爷爷太傻了，部队是曾经过济南的，那时他完全可以回家，不再跟着部队继续革命了，那样自然就不会牺牲了。可是，许善军的爷爷没有选择安逸，而是选择了舍小家顾大家，“雄赳赳，气昂昂，跨过鸭绿江”，为和平献出了生命。

许善军最大的遗憾就是没有见过爷爷本人，只见过照片。从小对他影响最大的是奶奶。奶奶对爷爷参军没有任何怨言，反而经常跟小辈们说：“鸟爱巢，不爱树，树一倒，没处住。人爱家，不爱国，国若破，家何存？”这是一个农村老太太说出的最“有文化”也最朴素的道理。

奶奶一个人拉扯五个孩子长大，常对他们说：“人不怕穷，就怕志短，做人要勤快、实诚、厚道，忠厚才能传家远。”许善军的父亲是一名铁矿工人，在厂里工作积极，技术过硬，一直是先进工作者；在家族里，也是事事操心的大家长；他还是个出名的孝子，总是用省下来的饭票买回饭菜，先让奶奶吃，剩下的才给自己和孩子吃。

正是这些言传身教，让许善军萌生了不畏艰难困苦再次创新的想法。

每一次创新，都是一次“空杯归零”，无论是可行性论证，还是实验参数数据。

许善军先是重新设计制作各类产品模具，缩小单边余量，降低材料消耗，优化模具材料的使用，推行耐高温耐疲劳的模具材料，先后完成各类锻件模具的设计达到 16 个系列 280 种产品，材料消耗下降 1%， 模具使用寿命提高了 20%。

许善军再次发扬“思考多，沟通多，实验多”的“许三多”精神，大锻件锻造机器人项目合作开发成功，锻造生产线全部改为自动化生产线，实现了机器代人，改善了工作环境，降低了劳动强度，提高了生产效率，也为公司实现了可观的经济效益。同时为温岭精锻申报“国家绿色工厂”“国家专精特新小巨人”“山东省特色产业镇动能转换 20 强”等项目做好了铺垫。

当然，许善军取得这些成绩的背后，不单单是家庭的熏陶，还有他自己执着的学习和不断的自我提升。除了不断学习专业知识外，平时他喜欢看一些优秀企业家的励志故事，如任正非、张瑞敏等。还向身边优秀的领导和同事学习，学习他们身上宝贵的敬业精神、企业管理的理念、以奋斗者为本的企业文化，不断激励着自己前行。通过持续学习王阳明，他自己也在不断地改变，能经常反省自己的不足，不逃避问题和困难，敢于迎难而上；做人做事方面，会全面客观地分析后再做，不断弥补自身的不足。

凭借谦虚好学的态度和不断进步的精神，近年来许善军根据行业的需求，不断研发试制新产品，研发的“驱动桥用螺旋锥齿轮大轮近齿形精锻”项目在 2018 年“创客中国”山东省创新创业大赛中获得企业组优胜奖；“螺旋锥齿轮近齿形精锻成形技术”获市科技进步奖二等奖；研发的轻量化产品“10 英寸公铁两用车车轮”，入选 2020 年度济南市首台（套）技术装备和关键核心零部件项目；“一种用于从动螺旋锥齿轮组合锻件的热处理装备”获得钢城区专利奖二等奖。

现在的许善军已经从当年那个默默无闻的毛头小工人，成长为山东温岭精锻科技有限公司的车间主任。他“许三多”的外号没有变，但内涵已经变了，“三多”是“技术创新多，发明专利多，个人荣誉多”。他取得了首席技师和正高级职称，荣获“钢城区劳动模范”“钢城区汶源首席技师”“济南市五一劳动奖章”“济南工匠”“济南市创新能手”“济南大工匠”“山东省五一劳动奖章”“中国锻压协会优秀工程师”“泉城首席技师”“济南市劳动模范”“济南市高层次 D 类人才”“全国五一劳动奖章”等荣誉。他取得优秀技术创新成果和推广应用66项，合理化建议应用38项，获上级奖励22项，获区级科技进步奖 2 项、市级科技进步奖 2 项，国家实用新型专利 25 项，发明专利 10 项。

对于未来，许善军坚信，企业会始终坚持“技术就是生产力，创新就是核心竞争力”的发展思路，通过提升技术来提升产品价值、引领企业快速发展，通过持续创新来提升生产效率、降低生产成本；同时根据行业的需求，不断研发新的产品，始终让企业走在行业前列。

至于他自己，还将是温岭精锻的“许三多”。

济南劳模工匠故事丛书·第一辑

3

从平凡到卓越

济南市总工会 编

济南出版社

图书在版编目（CIP）数据

从平凡到卓越 / 济南市总工会编 . -- 济南 : 济南出版社，2024.4

（济南劳模工匠故事丛书 . 第一辑）

ISBN 978-7-5488-6349-6

Ⅰ . ①从… Ⅱ . ①济… Ⅲ . ①劳动模范 – 先进事迹 – 济南 Ⅳ . ① K820.852.1

中国国家版本馆 CIP 数据核字（2024）第 071747 号

从平凡到卓越 3

CONGPINGFANDAOZHUOYUE

济南市总工会 编

出 版 人 谢金岭
责任编辑 朱 琦 代莹莹
责任校对 于 畅
装帧设计 胡大伟

出版发行 济南出版社
地 址 山东省济南市二环南路 1 号（250002）
总 编 室 0531-86131715
印 刷 山东联志智能印刷有限公司
版 次 2024 年 4 月第 1 版
印 次 2024 年 4 月第 1 次印刷
开 本 170mm × 240mm 16 开
印 张 80.25
字 数 1300 千
书 号 ISBN 978-7-5488-6349-6
定 价 268.00 元（全三册）

如有印装质量问题 请与出版社出版部联系调换
电话：0531-86131736

编委会

EDITORIAL COMMITTEE

序　言

人民创造历史，劳动开创未来。

勤劳是中华民族千百年来的行为倡导和传统美德，“不惰者，众善之师也”，对劳动的肯定和赞美是中国传统文化的重要内容。新中国成立后，党和国家大力礼赞劳动创造，将人民群众在劳动实践过程中展现的精神面貌逐渐凝聚上升为劳模精神（劳动精神、工匠精神）。2020年11月24日，习近平总书记在全国劳动模范和先进工作者表彰大会上指出：“在长期实践中，我们培育形成了爱岗敬业、争创一流、艰苦奋斗、勇于创新、淡泊名利、甘于奉献的劳模精神，崇尚劳动、热爱劳动、辛勤劳动、诚实劳动的劳动精神，执着专注、精益求精、一丝不苟、追求卓越的工匠精神。劳模精神、劳动精神、工匠精神是以爱国主义为核心的民族精神和以改革创新为核心的时代精神的生动体现，是鼓舞全党全国各族人民风雨无阻、勇敢前进的强大精神动力。”2021年9月，党中央批准将劳模精神（劳动精神、工匠精神）纳入第一批中国共产党人精神谱系。

济南是一座有着光荣传统的英雄城市，新中国成立以来，不论是和平建设时期的艰苦创业，还是改革开放时期的大河奔涌，广大劳动人民筚路蓝缕、

开拓创新，创造了一个又一个敢为人先的辉煌成就，谱写了一曲又一曲激昂嘹亮的动人篇章。从这里驶出过中国第一辆重型卡车“黄河 JN150”，生产过第一台 729 型龙门刨床、全球第一台电机上置式家用豆浆机……在此期间，涌现出一大批勇于拼搏、追求极致的劳动模范和技能工匠，他们用无怨无悔的滚烫人生诠释着勤劳奋进的精神底色，激励着无数泉城儿女砥砺奋进、共谱辉煌。

精神永续，薪火相传。时代在变，奋斗的底色永远不变。党的十八大以来，广大劳动者们赓续“三个精神”，奋进伟大时代，各条战线上英模辈出、群星璀璨。为广泛宣传劳模工匠的先进事迹，济南市总工会联合济南市作协，组织编写本套丛书，深入挖掘百名劳模背后鲜活、感人的故事，立体呈现他们在平凡中造就伟大、在岗位上铸成辉煌的发展历程。翻开此书，劳模们在岗位上默默耕耘、勤恳奋进的身影跃然纸上：以无畏艰险的钢铁脊梁护卫一方安宁的人民警察，以济世安民的大爱仁心守护生命健康的医务工作者，投身于项目建设、车间一线的产业工人，奔忙在街巷楼宇、田间地头的基层干部，还有教师、公交车驾驶员、环卫工人、企业管理者……在生活中，他们都很平凡，只是芸芸众生中的一员。但如果真正了解他们，就会发现他们每个人身上都有着过人之处。他们胼手胝足、孜孜矻矻、苦心孤诣，那种艰辛是常人难以想象的。当谈到个人所获荣誉时，他们没有骄傲，而是诚惶诚恐，把个人荣誉视为集体荣誉，归功于组织的关心、同事的帮助。他们是勤勉务实的奋斗者、朴实无华的追梦者，是千千万万成长在基层、奉献在一线、建功在岗位的劳动者的生动缩影，是广大职工的优秀代表。正是身为榜样的先行风采、服务本色、担当品格和奋斗精神，让他们一步步从平凡走向卓越，在铸就梦想的道路上，活出了精彩的人生。

伟大时代呼唤伟大精神，崇高事业需要榜样引领。新时代社会主义现代化强省会建设中处处凝结着劳动者的智慧和汗水，“强新优富美高”的美丽

图景要靠劳动创造来绘就。谨以此书，我们将镜头对准劳模，以笔墨书写风采，播撒正能量，浸润社会风气，希望引导和激励广大人民，特别是年轻一代，以劳模为人生榜样，学习劳模、争当劳模，培养造就更多劳动模范和先进工作者，继承和发扬“三个精神”，充分发挥工人阶级主力军作用，为新时代社会主义现代化强省会建设注入不竭动力，继续谱写“中国梦·劳动美”的新篇章！

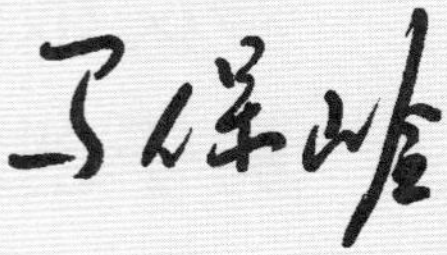

2024 年 3 月 25 日

爱岗敬业　争创一流　艰苦奋斗

勇于创新　淡泊名利　甘于奉献

目录

排障先锋

——记全国劳动模范、山东济钢众电智能科技有限公司姜和信

邴云奎

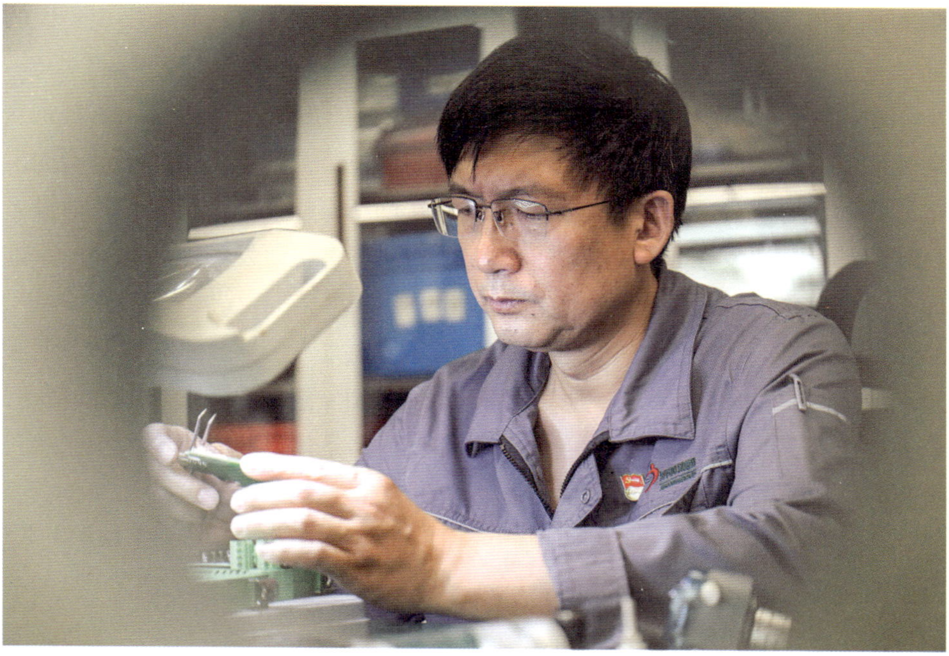

38年前，一个年轻人高中毕业后从山东胶东农村来到当时的济南钢铁厂，在济钢焦化厂当了一名普通电工。

38年来，他刻苦钻研，埋头苦干，在平凡的岗位上闪闪发光：从一名普通工人成长为享受国务院政府特殊津贴的电气技术专家，并获得了全国五一劳动奖章和山东省劳动模范、山东省首席技师、泰山产业领军人才、全国技术能手、全国劳动模范等荣誉称号。以他名字命名的工作室，被中华全国总工会命名为首批“劳模创新工作室”“全国示范性劳模创新工作室”。

他没上过大学，但他心中却燃烧着一团火，追逐梦想，从未熄灭。他把车间当成课堂，把生产实践作为教材，把设备故障当作研究课题，带领创新团队攻克了无数现场技术难题，赢得了“生产现场排障王者”美誉；针对“干法熄焦”设备频繁出现故障的情况，他采用手机录制视频再进行回放的方式查找故障原因，一举攻克了这一故障顽疾；针对“干法熄焦”提升机频繁出现跳闸现象，他设计制造出提升机电气“黑匣子”，准确、详细记录提升机的运行情况，仅用 5 分钟就可排除故障；“干法熄焦”一次除尘器用的料位计，是易损件，经常坏，买一台要 13 万元。经他设计改造的料位计，不仅使用寿命长，成本也只有几千元；开发“干法熄焦”内窥镜系列产品，可随时精准掌握高温炉墙磨损情况，解决了以前全靠经验判断导致经常出现失误的问题……

2017 年，济钢集团产能调整。他和他的创新工作室被分配到山东济钢众电智能科技有限公司（以下简称“济钢智能科技”）前身济钢集团鲁冶瑞宝电气自动化有限公司。在这里，他继续肩扛创新旗帜，瞄准智能科技前沿，在新产品设计研发领域开拓奋进，再立新功，将自主研发的产品源源不断推向市场，为企业创造经济效益。

他来自车间一线，却是一位享誉全国的“电气专家”，是现代知识型、技术型产业工人的优秀代表，他身上体现出的敬业、进取、拼搏、创新的精神，是鼓舞年轻人立志岗位成才的生动典范和榜样，是建设新时代中国特色社会主义，推进中国式现代化的宝贵精神财富。

在“济钢智能科技”采访期间，一提起这位来自生产一线的“金牌工人”，大家都是赞不绝口。随着采访的深入，笔者从他的奋斗故事中，领略了一个“全国劳动模范”不平凡的成长历程。

是金子，在哪里都会发光

“我爷爷是 1949 年前入党的老党员，新中国成立后担任我们村第一任村主任。他对我们的要求很严格，从小就教育我们做人要真诚，为人要实在。为此，他给我们弟兄三个起的名字中，就分别带有‘忠、信、诚’字！”姜和信一提起他的爷爷，心中难掩敬仰之情。他说，从小在祖辈父辈那里受到的教育，就是要热爱祖国、热爱党，行为上要守规矩、讲诚信。

姜和信，1967 年 5 月出生于山东省烟台市海阳县农村。他从小就对电器有着莫名的兴趣，喜欢摆弄各种各样的机械、电器元件，当时他崇拜的偶像，就是村里那位腰挎工具包、神气十足的电工。

上初中的时候，姜和信曾经被一本叫作《少年电工》的书所吸引，书中那些电动机、发动机一通电就转动的生动描述，把他引入了一个无比宽阔的想象空间，让他着迷，让他爱不释手。

这本书对他的影响很大，以至于上高中之后，他一下子就喜欢上了物理课。他暗下决心，将来一定要上大学，他要在电器、机械制造方面干出一番名堂来。

当时，姜和信就读的海阳九中是县里的重点高中。然而，就在他满怀信心备战高考的时候，一件意想不到的事情发生了。

1985 年 5 月上旬，就在姜和信准备参加高考预考的那个早晨，在进考场之前，父亲突然赶来，说他已经办理了退休手续，准备让他顶替自己到济南钢铁厂上班。

姜和信犹豫了一下，没有立即答复父亲，说自己还要考虑一下。

几天后，预考成绩下来了，用老师的话来说，就是“相当不错”。但是，他最后却选择放弃参加 2 个月之后的高考，高中毕业后就去接父亲的“班”，到济钢当工人，他给出的理由是“先解决户口问题”。

1985 年 5 月 21 日，姜和信来到济钢焦化厂检修车间报到。他一进工厂，就看到很多高大的烟囱，还有很多电气自动化设备，感觉特别新鲜。

厂领导对他说，车间有钳工、电工、仪表工三个工种，他可以随便挑一个。

姜和信喜欢物理，特别是电气，于是他就毫不犹豫地选了电工。

三十多年前，焦化厂车间是供应济钢燃料及化工产品的生产单位，一般采用 1000 摄氏度左右的高温炼焦。

由于焦化设备长期高负荷工作，需要有电工班专门维护。姜和信当时的工作就是维护焦化设备，保证焦化设备的稳定运行。

不久，车间给姜和信派了一个师父，当时也就是 30 多岁的样子，叫孟庆熙。

在焦化厂，孟庆熙的技术、口碑都是一流的。他不但会修机器设备，还自学组装黑白电视机，是车间的技术带头人。为此，姜和信对他很崇拜。

从小就喜欢电气设备的姜和信，很迫切地想去了解这些电气设备。他特意准备了一个笔记本，每一次故障维修的时候，他都会把设备的运行原理、工艺流程、故障原因及处理情况一一记在笔记本上，并依此画出图纸。遇上不懂的问题，便去请教师父。不到一年时间，姜和信便将所有设备的图纸画了出来。现场设备哪条线路在什么地方、哪里有接头，他都一清二楚。

在师父的带领下，每次点检、检修、处理故障，他都看在眼里、记在心上。在别人看来枯燥乏味的检修工作，他却十分专注痴迷。师父经常说："经眼不如经手，经手不如常摆弄。"他把这句话牢牢记在心里，有活总是抢在前面干，还经常缠着师父希望多干一些技术活。"只有多干活，才能学到更多的技术和经验！"姜和信说，每次他和师父一起处理完一个故障，他都会感到一种满足和快乐。就是这简单和点滴的快乐，让他精神抖擞，浑身似乎有使不完的劲。

下班后的姜和信也不闲着，只要一有空他就看书、摆弄电路器件。宿舍的桌子上整天堆着二极管、三极管、电烙铁之类的东西。一到星期天，别人休息他却跑书店，用自己微薄的收入买回自己感兴趣的专业书籍，坚持自学。

"那时候，电气控制技术相比现在还是比较简单的，这让我很不满足，感觉不过瘾！"姜和信说，他看到仪表工拆下的一些坏仪表都是电子控制的，就产生了极大的好奇心。于是，他就利用业余时间把废弃的仪表捡了回来，设计制作出了很多小电器。在制作过程中，他不仅要拆解和研究很多现有的电器设备，还要学会使用很多以前见都没见过的电子元器件。尽管其间有成功也有失败，但在这一拆一装的过程中，他既动脑又动手，一点点积累了经验。

师父的言传身教，加上自己刻苦努力，1987 年 7 月，姜和信在焦化厂技术比武中夺得第一名；1989 年，他参加济钢总厂技术比武，获得第二名的好成绩。

经过三年学徒，1988 年，姜和信正式出徒了。这一年，他的工资每月涨到了 45 元，比学徒工的工资多了 10 元。

他第一时间把这一好消息告诉师父。师父很高兴，鼓励他说，电气检修这个工作天地广阔，一定大有可为，好好干吧！

师父对徒弟的喜欢，更多的是源于欣赏。1991 年 5 月的一天，又一个设备技术难题摆在他面前：专门检测焦炭强度的转鼓发生故障，但由于开关失灵，导致转鼓转了 100 圈之后，时停时转。经过一天的紧张检修，他终于找到开关失灵原因，是触电抖动造成的。为此，他顾不上吃晚饭，立即为转鼓增加了一个电容器，只花了几分钱，就成功解决了这一难题。

看到姜和信进步很快，师父暗自高兴，他坚信自己的徒弟在不久的将来，一定能成为一个“技术大拿”。

现在，师父虽然已退休多年，但每年逢年过节，姜和信都会登门看望。师徒俩在一起，免不了要回忆过去那些美好时光。说到高兴处，两人眼里都充满了泪光……

心有多大，舞台就有多大

1997年，济钢集团响应国家号召，投资建设国家经贸委立项的“干法熄焦”节能示范项目。“相比于‘湿法熄焦’，‘干法熄焦’技术既可以节约资源，无污染，炼出来的焦炭质量好，回收的热量还可以用来发电。”姜和信介绍说，“干法熄焦”就是用惰性气体熄灭焦炭。经过两年的紧张建设，1999年3月2日，“干法熄焦”项目在济钢正式竣工投产。

“干法熄焦”技术在济钢集团的应用，成为姜和信人生的一个重大转折点。“干法熄焦”装置投产后，济钢集团成了专门的电工维护班，姜和信担任班长。

“能够参与‘干法熄焦’工程的建设、调试和投产，我有一种抑制不住的兴奋，因为这个工程当中有许多我以前没见过的新设备和新技术。刚开始接触这项工作的时候，我就萌生了一种要驾驭它们的冲动。然而，由于设计和生产维护经验不足等原因，工程投产初期故障不断，我们只好围着设备故障团团转，最多的时候一个晚上我要往车间跑4趟。有时候电梯停运，30多米高的提升机一天要爬七八次……”姜和信介绍说，“设备一出故障，大家最先想到的就是先找电工，于是我们电工班就成了救急的‘110’。”

当时，一位专家在现场目睹了这一情况后断言，这套“干法熄焦”项目开工就意味着停产！

姜和信听了专家的话后，很不服气，他在心中暗暗发誓：一定要摸透“干法熄焦”的脾气，想法改造它，彻底把它驯服！

此后，姜和信就和电工班的同志们一起，针对“干法熄焦”的电气设备现状开始进行一项又一项的革新创造，先后完成大大小小几十个改造项目，使 70 吨“干法熄焦”电气系统的运行稳定性逐渐提高。

1999 年以来，济钢先后建设了 5 套“干法熄焦”装置。姜和信和电工班十几个人从维护一套“干法熄焦”忙得团团转，到有条不紊地维护着 5 套“干法熄焦”系统，他们“排障先锋”的作用日益凸显。

为了获取第一手资料，姜和信坚持扎根在现场、服务在现场、保障在现场，只要现场有求助，他不管刮风下雨，拔腿就走；只要现场有故障，他不分八小时内外，随叫随到。

一次，焦化厂领导找到姜和信，说是济钢有一个工程施工现场的渣土车进出工地时车身上满是泥巴，弄得厂区尘土飞扬。为此，厂领导希望他能帮助设计一套自动控制装置，越快越好。喜欢挑战难题的他，二话不说就接下这个任务，并且很快就拿出设计方案。接着，他又自费去济南电子大厦买回光电管等电器元件，饭都顾不得吃，马上安装试验，结果完全达到要求。从厂家购买一套这样的设备需要花费 50 万元，而姜和信自行设计、制作的这套装置成本仅 5 万多元，但实现的功能却让人拍手称奇：出车喷水、进车不喷，人员进出都不喷。如此一来，该装置就能节约水电 50%。当年，他发明的这套装置一举夺得济钢焦化厂“技术创新一等奖”。

随着“干法熄焦”技术在济钢焦化厂的进一步应用，焦化车间炼出来的焦炭质量大幅提高，但同时也暴露出很多问题。由于技术不稳定，“干法熄焦”设备频繁出现故障，尤其在 2004 年，70 吨“干法熄焦”辅风机的变频器出现故障，严重影响了焦化厂炼焦的产量。

“这次故障很‘狡猾’，像是专门和我们‘躲猫猫’似的。故障不是一直有，而是偶尔有，转瞬即逝，关键时刻掉链子。只要一送电，原来的故障就再也找不到了，但病灶却一直存在！”姜和信说，变频器控制的是循环风机，循环风机是“干法熄焦”的心脏，它有问题，“干法熄焦”就没法正常运行。

生产厂家派来的专家检查以后直摇头，说实在没办法，修不好。

在当时，要购买一台新的变频器，需要花费 100 多万元，置换变频器，还需要一个月的时间，一来二去会让焦化厂每天少生产 1500 多吨焦炭。看着停转的“干法熄焦”设备和一筹莫展的同事们，身为班长的姜和信，决心把变频器修好。“好在咱前期也经常维修，积累了很多经验，所以这次咱一定把它给修好！”姜和信面对难题，首先想到的就是给大家鼓劲。

为了早一点找到故障原因，姜和信带领电工班连夜排查，把设备拆了个底朝天。

因为一时找不到故障所在，姜和信只能用替代排除法去检查，就是把设备依次拆开，一个单元一个单元地去用新的模块更换，直到设备运行正常。就这样，他们加班加点，昼夜不停。

当时，车间现场温度高达40多度，空气中散发着刺鼻的焦化味，令人窒息。“干法熄焦”装置高达38米，姜和信他们在检修过程中要不停地爬上走下，不一会儿大家的身上和脸上就沾满了焦粉，被汗水湿透的衣服就像刚从水里捞出的一样……

笔者从姜和信办公室电脑里，发现了一张珍贵的照片：照片上，包括他这个班长在内共有5个人，他们在铁箱子上坐成一排，个个脸上沾满了油污，却面带自信的笑容。他说，这张照片就是那次在检修故障中间休息时拍的。

就这样，姜和信带领电工班连续排查了三天三夜，故障最终还是没有被排除，其中的原因，他冥思苦想却不得其解：程序没问题，变频器参数也没问题，但故障还是时有发生。

高强度的工作，加上心里着急上火，他生病住进了医院。

即使躺在病床上，他也在想解决问题的办法。有一次，他看到邻床被通知拍X光片，让他突然联想到，变频器出现故障的时候，如果能用手机把现场的情况拍摄和记录下来，回头通过回放，就能判断出这个设备的故障所在。

这一突发的灵感，令姜和信精神大振。于是，还没等病好利索，他就着急忙慌地回到车间，把自己的新想法告诉了电工班的同事们。

大家一拍即合。

结果却是，大家忙活了一整天，还是没有效果。

姜和信的犟脾气上来了。那天晚上，他和电工班的同事们都没回家，轮流盯着设备拍视频，一盯就是一夜。

功夫不负有心人。第二天，他和大家将拍到的视频一遍一遍回放，这个像幽灵一样潜伏在系统中的故障，终于被他们捕捉到了。

经过一番维修，机器重新运转了起来。

“那次，我们总共检查出三处故障。这三处故障都很小，但相互影响，十分难查。后来，厂方派来的那位专家听说我们把变频器修好了，就竖起大拇指说，这真是一个奇迹！”说起那次检修的曲折经历，姜和信难掩心中的兴奋。

经过姜和信带领团队多次维修与改进，济钢集团的“干法熄焦”技术逐渐成熟，填补了国产化“干法熄焦”技术的空白，进一步降低了成本，为中国钢铁行业实现创新发展发挥了积极的示范作用。

2012 年 4 月，“姜和信创新工作室”成立，这是济钢集团第一个以职工个人名字命名的创新型工作室。由此，姜和信也迎来了奋斗的高光时刻。

“这里是引领公司员工走创新之路的一面旗帜，也是一个孵化创新成果的摇篮！”关于“姜和信创新工作室”，山东济钢众电智能科技有限公司党委副书记、工会主席王京巨介绍说，济钢集团党委高度重视工作室建设，经常深入工作室开展调研，听取工作汇报，及时帮助解决工作中遇到的难题，通过不断加大对工作室的资金投入，让这里的硬件设施始终保持先进水平。按照“配齐配强”的要求，每年都会选拔一部分学历高、爱钻研、有发展前途的年轻人来工作室“跟班学习”。10 多年来，每一个从这里走出去的学员，都是一粒创新的种子。

“姜和信创新工作室”的引领和带动效应，为济钢集团实现高质量发展注入了一段基因，此后的一切变化，注定都会携带它的影响。

作为带头人，姜和信坚信，从这里出发，前方必定是奋斗者的星辰大海。

“姜和信创新工作室”开张后，遇上的第一个棘手的难题，就是“干法熄焦”提升机出现故障。

“随着生产节奏的加快，‘干法熄焦’提升机在工作时，多次发生事故。每次事故都会导致超过百万元的损失，严重影响了钢铁生产！”姜和信说，提升机是“干法熄焦”系统的主要设备，它是把焦炭提升到 30 多米高的干熄槽当中去，早期的设备和技术都不够成熟，频繁出现跳闸现象，对生产的影响特别巨大，有时候上午修好下午坏，上半夜修好，下半夜又打电话叫他过去排查故障。在事故现场，他一边观察，一边查资料，想到什么就立刻写下来，但由于缺少检测设备，始终无法得到准确的数据。

提升机故障反反复复，久而久之，成了姜和信的一个心病。

下班回到家中，吃过晚饭后，他打开电视想缓解一下这几天的焦虑状态。电视节目中一个飞机失事的情节突然提醒了他，让他眼前一亮：如果能有一个东西，能把提升机发生故障瞬间的数据、参数都储存进去，那就太好了！我们可以仿照这个飞机的“黑匣子”，设计制作一个提升机上专用的“黑匣子”，用“黑匣子”去判断和排除故障。

说干就干。第二天，姜和信就把大家召集到一起，尝试根据“黑匣子”的运行原理，制作一个仪器把它安装在提升机上，实时记录电气设备运行参数。一旦发生故障，可对记录的参数进行判读，以便采取相应的处理措施。

经过十几天的反复调试和改装后，姜和信带领团队终于制作出了“黑匣子”动态数据分析仪，并找出了提升机发生故障的真正原因。原来，提升机故障频发，是由于环境原因，空气中飘浮着很多油腻颗粒，黏住了继电器衔铁的接触面，造成继电器工作不灵敏。

找到原因后，姜和信带领团队在车间加装了空调和防尘、除尘系统，从根本上解决了这一难题。

“给提升机安装上‘黑匣子’以后，能够精准检测故障数据，原先一两个小时排除故障的时间，现在只用十来分钟时间就搞定了！”一提起“黑匣子”，“姜和信创新工作室”成员、技师赵文玉难掩心中的自豪。

事后，姜和信说了一句让大家都很受启发的话，他说：“其实，设备修好了不算什么，知道哪里坏了、为什么坏了才是最重要的！”

“姜和信创新工作室”成立之后仅一年时间里，先后便有十几项创新成果问世，不仅解决了生产现场的难题，还为济钢“干法熄焦”生产提供了良好的技术保障。在安装“黑匣子”的基础上，他大胆对“干法熄焦”提升机的软件程序和硬件设备进行革新改造，大大缩短了提升机的单次运行周期，在国内实属首创。

2010 年的 4 月 30 日，姜和信代表济钢人站在了“全国劳动模范”表彰大会的现场。面对党和国家的表彰，他激动万分，几次热泪盈眶。

再次出发

2017 年，随着国家对经济发展规划的调整，济钢集团关停了 650 万吨钢铁产能。

济钢集团产能调整后，“姜和信创新工作室”被调整到济钢集团瑞宝电气旗下。回望那些熟悉的车间、高炉以及大家在一起研究问题的场景，姜和信心中五味杂陈，充满了太多的不舍。

当时，已经在济钢集团工作了 32 年的姜和信，早已达到内退年龄。听到这一消息，有多家企业向他抛出“绣球”，许诺可以高薪返聘他，但他却毫不犹豫地选择留了下来。“我是在济钢集团培养下成长成才的，现在处在济钢集团转型发展的关键时期，作为一名党员，我应该毫不犹豫地冲锋在前！”他说，曾经的辉煌也只能代表过去，再美好的回忆也不会产生经济效益。我们曾经攻克了设备检修领域一个个难题，也一定能打赢市场经营这场硬仗。

再踏层峰辟新天，更扬云帆立潮头。

在这里，姜和信率领他的创新团队再次踏上征程，以初心为旗帜，以创新为使命，以梦想为风帆，从研发到制造，从现场到市场，他们义无反顾地朝着一个全新的领域进发了。

第一次接触市场，姜和信就遭遇了碰壁。

2019 年 7 月，姜和信带着他的第一批创新成果“高温焦粉料位计”，去几家企业进行推广，但都无功而返。

王京巨副书记以前担任过济钢集团团委书记，为了帮助姜和信打开市场，他多次利用到河南、河北、辽宁等出差开会的机会，联系本地钢铁企业的团委书记，向他们推介姜和信团队研发出的新产品……

姜和信所面对的，是一个全新的领域。由于没有销售经验，所以经常空手而归。通过几次碰壁，他深刻体会到了二次创业绝对不是一件简单的事情。仅仅像以前那样，废寝忘食地工作还远远不够，还需要转变思维、了解市场，摒弃“酒好不怕巷子深”的观念，一切以市场需求为导向。

“不管任何时候，都要发挥我们的技术优势！”姜和信说，经过一段时间以来的市场调查，他认为突破口仍然要放在与炼焦有关的产品研发上，兼顾其他产品，他们把这一战略叫作“一业为主，多种经营”。

好产品，加上真诚的服务，“姜和信创新工作室”研发的“干熄焦内窥镜系列产品”很快便获得客户的青睐。

这款产品轻便灵巧，1个人即可操作完成，相当于医学临床上常用的“胃镜”。在现场，它能深入到高达1000度的炼焦炉内，获取炉内耐火砖墙烧损情况的真实数据，有无损坏，损坏到什么程度，一目了然。在此基础上，他们还形成监测报告，向客户提出完善和改进建议，以科学的方法，从源头上确保了安全生产。

为了打开市场，最初，姜和信带着产品一家家登门拜访，让客户先免费试用，不满意可无条件退货。由于物美价廉，服务又好，产品逐渐被越来越多的炼焦企业所认可。最初将姜和信拒之门外的一家客户，最终被他的诚意感动，同意试用“干法熄焦”1DC高温焦粉料位计，在对试用效果满意后欣然买下该产品。现在，这家企业已成为“济钢智能科技”的优质客户。

让搞技术的人去闯市场，的确有很多劣势，比如：不会搞人际关系、不善沟通、不懂得变通等，但也有别人无法比拟的优势，那就是信任度高，让人放心。

今天，姜和信领导的，就是这样一支靠技术打市场的团队。他们的做法，给竞争激烈的市场带来一股清新之风。

渐渐地，客户发现已别无选择了，因为他们已经喜欢上了姜和信他们开发的产品。于是，就形成了这样一种局面：从最初的先试用再付款，发展到现在有些产品可以先付款后发货。这局面让人激动，让人振奋，让人百折不挠。

在最困难的时候，他曾经发誓，有一天一定要“把乙方做成甲方”。今天，他终于看到了曙光，找到了前进的方向，但他知道，其中一定是过硬的技术在起作用，是“技术为王”战略在发酵，是“全国劳模”这块金招牌在闪光……

在“济钢智能科技”一个僻静的院落里，印有“姜和信创新工作室”字样的牌匾格外引人注目。笔者走进这里的时候，一眼就看到了院里种满了黄瓜、丝瓜、豆角等蔬菜，还有一些正在开放的鲜花，安静中充满了生机，与姜和信外表谦和、内心火热的性格相吻合。

推开门，一派忙碌的景象映入眼帘：在一间安放了很多工作台的房屋内，几个年轻工人正围着一台设备探讨技术问题，大家各抒已见，讨论热烈。据了解，那是他和团队最新研发的智能售货机样机。它虽然不属于炼焦电气产品，却是姜和信团队转岗后的又一力作。

为了研制智能售货机，姜和信带领团队曾经连续泡在实验室里 21 天，攻克了一个又一个难题，2018 年 7 月底，第一台智能售货终端终于问世。然而，一个严峻的问题又摆在大家面前：产品的成本太高，缺乏市场竞争力。

为了降低成本，姜和信再次翻开图纸，一遍遍地优化工艺，先后调整参数 17 处，进行各类试验 53 项，最终第二代智能售货机面世，成本降低了 21%，性能提升了 4%。很多客户了解到这一信息后，纷纷前来考察，并与“济钢智能科技”达成战略合作意向。

大家互做介绍之后，姜和信就带着笔者继续参观。

在他们的工具室，笔者看到里面堆满了各类电气元件，靠墙的地方有三组书橱，里面盛放着各种书籍。我看了一会儿，便从中取出两本书翻阅起来，一本是报告文学集《姜和信——一个全国劳动模范的成长历程》，一本是济钢员工学习姜和信心得体会选编《责任的光芒》……

再往里走，就是姜和信的办公室了。

进办公室，在沙发上坐下，他很快给我冲泡了一杯茉莉花茶。在一阵好闻的茉莉花清香中，他向我说出了一个他们工作室正在进行的“核心计划”。

目前，他们正在向智能制造进军，已经研发了 5 款主打产品，分别是“干熄焦内窥镜系列产品”“焦炉小烟道巡检作业车”“焦炉砖煤气道内窥镜系列产品”“干熄焦除尘专用料位计”“焦炉上升管残余荒煤气自动点火装置”，全部面向炼焦和高温冶炼行业。

姜和信的“核心计划”，对于最初“求爷爷告奶奶”式的推销，是一个全新的概念。

“过去，很多高温冶炼行业烟道在使用一段时间后，或多或少会出现一些小问题，比如砖碎、漏气等，但如果要找出其中的毛病，必须停炉，特别影响生产。采用姜和信他们研发的‘焦炉小烟道巡检作业车’，就可以在不停炉的情况下，让巡检车深入到 500 至 600 度高温、长 20 米、高不到 1 米、宽仅为 0.5 米左右的窄小空间里，实施检测作业，既安全又精准！”王京巨副书记说起这款产品，脸上洋溢着自豪之情。

“工作需要我，公司需要我，这是我前行的最大动力，也是我肩上沉甸甸的责任！”每一次谈起今后的发展前景，姜和信总是满怀信心。

“姜和信工作室”成员朱春慧风趣地说：“转岗以来，姜工一直保持着那种饱满的精神状态，话比以前多了，白头发也多了，这都是跑市场得来的馈赠啊！”

朱春慧的话，让笔者顿生敬意。

党的二十大报告指出：要“加快建设国家战略人才力量，努力培养造就更多大师、战略科学家、一流科技领军人才和创新团队、青年科技人才、卓越工程师、大国工匠、高技能人才。”姜和信身上所体现出的敬业精神、创新精神和奉献精神，代表的正是当下企业攻坚克难最需要的那份工匠精神。

有一道难题，他无法解开

姜和信再有三年就到了退休年龄，即将“船到码头车到站”了。人到了这个时候，按理说应该适当放慢一下脚步，让身心放松下来，开始培养一点业余爱好。

但他却仍然充满激情，关键时刻，仍和年轻人一起加班加点，一次次迎接挑战。

作为“姜和信工作室”的领衔者，也是年轻人的师父，姜和信总把年轻人的发展记挂在心头，通过各种方式进行传帮带，多年来为“济钢智能科技”培养出一支学习能力好、创新能力强、业务素质高的专业检修队伍，亲手带出了十几名技师、高级技师、技术能手，成为传承匠心、传授技艺的一粒粒“种子”：36 岁的康鹏，现在已经是电工高级技师、高级工程师，并荣获济南市五一劳动奖章、山东省五一劳动奖章和济南工匠、山东省新时代岗位建功劳动竞赛标兵、济南市首席技师、山东省首席技师等荣誉称号；46 岁的陈树勇，现担任电工高级技师、工程师，并荣获济南市五一劳动奖章和济南工匠、山东省冶金行业首席技师等荣誉称号……

38 载光阴故事，姜和信勇于担当，敢闯新路，敢挑大梁，创下了数不清的突破，解开了数不清的难题，但有一道难题，他却无法解开，这就是他对家人的歉疚。

“为了工作你顾不上家，妻子就没怨言吗？”笔者问了姜和信一个很现实的问题，他憨厚地笑了笑，回答说：“有。她常说的一句话，就是‘离了你地球就不转了吗？’。不过，也就是说说而已，事后该怎么支持还是怎么支持！”

采访中，他几次提到2004年一天晚上加班检修干法熄焦设备的事情。那天晚上，饭刚吃了一半，他就接到车间打来的求援电话，电话那头很着急，说因为设备出现故障，整个车间都停产了。他放下饭碗，赶紧骑车赶回厂里。他修好设备，前脚刚回到家里，后脚电话又打了过来，说别的地方又坏了。就这样，那天晚上姜和信去厂里3次，最后一次拖着疲惫的身躯回到家的时候，已经凌晨4点多了。

折腾了一夜，他最心疼的还是自己的妻子。她本来心脏就不好，那天晚上接二连三的电话铃声响起，让她无法正常休息。当她了解事情原委后，抱怨了几句，也就过去了。

女儿是姜和信的掌上明珠，考大学那些天他还在加班，没有陪着，但懂事的孩子并没有怨他。如今，女儿已大学毕业参加了工作，在同事和朋友面前一提起父亲，总是满口的崇拜与敬佩之情。

姜和信喜欢静，不太喜欢动，业余时间最大的爱好就是看一些电气、机械和兵器知识方面的书籍，但为了弥补自己这些年埋头工作对妻子的亏欠，他决定退休后，就带她出去旅游旅游。

一次，姜和信一脸认真地问妻子：“你想去哪里？”

妻子笑了笑说：“哪里都行。”

平凡中的不平凡

——记全国劳动模范、济南公共交通集团有限公司李慧敏

方 远

不同时代的年轻人总会有着不同的追求或者梦想，比如，少年时期的李慧敏。

1991 年，当李慧敏初中毕业，面临人生的一次重要选择的时候，便在父母的支持下，毫不犹豫地报考了济南市第十一职业高中，并如愿以偿被择优录取了。

学校里有个电车乘务员班，毕业后能直接进入电车公司上班。公司是国营的，工作稳定，收入不错，是个十分难得的好单位。当时，李慧敏的想法就是这么简单。

经过一年半的学习与半年的实习，1993 年，18 岁的李慧敏学成毕业了。

这个时候，为了适应时代的发展，电车公司和汽车公司已经整合为济南公共交通总公司。年底，她与公交总公司签订了劳动合同，从此，成为一名普通的公交人。

在平凡中寻找人生的闪光点

“刚分来的时候，我在 15 路公交上实习卖票。”面对记者的采访，李慧敏的思绪回到了 30 年前那个冬天，便开门见山地说。

15 路公交车南起山东省体育中心，北到动物园，有 20 多个站点，沿途有繁忙的医院，有熙攘的商场，也有人来人往的长途汽车站，而终点站更是孩子们的乐园。车是十几米长的大通道，乘客众多，令人应接不暇。

李慧敏和另一名乘务员一前一后，售票，检票，疏导乘客，打扫车内卫生，遇到老弱病残要热情地搀扶，有携带大件物品的乘客，也要伸出援手。一路上，李慧敏忙得不可开交，几乎没有喘息的时间。每次返回车队的时候，她已是口干舌燥，精疲力尽。

济南是一座四季分明的城市，有酷暑，也有严冬，乘务员李慧敏很快便有了更加切身的体会。那个时候，公交车没有空调，密封状况也不好，门缝儿透风撒气，车内车外一个温度，夏天一身汗，冬天则是冻得直打哆嗦。

看似轻松安逸的工作却是枯燥而辛苦，李慧敏这才意识到，自己当初对这份工作想得太容易了。晚上，回到家里，她疲惫不堪，直挺挺地躺在床上，连话都不愿意说。

熟悉李慧敏的人都知道，她姊妹六个，李慧敏年纪最小，是个“老生闺女”。父母对她疼爱有加，犹如掌上明珠。那么，娇生惯养，用在李慧敏身上最贴切。在蜜罐里长大，家庭的因素让她成为一个性格内向而话语不多的羞涩女生。大小事从来不会也不敢自己做主，都得回家问问父母，在大人们的眼里，李慧敏是个名副其实的听话的好孩子。用同学们的话说，她是一个唯唯诺诺从来没有自己主见的人。

工作的劳累程度远远超出了她的想象，那么，李慧敏会打退堂鼓吗？显然不会。在潜移默化中，父母辈任劳任怨的工作与人生态度影响了她，更给予她一种坚韧不拔的精神。于是，她振作起来，满腔热忱地出现在工作岗位上。

毫无疑问，除了劳累，公交车乘务员的工作又是枯燥乏味的，每天都是昨日的重复，没有乐趣可言。然而，李慧敏这一干就是五年，在默默无闻中，性格内向的她逐渐锻炼成一个能果断处理各种问题的人。或许，这是她初入社会的最大收获。

时代在进步，社会在发展，济南公交也在发生着日新月异的变化。1998年，公交车进入了无人售票阶段，李慧敏成为最后一批乘务员。

内部消化转岗，这是李慧敏面临的新挑战。这个时候，伴随着城市规模的扩大，投入运行的公交车越来越多，需要更多的驾驶员。于是，李慧敏又成为职工驾校的一名新学员。

人是需要一点天赋的，或者说，一个人的天赋很重要，而努力更重要，就像有一股不服输精神的李慧敏。

"从学车开始，我就没觉得开车有多么难。"说起当年学车时的情景，李慧敏笑眯眯地回忆道，"有同事跟我比倒桩，我就没有一次倒不进去的。那时候，一个星期考一次试，我都是一把倒进去了。"

李慧敏对车的感觉好，又早出晚归地刻苦好学，三个月后，她以优异的成绩一次性考试过关，拿到了驾驶证。

顺其自然，勇对挑战，乘务员李慧敏就这么成了一名公交车驾驶员。事有凑巧，86路公交刚刚开线，她便被安排上线了。

那个时候，86路公交起始于济南市立五院，终点站为西南郊的陡沟。那里新建了一所大学，单趟30公里。

每天下午三点半，李慧敏驾驶着86路公交车，由市立五院站准时向陡沟方向开去。新的工作岗位让李慧敏有一股强烈的新鲜感，一路上，她全神贯注地开车，热情周到地服务。然而，她很快就觉得有些不对劲了。公交车在马路上行驶着，经过了一站又一站，好像在刹那之间，就开进了玉米地里的小路上。这时天色已晚，四周荒无人烟，漆黑一团，间或有小动物冷不防地从玉米地窜出来，吓她一大跳。李慧敏的神经顿时紧张起来，心脏怦怦直跳。她独自一人，只能咬牙坚持，自己给自己壮胆，硬着头皮往前开。

一个小姑娘跑这条线太不安全了，十多天后，车队根据实际情况，将她调到了6路公交线。

服从工作安排，是李慧敏的良好品质，她登上了6路公交车。

这是一条由王官庄小区开往大明湖的繁忙线路，李慧敏一干又是三年。

期间，她结婚，生女，休产假，直到2003年恢复上班。

42路公交线，这是李慧敏新的工作岗位。那个时候，这条线由玉函小区南区开出，终点站为兴济河。

时光飞逝，似乎在转眼之间，李慧敏进入公交集团已有十个年头。从乘务员到驾驶员，平凡的岗位似乎预示她会一辈子都将默默无闻，不可能干出一番惊天动地的事业。

人们常说，是金子总会发光，而李慧敏却一时找不到自己的闪光点。

在每一个城市里，公交车都是不可或缺的公共交通工具，它的服务如何直接关乎这个城市的形象和品位，关乎这个城市的治市理念和民生冷暖。

2004年，为加强职工队伍建设和管理创新改革，济南公交在全国率先推出了“星级管理、星级服务”制度。

制度规定，以月为单位，对所有驾驶员和公交线路进行星级评定，驾驶员和所在线路所获星级直接与驾驶员收入挂钩。从1颗星到最高的5颗星，每个星级评定都制定了严格的标准和更高的对应收入。出满勤，无服务纠纷，无违法违章驾驶行为，无责任交通事故，无中途抛锚，服务、卫生、车辆日常维护及安全检查，再综合每月完成的工作量，得分在92分以上，驾驶员才能在臂章上悬挂一颗星。要得到5颗星，除项项考核拿满分外，还要在节油、优质服务等方面有更为突出的表现，熟悉简单的英语和哑语对话。毋庸置疑，这一举措不仅调动了职工的工作积极性，也会使得一线驾驶员的服务意识与服务能力有大幅提升。

星级制度一出，便在李慧敏和她的同事们中引起强烈反响。与此同时，掀起了一股比学赶帮超的热潮。

“星级制度刚出台的时候，我还不怎么懂。”说起当年的考核，李慧敏神情肃然地回忆说，“评比下来，我很纳闷儿，一样跑车，凭什么别人拿了三星，我才拿两星？我就去找队长，他拿出考核标准，一条条地跟我对照，我才恍然大悟。”

星级制度是严格甚至是苛刻的，原来，李慧敏没有评上三星的主要原因是，尽管跑的里程数已够，用的油料却超了。

李慧敏是要强的，或者说，有一股不服输的精神。她暗自发誓，一定要拿三星。于是，她将星级考核标准了然于胸，然后找到自己的弱项，一点点儿地向着更高的目标努力。

古语道，业精于勤，荒于嬉；行成于思，毁于随。李慧敏刻苦训练驾驶技能，认真总结驾驶经验。从双手握住方向盘的那一刻起，她便努力将自己的身心调整到一个最佳状态。油门轻轻踩下，车子平稳地起步了。她平心静气地眼观六路，耳听八方。脚踏离合器，每个驾驶步骤都是那么从容不迫而有条不紊。行驶在线路上，为了避免重复起步的情况发生，在人流与车流集中的路段，她便提前做好应急准备。她留心测算线路途经红绿灯的切换时间，控制好车速，避免因急刹车造成燃油浪费。取长补短，她还经常与技工师傅讨论养车技术。在行车中，李慧敏做到了不多踩一脚油门，不踩错一脚刹车，形成了一种行云流水的状态。

世上无难事，只怕有心人，李慧敏为这句励志的话做了最好的注解。后来，她所驾驶的公交车月月节油，成为线路与车队上有名的节油标杆。

功到自然成，从二星到三星，又从三星到四星，最终，她成了令人羡慕的五星级驾驶员。看着臂章上的五颗星，李慧敏会心地笑了。毫无疑问，这是对她艰辛付出的最好褒奖。

月月是五星，李慧敏成为职工群体中令人羡慕和佩服的佼佼者，这是她参加工作以来的第一个闪光点，让她产生了前所未有的满足感和荣誉感。

百尺竿头，更进一步。从此以后，李慧敏对自己的要求更加严格了。为提高自己的文化水平与管理能力，她考入山东大学成人教育学院经济管理专业，开始了三年的求学历程。

在危机中彰显巾帼英雄本色

似乎在不经意间，光阴的脚步走到了2006年的那个冬天。在12月22日下午两点半，像往常一样，李慧敏驾驶着42路公交车驶出了始发站玉函小区南区。

这天是冬至日，阳光灿烂，微风习习。“冬至饺子夏至面”，李慧敏盘算着，收车回家包饺子，与家人吃上一顿难得的团圆饭。但是，天有不测风云，她没有想到，一场危机正在悄然等待着她。

不多会儿，公交车便行至第五站即东八综合市场中间。这里人头攒动，十分拥挤，李慧敏全神贯注地在站牌下停稳，打开了前门和后门。

前门上车，后门下车，前来买菜的多为老年人，李慧敏面带微笑，热情地疏导着他们尽量往车厢后面走。突然，后门传来了一阵嘈杂声，接着，乘客们惊慌失措地向前门涌过来。

李慧敏坐在驾驶座位上，看不到后边，就莫名其妙地问一名身边的乘客："后门下车，怎么都跑到前头来了？"

"不好了，有人拿着刀从后门上来了。"这名乘客神情慌张地说。

刀？根据《公共交通无人售票车乘车规则》等相关规定，持刀具者不能乘车。李慧敏以为是卖刀的，就琢磨着好言劝说他下去。然而，这个时候，持刀者已是近在咫尺，站在驾驶座后边了。

乘客们慌慌张张地下了车，李慧敏惊异地看到，这是一个二十来岁的小伙子，身高一米七左右，头发长而凌乱。他右手举着一把带着血迹的砍骨刀，左手拿着一把长锯，眼睛里流露着一股凶暴之气。

出车这么多年，这是李慧敏第一次遇到这种危急情况，一下子蒙了。

"你这是要干什么啊？"李慧敏故作平静地问。

"都下去，我坐车。"歹徒挥舞着砍骨刀说。

"你要去哪里？"李慧敏又问。

"去福州。"歹徒说。

"我这车是公交车，出不了济南市啊。"李慧敏心平气和解释说。

这个时候，李慧敏已经镇静下来，在与歹徒对话的过程中，思考着对策。

车上还有一名乘客，歹徒将他赶了下去。

一名女同事恰巧坐车去上班，李慧敏对她说："你也下去吧，别在我车上待着了。"

看着同事下了车，李慧敏知道，她肯定会马上报警，心里便有了些许安慰。

现在，车上只剩下李慧敏和歹徒两个人了，歹徒再次吼道："快，快送我去福州。"

李慧敏心里想，歹徒一再要求把他送到福州，说明他不会开车，最起码我还有用。那么，她要做的就是想方设法稳住歹徒，如果刺激了他，一刀砍过来，后果将不堪设想。更为重要的是，要尽力避免公交车在马路上失控，危及市民的安全，这也是一名公交司机的责任。李慧敏这么想着，就毫不迟疑地关上了车门。然后，慢慢地向下一站开去，一边与歹徒斗智斗勇，一边等待着警察的到来。

歹徒一手举刀，一手拿着长锯，时刻威胁着李慧敏的生命。必须让歹徒放下凶器，于是，她故意晃车，让他站不住。果然，差点摔倒的歹徒将长锯放在了驾驶座位下面，腾出一只手来，抓住了车厢立杆。

“你这样可不大好啊，你有什么想不开的？有什么事你就说，我可以帮你。要钱，我给你钱。”为了稳住歹徒，李慧敏沉心静气地说。

李慧敏驾驶的是一辆小型公交车，只有二十个座位。更何况在那个时候，驾驶员座位并没有任何防护。突然，歹徒将砍骨刀搭在了李慧敏的肩膀上。

“快，把我拉出去，送到福州就行了。”歹徒恶狠狠地说。

砍骨刀锋利无比，寒气逼人，李慧敏觉得脖子上冷飕飕的。

“行啊，既然你让我送，你就好好坐在那里，我开车拉着你走。”李慧敏的心脏几乎跳出喉咙，却是强作笑颜地说。

歹徒似乎相信了李慧敏的话，情绪终于稳定下来。然而，没过多久，却又暴躁不已。原来，他发现车速太慢，如同乌龟爬行一般。他伸手抓住方向盘和挡把子胡乱摆动，最后一脚踩在李慧敏的脚面上，想加油。实际上，李慧敏一直踩着离合，公交车一直在空挡上行驶。

舜耕路往北，是一路下坡，车速越来越快，歹徒的一只手握不住方向盘，便迫不得已地将砍骨刀放在了驾驶台上，双手与李慧敏抢夺方向盘。

砍骨刀顺着驾驶台的坡度滑了下去，被挡风玻璃挡住了。

“绝不能再让他拾起刀！”李慧敏对自己说。

李慧敏死死地摁住歹徒的手脖子，一块儿抓着方向盘。

“别动，撞了车，咱们谁也走不了。”李慧敏高声喊道。

此时此刻，歹徒好像意识到自己已是穷途末路，拼命地转动着方向盘。李慧敏使尽全身的力气，摁着歹徒的双手，努力保持车子的稳定。

车身在左晃右摆，顺坡向北驶去。

就这么行驶了500米左右，一辆警车迎面向公交车开来。警灯闪烁，警笛声声，接到报警后，三四分钟，警察就赶来了。

李慧敏看到了希望，就在警车一调头，停在公交车的面前时，她猛地一踩刹车。

公交车蓦然停住了，李慧敏和歹徒双双撞上了方向盘。接着，她双手抓住歹徒，与他厮打起来。

车门紧闭，警察焦急地大声喊道：“快开车门！”

歹徒坐在方向盘上，李慧敏却不敢放手，双手死死地控制着他，绝不能让他再次拿起砍骨刀。

“我开不了。”李慧敏回应道。

几名警察听罢，迅速跑到驾驶座位的车窗前，砸碎了玻璃，用电警棍击打歹徒。终于，在歹徒的惊慌失措中，李慧敏趁机打开了车门。警察们一拥而上，将歹徒制服。

这名歹徒果然是个危险人物，两天前，就在东八综合市场里砍伤了两名市民，警察正在追捕他。

歹徒被押下了车，危险解除了，李慧敏想站起来，却双腿发软不听使唤，怎么也站不起来了。

如今，事情已经过去了近二十年，李慧敏回忆起当时的情景，依然是心有余悸：“那会儿，我的两条腿就是不听话，是我的同事和警察把我搀扶下车的。”

面对穷凶极恶的歹徒，李慧敏没有退缩。她沉着冷静，机智勇敢，保护了乘客和国家财产的安全。她的英雄事迹震撼了社会，感动了泉城，成为公交行业的楷模，中央电视台等多家媒体进行了报道，她成为众人皆知的名人。

偶然之中有必然，关键时刻见精神。毋庸置疑，李慧敏的英雄行为绝不会是一日之功，正是由于济南公交长年累月对驾驶员的安全叮嘱和对处理突发事件的培训，才使得她在面对突发危险事件时，能够从容不迫地挺身而出并妥善处理；正是她长期坚持爱岗敬业与自我历练的结果，也正是她接受济南公交“乘客至上”服务理念的教育和熏陶的结果。

在危机中彰显出巾帼英雄的本色，李慧敏经受住了严峻的考验，各种荣誉也纷至沓来：

2007 年 1 月，被评为济南市见义勇为先进分子。

2007 年 2 月，被评为济南市道德模范“感动泉城”十佳人物、济南市文明市民标兵。

2007 年 3 月，被评为山东省见义勇为先进分子、济南市公用事业局特殊贡献先进个人。

2007 年 12 月，荣获“全国见义勇为司机”称号。

2007 年 9 月，被评为山东省道德模范“全省见义勇为模范”、济南市道德模范“济南市见义勇为模范”。

2007 年 12 月，李慧敏光荣地加入中国共产党，实现了她多年愿望。

2008 年 8 月，被推选为北京奥运会火炬手。

2008 年 11 月，被评为济南市新长征突击手、济南市杰出青年岗位操作能手。

2010 年 1 月，荣获济南市五一劳动奖章。

2011 年 4 月，荣获全国五一劳动奖章。

2015 年 4 月，荣获“全国劳动模范”称号。

在荣誉中坚守为民服务初心

鲜花和掌声让李慧敏感到了荣誉的珍贵与幸福，更让她感到了肩上担子的重量。她知道，荣誉仅仅代表着过去，而她要更加努力地工作，才能保持荣誉，从而不辜负党和人民对她的无比关爱与殷切希望。

公交司机的工作是繁忙而劳累的，早出晚归，没有节假日概念，每次收车回来都是力倦神疲。人的精力是有限的，但是，为了回报社会，李慧敏克服重重困难，还要将有限的精力投入到社会公益事业上。更为重要的是，作为一名光荣的共产党员，她以自己的光和热向民众传导着党的温暖。

收到3000元见义勇为奖金，李慧敏毫不犹豫地捐赠给济南市见义勇为基金会。

李慧敏自己的家庭并不十分富裕，但每逢节假日，她都要去看望社区里的五保老人，帮助他们打扫卫生，还主动拿出个人积蓄买油和面粉等物品送给他们。

在玉函社区，有一位孤寡老人王玉莲。这年春节，李慧敏特意带上年货，陪伴老人过了一个祥和而温馨的春节。

人是有感情的，李慧敏的善举让老人们感受到了党和政府的温暖，她也被社区的市民们亲切地称为“五保老人的亲闺女”。

出租车司机刘连友见义勇为，身负重伤。李慧敏得知后，第一时间赶赴医院，给他送上亲切的慰问和关怀。

2008年5月12日，四川汶川大地震牵动着全国人民的心。当得知绵阳震区小学生刘鑫阳和爷爷奶奶一同来到济南老家避难时，李慧敏和同事又带着慰问品，专程来到刘鑫洋寄住的亲戚家看望。在返回四川前，刘鑫洋一家专门来到车队，送上了一面“心系灾区血肉情，关怀备至一家亲”的锦旗。

自然，这是市民和乘客对李慧敏的尊重和信任，更是对她的认可和褒扬。

2012年3月，济南公共交通总公司选派李慧敏到中国劳动关系学院研修社会工作专业。

这是一个全国劳动模范班，完成四年学业，将拿到本科学历。毫无疑问，这是组织的关怀，也是全面提高自己整体水平的难得机会，李慧敏格外珍惜。她把工作中认真细致的品行和那股对学习的韧劲带到了课堂之上，为自己工作水平的提高而汲取着丰富的营养。

“通过四年的理论学习与实践，我的视野开阔了，思想提高了，真是收获巨大。”谈起这段求学经历，李慧敏心满意足地说。

2016年1月，从中国劳动关系学院毕业回到公司后，李慧敏主动提出回到忙碌的一线工作岗位上去，回到她心心念念的公交车上去，继续做一名普通的公交驾驶员。她的初衷很简单，就是把学到的知识充分运用到车辆驾驶上。于是，李慧敏成为43路公交的一名驾驶员。

“公交人是老百姓的贴心人”，这是济南公交的企业歌中的一句歌词。李慧敏把这句歌词深深地镌刻在自己的脑海里，并把它当作工作的出发点和落脚点。

大雨滂沱时，李慧敏尽量靠近站台停车。

老人上车时，李慧敏主动到门口搀扶。

车辆起步时，李慧敏耐心等待没上车的乘客。

43路线终点至济南火车站，日客运量近两万人次，在乘客中，外地人居多。每当遇到外地乘客询问线路问题时，在条件允许的情况下，李慧敏总会把他们安排在尽量靠近自己的地方，不厌其烦地一一解答。

一次在火车站，车已经起步，但是，当李慧敏看到远处一群学生模样的人，拎着大包小包的行李在后面追赶时，她马上停下了车。

“大姐辛苦了！你们济南的公交车真人性化，我们那儿的车从来不等乘客。为你们点赞！”一位来自外地的小姑娘上车后深受感动，连声道谢并夸奖道。

听到这些贴心的问候和诚挚的表扬，李慧敏的内心感到了几多慰藉。不过，她也知道，车厢就像是个小社会，既有令人欣慰的肯定，有时也会遇到这样或那样的烦心事。其中，最常见的就是乘客的不理解和诸多误解。

或许，许多乘客并不知道，按照规定，在到站时，公交车的车门是应该对准站牌的。但是，乘客在等车的时候，往往会分散在站台的周围。因此，停车的位置就变得众口难调，许多小摩擦也因此而产生。每当有乘客因此抱怨，在车门打开时，李慧敏总会露出一个恰到好处的微笑，说一句带着歉意的问候。如此这般，也总是能将即将发生的矛盾化解于无形。

“说句实在话，有时候，心里真的很委屈。”李慧敏说起自己的切身经历，感慨万端地说，“但是，我心里明白，干好我们这份工作，靠的就是耐心和细心。”

抱着这样的工作态度，在车辆运行中，李慧敏能够始终保持着微笑服务，从一个眼神到一个小的动作，都做到了细致入微而和蔼可亲。

10米车厢，时时温言软语。20余公里线路，刻刻满面微笑。十几年如一日，李慧敏坚守岗位，真情待客，文明服务，奉献社会，始终以“为乘客提供优质服务”为己任，以“乘客满意”为标准，用自己的实际行动践行“为乘客服务、让乘客满意”的诺言，使十米公交车厢变成了精神文明的传播阵地和乘客温暖的“家”。

成绩面前不骄傲，在济南公交开展的“微笑服务”活动中，李慧敏更是把微笑服务、热情服务、文明行车、奉献社会变成个人的自觉行动。人间自有真情在，李慧敏的真诚和贴心也赢得了乘客的尊重和理解，许多走固定线路的老乘客都和她成了朋友，看到她在驾驶车辆时，都会主动而热情地与她打声招呼。

高峰期间，总会有几位乘客成为李慧敏的义务服务员，帮她维持乘车秩序。

烈日炎炎的盛夏，乘客会买来饮料放在李慧敏的驾驶室里。

大年初一，乘客们将一把把瓜子、糖果塞进了李慧敏的手里。

“我用实际行动树立了文明的形象，真诚的服务也换来了真情的回报。”每每想起乘客们的热心，李慧敏心里总是暖乎乎的。

人们常说，一花独放不是春，百花齐放春满园。因为星级考核的原因，很多老驾驶员没有足够的时间去帮带新学员。早已是五星级驾驶员的李慧敏看在眼里，急在心里，主动担负起培养新学员的责任，将自己丰富的驾驶经验传递给他们。李慧敏认为，虽然自己只是一个普通驾驶员，但公交的长远发展离不开每个公交人的努力。只有培训好新学员，才能让公交的活力持续得更长久，将老驾驶员，尤其是将高星级驾驶员的优秀习惯传递下去。

服务无止境，细节铸成功，李慧敏把不断学习和进步作为自己矢志不移的信念。

为了能够给乘客提供更加优质的服务，李慧敏利用业余时间，阅读了许多乘客心理学和道德修养等方面的书籍，通过充分了解乘客的想法和需求，尽力让每一位乘客都能感受到温馨而热情的服务。

为了当好乘客的“活地图”，平常外出时，李慧敏总会随身带着一个小本子，利用业余时间走街串巷，不断掌握沿途乘客咨询较多的单位门牌号码以及下车站点。

在工作中，李慧敏经常会碰到外国友人、外地乘客和聋哑乘客等特殊乘车群体。为了能与他们做好沟通，她还克服自己底子薄的困难，努力自学了英语、手语和一些方言，不断提高自己的服务技巧和本领。

“咱开车这么累，哪有工夫看书？再说了，咱只是驾驶员，开好咱们的车就行了，看书不是自找苦吃吗？”有的同事不理解，就这样问李慧敏。

“现代社会需要的是学习型、复合型的人才，只有学习新知识和掌握新本领，才能适应社会发展的需要。”李慧敏嫣然一笑，这样回答。

工作中，李慧敏是一名爱岗敬业而尽职尽责的优秀职工。生活里，她还有着另一个身份，那便是，一名心地善良而热心慈善事业的公益志愿者。

“经历过那次惊心动魄的持刀劫持事件后，我对自己的生活有了更多的感悟。在我被歹徒劫持的时候，车上的乘客纷纷给我帮助，积极报警，协助抓获歹徒，让我感受到满满的正能量。从那以后，我便把那份感恩化为了行动，积极参与公益事业，奉献爱心。”李慧敏心怀感恩地说。

2015 年，李慧敏所在的车队成立了名为“爱之队”的志愿者团队，在第一时间，她便提出了加入团队的申请。成为团队的正式一员后，她随团队其他志愿者们走遍了济南各个角落，播撒着自己的爱心。

2016 年，李慧敏与南部山区锦绣川和章丘文祖街道朱公泉村的贫困儿童们结成了帮扶对子，为孩子们提供了物质和精神的双重帮扶。每当看到需要帮助的人得到了帮助，李慧敏的心里也会感到无比的自豪和振奋。

43 路公交线途经 40 个站点，往返一圈行程 22 公里，平均一天要跑四五圈，每圈至少 1 小时 20 分钟。十几年的公交车驾驶经历让李慧敏深刻体会到，作为一名公交驾驶员，工作的首要任务就是把乘客安安全全地送到目的地。

为了使车辆保持良好的状况，李慧敏总是提前半小时来到队里，打扫车辆卫生，检查车况、设施是否安全，检查票据、油是否需要补充。

为了给乘客创造一个安全、舒适的乘车环境，李慧敏在开车过程中始终保持小心翼翼，匀速行驶，文明行车，从不去做危害行车安全的事。

收车后，李慧敏也会帮助保洁员打扫车辆卫生，整理好车内服务设施，使车辆达到“五净一亮”标准，为下一圈的运行做好准备。

平时，李慧敏还留心观察运行线路的路段、时段及站点的客流、车流等特点情况，并经常向老驾驶员请教，努力掌握安全行车的规律。

济南公交拥有众多优秀的驾驶员，在他们当中，李慧敏虽然不是驾龄最长的，但每个乘坐过她驾驶的车辆的乘客都会有一个感觉，那就是，她的车开得非常稳，从没有急刹车、猛拐弯的现象。

传帮带是济南公交的优良传统，在李慧敏的影响下，43 路涌现出了多名高星级驾驶员，多次被评为星级线路，全年乘客平均满意度在 95% 以上，从而形成了服务“细腻、舒适、安全”的线路特色。

“固定的线路，不变的风景。在这个平凡的岗位上，我可以很自豪地说，我干出了不平凡的业绩，获得了诸多荣誉。但是，回归我的工作岗位上，回到我的驾驶座上，面对荣誉，我只是一名普通的公交驾驶员，尽我所能，为大家提供最好的服务。让乘客满意，这是我最大的工作动力。”在一次次先进事迹报告会上，李慧敏总是这样说。

没有什么豪言壮语，李慧敏的话朴实而动情，却深深地感染着他人，也激励着她自己。

后来，根据工作需要，李慧敏从43路线调到了39路线，她把学到的知识和对待行车安全的认真态度带进了这条线路之中。她所在的济南公交二分公司在各车队成立了线路自管会，由一线职工自我管理，自我约束。39路线成为队上的自管线路，作为一名共产党员和劳动模范，李慧敏始终发挥好党员的模范带头作用，用多年来积累的工作经验为这个新生的集体不断灌输着先进的知识和工作方法，做出了应有的贡献。

李慧敏知道，在荣誉和鲜花背后，离不开家人的支持。由于她和丈夫都是公交职工，工作繁忙，没有时间照看女儿，所以，平日里都是她的婆婆帮她带女儿。多少年来，逢年过节，她没带孩子逛过一次公园，孩子上幼儿园也没接送过一次。每每想起自己的女儿，李慧敏总是十分愧疚。

"作为母亲，我没有太多的时间去陪伴孩子。但是，公交行业的工作性质就是如此。如今，孩子也以我为荣，家人也越来越支持我的工作。这一切都让我感觉到，所有的付出都是值得的。"李慧敏欣慰地说。

人的精神是一股不可战胜的力量，然而，人的身体却毕竟不是铁打的。2015年底，李慧敏查出了糖尿病。但是，她并没有退却，一直坚守在工作岗位上。

然而，驾驶着公交车，吃饭或者喝水等都没有规律，尽管服用降糖药，血糖却控制不好，最终，导致眼睛视网膜模糊，对光线特别敏感。尤其在晚上，眼睛就看不清楚了。李慧敏以为是花眼，检查结果却是糖尿病导致的视网膜损伤。

毫无疑问，李慧敏的眼疾对行车安全造成了极大的影响。2018年12月，李慧敏被调往公交物业公司。

实际上，李慧敏早就参加并通过了公司管理岗位的考试，属于管理后备人才。她之所以坚守在线路上，是她知道自己的标杆作用，力图发挥最大的价值。

与公交车相伴了近二十年，这里有她的青春，有她的汗水，在离开的时候，李慧敏是恋恋不舍的。那天，当她走出车队的一瞬间，禁不住百感交集，泪光闪烁。

在物业公司安全保卫部，作为一名安全干事，李慧敏负责安全内勤工作。新的岗位意味着新的挑战，李慧敏仿佛从零开始。从车队到物业，服务的对象不一样了，原来服务于广大乘客，现在服务于内部职工。

对李慧敏来说，变的是工作岗位，不变的是为民服务的初心，是为公交事业发展做贡献的梦想，是在工作中实现自身价值的决心，是展现劳动模范的先进性。她边学边干，持之以恒，交出了一份优秀的答卷。

30年，在历史的长河里似乎是弹指之间，而对于李慧敏来说，却是职业生涯的全部。

“我刚进公司的时候，公交的设施破破烂烂的，我看着济南公交一步步地发展为现代化的新公交。现在，电车、BRT等等，硬件设施非常先进和完善，职工的福利也越来越好了。可以说，在目光所及之处，济南公交无不发生了翻天覆地的变化。身为一名公交人，我打心眼里高兴。”最后，李慧敏心潮澎湃地说。

有人说，在城市里，公交是最忙碌的行业，承载着百姓的出行需求。济南公交辛勤编织着四通八达的公交线网，不断扩大着公交线网覆盖的深度。

正是由于一代代公交人的不懈努力，才换来济南公交蓬勃向上的今天。幸运的是，李慧敏是一个见证者，更是一个奉献者，她理应感到骄傲。

生命中有一盏闪烁的华灯，那便是信念。它是人生的支撑，是成功的秘诀。

在平凡的岗位上无私地奉献着，让自己的人生价值散发着光芒——这是李慧敏的工作信念。

李慧敏在平凡中做出了不平凡的成绩，成为时代的楷模。这便是信念的力量，也是她给我们的人生启迪。

为生命把关

——记全国先进工作者、济南市供排水监测中心孙韶华

邢云奎

见过很多事业上成功的女性，她们做事风格一向雷厉风行，执着坚韧，却也背负太多的艰难和沉重。

孙韶华不一样，不是没有艰难和沉重，恰恰相反，她是那种以苦为乐，因为热爱而全力以赴，善于将岁月划痕变成一路风景的人。她说，一个人最幸福的事，就是找到自己喜欢做的事情，用心，用情，用智慧，坚定不移地做下去。

她最幸福的事情，就是研究水，让老百姓喝上“安全水”“放心水”。

在孙韶华办公室，座椅背后悬挂着一幅题为《听泉》的国画。泉水清澈，

泉为心声，很容易让人联想到她那些滔滔不绝的故事，与河湖、水库、水厂、监测站点以及实验室之间的那份奔波与艰辛，相映成景。

57 岁的孙韶华，一头柔顺的长发，一张沉稳中略显瘦削的脸，一个背着单背包上下班的身影，一个成果累累的水专家，却透着诗人一般的气质。刚刚过去的 2022 年，她又一次完成了人生的重大选择：主动申请退出领导岗位，把舞台留给年轻人，自己则专心从事科研和人才培养工作，为济南和山东省的供排水事业积蓄前行的力量。

笔者微微吃了一惊，因为在我的想象中，一个人生“战绩”如此丰硕的职业女性，应当是“硬派”和“强势”的。尽管听到和看到她的事迹也不少了，但是眼见的真实情况却和脑海里存储的记忆开始碰撞：工程技术二级研究员、济南专业技术拔尖人才、山东省有突出贡献中青年专家、国务院政府特殊津贴专家、全国先进工作者……这些，与一个看上去落落大方、沉稳健谈，喜欢看电视剧《雍正王朝》的女性，如何合二为一？

她说话时语速很快，双手的动作很好地调动着情绪，成为她讲述的一部分。随着采访的深入，她渐渐地向我们打开一个别样的世界……

“机会，要自己争取！”

“我的父亲曾参加过解放战争和抗美援朝，他从小就教育我们兄弟姊妹要忠诚，要有担当，要做一个有远大志向的人！”一提起自己的父亲，孙韶华一脸的敬佩之情。当年，就是在父亲的鼓励和支持下，再加上自身的刻苦与努力，她最终走出山东烟台海阳农村，以优异成绩考入武汉水利电力学院，一时间成为全村人的骄傲。

1989 年 7 月，孙韶华大学毕业后，进入济南市自来水公司黄河水厂工作，当了一名普通技术员。她学的是农田水利专业，尽管与自己从事的工作有很多不同，但毕竟与水有关，用她的话说，就是可以“触类旁通”。

喜欢研究水，是她的一个梦想。她决心要从这里起步，走向更广阔的天地。

那时，黄河水厂刚刚建成不久，地处济南西郊的一片荒山野岭之中，主要负责对抽引进来的黄河水进行沉淀、过滤、消毒等技术处理后，向市区提供安全可靠的饮用水。

从市区到水厂20多公里，她每天坚持骑自行车上下班，虽然很辛苦，但她却因为喜欢这份工作，而干劲十足。

最初的时候，她在调配车间做维修工。工作中，她发现由于黄河水在处理过程中泥沙量大，机器经常被糊住。于是，她就把每台机器的技术参数，比如出厂日期、编号、功率、厂家名称等抄在本子，制作成卡片，分门别类地进行“建档”。这样一来，就可以随时掌握每台机器的运行状态。

这一小小的举动，解决了机器日常管理的“大问题”，得到厂领导的肯定与表扬，并在全厂所有车间进行推广。

“眼里有活儿，不辞辛苦”是领导和同事们对孙韶华的一致评价。她看到设计图纸堆放凌乱，不利于查找，就自告奋勇，按照项目和时间进行归整，一整就是几个月。没人安排，也没人督办，但她却不辞辛苦，把多年的图纸有序地放在一起，编号管理，让人一目了然。

1990年5月，兰州来的西北设计院专家到黄河水厂做水处理实验。“为什么要做这项检测？”“这个指标说明了什么？”……在协助专家做实验的过程中，她不放过任何一个学习请教的机会。专家的每一个眼神、每一个动作、每一句话，都会在她心中亮起一盏灯。她就像一块海绵，不停地汲取着知识。当她看到专家如何把每一个指标对应一个解决方案，如何通过工艺参数调整反映水质状态时，她心中豁然开朗，感到自己一下子成长了很多。

1994年7月，因工作需要，孙韶华调往济南市自来水公司水质处工作。在这里，她遇到了贾瑞宝。

“是我的领导，也是我工作上的老师！”孙韶华介绍说，贾瑞宝是清华大学的工学博士，他为了研究水，毅然来到济南市自来水公司生产一线，从一名普通员工做起，一步一个脚印地朝前走。30多年过去了，如今，他已是济南市供排水监测中心主任，兼任山东省给水处理工程技术研究中心主任、国家城市供水（排水）监测网济南监测站站长，受聘国家“水体污染控制与治理”科技重大专项饮用水主题专家，省泰山学者特聘专家，入选“国家百千万人才工程”人选。他带领团队设计建成全国最大规模的给水处理中试验证平台，研究构建了饮用水水质全流程监测、多级屏障处理技术体系；他的科研成果在黄河下游地区和南水北调受水区推广应用，为我国城市供水行业技术进步做出了突出贡献。

在水质处工作期间，孙韶华将“主动干活”的作风发挥得淋漓尽致。她经常向贾瑞宝请教一些技术上的问题，并通过这种方式主动向他的科研团队靠拢，希望有机会能加入团队。

机会来了。

一次，贾瑞宝团队接手了一项多环芳烃的水质检测方法实验。时间紧，任务重，要求高，仅实验报告就达70多页。当时，电脑还未普及，会打字的人很少。为了提高工作效率，贾瑞宝想找一个临时人员，帮他打印材料。

“我会！”听到这个消息，孙韶华主动请缨。事实上，孙韶华的五笔字型也是自学的，简单的打字没问题，但要完成这样急难险重的任务，她心里没底。

第一天来贾瑞宝团队帮助工作，孙韶华就让大家“眼前一亮”：办公室打扫得干干净净，桌椅、水杯，器皿擦拭得透亮，一尘不染。

为了尽快熟悉打字，她晚上经常练到深夜，很快就适应了工作要求。清脆的键盘敲击声，伴着这个科研项目立项、完工、评审、获奖，她的激情和理想也点滴融入了这个充满朝气的团队。

“机会，要自己争取！”孙韶华的出色表现，得到贾瑞宝团队的一致认可。

2000年4月，贾瑞宝组建济南市自来水公司科技开发中心，孙韶华被任命为该中心综合部负责人，正式成为该科研团队的一员。

“这是一个集产学研于一体的科研机构，主要职能是给水诊病。哪里有水质问题，我们就赶往哪里进行调研，对水质进行分析研究，发现问题及时处理。同时，我们还协助进行全省水质化验室建设。”孙韶华介绍说，在服务企业和基层的摸爬滚打中，贾瑞宝带领他们开始走出济南，足迹遍布全省。白天，她和同事们一样外出调研，晚上加班整理归档，练就了在复杂现象中发现问题的“火眼金睛”，为她以后承担国家重大科技专项、参与行业规划设计以及因材施教培养年轻人打下了坚实的基础。

2005年3月，以贾瑞宝科研团队和原济南水质净化一厂共11人为“班底”，组建济南市给排水监测站，贾瑞宝成为首任站长。不久，该监测站首次通过国家认监委、建设部联合组织的资质认定评审，12种产品119个项目具备国家级检测资质，一举跃升为我国首家集供水、排水一体化资质认定的国家站。

随着水质监测业务不断“开疆拓土”，贾瑞宝和孙韶华都敏锐地发现，一些业内普遍存在的问题也逐渐暴露出来。当时，自来水的水质检测工作全部是由自来水公司内部化验室完成的，自来水公司既是“运动员”又是“裁判员”，监测程序和结果缺乏公信力。

他们认为，建立一种公开透明、公信力高的水质管理模式，以确保水质绝对安全，势在必行。

机遇总是眷顾有准备的人。2006年10月，济南市给排水监测站承办的“黄河流域城镇饮用水安全保障技术研讨会”召开，中国工程院院士李圭白、清华大学教授王占生以及来自全国280多名代表参加会议。

研讨会召开期间，孙韶华作为这项工作的提议人和推进者，不失时机地抓住这次机会，鼓起勇气，支持贾瑞宝向上级主管部门领导建议，希望成立一个独立的第三方供排水监测机构，并拿出平时大量调研积累的“势在必行”的“情况说明”，提出了一套规范的可行性方案。

他们的想法能得到领导的同意吗？他们的愿望会实现吗？尽管孙韶华有一定的心理准备，但接下来发生的事情，还是让她有些激动不已……

把论文写在大地上

在与孙韶华的交流中，我发现，在她严谨、较真的工作态度中，还透着另外一种特别的气质。

也许，正是这种特别的气质，造就了她勇敢、坚韧、阳光、侠义的性格，遇到困难时也总能想出办法。

2007年4月，孙韶华和同事们梦寐以求的愿望终于实现了。经市委编办批准，济南市供排水监测中心正式挂牌成立。

在这个心仪的舞台上，孙韶华脚踏实地，开拓奋进，先后主持参与了30余项国家科技重大水专项及省市级科技攻关项目，主持承担了3项国家重大科技“水专项”课题，牵头承担了“引黄供水地区水质风险评估技术研究与应用”“地下水源饮用水卤代烃及硬度控制技术研究与工程示范”等多项国家级课题研究，在水质监测预警及水处理技术创新上攀越了一座又一座高峰。

“承担‘水专项’这个课题的单位，基本上都是‘国字号’，比如清华大学、哈尔滨工业大学或者中国城市规划设计研究院这样的顶级科研机构，我们是唯一一个市级单位申报这个项目。”孙韶华在介绍当时申报“水专项”课题的情景时，声音有些激动，因为这件事背后的过程的确是一波三折，惊心动魄。

从孙韶华的介绍中，我得知“十一五”期间，国家成立重大科技专项“水体污染控制与治理”，简称“水专项”，这是国家2006年到2020年设立的十六个重大科技专项之一，该项目包括6个课题，旨在为中国水污染治理提供强有力的科技支撑。

“这是我们首次在如此高规格的评审团面前‘亮相’，战则必胜！”孙韶华说，在准备申报材料过程中，大家都“豁上了”，一起加班加点、夜以继日地工作，氛围颇有些悲壮。很多个夜晚，大家走出办公室的时候，都觉得那满天的繁星是为他们点燃的祝福礼花。他们连续整理了一套七本材料。那些天，孙韶华亲自主持修改和审查材料，一次次审核，一次次答辩，一次次驳回，一次次站起来。凭着这股子不服输、不轻言放弃的拼劲，历时两年多的申报和多轮评审评议，最终通过了专家综合论证。

这样的场景和“战果”，还有很多。

2008年9月，由孙韶华主持的国家“十一五”水专项“黄河”项目六个课题之一“引黄供水地区水质风险评估技术研究与应用”课题攻关工作正式启动。该课题针对黄河下游城市引黄供水系统污染现状及水质风险，研发建立了高灵敏度、高效能城市供水水质风险识别评估技术体系，依托济南、东营等“十一五”水专项配套建设的示范工程，对课题主要研究成果进行集成应用，取得了一系列关键技术突破和标志性成果。

黄河是孕育中华文明的母亲河，也是重要的饮用水水源。所以，保护引黄地区饮用水安全，是一名科技工作者必须肩负的使命。

为了获取第一手资料，孙韶华带领课题组风餐露宿，几乎走遍了黄河中下游地区所有重要的引黄水库和水厂。期间，她选取黄河山东段菏泽、德州、济南、淄博、滨州、东营、青岛等引黄城市作为典型应用区域，全面开展特征污染物的筛查分析及风险评估。在此基础上，她和课题组还对济南、青岛、东营等示范城市引黄供水系统进行深入分析和风险评估，系统研究了黄河下游地区城市供水水质风险现状，明确了二甲基异冰片、溴酸盐等8项优先控制污染物，提出了工艺应对技术方案。这一研究成果直接为水源水质改善、水厂提标改造、管网水质提升，提供了权威数据支持。2011年12月20日，该课题关键成果通过了山东省科技厅组织的专家组鉴定，鉴定委员会的专家们一致认为项目成果整体达到国际先进水平。

为进一步推动科技成果转化工作，在孙韶华的积极推动下，课题组建立了集实验室检测、在线预警检测和应急检测数据为一体的引黄供水水质数据库。该数据库包含历史实验室检测数据 53242 个，站点 155 个，指标 152 个；实时在线监测站点 57 个，包括济南市 30 个管网监测点、7 个水源地自动监测点、12 个水厂自动监测点以及东营、潍坊两市各 4 个水质在线监测点，每天可接收实时在线监测数据 6 万多个，实现了多源异构水质数据的统一管理，可及时掌握水源地、水厂、管网的水质状况；实验室监测、应急和流动监测、在线预警监测“三位一体”水质风险监测评估体系在济南、潍坊、东营等城市得到全面应用，并在奥运会、全运会等重大活动期间济南等城市供水水质安全保障及应对水质突发事件中发挥了重要作用。

一直以来，地下水都是我国城乡居民的重要水源。“在我国北方地区，地下水硬度普遍偏高，口感略差，且容易结垢锈蚀管道形成堵塞。再者，过去由于环境法规和认知水平限制，一些农药、石化企业将部分未经处理的工业废水排入地下，水源受到卤代烃等化学污染物污染，饮用这种水会对人体健康带来危害。”孙韶华说，为彻底改变这一状况，2015 年 1 月，她受命主持研究“十二五”国家科技重大专项，即“地下水源饮用水卤代烃及硬度控制技术研究与工程示范”课题，并牵头联合清华大学、中国科学院生态环境研究中心、河海大学等 7 家高校、科研院所及供水企业，聚焦我国地下水源卤代烃污染和高硬度等问题，经过全国性调研、实验室研究和中试验证，基本明确了我国重点地区地下水源卤代烃污染情况及硬度分布特征，提出污染控制和工艺技术解决方案，并在济南和徐州进行系统性控制技术研究和工程示范，为解决我国同类型地下水源水厂饮用水水质污染问题和处理工艺技术选择，提供了基础性数据支撑和典型工程案例。

“课题组采用查阅历史资料数据、座谈交流、委托检测等方式，在全国重点地区、重点流域和示范城市三个维度上，对地下水污染物种类及浓度、水文地质信息、污染源分布等进行了系统普查、深入调研和针对性监测。”孙韶华绘声绘色地描述着，脸上洋溢着一种自信。

为确保调研成果具有广泛性、代表性和准确性，孙韶华提出地下水卤代烃污染与高硬度问题的整体调研方案，委托 12 家国家级供水水质监测实验室协助开展地下水源调研及水质数据分析，并创新性地引入调研区域人口密度、土地利用类型、地下水年开采量等指标，在全国范围内确定了 1000 个样本点作为课题目标调研点。

从 2015 年 1 月到 2018 年 12 月三年多的时间里，孙韶华带领课题组将工作重点放在了水厂卤代烃处理技术自主研发和工程化应用研究上，相继突破了多项关键技术，构建了“固定填料模具 – 风叶结构填料组件 – 填料床工艺布置 – 尾气收集处理”全链条技术研发和工程应用体系，实现了从材料研制到工艺技术全部自主知识产权和国产化。

为做好科技成果推广应用工作，孙韶华主持编写了《卤代烃污染水源水质净化工程技术指南》《饮用水硬度去除技术指南》等标准化文件，科学地阐述了两项新技术的适用范围、使用条件、工艺组合、设计参数和运行管理要求。“该课题研究接地气，创新性强，推广应用可让存在卤代烃污染和高硬度的地下水厂重新焕发生机活力，造福于民！”济南供排水监测中心主任贾瑞宝研究员评价说。

济南东源水厂核心工艺，采用课题组自主研发的“风叶结构固定填料床曝气吹脱 – 活性炭吸附卤代烃尾气”技术，设计规模 5 万 m^3/d。课题组将水厂原有清水池改造为曝气吹脱池，并安装自主研发的组合式风叶结构新型填料，同时新建了鼓风机房和尾气吸附系统，使工艺运行效果稳定，有效去除了水中挥发性卤代烃污染物，出水水质符合《生活饮用水卫生标准》要求，建设及运行成本大为降低，取得显著的经济和社会效益。

济南市平阴县境内的地下水属于典型的碳酸氢钙型高硬地下水，硬度高、碱度大、水垢多，居民投诉率居高不下。在平阴田山水厂 3 万 m^3/ 日规模化示范工程建设中，孙韶华课题组采用“诱晶除硬成套化技术参数和工艺组合”技术，有效解决了这一难题。为加强业务指导，孙韶华带领课题组 10 余名技术骨干进驻田山水厂建设工地，克服夏天炎热、蚊虫叮咬、洗澡不便等现实困难，连续 20 多天吃住在工地上，她也因情绪焦虑嘴上起了水泡。尽管如此，她仍然精神饱满地冲在最前面，拧阀门、配药剂、协调供电，甚至连技术培训环节，都是亲力亲为，手把手地教，直至当地工作人员基本掌握了设备运行、水处理剂配比等关键技术。

就这样，在孙韶华的带领下，水厂成功建成通水，受到当地政府和群众的交口称赞。她和科研团队呕心沥血，全身心投入，真正“把论文写在了祖国的大地上”。

田山水厂建成后，孙韶华课题组又进行了为期半年的工艺评估和跟踪监测，实现了水质稳定达标，硬度指标明显降低，并极大地减少了投资和运行成本，一举多得。当地老百姓发自内心感慨道：“做饭、泡茶的味道和原先确实不一样，甜甜的，好喝多了！”

“我喜欢这种挑战！”孙韶华是一个充满激情、永不言败，并把困难当成磨刀石的人。至今，她还清晰地记得，2016 年 12 月份，她和同事们连续 34 天战斗在寒风呼啸的黄河岸边，克服野外作业带来的种种困难，出色完成了国家供水应急救援能力建设项目“移动式应急净水装置”现场测试评估任务，为住建部全国八大供水应急救援基地的建设提供了坚实技术支撑，同时也斩获了供排水行业“铁军”的赞誉。

随着她主持和参与的一个个重大科研课题落地，她又开始新的出发，把关注目光投向一个新的领域……

为生命把关

在济南供排水监测中心实验室旁边，有一个样品室，室内几排多层的架子里面，放置了很多盛满水的塑料桶。

“这是我们的水质样品室！”孙韶华介绍说，每天，我们都会到济南周边的水库、水厂以及96个水质监测点，进行循环式取水，一个月下来，就能检测一遍，以确保对全市水质情况进行实时监测、预警和处置，被誉为“不下班的水监测”。

2021年7月，孙韶华和同事们经过几天紧张的工作，向济南某污水厂出具了一份《关于水质和泥质监测情况的报告》。报告显示，按照跟踪监测方案，对该厂有关水质和泥质进行取样监测，取样点包括：管网收集系统的8处城市排水管网点、进水、30万吨系统生物池工艺段进出水、出水和排放污泥。水质检测指标主要为常规理化指标和重金属指标，泥质检测指标为重金属指标。报告指出，通过汇总过去一年的检测数据发现，该污水厂生物池活性污泥失效与进水异常超标存有千丝万缕的关系。

为彻底解决掉这一水环境安全“隐患”，7月23日，在孙韶华的提议下，相关部门工作人员追本溯源，经过排查后，集中力量对济南某化工厂厂区污染土壤修复项目排水情况进行现场查看，孙韶华和同事们对有关污水进行取样检测，结果显示：5个取样点总铬均超标，其中硫酸亚铁堆棚路面污水取样点总铬超标36.47倍，其他检测的重金属指标除铜外均严重超标，事故水池兼雨水池六价铬也存在超标情况。经现场查看，当天污水处理站未运行，该项目未办理排水许可证。

“水质污染有一个很重要的原因，就是排污不达标！”孙韶华说，“从源头到龙头”多层次、全过程水质监管模式建立以来，有一个很重要的变化，就是加大了对污水排放工作监管的力度。

排污治理，刻不容缓。

根据现场检测结果反映出的问题，孙韶华带领工作人员第一时间编发了一期督察工作专报，并提出三点整改建议：一、建议项目建设单位尽快采取有效措施，严防汛期受污染雨水外溢或进入城市排水系统，对城市污水处理设施造成冲击和影响；二、建议有关部门组织排查该项目区域内部和周边有无其他雨水和污水排放口，杜绝未经处理的污水直接进入城市排水管网；三、建议有关职能部门依法加强对该重点排污单位的执法检查力度，确保全市水环境安全。

监测报告发出后，相关部门和该污水厂立即组织整改。很快，孙韶华带领工作人员再次来到污水厂，当她看到进出水质泥质各项指标全部达标合格时，一种成就感汇成的暖流在心中涌动。

早在2006年4月，济南市供排水监测站就通过12319市政热线，承接市民关于供排水水质问题的热线投诉事项与咨询服务工作。随后，按照“正规化、专业化、信息化”要求，陆续建设完成城市供水监测预警信息化预警系统，配备了多功能水质监测车和国家级供排水实验室，出台《水质突发事件应急监测预案》，建立水质督察专报制度，形成“从源头到龙头”多层次、全过程的水质监管模式，有效保障了城市供水安全。2012年3月，正式启动济南泉水水质定期监测机制，每季度定期对黑虎泉、趵突泉、五龙潭、迎仙泉等4大泉群进行系统化水质安全检测。

诗人郑敏在自己的诗作《寻找》中写道：“鸟儿的翅膀为什么不沉重？它的身躯为什么不知疲劳？它没有浸在快乐里，它的眼睛永远在寻找。”

孙韶华也有这样一双“永远在寻找的眼睛”。她在努力寻找新的科技创新点，主动去拥抱更多的专业知识，去完成每一个攻关的挑战。

为实现人民群众对美好生活的向往贡献“科技智慧”，孙韶华带领工作人员走出实验室，到基层一线和问题现场调查研究，听民情，解民忧，将水质监测职能作用转化为确保老百姓饮水安全，为生命把关的生动实践，开辟出一片新天地。

2011年5月，济南市供排水监测中心接到12345热线工单，一小区居民反映小区内饮用水味道不正，而且多人出现上吐下泻症状，怀疑与饮用水有关。接到求助后，孙韶华带领工作人员立即赶赴现场调查取证。

据反映问题业主提供的信息，孙韶华来到该小区一住户家中查验。经了解，该业主已持续腹泻两三天，谈话中业主还反映小区附近一些寄宿学生中也出现多例上吐下泻病症。

经过一番紧张的取样监测，结果显示细菌总数、总大肠菌群严重超出《生活饮用水卫生标准》。该小区属二次加压供水，按规定蓄水池应定期清洗，但小区物业却无法出具清洗记录及水质检测报告。

发现问题，找出原因，提出切实可行的解决方案，是孙韶华一贯的工作风格。事后，她提请市城市供水安全领导小组办公室，对该小区物业下达整改通知书，责令其限期整改，同时对小区供水情况继续进行跟踪监测，确保用户用水绝对安全。

从2013年开始，孙韶华带领团队足迹遍及全省市级以上供水企业实验室，了解现实需求，现场开展技术指导和培训，把提升实验室能力的先进技术、管理经验送到了基层一线，指导供水企业根据水质检测结果适时优化水源调度、调整水处理工艺，确保了出厂水质的稳定达标。同时，她还结合行业实际，执笔编写完成了《山东省城市供水企业水质检测机构能力建设实施细则》，在国内率先制定规范实验室水质检测能力建设、运行管理以及实验室水质保障措施的技术标准体系，进一步提升了供水行业水质检测机构能力建设，实现了水质检测管控关口前移，让水质检测成为供水企业生产和工艺改造的“守护神”。

有句话说得好：“一棵大树如何才能枝繁叶茂？唯有舒展根须不断向大地汲取营养；一条江河如何才能奔流不息？唯有敞开胸襟吸纳每一颗雨滴。”一个科技工作者也是如此。只有积极投身到进一步提升人民群众获得感、幸福感和安全感的生动实践中去，才能永葆青春。

2020 年 11 月 24 日，全国劳动模范和先进工作者表彰大会在北京人民大会堂隆重举行，孙韶华作为全国先进工作者上台领奖。

真为他们感到高兴

越是工作和生活中追求完美的人，对自己的要求就越严格。孙韶华就是这样的人，工作中率先垂范，事必躬亲，严谨细致，同时又张弛有度。

她也许不知道，她的这种性格，就在不知不觉中深深影响着团队中的每一个人。她不是要让他们成为自己，她要做一把梯子，让他们沿着这把梯子去发现和拥抱更大的世界。

党的二十大报告指出：“培养造就大批德才兼备的高素质人才，是国家和民族长远发展大计。”

如今，那些跟着孙韶华一路征战的年轻人，已经形成了一个能打硬仗、力量雄厚、具有良好发展前景的专业技术团队，并且，他们当中有很多人已开始独当一面，成为一些重大科研项目的牵头人。

80 后女科研工作者宋艳，是孙韶华省级劳模创新工作室核心成员。2008 年参加工作以来，她一直跟随孙韶华从事水质检测技术及科技创新研发工作。如今，她已是济南市供排水监测中心高级工程师，有机筛查组组长、“泰山学者”创新团队科研骨干，曾承担国家自然科学基金《磺胺甲恶唑 – 脱乙基莠去津交互作用对浮游群落多样性变化的驱动机制研究》、国家重点研发计划《黄河流域下游重点排污口和关键断面高风险污染物筛查》和中央引导地方科技发展资金项目《基于风险防控的黄河下游湖库水系新兴污染物环境归趋与控制机理》等3项国家、省部级科研项目研究。她还作为主要完成人参编《城镇给水水质监测预警技术指南》《车载式气相色谱–质谱联用仪技术要求及试验方法》《城市供水企业突发事件应急预案编制技术规程》等团体标准，广泛运用于各类水质的日常和应急检测。

1985年出生的潘章斌，参加工作10年来，一直致力于饮用水安全保障技术的研究。在孙韶华的指导下，他通过对上万组数据的对比分析，创新提出了曝气吹脱卤代烃、诱导结晶软化除硬等饮用水安全保障关键技术，形成了针对不同水源的饮用水净化处理解决方案，其研究成果获山东省科技进步奖、华夏建设科学技术奖、山东省建设技术创新奖、山东齐鲁水利科学技术奖、中国生产力促进奖等科研奖项，并在济南、潍坊等自来水厂成功进行示范应用。

“真为他们感到高兴！”在事业上已是“桃李满枝”的孙韶华，难掩内心的喜悦，她坚信“后浪推前浪”，他们一定会走得更远。曾经，那些带领年轻人一起在黄河岸边做实验、一起研讨标准规范与报告、一起在水厂调试运行的一个个瞬间，至今让她记忆深刻。

看到他们今天的成就，孙韶华十分欣慰。她希望几年后，这个团队中的每一个人，都能成为供排水研究领域一流的专家。那时，她会自豪地说：“我曾经与他们一起奋斗过！”

现在，卸去领导职务的孙韶华仍在默默奉献着：她的书桌上摆满了各种专业书籍，还有她亲手编写的各种总结、论著。她认为，把总结经验当成启发思路的一种方式，可以改变我们与世界相遇的方式。经过总结的每一滴汗水，每一次出发，都闪着智慧的光芒。

不过，她的忙碌却有了一些不同。今天，她更多的是在做“传帮带”工作，她要把自己30多年水质研究的“接力棒”传给年轻人，并希望以另一种方式引领着他们去飞翔，去冲击更高的目标。

孙韶华说，在未来的日子里，她要做一个远远的欣赏者，为济南供排水监测中心，为一起奋斗的科研团队所展现的新担当、新作为、取得的新成就喝彩！

心怀向往，必定是美好的抵达。

从零点起飞的事业

——记全国劳动模范、济南华鲁食品有限公司刘克胜

晨 曦

济南南部山区柳埠镇，坐落于巍峨雄浑的泰山山脉北麓。沿承着“五岳独尊”的钟灵毓秀，在群山连绵、山林葱翠的丰饶大地上，刘克胜取之于斯亦奉献于斯，倾注自己毕生的心血和汗水，将曾经贫瘠的荒山打造成生机盎然的生态绿色世界：创建了无公害基地22500亩、绿色食品基地8000亩、有机食品基地6000亩、共建共管核桃板栗基地12万亩、标准化种植示范基地36500亩，加盟农户10万户。

作为国家级林业重点龙头企业，山东省农业产业化重点龙头企业，创业40多年来，70多岁的刘克胜从一个青年农民成长为全国劳模、高级工程师、享受省政府津贴的山东省人民政府首席技师、济南市核桃产业集群核心技术联盟理事长、山东省工商联农产商会副会长、山东省经济林协会副会长、山东省日化协会副理事长、全国香精香料标准化委员会技术委员、全国工商联农产商会常务理事、中国经济林协会常务理事……

公司白手起家，在市场经济的浪潮中，刘克胜带领乡亲们搏出了一片脱贫致富的新天地。让我们循着他一串串令人瞩目的骄人业绩，探求他成功的奥秘……

作为民营企业家，刘克胜面对压力迎接挑战，为绿色农业创新30年，其背后的故事令人动容

每个人面对压力与挑战，都有自己独特的人生选择，或坦荡或坎坷，或沉沦或青云。在人生的道路上，有偶然的机遇，也有必然的结局，刘克胜深知其中的道理。

华鲁前身原本是镇上的一个果品加工厂。刘克胜出身贫寒，在他12岁那年，作为家中“大梁”的父亲便早早离世。刘克胜高中毕业后，不得不放弃考大学的机会，承担起家庭的重担，开始了面朝黄土背朝天“摆弄地球”的营生。他勤学苦干，从村民、青年突击队长到镇广播员、团委副书记、科技副镇长，始终工作在农村第一线。

柳埠地处山区，当地农民主要以种植各种果木为生。20世纪70年代末，刘克胜被上级安排出任果品加工厂厂长。说是“厂”，其实就是个小作坊，一年下来除去工人工资，年底账上剩不下几个钱。20世纪80年代末，当市场经济的大潮汹涌而至，市场给每一个弄潮儿提供了机遇，早有预见的华鲁创始人刘克胜便把握住了这一难得的机遇。从那时起，他开始着手做一篇大文章，而文章的基础自然是当地得天独厚的果木资源。

1988年春天，已在果品加工厂奋斗多年的刘克胜，宣布成立华鲁食品有限公司。他心里明白，担子一旦挑在肩上，就得把父老乡亲脱贫致富的期盼放在心里。一个企业的兴衰往往和企业当家人密切相连，只有高中学历的他深知，这肩上的担子可重达千斤呀。

企业执照批了，公司牌子挂起来了，可眼前所面临的困难不言而喻：人才、设备、技术、资金……这一切都让他陷入了深思。

“开弓没有回头箭”，困难终究挡不住具有顽强意志的人，刘克胜开始真枪真刀地干了。他像一个善于手术的外科医生，找准病症，果断举起了手术刀。招聘管理及研发人才，把懂技术、精业务的人请进来。精简机构，实行管理人员聘任制，能者上，庸者下。打破铁饭碗，推行现代企业科学化管理机制和全新的内部分配制度，把产品研发创新和质量放在首位。

“新官上任三把火”，这火燃起了企业振兴的希望，也灼疼了一些人的神经，未被重用的亲戚朋友骂刘克胜无情无义，被精简的人说他面善心毒。

每每听到这些，他总是淡淡一笑，“人情也要讲原则，该和气要和气，和气生财；该心狠也不能含糊，含糊就不能创业。”

市场经济浪高风急，敲打着每一个经营者的神经，同时也给每一个创业者提供了施展才华、公平竞争的舞台。要成为行业领先者，就要具备敢为人先的开拓创新精神。市场经济开放后，食品生产企业一夜间多如繁星，国有、集体、民营，纷纷较着劲上马。而对于刚刚成立的公司来说，要想在“千帆竞发、百舸争流”的食品开发市场立稳脚跟，争得自己的一席之地，谈何容易。

舞台搭建好了，但缺少现代化的技术设备，市场影响力几乎为零，而产品研发更是谈不上。仅凭满腔热情远不能解决问题，刘克胜开始了他的大动作。他以超人的胆识多方筹集资金 2568 万元，引进专业技术人才，培训农民技术员，购置生产加工设备，并积极与国内及省级科研院校合作，建立研发、技术、质量品控科研技术中心。家人和亲戚看他贷那么多款，便劝他：“还是慢慢来，一下子铺这么大的摊子，万一黄了，弄不好要吃官司的。”年迈的老母亲更是流泪劝他不要把这个家毁了，你放着好好的镇领导不做，做什么生意呀，你看看咱几辈人有哪家靠种果子发家的呀。

家人的劝说、好心人的提醒让刘克胜感动，但他知道，如果不敢冒险，永远也走不出这个老山窝。俗话说，万事开头难，路总是要走，成败在此一举。他胸中燃烧着热情，脸上挂满自信，用他自己的话说，干就要干出名堂。因为，在他幼小的心灵便有过一个想法，啥时能吃上白面馍？工作后，看到乡亲们一年到头忙得四脚朝天，却依然摆脱不了贫困，他便从心里暗暗发誓，早晚要让父老乡亲过上富裕的日子。

动员大会上，他慷慨激昂：从今天开始，我们大家共驶一条船，要想保住饭碗，首先要保证产品创新和质量。质量是咱们生存的金钥匙，如果质量没有保证，咱就是有通天的本事，也打不开生存的大门。

企业的发展是靠产品质量来决定的，然而产品质量的好坏却是由员工素质的高低来决定的。因此，人品决定着产品的优劣，优质的产品来源于一流的人品。这就是他“以德立企”的永恒信念。公司正式运作后，他要求必须高标准，必须精益求精。他说：食品安全大如天，我们不能有一丝一毫的马虎。生产车间制定了严格的规章制度，全部无菌化生产，所有从业人员必须通过健康查体，必须按操作规程进入车间，按操作规程生产，一丝达不到标准的产品也不允许出库。

没有规矩不成方圆。每周一次例会，刘克胜都亲自调度，从产品研发、生产基地、原料收购、生产进度、库存数据、市场销售都亲自过问。他重视国家对农业的政策、对农产品加工的政策。公司始终坚持科学管理模式，从基地的种苗、农药资材、技术指导、标准化果木栽培与国外先进技术、农残检测、统一标准收购等各个关口都严格把关，确保原材料合格。在运输、生产、销售、服务方面严格管控，杜绝不合格产品流入市场。负责任的态度成就安全的食品，这是他作为企业当家人给食品企业生产的承诺。

从事食品行业 40 年，刘克胜带领华鲁人，持之以恒，从未出现过质量安全问题，破了食品行业的纪录。“规则、行动、诚信、和顺”是华鲁食品有限公司的管理理念，他深知“民以食为天，食以安为先”的哲理。食品质量和安全是企业的生命线，食品安全涉及生产、销售、流通等各个环节，从食品生产者的角度思考，必须把好首要的关口。刘克胜说：“只有我们每个从业者都以这种道德律令为内驱动力，企业才能走上健康可持续发展的道路。”

火车跑得快，全靠车头带。刘克胜深知其中的奥妙。他手握指挥棒，指挥着他的“乐队”开始他的第一场演出。

执着奋进见月明，从白手起家到今日食品行业中的翘楚，每一点进步都是华鲁人用心血和汗水换来的

华鲁从成立伊始，致力于“用科技创造绿色、做龙头带动三农”的企业发展理念。首创成功“以企业为龙头，以农林产品基地为基础，以签约农户为支柱，以协会为接口，通过市场订单链、质量保证链进行经营运作”的解决“三农”问题的发展新模式。中共中央总书记、国家主席习近平来山东视察时，看到华鲁核桃油时，对其生产的产品核桃油给予高度肯定。这也给华鲁人以莫大的鼓舞。

从公司成立到投产运营，刘克胜以其远见卓识，带领华鲁人一步一个脚印地砥砺前行。随着人民生活水平不断提高，消费者对食品越来越挑剔，同时也产生了返璞归真的愿望和怀旧心理。针对这一状况，在产品创新改良的

基础上，刘克胜和他的科研团队在保留传统工艺的同时，重新研发适合现代人口味的新一代食品，并开发了填补国内空白的烟熏食品添加剂。

研发创新始终是刘克胜坚持企业发展的首选。他带领研发人员，不惜大资金投入，从服务于生产和销售的实际出发，围绕公司确立的新产品研发方向，集中攻关，研发了适应市场和消费者需求的系列高中档产品，完成现代工业化生产技术和设备的开发、核心辅料和系列调味料产品的开发等科研项目，为提高产品和品牌的美誉度奠定了坚实的基础。为使新技术和新产品与国际潮流接轨，研发部定期派人到国外学习科学技术和管理经验，多次派出研发人员参加日本和欧洲的国际食品博览会；整个团队思维活跃，特长互补，工作高效，朝气蓬勃，为新理念的形成、新产品的开发、营销策略的制订及顺利执行，奠定了坚实的基础。

为使新产品研发工作有更为广阔的发展空间，增强品牌的核心竞争力，研发部将原有的跟随创新、模仿创新的产品开发模式进行调整，根据公司市场部提供的市场信息及消费者需求，按照自主技术创新为主，引进技术创新、合作技术创新和并购技术创新为辅的总体原则，跨越式开发新产品，使产品不但有自己的独特之处，拥有自己的知识产权，而且更加贴近消费者，更能满足市场需求。

千里之行，始于足下。由于企业最初受资金和设备的限制，华鲁的试验是在极其艰苦的条件下，经过上百次的失败完成的。其间所经历的磨难恐怕是常人难以想象的。

那年大年初六，刘克胜带领研发人员一行三人，带着生产的第一批产品，即核桃油、烟熏香味料及食品添加香精香料去了北京，前往农业农村部、卫计委、轻工业部等有关部门和科研机构进行论证、鉴定。而老母亲在七天前的大年三十刚刚去世，几天来他一直强忍着悲痛。在京几日他不停地奔波劳累，在徒步赶往农科院研究所的路上，他被一辆公交车撞倒。当他被送往医院包扎完毕，硬是不顾大夫和同事的劝说，只住了一天便离开医院。事后，84 岁的时任国家香料香精化妆品建设委员会主任、上海香料研究所所长金其璋说：“克胜有人品，能吃苦，是个干事业的人。”

产品生产出来，市场开发也是重要的一环。为了以最快的速度占领市场，刘克胜亲自带领销售人员，自备干粮，背着产品辗转北京、上海、广州、武汉等城市。盛夏 7 月，骄阳似火，路面被晒得滚烫滚烫的；路上少有行人，只有树上的知了扯破喉咙拼命地叫着。未能买到前往杭州的坐票，他和同事硬是站了 21 个小时，到杭州后就急忙联系厂家。几天下来，由于身背产品，每个人的后背都磨出了水泡。

莫道春光难揽取，浮云过后艳阳天。几十年如一日，每到核桃、板栗、山楂等农副产品采摘的季节，刘克胜总会抽出时间与果农一起上山，共享丰收的喜悦，也给果农们吃上一颗“定心丸”。

心血费尽终有报。刘克胜不懈的努力，终于让华鲁这个中国农产品加工示范企业、全国食品工业龙头企业，在市场竞争的大潮中赢得了一席之地。

如果用《诗经》里的“溯回从之，溯游从之”来形容对事业孜孜以求、公而忘我，并以身家性命相搏的刘克胜，再贴切不过了。正是他的睿智和前瞻，执着与坚定，深耕及细作，历经近 30 年不断的研发创新，利用当地农林产品、野生植物资源和加工废弃物，创新开发并规模化生产出主导产品山楂核烟熏香味料、天然香辛调味料、核桃油、板栗仁、杂粮营养粉、核桃花生芝麻营养酱、淘汰果树加工木屑等七大系列 180 多个新产品。首创了利用山楂加工产生的废弃物山楂核，研发、生产烟熏香味料食品添加剂系列新产品及其规模化生产工艺，产品质量达到国际先进水平，具有良好的烟熏芳香风味，其发香物质酚类物的含量高达 1.0%—1.4%，香气浓郁，口感良好，比美国烟熏液产品的酚类物含量高出 1 倍以上。他在全国首先提出起草并参加制定了《山楂核烟熏香味料 I 号、II 号》【QB1122-2007】国家行业标准，推动了国内肉类食品加工行业以液熏法替代传统烟熏法的“烟熏工艺革命”，从根本上解决了国内肉类加工传统的烟熏食品含有 3.4- 苯并吡致癌物的重大食品安全问题，填补全国天然植物食品添加剂的一项空白。被国家香料香精化妆品协会理事长陈少军称为“中华第一熏香”。其中烟熏香味料现已占领全国 97% 的市场，成为国际认证的食品添加剂环保绿色产品。其他核桃油等系列产品销往 31 个省市、自治区、直辖市和日、美、英、韩、澳、泰国、新加坡等十几个国家和地区，年产值达 3 亿元。

一说到核桃、板栗、山楂，刘克胜就会情不自禁地双眼放光，微笑溢满脸颊，紧接着便滔滔不绝，娓娓道来。在他看来，近年来，华鲁按照国家绿色环保、生态有机的产业发展战略，通过加大农业产业结构调整，把当地农副特产作为重点产业发展，以公司，农户、农林专业协会结盟，公司创建收购、深加工和市场营销链，专业协会创建质量保证链，与农户合作扩大种植规模，提

高种植水平，使精深加工技术越来越成熟，产业链逐渐延长，产品附加值不断提升。通过一二三产融合发展，粗、精深加工并驾齐驱，正逐步形成集生产、加工、销售、储运为一体的完整产业链，有效推动了产业向专业化、国际化、市场化发展。

破局低谷攀高峰。站在公司拔地而起的厂区高楼，听着生产车间发出轰鸣的机器声，看着一辆辆满载着产品远销四面八方的运输车辆，想起力排众议花费数千万建起的工厂，一股英雄浩气在刘克胜心中油然而生。

正当刘克胜意气风发开始创造百年企业宏图之时，突如其来的疫情让物流成本提高了一倍，且出现了个别省市高速封路的情况。面对特殊情况，刘克胜积极向政府求助，最大限度保证客户需求。即便如此，有些客户仍然担心产品会感染新冠病毒。如何让客户相信厂里所采取的消毒措施，便成了关键。公司为此专门拍摄了视频，将生产全过程录像，如全体干部员工在360度旋转喷雾器前消毒的场景；并写了一封“告客户承诺书”，承诺疫情期间坚持给出厂货物严格消毒，落实生产人员卫生防控，厂区实行全封闭生产备货等，给上下游客户吃下一颗“定心丸”。

疫情期间，因为措施完善，保障到位，将损失降到了最低。公司很多长期的战略合作伙伴，为了感谢疫情期间产品保质保量供应，专门给公司发来感谢信，对华鲁心系家国，为用户、为行业、为社会做出的贡献表达谢意。

孔子说："取乎其上，得乎其中；取乎其中，得乎其下；取乎其下，则无所得矣。"其意是一个人制定了高目标，最后仍有可能只达到中等目标，而如果制定了一个中等目标，最后有可能只能达到低等目标，如果一开始制定的就是低目标，那恐怕是一无所得了。这句话告诉人们，不论是治学目标还是人生规划，一定要志存高远，并为之努力奋斗，才有可能登峰造极。刘克胜恰恰是一个心里始终装着大目标的人。

一个人的才能，除了表现在善于把握住任何迎面而来的机会，更重要的是要有以德立企、奉献社会的大爱之举。刘克胜和华鲁人正是坚守着这样的信念，在前进的道路上不断总结经验教训，脚踏实地发展着自己的事业，也悄然改变着自己的经营模式。

以责任把产业融合与乡村振兴紧密结合，利用绿色科技，做服务现代农业产业化发展、脱贫致富的领头羊

人生的每一条路都在自己的脚下延伸，也都会成为过去的驿站。事业上的每一座高峰对于攀登者来说，都是充满诱惑的未来。刘克胜常说：我这一生，吃过苦，挨过饿，也当过乡镇干部，但心里从未想过歪门邪道，我只想为社会和父老乡亲干点看得见摸得着的实事。

路虽远行则将至，事虽难做则必成。作为共产党员、农民企业家，刘克胜平凡得不能再平凡，但他又是一个务实的人，一个不畏艰难、开拓创新的勇者。华鲁从小作坊到大集团，一路走来有坎坷，也有鲜花。高中毕业，硬是靠着坚韧不拔的信心，刘克胜先后取得大学学历和高级工程师、山东省人民政府首席技师证书。父老乡亲们亲昵地称他为"小镇名士"，而只有他自己知道这里面的酸甜苦辣。但他对生活从没有一句抱怨，而是开始将全部精力投入到新一代产品的研发中。

2002年，为研发核桃油压榨新技术，建立增加山区农民脱贫致富的长效机制，刘克胜和研发人员不分昼夜地研究核桃油生吃的难题，但利用传统木榨工艺却无法解决油酱分离，而购买的机械榨油机仍然难以解决。无奈之下，

刘克胜带着1000公斤核桃仁，赶赴湖北某榨油机厂家做实验，遗憾的是也以失败告终。面对一次次的实验失败，刘克胜并没有气馁。为解决这一难题，他带领课题组成员自带干粮，一连几天泡在省图书馆查阅资料，并辗转多个省市大学、科研机构咨询专家、教授。春夏秋冬，整整三个年头，他与研发人员冒严寒顶酷暑，一头扎进实验室里，通宵达旦，潜心开展二氧化碳超临界萃取核桃油技术攻关。50岁的他由于长时间劳累，几次昏倒在实验室内，一次被同事送到医院，整整昏迷了三天才苏醒过来。

功夫不负有心人，三年的研发和上百次的实验终于大功告成。其研制的超临界萃取核桃油技术和高压低温压榨技术，2005年被批准为国家核桃综合加工星火计划项目，成功实现了国内首家核桃油的出口。2008年，由刘克胜起草的核桃油国家标准【GB/T22327–2008】予以颁布实施，填补了国家食用油标准的一项空白。

科学无止境。对核桃油研发的成功，让刘克胜看到了把小核桃做成大产业的蓝图。2014年春节刚过，他向科技部申报了核桃高质无害加工综合开发星火计划国家重点项目，并获批。经过一年的研发论证，将脱油后的核桃渣精工提取做核桃粉，将过去被果农当作垃圾的核桃硬壳制成香料，然后加工成活性炭，核桃外青皮做成色素及农药，并首次利用国际领先技术从核桃青皮中提取了胡桃酮（新发现的抗癌药物）、单宁等有效物质，同时解决了长期困扰核桃种植区域的核桃青皮污染问题。

2008年5月26日，是华鲁发展历史上一个重要的日子。时任国家副主席习近平来济南视察，当他看到华鲁公司生产的核桃油后，给予高度评价，并鼓励公司做好核桃经济文章，让其成为农民脱贫致富的民生产业。

2015年4月28日，刘克胜光荣当选全国劳模，并出席在人民大会堂举行的表彰大会。当他时隔7年再次受到习近平总书记的接见，内心激动不已，至今他仍记着总书记的讲话。也从那一刻起，他暗暗给自己立下誓言：为农村、农民、农业“三农”发展，义无反顾承担起一名农民企业家应尽的责任和义务。

用科技创造绿色，做龙头带动三农。多年的生态种植采收经验和科技研发创新，使华鲁探索出了一套科学、完善、有效的农产品采摘和晾晒储存技术。每年果实成熟季节，刘克胜都会亲自带领专业技术人员现场指导作业，从收购到储运入库，从源头上确保果实的品质。目前，公司生产的核桃系列产品已遍及国内外市场。其中，华鲁牌核桃油被评为中国核桃大会“金奖”产品，获“第二届中国国际林业产业博览会金奖”；“华鲁”牌山楂核烟熏香味料、核桃油和“柳埠绿”牌板栗荣获“中国名优产品”称号。

作为“中国农业深加工示范区”、省级“企业技术中心”、济南市“高新技术区”、“全国食品工业优秀龙头企业”、“山东省人民政府先进龙头企业”，目前华鲁下辖华鲁食品公司、华鲁食品添加剂厂、柳埠绿色农产品公司、山东华秋农产品公司、山东科胜国际贸易有限公司等5个子公司，建立了华鲁农林研发中心、核桃深加工工程技术研发中心两个研发基地；建设了华鲁工业园、华鲁生态园、华鲁林果科技示范园、华鲁生态文化村——华鲁山庄。并经地方政府批准，成立农民专业合作社5个、绿色产品专卖店19个和“柳埠绿”农产品一条街。经批准建成了“山东省技能大师工作室”和全国财贸轻纺烟草总工会“劳模创新工作室”。

华鲁人以科技促发展，以信念托起生态绿色世界。几年来，公司主持并参与起草制定国家标准15项，获得国家专利17项，研发落地项目29项，承担国家星火计划项目2项，承担国外及省区市项目54项；先后获得中国商业联合会科学技术进步二等奖、山东省农业科学技术进步一等奖、山东省轻工业科学进步二等奖、济南市科学技术进步三等奖、济南市历城区科技进步一等奖；企业荣获“国家高新技术企业”“中国农产品深加工十佳示范企业”“中国核桃产业十佳企业”“全国食品工业优秀龙头食品企业”等称号。

走进华鲁，视线会被墙上的醒目大字所吸引：“挑战是企业的灵魂，坚持是企业的生命。”诚信、创新、求实、奉献，这是华鲁人企业文化的精髓。它不仅赋予了华鲁人以厚重的文化底蕴，也彰显了服务社会、奉献社会的责任担当，成为华鲁人一贯奉行的信念。

致富不忘乡亲，情系社会公益事业是刘克胜给自己定下的规矩。自公司成立至今，华鲁先后参加社会公益性捐款上千万元；资助贫困青少年上学，拥军助老，援助灾区和抗疫一线，华鲁人从不懈怠。2013年，华鲁出资在济南申请主办了“全国经济林技术大会”，实现了社会效益和经济效益双丰收。为优化果木树苗质量，公司先后自费从国内外选购优质树苗，免费提供给基地农民种植，并定期聘请专家免费为果农举办栽培技术指导培训，免费提供有机肥和无毒高标准覆盖膜和节水灌溉设施。这样，一方面补助了农民种植费用，另一方面因成品果标准高、价格高，提高了农民的收入。几年来，公司带动济南、菏泽、临沂、泰安及省外陕西、河北、山西等周边地区128000

多户农民走上了致富道路，每年人均增收 1800 多元，为建立农民长效增收机制做出了突出贡献。

“沧海可填山可移，男儿志气当如斯。”刘克胜准确地在市场经济的大潮中找到了自己的位置，作为现代食品行业的试水者和开拓者，虽然现已年过 70 高龄，但他那颗勇往直前、创新发展的心却依然充满朝气。沐浴着二十大的东风，为打造百年企业的宏伟蓝图，刘克胜开始大手笔规划企业未来发展的远景，并着手筹划在济南南部山区培育建设核桃特色小镇，规划核桃种植面积达到 80 万亩；争创国家级“绿水青山就是金山银山”实践创新基地和全国“生态产品价值实现机制”试点区；建设济南“香花香草香料香精香水”五香研究院；举办“核桃文化艺术节”等。力争努力三到五年，实现产值 10 亿、上缴国家利税 1 亿的目标。

经几十年的拼搏奋斗，勤劳智慧的华鲁人走出了一条属于自己的发展之路，取得了中国食品行业令人瞩目的骄人成就。桃李不言，下自成蹊。当我结束采访离开华鲁时，再次走近刘克胜董事长，思绪仍沉浸在他关于民营企业透彻的真知灼见中。厂区内员工们正有条不紊地忙碌着，科研人员正潜心研制新一代产品，设计人员正精心设计新的产品包装，仓储人员正忙着将一箱箱装潢精美的产品搬上运输车辆。

党的二十大为中国民营经济发展注入了强劲的活力，刘克胜坚信，只要有党的好政策，有各级政府的强力支持，华鲁的明天定会成为世界瞩目的中国名牌食品企业。奋斗的路上会有坎坷和荆棘，但他有信心，因为他心中充满美好和自信，未来辉煌不是梦。

把“中国福”做成“世界福”

——记全国劳动模范、山东福牌阿胶股份有限公司杨铧

展恩华

让青春无怨无悔，让人生绽放光芒。他怀揣着“把‘中国福’做成‘世界福’”的梦想，十年如一日，孜孜以求。他战略布局卧薪尝胆、科技攻关精雕细琢、生产工艺精益求精、人生取向至善至美。逆水行舟，执着前行，他把一个产业做到全国最大，34 岁就成为全国劳模，迎来让众人望尘莫及的高光时刻。诗与远方是他毕生的追求。功成名就却初心不改，道路虽远却矢志不渝。他迈着铿锵的脚步，一直行走在创新不已的路上。

他就是福胶集团总裁、全国劳动模范杨铧。

生在福窝里的孩子，却吃了不少的苦

1986 年 7 月 6 日，杨铧一出生就掉在了福窝里。街坊邻居看到他，都会捏捏他的小脸蛋说：这个子有福气。这话一点都不假。当时，他的爸爸杨福安是平阴阿胶厂负责销售的副厂长，妈妈王京娥是负责产品开发的副厂长。当领导、高收入，吃嘛有嘛，要嘛有嘛。可是，很少有人知道，生在福窝里的杨铧却成了一个“苦”孩子。

杨铧的爸爸和妈妈都是工作狂。爸爸杨福安为了开拓市场，常年奔波在外，有时数月不回家。妈妈王京娥，为了一个新产品的开发，不要命地工作。妈妈白天在工厂上班，晚上回来，随便吃上一点，就伏案写书。长此以往，加之营养不足，奶水竟然不足。儿子吃不饱，就哭闹。那时候，在乡镇上很难买到奶粉。没有办法，妈妈就把姑姑叫来做“保姆”。姑姑每天用小米熬粥。粥熬好，姑姑用小汤勺把米油一勺勺舀出来，一点点喂进小杨铧的嘴里。

有时候，妈妈也会“游山玩水”。幼小的杨铧伏在妈妈背上，虽说并不知道什么叫青山绿水、赏心悦目，更没有陶醉的体验，但许多的山、许多的水，在杨铧幼小的心灵里却留下不可磨灭的印记。

阿胶厂在狼溪河边。阿胶水是洪范池众泉所汇。妈妈每次来到泉边，都会取一瓶水，仔细地封好口，放进腰间一个大书包里。有时，她也会取一点给儿子喝，一边喂儿子喝水，一边说：“这水好极了，含有锶、锂、锗、硒、偏硅酸等多种人体必需的微量元素呢！”自然，小杨铧听不懂。但这些知识，却像一粒粒种子，种在了他心灵的土地里，早晚都会发芽。

妈妈最喜欢爬的山是狮耳山。狮耳山是东阿镇的一座名山，山上有虎窟禅寺、观音堂、虎窟书屋、虎窟禅洞、老君洞、三教洞、白虎泉、槐底泉、虎窟秋风等胜景。但似乎妈妈对这些名胜并不感兴趣，她感兴趣的是山上的野草。其实，这些草大都是药。狮耳山是一座药山，山上百草丰茂，林木葱葱，生长着蓍草、枸杞、北沙参、白薇、远志、益母草、野菊花、地黄、紫花地丁、败酱草、天门冬、当归等上百种药草。正是在此山放养的驴，因为吃过了这些中草药，才成为制作阿胶的最佳原料。

别人家的母亲，哄孩子睡觉，都是唱催眠曲。而杨铧的妈妈却是唱东阿镇传唱了上千年的儿歌《小黑驴》：

小黑驴，白肚皮，粉鼻子粉眼粉蹄子。
狮耳山上啃青草，狼溪河里喝清水。
永济桥上遛三遭，魏家场里打个滚。
冬至宰杀取其皮，熬胶还得阴阳水。

在杨铧幼儿园都没进的时候，就知道了许多有关阿胶的知识。

1989年，母亲抱着小杨铧去北京跑项目。那时候没有高铁，坐的是绿皮火车，整整用了一个晚上才到北京。北京有关部门的领导因为事忙，本不想接待她，但一看到她抱着幼小的儿子进京，深受感动，项目事宜一举办成。妈妈亲亲小杨铧，说：“这功劳也有你的一半！”

儿时的杨铧，明眸皓齿，很是漂亮。但是，因为吃不好，喝不好，却长得又黑又瘦。10岁以前，他几度因营养不良而贫血住院。小杨铧跟着爸爸妈妈没少吃苦，受了不少罪。然而，耳濡目染，言传身教，爸爸妈妈却给了他最为宝贵的精神财富：悲天悯人的情怀、无私奉献的品格。

人世间所有的成功，无一不是汗水的凝结

杨铧自幼就是冰雪聪明的孩子，加之天生好学，从小学到初中，从高中到大学，从中国社会科学院读研究生到赴美国读硕士研究生，一路走来，可谓顺风顺水，水到渠成。有人说杨铧，他学习就是“脚面水——平蹚”。

其实，人正像一台机器，没有动力就永远不会转动。杨铧之所以成为别人眼中的少年才俊，出乎其类，拔乎其萃，靠的就是父母赐予他的源源不竭的精神动力。

他的父亲杨福安和母亲王京娥都是成功人士。他们都是阿胶行业里的专家，是国务院特殊津贴享受者。父亲杨福安在20世纪90年代成为山东福胶的掌门人，母亲王京娥一直是企业的技术“大拿”。夫妻二人携手并肩，筚路蓝缕，奋力前行，双双为中国中医药的发展做出了卓越贡献。

有一年，杨铧生日那天，父亲指着他和妻子这些年获得的满满一橱子荣誉证书问：“你看，这是什么？”杨铧不假思索地说：“是你们的荣誉证书。”父亲点点头，又摇摇头，说：“这些啊，都是心血和汗水。记住，世界上没有什么人能随随便便成功，所有的成功无一不是拼搏的结果。”

母亲走过来，递给杨铧一个精致的日记本。这是父母送给他的生日礼物。打开日记本，跃入眼帘的是母亲那清新娟秀的字迹。上面写着冰心的一首诗：“成功的花，人们只惊羡她现时的明艳！然而当初她的芽儿，浸透了奋斗的泪泉，洒遍了牺牲的血雨。”

那时的杨铧，刚升初中，但他已经明白了父母的良苦用心。自此，冰心的这首诗就成了他人生的座右铭，为他一路奔跑提供了取之不尽、用之不竭

的力量源泉。

杨铧最终获得了中国社会科学院研究生院金融学硕士、美国密苏里州大学 MBA，是顶呱呱的“双硕士”。本来，杨铧在外国有很好的就业机会，但他却毫不犹豫地选择了回国、选择了回家、选择了福胶。之所以这样选择，不是走捷径，不是“蹭”流量，不为别的，就为他深深地爱着脚下生他养他的土地，深深地爱着父母毕生从事的阿胶事业。

“厚德载物”“福佑苍生”“福满中华”“福泽世界”，这些词都是父亲的口头禅，他常说：“造福天下苍生是中华医药和中国福胶的使命和担当。”并誓言“把‘中国福’做成‘世界福’”。随风潜入夜，润物细无声。这些理念像春风化雨一般渗透到了杨铧的血脉、骨肉、基因里。赓续福胶文化，光大福胶事业，造福天下苍生，自然而然也就成了杨铧责无旁贷的使命。

成年的杨铧很是英俊。高高的个头、英俊的脸庞、潇洒的风姿、儒雅的气质，以其特有的超凡出众，当仁不让地成了众多女孩子心目中的男神。正是因此，许多“冷眼的智者”就断言，杨铧终将成为一个无所事事、大把甩钱的“纨绔子弟”。

最懂儿子的是父母。父母早就从杨铧的一言一行中看到这位天生帅哥的秉性：平实、勇敢、执着，不达目的誓不罢休。

高中的时候，一天放学，天下起了雨。雨下得非常大，杨铧当时没带雨伞雨衣。爸爸的司机去接他，他执意不坐车。他之所以这样做，就是因为也有很多同学没带雨具，都是顶风冒雨回家，他不想“搞特殊”。

杨铧是个视厂为家的人。小时候，全镇上最早的电视机就摆放在厂门口，所有小区里的孩子们每天晚上都在那儿一起看电视。看电视的除了孩子们，也有家人，家长和孩子们其乐融融，分不清到底是在家里还是在工厂里，那种以厂为家的精神让杨铧感觉到非常开心。

杨铧是个不畏艰难的人。有一次他和朋友爬山，中途不小心崴了脚，朋友劝他回去，但他硬是拄着一根木棍爬到了山顶。半途而废，永远不是他的选择！

杨铧是一个爱钻研的人。无论在哪个学习阶段，他从来不让父母辅导。有时为了破解一道难题，会熬到天亮。他的体验是：学习的乐趣就在克服一个个难题之中。

自己的路自己走。这是杨铧做人的准则。2007 年，杨铧在家备考研究生。

父亲问他需要帮助吗。听到父亲的关心，杨铧非常坚定地说：“我要靠自己。”在他看来，要别人帮忙那是很丢脸的事。“自己的路自己走。”就是在这种信念之下，他靠个人的努力拿下了“双硕士”。

激情、执着、创新、坚韧。凭着这种弥足珍贵的品质，杨铧的人生路越走越宽、越走越高。

十年辛苦不寻常，34 岁的杨铧迎来生命的高光时刻

说起阿胶，杨铧那是如数家珍。

天地玄黄日月沧，燧人取火釜生香。神农冒死尝百草，制胶保民身体康。在约成书于战国时期的《尚书》中，就有了阿胶的记载：“煮黑驴皮为胶，可疗风疏痰。”从那时算起，阿胶诞生至少已有 2500 年的历史。

春秋战国时期，人们对阿胶的食用和使用已相当普遍，即便对阿胶的质量鉴别和制法也有了相当的经验。先秦典籍《周礼考工记・弓人》对此就有较详细的记载，“鹿胶青白、马胶赤白、牛胶火赤、鼠胶黑、鱼胶饵、犀角黄”。从这些叙述里，足见胶的品种之丰富、色泽之多彩。

阿胶因地得名。《本草纲目》记载，“阿胶，出东阿，故名阿胶”。阿胶的正宗产地在平阴县东阿镇——被称之为“世界阿胶之源”。千百年来，东阿镇胶业一直兴旺发达，是名副其实的“阿胶之城”。

杨铧自幼从东阿镇这片钟灵毓秀的土地上长大。这里既有绵延的青山，有喷涌不息的泉水，正是在这片土地上，诞生了物华天宝阿胶，成为世界公认的“圣药”阿胶祖源地。

杨铧的少年的脚步游走在这片神奇的土地上，他很喜欢站在永济桥上，看着狼溪河浮想联翩。

永济桥是一座有着近 600 年历史的石桥，它的气势和精美足以和中国历史名桥赵州桥相媲美。远山如黛，近树如烟，河水碧波盈盈，荷叶田田，鱼儿在水中潜游，鸟儿在空中飞翔。这样的美景，活脱脱就是一幅绝美的天然画图。

行走在大街上，你会看到林立的阿胶堂号：邓氏树德堂、涂氏怀得堂、于氏天德堂、王氏景春堂、王氏林春堂、孙氏怀仁堂、安氏义寿堂、庄氏太

子衡老药店、陈氏东岳衡药店、卢氏协裕阿胶庄……单是百年的堂号就有十几家。

茅台镇诞生了茅台酒，景德镇诞生了景德瓷，东阿镇诞生了东阿胶。中国三大历史古镇皆以其风华绝世的特产而闻名于世。杨铧也常常以自己出生在这样的名镇而骄傲。

而最让他感到自豪的，是他的父亲杨福安、母亲王京娥。他们都是阿胶事业的继承者和光大者，正是他们合力把“圣药”阿胶这一传统产业做成了国人的骄傲。

杨铧最喜欢对问题究根探源。小学的时候，有一次放学回家，楼道里新换了灯，一跺脚那个灯就亮了。他很奇怪，问父亲原因。父亲说，这叫声控灯，闻声即亮。父亲的回答没问题，但还是没有解释其中的原理。杨铧就买了一个声控灯，打开来细细研究，还是不明白。他就找到一位老电工，请他给讲明白。“打破砂锅纹（问）到底”，这一秉性在后来的科研中，成为杨铧成功在手的一大法宝。

父亲杨福安、母亲王京娥都是阿胶业的专家，近朱者赤，杨铧渐渐就成了父母的样子。幼年杨铧就对阿胶产生了浓厚的兴趣，他不喜欢看动画片，不喜欢打游戏，他最喜欢的就是读书，有关阿胶的书更是偏爱。在这些书籍中，让他百看不厌的就是父母亲手所著的阿胶专著《中国阿胶》。

阿胶，有着悠久的历史，更有诸多高光时刻。东阿镇原名谷城。相传，炎帝曾在此尝五谷，故名谷城。一天，炎帝病倒在狼溪河畔。人们想给炎帝弄些肉吃，可是找来找去，只找到一张驴皮。人们拿到河里浸泡、去毛、大火熬制，小火慢煮，最终却成了一锅水。望着一锅清水，人们极度失望。可一天后，有人打开锅盖，人们惊奇地发现，锅里的水成了胶冻。人们取胶冻给炎帝吃，病入膏肓的炎帝很快就得以康复。自此，人们掌握了最初的制胶工艺。

盛唐时期，东阿阿胶就已经成为养生的翘楚。杨贵妃肤若凝脂，《全唐诗》里的一首诗道出了她青春永葆的秘方：“铅华洗尽依丰盈，雨落荷叶珠难停。暗服阿胶不肯道，却说生来为君容。”明朝时，郑和下西洋，以阿胶为国礼，赠予各国国君。

阿胶的热度一直延续到清代。慈禧做懿嫔时体虚，患有血症，服食阿胶后，顺利怀胎生下同治帝，因此慈禧对阿胶情有独钟，终身服用。咸丰帝亲书“福”

字，赐予邓氏树德堂堂主邓发。从此，阿胶与“福”结缘，“胶”结苍生，“福”佑天下。

1915年，阿胶在巴拿马万国博览会上赢得了国际声誉。1912年，为庆祝巴拿马运河的凿通、促进贸易交流，美国宣布在旧金山举办巴拿马万国博览会。刚刚成立的民国政府非常重视此次盛会，责成农商部进行全国选品。阿胶代表中国的精良商品前往旧金山参赛参展，斩获金奖，名扬世界。

杨铧常常一个人在阿胶博物馆踱步。抚今追昔，感慨万端。他发誓：古人为阿胶业创造了一个又一个荣光，作为新时代的有志之士，一定要把阿胶事业发扬光大，用自己的全部努力，实现父亲“把中国福做成世界福”的美好愿景。

十年来，在杨铧的带领下，福胶科研团队埋头苦干，写出了一篇又一篇论文，开发出一个又一个产品，取得了一项又一项业绩，赢得了一次又一次荣耀。

十年来，杨铧带领团队研发出保健品6项、功能食品26项，“阿胶、药品、养生精品、全球甄选”四大系列，“胶剂、膏剂、胶囊剂、合剂、颗粒剂、酒剂、片剂”七大剂型100多个品种，获得国家专利11项。

杨铧带领技术团队开展的“阿胶生产传统工艺挖掘及智能化应用”新技术，获得山东省重大科技创新首批支持项目，首创非物质文化遗产保护先例。建立了原料标准、冷链物流、阿胶溯源、驴皮DNA鉴定体系，实现了阿胶全产业链现代技术质量管控。他率先将微波干燥、远红线烘干、三相蝶式离心分离、驴皮处理泡洗一体化技术应用于生产。劳动生产率提高46%，产品收率提高12%，年增经济效益9417万元。

2020年，在中成药零售市场一片下滑态势中，福牌阿胶逆势大增，增幅高达27%；中成药单品销量TOP20品牌中，“福牌阿胶”和“福牌阿胶补血口服液”占据两席，增幅均名列前茅；而在补益类产品中，“福牌阿胶补血口服液”大幅增长45.16%。

福牌阿胶连续10年产销量全国第一、连续6年荣登中国制药工业百强榜、连续6年荣登中国中药20强榜，民族医药10强企业。

福胶集团是行业唯一“金牌采购商”、济南行业内唯一获得济南市长质量奖企业，先后荣获山东省优势产业集群+智能制造示范企业、山东省高端品牌示范企业、山东省五一劳动奖状单位、山东省工业旅游示范基地等荣誉称号。福牌阿胶作为企业的龙头，引领着阿胶行业阔步前进。

2020年，青年才俊杨铧作为福胶人也迎来了他人生中的高光时刻。

11月24日上午，全国劳动模范和先进工作者表彰大会在北京人民大会堂隆重举行。习近平等党和国家领导人出席大会并亲切接见了受表彰的全国劳动模范和先进工作者。山东福胶集团副董事长、总裁杨铧在北京参加表彰大会，接受“全国劳动模范和先进工作者”表彰。

这莫大的荣誉让杨铧感到无上的光荣和无比的幸福。

而这一荣誉，对杨铧来说，是对他十年如一日苦苦追求的回报，更是对他卓越的领导能力、敏锐的战略眼光和昂扬的企业家精神的最高奖赏。

从帅哥到“少帅”，他用实力证明“我是最棒的”

福胶集团为什么能够从昔日阿胶行业双雄称霸发展到今日的独领风骚？为什么能够在市场寒冬中实现强势突围，弯道超车？这一切，离不开全体福胶人的共同努力，更离不开全国劳动模范、山东福牌阿胶股份有限公司副董事长、阿胶研究院院长杨铧的卓越贡献。

杨铧是一个创新型人才。

杨铧深知：创新，创新，永无止境的创新，是保持企业恒久生命力的前提。他说：“创新不停，变革不止，新时代劳动者要善于走出舒适区，向新的环境挑战。没有什么产品是不能被淘汰的，只有创新精神可以永远不朽。有了创新精神的企业，就会永远立于不败之地。”

杨铧常说：“一个人就是浑身是铁也捻不了几个钉。”他特别重视团队建设。在他的主持下，福胶集团建立了市级胶剂工程技术中心、省级技术中心、博士后科研工作站等研发平台。

对杨铧的才干、人品、能力，福胶人可谓佩服得五体投地。然而，在他刚被任命为科研院长时，人们心里还是不停地打鼓。杨铧是福胶人看着长大的，知道他聪明、好学，是名副其实的学霸。可是，让他独当一面地开展工作，他毕竟太年轻了。

从人们的目光里，杨铧看出了大伙的心思。从不服输的杨铧在心里悄悄地说：是骡子是马，咱拉出来遛遛。面对所有福胶人，他提出“我要在三个月内，解读出阿胶密码！”大家听后，有的人发呆，有的人发笑，有的人甚至嘲讽说：“驴皮不是牛皮，不是用来吹的。”不管别人说什么，杨铧就一个字：“干！”

自此，他天天活在实验室里。饭，叫了外卖在实验室吃；觉，弄了张钢丝床在实验室睡。夜以继日，通宵达旦。当然，他知道，“身体才是革命的本钱”。搞研究太“烧脑”，有时他感觉头痛得要爆炸。于是，他就拿起篮球，一个人带着球满场跑。大汗淋漓之后，再洗一个澡，然后，静静地躺上床上听音乐。听《致爱丽丝》《命运交响曲》《十面埋伏》，听够了，身心也就全部放松了。于是，他又抖一抖精神，用力握一握拳，说一句“干！”，接着投入了研究中。

不到两个月，成果就出来了。他利用斑马鱼模型现代技术研究阿胶，首次解读阿胶密码，诠释了中医瑰宝魅力。这一密码的破解，用科学的论断证明阿胶不是有人说的“皮冻”而已，它的的确确是“养元固本”之宝，是中华医药中的“皇冠”，是当之无愧的“中华圣药”。这一成就立时震动了学界，当年他获得山东省企业技术创新优秀成果一等奖两项、二等奖两项。随后，又有六大科研专项被列入山东省创新项目。

在事实面前，人们为之折服了。杨铧也就成了福胶人马首是瞻、足智多谋、战无不胜的“少帅”！

开拓进取无止境，福胶逆势再飘红

杨铧有一种英雄情结。在伟人中，他最崇拜毛泽东。“掌上千秋史，胸中百万兵。眼底六洲风雨，笔下有雷声。唤醒蛰龙飞起，扫灭魔焰魅火，挥剑斩长鲸。春满人间世，日照大旗红。抒慷慨，写鏖战，记长征。天章云锦，织出革命之豪情。细检诗坛李杜，词苑苏辛佳什，未有此奇雄。携卷登山唱，流韵壮东风。”高亨先生这首词道出了毛泽东的伟业丰功，也道出了杨铧对毛泽东的崇拜之情。他常常说，毛泽东就是自己永远的楷模。

在企业家中，杨铧最敬佩的是任正非。任正非在43岁时才开始创业，于不惑之年一手把山寨公司变成了震惊世界的科技王国，其人生是何等的悲壮恢宏！他把魏昕等所著《任正非的真实世界》放在床头上，每天都要读一读。

杨铧是一个极具战略眼光的人。他站在时代发展的前沿，对企业的发展方向、发展模式进行全面擘画。

杨铧首次以现代科技解读国药阿胶的药理功效，成功让阿胶从药品消费渠道驶入中药健康养生领域；以人才为中心，以科研为动力，建立起市级胶剂工程技术中心、省级技术中心、博士后科研工作站研发平台，大大提升了企业自主研发能力，推动企业技术升级。他带领科研团队在传承3000年阿胶制作技艺基础上，不断融汇大数据、云计算、AI人工智能等现代科技，对阿胶生产进行智能化、智慧化升级。

杨铧用世界的目光、发展的眼光、未来的眼光洞察着世界，超前谋划、超前运作、超前布局。他向董事会建议打造国际一流的健康集团，协助董事会进行产业布局，实施资本运营，进行公司股份制规范，引进战略投资，与证券、会计师、律师事务所签订协议，大力推进企业IPO工作。

他深知，资本是企业的命脉，它是企业生存、发展和壮大的前提。他借助资本力量，打造康养航母。在他的主持下，福胶集团先后引入北大纵横、麦肯健康、上海天大等国际顶尖战略咨询公司，进行企业战略梳理与品牌价值重塑。他联系多家国际国内顶级投资机构，引进战略投资8亿多元，着力打造世界一流的大健康养生产业集团。先后建设阿胶四大产业园区，让阿胶产能由800吨扩产到1万吨。协调山东省政府投融资平台，成立了首期规模2亿元的健康产业投资并购基金，推动了企业规模升级。

他创新销售模式，让营销回归产品的本质。坚持以消费者为中心，采用“一城一品一店”独家合作模式，保证客户利益最大化。设立阿胶体验店，赋予阿胶体验和文化的属性。构架“四位一体”专业团队营销模式，助力连锁决胜市场终端。他用独特视野调整产品结构，把主导研发的30多个新产品推向市场，开启了消费新时代，阿胶产销量连续九年增长35%以上。他策划以“福”为核心的文化传播体系，品牌价值达到30.19亿，位居“健康中国品牌榜”第16名、全国医药百强企业。他引入慢病管理体系，辨证体质施方和配送一站式服务，普惠消费者5万人次，让老百姓在健康养生中获得更多的幸福感。

他顺应时代潮流，让养生成为时尚，让体验成为享受。在外部塑造方面，杨铧在战略布局中洞察年轻群体需求，围绕阿胶轻养生、花式养生，在行业内首创养生食集新门店“福——1856”、鲜活养生工坊，推广“吃、喝、体验”于一体的大健康养生理念，以时尚化的消费场景搭建、年轻化的产品结构、便捷多样化的购买方式，积极培育年轻人市场。

创新销售模式，构建发展格局。从发挥“产品和资源优势”到实施“一城一品一店”模式，从组建OTC、医疗、食品、国际贸易等七大事业部到重视社群、短视频、个性养生终端渠道，福牌阿胶通过电商电购、新零售、品牌体验店等渠道重塑业态结构与生态圈，为消费者提供更多元、更个性化、更便捷的养生产品和健康服务，逐步构建起全方位大战略发展格局。

近年来，杨铧带领山东福胶集团站在中医药科技的最前沿，坚持居安思危、坚持创新思维，以不同于常人眼光和理念，始终站在市场前沿，在激烈的市场竞争中，在一波一波的市场动荡中，让福胶集团风雨不动安如山。“风景这边独好”，世界都为之刮目。

矢志不渝的初心，福佑苍生的使命

杨铧信奉这样的格言：路曼曼其修远兮，吾将上下而求索。路虽难，行则将至。

世上没有平坦的人生路。在艰难的道路上，要想成功，就必须抱定“咬定青山不放松”的坚定。

2020年，新冠疫情突然爆发。杨铧勇于担当，先后捐款捐物1000万元；作为济南平阴县纳税大户，吸纳10000余人就业。

2022年年底，在疫情形势发生新的变化之后，集团上上下全力以赴生产柴黄口服液，尽最大力气为社会提供抗疫产品。在董事长和杨铧的带领下，福胶人众志成城，上下一心，前后联动，迸发出无比强大磅礴的力量。

三年的疫情给福胶集团的发展带来了无数个挑战。面对挑战，在生产经营上，杨铧始终坚持所有工作，皆以消费者需求为导向、以市场需求为导向。这一理念，让福胶在极其困难的环境下，攻克一个又一个难关，创造一个又一个奇迹。创造了疫情之下的营销模式、产品研发模式、文化品牌宣传模式、团队组织构建模式，创新了居家办公、网上办公、远程会议等太多太多的新模式。正是因为这诸多的新模式的创造和实践，带给了福胶连年保持逆势增长的态势。

疫情三年，带给了杨铧很多的思考。作为中国最早的专业生产阿胶的企业，作为专业的生产阿胶的企业，福胶集团应该怎样发挥自身积淀形成的文化优势、品牌优势、产品优势、市场营销优势、产品创新研发优势，来更好地为健康中国、为中华民族伟大复兴贡献福胶智慧和福胶力量？通过深入思考，他得出这样的结论：随着疫情的结束，人民的保健养生意识越来越强，对阿胶这种经久不衰的保健产品的需求也更加强烈；人们对福牌阿胶是产自阿胶祖源地，是正宗地道好阿胶的这种认知也越来越清晰，所以“懂阿胶、选福牌”的观念也越来越成熟和坚定。这一认知增强了杨铧做大做强民族产业的信心和力量，也激发了一定要充分发挥现有资源优势，把事业做得更好的激情和信心。

正是基于疫情三年期间对整个国际国内形势的思考，福胶人及时准确地制定并实施了企业的“十四五”战略规划，确定提出了企业使命：福进万家，康乐生活。确定了企业愿景：打造卓越的满足家庭康乐需求的事业平台，吸引更多有志之士聚集在福牌阿胶的平台上，共同把福牌阿胶弘扬光大，最终把“中国福”做成“世界福”。

在目标的指导下，在得力措施的作用下，福胶集团在世界企业经营状况普遍下滑的情况下，实现了逆势飘红：疫情期间，福牌阿胶全民网红团队为药店连锁直播卖货，销售额突破 2 亿元；2020 年，福牌鲜活养生工坊也将突破 1000 家；随着滋补养生黄金季节的到来，福牌阿胶联合药店连锁举办的阿胶滋补膏方节也在如火如荼地展开，在全国范围内引发阿胶滋补养生热潮。

把“中国福”做成“世界福”。怀着这一梦想，杨铧这个劳动者的楷模一直在路上。

“苍天不负有心人。”路虽远，行者必至；事虽难，做则必成。我们相信，作为传统阿胶的传承者、现代阿胶的奠基者、未来阿胶的开拓者，在总裁杨铧的引领下，福牌阿胶必将成为国际阿胶业的领航者。正像今天的中国正一步步走向世界舞台的中央，福牌阿胶也必将一步步走向世界舞台中央。

大儒大商

——记山东省劳动模范、山东汇丰铸造科技股份有限公司刘庆坤

宋俊忠 廉德忠

写下这个题目，起初还是很忐忑。刘庆坤何许人，能够承受得“大儒”之谓、担当起“大商”之实？但随着与山东汇丰铸造科技股份有限公司副总经理焦方立的深入交流，这个担心也就慢慢解除了。

作为公司总经理，今年44岁的刘庆坤用自己对当代企业家精神的理解，铸造了“大儒”的形象，丰富了“大商”的内涵。

这是焦方立对刘庆坤的评价，为了说明这个评价不虚妄，焦方立给我讲了以下故事。

诚信：彰显“大儒”之格局

人而无信，不知其可也。作为一个企业家，更应理解透、做实了诚与信的辩证法，才能让人“知其可”。对此，刘总用自己的企业实践，诠释了他的大格局。

章丘，素来以儒商辈出而自豪。历史上既是大商又堪称大儒的孟洛川，就是刁镇人。他18岁开始掌管家业，至1934年分别在北平、天津、济南、青岛、烟台、上海等地设立商号达24处，有员工1000余人，房产3000余间。孟洛川常告诫各地经理说：“生财有大道，生之者众，食之者寡，为之者急，

用之者舒，则财恒足矣。”他用生、食、为、用作为治店宗旨。

刘庆坤恰巧就是刁镇人，耳濡目染着先贤的企业经营之道，他对新时代企业家精神也有了自己的思考。

2018 年 8 月初，徐工集团 XR800E 旋挖钻机项目正式启动，该旋挖钻机整机钻孔直径为 4.6 米，钻孔深度为 150 米，是当时全球行业“第一钻”。徐工将关键核心零部件主卷扬卷筒交于汇丰供货，并要求 45 天交付，远远短于正常生产周期。

该产品的特点是吨位大，一次性铸造成型困难很大；要同时具备高强度、高韧性、高延展性和超耐磨性的特质。这些不同于常规生产的特殊要求，对企业生产流程和材料选择提出了新挑战。

当天夜里，刘庆坤第一时间召集技术、生产、质保等部门成立了“攻坚克难”小组，从设计样稿到材料选用，从生产流程到技术运用，他与技术人员反复磋磨、修订，整整一夜都没有合眼。

当红日升起来时，刘庆坤给相关人员留了 3 小时的休息时间，而他自己则坐在椅子上打盹。当手里的铅笔掉落在地上，又惊醒了他。一连几天，他都是这样度过的。终于确定可以进行试验生产了。刘庆坤不放心，日夜坚守在试验炉前。当看到第一个合格成品出炉落地的那一刻，工人们激动得难以自已，刘庆坤却瘫坐在一旁的凉地上，打起了盹。

9 月初，产品交付客户，时间提前半个月。当年，企业被徐工基础工程机械事业部授予“两钻”徐工基础供应商纪念章。

“创优质，做精品，为全球一流企业服务。”“用最好的原料，铸最优的铸件，攀最高的‘亲戚’。”刘庆坤坚守快捷、方便、守信、礼貌的服务承诺，以一个“诚”字，赢得了客户的“信”誉。

他为企业制定了《服务管理体系》和《服务准则二十条》，设立了 24 小时质量服务专线，市内 12 小时、省内 24 小时、省外 48 小时内派专人到达客户现场，协同处理问题。

2020 年 3 月，徐工的一个客户在贵州施工过程中，主机出现故障，急需判定解决，否则后续会出现质量和安全问题。

刘庆坤听说此事后，立即召集技术和售后服务部门，研究解决方案，在特殊时期运用特殊方式，当天派人乘坐飞机赶往施工现场，成功解决了问题。事后他对员工们说：“售后服务，不管是我们产品的问题，还是客户操作的问题，能为客户解决问题，就都不是问题。”

“一握汇丰手，永远是朋友。”凭借着诚实守信的商道精神和过硬的产品品质，汇丰铸造的业务已经遍布全国各地，年签订各类合同近千份，总标的额超4亿元，在行业内赢得了“工程机械铸造卷筒在章丘”的美誉，被山东省工商行政管理局授予省级“守合同重信用”企业称号。

“产品的销售不是缔约的完成，而是缔约的开始；不是服务的结束，而是服务的开始。”刘庆坤将此信条贯穿于企业经营的每一个链条、每一个细节，从另一个赛道书写出企业的信誉和荣耀。

焦方立说，这是刘总的第一层“知其可”境界。

不仅如此，刘庆坤把股东利益、职工利益作为企业经营的出发点和落脚点，从而为“诚”与“信”注出了一个全新的诠释。

公司起初是一个村办企业，所在地就是他的家乡刁镇刁西村，公司的员工也多为所在村村民。2012年公司股份改制，刘总为刁西村和村民无偿配股65%，企业及职工无偿配股35%，之后连续十几年发放红利。他坚持民主管理，推行工资集体协商制度，实行全员劳动合同制，为职工足额缴纳各种社会保险，职工收入年均增长10%以上。

职工的婚丧嫁娶他亲自前往，并从自己工资中拿出一部分予以补助。职工及家属因病住院，无论多忙他都要抽出时间前去看望慰问，激发了企业凝聚力和职工的工作热情。他对公司干部说：“职工的小事，就是我们的大事，只有把他们的事情解决了，他们才能相信企业、安心上班”。

你对职工“诚”，职工才会对你“信”，企业才有发展的潜质和活力。这大概就是刘庆坤第二层的“知其可”境界吧。

焦方立说：“我们刘总已经戒烟6年、戒酒3年了，他自己很节省，但是对职工很大方、很慷慨。”

在刘庆坤的“诚”与“信”辩证法里，还有很重要的一点，就是不仅要坚持诚信经营、赢得客户，更重要的是要依法纳税、主动纳税。焦方立特别加重语气说，这么多年下来，无论遇到什么困难，企业都坚守“四不欠”原则，即：不欠国家钱、不欠银行钱、不欠供应商钱、不欠职工钱。公司分别在2018年、2020年、2022年荣获山东省诚信经营示范单位，资信等级3A级，2022年被中国铸造协会誉为3A级信用企业。

绿色制造，低碳发展，造福社会，是刘庆坤追求发展之道的首选。自

2014 年以来，根据国家政策和行业发展趋势，他精准把脉，未雨绸缪，先后投资 3000 万元，拆除原冲天炉熔炼工序，改为电炉熔炼，配备工序环保除尘设备，实现达标生产。2022 年，公司成为章丘区首家顺利通过国家环保部门“铸造行业 B 级”企业，并于 2023 年荣获“中国铸造行业绿色铸造企业”称号。

刘庆坤关注社会弱势群体，并带领企业努力承担社会责任。近年来，先后安排大中专毕业生 16 人，吸纳下岗失业人员 26 人，安置外来务工人员 36 人。20 多年如一日，承担村里 6 名残疾人救助，发放救助金 20 余万元。2020 年捐助 5 万元，为贫困学生打造“希望小屋”。2013 年，创立“汇丰铸造爱心互助基金会”，先后帮扶困难职工 12 人、社会贫困学生 4 人，累计金额 28 万元。2020 年以来，他多次带领职工捐款捐物，价值共计 30 余万元。同时，他在刁镇街道“百企联百村 商会联乡亲”活动中，与王四村、阚家村、崔家村进行对接帮扶，为刁镇加快建设“产业强、百姓富、生活美”的新生小城市贡献了力量。

社会责任感，作为企业和企业家安身立命、报效社会的应有要义，来不得半点虚假，只有在不欺不骗中，才能走向新的发展。这是刘庆坤的第三层“知其可”境界。

这一点，让焦方立尤为佩服。

作为一名党员和区政协委员，刘庆坤身份特殊，责任重大。他深知，要成为一名称职、优秀的政协委员，不但要有参政议政的热情，更要不断加强学习，在学习和实践中提出优秀提案。他先后根据国务院印发的《中国制造2025》、中国铸造协会《十三五发展规划》提出的“创新、协调、绿色、开放、共享”五大发展新理念，撰写了《关于推进我区传统铸造产业改造升级方面的建议》提案，对章丘区铸造行业整治提升和发展提供了有力支撑。近年来，他还向社会各界分享人才是活水之源、如何推动企业发展等经验体会，参与论证章丘区“十四五”规划及政府工作报告，并立足本行业提出合理化建议，受到各级各界的好评。

刘庆坤常说，在参政议政这一点上自己做得还很不够，还有很多领域和空间需要探索，要像拾起麦穗一样一点点累积，逐渐让这个仓库“丰实”起来，形成自己的新境界。

焦方立讲到这里，停顿了一下说：“刘总对诚与信的认识和理解，影响了所有职工，对我们是一种鞭策。”

爱心，风雨中的“大商”情怀

与孟洛川将“生、食、为、用”作为治店宗旨异曲同工的是，刘庆坤在丰富企业家“诚”与“信”的内涵上，还赋予了一个 “爱”字，展现了新时代企业家更加温暖的胸怀。

下面这个故事，焦方立一口气叙述下来，言语之间充满着对他们“刘总”的敬意。

2019 年 8 月 10 日，台风“利奇马”给章丘区带来有气象记录以来最强降雨，全区平均降雨量 361.4 毫米。洪水冲毁了道路，漫过了桥梁，淹没了农田，严重威胁人民群众生命财产安全。

当时，刘庆坤正在单位值夜班。他接到刁镇党委政府的增援通知：刁镇白衣村韦陀桥，因受强降雨及上游水库泄洪的影响，沿岸村庄出现险情，需要紧急增援。

灾情就是命令，时间就是生命。刘庆坤立即组织在镇街范围内居住的党员和民兵连的同志，紧急集合，仅仅用了 5 分钟时间，就将 11 人组成的汇丰铸造救援队集合完毕；接着，又仅仅用了 10 分钟时间，就带领救援队到达刁镇政府门口。他在与时间赛跑。其实，那天晚上他在单位值班，他完全可以说工作忙走不开；其实，那天晚上他的感冒还没完全好，他完全可以说身体不舒服去不了。

然而，他没有这样做，接到命令后就马不停蹄地奔赴险情最严峻的白衣村韦陀桥。是共产党员特有的觉悟，支撑他忘记夜班的疲惫和身体的不适；是共产党员特有的政治责任感，支撑他在洪水面前临危不惧，勇往直前。

白衣村韦陀桥河段水情复杂。河段上的大桥修建年代久远，这段古老的大桥能否经受住 60 年难遇的特大洪水的考验，确实是摆在抗洪工作组面前的一个严峻挑战。艰难的防守任务，桥下 1130 多位群众的安危，任重如山。没有一句推辞，刘庆坤以雷厉风行的作风，让白衣村的群众对他刮目相看。

那天夜里，大雨瓢泼，寒风阵阵，韦陀桥上也泥泞不堪。还在感冒的刘庆坤冻得直打寒战。洪水考验着党员干部的觉悟，同样也考验着党员的意志和品质。他裹紧身上的雨衣，高声喊：“汇丰救援小分队，跟我上 !”在他的带领下，救援小分队装沙袋、扛沙包，干得热火朝天。他的手背被刮出深深的血痕，手指磨出了血泡，然而他却顾不上疼痛。经过持续 3 个多小时的紧张战斗，终于垒起了一堵 1 米多高的沙袋墙，阻挡了漫过桥面的河水。

面对洪水的肆虐，刘庆坤用自己的实际行动表现出“人在堤在”的决心，他用自己的所作所为兑现了共产党员服务为民的庄严承诺，他用自己的表现呈现出党员该有的责任担当。一腿泥，一身水，想的是百姓，顾的是群众，也就没有了自己，再多的苦和累也就不怕了。

筑好沙袋墙后，大家原本以为可以松口气了。这时，却传来了情况危急的消息。原来，白衣村南边拦河的围墙快被冲垮了，眼看洪水就要漫进村庄。当天夜里 12 点，刘庆坤接到了帮助群众转移的通知。

雨越下越大，村里河水涨得很快，不一会儿就没到了小腿。村里电也停了，路灯也不亮了。灾情危急，刘庆坤打开手机的手电筒，靠着微弱的光亮，摸黑入户，和救援队组织群众尽快转移。洪水越来越急。大家互相搀扶着，深一脚浅一脚地往前走。黑夜里，出村的路显得那么遥远，平时只需几分钟的路程，他和村民却足足用了 20 分钟。

好不容易走了出去，这时一位大姐跑过来，哭着喊：“快救救俺娘，她还困在家里没出来！”刘庆坤闻讯，急忙对大姐说：“不要着急，我们在，大娘不会有事的。”不顾疲劳的他，和救援队立即折回村庄，蹚着一米多深的水，又用了 20 多分钟，来到老人身边。这位老人腿脚不便，刘庆坤和队友轮流背着她走出了村子。

面对滔滔洪水，刘庆坤刚毅不屈、无所畏惧，是铮铮铁骨真男儿；面对受灾群众，他奋不顾身、服务为民，是侠骨柔情真英雄！

认识刘庆坤的人都知道他生活简朴，他虽然是企业经理，却常年穿着一身蓝色工作服，看上去就像一名车间工人。然而在洪涝灾害发生后，他却毫不吝啬，捐赠受灾物资，并动员公司同事一起捐款。只有在这一刻，我们才意识到他是那么“富有”。了解刘庆坤的朋友都知道他工作认真，从捐献受灾物资时，又体现了他对工作的事无巨细，就连花露水、消毒液这样琐碎的物品他都能想到。刘庆坤说：“我要尽自己最大努力，让受灾的父老乡亲在安置点住得安稳；尽自己最大努力，让抗灾一线上的战友干得舒心。洪水是冷的，但是我们刁镇人的心是热的！”

就是这样的刘总，展现出“大商”的情怀。8 月 12 日上午，为安置点受灾群众送去急需的食物、饮用水；下午，为抗灾一线上的民警送去晚餐；13 日，为安置点受灾群众送去猪肉200斤、鸡蛋100斤、盒饭440盒、消毒液100瓶、花露水80瓶、卫生纸80包。得知受灾群众损失惨重，家庭困难，他又筹集资金10万元，定向捐给了刁镇受灾严重的困难家庭。

讲完这个故事，焦方立长吸了一口气，好像完成了一个重大任务。“我们刘总不让谈这件事，他说有显摆的嫌疑。但是，我不讲，大家都不讲，谁能知道一个企业家的胸怀和境界呢？”

创新：匠造人生的“帅才”

其实，刘庆坤在进入企业之前是一位很有名气的中医。正是凭借一位中医的探索、求新和对病患者的大爱之心，进入企业之后，他不断探求新领域、新技术，成为一个高精尖技术革新能手。经他创新创造的很多技术，到现在仍然处于国内领先水平，他也因此被评定为济南市C类高层次人才。先后获得了第十批章丘区专业技术拔尖人才、2019年度章丘区特殊人才、山东省金属制品行业大工匠、山东省五一劳动奖章、第十三批济南市专业技术拔尖人才、山东省科学技术奖二等奖等众多荣誉。

焦方立对此颇为感慨，他说，公司生产的工程机械关键核心零部件“高性能球墨铸铁卷筒”技术性能要求高，使用工况复杂，安全保障性强。为了在卷筒生产工艺上有所突破，刘总专门购买了《铸造工艺》《球墨铸铁热处理工艺》《工程机械》《现代铸造设计和市场实用新工艺、新技术、新标准》等专业书籍，查找各种资料，并将所学知识运用到生产实践中。就这样，他完成了从中医中药到铸造行业的“跨界”转身，成为铸造领域真正的“行家里手”。

焦方立还介绍了一个细节。刘庆坤刚入企业时，穿上工装，随身带着笔记本，就走进车间，详细记录生产数据、工艺流程。那时，大家不知道他是什么人，甚至被工人当作商业“间谍”赶了出去，经过焦立方的解释和介绍，才避免闹出更大的“笑话”。

刘庆坤的这个习惯，一直坚持到了今天。他经过细心积累、对比分析，精细把控质量管控环节，指导车间对生产流程和环节进行了一系列“小革新”，卷筒工艺出品率由原先的78%提高到现在的85%，成品率由原先的87%提升

到 98.5%，公司铸造水平从此跃入行业领先水平。

现在，在铁水熔炼过程中，刘庆坤只要站到跟前，能够用肉眼根据铁液沸腾波纹、铁花跳跃高度和频率，准确判断出铁水温度和球化情况；能够根据对热处理后产品的敲打声音，立即听得出产品硬度是否符合要求。

“这种‘火眼金睛’的眼力和‘耳听八方’的能力，没有扑下身子的实践和锤炼，没有用心用情去感知，是达不到这境界的。”焦方立赞叹说，“有的人一辈子也学不到这种本事。”

刘庆坤一直在铸铁领域内深耕细挖，针对传统铸铁材料强韧性相互制约和低温冲击性低、易腐蚀等一系列关键科学问题，从材料的宏观、微观界面控制入手，进行调质配比，在先进铸铁领域解决了铸铁新材料成形制备与性能提升的难题，持续突破了一系列技术瓶颈。

特别是在新技术、新材料、新能源、新业态领域，刘庆坤主导的革新取得了辉煌的成绩。近三年先后荣获国家专利 17 项，其中发明专利达到 7 项，起草国家标准 2 项，发表论文 8 篇，成功研制 -60℃球铁和高硅固溶球铁等铸造前沿新材料，承担《折线、螺旋线双复合高强度耐磨铸造球铁卷筒》《超耐低温高韧性球墨铸铁卷筒》《超大型起重机用高强度高延展性特种材质铸造卷筒》等省市科技创新和发展新项目。其中具有自主知识产权的履带吊卷筒系列产品，填补了国内空白，并获得了国家发明专利授权。

系列的产品革新成果，经徐工集团运行试验，其强韧性、耐磨性、钢丝绳匹配性均明显优于德国力士乐的专利产品，打破了长期以来国外在大型起重减速机专用配件材料方面的技术垄断，推动国内大型机动起重设备重大装备国产化，填补了国内空白，技术水平达到国内领先水平。

目前，企业产品已有600多个品种，市场涵盖国内知名的三一、徐工、中联、山河等大型企业集团，应用范围从最小吨位50吨到4200吨，为我国起重单机起重吨位和起重机械生产总量居世界第一位作出了积极贡献。截至2021年底，企业新增产值约3亿元，取得了显著的经济与社会效益。

创新改变现状，开拓促进发展。刘庆坤发明的“表面合金化技术”成功应用于卷筒绳槽等工作面，提高了卷筒的耐磨性能，使用寿命由5000工时提高到10000工时。开发了“双折线多台阶旋挖钻卷筒和一种后置式单排绳螺旋线卷筒”，新式卷筒具有单绳拉力大、卷绕速度快的特点，同时使钢丝绳使用寿命提高了200%，且大大提高了大型起重机的扬程距离，有效避免了排绳时发生的乱绳等不安全因素。

这些成绩的背后，离不开人才的支撑。刘庆坤利用国家级企业技术中心、国家高新技术企业、山东省院士工作站、山东省博士后创新实践基地、山东省球铁铸造工程技术中心、山东省特种铸造工程实验室等创新平台，通过和山东大学、西安交通大学、山东省机械设计研究院开展“模仿创新、合作创新、自主创新”的创新模式，充分发挥劳模工作室带动作用，加强对技术中心新员工的指导，做好“传帮带”工作。

让技术革新成为常态，是刘庆坤的最大愿望。他每年都自掏腰包5000元，购买管理和专业书籍，让大家共同学习。他利用工余时间为工人授课，通过现场指导、手把手培训等方式，与青年工人结成师徒，言传身教。特别是在关键岗位和关键技术上，让青年工人学到了“绝活”，取得了“真经”。一个“万马奔腾”的人才喷涌局面，正在这个企业形成。仅仅几年，公司就有5人被评为省金属制品行业齐鲁工匠，4人被评为省金属制品行业技术能手，1人被评为济南市青年技术能手，8人分别被评为章丘工匠、技术能手、章丘区青年技术创新能手。

“现在的企业内，‘人才链’支撑起了‘创新链’，企业进入了高质量发展、精彩蝶变的新时代。2022年，公司技术中心获济南市创新型班组荣誉称号。”焦方立不无自豪地介绍说。

十几年如一日，刘庆坤带领团队深耕一线，不断从事技术革新，持续提升高端铸件的生产创新能力。他用实际行动诠释了“技能成就精彩人生”的深刻内涵，也为新时代企业家精神注入了新的内涵。

文化：铸造“汇丰”华章

没有口号，只有行动；

左不攀，右不比，认认真真抓自己；

不求轰轰烈烈，但求扎扎实实；

做强汇丰铸造，树立品牌企业；心存责任，无须豪言；忠于企业，认真干事；

汇丰铸鼎，四海共鸣；整合社会资源，壮大汇丰产业；创优质，做精品，为全球一流企业服务；

创新改变现状，开拓促进发展；接受新思想，提升新观念；适应新常态，创新谋发展；

模仿创新，合作创新，自主创新；

立足发展，加快转变，创新驱动；

……

这是“汇丰铸造”从开始创立到现今，从“七五”规划到“十四五”规划所凝练出的企业文化精神和发展愿景。

山东汇丰铸造科技股份有限公司成立于1987年。35年来，历经体制机制改革的艰难探索，历经铸造市场的高峰低谷，历经去产能政策的挑战冲击，坚持以“理念融合”为抓手，一以贯之编制“责任、感情、利益”密码，推动了企业的健康发展。

“企业兴衰在于管理，管理优劣在于文化。”刘庆坤说，“汇丰铸造注重企业文化建设和员工行为规范建设，通过文化建设贯彻企业价值观、管理理念和团队合作等精神。”

现在的“汇丰铸造”，一家人、一条心、一股劲、一个目标的理念，已经深入人心；高高兴兴上班去，安安全全回家来，已成为习惯。无论什么时候，走进“汇丰铸造”，第一印象就是干净整洁，根本看不出这是一个每天和沙子打交道的铸造企业。企业把职工当作家人，职工把企业当作自己的家。

这源于刘庆坤精心打造的企业“家文化”。

“公司是我家”，领导干部首先要以厂为家。刘庆坤带领企业领导层早来晚走，已经成为不成文制度。“工人未来我先来，工人未走我不走。早来是为了更好地提前安排工作，晚走是为了职工安全。”刘庆坤说，“直到最后一名工人出厂，最后一辆货车进厂，我们这些领导层才安心下班回家。”这种习惯，他数年坚持下来，带动职工形成了以厂为家、以厂为荣的理念，工人们不仅注意自己的一言一行，更是把为厂争光、为企业做贡献放在第一位。

有一年秋天，厂里迎接一次卫生大检查。因为风大，树叶飘落了下来。刘庆坤觉得这是自然现象，也就没有放在心上。可是，有一名下了班要回家的工人，却跑到传达室拿了一把扫帚，细心地扫了起来。他还蹲在路边不走，树上落一片就捡一片。那一次让刘庆坤异常感动。

近年来，随着企业发展，对工人技术技能素质的要求进一步提升，工人们更是将此作为“家里”的要求，克服了很多困难，学习新技术、新知识，先后有 86 名职工获得初、中、高级技师和工程师证书，22 名职工获得行业和市级技术能手、创新能手、标兵荣誉称号。

职工是家人。而家人最需要的是能够衣食无忧。“按时发放工资，职工才能够心安。”一直以来，“次月 1 日准时发放工资”成为企业雷打不动的铁律，并按照每年 10% 左右的比例不断增加职工收入。现在，汇丰铸造做到了企业在银行没有贷款，职工按时领工资数钱。每到这一天，职工脸上的幸福，像他们铸造的工件一样洋溢、闪亮着光芒。

为“家人”谋福利。2012 年改制前，公司为职工办理了养老、医疗、工伤、生育、失业五项保险，免除了职工的后顾之忧；改制后，每年社保基数逐年递增的个人缴费额全部由企业承担。每年发放人均 2000 元左右的福利，让职工过上好节日。坚持每周改善职工伙食，每年定期对职工进行职业健康体检和女工健康检查；先后投入 600 多万元，实施职工浴室新建、车间粉刷装修、空调安装、暖气管道改进、职工住宿、更衣间改造、卫生间改造等工程。先后投资 5000 万元进行设备改造、环保治理、厂区绿化和信息化提升，为职工打造优良环境。每年举办“金秋助学”，对考入高等院校的职工优秀子女进行奖励；2013 年成立“汇丰铸造爱心互助会”，建立困难职工帮扶基金，对困难职工进行帮扶。“我们的福利在这个地方可能不是最好的，但绝对是最温暖的，怎能不好好地干呢。”焦方立自豪地说。

“‘企业文化只有落实到实际行动中，才有灵魂，才有效应。’这是我们刘总说的话，我们坚持用产品说话，用服务说话，用成果说话，让企业文化增添了底蕴，激发了活力。”

焦方立说，“用产品说话”有一个故事。1999年，企业就获得ISO9001质量体系认证，这是济南市铸造行业首张证书，含金量可想而知。

该证书的获得，源于公司1994年和德国博世力士乐合作，其总裁钟默到访汇丰的时候。企业提出长久合作意愿，钟默先生回复说：“合作的长短和业务量大小，你说了不算，我说了不算，产品质量说了算。”为了这句话，企业利用一年时间，全员参与封闭学习，通过5名专家7天审核，最终拿到这张“市场通行证”。

在运行过程中，公司严格按照标准执行，制定了不合格产品不允许进厂、不合格产品不允许转入下道工序、不合格产品不允许出厂的“三不”制度，原材料采购都是行业内一流企业。在产品生产过程中，不断改进生产设备和检验设备，中频电炉、炉前快速分析仪、5大元素分析仪、金相分析仪、耐低温冲击分析仪一应俱全，保证了产品质量绝对上乘。这项合作一直坚持到今天，而且手握得更紧，联系更加紧密。

焦方立说，用服务说话，也有一个令人难忘的故事。

2003年，德国博世力士乐北京工厂出口订单供货出现短缺，刘总立即制定应急预案，组织党员干部亲自押车送货，一周的时间里不下车地往返北京4次，保证了该企业的正常生产。德国总监布鲁特非常感动，用不太流利的汉语说道：“汇丰铸造不但能锦上添花，关键时刻还能够雪中送炭。”

凭借产品实力和优质服务，企业与国内三一集团、徐工集团、中联重科、山河智能分别建立了战略合作关系，连续多年被评为优秀供应商。2011年，公司“金汇”商标荣获中国驰名商标，让企业如虎添翼。

用成果说话，是刘庆坤更高的追求。2005年，企业和山东大学材料与工程学院进行共建实践教学基地，走出了企业产学研一体发展的第一步。从新材料、新技术、新工艺、新装备等方面进行研发，开发出系列高端精尖产品，在产品不断更新换代的进程中，满足了市场旺盛的新需求，受到了用户的良好评价。随后，又与西安交通大学、山东省机械设计研究院、北京工业大学、山东铸造协会等，建立了“共创、共建、共享”创新平台，在“四新”上不断提升，并不断进行专业人才输出和输入，成功入选泰山产业领军人才和济南市5150人才项目。

近年来，刘总和企业申请专利56项，其中发明专利30项，并获得首届山东省专利奖一等奖、山东省科学技术进步奖二等奖、中国机械工业科学技术奖三等奖等奖项，同时拥有了山东省院士工作站、山东省博士后创新实践基地、山东省球铁铸造工程技术研究中心、山东省特种铸造研究中心等技术创新平台。2019年3月，公司技术团队研发的高性能球磨铸铁重载卷筒，被中国工程院陈蕴博院士评价为填补了行业的国内空白，技术水平达到了国内领先、国际先进水平。2021年，汇丰铸造又获“国家级制造业单项冠军企业”殊荣，加之原有的国家级企业技术中心、国家级高新技术企业、国家专精特新小巨人、国家级知识产权优势企业、中国专利优秀奖，已拥有了6个“国字号”奖项。这对于基础制造企业，特别是铸造企业来说，在全省都是凤毛麟角。

当下，汇丰铸造生产的产品涉足铸造、机械加工、电机等三大产业，品种超过了10000多种。大到十二三吨，小到不足1公斤，刘庆坤都把它们当成自己的孩子一样。刘庆坤说，看着它们成型、成形，走向国内外经风历雨，他的心情既复杂又激动。

听着焦方立娓娓道来的这些故事，我真切地感受到，刘庆坤活得很透明，他做的每一件事、每一个决策，以及企业的每一点进步，职工都看在了眼里，记在了心上。他的副总经理这样评价他、佩服他，且毫无芥蒂，说明这个企业具有极强的凝聚力，没有内耗，没有“窝里斗”。所以，这个企业才能走得这么踏实，这么有力量。

到此，我心中顿时了然：与大商孟洛川一脉相承下来的，刘庆坤的“新儒商”理念，不但诠释了“生、食、为、用”的商家经营之道，更丰富了“诚信、大爱、创新、文化”的新时代企业和企业家精神内涵。从更高意义上讲，他具有了作为中国一个特殊群体里的“这个人”的特质，具有了大儒、大商所必备的共同特征、价值取向、知识体系和素质能力，成为商海之上搏击长空的气质和意蕴的写照。

指尖上的“火眼金睛”

——记山东省劳动模范、济南市槐荫人民医院张士荣

吴 苹

又一个病人顺利出院了，张士荣望望那张空出来的病床，再转身环顾四周：白色的墙壁、白色的被褥、白色的工作服，年轻的医生们一如既往地忙碌着（他们都是她带出来的医生）。那一瞬，她的脑子里又闪过明朝裴一中《言医·序》里的一段话：学不贯今古，识不通天人，才不近仙，心不近佛者，宁耕田织布取衣食耳，断不可作医以误世！从进入槐荫医院肛肠科，不，应该是从踏入医学院大门那一刻，她就将这段话镌刻在心里，从医二十多年来，她从没忘记以此标准来衡量自己。

如果要寻根溯源的话，从医的种子应该是她少年时期种下的。张士荣的母亲体弱多病，一米六二的身高一度瘦到七十来斤。患的是头痛、胃炎、贫血、肾炎，且缠绵不愈。对于当时的农村人来讲，经常去医院也不现实，每当母亲身体不舒服，张士荣就跑着去村里请大夫，然后再一路飞奔跑回家。到家后，又马不停蹄地烧开水，给医生烫针管、针头用。医生为母亲量体温、开药、取药、打针，张士荣就在旁边目不转睛地看。医生临走时，照例叮嘱她一番药物的用法和用量等，张士荣都牢牢记在心间。治愈母亲的迫切愿望和对医生的崇拜钦慕，共同在张士荣心中孕育了理想的种子。

恰巧，张士荣天生就是一个实干派的铁娘子，她知道考医学院必须有优异的学习成绩做后盾，为此，无论是在课上还是课下，她都不敢松懈。晚饭后，当同龄的孩子去有电视的人家看电视时，她就在灯下争分夺秒地看书、做题。

某次，她看书看到深夜，不知不觉睡着了，灯被猫碰了一下，倒在桌子上，将桌子烤出一个洞，她猛地从梦中惊醒，才避免了一场火灾的发生。

去年，她问弟弟，那张被灯烤坏的桌子还在吗？弟弟说，还在。而后，弟弟便将那张桌子送到了她家。可惜因天长日久，桌子腿变得很松软，用手一抠便掉下来一块，尽管如此，她也不舍得扔掉。

后来，张士荣如愿以偿地进入了医学院，毕业后，顺理成章地做了槐荫人民医院肛肠科的一名医生。

这些年来，肛肠病的患病人数逐年增高，与当代人的饮食、作息、运动都有很大关系。当代人的饮食以精细为主，细粮多粗粮少，肉食多素食少，尤其是城市的年轻上班族，久坐、熬夜、饮食不规律，又无辣不欢，久而久之，肠道菌群失衡、肠道毒素丛生，为肛肠疾病埋下了隐患。还有已婚已育的女性，因为孕期腹压增加，也增加了肛肠病的患病率。有一句话叫“十人九痔”，说得一点也不夸张。

张士荣是槐荫人民医院肛肠一科的主任。在她和全科医护人员的努力下，肛肠一科先后被评为“山东省重点医学专科”“济南市医学重点专业”“济南市青年文明号”“槐荫区巾帼文明岗”“全国消痔灵注射疗法培训基地”“全国肛肠疾病新技术推广单位”“济南市临床医学研究中心”“济南市精品特色专科”。肛肠一科中医特色优势明显，西医技术先进。张士荣自 1991 年进入槐荫人民医院，至今已有 20 余年。其间她积累了丰富的临床经验，尤其擅长治疗混合痔、肛瘘、肛周脓肿等肛肠疾病，其手术技术在“槐荫小剥口”的技巧基础上，配合“内痔硬化剂注射术”等微创技术，最大限度地减少了患者术后疼痛，基本达到了术后“零疼痛”的效果。

做好肛肠科医生，全靠一双手。

当病人来到槐荫人民医院肛肠科之后，医生最常用的，也是最关键的检查便是指检，即戴上手套对病人的肛周或直肠进行检查。张士荣常跟科里的医生讲：“医生做指检的那根手指堪称‘指诊眼’，相当于医生的眼睛，但它不是普通的眼睛，而是更犀利更敏锐的火眼金睛，我们要让所有的肛肠疾病在这只火眼金睛下无处遁形、无路可逃。”肛肠科医生常戏称自己的右手食指为“金手指”，有医生还开玩笑说得为这根手指上个保险。在这根“金手指”的加持下，张士荣和科里的医生发现并治愈了许多病例，有些病例称不上多复杂，但发病的病因却是让人意想不到。

有一个江苏的病人，因为外伤后久治不愈的肛瘘，慕名来到槐荫人民医院检查并住院，医生经过问诊和检查之后将他推进手术室。手术中，主管医生发现痔管很深，呈葫芦形，心里有些疑惑，便请主任会诊。张士荣先用刮匙刮了一下，准备一探究竟。接着，她反复认真搔刮，在瘘管的最顶端处，竟刮出来两小块纱布来，被包在糜烂的肉里，四周全是脓。应该是之前做手术前的外伤残留，纱布被炎症组织包裹着，以致多次手术都没被发现，所以导致肛瘘久治不愈。

某一个夏天，有一位高校的厨师患了肛门脓肿，考虑到自己工作较忙，便匆匆忙忙在学校附近的医院做了手术。手术后，患者的病痛并没有减轻多少，但他唯恐请假耽误了学校的工作，便一直忍着病痛坚持到学校放暑假。假期里，他来到槐荫人民医院肛肠科再次就医。医生为他打了麻醉后沿着创面做指检，发现罪魁祸首是一根鱼刺，这根鱼刺藏在患者肌层组织里，导致了肛周、直肠的感染、脓肿、疼痛。

还有一位类似的患者。患者就医时描述的是屁股疼痛，痛如锥刺，每一走步便龇牙咧嘴，尤其是上厕所，疼出一头汗却排不出来。患者在小区附近的诊所打了几天针，也没有什么效果，便转了几次车穿过大半个济南城来到槐荫人民医院，到医院已是下午四点。医生照例为他进行指检，发现作怪的竟是一颗枣核。给患者打上麻醉后当即将枣核取出来，第二天患者顺利出院。

肛肠科医生的金手指不仅用来做指检、拿手术刀，有时候遇到有严重便秘、又不能做灌肠治疗的老人，张士荣和医生们便会戴上手套帮患者抠粪便。刚刚进肛肠科时，亲戚朋友都担心她会有一段时间的不适，她便安慰他们，说自己的幸福取决于病人，看着病人痛苦呻吟着入院，笑逐颜开地出院，她不仅没有任何不适，心中还会生出丝丝缕缕的甜意。曾有一位肛肠科的年轻女医生找张士荣谈心，她说平时医院里忙，回到家饭菜都已端上了桌，有一次休班，她走进厨房准备做饭，哪知刚想碰锅碗瓢盆，婆婆便匆匆走进来客气地制止了她。她当

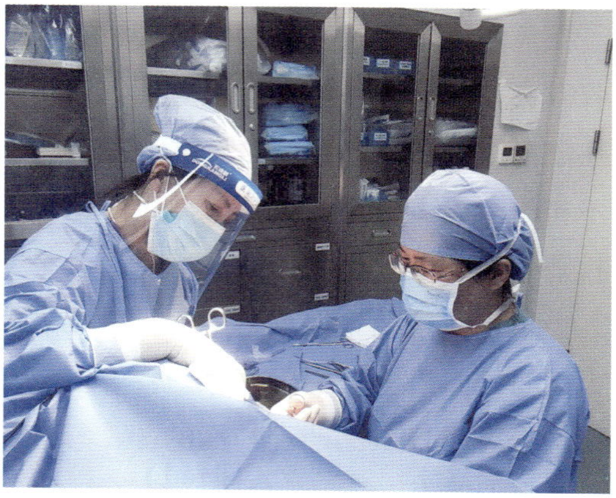

时虽然没有说什么，但心里到底有点不舒服。张士荣笑着开导这位女医生：“刚开始，老人不理解也是正常的，时间长了就好了，再说，她不让你做饭，你可以做点别的事情啊。”

某次，张士荣碰到了一位在城肥工作的朋友，那位朋友负责清理厕所、化粪池之类的事情，两人见面后，便相互拿自己开玩笑。那位朋友说：“姐，说好听点，干我们这一行的是活跃在城市一线的人，说难听点，就是一个掏粪工。”张士荣笑说：“你比我强，你们好歹还有个勺子呢，我们是直接用手啊。”说完，两人都哈哈大笑。

尽管张士荣拿自己的工作打趣，但她深知，这二十多年来，这份工作带给她的幸福感和成就感无以言表。

某次，她和家人在外面吃饭，吃到中途，饭店老板给她加了两个菜。她很疑惑，就问老板：“我们没要这么多菜啊？”老板说：“是十一号桌的客人为你加的。”她望向为她加菜的客人，那是一位年轻男人，此时正对她微笑，她想了一阵子，只觉得面熟，一时又想不起他是谁。那个男人走过来，说：“张主任，您忘了，我是 ×× 的儿子，我妈的肛窦炎就是您治好的。”这么一说，张士荣想起来了，是几年前的事了。患者是位老太太，来的时候老人精神萎靡面带忧郁，儿子则是一脸愁容。张士荣经过一番详细的问诊，了解了这位患者的情况。老太太的老伴已经过世，儿子是做生意的，终日早出晚归，家里进进出出都是老人一个人。加上老人的性格喜静，别的老人热衷的广场舞、打麻将，她统统不感兴趣。老太太一天到晚无非是待在家里，除了偶尔看看电视、打扫打扫卫生，剩下来的大片时光便是坐在沙发上静等天黑。老人身体不适有一个月了，肛管疼痛、排便不尽，还有下坠感，儿子知道后专门请了几天假，带母亲去看病，辗转了几家医院，做了多项检查，药也吃了，却收效甚微。儿子在假期结束后回归正常工作，又不放心家里的老妈，便天天往家里打电话。这日，儿子又给妈妈打电话，开始时妈妈还控制着自己的情绪，不料说着说着竟哭出声来，儿子一听慌了手脚，忙说：“妈妈您别哭，咱再找别的好医生。”

张士荣给老太太认真地做了检查之后，便安慰母子二人说：“你们不用太担心，这不是什么严重的疾病，只是一个肛窦炎，既不用住院也不用做手术，我给您开点口服的药和外用的药，您按时用药便会痊愈的。”母子二人临走时，张士荣再三叮嘱他们说：“药物不是万能的，心理也占很大一部分因素。

您平时不要老待在家里琢磨自己的病，那样只会越琢磨越严重。您家不是在佛慧山附近吗？您经常出去爬爬山、散散步，这些活动对人的身体很有好处。”母子二人走后，张士荣经常给他们打电话，了解她的疾病改善情况，并督促她多进行户外活动。

为了更好地追踪病情，张士荣会让病人留下自己的联系方式，多年来，这件事在她所在科室已是习惯成自然。张士荣多次和手下的医生说：“对做手术来说，术前沟通不能少于半个小时，如果低于半个小时，沟通效果就会大打折扣。”张士荣经常会问医生，他们主管的病人是什么样的家庭情况，以此了解医生的沟通是否有效。术前认真沟通，全方面地了解病人的情况，为患者量身定制一套合理、规范的诊疗方案；术中，全体医护人员全神贯注，尽最大努力减少病人的疼痛。术后，医护人员密切配合、精心护理，及时发现并处理患者任何不良反应；出院后，紧密跟进，使患者安全、舒适地度过康复期。张士荣和她的团队以精湛的医术、贴心的服务、优良的医德赢得了患者的信任与好评，也和患者建立了如朋友般和谐的关系。

有一年三八妇女节，有位老年女性捧着花来医院看她，说三个月前门诊上给她治好了久治不愈的腹泻，还一直没复发，所以才来感谢。还有一位女性患的是内痔嵌顿，患者大便时出血，疼痛难忍，她忍受不了肛门疼痛便跑来医院。张士荣给她检查时，发现她的痔疮已经糜烂、坏死，单纯靠药物效果肯定不理想，要想从根本上解决还得靠手术。张士荣将这个情况和患者沟通之后，患者说：“这两天恐怕是不行，要不先拿几天的药维持一下吧。”两天后，这位患者又来了，这次是被家人用轮椅推来的，身上还带着在其他医院做的各项检查。张士荣将这些检查报告认真看了一遍后，发现了大问题：患者肝硬化失代偿期，不只血小板低、贫血，还有黄疸。张士荣说：“你得把肝胆病治好了再来看痔疮，痔疮虽然疼痛却要不了命，肝胆的病可是会要命的。”病人就问去哪个医院，张士荣说去传染病医院吧。那边家属和传染病医院在联系时，这边患者已痛苦万分，坚持不住，趴在轮椅上连连大声呻吟。针对这种情况，张士荣和病人家属商议后，决定先做痔疮手术。在术前检查做B超时发现，病人的黄疸是因肝内胆管狭窄导致，既不是肝炎也不是肝硬化，更不是病人和家属认为的肿瘤。在槐荫医院做完手术后，患者五天就出院了，且恢复良好。病人康复之后，经常来槐荫人民医院拿降压药，每次过来必定要来肛肠科找张士荣。这位女性对张士荣说：“我来就是为了让你看看我，你看，现在我的身体很好。”

“治好一个病人，树好一个口碑，交好一个朋友，做老百姓认可、同行认可的拳头科室。”这是张士荣一贯的行医宗旨，也是他们的科室文化，在她的言传身教下，这几句话也成了肛肠一科医生的人生信条。在二十多年的临床生涯中，张士荣遇到了许多棘手的病例，有病情复杂身体虚弱的，还有八九十岁的老人和几个月大的婴儿等，她经验丰富又胆大心细，最终将这些患者从病痛的沼泽里拉了出来。

疫情期间，有一位从泰安转过来的患者，他人生地不熟，经过一番周折转到槐荫人民医院已是晚上八点多。当时患者发着三十九度的高烧，人处在半昏迷状态。据家属描述说患者屁股疼了多日，因为有疫情不敢去医院，拖延了很久才导致了病情加重。疫情期间，人人自危，更何况是发高烧的病人？但救死扶伤是医生的天职，医生当即做好全身防护开始给患者做检查。检查后发现患者得的是肛门脓肿，因延误治疗导致多种细菌感染，肛周全是脓，腥臭扑鼻，麻醉师为他打上麻醉后差点被熏吐。医生切了十来个切口，才将多处汇聚的脓清理干净。半夜时，手术顺利完成，患者的高烧降了下去，很快进入平稳的睡眠状态。

张士荣的患者中不乏八九十岁的老人，他们年老体弱，身体各个器官机能下降，若有病情严重不得不做手术的，医生就会格外严谨慎重，会对他们付出比常人更多的时间和精力。有位八十六岁的老太太患了脱肛，每次上厕所直肠都会脱出体外，需要她儿子帮忙把脱出来的内痔送进去才行。患上这种病不仅仅遭罪，那份尴尬更是让体面了一辈子的老太太觉得失去了尊严。张士荣见老人手术指征明确、手术意愿强烈，便根据老人的具体情况，为她制订一套最适合的手术方案，并反复交代主管医生各种注意事项。考虑到老人的身体情况瞬息万变，为了避免一些无法预料的事情发生，手术之后的那几天，主管医生丝毫未敢掉以轻心，一趟趟地不厌其烦地往病房跑，了解镇痛效果，询问老人的身体有无不适，察看体温、心率、血压等，直到老人顺利康复出院。

2023年国庆前夕，肛肠科来了一位九十六的老太太，她患的是直肠脱垂，且脱出来怎么也回不去，一大团肠黏膜垂在体外，稍一走动就和身体、衣服发生摩擦，苦不堪言。考虑到老人手术难度大、住院时间长、术后还要控便三天，而国庆假期医护人员轮流值班，人员不够充足，张士荣和她家属沟通后让她节后再来手术，正常的工作日医护人员充足，能够更全面、周到地照看老人。其实说白了，医生治病救人和大将带兵打仗有相通之处，攻无不克战无不胜需要的不仅仅是实力和勇气，还有运筹帷幄的智慧以及合适的时间与机会。

小儿肛瘘是肛肠科的亚专业，由于孩子的血脑屏障尚未建立，肛门脓肿不及时治疗很容易引起全身感染，因肛门脓肿而患上脓毒血症、败血症的人并不少见。张士荣做过手术的患者中年龄最小的才出生 27 天，那是在经五路小学任教的一位老师的宝宝，当时，患儿发烧数天，辗转多家医院找不到病因，开始以为是感冒，后来看到屁股发红又以为是婴儿红臀，到槐荫医院就诊时已经是一周以后了。张士荣为患儿做过检查后立即展开手术进行排脓，术后当天孩子便退烧了。现在那位小朋友已经上学，家长每年都和张士荣联系，说唯恐孩子哪天复发了找不到她。

还有一位六个月大的宝宝患上了肛周脓肿、多发肛瘘，因为病痛的折磨宝宝终日哭闹不止，父母急得焦头烂额，带着孩子四处求医。在求医过程中，孩子的父母多方打听治疗肛肠病拿手的医院和医生，经人介绍，孩子父母带着孩子来到槐荫人民医院肛肠科。到了医院后，张士荣为孩子做了全面系统的检查，考虑到患儿年龄小、病情复杂，又有多处肛瘘及脓肿，便第一时间启动婴幼儿手术应急预案，经过商讨，为孩子制订了一套最匹配的手术方式。经过手术和一段时间的治疗，孩子最终得到痊愈。

四十多岁时，张士荣有了第二个孩子。产后三十五天，正在休产假的她接到医院电话，那边说有位二十多岁未婚的姑娘来肛肠科就诊，她是因肛肠疾病侵犯血管引发的大出血，这已经是第二次大出血，病人家属个个惊慌失措，女孩的母亲又急又怕又心疼，眼泪都流了出来。彼时，张士荣刚刚将怀里的婴儿哄睡，正要趁此机会补个觉，但病情如军令，刻不容缓，她挂了电话，立即和丈夫说了这个事情，而后将在书房看书的大儿子叫了出来。因为正值寒假，上大学的大儿子恰好放假在家。得知有病人需要抢救，大儿子二话没说，打开门就去楼下车库开车。张士荣穿上羽绒服，戴上帽子和围巾，将自己包裹严实后便出了门。到底是产后身体虚弱，才走出单元门，就感觉双腿发软，大儿子见此情景忙将她搀进车内。到了医院，患者的母亲看到她，一把抓住了她的双手。张士荣安慰她一句便匆匆走进手术室，此时，患者脸色苍白，意识模糊，她立时组织并加入抢救治疗中。凌晨五点手术结束，此时，远处的天边升起一抹彩霞，她走在回家的路上，才发觉衣服的前胸后背已被虚汗浸湿。

产后四十五天，张士荣回到工作岗位，开启正常上班模式。那些天，科里的同事都非常照顾她，并没让她干太多耗体力的工作，主要是做手术指导、事务协调一类的事情。她是科里的中流砥柱，总是给年轻人带来正能量，有她坐镇指挥，科里的同事便会觉得踏实。

受她的影响，她的大儿子也学了医，大学毕业后在山大二院的外科工作。医生工作繁忙、休息日和节假日无规律，这都是众所周知的事情，逢病人扎堆的时候，夜以继日、废寝忘食也是屡见不鲜。很多次到了夜静更深时，儿子才拖着疲惫的身体回来。张士荣担心疲劳会挫伤儿子的工作积极性，便经常给他加油打气："干咱们这一行，工作确实很繁忙、很辛苦，但我们的付出换来的是患者的健康和平安，你经常想想这些有价值的东西，就会很快乐。"每逢有痊愈的患者为自己送锦旗，儿子便将这份喜悦分享给妈妈，张士荣也会为及时为儿子送上祝贺与鼓励。

战争年代，为了保家卫国，军人会用自己的血肉之躯筑起抵御外辱的钢铁长城；和平盛世，每逢有大规模的传染病袭来，白衣天使则个个化身为冲锋陷阵的勇士，以自己的智慧和责任为民众竖起一道坚实的屏障。2022 年 5 月，济南有多人感染新冠病毒，槐荫人民医院的某位患者家属也不幸"中招"，收到疫情防控部门的通知后，医护人员当即带着病人与密接人员住进了方舱医院。由于他们是方舱建成后住进的第一批人，他们的医护人员无疑要面临诸多问题：既要治疗、护理患者，又要做好这些人的疫情防控工作，还要解决物资短缺问题；隔离人员中有办了住院未做手术的患者，这些人和他们的家属因为焦躁也闹起了情绪，医护人员还要做他们的安抚工作。没被隔离的医生则承担着采核酸的工作，每周一次，或者两次，有时候一天一次，工作人员个个全副武装，穿防护服，戴护目镜，不辞劳苦在外面辗转奔波。有位年龄大的医生去隔离酒店执行任务，因过于劳累导致血压、血糖升高，竟晕倒在工作现场。医护人员平时就忙，疫情期间每个人都身兼数职，更是忙得晕头转向。

2022 年 12 月上旬夜间，槐荫人民医院肛肠科所在病房因发现新冠病人，张士荣和护士长及副主任三个科室负责人半夜主动进入病区，隔离在了医院，与住院的病人同吃同住，并挑起了科里的所有治疗和防疫工作。她家里那个五岁的小宝，每次打电话都哭喊着找妈妈，临到挂电话时更是哭得声嘶力竭。偏偏大儿子也被隔离在山大二院，张士荣分身乏术，只得在电话里再三叮嘱丈夫照顾好小宝。叮嘱完了丈夫，又担心大儿子牵挂家里，就安慰他说：“你没成家，家里没有小孩子，在医院里安心工作就行了。”一周之后，张士荣转为居家隔离，为了安全起见，她和小宝一人一个房间。这日，小宝在客厅里玩耍，过了一会儿，客厅里蓦地传来小宝的哭声，张士荣撂下手中的东西，当即从房间里跑了出来，原来小宝不小心磕在椅子角上，把额头磕破了，她连忙为孩子处理伤口。将孩子的伤口包扎好，她才想起自己还在隔离期，只因母子连心，一着急竟将这事给忘了。

从事临床工作二十余年来，张士荣时时刻刻对自己高标准严要求，无论是做手术还是搞科研，她都力求自己做到精益求精。她在省内最先开展无痛病房建设，吸引了很多慕名而来的病人，她每年的手术量达 2100 多人次，居全市同专业首位，创医院有史以来病人最多的纪录。她以精湛的医术和耐心细致的工作态度，赢得病人及家属的一致好评，收到表扬信、锦旗数十件。她先后被评为“济南市优秀科技工作者”“槐荫区科技工作者先进个人”“槐荫区三八红旗手”“槐荫医院第一届十佳医师”，荣获济南市五一劳动奖章、济南市“建功十四五，建设强省会”争先创优劳动竞赛一等奖等。

张士荣善于钻研、勇于创新，工作之余挤时间搞科研、写论著。这些年共发表医学论文十余篇，发明专利四项，并主持参与多项科研课题，积极规划学科发展目标和方向，还经常被邀请授课和手术会诊。她的《提高受损心肌 S100A1 水平对急性心肌梗死患者室壁瘤形成的影响及意义》，获得“山东省科技创新成果”三等奖，《排粪造影在诊断盆底疾病中的应用》获得“中华中医药研究会促进会肛肠分会百强优秀科技”成果奖， 在“2022 年全国中青年肛肠医师手术技能”视频大赛中获优秀奖，《冠心病稳定型心绞痛合并高价血站，中医证权分市规律及其方载工预》获“济南市科技进步”二等奖。

作为科室主任，不仅仅要具备精湛的医术、优良的医德，还要肩负着管理、引领以及扶持年轻医生的责任，张士荣在为医院培养人才方面充分做到了知人善任、人尽其才。科里的每个医生都有自己的优势，有的喜欢动脑，有的喜欢动手，有的则喜欢沟通。就拿看说明书说来，大多数人会先看药物的成分和适应证，有位年轻医生拿到说明书则先看不良反应，张士荣发现这个细节后，知道这是一位适合搞科研的年轻人，便往这方面重点培养她；有位医生沟通能力强，张士荣就让她管理病人，这位医生一有空就为病人讲解专业知识及术后的调理等，他的细心与亲和力也得到病人的一致认可；有位医生不爱讲话但动手能力强，张士荣便将一些复杂的手术交给他，手术时切口的位置、深度、形状，每一个环节他都能做到严谨认真、一丝不苟。“千里马易得，伯乐难求”，张士荣以一个伯乐的责任和使命，将一匹匹千里马送上了万里征程。

槐荫人民医院肛肠科的人都知道，每周的周二是肛肠一科的业务学习时间。从早晨七点半开始，到七点五十结束，十年如一日，雷打不动。大家轮流在这二十分钟里展示，展示内容包括特殊病例、心理指南等，大家一起分享成功的经验，剖析棘手病例的处理方法，以人之长补己之短。七点五十之后，大家各自奔向自己的岗位。另外，张士荣让科室里的每个医生都做PPT，能手术、能讲课、能搞科研，她要将科里的医生都打造成全面发展的综合型人才。

在肛肠专科领域，张士荣已经称得上功成名就，少女时的白衣梦已然变成现实；如今，她的心里有一个“粉色”的梦想。她深知，和男性相比，女性是更注重私密性，加上肛肠病所处位置的特殊性，致使很多女性在患了肛肠病之后讳疾忌医，以至于将病情拖得相当严重才去医院就诊。考虑到女性患者就医时的诸多不便，张士荣所在科室于全省最早设立了女子门诊。多年来，张士荣的心里一直酝酿着一个美好愿望，将女子门诊和女子病房做大做规范，首先将诊室和病房的环境布置成女性喜欢的样子，墙壁和窗帘要做成大多女性钟情的粉色，屋里的摆设要温馨、有特色；最重要的是一人一诊室，房间里除了陪护之外，便是女医生、女护士、女病人。女子门诊和女子病房，让女性在患了肛肠病后不再讳疾忌医，让女性在这里放下所有的紧张和尴尬，让女性在医护人员的关爱下重拾健康、舒展、自信、美丽。

窗外，槐荫人民医院新的病房大楼已破土而出，并以肉眼可见的速度不断地生长、拔高，张士荣相信，等到大楼落成之后，她的愿望将会落地生根，长得枝繁叶茂，并绽放出芬芳的花朵。

21 年矢志不渝，做未来科技栋梁的“铺路石”

——记山东省先进工作者、济南市历城第二中学高月锋

鲁 风

法国著名作家雨果曾说：“花的事业是尊贵的，果实的事业是甜蜜的，让我们做叶的事业吧，因为叶的事业是平凡而谦逊的。”

有人说，教师就像那默默奉献的绿叶，时时刻刻衬托着鲜花的娇艳。也有人说，教师就是学生的渡船，把学生虔诚地摆渡到知识的殿堂、幸福的彼岸。济南历城第二中学教师高月锋就是这样的人，他深耕科技创新教育领域 21 年，甘做创新启蒙“领路人”、科技栋梁“铺路石”，努力让每一名学生都有机会站上科技创新的“起跑线”，有能力攀登科学世界的“高山”。

翻阅高月锋的履历，让人不由心生敬意。他带头研发的全国首个普惠式科技创新小初高一体化课程体系，在国内 56 所学校推广应用，受益学生达 15 万人；其辅导的学生有 1300 多人次在全国各级各类科技竞赛中获奖，申请国家专利达 4367 项。

一分耕耘一分收获，他也因此获得全国创新型教师、山东省先进工作者、山东省特级教师、齐鲁最美教师、齐鲁名师、山东省五一劳动奖章等荣誉，123 次获得全国各级优秀科技辅导员称号，拥有 9 项国家专利。

每一份荣誉背后都是汗水和坚持，让我们走近高月锋，感受榜样的力量吧……

拓荒！“争取”来的挑战

科技是国之利器。培养科技创新人才，是实施科教兴国战略的重要支撑，是国家、民族长远发展的大计。攀登科技进步之峰，得有咬定青山不放松的韧劲和敢闯敢试的拼劲。谁能想到，高月锋与科技创新教育结缘，竟是自己主动“争取”来的挑战。

2002 年大学毕业后，高月锋成为济南历城第二中学的一名普普通通的信息技术教师。他在大学里学的是计算机专业，成绩优异且雄心勃勃，决心毕业后在这个领域干出一番事业来。

当时的济南历城二中，是一所典型的农村学校，周边杂草丛生，甚至有点儿荒凉。高月锋每每举目四望，便顿生感慨，原有的鸿鹄之志，也突然有点儿荒凉起来。

正当高月锋“山重水复疑无路”的时候，2003 年春节刚过，学校接到一个机器人竞赛的通知，这让他感觉自己的“春天”要来了。他心想，如果从事机器人教育，自己在大学所学的专业技术肯定会有用武之地，甚至还有可能通过继续学习与研究，步入“更上一层楼”的境界。于是，他便向学校提出组建和负责机器人小组，承担机器人教育和辅导学生活动的工作。

理想很丰满，而现实很骨感。高月锋虽然内心有一股子激情，但当机器人真的摆在面前时，他激动中也夹杂着一丝压力。当时，机器人还是新鲜事物，他和学生连机器人的模样都没见过，更不要说有很深的了解和丰富的经验了。为彻底弄清楚机器人各种部件的功能和各种传感器的性能，高月锋在长达半年的时间里几乎住在了学校里。

那段时间，他和机器人可以说是形影不离。他一边小心翼翼地尝试拆装，研究它的构造和原理，一边阅读大量书籍，补充专业知识。就连和朋友、同事交流的时候，说着说着，话题也转移到了机器人上。对他来说，每天夜战已成了家常便饭，有好多次都是校长实在看不下去，“命令”他关灯回家去睡觉。

功夫不负有心人，2003 年 12 月，在山东省机器人大赛中，高月锋带领的机器人足球代表队一路过关斩将，一举夺得全省一等奖第一名。济南历城二中，这个在当时尚名不见经传的农村学校，让所有参赛学校尤其是全省名校不由得刮目相看。

第一次参加机器人大赛就取得了骄人的成绩，这给了高月锋十足的信心，也让他见识到了科技创新这片浩瀚的知识海洋。此后，他潜下心来，一头扎进了科技创新知识的学习中，每天都会在办公室或者图书馆里学习和研究，乐此不疲。

正当高月锋激情满怀地投注于机器人辅导工作的时候，信息学奥赛的新使命又降临到了他的身上。经过查阅资料，他发现信息学奥赛不但与他之前所研究的机器人一脉相承，而且更适合他所学的计算机专业。于是，他就主动向校长申请，要带领学生搞信息学奥赛。

随着在科技创新教育领域不断深耕，高月锋深刻认识到，开展科技创新意义深远，不仅可以为学生播下科技启蒙的种子，点燃广大青少年爱科学、学科学、用科学的热情，培养学生们的创造能力和探索精神，还可以提升学校的知名度与美誉度。他又主动“争取”，申请开设发明创造课。

这个想法，与对教育具有敏感洞察力的李新生校长不谋而合。经学校领导班子研究决定，由高月锋具体负责这项工作。这对从来没接触过科技发明的他来说，无疑是一个全新的挑战。2008 年，高月锋着手开发科技创新课程，并命名为“开启创新之门”。

在校长支持下，济南历城二中从 2008 年秋季开学，便将科技创新正式纳入课表，面向全体学生，每周一节课。高月锋系统备课，做成教学课件，为所有高一学生上课。那一年，高月锋带领的学生居然有五六十项创造发明申请了国家专利，还有十多件学生作品被选送参加省市青少年科技创新大赛。

尝到甜头的高月锋欣喜不已，但他也知道，开展科技创新还需要“硬件”的支撑。比如，学生的实践场所、相应的设备器材等。他又找校长要了近 200 平方米的两间大教室，作为创造发明课专用教室，向知识产权局申请启动经费，并编写了创造发明课的校本教材。到 2012 年，“开启创新之门”课程体系完全成熟，共 7 个章节 36 个课时，并于高一上下两个学期正式上课。几年下来，科技创新教育成为济南历城二中的一大特色。

“我喜欢这份挑战！”这句话，高月锋一直挂在嘴边，不管遇到什么困难和挫折，这句话一直支撑着他走下去。他常常说，科技创新教育讲究的是“新”，“它没有规则、教材和框框，可以按照人才成长的模式培养学生的科学素质，可以不断地探索、不断地创新，充满了新奇、刺激和创造的乐趣。”

播种！创新课堂上的“科学梦”

习近平总书记曾在多次讲话中强调，教师是打造中华民族“梦之队”的筑梦人。实现高水平科技自立自强，需要播下科技种子，点燃创新火苗，让更多的青少年心怀科学梦想，树立“科技创新、强国有我”的志向。这是新时代教育的要求，也是教师的责任与担当。

面对充满未知的世界，青少年通过科技教育探索“十万个为什么”，获取进入科学世界的“敲门砖”和“金钥匙”。而在传统教育模式中，科技创新人才规模化培养和个性化教育难以兼顾、青少年学习能力和创新实践能力不足等弊端突出。这对全国各地科技创新教育来说，都是一个亟须破解的难题。

怎么破？高月锋的答案是“首先是普惠”！

高月锋在长期教育实践中，研发出全国首个普惠式科技创新小初高一体化课程体系。这套课程体系为学生量身定做了三类课程。

一是普惠课程。就是面对全体学生的课程，涉及小学、初中、高中所有年级的15门普惠课程。为了有效地实施整班制学习，又专门建立了创客教室，每周一个课时。每个年级一学期一门课，阶梯式上升。这样，从小学到初中再到高中，每一名学生都有接受科技创新教育的机会。

二是社团课程。就是为参加科技创新社团的学生设计的课程。社团制学习的内容一般难度较大，学生经常为完成某项任务需要反复测试。为此，高月锋专门做了一个调试系统，把学生整个调试过程一一记录下来，并将其转化成课程资源录入智慧系统课程资源库。如果有些学生到了某个学习节点无法进行下去的时候，智慧系统会自适应地将这些资源推荐给他们。学生在学习师哥师姐存留的鲜活的实例时，会让他们感到特别可亲可近，生成心向往之的学习欲求。

三是竞赛课程。就是专门为从社团里遴选出来的优秀学子设计的课程。这样的学生人数较少，专业性很强，却多能参加各个层级的大赛，有些还能够取得骄人的成绩。通过竞赛遴选学有余力、学有所长的拔尖创新人才，畅通“未来科学家”的梯级培养之路。

三类课程形成的三级培养体制，因人而异地满足了各类学生的学习和探索需求，让“因材施教”变成了现实。

普惠课程之外，高月锋还开设了丰富多彩的技术类课程、机器人课程、网络学习课程等创客社团课程，进一步满足不同学生的兴趣爱好。如今，历城二中学生可以享受到包括《智能制作》《无人机》《3D 设计与打印》《机器人》等 43 门课程在内的“社团包”。

为了激励学生在科技创新的海洋劈波斩浪，历城二中还定期邀请中国科学院老科学家作报告。白武明、张德良、许木启、方念乔、谭荣清、刘大禾、孙保卫、徐德诗等“科技大咖”到校言传身教，为学生带来了“科学盛宴”。

为让科技创新教育真正培养学生的创新素质，高月锋经常思考，搜集各种资料，加强对外交流，不断采取新的措施，把课程做得更系统、更科学、更有效、更吸引学生。经过不断探索，他率先提出了“普惠创客教育”理念。这一理念以创客教育的普惠价值和知识建构理论为生长点，基于“面向全体，惠及所有”的教育伦理，建构目标、内容、实施、评价一体的课程与自适应学习系统，支持学生线上线下融合学习资源，进行个性化自主学习，乐于将自己的“创意”转化为智慧“作品”，发展创新精神和实践能力的应用性教学成果体系。

在高月锋的引领下，历城二中的“普惠创客教育”发展迅速。2008 年开始探索，2013 年进行提升完善，2018 年开启“普惠创客教育”线上线下融合教学模式探索，学生们在创客活动中得到了各方面的锻炼，使得创新实践能力愈发突出。

“课程要以坚持解放学生心智、激发创新潜质为重要目标。”高月锋说。在创新教育的发展中，历城二中始终以“学生获得”为出发点，着眼于学生关键能力的培养，让每位学生的个性都得到充分的发展。既有面向全体学生的科学探究类普惠课程，又有满足不同学生兴趣爱好的技术类课程、机器人课程、网络学习课程等社团课程，还有面向少数具有技术特质学生的竞赛类课程……

如今，因参加科技创新教育而受益的学生，有的成为“专利创新之星”，有的发明了数学公式，以竞赛为主要形式的拔尖创新人才培养体系日趋完善。目前，历城二中学生已经申请到国家专利4367项，获得国际奥林匹克竞赛金牌5枚，全国五大学科奥林匹克竞赛金牌68枚、银牌55枚。历城二中成为清华、北大等几十所国内一流高校的优秀生源基地，近年来向顶尖高校输送的拔尖创新人才位居山东前列。

扎根！开拓数字化教育的未来

在教育界，一直流传着这样一句话：“教给学生一杯水，教师要有一桶水。”

科技创业教育对教师的专业知识和科学素养要求很高，不仅要传授科学知识，还要培养学生的思维方式，要能灵活运用科学方法，掌握科学思想，传播科学精神。不仅要能开展理论和实验课堂教学，还要有活跃的创新意识和科技活动的组织能力。

高月锋认为，科技创新教育难以普及性开展，一个重要原因就是专业教师的匮乏。要想让成千上万名学生都能享受高品质的科技创新教育，仅靠若干名优秀教师是远远不够的。从战略角度来看，要在各级学校播撒更多的“科技启蒙种子”，必须打造基于数字化的科技创新教育生态。

教育数字化是适应数字时代发展的时代应答，也是实现教育现代化的必然选择。高月锋带头成立课题组，在实践探索中研发出一个基于人工智能技术与教学深度融合的智慧教学体系四级开发模式，通过智慧教学体系打造出“把教学留给机器、把育人留给教师”的教育生态。

模式的第一层是智慧教学系统的开发，是课程专家、课程开发教师和软件公司专业人员共同探讨搭建起来的一个智慧平台。模式的第二层是课程工具层的开发，一般会编程的教师都可独立完成。模式的第三层是课程内容的开发，这需要课程专家和优秀的课程教师来合作开发，比如一节课如何设计才能更好融入系统中、需要哪些课程插件、实践器材以及平台支持等。模式的第四层是课程实施层，教师在现场确保课程按照开发设计实施即可。

“这种开发模式具有快速迭代的特点，课程专家和优秀教师开发的课程资源，可以相对顺畅地推广到各个学校，能够实现优质资源共享。”在高月锋看来，这样的四级开发模式，可以充分调动教育专家、优秀教师和信息化专业技术人员相互配合，形成分工合作的教育数字化工作模式，共同完成智慧教学体系。

智慧教学平台，集成了各课程学习资源、快速选课系统、基于大数据的过程性评价系统、结果性评价展示系统、学习效果智能分析系统等。在高月锋和同事们的共同努力下，科技创新教育师资难题顺利得到解决，创客教育进入了新阶段。

如今，历城二中投入 2500 多万元，建设了 6000 平方米的校园科技馆，其中既有技术特点鲜明的专用创客教室，又有传统科技和高新科技体验场馆。建设了 2000 平方米的基础科技探究区，配有 200 余件互动展品，用于学生对基础科学知识的探究式学习，促进对各学科知识的理解和应用。建设了 1200 平方米的高新技术互动展示区，和全球知名科技公司合作，配备全球最新高科技设备，让学生能够及时了解前沿科技、拓展全球视野。

校园科技馆建成后，不到一年时间，在专业软件人员的支持下，高月锋开发了智慧教学系统。2018 年之后，历城二中校园科技馆的每一个展品上都贴有一个二维码，学生到这里学习的时候，只要扫一下二维码，这个展品的原理、功能、操作方法、科学现象等就能通过视频、动画、图文等各种形式呈现出来。

为了学习更加高效，高月锋还专门设置了一系列任务单。任务单就是课程，一个任务单就是一节课，每一个任务单都有一个主题，引导学生自己去探究。学生到底学得如何，还有一系列相应的检测，如果能够完成这些测试，则说明已经真的学会了。所以，每个学生来到之后，发给其一台平板电脑，便可以自行学习与探究了。

高月锋只要拿着平板电脑从终端浏览，所有学生的学习情况便尽收眼底，既可以知道他们究竟在学习与探索什么，还能知晓其学习与探索的成效如何。

这种方式既让高月锋轻松地了解学生学习与探索的情况，又不会给学生造成有教师监视的心理压力，可谓一举两得。

智慧教学系统还把游戏的激励元素融入课程之中，让学生学习起来既高效又高兴。同时，系统还吸收了游戏中的失血、复活等方法。每一关都有与学习进度相关的学习检测，而且设计了相应的评价策略，让学生在勇于闯关的同时，还特别关注学习的效益和质量，养成做题认真仔细的好习惯。

传统的课堂教学，无法关注到每一名学生，个性化的学习难以实现。可是，人工智能技术却可以对所有学生进行因材施教，让每一名学生都可以学有所得。如果说以前只有高月锋一个人为少数学生上课的话，现在则通过人工智能技术将他的功能无限放大，可以同时给所有学生上课。虽然高月锋并未亲临教室，但是智慧系统代表着他在实施课程。

华东师范大学开放教育学院院长、教育技术学博士、博士生导师闫寒冰教授应邀到历城二中指导工作的时候，对高月锋带头研发的智慧教学系统给予了高度评价，并称赞历城二中在教学信息化方面已经走到了全国的前列。

繁茂！科技创新教育之树郁郁葱葱

“一枝独秀不是春。”高质量的科技创新教育，必定是开放共享的教育形态。

2020 年，对于高月锋和历城二中，都具有里程碑的意义。高月锋在历城二中所形成的科技创新教学成果，开始由历城二中向整个历城区推广。

高月锋依据历城二中建立的科技教育体系，在整个历城区实施了六个模块的教育。一是普惠式、社团级、小院士三级培养模式，为全区各个学校提供科技创新的课程、系统和器材，然后再由他们在本校开展科技教育。二是邀请老科学家做科普报告。高月锋所邀请的老科学家，既有丰厚的科学素养，又对中小学教育深有感情。所以，全区各个中小学的学生听了报告之后，都大开眼界，又大有收获。三是科普大篷车进校园。高月锋把历城二中的科技展品装进科普大篷车，到全区各个中小学校园轮流展览，受到所到学校学生的热烈欢迎。四是开展科技研学活动。全区各个学校组织在科技创新中表现特别优秀的学生，到历城二中科技馆参与科技活动。历城二中校园科技馆向全区优秀学子敞开了大门，让他们在研学之中心向往之，又多有收获。五是培养科技教师。高月锋一方面邀请专家为全区科技教师开设讲座，另一方面则组织他们到历城二中或区里的其他科技教育基地共同进行研讨，从而较好地提升了全区科技教师的水平。六是举办历城区科技节。这是全区所有学校普惠活动的一个展示，科技节设计了很多项目，尤其是创新了考查学生的方式，有三四个项目比赛之前并不公布，而是在比赛现场公布，学生利用组委会提供的新颖器材自行完成。高月锋说，之所以设计这些比赛项目，主要是想改变传统的评价方式，即从原来单纯考查知识，变成考查学生的应变能力和创新水平。这又反过来倒逼教师进行教学思想与教学方式的变革。

2020 年 9 月 19 日，历城区少年科学院成立，高月锋被选为院长。历城二中创客中心成为历城区少年科学院科技教育基地，成为全区中小学科技学习和创作的乐园，普惠创客随之在历城区中小学推广普及。学校挂牌成立了“泉城创客中心”，周边的中小学校师生都有机会到这里免费参观、体验和学习。

除了已经在历城区少年科学院等 42 所学校推广实施，历城二中的智慧教学系统也被推广到新疆昌吉一中和山东威海实验高中、郓城一中、菏泽万福学校、淄博一中、荣成三中等市外、省外的学校，惠及 15 万名学生，有效促进教育资源的均衡和教育公平。

多年的探索和开拓，成就了一届又一届学生的科技创新梦，也取得了一个又一个的教学成果。2018 年，高月锋主持研发的普惠创客教育体系获基础教育国家级教学成果奖二等奖、山东省基础教育教学成果奖特等奖。2022 年 8 月，他研发的科技教育智慧教学体系获山东省省级教学成果奖一等奖，并被推荐到全国参加评比。

高月锋本人也被山东省科协、山东省科技馆、山东省青少年中心聘为山东省青少年科普专家团专家，被山东省委组织部、山东省科协、山东省教育厅等四部门聘为山东省首批科普专家人才库科普综合类专家。他还应邀到香港、山西、安徽和省内其他地方的中小学，给学生做科普报告 380 多次。

在高月锋的努力下，历城二中如今已经形成了享誉全国的科技创新教育特色，获得“山东省青少年科普系列活动先进单位”“山东省青少年知识产权示范基地”“中国青少年太阳能研究基地”“全国创新型学校”“宋庆龄少年儿童发明示范基地”“全国中小学知识产权教育示范学校”“中国科学院老科学家科普演讲团科普教育基地”等荣誉和称号，综合实践学科入选山东省首批普通高中省级学科基地。

春华秋实，不负耕耘。通过科技创新教育，高月锋和他的学生获得的奖牌、证书摆满了校科技馆 60 多平方米的荣誉墙和长廊。

高月锋坦言，许多学生的优秀表现常常令他十分感动，激励着他下决心为学生搭建更好的发展平台。“我有一名学生，名字叫张蓝天，她创造性地用初等数学的办法解决了一般用高等数学方法才能解决的任意旋转体表面积的求法问题。她的思路和方法独辟蹊径，真正打破了常规思维，改变了固有的观念，推导过程完全正确，受到了山东师范大学傅海伦教授的高度评价。”提起自己的学生，高月锋的语气中充满了骄傲。

高月锋逐渐发现，受过创新教育的学生升入大学后，也会表现出创新人才的特征。他说：“李景然就是这样一个例子。从历城二中毕业后，他走进济南大学计算机系。大学期间，他在科技创新领域小有名气。但在研究生的考试中，他落榜了。一名教授、博士生导师偏偏就看中了他，给教育部写信，希望能破格录取他。”此前，该教授和他的团队用了 3 年时间没有解决的难题，被李景然用3个月时间攻克了。李景然的成功预示着创新人才早期培养的意义。

在热爱的领域深耕细作，高月锋已经站到了一个新高度，当初的彷徨已经被坚定的信念所替代。高月锋说：“在这个领域学习、研究和工作，整天都会处于创造的亢奋状态之中，因为每天都会出现让人惊喜的收获，尤其是学生的潜能被激发出来之后，往往会产生让人意想不到的生命能量，更重要的是，它还会由此向其未来的生命延伸，从而让他们拥有一个幸福的人生。”

曾有人问高月锋，从一名信息学教师“跨界”成为一名创客教育“大咖”，从一名普通教师成长为“齐鲁名师”，在当初非常困难的条件下，是什么让你一直坚持下来的呢？

高月锋说：“每一位老师都想实现自己的教育理想，我也一样。无论是从事机器人辅导、信息学奥赛辅导，还是从事科技创新教育、创客教育，都是作为教师不忘初心，牢记使命，都是为学生搭建发展阶梯。我愿意当好未来科技栋梁的‘领路人’和‘铺路石’。”

对于未来，高月锋有着更多的思考，深耕科技创新教育 21 年，他仍然觉得自己是一名“新兵”。他说，科技创新永无止境，科技创新教育进步亦没有止境，自己一直想探索一条有效的教育途径，如果能因为自己的努力，“让学生像科学家一样思考，像工程师一样创造”，就是为人师者最大的价值。

美丽锻造

——记山东省劳动模范、伊莱特能源装备股份有限公司技术研发中心赵丽美

牛余和

一

2019 年 3 月 12 日，中央电视台 13 频道的《朝闻天下》播发了一条消息：“今日外径达 15.6 米的世界最大整体锻环在山东济南章丘区正式下线，标志着中国径轴向轧制制造能力已经达到世界领先的水平。”这一消息迅速吸引了国内各大媒体的广泛关注，一时间央视《新闻 30 分》、山东卫视、济南电视台，报社和各网络平台都纷纷进行了报道。称“这一世界单体最重、直径最大的奥氏体不锈钢环锻件的成功轧制，为我国重大装备核心材料的自主可控提供了支撑。”

各媒体的报道春风般掠过章丘大地，沸腾了伊莱特能源装备股份有限公司。技术研发中心的全体人员簇拥在一起击掌欢呼。公司副总裁、研发中心总经理任秀凤紧紧抱住副总经理赵丽美，称赞她在不锈钢环制造过程特别是在热处理环节上的突出贡献。赵丽美噙着泪花说：“我只是咱们团队的‘之一’，您按照咱们牛余刚董事长的要求，带领大家在钢环构筑过程中铸锻的‘锲而不舍、攻坚克难’的团队精神，才是我们成功锻造出这个‘四代核电支承环’的关键。”

2023年8月中旬，一个秋阳澄澈、晴空万里的上午。我到伊莱特公司采访赵丽美。她是伊莱特一系列重大技术攻关的功勋之一，继2020至2022年先后获得山东省技术创新优秀新产品一等奖、全国建材机械行业科技奖、山东省五一劳动奖章后，今年又在山东省庆祝“五一”国际劳动节暨省劳动模范和先进工作者表彰大会上，荣获“山东省劳动模范”光荣称号。

这位文文静静的女士身上，怎么会积蓄着如此强大的创新能量和工作热情？此行我将以报告文学的形式，把这个问号拉直，变成一个感叹号。

在伊莱特，我边采访边翻阅公司品牌文化战略保障中心提供的赵丽美事迹资料，很诧异她竟然有一个“攻城狮”的绰号。端详着她一脸梅花鹿般温和的笑容，这说啥也难以与非洲大草原上嘶声吼叫、八面威风的雄狮对上号。我忍了一会儿，还是笑出声来。“这是我们团队的同事送给赵姐的称号。”陪同我采访、参观的研发中心技术员刘兰潇说：“赵姐是2015年被我们牛余刚董事长从一家著名的机械制造公司挖过来的，加入伊莱特近十年来，她专注于和金属打交道，主要的工作就是对金属材料进行成分优化和热处理。她把自己的工作比喻成做‘配方’的中医药剂师。其实她哪里仅是个药剂师，而是位望闻问切、开方、抓药一把熟的全科医生。只不过呀，她所服务的对象是各种不同的钢铁构件，而且挂的都是‘急诊科’，来的都带着重要钢铁部件图纸，个个都急吼吼的，交货时间恨不得压缩成一天。面对这样的急难任务，不容她有半点迟疑和马虎。所以一旦进入工作状态，赵丽美就会抛开女性温柔，成为一个拼命三郎，和大家一起攻城拔寨，破解技术难题。我们亲临其境的人，都感觉此时她就是一头勇往直前的狮子。近十年来，赵姐作为主要技术带头人，先后参与了四代核电用支承环、超低温环境用风电法兰、水电用磁轭圈、某项目轨道锻件、盾构机主轴承锻件套圈等很多项目，有些都可以称之为国之大器或者是破解卡脖子技术的重点项目。其中许多项目谈判，赵姐都是我方技术代表，从拿下订单到交付产品，一路走下来，客户的严苛要求、产品的锻造难度形成的强大压力，激发了她钻研技术难题的内生动力，她和其他合作者共计发表关于热处理等方面的专业论文15篇，获得各种专利21项。这不就是永不言败的‘攻城狮’精神吗！”

说话间我们来到伊莱特核电深海产业园，站在海工装备事业部锻压车间门前，仰望着高高竖立在阳光下的，那个世界上直径最大的奥氏体不锈钢环的复制品。尽管反射的强光刺激得赵丽美眯起眼睛，我还是发现了她眼神里辉映的深情，像是在欣赏一件蕴涵着生命活力和艺术魅力的后现代雕塑。

“我从不认为经过我们各部门各个环节通力合作制造出的锻件，是冷硬的钢铁制品。即便在它彻底冷却之后，在我心里，它永远闪烁着在锻压过程中那朝霞一样的瑰丽的橙红色，流光溢彩、通体透亮。这是我所见过的世上最美丽的光华。”赵丽美在自言自语，满脸陶醉出一片酡红。

“赵姐不止一次地说过，我们从事的是美丽的锻造。”刘兰潇补充说。

“好一个美丽锻造！”我也随着激动起来，“古代有滴血铸剑的传说，你们各个团队是在延续这个古老的传说，共同创造了用心血筑造国之重器的传奇。”赵丽美忽然低下头，有些羞涩的柔和笑容里有钢铁般的坚毅。对，是钢铁般柔韧的笑。我经常在董事长牛余刚的眼睛里读到这样平和而坚韧的笑——这正是伊莱特人精神的独特魅力。

二

伊莱特的四代核电支承环锻造项目始于 2015 年。

这年的新春伊始，牛余刚这头“拓荒牛”带领伊莱特公司历经十几年的拓荒发展，从 2000 年改制时的村办小厂，发展成为国内重要的风电锻件供应商。

牛余刚望着公司南面葱绿的群山，脑子里“以科技创新带动伊莱特实现转型升级”的思路越来越清晰。说干就干。他历来是个雷厉风行的人，立即安排技术研发中心寻找业内顶端的科技研发部门，联手冲击新目标。很快他就去北京拜访著名的冶金与金属材料科学家、低温及核结构材料领域的主要学术带头人，中国科学院金属研究所的李依依院士。双方一拍即合。当年 10 月山东省院士工作站在伊莱特挂牌启动，同时公司开始着手筹建主要生产核电、高端炼化、轨道交通所需要的各类超大直径环类、筒体锻件的核能重装事业部，准备承接李院士团队的相关技术研发成果，并将其实现工业化生产和商转。就此李院士团队丰富的科研成果与伊莱特多年来在环形锻件领域积累的深厚经验、装备优势、市场开发能力实现紧密结合，伊莱特的发展翻开崭新的一页。

2016 年 8 月 8 日，新工厂——核能重装事业部奠基，2018 年 5 月 30 日正式竣工。总投资 7 亿多元。同时，四代核电支承环开始在老厂区做前期的比例试验件。

这些都发端于牛余刚那次与李院士的会谈。李院士听说伊莱特计划引进了一条业内最先进的直径 12 米轧环生产线，便问牛余刚，能否将设备升级到 16 米，因为我们国家一个四代核电项目，正好需要一个超大直径的整体轧制锻环。这个锻环直径接近 16 米，在 50 米的周长上不能有一道焊缝。但是这个部件也属于世界首例，此前还从来没有任何一个国家制造出来。李院士团队在国际上率先提出了一种全新的材料制备技术——金属构筑成形技术。这项技术已经在多个中小吨位的锻件上成功试制，但生产线的问题至今还没有着落。

面对李院士殷切的目光，牛余刚这位性情的山东汉子一口答应。可回去一算造价，却惊呆了。别看设备只是增大了 1/3 的加工能力，可造价却不是简单地同比例增加。调整方案后，原本预计三四个亿的投资，直接飙升至七八个亿，所有的配套设备、厂房结构几乎全部要推倒重新设计。公司高管们强烈反对，大家七嘴八舌，纷纷劝阻。那时候，整个公司的资产也就七八个亿，这么一改，相当于要把公司这么多年的家底全部搭进去。不仅如此，核电还有个特点，就是审批极为严格，两三年也不一定下来一个项目，不可能像风电市场的容量那么大，利润再高也赚不回来多花出去的那三四个亿。

牛余刚也犹豫了。毕竟现有的家底是十几年拓荒的成果呀。再次见到李院士时，李院士看出他面露难色，明白他作为一个民营企业家的难处，笑着宽慰他别往心里去，设计改不改都不会影响双方的合作。

从李院士处离开，李院士略带失落的神情不断在他脑中浮现。回想起李院士 80 多岁还奋战在科研一线，为国家项目四处奔波，牛余刚越想越不是滋味：“难道这辈子就只是为了赚钱吗？”

回到公司后，他立刻召开会议，对高管们说：“咱们打了一辈子铁，过去是为了挣钱让家人生活得好一些。现在，国家有这样的项目，我们就视而不见？就光考虑自己企业那点订单？加上这四米，我们最多晚几年收回投资，可它对国家重大能源项目的推动作用呢？它产生的社会效益、科研价值，将远远高于我们的经济效益。我们平常经常说家国情怀、社会责任，咋一拨拉经济账，那满腔热情就抛到脑后了呢？要是不加上这四米，咱们得后悔一辈子，也无颜向子孙后代交代呀，弟兄们！我们这十几年始终心无旁骛，只钻研这一个行业。既然认准了这个行业，就一定要干个别人都干不了的。就算把这点家底都搭上，为了国家利益，咱们此生也值了！”

项目很快启动。一边紧锣密鼓地建设厂房、安装设备；一边开始前期的试验件论证。

有了李院士团队的技术支撑，牛余刚心里踏实了很多。但他深知从一项新研发技术到实现工业化落地，成功生产出合格产品，还有一段艰难的路要走，在这个过程中会遇到很多具体的技术难题，主要得依靠实践经验丰富的技术研发中心去解决。他鼓励中心的主任、副主任要相信自己攻坚克难的能力，叮嘱赵丽美：“李院士特别关注热处理环节，你要从小件试验开始，全程盯紧，随时解决问题。”赵丽美郑重地点点头。

从2016年开始，先是完成了1/8比例，直径2米环的试制；接着是1/3比例，1/2比例，等截面比例等不同规格的试制，进行一次次工艺优化，不断调整技术参数。其中以赵丽美为主研发的“一种大型奥氏体不锈钢环锻件热处理防变形的方法”，在2018年3月2日获得国家发明专利，为此后的支承环锻造成功，提供了可靠的热处理技术保障。最终整套试制工艺和技术拿到了核电专家们的书面认可。

2018年5月，伊莱特的超级工厂（核能重装事业部）也正式竣工，首件直径15.6米的碳钢试验环成功下线，这极大增强了项目团队的信心。但是，大家来不及庆祝，就马不停蹄地开始了奥氏体不锈钢1∶1试验件的生产筹备工作。

锻造支承环的材料学名叫奥氏体不锈钢，此前世界上能造出的最大的钢坯不足百吨，而四代核电支承环所需的钢坯却重达近250吨，由64块小钢坯组合而成，每块钢坯之间都必须完美融合，不能出现一点裂缝。

关键时刻到了。技术研发中心的负责人任秀凤、赵丽美、银伟带领团队吃住在公司，开始不分昼夜地进行正式锻造之前的各项准备。她们不仅要完善工艺，还要亲自去车间落实工装、设备的准备情况，把每一个工序转换时间都按秒进行控制。

为了确保锻件的性能严格符合客户的技术要求，技术研发团队做了大量试验进行工艺优化。在试验过程中，他们发现如果在长时间的高温保温条件下，晶粒会快速长大，无法满足技术要求中的晶粒度2—5级的要求。同时还发现了在950℃—1000℃的保温过程中，既可以初步达到固溶的目的，同时又能抑制晶粒的生长，避免晶粒过大。最终他们制订了一个在950℃—1000℃并保温较长时间，然后加热到1050℃以上并保持较短的时间的固溶方案。这样的热处理操作能够确保锻件的性能和晶粒度都严格符合技术要求，从而提高产品质量和性能。赵丽美在“大型奥氏体不锈钢环锻件热处理防变形方法”的基础上，制定出更具体可操作性更强的方案，即通过调整热处理的顺序和工艺参数，使用专用的16钩热态吊装工装、专用的冷却搅拌和循环系统，降低锻件的变形程度，保证锻件的固溶效果。又围绕减少锻件转移过程中的热量损失、确保热处理效果，对吊装过程也进行细致规划：在锻件出炉前，准备好两台行车，并预先将其停放在合适的位置。其中一台行车负责打开炉门，另一台行车则要快速定位工件位置，在吊装完成后，行车迅速转移，以实现在三分钟内完成出炉到入水的过程。

2019年3月12日，首件1∶1真实材料实验件开始轧制。当天，李院士以及各个相关领域的专家、领导都来到现场，气氛极为紧张。

伴随着轰鸣的机器声，火红的毛坯件被吊装到了轧环机上，随着机器的缓缓开动，璀璨亮眼的锻环被越拉越大，经过二十多分钟的轧制，对讲机里终于传出大家期待的声音：“可以了可以了，准备吊钩。”行车及时地把锻环吊起，平稳移至水池上方，将其迅速入水。

片刻静默后，现场爆出一片欢呼。牛余刚转身离开人群，双手捂住脸，还是没忍住从胸腔奔泻而出的号啕大哭。三年来的压力瞬间得到释放。区领导过去抱住他肩膀：“想不到你这位铮铮铁汉会哭成这样。”

专家们对试验件进行了破坏切割，制作成多套试样，继续进行各类细致严谨的测试和评估，并最终给伊莱特下达了正式部件制造许可。其后的两件正式产品制造得非常顺利。

支承环发运那天，伊莱特举办了一个小型发运仪式。随着汽笛鸣响，多达106个车轮的重型卡车载着被网上称作“乾坤圈”的支承环徐徐启动。现场的嘉宾和员工个个笑逐颜开，牛余刚却忍不住再次潸然泪下，望着运载“乾坤圈”的卡车渐渐离去，他站在公司门口，许久不愿离开。在他的心里，这不是一个订单、一件产品的交付，更像是自己长大成人的女儿远嫁，心里既有祝福，更有不舍。

高速路上独占四个车道的“乾坤圈”看起来煞是威风，但它背后却是企业长达三年多，一千多个日夜数不清的艰难困苦。

赵丽美远远地望着董事长，满眼泪水缓缓流下。从试制开始以来，为现场跟踪和解决技术难题，所有技术人员经常一周多时间不眠不休。为收集资料进行复盘，需要对每次试制进行全过程录像，夏天现场高温经常让录制的手机自动关机，大家只好一手拿手机一手拿冰块，对手机进行降温。一年四季工装湿了又干，干了又湿，结起一片片白碱。姐妹们身上也散发着汗馊味。

2021 年 10 月 26 日，北京展览馆举办国家“十三五”科技创新成就展。展览以“创新驱动发展 迈向科技强国”为主题，展出了 1300 多件实物、200 多件模型，集中展示了十三五以来的一系列重大科技成就。在参展的中国科学院金属所展台上，就有一块从支承环上取下的弧形试样，与其他先进材料放在一起。这些看似不起眼的“铁疙瘩”，却代表着中国近年来在基础材料、基础工艺领域的突飞猛进。也许对这些展品幕后奋斗者而言，最好的褒奖不是流量和头条，不是锦旗和奖杯，而是中国科技、中国装备制造业负重前行的一步一个脚印。

2022 年 2 月 14 日，凭借高超的轧制水平和高度的使命感，伊莱特再次签下该型号机组 2 号工程的支承环订单。这一次，他们依旧没有丝毫的马虎，在总结上一次经验的基础上，团队精细策划方案，在每个环节上严格落实各项技术指标，两件直径 15.673 米的“乾坤圈”锻造任务顺利完成。

2022 年 8 月核电锻环发运。中核霞浦、中国原子能研究院、一重集团、中国科学院金属研究所等领导，济南市章丘区委书记马志勇，济南市有关部门领导，齐聚伊莱特发运现场，参加发运仪式。

山东省交通厅、公安厅、山东高速等部门，对运送全程进行了周密部署和协调，分时段对不同路段进行交通管制。

山东卫视做了全程直播。

凌晨 5 点，运载“乾坤圈”的大卡车从章丘刁镇高速公路某处拆开一段护栏，侧着驶入高速。它独占 4 条车道，前后都有警车全程护送。从这一刻开始，“乾坤圈”便开始成为“全网最靓的仔”，直播间的人数从几千人升到几万人，再到几十万人同时在线。“围观”的网友从“附近的人”扩展到全国各地，大家在直播间纷纷留言，问大铁环是干啥的，咋上的高速，要不要拆收费站……在得到答案后，又纷纷送上“大拇指”，称赞山东的基础设施好，称赞山东的工业制造强，祝福中国制造越来越厉害。

上午 9 点，“乾坤圈”从潍坊高速昌乐枢纽驶出，向潍坊港继续前进时，直播观看人数开始达到顶峰，一跃冲到当天抖音的本地、全国双榜首，累计浏览量超过6000万人次。

同时，中央电视台、中华网、新京报、大众日报等40多家媒体也纷纷予以转发报道。

——发运仪式上，吉尼斯世界纪录认证官杨绍鹏首先宣布了挑战结果：由伊莱特能源装备股份有限公司发起挑战的最大整体环轧钢环，最终的挑战结果是直径15.673米，挑战成功。现场掌声四起，伊莱特人的脸上洋溢着自豪。现在终于可以确认直径15.673米的不锈钢圆环为“世界第一圈”。伊莱特成为“世界最大整体环轧钢环”制造商。

三

怯懦者总是会躲进自己营造的小窝，享受生活的安逸。勇敢者则永远面对挑战，在攻坚克难中实现人生价值。伊莱特就是在不断接受挑战中成长壮大的。

伊莱特公司环形锻件制造技术起步于风电、升华于四代核电用支承环。随着网红“乾坤圈”火出圈，伊莱特声名鹊起，一时风光无限。其实牛余刚早在靠制造一般法兰盘起家之时，就对伊莱特公司提高锻造技术、拓展业务领域、扩大产品种类做了全面思考和布局，表现出一位企业家顶级棋手般谋划全局的格局和眼光。

现在的伊兰特在各种类型的锻件制造方面都取得了重大突破。

2017年他们接到苏格兰超低温环境风电用法兰的询价，常规风电法兰要求低温冲击的温度为–40℃、–50℃，要求纵向冲击≥27J或50J。此项目要求–60℃的冲击，要求横向冲击≥50J。且交货期很急，要求两个月交付60件合格产品，其间还需要等待客户进行见证试验，给伊莱特留出的时间非常短。客户同时在韩国和国内其他锻件厂进行询价，均被告知无法满足超低温的冲击要求。

面对挑战伊莱特再次选择正面应对，依据多年风电法兰的生产经验，他们决定接下此订单，成为世界第一家研发、生产超低温风电用法兰锻造企业。

赵丽美利用现有原材料策划了不同的工艺流程，但是很难满足客户要求。

这就意味着必须优化原材料，一切需要从头开始。她深知原材料的优化只有一次机会，一旦优化不成功，再优化就赶不上交货期了。赵丽美和她的攻关小组对制定原材料优化方案慎之又慎。收集了大量的数据，对数据进行分析、计算，得出结论。对得出的结论在实验室进行验证，验证成功后才对产品的原材料成分进行优化。

超低温法兰的热加工过程对性能有很大影响。赵丽美他们在完成原材料优化后，设定了 4 套工艺方案，确保产品能满足客户要求，同时还考虑批量生产时工艺窗口应尽量放大。她说："整个验证过程，我们都进行全面跟踪，过程中的每一点都牵动我们紧绷的神经。每一次的冲击试验不仅是打在试样上，更像是打在自己的心脏上。冲击之前我紧张得下意识地紧握双拳，冲击之后或兴奋或沮丧，都会心跳加速，浑身冒汗。到最后完全可以通过冲断时的声音判定是否合格。"

这期间赵丽美肠胃有点不舒服，项目告一段落时做了一个全麻的胃镜检查，麻醉醒来，她恍惚感觉还在工作现场，开口就问："冲击合格了吗？"医生和护士都笑了，老公却抹把眼睛，抱住她说："咱们这是在医院。"

采访中刘兰潇提起这件往事，赵丽美不好意思地笑了："我们参与制造的各个团队确实都太棒了！最终伊莱特不出意料地按时保质交付了全部产品，成为第一家可以生产超低温风电用法兰的锻造企业，目前一直保持着世界领先水平。"

四

早在几年前，伊莱特就盯上了国家水利设备制造龙头企业——哈尔滨电机厂。当时他们拿下了同类型机组世界第一的金沙江银江水电站项目的整机制造项目。贸易部门领导和赵丽美他们经过一年多的商务、技术沟通，伊莱特成功进入哈电的合格供应商名录,并签下了6套磁轭圈和中心体锻件的订单。这是哈电伊莱特的首次直接合作，同时也创了他们单笔铸锻件合同采购金额的最高纪录。

该机组的磁轭圈与之前做过的磁轭锻件相比，除了直径大，体量重之外，材质和性能要求也提高了不少。针对这个项目的特殊要求，赵丽美和技术团队多次对钢锭化学成分、冶金工艺、锻造工艺、热处理工艺等各个工序流程进行优化改进，其中原材料的配比、热处理的相关参数，甚至详细到了每台设备。此时赵丽美充分发挥了她“药剂师”的本领，对每一锻件的钢锭，她都在化学成分分析的基础上，根据产品性能要求、各种合金元素的作用、各种元素总和限制（如碳当量 CEV），开出优化“药方”，然后照方抓药，添加不同剂量的合金元素，确保了锻件的质量。目前产品已经开始陆续交货。

同时哈电也采用了伊莱特的建议，修改了自己的技术协议。赵丽美兴奋地说：“现在我们不仅是产品的制造者也是技术协议修订的参与者。这将使我们与哈电的合作更紧密、更长久。”

2021 年 1 月，伊莱特接到生产盾构机主轴承套圈订单。

盾构机被广泛应用于各类隧道工程。其中，主轴承被称为盾构机“心脏”，是刀盘驱动系统的关键部件。在盾构机掘进过程中，主轴承“手持”刀盘旋转切削掌子面，并为刀盘提供旋转支撑。再加上需要面对复杂的地质条件，掘进过程只能前进，不能倒退，未到达设定目标位置时，主轴承一旦出问题，整个盾构机将无法继续前进，只能报废，为了不影响原先设定的施工方向，还要钻出垂直孔洞将盾构机吊出到地面。无论是直接报废还是将其吊出都会造成严重的经济损失，并影响整个施工周期。

接到订单后，伊莱特迅速组织专门的技术攻关团队，对工艺流程进行反复验证和严苛跟踪。项目组为保证主轴承的高承载能力和高可靠性，对原材料的成分进行了优化，提高了碳和合金元素的含量并优化了各元素的区间范围。

“那段时间，我满脑袋都是主轴承套圈的各项数据。”赵丽美笑道，“在热处理阶段，由于碳和合金元素的增加提高了材料的淬透性，原有的工艺控制参数需要根据成分进行再优化。成分再优化后热处理变形量也发生了变化，变形量的变化影响了调质前粗车余量的控制。”

我弄不懂她说的一些专业术语，但她讲述的使我能够还原赵丽美他们的工作情景。一系列的变化需要正向或反向的优化不同工序的工艺，甚至工艺流程。大家通过现场跟踪和大量的数据分析、汇总，最终形成了他们自己的工艺流程和计算控制方法。从工艺策划、生产过程跟踪、检验、试验，技术人员都要进行全程的跟踪，跟踪过程需要记录时间、件温、水温等，至少在两个不同的地点进行记录，一旦有一个参数出现异常就需要相互告知，所以会看到现场不断跑来跑去的人，就像追逐猎物的猎手。

交谈中赵丽美讲到的几个细节，让我颇感兴趣。

有个 90 后小伙，为进行及时跟踪流程和数据，全天 24 小时在厂里待命，只要有生产任务就会第一时间赶到现场。什么样的环境培养什么样的人。有这样一批年轻人，伊莱特就会有不断创造神奇的未来。

以下两个细节更加有趣，有趣的背后是有力——伊莱特团队的强大力量。

车间锻造温度一般在 1000℃以上，热处理温度也在 850℃以上，有时候为了测温或是观察锻件的表面情况，观察者会不觉间越来越接近锻件的距离，防蓝光树脂眼镜遇到高温很容易造成镜片镀膜层开裂，看到热态或是发光物品会出现重影，于是现场常常出现扯下眼镜甩到地上的噼啪声。

套圈制造过程中，有段时间正好赶上连续多天大雨，淬火出炉时雨水已经盖过脚面，为了去现场跟踪，大家都冒雨往车间跑，风将雨伞吹成侧翻的筒状，他们只好扔掉伞，抱头跑到车间，身上和鞋子全部都湿透了，到哪里一站就会流下一摊水。当完成两个多小时的跟踪，他们身上的衣服早已烘干，但鞋子还是湿的，依然一步一个湿脚印。

就这样，从 2021 年开始，伊莱特研发出直径从 3 米级到 6 米、7 米、8 米级的盾构机主轴承套圈。

“目前，我国盾构机核心部件主轴承已经实现了国产化替代，在打破技术封锁最后一公里中，有我们伊莱特人的一份贡献。”赵丽美笑得很美丽。

五

采访过程中，最让大家津津乐道的是某项目轨道锻件制造中，赵丽美在热处理上再次呈现“攻城狮”的出色表现。

这一轨道锻件属于雷达轨道360度旋转的连接部位，轨道锻件直径大，形状复杂，材料特殊，合金含量高，硬度、性能均匀性要求严，热处理难度超级大。制造方和设计单位用一年的时间咨询多家锻造厂，均未获得满意的解决方案。

2022年4月份，制造方和设计单位找到伊莱特，经过与客户多次沟通，制订了完整的制造方案和应对可能出现问题的预案，获得客户认可。7米级和10米级轨道锻件在整个制造过程中主要存在两个难点：一是淬火过程的控制；二是切割后变形的控制。

回忆这一轨道锻件的锻造过程，赵丽美一改平时沉默寡言的性格侃侃而谈：

“当时看了图纸我心里就一紧。轨道锻件截面为H型异形截面，上下端面均存在凹槽，整体硬度、性能均匀性要求很高；取样位置位接近产品中心，对淬透深度要求很高；交货时需要将整环一切为二，对切割后变形量控制要求特别严。

“锻件的材质一般采用油冷或是淬火液冷却，水冷对锻件的性能和环境保护都有好处，但是难度相当大，尤其是这种异形件。淬水需严格控制淬水方式和淬水时间。淬火时如果常规平放入水，那么工件上凹槽水无法循环排出，将导致上端面出现硬度软点。采用水空交替的方式进行淬火，水冷时间短，淬火深度不够，将无法满足中心部位性能要求；水冷时间过长又会导致工件产生裂纹，甚至直接开裂。如果将锻件立装入水，可以解决凹槽内排水的问题，但是变形量将无法控制，且水池的深度也不满足10米的要求。

“更难办的是，由于交货时间短，我们进行热处理只有一次机会，只能成功不许失败。在锻件完成锻造预备热处理前，先利用锻件冲豆在传动装备事业部进行锻造和热处理工艺评定。工艺评定过程中策划了两种方案，如果两种方案都不成功会直接影响产品的交付。所以方案实施过程的每一个节点必须把握准确并便于实施。从余量策划到出炉时间、水温控制、水冷时间、空冷时间等都必须控制在工艺窗口内，另外，为了便于现场操作还需要对工艺窗口进行放大。从工艺策划、现场跟踪到性能检测都必须亲力亲为，确保及时准确地获得第一手资料，并根据结果进一步优化工艺。否则轨道锻件的制造就会导致瞬间失败。”

“那以后呢，结果呢？”我听得紧张，一句小孩子听故事似的追问脱口而出。赵丽美深吸口气。“赵姐，轨道锻件早就交付使用了。”刘兰潇提醒她。赵丽美笑了笑，露出难为情的样子。我倒了然了，原来她这个当事人在回述时，内心依然会不自觉地感到紧张。我哑然一笑，示意她继续讲。

“产品尺寸和重量均远远超过工艺评定件，尺寸效应对生产过程控制和性能的影响还是极大的。产品的吊装和入水方式以及在水中的晃动方式和时间是工艺控制的难点。根据工艺评定件的评定结果，设计吊装工装和吊装方式，优化淬火时工件入水、出水方式。经过多次现场沟通和演练，最终确定淬火时，工件由东、西方向两辆行车同时吊装入水，东、西两辆行车一起一落，确保上凹槽中冷却水可以循环起来，出水时工件保持一定倾斜度，确保上端面凹槽无存水。在本体规定靠近中心的位置切取试样，进行各项机械性能和硬度检测。

“热处理属于特殊过程，这个过程对性能的影响是看不见，摸不着的。甚至于这个过程完成后，我们都无法直接判断产品是否满足技术要求，因此过程和细节控制是热处理成功的关键。”

“哎呀，赵副总，人家又不是来听课的，说什么看不见摸不着。赶快说说你带领我们做热处理的那些细节吧！”我朝刘兰潇点点头，这位赵丽美的得力助手说出了我想说的话。

“那好吧。”赵丽美答应着，但一开口还是一板一眼的工程师语言：

“淬火热处理时直接吊装锻件，处于热态的锻件很容易发生翘曲变形，只能将工件放置在料盘上进行淬火。但是料盘不能跟工件同时进行加热，加热后料盘的强度将会大大降低，也会引起锻件的翘曲变形。同时为避免倾斜时锻件从料盘上滑落，需要增加挡板，但是挡板的分布和位置需要经过缜密的计算才能确认。挡板数量和长度必须足够才能起到防止滑落的作用，但是数量太多，尺寸太大，不仅影响锻件的冷却效果，还会影响吊钩的放置。另外挡板放置的位置必须避开吊钩放置的位置，同时径向位置必须距离热态锻件的外径约 20mm—50mm 左右，这样既可以确保热态锻件能放进挡板形成的圆周内，又可以确保锻件因倾斜滑动时，滑动距离小、不会出现大的磕碰导致锻件变形。我们通过多次计算和模拟确定了锻件的热膨胀尺寸，根据热膨胀后的尺寸确定了挡板的径向位置。根据倾斜角度，确定了吊钩的数量和位置，从而确定了挡板的数量和周向位置。整个淬火过程需要挂两次吊装钩，至少需要十几个人进行配合。为确保挂吊钩的位置准确、起吊速度快，我们与参与热处理的各方面，进行了多次的配合演练，确保万无一失。对，是'百分之百确保'，不是'力争'。'力争'这个词，从来不会出现在我们团队的词典里。"

赵丽美用力挥挥拳头，真让我看出了一点"攻城狮"的气派。

"由于工件尺寸大，为实现在水中的上下交替晃动，我们设计了两辆行车配合操作的方式。行车操作手必须熟记过程操作要领，且要熟悉队友的操作习惯，双方配合默契。作为指挥者，我必须心无杂念，做到眼观六路耳听八方，心里默念数字读秒，眼睛盯着工件在水中或空中的位置，左右手同时指挥两辆行车的起落——一瞬间，我脑子里忽然浮现出指挥家指挥交响乐队的身影——经过筛选，我们挑选了锻造车间的两名行车操作工，他们都是身经百战，操作熟练的优秀选手。唯一的难点是我没有跟他们配合过，互相不了解彼此手势和操作习惯。为了熟悉彼此的习惯，确保淬火过程顺利进行，我们进行了多次冷态模拟训练，直至大家做到彼此心领神会。但是到工件热处理那天还是出现了问题，首先热态温度太高，整个吊装过程并不像冷态演练那样顺利，大家已经有点手忙脚乱。演练的时候生产车间相对安静，行车操作手很容易能听清我的指令，热处理当天锻造和辗环都在进行生产，操作工根本听不清我的指令，只能靠手势和最大音量的喊话进行交流。庆幸的是，大家经过前期训练达到的内心高度默契，在关键时刻发挥了作用，两名行车操作手很快镇定下来，有惊无险地顺利完成了淬火。行车工摘下安全帽的瞬间，帽子里的汗水哗啦流出。我的嗓子已经沙哑，浑身虚脱般的快站不稳了，耳朵什么也听不见，只看到大家在张大嘴巴挥舞双手。"

说到这里，赵丽美来了句幽默："结果呢？结果就是在锻件完成淬火出水的时候，现场对热处理过程进行见证的客户和设计方，齐刷刷竖起大拇指，说产品性能肯定没问题，这种方法太神奇了，只有伊莱特能想到，能够做得如此完美。"

战斗在离病毒最近的地方

——记山东省先进工作者、济南市济阳区疾病预防控制中心江秀燕

乔建水

2020年1月24日，是江秀燕难以忘怀的日子。

这天是除夕，也是春节假期第一天。冬阳普照，灯笼摇曳，济阳城到处洋溢着节日欢乐祥和的气氛。吃过早饭，江秀燕拿着一件深红色的衣服，跟丈夫王桥政一起快步走进银座商场。前几天为公婆各买了件过年的新衣服，可婆婆那件穿着有点瘦，她要去给婆婆换一件肥些的。换了衣服要去超市，前几天工作忙得脚不沾地，年货还没准备齐，买了年货还要回乡下陪公婆过年。商场里熙熙攘攘，人声鼎沸。江秀燕刚把衣服换完，手机突然响起来，是单位值班人员打来的，要她到单位参加紧急会议。她凭借疾控人员的职业敏感，判断一定是有疫情了！疫情就是命令，她把手里的衣服塞给丈夫，说："单位有紧急会议，我没法回家过年了，你带儿子回去吧，两位老人在家等着呢。"说完就转身风风火火地走出了商场。王桥政望着妻子的背影，无可奈何地摇了摇头。

江秀燕的判断是准确的。一种新型冠状病毒正张着血盆大口向全国迅速扩散，中共中央审时度势，吹响了全国防疫阻击战的集结号，一张横到边、纵到底、覆盖全国的疫情防控网络随之铺开。疾控人员作为疫情防控战线上

的“排雷兵”，自然要冲锋在战斗的最前沿，为人民筑起生命健康的第一道安全防线。

在济阳，大年三十的中午饭是人们最重视的团圆饭，尤其是对八十多岁的老人来说，一家人团聚在一起，同祭先祖，共享天伦，更是他们的期盼。江秀燕在路上给婆婆打了电话，告诉她自己不能回家过年了。婆婆的声音立时低沉下来，说：“大过年的，能有多么忙？我准备了这么多鸡鱼肉菜，你不回来这年咋过？”江秀燕似乎看到了电话另一端婆婆失望的表情，心里顿生愧疚。公婆都八十岁了，腿脚不很灵便，往年春节都由江秀燕来张罗团圆饭，这突然而至的变故打破了正常的生活节奏，让人一时难以适应。

谁不想回家过个团圆年？怪只怪新冠病毒这个狰狞的恶魔，撕扯着节日的喜庆和祥和。根据会议要求，疾病预防控制中心所有人员一律取消休假，马上集结，投入到防疫战斗中。会上，江秀燕作为疾控中心副主任、实验室检测领域的首席专家，第一个请战负责工作任务最艰巨的病毒采样组、检测组，在离病毒最近的地方迎敌阻击。

病毒采样组、检测组由原来微生物实验室和理化实验室人员组成，有的正在外地过年，江秀燕考虑再三，狠了狠心打电话把他们一一招了回来。王艳妹老家在内蒙古赤峰市，离济阳近千公里，从 2019 年初通过招考来到济阳工作，一年多没回家了，本想利用春节假期跟家人好好团聚，以解思乡之愁，可刚到家，还没跟家人说上几句热乎话，就接到了江秀燕的电话。她二话没说，坚定而干脆地答应马上回来。春运繁忙，一票难求，她只好买了由赤峰到通辽的汽车票，再辗转通辽坐飞机返回济阳。还有回莱芜老家过年的张翠玲，接到通知后，也义无反顾地立即驾车返回了工作岗位。面对风尘仆仆返岗的同事，江秀燕心里既感到愧疚，又为她们顾大局、识大体感到欣慰，对她们说：“对不起，让你们没法陪家人过年了，这正是我们疾控工作的特点，更是应急职责所在，必须招之即来。等疫情过去，我去跟领导建议，多放你们几天假，好好跟家人团聚团聚。”

人员集结完毕，江秀燕开始带领大家整理实验室，检查设备，盘点物资，准备耗材。当时，疾控中心的实验室是在原结核病防治所实验室的基础上改建的，非常简陋，连暖气也没有，大家在冰冷的环境中忙活着，手冻僵了，写字都要费很大的劲儿。

就在他们紧张而有序地忙碌着的时候，整座城市按下了暂停键，人们放下舞动的金龙和银狮，开始宅在家里，透过窗户看着大街上在寒风中摇晃的灯笼。往日的车水马龙和人头攒动不见了，街冷巷空，偶尔有鸣着刺耳笛声的急救车驶过，让人们的神经更加紧张。

为防止人员聚集，游乐场停业了，商店停业了，饭店快餐店也停业了。由于事发突然，事先准备不足，大家的吃饭一时成了大问题。总不能让大家饿着肚子干活啊，办公室工作人员打电话联系了一个开超市的朋友，从那里买来了方便面和火腿肠，靠几把电热水壶泡面，凑合着解决了吃饭问题。有队员风趣地说："我们这个年过得特别，每顿都是'长寿面'，我们一定会延年益寿的。"直到正月初三，长田实业公司等爱心企业送来了爱心物资，他们才结束了一日三餐的"面食"生活。

新冠病毒是一种全新病毒，其防护措施、检验流程都是大家从未接触过的，完全没有经验。江秀燕开始组织大家进行业务培训，一边学习操作流程，一边反复模拟实践。病毒采样管、生物安全转运箱，层层包裹、消毒……她一遍又一遍地为队员们做示范。三层防护服，穿了脱，脱了穿，半天练习下来，直累得气喘吁吁，手脚麻木。手机里的拜年微信提示音此起彼伏，她没有工夫看一眼，更没有时间回复，心里只有一个信念：要强化训练，让这支队伍做到招之即来、来之能战、战之必胜！

江秀燕在平时生活中待同事和蔼可亲，对待工作却要求无比严谨甚至苛刻。她经常告诫自己，即便自己是块最好的铁也打不出几根钉，以身作则还不够，关键是带出一支能打硬仗的团队。训练中，有的队员觉得穿脱防护服练得差不多了，就出现了懈怠情绪，她明察秋毫，立即提出严厉批评："训练多流汗，战时少流血，抗击新冠病毒是一场硬仗、恶仗，来不得半点马虎和侥幸！这防护服，既意味着责任，也意味着战地生存，如果我们之中有一人被病毒感染了，大家都是密接者，都要被隔离，整支队伍就好比在战场上全军覆没了，会打乱全区防疫工作的统一部署，这个责任谁都承担不起！继续操练！"在她的严格要求下，大家又全身心地投入到不厌其烦的枯燥的训练中，直到形成肌肉记忆。训练中，他们发明了一个行之有效的办法，就是用手机从各个不同的角度把操练过程拍成视频，然后放在电脑上统一观看，查找不规范、不到位的地方，集思广益，共同提高。

春节期间，人员流动大，区疾控中心负责全区密接、次密接、入境航班、中高风险地区返济入济人员的流调、消杀、采样、检测等工作，每个人都像上满了发条的陀螺，快速地转个不停。身为负责“一槌定音”的核酸检测人员，更是时刻保持着战时状态，不管是白天黑夜，不管是雨雪风霜，一旦发现可疑人员，他们立马全副武装选择“逆行”。户外采样，天寒地冻，护目镜起雾，胶皮手套冰凉，几个小时连口热水都不能喝，他们忍耐着、坚持着……

区疾控中心位于济阳城区边缘地带，周围的房屋在棚户区改造中大都拆掉了，只剩下疾控中心这一座“孤岛”。晚上，四周黑灯瞎火，残垣断壁中常有流浪狗、流浪猫等动物乱窜、啼叫，让人胆战心惊。检测人员经常加班至深夜，女同志不敢单独回家，只好结伴而走。而让他们更加害怕的是新冠病毒的凶险。各种媒体传播着新冠病毒的消息：意大利有了，西班牙死人了，纽约成“震中”了，英国的首相进 ICU 了……全世界每天的感染和死亡人数都在增加。让人焦虑和绝望的是，一旦感染，当时没有特效治疗办法。

有句话叫无“知者无畏”，可作为距离病毒最近的实验室检测人员，自然了解病毒的无情，本能地产生了畏惧感，一时间人心惶惶。面对这种情况，江秀燕一边要求大家树立必胜的信心，一边要求大家严格做好自身防护，科学应对，既要保护好自己，又要保证圆满完成工作任务。她说：“这场抗击新冠肺炎的战争对整个国家来说是一次大考，对区疾控中心是一次大考，对每位普通检测人员更是一次大考。面对困难就要豁得出，关键时刻要冲得上去，以实际行动诠释我们疾控人‘人民利益高于一切’的责任与担当！”

为了鼓舞士气，她在实验室门口做了一面誓言墙，墙上贴着每一位队员的铮铮誓言：

初心不改，使命不怠，抗击疫情，冲锋在前——江秀燕；

大事难事看担当，危难之中显本色——孙养光；

身上的防护服就是责任，岗位就是战场，不获全胜，不下战场——李文娟；

尽心尽力工作，就是我时刻奋斗的目标——张春霞；

以忠诚坚定诠释初心和使命，以勇敢担当书写青春华章——邝杰；

职责所在，使命所在，义不容辞，义无反顾——潘婧；

行之力则知愈进，知之深则行愈达——曹文馨；

…………

一句句铿锵有力的誓词，无不彰显出疾控人忠诚担当、恪尽职守的大义情怀，诠释了他们的庄重承诺，进一步增强了这支队伍的凝聚力和执行力。

当时，受条件所限，济阳区疾控中心并不具备病毒核酸检测的能力，标本采集后要送往五十多公里外的济南市疾病预防控制中心进行检测。通常，重点人员白天回村，通过村、镇（街道）、区防疫网络报上来，采样时已是下午或晚上，采完后要马上送往济南市疾控中心检测，且必须由有资质的专业人员送检，有时一天就要送四五次。江秀燕无数次前去送检。一次，她忍受着汽车的颠簸，望着满天星斗，看着孤独的车灯穿透夜的胸膛，一股悲壮感从脑海中一跃而出，口中默念起了《木兰辞》中的诗句："万里赴戎机，关山度若飞。朔气传金柝，寒光照铁衣……"标本交付后，整个检测过程需要四五个小时，同去的同事因为劳累坐在椅子上不一会儿就睡着了，江秀燕看了非常心疼。她的眼皮也像铅块一样重，多么盼望闭上眼打个盹儿，但是不能，她要随时等候结果，随时向区防疫指挥部通报情况。她知道，此时的区防疫指挥部灯火通明，有关领导正坐镇等待各方消息，以针对性地制订下一步的工作方案。她拿出手机，把闹钟定成每十分钟提醒一次，借以驱赶困神。很多时候，当她和同事们疲惫地走出市疾控中心的时候，已是晨曦初现或天已大亮。

病毒核酸检测就像"照妖镜"，能迅捷"揪"出病毒，尽快地控制病毒扩散。2020年5月份，济阳区委区政府根据疫情防控需要，决定组建核酸检测实验室，具体工作又落在了江秀燕所领导的专项工作组头上。与时间赛跑，与死神抗争，她跟同事们制订了周密的计划，日夜不眠，轮班鏖战。整天超负荷的工作，让她的颈椎病又犯了，脖子僵硬，上肢无力，活动严重受限。大家都劝她休息，可她说："现在不是休息的时候，我们要再快一点，再快一点，就能检测更多的标本，为患者及时救治和流行病学调查、追踪密切接触者争取宝贵时间，为打好防疫阻击战赢得主动，先机制敌。"她让同事给她拔罐以缓解症状，颈部和后背上盖满了紫红色的"军功章"。仅用15天，她和她的队员便顺利完成了分析区（负压）、标本制备区（负压）、试剂准备区（正压）三区的改造提升任务，并一次通过了市专家组的现场验收，创造了"济阳火神山速度"。

实验室的提升成功，让济阳终于拥有了具有二级生物安全高标准要求的核酸检测实验室，遇到检测任务，再也不用跑到市疾控中心去了，减少了中间环节，大大缩短了检测时间。望着正常运行的设备，筋疲力尽的江秀燕和同事们瘫坐在座位上，脸上挂着的却是胜利的微笑。

"没有从天而降的英雄，只有挺身而出的凡人。除了胜利，我们已无路可走！"在家人的微信群里，江秀燕的留言表明了疫情的严峻和抗击疫情的决心。

济阳临近济南遥墙国际机场，为防止境外人员输入带来的病毒传染风险，上级在济阳城区设立了临时隔离点。乘客一下飞机，就要送到隔离点进行标本采集，然后送往实验室进行核酸检测。因航班落地时间不确定，江秀燕和同事们必须全天候值守。

2020 年 9 月 15 日下午，江秀燕正在指挥对一批来自机场隔离点的乘客进行采样检测，突然接到了丈夫王桥政急促的电话：“不好了，爸爸在老家出车祸了，我们一块回去看看吧，我去接你！”听到这一消息，她心急如焚，真想一步赶回老家看看。但这批隔离人员人数多，时间紧，检验科的所有人员都恨不得多生出几只手来，在这个时候，作为“指挥官”怎么能离开战场？她想了想，痛苦而无奈说：“对不起，我实在离不开，你自己回去吧，你到家后第一时间打电话给我，告诉我爸爸的伤情。”

“那好吧，就你忙，工作离了你就不转了！”情急之下，丈夫说了句“狠话”。

放下电话，江秀燕心里突然感到一阵委屈。听到家人的抱怨，又想想八十岁高龄出车祸不知咋样的公公，泪花在她眼眶里直打转，但她只能强忍着。

原来，公公在徒骇河大堤上骑自行车回家，被一辆汽车挂倒了。丈夫把他送到了区人民医院，经诊断，脑部出血，手腕骨折，需住院治疗。工作的空隙，江秀燕急匆匆赶到医院，看着正躺在病床上输液的老人，深感愧疚地说：“爸，对不起，我没有尽到一个做儿媳的义务，请原谅！”公公却理解而大度地说：“没啥，知道你工作忙。”

江秀燕坐在病床边，单位工作上的事却像一根绳，紧紧地缠绕着她，让她魂不守舍。知妻莫如夫，丈夫看出了她的心事，说：“忙你的去吧，这段时间你整天魂不在身上，防疫是全区的大事，这里有我就行了。”说着把一篮水果和一箱牛奶递给她，嘱咐说：“你瘦了，要保重身体啊！”江秀燕心里明白，丈夫一说出那句“狠话”就后悔了，其实还是很体谅她的。家人的理解和体贴，让她心里陡生感动，眼睛一阵阵泛潮。她真想坐下来跟家人们唠叨唠叨工作上的事。这些日子，她顶着多大的压力，付出了多少汗水，经历了多少艰辛，只有她自己知道。她不能说，她怕家人知道了会生出更多的担心。她站起来，强忍着泪水，提着水果和牛奶离开了病房。

其实，自从疫情发生以来，丈夫王桥政也一直为单位的防疫工作忙得不可开交。为牢固筑起“外防输入、内防扩散、医疗救治、自我防护”四道防线，

作为区税务局的办公室主任，既要负责本单位的消杀、值班、物资准备、后勤保障、知识宣传等防疫日常工作，还要组织人员下沉社区，帮助社区搞好人员筛查、重点人员流调、核酸检测等工作，整天在单位和社区之间来回穿梭，回不完的信息、响不完的电话、停不下的脚步，成了他日常工作的写照。他把父亲安顿好后，把护理工作交给了姐姐，自己毅然返回了下沉社区防疫第一线。

面对这场没有硝烟的战争，在党政领导、社会参与、防治结合、群防群控的防疫工作格局中，不管是来自城市的还是乡村的，不管是来自机关的还是企业的，不管是来自医院的还是防疫部门的，他们都有一个共同的名字——“抗疫战士”。为彻底战胜疫情，每个人都在不同的岗位上奉献着光和热！

这是中国共产党领导的我们这个社会主义国家的独特优势！

江秀燕清楚地记得，2022 年 1 月 21 日晚上，21:30 接到了航班的一例标本，凌晨 1∶50 测出了结果，完成所有的流程时已是凌晨 4 点。正是一个不眠夜，他们成功检测出了第一份阳性标本，结果准确可靠。

从 2022 年 3 月 20 日起，根据上级防疫指挥部的安排，济阳开始实施全员核酸检测，实验室的检测工作量瞬间增大了几十倍。面对时间紧、任务重、设备紧张、人手紧缺的现实情况，江秀燕也不禁犯愁。但对她而言，办法总比困难多，她对抽调人员进行了科学分班，以老带新，优势互补，每班 4 人，一班 6 小时，歇人不歇马，满负荷运转。检测人员一次进实验室要连续工作六七个小时，仅穿防护装备这个过程就需要 20 至 30 分钟——先从专用通道进入“第一更衣室”，换上工作服，再进入“第二更衣室”，更换防护装备，猴服、N95 口罩、护目镜、手套、鞋套、手术服等一样不能少。穿防护服必须严格按照操作规程进行，从内到外，一层一层，不可省略任何步骤。穿好防护服，人就像进入了完全封闭的塑料胶囊内，密不透风。

李文娟开玩笑说：“江主任，我们这是作茧自缚呢！”

江秀燕笑笑说：“等疫情的冬天过去，我们就会破茧而出，变成天下最美丽的蝴蝶！”

对“战友”们来说，她就是主心骨，她在用榜样的行动和富有感染力的话语鼓舞着这个与病毒短兵相接的团队。他们当中有经历过非典、甲流、禽流感、手足口疫情防控的“老将”，也有刚刚走上工作岗位没两年的“新兵”。进入实验区，“老将”们会主动申请进入核心区，进行最危险的、与病例标本直接接触的工序。从标本的接收、试剂的配制、消毒、摆管、标本震荡、标本静置、加样至核酸提取试剂、核酸提取后加入扩增试剂、结果判读、报告审核以及数据上报，他们一丝不苟，严谨操作，确保万无一失。尤其是核酸提取环节，两名操作员在不到 1.5 平方米的生物安全柜里配合操作，开盖时要讲究手法技巧，力度大了就会形成气溶胶，污染生物安全柜，他们凭借平时练就的过硬的基本功，密切配合，所有标本的检测没有发生任何纰漏。

标本制备区是整个检测室污染最重的区域，生物安全风险最高。工作时需三级防护，起雾的护目镜、密不透风的防护服和幽闭的空间，尤其在负压环境和噪音下，普通人半小时就会胸闷气短受不了，而他们一次最少要待 4 个小时！这不仅是对体力的检验，更是意志的考验。直到工作结束，把从头到脚的全套防护服从身上剥离开，湿漉漉的衣服、褶皱发白的双手以及有深深勒痕的“口罩脸”，都是他们的形象“标配”。为了不影响工作，他们创造了连续 8 小时不喝水、不上厕所的记录。每一次从实验室出来，他们都有获得新生的感觉，能呼吸的感觉真好，能看见的感觉真好，活着的感觉真好！

2022 年 5 月的一天中午，天气炎热。江秀燕正在值班审查一份检测结果，突然听到有人叫喊：“李文娟晕倒啦！”她心里一惊，马上冲到实验室查看究竟，只见李文娟穿着防护服躺在地上。她急忙让人把李文娟抬到阴凉通风处，为她脱下防护服，只见她的内衣已全被汗水渍透了，四肢发凉、面色苍白。江秀燕一边组织临时施救，一边拨打了120。急救车很快来了，经过医院抢救，李文娟终于脱险了，医生诊断的病因是环境温度高、液体摄入量少、身体透支抵抗力下降所致。

其实，不用医生分析，江秀燕也知道李文娟的致病原因。昨天下午，滨州市的70多名“次密接”转来济阳的一处隔离点，李文娟从采集标本到检测，几乎是一溜小跑地奔忙，一直干到凌晨3点，没睡几个小时，今天又早早来上班，一干又是一上午。劳累过度啊！江秀燕站在病床前，看着一滴滴液体输入李文娟的静脉，一阵心疼，动情地说：“文娟妹妹，这阵子没黑没白地连轴转，你辛苦啦！多休息几天吧，你的岗位我来顶上。”

让人没想到的是，李文娟第二天又上岗了，大家都劝她再休息两天，可她说：“没事了，咱们的工作一个萝卜一个坑，大家都在忙，关键时候我不能当逃兵！”说完，就穿好防护服，走进了实验室。

多么敬业的同事啊！江秀燕赞叹着，眼睛湿润了。这让她想起了跟李文娟的一次长谈。那是两个多月前的一个傍晚，李文娟来到她的办公室，开门见山地说：“江主任，我申请调离检测组。这些天连轴转，腿都跑肿了，我孩子小，晚上见不到我就哭着不睡觉，婆婆整天盯在社区防疫也顾不上，家里实在困难啊。”江秀燕非常体谅李文娟的处境，拉着她的手让她坐下来，推心置腹地说：“前些时间大家确实辛苦，你家里也确实存在困难，但我不能批准你调岗，现在防疫正在关键时候，就好比战斗最紧张的时刻，养兵千日，用兵一时，如果这个时候离开炮火纷飞的前沿阵地，大家会怎么评价你？怕死鬼？逃兵？我觉得，作为一名疾控人员，赶上了这么大、这么险恶的疫情是我们的不幸，但从另一个方面来看，也是我们的荣幸，历史会记住我们的付出和奉献，这场战‘疫’，也是对每个人意志的磨炼，这种磨炼会成为自己一生宝贵的精神财富。这么艰苦的困境都能挺过去，今后还有什么困难不能战胜？”江秀燕的话，一字字、一句句地敲击着李文娟的心。李文娟心里顿生惭愧，一股战斗的激情重新燃起，回心转意说：“不调了，不把新冠这个瘟神驱走，我绝不离岗！”从那之后，李文娟工作积极性更高了，早来晚走，苦活累活抢着干，大家无不对她伸出大拇指。

后来，江秀燕想，李文娟思想的转变是因为自己那几句话吗？不是，是每人心中都怀有英雄情结，都蕴藏着一种积极向上的精神，是面对的灾难激发了她的这种“苟利国家生死以，岂因祸福避趋之”的情结和精神。恩格斯曾经说过：“没有哪一次巨大的历史灾难不是以历史的进步为补偿的。”对一个社会是，对一个人何尝不是？疾风知劲草，烈火炼真金！

全国一盘棋，闻令即逆行。济阳疾控中心不但承担着本辖区繁重的防疫任务，还时常要抽调骨干人员驰援重灾区。2022 年 7、8 月间，微生物实验室主任、支部副书记孙养光两次被抽调奔赴临沂、菏泽支援抗疫。正值盛夏多雨，酷热潮湿，检测点设在一个露天停车场，穿上防护服热得如同坐在蒸笼里，他不叫一声苦，不喊一声累，不惧危险，日夜奋战，圆满完成了各项工作任务，多次受到上级部门的好评。

疫情考验了我们，它无情地夺去了许多人的性命；疫情又激励了我们，让我们认识到什么叫众志成城、守望相助，什么叫愈挫弥坚、逆势生长。

疫情三年，恰好与江秀燕儿子王铭浩的高中三年重合。有人说，高中是人生的一道分水岭，高考在一定程度上决定着人一生的命运，每一位同学经过紧张的三年高中生活都会脱层皮，因此格外需要父母无微不至的关照。然而，江秀燕却无法给儿子关照，就连思想交流也多是通过手机进行，甚至到了工作紧张时期，连手机交流都成为奢望，因为工作时不能带手机，只有半夜回到住处才能与儿子说几句话。

如果说实验室的劳累是一种煎熬，那么密封的环境、缺少交流的孤独和对家人朋友的思念更是另一种难以言说的煎熬。多少个夜晚，江秀燕望着窗外的万家灯火，想儿子，想丈夫，想家人，眼里蓄满了莹莹泪光。

这天晚上，江秀燕走出实验室，卸下全套装备，仿佛卸下了千钧重担，瘫坐在沙发上好一会儿，轻轻地嘘出几口长气后，突然想起自己跟儿子三天没联系了。她急忙拿过手机，在微信里跟儿子打声招呼，开始了母子交流。她的手机里，至今留着这天晚上与儿子的聊天记录：

好好学习（江秀燕）：儿子，睡了吗？

Floating dream（儿子王铭浩）：妈妈！没呢，我正在预习明天的数学课。这么多天没见面，我想你了！（流泪）

好好学习：乖儿子，妈妈也想你（流泪）。晚上爸爸给你做的什么好吃的？

Floating dream：爸爸在单位加班没回来，我吃的方便面。

好好学习：（流泪）对不起，儿子，爸爸不是好爸爸，妈妈更不是好妈妈。（惭愧）

Floating dream：才不是！

好好学习：你在家要保护好自己。（红心）

Floating dream：嗯。我每天在家上网课，按照老师的要求读书、写作业，还帮着爸爸做家务。爸爸说，妈妈工作紧张，让我不要惹您分心，给妈妈拖后腿。

好好学习：呵呵，儿子一下长大了。（大拇指、大拇指、大拇指）

Floating dream：妈妈，那天视频见你剪去了那一头长发，我有点不适应，鼻子酸酸的……（流泪）

好好学习：工作需要呢。因为要穿隔离服，一脱一穿往往要一个多小时，非常麻烦，但又马虎不得，长发戴防护帽不方便，也有被感染的风险，只好忍痛割爱了。疫情结束后再留起来，还你一个长发飘飘的妈妈！（笑脸）

Floating dream：这让我更加理解您常说的"疫情就是命令，防控就是责任"的意义了。在我心中，您是世上最勇敢的人！是英雄！（大拇指、大拇指、大拇指）

好好学习：呵呵，妈妈真感动！妈妈不是英雄，是名共产党员，只是有人需要我。让我们共同加油，彻底打败病毒！（拳头）

Floating dream：加油！保重！（拳头、鲜花、红心）

江秀燕在这天的日记中写道："这段时间，真对不住儿子，忽然觉得儿子长大了，一向以自我为中心的他，知道关心别人了，还学会做家务了。是什么让他的心智豁然提升？是父母的言传身教吗？"

让江秀燕倍感欣慰的是，2022 年 6 月，在防疫工作最紧张的时候，儿子参加了高考，以优异成绩被青岛理工大学录取。

拿着儿子的大学录取通知书，江秀燕想起了自己的求学过程。

江秀燕 1979 年出生在一个普通的农民家庭，毕业于山东省卫生学校，1999 年参加工作时只是中专学历，但她从没有放弃过对知识的追求。工作第一年，报名参加了大专函授班，2003 年顺利通过了全部学科学习，拿到了大专文凭。2004 年马不停蹄地参加自学考试，2006 年拿到本科文凭。之后又攻下了研究生学历。就像春蚕，每脱一次皮，就成长一分，就向着化茧成蝶前进了一步。

没有想过成功是啥模样，自从选择了远方的那天起，就只顾风雨兼程。自参加工作以来，她始终以勤奋敬业、认真负责、雷厉风行、敢于担当的态度对待工作，每次遇到突发事件，她都会第一时间请战，“让我来”成了她的口头禅。为了区疾控中心实验室取得山东省实验室资质认定，她结合中心实验室的实际情况，加班加点，先后编写了 5 万余字的质量手册、5 万余字的程序文件和 200 余类的质量记录，建立起标准的规范可行的实验室质量管理体系，使中心实验室成为辖区内唯一集生活饮用水、医院消毒、食品检测、公共场所卫生要求等检测能力资质的实验室。

她长期从事病毒、微生物、理化实验室的业务及科研工作，获国家发明专利 1 项、国家实用新型专利 3 项，在国家级重点刊物发表论文多篇，担任第一主编编写著作 1 部，目前承担济南市卫生健康委课题 2 项。其中课题《济阳医疗机构乙肝诊疗报告能力及流行特征分析》荣获首届“济南市优秀预防医学学术成果奖”二等奖。

疫情发生以来，江秀燕带领团队始终战斗在离病毒最近的地方，共采集标本 2 万余人次，检测标本 180 万余份，对疫点、密切接触者集中隔离点、居家隔离场所、大型公共场所等消毒达 560 次，约 417 万平方米……这串数字的背后，是一群刚毅果敢的疾控人冲锋陷阵的战果。

春天来了，我们有一千个理由去赞美它的繁花似锦，但我们没有一个理由忘记冬天的奋斗。没有什么岁月静好，只是有人在为你负重前行。疫情的“妖雾”散去了，但我们不能忘记那些喋血奋战、斩妖捉怪的英雄们，那些枕戈待旦、不言放弃的医务工作者，那些严防死守、奋起自救的普通人……

用奋进书写精彩人生

——记山东省劳动模范、华电国际电力股份有限公司莱城发电厂卢红书

魏佑湖

有人说："每个人的心中，都住着一个闪闪发光的自己。"的确，每个人都希望有一个属于自己的舞台，展现自己独特的闪光点。卢红书就是这样一位努力奋进，让自己闪闪发光的人。

采访她之前，我看了她的简历：卢红书，女，1977年9月出生，中共党员，高级工程师、高级技师，现任华电国际电力股份有限公司莱城发电厂炉运专工。1999年7月参加工作以来一直从事运行工作。曾先后获得全国五一巾帼标兵、全国青年岗位能手、中央企业技术能手、中央企业青年岗位能手、山东省“富

民兴鲁”劳动奖章、中国华电集团公司劳动模范、中国华电集团公司技术能手、华电工匠、山东省劳模模范等荣誉。

在我想象中，她应该是一位十足的“女汉子”，要不怎么会取得这么多的成就，获得这么多的荣誉？可当我前去采访，看到她第一眼的时候，她的形象与气质就颠覆了我的想象：她是一块碧玉，一个浑身透着秀气、开口就微笑的优雅芬芳的“弱”女子，与她所干的工作极不相符。炉运专工一般是大男人干的活，可她干得还如此优秀，取得如此多的成就和荣誉，她付出了怎样的艰辛和努力，又具有怎样的自信和信念？

丁玲曾说：“人，只要有一种信念，有所追求，什么艰苦都能忍受，什么环境也都能适应。”人真是奇怪，有时候受了鼓励，干劲就像火山爆发一样，虽然这火山上也许冰雪覆盖。这，都源于一个“情”字，情到深处深几许。

情难忍，请缨锅炉岗位

“青春是用来奋斗的，奋斗的青春最美丽。”这是卢红书常说的一句话。1999 年，卢红书从山东省电力学校毕业，第一个工作岗位是莱城电厂公用水泵房的值班员。卢红书说：“我这个值班员呢，管着水泵房里的 12 台水泵，主要工作就是抄数据、做记录。”卢红书认为这样的工作太没有挑战性了，自己作为一名集控专业的毕业生，却被安排在这里看水泵，当时她这“玻璃心”很委屈。但委屈归委屈，工作还得认真干；同时她也认真听取师父和前辈的建议——机会总是留给有准备的人。

为了有充分的准备，卢红书增强了学习的主动性，主动向厂里的老师傅们学习工作的经验，主动学习最新的集控运行专业知识。两年后，厂里机构调整，所有水泵房的值班员都被调整到工作相对轻闲的小火电机组。不愿清闲的卢红书，第一次鼓起勇气找到厂领导，主动申请去又苦又累的岗位，要求调到电厂生产最前线的集控运行岗位去工作。

领导听到她的请求，心里还是“咯噔”了一下：这个岗位是大男人干的活，她一个女同志，还有孩子，能干得了吗？领导的顾虑是现实的，而卢红书的请求是恳切、真诚的。这是因为她大脑中早已写入了一条“程序”，这条“程序”使她看到困难马上就会产生条件反射。这是责任担当使然，是写入基因的密码。

就算是再大的挑战、再强的压力，都难忍对企业的情怀。所以，她必须挺上去、干上去。

没有竞争就没有选择的公平；只有竞争才能让人知道水平的差距。做足了准备的卢红书，通过竞争，走上了电厂生产最前线的集控运行岗位。

卢红书在此前听说过集控运行岗位的艰苦，但没想到那么艰苦，她知道“苦其心志、劳其筋骨”的时候到了。工作中遇到急、难、险、重任务，她总是第一个冲在前面。为了减轻结焦带来的影响，她一连多少天在 70 多米高的炉层间上下往返，层层测温，反复推演，最终摸索出了调整小风门保证锅炉稳燃的好方法。

为了直接观察炉内气流的分布、扩散、扰动、混合等情况，卢红书总是第一个钻入锅炉炉膛。炉膛内部环境真可谓“脏乱差”，此时的她却不爱红装爱“武装”，每次都“披甲上阵”。每次从炉膛出来，脸上都敷了一层厚厚的“黑面膜”。而她对此既不邀功也不抱怨，只是朴实地一笑而过。

2014 年 5 月，卢红书成了莱城电厂建厂十五年来的第一位“炉运女专工”。成了女专工，就得受考验。卢红书接受的第一个考验是锅炉改造后的灭火问题。为了尽快攻克灭火的难题，她跑现场、查图纸、做实验、找数据，摸爬滚打了四个月，终于摸清了锅炉的“脾气”。她喜欢看炉膛内燃烧的火苗，单从火苗的颜色就能辨别出锅炉运行的状况。别人夸她是建厂以来的第一位集控运行锅炉女专工，她却谦虚地说：“我就是个烧锅炉的。”

对很多人来说，工作仅仅是个饭碗。卢红书是个有情怀的人，她体味的是工作的神圣，她把机器的轰鸣当成了交响乐，尽情地挥洒着汗水，走出了一串串奋斗的足迹……

金色丝线般的朝霞洒满大地，伴着轻抚肌肤的盛夏晨风，卢红书心似霞举飞升，惬意无限。天更蓝了，空气更清新了，道路两旁的花草更清香了。奋斗，让她感到有成就感和幸福感。

情缱绻，峥嵘岁月稠

如果没有过硬的技术，在工厂就站不住脚，更谈不上为企业多做贡献。卢红书深知，自己进厂是来当工人的，应该“技术为本”。

学艺心切的她，勤于钻研。幸运的是，她的师父不仅技艺高超，对工作更是一丝不苟。师父对徒弟高标准、严要求，潜移默化地影响着她。卢红书求知若渴，觉得光是苦练还不够，还须在实践中总结、在书本中探寻。一有时间，她就钻进图书馆，阅读从国外翻译过来的专业书籍。通过学习，她对集控运行有了更深的了解。

集控运行是分散控制和远程管控的集成地，是发电厂有效运转的“中枢神经”，属于“高、精、尖”专业，任何一个参数的误判、误调都可能造成不可挽回的后果。勤学、勤问、勤看，卢红书不断将理论与实践相结合，她的专业技术迅速走向成熟。“我就是喜欢这项工作，喜欢每天都钻研。”

2012 年 8 月，卢红书成为莱城电厂第一个，也是迄今唯一一个女机组长，担任一台机组的“总掌舵人”。技术过硬、行事果敢的她，机组管理如鱼得水。在她的带领下，机组安全、经济各项指标始终稳居各类竞赛榜首。

2014 年 5 月，卢红书被任命为运行分场炉运专工，成了莱城电厂建厂以来首位锅炉女专工。

然而，刚刚到任专工岗位，还没来得及详细了解情况，设备就给了她一个“下马威”。原来，2013 至 2014 年莱城电厂四台锅炉全部进行了低氮燃烧器改造，之后锅炉性能、燃烧特点有了很大改变，抗扰动能力则大大降低。2014 年 5 月份开始，接连发生 3 起锅炉灭火事件。

“怎么办？坐以待毙吗？”彼时的卢红书感觉天都要塌了。

“不行！必须走出低谷！我不能辜负领导和同事的信任！”不服输的她整理思绪，开始了为期四个月的奋战。

卢红书从北极星电力论坛上请教相关专家，打电话联系了业内著名的西安热工院王春昌教授，多方面了解锅炉低氮燃烧器改造后存在的问题以及相应的解决对策，深度挖掘锅炉灭火的原因。最终，她找到了锅炉配风这一关键要素。

找到“罪魁祸首”，下一步就该“对症下药”了。卢红书开始紧靠现场做试验，将锅炉配风方式由最初的均等配风改为“正宝塔”“倒宝塔”“双缩腰”等各种配风方式，进行试验探索。为了及时得到准确数据，她经常戴着防护眼镜，拿着测温仪在 60 米高的锅炉“上下翻飞”，热了渴了就去集控室喝口水凉快凉快，及时把调整实验的结果记录下来，调整方向正确的作为经验，调整方向错误的当作教训。

“设备如同孩子，想要运行得好，就要增强免疫力和抗击打能力。”试验、调整和措施固化，就是卢红书给设备的“免疫力强化”。针对低氮燃烧器燃烧机理、工作性能和流场特点，燃烧器氧枪吹扫风由冷一次风改为热二次风，炉膛“均等”配风优化为“双缩腰”配风……一系列举措出台执行后，锅炉的稳定性大幅提高。

为巩固好现有成果，卢红书牵头编制了莱城电厂《锅炉稳燃措施》《防止锅炉掉焦灭火措施》《锅炉吹灰运行规定》等系列措施，把经验以标准形式固化下来。就这样，不断地试验、修正、观察、记录……也正是在不断的摸索、调整过程中，卢红书提出了锅炉“3H风量控制法”，即根据实际燃烧状况，不断地调整锅炉的配风方式，通过非均衡配风，实现炉内均匀的动力、温度场，在入炉煤质、设备状况等不可控的情况下，实现锅炉的稳定燃烧。

筚路蓝缕，经过四个月艰辛的探索实践，终于成功了。卢红书笑了。这笑，是舒心的笑，也是会心的笑。她走出厂门，一阵夜风拂过，她抬头望着深邃的夜空。天上一轮明月，如美人的脸庞，正冲着自己腼腆地微笑呢。皎洁的月光流水般洒落在她回家的路上，澄澈空灵，静谧安宁。卢红书突然觉得，这样的画面，这样的意境，不正是很多人心目中所向往的“诗和远方”吗？可在自己心里，攻克一道道技术难题，为厂子创造美好未来，才是真正的“诗和远方”。

2020 年 7 月，受入炉煤质变化的影响，1–4 号炉内都出现了结焦现象，影响锅炉稳燃。看着水冷壁上厚厚的焦渣，卢红书心里很着急。

三伏天，炉前温度高达 50 多度，她拿着测温仪在 60 多米高的锅炉上往返测温，反复调风门、测风速，指导监盘人员摸索不同的调整方案，有时在锅炉周围一待就是四五个小时。当时环境温度本来就高，再加上炉火的炙烤，她“用舌头舔一下嘴唇，觉得舌头都是凉的”。没有休息日，没有黑白天，她说：“不是不想休息，是不敢休息，生怕稍不留神，锅炉结焦恶化造成更大损失！”就这样，不断地试验、观察、记录、修正……经过两个多月的努力，锅炉结焦情况终于缓解，她悬着的心才慢慢放下来。

为了获取防止炉膛结焦的第一手资料，她主动请缨参加动力场试验，这个试验全程在炉膛内进行，炉内风速相当于七八级大风，并且一次试验就要进行 8 个多小时，对人的体力和意志力都是极大的考验。8 个多小时过去了，当她出来时，浑身都是黑的。尽管穿着防护服，但脸上和脖子里满是煤粉，可谓“收获满满”。她欣慰地说：“知其然，知其所以然，结焦的问题，我终于弄明白了！”

之后，她在此基础上总结提炼形成了“3H 风量控制法”。自该操作方法实施以来，锅炉燃烧稳定性大大增强，该成果荣获集团公司第五届职工创新创效二等奖、全国能源地质系统优秀职工技术创新成果二等奖。

卢红书精益求精，匠心筑梦。近年来，受“市场电”影响，莱城电厂机组调峰成为常态，卢红书主持制订的人、机、煤、管“四步工作法”，解决了机组深度调峰锅炉稳燃多个关键性难题。截至目前，莱城电厂已连续 70 个月锅炉无灭火。

情挥洒，技能大赛夺第一

2011 年，卢红书代表莱城电厂参加了集团公司第四届集控运行技能大赛。各参赛单位都精挑细选了最顶尖的选手参赛，竞争激烈程度可见一斑。为了取得好成绩，在紧张而又枯燥的三个月备赛时间里，她除了吃饭和睡觉，将所有时间都用在了学习上。

“理论培训阶段要学习传热、流动、燃烧、电磁、水和水蒸气特性等基础理论以及各项反措内容，平均每天学习两门课程。”卢红书说。为了尽可能多地消化吸收授课内容，她每天晚上都学到深夜，12 点之前从不睡觉。

进入复赛后，由于增加了仿真机实操考试内容，备考难度和压力陡增。仿真机设置有 400 余个故障点，参赛选手需要根据监盘发现的异常象征，精准判断故障设备，并进行应急事故处理，这是对选手综合能力素质的检验。

“白天一遍又一遍地练习仿真机，把每一项操作都进行分解，晚上再挤时间复习理论知识，4 本 1000 多页的学习辅导书被她差不多翻烂了，一本 100 多页的《集控值班员》她几乎可以背下来。”同事们都对她赞不绝口。

凭借这种持之以恒的韧劲，她犹如一匹“黑马”，在层层选拔中一路过关斩将，最终作为唯一一名女选手，代表山东公司站在了决赛舞台上。

9 月 20 日，集团公司第四届集控运行技能大赛决赛拉开帷幕。卢红书与搭档凭借行云流水般的操作征服了苛刻的裁判，包揽了个人第一、第二名。大赛决赛有一个重要环节，即边操作边口头表述，所有参赛选手目视参赛者。卢红书一边精心地操作，一边大声讲述操作规程。她洪亮的讲述在大赛现场上空传播，震撼着在场的每一个人，她娴熟的操作让人看得眼花缭乱。赛后，裁判长田亚处长感慨道：“我已经被震撼了！”一位教授裁判也发出感慨：“是什么让她如此有力量？真是震撼到我们了！”

正像卢红书自己所说：“是信念给了我力量，人在全身心地投入时，潜能就会充分发挥出来；人的潜能是无穷，如有神助。”有了信念，即使困难重重，也有逆流而上的决心；即使屡屡失败，也有坚持到底的勇气；即使艰难困苦，也有破釜沉舟的魄力。信念是一粒破土而出的种子，负重累累也挡不住它蓬勃向上的力量；信念是一把披荆斩棘的利剑，艰难险阻只是磨砺它成为王者的考验。俞敏洪谈起过一个“蜗牛策略”：能够到达金字塔顶端的，不全是那些飞得高的；像蜗牛那样，一直慢慢爬，笨笨地坚持，也能到达塔顶。卢红书就是一个永不停息的蜗牛，认准一件事，就坚持去做，认准一个梦想，就执着地去追寻。这种信念，就是她力量的源泉。

当你有了坚定的信念，就不会在凄风苦雨中低头，也不会在功名利禄中迷失。卢红书在荣誉面前是清醒的，她向内索求，向外共生，向上行走，向下兼容。赛后，收获荣誉的她并没有满足，而是继续刻苦钻研业务，于 2012 年 8 月成为莱城电厂第一个，也是迄今唯一一个女机组长，担任了一台机组的“掌舵人”。卢红书实现了从书本到现场的转化、再从理论到实践应用的转化。真正从职场“小白”到技术“大咖”，卢红书每一步都走得扎扎实实。

情悠悠，创新无止境

奋斗需要创新。在既定的工艺、既定的产品面前，创新是一件极不容易的事，怎样创新是一个大难题。卢红书处处想点子，事事琢磨怎么才能创新。

近年来，针对现货交易模式下机组频繁启停的现状，本着从“大处着眼、小处着手”的原则，她和她的团队开始从节约开机成本上做文章。

以前，厂机组冷态启动时炉水温度低，加热到100摄氏度大概需要2至3小时，时间长、炉温低，既不经济又不环保。一个偶然的机会，卢红书在现场发现汽包和除氧器可以实现近距离连接。这就相当于建立起了除氧器和汽包的“体外循环”，让原本不可流动的冷态炉水与有热源的除氧水循环起来，从而实现炉水温度快速升高。

于是，卢红书将这个想法作为职代会提案提交讨论，并顺利通过，在3号炉改造中得以实施。然而，理想很丰满，现实很骨感。除氧器容积约150吨，汽包容积约30吨，二者容积相差5倍，却需要调整两个容器的进出水量均达到动态平衡，其中的精调难度之大可想而知！除氧器、汽包任何一个水位异常都会威胁机组安全稳定运行，卢红书和她的团队不敢有任何的松懈。第一次试验，失败了；第二次，又失败了。记不清失败了多少次，他们不断地摸索、不断地优化。终于，她和她的团队总结出凝水与给水流量偏差在每小时30吨左右时，既能保证升温效果又能确保机组安全稳定。经过多次开机检验，单次冷态开机可缩短2至3小时，大大降低了燃料成本和人力成本，延长了设备使用寿命，具有良好的经济、安全、环保效益。

人都有惰性，能清醒认识到“惰生败”并主动担当者胜；人都图安逸，能清醒认识到“逸生闲”并主动创新者成。富兰克林说：懒惰像生锈一样，比操劳更能消耗身体。

值得一提的是一件不愉快的事。有一次技术论证会不欢而散。参会技术人员没人带一张图、一张纸、一支笔，发言泛泛而谈，又无人记录。卢红书见状，压下雷霆之怒，委婉地叫停了会议。她说：“这样不行，准备好了再来。”

事后技术人员顿悟，要想创新，就得动真格的。卢红书分别找技改骨干谈心：“你们要放下心理包袱，大胆想、实在做、勇于试，出什么问题我担着。”就这样，在她的鼓励和带动下，创新的积极性调动起来了。在以后的工作中，他们都是按照大家讨论的意见，尽快完善设计和拿出试制方案，待技术创新小组通过后，明确分工，确保每个环节不掉队。这样一来，创新工作显得更为庄重、严肃、负责。

卢红书不仅善于钻研实践，而且善于总结提炼，先后在《东北电力技术》等杂志上发表了《磨煤机抽粉爆燃的原因分析及对策》《300MW 燃煤锅炉燃烧系统低氮改造与效果分析》等多篇学术论文。在她的工作橱里，有六本“武林秘籍”，记录着她刚进厂在现场查设备系统时产生的疑问，记录着机组运行中的异常现象、事故分析以及经验教训……她毫无保留地将这些笔记以及自己多年积累的经验知识分享给同事们，并采取理论与实践相结合的方式，加大对青年职工的学习培训力度。一大批青年职工已成长为莱城电厂的骨干和中坚力量。

示范引领，职工创新创效百花齐放。以她名字命名的“卢红书劳模创新工作室”成为企业创新团队的代名词。每年举办创新研讨、活动 10 次以上，培训一线职工 700 余人次，2 人获中央企业技术能手称号，1 人获中央企业青年岗位能手称号，1 人获电力行业技术能手称号，为企业储备了技术创新力量；她本人潜心技术研究，取得专利 3 项，发表学术论文 8 篇。

情法兼顾，对节能毫厘必争

锱铢必较，精打“节能”算盘，卢红书是行胜于言的“实干家”。随着电力市场的改革，发电企业进入微利时代，她又在“挖潜”上做起文章，努力为企业寻找新的“效益增长点”。

一花独放不是春，百花齐放春满园。卢红书深谙其道，主动把自己总结、分析得出的指标调整经验拿出来与大家分享，将节能挖潜与培养人才相结合，让大家共同提升业务能力，促进生产指标改善，为企业创造经济效益。

头脑，是生活的指挥官；思维，是人生的兵法阵。卢红书不断突破自己，她要证明给人们看：世间没有能困住的局。

以往锅炉停机，都是投入大油枪进行稳燃。锅炉小油枪纯氧改造之后，卢红书又动起了脑筋：可不可以用小油枪进行停炉？这样可以节省一大半的燃油消耗。

马上就办，办就办好。卢红书从网上查找论文资料，与兄弟单位专家进行交流讨论，多方面论证小油枪停炉的可行性。之后，她将运行分场经验丰富的班组长、机组长聚集起来，共同制定操作方案。

“说实话，一开始我是不赞成用小油枪停炉的，因为没有现成的经验可以借鉴，‘摸着石头过河’虽然勇气可嘉，但也是有风险的。然而听完她的分析论证，我发现完全可以一试！”班组长闫相民说道。

综合考虑小油枪停炉过程中可能遇到的各种突发情况，经过四个小时的研究讨论，卢红书与同事拿出了一套具体可行的最终方案，并在随后的 2 号炉停炉过程中，将想法变成了现实。

凌晨 1 点钟，卢红书准时来到集控室。为了试验成功，她已在脑海中反复演练了几百遍。1 点 20 分，试验开始。

“停运 B1 给煤机，B 磨开始抽粉！”

“投入 A2 层四只小油枪，小李去就地检查一下着火情况！”

……

按照既定方案，卢红书指导值班员一步一步操作。所有人的心都提到了嗓子眼，时刻关注着炉膛燃烧情况，随时准备应对突发情况。

100MW、90MW、80MW……当负荷降至 0MW 时，所有人心里悬着的一块石头终于落地了。

经过试验，卢红书发现小油枪停炉的效果非常好，不仅没有对锅炉稳燃造成影响，还将油耗从 2.7 吨减少到 1.2 吨，一次就节约了 1.5 吨燃油。按照 6000 元 / 吨的价格计算，每年能为企业节约费用约 22 万元。随后，卢红书马不停蹄地对此项技术进行了持续完善。最近一次停炉，耗油量仅为 0.68 吨，是原来的四分之一。

针对磨煤机单耗高的难题，她创新引入“钢耗系数”概念，通过计算磨煤机的“钢耗系数最优值”，提出磨煤机“少食多餐”钢球添加法，使磨煤机电流降低了 10A，年度可节约电费、钢球费约 249 万元。

针对厂用电率这一核心经济指标，她带领“电厂医生”精益管理小组提出“五个改进”“十二个优化”基本方略，每年可节省发电成本 430 余万元。

针对 #3 炉深度降烟温余热利用改造，她全程参与设备安装调试，献计献策，优化设计，使锅炉排烟温度由 128℃降至 76℃，粗略估算每年为企业增加 1400 万元效益。

每一次节能降耗，卢红书都会付出很多，在“毫厘必争”中，她都消瘦许多。有人认为卢红书傻，给厂里增加了效益，而自己却没有什么好处。但她却因此而自豪。不管是进行技术攻关，或是支援，她都乐于奉献，不求回报。她说：“君子爱财，取之有道。有损于国家和企业利益的钱，我一分也不要。”正像厂领导紧紧地握着她的手说的：“你们的技术，你们的精神，是无法用金钱来衡量的！”

卢红书的脸上，露出了灿烂的笑容。

情深深，水乳相依浓

2020 年春节，一场突如其来的疫情席卷全国。疫情发生后，卢红书第一时间自掏腰包，购买了 84 消毒液和喷壶，带到集控室进行消毒，并身兼“数职”，主动请缨担任“消毒员”和“测温工”。她还带头缴纳“特殊党费”，第一个报名参加“我是党员我先行”社区志愿防疫活动，积极参与疫情防控宣传工作……用行动彰显一名共产党员的担当。

疫情期间，受电网负荷影响，自 1 月 29 日起，莱城电厂进入单台机组运行模式，给安全生产带来严重威胁，一旦机组跳闸将会造成全厂停电。卢红书深知抗疫特殊时期保电供热的重要性，凭着“5+2”“白加黑”的拼劲，组建团队、查阅资料、就地试验、同其他单位交流讨论，经过努力，制定了莱城电厂版单机“特护”运行措施和应急预案。最终，莱城电厂成功完成了单台机组运行期间的稳发电保供热任务。在这场疫情防控阻击战中，卢红书充分发挥先锋带头作用，积极做好表率；在这个特殊时期，卢红书用自己的坚守和奉献，认真守护嬴牟大地的光明与温暖。

2 月 16 日下午，省调命令：莱城电厂 3 号机组由冷备急调顶峰。这次开机恰逢抗击疫情的攻坚关键时刻，人员少，难度大，时间紧，任务重，突发情况多。而严峻的疫情形势和需要穿插完成的两项技改性能试验，让卢红书的神经骤然紧绷起来。为了试验，她已经准备了好几个月。但为确保万无一失，她还是早早来到了生产现场，反复论证着试验方案中的每一个细节。凌晨一点半，试验如期进行，同是“莱电人”的丈夫也在为开机彻夜忙碌着，顾不上两个在家没人照顾的孩子。卢红书不停地奔走在冰冷的锅炉本体钢构之间，聚精会神地监视着机组的各项参数和锅炉着火情况。最终，在她的带领下，两项试验顺利完成。此时，她已经在现场连续工作了近 20 个小时。

在采访中，卢红书给我讲了孩子深夜给她打电话的事。孩子睡不着觉，给她打电话，希望妈妈在身边，说着说着，声音变得有些沙哑。卢红书明显感觉到孩子内心的恐惧，但工作不允许她离开岗位，她只能温婉地劝孩子安心睡觉。当她回到家时，孩子扑到她怀里，哭喊着“妈妈，我想你，我好想你……”她不知道该怎样安慰孩子。孩子止住哭，捧着她的脸，猛地说出一句“妈妈你瘦了”。是呀，长时间的工作，让卢红书身心都感觉疲惫。她就是这样舍小家顾大家，以一个共产党员的标准严格要求自己，用自己的实际行动践行着党的宗旨。

疫情无情人有情。卢红书虽然没有像医生那样奋战在抗击疫情的战场上，但她同样以自己的实际行动恪守着岗位职责，为打赢这场没有硝烟的战争尽着自己的一份力量……

情系岗位，感恩家人

周末的清晨，卢红书刚打开窗户，一股清新的空气就迎面扑来，伴随着一缕缕金色的光芒，太阳露出了慈祥的笑脸。

外面的空气很是新鲜，嫩绿的青草迎着温柔的晨风摇摇摆摆地伸展着腰肢，草尖上晶莹的露珠滚动、闪亮着；一朵朵盛开的不知名的小花被露水滋润着，开得笑盈盈的；空气里湿润润的，青葱的枝叶、芬芳的花蕾散发出浓郁的清香，让人呼吸起来格外清爽。

卢红书承诺两个孩子，如果今天天气好，就带家人出去走走看看，享受一下大自然的馈赠。她平时忙于工作，很少有空陪家人，也算是弥补对家人的亏欠。可每每产生这样的想法，就总有电话打来，她已经不止一次对孩子失约了。

她的儿子今年考研了，从小到大，她很少带孩子出去玩，孩子是公公婆婆带大的。她觉得很亏欠孩子，也很对不起公公婆婆。她为了正常上班，在女儿五个月大的时候就给她断了奶，也是双方老人带的。当她说这些的时候，眼圈红了。她说："双方老人，年纪都大了。公公婆婆上八十了，爹妈也七十多了，我没有孝敬他们，我对不起他们，我非常感激他们。照顾老人、孩子，多是我的丈夫。"

她喝了口水，极力平静下来，停了一会儿又说："特别是老二，是个女孩子，特别敏感，对我更是依恋。每到周末就问我，'妈妈，你能在家里吗？我想你，我好想你……我想和你一起玩。'缠着我，黏着我。可厂子里一有电话，我就顾不上她了。"成为一名班组长，管理成为卢红书的新挑战，哪个环节配合不到位都会耽误事。当然还有最关键的，就是安全。身为班组长，卢红书要操的心很多。遇到困难与问题，她从不推诿，总会身先士卒，与大家一起商量对策，沟通解决。遇到谁有压力与情绪，她就讲自己的故事给他们疏解。因此，许多工友有事都愿意找她，觉得与她在一起顺心、踏实。

因为陪伴孩子太少，卢红书心里总是很愧疚，所以每次回家，如果孩子还没睡，她就和孩子玩一会儿。有一次，她哄孩子睡觉，儿子上小学时，考试成绩不错，她就说："考试成绩不错，想要什么奖励，妈妈送给你。"孩子有些犹豫，试探着问："妈妈，那周末能不能陪我玩一天？要不周六晚上陪我玩，行吗？"孩子这样问，她心里难受极了，"陪伴"其实是最最简单的要求了，自己却满足不了，这种矛盾，实在太痛苦太痛苦了。"我不是一个称职的妈妈。"卢红书总会这样自责。有时母亲也抱怨她说：这孩子的心让单位给拴住了。有一次出差回来，下了高速快四点了，本来和司机师傅说直接去厂里，可车子经过孩子学校路口时，她犹豫了一下，随后下了车，决定接他放学。走到学校门口，看见了等着接孩子的婆婆，婆婆看见她，诧异地瞪大了眼睛。卢红书解释说，今天回来得早，特意过来接孩子，让老人先回家了。

父母、公婆是卢红书人生的"托底"，是她实现梦想的依靠。卢红书说："我非常感激我的公婆，没有他们就没有我今天的作为，我的荣誉一半来自他们的付出。我给老人的安慰就是取得的那些荣誉，每当我捧回荣誉，他们就会替我高兴。"

在荣誉面前，卢红书没有丝毫的沾沾自喜。她清楚地知道，在追梦的路上，只有把所有职工的心气和力量凝聚起来，才能星火成炬，去共同创造更加美好的未来。

我问她："您这样干值得吗？"她的回答让我看到了她思想的高度和境界的高尚。她说："没有什么值不值得，只要在这个岗位上，不管是男的还是女的，就应该这样干。人家能干，我为什么不能干？"接着她又微笑着说，"要想当个好工人，就要敢于拼搏，舍得吃苦，就得有舍小家顾大家的思想，不然你啥也干不好！"她停了停又说，"公司给了我这么多荣誉，我没有理由不全身心地去工作，我不能有半点差池，不然就对不起组织的培养、领导的希望。"

我被她的话震撼了，我感动于她的付出和忘我工作的心境！这是一种工作态度，更是一种感恩。她感恩着一切，组织、领导，老公、父母、公婆。她为什么能取得如此大的成就？为什么能在平凡的岗位上做出不平凡的业绩？为什么在工作上、在困难面前有那么顽强的拼搏精神？为什么在很多关键时刻能做到舍小家顾大家？我从她的这些话里找到了答案。

忘记了自己的人，人们才不会忘了他；心里装着大家的人，将永远属于大家。如果没有信念，没有志向来支撑，我想是很难做到的。信念、志向是卢红书精神的原动力和支撑点。人心是一个广阔的内宇宙，其浩瀚是永远读不厌的一本书。这是信念者、意志者、有德者生命的书写！

从山涧奔流而出的清泉，虽不知源自何处，但是那清澈明媚的生命律动，引发了我们对自然的热爱和倾听。卢红书用坚实的脚步、高尚的灵魂、朴素真挚的深情，行走于家与厂之间，犹如那山涧奔流而出的清泉，给人以心灵的滋润与洗涤。

情几许，振翅高飞

采访中，卢红书随手拿着一个本子，本子的扉页上写着："岁月如江河，长流不停歇。千帆过尽，一代代风流人物如丰碑永驻，为我，为后来的华电人，留下受益无穷的成长财富。都说哪有什么岁月静好，不过是有人替你负重前行。每一位负重前行者，都以血肉之躯，背负责任也承载岁月的考验……如果不是背负责任一路走来，我身后怎会留下扎扎实实的脚印？最是人间留不住，朱颜辞镜花辞树。人生快入天命年，幸有岁月可回首，尚留余梦未白头，趁时光未老，趁春风正好，重整行装，再上征程。”

读罢这段有性情、有情怀、有温度、有力量的话，我忽然有一种感悟：她之所以能成为一名大国工匠，除了对工作孜孜以求之外，更重要的是深厚的人文修养让她拥有了健全的人格、高尚的价值追求，以及较强的思辨和沟通能力。

在科技日新月异的时代，“工匠”似乎逐渐淡出了我们的生活，“工匠精神”更是在我们的视野中日渐模糊。然而，工匠们对设计独具匠心、对质量精益求精、对技艺革故鼎新的理想精神追求，是中华民族伟大复兴所需要的！“工匠精神”正是这种内化于心、外化于行的具体实践，这种精神不仅仅是制造业的“专利”，更是全社会都应积极追求的崇高境界，这是契合时代发展的客观规律。

用现在的流行语来形容：“工匠精神”是一种气质，产生于每一个专注、认真、坚定的人身上。“工匠精神”就是专注敬业、一丝不苟、精益求精、至臻完美。社会的精英不应局限于某一类人物里，各行各业都应提倡“工匠精神”。当今的年轻人在择业时，更需要摒弃浮躁，切忌好高骛远，应俯下身子刻苦学习，在人生道路上选择适合自己的道路，演绎属于自己的最美青春。

雄关漫道真如铁，而今迈步从头越。心有所向，路有远方。我相信卢红书在新的征程上，能积蓄后发赶超动力，振翅向远方高飞……

电工的世界

——记山东省劳动模范、山东九羊集团有限公司许征鹏

王晓瑜

话说一位从事电力设备的老员工，与几个朋友喝酒，回家后，妻子试着用各种办法给他醒酒，都无济于事，就打电话询问他的同事该怎么办。他的同事说："嫂子，你马上喊一声'厂里来电话了，设备跳机啦'。"妻子不解，但照做了。没想到声音刚落，只见男人"噌"一下从床上蹦起来，精神抖擞地大声喊道："什么情况？"妻子立马泪流满面，原来老头子养家糊口真不容易啊，梦里醉里，脑子里无时无刻不装着他那些"电路"……

和这个"段子"的主人公一样，山东九羊集团有限公司电工、工人技术专家许征鹏，也是连做梦都想着公司"电路运转"的人。他生于1969年11月，中共党员，从业30余年来，始终坚守在电气工程及设备运检第一线，在企业技术创新、科技攻关、技术传承中做出了突出贡献。凭借多项创新成果，目前已成为行业内技术创新带头人，并获得国家专利25项，发表学术论文10篇。先后荣获全国五一劳动奖章和"山东省劳动模范""齐鲁工匠""山东省首席技师""山东省有突出贡献的技师""山东省创新能手"等荣誉称号。

许征鹏1.78米的个头，白净的皮肤，宽大的额头，山峰似的眉毛，阔大的嘴巴，清澈明朗的眼神，笑起来像一尊弥勒佛。虽然拥有很多耀眼的头衔，但他骨子里那种与生俱来的朴实、谦卑、随和的气质由内而外散发出来，尤

其他那有点儿“愚钝木讷”的举止，让人怎么也看不出他竟然是赫赫有名的工人技术专家。由于长期钻研技术，他的气质神韵就像许多专家一样，满身心充满“科研细胞”，少了世俗气，多了“书呆子”味。

初尝发明的甜头

1987 年 8 月，18 岁的许征鹏在没有任何电工基础的情况下，稀里糊涂地来到当时的国营莱芜市电器厂，当了一名电工学徒。他坦承，起初由于底子薄，又疏于对技术和技能的学习，有些碌碌无为。工作不到一年，恰巧赶上厂里推行“满负荷工作法”，他就被“优化组合”下了岗。

下岗后经过几番创业碰壁，许征鹏深知自身知识技术的不足，决心从头学起。在厂领导和师父们的帮助下，再次回到了电器车间工作。下班后他主动找师父学习，缠着师父传授技艺；还多次参加各种夜校和培训班的学习。

师父高兴地说：“呀，娃子，你终于上套了，是棵好苗子啊！”

许征鹏下定决心，一定要做个优秀的技术工人，绝不虚度光阴。他买回大量技术资料，从基本的电路学起，一有空就钻到书堆里，光笔记就记了一尺多高，并自学了十多门专业技术课程。为尽快提升技术水平，有时候下班后，他偷偷地跳过车间窗户，看别人干活，偷偷学艺，看每一个接线端子、每一根线以及线束的排列方式，折弯弧度、线鼻、线号等，不放过每一个细节，都仔细记在心里。然后用下脚料反复练习，光是剥线钳就用坏了 4 把。

许征鹏的业务水平提高很快，工作能力不断提升，很快就成为业务骨干。他研发的新技术新工艺投入应用，为企业带来了可观的经济效益。部分科研成果得到业界认可，他本人也逐步成为企业的技术权威，2003 年荣获“山东省有突出贡献的技师”称号，并享受山东省政府津贴。

1989 年，许征鹏以优异的成绩通过技师考试。一年后，他被安排从事技术要求高、责任重的质检工作，后又逐渐走上车间主任、技术副厂长的岗位。

许征鹏很感激他的老领导杨京东厂长，他既是一位领导，更像是一位负责的长辈，在他学习和成长的过程中，曾给予了很大帮助。1995 年，许征鹏通过成人高考，考入了华北水利水电学院。但因父母生病和集资建房等原因，最后连去学校面授的费用都拿不出来，又不符合公费入学条件，他非常着急上火，嘴唇长满了口疮。杨厂长得知情况后自掏腰包，给他垫付了费用。通过系统学习，他对理论知识有了更深的理解。

1999年，许征鹏晋升为助理工程师。

一路学习一路探究。在工作中，许征鹏发现用于农田灌溉的设备电路板由于电流太小，导致控制阀门无法正常工作。一向爱钻研的他，第一次萌生了改造现有设备的想法，经过钻研与改造，大大提高了设备的工作效率，打开了他以后的创造发明之路。

“其实也是觉得好玩，工作中遇到的小难题，总想着研究一番，看看能不能够有办法解决。”许征鹏笑着说。

当时，在同事眼中，许征鹏是个非常喜欢钻研和探索的人，脑子里充满了求知欲。在后来的工作中，他负责引进和推广的新工艺确实为企业带来了可观的经济效益。

原莱芜市水利与渔业局的领导评价许征鹏说，他的每一个发明创造都能解决很大的现实问题，很有实用价值。他发明的射频卡节水自动计量控制系统，就解决了农田灌溉中水费计量不准、拖欠水费及人为浪费的问题。山东电视台《山东新闻联播》栏目报道了他的这一发明，山东电视农科频道《乡村季风》栏目做过两期专题节目，中央电视台也相继在《新闻30分》《走近科学》等栏目予以专题报道，引起了社会关注。

研究与发明，一直与许征鹏相伴。他利用业余时间查阅了国内外大量资料，经反复实验后，用三个月的时间研制成功了“水压电磁自控阀门”，不仅克服了手动阀门和电磁阀门的缺点，而且可以用PLC控制器直接控制。该阀门由于寿命长、能耗低等，畅销全国各地，广泛应用于各类管道。

许征鹏的发明一直在路上。他通过周密计算，研制出了“简易配电母线排连接装置”，克服了采用在母线排上钻孔后用螺栓连接方式的弊端和导电性能差等缺陷，实现了材料回收利用，减少了浪费。

除了在业务中痴迷创新发明外，许征鹏还善于在日常生活中捕捉发明的创意。2003年，他发明的“气体封闭式地下循环空调器”，达到了能耗低、靠自然温度调节、空气质量相对较好的效果。

许征鹏常说，一个企业如果没有自己的新产品，就不会有市场。一个技术人员长期不能发明创造，他拥有的技术就没有价值和生命力。2004年，他为雪野水库设计了国内领先的自动化遥测控制系统。项目完成后，控制检测都能在总控室完成，工作人员再也不用在夜间外出开闸关闸了，而且水库调度中心可以根据不同作物的不同生长期，合理实时配水。

可惜好景不长，正当许征鹏初尝发明的甜头，满怀信心地埋头工作时，企业改革的大潮却将他推到了下岗职工的行列。当时他感到恍恍惚惚的，没有了依靠，个人的价值怎样实现？很多同事抱头痛哭，像小孩子突然被妈妈断了奶水一样，那种无助的情绪、落魄的眼神，许征鹏现在想起来心里还很痛。

加盟九羊集团

在莱芜，许征鹏算得上家喻户晓的不可多得的人才。九羊集团老总得知情况后“三顾茅庐”，真诚地邀请他加入九羊集团这个大家庭。凭借娴熟的技术和丰富的经验，他很快就担任了电气技术员一职。此时正值九羊大建设时期，他的到来对公司来说如虎添翼。他用原来积累的知识改造了不少机器，使公司少走了不少弯路。

原来，公司部分设备老是出现短路，造成突然性断电现象。细心的许征鹏仔细阅读了产品说明书，发现这些进口设备的功能很多，其中故障是因重启功能没有打开。于是，他在上百台供电连续性要求高的电机上装上这种软性驱动器，解决了这个棘手的难题。

许征鹏说：“像水泵、风机这些机器是绝不允许停电的，不然会影响生产，棘手的问题要及时解决。”

许征鹏来九羊毕竟是跨行业，有些新业务必须从零开始，他又经过了一番苦学。在工地扛电缆、抬设备，爬高炉下车间，专挑脏活累活干。工作中细心观察了解，虚心向各专业操作工人学习，经常吃住在工地，有时晚上人家都吃完晚饭了他才回家。每天早上他第一个到岗，下班总是最后一个离开。

同事说：“你不能这么熬，该休息就休息，该吃饭就吃饭。车辆都得时常加油保养呢，何况是人呢，身体是本钱。”

“不把手头的活理顺妥，心思停不下来，脑细胞不思考回家的路。”面对同事的好意，一向幽默的他痴痴地说。

他早上5点起床，吃完饭走人上班，手机24小时开机，随时掌握现场情况，半夜一两点钟与现场通电话是常有的事。渐渐地，他掌握了一些焦化、烧结、炼铁、锅炉、炼钢、轧钢、制氧等方面的工艺知识，终于将自己的知识与现有工作融合在了一起，工作也逐渐得心应手。

由于长期紧张的脑力劳动及不规则的饮食作息，他得了胃病，难受起来苦不堪言。尽管如此，他还是吃完晚饭就趴在电脑前学习、思考，妻子常常已睡醒了一觉，还听见他在噼里啪啦地打字。

晚饭后妻子常常劝他："你满脑子都是公司、线路，能不能让自己放松一下，按时作息、按时吃饭，养养胃呀？"

"好好好，听老婆的，听老婆的话旺三代哟。"他一边说着，又一边走到电脑前，又侍弄他痴迷的线路去了。

妻子知道拗不过他，只能望着他的背影轻轻摇头。

许征鹏先后参加了二期焦化、二期烧结、高炉大修、制氧锅炉、带钢轧线、棒材轧线、石灰窑等工程的设计及施工，在工程中积极引进先进技术、推广先进工艺，对工程质量、性能及施工造价起到了积极作用。

2005 年 4 月，公司二期焦化工程如期动工。一期工程是找人做的，这次许征鹏主动要求独立设计二期工程。他用一台电脑，在 40 多天的时间内完成了二期焦化工程电气部分的设计工作。他的这一设计，使公司的成本降低了一半多。"举个简单的例子，别人要用三个配电室，我的设计只用一个就行了。"他说。

许征鹏不仅把自己分内的事做好，还主动揽下一些职责以外的事情，并努力做好。

公司环保除尘专家李逢先，负责有关自制环保设备及有关系统的设计工作。通风机选型是环保设计的重要环节之一。每一次设计的时候，许征鹏总是耐心地向他讲解风机的选项原则，比如：在选择通风机之前，应了解国内外通风机的生产和产品质量情况，如品种、规格、用途、质量和售后服务等；还要根据通风机输送气体的性质的不同，选择不同用途的风机，如输送有爆炸和易燃气体的应选用防爆通风机，输送煤粉的应选择煤粉通风机，输送有腐蚀性气体的应选用防腐通风机，在高温场合下工作的应选择高温通风机，等等。同时还耐心告诉他，在通风机选择性能图表上应优先选择效率高、机号较小、调节范围较大的，这样不但能保证系统的正常运行，而且在运行管理和费用等一系列问题上也能取得最佳效果。

李逢先印象最深的一次是 2013 年，公司 320 烧结机头电除尘自制过程，由于是公司第一次自行制作，没有经验，导致初步试车时出现工作电压下降、电场内部短路等问题，除尘效率难以保证。当时许征鹏连续几天在现场，与李逢先等人认真结合图纸反复研究，指导施工人员重新调整框架位置，使极板、极线保持在标准范围内，对极线变形的进行了校正，并排查了极线热胀变形现象，最终试车成功。

李逢先深有感触地说，通过多次接触，许征鹏不但在业务上让他学到了很多技术知识，也让他学到了那种对工作一丝不苟、踏实勤奋、始终以一颗热情的心去帮助别人的精神品质。“在我们公司，所有的电力问题都不是问题，许工对整个公司的所有电力运行了如指掌，他是我们电力方面的主心骨，有他在，我们都感觉压力大大减轻了。许工就像一朵花，在我们公司处处绽放花蕊、处处结硕果。”

开发“变频+降补软启实现2拖N控制”技术

许征鹏是个有梦的人，且梦想从不停止。

“在电力行业，职工彼此见面都称呼对方为李工、张工、王工。其实大家心里都清楚，再叫什么‘工’也是个‘打杂’的，吃饭、睡觉没规律，连亲人和你见个面都要预约，不了解的人还以为你早出晚归是外面‘金屋藏娇’。一年365天几乎日夜不休息！不过做这行也有好处，那就是没有一个会得老年痴呆，因为大脑每天都在高速运转。”这是一位基层电力工人在一篇文章里的感慨，也是许征鹏工作状态的写照。

公司工会的工作人员刘业清说，虽然科研工作辛苦，但什么事都阻挡不了许征鹏奋力飞翔的翅膀。目前，他带领团队研究的智能协同控制技术，在九羊公司多台大型高炉风机使用，取得了良好经济效益。

公司电器工程师王万斌说，线路等科研实践，离不开团队的合作与努力。但这些都是在许征鹏指挥下进行的。他从来不会表现得高高在上，从不对人颐指气使。科研中出现的问题，他总是温和地指出，让别人认识到出问题的关键点在哪里，然后从理论到实践手把手地耐心指导。然后，他再抽出宝贵的时间进行验收。如果还不会，他就继续教他们，直到教会为止。

面对同事的夸赞，许征鹏总是说：“我很普通，我做得很一般。当年我的师父就是这样教我的，应该夸的是我师父。”

科研耗心费时，如果手下人出现工作懈怠，憨厚的许征鹏会结合自己的亲身经历做思想工作：“我跟他们说，当年我的师父陈邦军研究员，把我从一个电工小白手把手地教导成才。记得有段时间我干得不耐烦了，转头考了山东中医学院，学起了中医。师父得知后，一句话点醒了我。一心不能二用，三心二意将一事无成，做事要有精卫填海、愚公移山的精神。我从此迷途知返，得到了‘百尺竿头更进一步’的提高。”

协同控制电机电压 10KV，单台电机功率超过 2 万 KW；分别协同控制电机功率为 21000KW 和 28000KW 不同功率，每台电机可同时运行，也可分别运行；采用两种不同的控制方式对多台大型电机进行协同控制，启动电流控制在额定电流的 1.1 倍，且满足大型风机启动转矩。该项目采用变频 + 降补软启实现 2 拖 N 控制，比采用变频 1 拖 1 控制方式节约设备投资 820 万元，避免了因变频故障后设备无法运行的弊端，比采用软启方式降低了设备启动时对电网的影响，节约供电系统备用容量的占用。

面对成果，许征鹏说：“科研如同栽培植物一样，播种、发芽、开花、结果要有一个过程，所有的功夫都不会白费。再苦再累，只要一步一个脚印，就能到达你想要去的远方。”

创造“备用电源快速切换”技术

公司一位领导在评价许征鹏时，难掩内心的欣喜：“许工一直走在创新的路上，就像那不知疲倦的小蜜蜂似的，酿造甜蜜，幸福他人、造福公司，用创新技术为企业节能减耗降成本。”

王万斌说，企业的规章制度及电力程序等，许征鹏张口就来。他的大脑就像一台电脑，所有工作上的事都记得清清楚楚。

刘业清说，许征鹏心里装的是线路、科研、公司效益等，省劳模每年暑假可到外地疗养，可他十几年只去过一次，还是因参加一次高科技材料研讨活动，顺便去的。他放不下企业，放不下他的线路，放不下责任，以至于大家都叫他“神人”“神工”。许多时候，为了尽快出研究结果，他一心扑在工作上，想把他支出去休息一下，根本做不到。公司给劳模过生日，轮到他的时候，他怎么也不去。工会领导说："你去吧，不就一个多小时吗，乐一乐就回来了。"大家伙儿也都劝他去，说还能领到公司发的小金卡，多好哟。可他却自嘲地说："老百姓一枚，过什么生日呀。我手里还有活儿，哪儿也不去。"

厂领导劝他去疗养，并说休息也是为了更好地工作。他笑呵呵地说："不能去呀，去哪儿我也安心不了，因为心里放不下这些'徒子徒孙'呀！"在他心里，这些电器等线路行当就是自己的"徒子徒孙"。

许征鹏的一位徒弟说，他早已把科研变成了生命中的一部分，仿佛科研是一股股新鲜的血液，注入到了他的身体中。另一位徒弟说，人家是不可一日无肉，他是不可一日无科研。

许征鹏的科研成果像雨后竹笋般不断快速涌现出来。

许征鹏发现，电网中的电力负荷大部分属于感性负荷，在运行过程中需向这些设备提供相应的无功功率，造成系统功率因数过低，而传统的集中补偿方式容易使系统损耗过大，电网质量降低。针对这个问题，他与团队加班加点，设计了一种动态无功补偿装置，使企业电网功率因数由改造前的平均0.88提升到0.96以上，每年可节约电费8000万元。

2013年，许征鹏和团队成员设计出了浴水型空气净化技术。这项技术区别于传统空气净化器，空气中的灰尘在与除尘水充分混合后，细颗粒物与水分子接触并吸收和溶于水中，使颗粒物变大沉淀，从而去除空气中的有害物质。

钢铁企业供电的安全可靠，关系着企业经济效益甚至人身安全，所以在系统中都配备了两路或两路以上的电源，电源间的成功切换是连续不间断供电的关键。以往备用电源的切换大都采用工作电源的辅助接点直接起动备用电源投入。这种方式未经同步检定，在电动机残压励磁作用下利用惯性产生发电现象，很容易与新投入的备用电源产生短路；若经过延时待残压衰减到一定幅值后再投入备用电源，电动机组的自起动电流很大，母线电压将可能瞬间降低，往往会引起设备停运或空转、工艺流程中断或废品产生，从而对系统的稳定性带来严重的危害，有时甚至导致生产设备报废等严重后果，给企业造成巨大的经济损失。

由于电的特殊性，它不能大量存储，产、供、配用是瞬间完成的，所以对电的调度就尤为重要。九羊集团拥有高压电缆的里程数达450多公里，十千伏以上的变电站、配电室有108座，如果供电出现问题的时候，现场查图纸肯定是来不及的。哪个地方有可能会出现什么问题，必须都在脑子里。"所以，处处是学问，处处要留心，要未雨绸缪、防患于未然。”许征鹏说。

为此，许征鹏带领他的创新团队，成功开发了备用电源快速切换技术，保证了当工作电源故障停电时，备用电源的“无扰”切换，大大提高了工业企业控制自动化的水平，成为企业供配电系统不可或缺的组成部分，有力保障了企业的安全、平稳生产，每年为企业减少损失上千万元。

“对于钢铁工业来说，停电 20 毫秒就是故障，不论在什么时候都不能出安全问题。高炉出铁、转炉吹炼、焦炉装煤出焦等，真的是一秒钟都不能停。停电不仅仅会造成经济损失，关键是有可能危害人身安全。”许征鹏说，“钢铁企业第一是人，第二是系统，第三是设备，这些都是不能出现任何差错的，因此不能出现停电问题。”

多年来，许征鹏大胆引进、吸收和消化新技术、新观念，实现技术改造上百项，完成课题 50 余项，在《山东冶金》《电工文摘》等专业技术刊物发表了《工业企业电控配电电源快速切换的实践应用》等 9 篇论文。“备用电源快速切换技术”在全市“五好三争”竞赛中获得最佳革新奖；“一种交流电弧熔炼炉”等 25 项发明成果获得中国发明专利授权；“一种水浴除尘装置”等 18 项获得中国实用新型专利授权；“基于微电网模式下的钢铁企业综合能源利用系统”等 15 项发明进入中国国家知识产权局公示及实质审查阶段。

发明“三余发电及微电网融合”技术

“科研就是不断探索、反复琢磨，最终找到路子的过程。”这是许征鹏常说的一句话。

近期，基于微电网模式下的钢铁企业综合能源利用系统开发及运用，许征鹏带领团队做足了这方面的文章。

王万斌说：“许工恨不能把一分钟掰成十分钟来用，盯着电脑操作、研究，眼睛都累得变模糊了，仍不休息……这项成果凝聚了他太多的心血，想想眼里都是心疼他的泪……”

“我没做什么，都是大家伙儿一起努力的结果。就像地上的小草，都找不到哪一棵是我。”一旁的许征鹏微笑着，憨憨地说。

是的，许征鹏就像那金灿灿的饱满的谷穗，低垂着头颅，深情地凝望着大地，追求卓越永无止境。他总认为自己做得还不够好。正是这种优秀的低调谦逊品质，让他实现了一次次的跨越与展翅奋飞。

这项微电网模式，利用公司“余热、余压、余气”资源建设发电机组，并将机组就地并入企业内部电网，形成分布式电源与用电负荷的就地融合。

“这可是许工和徒弟们起早贪黑，一次次科研攻关得来的果实。午饭时他经常在工作室里边吃饭边琢磨，由于出神地思考，他放到嘴里的饭菜半天才咀嚼一口。”公司一位员工说。

正常情况下，发电机组所发电能就地消纳，与生产主线形成自发自用模式，将微电网技术开发和延伸到钢铁企业，实现对钢铁企业负荷多种能源形式的可靠供给。将微电网电压等级做到35KV，单机组容量70MW。将单机冲击负荷做到24MW，余能电源单机最大波动幅度15Mva。通过该技术的利用，每年为九阳公司减少备用容量费6384万元，减少供配电损耗2000多万度，折合电费约1300万元。同时减少了对社会供用电网建设资源的占用。使电力能源生产与消费在同一电力局域网内实现发、供、用一体化，有效地破解了“三余”发电的不足，提高了能源利用率。

学研无止境

树有根水有源，万事有开头。自从参加工作以来，许征鹏从来没有停止过学习、研究的步伐，一有机会就与专家、同行们交流工作心得体会。他在浩瀚的知识和科研绿野里，如饥似渴地钻研、学习，就像一头小牛，时刻咀嚼着知识的甘甜，且回味无穷。

“不会的东西太多了，真可谓知识浩瀚、学海无涯啊！”这是许征鹏常挂在嘴边的一句话。

他的妻子说，他为了学习，几乎从不走亲串门，不喝闲酒，不去酒店玩乐，生活中几乎没有任何娱乐。

许征鹏不仅自己爱学习，还督促家人不断努力上进。他的妻子已经退休了，他仍督促她看书学习。他说：“玩多无聊啊，你看书学习吧。看什么书都行，只要看就会受益，学习比玩强多了，还能健脑、延缓衰老，多好呀。”

很多时候，专家们不经意的一句话就会给许征鹏带来新的创新思路。就算面对业内人士的否定，他也虚心接受，用他的话说：“否定的过程就是探索的过程，我们就是要在否定中寻求新的突破。”

许征鹏和他的团队成员正在研究一种利用太阳能光热资源，将海水在负压下进行蒸馏，获取纯净水及海晶的技术。目前，水资源匮乏已经成为一个世界性问题，而这项技术克服了传统海水淡化装置的缺点，可广泛应用于海岛、船舶、海洋作业平台等海水淡化处理。据了解，目前这项技术已申请3项国家专利和1项国际专利。许征鹏和他的团队期待能够得到相关企业的支持，真正将设想变为现实。

山东省委党校科学社会主义教研部教授李海龙说，从许征鹏身上可以看到以下几个闪光点：第一是热爱学习，他从零开始，从点滴开始，从师父、同行身上，从更高水平的人身上，学到一个又一个技能；第二是他的创新精神，技术创新是推动他前行的重要动力；第三是责任感，他对工作极端负责，认认真真、兢兢业业，“责任”二字推动他在人生之路上走得越来越稳、越来越好。

由山东省冶金黄金有色金属总公司命名的“许征鹏高技能人才创新工作室”，曾获得“莱芜市优秀创新工作室”“济南市工匠劳模示范性工作室”“齐鲁工匠工作室”称号，是职工开展自主创新、技术传承、技能培训以及现场攻关的重要阵地。通过创建职工创新工作室，为职工搭建施展才华、岗位成才的平台，既能逐步把散落在职工中的经验、智慧汇聚起来，成为企业新的生产力，也能培养一批技能领军人物；既有发挥研究创造、示范带动、成果转化、课题攻关的作用，也具有学习培训、新老传承、技术比武、研讨交流等功能。此项工作有着广泛的群众基础，通过钢铁行业统一组织，必将出现一个新的万众创新的热潮。

热电厂厂长助理许金堂说，各分厂力量是有限的，一旦出现电故障问题，许征鹏总是第一时间到达，动员、调度全公司的力量进行抢修，大大减轻了各分厂的压力。“他是我们学习的榜样，长期以来，他孜孜不倦的学习精神、科研精神、求实精神、大局意识，一直深深地影响着我们。”

时代更迭中，劳动的方式在“升级”，劳模的标准在“进阶”，但许征鹏“始终学习、勇于创新、爱岗敬业、争创一流，艰苦奋斗、淡泊名利、甘于奉献”的劳模精神始终是推动企业发展的一股重要力量。

同事和妻子眼中的许征鹏

公司有一句顺口溜："手里有粮心里不慌，九羊有许工天天亮堂堂。"

整个公司的电路问题，需要一个人总把关，许征鹏就是"定海神针"。李逢先说，许征鹏的优点太多了，比如说电器方面的设备怎么省电、怎么样最合理，他总是进行提前培训，对可能出现的问题，提出一些防范措施，把安全故障杜绝在零状态。他每一周都会抽出时间进行检查、摸底、排查，防患于未然。

王万斌说，钢铁厂用电多，各分厂一旦出现问题，不论是白天黑夜，许征鹏一直在现场盯着，等处理完问题后，紧接着召开分析会，找出事故的根源。这样的事情每个月都有几次，他都是从大局着想，都是亲力亲为，为公司降低成本而操劳忙碌。许征鹏睿智、博学、风趣幽默、大智如愚，面对故障的时候镇定自若、胸有成竹、不声不响。往往是别人正慌的时候，他解决问题的思路就有了，有时候一句话就让大家都明白了。

李逢先和许征鹏认识 13 年了，在公司这个大家庭里，虽然专业不同，打交道不多，但李逢先觉得许征鹏平易近人，做人做事都讲原则，时间观念强，从不拖拖拉拉，能把时间分解到几分几秒，一点儿都舍不得浪费，他的这些优良品德在公司是尽人皆知。

刘业清从衣、食、住、行这四个方面来描述他眼中的许征鹏。

衣：一年四季，不论是在厂里还是在家里，许征鹏都穿着工作服。在家穿工作服，是为了万一厂里电路出了问题，不用换衣服就能马上赶过来。

行：出了故障，一般公司会派人去接，但许征鹏从来不让公司的车去接他，都是自己开车立刻赶来。

住：为了及时应对故障、迅速赶到公司，许征鹏很少住城里的房子，又在口镇街买了房子，这样厂里电路一旦出了故障，他很快就能赶过来。

食：在公司可以免费就餐，但许征鹏从不去食堂吃饭，都是从家里带饭，到了饭点，热一热，边吃饭边瞅着自己的那些实验线路、器件等。

许征鹏真的是无私的，把自己贡献给了公司，大家都特别佩服他。他的工资收入与对企业的贡献是不成正比的，但他从没一句怨言。

许征鹏的那些老同事有的下海经商发了财，有的奔着高薪跳了槽，但他一直坚守自己的爱好、发明到现在。刘业清说，像他这样的优秀人才，完全有机会跳槽到别的大企业，拿到100万以上的年薪，但他不在乎钱，对九羊不离不弃。

“我的贡献不大，不值得一提。我就是一个普通人，每月的工资已经够多了，再多了没用。我的根在这里，我与家乡、公司有着血浓于水的关系。无论什么时候，我首先想到的就是回报自己的家乡和公司。所以，我哪儿也不想去。”用许征鹏自己的话说，他从一个什么都不懂的青年工人，成长为现在的技能工人，这里面固然有他个人的努力，但更重要的是集体的培养。因此，他不会离开这个集体，要在这个集体里奉献自己的全部智慧，做出更大的成绩。

设备部科员吕文明说：“许征鹏在工作上是我们的前辈和老师。他无微不至地给我们帮助，在生活上就像老大哥一样。他做一行爱一行、专一行、精一行的工作态度，深深地感染着我们。他能守住这份初心，实在是难能可贵。”

设备部副部长孔德乾说：“我和许征鹏一起工作十几年了，在我们公司的电气方面，从电力系统构架、变电站的设置到各个线路的输送电等，他为公司的发展作出了重大贡献，功不可没。”

许征鹏自我调侃说：“一切正常的时候，就想不起电工来了。作为电工，是宁愿让大家想不起来他的。只要公司长时间忘记我，那就是我幸福的时候，说明我的工作干好了，电路没有问题。就像空气的存在一样，平时谁也想不着它，但谁都用着它，离不开它。只要是公司想起我来了，找我的时候，往往就是电路出了问题。”

在许征鹏成功的背后，有一位懂他的贤惠的妻子。

许征鹏刚到九羊时，工作压力大，身体状况也不好，几次想打退堂鼓，都是妻子在后面鼓励他。有时突然加班的时候，她会把做好的饭和熬好的中药送到门口。女儿从小学到高中，都是他的父母和妻子照顾。在女儿的成长过程中，他这个爸爸是有些“缺位”的。

由于长期生活不规律，许征鹏的肠胃功能很差，不能吃外面的饭菜。妻子十几年如一日，每天早上5点起床给他做饭。他在家吃过早饭后，再用保温桶盛一些带到单位，就是午饭。虽然只是粗茶淡饭，却都是为他的肠胃“定做”的。

妻子对他的工作非常支持。2012年夏天，因工作忙，许征鹏还没学开车，当时妻子刚拿到驾照。有一天下暴雨，午夜2点，公司2高炉水泵房停电，妻子毫不犹豫地开车送他去公司。许征鹏怕妻子开车不熟练，雨天路也滑，就想打车。妻子却说：“这个点儿你上哪儿打车去？就是能打上车，还不知道要等多长时间呢，耽误一分钟就会给你们公司增加一分钟的损失。”

妻子说，不论什么时候，只要公司电话一响，许征鹏爬起来就走，家里什么事也不顾，老人住院呀、孩子的教育啊，好像通通和他无关了。一到刮风下雨天气，她心里就紧张，尤其害怕后半夜公司打来电话，这时候打电话，肯定是电出了问题，一家子都跟着忙乱。他在家休班的时候，公司的电话一个连着一个，妻子就劝他还是去上班吧。

汗水浇灌收获，实干笃定前行。几十年干一件事，难免有些单调乏味，但坚持把平凡的事做好，就是不平凡。许征鹏说，创新路上无坦途，越是艰险越向前。作为新时代的产业工人，要只争朝夕，不负韶华，为企业科学发展砥砺奋进，永不停步。

乡村振兴的领头人

——记山东省劳动模范、济南峪发农产品专业合作社李永奇

刘慧娟

济南市钢城区颜庄街道柳桥峪村，曾经是一个偏僻落后的穷山村，经过十几年的发展，如今已经成为远近闻名的先进村。村党支部书记、济南峪发农产品专业合作社理事长、济南市人大代表、山东省劳动模范李永奇，就是引领柳桥峪村涅槃蜕变的领头人。

李永奇担任村党支部书记16年来，扎根农村，服务三农，抓好党建，以产业振兴、人才振兴、文化振兴、生态振兴、组织振兴为切入点，推动基层党建与乡村振兴同频共振、互促共赢。在他的带领下，村民的收入不断增加，村庄的面貌发生了翻天覆地的变化，荣获“全国文明村”“全国生态文化村”“全

国乡村治理示范村”“国家森林村居”“山东省美丽乡村”“山东省和谐社区”“山东省民主法治示范村”“山东省景区化村庄”“齐鲁样板示范村”等荣誉称号。

在2007年被推举为柳桥峪村党支部书记之前，李永奇一直在外经营私营企业，收入不菲。但他对养育自己长大的村庄一直深怀感恩之心，“羊有跪乳之情”“鸦有反哺之义”，看着贫穷落后的穷山村，他从来没有置身事外，而是不断地捐款捐物，支持村庄的发展。作为村里的能人和善人，他一直被乡亲父老们尊敬、爱戴，于是在2007年村两委换届的时候，村民们一致推举他担任党支部书记。

面对这个压在自己身上的担子，李永奇陷入了两难，接还是不接？若是接了，自己的企业怎么办？若是不接，自己良心上又过不去。难道眼睁睁看着生养自己的村庄一直这么贫穷落后下去？他清醒地意识到，自己一个人富不是富，带领全村人一起富才是富。他暗下决心，一定要带领全村的乡亲父老都富起来，一定要让贫穷的小山村焕发新颜，插上腾飞的翅膀。

秉持着“破釜沉舟”的信念，李永奇毅然放弃了自己的事业，返回家乡，将汗水洒在黄土地上，将脚步行走在村舍之间。这自然遭到了全家人的反对，尤其是妻子刚开始不理解，认为他疯了：“放着好好的事业不干，回来干这吃力不讨好的活，也不知道图的啥！”“人家下雨都是往家里跑，他倒好，一下雨就往外跑，去看贫困户的房子漏不漏雨！”每次听到妻子的抱怨，李永奇都只是会心一笑，“子非鱼，安知鱼之乐”，对李永奇来说，一想到通过自己的努力可以帮助更多乡亲过上幸福生活，就由衷地喜悦，这可比数钞票要快乐多了。正是怀揣着这样的大爱，李永奇在村里大刀阔斧地进行整治和改革。

在对村两委班子进行整治之后，李永奇成立工作组，整体调整农业、林业发展结构，提高了土地、山林利用率，老百姓农业收入得到较大提升；进行了全村14条生产路规划和路基治理，彻底改变了群众农业生产肩挑手抬的落后状况；总投资90多万元，对全村大街小巷初步综合治理并混凝土硬化村内主要街道，以及安装便民路灯、河道清淤、农户改厕、电网改造、自来水改造、村小学安全改造、文化大院建设、创建济南市“出彩人家”示范村等。这些基础设施建设，极大地改善了村容村貌，改善了老百姓的生产和生活条件。

身为一名共产党员，李永奇在入党的时候就已经做好了为人民的利益牺牲一切的准备。他不仅说到，更会做到。2011年，他打算在村里成立济南峪发农产品专业合作社。一开始，群众很不理解，但李永奇高瞻远瞩地意识到，这是农村未来的一个发展趋势，于是他坚定了信心，立马办理了营业执照，接着就挨家挨户做工作，终于说动一些村民加入合作社，将自家的土地流转出来，作为集体用地使用。

正所谓隔行如隔山，李永奇一开始也是摸着石头过河，对发展农业知之不多，但是他相信，只要用心做，肯下苦功，就没有办不成的事。合作社初步建立起来以后，为搞好经营，李永奇成立了一个农副产品购销公司。但是由于合作社建设初期，农产品比较单一，无法正常运转，就把它注销了，所有业务都集中到合作社来经营。这也在李永奇心里埋下了一颗种子：要想把农业做大做强，还需要扩大和丰富农产品的种类，将农业经营规模化、规范化，这样农产品才能有市场。

得益于党的好政策的轮番出台以及对“三农”问题的重视，乡村的发展迎来了春天。李永奇抓住机遇，对农产品的结构进行调整。多少年来，村民们各自种植玉米、小麦等农作物，自耕自食，一年到头辛辛苦苦，耗时耗力，却挣不了多少钱。山顶上的山岭地，周围地势险峻，村民们浇水困难，基本上就是靠天吃饭，产量微薄。合作社作为一个载体和平台，可以有效地解决这种散乱无靠的局面。村民们看到了合作社带来的好处，也纷纷将自家收益低下的土地流转出来，汇入了合作社的“大本营”。

规模化经营结束了之前“单打独斗”的局面。村民由农民变身为合作社的“股民”，不仅解放了劳动力，年底还能拿到土地流转的分红；同时，不仅不用将精力耗费在土地上面，还可以利用节省出来的时间，到镇上的工厂打工，多赚一份收入。有些村民，尤其是有孩子的妇女，因家里的琐事脱不开身，无法外出务工，李永奇就把她们安排到合作社里务工，这样时间灵活自由，可以兼顾家里的事。

自从有了合作社，村民们的生活一天比一天好。

合作社的成绩显而易见，村民们的信任与日俱增。合作社流转的土地由刚开始的 100 多亩，到现在的 480 亩。面对困难，李永奇坦言：“有的农户不愿意流转土地，为了让流转出来的土地形成规模和整体，我们就给这些不愿意流转土地的农户同等置换别处的土地。”正是因为李永奇头脑灵活和“办法总比困难多”的信念，村里的合作社迅猛发展了起来。李永奇以合作社为经营载体，积极挖掘村里的自然资源优势，深入打造柳桥峪村小米品牌。

在自然资源方面，李永奇看到，柳桥峪村四面环山，山泉众多，植被茂盛，四季长流的龙潭河穿村而过，自然资源丰富。几千亩的山林与四通八达的公共基础设施相结合，让柳桥峪村成为青石山特色农产品的最佳生产基地。得益于柳桥峪村得天独厚的自然条件，这里出产的农产品的品质自然就好，尤其是经过山泉水浇灌的农作物富含“锶”等矿物质。

柳桥峪小米生长于山岭林地间，生长期150天，自然生长，与野生相近。小米选用老祖宗传下来的品种“小黄米”，已有300多年的种植历史，且年产量能达到20万斤。小米富含多种矿物质，营养价值极高，具有“益丹田、补虚损、开肠胃”之功效。可熬成米粥，也可深加工成米粉、米糕等。李永奇看到了柳桥峪小米的优势，经过反复持续的育种改良，不断优化小米的品种，使得柳桥峪村的小米在质量上遥遥领先。当然，柳桥峪村的小米投入的成本也比较高，售价相对要高，所以一开始很难打开市场。但李永奇坚信，货好才是硬道理。

一开始，柳桥峪村的小米没有知名度，只是在村庄以及周边销售。为了开拓市场，李永奇带领两委班子成员以及合作社社员，主动和医院、食堂、学校对接，先让他们免费食用，先尝再买。他们相信，只要产品过硬，没有撬不开的市场。功夫不负有心人，医院的病人在喝了柳桥峪村的小米熬的稀饭后，食欲大增；学生们喝了米粥后，回家也跟家长说学校食堂里的米粥好喝。

这样一传十、十传百，柳桥峪村的小米知名度越来越高，与之相伴的是订单的增多，村民们的分红有了保障。

种地不难，发动村民种地也不难，难的是农产品的销售。李永奇不只管种，也管销。他深知，只有让农民真的挣到钱，才能扩大经营范围，合作社才能长久运转下去。自从当了村书记，李永奇从来不是甩手掌柜，而是事必躬亲、面面俱到，真正让村民把心放到了肚子里。大家伙儿都觉得，跟着李书记干，错不了。

然而，大家还是低估了李永奇的仁爱之心和奉献精神。

事物的发展总是艰难而曲折的，不可能是一帆风顺的。从无到有、由小变大的过程，注定了艰辛，需要领头雁，需要牺牲者，而李永奇就是这样的人。他从来不在村民面前说自己付出了多少，鲜有人知道，他一直在往合作社里面贴钱，陆陆续续贴了 40 多万元，都是从自己口袋里往外掏的。村民的务工费、年底的分红、种地的成本等都需要钱，而合作社的盈利注定是一个漫长的过程，需要积累口碑，需要扩大规模，需要育种选苗，需要引进先进设备，需要对外洽谈合作，这些方方面面的事情，都压在了李永奇的肩膀上。他不能退缩，不能胆怯，因为他是全村人的主心骨。他更不能在村民那里失去信用，为了合作社的未来和村民的幸福，他一言九鼎，说到做到，合作社入不敷出时，他哪怕自己贴钱，也要把窟窿补上。

李永奇的坚持和奉献迎来了光明。随着人民生活水平的提高，对高端食品的需求量不断增大，柳桥峪村的小米终于以自身的好口碑获得了更多人的青睐。李永奇经与大家商议，将柳桥峪的小米命名为“峪米”，并注册了商标。峪米品牌越来越响，吸引着源源不断的客源。村里实行订单式农业派送服务，每天都应接不暇。

为了扩大峪米的知名度，李永奇动了不少心思。他在选用峪米的餐饮店打广告，在餐盒上打上峪米的商标，并留下联系方式，通过这样的方式吸引源源不断的客源。为了丰富峪米的种类，李永奇还推出月子米、学生米等，满足不同群体的需求。同时，他把绿豆、百合、枸杞、莲子都分别加入峪米之中，将单一的小米变换出了新花样。

创新的营销策略，不计成本的付出，终于扭亏为盈。而这条路，李永奇和班子成员整整走了六年。六年的时间，李永奇把一颗心都扑在村里，面对不可知的前路和众人的不理解，他始终咬牙坚持着。这是不平凡的六年，其中的酸甜苦辣、五味杂陈，恐怕只有当事人才深有体会。

“只要方向是正确的，就要坚持走下去，过程肯定不会一帆风顺，但办法总比困难多。”李永奇说。坚持做品质化的农业，提高农产品的质量，农产品才有核心竞争力，这是李永奇独具慧眼的目光和高瞻远瞩的信念。随着峪米的口碑越来越好，峪米走出了穷山村，走向了市、省乃至全国市场，逐渐形成了供不应求的局面。

峪米的市场打开的同时，由柳桥峪村孕育的“富锶草莓”也赢得了消费者的喜爱。“富锶草莓”经山泉水浇灌，营养价值高，酸甜可口，里面都是“实心实意”的，七颗草莓就能到一斤重。市面上某些打了膨胀剂和激素的草莓，其品质和“富锶草莓”不可同日而语。“富锶草莓”以其品质化优势脱颖而出，供不应求。面对这一局面，李永奇又带领村民扩大规模，新规划了四个棚。如今，农业管理进入了智能化时代，“富锶草莓”也不例外。通过智能化管理，可以及时调控棚内的温度，对农产品的质量和数量有很大的保障和提升。

说起农产品的种植和管控，李永奇头头是道，俨然一个农业专家。这些年，他通过农业农村部门外出参加学习、培训，现在已经成为农技师了，也成长为农业发展更为优秀的掌舵人。

近几年，柳桥峪村在李永奇的带动下，优化山楂、花椒、柿子、核桃及各类干鲜果等农产品，有9个优质品种，现年产量可达170余万斤。2018年，合作社新加盟成立旅游开发公司，联合柳桥峪村土地股份专业合作社对整个产业链统一管理、统一规划，实行“合作社＋基地＋公司”的种、管、收、做、售为一体的一、二、三产业融合发展体系，统一注册商标“柳桥红”，精心打造以青石山小米、酸枣芽茶、原产莱芜小花椒、富锶草莓、大红星山楂干等为主的精品农产品。

其中，有“东方睡叶”之称的酸枣芽茶，堪称茶中新贵，产自九龙山、卧虎山、花雨山区域，手工采摘，从产品到餐桌全程无污染，其汤色黄绿明亮、麦香醇厚，富含氨基酸、维生素和矿物质，有利于人体吸收，具有安神、镇静、助眠等功效，深受消费者喜爱。柳桥峪村种植的花椒，树龄都在几十年以上，独特的土壤条件及甘甜的山泉水，使得这里的花椒果粒均匀、色泽鲜艳，具有椒味浓香、除腥添色等特点。大红星山楂干采用优质的山楂大颗粒果实，经手工切片，烘干而成，保持了原果风味，品质更加优良，有扩张冠状动脉、舒张血管、降脂降压强心的作用。

柳桥峪村大力发展生态农业、绿色循环经济，推动了产业发展，增加了农民收入。目前，合作社已带动农户300多户，安置劳动力174人，2023年杂粮产值1070万元；酸枣芽茶、大红星山楂干、中草药、小花椒等农特产品产值1400余万元，农民人均农业纯收入达26700元；村集体通过土地入股、合作经营收入达到40万元。合作社被授予“市级农产品龙头企业、市级示范社”。投资450万元建成农业合作社服务市场3处、温室大棚4座、农产品采摘园7家、家庭农场4家、农民培训基地300亩。投资370万元建设农产品加工基地厂房2170平方米，带动400余人就业。

做大做强农业，李永奇有三个目的：一是增加村民的收入，二是扩大村民就业，三是壮大村集体经济。凡是有利于群众发家致富的，他必然义无反顾往前冲；凡是需要自己垫资的，他也丝毫不含糊。“舍小家为大家”的精神在他身上得到了完美诠释。“只有村民增收致富了，乡村才能振兴。只有村集体经济壮大了，才能更好地为群众服务，给老百姓办更多事。”李永奇说。

这些年来，“共同富裕”这四个大字深深印刻在李永奇的心里，如何让党的好方针、好政策落到实处，是李永奇夜以继日反复思考的问题。既然接下这个担子，就不能辜负党，不能辜负群众的信任。虽然村民们都摆脱了贫困，但新的挑战接踵而至，如何让村里的老百姓都富起来，是李永奇面对的新课题。

经深思熟虑，李永奇认为，扩大产业规模，增加大棚数量，种植高效率的农作物，再搞农副产品深加工，是柳桥峪村的发展重点。除了一如既往地发展“订单农业”，他还与时俱进，通过线上线下销售方式打造了电子商务直播间、团购业务等，省内外几十个市都有柳桥峪村的农产品。

与此同时，得益于柳桥峪村独特的自然资源和农产品采摘业务的拓展，来村里旅游的游客不断增多，旺季时一天多达几千人。村里有限的餐饮店和农家乐已经不能满足游客的需求，这让李永奇看到了新的发展机遇。他意识到，只有把美丽乡村变成美丽经济，乡村振兴才会指日可待。

说干就干，2023年，李永奇带领村两委成员，成立了强村经济发展服务公司，采取“公司＋合作社＋农户股份制”发展方式，进行资产、资源、资金的整合运营，壮大村集体经济，增加合作社社员收入。合作社和村民都作为股东加入了公司，抱团发展，资源、资金、科技、加工销售等方方面面可以更加优化组合。公司由村集体所持有，旗下包含村庄的所有项目，包括农业、餐饮、旅游等，纳入统一管理。

依托强村经济发展服务公司，深化农文旅融合，做大做强村集体经济，还需深入挖掘村庄的旅游资源。柳桥峪村距离国家3A级旅游景区莲花山5公里，距离九龙山风景区1.5公里，距离青兰高速钢铁西下道10分钟车程。丰富的自然资源和农业资源，以及地域优势，是城市人休闲观光的好去处。李永奇明白，要想把优质的资源利用起来，首要的就是把山区的交通搞好。于是，在党委政府大力支持下，一条环村旅游路建设起来了。经过规划、勘察、设计、申报、国土调查、地类置换、批复、土地调整、青苗补偿、路基四次治理、铺设混凝土及沥青路面，历时三年，环村旅游路终于高标准建成通车。

环村旅游路的建成，彻底结束了从明朝建村几百年来三个村走村内一条街的历史，直接减轻了村内街道交通压力，减少了不安全因素，极大方便了群众，成为村庄最主要的公共基础设施之一。6米宽的沥青路也是一条致富路，围绕着这条路，以特色农产品为主的餐饮店将会徐徐拉开“人间烟火气”的帷幕。“绿水青山就是金山银山”，在保护生态环境的前提下，把绿水青山变成金山银山，让老百姓得到实惠正是对这一宗旨的深刻践行。

谈到对乡村振兴的理解，李永奇说：“要让老百姓过上好日子，乡村必须振兴。乡村要振兴，必须有增加收入的平台和载体。村委会立足资源优势大力发展产业来壮大村集体经济势在必行，村集体有了收入就可以更好地为群众办实事，村民增加了收入就敢消费，拉动社会经济。我的理解就是加强党的领导，搞好村班子建设，推动产业发展，带动老百姓致富，这就是乡村振兴。”

乡村振兴，需要强有力的领导，但绝不是一个人的单打独斗，建设一个好班子尤为重要。李永奇以党建为抓手，组建了一个给村民办实事的领导班子。抓党建是一项基本功，村党支部是在带领群众完成各项事业的过程中的一面旗帜。作为村党支部书记，抓班子带队伍既是李永奇的一项职责，更是带领群众共同富裕的基本保障。柳桥峪村党支部有65名党员，是一个党员数量比较多的党支部。这些年，党支部认真贯彻执行党的政策方针，一是严格开展好“三会一课”；二是加强党员管理；三是发挥先锋模范作用；四是带动产业发展。在柳桥峪村，逐渐形成了党建引领乡村振兴全面发展的良好局面。村党支部成为一支坚强有力的党员先锋队，被评为“山东省先进基层党组织”。

带领班子成员搞好经济建设，促进乡村经济振兴的同时，李永奇积极开展精神文明建设，发挥文化引领作用，促进村庄的文化振兴。他积极打造“柳茅书画院”文化阵地，依托“柳茅书屋”文化底蕴，带动挖掘乡土文化，做强“春暖花开”艺术团，创建柳桥峪村乡村旅游文化品牌。同时，积极推进“田园乡村诗画柳桥”建设，利用山体、水系、绿化、墙体、大院、沿线、沿街等区域，打造社会主义核心价值观宣传和新时代文明实践主阵地。李永奇说：“我们将唐诗三百首以诗配画的形式展示在村内文化墙上，借助村内实景创作壁画1000多平方米，实现‘人在景中，景在画中’。”现在的柳桥峪村一派生机盎然，现代文明与田园风光相互交融的美丽画卷已徐徐展开。

为了丰富村民的精神文化生活，村艺术团逢年过节都会在村庄的大舞台上载歌载舞，相声、小品、三句半层出不穷。这些节目的创作，都围绕乡村发展和老百姓的生活展开，以喜闻乐见、接地气的内容成为村民们的精神食粮。同时还能起到宣传党的大政方针的作用，拉近了党员干部和群众的距离。李永奇如有余暇，还会参与到节目的创作中。

作为一名酷爱读书的文化人，李永奇也富有创作才华，不仅会创作散文、诗词、三句半等作品，为村民们带来文化滋养，还会把村庄的发展情况撰写成“村民明白纸”，装订成册，发放到每一位村民手中。他认为，村里的发展情况都要明明白白地告诉老百姓，让老百姓心中有数。为了促进村庄的文明和谐，李永奇还创作了长达22句的段子，格式规整，深入浅出，通俗易懂。例如，“得饶人处且饶人，有理也要让三分。没有深仇和大恨，做事太绝有祸根。”“孤老病残要同情，与人为善好名声。邻里相帮好相处，乡村文明更进步。”李永奇说道：“村民物质生活越来越好，精神文化生活也得跟上。我们村结合好婆婆、好媳妇、好邻居、优秀村民、文明户等评选，进一步教育引导党员群众注重家风建设，提升村民精神文明素养。”

李永奇格外重视法治化治理，认为有了稳定秩序才能持续发展。为此，柳桥峪村多点开花，法德结合。首先，与上级政府对接，定位包村律师，免费为村民讲解与日常生活相关的法律知识，提供法律咨询。同时，设立民事管理委员会，积极应用非诉讼解决纠纷机制，本着“小事不出户、大事不出村，矛盾不上交，就地化解”的原则，化解群众矛盾纠纷，营造和谐稳定的发展环境。

为了更好地传播文明乡风，李永奇牵头创办了钢城区第一份村刊《新柳桥》，架起了党群沟通的连心桥。他还连续十几年开展植树造林和村庄美化整治，建设党员干部示范林、第一书记示范林，坚持移风易俗，倡导家有喜事就植树，村委会统一划定场地、统一栽种树苗、统一搞好管护，定亲的、结婚的、添丁的、乔迁的、过生日的等，只要家中有喜事，很多人都会来村里的“喜事林”种树，森林覆盖率达到80%。2022年9月，柳桥峪村“家有喜事就栽树”系列活动荣登CCTV焦点访谈节目。

如今，行走在柳桥峪村的街道上，清风拂面，村舍俨然，黄发垂髫怡然自乐，群众的幸福指数不断提升。村里多了许多年轻的面孔，一些大学生被村里良好的发展形势所吸引，从城市回到村里，加入返乡创业的项目中，准备反哺家乡，将村庄建设得更美好。

柳桥峪村的“破茧成蝶”不是一日之功，而是多年以来日积月累的成果。为了抓环境改面貌，李永奇给自己定下了每年为民办十件实事的目标。从2008年到今天，已经连续进行了15年。李永奇办的实事都不是小事，而是关乎老百姓福祉的大事。单从2020年到2023年的3年时间里，就争取到济南市齐鲁样板村建设项目、和美乡村建设项目、泉韵乡村建设项目、环村路铺设沥青建设项目、河道综合治理项目；村内通往环村路各主要大街全面打通，形成了全村大街互联互通，极大方便了群众生产生活；他还争取到“济南名泉”4个，有效保护了村庄的自然资源；申报公共服务项目11个、产业项目8个；成立强村经济股份发展服务有限公司，带动村庄的产业发展等。

坚守初心，不负时代，无愧于自己和全村的老百姓，李永奇做到了。他以远大的格局、丰富的智慧和不计得失的付出，为柳桥峪村的发展鞠躬尽瘁，彰显了一名共产党员的使命担当，诠释了一名农村基层干部的职责坚守，擘画了乡村振兴的美好蓝图，是新时代年轻人学习的楷模和榜样。

鲜花盛开的村庄

——记山东省劳动模范、济南市平阴县东阿镇北市村史兴顺

宋俊忠 刘文剑

霜降过了，秋天的午后，阳光惬意。

在济南市平阴县东阿镇最西端，北市村民高吉祥坐在村中路边北墙下的休闲长椅上，静享浮生宽余。眼前的北市村，农家院路边的树状月季盛开得红红火火，街道干净整洁，村里的房屋窗明几净，秩序井然，乡里乡亲乐融融的；墙上点缀着内容丰富多样的壁画，给整个村子增添了一股文化气息和休闲气质。80 多岁的高吉祥老人，没想过有一天会过得这么舒坦滋润。

高吉祥老人 1941 年出生，17 岁时开始当民师，19 岁入党，党龄 60 多年了。在知识青年下乡、“农业学大寨”的年代，曾担任过北市村党支部书记。

他见证了北市村这些年来一步一步破茧成蝶般的蜕变。说起如今的变化，他赞不绝口："过去的形势、条件和现在都不一样，原来什么样啊，村里年复一年老样子。现在变化真是太大了，村容村貌好了，生活也好了，村里修了路，孩子上学都方便得很，现在是各方面都好。"

以前的北市村，都是破旧的老屋，一不小心，迎头就能碰上粪堆、柴火堆、垃圾堆。十几年前，北市村人的日子很艰难，村"两委"班子像翻烧饼一样动荡不停，曾经五任书记没干满届，越翻越乱，越折腾越穷，没过几年，村集体负债就到了 4 万多元。北市村贴上了"软弱涣散"和"省级贫困村"双重标签，成为一个被群众认为"无可救药"的村子。现在，村集体资产超 200 万元，人年均收入逾 2 万元。2017 年，北市村被评为"全国文明村"，2018 年入选山东省第一批乡村振兴"十百千"工程样板村，着手建设美丽乡村。从此，村民一天天过上了幸福的生活。近几年，北市村先后获评"山东省美丽村居""山东省休闲乡村"等多种荣誉称号，并入选"2023 年中国美丽休闲乡村"。

北市村蝶变的背后，离不开一个人。用村民张灿友的话说："没有领路的人，政策再好也难落地。"老俗语说："干好干不好，关键在领导。火车跑得快，全靠车头带。"2010 年，史兴顺临危受命，回村担任党支部书记。当年，那位勇挑重担的年轻人，已经有山东省劳动模范、省优秀党务工作者、全省优秀共产党员、全省"担当作为好书记"、"济南市优秀村、社区党组织书记"、"齐鲁乡村之星"等众多荣誉加身，被文化和旅游部授予"文化和旅游能人支持项目"，并光荣当选第十一次山东省党代会代表、山东省人大代表、第十一次济南市党代会代表。

村里乱了

时光回溯到 2010 年的初春，黄河里刚刚化凌，河边一望无际的田野里麦苗开始返青。东阿镇政府的工作人员来到北市村，准备启动黄河流域高标准农田土地整理项目。这本是一个让村集体和村民受益的农业项目，想从北市村开头修理水渠，却无意中点燃了群众的怒火。

村西的庄稼地里咋咋呼呼，一阵喧闹。

"哎呀，不好了，群众和镇上派来施工的队伍打起来了！"

“快过去看看吧！”

一些村民拿着镢、扛着锨，把前来修理水渠的施工队伍围在村西的地里，引来了附近的村民观看。

一位壮汉怒视着村干部说：“你说是政府土地整理项目，可这是俺家的地，事先怎么不打招呼？今天要不说个过来过去，谁也不能走。动我地里的一根草也不行。”

村干部没向群众耐心解释，群众更是怒气冲天，双方情绪激动，开始在地里推搡起来。这又使矛盾进一步激化……

从第二天开始，北市村的一些群众涌入县政府大院门口的信访办。人们喧喧嚷嚷，强烈要求县里对北市村进行的土地整理项目给个说法，愤怨之声沸沸扬扬、此起彼伏。镇里不得不天天派工作人员到县里，接回集体上访的村民。可接回来，第二天再去，天天如此。北市村成了全镇出名的“上访村”。

那时，村里没有一条像样的水泥路，村集体一贫如洗，负债累累，人心涣散，村风一落千丈，因病致贫、因老致贫、因意外事故致贫的贫困户增多，村里存在大量矛盾，承包地纠纷、邻里矛盾等。这又导致村子建设落后，道路坑洼难行，村民自编顺口溜“北市铺，烂泥路，老少爷们同祈福，哪辈能走平坦路”。

多名群众连续多天到县里上访闹事，造成原支部书记无法开展工作。北市村一时陷入又穷又乱的状态。

镇党委找到了史兴顺，动员他回村担任支部书记。镇领导语重心长地说：“兴顺啊，北市村现在缺了主心骨，党员队伍无法管理。你是党员，又是土生土长的北市人，先回村主持工作吧。稳住阵脚，不要着急，先用一个月的时间给群众深入做工作，然后再把土地整理项目启动起来。”

镇上动员企业能人史兴顺回村当书记的消息传出，成为村里的爆炸性新闻。当时，史兴顺在外经商创业，办过运输公司，开过石子厂，脱硫粉加工企业已经干得风生水起。周围十里八乡还没有小轿车的时候，他就把一辆崭新的小轿车开了回来，还在村里第一个盖起了二层楼，让村民们惊讶得直咂嘴。

史兴顺一门心思管理自己的企业，连“主持工作”这个词都是头一回听说。家人都不愿让他干，妻子说：“咱可别干这个差事，可别逞能，免得让村里人在背后戳脊梁骨。”朋友们也劝他：“可别犯傻，放着千万老板不当，去接那个烂摊子。”村里人也不看好四十出头的他，有的说：“北市村的事儿，多少能人都治不了，他常年在外经商干企业，回来能办事？骑驴看唱本，走着瞧吧！”有的说：“咱北市村这个样，谁来都白搭。”

当镇党委领导找他谈话的时候，他也犹豫过：一边是自己的企业需要打理，一边是组织的信任、村子的乱象；一边是赚钱和享受，一边是操心和付出，还有家人、朋友甚至村民的不理解……村里乱成一锅粥，让人看在眼里急在心上。

自家的日子好了，可史兴顺心里越发空荡。他躺在床上，常想起当年那红红火火的村集体经济，脑海里常滑过金黄的麦田，还有金秋时节的瓜果香。他的内心十分纠结。

他明白，北市村再不能这样乱下去了，谁都不愿意出头，那这日子什么时候是头？自己是党员，就要替党分忧。这个时候自己要站出来，和村里群众风雨同舟，共同战胜眼前的困难，改变村里散乱落后的面貌！他毅然下决心要把北市村的担子挑起来。

2010 年 4 月，镇党委正式任命史兴顺担任北市村支部书记，镇经管站对北市村账目进行交接审计，这时村里只有现金 115.43 元，外面欠账 4300 元……一堆错综复杂的难题盘根错节地绞在一起，让人看了头大无比。

村里环境脏乱差，到处“三大堆”，村民打架斗殴，占街、占地、上访，还有债主上门讨账……所有落后村的场景，在北市都能找到影子。村集体经济基础差，党员凝聚力不强，群众怨言多。穷家难当，烂摊子难收拾，散乱了心的队伍不好带。刚开始干，史兴顺也摸不清村里面“水”多深，感觉工作没有头绪，也没有把握，一团乱麻。这让他吃不下饭、睡不好觉。

史兴顺早晨和晚上在村里转悠、走访了解，王家坐坐，郜家问问，满脑子都在琢磨村里的事。走访中，群众反映：“家家用上了洗衣机，却满胡同、大街污水横流；穿上了名牌西装、皮鞋，却遍地垃圾泥巴；有的人家有了轿车，却开不到家门口。漂亮的媳妇烫着时髦的发型，一到下雨就得穿着长筒雨靴出门，雨水都倒灌进院子里，淌不出去。”群众反映的这些问题，必须尽快解决，可史兴顺一时不知道该怎么解决。

镇领导提出的“安抚上访村民、启动土地整理项目”看似小事，实际上是大问题。因为全村 424 户，土地问题整理涉及 380 户，有群众地边种的树、开的小菜园、地里建的小屋、地头上堆放的东西，涉及家家户户的利益，铁嘴钢牙的人也说不通，强硬去处理太敏感，群众肯定怨声载道。

怎么把工作启动起来？经过了数个不眠之夜，通过与党员群众谈心，史兴顺发现，村里最大的问题不是没钱办事的问题，而是人心涣散的问题。要启动项目就得先赢得群众的信任。要想聚民心，必须干事、干成事。能不能先不触及敏感问题，先开辟别的战场？

找“突破口”

突如其来的一场大雨，给史兴顺送来了新的出路。

那天，一场大雨过后，进北市村的土路成了一片汪洋，主干道两旁住户家院子里的水不光淌不出去，街上的水还倒灌了进来，一片泥泞。

送孩子上学的村民李友才（化名）一脸焦急，他打着雨伞，脚上套着长筒雨靴，领着大的，背着小的，顺着山路拐到主街。主街比山上小巷还难走，一会儿放下大的，一会儿又背起小的，忙不迭地把大孩子背过深水区，又去背老二，心下着急，一个趔趄，孩子大人双双滚进泥坑里，弄成了泥猴子，只得回家换衣服，耽误了孩子上课。什么时候能让孩子雨雪天上学不再走这破烂路？

“你别光说好听的，有本事先把村里的主路修好了！”李友才找到史兴顺说。

史兴顺也是踩着那条泥泞的土路回村走马上任的。北市村是个历史悠久的大集市，这条村中央的主道靠近小学，路面高低不平，一下大雨就积水，鸭子都能在里面凫水，不好通行不说，还导致往两边住房倒灌，院里雨水无法排，村里群众都有意见。

可是，要修路就得动每家的利益，每家又都有道坎在那里等着你。两边住户占街、占地，路边有群众随意种的树，还有私搭乱建的厕所、猪圈，谁也不愿自己的私利受损失。

史兴顺突然想到了一个办法：“投石问路”。先不触及土地敏感点，先从小学前的南北道路下手，清理街道，修排水渠舒筋活络，通过先解决次要矛盾，推动主要矛盾的有效解决。修路必须先清障，这是“投石问路、围魏救赵”的办法。

接下来，他把工作重心转移到修路上，这件事不仅是一项改善村容村貌的工作，更是向“个人利益”宣战，重新树立“两委”威信、凝聚起涣散人心的开局之战。史兴顺知道，如果这个坎过不去，北市村就走不出眼前的泥潭，新班子就难以赢得父老乡亲的信任，就难以开展今后的工作。如果路能顺利修好，得到群众认可，其他问题就会迎刃而解。

这条主路涉及两旁16户村民的树、猪圈等，史兴顺带领村两委干部开始给路两旁村民挨家挨户做工作。一开始，群众普遍不认可。

史兴顺决定先做党员的工作，让他们带好头。他走进党员王大叔家，王大叔正在院里提水，他帮王大叔接满，一桶桶提进屋倒进水缸里。然后坐下聊天，临告别时，史兴顺说：“叔，我有个事，想让您帮个忙。我刚回来接手村书记，村里现在准备修水泥路、排水渠，您外面废弃的猪圈碍事，得清理掉。要是在您这儿卡住了，今后的工作就难以开展，老百姓要是看了笑话，我就没了威信。叔，我得求求您，帮一下忙。您把墙外面的猪圈，先带个头拆了。这事能同意不？”

“看着你这为村里张罗事儿不辞辛苦的劲儿，我就先应下。”通过努力，上门做解释工作，攀亲戚、拉家常，党员的工作做好了。

然后再做难点户的工作。马大婶在家门外栽了几棵树，想让村里赔点树苗钱。史兴顺顶着一头汗找到她家里时，她正把刚出锅的饺子端到门口的香台子上。北市村有个风俗：初一、十五包饺子上供，在香台子上烧烧纸，念叨一些“老天爷保佑”的话。

史兴顺笑着打趣说：“大婶子，你在那里念叨的什么？给全村人修路，天大的好事啊！把墙外边占着路的树去了就好了，也不用念叨了，老天也在看，多做好事，心善才是长久的。”对于这些户，史兴顺提前进行走访、做工作，事前取得他们的支持同意。

做了工作，再通知党员干部开会，让两委干部去逐户做工作就简单了。清障中，每做通一家人的工作，先行动起来的人家，就在大喇叭上大张旗鼓地表扬。同时，也表扬两委干部做工作有能力，增强了干工作的凝聚力，赢得了两委班子成员的支持与信任。清障动作落后的村民，越成为人们议论的焦点，最后迫于压力，就主动把树砍了。

修路前，严格按照招投标的程序进行公示。买水泥、石子、砂等建材，村集体没钱，史兴顺和村两委干部就先凑钱垫资。这个月，他们是在修路的工地现场度过的，党员干部齐上阵，搅拌机热烈地轰鸣。从清障划线、铺设基础、运材料、硬化路面，到修砌排水渠，20多天完工。村民们远远近近地看着，纷纷竖起了大拇指：这届班子是干真事的！

路修好了，旗开得胜，大家都松了一口气。这一夜，史兴顺睡得很踏实。

公路和排水渠顺利修好了，解决了村民的出行、排水难题，群众对新班子的印象有了好感。群众私下议论：听说修这条路，住户家门前的猪圈、栽的树都没有补偿，咱地头上的树肯定也不给钱，新上的书记是干实事的，咱们也别提什么要求了。渐渐地，群众开始支持两委的工作了。

放眼望去，绿油油的麦苗已经齐膝高了。史兴顺好像听到了麦苗拔节的声音，很响亮，齐刷刷的。土地项目顺理成章地启动了，没遇到什么阻力。这个项目也涉及周边村庄，有的村因为无法清障或清不下去，只好调整规划。北市村没有了土地清障的难题，又多争取了一些土地整理项目资金，借机把村里的水渠、生产道路修了一遍。看着他在真心干事，群众终于认可了史兴顺这个新任支部书记，村党支部也重新占据了主导阵地。

啃“硬骨头”

村支部书记这个职位，并不是谁都能够干得了、坐得稳的。胆小怕事、不愿冒风险的人，缺乏闯劲、墨守成规的人，是当不好村书记的。

村里的另一大难就是承包地管理混乱。村集体有160多亩承包地被个别村民占了多年，有的户人均三四亩，还不交承包费用，导致村里土地不均，严重损害了村集体和群众利益，成为村民们关注的焦点。

北市村有发展集体经济的优势，前提是如何解决好集体土地被乱占、土地承包费不交这个大难题。史兴顺进行了分析，发现乱占承包地有五种情况：一种是合同到期，仍然强占种着，攀比别人，“都到承包期限了，别人不交俺也不交”；一种是以前和村干部关系好，偷偷盖上村委会的章，私自修改承包土地合同时间期限；一种是凭着拳头大胳膊粗，谁有本事谁占，反正你占俺也占，不占白不占，占了也白占；一种是村集体打白条欠群众费用的，承包土地到期后也不交；还有个别的承包户以前请村干部吃饭喝酒，村干部默许了，没有合同，更没有期限。这个大难题不解决，将严重阻碍北市村集体经济的发展。

承包地的划分是一茬茬延续下来的，史兴顺刚上任，就想把章程变了，回收承包地，相当于虎口拔牙，这还了得！

开支部会时，有人说："你上来没多久就敢摸老虎屁股？你动谁的地，就等于割了谁的心头肉。这硬骨头你啃吧，小心硌掉了你的牙！"

史兴顺说："全村老少爷们都在看着我，我不来啃硬骨头谁来啃啊。"

也有两委委员说，那些乱占承包地的人都是村里的"难缠户"，干脆起诉到法院算了。

如果起诉，可能连承包费都一块收回来了，这个办法会立竿见影。但史兴顺觉得乡里乡亲的，这样做太没人情味，就琢磨有没有更好的办法，不起诉还能收回来。后来他想了个好办法。

他召集所有没交承包费、乱占土地的群众开会，诚恳地说："集体土地承包合同眼看到期了，经过村委会研究，需要收回重新统一发包。过去村集体欠你账的，按当时的价格算清；欠你工资的按当时的工价结清；你说承包地是上届哪位村领导口头允许的，请他写出一个书面材料，必须在全体村民大会上研究通过；承包合同已经到期的，更该交回来，因为法律有规定；私下盖了村委会公章，合同不到期的，只要没经过村民代表大会表决，合同无效。所以说，承包地都要统一交回村集体。如果不交，属非法侵占集体土地行为，最终只能起诉。但要向大家说明的是，村委会不愿走这一步，不愿起诉任何人。"

群众在下面议论说，"你不起诉俺，俺就不交。"

"以十天为限，交不交是你们的事。"史兴顺接着说，"咱北市村有三八集，外村的人都来赶集。十天之内，村里会贴出公告，把承包土地到期不交回的，写到展板上，在集上公示，敲锣打鼓地点名，让外村的人也都看一下。从哪家开始点名呢？谁占的地多、欠的承包费多，先念谁的名字，直到主动交回承包地为止。咱看看人家赶集的笑话谁。"

说完这些就散会了。那块展板也做好了，就在村部院子里放着，很醒目。那些占地的群众一看要动真格的，都怕被"展览"，果然在十天之内全都交回了土地。

史兴顺悬着的心终于放下来了。

收回乱占的土地后，面临再承包，但在此之前得清缴承包费。收承包费，又是个难题。群众承包了十多年，一算承包费，几千元上万元，谁也不愿从兜里往外掏。但这些钱一分都不能少，还是以十天为期限。

之前的修路、收地这些事，让群众认为村两委干事是认真的。头三天，三分之一的群众主动来村部结算。但到了第四天，没人来交承包费了。为什么？一打听，出了个“拦路虎”，不愿交承包费。此人叫姚远（化名），仗着自己弟兄多，在村里“横着走”，还让小组长捎信：“你给书记捎句话，他还得在这把椅子上坐几年，我不找他的茬，我也不用交承包费了，两全其美多好啊！非得找我的事干什么？”

史兴顺寻思，这个“拦路虎”必须搬掉，不然的话，其他欠承包费的群众都会拿他攀比。姚远欠村集体 1316 元承包费，必须一分不少地收上来。一天晚上，史兴顺带领小组长及几位党员代表，去姚远家“串门”，坐下来喝着水，拉呱的拉呱，打扑克的打扑克，也不说交费的事，快 11 点了还不走。姚远的媳妇哈欠连天，悄悄对姚远说：“赶紧拿点钱，打发他们走吧，烦死了！”

姚远拿出 800 元，不情愿地交上了，史兴顺就带着大家回去了。第二天晚上又去了，去收那 516 元。姚远不想交，史兴顺说：“你不交，也不跟你要。你什么时候交了，我们什么时候走，反正今天不交明天来，明天不交后天还来。”

小组长、党员代表这个说、那个劝，姚远的媳妇又掏出 500 元交上了。姚远哼哼两声说，他可从来没交过什么承包费。

第三天晚上，史兴顺又带人去了姚远家，收那 16 元钱。坐下后抽了几支烟，谁也不说话。姚远白了村干部一眼，又拿出 10 元钱交上了。还剩下 6 元钱，说啥也不交了。

第四天晚上，史兴顺又带人去了姚远家。姚远的媳妇瞪圆眼睛，吼了起来：“怎么又来了？不就是 6 块钱吗？没钱！你们打听打听，以前俺家从没交过一分钱的承包费！”

史兴顺说：“以前是以前，现在是现在。你欠一块钱，也是欠集体的承包费没交够，账就没清。你的账没清，其他群众也没法交。”

这时恰好有个邻居来串门，就打圆场说：“我身上有 10 块，先借给你垫上吧！”就交给了会计。会计从包里掏出 4 块零钱给了那个邻居。

1316 元承包费，就这样收齐了，一分都不少。

此后，村干部也没登门去其他人家做工作，不到两天就收齐了所有欠村集体的承包费。把原先的外欠账还清，还剩下 20 万。虽然触动了一少部分人的利益，但为集体挽回了 26 万的损失。

村集体的财产必须姓“公”，群众利益必须公平合理。北市村的土地承包从此走上规范化。

“抓阄”内幕

向外重新承包土地的时候，村里有群众开始找史兴顺。有人私下里说：“抓阄不就是走走形式吗？过去，通过抓阄承包到好地的，都是村干部的亲戚或朋友，孬地都是群众抓的。”

因多年来一直在外经商，史兴顺没种地，对群众承包地的情况没太在意。他找出村里保存的原来的所有承包合同看了一遍，连村里十几年来所有的合同都看了，发现确实是这么个情况。这说明，以前承包地的发包，确实有人在抓阄中搞“暗箱操作”。

看了这些合同底子，史兴顺心里有了数，他故意问道：“都是现场抓阄，那些村干部的亲戚朋友是怎么抓着的？”

那人谨慎地说：“我跟你说了，你可不能说是我说的，把我给卖出去。”

史兴顺漫不经心地说：“还用你专门跟我说啊，你不说，地球人也都知道。这事我听好几个人说过了。你再说说里边的事，我证实一下，看看跟人家说的一样不。”

那人没了顾虑，就放心大胆地说开了。

史兴顺听了作弊的方法，心里很惊讶。也难怪群众骂，根子在于村干部处事不公。

史兴顺打定主意，既要按抓阄的老规矩把地包出去，还要公开透明。为防止作弊，他把以前的长阄、圆阄都统一改成三角形，用电脑现场打印；抓阄顺序怎么定？不写顺序号，村集体在农行里开账户，群众想承包地先交承包费，农行打印收款单，上面有详细时间，谁交钱早谁先抓。抓阄时邀请派出所、司法所、公证处的工作人员及部分群众，现场监督抓阄（2013 年还没有 146 平台），看着打出来，统一用订书机订成三角形，放阄的罐子也换成透明的。谁上去抓阄，先亮出双手，给大家摆摆手，打个招呼，让大家看清楚手里是空的，再下手抓。最终，村集体 268.3 亩土地，顺利抓阄承包，完全公开透明。

一个个难题被解决，一个个障碍被扫除，一块块难啃的骨头被啃下来。党支部有权威，老百姓得实惠。民风也跟着好转起来。事实证明，无论哪个村，也无论过去多么乱，只要有一个好带头人、一个好组织，党组织能够积极发挥作用，工作应该没有做不好的。

以德治村

在修路的过程中，史兴顺发现好事就表彰，听到群众讲句好话，就在喇叭里表扬。他发现，这一做法带来了不错的效果。在农村，不管什么人，都渴望荣誉感，都愿让人夸奖，不愿让人指脊梁骨。村庄要发展，必须先转变村风，提升村民素质，以此为开端，史兴顺摸索出一套“以德治村”的管理路子。以“德治”为先导，广泛凝聚社会共识，引导村民崇德向善，当出彩人、说出彩话、办出彩事，涵育良好家风、文明村风。

为群众搭好台子，不放弃任何表彰的机会，形成干事创业的氛围。引导村民说出彩话、做出彩事，哪怕说一句正能量的话，做一件小小的好事，史兴顺也在全村大张旗鼓地表彰宣传。对于群众的贡献，既要口头表扬，也要上台表彰。从 2010 年起，史兴顺开始谋划召开村级十星级文明户表彰大会，拿出一两万元重奖村里的好媳妇、好婆婆、好党员、致富带头人、诚实守信者等星级文明户。第一年以组为单位进行评选，范围有些小，表彰会后，有的群众就反映，有些评得不太公平。针对这种情况，第二年史兴顺又采取全村海选的方式进行，提高参与度。通过这一办法，群众参与的积极性空前高涨。十多年来，每年坚持召开十星级文明户表彰大会，邀请县、镇领导参加，同时邀请在外的北市籍人士参加，提高他们关心家乡发展的积极性。表彰会由村里的党员群众现身说法，为了让以前退休的老支部书记也有发挥的舞台，史兴顺邀请他们担任颁奖服务人员，增强他们的荣誉感。表彰完，村里专门制作了大红奖牌，请镇、村干部登门授牌，增强群众的荣誉感，带动了整个村文明风气的转变。

有一年年底，召开表彰会前，一位村民找到史兴顺，说孩子该找对象了，想争取一个文明户的牌子，并表示下一步一定支持村里的工作，做好带头。综合考虑这位村民的条件，有好的方面，也有不支持村里工作的地方。史兴顺与村里党员、群众代表商量，为了让他转变想法，积极向先进靠拢，决定给他增加一个“表现进步奖”。表彰完，他高兴地找到史兴顺，表示一定支持村里的工作。后来，无论什么工作，他都积极带头。

就是这些小的方面的改变，使村民的道德水准和思想境界不断提高，村风民风得到健康发展，激发了群众参与村级共治的热情。

这年，上级部门帮包北市村，组织群众去沂蒙红色教育基地学习。带队人员向村里提议，尽量找村里素质高的群众参与，要不然人多不好管理。史兴顺认为，就得让平常不积极、思想消沉的人去学习，才更有教育意义。

北市村去学习的，是几位当时思想境界相对落后的村民。参观沂蒙红嫂基地，讲解员讲到最后一碗米做军粮时，有的村民感动得直掉泪。史兴顺悄悄拍下了现场照片。晚上，史兴顺在临沂宾馆花 2000 多元租了个会场，回放当天现场参观的照片，让村民谈感受和体会。思想落后的村民积极发言，现场表态，回去以后自己要怎样用思想引导行为，用语言来规范行动，一定积极转变，跟上大家的步伐。

组织村民到曲阜、邹城接受儒家文化等优秀传统文化教育时，村民在孔府听了工作人员讲子夏向孔子请教“孝”的问题，孔子说“色难”，意思是对长辈要和颜悦色。做到这一点很不容易，对父母不仅要在物质上奉养，还要在态度上恭敬和悦，在言谈举止一切细节中，都要体谅敬顺父母，不能只做表面文章。一位村民在返回宾馆的车上大发感慨：“咱原来光知道给老人吃的就算孝顺了，没想到孝顺老人还有这么多道理，有时候不耐烦了对他们大呼小叫，看来得改改了，出来学习真有用！”

几年前，村里曾发生的两件事触动了史兴顺：一位村民出了车祸，因为事发在夜里，北市村离最近的银行也有 10 里地，没有自动取款机，筹不到现金，贻误了病情；另一件事是，一村民的孩子上大学，差 2000 块钱，媳妇就与丈夫闹起来了。史兴顺知道这件事后，主动找到孩子要上大学的这一家人，送过去 2000 元。随着长期工作、生活在村里，史兴顺了解到，村民的习惯是一有了钱就存到银行，家里很少留大量的现金，有时为一百元钱急出一头汗。

史兴顺考虑在村里找个地方放一些现金。首先想到村东磨坊，因为磨坊每天24小时有人，方便群众借取。他找磨坊主人苏道刚商量，苏道刚痛快地答应了。2012年，史兴顺拿出1万元放在磨坊，让群众应急用，并再三交代苏道刚说，不用打条，不问借钱的用途，什么时候有了什么时候还。

这个办法解决了群众有急事用钱的问题，随到随取，过后即还，不付利息，不打欠条。借钱的都想着赶紧还上，别耽误别人用。十多年来，那一万元一分都没少，从没发生过借钱不还的现象，不知道解决了多少村民的急事难事，也解决了老年人由于不会用微信造成的用钱难，被省市媒体称作“磨坊银行”。越来越多的北市村民感觉到，诚信和爱心就是北市村人的密码，全村诚实守信，村风得到极大提升。

出路

北市村的出路在哪里？史兴顺从上任那天起，就没有停下盘算。原来的北市村主要以大田农作物为主，没有产业基础，村里1400多口人，每个人“死守”着各自的一亩多地，早出晚归。靠土里刨食只能稀里糊涂地填饱肚子，一年下来手里根本落不下钱。其中贫困户160多户，占到全村总户数的40%，人均收入不到3000元。

村党组织得发展产业，还得帮扶贫困户，这是摆在面前最大的难题。2012年，北市村集体以扶贫资金为酵母，流转100亩土地，打造了中药材种植基地，成立了种植瓜蒌中药材的合作社。没想到，群众既不反对，也不赞成，就是没人愿去种。为什么上级投资建设的扶贫产业，贫困户没人愿意种？史兴顺四面楚歌，身心疲惫，觉得自己真是出力不讨好，一百张嘴也说不清。

他没有灰心，动员村干部分别与每个贫困户进行思想交流，摸清他们担心什么。早些年，有群众为致富发展过大棚，最后因销路不行赔了本，很长一段时间内，心里的阴影挥之不去，害怕上项目，不敢发展产业，还编了顺口溜：“要想穷，种大棚。种桑养蚕，不是一年就是两年”“喇叭一喊，种么么惨”，有的甚至产生这么一种认识：只要村委号召发展的，没有挣钱的项目。

贫困户致贫有几种情形，有的因病致贫，有的因灾致贫，甚至有的听天由命、安于现状、只求温饱，反正你穷我穷大家都穷。史兴顺认为，一个人穷，拥有的财产少是一方面，另一方面是知识、能力、眼界的局限，即所谓“精神贫困”和“穷人思维”，这是致贫的主因。在北市村这样的省级贫困村，思想贫困才是真正的贫困。

史兴顺带着贫困户，去寿光、临沂、泰安等地村级经济发展好的村参观学习，也到本县的榆山街道、洪范池、玫瑰镇考察，回来后召开圆桌会，你一言我一语，敞开心扉谈想法，有的贫困户开始产生了脱贫的主动性。

史兴顺发现，这些贫困户里有部分思想觉悟高的，也有思想觉悟落后的。为了消除贫困户担心赔本的顾虑，他召集全村开会，村里统一解决销路、技术等问题，并当场承诺“赚了算你们的，赔了算我的”，挣了的归种植户个人，如果赔了本，每亩土地他会按最高亩产量赔付 1000 斤小麦。

有 20 多户困难群众感觉这事可行，就大胆种起了瓜蒌。当年收购价格是一斤 1.6 元，一亩地最少产量 2000 多斤，收入 3000 多元，亩产量高的可收入五、六千元。这年 20 多家种植户每家增收 2 万元，村集体增收 8 万元，实现了村民脱贫致富、村集体增收。

年终表彰大会上，村里给致富成功的脱贫户每亩又奖励现金 500 元，并大张旗鼓地表彰宣传，谁种得多，谁种得好，上台介绍经验，让贫困群众学有榜样、赶有方向，尤其是向身边人学习，激发他们脱贫致富的信心和决心。

年后，村里不少人发现种药材比粮食合算，也想发展瓜蒌种植。史兴顺利用自己经商的人脉优势，探索“支部 + 基地 + 公司 + 农户”的订单式生产模式，定向供给禾宝中药材公司，乘势而上扩建瓜蒌基地，村集体和群众采取二八分成的方法，即平均每亩产量 4000 斤，村集体提取每亩 800 斤的产量作为村集体再发展的资金，八成的收入仍归种植户。这使 92 户贫困户成功脱贫，打造了北市村精准扶贫模式，成功脱掉了“省级贫困村”的帽子。北市村在集体土地上，终于摸索出了一条可走的路，而喜获丰收的村民们，对村两委重拾信心，“喇叭一喊，种么么惨”的时代过去了。

在发展的过程中，史兴顺遇到好的项目，就及时顺应市场的变化，不搞“一篮子兜”或“一刀切”的模式。受制于土地流转，种瓜蒌脱贫富民的路子无法大规模推开，带动能力有限。必须拓展思路，开展多种经营。北市村村民以前有做绿豆粉皮的传统。2014 年，史兴顺充分挖掘，借助 90 万元省市扶贫资金，再自筹 20 万元，建起了占地 40 亩、1300 平方米生产车间的绿豆粉皮加工基地，先聘请外来的师傅教会 1 位带头人，再选拔 4 位村民学习，出徒后再带动20位贫困群众，下大力气培养了一批技术能人，这些能人又分头带起了周围的人。村里成立了纯绿豆粉皮专业合作社，注册了“北市铺牌”商标，村集体集中精力抓好原材料统购和粉皮成品统销这“两头”，村集体每年增收10万元，承包户每年增收2.5万元。

看着致富的大门被推开，村民的心动了，纷纷行动起来，加入村办企业打工。很多年轻人也来到基地，跟着师傅学做粉皮，粉皮加工成为北市村产业振兴的又一支柱产业。史兴顺盘活村里的闲置资源，引进投资，发展集体经济，群众看得见、摸得着的实惠越来越多。后来又引进了阿胶加工企业、中粮集团储备库等实力企业，给北市村的发展注入了强筋壮骨的活力，带动全村160多户贫困群众成功脱贫，解决了村里100多人的就业，每人增加收入2000多元。吸引30多名在外务工人员回村创业，形成接力致富、滚动发展的新格局。

向阳花开

经过几年的努力，北市村集体经济得到了一定的发展。不断发展壮大村集体经济，实现共同富裕，让全体村民共同奔在乡村振兴的路上，才是史兴顺的最终目标。村两委一班人积极开拓思路，探索新的发展模式。怎样和父老乡亲们共同走向富裕振兴？有人说：“靠山吃山，虽然咱们地多，离县城远，卖地也没人要啊。”史兴顺说：“玩龙玩虎，不如玩土，土地是咱们的根本，发展产业还得做好土地这篇大文章。”有人说：“种田、种地，末了也就是填饱肚子，能让村民变富？”

史兴顺摇摇头：“过去的种法，当然发不了家，也致不了富。深化改革，政策越来越好，但用不好政策也白搭。咱们要在生态高效农业上下功夫，还得通过土地流转使村集体和村民实现共同富裕。第一步先大面积流转土地。”有的人疑惑，村民能乐意？地可是大家伙儿的命根子呀！

2018年，临沂种植花卉的满经理，到村里考察投资兴建花卉大棚。他已经在周围几个村转了个遍，在这里观察了一番后，他来到村委会找史兴顺，问：“你村里给我流转点土地行不？我相中你这块地方不错，土地平整，交通便利，想搞个投资上个项目。”

史兴顺说："好啊，你想发展什么项目？大体需要多少土地？"

满经理谈了自己投资兴建花卉大棚的计划，说建大棚急需一千亩地。"这样吧，你如果一个月之内把地的问题解决了，我就来你们村投资。当然，其他村也有符合条件想建设的。"

史兴顺说："不用一个月，三天之内，村里给你流转村西你相中的那片地。你三天后来。"

三天？满经理死活不信："你也别吹牛了，你们也给我整治不出来，三天时间能干啥？"因为他看中的土地，在原先的下北市一片，上边有200多亩玫瑰花，还有些房子，种园的菜园子、大棚什么的。光地上附属物补偿，也够村里喝一壶的。老满认为，这是不可能的事。

史兴顺站起来说："我不是说笑。你可能不相信我，可以这样，咱先别签合同，我提个建议方案，你给我个账户，明天我就打过去50万元，如果三天之内我把土地流转给你，我这些钱你还给我，你就来投资签合同；如果流转不过来，你带着钱走人，咱们又没合同，你也没损失，多好啊。你先放心，水、电我保证给你架到跟前。"

满经理问："三天内流转土地，那这些地上附属物的补偿怎么办？"

史兴顺说："地上附属物绝对不要你的，我说到哪里办到哪里。"

史兴顺按照口头约定，拿出自己的50万元作为押金，押给满经理，三天流转土地1000亩；如果流转不出来，这50万元就归满经理。三天过去了，满经理再次前来，跟在汽车屁股后面的，还有一辆铲车。满经理让铲车原地待命，他开着车爬上了一个高坡，从这里俯瞰，铲车的一举一动尽收眼底。接着，满老板打电话遥控指挥，一声令下，铲车开始行动。

只见铲车一边高声鸣笛，一边加大油门，在地里横冲直撞，发疯似的撒野。所过之处，黄瓜架、茄子棵、玫瑰花、玉米，均惨遭"灭顶"之灾。一时间，天地间浓烟滚滚，尘土飞扬，

在田间劳作的农民见到铲车闯入领地，没有惊慌失措，没有大呼大叫，就连生气的样子都没有。他们只是走到地头，拿起撂在地堰上的外套，轻轻地拍拍土，穿在身上就离开了，就像是突然碰到疾风骤雨而无奈回家一般。还有几位村民闻讯赶到现场看热闹。

满经理没有料到，史兴顺三天之内就轻轻松松做通了村民的工作。群众答应，如果村里需要，不论哪个地块，可随时解除还未到期的承包合同，将

土地交由村里处理。

村里把流转出的土地交给满经理，并且不要地上附属物补偿款。满经理毫不犹豫地与北市村签了协议，在村里办起了扶郎花基地，新建 50 个扶郎花大棚，花卉成功上市，当年产销两旺，销往北京、上海等地，供不应求，推动了北市村产业融合发展。这对于一个想发展产业的村来说，可是一场“及时雨”啊！

好的村风、民风是干好各项事业的基础。在村里引进产业调整土地的过程中，村民史兆华承包的 142 亩麦田，已经承包了 4 年，村里找到他的时候，无条件还给了村里，自己另谋其他发展项目。张灿友在自己的 1 亩承包地附近开垦了 3 亩多荒地，村里发展扶郎花产业需要腾出他的承包地，他二话没说，连同自己开垦的荒地一起，4 亩多地全部无偿归并给村里。这位老人说，要是村里其他人承包的话他就不让，如果是人家“大集体”来咱这里包，就交给村里让人家来发展。北市村群众在史兴顺的感召下，用自身的实际行动在土地上作出了锦绣文章。

结合美丽村居和美丽乡村建设，史兴顺聘请了国内著名的杭州华清设计院对村庄进行了高标准规划设计，对村庄进行整体打造，以“畅游花街石巷，相约东阿北市”为主题，高标准打造美丽休闲乡村，发展乡村旅游，建起了富有鲁西特色的民宿，有 40 多个床位，还配套建成村史馆、阿胶等特色产品展示室、复合餐厅及一批网红景点及游客中心、停车场、喷泉广场等旅游配套设施，建成了十里樱花大道、旋转餐厅、北市花间堂、花街石巷、明德钟楼等景点。

村东的凤凰山，山顶是平坦的广场，往北有条幽静的水泥山路，两旁绿色入目，松枝摇曳。我们沿着这条路转弯下坡，转到山腰的一户农家。门前的菜园郁郁葱葱，一棵桃树长在南头，东边是几行绿油油的白菜，西边一块有挺拔碧绿的小嫩葱，青葱的韭菜、一畦水灵灵挨挨挤挤的青萝卜，还有紫色的茄子。一位 60 多岁的大叔从家里走出来，我们好奇地指着门外地上晾晒的玉米问：“大叔，您家土地流转了吗？”

“流转了，村里流转土地建起了扶郎花基地、百合园，群众都有流转的收益。我这些庄稼是在山坡地里种的，加上卖粮食的收入，比去年又增加不少。”大叔说着笑起来，洋溢着满满的幸福感，“你看，几百年的陡峭山路变成了平坦的柏油路，柏油路通到了家门口。以前人家都说我们村穷，房子乱，路也烂。那时候觉得哪个村都比我们村好，我可羡慕了。现在我们村变得比他们都好，我们有个好带头人，靠的是史兴顺书记，他身子正，没私心，干事公平！这些年他没少下力，带领大家伙儿太不容易了……”

农家的下面，是两处新建的民宿，名字很雅致，叫“茉莉山居”。家里，脱粒机还在嗡嗡响着，门前晾晒的玉米粒顺着水泥路拐着弯铺开一片，阳光下泛着金黄，铺成了北市村民幸福生活的金光闪闪的大道。

村子的西边，是一片花棚，像一个个的长方格子，周围还连着农田。每个棚里一种颜色，鲜艳的红色、温暖的黄色、俏皮的粉色……走进花棚，各色的扶郎花开得正艳，迎着光尽情舒展，绚烂绽放，像一个个小太阳，美得惊艳，让人赏心悦目。每一朵花都动个不停，你推我搡，勃发着原始的生命力。村民们在大棚里忙碌着，阳光在他们的皮肤上跳跃，每个人的脸都被花朵映照着。扶郎花开在田间，也开在他们心里……

代有源流汇清波

——记山东省先进工作者、国家税务总局商河县税务局代清波

宋俊忠　杨延斌

2023年8月24日上午，我们从济南驱车前往国家税务总局商河县税务局，见到了不久前荣膺山东省先进工作者光荣称号的商河县税务局前稽查局局长代清波。一脸厚道、腼腆的代清波，一听我们是从省城慕名而来，要采访他的先进事迹，便流露出满脸的羞赧，说：“我也说不上有什么先进事迹。工作上是取得一点成绩，都是商河县税务局全局上上下下的同事们一起干出来的，我只是代表大家走上台领奖而已！”代清波发自内心的谦虚洋溢在脸上，他说出的话，满带着真情实感，令我们十分敬佩和感动。

代清波把我们礼让进一个小型会客室。大家坐定，他便忙活着沏茶，依次把茶杯恭恭敬敬地端到我们面前的茶桌上。之后他就冲我们微笑着，坐在对面的沙发上。他笑容可掬地看着我们的眼神儿，传递出他的心理活动，那意思是等待我们开口提出什么问题。我们的采访话题，就从轻松的聊天开始，虽然没有那种生硬的稍显紧张拘谨气氛的采访场面，但我们却渐渐迂回着步入采访正题。代清波留给我们的第一印象，是个能够敞开心扉，坦坦荡荡、真诚待人、客观实在、言行一致、表里如一的人。不穿工装坐在我们面前的代清波，朴实到让我们怎么也看不出他当过多年一把手的印象。

代清波出生于1967年，1991年7月毕业于山东大学财政与税收专业，先

后担任税收专管员、稽查大队副大队长、稽查局局长等职。目前已经从税收前线退下来，担任商河县税务局工会负责人。从表面看这是个闲职，但闲职要看让什么人干，让一个几十年对税收工作始终如一兢兢业业的人，真让他天天坐在办公室，一张报、一杯茶，看看微信，拉拉闲呱，这样的活儿，代清波是干不了的。他笑对着我们说：“以前我考虑的是把税收工作干好，现在考虑的是竭力维护全局职工的合法权益！”我们认为这话说得很靠谱，这才叫干一行爱一行，干啥吆喝啥。先别说他是否主动承担什么工作，就是他原来的部下同事，今天问问这个，明天请教请教那个，就让他想闲也闲不下来。我们这次来访，主要是围绕着代清波献身国家税收工作35年，回眸他几十年留在税收工作的人生印迹。在过去的三十多年里，别说代清波自己认为无怨无悔，就连我们这些刚刚认识他的人，都强烈地感受到，他为国家征税几十年，真的很对得起扛在肩上的那份责任担当。我们和他一起梳理在税收工作岗位几十年，猛然认识到一个问题：天下有许多轰轰烈烈的突发事件，很容易造就出时代英雄，也就是说，突发的特别事件容易造就时势英雄，而和平年代里的英雄，是像炼丹那样炼出来的，当事人需要几十年如一日的表里如一。在我们眼里，代清波既是凡人，也是税务系统的模范先进人物，因为他就像伟大领袖毛主席说过的那种人：一个人做件好事并不难，难的是一辈子做好事，不做坏事。五十六岁的代清波年龄不算大，现在说一辈子的话还为时过早，但他在过去的几十年里，却有资格说“一辈子做好事，不做坏事”，因而我们说他是平凡人群里的不凡英雄。他的事迹说不上惊天动地，更说不上轰轰烈烈，但他有股子几十年一直在做善事好事的韧劲儿，这就不是常人能做到的。一般情况下，立功是战时的事，而在和平年代里的代清波，却荣立过7次三等功、1次二等功，这足以证明在几十年的税收工作中，他干得有多么光彩照人！我们想把一个看得见摸得着、有血有肉、有情有义、于平凡中见精神的代清波展现在读者面前。

代有源流汇清波

一个人，尤其是一个团队的领导，要想被单位同事们信服敬重，首先必须具有过人的工作能力和灵活处理各种社会繁杂事务的本事。在和平岁月里，一个人能成为一个领域的先进模范人物，自己首先要全面付出艰苦努力，必须在团结引领单位风气方面、积极刻苦学习进取方面、勇于吃苦耐劳方面、家庭生活和社会影响方面等，别人不愿意干的活儿你得抢着干，别人干不了的活儿你不仅能干，还要干得漂亮，别人不愿意挑的担子，你得勇于挑起来，别人认为是吃亏的事儿，你得甘愿吃亏且要无怨无悔。一个只要在一个团队中，勇于吃苦在前享受在后，勇于积极进取，团结大多数的人，才能成为服众的先锋模范人物。其中除了个人努力因素和组织培养教育因素之外，更与严格的家教家风有密切关联。

代清波之所以是商河县税务局的表率，并能成为山东省税务系统的先进模范人物，以上这些方方面面他都做到位了。在商河县税务局，同事们对他的佩服敬重是发自内心的。为了解代清波在单位的真实群众基础，我们的采访方式也很特别：一不召开座谈会，二不和谁面对面一问一答，而是采用电话采访的方式，提前也不给被采访者打腹稿的时间。

我们的采访是这样开始的："您好！您是代清波的同事王霞女士吗？我是省城作家某某某，我们想了解代清波这个人。假如请您向我这个陌生人介绍一下，代清波是个啥样的人，您会怎么向我们介绍呢？"这种采访方式，如同向陌生人问路，对方出于礼貌，绝对不好意思"想想再说"。我们先不说被采访的几个人向我们说了什么，令我们感到惊诧的是，他们对代清波的赞扬，竟然惊人的基本一致。这足以说明，代清波在商河县税务局同仁眼里的闪光点，是在同一个频道上的。我们得出一个结论：被采访者无暇思索的即兴回答，正好佐证了代清波是个表里如一的人。他确实是个好样板、真模范！

我们那天当面向代清波求问："你在三四十年的漫长工作时间里，时时处处都做得那么到位、那么好，有什么工作秘诀吗？"他下意识沉思了一会儿后抬起头来，微笑着字斟句酌地说："如果非说有啥秘诀的话，就是父亲的严厉家风对我根深蒂固的影响。还有共产党员的先进性和党纪党风的约束性。"

他还清晰记得参加工作前，父亲对他语重心长的叮嘱。那是在 1988 年 3 月去商河县税务局报到的前一天晚上，做党政工作多年的老父亲对他说："你爸爸我干了半生的财务会计，到担任公社党委书记、乡党委书记，现在干县总工会主席，在钱上我没犯过错误！从明天开始你就要从事税务工作了，干税务工作和钱打交道，你不能在经济上出问题、犯错误！你不能辱没了我们的家风！”

代清波说完父亲说过的话，沉思良久后又感慨道：“父亲的这番话我一直铭记在心，不敢忘怀，鞭策我在35年的税务职业生涯中稳步前行。2013年9月1日，我女儿到德州市人力资源和社会保障局的财务会计工作岗位报到，我在8月31日晚上，又把父亲的这番话讲给了她听。”尽管父亲是在三十多年前说过的话，但今天代清波复述父亲的话时，依旧充满着深深的感激之情。

代有源流汇清波。代家朴实无华的三代家风，不仅一代影响着一代，也一代更比一代强。如今，代清波在德州社保局做会计的女儿工作很优秀，父女两代不仅没有辱没家风，还让家庭的正能量在社会上得到发扬光大，并且正在影响着更多的人。

代清波刚参加工作时，被分配到商河县牛堡中心税务所工作，之后被组织保送到山东大学深造。在采访中，按说已离开税收前沿的代清波，要说什么、怎么说，完全可以随意一些，但他说话言简意赅，语言组织缜密，层次逻辑严谨，这是学习型人才最典型的表现。毫无疑问，临近退休的代清波，依然紧跟全局的工作步伐，一不掉队，二不泄劲，依旧沿袭着学习进取型的工作思维。而他这种优秀的学习品质，就是在山东大学深造时培养出来的。他首先感恩单位领导和组织对他的器重和栽培，感恩山东大学的教育培养，感恩商河县税务局领导和同事们给予他的教育、鼓励、支持和配合。他更感恩这个社会，能够让他充分施展才能并得到尊重，尽其所能实现自身价值，发挥主观能动作用，不断享受到工作中的快乐。

我们在采访中明确地感受到，代清波在青年时期，就是个很有思想定力的人。我们不妨仔细回想一下，在代清波进入山东大学深造的20世纪八九十年代，社会上正刮着一股“干一行爱一行，干一行钻一行，干一行精一行”的学习风尚。学习欲望本来就很强烈的代清波，并不满足于在课堂上的学习，经常光顾泉城书店，看到与税收业务有关的书就掏钱买，如果同样题材的有两个不同版本，他就都买下来，然后进行对照，找到不同之处，各取所长。代清波在大学深造期间清醒地认识到，他就像一个在烘炉学打铁的学徒，将来要学会打铁，首先就要练出一手抡大锤的本事。俗话说“打铁还需自身硬”，他想到组织和领导把自己送进高等学府，就是对自己寄予厚望，自己唯有学会学深专业，才能不愧对组织的培养。既然上了大学，就得学出个样子来。

代清波不仅一心想学出个样子来，还把决心付诸行动：白天黑夜刻苦读书。

按说，在山东大学期间的学习是枯燥单调的，城市的繁华热闹对青春律动的年轻人有巨大的吸引力，但严于自律的代清波管住了心，不舍得浪费一分一秒。

毛主席说过："世界上怕就怕认真二字，共产党就最讲认真！"一个学子如果有目的有针对性地去学习，在专业知识方面的长进一定会突飞猛进。当时社会还流行一个说法：什么人也逃不过两种自私行为，一个是爱情自私，一个是学习自私。意思是属于自己的爱情，别人是不能冒犯的，装进自己大脑的学问，别人是抢不走的。代清波在之后几十年的税收工作实践中，真正发挥了中流砥柱的作用，就是对当年刻苦钻研业务知识所产生的作用力的最好诠释。他用事实证明了知识就是力量。

代清波在山东大学深造的两年时间里，不仅仅是在文化知识和专业知识方面取得了突飞猛进，最主要的还是在思想政治方面取得了巨大进步。他在1990年12月就成为全班第一个入党的学生，那年他23岁。我们再回想一下当年的社会现状，随着改革开放的深入，西方先进的科学技术、文化和思想糟粕一同打包涌进来，其中资产阶级自由化思潮像瘟疫一样侵袭着当时的社会。那时还是毛头小伙子的代清波，竟然能顶得住各种非主流思潮的侵蚀，保持理性和清醒，并能在专业学习和思想上全面取得巨大进步，这不能不说是父亲对他的教育产生了决定性的深远影响。代清波时时处处都把父亲叮嘱的"不能辱没家风"当成紧箍咒，所以干任何事情都不会出格。

如果把代清波比喻成打铁的，那他在走向烘炉之前就已经练出了硬功夫。

为国征税敢担当

代清波结束在山东大学的深造，回到商河县税务局工作后不久，就遇到了1994年国家税务系统国税地税分立的重大改革举措。在这个关键时刻，组织上赋予代清波以重任，他由一名普通税管员，走上了领导岗位，使他的学识才能得以充分发挥施展。加上他对国家税收工作的热爱和责任感，以及他对国家税收法律法规的熟练掌握，使他领导下的各个岗位和窗口工作的面貌发生了明显改变。在相当于战术指挥员的基层领导岗位上，代清波充分发挥他的主观能动性和专业知识方面的全面性，凡事都要自己首先干在前，要求别人做好的事情，他自己一定示范在先，客观上起到了对全局工作的引领作用。

他用实际行动，践行着父辈的“身教重于言教”的优良工作传统。

在漫长的35年多的时间里，他对国家税收工作一直做到了兢兢业业、公而忘私，自己家的事情再大也是小事，凡是涉及税收工作的事再小也是大事；事关大家的事情再小也当大事办，自家的事再大也要以工作当先；他从不占用工作时间处理私家事务；要求别人遵守的条条框框，无论大小，事无巨细都首先为别人做表率，甚至连严格遵守上下班时间这样的小事都做到极致，每天都早早地走进办公室，扫地、打水的活儿抢着干，下班后最后一个离开；他几乎没有正常下班的概念，遇有当天该处理完而因故没处理完的工作，他一定看到结果才回家。

任何一个部下有什么困难或遇到什么事情，他都热心相助。我们在电话采访税政一科科长王霞女士的时候，她很动情地说：“要不是2018年国税地税合并，我可能一辈子都遇不到像代局长这样的好领导。这个人没私心，为人坦诚实在，和他在一起工作舒心踏实，你只管把工作干好就行，无论下属的工作和家庭遇到什么困难，他都出头帮助解决。跟代局长这样的领导干工作，从来就没感觉累过。即使干着很累的事情，心里也快乐！再有，无论有什么客观原因，你都不好意思不把工作干好！你说代局长最让我感动的是什么，我说呀，他光明磊落的为人很让我感动呀！代局长说国家的事就是自己的事，局里的事就是自己的事，同事们的事就是自己的事，这些话都让我感动呀！他是我的长辈，却从不以长辈的口气说话，也不以领导身份居高临下，更不生硬派任务、下命令。凡事都以商量的口气和你说话。他是一个真正的好党员、好干部，是我们真正的知心人！能遇上这样的好领导确实是好运气！”

作为一个单位领导，代清波能让部下在背后说出这样的话，是多么幸福的事啊！但是，我们也正是因为听到这些话，才联想到他在年复一年的税收一线工作中，吃了多少苦、受了多少累、牺牲了多少个人的时间和精力，才换得下属这么高的评价。

为了更全面了解代清波，我们更多地采取了迂回采访方式，也打电话采访了代清波的爱人沈树凤。突然打通电话后，我们直奔主题问道：“您好，我是省城作家某某某，如果请您介绍一下代清波是个啥样的人，您会咋说？”对方几乎不假思索地回答：“嘿嘿，俺不会说什么！老代这几十年呀，就是个工作狂！再有，他对双方老人孝顺得别提多么好啦，他那个细心周到，别人几乎做不到！俺娘家在德州，每逢老人有病或者娘家有事，他都亲自送俺回家看看！”听沈树凤这样说，我们就追问：“代局长送您回德州？”我们的潜台词是说，这不就得占用工作时间嘛。沈树凤听出了我们的话外之意，一句话就堵住了我们的嘴：“他哪回都得等到歇班才送俺回家，他就是想陪俺一起看看老人。”听我们没话再问了，她又接着说：“哎呀，这几十年呐，天天晚上等他回来吃饭，他几乎没有一天正常时间下班回家过。一家人等他吃顿热乎饭，难啦！”我们听明白了，代清波为工作早出晚归，已经成为常态。

代清波的事迹虽然不是惊天动地，但他那种爱岗敬业的精气神儿，该是诸多公务机关和广大公务员学习的楷模。

常言道，榜样的力量是无穷的。代清波从事税收工作35年，能够事事做表率，时时严于律己，遇到任何难干的事情，他不是凭着嘴大有权，把担子和责任推给别人，有工作让下属干，有荣耀就往自己身上揽，而是自己带头勇挑重担，把好事儿往别人身上推。

代清波在担任稽查局局长的16年里，为了堵住商河县域内的经营业户偷税漏税甚至抗税逃税漏洞，他绞尽脑汁想对策，深入涉税企业摸实底，和企业员工拉家常，向销售人员了解市场动向和产品流向，利用逆流倒查的方式，估算摸清企业真实的经营状况，然后结合依法调阅企业的财务凭证，从中分析企业账目的真假虚实，找出其中水分。他这种严谨的工作态度和方法，要查哪个企业，确保一查一个准。按照一般人的理解，税务稽查这项工作，干起来难度大，情况复杂多变，也很得罪人。既然是和人打交道，就不得不涉及人情世故问题。谁都有仨俩好朋友，有的还有实权人物撑腰壮胆，都想要点鬼心思托托关系少缴税，甚至有的人压根就不想缴税，就想采取请客送礼搞贿赂等歪门邪道，达到少缴税甚至不缴税的目的。

我们认为代清波作为有实权的稽查局局长，说不定有些人连做梦都在想贿赂、围猎他的办法。我们没有当面向代清波提问这个敏感问题，而是在电话中向他爱人沈树凤这样问道：“请原谅，我们提问一个敏感问题，有些纳税户为了少缴税或者不缴税，免不了想给老代送送礼，如果有人趁他不在家去送礼，你会怎么处理？”沈树凤很干脆地回答：“在他当稽查局局长期间，确实有人变着法儿想送礼。我就是一个办法，在猫眼往外一看，要是手里拿着东西的外人，他们咋叫门我都不开！”

有的企业主倚仗和某几个领导关系很“铁”，就琢磨非缴不可的税争取少缴，可缴可不缴的税争取不缴，他们就从账目上作假，一边找领导在代清波面前说情，一边托关系想给代清波送礼。总之，大凡有偷漏税行为的人或企业，都想采取输送利益的办法把代清波“拿下”。

身处人间烟火中的代清波，担任稽查局局长后，首先就要经受各种人情关系的考验。他深知税务稽查任重道远，其重要性相当于国家税收工作的最后一道防线，他必须筑牢站稳这道防线。他所从事的税务稽查，相当于在茫茫税流中，为国家寻找、捡拾遗漏或隐匿、流失的税源，这是一项不讨人喜欢的工作。

商河县属于农业县，工商业相对脆弱，大大小小工商户不过两万，其中有点规模的屈指可数。在这种营商环境下开展稽查工作，几乎是你认识我、我知道你，大家抬头不见低头见，都是熟脸，难免“不好意思”。而代清波的做法是，亲朋好友和邻里之间的私事，他吃点亏也不去计较，但纳税的事必须拉下脸来，丁是丁，卯是卯，绝不能因“不好意思”给国家造成税源流失。时间长了，他给人们留下了“铁面无私”的印象。

在家门口干稽查，真要做到“铁面无私”，难度不是一般的大。但代清波真就顶住了人情世故，做到了绝不拿国家利益做交易，不管什么人说情、施压，他宁可把脸憋得像鸡冠子那么红，也绝不开口子。有的纳税人见他不吃贿赂那一套，就采取威胁、恐吓等手段。代清波坚信邪不压正，根本不把那些下流手段放在眼里。

在商河县县域内，能够漏掉上百万元税款，绝对算个大数。某一年，代清波真的亲自发现有一家企业，该上缴而不想上缴的税款达到一百多万元。他首先依法把证据攥在手，然后主动出击。他明白，对方胆敢这么做，一定是有实权人物撑腰，他也做好了对方会软磨硬泡一起来的思想准备。果然，对方什么招数都用上了，也确实有实权人物出面说情。不管对方采取什么攻势，代清波就是严守底线不退让。他放话说："你有给国家纳税的义务，我有为国家收税的责任，你尽义务我尽责，咱们谁也别难为谁。你依法应该享受的国家税收优惠政策，我一分不少替国家兑现，你依法应该缴纳的税款一分也不能少，你没权利不缴，我更没权利减免。"

精于专业有建树

代清波是商河县税务局出了名的业务通，几十年来，他始终把自己领导下的稽查局工作干得像模像样，方方面面都井井有条、风生水起，在系统内声名大振。

我们问他几十年来怎样把工作干得那么出色，他的回答简单明了："我也没啥高明的办法，无非就是从思想上要高度重视，预先把各方面都做足了功课，对全盘工作要做到心到、眼到、说到、走到、做到，把各种工作预案都想周全，基本要把各个窗口工作人员的脾气秉性了解清楚，以便把许多可能影响工作的消极因素消灭在上岗之前，然后就是加强领导，精心组织，充分调动全局工作人员的积极性，根据不同的岗位性质和人员差异，采取灵活多样的工作方法，不求表面好看，不摆花架子，要人尽其才，务求工作实效。细化起来就是，干部要带领全局严守工作纪律，培养良好的工作作风和生活作风；根据工作性质选对工作人员；依据工作内容和工作人员能力大小，合理下达工作任务；根据全局工作总基调，对各个工作岗位加强督导；根据工作布局，认真抓好工作责任落实；把工作质量落实到每个岗位的每个人。"代清波还强调说，几十年的税收工作，尤其是税务稽查工作千头万绪，如果有一个工作窗口出现纰漏，就可能会给全局造成负面影响。但工作毕竟都是人做的，所以，要干好税收工作，人的因素是第一位的。他说自己抓工作主要就是抓几个点：一是抓好干部带头严于律己；二是强调干部要起带头和表率作用，带动全局搞好团结协作；三是号召大家把国家税收工作当成自家的活干；四是号召全局上下，人人必须有全局一盘棋观念，人人要把爱岗敬业落实到实际行动中，把全局荣誉看得高于一切，号召全局树立起一荣俱荣、一损俱损的集体荣誉感。

我们在采访中渐渐想到一个问题：对于广大工商业户来说，稽查局是个很有实权的地方，纳税人有个可办可不办的事情，难免也想找个熟人走走关系，递个红包送个礼的，这么多年面对成千上万的纳税人，这样的事儿在商河县税务局稽查局不可能没有吧？税务稽查局的工作人员，也不可能都像代清波那样铁面无私、铁板一块吧？我们这样问代清波："这么多年的税务稽查工作干下来，在你领导下的稽查局里，有因为被贿赂犯错误或者违规违纪，甚至犯罪的工作人员吗？也就是说，有个体纳税人或者单位，向你们打过'糖衣炮弹'或者输送利益吗？"

代清波没有直接回答我们的问题，而是嘿嘿一笑，有点儿幽默地说："如果有人打糖衣炮弹或者是打人肉弹，证明人家还是有攻击目标嘛。商河县税务局稽查局这些年，从未遭遇这个弹那个弹攻击。"他哈哈一笑说："因为我们所有人都不在射程之内。稽查局从组建以来，每进一个工作人员，我都亲自把关。做人不行的人，不可能干好税务稽查工作。"

我们理解其中的潜台词是这样的：老代本人向来以廉洁奉公著称，能够入他眼并且能一起从事税务稽查工作的人，能力大小不是主要问题，能够严守工作纪律，不能因为一己私利给全局工作造成负面影响，这是主要的。我们继续追问道："几十年来，你的部下，就没有一个人因违纪违规接受贿赂受到处理的吗？"他坦然微笑着，冲我们摇摇头回答："没有！这个还真没有！"

收税和缴税是个矛盾体，代表国家收税的一方，想依法依规应收尽收；从事生产经营的工商户，从潜意识里就想能少缴则少缴。而要处理好这种矛盾，就要以国家税法为准绳，既要尊重纳税人的合理关切，又要严守纳税底线不放松、不让步，努力做到收税与缴税的合理平衡和融会贯通。

税务稽查工作，不但不能徇私枉法，还要代表国家引导、督促纳税人严格遵守涉税法规，做到在行业法规面前，无论大户小户，只要依法纳税，都要一碗水端平，对纳税人应该享受的税收优惠政策，该兑现的绝不厚此薄彼。

代清波善于做人的思想工作，面对许多晚辈和部下，他从不以老资格自居，摆谱拿架子，更不居高临下，而是处处事事以平等之心待人。比如组建稽查局初期，人员从整合前国税地税各个岗位抽调而来，人员组成相对复杂。但代清波明白一点，这些人都是各个岗位的业务骨干，整体素质相对较高，接下来就看他这个一把手怎么调动每个人的工作积极性，把大家的主观能动性形成强大的集体合力。

我们在没有提前沟通的情况下，电话采访了商河县税务局征收管理科科长刘健，请他说说代清波是个啥样的人。刘健不假思索地回答："代局长是个工作狂，大写的好人！他严于律己，要求别人做到的，他首先带头示范。他绝对是个可以信赖的好长辈、好同事、好伙伴，更是个称职的好领导。代局长在全局上上下下威望极高，因为他首先是团结的模范。我们第一税务分局的人有个共同认识，能在代局长领导下工作是我们的幸运。在代局长手下工作，你只管把工作干好就行。不管哪个人工作中遇到什么困难和问题，代局长总是一马当先，直到把问题排除为止。我们这些年不管遇到啥好事儿，他首先想到的是大家的利益，从无自私自利之心，更不打个人小算盘，做事光明磊落，有问题说在当面。如果部下犯点小毛病，他都是以理说服人，而且说几句就过去，不找后账，也不给人穿小鞋。他绝对是个很全面的好领导！"

我们又问道："请问刘科长，代局长有什么地方值得你佩服？"刘健回答说："比如说，我刚到他手下工作的时候，工作积极性不高，还经常发牢骚、闹情绪，对税收工作的重要性认识不足，认为纳税服务是个不容易出成绩的工作，感觉没啥前途。代局长知道我的想法后，一不简单批评，二不空洞说教，三不上纲上线唱高调，四不摆老资格，而是由浅入深、由表及里地帮我分析前景，努力干好税务工作结果会啥样，吊儿郎当混下去会是个啥结果。他不是训斥人，而是跟你和风细雨地摆事实讲道理，直至把我说得心服口服。我就是在代局长的帮助下，才取得很大进步的。我要不是因为国税地税合并带来的机遇，绝不可能遇到代清波这样的好局长。代局长绝对是我的良师益友，我们不仅仅在工作上积极配合，我们的两个家庭也相处得就像一家人。我们是心心相印的真心朋友。而且，代清波也是我们全局人的知心好朋友。"

代清波从事税务工作 35 年，我们仅仅凭一次几个小时的交谈和之后的几个电话采访，是很难把一个全面的代清波展现在读者面前的。但我们知道，商河县税务局，尤其是原商河地税稽查局、现第一税务分局，在济南市税务系统是有靠前位置的。而一个单位能取得骄人的成绩，一把手是起主导作用的。

回看代清波从 1988 年进入商河县税务局至今的 35 年，他从一个意气风发的毛头小伙子，成长为一个成绩、荣誉一大堆的中流砥柱式的部门领导干部，在漫长的工作经历中，固然有党组织的教育培养，有上级领导的指引栽培，有严厉家风的传承影响，这些外因对他的成长确实有重要影响，但还是他自己的内因变化起主导作用。外因只是条件，内因才是根本。一个人走向社会，以往说要走好人生的第一步，现在说是“要系好人生的第一颗扣子”。代清波显然是迈好了参加工作的第一步，所以在之后的人生路上，一步一个脚印地走好了人生每一个阶段的每一步。他从走上税务工作的第一天，就系好了人生第一颗扣子。

回看他从事税务工作的35年，所取得的成绩和荣誉是值得骄傲的。他先后获得了“济南市税检系统先进工作者”“山东省地税稽查系统先进工作者”“泉城十大优秀青年地税税官”“山东省优秀青年卫士”荣誉称号；在国税地税分立时期，他获得“山东省地税系统先进工作者”称号；在政府授予的荣誉里，他把“济南市五一劳动奖章”戴在胸前。在道德讲堂活动中，他作为孝心典范，向社会分享了为父亲尽孝的幸福和快乐。2023年春天，他又光荣地获得了“山东省先进工作者”荣誉称号。在从事税务工作的35年里，尤其是在担任税务稽查局局长的16年间，他把6000多万元几近流失的税款追缴进了国库，其意义不在于给国家做出了多大贡献，而在于替国家堵住了税源流失的漏洞，筑牢了国家税收的最后底线。他的贡献，我们无法用量化指标说清楚，但有一个数字，完全可以让人们去想象：他荣立过7次三等功、1次二等功。每一次立功，需要流多少汗、吃多少苦？需要付出多少艰辛的努力？

既然税收工作是收和缴，就免不了产生矛盾，也难免有人冲撞税收底线。在国家利益遭受损害时，代清波绝对能够拉下脸来，做个铁面无私的税官。在他担任税务稽查局局长期间，依法强制执行偷逃抗税等违法行为50人，其中依法移交刑事制裁13人，对全县的纳税形势起到了有效的震慑作用。尤其难能可贵的是，代清波对受到法律制裁的相关人员，不歧视，不冷落，对他们遇到的困难能帮则帮，大到企业经营，小到受制裁的纳税人走出铁门时没有鞋穿，他拿着一双新鞋去迎接。这个情节，是电话采访代清波时他随意讲给我们的故事。

在代清波身上，还能体现出一个深刻的道理：不管哪项工作，只要以足够的热情去做，调动起团队的主观能动性，发动和依靠团队的力量去克服困难，办法总比困难多。他在转任许商中心税务所期间，采取狠抓中型企业，强化对小型企业和个体工商户日常征收管理，积极扩展辖区内的基本税源，取得了可喜成效。

别看代清波是业务型领导，他抓整治工作也身手不凡。他有一套独具特色的政治工作方法：以党的基层建设为引领，促进税收工作的融合发展，以干部带头修身立德，为大家树立榜样。为确保这些方法立竿见影，收到实效，他把党支部建设前移，建在纳税服务前台，做到哪里有艰巨任务和困难，哪里就有共产党员的身影。他将规范化作为工作手段，以真抓实干作为工作总基调。他还能够主动倾听一线工作人员和纳税人的合理意见和建议，从实践中获取经验真知，总结出有效的工作方法。他任许商税务所所长的 4 年间，以走进基层、服务基层、建设基层为工作目标，带出了一支高效纳税服务团队。

代清波的先进性和模范带头作用，不仅体现在他个人获得多少荣誉，更在于他带出的一个先进纳税服务集体，也同步取得了骄人的成绩。有个社会考核硬指标，最能说明代清波领导下的集体有多么先进：在 2016 年行业绩效评比中，他领导的商河县税务局直属局，获得考核优秀单位称号。要知道，一个替国家收税的业务部门，很容易得罪人，要取得社会好评，难度太大了。

代清波领导的集体，2020 年经受了一次“火线”考验，足以证明这是一支高效的纳税服务团队。他们有幸代表济南市税务局，参加全国纳税人满意度调查，令人信服地取得副省级城市、省会城市满意度调查第一名。

代清波从事税务工作 35 年，把青春都奉献给了税收事业。他以廉洁勤政、求真务实的工作作风，在很平凡的工作中干出了不平凡的业绩；他用人格魅力，争得了全局上下和广大纳税人的信任和拥戴；他用坦诚的品性，在行业和社会上树立起一面旗帜，成了让大家信服的时代榜样。

这 35 年里，代清波的工作岗位几经变化，但他对工作的热爱始终没变；他在税收一线的职务几经调整，但他那股旺盛的爱岗敬业的精气神儿始终没变；他的青春逐年逝去，但他身上那股工作韧劲儿和持之以恒的拼搏精神始终没变，对国家的忠诚热爱始终没变，一名共产党员的理想信念始终没变。

未来已来：为济南升起量子星

——记山东省先进工作者、济南量子技术研究院周飞

施永庆

千泉济南，科技高新。每当夜幕降临，华灯初上，位于济南东部的高新区就处处流光溢彩。霓虹灯闪烁的光影如同泉水活泼的跳跃，与现代化的大都市完美结合，如一幅优美的画卷，令人心旷神怡。在这儿，坐落着一个世界级量子研究机构——济南量子技术研究院，它创造了众多的世界和国内第一：研制并发射了世界第一颗量子微纳卫星“济南一号”；建设成功国内最大的商用量子通信保密试验网；创下现场无中继光纤量子密钥分发传输最远距离世界纪录；建立了国内唯一、国际第一个量子计算与量子测量领域标准化技术委员会……

这一切，离不开济南量子技术研究院副院长周飞和他的量子研究团队。

在泉边与星空对话

夜，亥时。在距离地球约460公里的太空中，量子微纳卫星“济南一号”伸展着太阳能电池帆板凌空滑翔而来，在茫茫星空寻觅着。同一时刻，济南高新区一座高层建筑的楼顶上，小型卫星地面站的望远镜在APT（复活、跟踪、瞄准）技术控制下，不断调整着指向无垠星空的角度，一道看不见的通信光贯穿天地，回应着“济南一号”的呼唤。捕捉到地球传来的问讯，“济南一号”再次微微转动，调整好姿态，随即发出一道看不见的信标光，穿过城市上空的繁华，与地面站的通信光精准跟踪对接，实现了真正的“天地之握”。短短的几分钟时间，量子密钥分发已经完成了交互共享传输。

此时，我在量子科普展厅，凝视着量子微纳卫星“济南一号”1∶1模型，听着周飞清朗的话语，脑海中出现了天地自由空间量子信息链接的壮丽场景。这绝不是虚构，而是量子通信的真实场景。目前，全世界只有微纳卫星“济南一号”能够做到，因为它是世界上第一颗也是唯一一颗商业化应用量子通信卫星。

周飞是武汉人，正当不惑之年，个子不高，有着南方人特有的热情和精明，宽额方脸，戴着眼镜，颇有儒雅气质，面容略显疲惫之色。一见面，我们的话题直奔量子科技。在量子科技科普展厅，他带着我走入蓝色梦幻般的量子时光廊道。一谈起量子通信，周飞顿时精神百倍，他从量子科技的百年发展史谈起，到量子科技和我们生活的关系、国家量子科技的发展历程，再到济南量子的世界领先地位，话题一个接一个。这些都是我感兴趣的。

量子（quantum）究竟是什么？它是参与基本相互作用的任何物理实体的最小量。量子不是某种粒子，而是构成物质最基本单元的全称，例如，光子、分子、原子、电子在参与基本相互作用时表现出量子的性质。不可分割是它的基本属性。

什么是量子通信？严格地说，应该叫作量子加密通信，它利用光子等基本粒子的量子纠缠、不可复制、量子密钥分发和量子随机数生成等原理，实现保密通信过程。它最核心的优势就是信息安全。周飞形象地用“蛋壳理论”解释量子加密通信的原理。

“假设我不停地向你传输鸡蛋，有单黄蛋和双黄蛋，单黄蛋是数据0，双黄蛋是数据 1。中间如果有人窃听，他必须把这个鸡蛋打破，看看数据是 0 还是 1。蛋壳被破坏是不可复原的，接收者就能从鸡蛋是否被破坏，来判断信息数据是否安全，所有没有被影响的、没有被拿掉的蛋壳，就是安全的量子密钥。它们把经典数据进行加密，就可以形成安全的量子通信。”

在经典通信中，窃听者可以截取甲方发给乙方的信息，然后伪造完全相同的信息再发给乙方，这样甲乙双方就无法发觉有人在监听。而在量子加密通信中，有两条传输通道，一条传递量子比特或纠缠光子对，一条利用电磁波传输经典信息。粒子的原始量子态一旦读取和测量，将彻底改变它的形态。如果有人拦截了本应该发给乙方的纠缠光子，他无法复制出完全相同的一列光子发给乙方，通过数据比对，甲方就可以发现数据是否被监听或被盗窃。从理论上来说，量子加密通信是无法被破解的，可以做到绝对的安全。

要说量子通信，就不得不提起“墨子”号量子卫星。2016 年 8 月 16 日 1 时 40 分，在中国科学院院士潘建伟团队的努力下，中国自主研制的世界首颗量子科学实验卫星“墨子号”在酒泉卫星发射中心升空，在世界上率先开展量子通信的实践。

“墨子号”的命名，是为了纪念中国的墨家学派创始人墨子，他在世界上第一个开展“小孔成像”实验，阐述了光直线传播的原理。两千多年后的这颗卫星以此回应这位伟大科学先贤的声音。“墨子号”的成功发射，使我国在世界上首次实现卫星和地面之间的量子通信，构建了天地一体化的量子保密通信与科学实验体系。

作为世界第一颗试验卫星，“墨子号”在太空完成了星地间高速量子密钥分发实验、星地间量子纠缠分发检验贝尔不等式、星地量子隐形传态三大科学实验任务，还完成了洲际量子密钥分发、基于纠缠的无中继量子密钥分发等一系列实验。

但正是基于试验目的，“墨子号”在实际应用中还存在一些局限。比如，为避免太阳光的干扰，只能在夜间实验，还要注意天气影响；经过一个地面站的通信时间只有 6 分钟左右，仅能覆盖直径 1000 公里的范围；在经典信道方面，“墨子号”采用的是微波信道，信道资源有限，无法做到实时数据比对和实时密钥产生，这就大大地限制了量子通信的现实应用和商业化道路。

周飞告诉我，根据量子密钥分发的原理，甲乙双方要想共享一个“密码本”，除了需要通过量子信道传递光子，还需要经典信道进行“对照”，进而知道手上哪些光子可以生成需要的码。所以，经典信道畅通与否、效率高低，直接影响量子保密通信网络的实用性。

难题摆在研发人员面前，成为必须克服的难关。为弥补短板，周飞不畏艰难，作为核心成员与中科大团队一起联合研制全球首颗量子微纳卫星“济南一号”。“济南一号”量子密钥分发载荷只有23公斤，算上整星其他部分，也只有98公斤，是“墨子号”的五分之一。卫星采用单激光器的诱骗态光源技术，使信息泄漏风险大大降低，同时光源频率较之前提升了6倍，数据同步传输，采用经典光通信技术进行实时的密钥提取和成码，成码率提升了两个数量级，尺寸、功耗大大减小，实现了量子卫星“低成本、小型化、实用化”，研发成本和发射成本远低于“墨子号”。

周飞回忆起研发过程中的往事。2022年3月，“济南一号”卫星完成量子载荷的研制，团队在上海进行整星的联调联试。当时正逢新冠疫情高峰时期，上海进入全域封闭管理状态，时间紧、任务重，人手面临严重不足状态。周飞抛开一切事情，义无反顾地来到被封闭的中国科学院微小卫星创新研究院临港园区，与科研团队仅有的十余人一道，轮流休息，夜以继日，相互陪伴鼓励，终于在6月8日完成整星所有调试工作，保证了卫星发射任务的顺利进行。

2022年7月27日，世界首颗量子微纳卫星“济南一号”在酒泉卫星发射中心搭载“力箭一号”运载火箭成功发射。它的升空，弥补了“墨子号”的短板和不足。

只解决了卫星发射问题还远远不够，卫星与地面怎么“对话”更方便也要同步考虑。多年前，与“墨子号”联络对话的卫星地面站重达十几吨，耗资巨大，更是无法移动。这就限制了它的实用化发展。

“我们需要面对的，是在百公里以外，朝一个啤酒瓶里面扔一个小硬币这种精度。”周飞告诉我，济南量子技术研究院自2019年开始，联合中国科大、科大国盾，启动小型化量子通信卫星地面站系统项目。经过上千次的实验，研发人员成功将地面站小型化，于12月24日完成了地面站部署，并与“墨子号”量子科学实验卫星对接测试成功，标志着我国首个小型化可移动量子卫星地面站在济南建设完成。

卫星地面站的小型化，将原有的几十吨大的天文地面站缩小到只有百公斤量级，一辆车就可以带走。这意味着，人们可以在极端的自然环境和气候条件下，在任何场所，实现随时随地进行星地通信，比如在高山、海底、沙漠等人迹罕至的地方，实现大规模的产业化推广。如今，“济南一号”的运行，可以发挥卫星覆盖整个地球和太空光信号损耗小的独特优势，与小型化卫星地面站系统一道，构筑成量子通信实用化、商业化的核心技术基础。

在济南量子技术研究院的一楼，我见到了这座地面站。三脚架式的复合轴控制系统，擎起一个水桶大小的望远镜设备，二者分别作平行和垂直地面360度旋转，形成无死角的接收和发射终端。旁边一个一米见方的箱子内，有单光子探测器、上位机控制电脑、激光通信机箱等核心设备，它们共同组成了可移动量子卫星地面站。地面站研制成功时，“济南一号”尚未发射，在这座楼顶，它完成了与“墨子号”的星地对接。彼时，“墨子号”的绿色光束由星到地，地面站的红色光束由地到天，颇有科幻大片色彩。地面站接收“墨子号”分发密钥后，成功地进行了一系列科学实验。

如今，“济南一号”在“墨子号”量子科学试验卫星研发及实验基础上，又突破了一系列技术难题，与“京沪干线”“济青干线”一道，成为我国天地一体的广域量子通信网络中的重要组成部分。济南量子已经走到了全国乃至全世界量子科技研究的前列。

对于完整的空地一体广域量子通信网络体系来说，“济南一号”只是其中低轨卫星网络的开始。因为，想要最终实现实用化、全球化的量子通信网络，满足数目日益增长、现实需求不同的客户，必须科学布局中高轨量子卫星、低轨量子通信卫星星座和大规模的地面光纤量子通信网络。从这个意义上说，“济南一号”又是重要的一大步，它标志着我国将在世界上首次实现基于微纳卫星和小型化地面站之间的实时星地量子密钥分发。未来，位于低轨的“济南一号”不会寂寞，它将会迎来“济南二号”“济南三号”等“兄弟姐妹”，最终形成“量子星座”的通信星链，为全球用户提供高频、安全的量子密钥服务。

从 0 到 1 的螺旋式跃升

在现代科技条件下，凡是能登上太空的地球物体都有着特殊意义。这颗微纳卫星同样如此。以“济南一号”命名，是济南的殊荣，让全世界的目光都聚集在这座以泉水闻名天下的城市。让人惊喜的同时，不免要问一句：为什么？

周飞告诉我，微纳量子卫星面向纯商业化或纯产业化。济南市政府对量子产业化商业化的投入非常大，济南一直在量子通信的产业化和商业化方面走在国家前列和国际前列。“济南一号”的命名，就是对济南面向未来量子通信产业化道路的肯定和期盼。

事实上，济南的量子科技已经走出实验室，走在了产业化的道路上。在展厅，我们看到了已研制成功的量子商业产品样机。测风雷达用来检测和测量风速风向；颗粒物雷达用来检测空气中的污染程度；安保雷达无须安检门和人工检测，进入检测范围即可探查是否有金属物隐藏……这些，离不开以周飞和他的团队主导研发的周期极化“铌酸锂波导芯片”。作为应用于量子技术的关键芯片，它只有圆珠笔截面大小，可以广泛应用于民用卫星、环境监测、大气污染监测等民用领域。同时，他还组织研发了室温下性能最优的通信波段单光子探测器，也是世界上第一台封装成型的商业产品样机。

对周飞来说，作为一个年轻的科学家，济南量子有着他十多年来全身心的投入和奉献，有着他产业报国和科技强国的情怀。

2012年7月，周飞从清华大学物理学专业博士毕业后，只身一人来到济南。此前，2011年5月16日，山东省政府与中国科技大学达成合作，中国科学院量子技术与应用研究中心暨济南量子技术研究院正式揭牌。这是当时全国第一个专门的量子研究机构。周飞是济南引进的第一位量子信息领域的博士，也是正式入职研究院工作的第一人。

但是，作为世界最顶尖的科技领域，许多人并不理解量子科技包蕴着的核能般的伟力，这条拓荒之路上可谓困难重重。当时的济南量子研究院无基础、无人员、无载体，资源匮乏、环境不允许、人员不给力、外部不理解，开展量子研究的阻力较大，面临着无法打开困局的窘迫局面。刚来时，周飞拿着月薪2000元的实习工资，连房租都付不起，只好“被收容”借住在学校老师的家中。作为一个外地留济人员，在济南无亲无故，身边没有一个同学朋友，他做得最多的事，就是在狭小的办公室里加班到深夜。每逢周末，他就坐高铁回到上海读博时的科研团队，探访老师和同学。那时有人劝他另行选择新的发展平台。面对困境，他也有些动摇，但回想起刚来济南时的激情和初心，他还是选择了坚持。

与周飞同时进入研究院的科技主管王晶晶回想刚开始共事时的情景，说：

“他有一种坚韧的‘太极’力量，表面云淡风轻，内蕴力量十足。他还有一种让人相信自己可以的力量，带着我们一起向前进。”那时的周飞，在齐鲁软件园 B 座 A 区 508 室，总是在默默地做事情，边工作边学习。他的话不多，与同事交流探讨，总是能说到点子上，帮助大家解决科研难题，用行动影响着周围的人。

周飞回想起曾经的艰难，说出了自己的心声：“科研出身的人骨子里还是有一股闯劲，希望干个什么事情就能干成。做事情要有情怀，不能只为了金钱，为了利益。”就这样，他从普通一兵干起，先后出任综合规划办公室主任、综合处副处长、院长助理、副院长等职，在每一个职务上，都初心不变，脚踏实地，埋头苦干，不驰于空想，不骛于虚声，一步一步地践行着自己的量子人生。

2012 年 11 月 8 日，党的十八大胜利召开，鲜明提出“实施创新驱动发展战略”，一批先导科技专项和战略性新兴产业被支持。国家战略导向给了周飞信心，他更忙了。他在科普和汇报方面花费大量的时间，给所有到访的人科普，给不同部门和领导汇报，希望他们理解和支持量子科技的研发工作。除了工资社保、预决算、规划编制，一个事业单位所有的工种他都需要经手。“到现在为止，我还清晰地记得，济南深秋后无数个夜晚办公室里的寒凉。”周飞说。

就这样，经过近两年的努力，周飞以百折不挠的精神，争取到省市资金的支持，于2013年建成了国际领先的波导器件平台，研制出了世界最高效率波导芯片和世界首台上转化单光子探测器，让人们有了看量子的眼睛。

同年7月，国家远距离量子保密通信“京沪干线”立项，这是连接北京、上海，贯穿济南和合肥，全长2000余公里的量子通信骨干网络。借助这个契机，他组织建设了济南量子保密通信试验网，于2014年初通过验收正式投入使用，成为“京沪干线”的重要一环，也是世界上规模最大、功能最全的量子通信城域网，让济南在量子保密通信应用上成果初显，实现了济南量子科技从0到1、从无到有的突破。

2017年4月，济南市党政机关量子通信专网开工建设，同年9月通过评审专家技术验收，创造了大规模量子通信网络建设的速度纪录，也成为中国首个商用量子保密通信专网。

2019年12月31日，济南量子研究院研发出全球首个小型化可移动的卫星地面站，将原有的几十吨大的天文地面站，缩小到只有百公斤量级，并实现了与“墨子号”的“天地握手”。

2021年6月，济南量子技术研究院联合中国科大团队基于“济青干线”现场光缆，突破现场远距离高性能单光子干涉技术，分别采用两种技术方案实现500公里量级双场量子密钥分发，创下目前现场无中继光纤量子密钥分发传输最远距离纪录。

2022年7月27日，世界首颗量子微纳卫星“济南一号”发射成功，使济南成为第一个拥有商业量子卫星的城市，也让世界看到了济南的量子通信成果，实现了从有到优的转变。

回顾济南量子的发展，周飞感慨万千。在起步时期，很多量子研究领域的顶尖科学家不看好济南，觉得在这个二线城市发展量子科技很困难，因为投入太大，人才不足，回报周期太长。如今，济南量子实现了从0到1、从无到有的突破，“济南一号”的升空，更是带动了一大批产业化的量子项目落户济南，形成了集群效应，创造了让世界瞩目的成果和成绩。

量子世界中有一个奇妙的量子叠加原理，是指一个量子系统可以处在不同量子态的叠加态上。如果传统机器计算是0和1组成的二进制，那么量子计算就是0和1多个态的叠加态，其计算能力随着量子比特数呈指数增长。我想，如今的济南量子科技，一次次地利用着0和1之间的叠加态效应，呈现出爆炸式加速的发展态势。

“世界话语权”和平台搭建

一项伟大的事业，走过萌芽期、生长期、发展期后，怎样才能变得更优更强？在思考这个问题的过程中，一件小事给了周飞极大的启发。

2016年，周飞在担任“京沪干线”项目办公室副主任时，广电系统某高管在介绍项目做法时谈到，为解决广电网络入户“最后一公里”问题，他推动在商品房建设标准中增加了广电网络接口入户条款，由此实现了广电网络和用户的“双赢”。周飞从中受到启发，认识到标准化是科技成果转化为生产力的重要“桥梁”，从而明确了将建立国家级和国际级平台作为做大做强济南量子科技的战略级措施。

的确，只有掌握标准制定权，才能掌握一个行业的发展权，才能从“陪跑”到“领跑”，才能真正站在世界舞台的中央。对于量子产业这个全国乃至全球都在抢占发展先机的领域而言，只有用标准化牵引产业，才能赢得发展的主动权。

2017年，中国通信标准化协会成立量子通信与信息技术特设任务组（CCSA ST7），旨在将标准化工作与技术创新和产业发展有机衔接。济南量子技术研究院组织团队经过多次论证沟通，会同济南市质监局和山东省市场监管局，一起向国家标准化管理委员会申请组建全国量子计算与测量标准化技术委员会。经过一年多的努力，济南量子技术研究院在中国科学院、清华大学等多家申请承建单位中脱颖而出，2018年7月获批筹建。2019年1月22日，国家标准化管理委员会正式发文批准成立“全国量子计算与测量标准化技术委员会”（SAC/TC578），这是国内唯一的量子计算与测量标准化组织。

国家同时也在积极争取量子通信的国际化标准化主导权。经过一年多的博弈，2019年9月29日（当地时间27日），国际电信联盟（ITU）在瑞士日内瓦决定设立“面向服务网络的量子信息技术焦点组”（FG—QIT4N），成为三大国际标准化组织（另两个是世界标准化组织ISO、国际电工委员会IEC）中首个标准工作组。焦点组由中国专家担任主席，来自美国、俄罗斯的专家担任联合主席，其秘书处设在济南，周飞担任其国内对口组唯一副组长。

这就是说，济南量子标准成为国家和国际量子标准，有了可以让世界倾听的“话语权”。

周飞也在具体标准制定上付出了大量的心血。他参与起草《量子计算术语和定义》等国家标准两项，牵头《量子密钥分发（QKD）设备安全要求第一部分：基于诱骗态 BB84 协议的 QKD 设备》等行业标准 8 项，其中首批两项行业标准已正式发布实施；主导或参与量子通信领域标准化研究课题 7 项，其中已发布 4 项，使山东成为世界量子信息标准化工作的核心阵地。

从科学技术发展史来看，以往科技标准多是在该领域发展到一定阶段后逐渐形成的。如果在科学技术走出实验室时，通过技术标准提供统一的平台，从而使科技的潜在生产力迅速转化为现实的第一生产力，有效规避发展过程中出现的问题，提高行业发展的速度和效率，产生应有的经济效益和社会效益。

全国量子计算与测量标准化技术委员会、面向服务网络的量子信息技术焦点组和合肥国家实验室济南基地成为终极力量，推动科技第一生产力在济南的转化，形成良好的量子产业生态。周飞也完成了他从科研到科研管理，再到平台搭建和产业推进的一个过程。

据报道，除了济南量子技术研究院，济南已聚集了山东量子科学技术研究院有限公司、山东极量、国迅量子芯、国耀量子雷达、九章量子计算等各行业头部企业，成立了世界第三、国内唯一掌握逆向质子交换铌酸锂波导的周期极化铌酸锂波导芯片研制平台，已实现周期极化铌酸锂波导芯片的全产业链完全自主化、国产化和量产化，国际首个集成化的多通道量子频率转换芯片研制成功；合作成果多次创造世界纪录，实现 404 公里抵御量子黑客攻击的测量设备无关的量子密钥分发、509 公里点对点光纤量子密钥分发实验，以及相距 50 公里光纤存储器间的量子纠缠……济南已形成了从原材料供应、核心元器件研制、系统集成、整机制造、安全运营服务到标准制定的量子技术产业链。

济南市政府提出，到 2025 年，力争量子信息产业规模突破百亿元，到 2035 年，量子通信和量子测量领域实现大规模商用，量子信息产业达到千亿级规模。

产业升级需要与人才集聚形成双螺旋上升的“场效应”。周飞知道，有了创新成果和项目支持，要想实现从有到优，必须有长期的规划、政策和高层次人才。从 2017 年起，他发挥自身专业优势，主动承担量子科学和产业规划的编制，相继牵头组织撰写《山东省量子技术创新发展规划（2018–2025）》《济南量子信息科学中心建设发展规划》和多项省重点研发计划量子技术领域指南等，参与制订《济南市量子信息产业发展规划》（2019–2022）、《济南市加快建设量子信息大科学中心的若干政策措施》等，其中由他倡议的《山东省自然科学基金量子科学联合基金指南》项目已连续支持 5 年，总额超过 3000 万元，已支持超百名青年量子人才落地和发展。

2021 年 9 月，周飞和他的团队再接再厉，促成合肥国家实验室在济南布局建设基地，并于 2023 年 9 月 8 日揭牌成立合肥国家实验室济南基地，成为首个国家实验室的首个基地，这也是山东除崂山实验室外唯一的国家实验室。实验室的建成，再次把量子人才平台提升到一个新的高度。

目前，在省、市和济南高新区大力支持下，周飞积极探索面向科研人才的体制机制改革，打造了由两院院士掌舵、国家级人才领衔、优秀硕博青年集聚的百余人量子专业人才团队。济南量子已引进清北 Top100 的硕博超 15 名，目前总人数已超 150 人，毕业于海外高校及 985、211 等双一流高校的硕博比例高达 80%，市级以上人才 30 位，这个数量还在快速增长。

量子科普告诉世界“未来已来”

对周飞来说，利用“线下 + 线上”开展量子科普是研究院工作中重要的一环。

研究院科技主管王晶晶谈起多年前的一次科普活动中的故事。那是在济南西部的槐荫广场，工作人员布置好现场展台和展品后，众多人员围了上来，七嘴八舌地询问量子科技的基础知识。但给她留下最深印象的是一群老人。他们咨询最多的问题就是一些商家所谓的“量子保健和养生”。比如量子水杯通过量子的超精微振动波，让水元素发生量子级的变化，分解成分子更小、活性更大的水元素，可以解毒养生；经过量子植入的量子能量袜释放能量波，远红外线、负离子等物质，让人体分子处于较高振动状态；量子疗法不打针不吃药，纯物理疗法，通过量子每秒上亿次的同频共振，清除血管里的毒素，没有任何风险，连癌症都能治愈。

“这些都是谣言，是打着高科技的旗号骗人的把戏。”王晶晶提醒我，现在市面上还有类似的骗局，比如量子除皱美容、量子波动速读、量子能量肥等，全都是骗人的。

其实，鉴定量子产品的真假，有一个特别简单的原则：凡是“量子+生活”的产品，都是假的。这些嫁接、炒作的概念没有任何科学根据。因为，目前的量子技术主要是集中在量子通信、量子计算和量子精密测量，还没有与日用品扯上关联。

从这件小事上，周飞敏锐地觉察到了推进济南量子进步的途径。量子伪科学谣言的出现，很大因素是因为权威声音的缺位。最典型的就是在2020年以前，中国各大高校都没有量子力学的本科课程。作为一门新兴交叉学科，它只是在高端科研机构的实验室中存在，不被大众知晓，才让无良商家披上了高科技的外衣来达到不可告人的目的。从某种程度上，这些伪科技谣言对刚刚起步的济南量子带来了较大的负面影响。不仅仅是民间，甚至社会精英人士和一些领导干部都不了解量子科技，如果他们都觉得量子科技不靠谱，不明白量子科技是什么、干什么用，如何能赢得自上而下的支持和帮助，打造量子科技发展的良好环境呢？

周飞告诉我，项目投资决策的快慢，核心在于知识水平的差距，能看懂的就决策很快，不懂的东西就得多看多品。但真正的好项目都不会缺少投资，一旦慢了就落了后手和下乘。所以，高技术行业的发展都需要科普，让自己的好东西尽快被大家所熟知，才能加快发展步伐。

周飞把量子科普列为自己重点工作内容，他抓住一切机会向上级领导、社会各界、新闻媒体、事业企业单位和中小学生开展量子科技基础知识的普及。一方面，让大家知道什么是量子科技，另一方面，阐明量子科技作为新一代生产力对经济发展的巨大作用，从而推动济南量子事业发展。这中间最典型的就是“昆腾学者”和前文所述量子科学联合基金的设立。

一直以来，周飞在思考着量子科技人才队伍的建设。济南市编办在批复关于济南量子技术研究院“定职能、定机构、定编制”的“三定方案”时，对研究院功能定位做出了说明，即负责全省的量子人才的引进。令人尴尬的是，研究院从2011年设立以来，到2018年也只是3—5人，中间还面临着人才流失的窘境。干事创业需要人才，相对于北上广深等地，济南本身就不占优势，更何况量子人才在世界范围内都属于“稀矿”，需要物理学、计算机、通讯、电子信息等专业人才转行从事这方面研究。经过深入思考，周飞起草了设立“昆腾学者”（量子 quantum 音译）的人才计划和支持青年量子科研基金计划。

2018 年初，省政协领导前来济南量子技术研究院调研。借此机会，周飞向他们展示了济南量子通信实验网所取得的成果，介绍了量子科技的量子通信、量子计算、量子测量三个主要领域，指出发展量子信息技术将是一个巨大的机遇，能占据新型战略产业的制高点。比如，济南的用户可以通过“京沪干线”、量子卫星，实现跟乌鲁木齐跨越几千公里的量子保密通信业务。如果量子计算机研制成功，将会拥有“量子霸权”，50 个量子位的处理器，其计算能力将超越现在地球上最强劲的超级计算机，这必将再一次深刻改变人类社会的发展。

省政协领导被周飞的执着和量子科技的未来打动了，当即安排相关人员针对支持青年量子人才的计划进行深入调研，将调研结果作为省政协提案提交省政协会议，征求各省级部门和相关市地的意见。省科技厅在听取汇报后，初步同意建立山东省自然科学基金来专门支持量子技术研究。

这与周飞发展量子人才的初衷有所差别。周飞认为，功成名就的大学者对自然科学基金的需求并不急迫，而青年人才在事业成功的起点，急需相关资金的支持。听取了周飞的汇报，省科技厅单列了专门针对量子技术研究的省自然科学基金的联合基金项目，面向全省的青年量子人才资源，由济南量子技术研究院具体实施。

从 2018 年“昆腾学者”计划正式立项实施以来，连续 5 年投入总计 3000 万元资金，汇集了 100 名以上青年量子人才到济南落地和发展，也带动了整个山东省的量子研究。众多青年学者的事业从济南开始，在科研体系逐渐打出了自己的知名度。如今济南量子世界知名，离不开这些青年学者的贡献。

周飞还通过大量给上级领导的书面报告、文字材料进行量子科技的科普。包括济南前后几任市委书记在内，领导们理解了量子科技作为新技术战略制高点和对当前新旧动能转换的意义，在政策、资金、载体、人才等诸多方面开始向研究院倾斜，同时向上级领导、外省市相关部门和企业进行推介，促成和引进相关产业进驻济南，逐渐形成了集群效应和良性循环。许多国家部委、外省市领导，以及新华社和《科技日报》等重量级媒体走入济南量子参观走访。周飞从量子科学最简单的原理和基础开始，特别针对和他们有关的、感兴趣的、可能用到的，诸如信息安全、产业发展前景等方面内容，做了清晰的介绍，弥补了他们认识上的不足，增进了对量子发展未来的理解，客观上提高了济南量子的知名度，也为量子产业化公司之间的深入合作提供了机会。

除了对上级领导和社会各界的科普，周飞深知金字塔尖需要坚实的底座，开始对中小学生和普通民众进行科普。

2018 年，研究院从齐鲁软件园的小办公室搬到了舜华路现址。研究院的外墙装饰着 19 道灰色竖条幅，上面有无数个镂空的圆点和直线，其中圆形代表逻辑语言 0，直线代表 1，它们互相连接，仿佛在自由地跃动，组成量子世界的神奇形态。从远处看，这些明暗交替的竖条纹形成光的双缝光干涉现象，从另一个方面展示出光的波粒二象性属性。可以说，这座办公楼就是一个量子技术的形象化展示。

周飞特地将一楼打造成量子科技展厅，并于 2020 年建立“未来已来”科普沙龙。他利用自身专业知识和多年开展量子信息科普的经验，精心设计展厅动线规划，并邀请本地量子相关企业一起设置展览元素和素材，经过反复推敲，建成集知识普及、成果展示、体感互动于一体的综合展厅。在这里，可以看到“墨子号”和“济南一号”量子卫星模型，可以对量子科技的历史、现在和未来有全面的了解。

对孩子们来说，具有模拟非视域成像技术的反恐主题 VR 游戏、裸眼 3D 效果的未来展厅和模拟“墨子号”与地面站对接的体感游戏，是最受欢迎的科普项目。比如，非视距相机，顾名思义，就是看到肉眼无法直接看到的物体。在 VR 反恐游戏中，玩家从房间门外打开激光雷达，可以将门当作镜子看到屋内的成像，清楚地看见歹徒和人质的具体位置，躲在哪个物体后面，帮助玩家采取行动。这就是模拟了量子精密测量领域的非视域成像技术，利用了光的漫反射原理，通过探测光在墙和隐蔽物体间进行多次漫反射的信息，实现对隐蔽物体的三维成像。

到目前为止，量子科技主题科普展厅累计接待参观数万人次，“未来已来”科普沙龙已经举办了四季，让参加的孩子们大呼“过瘾”。值得一提的是，2020 年 8 月，首届“未来已来”科普沙龙活动，为感谢疫情期间奋战在一线的援鄂医疗队队员，现场邀请了 5 名援鄂医疗队队员的子女，为他们颁发量子科技见习员证书，表达了济南量子科技对时代英雄的敬意。

与此同时，研究院探索开展线上科普新模式，牵头打造全国首个“量子问与答”科普平台，打通科普服务与群众间的“最后一公里”。周飞所带领的科普团队成为首批“山东省科普专家工作室”，周飞本人被省科技厅评为首批山东省科普专家，相关科普活动多次获得新华网、“学习强国”等媒体及平台关注，惠及群众 100 万余人。事实上，量子科技展厅已经成为山东省量子科普教育基地，与浪潮集团、济南超算共同向世人展示济南科技的高峰。

还是让我们来看看周飞在省委宣传部举办的“新时代·青年说”中题为《量子技术能走进现实生活吗》的激情演讲吧！

“大家使用的手机当中至少有八项诺贝尔奖成果，其中凝聚了很多跟量子力学相关的基础物理、基础化学的成果，比如：手机里晶体管、固态硬盘……”

“在 20 世纪后半叶的几十年里，量子力学得到了蓬勃发展，催生了第一次量子革命，带来了核能、晶体管、光伏、激光、核磁共振、超导等重大技术发明，从根本上改变了人类的生活方式和社会面貌。20 世纪 90 年代，诺贝尔奖获得者、美国粒子物理学家莱德曼就指出，量子力学贡献了当时美国 GDP 的三分之一。”

他告诉大家中国量子科技现在走在世界前列：

“如果把之前的量子时代称为是第一次量子革命，那么现在我们正处于第二次量子革命时代，人类从对量子力学基础的检验，发展到对量子状态进行主动操控，这也使得量子技术与信息技术融合，并产生了量子信息科学。”

“2020 年 12 月 4 日，中国科学技术大学潘建伟院士等成功构建 76 个光子的量子计算原型机，求解数学算法高斯玻色取样只需 200 秒，根据目前最优的经典算法，‘九章’对于处理高斯玻色取样的速度比目前世界排名第一的日本超级计算机‘富岳’快一百万亿倍，等效地比谷歌前年发布的 53 比特量子计算原型机‘悬铃木’快一百亿倍。”

他绘声绘色地描述了未来的量子科技生活：

“清晨，你进入无人驾驶汽车，手机和汽车开始配对，通过量子保密网自动进行身份验证，汽车按照认证信息准确及时安全地把你送到办公室。不用担心会走错路，不用担心迟到，更不用担心会有交通事故发生，因为有超快的量子计算和精确的量子导航技术。伴随着精准的认证，在上班途中你就可以预定好今晚的食材，通过遍布城市的无人机配送系统，确保在晚饭前把食材送到家。

“傍晚，你一进家门，随身佩戴的精密健康监测设备已经把你的身体数据实时传输到云医院系统。AI 医生结合你近期的身体状况和健康趋势，为你更新了最新的医疗保健方案，利用超快计算设计出一款药物，可以消除某种疾病的潜在风险。放心，整个过程都是无条件安全、不可被篡改，也不会暴露你的隐私。所有的数据和过程都储存在你的AI医生系统中，除非经过你的认证和授权，医生和医院无法查看。

“晚饭后，你的手机响了，拿起一看，原是你的AI金融管家发来了专属的财富分析，并综合海量实时数据，结合你的家庭、工作等情况，为你推荐了三种新的投资决策。你选择了一款最合适的方案，然后满足地等待着全新一天的到来。”

周飞在演讲中描述的未来场景，正在来时的路上，一步一步向我们的生活走来。未来，一定有我们想象不到的震惊。

临别的时候，我问周飞：“在这十多年中，你先后获得军队科技进步一等奖、山东省富民兴鲁劳动奖章、中共山东省委省政府‘勇于创新奖’先进个人、第十二届‘山东省发明创业奖’、第三届‘影响济南’科技人物、泉城产业领军人才、山东省先进工作者等众多荣誉，你觉得哪一项对你意义非凡？”

周飞想了想告诉我：“这么多的荣誉，对我来说都是厚爱，更是鞭策。如果说意义非凡的话，应该是‘勇于创新奖’和‘影响济南’。科技的进步需要不断创新，勇于创新是我对量子科技发展的内在要求，也是量子在济南从无到有、从有到优、从优到强的发展路线。‘影响济南’是对我们整个济南量子技术研究院、对济南科技发展影响力的认可。生逢以科技强国向‘中国梦’进军的伟大时代，我，为此而自豪。”

周飞还是谦虚了，在我看来，他影响的不仅是济南，他和众多科研人员一道，走在一条国际赛道上，对未来的影响已经产生了牵引力。

此时，已是子夜。冬夜的天空星光璀璨。我知道，其中有一颗是“济南一号”量子微纳卫星，正舒展着晶蓝的太阳能翅翼，发出一道神秘的信标光。那道光越过千山万水，照耀着济南大踏步地走入一个新时代。

在这沸腾的“红色大厂”里

——记山东省劳动模范、中车山东机车车辆有限公司张玉斌

李兴正

“一个拥有希望的民族不能没有英雄，一个大有前景的企业不能没有劳模。英雄是引领的旗帜，劳模是前行的路标。”

当诸如此类饱蘸激情与睿智的话语，从我眼前这位出身技校的张玉斌之口喷珠吐玉般飞迸而出时，五月的晨风正飒飒梳理着他有点儿散乱的黑发，鲜亮的旭日将他坚毅的眼神、挺拔的身躯与贴在他身后的中车山东公司偌大的厂区，定格在同一个宏阔立体的画面上。

“你看，远处那座古色古香的厂史馆。”他遥指着厂区深处那座三层德式建筑，意味深长地对我说，“我和我们中车山东公司的两千多名职工一样，

都是从这座翻涌着原动力的厂史馆汲取了奋斗力量，都是在这沸腾的‘红色大厂’里淬炼和成长起来的。”

“都是20来岁的青年，我能做什么？”

中车山东公司坐落于济南市槐荫区槐村街。环顾厂区而极目放眼，在婆娑的杨柳和莹润的草坪偎伴下，敞车、罐车、平车、棚车、漏斗车等各型铁路货车生产单元，处处是繁忙景象，处处有勃勃生机。而眼前这座古朴的德式建筑，则显得格外宁静深邃。

“我们中车山东公司全名是中车山东机车车辆有限公司。从清朝末年建厂算起，她还有过津浦铁路局济南机器厂、济南机器厂、济南机厂、济南铁路工厂和济南机车车辆厂、中国北车济南装备公司等14个厂名，俗称‘铁路大厂’。这个由1910年建厂时第一任德国籍厂长的办公楼改建而成的厂史馆，在时代洪流中焕发出神奇的生命力和强大感召力。”在厂史馆内且行且忆中，张玉斌以其特有的深情讲述、赞美着脚下这片滋养着他成长进步的红色热土，翻开了他的蓝领成长史和劳模淬炼史的扉页。

1919年5月24日，感召于伟大的“五四”爱国运动，“铁路大厂”的工友们挣脱监工、把头的牢笼，冲向街头参加游行，融入波澜壮阔的爱国洪流中。随后，王尽美、王荷波、罗章龙等革命先辈来到这里传播马克思主义，激发工人的斗争精神，组织开展工人运动。1922年6月，在王尽美积极倡导组织下，“铁路大厂”建立起名叫“大槐树机厂工会”的全省第一个产业工会组织，史称“齐鲁工会第一家”。在党组织和工会的领导下，思想觉醒的“铁路大厂”工人们不断掀起工运高潮，先后取得了工厂第一次大罢工、声援京汉铁路大罢工和支援上海工人大罢工等斗争的胜利。因着“铁路大厂”工人运动的特殊地位和作用，这里曾一度是山东地区地下党活动和工人运动的中心地带。随着“铁路大厂”在1925年又成立起山东省第一个企业党支部，她便从此拥有了一个振奋人心且经久不衰的名字——“红色大厂”。在嗣后进行的抗日战争和解放战争时期，英雄的“红色大厂”人都一直冲在革命斗争的最前沿，在山东省和济南市党史与革命史上留下了不可磨灭的印记。与工人们当年搞罢工、闹工潮关联密切的“红房子公所”“俱乐部”和“义记自行车行”等旧址，都已成为一代又一代“红色大厂”人心中的精神地标和红色印记。

“作为一个为新中国成立做出突出贡献的英雄模范人物、无产阶级革命家，王尽美22岁时就与邓恩铭等人发起成立‘励新学会’，创办《励新》半月刊，研究和传播新思想、新文化，为革命终日奔波、日夜操劳，病逝时年仅27岁。”张玉斌站在一幅王尽美为工人讲解革命道理的油画作品前，沉思良久才缓缓地说，他1995年从济南铁路机械学校毕业来到这座“红色大厂”时，刚好20岁，“当时确实很茫然。但经工会组织了解到工厂的红色基因后，我就想，与当年的王尽美相比，我们都是20来岁的青年。那时风雨如晦，他像其他革命家一样无法在学校里静心学习而全身心投入革命，我倒学了一点技能，能做什么、做到什么程度，才配得上‘红色大厂’的光荣历史，不辱‘红色大厂’的精神谱系？”

他熟门熟路地指着厂史馆墙面展陈的一组数据，抬高了嗓门说，1948年9月济南解放后，“红色大厂”真正回到人民手中。工人们迅速恢复生产，以主人翁的姿态投身到火热的爱国主义立功竞赛中，用实际行动支援前线。他们抢修的报废机车“新中国号”“江南号”，就是向新中国献上的厚礼。在漫长的蒸汽机车修理时期，工人们创造了年修机车545台、累计修车14402台的全国双料第一的业绩，为国家铁路运输事业和当地经济发展做出了历史性贡献。在这期间，这座“红色大厂”曾被中共山东省委命名为“大庆式企业”。

此时，张玉斌的声音有些颤抖了：“我们这座‘红色大厂’的工会组织，百余年来一直肩负着神圣的政治责任，一直大力弘扬劳模精神、工匠精神，不间断开展符合职工实际的劳动竞赛、技术创新、技能竞赛，以构建和谐、健康、高质量发展的企业为己任，续写着‘咱们工人有力量’和‘咱们工会有作为’的历史新篇章。我就是在工会开展的各种技术比武中淬炼成长起来的。生逢其时，来到这样一个好企业，我当初就下定决心，瞄准最高工作水平，有劲儿尽情使，有汗尽情流，一定要实现这样一个梦想：当优秀工人，做个能工巧匠、劳动模范！”

“唯学，才赋大能；唯能，方可远行”

“出身技校，才疏学浅，在偌大一个人才济济的‘红色大厂’里，如何能够崭露头角、大显本领，投入理想中的星辰大海？”听罢此问，张玉斌抬手划拉两下散乱的头发，底气十足地笑了："学！我就从向书本学、向师傅学、向工友学起和干起。不是有句名言嘛，叫'唯学方赋能，唯能方可行'。我给它改了下，是'唯学，才赋大能；唯能，方可远行'。横下一条心，我就不信干不出个船撵浪、龙摆尾。"

历史上，中车山东公司曾被中共山东省委命名为"大庆式企业"。张玉斌进厂后就有幸在工会组织下实地参观了"铁人纪念馆"。此前，他只是从广播电视里听到"工业学大庆，农业学大寨"这回事，而真到了大庆，亲身参观过"铁人纪念馆"并近距离感受"铁人精神"后，他内心深处最大的感受就俩字儿——"震撼"。他在工作日志上这样写道："第一代石油工人在那么艰苦的自然条件下，肩扛手抬把设备安装到油井上，并且能在第一口井出油后不断刷新产量，他们凭借的就是责任感和使命感，凭借的就是信仰的力量。今后，在这沸腾的'红色大厂'里，我就要凭借这种信仰的力量，把自己炼成工匠、劳模和英雄！"

英雄是民族最闪亮的坐标。任何民族和国家如果没有英雄人物所代表的价值追求，就不可能有自己的精神坐标和前进力量。"一个有希望的民族不能没有英雄，一个有前途的国家不能没有先锋。""中华民族是崇尚英雄、成就英雄、英雄辈出的民族，和平年代同样需要英雄情怀。对一切为党、为国家、为人民做出奉献和牺牲的英雄模范人物，我们都要发扬他们的精神，从他们身上汲取奋发的力量。"总书记诸如此类的重要阐述，之所以能被张玉斌倒背如流，就在于他奋斗的实践契合了这些重要阐述，就在于他从中找到了自己奋斗的源泉。

信仰的力量是多么强大。凡是坚定了信仰的人，心中、眼里就会到处是快乐和宝藏。

张玉斌在济南铁路机械学校技工部学的是熔焊专业，1995 年毕业进厂后就一直从事焊接工作。枯燥、单调、又苦又累，别人的这些感受对他而言毫不在话下。"本来在我接受的传统家庭教育理念中，'艺多不压身，技能养终身'就对我影响特别大，来到这沸腾的'红色大厂'里，我更坚定了决不服输、实实在在学好手艺、争当工匠和劳模的信念。"他摆弄着一个焊枪实物，沉思片刻后向我介绍，当他初入车间，看到光他们班组就有 14 个焊工后，比学赶超的劲头腾的一下就闪电般贯穿了他全身。别人看的、干的就一样活，可他却一边进行实操，一边细细观察和揣摩每个人的不同手法，将其丰富自己的“独门绝技”。对电弧焊、埋弧焊、氩弧焊、激光焊、软钎焊、热风焊等十一二个焊种各自的特点，他则潜心尝试操练，从中找到最佳手感。

“光想着不服输、赶紧学了，这期间出的糗事可多了。”他自嘲地笑了笑摇摇头说，他刚进班组跟师傅学活时，师傅就一再叮嘱他要保护好眼睛、别“打眼”。可一入手就起劲儿猛干的他哪管电弧光有多厉害？结果，他出工当天就“打眼”了，回到宿舍整宿“以泪洗面”，翌日也还不敢见光，以为自己的眼睛真要瞎了。他幽幽地说道：“从这个事儿我切身琢磨出一个道理，光死学蛮干不行，要结合生产劳动，在专业理论中学到看家本领。”从那以后，工友们发现，张玉斌工余时间再也不和大伙一起玩牌喝酒逗乐子了，而是一头扎进各类专业书籍中宵旰攻苦。

有多少青灯黄卷，必有多少繁花满天。

张玉斌利用大量的业余时间自学完成了《焊接冶金与焊接性》《焊接结构变形控制与矫正》《焊接手册》等教程，提升了自身理论素养，丰富和拓展了知识层面，一跃成为中车山东公司公认的现场解决焊接工艺难题的专家、历届焊接技术大赛的评委，还走上了第十四届全国工程建设系统职业技能竞赛的裁判席。其间，他参与编写的《构架与导框体的组装及方法》取得了国家发明专利；《Y25 转向架构架焊接变形的控制》获得公司职工经济创新技术成果一等奖；《SZ2、Y25 型转向架横梁上盖板与下心盘自动焊工艺优化》荣获公司技术攻关成果一等奖；《Sgns60 平车底架纵向梁组装辅助工装制作及应用》获得公司职工经济创新技术成果二等奖；《新型焊接转向架导框体焊接变形控制》获得公司职工经济创新技术成果三等奖；论文《浅谈 JNZ-SZ2 型转向架构架焊接变形控制》在《中国机械》杂志发表。

光说不练是假把式。艰苦的理论学习，还需放到实践中去开花结果。在张玉斌谦逊的笑靥里藏着多年前这么一个故事：头一次参加工会组织的班组技术比武，张玉斌就“理所当然”地拿了个第一。这下，班组的一位老师傅急三火四脸上挂不住了：“我干电焊都快十年了，还赶不上一个刚出校门的技校生？”结果，大伙三三两两再到车间把张玉斌焊的试件一看，就啥话也没的说了。

另一个场景，同样精彩。

2009 年，中车山东公司生产了一批导弹兵练习用的军工车。当时，张玉斌负责的是转向架部分的焊接。部队领导验收时，一脸惊奇地盯着焊缝看

了半天：转向架有两个侧梁，板材拼接的焊缝虽有两米多长，但宽窄、高低异常细腻，均匀一致，根本看不出接头。“精细啊精细。你们这是用什么机器焊的？纯人工焊的？太好啦！太棒啦！”后来，中车山东公司毫无悬念地接续了第二批订单。喜讯传来后，张玉斌高兴地偷偷抹着泪鼓励自己：“欲得其中，必求其上；欲得其上，必求上上。能有这些成绩，能在我们这沸腾的‘红色大厂’里淬炼成长并给她增光添彩，是咱应干、该干、必须干得越来越精彩的分内事。以后，甩开膀子就继续使劲儿学、好好干吧。”

“想干就有舞台，能干成就人生”

寒门蓝领，何以能逆转人生？普通焊工，又何以能成就人生？回溯 28 年的劳模历练过程，张玉斌不断重复的就是那个“干”字。在他关山重度、攻城拔寨，并由一个转向架生产的门外汉成为专家型带头人的 28 年间，他给工友们留下的印象，是他在面对各类急难险重等生产难题时，总是极其善于解决的高能、超能。而最深也是最重要的印象则是，每当遇到技术难题，他总是善于钻研，反复推敲，反复试验，不达目的决不罢休，并在克服困难后善于总结经验教训，从而增长个人及全体员工的技能，始终引领中车山东公司焊接技术新潮流。他攻克了时速160公里和200公里转向架的焊接技术难关，持续提高构架的疲劳强度，不断刷新着中国货车转向架时速，带头试制的产品出口到20多个国家。

说“干”容易，但他究竟是怎么干、怎样干成的呢？

从28年前入职那天起，张玉斌一直从事焊接工作，更直接地讲，他面对的就是铁路货车转向架的生产。

像人的双腿一样，转向架是轨道车辆的走行部，也是轨道车辆最核心的部件之一。采用转向架是为增加车辆的载重、长度与容积，提高列车运行速度；车体可靠地坐落在转向架上，通过轴承装置使车轮沿钢轨的滚动，转化为车体沿线路运行的平动；它支撑车体，承受并传递从车体至车轮之间或从轮轨至车体之间的各种载荷及作用力，并使轴重均匀分配，灵活地沿直线线路运行及顺利地通过曲线。其结构要点是便于弹簧减振装置的安装，使之具有良好的减振特性，以缓和车辆和线路之间的相互作用，减小振动和冲击，减小动应力，并充分利用轮轨之间的黏着，传递牵引力和制动力，放大制动缸所产生的制动力，使车辆具有良好的制动效果，以保证在规定的距离之内停车，保证和提高车辆运行的平稳性和安全性。

在车间一角，我们面前现就摆放着这么一台转向架。“你看，构造可复杂了。”张玉斌轻轻抚摸着它，像介绍一位秉性、脾气、性格极为熟悉的老朋友一样。在这个与性命和价值相系的货车车辆构架上，从电机抱轴箱、牵引电机和二系悬挂，到电机冷却风道、牵引装置和路面制动，复杂的内部构造对张玉斌来说无不了然于胸，形同庖丁解牛。由此，他能“随心所欲而不逾矩”，在实践中游刃有余、敢作敢为和创造精彩也就不难理解了。

“劳模工匠的作用就是冲在队伍最前面的一面大旗。”张玉斌深有感触地说起这么一件事：那年在给瑞士生产货车专品时，因为左关节单元挡块的焊缝探伤不合格，他们班组已经返工两次了。焊缝清除后，所有现场的工友都掩面叹息：“怎么办，这可怎么办？再焊不好怎么向领导和外商交代？”就在大伙垂头丧气之际，张玉斌“呼”地站起身，大声喊道：“啥了不起的，我来！”他抄起家伙就下手焊了起来：清理表面，尝试氩弧焊打底并连焊三层，填充气保焊盖面……这时，班组的五六个工友“呼啦”全围上来，瞪大眼睛看他“吃螃蟹”。结果，第二天探伤一次通过。工友们提着的心总算熨帖了。“当时挺身而出上了工作台，我压力可大了，因为我没有系统学过氩弧焊，只是看着网上视频边学边练边干，纯粹是野路子。但事到关头，员工们都没信心，已经都不敢下手了，总得有人站出来啊。”他苦笑着咂着嘴，像咀嚼着难咽的苦果。其实，他还没说到的是，因为限于他当时所持技术证书规定的工作范围，他是没有“资格”来搞氩弧焊的。他没说到的还有，他面对困难敢于“亮剑”，信的是“狭路相逢勇者胜”，信的是“想干就有舞台，能干成就人生”。

2013 年，张玉斌迎来了他劳模淬炼史上的第一个“高光”之年：他所在的中车山东公司破天荒承接了法国罐车的生产。说到这个给中车山东公司和张玉斌带来无上荣光的大项目，他至今仍难掩兴奋之情，不住地搓着双手对我说：“我们公司虽然是第一个取得欧洲标准的货车企业，但当时对欧洲质量标准谁也不熟。接到这个大活儿后，我就带着工友们边学标准边干转向架。当时，说白了，我就是不服气。他外国人也是一个鼻子俩眼睛，他们能做到的，我也能做到。他们能焊好的，我也能焊好！”在中国出口欧洲发达国家铁路整车的这第一个订单——法国罐车的研发试制中，张玉斌是其中最为核心的走行部“Y25 型焊接转向架”的试制小组带头人。他充分发挥自身知识储备和技术才能，不仅确保了焊接构架具有良好的强度和韧性，还有效防控了金属焊接变形。最让张玉斌刻骨铭心的是，法国监理们一丝不苟，非常敬业，检查时一点一点专找那些犄角旮旯、最不好焊的地方。但最终，当他们在查完首辆罐车，当他们看到每条焊缝都像艺术品那样均匀、美观时，这些素以眼光挑剔而闻名全球的法国人向张玉斌竖起了大拇指：“Cest un miracle！Les travailleurs chinois sont incroyables！”（简直是奇迹！中国工人真了不起！）说到这里，张玉斌憨憨地笑出了声：“我们那时虽然从没生产过欧标车，但由于我们使出浑身解数，对欧洲的焊接标准要求执行得非常好，才做到了一路过关、一炮打响、一鸣惊人。后续交车也都非常顺溜。”

从当年 4 月的这样一篇报道中，我们不难设想张玉斌和他的工友们当时该是怎样的扬眉吐气、昂首挺胸：由中国北车济南装备公司制造的首批 40 辆 Zags 型铁路罐车日前正式驶往法国，这是自 1825 年世界上第一条铁路在英国诞生以来，欧洲发达国家首次迎来欧美以外的铁路装备产品。凭借这次首批法国罐车的设计制造成功，该公司具备了向欧盟 27 个国家出口压力罐车的资质，同时也具备了向 45 个 RID（铁路危险货物运输）规则签约国出口的资质，实现了世界最先进铁路货车的“中国制造”，并对中国轨道交通装备制造业的跨越发展具有重大意义。

恒志万里远，匠心摩天高。

两年后的2016年，中车山东公司接到德国WBN公司的Sgns60型平车底架生产项目后，张玉斌首当其冲成为该批德国平车底架的焊接监督人。他结合多年的涉外产品生产经验，首先组织生产人员对欧洲焊接标准进行系统学习，然后结合产品焊缝形式进行工作试件实际考核，考核合格才能参与生产。在生产过程中，他结合底架结构特点及焊缝分布情况，合理优化焊接顺序，并制订变形控制措施，控制纵向梁、枕梁、横梁、底架等部件的焊接变形，使该项目40辆德国平车底架得到德国监理的全部认可：“Das ist einfach ein makelloses Kunstwerk. Chinesische Arbeiter sind absolut vertrauenswürdig.”（这简直是完美无缺的艺术品。中国工人完全值得信赖。）

不仅如此，因德国平车任务完成得异常出色，中车山东公司翌年又与WBN公司签订了125辆漏斗车合同。全程参与了德国平车生产的张玉斌，此时又把积累的实战经验和知识运用到了德国漏斗车的生产中。他根据漏斗车的结构特点，同组装人员一起制订焊接顺序，用预留焊接变形量的方法解决底架的焊接变形问题。底架焊接完成后，100多项技术指标全部符合要求，中车山东公司生产的德国漏斗车顺利通过了欧洲TSI认证。至此，伴随着瑞士、法国、德国及整个欧洲市场大门的完全打开，张玉斌的舞台更宽阔了，人生更精彩了！

“花开彩蝶自来，百炼好钢必成”

28年风霜雨雪间，张玉斌验证了这么一个哲理：“花开彩蝶自来，百炼好钢必成。”28载宵旰攻苦后，他实现了自己最初的梦想：当个优秀工人，做个能工巧匠、劳动模范。2012年，他荣膺“济南市劳动模范”；2013年，他斩获“火车头奖章”；继之是2014年“中央企业优秀共产党员”、2018年“济南工匠”“山东省劳动模范”、2022年“泉城企业突出技能人才”。正所谓“山一程，水一程，身向彼岸天边行；风一更，雪一更，心系云山更高峰”。

“我们有近300人的研发团队，其中，60%具有硕士及以上学历；业已建成的下设‘六所、两部、两中心’的研究院，是‘国家级企业技术中心’。作为山东省工信厅唯一推荐单位，我们还牵头国家级项目‘工业互联网平台应用创新推广中心'建设任务。在这样一个英才林立的大国重器所在，张玉斌能克服重重艰难困苦，在本职岗位上建功立业，完全是感奋于三种精神的强大动力，完全依赖于他的自强不息和顽强拼搏。”中车山东公司工会主席杨海峰这样评价张玉斌。

在公司荣誉室，杨海峰指着悬挂着的一溜金光闪闪的牌匾说，中车山东公司占有“山东省第一个工会组织”“山东省第一个企业党支部”这两个第一，是山东最早具有红色基因的大型企业，其工业遗产也成为济南市乃至山东省最重要的不可移动的革命文物之一。作为“全国文明单位”和“全国模范职工之家”，这座沸腾的“红色大厂”早已把持续提炼百年优秀传统文化和红色文化，也把培植吃苦耐劳的实干精神、忠诚敬业的奋斗精神和敢为人先的创新精神这“三种精神”，早已看成是习惯动作和必选动作。“在这沸腾的‘红色大厂’里，像张玉斌这样‘根红苗正’的劳模工匠很多。在张玉斌身上，最可贵的是他不光自己是劳模，还把一身技能和三种精神毫无保留地传递给工友们，使支撑企业发展的基础更加坚挺、更加深厚、更加广阔。”

当我们徜徉在这沸腾的“红色大厂”的厂区里，三五成群、往来穿梭的工友们，个个精神抖擞、热情友好地跟我们打着招呼。

“玉斌师傅，别忘了您给我们的‘送课进车间’还在进行啊！”

“张劳模，啥时再到我们那里传经送宝？”

张玉斌告诉我，在企业、工区和车间讲台上，他跟大伙说的都是大白话，挺受欢迎。比如，他把“花若盛开，彩蝶自来，君若精彩，天自安排”这句话，改成了“花开彩蝶自来，百炼好钢必成，我们要做的就是努力前行”，大伙就格外听得上来，爱听。现在正赶上国家重视产业工人的好时候，又处在这样一个具有红色基因的中央企业，职工们都感到很幸福。“党委和工会搭起这么多展示职工技能的舞台，我们再不安心学、拼命干，对得起青春梦想和人生抱负吗？”

对此感受很深的范伟告诉我，他是张玉斌的徒弟，2021 年荣获了“济南工匠”称号，现在货车制造中心出口区工区从事出口货车关键工序的焊接工作，“我从一个普通职工成长为电焊高级技师、‘济南工匠’，每一步都没离开过师傅的精心指导和热心帮助。”范伟绘声绘色地说，对刚入行的工友，张玉斌拿“庖丁解牛”和“卖油翁”的故事予以开导，末了一句“天下之能，唯手熟尔”往往赢得大伙会心一笑，点燃他们敢干、干好、干精的信念；对获得成绩、拥有荣誉的职工，他就用秉承红色担当的使命和“心在一艺，其艺必工”“一次评先，表率一生”来鼓励大家百尺竿头更进一步。现在，“张玉斌劳模创新工作室”成员越来越多，争相加入创新团队的越来越多，渴望像张玉斌那样投入这沸腾的“红色大厂”历练成才的人也越来越多。

“可不是嘛，劳模工匠的传承作用太大了！”杨海峰接过话茬，指着厂区东侧那个巨幅广告牌大声说，“你们看，那上面罗列的一行数字就展示着我们企业的发展历程，我们这个‘红色大厂’用 12 年时间，从单一的货车企业发展到多元化、专业化、国际化的企业；用 12 年时间，国际业务从零的突破到产品出口 40 多个国家和地区；用 28 年时间，从一个货车行业的入门者成长为行业领跑者。进入新时代，我们又立足新发展阶段、贯彻新发展理念、融入新发展格局，使风电、真空排导、村镇治污和固废处理等各项产业无不风生水起、春潮逐浪。所有这些强劲势头和喜人景象，都源于新时代的伟大号角和正向引领，都功成于素质优良、劳模情怀、奋勇争先的庞大的职工队伍。”

谈笑间，清风隐隐送来一阵欢快的进行曲节奏的歌声：“朋友们畅谈未来和理想，该怎样回答祖国殷切的希望，献出青春的花朵和那生命的泉水，像群星把那美好的前程照亮……”

从平凡到非凡

——记山东省劳动模范、华能济南黄台发电有限公司杨传银

西 子 宋俊忠

2023 年“五一国际劳动节”之后的第一个工作日，天空飘着蒙蒙细雨，空气显得格外清新。我们与华能黄台电厂的山东省劳动模范杨传银相约，前去实地采访。我们与早已等候在大门口的黄台电厂工会李多仲同志会合，而后在他的带领下，穿过干净整洁的厂区大院，经过两道大门，来到了煤检中心二楼。虽然这里和煤近距离接触，但是却看不到粉尘和煤屑。

在陈设简单的办公室里，我们见到了身穿蓝色工装、胸戴工牌，现任华能黄台电厂煤检中心主任的杨传银。他中等偏上的身材，肩膀宽阔厚实，一副琥珀色镜框的眼镜戴在他那稳重、朴实、真诚的国字脸上，眸子里透出一

股主人翁的踏实与坚韧。一个身在工作一线摸爬滚打过来的人，在工作中长期保持的一份坦诚实在、自律操守，早已经在不知不觉中和他的精神气质融合成一体，竟然和我们想象的样子高度契合。

没有过多的寒暄，在香茗的袅袅氤氲中，我们的采访进入正题。杨传银显然不是一位善谈者，但对自己的成长经历，他却能如数家珍，从容不迫地娓娓道来。让我们随着他的讲述，了解他从平凡走向非凡的成功之路。

穷人家的孩子

一个人无从选择自己的出身和家庭背景，也不能预知自己的人生之路，将来要做什么、会成为什么样的人，许多选择都可能是被动的，因时下的环境和条件制约而受到影响。

1979 年 12 月，杨传银出生在济南南部山区著名的“七十二名泉”之一的林汲泉下一个小山村。这里四面环山，交通不便，十分闭塞，虽然距离济南市区并不远，但这里的人们和市区的城里人却像是生活在两个世界。杨传银是家里的独生子，是父母的宝贝，但清贫的家庭却不能为他的成长提供有力和优越的支撑保障。善良朴素的父母也望子成龙，很想砸锅卖铁也要供他走出大山读大学，却心有余而力不足。残酷的现实摆在面前，对于一个普通的农村家庭来说，只要能够吃上国库粮，让孩子上大学还是中专，其实并没有多大不同。只要能够出去，早上学、早工作、早挣钱，成了国家的人，分配一个体面的工作，就是天大的喜事，祖坟上就冒青烟了。即将长成男子汉的杨传银，这个性格内向、老实、懂事、淳朴的少年，把对父母的孝顺和心疼，都深深地藏在了心里，发誓一定要为一辈子面朝黄土背朝天的父母减轻沉重的负担。或许他的内心也有无比远大的理想，但在贫穷的现实面前必须暂且低头，放低对未来的期望和要求。

穷人家的孩子有志气。杨传银自小就对自己严格要求，在十六里河中学上初中期间，学习成绩一直名列前茅，数理化奥赛在全国都拿过好名次，是老师和同学眼中公认的“别人家的”优秀孩子。终于熬到中考了。成绩出来后，杨传银果然不负期望，他的成绩取得了全区第一名。按他的成绩，历城区最好的高中录取也没有问题。但那时候，中专毕业就有分配工作的机会，他没有犹豫，放弃了上高中的机会，报考了中专，被位于泰山脚下的山东省电力学校录取。

收到录取通知书的那天，全家人都激动万分。老父亲长满老茧的大手，颤抖着捧着大红的通知书，黝黑的脸庞仿佛镀上一层红光；母亲高兴得擦拭着湿润的眼角，幸福和喜悦的泪水挂在脸上。穷人家的孩子走出大山的梦想，终于实现了。街坊邻居纷纷前来祝贺道喜，杨传银成为父母的骄傲！

高兴过后，一家人又为学费发愁。当时的学费虽然不高，但四年的学费必须一次性交齐，这 6400 元的庞大金额，让这个并不富裕的家庭犯了愁。银行里没有存款，实在是交不起啊。最后，还是姨娘舅亲等至亲一齐帮助，你家凑一千元，他家添八百元，勉强凑齐了学费。

杨传银去学校报到的那天，母亲千叮万嘱，依依不舍地送到村口。父亲帮杨传银背着行囊，把他送到了车站，送上了开往泰安的汽车。

杨传银背负着全家人的希望，开始了他生命中的第一次远行。这位大山里走出来的穷人家的孩子，信心百倍地开启了他崭新的学习生涯。他暗暗下定决心，一定要学出个样子来，绝不让父母失望。

对于一个起点低、没有家庭背景的农村孩子来说，他的一生注定没有“容易”二字，一切的改变，只能凭借自己的奋发图强去完成。

在校四年，杨传银用功读书，努力学习专业知识，每年都获得奖学金。他毕业那年，毕业生已不是全部由国家分配工作了，但因他成绩优秀，顺理成章地被分配了工作。

雄鹰初展翅

1999 年 7 月，杨传银从山东省电力学校电厂集控运行专业毕业后，被分配进入黄台电厂运行部工作，开启了他人生从平凡到非凡的崭新起步。他像一只徐徐展翅的雄鹰，立志在电力系统这个大熔炉里磨炼自己，向着更高的人生奋勇前进，展翅翱翔。

杨传银在电厂的第一份工作，是运行部锅炉零米岗位。因为工种的特殊需求，五班三运转，他的工作时间需要经常轮换倒班。第一次上夜班的他，不太适应这份颠倒了生物钟的工作节奏，困得眼皮直打架。

最让他不能忘怀的，是他工作的第一年就赶上了春节值夜班。那年除夕，杨传银恰好值夜班，直到后半夜才下班。之后，他冒着零下十多度的严寒，伴着天空中不时炸响的鞭炮声，乘班车回家，凌晨两点多才到家。当他推开门的时候，看到在金黄的灯光下，父母静静地坐在餐桌两边，守着满桌的菜肴，三双筷子和三个酒杯摆放着整整齐齐。这时他才知道，为了等他回来一起吃团圆饭，父母一直没吃饭。

儿子回来了，母亲赶忙把已经凉透了的菜放到锅里热起来，父亲则拿出了一挂鞭炮在院子里点燃，声声爆竹在空中炸响的同时，点点红光不时在夜空中闪烁。面对此情此景，一股幸福的暖流涌遍了杨传银全身，他顿时忍不住红了眼眶，一股强烈的内疚感冲撞着他的胸口。他感觉对不起父母，但也深知既然从事了这份工作，就要遵守制度，别无选择。

当父母把热腾腾的饭菜又摆满了桌子，杨传银给父母各斟满一杯酒，双手捧着先后递到他们面前。父亲端起酒杯，高兴得一饮而尽。母亲则顾不上自己喝一口，放下酒杯，不时往他碗里夹菜，生怕宝贝儿子吃不饱似的。杨传银在这充满温馨的除夕，吃下了这顿团圆饭，那份湿了眼睛的酸楚又幸福的感觉难以名状。这一幕场景，二十多年过去，他至今依然历历在目。

当时杨传银不会想到，这份不能正常作息的工作，竟然持续了十六年。春节等节假日在单位留守上班，也成了他多年来工作的常态。每年能够在家里陪伴老人，过一个简简单单的团圆节，竟也成了期盼和奢望。

心怀远大志向的杨传银，一直在追求卓越的路途上奋勇前行。青春无敌，只要心怀梦想，就没有什么不可能，是金子就要努力把自己磨砺出光亮。

杨传银做事就像他的外貌一样，低调不张扬，沉稳不浮躁，凡事踏踏实实。他一路稳扎稳打的工作作风，得到了领导和同事们的充分认可。专业技能他掌握、运用得得心应手，他不断解决工作中发现的问题，不断创新工作方法，并提出非常实用的合理化发展建议。他不怕脏，不退缩，凭借聪明才智和刻苦勤奋的精神，凭借永不服输的钻劲，很快就在众多工友中脱颖而出。从零米、巡检、副值，2005 年，干到了 8 号炉正值岗位，成为厂里最年轻的正值。他凭借扎实的技术功底、冷静的处理思路、迅捷的操作速度，半年时间里先后成功处理了小机跳闸、一次风机跳闸磨煤机全停、吸风机跳闸等险情，多次受到厂部的表扬和嘉奖，被评为黄台电厂“十佳运行明星”。

高光时刻

2006年，山东电力系统开展运行全能技术比武大赛，杨传银与同事三人组队，分别拿了个人和团体两个第一名，被上级公司授予“高级技术能手”荣誉称号。2008年3月，他被济南市总工会授予“济南市建功立业标兵”荣誉称号，并被授予“济南市五一劳动奖章”。

2015年10月底，中国华能集团公司组织的火电机组集控值班员（600MW）技能比武在江苏太仓举行。为了取得好名次，为厂里争光，黄台电厂决定选出厂里的业务尖子组成代表队，去参加大赛。作为350MW机组值班员的杨传银有幸被选中，获得参加集团公司比赛的资格，接受一百多天的魔鬼式封闭训练。

他和队友每天在机房训练的时间长达12小时以上，训练的刻苦强度难以想象。其中最难的是，比赛用仿真机设备操作界面全是英文。杨传银只有中专学历，比起那些大学学历甚至研究生学历的对手，短板显而易见。勤能补拙，他就每天调阅大量的资料啃英文单词，不出一个月，他就闯过了单词关。为了准确掌握每一个故障的细微征兆，他一遍又一遍摸索试验，将每一个机组参数调整到最佳值。困了熬不住的时候就用凉水洗把脸，或泡杯浓茶提提神，激活一下神经细胞继续苦学。因失眠严重，食物不可口，他的体重在三个月的时间里迅速暴瘦了十多斤，腰带都紧了一个扣眼。

苦心人天不负，最终杨传银克服了英文水平低、身体严重不适等重重困难，不负众望，凭借扎实的理论功底和高超的操作技术水平，无可争议地夺得华能系统一等奖。他站到了最高领奖台上，金灿灿的奖牌挂在胸前，所有的付出和辛苦都化作了心头的喜悦。这是一个普通的中专生突破自我、战胜自我的又一奇迹。

比赛归来，杨传银积劳成疾，突发胃病，疼痛难忍，不得不马上住进了医院。刚下“战场”，又进病房。

杨传银是个生性好学、不甘平凡的人，他不断地挖掘着生命的无限可能，是技能与科研并驾齐驱的高级人才。他的专业论著也取得了骄人的硕果，由他主持的《降低运行部全年燃油量》QC成果，获得济南市质量管理成果二等奖；《降低机组启动油耗》QC成果，获得济南市质量管理成果三等奖；《推进渣仓改造三创取得实效》《优化空气炮逻辑降低断煤烧油量》两项创新成果获得厂“三创”创新成果二等奖。杨传银先后被聘为黄台电厂、华能山东发电公司发电集控运行技能专家，获得“鲁能集团技术比武一等奖”“华能集团技术比武一等奖”，并荣获“山东省劳动模范”“全国电力行业技术能手”“中央企业技术能手”“华能集团技术能手”“山东电力行业十大杰出青年岗位能手”等众多荣誉称号。

在人生的漫漫长路上，从来没有一个人可以随随便便成功。杨传银拼搏所得的荣誉，他非常珍惜，也备受鼓舞，却不敢骄傲。每一个闪光的今天，都为他从平凡走向非凡奠定了最关键、最有力的基石。

百花竞开放

2009 年，9 号、10 号两台新机组初建，在 2011 年正式投产之前的半年，新设备调试的最后两个月，作为技术能手的杨传银专门负责值守夜班，连续钉靠在现场。他每天晚上六七点钟上班，熬一整夜不睡觉，直到第二天早晨才下班。如果工作顺利的话，早晨八点钟可以下班，稍微一晚，就到中午十一二点了。

为避免夜晚值班瞌睡耽误工作，杨传银习惯性地每晚泡一杯浓茶提神，他要让自己一直保持一种头脑清醒的工作状态。由于饮茶后刺激神经，他下班回到家里，想睡觉的时候却依然兴奋，迟迟难以入睡。长期极度缺少睡眠和一日三餐饮食不规律，他体力严重透支，生物钟被打乱。这让他感觉到一种从未有过的劳累和煎熬，这种日积月累的身体的损耗，对他的健康也提出了巨大的挑战。

让人高兴的是，他们的辛苦终有所值，新机组终于顺利正式投产了，杨传银和同事们沉浸在喜悦之中。然而，他的身体状况也呈现亚健康状态，以至于下班后骑自行车回家都摇摇晃晃，骑行十几分钟就累得气喘吁吁，整个身体都呈现出软绵绵的无力感，双腿甚至会发抖打战，和他这个年龄应有的体质状态呈现出严重的不吻合。有一次下班回家，他的力气实在不够了，只能推着自行车，一步一步慢慢地走，一回到家里，他就把自己扔到床上，再也没有力气爬起来了……

黄台电厂是一家有着优良传统的央企。副厂长、全国劳动模范周亚男就是职工们身边最好的榜样，也是众多年轻职工的偶像。2015 年，一台锅炉因结焦而不得不停炉处理。当时的结焦通红，稍有不慎就会出现人身伤亡事故。身为厂领导的周亚男身先士卒，穿好防护服，奋不顾身带头钻进炉膛里，用工具手工除焦。大家被他的精神打动，纷纷冲入炉膛共同奋战。最后，险情终于排除，机组又恢复正常运行。这件事对杨传银触动很大，他以周亚男为楷模，更加努力地工作。

杨传银自勉自新，刻苦钻研运行技能，并不断积累实操经验。一花独放不是春。他做本职工作精益求精，同时也自觉地身体力行，做好“传帮带”，通过讲课、日常交流、实地运行操作等方式，把提升技能的经验和心得毫无保留地传授给年轻职工，为黄台电厂的发展注入了厚积薄发的力量。一时间，“比、学、赶、帮”的浓厚学习氛围，迅速蔓延成厂区一道亮丽的风景线，一批新骨干不断涌现出来，企业的人才储备库新人辈出，众星闪烁。

一花引来百花开。杨传银为人坦荡，胸襟开阔，他将所有“绝活”倾囊相授，先后培养出十多名优秀值班员，分布在黄台电厂值长、副值长、正值等重要岗位，还有的在各级技能比武大赛中取得了骄人成绩。

按规定，以前参加技能比武获得过奖励的人，不能再参加新的同级别比赛，厂里就组织新的人员参赛。杨传银作为首位集团大奖获得者，理所当然地为他们传授经验和技艺。在后来的历次技术大比武中，代表黄台电厂参加的各级比赛，每次都会有奖项和荣誉斩获，比如：葛明明获得全国技能大赛三等奖，孙绪炳获得华能集团技术比武一等奖……传承的美德在这个质朴纯真的山东汉子身上尽显。

再写新篇章

身居黄台电厂这个“铁打的营盘”，作为业务骨干、技术带头人的杨传银，不断强化机组内部管理，想方设法降低企业能耗，本着勤俭节约，不浪费企业一分资源的原则，从点滴细微处入手，逐步取得了可观的实效。杨传银通过对机组制粉系统、二次风调整试验，优化吹灰方式等，成功摸索出了针对不同煤质、负荷的防超温操作方法并普及，使平均主蒸汽温度提高了2℃以上，经济指标达到了国内同类型机组的领先水平，仅此一项每年可节约成本30万元以上。

作为发电供热的主力机组，杨传银带领员工队伍保证了9号、10号机组的经济指标，使得锅炉煤耗和厂用电率持续下降，发电经济效益明显提升，确保各项经济技术指标始终处于系统内领先水平。他们通过编写事故预案、进行事故演练等方法，提高职工技术水平，先后成功处理了吸风机跳闸、大机调门突关、小机调门故障等十余次机组险情，受到单位嘉奖。黄台电厂9号机组连续运行387天，10号机组连续运行495天，创造了黄台电厂单机最长连续运行纪录，其中就有杨传银和员工们的突出贡献。

2016年，杨传银继续摸索空预器硫酸氢氨堵塞机理，进一步提出了提高烟温法降低空预器硫酸氢氨堵塞的技术方案，顺利在机组运行中实施，填补了企业降低空预器差压技术的空白，为企业带来了每年100万元以上的经济效益。在后续工作中，杨传银采取了脱硝喷氨优化、入口NOX控制、加装低温省煤器等一系列措施，成功解决了电厂空预器硫酸氢氨堵塞这一国内行业难题。

爱与歉疚

杨传银无数次头顶星月忙碌在工厂，把企业当成了另一个家，多次放弃与家人团聚、享受天伦之乐的机会。

杨传银不怕苦不怕累，毫无怨言地克服一切个人困难，二十几年如一日，兢兢业业地奋斗在工作一线。那些留下过他脚印的厂区、留下过他指纹的仪器，是他最美的人生足迹。当一个一线工人对工作躬身俯首，以晶莹的汗水淬炼人生价值的时候，他的家人也默默地在他背后做着最大程度的支持，做着无人知道的默默付出，做着同样不为所求的奉献。

这些真实的东西我们是看不到的，但杨传银的家人却因为他的特殊工作岗位，承担了太多的生活责任。所以，一个优秀的劳模背后，必定会有一个有爱的家庭，举全家之力支撑着他的事业。

杨传银面对工作一丝不苟，无怨无悔，但是面对自己的家庭却是一种爱与歉疚相交织的情感，他感觉最愧对的就是家人。

首先是愧对父母。人到中年，孩子大了，父母老了，面对头发花白、体弱多病、行动迟缓的父母，杨传银很想尽孝，却总是感觉力不从心。自古忠孝不能两全。尤其是他的老父亲已经七十四岁高龄，身患高血压、房颤、脑梗等多种老年病，身体每况愈下，而他这个家中的独子却不能随时陪伴照顾在身边。

多年来，住在乡下老家的父母，生小病都是自己忍着，忍不住了就去镇上的小医院看看。知道儿子工作忙，他们尽量不打扰他。他们知道工作上帮不了孩子，但不牵扯他的精力还是可以做到的。现在进入了电子信息化时代，进医院看病都是手机挂号、电子操作，没有孩子陪着，去医院看病办手续相当麻烦，就连简单的挂号都要费不少周折。杨传银的工作是专人顶专岗，缺一不可，实在不好意思因为私事请假，这是一个非常困难的现实问题。父亲曾因脑梗住过两次院，尤其是第二次，都没好意思告诉儿子，是母亲搀扶着他去城里医院住了一星期。

每个人背后的家庭，不能割舍的血浓于水的亲情，都是他心中最大的软肋。说起这些家事的时候，杨传银这个一向坚强的硬汉子禁不住哽咽了，他用力眨了几下镜片后面的眼睛，硬是把泛上心头的那股柔软心疼的情感悄悄咽了回去。他摘下眼镜，用纸巾拭了拭有点发红的眼睛，喝了一口茶，平复了一下心情。

身为人子，谁不想把父母的晚年照顾得舒舒服服的，让他们颐养天年？但是，杨传银把几乎全部精力都投入到了工作中，工作与孝心无法兼顾，他的内心充满了无奈、不忍、心酸、遗憾……

杨传银觉得也愧对与自己相敬如宾的爱人。他有些羞涩地说起他结婚时的一件事。他们的婚假是15天，他们计划举行婚礼后就去一个沿海城市旅游。但因厂里人手不够，蜜月不得不缩短为7天，蜜月旅行也只好放弃。那天突然接到厂里的加班通知，杨传银在新婚妻子面前几次开口却欲言又止，一脸窘迫。善解人意的妻子看出了他的心思，主动说："厂里需要你，你就回去上班吧，免得你魂不守舍。咱们以后有的是时间。"听妻子这么说，杨传银心里有一种说不出的感动。婚假休了一半，他就急忙回单位上班了。

杨传银的妻子也是一位电力系统的职工，前几年也是倒夜班上岗，两个人聚少离多。电厂几乎所有一线员工的生活，都是这样苦乐参半，各有各的辛苦和不易。一边是孩子的哭声、生活的琐碎，一边是工作上不可推卸的责任。维系稳定幸福婚姻最重要的纽带，就是两个人的相互理解、相互宽容、相互支持。

从结婚那天起，杨传银几乎将所有的家务都丢给了妻子。不是他不想干，是他工作太忙太累，没有时间和精力干。作为专业带头人，他必须处处以身作则，做好表率。他这个"班长"只有自己做好了，才能给手下的员工做好效仿和学习的榜样。幸好上天眷顾这个人品实诚的好男人，让他娶到了一位温柔、贤惠、勤劳、顾家的好妻子，她是杨传银这个劳模幕后最大的功臣。工作与家庭兼顾的妻子，上得厅堂下得厨房，默默心疼自己的丈夫，照顾年幼的孩子，照护着他们这个温馨的小家。杨传银把这个小家全部交给妻子打理，他非常放心、安心。

杨传银感恩妻子日复一日、年复一年毫无怨言的辛苦付出。他几乎没有节假日，没有时间陪妻儿。与妻儿厮守，对他来说似乎是个永远无法实现的甜蜜、酸涩、扎心的愿望。他对这个家亏欠太多，也很想弥补，却没有时间和精力。

当然，杨传银辛苦着，也幸福着。因为他有一个像他一样学习优秀的好儿子，一个聪明懂事、奋发向上的好少年。儿子现在历城二中读高中，也是一位"学霸"型的好学生。杨传银讲到这里，脸上浮现出幸福和骄傲的神情。我们也趁机插话："祝福你有一个像你一样优秀的儿子。假以时日，用心培养，未来可期。有你的榜样的熏陶，又是一个国家的栋梁之材！"

重任在肩

2021 年 11 月，杨传银被提拔为厂里的中层干部——煤检中心主任。领导信赖他，赏识他，把厂里最核心、最重要、最关键的管理岗位交给了他。燃煤的质量高低、工作的好坏，直接影响着全厂的效益。

杨传银迅速转变角色，很快适应了新岗位，脱离了原来的运行岗位的发电业务，主要负责进厂原煤的质检工作。黄台电厂每年有接近300万吨庞大煤量进厂，每年煤款的流水几十亿。在锅炉运行一线，跟煤炭打了20多年交道的杨传银，深知煤炭的质量对机组运行的至关重要，每一次煤炭质检他细之又细，不敢有半点马虎和丝毫松懈，对不合格的供应商绝不姑息，严厉处罚。他要确保把质量最佳的煤炭输入厂区，保证优质煤炭价值的最大化。

做事一丝不苟的杨传银，果然不负领导的重托与期望。廉洁奉公，一身清正，刚直不阿，每一次进煤都严格审查把关，保质保量，坚决做到不贪不腐，在质检过程中严格执行国家标准及公司规章制度，做到了质检率100%。他把每一次进煤质检的过程，都梳理得清清楚楚，验收得明明白白。他坚决守住底线，堵住一切有可能发生的管理疏漏。他淡泊名利，甘于奉献，成为最让领导放心的优秀中层管理者。

新冠疫情期间，杨传银心系集体，不顾个人安危，以一颗真诚心、感恩心、大爱心，认真执行防疫要求，无畏无惧，冲锋在前，做好人员排查、统计上报、测温、设备消毒、检查等工作。

由于疫情原因，2022年4月8日至5月13日，11月18日至12月10日，厂区两次封闭，不进不出。杨传银积极踊跃参加封控，和大家吃住在厂里，在厂区度过了难忘的59个日夜，全力做好封控在厂职工的后勤保障工作。与部门职工一起舍小家顾大家，任劳任怨，圆满完成了封控期间的入厂煤验收工作任务，没有出现一点差池。

2023年元旦前疫情解封后，煤检中心的职工先后大面积病倒，出现了严重缺员的情况。这时正好是大批量进煤，而每一批煤都需要取样、质检把关。这个节骨眼上，杨传银也持续发起了高烧。为了保证质检工作正常进行，他拖着病体没有回家，毅然决然地选择继续坚守岗位。病情最重的时候，他喝口水嗓子都如刀割，浑身的肌肉和骨头酸痛。直到康复痊愈的职工同事陆续上岗，部门人员紧张状况得到些许缓解，杨传银才回家休息。因牵挂着工作，他只是仅仅输液治疗休息了两天，又重新回到了岗位上。

杨传银一路披荆斩棘，如破土之竹，如入海之船鼓满风帆，为黄台电厂和中国华能集团创造出一次次骄人的荣誉。他无私奉献的精神感染着身边的每一个工友，大家由衷地欣赏他、敬佩他、学习他。他以一个人影响了一批人，他以生命的光芒映射着集体的华光，他用辛勤的耕耘和浸透身心的汗水，写就一路华章。他谦卑的精神、亲力亲为的细致、一丝不苟的严谨，形成他独具匠心的工作风格和严格认真的做人准则，成为企业不可或缺的宝贵财富，成为大家心中一盏领路的明灯。

不是尾声

采访结束后，我们与杨传银挥手告别。在城市的车水马龙里，我们还沉浸在杨传银的娓娓叙谈中，陷入了沉默和沉思之中。

杨传银实现了从平凡走向非凡的人生愿景。一个个大奖和闪光的奖杯是最好的证明，是对他至高无上的奖赏，更是对他的激励和鞭策。

上天从来都只会眷顾、厚爱努力付出的人。心怀阳光，修为良善，好运的光环自会到来。杨传银的全心付出对得住他那一块块奖牌，对得住他那一座座奖杯，他的青春和中年堪称无悔。这些年，杨传银一直在努力鞭策着自己，让自己变得更优秀。那份执着坚韧的精神，不但感染着他人，也感动着他自己。工作的苦累和辛劳是一种必然和必需的锻造，为他蓄积了砥砺前行的力量。

杨传银从来都觉得自己是平凡的，他所经历的岗位也并非赴汤蹈火、惊涛骇浪。但是，正是在这种平凡的岗位上，他几十年如一日，兢兢业业，恪尽职守，做出了不平凡的业绩，成就了非凡的人生，为我们更多的平凡人带来了借鉴和启迪。他今后的路还很长，我们相信，他会继续在这平凡的岗位上踔厉前行，书写出更加非凡的篇章。

城建队伍中的复合型女兵

——记山东省劳动模范、金龄健康产业投资（山东）有限公司冯继军

张丽语

冯继军的形象本该是这样的：山路上鸟语花香，她轻松扎着马尾，戴着细边眼镜，面庞秀丽，目光柔和，知性而温婉。但工作中的冯继军却总是这样的：一身工作装，走路风风火火，说话干脆利落，眼神坚定，理性而坚韧。

如此巨大的反差，是怎样矛盾又融合地体现在一个人身上的呢？翻开她的履历表，不难发现其中的秘密。作为1976年出生的“小龙女”，她于1993年入伍参军后考入军校，从事药学专业；2008年1月，转业到小清河开发建设投融资管理中心工作，后又任济南城建集团工程二部副部长，现任金龄健康产业投资（山东）有限公司党支部书记、董事长。身份的转变和职业的需要让她成了一名多面手，也就是所谓的复合型人才。

华山宣讲员

冯继军似乎注定要和山绑在一起。她参军的地方在山里，她家住的地方在山脚下，原来休闲的去处是佛慧山；后来，凭借一场战役、一幅画、一首诗而坐拥“济南第一名山”的华山，更是和她有不解之缘。

2015 年，冯继军作为小清河开发建设投融资管理中心的业务标兵，转任济南华建地产开发有限公司副经理、经理，全面负责华山片区建设工作。这位干一行爱一样的实干家，从此迷上了华山的历史与文化。

“你知道齐烟九点是怎么来的吗？”看着别人一脸茫然，冯继军开始普及华山的文学知识。唐末李贺有言：“遥望齐州九点烟，一泓海水杯中泻。”站在千佛山齐烟九点坊的地方，向北能望见卧牛山、华山、鹊山、标山、凤凰山、北马鞍山、粟山、匡山、药山九座孤立的山头。满山松涛，呼应着碧波轻涌，构筑成济南这座城市的水墨长卷。

其中的华山，原名“华不注”，出自《诗经·小雅·棠棣》，诗曰：“棠棣之华，鄂不韡韡”。“华”同“花”，“鄂不”即“萼跗”，亦即花蒂。山名“华不注”，俗名花骨朵，意为此山如花附注于水中。冯继军说，为了保证论据的准确性，她把《诗经》和《全唐诗》都买来找到出处。

华不注，又称“金舆山”，因当年齐侯顷公的金舆车路过而得名。鲁成公二年，也就是公元前 589 年的春天，齐晋两国交战，齐顷公亲率大军在“鞍”与晋军决战。齐顷公自信满满，声称“灭此而朝食”，甚至未给战马披挂铠甲就参战，结果“齐师败绩”，齐顷公被晋军追逼，“三周华不注”。危急关头，大臣逄丑父果断与之更衣换位，并佯命其到山脚的华泉取水，齐顷公方免罹难。至此，逄丑父冒着生命危险忠心救主的事迹载入典籍。只此一战，齐国失去了春秋五霸的霸主地位，华不注载入史册。后来，曾巩游览华不注，作诗一首《华不注山》：“高标特起青云近，壮士三周战气酣。丑父遗忠无处问，空余一掬野泉甘。”而清代赵执信来到华不注，也深深缅怀逄丑父之人格：“欲寻丑父易位处，华泉之水今独清。”

为了这段历史，冯继军又研究了《左氏春秋》。她说：“你知道吗，令人啼笑皆非的这一战争，其导火索是狂妄自大的齐国毫无底线地戏弄外国使者。”《史记》记载：“（晋景公）八年，使郤克于齐。齐顷公母从楼上观而笑之。”原来，郤克偻（驼背），而鲁使蹇（跛足），卫使眇（一目失明），故齐亦令人如之以导客。使者“三残”纯属巧合，而齐国的礼节则纯属恶搞，选择了有同样残疾的三个侍从在前面引路，驼背带着驼背，瘸腿领着瘸腿，盲人引着盲人……看到此景，齐顷公的母亲忍不住大笑起来。本为和平友谊而来的郤克，听到笑声，心中愤怒异常，在渡过黄河回到晋国之后，发誓要报仇雪耻。等到后期，郤克逐渐把持了晋国朝政，以车八百乘为中军将出击齐国。晋、鲁、卫三国联军与齐顷公在鞌摆阵作战。逄丑父因为代替齐顷公赴死，忠义感动了郤克，被释放回到了齐国。

至今，华山脚下的华阳宫内东西两厢分别供奉着忠臣逄丑父和孝子闵子骞，领受着千年香火和后人凭吊。很多人不知道的是，闵子骞最早葬于华不注山下。“鞭打芦花”的故事，小子骞跪求父亲的场景，反衬出闵子骞的宽厚、善良。“母在一子寒，母去三子单。留下高堂母，全家得团圆。”华山的文脉中，孝悌文化福泽后代。言至此，冯继军对传统文化的理解已经颇有心得。

华阳宫整体是一座明清风格的道教建筑群，集儒、道、佛为一体，包括关帝庙、玉皇宫、龙王庙、泰山行宫、棉花殿及净土庵等寺宇，有“济南巨观”之誉。“来济南，爬华山，华阳宫里神仙全。”冯继军说民谣都这么唱。

让华阳宫平添一份仙气的是，唐天宝年间，李白飘然而至。他在齐州紫极宫簪髻入道，随后泛舟鹊山湖，登山玄览，于是就有了名篇《古风》：“昔我游齐都，登华不注峰。兹山何峻秀，绿翠如芙蓉。”此后，关于华山的诗层出不穷，如金代文学家元好问《咏华山》“华山正是碧芙蕖，湖水湖光玉不如”、清代王士禛《初望见历下诸山》“十万芙蓉天外落，今朝正见济南山”、董芸《华不注》“芙蓉绿秀雨中鲜，俯视齐州九点烟。何处仙人骑白鹿？乘风一问李青莲”等。芙蓉、白鹿、赤松子成了诗人笔下描绘华山的意象。

自然与人文，构成了独一无二的华山景观。为了更好地维护和修建华阳宫的古迹和文物，冯继军率领专家和团队就方案反复论证，力求不出差错，减少损失。

在项目前期规划策划过程中，她就坚持高起点、高水平、高标准，聘请两院院士吴良镛先生领衔提出片区建设整体概念，组织多家国内一流设计团队完成《华山历史文化公园概念性规划》《华山片区城市设计》等 40 余项专题研究和规划设计成果，决心将项目建设成为集历史文化、生态湿地、旅游休闲、商务居住等多功能为一体的大型城市综合体。

如今的华山已完美地再现了山水相映、云润雾蒸的鹊华烟雨胜景。想当初，来济南任职的赵孟頫和爱妻管道升外出闲逛，不觉中来到鹊华桥，他举目四望，被远处鹊、华二山的迷人景色所倾倒，直到夕阳遍洒大地，才恋恋而归。等他回到家乡吴兴后，和好友们相聚，对济南的山水盛赞连连，在座的都为之神往，唯独周密低头不语。原来，周密常年居住江南，祖籍却是齐州历城。应周密之邀，赵孟頫取来画具，提笔挥毫，凭着脑海中的记忆，绘制完成《鹊华秋色图》，后来成为传世名作。华山和鹊山一左一右，构图左右平衡。鹊山漫圆，华山高耸，树木茂盛，一派秋色美景，大气古远。杉树叶子染黄，传递着浓浓的秋的信息。

赵孟頫本为圆周密思乡之情，经典传世之作却由此诞生，这大概超出了他的预期。而今华山脚下，一组塑像群做了注解。冯继军说，这组塑像不止呼应了历史上的文人佳话，也是对华山之美的由衷赞叹。“千佛山有山无水，趵突泉有水无山，唯独华山景区有山有水，山水俱佳。”冯继军自豪地说。

因为工作，冯继军成了华山的文史专家。但面对别人的这种赞美，冯继军连连摆手，声称在厚重的历史和文化面前，她还是个小学生。不过，她的谦逊好学的确让她获得了大家的交口赞誉。

科普女达人

依托秀美的自然风光，深入挖掘深厚的历史文化底蕴，华山历史文化生态湿地公园整体按照“泉城新名胜、国家5A级旅游景区”的标准规划，经过全方位的努力和建设，公园正式开放首日就迎来了5万多名游客。

华山山体陡峭，顶峰倚天卓立，长风啸啸作声，紫烟缭绕，白云卷舒。极目远眺，泰岱连绵，云气苍茫，黄河逶迤，大桥飞架，湖泊跑道，远近点缀。

围绕华山湖的是一条长约12公里、宽30–35米的环湖路，与其他市政道路相通，还与华山湖沿岸的湖滨漫步道、湖滨休闲广场等相连，并连通小岛的湖上廊桥。鹊华大道是其中的一条彩道，像刮起了一股彩色旋风。

这源于2018年的一场赛事。那年10月，一场声势浩大的马拉松赛事由中国田径协会、济南市体育局、历城区人民政府等部门主办。独一无二的葫芦形环湖赛道、深厚的华山历史文化、蒸蒸日上的济南城……诸多因素交织下，首届济南环华山湖国际半程马拉松赛，在国内同期举办的马拉松比赛中成为一道亮丽的风景，来自印度、肯尼亚、英国、日本这4个国家的数名选手自愿报名参赛。对这些外国选手而言，这是一次全新的体验。国内选手方面，中国马拉松“一哥”、中国马拉松大满贯冠军李子成也在第一时间报名，他将领跑半程马拉松，除了和外国选手一较高下外，还会展现“济南速度”。

穿越山水相映、云雾润蒸的“鹊华烟雨”胜景，跨越21.0975公里的专业赛道，这是一场震撼人心的国际体育盛宴，一次跨越古今的文化之旅。

冯继军介绍赛事的另一亮点就是赛道。整条赛道喷绘了湖蓝（又名国际定制蓝）、辣椒红和水蓝色三种颜色，具有环保、防滑、耐磨的特点。“这也是为了营造马拉松赛事的欢乐气氛，考虑到航拍效果，与周边景观环境搭配，打造最美环湖路。”

冯继军说，为把环华山湖马拉松打造成金牌赛事，赛道彩绘材料选用环保材料，采用最先进的技术喷绘，晾晒两小时后就能通行，一次喷塑保留持久，颜色保留5–8年，比市区彩色沥青、塑胶材质都好。而且，赛事结束后，鹊华大道恢复社会车辆通行，跑公交、小车对彩道磨损不大。

除了华山的路，华山的水也是一大亮点，也运用了高科技手段。华山湿地公园占地约6.7平方公里，华山湖湖面约2.7平方公里，相当于5个大明湖。这么大一片水域，如何能保持水体的自净功能呢？曾在小清河开发建设投融资管理中心工作并获得过“标兵”称号的冯继军又发挥了她的优势。

回想当年，即2008年1月，冯继军转业到小清河开发建设投融资管理中心，负责中心的招投标和合同管理等工作。当时正值小清河综合治理工程建设如火如荼之时，作为当时市委、市政府确定的重点工程，也是当时济南市最大的政府投资开发建设工程和民生工程，招投标和合同管理工作可以说是整个工程的核心业务。

当时单位正逢组建之初，人员少、任务重，“门外汉”冯继军没有退缩，利用业余时间挑灯夜战，通过自学法律法规、招投标、合同和档案管理方面的专业知识，在很短的时间里成为业务理论能手，取得了突出的工作成果，成为当之无愧的业务标兵。

小清河起源于济南泉群，是济南城区唯一的排水通道。随着城市发展和工业崛起，生产生活的污水大量涌入，原本清澈美丽的小清河一度沦为城市的一道伤疤。很多市民曾说走到这里都要捂着鼻子，因为太臭了。治理小清河污染的工作，济南市进行了多轮研究。然而，工业污染源的存在，城市排污、治污设施不足，导致反复治理、反复污染。为截断源头污染源，从 2017 年起，济南先后搬迁了沿岸十几家化工企业，累计投入 100 多亿元，补齐设施短板。对小清河同区段总共 37 公里进行清淤，又建设 8 座污水处理厂，把直排小清河的污水全部收集，每天有 100 万吨再生水流入小清河，终于实现了小清河常年有清水。治理污染源的同时，济南市探索监管模式，在小清河及其支流建设 87 个水质监测站，并引进指纹分析溯源技术，精准锁定污染源，同时建立数据库水质微站。

冯继军在那时学习的水治理知识又在华山湖派上了用场。济南投入 7000 万元在华山湖构建的清水型生态系统，通过培植水生植物和投放鱼类生物，实现年均水体自净 100 万立方。华山污水处理厂的再生水，引进到华山湖道，再生水本是准Ⅳ类的水，通过这个清水型湖泊的治理，保持在Ⅲ类水的状态。并且，随着整体水生态的提升，济南将把大明湖、云锦湖、小清河、华山湖等形成山泉湖河城一体融合的生态风貌，将牢牢把握黄河流域生态保护和高质量发展的国家战略机遇，着力构建水资源、水环境、水生态协同治理的格局。

除了路和水有科技因素，华山的花草树木也披上了“网红”的光环。华山公园约 9300 亩园林已具景观效果，尤其是阳春三月，华山遍地春花，桃花、碧桃、榆叶梅、海棠、连翘、木瓜花、紫叶李、丁香花在春风里绽放，撩人心弦。春花遍地妆，打卡好时光，很多游客在享受大自然的多彩芬芳时，纷纷举起手机拍照。有几处网红打卡地是大家津津乐道的。华山西门种植了大面积的粉黛乱子草，冬季时草会发黄，从中下段剪掉之后，第二年会继续生长，来年盛开时一大片粉色，比较有冲击力。冯继军研究这种草的特性，它在公园里相比其他花来说，盛开时的景观效果会更好，而且这种草很好养活，把地形规划好，撒上种子就成，不需要其他特殊的工艺。另外，大片的雏菊盛开，也有不少人前往观看。最有名的是所谓的“三棵树”，就是一棵法桐（东侧）、两棵梧桐（西侧）。这“三棵树”难能可贵的是，其树枝的形状与《鹊华秋色图》所描绘的景致差不多，感觉就像树从古画中来到了现实一样，令人惊叹不已。

公园守门人

新冠疫情期间，济南的“新晋网红地标”华山公园瞬间安静了下来。虽然景区关闭了，但时任华山景区管理有限公司副总经理冯继军和她团队的工作节奏却没有停下来。这群景区建设时期的辛勤“园丁”，昼夜坚守、全面防控，化身 9300 亩城市公园的安全“守门人”，在山水辉映间，共同描绘出以安全为底色、以担当为注脚的“鹊华秋色图”。

“从规划到建设，华山景区的初衷与目的，都是尽可能多地吸引市民游客，并且给他们尽可能好的观赏游玩体验。疫情发生后，情况变了，我们的工作目的变成了不让市民游客进园，避免发生人员聚集。”作为从规划建设到管理运营都全面参与的主要负责人之一，冯继军在突发疫情面前，迅速转换着团队的角色与职责。

华山片区是集旅游、休闲、商业、配套为一体的大型城市综合体，目前景区周边已有约 5 万人居住。为了避免出现人员聚集，根据市委、市政府相关精神和集团部署，从 2020 年 1 月 27 日（大年初三）起，华山景区正式封闭，全面进入疫情防控模式。华山景区随即成立疫情防控工作小组，层层压实责任，冯继军靠前指挥，全面部署景区防疫工作。

景区工作人员全员到岗，昼夜值守，并加强巡查，对进入景区的游客及时劝离。景区出入口对进出工作人员进行体温检测和信息登记，避免疫情输入和交叉感染，对公共区域和公共设施全覆盖定时消毒，设置废弃口罩集中存放处，并加大疫情防控宣传力度，通过挂横幅、贴标语、广播、电子宣传屏等措施，切实提高宣传覆盖面和宣传效果。

为了确保视觉效果和游玩体验，华山景区是全开放式园区，没有门禁，没有围栏，加之周边居民人数众多，他们的防控工作难度很大。冯继军知道自身的宣传与劝导效果有限，为了让防控工作更扎实有效，她带领同事积极与华山街道办事处、区公安交警等部门建立联防联控工作机制。由办事处向社区居民加大宣传力度，告知其不要违规进入景区，并增派城管人员对景区周边进行巡逻。同时协调派出所和交警部门，加强防控工作的保障力量。从源头上做好控制，起到了良好的效果。

华山景区有 28 个大小出入口，其中还不包括大片的开放式绿地。为了确保防控效果，华山景区的疫情管控没有按部就班，成了全天候、全覆盖的工作模式。

冯继军清楚地记得，那年大年三十，她正买了蛋糕兴冲冲地准备去给姨过生日。接到紧急命令，她立马去了单位，开始了每天的坚守，早来晚走，每天工作十几个小时。春节期间，她没来得及给姨当面道歉，也没去探望身体一直不太好的母亲，更是没时间照顾和辅导学业紧张的儿子。冯继军说："我把这种愧疚化作工作的动力，同时，公司所有同事的团结和奉献，给了我更大的动力和战胜疫情的信心。"

冯继军的工作态度深深感染着身边的同事。驻守在华山和北卧牛山的徐继强，在做好疫情防控工作的同时还要做好山体的重点防火，他连续 7 天吃住在现场，不畏严寒骑着电瓶车往返两山之间巡查。公司的两位年轻女同志窦玮和宋俊浦，在广大党员的鼓舞下，向党组织递交了入党申请书，愿意奔赴一线与同事们并肩作战，做好园区的安全"守门人"。

冯继军说，那时整天考虑的就是如何做一名合格的园区守门人。突击建设期间，她的工作以抓工程进度为主，她率领大家先后克服时间紧任务重、渣土扬尘治理、雨季施工、高温天气等众多不利因素，全力推进华山片区各项工程建设，并且最终按照节点目标完成任务。到了华山景区，不论是工作内容还是服务对象都有了很大转变，工作性质从建设型转为服务型，工作对象从土木园林变成了市民游客。

尤其是突如其来的疫情防控阻击战，冯继军认为是这种转变的一次大考与磨炼。“如何处理好与人尤其是市民游客的关系，这对我们的管理服务水平是一次考验。”冯继军说，“但是不论怎么转变，同事们的团结奉献和责任担当是我最大的底气，集团大家庭是我的坚强后盾，市民游客的满意度是我们的努力目标。”

数字化斗士

曾有记者做过报道，罗列了一堆数字：冯继军与同事一起完成了小清河综合治理工程招投标任务约 86 亿元，累计完成各类工程招投标 700 余项；参与了集团“鲁班奖”获奖项目“清雅居”公租房建设，完成 200 多项约 2.2 亿元的招投标任务；参与了中国非物质文化遗产博览园配套市政道路工程，完成 100 余项约 1.2 亿元的招投标任务。

由于她敢打能胜、业绩突出，2014 年，组织将她调到集团子公司华建地产开发有限公司工作。她负责华山片区工作时，华山片区开发建设是济南北跨发展的重点项目，是济南目前为止最大的单体建设项目，整个片区总面积 14.6 平方公里，共有 24 个村居，其中 19 个村居需整体拆迁，征收土地规模达 18000 亩，需拆除各类地上建筑物 400 多万平方米，新建安置和保障用房 260 万平方米，安置城乡居民 37000 人；工程建成后地上建筑面积将达到 1200 万平方米，人口规模将达到 18.7 万人。

村居征地拆迁历来是城市建设中的硬骨头、第一难，加之片区项目要征收国有单位数十家及 400 多万平方米的地上物拆迁，涉及人口多、规模大，工作难度可想而知。她胆大心细、靠前指挥、亲力亲为、狠抓质量，硬是凭着一股坚持不懈、坚韧不拔的韧劲，团结带领公司同事，克服种种险阻艰难，化解各个矛盾焦点，硬是按既定时间圆满完成了征地拆迁任务，打胜了华山片区建设中最难啃的这场攻坚战。她负责的棚改项目已累计完成近万套安置保障房开工建设任务，100 多万平方米安置保障房拔地而起，仅 2017 年就完成省棚改任务 2973 套，市棚改任务 1200 套，超额完成了年度任务，完成任务数量和质量都稳居济南市前列。

冯继军严格遵守党章党规党纪，知敬畏、存戒惧、守底线，遵纪守法，清正廉洁。招投标和合同管理是工程建设领域的核心业务，也是廉政风险高发的领域。这些年由她负责的重大工程，涉及的金额少则几个亿，多则几十亿甚至上百亿，但先后历经过国家、省、市各级审计数十次，从未发生过一起廉政责任事故，她以实际行动证明了一名共产党员的忠诚和干净。

多年来，冯继军始终奋战在急难险重工作第一线、最前沿，始终坚持把“爱岗敬业、真抓实干、敢打硬仗、无私奉献”的军人本色落实到日常工作中，在平凡的岗位上做出了特别突出的业绩。2011 年被评为“济南市建功立业先进个人”，2012 年被评为“济南市 12345 热线办理工作先进个人”，2014 年被评为“山东省模范军转干部”并荣获一等功，2017 年获评“济南市劳动模范”，2018 年获评“济南市棚改旧改（征收拆迁）工作突出个人”和“山东省劳动模范”，2020 年被评为“济南市抗击疫情最美志愿者”“国企楷模创新人物”“山东省三八红旗手”。2023 年 3 月，经山东省建设工会、山东省园林绿化行业协会批准，她又获得“山东省优秀女风景园林师”的荣誉称号。

冰心说：“成功的花，人们只惊慕她现时的明艳！然而当初她的芽儿，浸透了奋斗的泪泉，洒遍了牺牲的血雨。”冯继军这些荣誉的获得，背后是她无以计数的努力和付出。

城建集团也曾派记者，追踪报道了冯继军一天的日常。比如 2018 年 4 月的一天，他们感慨：冯继军的办公室门，从早上打开后，就再也关不上了。

9 点钟，她的办公室里已经挤满了汇报沟通工作的人。之后的一个小时，来办公室里的人没断过，她的电话铃声也几乎没停过。

9∶50，冯继军离开办公室，要去会议室与同事沟通鹊华桥土方、景观亮化相关工程的造价问题。冯继军说话快，走路也快，几乎一路小跑，到了会议室。面对满屏幕的专业数据，冯继军总能一眼就看出问题所在，反应之快令两位科班出身的同事也有点左支右绌。

10∶25，会议结束。冯继军要赶往华山湿地公园接待来访的考察团。汽车一路飞奔，冯继军趁此空隙，赶紧查看和回复手机里的未读信息。

10∶30，游览车上，冯继军向考察人员详细介绍着苗木品种。片区内的上百种植物，她都了如指掌。

11∶20，经过近一个小时的参观，冯继军送走了考察团。她已经记不清这是接待的第几批考察团了，但对每一位来访人员，她都不厌其烦地讲解介绍。

“看着听着他们对华山片区巨变的惊叹和赞赏，我就越讲越带劲，接下来的工作也越干越带劲。”回办公室的路上，冯继军又接起了电话，粗略统计，她一上午已经接打了 50 多通电话了。

11∶35，冯继军回到办公室，虽然已到午饭时间，但办公室里还有满屋的同事和一堆的工作等待着她。窗台上，摆放着下午的会议通知，冯继军下午要赶到历城区政府参加华山片区多方碰头协调会。

14∶15，冯继军赶到了会场，会议前夕，她的电话依然不停。

14∶40，会议进行中，冯继军面色严肃。“这类碰头协调会最难开，都是牵扯到各方切身利益的事，每次会开完都像是打了一场仗。”冯继军说道。

17∶52，冯继军开完会回到了办公室，给同事安排第二天的工作。随着时间的推移，冯继军的办公室终于慢慢安静了下来。

那次采访是 4 月底，而冯继军台历上的备忘录已经记到了 5 月份。有人调侃，冯继军不是钢铁战士，简直是“数字化斗士”。

民生实干家

2021 年，冯继军肩负起新使命，带领她的团队开启济南新旧动能转换起步区建设新征程，承担起步区部分园林绿化、水利工程、市政道路、安置房及配套教育代建任务。

园林绿化完成 109 万平方米，为起步区生态建设打好蓝绿底色。其中，黄河生态廊道防护林及苗圃工程，因地制宜打造成高标准生态农田景观，成功种植油菜花和油葵形成景观效果，成为起步区一道亮丽的风景线，吸引大量游客及相关媒体前来打卡拍照。石济客专高铁沿线防护林及苗圃工程，在山东省市政工程建设 QC 小组活动中获得一等奖，其中三个标段选为“千园之城”项目。“鹊山惨案”纪念地周边生态环境改造工程，用时 3 个月解决鹊山周边黑臭水体问题。新使命催人奋进，新征程任重道远。冯继军以担当精神扛起建设使命，在项目建设中砥砺前行。

住有所居，居有所安，冯继军始终以高质量建设为目标，以推进安置房项目建设为重点，深入一线，靠前指挥，全力以赴投入到安置房项目推进工作中。工程二部已开工建设安置房项目五个，面积 99 万平方米，力争 2023

年开工建设项目三个，面积98.5万平方米。从征地拆迁到工程建设，冯继军每个具体环节都积极参与，坚持以高质量高标准为质量目标，以严格控制投资为造价目标，以如期交付为进度目标，以安全生产零事故为安全目标，全力以赴地投入到工程建设中。

目前已开工建设项目正在有序推进，具备施工条件的安置房及配套项目将于2023年底达到竣工验收条件，未开工建设项目力争今年落地。工程建设严格按照质量优良和环境优美“双优”工程来打造，保障建设质量，切实把项目建设成为民生工程和精品工程。

冯继军名字里有一个“军”字，她的名字注定她今生难以割舍的军人特质——大局意识：舍小家，顾大“家”。冯继军把对小家的挚爱倾注在“职工之家”打造上，与外来务工人员“面对面、心连心”。迄今为止，她负责的工程未发生一起拖欠外来务工人员工资现象。此外，她还开展“依法用工法律知识”讲座25次，印刷《劳动合同法知识问答》宣传单5000余份，受助人员157人，受助金额85.73万元；向外来务工人员送去棉衣、手套、绿豆汤等生活用品，价值累计13.35万元。为弘扬“工匠精神”，冯继军组织开展技术比武等竞赛活动，涌现出创新型班组32个、创新能手26名、优质施工单位20个，让工匠精神蔚然成风。

谈到15年军旅生涯的影响，冯继军说：“部队转业的人都很较真，领导要求哪个节点完成工作，我就想尽一切办法在这个节点完成。”15年的军旅生涯，军容永继；15年的城建事业，如风巾帼。冯继军以飒爽的英姿，引领她的团队奋斗在济南新旧动能转换起步区一线，在城市建设前沿贡献巾帼力量，可以说，她是新时代“济南战役”中的标兵。

做济世良药，增生命颜色

——记山东省劳动模范、齐鲁制药集团有限公司生物公司薛久刚

吴　苹

在企业工作的人大都对这个故事耳熟能详：有三个男人被上帝扔到一个荒岛上，他们将要在那里开始为期三年的生活，他们一个是法国人，一个是美国人，一个是犹太人。上帝答应每人满足他们一个要求，法国人说他需要一名美丽的女郎相伴；美国人说他喜欢雪茄，便要了三箱雪茄；犹太人说他需要一部可以随时与外界联络的手机。三年后，美国人的嘴里塞满了雪茄，怒气冲冲地喊着："给我火！"原来他要了雪茄，却忘记要火；法国人和美女离开荒岛时，一人抱着一个孩子；而犹太人却紧紧握着上帝的手说："因为你给我的这部手机，这三年来，我的生意不仅没有停滞，反而增长了百分

之二百，为了表示感谢，我送你一辆法拉利。”这则故事讲的是“选择”，一个人现在的生活是由他三年前，乃至更早时候的选择决定的，一个人现在的选择决定了他三年后的生活。现实中，选择的重要性等同于努力，甚至大于努力。

2023 年，齐鲁制药集团有限公司生物公司的总工程师薛久刚被评为山东省劳动模范，薛久刚回顾自己十几年来的工作历程，再看着日益蓬勃、壮大的齐鲁制药集团，越发坚定了自己当初的正确选择。

2011 年，薛久刚从新加坡南洋理工大学学成归来，全球的单抗产业即将崭露蓬勃发展之势，国外已经迈开坚实有力的步伐，国内的生物制药产业也正在起步。薛久刚作为新加坡南洋理工大学分子生物学的博士，一名不可多得的人才，许多知名企业自然纷纷向他伸出橄榄枝。经过一番深思熟虑之后，他选择了齐鲁制药集团旗下的生物公司。很多人在选择工作单位时，普遍关注的是薪资待遇、公司实力、个人发展等，而薛久刚重点关注了公司前景，以及很容易被大家忽略的企业文化。“大医精诚，家国天下”是齐鲁制药集团的核心价值观，“有国有厂才有家”是集团领导所大力倡导的。毫无疑问，公司的企业文化和薛久刚的人生理念是不谋而合的。

薛久刚入职齐鲁制药集团之后，先是在工业北路的老厂区工作。厂区内，厂房和宿舍楼整齐划一，跨马路的管道架子高大壮观，尽显大厂的厚重气势。每天清晨，穿着厂服的员工从四面八方如百川归海般进入厂区，然后走上各自的岗位，开始一天充实、有序的工作。九点钟左右，公司大喇叭的播报声如约而至，主要是为过生日的员工送生日祝福，若哪天过生日的人员较多，一串念下来便是长长的十几个人名。而后，员工还会收到公司专门为其准备的生日蛋糕。在齐鲁制药集团，从高管到普通工人，每位员工都能在生日那天收到关爱与祝福。时至今日，齐鲁制药集团为员工提供的福利也越发完善，除了生日礼物与祝福，还有过节费、定期体检、职工班车、职工宿舍、职工小学、职工医院、齐鲁大学堂等。其中，齐鲁大学堂是专门为满足员工的学习需求、提升员工的各项能力而组建的，课程丰富、可选择性强，有适合高级管理人员的，也有适合基层班组长的，薛久刚本人就是齐鲁大学堂的授课老师。集团为员工提供的各种福利待遇，如同春雨般润物细无声，也给了员工安全感和归属感。这份温暖与归属感将大家凝聚在一起，使得其他员工和薛久刚一样，将自己深深根植于这片土壤，并奉献于这片土壤。

齐鲁制药集团是做药品的，药品的作用与意义自然是妇孺皆知，但药品研发、生产过程中的漫长与曲折却是鲜为人知。入职生物公司之后，薛久刚即负责贝伐珠单抗生物类似药的开发。做生仿药的第一步是要把原研药了解清楚，对产品的理化性质、作用机理、临床表现都要做翔实的调研分析，然后再通过自己的工艺设计，做出跟原研药高度类似的产品，接着进行临床前的动物试验。动物试验没问题之后，再向原国家食品药品监督管理总局申请人体试验。生物类似药的人体试验主要是Ⅰ期临床试验和Ⅲ期临床试验。Ⅰ期临床主要研究药品的安全性、在人体内的代谢情况，以及探索给药剂量、周期、方式等；Ⅲ期临床主要研究药品的有效性。从项目立项到最终获批上市需要一个漫长的过程，以“十年磨一剑”来描述药品研发生产的过程，一点也不为过。

2011 年，彼时国内的单抗产业尚处于萌芽阶段，没有这方面的资料和文件，没有可以供参考的标准，到底在工艺上开展哪些研究，所有的一切都是模糊的，大家都是摸着石头过河。在培养细胞的车间里，最醒目的是那一个个巍峨耸立的不锈钢反应器，车间的同事给它取了一个很通俗的名字——罐子。薛久刚和他的同事们在做工艺时，先从小的罐子做起，最开始做两升或者五升的小罐，经过长时间多方面的研究、探索，确保小罐工艺没有问题后，接着做五百升的罐子，再接着做两千升的大罐。由小及大、循序渐进地将工艺放大。工艺放大时也会遇到瓶颈，本来是小罐上的工艺，到了大罐上如何设计参数，罐里有搅拌浆，如何进行搅拌，如何通气，都要经过无数次的探索、考证。遇到工作进展不太顺利的时候，薛久刚便带着大家一起寻找问题症结，分析问题出现的原因。由于产品的物料成分与培养基比较复杂，不同批次的产品也会表现出质量上的差异。薛久刚检索文件的能力较强，将问题症结寻找出来后，再总结出来返回给研发部门，大家齐心协力一起解决质量上的问题。一路走来，倒也积累了许多属于自己的丰富经验和独特技术。

2016 年下半年，齐鲁制药集团在旅游路 8888 号启动新的产业园建设工程。产业园新建工作时间紧、任务重，再加上该工作的关键性和重要性，大家都将其称为“淮海战役”。产业园建设期间，现场施工以及整个基地的安全作业，都归薛久刚负责。由于现场切割、打磨时产生一些火花，附近的可燃物必须彻底清理干净。薛久刚知道安全工作必须做到万无一失，只有防患于未然，才能行稳致远。他负责五六栋单体建筑，每个单体都有三四个楼层，他每天在这几栋楼之间反反复复地来回查看，任何一个小小的角落都没有放过。

为了尽快地投入生产，薛久刚经常带领大家加班加点地工作。有一次，新的设备运到产业园之后，大家立即进入紧张的工作状态，先将设备的外包装拆除，再进行简单的打扫，打扫完毕接着进行调试，不知不觉到了晚上十点多钟。从办公室出来后，大家发现外面不知何时下起了大雨。九月份的夜晚，风雨交加，气温也随之降低，大家顿时感觉到了寒意。当时产业园内的道路还没有修建，出了办公室全是黄泥地，黄泥地本来就松软，被雨浇灌后便成了沼泽，一脚下去烂泥没过了腿肚子。黄泥又湿又黏，好不容易将脚从里面拔出来，鞋子却被粘在泥里。大家相互打趣着，跟着薛久刚深一脚浅一脚地往前走。终于到了大门口，低头看看脚上的鞋子，早已被泥巴糊得面目全非。

产业园快马加鞭地进入投产，工作也渐渐走上有条不紊的轨道。一天晚上，燃气锅突然发生异常而停机，锅炉罢工导致工业蒸汽无法产生，车间内的细胞即将毁于一旦。这是新园区建成后的第一批原液，各级领导都非常重视，如果不及时解决锅炉问题，不仅辜负了领导的期望，车间同事的心血也将付诸东流。事情紧急刻不容缓，薛久刚接到同事的电话后，发动汽车风驰电掣一般往厂里赶。到了车间，他先联系董家园区将电蒸汽发生器运送过来，接着给厂家打电话让他们帮忙抢修锅炉。厂家那边详细了解情况之后，安慰大家说不用紧张，并告知了解决问题的方法。薛久刚和同事们将整个系统认真检查一遍，而后打开锅炉，果然锅炉又恢复正常运行。

2016年至2017年，是贝伐珠单抗生产的关键时期。那一阵子，薛久刚和他手下的骨干经常加班，每天干到晚上七八点都是家常便饭。薛久刚带领大家加班时，董事长常打电话过来，问大家有没有吃饭，并说要安排食堂把饭送过去，薛久刚总是婉言谢绝，太麻烦食堂的工作人员他心里过意不去，自己买点泡面便对付过去一顿饭。由于当时还没有建宿舍，大家就在办公室打地铺，薛久刚和骨干们一个月值六七个班，一个班三十多个小时。一罐细胞的生长周期为三十七八天，在这期间，影响细胞生长的因素很多，如温度、压力、pH值、溶氧、糖浓度等，每一项因素都至关重要，出现任何一点偏差，之前做的所有工作便前功尽弃。薛久刚将每一罐细胞都当成自己的孩子，即使是晚上回到家，也经常往车间打电话，询问现场的情况，并让员工们将各种参数报一遍，然后再将产品拍照发给他。有时候他半夜从梦中醒来，想起车间里的产品就再无睡意，于是迅速穿好衣服驱车赶往产业园。在车间忙到天亮后去食堂吃一顿饭，再跑到车间继续盯着罐子。在他的言传身教下，他手下的骨干们几乎个个成了“拼命三郎”，为了工作全都竭尽全力，再忙再辛苦也没有任何怨言。

2018年，车间承接了一个新项目的技术转移。该项目由齐鲁西雅图研发中心开发，计划在中国、美国同步开展临床试验。为满足美国食品药品监督局的评审要求，这些生产质量文件要由传统的中文形式全部转换为中英文双语形式，一百余份文件，合计约一百万字，需要在两个月内完成，再加上项目的研发计划比较紧张，必须按时启动生产，挑战巨大。薛久刚作为项目的总负责人，一方面将任务详细分解，落实到人，并每周、每天跟踪文件准备进度，同时与西雅图研发中心的美籍研究人员密切沟通，及时了解对方的审核意见；另一方面，他主动承担了二十余份原液生产工艺资料的撰写工作。在文件准备最紧张的时刻，他的孩子因眼疾在爱尔眼科医院进行手术，他和爱人轮流在医院里陪护。白天，他在产业园里忙工作，晚上下班后再去医院替换爱人。晚上，照顾孩子吃过晚饭后，他便打开电脑进入工作。夜渐渐深了，病房里的声音和灯光悄无声息地撤退，只有他的电脑屏幕还在不知疲倦地亮着。

通过项目组的共同努力，在中、美双方技术人员反复沟通确认之后，项目的所有技术文件均按时完成，确保了项目的顺利开展。在这个过程中，大家积累的宝贵经验和最终形成的一套完整的中英文文件体系，为公司后续国际化项目的开展奠定了坚实的基础。

2019 年下半年，贝伐珠单抗进入注册核查环节。十年磨一剑，只待最后的紧要关口，这个时期的重要性自是不言而喻。在为期七十二天的核查期间，大家就想把准备工作做到百密而无一疏，唯恐往返公司耽误时间，薛久刚和同事们都选择住在宿舍，即使是有人家里有事，回去的次数也是屈指可数。好在所有的汗水和心血都没有被辜负，产品在当年 12 月获批上市，为广大肿瘤患者提供了新的治疗选择。

2019 年 12 月，贝伐珠单抗（安可达）上市之后，中国工程院院士、山东省肿瘤医院院长于金明教授在接受《中国医学论坛报》采访时，表达了诚挚的祝贺。于院士认为该药上市对于临床医生与广大患者具有重要意义，与国外原研药相比，这款国产生物药的可及性显著提高，使广大中国患者能够得到更好的治疗，同时降低了患者的用药负担和国家医保支付。

安可达凭借着良好的疗效和安全性，以及比原研药更低的价格获得了患者的一致好评，在罐装和无菌检验时，产品都已全部被预订。安可达的供不应求，也让薛久刚面临着一个新的问题——严重的产能不足问题。为加快市场供货，满足广大患者的用药需求，薛久刚作为项目总负责人，在公司的支持和指导下，进行了系统的顶层设计、统筹谋划。他首先与市场部门密切协同了解供货需求，基于终端的市场反馈制订产能扩产计划；然后，透彻学习《药品注册管理办法》《药品生产监督管理办法》《生物制品上市后变更技术指导原则》等法律法规，以最新、最严的监管要求为指导开展变更工作，并凭借全面、准确、科学、合理的工艺技术研究结果赢得了药政监管部门的认可。

薛久刚和他的同事们一切以安可达供货为中心，千方百计协调内、外部资源，从物料供应、技术支持、设备保障、人员配置等方面优先满足扩产需求，使产能在一年多的时间内扩大了七倍，有效地缓解了供货紧张问题；同时，持续开展技术攻关，从原液、制剂生产工艺的全链条入手，优化工艺参数，使单位产量获得大幅度提升。

薛久刚和他背后的团队所有的拼搏都有了结果，所有的付出都有了回报。截至目前，有累计超过百万的患者使用了安可达，且产生了巨大的社会经济效益。安可达的美好寓意“安全、可及、达济天下”也得到了充分的诠释与体现。继安可达之后，齐鲁制药治疗骨质疏松的药品地舒单抗于 2023 年 10

月成功上市。未来两年，预计将有十余款新产品陆续获批上市，进一步解决广大患者用药贵、用药难的问题。

在工作中，薛久刚以高度的责任心与敬业精神赢得了员工的敬重，了解他的员工都以他为标杆来要求自己、提高自己。每到关键时刻，他总是身先士卒冲到前面，员工们便紧随其后。2021 年春节期间，全国多个城市暴发疫情，济南也进入了全城抗疫的紧张状态。为了避免因封控在家而影响到车间的生产，薛久刚一马当先带领手下的骨干住进厂里。这是一个独一无二的春节，又是一个热热闹闹的春节。那些天，薛久刚为大家组织了很多娱乐活动，室外活动有篮球赛、足球赛，室内游戏有扑克、乒乓球赛等。为了鼓励大家参与，胜利者还可获得奖品，大家负责娱乐，他负责跑腿，为大家买奖品、买牛奶饮料等。大年初一的清晨，集团总裁来给驻厂的员工拜年，瞬间将年的气氛掀到一个高潮。送走总裁后，薛久刚和几个高管开始在群里发红包，发的全是吉祥数字：666 元 、888 元，领导们发红包你追我赶，员工们抢红包争先恐后。那一天，薛久刚发了近 5000 元的红包，有些手气好的员工累计抢红包 200 多元。他常跟身边的人说，不怕发红包，就怕发红包没人抢，要的就是大家开心快乐。

2022 年 11 月，济南再次暴发大规模的疫情，薛久刚又一次带领大家住进厂里。大家为了工作而全力以赴，公司也给大家解决了许多实际问题：统一发放床、睡垫、睡袋、口罩、消毒湿巾等。驻厂时是 10 月份，天气还不算太冷，因此大家都没有带冬衣，到了 11 月份，天气急转直下，温度骤然跌到零下五六度。从恒温的车间走到室外，顿觉寒气袭人。由于当时很多小区被封控，导致运输中断，即使采购了衣服也无法确保到货的时间。员工的保暖问题是第一要事，薛久刚只能通过朋友，和做保暖内衣的一家公司取得联系，终于在第一时间为大家进了一批保暖内衣。紧接着，集团总工会也为所有的员工买了保暖的衣服。

作为齐鲁制药集团生物公司的总工程师，薛久刚深知“授人以鱼不如授人以渔”的道理，一直以来，他都高度重视对员工的培训和技能提升。集团刚刚开始推行培训时，他就牵头组织整个基地的讲堂搭建。他不仅为集团的齐鲁大讲堂讲课，还挤时间为生物公司的员工进行培训，每个月必定抽出一个上午作为讲课时间，一年多来已形成习惯，且雷打不动。课程内容包括管理类、工艺类、精益类、医药类等，课件是他自己做的，全是他看书后提炼出来的精髓，比如，他阅读《国内外法规》，看到有法规更新，或者某些经典案例，便第一时间和大家分享。遇到他手下的员工讲课，即使工作再忙，他都坚持去听，并提出针对性的建议。他还组织成立了图书角，每个月为员工推荐一本书，并带领大家在读书会上进行分享。他博学多才，知识面丰富，他的课程常常给大家一种醍醐灌顶之感。他总是不遗余力地为大家打开一扇扇知识之窗，让大家尽情享受清风拂面的充实与美好。

为了让员工都能做好自检自查工作，自 2020 年，齐鲁制药集团生物公司就推出了“随手拍”平台，即员工们若在安全、质量、经营管理、现场安全等方面发现了问题，可以随手拍下来向平台反馈，每反馈一条信息均有十元钱的奖励。“随手拍”相当于生物公司的“12345”，每一条反馈信息都有专人落实和跟踪，能解决的尽快解决，不能解决的也会及时和员工沟通。有一次，平台收到一条反馈信息，说这几年增加了三四千名新同事，人多了，可是厕所却不够用了。薛久刚收到这条反馈信息后，立即着手将办公楼二楼进行装修，解决大家的“如厕”问题。有一次，某员工和他说了一句“车棚有点拥挤”，他又是第一时间增加车棚。有时候，他和同事一起去别的公司做供应商审计，大家总能在瞬间发现问题，并私下里和他开玩笑说，这个地方可以上十元钱的随手拍，那个地方又可以获得十元钱的奖励。

在企业里，公司和员工的关系是舟和水的关系。公司是舟，员工是水，舟每前行一步，都离不开水的承载和推动。薛久刚作为齐鲁制药集团生物公司的总工程师，之所以深受员工的敬重和爱戴，不仅仅源于他渊博的学识、过硬的能力，更重要的是源于他对每一位员工的尊重。在齐鲁制药集团生物公司，每年的 8 月份是新员工入职季，新员工加入之后，座谈会是必不可少的环节。大家围坐成一个圆，新员工们依次提出问题，由薛久刚来解答，问题的内容包括工作上的、生活上的、家庭上的、人际关系上的等。而后，薛久刚还会和他们一对一地谈心，了解他们的问题和需求，有时候在去食堂的路上偶尔遇到新员工，他也会趁机和他们聊一聊。他常跟新员工说：“工作、生活上有问题先找你们主任解决，主任解决不了可以直接找我。”为了丰富大家的生活，周末或节假日，薛久刚经常组织聚餐、聚会、团建等，和大家一起去南部山区游泳、攀岩、漂流。打 CS 时，他主动当大家的“靶子”，让大家向他“开炮”，有时候掩护其他同事，他还心甘情愿充当“炮灰”。在大自然中，大家尽情地放松，领导和员工打成一片，上级和下级浑然一体。

在这个社会中，对待弱者的态度，是衡量社会文明的尺度；在一家公司里，对待困难职工的态度，反映出这个公司的底蕴与担当。齐鲁制药集团生物公司有位年轻的女职工，父母双双患有腰椎病，弟弟患有严重的基因病，生活无法自理。薛久刚了解到这个情况后，得知公司里有治基因病的类似药物，考虑到买这种药的费用不是太高，便和女职工的直属领导一起掏钱买了药。这期间，薛久刚和厂里的领导走访调查，又发现一位家庭困难的男职工。这位男职工的父亲患有心脏病，平时全靠药物来维持，母亲患有脑梗，祖父母年事已高，均长期卧床，他的妻子在村里打零工，家里还有两个年幼的孩子，一大家人的生活来源全靠夫妻二人的工资。这两位员工的事情对薛久刚触动很大，他当即联系了生物公司的工会主席，提出了帮扶困难职工的建议。在公司工会和他的努力下，公司的爱心基金会从此成立。平时，大家自发自愿地将善款捐入爱心基金会，为有困难的同事送去温暖和关爱。

在齐鲁制药集团，人性化管理增加了公司员工的凝聚力，也降低了员工的离职率。很多员工走出校门就进了公司，还有人从满头青丝一直干到两鬓斑白，他们将自己的青春和智慧全部奉献给了自己喜欢的工作。有一次，薛久刚和国外的同行一起开会，会后，大家聊起了自己在公司的工龄，有人说干了三年，有人说干了五年，薛久刚笑说："你们几个人的工龄加起来，不如我们公司一个人的工龄长，我们公司有很多老员工，一干就是三四十年。"有位老员工自 1980 年入职齐鲁制药集团，一直干到六十岁退休，整整干了四十三年。他退休那天，薛久刚带着同事们为他举办了欢送会，在会上，大家回顾了和他在一起的点点滴滴，接着听他讲述这四十三年里的美好瞬间，并为他送上鲜花和礼品，最后大家一起合影留念。虽然鲜花和礼品称不上多么贵重，但生活需要仪式，仪式感是生活的小小花絮，有了它，生活才变得活色生香、有滋有味。

在齐鲁制药集团，也有一些老家在外省的员工，他们在薛久刚身边工作了数年，后来因为回老家结婚等原因离职的，薛久刚也同样为他们送去祝福。员工到了新公司后，新公司领导常会给原公司领导打电话，了解员工在原公司的工作情况，薛久刚也多会对该员工的工作做出良好的评价。有些员工离开公司多年，还会打电话向他请教一些问题，他都会耐心地为他们解答。

这些年，薛久刚在公司的时间远远超过在家里的时间。往往，早晨他离开家时孩子还在睡梦中，晚上回到家孩子已进入梦乡，看着孩子可爱的小脸，他心里也会生出丝丝悸动。有时候，孩子会向他发牢骚："爸爸，以前你们公司单休时，你不能陪我玩儿，怎么现在双休了还不能陪我玩啊？！”他怕孩子不开心，便耐心地跟他解释。一次，公司派他去广州出差，早晨八点的航班，忙完那边的工作后，到晚上八点再从广州返回济南。不凑巧的是，返程的航班因下雨而延误，晚上八点起飞的航班改签到十点钟。为了不让这两个小时白白溜走，他在候机室打开手提电脑开始阅读文件。到了九点多的时候，他正准备合上电脑，没想到航班再次改签，这次是十二点起飞，好在他带着书籍和电脑，即便是候机期间那两三个小时也不至于浪费掉。凌晨三点多钟，他终于带着一身疲倦回到家中，洗漱一番之后，又该去公司上班了。二十多个小时往返于两个城市，一路舟车劳顿自是不必言说，但看到车间里的同事都干得热火朝天，欣慰和满足便从内心油然而生。

这些年，薛久刚时刻牢记集团董事长说的领导干部的三把尺子：激情、干货、担当，他一直用这三把尺子来衡量自己、匡正自己。在药品的生产上，他要求自己以高度的责任心和使命感来投入工作，脚踏实地、做出实事，为公司创造更大的效益；在管理团队上，他要求自己以身作则，给员工们机会和空间，以最大的善意对待员工，来激发他们的善意。每逢员工有肉眼可见的成长，他便开心不已。有次，他去食堂的路上看到一位三十岁左右的年轻职工，发现他的头发比刚入职时少了很多，他心里一阵酸楚，在后面盯着那位年轻人看了许久。他常常感觉自己是比较幸运的那一部分人，当初他选择了齐鲁制药集团，董事长高度重视人才，在这里，他获得了可以施展才华的平台和机遇。

常有媒体采访薛久刚，让他谈谈自己的事迹，他总是很低调地说：“我自己没有什么可谈的，我并不是天才，是公司给我了平台和机遇，成绩是所有同事齐心协力所创造的。在我们公司，每个人都很尽职尽责，就像董事长，年近八旬，每天还都在坚持上班，其他人又有什么理由不努力呢？！”

薛久刚是一名制药人，让自己生产的药物给生命带去平安和康健，是制药人最简单的幸福和最持久的夙愿。生命是一叶扁舟，在时光无涯的大海里漂流，狂风骤雨、暗礁漩涡常常不期而遇，它只需被及时地托举与修复，便可避免提前颠覆的命运。生命增色一分，人间便美好无数。

从军人到保安，初心不改续荣光

——记山东省劳动模范、山东振邦保安服务有限责任公司市中分公司王善永

鲁 风

曾经，他是一个兵，身穿橄榄绿保家卫国；如今，他退伍不褪色，身披保安蓝守护平安。转变的是身份，不变的是初心。他将公益事业当成生活习惯，用实际行动诠释了“铁汉柔情”。

他就是王善永，男，汉族，1970 年 1 月出生，山东章丘人，1992 年参加工作，中共党员，研究生学历，振邦集团副总裁、工会主席，高级保安管理师，山东省政府采购评审专家，市中区政协委员，市中区工商联副主席。

他的身上闪耀着众多光环：在部队服役时，曾荣立 3 次三等功，受嘉奖 17 次；2005 年 12 月被全国总工会、共青团中央、公安部联合授予“第二届全国十佳保安员”，在人民大会堂表彰并受到党和国家领导人接见；先后被授予“济南市优秀共产党员”、“济南市劳动模范”、“山东省劳动模范”、

第一届“济南市道德模范”、“济南慈善二十年突出贡献奖”、2019年度济南慈善奖“爱心个人楷模”、“十二届泉城十大杰出青年提名奖”、“温暖泉城优秀慈善人物”、2019爱涌泉城“十佳公益人物”、“疫情防控特别贡献个人”等荣誉。

诗人艾青曾说：“光荣的桂冠，从来都是用荆棘编成。”光环的背后是付出与奉献，王善永从一个兵到保安“慈善家”，始终不忘初心，用责任担当守护城市安宁，以无私奉献彰显为民情怀。

“脱下军装，换上保安服，我还是一个兵”

有人说，“当过兵的人，一辈子都是兵”。军旅生涯不仅是王善永生命中的一段履历、一种磨炼，更像是一道烙印，将忠诚和奉献刻在骨子里、融进血液中，时刻在社会的各个角落熠熠生辉。

1992年11月28日，这个寒冷的冬日让王善永格外难忘。就在这一天，他告别了火热的军营生活，开始了自己新的人生。本来，亲朋好友为他陆续介绍了一些待遇不错的工作，但在他心里，始终无法割舍军装情结。匡扶正义、保家卫国是他永远的理想，而现实社会中，保安无疑是最接近他理想的一份职业。于是，他毅然告别家人，只身来到济南，进入了刚成立的天桥保安公司。

大家都知道，人们对“保安”这个职业是有歧视的，认为只有没本事的人才干这个。对于他的选择，周围很多朋友表示不理解。王善永说：“保安这份工作，有的人瞧不上，就因为这一点，我也要努力把这份工作做好。三百六十行，行行出状元，只要自己尽力了，用心去奋斗了，是金子到哪儿都会发光。”他用实际行动证实了自己的价值。

参加工作后，王善永接到的第一项任务是训练88名退伍战士。练体能、练队列，短短一个月，当这些年轻的保安队员以威武的仪表、整齐的步伐出现在天桥保安公司成立庆典上的时候，谁都知道，这背后凝聚着王善永许多辛勤的汗水。短短的几年时间，在王善永的训练指挥下，保安方队先后获得总公司成立十周年会操第一名、全市政法系统大阅兵第一名、全市群防群治队伍大比武第一名的好成绩。

不是每一个军人都能做将军，但是脱下军装的军人却可以成就自己人生的将军。王善永是一个勤奋好学的人，他深知，保安工作是一项艰苦而特殊的工作，不仅要克服风吹日晒、酷暑严寒等环境因素，还要与各种违法犯罪行为作斗争。要处理好这些突发事件，不仅需要保安人员具有较强的业务技能，更需要掌握一定的法律知识。于是，他业余时间积极自学法律知识，考取了法律本科文凭，并自觉将所学知识运用到日常工作中，在规范队伍管理、严格依法值勤、签订服务合同、维护队员权益等方面做出了卓越成绩。

王善于也是一个爱“琢磨”的人。保安工作看似没有什么技术含量，但里面也蕴含着管理的大“学问”。他先后总结出了队伍管理“新队员四个一”“保安队伍四不一有”“队长、家长双向管理”等方法，服务客户“六个一工程”“双向考核”“等级化管理”等做法，探索了“长期派驻、短期雇佣、警保联动、人技结合”的保安工作机制，积极规范运行ISO9000和OHSA18000管理体系。他的一系列先进做法，得到分公司、总公司领导的高度评价，并在全市保安行业内予以推广。

在人们的印象里，保安是一份平凡而普通的职业，危险似乎离他们很遥远。他们既没有共和国卫士的威严，更没有人民警察一样的出彩，但他们就在这平凡中孕育着不平凡，用责任和担当守护着城市安宁。

2002年9月，有“全国十大服装市场”称号的济南泺口服装市场内出现了一伙歹徒，每天强行收取业户几十元到几百元的“保护费”，对业户拳打脚踢，打砸摊位。业户们对此深恶痛绝，却又无计可施。

得知这一情况，负责这一带保安任务的王善永向领导汇报后，制定了清除“市霸”的行动方案。当歹徒再次闯进市场收钱时，王善永带领十几名队员冲出，将6名歹徒擒获，并移交公安机关处理，由此破获了一个在济南各大市场专门进行敲诈勒索钱财的涉黑团伙。

随着“市霸”被一网打尽，市场又恢复了往日的秩序，业户们自发给王善永他们送来了锦旗。从此，“平安卫士”之名不胫而走。

2004年4月的一天，一名男子窜至济南工人新村某居民位于一楼的家中盗窃，被发现后用菜刀将男主人砍成重伤。歹徒逃跑时被民警、保安赶来围住，便在院内挟持女主人当作人质，将菜刀架在人质脖子上，叫喊着再不放他走就杀死人质，情势非常危急。

现场指挥人员精心制订方案，王善永主动请缨，在民警配合下巧妙迂回至歹徒身后，随手向歹徒侧方投出一枚石子，趁对方循声调头的一瞬间，飞身扑向歹徒，夺下菜刀，抢过人质，制服了对方，化解了危情。

像这样惊心动魄的故事，只不过是王善永工作的一个缩影。在他30多年的保安生涯中，记不清亲手抓获了多少各类违法犯罪嫌疑人，记不清制止调停过多少次打架斗殴和纠纷，记不清处置过多少起安全隐患。

有这样一组数据：在王善永担任天桥分公司三大队大队长期间，近三年的时间里，他带领队员共抓获各类违法犯罪嫌疑人206人，自己亲手抓获47人，为公安机关提供破案线索24条，为客户处置各类安全隐患820处，调解各类纠纷550起，扑灭火灾22起，挽回经济损失380余万元，为群众做好事600余件。

在他的带领下，公司团委被授予“山东省五四红旗团委”称号，11个保安值勤点被授予省、市、区级“青年文明号”称号。他本人多次被评为全市“十佳保安标兵”“先进工作者”“泉城保安卫士”“擒敌能手”，2003年荣获“泉城十大杰出青年提名”，2004年荣获“山东省优秀青年卫士”，被省人事厅荣记三等功。

跟王善永交谈过程中，会让人突然想起一句话：“你所谓的岁月静好，不过是有人在为你负重前行。”

每逢节假日，都是安保工作任务最重的时候，王善永更是忙碌。家人有时也会抱怨：“在部队时不着家，现在还是见不到他人。”王善永则说：“脱下军装，换上保安服，我还是一个兵！无论什么岗位，都要有冲锋陷阵、不惧磨难、兢兢业业、艰苦奋斗的精神。”

“退伍不能褪色，我永远都不能丢掉军人的光辉形象”

从武警战士到保安队员，从保安队员到一名优秀的管理者，多年的人生历练使王善永对保安工作有了更深的认识。他说："保安工作与人民群众的生活紧密相连，保安工作的基础和重心在服务上，保安队员通过站岗巡逻、扶危济困等方式，最终实现服务群众、服务社会的目的。"

多年来，王善永都有一个念头，那就是退伍不能褪色，把自己当武警时练就的过硬本领，继续运用在维护社会安定、服务人民群众上。他在工作和生活中依旧保持着军人作风，哪里需要哪里帮，不惧危险，不怕困难，一身正气地向身边人传播着正能量。

2004 年 2 月的一天，王善永外出驾车途经济南黄河浮桥，行驶到浮桥中段时，见许多人趴在东侧护栏上对着河面大喊。职业的惯性，让他意识到可能有突发情况。于是，他赶紧下车。下车后，他发现滚滚黄河水中，有一名年轻男子正向河心走去，眼看河水就要淹没头顶。"不好，有人轻生！"来不及多想，王善永脱掉大衣，翻过护栏，不顾自身安危，跳进了水中。

冬日的河水冰冷刺骨，仿佛置身于冰窖之中，让人瑟瑟发抖。王善永咬紧牙关，快速游到轻生男子身边。就在浪头将要淹没那人时，王善永一把抓住了他的头发，在随后赶来的民警、保安帮助下，费尽力气将其救上岸来。

经了解，轻生男子姓陈，17 岁，湖北省黄州区人，因父母突然身亡，极度悲伤才跳河轻生。王善永将自己的大衣穿在小陈身上，耐心开导，直到小陈表示不再轻生，他才拖着疲惫的身体离去。

说起这次救人，王善永总觉得是一件小事，是义不容辞的。他说："这都是我的工作，也没啥好说的啊。我曾是一个兵，退伍不能褪色，我永远都不能丢掉军人的光辉形象。"

有人说，忠诚、奉献是军人的代名词。虽然脱下军装多年，但穿上保安服的王善永，始终带着军人的品格，以新的角色奉献着自己的光与热。他志愿于心、奉献于行，经常带领团员青年参加一些公益活动，成立了 6 个志愿者服务站，推出了"天桥保安情暖社区"项目，长期帮扶 12 户特困家庭。他们坚持每周一次走访帮扶家庭，打扫卫生，给老人理发、洗澡，陪他们聊天，逢年过节还不忘买上年货送过去。虽然保安队员换了几茬，但服务一直没有改变。残疾少年贾晓蒙 8 年没有走出家门一步，2003 年泉水复涌后，王善永用轮椅推着他游览了趵突泉等景观，此事在当时引起了极大反响。"天桥保安情暖社区"活动也被评为济南市志愿服务"十大品牌项目"。

苔花如米小，也学牡丹开。王善永不仅自己热心志愿公益，还不断鼓动周围的人伸出援助之手。他常说，通过个人的举动，可以促进整个社会风气的改变，有能力的人都伸出援助之手，让群众多几张笑脸，社会就会多一分安宁。

工作上爱岗敬业，生活中乐于助人，危急时刻见义勇为。这些年来，王善永的先进事迹被大家广为传颂，不断向社会传递着向上向善的正能量，成为齐鲁大地上的一道亮丽风景。

“能改变他们的一生，我觉得这是一种快乐吧”

一个人做一件好事并不难，难的是一辈子做好事。王善永有一个美誉：保安队里的“慈善家”。爱心助学不难，难的是连续多年的坚持。从2001年捐助第一名贫困儿童至今，王善永已经捐助17名贫困儿童走完艰辛的求学路。对他来说，慈善捐款已经成了他的责任，更是自己的使命，他甘之如饴。

提起王善永的慈善之路，不得不提当年那个因一张照片火遍全国的“大眼睛女孩”。当时“希望工程”的公益宣传已在全国叫响，那张“大眼睛”的宣传照直击心灵。1987年入伍当兵的王善永，每月津贴仅有15元。他说：“女孩充满求知欲望的大眼睛让我无法释怀，那个时候脑子里面就想，是时候该做点什么了。”于是，他每月从15元津贴里拿出5元，寄给“希望工程”，月月如此，年年如此，从不间断。

善是一种信仰，而行善则是一种坚守。看似无形，却把一颗颗爱的种子播下，就像美丽的花儿一样，在种下那颗种子之时，就预示着要在泥土里生根发芽，盛开温暖之花。

2001年3月，济南某媒体的一则新闻报道牵动了不少人的心。一名叫李强的8岁儿童，因父母离异而被遗弃，后来母亲用一根铁链将其拴住，长年关在一间潮湿的小屋里，被人们发现时已经不能正常行走。

王善永看到这个消息后，心被深深地刺痛了，整整一天都觉得心口发堵。虽然一个人的力量微不足道，但有一分热发一分光，就像萤火一般，也可以温暖世界。他当即拿出200元钱，然后又发动公司的保安队员捐款，大家你5块、我10块，一共凑了1350元，通过济南市慈善总会转交给了小李强。

通过慈善总会，王善永得知，在济南还有很多贫困孩子面临辍学。他翻阅了其中一部分档案，看到这些孩子的信息时，他被深深震动了。于是，他做出一个决定——捐助面临辍学的贫困儿童！更让人想不到的是，半个月后，他的婚礼变成了捐助现场。

2001年4月15日，是王善永结婚大喜的日子。他跟新婚妻子樊庆华商量，希望结婚从简，这样可以省出钱来捐助贫困孩子了。身为小学老师的新婚妻子，很理解丈夫的想法，没有什么犹豫就点头答应了。

应邀嘉宾中，有4位特别的客人——面临辍学的张莹、李鹏和他们的母亲。张莹当时还是一个小学六年级学生，她的父母都是下岗职工，父亲由于意外车祸受伤而卧床不起，家中债台高筑；李鹏当时刚读小学三年级，父母同样下岗在家，父亲身体有病无法劳动，全家生活仅靠母亲打零工维持。4月15日，王善永亲自开车将他们和他们的母亲接到婚礼现场。

婚礼的确很简单，没有炫目的舞台，也没有什么复杂的仪式。主持人宣读结婚证书后，就是宣布现场捐助，婚礼随份子变成了现场捐款。当《爱的奉献》音乐响起，现场掌声经久不息，许多人流下了激动的眼泪。

婚礼上，两位新人亲手把当时准备购置家电的1860元钱，全部捐给了两个孩子。

一场婚礼变成慈善行动，从此，4月15日结婚纪念日成为他们的“慈善日”。每年这一天，王善永都要到济南慈善总会认助两名失学儿童。20多年一晃而过，从小学到大学，不少孩子在王善永的资助下顺利完成学业，实现了自己的梦想。

其实，坚持做慈善，对王善永来说并不轻松。尤其是最开始的那几年，他和妻子两个人靠着微薄的工资来资助贫困学生，能省一点就省一点，很是吃力。为减轻家庭支出压力，妻子樊庆华主动申请担任班主任，只为了每个月能多拿500元班主任费。

王善永工作这么多年，至今仍是“月光族”，没有什么存款。他不去大商场，不去消费高的场所，不抽烟不喝酒，大多时候穿单位发的工作服，自己生活省吃俭用，而做慈善却很大方。

公司员工李建的家属旧病复发，需要大笔医药费，王善永知道后，当即就伸出援助之手，还组织公司员工为他捐款，总共捐了18000多元。

公司员工老郑，突发脑血栓，王善永得到消息后率先把1000元交给工会，由工会转交给老郑，并号召全公司员工捐款，总计善款达9700元。

对于做慈善，历来众说纷纭，有褒扬的，有不以为然的，还有人认为是作秀、是图名图利。在捐助之路上，王善永并没有收获什么鲜花和掌声，更多的是质疑和嘲讽。他坦言：“各种各样难听的话我都听过，可是我觉得一个人这样活着更有意义，我无悔，就坚持下来了。”

到现在，王善永已经资助了 17 个孩子，有的已参加工作。而跟他保持联系的，却只有一人。对此，王善永云淡风轻。用他的话来说，“联系不联系无所谓，我资助他们上学，不是为了让别人表扬我、让别人记住我，更不是为了出名，我只是想帮助那些需要帮助的人，把我的一点微薄之力，传递给更多的人，让他们感受到社会的关爱和温暖。”

有人曾问他：“付出这么多，有没有得到什么回报？”王善永微微一笑，说：“咱去帮助别人，从来没考虑过让人家怎么回报咱，就是希望通过咱的努力，让他们完成学业，能改变他们的一生，我觉得这是一种快乐吧……”

作家周国平说：“我们每个人内心深处都有乐善之意，可是否愿意迈出那一步，却成为平庸与高尚的分界线。”善良是一种天赋，而善意则是一种选择，虽萤火之微，也可以照亮周围，温暖别人。或许是冥冥之中注定，善永就是“善心永存”吧。

“我只想为疫情防控出一份力，为社区抗疫尽一份心”

2019 年底，一场突如其来的新型冠状病毒肺炎疫情席卷全国。疫情就是命令，防控就是责任，一抹抹不舍昼夜辛勤守护的“志愿红”，成为抗疫一线上亮丽的风景线。而王善永就是其中一名平凡而不普通的志愿者。

面对突如其来的新冠肺炎疫情，王善永迅速行动，积极投身抗疫一线，用挺身而出见证初心，用冲锋在前诠释担当。他快速与社区联系对接，主动请缨出战，希望全面参与防控知识宣传、协查排查、文明劝导、信息收集、设施消毒等活动。他说：“我是一名党员，也是一名退伍老兵。此时此刻，我只想为疫情防控出一份力，为社区抗疫尽一份心。”

考虑到年龄等因素，社区分派王善永负责维持核酸检测秩序等相对简单的工作。但实际上，他总是主动给自己“找活”加码，一有时间就在各个防疫工作点奔波，帮着社区工作人员核查检测人数、搬运防疫物资、文明劝导、落实人员居住情况等，哪里有需要，哪里就有他的身影。

在社区全员核酸检测期间，有的老年人虽然有智能手机，但眼睛老花，操作健康码不是很熟练，有时还会按错，不免急得满头大汗。遇有这种情况，王善永就快步上前，耐心帮忙从手机里调出健康码，并安慰老人不用着急。还有的老人忘了开机密码，王善永就立刻联系其家属，帮忙开机操作。慢慢地，有不会使用或不明白的居民，就都愿意去问他。

志愿者工作既是脑力活儿，也是体力活儿，既没有工资，更无任何工作补贴，但王善永对待每一项任务都是尽心尽责、一丝不苟，从早晨 7 点一直忙碌到晚上，毫无怨言。每次核酸检测前，他会主动拉起隔离线，支好帐篷，摆好桌子、椅子，放置好“检测须知”，提醒社区居民提前准备好健康码，做好登记。检测工作结束后，又是他忙前忙后，收拾起隔离线，把桌子、椅子统一收好放好。

有人说，服从命令是军人的天职。即使是脱下军装多年，王善永依然保持着服从命令、服务大局、服务群众的优良作风。只要交到他手上的工作，他都能保质保量地完成。社区居民都说，王老师干活，那叫一个放心，什么活都干得特别快、特别靠谱，提高了核酸检测的效率，保证了防疫工作的进度，没有一个不竖大拇指的。

小事看格局，细节见人品。奉献不是什么轰轰烈烈的壮举，而是从一点一滴的小事做起，以己之能、尽己之力，担己之任、行己之责，为别人点亮一盏温暖的灯。

每天在核酸检测处，总会看到排着长队等待采样的人们，而在队伍外总能见到王善永一边喊着“大家注意秩序”，一边为不会手机登录的居民进行预约。“请大家自觉排队，保持一米距离”“大姐，咱先稍微等等”……像这样的话语，王善永每天说得口干舌燥，不知道要说多少遍。他用暖心的话语、贴心的提醒，不厌其烦地一遍遍告知等候的社区居民，耐心引导着大家有序排队。

有人说，责任心强的人，往往心细如发。王善永就是这样的人，参加核酸检测志愿服务工作，相关的每一个细节、步骤，他都了然于心，做到“不落一户，不漏一人”。

“王老师，你看到张大爷家来做核酸了吗？”社区工作人员小赵急切地问王善永。

“刚才我已经联系了，他很快就下来。”

王善永在连续多日的工作中善于观察，哪一户哪一家什么时间会下楼做检测，他都做到心中有数。如果到点没下来，他就会主动联系问一下，看看有没有什么困难需要解决，有没有什么问题需要处理的。早点解决了问题，也就早点能完成全社区的核酸检测工作。

有一次，一位排队的中年女士突然出现头晕症状，身体站立不稳。正在服务的王善永看到后，立即把这名女士扶到休息区。经了解得知，这位女士因为忙，中午饭没来得及吃，还有高血压。王善永赶快找来饮用水、饼干、面包等，让她进食。休息了一会儿，该女士头晕症状有所缓解，可以正常进行核酸检测了。

疫情让很多人紧张，加上封闭在家不能外出，难免心里焦急、烦躁。作为一线抗疫志愿者，工作中有时会遇到带着愤怒情绪的对象，会被他们埋怨、指责，这让人感到很委屈也很无力。每当群众出现急躁情绪时，王善永都会耐心解释，动之以情、晓之以理，用暖人的情感、实在的关切，架起服务群众的“连心桥”。

他说：“关键时期，有的群众心理压力会比较大。遇到这种情况，我会多沟通、多交流、多聊天，这样就会排解一些不良情绪，有利于个人身心健康和防疫工作顺利进行。”

同是志愿者，王善永总是抢着干活，让其他人休息。有人喊他：“王大哥，你快休息一会吧，下午一直在这忙着！”而他则笑呵呵地说：“没事，你先去吃饭休息一下，我有当兵的底子，这点活不算什么。”殊不知，在那一袭密不透风的白色防护服里面，衣服早已湿了干、干了湿不知道多少次了，脸上也被口罩勒出道道红痕。

老话说，“锦上添花，不如雪中送炭”。王善永深知，越是非常时期，群众越需要非常的关爱。当得知有的居民行动不便，他就热心将蔬菜、米面、药物等生活必需品买来送到他们家中，让他们心里既踏实又感动。

有位陆大爷在排队的时候，喜欢和王善永聊天，说起自己平时爱吃点熟食，可是因为疫情，经常去的那家熟食店暂时关门了。说者无心，听者有意。王善永想到自己家里还有块冷冻储存的熟牛肉，就在第二天为他专门带过去。这突然而至的惊喜，让陆大爷高兴不已，一定要给钱，但被王善永婉言谢绝。

时间久了，社区居民都知道，有个热心的大白叫“老王”，态度和蔼，乐于助人，用他的“志愿红”温暖着每一个人。

点点微光，可成星河。疫情之下，每一位志愿者都是奋战在抗疫前线的平凡英雄。家人劝他：“50 多岁的人了，悠着点……”可王善永一点都不顾及自己的身体。一忙就是大半天，一站就是几小时。因为戴着面罩口罩，呼吸不顺畅，每次说话都要比平时提高几倍音量，但为了能多做点工作，尽管嗓子哑了、腿脚酸了，也仍然顾不上喝杯热水、歇上一歇。

他说：“我不是一个人在战斗，虽然我们每个人都非常忙碌和辛苦，但是居民的平安健康是我们最大的心愿。”

大事难事看担当，危难时刻显本色。疫情就像一面镜子，照出人性，也照出真实。在这场没有硝烟的战斗中，王善永先后参与一线志愿服务 19 次，捐赠食品、饮用水、口罩等抗疫物资价值 2 万余元，被授予“市中区战‘疫’实干家”“疫情防控特别贡献个人”荣誉称号。

初心如磐　奋楫笃行

2023 年 4 月 27 日上午，山东省庆祝“五一”国际劳动节暨省劳动模范和先进工作者表彰大会在山东会堂隆重召开。王善永身披绶带、胸戴红花，健步登上主席台，领取了“山东省劳动模范”证书。

有哲人说，一个时代的魅力在于其蕴含的精神。当劳模站上主席台接受荣誉时，我们看他们如此“高大”。其实，在主席台下，劳模离我们并不遥远。从王善永身上，笔者看到了信仰的力量、坚守的价值和生命的光辉。

王善永经常挂在嘴边的一句话是：“我曾经是一个兵，军旅的岁月让我受益终身。”从军人到保安队员，从保安队员到一名优秀的管理者，再到融入社会成为“志愿者”，不同的角色、不同的岗位，却有着同样的担当。

荣誉属于过去，奋斗成就未来。

王善永坚定地说：“劳动模范不仅是荣耀，更是沉甸甸的责任。我将倍加珍惜这份荣誉，团结带领公司全体员工守正创新、笃行致远，用责任和使命构筑起安保的坚固防线，为守护一方平安、助力平安社会建设积极贡献力量。”

攻坚克难，铸技术高地

——记山东省劳动模范、山东中烟工业有限责任公司济南卷烟厂高卫

刘慧娟

在山东中烟工业有限责任公司济南卷烟厂的制丝车间，同事们常常会看见高卫一手托着笔记本，另一只手在键盘上敲敲打打的身影。他埋着头，在生产线上走来走去，时而抬头检查一下设备运行的情况。高卫调试设备的时候，常常忘记时间，哪怕到了饭点，他也总因为要解决一个棘手的问题而忘记去吃饭。因时常埋头工作，他落下了较为严重的脊椎病。

从业 33 年以来，高卫作为制丝车间的专业业务骨干和技术能手，负责带领车间电气技术人员致力于设备维护、技术创新和技改等工作，为保障制丝生产的顺利进行做出了突出贡献，先后获得了山东省“富民兴鲁劳动奖章”，济南市“五一劳动奖章”、突出贡献技师和首席技师，山东中烟“泰山先锋”、济南卷烟厂劳动模范等众多荣誉……在电气维修岗位上，他用“钻研”攻克了一座座壁垒，用“创新”铸造了一个个技术高地。

1970 年，高卫出生于济南市历下区的高二村。从小他就对电气维修具有浓厚的兴趣。兴趣是最好的老师，虽然他的文化课成绩差强人意，只上到了职高毕业，但因为他对电气的热爱以及刻苦钻研，在职高就读电工专业期间成绩优异，有了一技之长傍身。1990 年 6 月他从职高毕业，当年 9 月参加社会招工考试，以第一名的成绩进入济南卷烟厂，成为一名电气维修工人。

进入卷烟厂后，高卫不敢有丝毫的懈怠，时刻勉励自己保持谦虚好学、无私奉献的工作精神。同他一起进厂的新职工，不乏知名高校毕业的本科生、

研究生，车间所涉及的电气维修理论层级也较高，只是职高毕业的他，该怎么办呢？唯有边学边干。他买来大学本科相关教材，愣是用半年时间啃了下来。通过理论学习和实践锻炼，他逐步掌握了电气维修的基本技能，慢慢可以独当一面。他心里知道，加强专业知识，才能在工作上得心应手。后来有了皮带秤和 PLC，就需要更为丰富的专业知识作铺垫。他借了一本专业书，为了啃这本书，有时甚至学习到凌晨三点。有了更为完备的专业知识傍身，高卫在皮带秤的维修上不打怵了。

高卫深知勤能补拙的道理，经常看书学习到半夜甚至凌晨。凭借这样一种信念，他在工作中不断探索成功的经验，在学习中积累了丰富的技能。作为一名共产党员，他在工作中严于律己，兢兢业业，善于用创新的精神开展工作，充分发挥党员的模范带头作用。

由于技改原因，车间引进大量的国外设备，说明书上有中文翻译，但内控程序为英文。高卫英语基础薄弱，如果看不懂图纸，就无法掌握设备的原理，谈何修理？面对这个困难，他没有退缩，而是迎难而上。当时看单词，不像现在这样可以用手机等电子设备，立刻就能扫出来，而是需要逐一地翻英汉词典。高卫每天早早起来就学习英语，经常抱着英汉词典，破译设备的技术难点到凌晨。后来，由于涉及的专业词汇太多，翻阅词典效率太低，他索性买了电子词典。

凭借着这股不服输的韧劲，他消化了大量外文资料，并很快掌握了进口设备的控制原理；先进的编程软件也成为他有力的工具，使他在很短时间内就熟悉和掌握了大量先进技术，维修技艺日臻成熟，为这些设备的正常运行提供了技术上的有力保障。他还对双闭环调速系统掌握得清清楚楚，包括里面所有的参数点、调整点，以及如何接线、哪里会出现问题、如何调试，等等。这和他夜以继日的学习钻研息息相关。

之所以能在学习上保持浓厚的热情，高卫最感谢的还是自己所在的团队。他所在的团队是一个典型的学习型组织，不仅整体学历很高，更重要的是学习氛围浓厚，不仅会组织班前会，如果在工作中遇到技术难题，还会随时随地聚在一起或在设备面前讨论，分享各自的经验和掌握的知识点。这种随机性的、自然而然的学习模式让高卫享受其中，迅速提高了技术水平。

在高卫的学习精神的带动下，学习和钻研技术在车间蔚然成风。高卫不仅从其他同事身上学习到了更多技能，也毫无保留地把自己的经验和技术传授给了大家，带领同事们攻克了无数个技术难题。2003 年，他带领的团队作为学习型创新班组获得将军集团的重奖。为了适应制丝新技术和提高个人技能水平，厂里多次派他参加德国西门子公司、日本横河等公司的相关技术培训。作为生产骨干，2002 年他被派往英国 DickinsonLegg 公司学习制丝新设备和新工艺。通过这些再学习和深造的机会，他掌握了更多的先进技术，也为下一步的技改工作打下坚实的基础。

济南卷烟厂经历过两次异地迁建，高卫都参与了迁建工作。烟厂的第一次迁建是为了适应进一步发展，从济南全福立交桥附近迁到石门。那是在 1991 年，高卫入职不久，就被派到石门参与迁建，从事电气调试工作。那时候，工作条件比较艰苦，喝水要到外面去接，吃饭都是自己做。厂区很大，足有三百多亩，常常要来来回回走上很长时间。从开始建厂，到 1993 年厂区迁到石门，整整两年时间，高卫都待在那里，从来不叫苦不叫累。

烟厂的第二次异地迁建是在 2006 年，厂区因发展需要从石门迁到孙村，也就是如今的济南卷烟厂所在地。这一次，高卫作为规划和施工监理人员被派驻到新厂工程指挥部，为确保搬迁进度，他吃住在车间，与同事并肩作战。环境依然很艰苦，高卫肩上的担子却更重了。从迁建指挥部到施工单位办公室，再到制丝车间施工现场，走完一趟就得 1.7 公里，高卫一天就得走三四趟，来回调试设备，巡查哪里存在问题，及时维修和调试。高卫始终紧绷着心里那根弦，不敢有片刻懈怠，如果质量不符合要求，就马上责令整改，绝不拖延到第二日，以免因返工而延误工期。

当时由于施工的时候有很多沟没有填上，路面坑坑洼洼、凹凸不平，高卫一不小心崴了一脚，受伤比较严重。领导和同事们都提醒他谨遵医嘱多休息，工作上的事可以让别人干，可他觉得每个人都有自己的工作量，都有自己负责的区域，何况自己对自己负责的区域了解得最清楚，若是因为自己养病而耽误工期，影响施工质量，心里会很有负罪感。在病床上的高卫心急如焚，恨不得立刻插上翅膀飞到工地去，等脚稍好一些，可以下地了，他就立刻拄着拐到了工地。那时候是冬天，天寒地冻的，血液不循环，没过两天，实在疼痛难忍，他又在同事们的劝说下回到病床上躺了两天，觉得可以了，接着又回到了工地。就这样反反复复三四次，工期没耽误，高卫的脚却落下了病根。现在每当阴天下雨或者劳累的时候，他的脚都会疼。

从 2006 年开始在孙村建设新厂，到 2007 年新厂正式投入生产，高卫始终坚守在工作岗位上。

除了两次参与烟厂的异地迁建工作，高卫还参与了烟厂在哈萨克斯坦的建设工作。那是在2000年初，集团在哈萨克斯坦建厂伊始，急需技术精湛、经验丰富的电气技术人员，高卫主动请缨，舍小家顾大家，别离父母和孕期中的爱妻，远赴人地两生、语言不通的异国，一待就是一年零三个月。那边没有制丝车间，只有一个卷包车间，而高卫在此之前只精通制丝车间设备的维修，对卷包车间比较陌生。但面对困难和挑战，他没有退缩，下决心绝不辜负领导寄予的厚望，一定要交出满意的答卷。于是，他现学习卷包车间设备的维修，圆满完成了任务。当时派他到哈萨克斯坦的时候，他已经是预备党员，他严格要求自己，自觉地身先士卒、挺身而出，面对不可预知的困难，表现出了独当一面的勇气。

当时是中方出设备和调试人员，哈方出厂房，被拆解的设备过去后，就要就地安装、调试，技术难度比较复杂。调试的时候，面对各种机型、各种设备，都得做到精通，很考验一个人的综合能力和专业技术水平。在哈萨克斯坦，为保证车间建设的顺利进行，高卫凭借过硬的技术积累和夜以继日的刻苦钻研，攻克了一个又一个技术难题，工作上加班加点是常有的事。即使是在深夜，如果设备有难题，他都第一个赶到，及时进行处理。因技改和维修工作的需要，无数个节假日他都是在生产设备的改造工作中度过的，对此他毫无怨言。正是凭借这种敬业乐业的精神，他克服各种不利条件，完成大量设备的安装、调试工作，并初建了该公司的设备维护保养制度，为新厂在异国的建设贡献了重要的力量，受到了集团和厂领导的高度赞扬。

作为三次参与建厂的亲历者和实践者，高卫始终冲在施工一线。这是因为他具有奉献精神和高度的责任感，然而，仅有这些是不够的，还需要有过硬的技术。在济南卷烟厂，高卫不仅是一名勤勤恳恳的职工，更具有创新精神，取得了许多技术成果，为烟厂的发展做出了卓越的贡献。凭着过硬的专业素质，他大胆攻关，在较短时间内对国外进口切丝机的电气控制进行改造，用先进的PLC控制方式替代原来的逻辑控制模式，大大降低了故障率，提高了设备维护的水平，该项目受到了外方专家的一致好评。1998年，烟草行业技术更新处于敏感时期，他主持完成的“5000kg/h制丝线集中控制系统”研究课题，获得了国家烟草专卖局科技进步二等奖。该项目采用先进的集散控制系统模式，实现了对整个制丝生产线的集中控制和监控，对制丝生产、控制、工艺和车间管理等方面起到了较为明显的促进作用，并由此实现了巨大的经济效益。他在制丝车间开创性地使用了第一台变频器，采用 sanken 变频器输入 4-20mA 信号与微处理器 D/A 数 / 模转换器相连接，实现了烘丝滚筒的无级调速，在节能降耗的基础上大大提高了产品质量的稳定性。

高卫还利用所学的专业知识和掌握的专业技能，主持和参加了 50 多项技术创新和设备改造项目，在领导的支持下，多次利用新技术对生产工艺和管理进行改进。如在“十五”技改重点设备 HXD 的技术应用中，他认真研究、精心准备，在保持设备原有控制特性的基础上，进行了多项技术改进，进一步提高了该设备的应用水平。在贮叶柜异构混合出料这一高难度的项目中，他采用多项新技术，利用PLC、西门子工业以太网络以及上位计算机等系统的有机结合，编写和调试大量控制程序，最终该项目为“十五”技改的顺利完成提供了强有力的保证。

这些技改和创新项目的实施，既保证了制丝生产的顺利进行，提高了产品的内在质量和设备维护水平，同时也带动和培养了一批懂技术、肯实干的高水平电气维修队伍，这支队伍具备了相当的技术实力，整体水平处于行业的前列。高卫带领的制丝车间电工班，多次完成集团临时分派的艰巨任务，例如到集团下属的临清、德州、沂水卷烟厂解决烘丝机程序调整、白肋烟线电控程序设计、图纸绘制、RC4 切丝机 SSD 直流驱动装置调试等工作，仅开发费用累计节省 200 余万元。这些项目所带来的生产和工艺的提高，为企业赢得了可观的经济效益。

2015 年，山东中烟工业有限责任公司批准的《提高叶片回潮机出口水分稳定性的研究》的科技项目通过专家组验收。高卫利用前瞻性的自动控制思想，分析影响松散回潮出口水分波动的关键因素，吸纳神经元控制和自抗扰控制的核心思想，构建了出口水分调节的数学模型，在数学模型之上对出口水分进行精确控制。他还建立了基于牌号自动识别经验数据库有自学习功能的智能控制系统，将现有回潮机出口水分波动范围 ±2% 降低到 ±1% 以内。另外，解决了烟草行业内的回潮机出口水分波动大的技术难题，利用自主开发趋势控制系统，对整条制丝线进行工艺过程控制的全面升级由 PID 控制升级改造为趋势过程控制，实现整条生产线的全过程自动控制。

有付出就有收获，高卫在技术改造和创新活动中取得丰硕成果的同时，也获得了济南市和集团的多个创新奖项：《5000 梗丝线电柜改造》获将军集

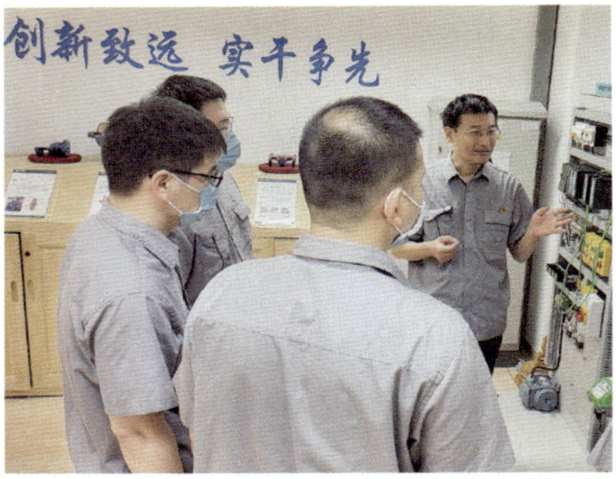

团 2000 年度创新成果三等奖，《梗丝线电控柜设计与安装》获 2001 年山东省烟草公司科技进步三等奖，《5000kg/h 线新增储叶柜电控及上位机系统设计》获 2001 年度将军集团技术创新三等奖，《5000kg/h 制丝线集中监控系统改造》获 2000 年度将军集团技术创新二等奖，《制丝线集中控制》获 1999 年国家烟草专卖局科技进步二等奖。

除此之外，他还获得了多项发明专利：《提高在线烟丝干燥膨胀设备出口水分稳定性的控制方法》《提高烟草薄片线混合料配比精度的方法》《一种线路控制柜支架座》《仓式喂料设备监测及控制装置》。

哪里有问题，哪里就有高卫的身影。他不善言辞，却总能用行动带领大家排除一个个故障、解决一个个问题。有一次，他出差返程，刚下飞机便接到制丝设备故障抢修任务。他顾不上身体的疲惫，顾不上多日未见的家人，迅速回到岗位，带领制丝电气维修人员连夜奋战，直至第二天凌晨三点多，顺利排除了设备故障。在车间，他的身影经常出现在各种设备旁，只要是电气维修方面的“疑难杂症”，他都有办法解决。

时至今日，高卫在夜里还会时常接到夜班电气维修工打来的求助电话。他的同事常说：“实在搞不定时还得问老高。”同事们习惯称呼他“老高”，不仅因为他姓高，还因为他的技术水平实在是高。作为制丝车间的技术主管，高卫不仅要掌握现有的设备知识，弄懂弄通设备的原理，提出改进的办法，还要具备前瞻性的思维，具有与时俱进的进步思想与忧患意识。设备的更新换代很快，五年一更新，十年一换代，如果五年不学习，就对维修力不从心了；如果十年不学习，就彻底跟不上了。所以中间要不断地学习，尤其是现在智能化的时代，如果不能保持学习的劲头，就可能会跟不上时代的发展，自己作为技术主管，更应该担当起技术的大任，能解决别人解决不了的问题，眼光也要放得长远。

“一花独放不是春，百花齐放春满园。”高卫不仅自己努力学习，还带动着整个团队不断学习。作为制丝电工班资历最老、经验最丰富的维修技术主管，他说：“个人的力量是有限的，只有让更多同事掌握技术，培养一个个高技能人才，企业高质量发展的步伐才能不断加快。”企业就如一列高速动车组，只有所有车厢的动力同时启动，整趟列车才能跑出加速度。

高卫通过各种形式的“传帮带”传授技艺，挑选骨干，以师带徒、以老带新，开展技能竞赛、技术比武，培养电气维修技术骨干，并针对每个人的实际和需求，设计培训内容和培训模式，因材施教，一对一、手把手教授维修技能。他对徒弟们严格要求，悉心指导，鼓励他们多问、多看、多思、多想、多动手。在技术比武前，他还给他们“开小灶”，从理论到实操传授经验，并将自己多年所学知识和积累的经验编制成册，毫无保留地进行共享。

如今，在高卫的带领下，学习和钻研技术在车间已蔚然成风，电气维修队伍的技术实力走在行业前列，并在创新的路上越走越远。近年来，维修班有 90 多项创新成果获奖，8 项 QC 成果分获行业一、二等奖，15 项 QC 成果获省市级一等奖，申请国家专利 58 项，其中 10 余项自主研发项目均属国内首创。

高卫通过实际工作不断总结工作经验，承担开发行业内电气维修工实操题库，编写培训教材，对操作工进行岗位培训。任职期间所带徒弟有十多名，经过多年的技术指导，其中有两名成长为行业国家级技术人才库成员，三名成为高级工程师，其他都成为电气工程师和高级技师、技师。

在高卫所带的徒弟中，黄文鹏属于年龄较小的青年，入职时间也比较短，然而在第三届山东中烟烟机设备电气修理职业技能竞赛中，黄文鹏作为济南卷烟厂的代表，一路过关斩将，凭借过硬的技术本领和稳定的临场发挥，以 98.88 分的高分一举夺魁。他的成功一方面源于自己的努力，一方面源于高卫所在的教练团队的悉心指点。在高卫、段三青、马洪晶等教练的精心指导下，制丝车间电气维修组包揽了此次比赛的前六名，真可谓“名师出高徒”。

在排故模块的练习中，高卫带领黄文鹏等选手们研究切丝机电路图，列故障清单，建立切丝机故障库，摸透切丝机，形成一套比较完善的、顺畅的排故流程。选手熟练掌握切丝机控制原理、逻辑关系，测试每一个故障对应现象，针对每个故障现象找到对应的故障原因，逐步建立排故思路。细节决定成败，高卫所在的教练团队通过全天候指导训练，选手通过大量练习不断规范动作，真正做到对细节精益求精。通过观看训练视频，查找不足，不断地优化排故流程，缩短排故时间。除了统一的训练方案，教练团队更是做到了掌握每个选手的技能特点、脾气性格，做针对性的训练思路调整，促使每个选手最大限度地发挥优势、弥补不足，最终实现了团队的整体最优。

黄文鹏在2021年成为高卫的徒弟，学习电控程序。高卫在带徒过程中，会找一些自己编写的课件，督促他闲暇时间先看课件，等课件看完之后，会带他去现场，等停产的时候针对现场那些器件，进行现场操作演示，把理论转化成实践。生产中若遇到问题，高卫就会放下手头的工作，过来给徒弟们解决问题，一步步地给大家做剖析，结合现场的编程和器械的控制方式等实际情况，一一讲解故障产生的原因以及应对方法，讲解得特别仔细。

在黄文鹏等徒弟们心目中，高卫具有创新精神。高卫的编程方法、编程思路不是那么按部就班，遇到难点会另辟蹊径，会经常善于去发现问题、改善问题。更让徒弟们敬佩的是高卫对工作特别认真负责，很多时候，现场有一些设备处于调试阶段，工作起来比较麻烦，他一般会加班到晚上十点左右，一定要把这个问题解决好了才回家。

尤其在疫情期间，在得知封闭生产的消息后，高卫毫不犹豫地报名驻厂生产。他作为技术骨干和较早隔离在厂的人员，本已安排他去倒班宿舍休息，但他果断拒绝，坚决要求睡在维修办公室，确保有问题第一时间处理。他还带了一条睡袋到厂区宿舍，把不太充足的床位和被褥留给有需要的同事。因为人手不足，他一般6点多就要起来，把现场的设备仔细检查一遍，确保能保持生产，到晚上12点多中班生产结束。他一直就是连轴转，特别辛苦，但没有任何怨言。他携带的睡袋已经陪伴他度过了数不清的日日夜夜。最开始是在2006年济南卷烟厂要迁新址，在调试松散回潮机控制程序时，需要多批连续验证，本该在家休养脚伤的高卫，为了保证工作进度，将自己的睡袋带到车间，日夜坚守在第一线。白天奋战在车间现场，调试设备，一刻不歇，晚上就在睡袋里稍作休整。这一住，创下了月度连续工作35个班的纪录。

进厂33年，高卫凭借这种一有时间就和设备“厮守”在一起的精神，一步步成长为独当一面的技术“大拿”。始终不变的，是他对技术的钻研和对设备割舍不掉的爱。“我享受在钻研技术之路上持续努力和付出，享受在日积月累中超越自我的过程。”在高卫看来，这是一种在维修岗位上的理想状态。对他来说，种种不确定性，都可以通过“人机合一”状态下的确定性来解决。他总是说，每当设备“出题”时，第一时间能顺利“解题”，既可以提升自信，也能得到设备的“承认”。在与设备的持续“磨合”中读懂它的每一个“小心思”，如今的高卫很享受这种工作状态。

回首过往，在刚进厂时，高卫因为技术起点不高，无论是理论知识还是实战经验都比较匮乏，虽然有老师傅传帮带，他对电气维修也十分感兴趣，但一次次在工作中碰壁，让他也开始质疑自己是否适合干这一行。“自己选择的路，就要昂首挺胸地坚持走下去，当‘逃兵’丢人。”时至今日，高卫依然清晰地记得，老师傅的这句话将他的心重新“拽”回了机台。如今千帆过尽，高卫不仅成为济南卷烟厂的骄傲，更成为行业的翘楚。

时代一直在变，高卫对知识的渴求却始终不变。出国进行设备培训学习时，他刻苦钻研，赢得外国专家的认可；与行业兄弟单位交流时，他总是活力满满，一心想着“学到点不一样的”；维修团队来了新人，他也时常“取经”，学习电气维修领域的前沿理论。

在制丝车间副主任赵强看来，高卫不仅自己有过硬的技术本领、扎实的专业理论知识，而且是不断地学习，同时他的引领示范带动作用发挥得特别突出，所以整个制丝车间的队伍总体技术水平比较高。在电工班组的队伍建设、发展、培养方面，高卫做出了突出的贡献，爱岗敬业、工匠精神在他身上体现得淋漓尽致。

对高卫来说，他有如今的成就，最感谢的还是企业，因为企业的强大和稳定，才让他有了安身立命的土壤和施展才华的舞台。因为他对企业发自内心的感恩以及对企业传承精神的深入理解，他明白自己更应当继往开来，继承企业的优良传统，并将企业的精神传承给下一代。在制丝车间的门口，伫立着这样一句标语：“知感恩，有情怀，有传承。”高卫始终将这九个大字铭记于心，并将这种精神通过言传身教的方式印刻在徒弟们的心里。

作为新时代的劳模，高卫身上的匠心精神也得到了淋漓尽致的体现。在谈到对匠心精神的理解时，高卫说，在电气方面，匠心精神的含义是：必须要深入问题的根本，由表及里、追根溯源，看透问题的本质，并且要有足够的知识储备去解决问题、优化问题，而且越是往深里钻研，会发现自己要学的东西越多。

高卫在工作中一步一个脚印，在实践中不断成长。面对困难和挑战，他保持着一种乐观、积极的工作态度，时刻努力工作、锐意进取、甘于奉献，在平凡的岗位上做出了不平凡的成绩，成为制丝车间技术骨干和年轻人学习的楷模。

移动的椭圆

——记山东省劳动模范、山东省实验中学潘洪艳

张丽语

潘洪艳老师的网盘又快满了，如果从数学角度讲，她的网盘就像复杂的数学矩阵。

潘老师从工作不久，就养成了把自己的教学资料与心得存档的好习惯。以至于后来，她总是鼓励孩子们把自己的数学思考和总结写成小论文。每一批带过的学生交上来的作业，她都整理成文件夹，分门别类拷到网盘里。

印象最深的，是有一次讲椭圆。潘老师在讲解椭圆标准方程的推导时，有学生发现定义坐标化、移项平方后的等式有这样的几何特征：椭圆上点到一个定点与到一条定直线的距离之比是焦距与长轴的比。他提出："满足这个条件的点的轨迹是椭圆吗？"由此引发其他学生对方程的研究兴趣，接着又有学生提出："椭圆的标准方程变形后有这样的几何特征，'椭圆上异于长轴端点的任意一点与长轴两端点连线斜率之积为一个定值'，那么满足这

个条件的点的轨迹是椭圆吗？”学生们接二连三的提问改变了潘老师的教学预设，她决定调整教学方案，转而由“数”到“形”，以椭圆为例展现解析几何的特征，让学生完整理解坐标法。

快下课时，潘老师建议学生“继续研究椭圆标准方程及其推导过程，看看能否有新的发现”，于是一篇篇关于如何得到椭圆、解析几何初识等主题的数学小论文在班级里形成了。潘老师甚至还引导学生们把目光不要只聚焦于书本理论，还要联系生活实际。就比如椭圆，生活场景如圆柱形水杯倾斜时的水面边缘、球的点光源投影或手电筒射出光束与黑板面角度不同时投射出的光圈曲线等，应用场景如“嫦娥二号”的轨道等，历史背景如通过追溯圆锥曲线的历史介绍阿波罗尼奥斯《圆锥曲线论》等，引导学生理解椭圆为何产生和椭圆的产生过程，从而形成问题：如何定义椭圆？之后是教学的关键，引导启发、搭设支架、连续追问、证据反驳……在探究数学中感知数学，建立数学。

于是，在关于椭圆的总结会上，大家七嘴八舌来分析椭圆的生活应用。有学生总结：椭圆是植物界最常见的形状，也是植物生长、发育和适应环境的重要形状。椭圆形的植物叶子，有助于吸收和分布阳光的照射，阻止水分的流失，可以有效地储存水分。此外，许多水果和蔬菜都是椭圆形的，这使它们在被采摘后运输更加安全方便。

又有学生讲到，椭圆也在建筑行业中得到广泛应用。比如，圆形建筑的楼梯可能会出现安全隐患，但是椭圆形的楼梯可以有效地规避这种安全隐患。此外，在支持架构中，椭圆比圆形更加稳固，可以有效支撑建筑物，减少屋顶和桥梁上承受的压力。

还有学生强调，椭圆在航空航天领域也有广泛的应用，它可以用来设计和制造运载火箭、卫星等复杂的航空器。有效设计的椭圆形可以减少太空船的摩擦，从而达到更高的航空穿越能力。

就连沉默寡言的学生也提及，椭圆也广泛用于汽车工业及其他的机械制造业。比如，汽车的车身有许多椭圆形的结构，车灯支架、汽车排气管等，都是以椭圆为主要结构，可以更好地稳定汽车。而机械制造业也常常用椭圆来设计和制造机械手臂，以及用于机器人腿和腰部的驱动机构。

有同学又从一个新角度说，椭圆也是能源利用的重要几何形状，其在运动轨迹领域的应用尤为重要。比如，太阳能电池安装在椭圆形的太阳能板上，可以更有效地捕获太阳光，从而转化为电能，给社会带来更多的能源使用效率……

这些激烈精彩的课堂内容如果不被书写下来，不存档保留的话，岂不太可惜了？于是，潘老师课余抓紧时间储存好学生们的数学小论文。甚至，潘老师还帮着学生建立数学的概念，了解数学的发展史。她认为数学概念的发展史本质上是一个不断抽象的过程，根据历史相似性原则，潘老师引导学生从学科发展历史的视角进行研究。比如函数概念的教学，她指导学生查阅史料，从格雷戈里、牛顿、莱布尼茨、欧拉、柯西、戴德金、布尔巴基学派等数学家的贡献分析函数概念的各阶段，体会其发展与演变。再如对数的教学，课上关注整体性，以追溯运算的发展历程为对数的生成找到支点，理解对数的存在意义；课下她指导学生梳理史料，从早期的简化运算的思想到纳皮尔、别尔基创立对数，再到对数符号的发明以及我国数学家对对数的研究，引导学生通过梳理脉络追溯对数的发展，理解对数的本源。立足于概念发展的本源去研究概念，让学生在深刻理解数学知识的同时体会数学的科学价值，感悟数学中的科学精神。

这些一点一滴的知识积累，让学生们对数学产生了浓厚的兴趣，也让数学的教学手段变得更加丰富多彩。这种教学就像移动的椭圆，从学生进入校门的那一刻起，就像一个动点，沿着优美的弧线，画出了预设的轨道。

潘老师自己，也是沿着优美的教学轨道，不断移动着。

无处不在的教研氛围

上高中时，潘洪艳老师就表现出对数学的浓厚兴趣，为了圆教师梦，她毕业时被保送进入陕西师范大学。

等她踏上工作岗位的第一天，新的起点又开始了。一位漂亮的女老师介绍自己姓邵，穿着牛仔裤，套着白衬衫，轻松随意地在门口迎接她。邵老师和她一边走一边聊，交心地谈："教学要想进步快，一定要多听课，多听有经验的老师的课，最好把这个老教师的课一节不落地全听一遍。然后也要把其他老师的课听一下，了解他们各自的教学风格。"等到了数学组办公室，潘老师去一一认识学科组老师的时候，才知道邵老师是大组长。大组长对刚报到的六位新老师又再次强调："现在的教辅资料比较丰富，但你的备课本必须亲自写，不光写一遍，等你听完课上完课，要再次总结，写出心得体会。"从此，备课——听课——备课成了潘老师的必备功课。

那时候，山东省实验数学组已经形成了教学敞开的模式。每位老师随时欢迎其他老师去听课，当新老师听完一节课，其他老教师总会说："你再来听听我的课。"在去教室的走廊上，老教师会对新老师掏心掏肺：我的教学特点是什么样，他的教学特点是什么样……

潘老师成了大组长后，继续强调听课的重要性。她的细致周到就像她清脆的嗓音让人舒服。她提醒新老师："你们去听课时，最好还是提前给那位老师打个招呼表示尊重。"另外，一个老师一般带两个教学班，她建议最好去听那位老师上的第二节课，这样更有听课效率和教学心得。老教师在无偿分享他们的教学经验时，也会虚心听取新老师的意见。很多新老师研究生毕业，老教师会从落实的角度指导他们，而新老师可以从高等数学角度上给老教师一些启发和思考。潘老师一再和大家表达一种观点："咱们的教学和资历没关系，和年龄没关系，和数学有关系，和学生有关系。我们不是对人提意见，而是在数学教学上一块进步。"

很多时候，老师们上完课，回到数学组兴奋地喊："我今天上课有一种新教法！"呼啦一下，大家都围上来，听这位老师的高见。他们每周两次大教研，每天一次小教研，课间回来你一言我一语，又在随时教研。大教研通常安排在指定教室，每次安排一个主发言人和副发言人。但是，当这个教研课题讲到兴奋处，大家就会畅所欲言，纷纷上台，"喧宾夺主"。每每看到大家神情亢奋、慷慨激昂地表达自己的观点时，潘老师就觉得这才是教研该有的氛围。

有时候，老师要去参加授课比赛或开某场讲座，数学组的老师们就会把所有相关的教学资料哗哗地传到微信群里。有的说我这篇文章哪个地方是亮点，有的说我当时是对比了哪些资料做出的总结分析。大家倾囊相授，甚至还觉得不够，就会针对要讲的这节课单独再组一个群，语音或文字讲述当年自己开讲的得失。有的老师如果外出培训学习，开会回来就会分享经验，还把资料复印给大家。数学组的惯例是，每届高三的老师都会把当年的教学资料打包给下一级，同时把教学中遇到的问题和困惑也会留给下一级思考。同样，高二的老师又把他们的宝贵资料留给了高一。如此循环，数学组建立了庞大丰富而系统的教学资源体系。

近些年，数学建模搞得风生水起。张子玉、李祺祺、林慧等几位年轻老师挑头来研发，学生喜欢，也获得了大大小小不少的奖项。现在他们正在把很多获奖的作品汇集成册，即将付梓印刷。

独特生动的教学风格

学数学不仅是训练思维，也需要意志和热情。但数学也不是一成不变的，随着时代的发展，有些课程也会调整。像财经素养、数学建模、数学文化、大学先修课、几何画板等，一直很受学生青睐。这几年跨学科课程又涌现出来了，张永花老师代表数学组登上央视，与历史组毕金芳老师一起解锁有关货币中的“数学密码”。当然，万变不离其宗，教学语言简洁精准、突出知识重点、注重启迪思维、强化能力培养是教学的一致要求。而这，也是潘老师多年来形成的教学风格。

潘老师在最初走向三尺讲台的时候，也认为以自己优秀的学业水平教好课是没有问题的。但是当她把准备了十几遍的第一节课“一口气”讲下来的时候，自己也觉得不对劲了——课堂只是老师的课堂，学生在哪？大组长邵老师问她：“你的数学课要带给学生什么？”并给她提了三项要求：在专业阅读中思考，在相互听课中学习，在团队活动中积淀。

教育教学著作、专业期刊的阅读让潘老师有了更多的思考，让她在对照中不断反思自己的教学行为；老教师的课堂让她看到了怎样顺应学生思维，捕捉教学契机；团队活动让她感受到智慧的分享、思想的积淀。这个过程中，她慢慢地明白了，不仅要思考把什么东西给学生，还要思考以什么方式给学生，更要思考把什么不教给学生，而把发现留给学生、把“渔场”留给学生、把个性体验留给学生。要让学生体会到数学是什么，数学是历史、是故事、是生活、是问题、是艺术、是应用……是精确、是严谨、是简洁、是概括、是普适……数学要带给学生“知”与“识”，数学教学要让学生明了研究对象的基本框架和研究路径，要引导学生经历发现数学、感知数学、建立数学、运用数学、理解数学的过程。

潘老师暗下决心，要潜心研究教学规律，提高教学艺术，让数学变得不再可怕，让学生在数学学习中获得美的享受。

她开始采用发现教学法激发学生的学习兴趣，利用合作学习培养学生的合作意识和探究精神，采用一题多变、一题多解、一题多用，培养学生思维的灵活性与创造性。她的课堂总是飞扬着激情，燃烧着思想。潘老师坦言：“课堂的四十五分钟让我真正体验到了生命的增值与律动！”

2007 年，潘老师参加全省教学能手评比。从 2004 年，潘老师参加这种省级比赛就已经崭露锋芒，有了丰富的比赛经验并已经拿到了省一等奖。这次，潘老师抽到了《且与或》的课题，她准备从生活情境导入，想用类比思想解决问题。她对自己的设计比较满意，但征询邵老师的意见时，邵老师建议把“且”与“或”同时讲。邵老师虽然是建议，但一下子帮潘老师打开了思路。次日就讲课，但潘老师大胆地改变了教学模式，课上下来很畅快。评委当场频频点头，面带微笑。

在回来的路上，邵老师还在思考着，分析潘老师虽然拿到了比赛的最高分，但还是有几个地方需要完善。第一，第二，第三……邵老师滔滔不绝，最后叮嘱：“回学校以后，你再讲一遍！”

过了一周，邵老师又叫住潘老师：“我觉得那一节课还有可以改进的地方，第一，第二……你再讲一遍！”邵老师这种对数学研究无止境的追求，让潘老师从内心的惊讶惊叹转为崇拜。

正是这次讲课，让潘洪艳老师从不满足于自己的教学成绩，而是更多地去追求能改变数学课堂教学的方法和路径。在“教”中“研”，在“研”中“学”。在多年的教学实践中，她逐步确立了“把握本质、启迪思维、聚焦素养、感悟精神”的教学理念，打造出高中数学“三生（生成、生动、‘生’动）三动（动态、主动、互动）”课堂。她带领团队构建了博学、空间、登攀三大数学课程群组，形成“引导、引申、引领”的“三引”数学思维与教学模式，探索出“五课”教学策略、“七步”课题探究方法，大大激发了学生课堂学习的内生动力，切实提高了学生解决问题的能力，使不同层次的学生都能获得成就感与价值感，从而培养出一大批优秀的数学爱好者与拔尖创新人才。

不断拓展的教学课程

2012 年 9 月至 2015 年 7 月，她参与“名师交换”活动，扎根济南回民中学，执教三年，将山东省实验中学的教育经验和成功做法毫无保留地倾情传授，全心全意致力于改进课堂教学、创新教育方法。2021 年，潘老师再次响应“教育援疆——齐鲁名师送教新疆生产建设兵团第十二师”的活动号召，用她的满腔热忱精心授课，与当地师生深入交流，共同探讨教育发展。她先后指导多名青年教师获得全国、省、市优质课比赛一等奖，将一批优秀青年教师培养成为教学骨干。

然而，挑战无时不在。有一次期末考试，学生的成绩差异很大，一些学生反映试题太难，部分题目不适应，情绪低落。问题到底出在哪里？仔细分析试题，整套试题对数学能力的考查全面，部分题目背景新颖，体现了数学与其他学科的融合、数学文化的渗透，这对学生的数学思维、数学阅读、知识迁移、数学建模等都提出了较高要求。

这让潘老师意识到，不仅要关注教学内容的整体性，还要增强教学研究的整体性，应从数学教学的根本任务出发，思考教学要培育学生什么、该怎么做，也就是说从“教什么”到“怎么教”，需要明确“为什么而教”“为什么这样教”。

于是，潘老师在教研会上和大家分析：首先根据学生现实的个体和个性差异、不同的智力优势、不同的成长经历，研究学生数学思维培养支撑体系构建，把目前以生为本的教育理念精细化、具体化，让学生的成长轨迹显性化、高效化；然后分析数学核心素养中数学抽象、逻辑推理、数学建模的内涵与价值、主要表现与水平、培养与评价，构建“一体系四策略”的学科核心素养的养育系统；同时借助教育大数据开展高中数学精准教学与个性化学习的实践与探索。

关于学生数学抽象素养的培育，潘老师带领数学组先从抽象方式、抽象类型、抽象方向研究了数学抽象的分类，再根据学生在经历理想化、数学化、普适化、应用化、系统化这一系列过程所展现的抽象表现，从抽象感知、抽象过程、抽象情意等方面进行抽象素养评价。

以函数的概念的抽象过程为例，函数是学生在高中数学学习过程中遇到的第一个一般意义上的抽象概念，教学中要用好、用透、用准教材设置的情境，让学生经历完整的从数学角度分析一类事物共性的过程。首先借助情境，用问题驱动学生理解函数概念从初中的“变量说”到高中的“集合对应说”的必要性，归纳出概念的内涵并进行辨析，这样就为学生抽象概念的本质属性打下了基础。从辨别到概括是第一次抽象，用自然语言对概念进行直观描述，完成了数学抽象的简约阶段。从概括到形式化是第二次抽象，用数学符号对概念进行严格表征，完成数学抽象的符号阶段。最后，通过建立不同方面的关联，完善对知识体系和结构的认识与理解，达到数学抽象的系统化与结构化。

教研会后，潘老师语重心长地和大家交流：“我们老师对数学的领悟深刻而全面，知识层面上是没有争议的。但是课堂问题需要随时调整，教法也不能一成不变。”教学没有固定的模式，需要超越因循守旧和盲目依从的心理，在继承优良传统、借鉴先进经验的基础上大胆创新，善于创新。“道虽迩，不行不至；事虽小，不为不成”。只有跳出因循守旧的教学“舒适区”，才有可能创造出发展更多的可能性，从而真正落实立德树人的根本任务。

潘老师开始思考不同课型应该怎么教。根据教学内容和形式，数学课型可分为新授课（概念课、规则课）、复习课、讲评课、探究课、建模课等。新授课关注为什么、是什么、如何想的、从哪里想的、还有什么，教学中重视情境构建，把握本质，关注迁移；复习课重视学生的系统构建能力的培养，教学中引导学生深化理解，整体构建，关注思维生长；讲评课则由例及类，深度促思；数学探究课关注数学“再发现”“再创造”；而数学建模课关键在于“过程”“实践”“活动”。

随着思考的深入、教学经验的丰富，数学组打造的数学博学课程、数学空间课程、数学登攀课程三大课程群也日臻完善。面对“高中数学课程面向全体学生，实现人人都能获得良好的数学教育，不同的人在数学上得到不同的发展”的目标，根据学生的特点，将分层与精准定位相结合，为全体同学提供共同的基础，也为学生不同的志趣和发展提供多样的课程是建立这些课程群的初衷。

博学课程重在夯基，促进核心素养落实，即数学基础学业课程。初、高数学在知识的广度和难度、思维模式和学习方法上有一定差异，开设《高中数学引桥课程》为学生铺设初高数学衔接台阶，同时在高一新生入校前提供《初高中衔接远程微课课程》，通过线上远程学习，实现初、高中数学的衔接过渡。在基础学业课程进行的同时开设《数学素养》，以校本选修课的形式进行，含学法指导和素养落实，目的是为高一、高二的部分学生夯实数学基础。

遵循山东省实验中学“为每一个学生创造主动发展的无限空间”的教育理念，空间课程重在拓展，旨在促进学生“学会探究，学会实践，学会创新”，提高学生的“学习能力、实践能力、探究能力、创新能力”，满足学生“完整和幸福”发展的成长需求，含数学文化、数学建模、数学探究与研究性学习、几何画板等课程。空间课程以过程性评价为主，含学生的上课表现、研究报告（小论文、PPT 等）、发展轨迹图（含同学评价）等，并由课程开发教师颁发有自己特色的课程结业证书。

登攀课程重在提升，旨在培养个性化人才，含大学先修、强基综招、数学竞赛、财经素养课程，为学生发展数学兴趣提供选择，为学生展示数学才能提供平台，为学生确定发展方向提供引导，为拔尖创新人才的选拔培养奠定基础，为国家重大战略需求提供人才。评价以过程性评价与阶段性考试，结业考试相结合，联赛预赛及正式比赛成绩也做一定参考。

数学组的老师群策群力又各司其职。陆怡、任佰荟老师主抓数学素养课程；王虎老师担纲数学文化课程；范雪岩、卢彦老师负责大学先修课；龚红戈和王金勇老师是竞赛金牌教练……

大爱无疆的班级管理

教书育人是老师的职责。潘老师在教学上已画出完美的轨迹，在班级管理工作上也毫不逊色。

千禧之年，潘老师带高三，并且还当着班主任。那年的校运会上，潘老师不慎摔伤右臂，吊着胳膊无法写字，而数学课则需要大量的板书。看着正处于高三的学生那担心而又不忍的目光，潘老师咬咬牙，决定用左手写板书！于是，每天晚上，潘老师多了一项功课：拿出小学生用的田字格本，用受伤的右臂按着，练习左手写字，而且每天至少练两个小时。伤后的第一节课，由于右臂巨大的疼痛，左手写字还很吃力，一节课下来，她脸色苍白，满头大汗，许多学生是含着眼泪听完课的。三天后，潘老师左手写的板书虽然仍不好看，但速度和右手已经不相上下，她没有因此耽误学生一节课。几年后，等别人劝她再用左手展示一下写字功夫时，她居然一个字也写不成。潘老师自己也惊奇，当时是多大的动力和毅力才创造了这种奇迹！

“没有真诚的师爱，就没有成功的教育”是潘老师从事班主任感触最深的一句话。师爱是心灵的碰撞及交流，是一种能触及灵魂、动人心魄的教育过程。

有一年通过家访，潘老师了解到班里有一位女生家境困难，仅靠父亲微薄的收入支撑一家的吃喝用度。虽然学校按照惯例免除了学杂费，但潘老师还是发现这个学生躲开大家午餐的场地，偷偷地吃馒头就咸菜。后来，潘老师每到开学初就往她的饭卡里充钱，一直坚持到她毕业。等这个学生升入大学报到前，潘老师又将部分学费放到她手中。

与学生朝夕相处，她始终想着两句话，那就是“假如我是孩子”“假如是我的孩子”。这种换位思维，使她深切地体会到，当学生看起来最不可爱的时候，恰恰是学生最需要爱的时候。

班里曾有一名同学，学习成绩和自律意识都很差，其他同学不愿与其接近，他开始逐渐游离于集体之外。发现苗头后，潘老师将其找来谈话，但他明显的抵触情绪使谈话效果并不理想。于是，潘老师开始采用写信的方式，提醒他、肯定他、表扬他。信有长有短，长则数页，短则几行。渐渐地，他变了：主动参与卫生扫除了，为班级提水了，帮老师拿教具了，被同学们推选为体育委员了，被评为模范团员了……如今，这名学生也早已从广州一所著名高校研究生毕业了。

著名教育家斯宾塞说过这样一句话：“记住你的管教目的应该是养成一个能够自治的人，而不是一个要别人来管理的人。”在从事班主任的工作中，潘老师认识到，教师不仅要有“爱的情感和行为”，更要有“爱的能力和艺术”，最高层次的爱是对学生一生的发展和幸福而负责的爱。为此，潘老师在班级管理中充分放手，不断创新教育形式，大胆尝试让学生自主教育和管理。

1999年，为引导学生文明上网，发挥网络的教育功能，潘老师和学生们创建了自己的班级网站。置于首位的是班级共同制定的“家有家规”，“家庭日志”记录下每天学习、生活的点点滴滴，“幸福家园”介绍了班级、老师和每个同学的理想信念；“藏龙卧虎”使有一技之长的同学有机会在网上展示才华，“我爱我家”记录下了为班级做出贡献的每一个同学；“家长寄语”和“鸿雁传书”搭建起了家校联合的平台。每天无论工作多忙，潘老师总忘不了登录到“班级论坛”，了解学生的真实想法，进行针对性的引导。内容丰富、形式多样、亲和有效的班级网站资源渗透到学生的内心深处，为学生德育开启了一扇全新的窗户。

为培养学生的社会责任感，潘老师精心组织了各类活动让学生走出校园，奉献社会。她坚持和学生定期到市福利院，为几位儿童辅导功课；定期到敬老院，为孤寂的爷爷奶奶们献上精心准备的小节目，陪老人们聊天；经常带领学生走进社区的残疾人家庭，为他们捐物、辅导功课；她还让自己的学生还与山区学校的孩子们建立长期联系，送文具、捐书刊、书信往来。班上的一位同学说：“我原来总是想要做大事业，用大手笔为社会做贡献。但现在我知道了，有时简单的几句话、一个动作甚至一个真心的微笑，就能给别人以帮助。”学生们在被爱与施爱中实现了自我人格的深化与提高。

在潘老师的班级网站上，一个学生写道：“如果说我们班是一个团结和睦的大家庭，那老班就是我们 62 个兄弟姐妹最年轻的美丽妈妈。”这个帖子的题目是“双手扶持千树茂，慈怀灌注万花稠”。

潘老师从最初被学生们称为“潘潘”“知心姐姐”，到后来的“潘妈”，一路走来，她的学生桃李满天下。她去济南辅仁学校开会，发现她的学生已经是那里的历史老师；她走在路上，发现她的学生已经成了某家银行最年轻的客户经理；她在校园里碰到她的学生，发现他已经成了上市公司的老总，并为母校捐赠了智能教室；她收到微信，在中国科学院读研的学生又获得了国家的重大奖项……不胜枚举。

其实，当班主任也有过打退堂鼓的时候。最难的是 2003 年，女儿刚满周岁，爱人又外出学习，家中老人重病，万般无奈的她向学校提出辞去班主任工作。但当学校同意后，她却没有一丝轻松的感觉。晚上回到家，她一张张翻看学生的照片，往事历历在目，她泪流满面，无法割舍。第二天，她又撤回了辞职申请。

多年的班主任工作让她练就了火眼金睛。学生的一个细微动作或表情就让她像有心灵感应似的，能迅速和学生沟通，打开他们的心结。潘老师说，学校的每个班主任都有洞若观火的能力。有的老班陪着学生从操场上遛两圈，学生开始哭着，等谈完就笑了。而她是用自己明净的笑容、清脆的声音和涓涓的爱心俘虏了学生们。刚拿教鞭时，她长发披肩，身材苗条，学生不忍欺负这么一位漂亮的大姐姐；年富力强时，她勇挑重担，教研教学责无旁贷，学生们不忍给她捣乱。

现在，她虽然已经不再担任班主任工作，却仍然对家长们苦口婆心。面对数学的畏难心理和考试挫败后低落的情绪，潘老师发自肺腑地提醒家长："不要总是以为孩子数学不好是没有开窍，好像'窍'是一个机关，开了就全会了。学习是个漫长的过程，需要踏实地付出。"

她告诉家长，很多学生数学不好是一遇到困难就不往下想，半途而废。学数学要有整体观念，知道学什么，在思维上有一个整体框架和脉络，有了抓手和方向，再强化计算能力，学数学就打下了良好的基础。数学就是思考，是看待世界的一种眼光。有了眼光和思维，再有行动，数学成绩就不在话下。

潘老师总是不知不觉地，把谈话引向数学，就像椭圆，总是要走一段弧线，回到原点。学生从她那里找到了学习的方法，家长从她那里明白了和孩子沟通的关键，而她也凭自己对数学的领悟教学成果斐然。这些年，她获得过苏步青数学教育奖、全国优质课二等奖、山东省优质课一等奖、山东省首届优秀微课程评比一等奖等荣誉，获评全国优秀教师、山东省先进工作者、山东省省级"发现榜样"、齐鲁名师、山东省教学能手、山东省三八红旗手、山东省女职工建功立业标兵等。

2022 年，潘老师的导师邵丽云老师退休了。40 年的教学生涯，让邵老师在告别学校和讲台的时候，热闹的数学组一下子陷入沉寂。万般不舍让他们不知怎么表达对邵老师的敬意和留恋。潘老师和大家商量，要为邵老师演一出话剧。大家抢着演邵老师的青年和中年时期，潘老师笑着说："那我就当导演，给大家写剧本。"

因为是"戴口罩"的特殊时期，话剧最终没有上演，但潘老师真的像一位导演，她用心编排教学的每个环节，把知识讲活了，让每个学生积极参与。这场生动生成的戏，在她对数学的一腔热爱中，把每一个平常的日子擦拭得娟然如洗，又如一个个椭圆，周而复始又乐此不疲。

担 当

——记山东省先进工作者、济南市中心医院张锋泉

徐清源

采访张锋泉主任的过程中，他说得最多的一句话就是——“办法总比困难多。”

他是个心理承受力极强的人，笑着坦言：“在我面前，没有困难。再困难的事，只要去做，就有百分之五十的希望。”

见到他之前，我已经对他的工作履历和荣誉有了详细了解。

他为省内及西藏日喀则市600余名先心病患儿实施免费手术，在医院国家级“胸痛中心”建设中发挥巨大作用，主刀完成130例急诊A型主动脉夹层手术无死亡，主刀完成山东省首例左心室辅助装置（人工心脏）植入手术，填补了省内终末期心力衰竭外科治疗领域空白，先后荣获济南市先进工作者、山东省科学技术奖、济卫工匠、白求恩式好医生、济南市最美健康守护者市级最美医生、山东省先进工作者等荣誉……

这是一位荣誉等身的优秀医生，无数次为患者解除病痛，从鬼门关上把生命抢救回来。不过，谈到这些，他的回答却是实实在在的一句话——“别给我荣誉了，这都是一个医生应该做的。你是作家，就要撰稿写作，宣传正能量。我是医生，就要上手术台，治病救人。每个人都要对得起自己的职业，精研技术，争取做得更好。荣誉应该多颁发给年轻人，让他们具有职业荣誉感和归属感，就能更投入地为广大市民服务。”

他的工作日记扉页上，写着长期恪守的座右铭——“无欲则刚”。

“我对物质没有过多追求，吃穿住行，都是身外之物，只要过得去就行。我是医生，大部分时间处于工作状态，外面套着白大褂，穿得再奢侈给谁看呢？医院食堂干净卫生，吃饱就行。房子不大，够住就行。开车是为了上班方便，医院同事之间也绝对不会攀比谁开豪车。我们是医生，要攀比的是手术台上无影灯下的技术，是治病救人的能力，是持续学习的动力，是为医院争光的荣誉感……真正的无欲则刚，不是‘躺平’，不是没有进取的动力，而是要求自己追求正能量，培养更好的追求方向，把人生欲望放在正确的位置。”

张主任是一个很冷静的人，谈到人生、理想、志向、追求等热血沸腾的话题，脸上的表情仍然风轻云淡。

“我喜欢静，静以致远，彻底安静下来，就能得到深度放松，这是我缓解工作压力的方式方法。我爱人和孩子都能理解，也都支持，所以只要我在家，家里的动静就很小。”

作为心外科医生，每一台手术都极其精密细致。这就要求主刀医生自己首先要有一颗“大心脏”，任何情绪变化都不能带进手术室，一上手术台，就要把自己变成毫无感情的“机器人”，只对病人负责，只对眼前状况负责，不受任何外界因素干扰。

“我是医生，整台手术的成败，由我负责，由我担当。如果遇到突发状况，我也要有能力应变掌控。所以，胆子小的人永远成不了好医生，因为他遇到事就害怕，手足无措，不敢担责，耽误了最佳的抢救时机。一场手术就是一场战斗，主刀医生就是指挥官。我从来都知道自己肩上担着什么责任，那是一个个病人的生命，一个个家庭的希望。我不容许自己犯错，每次进手术室前，都告诉自己全力以赴，做到最完美。”

世界上不存在绝对的完美，多年以来，张锋泉始终保持着一丝不苟的技术追求和勇攀高峰的职业素养，大处着眼，小处着手，将一切隐患消除在手术室之外，成功地挽救了无数人的生命。

在他这里，“以人为本”是最高行动准则。在某些特殊情况下，心外科始终把“先救命”作为必须执行的法则。“人命关天、人命大于天”不是空话，而是他们与死神抢跑的发令枪。

在与张主任交谈的过程中，他的坦荡与担当，深深地感染了我。

近几年来，影视剧市场也出现了几部反映医疗产业的职场剧，只是更偏重于青年男女感情，那些治病救人的情节往往流于表面，没有深入到医院的科室工作之内，每一个医生、每一则病例都面目模糊，无法让观众详细了解到医院的方方面面。

我提出这个话题，张主任坦言很少看影视剧，他的手机上至今不装视频软件。他不会把时间浪费在虚构的节目上，更愿意专注于技术研究。

“医院里的小护士喜欢追星，也会聊医疗类电视剧，但我们扫一眼就知道太假了。医院里的工作哪有那么清闲，就像潮水一样，起起伏伏，一停不停。有时候做完手术回办公室，已经累得浑身散了架一样，刚刚在沙发上躺一会儿，马上有电话打过来，急诊会诊，一秒钟都不敢耽搁，跳起来就往外跑。医院的工作就像打仗，谁都不敢掉链子——不是因为制度、罚钱之类的表面手段，而是医生内心的高度责任感、道德感。”

我提到那些医疗剧的影视明星，张主任只听过几个名字，脸都认不全。

“医院不是个适合谈情说爱的地方，从医生到护士，都必须做到专心专注，因为我们不是流水线工人，可以打个盹偷个懒，我们面对的是病人，他们走进中心医院，把性命交给我们，躺在手术台上，我们得对得起他们的信任。这不是表演，没有彩排，也没有重来，就是要求一次性做好，不留后患。担当这两个字，刻在每个人心里，我们每个人都是中心医院的一块砖，都代表着‘中国医生’这个神圣的名字。如果像影视剧里那样，医生和护士打打闹闹，风花雪月，出了医疗事故还摔杯子砸板凳……那些太不真实了。你在医院里走走就知道，我们不能犯错，不能任性，要像游标卡尺一样精确。对我来说，每一例手术，没有最好，只有更好！”

我也提到医疗剧主创人员应该到医院体验生活的问题，张主任笑着摇头：“医生没有什么好拍的，十年树木，百年树人——要培养像我一样的医生，至少十年才能成材，那还是在学习者有悟性、够勤奋的基础上。学成之后，我们的时间非常宝贵，要像救火队员一样，投入到一线去治病救人。这个过程其实是很枯燥的——我们医生的生活往好里说是简单、利索，往坏里说，就是四个字：单调、枯燥。如果影视剧把医生的工作拍得多姿多彩，什么打网球、吃西餐、开赛车、玩蹦极……那就是胡编乱造，观众愿意看，但没有一个医生会赞同。我在医院一天，就是办公室、病房、手术室、食堂。只要在办公室，就是查资料、看病例，没有停下来闲聊的时候。我以前办公桌上有个提示牌，上面写着‘闲谈请勿超过三分钟’，就是提醒我自己和来访者，如果没有急事，请勿占用我宝贵的时间。这样的生活有什么好拍的，拍得太真实，以后谁还敢报考医学院？”

我列举了普通人都会选择的娱乐，比如看电影、逛街、唱歌、网购、做饭、养宠物、看画展、乡村游……这些都不会出现在张主任的日程表里。

“我曾经五年没出过病房楼，吃住都在里面，完全忘记了外面的世界，就是吃饭、钻研、睡觉，无限循环。有时候往外走，得看看人家穿的什么衣服，才知道外面的冷热，换上合适的衣服，已经成了同事之间的‘医痴’笑谈。我觉得钻研医学技术，就能给我带来最大的愉悦，胜过一切娱乐手段。当我专一专注地沉浸在医学知识中，就能迸发全部热情和激情。医院给了我舒适的工作环境、科研环境，我只有把感激和感恩，转化到工作中去，以百倍热情回报患者，才能对得起医院的培养……”

关于张主任对工作的痴迷事例，我还听过其他版本。同事们虽然笑他，但更多的是钦佩。他能将兴趣与工作融为一体，是个人之幸，也是行业之幸。

“真的没有闲情逸致去培养那些附庸风雅的爱好，我觉得现在的状态就很好，趁着年富力强，鼓足勇气去担当更重要的工作，做学科带头人，最大限度发挥自己的能力，做好传帮带工作，让科室里的年轻人更快成长。”

张主任是“治心”的人，同时又有一颗伟大的善心。

“我从不考虑自己的利益得失，只考虑能不能又快、又好、又省地为病人解除痛苦。既能治病救人，又不能让病人因病致贫。医者父母心，这是中国古代先贤传下来的箴言，每一个医生都得牢牢记住。”

他跟我谈起先心病患儿筛查救助行动的工作，几次红了眼眶。

藏区条件艰苦，很多患儿的先心病症状还没有表现出来，筛查工作能为孩子们未来的生命保驾护航，是利国利民、功德无量的大事。

张主任为很多藏区患儿动过手术，印象最深的是 2020 年 10 月，一位名叫德吉央拉的 5 岁西藏女孩，身体恢复之后，让家人带着到办公室，找到为她做手术的张主任，用稚气的嗓音，为他唱《谢谢你》。

“我真的非常感动，一台成功的手术，挽救了一个小女孩的未来。她告诉我，未来要好好学习，当一名藏区医生，为病人解除痛苦。我们每救一个病人，就好像是栽下一棵树，给未来创造无限的可能性。孩子是国家的希望，我看到小女孩纯真的眼睛，就知道自己年轻时选择从医是无比正确的。”

张主任现在还记得，当时现场的医生、护士、家长都哭了。

“听我说谢谢你，因为有你，温暖了四季。谢谢你，感谢有你，世界更美丽。

我要谢谢你，因为有你，爱常在心底。谢谢你，感谢有你，把幸福传递……”

直到今天，张主任还清晰记得，那个5岁的西藏女孩用不太熟练的汉语为他们整个科室工作人员唱这首歌，感谢他们为一个普普通通的藏族女孩“补心救命”。

“对于我们来说，治疗患者是本职工作，尽心尽力，认真勤勉，每年接触那么多病人，已经习惯，但对于一个家庭、一个孩子来说，这一次的济南中心医院之行，对他们的未来意义重大。我们愿意做一块砖、一束光，让他们走得更高、更远。我常常跟团队的同事说，让普通人过得更好，这就是我们医护人员的生命价值。”

张主任介绍，德吉央拉是“鲁藏一家亲·共圆健康梦”日喀则市先心病患儿全心救助项目救助的32名藏族先心病患儿之一，该项目是由山东省红十字会、省卫健委、省第九批援藏干部中心管理组主办，自2020年10月16日在济南市中心医院启动，筛选出来的32名藏族先心病患儿，在济南市中心医院心外科接受手术治疗后，顺利踏上返乡之路。这次的济南之旅，开启了他们生命的一扇“心”窗，也让鲁藏两地，有了崭新的生命连接。

“从个人角度出发，我希望有更多藏族儿童接受治疗，为他们的成长保驾护航。高原地区缺氧严重，一些新生儿的动脉导管无法闭合，这就导致先心病的发病率比平原地区高出很多。先心病危害极大，越早治疗，痊愈成功率越高，患儿以后的生活质量能够得到保障。”

谈到自己的专业，张主任的阐述深入浅出，用老百姓都能听得懂的通俗语言，向我描述那个藏族女孩的病情——

“这个孩子患有心脏室间隔缺损，缺损较大，达15毫米，且肺动脉高压已经达到中到重度。我们原计划通过右侧心脏微创小切口进行手术，但她的身体伴有脊柱侧弯，如果在肋间隙进行小切口手术的话，以后有可能会导致孩子肩膀一个高一个低。最终通过会诊决定，对她采用胸骨下段小切口手术。”

这个病例之所以给张主任留下深刻印象，也是因为其难度极高。

“手术视野狭小，对主刀医生的要求非常高，比如需要吻合直径不足2毫米的只有一张白纸厚度的血管……采用这个方案，能够避免开胸创伤，利于身体康复。手术之后，她跟其他孩子一样，会拥有一个健康、完美的未来。我们的任何一个方案，都要秉承‘以人为本’的理念，多为患者考虑，尽最大可能，让手术尽善尽美，不留遗患。这个新方案当然有困难，只要干工作，就会遇到困难，但我跟科室的同事反复讲，有困难我们自己克服，患儿从西藏来到济南，是对我们山东的信任，我们更应该拿出百分之百的努力，不容许有任何失误。”

在先心病患儿筛查救助行动中，还有一件事让张主任记忆犹新——

2023 年，中国红十字基金会发起的“天使之旅·贵州先心病患儿筛查救助行动”中，济南市中心医院的医疗专家在安顺市和黔南布依族苗族自治州开展公益筛查之后，14 名先心病患儿抵达济南。

“来自贵州的首批 14 名先心病患儿，最大的 7 岁，最小的只有 7 个月。有一名患儿是‘三房心’，手术极具难度。人的心脏正常状态是左心房、左心室、右心房、右心室，通俗理解是‘两室两厅’结构。‘三房心’的这个患儿相当于是‘两室三厅’，所造成的血流动力学改变类似于二尖瓣重度狭窄，需要通过手术实现解剖矫正。”

面对这种情况，张主任组织科室人员反复论证比较，一次次推翻，又一次次设计，最终制订了安全高效的治疗方案。

“我们科室的同事都是好样的，从医生到护士，对患儿们付出了最大的热心和耐心。我总是说，功劳是大家的，成绩是大家的，能够与这些团结高效、积极向上的同事们一起工作，是我工作生涯中的最大幸运。”

在张主任的工作中，时时处处体现了“担当”二字。

他告诉我：“山高人为峰，攻坚不畏难。既然选择了心外科这一行，就要敢于向最高难度发起冲锋，敢于跟国内外专家同台竞技，敢于在别人退缩的时候挺身而出。我的人生辞典之中，就没有‘逃兵’这两个字，不管多累，一上手术台，我就精神抖擞，就像战士听到冲锋号一样。”

早在见到张主任之前，我就从医院领导那里听过他“拼命三郎”的英雄事迹。

2022 年中秋节，一幅张主任累得瘫坐在地上的照片，曾经火遍全网。他通宵做了两台主动脉夹层手术，因为身体超负荷运转，刚从手术室出来，疲惫至极，直接瘫坐到地上。

“当时在手术台前高度紧张工作，已经变成了机器人。手术完成，松一口气，才发现整个人近乎虚脱。出了手术室的门，一步都走不动了，直接坐到地上。平时身体还是很好的，就是那次连续作战，身体透支严重，才支持不住了。”

他对于网上爆红的事并不在意，因为这是心外科医生的常态。病情就是军情，一进手术室，什么都不想，注意力高度集中，就是治病救人。

“主动脉夹层手术一做就是十个小时，又是两台主动脉夹层患者需同时手术，我带着心外科团队与手术麻醉科医护人员通宵进行，直至10日清晨，两台手术均顺利结束。累及升主动脉的夹层是最可怕的一种主动脉病变，称为‘A型主动脉夹层’，发病48小时内，近一半患者会死亡。因此，需要尽快手术更换破裂血管。我们是在争分夺秒与死神赛跑。高强度手术，精神和身体超负荷运转，手术结束，就想躺下来歇会儿……”

从医院领导那里了解到，中秋节晚上6点，张锋泉又准时来到病房，仔细检查了术后病人的情况，并向值班医生详细交代了患者夜间的治疗和观察要点。第二天一早，张主任又赶到医院查房。守护重症患者是他工作的重中之重，任何节假日都不能中断。

医院领导说，这种不分昼夜、争分夺秒的大抢救，对于心外科来说已经是家常便饭。急诊就是跟死神赛跑，争分夺秒挽救生命。治疗急诊冠脉搭桥和急性主动脉夹层患者，手术风险大、死亡率高、术后监护难度大……这都是现实问题，张主任从来没有推脱抱怨，而是带着科室全员克服种种困难，针对每一位患者的特殊情况，全力以赴，做到最好。

济南市中心医院作为国家级胸痛中心，心外科是其中非常重要的组成部分。

济南市中心医院胸痛中心采取多个学科合作的急救模式，使急救渠道更加畅通。在心外科，主动脉夹层、冠脉搭桥等急危重症手术随时发生，张主任与他的心外科团队随时待命，争分夺秒地抢救每一个生命。每一次抢救患者，整个团队全力以赴，力求在生死线上为患者争回更多的生机。

“高难度手术、连轴转强度，整个团队的工作压力非常大。我总是以身作则，迎着困难上，给年轻人做好表率。我觉得自己正在改变，已经是做好自己，做好医生，现在是做好榜样，做更好的学科带头人。身份的转变，要求我胸怀更宽广，眼界更开阔，更具有奉献精神。我常说的‘办法总比困难多’，是激励别人，也是激励自己。”

“有些病人对病情估计不足，那就得医生全盘掌控，一定要做好预判——这对于心外科医生提出了更高的要求。”

张主任介绍，有些病人感觉心脏不适，到医院检查后自己不够重视，但往往情况已经比较危险。

其中一个例子，病人是来自淄博的舒大娘。当晚她正准备上床睡觉，突然感觉前胸后背部剧烈疼痛，起初还能忍着，后来被儿女送往当地医院胸腹主动脉 CTA 检查，提示是急性主动脉夹层，于是马上转院到济南。

张主任接到夜班医生的汇报，立即组织手术人员迅速到位。

“在咱们中心医院，实施 A 型主动脉夹层手术，一般情况下需要 3 名心外科医生、1 名体外循环师、2 名麻醉师、3 名护士，这是相对固定的团队，除了心外科医生、体外循环师以外，麻醉师和护士也相对固定，这是为了确保能够应对手术过程中的任何意外情况。咱们济南市中心医院拥有技术过硬的团队，能够在夜间随时开展 A 型主动脉夹层手术。团队成员之间彼此信任，合作无间。这位舒大娘入院时的病情非常严重，患者子女非常支持我们的手术方案，也理解并愿意承担手术过程中存在的巨大风险，这对于我们的医生团队开展手术、进行救治非常重要，是医生和患者家属双方的共同努力，才使得老人重获新生。在这个过程中，医生必须以高度的责任心、高超的专业素养，针对患者病情，做出准确判断，制订可行性方案。每一个环节，都需要责任担当。”

其实，在心外科工作，遇到的复杂病例非常多。张主任他们就像排爆手，为病人的心脏一遍遍“排雷”。

“主动脉夹层具有高死亡风险，从发病开始 48 小时之内，死亡率高达 50%，每增加 1 小时病死率增加 1%，被称为人体内的不定时炸弹。每一台主动脉夹层手术都涉及心脏外科手术各个层面的高难度动作，每一位患者的病情、身体状况都不一样，导致手术过程中随时出现各种意外险情。每次手术需要耗时 8 小时，是一场技术与经验、体力与耐心的考验，是技术活，也是体力活。这种病没有季节性特点，一天 24 小时之内随时有重症患者送到医院，必须立即展开手术。我的手机长年不关机，随时赶到医院做手术，经常在手术台旁一站就是十几或二十多个小时，连续完成 2—3 台急性 A 型主动脉夹层手术，十几天吃住在科室里……最让我们自豪的是，2021 年 1 月 1 日至 2022 年 12 月 31 日，整整两年时间里，我们做过的 120 例 A 型主动脉夹层手术，是‘零死亡’。有患者家属说我们是生命的‘守护神’，其实我总认为，每一位医生尽心尽力、尽职尽责，为病人解除痛苦，是守护，更是为国家建设尽力，因为每位病人康复后，重返工作岗位，将会更加珍惜生命，加倍努力工作。我们不是‘守护神’，而是桥梁，帮助病人渡过难关，奔向更美好的生活。我们科室最高兴的事，就是送病人康复出院，因为大家都知道，我们又为一个家庭团圆增添了幸福的助力。”

在交谈过程中，张主任谈到，成功救治那些危重病例后，他总是把功劳和成绩归结为院方的英明领导、团队的团结聚力。

“独木不成林，单丝不成线。院方为我们提供了先进仪器、救治通道、多科室协同、顺畅的工作机制。同事们加班加点，任劳任怨，工作抢着干，荣誉从不争抢。我张锋泉一个人的力量才有多大？必须借助集体的力量。我很荣幸，遇到了最通情达理的领导和最积极干事的同事。”

张主任非常赞同医院领导说的一句话：“当一个病人来到医院，得用医生的全部力量来挽救他。”

这句话让他感触很深，也支撑着他不畏困难，勇挑重任。

每一次心外科手术几乎都需要心外科、麻醉科、输血科、体外循环师、手术室等多学科团队的密切配合，每一次成功抢救，都是对济南市中心医院多学科团队协同作战技术实力的检验，也彰显出全体医护人员“以人为本，患者至上”的责任与担当。

“我们是医生，就得以病人为中心，这是本职工作，也是做人的道德底线。”

在张主任眼里，没有穷病人和富病人，全都一视同仁。只要进入中心医院心外科，就是自己的家人和亲人。

“医生尊重病人，绝对不会厚此薄彼，但病人也要尊重医生。什么是尊重？就是无条件地信任医生，双方合力，击败病魔。”

张主任谈到医患关系，至今有件事让他记忆犹新。曾经有位患者家属到办公室给他送红包，希望在手术中对自己的亲人重点关照。

“从医这么多年，我从未收过病人红包。这是对医生群体的侮辱，是对我们医术、品德的最大不信任。我们每天的精力和体力，都用在研究病情、实施手术上，哪有那么多闲工夫对付病人家属的‘好意’？而且有些病人家属三番五次到办公室、走廊、停车场拦住我，硬要把红包塞给我，又难看又费时费力，弄得大家都很累，尤其是这一次，我实在忍不住了——”

当时张主任连续处理危重病号，几乎是分秒必争，而且该病人的病情已经说得很清楚，术前方案几经论证，已经非常完善，手术中一定会全力以赴，请对方把红包拿走，不要违反医院规定。患者家属在推让过程中情绪激动，直接把红包摔在地上，并说了很多不负责任的话。

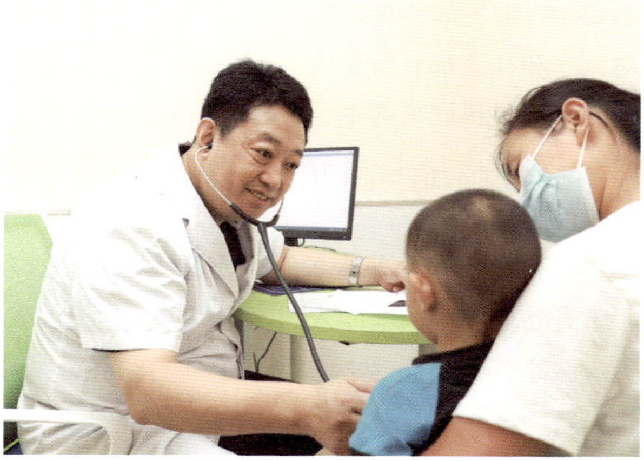

“我也很生气，恨不得指着对方的鼻子尖警告他，不要侮辱我的人格，我们医生也有自己的脾气，总不能把时间和精力耗在这事上。但最后，我还是耐心地蹲下，把钱都捡起来，然后装到对方的口袋里，好好地安抚对方，以免回到病房后影响病人情绪。咱们将心比心，不管病人家属说什么，都是为了治病。病人家属可以说不负责任的话，但我是医生，代表的是济南市中心医院心外科，只要开口，就是对病人有益、对医患关系有益的正能量的话。我只要走进中心医院，换上这身白大褂，身份就不是普通人张锋泉，而是心外科张医生，我得对得起这块胸牌。我多次对病人说，大家一定相互尊重。他们的信任就是对我最好的馈赠，如果谁到我办公室送红包，只会适得其反，是对我张锋泉的侮辱。”

他曾经反思过，之所以从医多年，仍然坚守公正廉洁的道德底线，是来自父亲的教导。

他的父亲在诸城老家干了50年村会计，兢兢业业，勤勤恳恳，为老百姓默默奉献，从未出过任何差错。

“父亲曾经教育过我，廉洁是底线。父辈没有说过多少豪言壮语，只懂得以身作则。当然，这一句话就很管用，像一块路标、一座灯塔，让我不犯错、不偏激，踏踏实实地做好本职工作。很感谢我的父亲，他虽然是小人物，但给我树立了很坚实的榜样。”

谈到“拼命三郎”的话题，张主任从不承认自己是“拼命三郎”。他常常告诫患者，出院之后一定要保持健康的生活习惯，科学合理地安排工作计划，让生命活得更有意义。

针对上一次累得瘫倒后无意中爆红，张主任更希望网民们重视身体健康，有了好身体，才能照顾别人、回馈社会。千万不要等到身体报警，才后悔莫及。

“手术室之外，我希望从医生的角度广泛宣传，让广大市民远离心脏疾病，不要做拼命三郎，不要积劳成疾，要懂得细水长流，把平凡生活过得有声有色，对家庭和社会都有所交代。”

从心外科同事那里，我了解到，张主任是个多才多艺、心灵手巧的人，篮球、游泳、乒乓球、旱冰、射击……很多项目，哪怕他以前从未碰过，只要开始学习，很快就能上手。

“张主任是个非常善于模仿的人，好多技巧性的工作，看看就懂了，懂了就开始做，很快就能入门。这一点，是他的天赋。”

张主任自己也说：“我动手能力很强，从小就不服输，认为别人能行我也能行。这种性格，来源于父母的教导。小时候在农村，天地广阔，任意遨游，从不墨守成规，没有那么多条条框框的限制，只要是喜欢干的，都可以尝试。”

谈到自己的成长过程，张主任归结为“喜欢”两个字。

“现在的孩子不喜欢学习，打着、骂着、哄着、逼着学，也不一定能学好，因为他们不喜欢学习，没有动力。我以前选择从医，是纯粹因为‘喜欢’，治病救人，攻坚克难，用自己一双手，解除那么多病人的痛苦，这是真正的英雄所为。这种‘喜欢’跟名利没有任何关系，兴趣是最好的老师，也是最强大的动力。”

正如心外科同事所说，只要张主任感兴趣的事，肯定是突击学习，短时间内迅速掌握，然后达到精益求精的地步。“张主任把学新知识当成攻坚任务，只要开始干，就一定得拿下来，而且必须得比别人做得好，这一点大家都挺服气的——不仅仅是头脑聪明，而且有眼光、有思路、有韧劲，的确是真学、真做、能做、会做。”

张主任自己这样总结：“我就是不服输，你做得好，我得做得比你更好。而且，每隔一段时间，我都对自己的工作自觉进行复盘，哪里做得不够好，就展开自我批评。可以宽以待人，但必须严于律己，不能对自己有丝毫放松。”

心外科同事还提到了张主任的一个显著特点——从不网购。

对于这一点，张主任觉得很正常：“我的手机是为了接收紧急通知，保持一年 365 天 24 小时在线，绝对不能出现没电、静音、无信号、忘在家里等意外状况，必须在线，科室有急事，必须能第一时间找到我。咱们心外科只要打电话，就没有小事，全都是人命关天的大事，谁敢耽搁？刚刚我也说了，在衣食住行方面，我的要求非常简单，整天在办公室里，连消费的机会都很少。我从不网购，也不刷视频，不手术的时候，我就抓紧时间看病历、看国内外心外科技术最新动态、看最新的心外科科技论文……我不需要刻意地拿出专门时间来放松，学习充电就是放松。”

他长期保持这种习惯，家人也都理解，见怪不怪。当他一心扑在工作上的时候，家人的支持就显得格外重要。

“从来就没有什么岁月静好，只是有人替我们负重前行。”张主任非常赞同这句话，他在工作上的所有成绩，都有家人的一半甚至更多。这么多年来，家人一直都是他的坚强后盾。

心外科的护士们提起张主任，都竖大拇指赞叹：“绝对是一位谦谦君子，对病人、病人家属、医生同事、护士、实习生……全都一视同仁，温和有礼，热心关照。医院大楼里的每个人提起张主任，都说他是个善良的好人。”

科室每个月都有捐赠活动，每一次的捐赠名单上都少不了张主任的名字。

有位小护士向我说起了非常感人的一幕：有位病人家庭非常困难，陪床的家属连食堂的饭菜都舍不得买。张主任看到这种情况，把病人家属叫到走廊里，偷偷塞给他五百块钱，让他先照顾好自己。这种“无声”的救助，对于张主任来说是常事，但他从未对任何人说过。记者来采访的时候，他从未提到这一点。每年心外科来来去去那么多病人，他帮助过的人有多少，自己也数不清。

“张主任做人非常淳朴，手术室内冷静如冰，直面生死，一锤定音，担当重任，但在手术室之外，他是一个绝对有担当的暖男，每当想起他塞给病人家属钱的那一幕，我就觉得这个世界上还是好人多，充满了爱和温暖。张主任就像阳光，温暖着心外科的每一个人。”

采访张主任，让我对医生这一职业有了崭新的认识。它具有绝对的两面性，是如坚冰一样不可战胜、如暖阳一样热爱生活的结合体。坚冰，对病情冷静判断，准确下刀，狭路相逢勇者胜，每一次都带着病人穿越生死，全身而退。暖阳，则是对生命的大爱。张主任20多年如一日，担当尽责，用光和热驱散病魔带来的阴霾。

我深深记住了张主任总是挂在嘴边的这句话——“办法总比困难多”。

这句话将会激励我、激励更多人，去做一个敢担当、有温度、有追求、爱社会的好人，有一分光，就发一分热，为了中华民族伟大复兴的中国梦而努力拼搏。

优秀的人干什么都出彩

——记山东省先进工作者、济南市警察博物馆黄蕾

张宝中

很多城市都有自己的“城市名片”，它代表着城市的品牌形象和文化内涵。要说济南的“城市名片”，大概很多人都会想到济南交警。1997 年 11 月 26 日，国务院授予济南交警“严格执法热情服务交警支队”荣誉称号，这是国务院授予职业警察的最高荣誉。一时间，济南交警成为全国交警学习的楷模和标杆，也成为济南极具人文魅力的“城市名片”。济南人去外地，往往会听到外地人对济南交警的赞誉，内心的自豪感会油然而生。

在济南交警这个大集体中，有一支由年轻漂亮的女民警组成的队伍格外“惹眼”。很多济南市民都见过她们。她们经常上电视、报纸，各种自媒体就更不用说了。27 年来，这支队伍相继获得“全国人民满意的公务员集体”“全国青年文明号”“全国巾帼文明示范岗”“全国三八红旗集体”“全国五四

红旗团支部标兵”等不计其数的荣誉称号。

这支队伍，就是济南市公安局交警支队市中大队女子中队。

女子中队成立于1996年9月2日，是全国首支成建制的女子交警中队。经过严格训练后，于当年9月29日在济南市中区经七纬二岗举行了上岗仪式。那几年，笔者骑自行车上下班，每次经过经七纬二路口，都和很多人一样，忍不住扭头多看她们几眼。她们青春靓丽，身穿制服，面带微笑，站得笔直，动作优美。用媒体常用的说法，她们是济南大街上“一道亮丽的风景线”；用现在流行的说法，是“美”“酷”“飒”。

据了解，截至2022年，共有130余名女民警在女子中队工作过，现任中队长已是第五任。其中，在女子中队工作年限、中队长任职年限最长的，是第三任中队长黄蕾，她在女子中队工作长达17年。现在她是市公安局所属的正处级事业单位——济南警察博物馆的馆长。多年来，她本人获得过很多荣誉，其中2013年被省委省政府授予“山东省先进工作者”称号。

笔者是在位于市公安局大院东南角的济南警察博物馆办公室里采访黄蕾的。看到她的第一眼，就确信20多年前见过她多次。笔者边在漫漶的记忆中搜寻她20多年前的形象，边和她交谈。她生于1977年2月，现已46岁，身材高挑，体格健壮，脸上有一些晒斑。她自嘲地哈哈大笑着说，岁月是一把杀猪刀，这些晒斑是站岗17年的“馈赠”。虽是初次接触，但笔者感觉和她交流没有什么障碍。她说一口温婉、流利的普通话，思维敏捷、清晰，表述准确、生动。她没有领导干部常有的“官派”和“城府”，也没有女同志常有的“矜持”。说到有趣的事情，她会哈哈大笑；说到令人感动的人和事，她会情不自禁地流泪。她对自己性格的描述是“风风火火，大大咧咧”。她的在市公安局督察支队工作的丈夫王成效评价她“一直很优秀”“做人很大气”。她以前的同事评价她个性“敞亮”“直爽”“泼辣”“真性情”“不拘小节”等。

黄蕾调离女子中队后，在多个重要岗位历练过，在每个岗位都表现得非常优秀。但她却自谦地说，自己很平凡，只是做了应该做的事情。

形象高于生命

黄蕾的父母都是“老公安”，退休前在济南市公安局工作。1995年，黄蕾高中毕业，遵从父母的意愿，考入济南市人民警察学校（现济南人民警察训练基地）交通管理专业。那一年，该校交通管理专业第一次招收女生，共招了 4 人。当时黄蕾只知道毕业后由市公安局统一分配工作，也当警察，后来才知道，招收女生是市局领导的一个长远考虑：要让她们作为“新鲜血液”，补充进即将成立的女子中队。1997 年 7 月，黄蕾一毕业就毫无悬念地被分配到了女子中队。

那时候的女子中队共有 17 名女民警，除了中队长和教导员，其余 15 人都没结婚。最初那几年，她们的日常工作很简单，就是站岗。一个主岗一个副岗，一个班两个人，两个人两个小时来回倒。她们的办公地点，开始是位于经七纬二路口东北角的岗楼，后来紧邻东方大厦西墙盖了间执法站。说是“执法站”，其实只是个面积约 20 平方米的白墙蓝顶的简易板房，有一间对外办公的小屋，也就是处理违章的地方，还有一个小休息室，放一张三座沙发和一个小衣橱，基本上就满了，另外还有一个小卫生间。

那时候交警有个传统，只要没结婚的，都住集体宿舍。女子中队的宿舍，在老市中交警大队院内一栋五层楼的顶楼。从宿舍到经七纬二路口，步行大约需要 10 分钟。15 个漂亮的小姑娘天天在一起，白天按照排的班次执勤，晚上一起学习、吃饭、逛街，在宿舍里捧着歌本唱歌，每天都很热闹。当然，晚上交流最多的还是白天在执勤中遇到的一些事。“一个人吃一堑，所有人都长一智。我觉得在这种交流中，每个人的服务意识、执法意识，以及对法律法规的掌握和熟练程度，就这么提升起来了，整个集体都在提高和进步，都在积极维护济南交警的光辉形象。”黄蕾说。

那时候女子中队执勤很辛苦。每天上岗 6 小时，一个信号至少要打 4 组指挥手势外加 1 组停止手势，一正一反算一组，每班岗要转体 700 多次，打 1400 多个指挥手势，得在那儿“紧忙活”。冬天穿黄色的军大衣，里三层外三层，虽然暖和，却死沉，黄蕾感觉身体“就跟地瓜炉子似的”。下大雪的时候，袜子要穿三层，两层棉线袜子再加一层毛袜子，但站两个小时就全湿透了，脚一动就“呱唧呱唧”地响。脚冻木了，更得在岗上使劲忙活，那样还能暖和点。每个民警的耳朵和脚都冻伤过。如果赶上下雨，又没带雨鞋，就一直湿着脚。夏天站岗的时候，手上、胳膊上起那种米粒大小的水泡，很痒，过几天就开始脱皮。脸上也抹防晒霜之类的化妆品，但一出汗就冲下去了，根本不管用。整个脸上只有眼镜腿那个地方是白的，其他地方都晒得黑黑的；

胳膊晒得最有特色，俗称“三节棍”。

尽管如此，大家也都一丝不苟地保持着自己的执勤形象。那时候济南交警有个口号：“流血流汗不流泪，掉皮掉肉不掉队。”对女子中队来说，更是“形象高于生命”。平时她们就比谁的指挥手势规范、漂亮，还用红旗、绿旗、黄旗进行考核。每天上下班，都看贴在墙上的小旗。“虽然大家私下里都很要好，但我感觉工作中还都是较着劲的。每天看看谁有几个红旗，如果她比我多一个，那不行，明天我得超过她，也拿个红旗。”

黄蕾的老同事在谈到她的指挥手势时，说“非常干练，非常干脆利索，看着很舒服”。如果再用几个词描述，那就是规范、标准、潇洒、刚劲。很少有人知道，黄蕾为练好指挥手势，对自己有多“狠”：胳膊上绑着沙袋，腰上打着夹板，头上倒顶着警帽，一练就是两三个小时。一招一式看似简单，但要真正达到应有的力度、柔韧和韵律的完美统一，绝非易事。两三个小时下来，胳膊肿了，肩膀酸了，腿麻了，脖子僵了。经过长时间体力和毅力的较量，她的指挥手势和体态让工作多年的男交警都望尘莫及。黄蕾说：“其实指挥手势打得时间长了，都有孤僻动作，要想指挥手势不变形，保持标准和刚劲，就得经常利用业余时间加练。”

女子中队很能锻炼人际交流沟通能力。黄蕾说，和群众打交道，就得会说群众的语言，首先得看清他是个什么性格的人，然后用恰当的方式和他交流。有的人一看就很豪爽，如果他违章了，处理的时候就得和他开着玩笑，哪怕带点嗔怪的意味，他也会愉快地接受。有些人一看文绉绉的，就没法跟他很豪爽，如果你带点笑模样，他可能觉得你在笑话他，会说“你别给我嬉皮笑脸的”。黄蕾有些自豪地说，中队的小姑娘见的人多了，遇人打眼一看，就大概知道是什么性格的人，然后见什么人说什么话。“这话虽然有点贬义，但在工作中很实用。”现在很多年轻人习惯在手机上聊天，不愿面对面接触人，有些“社恐”。黄蕾笑称，和这些年轻人相比，女子中队的小姑娘都是“社牛”。

社会上很多人对女交警很好奇，经常有市民跑到经七纬二路口去看她们。江泽民 1995 年 10 月 15 日为济南交警题词“严格执法，热情服务”后，全国很多地方的交警都来济南学习，其中经七纬二路的女子交警岗是必须去的。还有很多外地来济南旅游或开会的人，也特地跑到那个路口去看看。经常有人拽着副岗的女交警，到旁边一个“全国青年文明号”的牌子那里合影，然后跟她们聊一通。

在热心市民中，媒体报道比较多的，是济南市政协的离休干部真文老人。他家住在附近的市政协宿舍，在阳台上就能看到交警在路口执勤的情景。1996 年除夕，天很冷，零下十几度，街上行人和车辆稀少。真文老人在阳台上看烟花的时候，看见两名女交警在寒风中认真地指挥交通，很心疼她们，就和老伴一起，把刚煮好的饺子用保温桶盛着给她们送去。当时执勤的是女子中队第一任中队长石丽和第一任教导员杜梅。她们感动得不知道说什么好，一起吃光了饺子。

此后，每年除夕，真文老人都和家人去送饺子和炸藕盒、炸鱼等，从未间断。即使全家人一起去饭店吃年夜饭，也要提前把饺子煮好，给执勤的姑娘们送去。平时，真文老人每天下午三四点钟或晚饭后，都到执法站那个小屋里坐一会儿，和女交警们聊聊天。他八十大寿那天，已担任中队长的黄蕾和几名同事带着生日蛋糕和鲜花，去家里给他祝寿，还带去了一份很特别的生日礼物——两本精装相册，里面是 20 多幅他和家人去岗台送饺子时与女交警的合影。黄蕾调离女子中队后，每年中秋节和春节，都和丈夫带着女儿去看望他。每次他都拿出珍藏的照片，询问那些女交警的工作和生活情况。他记忆力特别好，所有女交警的名字都记得。

真文老人带家人给女交警送饺子，一送就是 26 年，直到他 2022 年 12 月去世。但这段“警民鱼水情”的佳话并没画上句号，女子中队与他的家人约定，以后每年除夕都去他家包饺子，一起过年。这是后话。

除了真文老人，自发地以不同方式对女子中队表达关爱的人还有很多。比如，七一社区的大妈夏天给她们送凉面，附近一些机关宿舍的大妈给她们送绿豆汤，很多小朋友给她们送雪糕、冰棍、苹果、小蛋糕。原济南铁路分局副书记、副局长，省检察院济南铁路运输分院检察长安学森，每年春节都写了春联送过去，连续送了很多年。那时候私家车极少，出租车也都是黄面的。

除夕晚上，路上人少车少，车速也慢。那些黄面的司机路过岗台时都摇下车窗，对她们说：“你们辛苦啦，提前给你们拜年啦。”年初一早上，几乎所有从岗台经过的司机都给她们拜年。“那个时候就感觉特别温暖。”当黄蕾说到这个情景时，忽然禁不住泪流满面……

一半是队长，一半是姐姐

黄蕾在女子中队工作期间恋爱、结婚、生女。丈夫王成效是她高中和警校的同学，也是交警，在槐荫区交警大队。王成效的执勤岗在经七纬十二路口，和黄蕾隔了十个路口。如果有车在经七纬二路口违章了没拦住，黄蕾就在对讲机里喊“经七纬十二”，让王成效拦住。

黄蕾于2002年5月任副中队长。2004年8月21日，她的女儿出生。当时，王成效作为优秀民警被选派参加全国公安系统大练兵汇报表演，在淄博训练，连续三个多月没回家。王成效本来可以向领导说明情况，不去参加大练兵，但黄蕾劝他去，说这样的机会可能一辈子只有这一次。王成效不在身边，黄蕾就一直坚持上班，她说这是有“私心”的：一旦孩子在工作时间出生，中队的姐妹们会第一时间把她送到医院。孩子出生前一天，她还在工作岗位上，帮着处理各种交通违法和违法抓拍温馨告知。中队的姐妹们都说：“别的孕妇胎教都是听音乐、讲故事，你倒好，一天天的，不是违法告知程序，就是背《中华人民共和国道路交通安全法》。”黄蕾却很得意地说：“那多好，我的孩子生出来就懂法、守法。”女儿是预产期那天早晨出生的，下午王成效才从淄博赶回济南，但他只在病房里陪了黄蕾一晚上，第二天一早又回淄博了。孩子快100天时，王成效圆满完成任务，才回到母女身边。

2009年12月，32岁的黄蕾任中队长。作为中队干部，她的工作比普通民警忙得多。上班时间是早晨7点到晚上7点，但她每天早晨6点多就赶到，晚上7点多才下班。遇到恶劣天气，她总是第一个到岗，最后一个离开。原女子中队民警、现大纬二路中队一级警长曲莉回忆说，黄蕾“很勤奋很努力”。每天早、晚高峰，她肯定都在路口站着。作为中队长，她不定岗，但哪个地方需要就到哪个地方去，除了在路口执勤，还要处置辖区内突发的交通事故。她站完高峰岗还要带队在辖区道路巡逻，整治违法停车，现场处理各类交通违法，接待一拨又一拨的参观者，参加各类活动和会议。“她每天都这么忙碌，忙得连口水都喝不上。”中队每周休息两天，但她只休息一天，休息的那一天也跑到中队去看看。

原女子中队民警、现历城大队事故中队科长郭蓓蓓说，中队所有民警对黄蕾都很“信服”。中队所有的业务她都会办，所有业务都是她先学会，然后带着大家一起干，而不是指挥大家干。有一次郭蓓蓓和黄蕾聊天，黄蕾说：“都说女人堆里是非多，如果我不带着大家干，光安排别人干，容易引起同事之间的矛盾。我自己带头干，大家就不会计较。”

中队有一条不成文的规矩：每年除夕，中队干部和济南本地的民警站最后一班岗，让家在外地的民警和家人一起过年。后来，这个规矩又改为：中队干部和大队领导站除夕最后一班岗和年初一第一班岗。黄蕾家是济南的，后来又任中队长，因此，在女子中队的 17 年里，她 17 个除夕都在岗上。除夕晚上，王成效在父母家里吃完年夜饭，10 点左右开车去接黄蕾。王成效老家是潍坊的，按照潍坊的习俗，除夕半夜 12 点还要再吃一顿“跨年饺子”，哪怕只吃两三个。黄蕾吃几个饺子，就算和家人一起过年了。

黄蕾工作忙，很少管女儿。女儿上幼儿园之后，基本上都是她父母和王成效接送、辅导作业。她父母每天都去她家做晚饭，一起吃完晚饭再回自己家。周末和节假日，如果黄蕾和王成效都执勤，就把女儿送到爷爷奶奶家或姥爷姥姥家。后来女儿大些了，就一个人在家。除夕晚上，如果夫妻二人都执勤，就提前给女儿煮好饺子，让她自己在家吃。黄蕾笑称：“我们的孩子像野生的一样，生存能力比较强，也很体谅我们。”

2001 年，济南交警成立了女子骑警队，她们穿着帅气的制服，骑着摩托车在市区各大景点、主要道路巡逻。虽然当时还没有“网红”这个概念，但她们的热度和关注度都相当高。“帅气”的背后是不为人知的辛苦付出。黄蕾说，骑了 3 年摩托车，虽然都带护膝和护腰，但冬天太冷，把腰和膝盖都冻坏了，上厕所蹲不下。因为腰肌劳损，夜里睡觉腰下要垫个抱枕，不然疼得睡不着。

2009 年后，交警大队给女子中队划分了辖区，女子中队完成了“由点到线到面”的勤务模式升级。有了辖区，她们除了站岗、巡逻，还要服务辖区群众、整治违停、到辖区企事业单位和学校上交通安全课。那时网络和数据信息还不完善，为了更好地服务辖区市民，黄蕾利用业余时间，带领中队民警到辖区摸排机动车和驾驶人的基础数据，做到底数清、情况明，为后续开展交通管理工作奠定了强有力的基础。

在女子中队，体力上确实很累。黄蕾记忆中最累的时候，是2009年第十一届全运会期间参与警卫任务。那时候来的领导人和外宾很多，各级别的警卫任务每天都有十三四次。基本上是晚上11点多回家，早晨5点之前又出去了，每天只能休息四五个小时。除了警卫任务，中队的一摊子事儿也不能耽搁。为圆满完成全运会开幕式的道路交通安全保障任务，包括女子中队在内的全体济南交警，连续40多天没休息一天。全运会结束后，黄蕾因过度劳累，心脏疼了很长时间。

说起在济南举行的第十一届全运会，让黄蕾备感荣耀的是，她是全市1600多名交警中唯一一名火炬手，10月15日参加了火炬传递。这也是她终生难忘的经历。

在曲莉和郭蓓蓓印象中，黄蕾是个“简单、纯粹”的人。她家庭条件很好，但生活却很节俭，不爱打扮，下了班换的衣服只有那么几件。她甚至要求打印纸要两面用，单面打印的材料，用过之后要么写东西用，要么再打印其他材料。她内心很柔软，是个有真性情的人，眼窝子浅。她多次带领中队民警去儿童福利院看望那些孩子，听那些孩子一起唱《感恩的心》，她就忍不住掉泪。中队多次把那些孩子接出来，来队上吃元宵，去大观园看花灯，还带他们去泉城公园玩，带他们游览济南市的高架路，看济南的变化和沿途的风景，让他们树立自强自立的信心和决心。

至于黄蕾对中队民警的关心和爱护，更是不掺一丝一毫的假。

曲莉参加工作两三个月后，赶上过生日。那天中队开会的时候，黄蕾在电视机上播放了一段视频，把曲莉感动哭了。视频里，每个同事都说了几句祝曲莉生日快乐的话，还有一组她站岗时的照片。照片是什么时候拍的，视频是什么时候做的，曲莉一点都不知道，黄蕾给了她一个意外的惊喜。她没想到，自己刚来上班，黄蕾竟记住了她的生日。

有一次曲莉站岗的时候，丈夫接孩子回家路过那个路口，当时孩子才一两岁，看见她就哭着找妈妈。有辅警告诉了黄蕾，黄蕾就从别的路口过来，让曲莉赶紧回家，她替曲莉站岗。还有一次，曲莉的孩子生病了，她向黄蕾请假，黄蕾二话不说，就让她赶紧回家看孩子，也是替她站岗。两三天后，曲莉回中队上班，黄蕾给了她一套儿童书籍。曲莉说，黄蕾工作起来风风火火，同时也是个特别细心的领导。

黄蕾是领导，但更像一个姐姐。她要求所有民警都叫她“姐”，不叫“黄队”。夏天站岗的时候，很多民警都晒出了皮肤病。原女子中队民警、现交警支队直属大队一级警长王云燕的脸就被晒花过，“远看就像没洗脸似的，黑一块白一块”。王云燕说，抹防晒霜之类的化妆品根本不管用。主岗的遮阳棚下面蒸得厉害，反而比太阳底下晒着更热。黄蕾晚上经常去女民警的宿舍，教她们怎么护肤、保养。家在外地的民警，过年排班的时候会把她们的班调开，让她们和父母一起过年。外地民警的家人来济南看病，黄蕾替她们联系医院、找医生。查酒驾，都是黄蕾带着民警干。晚上加班下了岗，她经常自己掏钱请大家吃一顿。过年的时候，她给每个民警都准备一个当年的生肖毛绒玩具。年轻民警谈恋爱，她像姐姐那样替她们“把关”，给她们一些极其重要的足以影响她们一生的建议和忠告。周末如果不忙，她在家里做烘焙，周一带到中队和大家分享。哪儿有什么好的小吃，她带大家一起去品尝；哪家服装店有好看又便宜的衣服，她带大家一起去看。曾有一段时间，她还和大家一起研究做十字绣和面点。“中队整个氛围很温馨，该工作工作，该休闲休闲。女同志该有的那种小情调，我们都有。”郭蓓蓓说。

笔者采访过的几位原女子中队民警，对黄蕾还有一个共同的印象：特别“护犊子”。黄蕾有个外号叫“黄铁嘴子”，是说她口才特别好，思路很清晰，因为业务熟练，话能说到点子上。女子中队的执法，从告知到处理都是很规范的，但再规范也有人不讲理。很多司机在男民警面前都乖乖的，但在这些女民警面前却想要横，甚至在处理违章的过程中故意胡搅蛮缠。王云燕记得有一个司机违章了，她和一位同事处理的时候一直保持着礼貌和耐心，那个司机一直胡搅蛮缠，最后竟说：“我都这么说你们了，你们还对我这么客气，你们是不是变态啊？”王云燕和同事当时就被气哭了。

如果民警受了委屈，黄蕾肯定会冲上去和那些司机理论。女民警站岗已经很辛苦了，她不能让她们流血流汗再流泪。郭蓓蓓记得有一次站岗，过来一辆外地号牌的车，当时因为有人问路，她没看见。经七纬二路口是禁止掉头的，但那辆车趁她没注意，掉头了。她反应过来后，就通过对讲机喊其他民警将其拦下。因那时没有执法记录仪，路口的电子监控也不是全覆盖，司机不承认自己的违法行为，说话还特别狂。黄蕾耐心地向他讲法律法规，最后还是依法处罚了他，并要求他必须向民警道歉。

在一些“职场”小说和影视剧里，女人多的单位或部门，钩心斗角往往是“必需情节”和“重头戏”。但笔者采访过的几位原女子中队民警都说，这样的事情在女子中队从来都没有过。所有民警都按排好的班工作就是了，谁有事就换个班或调个班，大家相处都很和谐。身体很累，但心理上很轻松，除了干好工作，什么都不用琢磨，在这个团结的集体里，心里一直很暖。

女子中队是“铁打的营盘流水的兵”。黄蕾作为任职年限最长的中队长，送走了一茬又一茬的民警，每次送她们，她都哭得一塌糊涂。即使在离开中队很多年后，她们对中队仍充满留恋和怀念。笔者采访过的几位原女子中队民警，在谈到调离中队时，都忍不住流了泪。

2014 年 1 月，黄蕾也要离开中队了，被调往支队工作。黄蕾回忆当时的情景，再次禁不住长时间流泪。“我在那里待的时间长，几乎倾注了所有的心血和感情。这么多年我带着这个队伍，就感觉是我把女子中队带大的一样，感情是很深的。当时心里很不舍，感觉像被女子中队抛弃了一样。”

在离开女子中队之后的一个月里，黄蕾就不能想这事，一想就哭。她只能强迫自己在新的工作岗位上全身心投入，用繁忙的工作来冲淡心中的那份不舍。

“干什么吆喝什么”

调离女子中队后，黄蕾在交警支队先后担任秘书处副处长、科研所副所长等重要职务。

指挥中心是交警支队的“大脑中枢”。刚到任时，黄蕾觉得压力很大，嘴上起满了泡，这是她在女子中队 17 年中从来没有过的。她怕出错耽误事儿，一开始电话都不敢接。后来，她硬是把所有关系单位的电话号码和市区 300 多个路口的监控代码都记在了脑子里，工作起来就游刃有余了。

一年后，她调整了工作岗位，在交通处分管渣土运输管理、通行证管理、党建、队伍管理等方面的工作。渣土运输和通行证管理对她来说是一个全新的领域，她不停地学习与分管业务相关的法律法规及现行管理模式。业务熟悉了之后，她主导研发了通行证互联网申请程序，实现了“让数据多跑腿，让群众零跑腿”。所有需要办理通行证的车辆，全部在互联网上申请。当时这在全省交管系统是首创，比公安部要求在全国推行通行证网上办理也至少提前了三四年。

黄蕾接手渣土运输管理后，联合市渣土办，出台了针对渣土车出现的交通违法、道路交通事故等一系列严格的考核办法，通过“红黑榜”曝光闯红灯的渣土车，表扬遵章率高的运输企业；对严重交通违法和同等以上事故责任的渣土车摘牌停运；通过会议和走访渣土运输企业，推心置腹地劝他们履行企业主体责任，让他们树立“不出事就是经济效益”的理念。黄蕾分管渣土运输业务后，涉及渣土运输车的同等以上责任的道路交通事故呈逐年下降态势，2016 年全市只有 3 起。

2017 年，交警支队开展“大轮岗”活动，黄蕾主动报名下沉到直属大队，开启对新岗位的挑战。在直属大队轮岗的一年里，她多次带队参加夜间大货车违法整治，干到凌晨两三点钟是常态。另外还有篮球比赛、足球比赛、各种演唱会等大型活动，她也都带队圆满完成任务。

2018 年，二环东路南沿和二环南路东沿，包括二环西路凤凰山立交桥，长达 105 公里的高架路刚刚移交给直属大队管理。晚上值班的时候，黄蕾就开着巡逻车，带着一些男民警在高架路上巡逻。“我带着那些男民警，感觉很酷，就像带着一群保镖一样。”至今，黄蕾对济南市的高架路都相当熟悉，哪里有收费站、哪里有立交桥、哪里有涵洞等，都一清二楚。

一年的轮岗结束后，黄蕾回到交警支队分管支队民意工作。2018 年 7 月，交警支队推出第一批“优化营商环境便民举措”，第一条就是开通 66666122 监督服务电话。为了能够第一时间给群众提供最权威、最官方的解释，黄蕾带领民意小团队，研发了“济南交警民意综合服务平台”系统，对接融合了 12 个民意诉求渠道。强大的知识库、规范的话术、权威的答复、强有力的推进落实，迅速赢得了群众的信任和认可，在各类交管问题的解决及突发事件处置、大型活动中发挥了重要作用。这在全省又是一个首创，省内外很多同行都派人前来学习。

黄蕾刚开始分管支队民意工作的时候，交警支队的满意度在市热线办的全市执法序列考核中不到 96%。她分管的五年里连年递增，2021 年达到 99.3%。交警支队的民意工作在全市执法序列中连续四年排第一。黄蕾觉得“这真的很不容易，满意度每提升一点，都凝聚着全体济南交警的辛勤付出和不懈努力。尤其是到了 99% 以上，提 0.01 分都很难。”

2021 年 2 月，43 岁的黄蕾被任命为济南警察博物馆馆长。用她自己的话说，

“在交警圈里混了二十多年，又开始混文博圈”。文博对她来说又是一个全新的领域。“虽然我对文史比较感兴趣，但从来没深入学习研究过。以前学习掌握的交管业务知识，在博物馆根本用不上。所以一来嘴上又起泡，压力很大。”

和前几次岗位调整一样，这次黄蕾也是不停地学习，“恶补”警察的历史和相关知识。笔者看到，她办公桌上摆了厚厚的一摞书，有《中国警察博物馆大全》《济南区域文史存珍》《济南公安志》等。有空她就“摘摘抄抄记记”。工作人员王娟告诉笔者，黄蕾每天上午都提前到办公室，埋头研究那些资料，有时一个上午都不说一句话。

黄蕾首先要把展厅里藏品的来历弄明白，挖掘人物和藏品背后的故事。枪支展厅里陈列着各个时期各个国家各种型号的枪，数量之多令人震撼。说起那些枪支的来历和相关知识，黄蕾张口就来。她知道孙中山喜欢随身携带的护卫手枪是小巧的“勃朗宁 1906”和“毛瑟 1914”这两款，知道列宁遇刺事件中女刺客卡普兰使用的手枪是“勃朗宁 1900”，知道引发了第一次世界大战的导火索“萨拉热窝事件”（奥匈帝国王储斐迪南大公夫妇遇刺身亡）中，刺客使用的手枪是“勃朗宁 1910”，知道美国的那些将军们的佩枪上面刻着几颗星。

藏品中有一张清朝时期山东巡抚大堂的照片。由这张照片，黄蕾对济南老城的历史产生了极其浓厚的兴趣。晚饭后，她和王成效到老城去逛，看到什么古迹，回来就找资料认真研究。她知道王府池子后面那个张家大院里的石榴树的树龄是多少年，知道张宗昌、韩复榘、袁世凯在哪里办过公，知道康熙、乾隆下江南路过济南时住在哪里、喝过哪里的泉水。“每到一个地方，我都跟老公嘟嘟囔囔，说这个地方的那些历史。他很惊讶，说你惊艳到我了，你怎么知道这么多？我跟着你都长学问了。”

济南警察博物馆里那些藏品及背后的故事，黄蕾两天都讲不完。她却自谦地说：“我觉得我还早呢，就是刚到门口，还没入门呢。”

和在之前几个岗位上一样，黄蕾当了馆长后也想搞些创新。为打破开馆时间、开放场地、服务辐射距离的限制，最大限度地共享馆藏资源，通过济南警察博物馆公众号发布原创文章 20 余篇、云观济南警博短视频 5 期，让更多群众通过互联网了解济南警察史和警察故事，传播了警察文化，展现了济南公安的软实力。为配合济南公安服务提升，黄蕾借助“济南公安 e 警通”

平台的便民服务优势，用两个月时间，通过了线上预约方案起草、小程序开发以及开发后的初步试运营，2023 年 5 月 10 日正式在“e 警通”平台上线警博网上预约系统，公众可以通过手机微信公众号实现自助线上预约，极大缩短了预约参观流程。在掌上政务系统整合的同时，于 8 月 31 日同步更新了“爱山东”APP 端的网上预约通道，丰富了群众的预约渠道选择，使预约更便捷、更具灵活性。为充分发挥博物馆文化阵地功能和宣教作用，推动数智博物馆发展，加快博物馆行业融合到大数据信息时代，济南警察博物馆在各展厅入口处及部分重点、特色展品旁设置二维码，增设自助语音讲解服务。在各类展品中，选取了部分具有鲜明公安特色且观众喜爱的展品进行语音讲解，参观者只需对二维码进行扫描，就可以收听到该展品的语音、文字讲解。这一做法提升了公众的参观体验，使其能够更加全面、立体地了解济南公安厚重的发展历程，同时对公众在交通、禁毒、枪支管理等法律知识的普及方面也起到了积极作用。

黄蕾说：“文物是一个博物馆的灵魂和财富。”为更好地保存、研究馆藏及展出文物，济南警察博物馆一直没有停下文物数字化的脚步。2023 年，在对古籍数字化的同时，更加注重今后古籍的深度应用。济南警察博物馆存放、展出的古籍种类丰富，既有《川岛浪速传》口述体这样传世量少的古籍，也有清末《山东盐法志》《山东盐法续增备考》等极富研究价值的古籍，因此对古籍的数字化刻不容缓。今年共数字化古籍 72 册，24102 页，为下一步的古籍研究以及博物馆数字展厅的建设打下了坚实的基础。

“这么好的地方，这么好的平台，这么厚重的历史，要让它发扬光大，弘扬济南公安精神，讲好济南公安故事，让更多的人感受济南公安的软实力。”黄蕾说。

家和万事兴

采访王成效也是在黄蕾的办公室里。笔者请黄蕾打电话叫他过来聊聊，他用济南话问：“聊么？”黄蕾说：“聊我。”他问：“聊你，你有么好聊的？”黄蕾嗔怪地说：“你看你，怎么这么不配合呢？抓紧过来，抓紧过来。”七八分钟后，王成效从办公大楼过来了。王娟跟他打招呼时，叫了声“姐夫”。

他是一级警长，是个性情温和、沉静、内敛的人，甚至有些木讷，但一直笑呵呵的。还是国家注册三级心理咨询师，很爱读书。黄蕾打趣说他“挺有学问的”，他却说和黄蕾比差远了，她的学习能力比自己强多了。两口子一见面，就开启了“互夸模式”。

黄蕾半开玩笑半认真地夸王成效说，这么多年多亏他一直支持自己的工作，尤其是为女儿的成长付出了巨大的心血。他们的女儿现在已上了大学，在齐鲁师范学院章丘校区。女儿积极上进，业余时间报了书法和中国戏曲两门自选课，都在周末上课，平时不能回家，但每天都给他们打四五个电话，学习、生活中遇到什么事都跟他们唠叨唠叨，心理很健康、阳光。

现在黄蕾和王成效工作仍然很忙碌，但除了临时性的任务和市局的“大勤务”，平时总算能“朝九晚五”上下班了。吃完晚饭，两人一起溜达溜达，只要休班就一起回家陪老人，生活虽然很平淡，感觉却很幸福。“家和万事兴，大概就是我这样吧。”黄蕾欣慰地说。

聊起黄蕾的工作经历，王成效说不太好意思“表扬”她。他评价黄蕾“比较大气，比我都大气”。工作任劳任怨，雷厉风行，想到就去做，而且能做成。干一行爱一行专一行，尽可能往最专业的方向去努力。善于解决问题，遇到问题就主动想办法，而不是逃避或“绕圈儿”。“很多人都告诉过我，你媳妇儿太认真了，弄一个事儿，弄那么多天了，还在弄着。回家也跟我唠叨该怎么弄，要听我的建议。”黄蕾经历的岗位算比较多的，但王成效从没听到有人说她不行。

王成效说，黄蕾不光努力扮演好各种社会角色，家庭角色也扮演得很好，在家是个好儿媳、好妻子、好母亲、好女儿。王成效的父母在世的时候，对她评价都很高。老爷子在西藏工作多年，人生经历丰富，但很多事愿意跟儿媳妇说，却不告诉儿子。父亲的很多事，王成效都是听黄蕾说的。“在我心里，她一直是最优秀的。我对她还是比较认可的，这是代表家庭肯定她。”王成效的语气像开玩笑，却掩饰不住内心的自豪。

黄蕾却说自己谈不上优秀，只是干什么吆喝什么，不管在什么岗位，都本本分分地干好本职工作，这是最基本的底线。对她来说，“全心全意为人民服务”不是口号，是日复一日年复一年永不懈怠地努力工作。

职教 “大先生”

——记山东省先进工作者、莱芜职业技术学院宋健

张玉山

一

2010 年 7 月 12 日，宋健登上了青岛飞往德国的国际航班，此行的目的地是巴登符腾堡州州立职教中心，他和他的同伴将在那儿接受一周的职教培训，这是他渴望已久的。登上飞机的那一刻，宋健甚至有些恍惚，这是真的吗？这次短期培训是教育部委托高教出版社举办的，旨在打开门户，兼收并蓄，借鉴西方的职业教育经验，为我国的职业教育注入新的动力。

为什么是德国？为什么是巴登符腾堡州？

二战之后，特别是从 20 世纪 60 年代开始，随着工业化进程的提速，西方国家急需大批技术应用型人才，职业教育被推到了国民教育的前沿，逐步形成了北美的 CBE、德国的双元制、澳大利亚的 TAFE、英国的 BTEC 四大职教模式。德国的双元制与我们承袭了几千年的“师傅带徒弟”一脉相承，更容易融合，更容易落地。在德国，巴登符腾堡州的职业教育最为活跃，“双元制”在巴登符腾堡州早已开花结果。大概出于这个原因，教育部无可置疑地选择了德国，选择了巴登符腾堡。

这是宋健从事职业教育的第十三个年头，他所在的莱芜职业技术学院是一所年轻的职业院校。职

业教育如何办，往何处去，学生如何教，为企业提供什么样的人才？这些问题时时困扰着这些年轻的教师们。对这次出国培训，兴奋之余，宋健还是感到了不小的压力，学校非常重视这次培训，特别希望他从德国带来一些全新的教育理念，以此改变沿袭已久的教风学风，他何尝不这样想呢？

大力发展职业教育，是世界潮流所向。在欧美发达国家，重视和扶持职业教育，已成为其人才战略、教育发展战略的重要部分。随着我国改革开放进程的不断加快，企业开始加速奔跑，在产业结构调整、转型升级的过程中，职业工人、高技能人才的作用越来越大，职业教育的重要性日益凸显出来。

我们的职业教育能否赶上时代的步伐，能否为企业提供大批优秀的高技术人才呢？这种担忧，在国家层面，在每一个用人企业，包括全国1500所高等职业院校、7300所中职院校的头头脑脑们，无不承受着巨大的压力。没有办法，只有追赶，只有创新，职业教育一刻也不能松懈。“他山之石，可以攻玉”，只有走出去，走到世界职业教育的大潮中，扬帆千里，涉水上岸。

“风从西方来”，从晚清倡导的“西学东渐”到今天，时间已经过去了一百多年，向西方学习，从技术革命到教育创新，我们从未停止追赶的步伐。尽管宋健对这次培训抱有强烈的愿望，内心仍然充满了苦涩：我们的工业革命方兴未艾，正在迎接一个新时代的到来，但我们的职业教育不论从机制体制到育人模式到为企业提供优秀的“蓝领”，与西方国家相比，还有不小差距，什么时候我们的职业教育才能真正走到世界的前列呢？

“快看，莱茵河！”不知谁喊了一声，把宋健从纷乱的思绪中拉了回来。

莱茵河像一条湖蓝的飘带，从机腹下一闪而过。在这次长途飞行中，宋健无心欣赏异域的美景，他的心仍然停留在青岛培训会上。之前，可以这样说，他尚未看到职业教育的前景，以及跟西方国家的差距。他是一名好老师，按部就班，按照教学大纲，按照教育部给定的教育方针，认认真真落实他的教学计划。这次培训，他的眼界豁然打开了，正是因为眼界开阔了，他才感到肩上的压力愈发沉重起来。

青岛培训只是一个序章。培训会上，来自全国几十所高职院校的优秀青年教师，聚精会神，聆听职教专家对职业教育远景的描绘，国外成熟的职教经验，新颖的教学手段，令他们神往。他们也参与讨论，各抒己见，诚恳又热烈。宋健很少发言，他只是听，木讷地认真地做笔记，这些对他未来的教学将是一个启发。培训结束，他们将飞往另一个国度——德意志联邦共和国，一个叫作巴登符腾堡州的地方，去真切地感受职业教育以怎样的面貌解决企业的困扰，如何跟企业亦步亦趋，为企业支撑起一片广阔的天空。

在这一周的时间里，简直马不停蹄，简直眼花缭乱，目不暇接。

宋健规规矩矩坐在教室里，俨然一名小学生，对一切充满了好奇，既兴奋又激动，对老师的授课方式先是大为惊讶，继而是感叹，感叹之余又不得不深深地佩服。这是一间由车间改造的大教室，里面摆放着各种机械设备，墙上悬挂着设备分解图，投影仪把设备工作状态投影在巨大的幕布上，教室里霎时安静了下来。

别着麦克风的老师认真地讲解，学生们聚精会神做笔记，偶尔交换一下眼神，表达对课程的理解和对老师的敬意。这个图景，在我们国家的高职院校是很难见到的。职教中心的老师只有很少的授课时间，大部分时间留给学生自我消化，然后是不断的提问，然后是学生之间的互动，以及学生跟老师之间的交流。学生们争相发言，把自己的困惑或者疑问毫不掩饰地表达出来。有时候也有争论，也有抱怨，也有牢骚，比如老师授课的进度快慢，比如理解上的差异等，但很少有课本之外的闲谈。职教中心的老师们上课很轻松，学生学得也很轻松，但很投入。学生的投入和教师的认真，很容易碰撞出热烈的火花，教室里不时迸发出阵阵笑声。

宋健知道，他们的授课效率是非常高的，一个个知识点，通过全真的影像，通过学生们的交流互动，通过教师们的释疑，一步步灌输到学生的大脑里，在头脑中成像，当他们回到车间，站到机器旁边的时候，这些密集的知识点就会串联起来，并在实际操作中毫无阻碍地呈现在某一个机械部件上。

他跟教师学生们交谈，原来这些学生是企业的员工，先招工后入校。他们的学校所做的基本是培训教学，针对学生从事的不同岗位，针对学生所操作的机械设备“对号入座”，然后“对症下药”。学生是带着“疑难杂症”来学习的，可谓“以问题、项目为导向”，因此学得很扎实；老师呢，他们有的是工程师，有的是各种技术“能手”，实操和解决问题的能力非常强。

在接下来的时间里，他们观摩学生的实操，学生们在课堂上学到的知识，再一次回到岗位上，再一次消化和理解，教师们在一边观察学生的操作，一边纠正学生的差错。这是真正的“以师带徒”，几千年来，我们就是这样走过来的。但在德国，他们通过职业培训，把这种师承关系运用到广泛的工业体系之中，老师得到了最优质的教学环境，学生得到了最优质的学习体验，在不久的将来，坐在教室里的每一名学生，可能就是工程师，就是某一个领域的技术“大拿”。

来巴登符腾堡之前，这座美丽的小城，曾经带给他们无边的遐想，咖啡厅、啤酒馆、各种美食，以及地地道道的德意志美女，那么美好，那么绚烂。然而，他无暇顾及这些。

他一个人在校园里散步，看似漫不经心，他在思考，把巴登符腾堡的“双元”和中国的职教现状做了一个比较。巴登符腾堡良好的职业教育深深刺疼了他，尤其师生之间共同建立的相互信任，活跃而又轻松的学习氛围，让他感受到从未有过的体验。这种差距，不单单是教法学法上的差异，更多的是体制、观念上的，更多的是教与学的相互成全，老师与学生之间的相互成就。回国之后，他要努力改变这一切，从我做起，从现在做起，相信有一天，中国的职业教育会迎头赶上来。

巴登符腾堡的夜空分外美丽，地坪上的地灯，以及远处高楼上的霓虹闪烁不已。他伏在灯下，把当天的学习和心得记录下来。在巴登符腾堡的日子里，他的课堂笔记整整记了两大本。应当说，这次域外之行对他的启发很大，回到学校，这些都是他教改的依据。

这是他多年养成的习惯。他几乎每天都在做教学笔记，几乎每天都在学校，要么在教室，要么在车间，要么在教研室，同事们下班了，学校的路灯亮了，余下的时间是他自己的了。这时候，他静下心来，回顾一天的教学，做一个

深入的教学分析。每天自省，省身，检索自己的教学有没有疏漏；省学生，学生掌握了多少，消化了多少呢？省透了，悟透了，把问题消化了，心境才会坦然下来。

在他深思的时候，同行们看见他神魂颠倒的样子，免不了揶揄几句，有人笑着说："老宋，怎么不出去走走呀？"有人说："老宋，机会难得，巴登符腾堡比你们莱芜强多了，有你看的！"他们睡过去了，宋健还坐在那儿冥思，他在想什么呢？

他对自己的未来也做了一个长远的规划，就做一个地地道道的职教老师吧，像德国的同行那样，把整颗心献给学生们，给学生们做一个"大先生"。他被自己的想法吓了一跳，"大先生"可不是容易做的！

二

组织教学是一门大学问，职业教育尤其是。高职学校的学生来源良莠不齐，差异化教学尤其重要。有一天下课，宋健找几个学生了解他们的学习情况，有的学生说："老师，你能讲得慢一点吗，我数学不好，机械制图我有些听不懂。"这是他早已料到的，但是教学进度是铁定的，不容他为每一个学生提供一个合适的时间段。

这些学生入校的分数差别很大，有的物理弱，有的数学差，一根教鞭教一群学生显然不合适。宋健说："下课你到教研室找我，我单独给你补课。"一补补了一个学期，起先是几个学生，后来是十几个学生，教研室变成了教室。虽然学生的成绩上来了，宋健却苦累不堪，这好像不是个办法。在后来的教学中，宋健尝试分"组"教学，以强带弱，多学多练，笨鸟先飞。一个学期下来，弱者变强，强者更强，学习进度明显加快了，学生的抱怨也一天比一天少了。

真正的教育更应该倾向于关键多数，职业教育的目标是培养技术技能人才和具有一定文化水平的普通劳动者。与普通教育和成人教育相比较，职业教育侧重于实际技能和实际工作能力的培养。巴登符腾堡的短期培训，对宋健的教学影响很大，他尝试改革教学方法。职业教育应当是个性化、有针对性的，反观我们的职业教育，依然延续初高中阶段的通识教育，大水漫灌，填鸭式教学，学生学习的兴趣点和知识点很难反映到同一个界面上，教与学成了“两张皮”，老师在讲台上手舞足蹈，非常辛苦，学生却静坐如钟，呆若木鸡。

一节课下来，他讲得口干舌燥，大汗淋漓，学生呢，听了个懵懵懂懂，如同处在云里雾中。他把几个要点跟学生交流，学生摇头，根本没有听进去。他像是一个唱“单簧”的，无论怎么讲，怎么着急，学生很难入心入脑。是他讲课太枯燥吗？不是，他的讲课是活跃生动的，他拿过学校教师微课教学比赛一等奖。是他的教学能力有问题吗？也不是，他获得过国家级教学成果奖二等奖，2012 年先后获得了山东省教学名师、山东省十大师德标兵的称号，2017 年获得山东省教书育人楷模提名奖，因此，他对自己的教学水平非常有信心。

这时候，宋健很苦恼，有时候特别想发火。时间长了，他反倒有点神经质了，头痛、头重、失眠、耳鸣，紧张感和挫败感紧紧包围着他，做“大先生”的念想，也许太崇高了，也许他根本做不到。不改变这种沉闷的填鸭式的教学方式，找到老师和学生之间的契合点，让学生动起来、活起来，养成主动学习、自主学习的习惯，不管老师怎么努力，是很难达成教学效果的。

问题究竟出在哪儿呢？他问自己，也跟教研室的同事们交流过这个问题。问题还在课程设置上，实践教学太少，理论和实践脱节，教学抽象，课程烦琐，知识点破碎，教学衔接不好，有时重叠，有时错位，特别是理论课枯燥乏味，缺少新颖的教学手段，很难激发学生的学习兴趣，很难让学生在头脑中建立一个生动的学习影像，这才是问题的关键。

宋健一直主持教研室的工作，一有时间，大家一起研讨教法、学法，研究课程设置中的问题，研究如何提高学生自主学习的能力。同事们免不了大发感慨，牢骚怨言大多集中在学生身上。有人感叹：“朽木不可雕也，这样的学生，神仙也教不好。”有人抱怨：“别指望他们学到什么，但凡学习好，谁来上高职，咱们尽到本分就行了。”牢骚归牢骚，这些教师们还是非常敬业的，每周 16 节课，理论课、实践课、科研、教学设计、教法创新，从课堂到车间连轴转，哪个不是兢兢业业、呕心沥血？他们何尝不想桃李满天下，何尝不想在学生身上看到使命的闪光？

真的是“朽木不可雕也”吗？当看到学生一个个渴望的眼神时，宋健知道他们非常想学一身真本事，他们也想优秀，也想卓越，问题是教和学不在一个频道上，学生所仰望的老师和他们之间缺少一条链接的管路，缺少同频共振的共鸣点。宋健很快发现了这个问题，要解决这个问题，先从培养学生的学习兴趣开始，先从改革课程体系开始。在研讨会上，宋健亮明了自己的观点。有人疑问，能行吗？有人赞同，试试看。

职业教育是解决现实问题的，比如做一个项目，需要融会几门课程，需要一个“群”共同参与，把几门课程的知识点从烦琐的理论中剥离出来，把优质的教学资源，比如教师、设备、经费、合作企业纳入统一的规划中，为授课教师打造一个相对良好的教学环境，为学生提供一个宽松、生动的学习场所，像巴登符腾堡州的职业教育一样，充分调动学生的学习动能，发挥教师教学的自主性，给老师一定的自由度，给学生一块自主学习的空间，会不会更好呢？

这个大胆的想法折磨了宋健许久。想透了，有了初步规划，宋健满怀忐忑去跟学校领导沟通，把他的“群”想法作了汇报。学院领导完全支持他的教学设计：“不要怕，你们只管大胆干，大胆尝试，错了可以再改，不要有顾虑，学校为你们‘课程群’开路，保证一路绿灯。”宋健憨厚踏实，是一个不愿意出风头的人，但他不允许自己平庸，现实摆在这里，不上课程群，不改革教法学法，职教的出路在哪里呢？

这一次，宋健把自己逼到了墙角。课改不是一件简单的事，涉及十几门课程，几十个老师的教学活动需要做一个大的调整，绝对是一个“大手术”。同事们为他捏了一把汗，老宋这个动作太大了，搞不好把自己搭进去。有人劝他：“老宋，别太激进了，上面的规定动作，照着做就是了。”他也不知道自己图什么，改对了、改好了万事大吉，万一改错了，不但名声尽毁，反而给学院的教学带来很大的“后遗症”。这段时间，宋健白天教学，晚上查资料、搞调查、订规划、做方案，忙得不亦乐乎。

晚上，宋健一直工作到很晚，有时在教研室，有时在教室，不停地思考，一遍一遍磨“方案”。有一天夜里，楼下的宣传处长王元河找上门来：“老宋，还不睡呀，几点了！”王元河也在“磨”材料，楼上凌乱的脚步声打乱了他的思绪，他知道宋健又在熬夜了。他们是高中同学，也是好友。宋健看了一眼表，凌晨三点。两人相视而笑，宋健说：“让一个问题绊住了，你帮我思考一下。”

课程群建设正在关键时期，不眠不休是经常的事。同教研室的田欣说：“那段时间，宋老师的眼睛红红的，经常见他偷偷点眼药。”也许宋健自己不知道，他身边的同事为他做过一个统计，他常年工作时间在 320 天左右，他是一个没有假期的人，“以校为家”他真实地做到了。他的心被学生牵绊着，被课题牵绊着，被一个接一个的项目牵绊着，还有国赛、省赛，一个接一个的赛事，如果你问宋健“时间去哪了”，他还真说不清楚。

“课程群”重点是教师的整合，重点是课程建设，教研室的同事、系里的重点课程、重点老师让他拉进“群”里。比如赵亮培，是 2015 年的山东省教学名师，2013 年获得过山东省高校微课教学一等奖，主持省级以上教改项目 4 项；比如狄敬国， 2012 年获山东省高校青年教师多媒体教育软件竞赛一等奖，主持省级以上教改项目两项；程继兴、付丽娟、王文华、李坤淑、高迟、贾川、高慧、田欣、吕琳、王明，他们在教学、科研、课改上各有千秋，个个身怀绝技。这种强强联合，把分散的、破碎的教学资源整合在了一块，使教学、课改、项目建设变得游刃有余，学生的学习热情得到了释放。基于他的课题成果，这一年，学校参加国家、省级各类比赛，金奖、银奖拿了个盆满钵满。

教学之余，宋健主持了《“协同、联动、贯通、衔接”，基于“课程群”的项目化教学模式的创新与实践》项目研究工作。这个项目获得了 2018 年职业教育国家级教学成果奖二等奖。它从源头上厘清了“校企协同、整合优化”的一体化课程群建设思路，构建了机电一体化技术专业“提升素养、丰富知识、锻炼技能、拓展创新”“四位一体、交叉融合”的课程群。协同、联动、贯通、衔接的新教法，很好地解决了教学过程中烦琐、重复、衔接不好的问题，教学过程畅通了，教学气氛活跃了，学生的学习热情明显提高了。

这个项目早在 2010 年就启动了，8 年的时间里，项目组完成了《机电设备安装与调试》课程群建设与教学模式改革，《课程群及群内课程联动教学模式的探索与实施》被立项为山东省高等学校教学改革立项重点项目；2014 年在研究和实践过程中，构建了《机电设备安装与调试》课程群，设计了贯通性的三级教学项目，开发了颗粒化的课程资源，全面实施基于课程群的项目化教学模式。

人生有多少个 8 年？在这 8 年的时间里，宋健带领他的课程群团队攻坚克难，无一日不殚精竭虑，无一日不劳心劳力。令他欣慰的是，这项成果在校内数控技术等 8 个工科类专业和临沂职业学院等 4 所院校相关专业推广应用；临沂职业学院、济南工程职业技术学院等 22 所省内外院校专家、老师来校访问交流，6 家媒体从团队建设、教学模式、教学效果等不同角度对该成果进行了宣传报道，成果在省内外产生了良好的示范效应和社会影响。

这一年，省级“宋健名师工作室”挂牌成立，宋健感到身上的责任更重了。1972 年出生的宋健不再年轻了，他还在拼，他的“大先生”的愿望已经实现了。他 2018 年开始享受国务院政府特殊津贴，2022 年晋升为二级教授。对于高职院校的老师来说，二级教授不仅仅是一个职称，更是一顶无法企及的桂冠。

三

1997 年 7 月，宋健从哈尔滨理工大毕业，安排在莱芜市第二职业中专实训处。他的工作是带车工班实习，电气专业的他必须从头学习。学校安排鹿革做他的指导老师，鹿革比他年轻。宋健非常重视师承关系，直到现在，身为二级教授的他，见了鹿革仍恭恭敬敬叫“老师”。职业教育的核心是“以师带徒”，德国的“双元制”也是从师徒关系中衍生出来的。宋健认为，没有良好的师承，没有手把手心对心地教，职业教育就无从谈起。

高职教育不像普通教育，不但“以师带徒”，更要学会“以师带师”“以老带新”。高职院校的多数青年教师没有经过师范院校的培养，大学毕业直接任教高职，教学难度可想而知。还有一些教师直接从企业过来任教，他们可能是技术能手，可能是工匠大师，但理论教学就显得不尽如人意。宋健甘为人梯，不管是同教研室的老师，还是其他老师，他总是不吝指教，希望更多的青年教师站在他的肩膀上摘星揽月。

宋健说：“没有好的老师，就没有好的学生，一名好老师可以点石成金，传道授业解惑说起来容易，做起来很难，没有真本事，没有真学问，一切都是空谈。”他非常重视青年教师的培养，“传帮带”在他身上体现得淋漓尽致。他认为，老教师的责任，除了教学，更重要的是带青年教师。不但要传，传本事，传真知，还要学会帮，关键时候不能掉队，最重要的是带，带出一个团队，就等于带出无数个学生。

有一天，刚下课的宋健，碰到了刚组织完学生活动的田欣。田欣学的是机械工程专业，山大硕士毕业后考进了学校。宋健叫住了她：“田欣，想不想进我的项目组？”跟宋健一块做项目是田欣非常渴望的，没想到宋健主动提出来。田欣问：“我能行吗？”她已经5年没有全身心投入教学，专业差不多荒疏了。宋健把项目书递给她：“抽时间研究一下。”

没过多长时间，田欣进了宋健主持的项目组。这是一个高水平的专业群，囊括了机电专业的核心力量。宋健、赵亮培、程继兴、李坤淑、狄敬国、付丽娟，能跟这些老师在一起工作，共同研讨学问，共同设计新教法，共同做研究，田欣感到无比荣幸。

在宋健的指导下，田欣荒疏了的教学业务很快补了回来。2019年，她拿到了校赛一等奖。比赛的时候，她在里面讲，宋健在外边听，比她还紧张。田欣说：“遇到一位好老师，是人生的一大幸事，宋老师既是同事，也是我一生的导师。”

2020年，田欣报名参加省教学能力大赛，在一个月的时间里，宋健全程跟踪指导，从选题到方案到要领到细节，一遍一遍示范演示，不厌其烦，让田欣感动不已。正值暑期，教室里热得不行，宋健把自己工作室的空调搬进了教室。比赛的时间越来越近了，自动化生产线的分拣模块仍然没有到位，没有设备，怎么演示，怎么教学？田欣急得满头是汗，宋健一遍一遍打电话联系设备，终于在枣庄科技职业学院找到了他们需要的分拣模块。

第二天一早，宋健安排好了工作，和同事狄敬国开车去枣庄。枣庄科技职业学院的老师放假了，宋健和狄敬国爬到生产线上，自己动手把分拣模块拆下来、运下楼、搬上车，回到学校的时候，已经是晚上11点了，看到浑身疲惫的宋健，田欣激动不已。这次教学能力大赛，由于准备充分，田欣拿到了省教学能力大赛二等奖。

2001年，从山农大农机专业毕业的狄敬国，被分配到刚刚成立的莱芜职业技术学院做职教老师。在20多年的时间里，他一直和宋健一个教研室，宋健做项目他跟着做，宋健搞课改他跟着搞课改，亦步亦趋，心无旁骛。在宋健身上，他看到了一个职教老师以怎样的情怀默默做学问，以怎样的职业精神面对教育教学，困难的时候不躁不馁，努力向前，成功的时候不骄不躁，淡然处之。

当狄敬国拿到省青年教师课件比赛一等奖、省科技节智能大赛一等奖的时候，宋健比狄敬国还兴奋：“敬国，今晚我请客，咱们好好庆祝一下！”这些年，狄敬国拿到了无数的奖项，教改的、教学的、科研的，每一个奖项背后，都有宋健的身影。狄敬国说："从教 20 多年来，我是跟着老宋一步一步走过来的，他是职教路上的探路者，也是我的引路人。"

有人说狄敬国是宋健的"影子"，这话不假，无论宋健走到哪一步，必定看到狄敬国的身影，狄敬国几乎参与了宋健主持的所有项目。从一个课题到另一个课题，从一个项目组到另一个项目组，南京、济宁、济南、青岛、浙江，哪里有比赛，哪里有论坛，宋健就把狄敬国带到哪里。

2022 年，狄敬国晋升为教授，成为学校最年轻的教授之一，像宋健一样，他可能是未来的职教"大先生"。当然，这条路一定很难走，也很漫长，需要付出的不仅仅是时间，而是必须具有心怀天下的职业精神。

2019 年，狄敬国单独承担了省里的教改项目，课题是关于"一带一路"背景下的人才培养。从选题到立项再到申报书的撰写，宋健一路指导。"一带一路"是国家战略，对于高职院校的人才培养却是一个新课题。比如如何根据岗位需要设置课程，比如公共课以及拓展体系的匹配，比如本土企业走出去，如何解决"水土不服"的问题，比如如何进行线上线下汉语教学，比如"一带一路"沿线国家的国情、风俗等问题，都是需要考虑进去的元素。

在长达半年的时间里，两人反复琢磨，反复研究，往往设计方案出来了，又发现了新问题、新情况，只好推倒重来。刚开始课题定大了，把目标定在人才培养上，方向太宽泛，课程衔接、填充的难度较大。两人一商量，转换思路，另辟蹊径，经过不断的目标优化，最终改为"一带一路"背景下的课程体系建设，比"人才培养"更具体，目标更明确，更有价值意义，也凸显了职业教育在"一带一路"建设上的意义和地位。

这次课改非常成功，相关成果达到 20 多项，实现了山东省课改的新突破。

一个教师的最大成功，莫过于学生功成名就，抑或在某一个领域的巨大成功。师生之间是相互成就的，没有老师的教鞭指点，没有老师的辛勤付出，即便是再聪慧的学生，也很难立足于这个纷繁多变的世界。在 26 年的职教生涯中，宋健教过的学生数不胜数，某一天走在路上，突然就会有人喊："宋老师！"很多学生他已记不住了，当学生说某班某级的时候，他才会心一笑。

高职学生的未来一般都是企业员工，是真正的职业者。如果用功利心来判断一个学生是否成功，那么，这个成功不仅仅是某一领域的技术突破，而是专业支撑和是否深度参与了企业的技改活动，是否在企业达成了自己的人生目标。他们可以是班组长、车间主任、分厂厂长、工程师，或者是可靠的员工。职业教育教给他们的不一定是出类拔萃，但一定是不平庸。

从巴登符腾堡州职业中心走出去的学生，未必个个都是成功者。每年几十万名走出校门的高职学生，散落在无数个企业之中，支撑着几百个工业门类的专业技术，这就足够了。他们默默无闻地工作，成就了一个国家的工业梦想，这才是职业教育的最终目标。

2019年7月12日，宋健受邀参加了莱芜市委党校的培训。他是无党派人士，很少有机会参加这样的活动。当他走向放着自己座签的课桌时，有人兴奋地喊：“宋老师，您也来参会了！”原来是他的学生程伟，太巧了，今天他和他的学生同桌而坐，他感到特别高兴。培训还没有开始，两人小声交谈了起来，在校时那个瘦小的程伟，现在已经是山东汇金股份有限公司数控车间主任了。当宋健听说程伟获得了“山东省技术能手”“齐鲁首席技师”等荣誉称号时，特别开心。

会议间隙里，两人说起在学校的时光。程伟是2004级机电二班的学生，宋健是他的班主任，那时候宋健还很年轻。程伟说：“老师，我特别怀念那个时候，除了学习，什么也不用想。我们聚会的时候，经常谈起您，是您教会了我们技术，教我们如何做事做人。老师，至今我忘不了您教给我们的‘严谨’二字，做技术不严谨，就会出大问题。”

宋健特别想知道其他学生的情况，比如杨卫锋，比如张广魁。程伟告诉他，杨卫锋在中国石化正和集团，去年获得了“山东省石油系统先进个人”称号。程伟说：“老师，您不知道吧，杨卫锋现在是工业和信息化厅专家库成员，两年时间拿到了5个国家专利。”张广魁也不错，在国家能源集团宁夏煤业公司工作，去年当了洗选车间主任，自己搞了“活性炭自动加料装置安装”“活性炭各工序集控系统设计与安装”研究，这两项技术填补了国家能源集团的技术空白。程伟说：“张广魁不但是行业大拿，人家还是宁煤集团的道德模范呢。”

宋健笑了起来。

在巴登符腾堡州职教中心培训的时候，宋健就想，不出十年，中国的职业教育一定会走在世界前列，一定会的！就像他当初做一名职教“大先生”的愿望一样，只要肯吃苦，只要敢于攀登，只要心魂守一，世界上就没有做不到的事。

一路风景

——记山东省先进工作者、国家税务总局济南市税务局山清

邹云奎

桌上一盆长着细长叶子的绿植，此时长势正旺。冬日下午两点多的阳光，透过落地玻璃窗户斜斜地照射进来，让整个室内充满着温暖的感觉。

简单的自我介绍之后，对山清的采访正式开始。

在此之前，我已从媒体报道中粗略了解到她的一些情况，也见过她工作时的照片，但眼见的真实情况，还是让我稍稍吃了一惊：一个长期在税务局办税服务厅这样的“窗口”工作，每天淹没在人声鼎沸、苦口婆心与人沟通

的环境中，还要随时处理各种突发情况的职业女性，性格中免不了要有一些“强势”“侠女”的风格。但对面的她却不同，她有着一张温和而柔美的脸，上身穿一件淡黄色圆领羊毛衫，一头短发，这样的装束，似乎更符合她当初的身份——部队护士。

25 年前，一个内心喜欢安静的女性，走出军营后毅然选择了一份环境喧闹且繁杂的工作——税务局办税服务厅。

这里，有 130 多个服务窗口，承担着辖区 6 万多户企业和 15 万个体纳税人的办税工作。每天，她都要面对成百上千排队等待办理业务的纳税人，紧张而繁忙。

“她到哪里哪里就忙，哪里忙一定有她！”这是领导和同事们对她的一致评价。

25 年，她在这里度过了自己最好的青春年华，人生风景中的每一个“景点”都走得踏实有力：从“两眼一抹黑”的“门外汉”，到税收知识“问不倒”，最终成为同事们眼里的“业务大拿”，先后担任国家税务总局济南市中区税务局办税服务厅副主任、纳税服务科科长、办税服务厅主任、第一税务所所长、税源管理科科长及济南市税务局征管和科技发展处副处长等职。在她的带领下，市中区税务局第一税务所被评为全国“青年文明号”、国家级“巾帼建功示范岗”、全国“工人先锋岗”、全省“优秀办税服务厅”、全省“十佳纳税人之家”等，本人也荣获全国“税务系统精神文明建设先进工作者”和山东省“先进工作者”“富民兴鲁劳动奖章”“巾帼建功标兵”等荣誉称号。2022 年 8 月，她被评为全国“人民满意的公务员”，在北京受到习近平总书记的亲切接见。

她打开记忆的闸门，如数家珍地讲述着，似乎是在为多年前的那份选择做一个总结。人生风景中那些沉在心底的感动，那些令人自豪的突破和成就，此时都被一一搅动起来。她的讲述看似云淡风轻一笔带过，但背后却是数不尽的过坎爬坡和不言放弃。

她拥有一个温馨、幸福的家庭，爱人在银行工作，上大学的女儿懂事且学习成绩优秀。在她面前，按部就班的“躺平”与全身心的工作投入，是很容易取舍的，是什么让她痴迷于那种一往无前的挑战和攀登？

随着交谈的深入，她向我打开了一个新奇而又陌生的世界……

跨过“第一道坎”

山清，1972年9月出生在山东济南。这座城市，一向以清澈甘甜的泉水而名扬天下。

她的父亲曾经是一名军人，母亲是一名医生。在她的记忆里，父母都很勤奋敬业，经常是一人一书伏案学习到深夜……他们的言传身教，在她幼小的心灵里埋下了一颗奋发上进的种子。

长大后，这颗种子开始发芽。18岁那年，山清如愿以偿去参军了。送她参军那天，父亲叮嘱道：“到了部队，一定要好好学、好好干，争取早日入党！”

从走进军营的那天起，山清的生活就“军事化”了。她喜欢这种节奏，下连队、站军姿、走队列、出早操、整理内务、迈着正步上课……无数个严寒酷暑，让她练就了一身的本领。她先是当话务员，第二年就考上了军校学习护理专业。不久，她光荣地加入了中国共产党。

山清还记得入党那天，她带着兴奋的心情给父亲打了个电话，但父亲却严肃地说：“共产党员就是要吃苦在前，要做得比别人多、比别人好，这才是党员该有的样子！”

父亲简短有力的话语，在她心中激起了很大的波澜。从此，她更加刻苦学习，脏活儿累活儿抢着干，大事小事主动干，尽心尽力做好每一项工作，在部队很快成长起来。

经过9年的锻炼，1999年8月，山清从部队转业。当年，她便以优异成绩考入济南市税务系统。

“是头顶国徽的大盖帽吸引了我！”在谈到为什么会选择税务局时，有着浓厚军人情结的山清毫不掩饰自己的喜欢。

最初的热情，很快被紧张的工作节奏所淹没。第一天到税务局上班，山清被分配到“个体办税大厅”。

这里是全局最苦、最累、最忙的岗位。当时，办税大厅只有3名工作人员，其中有两名是老同志。然而，在她看来，这里虽然“事多人少”，却也是最考验自己能力水平的地方。因此，当领导征求她的意见时，她毫不犹豫地说：“坚决服从组织安排！”

刚一接触工作，山清就感到有些“蒙”：专业不对口，对税务知识完全陌生，一切都要从零开始。能否尽快掌握税收业务技能，是摆在她面前的“第一道坎”。要迈过这道坎，沉下心来学习是当务之急。

山清那股不服输的劲儿上来了。她抓住一切学习的机会，特别是利用在税校入职培训的时间，“狂补”会计知识、征管法规、税收政策等，一样也不敢落下，不懂就问，不会就练。有时上课没听懂，就课后追着老师问。晚上，她就“泡”在教室里看书，经常学习到深夜。她那种如饥似渴的学习状态，给很多授课老师留下了深刻印象。直到现在，她的手机里还保存着当时授课老师的联系电话。逢年过节，她都不忘发条微信问候老师。

培训结束回到工作岗位上，山清立即投入到紧张的工作中。为了尽快熟悉业务，她总是早来晚走，利用有限的时间，学习尽可能多的东西。登录税收管理系统，熟悉里面的每一项业务和模块，是她必须攻克的难关。白天，她边干边用心看老同志怎么处理问题，怎样与纳税人打交道。晚上，她就细细揣摩，把老同志的经验做法甚至说话的语气，都一一记到本子上。在向实践学习的同时，她还养成了剪报的习惯。她经常浏览《中国税务报》等财经类报纸，上海、江苏、厦门等经济发达地区在税务服务方面的创新经验，让她深受启发。

很快，来这里办理业务的纳税人都相继看到了这样一幕：从登记、申报、缴税到发票，山清坐着带滑轮的椅子，从一个窗口滑到另一个窗口，一个人承办了全区所有个体户的窗口办税业务，为他们提供“一条龙”服务。那情形就像一场优美的舞蹈，在众目期待中演绎着一名“税务新兵”的心灵轨迹。

很多人不知道的是，不久前她还是一名对税务工作一无所知的新兵。

“这一天下来，我也是头昏脑涨，口干舌燥，不想说话，也不愿动弹，就想蜷缩在沙发里安静一会儿！”山清说，那时候，有些个体户纳税意识不强，经常出错，有时还会跟税务人员急眼。简单的宣传听不进，复杂的政策听不懂，怎么办？她就耐住性子，把政策规定解读成大白话；忘记按时申报，她就把每个月的征期画成表格，贴在他们的税务登记证上时时提醒；开发票容易出错，她就把发票填开的正确样式做成模板，让他们有个比照……这些好使管用的“小窍门”，很快就让她和个体经营户打成了一片。一来二去，大家都愿意来找她办理业务。她说的话，纳税人也愿意听。

有一年除夕夜，山清在下班路上突然接到一家企业的老板打来的电话，说他有一些发票忘记了认证。如果过完春节再认证，就超过了90天的认证期，一笔几万元的进项税就不能抵扣了，希望税务局能帮帮他。听了这位老板的求助，她顾不上一直等自己吃年夜饭的家人，就匆匆返回了办税大厅。那时候还没有自助机，认证发票需要手工一张一张扫描。等干完活，已经是晚上十点多了。当她把手续交到这位老板手上时，老板深受感动，给她深深地鞠了一躬。

走在回家过年的路上，一种成就感在山清的心底涌动着。平时上下班她就走这条路，但心里一直装着工作的她，却很少有心思去欣赏沿途的风景。此时此刻，她走在这年味十足的夜色里，感觉马路两边高楼大厦上闪烁变幻的彩灯，就好像是专为刚才那个故事而绽放的礼花。“真美！”她惊呼道。

业务渐渐上手后，山清还没来得及喘口气，一系列的挑战就又接踵而至……

每天大厅里最温暖的风景，一定是山清的微笑

山清发现这个问题，已经不止一次了。

办税大厅的柜台很高，外面纳税人每次办理业务时，都要“仰着头”跟工作人员交流，心里就像隔着一堵墙，有一种不平等的感觉。而里面的工作人员也只能露个头，像是在防备着什么。

这样的办税模式，显然与税务工作“优质高效”的服务理念相悖。看着柜台外面排着长长的队伍，听着纳税人的各种抱怨，山清心里很着急。

2007 年 9 月，山清通过竞争上岗，担任济南市市中区税务局纳税服务科副科长、办税服务厅副主任。她上任后做的第一件事，就是在局党委支持下，将“柜台”改为“窗口”。同时在大厅摆上椅子、饮水机、纸笔等，努力给纳税人提供一个良好的办税环境。“纳税人来大厅办税，要得到应有的尊重和一流的服务！”山清说。

窗口建立起来之后，新的问题又出现了。

有一位个体经营户张先生来大厅交税。他先是排了一会队，听到叫号便来到窗口。经审查，工作人员发现资料不全，就让他回去补充资料，这引起了他的不满，就跟工作人员争执起来……

这一幕，正巧被山清看到。她一边向张先生致歉，一边将对方的意见记

在本子上，亲自督办……

不忙的时候，山清每天都在大厅里转转，听听纳税人的需求，帮助解决急难问题。她发现，类似张先生这样的事情，几乎每天都有发生。

为尽快破解这一困局，她和团队一起研究出一个办法，实行“预审制度”。具体做法，就是在服务大厅设立“导税员”。“导税员”对前来办税者进行资料预审，审核填表内容是否准确，提醒他们准备好相应表格、证件，以免因材料不全白跑一趟。这种做法，对纳税人也同时起到一个心理疏导作用，深受欢迎。

此举虽然在一定程度上减轻了纳税人的负担，但要真正达到“一次办成”的境界，还有不小的差距。

“虽然有差距，但并不代表我们所做的工作就毫无意义！”看到曙光的山清又趁热打铁，把“预审服务”搬到微信公众号，通过网上预约，实行“提前查询、在线提醒、智慧审核”工作模式。济南市税务部门对这一工作模式进行完善升级，构建起“前台精简快办、中台统筹集成、后台质检分析”的“三台联动”协同办税机制，“非接触办税”成为济南税务优化营商环境的一张亮丽名片。

为节省纳税人时间，山清团队加了一个“前置”环节，对网上预约的纳税人，工作人员提前主动打电话进行沟通，告知纳税人办税时应带齐哪些资料。如此一来，纳税人来大厅递交的资料就是齐备的。

“一次办成”“一件事一次办”，就这样在山清团队锲而不舍的努力下做到了。“最多的时候，一天要打一百多个电话！”找到前进方向的山清，掩饰不住心头的兴奋。

没有最好，只有更好。办税业务对于军人出身的山清，就这样由陌生变得熟悉起来。积累点点滴滴的成功，是她沉浸在心底的期望。她说，一直记挂在心里的事情，突然在某一天有了结果，或是发票买到了，或是又避免一次罚款，甚至是当事人一条问候的微信，都能成为她生活中的小感动、小幸福，让她感觉到税收工作不仅有辛苦，还有无限乐趣……

“纳税人最担心的事情，就是怕逾期申报被罚款！”山清知道纳税人的担心，也懂得他们真实的想法。为了避免此类情况的发生，山清团队就制作了“纳税日历”。纳税人来大厅买发票时，她和工作人员就会将申报期限贴在发票领购簿上，临走时还不忘提醒一句。

就是这样一些“小措施”“小发明”，自此改变了申报逾期的情况。纳税人满意，很多人跟山清成了好朋友。一位从事水果批发的个体经营者，回到乡下老家过年时才发现，过年期间正是他的纳税申报期。于是，他就急忙打电话向山清求援，让她把税款先垫上。山清没有犹豫，第一时间为纳税人办好手续，然后打电话告知，让他安心与家人团聚。

这样的情况，还有很多。

2000年秋末冬初的一天，外面下起了小雨。有一位开杂货店的女个体经营户，来到办税大厅交税、买发票。只见她蓬头垢面，用雨衣紧裹着背上的孩子，冻得浑身发抖。见此情景，山清先是接了一杯热水递给她，然后接过她手中的资料，亲自给她办好了手续。“老百姓太不容易了！”她说，那天雨中的情景，过了很长时间还在她的脑海里浮现。

还有一年冬天，一个卖海鲜的小伙子来服务大厅交税，浑身上下散发着刺鼻的鱼腥味。他的手冻得通红，已经裂开了口子。只见他从兜里掏出一把皱皱巴巴的纸币，稍微捋了一捋，就递给了山清。那一刻，山清突然觉得，能在这里为老百姓提供“最好的服务”，就是她选择当一名税务干部的价值和意义所在。

…………

“一次办成”给纳税人带来的获得感是显而易见的，但我还是有一个疑问，就问山清：“你这么做的动力是什么？”她不假思索地说：“始于纳税人需求，基于纳税人满意，终于纳税人遵从。”

2010年12月，山清担任济南市市中区税务局纳税服务科科长。

“每天大厅里最温暖的风景，一定是山清的微笑！”这是山清的同事给她的一致评价。没有惊天动地的举动，天天流水账一样重复、单调的工作，在山清眼里却永远都是新奇的色彩：提前几十分钟到岗，换上税务制服，主持“班前晨会”，带领大家把大厅打扫整洁，资料准备充足……每天当晨光照亮大厅的时候，当各个窗口开始办理业务的时候，当不期而遇的感动划过心间的时候，当月亮升起在天空的时候，山清的心底就会漫出一种温暖守护的幸福。

在攀登者的前方，永远都是风景迷人的高峰。

在“一次办成”的基础上，山清团队又把梦想的铧犁放在了服务细节的完善上，率先提出“办税零距离”理念，努力打造“纳税人之家”。这里，

中共中央宣传部中外记者见面会：围绕“做人民公仆 为人民服务 让人民满意”与中外记者见面交流 2022年8月31日

有打印机、复印机、传真机、微波炉、饮水机等便民设施，免费供纳税人使用；有“纳税人学堂”，定期举办政策和流程辅导，让纳税人少走弯路，做办税明白人。就这样，“纳税人之家”日渐成为集诉求回应、税法宣传、首问责任落实、权益维护等多项功能于一体的综合服务品牌。2014 年 4 月，山东省税务局在全省推广了这一“开放式办税模式”。

在实现对纳税人缴费人的全过程税费辅导、全链条跟踪问效、全流程办税提醒的探索实践中，山清团队成绩斐然。

“去释放心中的爱，才能赢得爱！”山清团队“优质高效”的服务，换来的是纳税人的满意。有一位来办税的老中医，听到山清哑着嗓子为自己解答问题，心里很过意不去。于是，他默默写下护嗓药方，留在导税台，落款处写着“致敬税官”……

2022 年 8 月 31 日，中央宣传部在北京举行“奋进新征程 建功新时代”系列中外记者见面会。山清作为“人民满意的公务员”代表亮相见面会，深情讲述税务干部的“三颗心”，即“绣花的心、火热的心、攀登的心”。她说：“第一颗是绣花的心。服务大厅工作细微烦琐，关乎老百姓的切身利益，我们必须有绣花的细致和耐心。第二颗是火热的心。服务大厅工作传递着党和政府的温暖，密切着征纳关系，我们必须做到热情周到。第三颗是攀登的心。

大厅工作充满着挑战，非常考验税务干部的智慧和力量，我们必须勇于进取、不断创新。”

“这三颗‘心’汇聚起的爱，拉近了‘心的距离’。同时也把优质高效的服务理念，根植于每一名税务人的内心深处！”济南市市中区税务局党委书记、局长李际正评价说。

2014年，国家税务总局在全国税务系统推行“首问责任制”。“一个人牵头多件事，难免有疏漏。如果群策群力，整合资源，会不会事半功倍？”在“首问责任制”推进会上，山清说出了自己的思考。

她的想法，得到了大家一致赞同。

思路清晰了，又有领导和同志们的支持，山清的心里就像装了一个马达，干劲十足。针对纳税人要办事不知到哪里问询、后续需跑多部门办理的难题，山清多方协调，积极推动整合大厅、网站、12366热线、局长信箱等渠道，集中咨询、举报、投诉各类事项，握指成拳，多方聚力，创设“首问责任调度中心”，让纳税人的困难能够第一时间有人听、全程衔接有人办。如今，山清所在办税服务厅的服务功能日趋完备，服务方式不断优化，从“自助微厅”线下服务无死角到“泉城码上办”线上服务不打烊，“一站式服务”“一窗通办”“一次办好”，纳税人办事办税越来越便捷。在连续多年的年度优化税收营商环境指标测评中，山清团队担负的纳税服务工作始终走在前列，其经验做法得到国家税务总局领导批示肯定。

“最坚贞的爱，就是爱我的阵地，爱我的岗位，爱我的家——办税服务厅！”山清在2014年当选山东省“最美税务人”时，她的“获奖感言”打动了无数人的心灵，同时也彰显了一名常年奋战在基层女税务干部的心迹：向上攀登，向下扎根。

一个冬天的下午，临近下班时，两个小伙子走进办税服务厅要求代开发票。他们起早贪黑加工完成了一批货，去结账时，却因没有发票遭到拒绝。经审核，他们所开发票项目不在经营范围内，按规定不能代开。两人一听不能开发票，就急眼了，大声嚷嚷起来。

山清闻声赶紧过去了解情况。“姐，你们不给我们开发票，我们就白干了，工人还等着开工资呢。帮帮我们吧！”两人你一言我一语，越说情绪越激动。

原来，对方要求他们明天一早赶过去结账，扬言去晚了就把钱先付给其他客户。

“纳税人的难处，就是我们的难处！”山清了解清楚事情原委后，立刻联系工商局说明情况进行营业执照增项，同时又安排大厅工作人员做好准备。两人从工商局那边办完增项手续，又回到办税大厅时，看到山清和税务人员还一直等在那里。他们的眼睛湿润了，连声说了好几个“对不住了”。

晚上8点多的时候，相关手续终于全部办好，两人顺利拿到了代开的发票。皎洁的月光下，山清和工作人员目送他们走出大厅那一刻，大家才觉得疲惫不堪，嗓子像是着了火似的。“现在，一回想起那个场景，那种口干舌燥的感觉似乎还留在嗓子里！”山清说。

第二天上午，两个小伙子又来到大厅。他们一进门，就乐呵呵地为昨天向工作人员发脾气表示歉意。见到山清，其中一个小伙子上前一把攥住她的手，一边弯腰致敬，一边非要请她吃粽子。他说：“这是我奶奶连夜包的粽子！”见山清谢绝，这个小伙子索性把粽子一个个剥开，每个窗口前都放了一个……

“因为爱，所以爱”是山清常说的一句话。由于业绩突出，她每年都会收到一些表彰先进的慰问金，但她全都捐献了出来，对社区一些困难家庭进行爱心帮扶。2014年底，山清被评为“济南市道德模范”，获得万元奖金。当时临近年关，济南连降大雪。拿到奖金后，她第一时间用这笔钱买了米面油，送给了40多位正在大街上除雪的环卫工人。看到雨雪天给环卫工人带来的不便，她便协调办税厅所在大厦的物业经理，专门为附近环卫工人安排了一个房间，配备简易沙发和热水。她说，每当天气不好时，他们可以在这里吃饭休息。这个“环卫工人休息室”，由此成为“文明泉城”的一张爱心名片。

2018年10月，山清担任该局第一税务所所长、办税服务大厅主任。在办税服务岗位上，她继续驭光前行。

“在服务大厅工作期间，我接待的纳税人和办税群众超过数万人。纳税人着急求助的眼神、担心不安的情绪，我都一一看在眼里、放在心里。如果有哪一点做不好，都会产生深深的愧疚！”山清坦言，每一次看到或想到这些，都会令她寝食难安。“那是放在心上的牵挂！”山清说。

济南市民李先生压根儿都没想到，他不出汽车销售公司就能办理交税和挂牌手续。他购买了一款汽车，发票和车辆合格证刚拿到手，他就跟销售经理说：“我得赶紧去交税了，去晚了今天就办不完手续，挂不上车牌了！”听了他的担心，销售经理微笑着告诉他：“不必舍近求远。交税挂牌的事，在我们销售公司就能办！”原来，税务和交管部门在这家汽车销售公司设有服务点。接下来，李先生仅用了十几分钟时间就交完税，并领到了完税证小绿本。一小时后，他的新车就挂上了车牌。“没想到，太方便太省心了！”李先生感慨道。

这只是山清团队立足解决群众“急难愁盼”问题，开展“贴心服务”的一个缩影。

2012 年以来，随着人民生活水平的提高，以及国家关于车辆购置税优惠政策的出台，在济南，市民家庭买车一度出现“井喷”势头，排队交税的人把办税大厅挤得水泄不通。她回忆说，大厅每天要办理 300 多辆汽车的车辆购置税手续。很多时候，晚上七八点钟才能结束。

当时，济南市民交车辆购置税虽然已经实现了全市通办，但是交税仍然要到办税服务厅办理，然后再到车管所挂牌，一圈跑下来没有一两天是办不完的。多头跑、排长队、手续多，很多买车人的喜悦就在这往返转圈之间被消耗掉了。同时，税务人员一天下来，也累得肩酸背痛，嗓子沙哑得说不出话来。

市民不满意，税务人员费力不讨好，这些痛点和堵点如何打通？山清团队经过认真调研，及时推出了一项创新举措：先期在辖区东岳、鸿发两家汽车销售园区设立办税点，把交税的窗口搬到汽车 4S 店，让买车人购车、交税一站就能办好。等时机成熟，再全面推开。

说干就干。山清团队先是主动上门找这两家汽车 4S 店协商，提出了他们的设想。销售商们一听，当即表示他们会在场地、设施和人员方面给予大力支持。随后，山清团队又协调车管所加入，在汽车销售园区内打造了交税、挂牌的一条龙服务，实现让买车人不出园区就能办好全套手续，省心又省力。此举不仅大大缓解了办税服务厅的压力，销售商也因为税务和车管所全流程完善的配套服务，吸引了更多消费者前来选车购车，增加了销售业绩，最终实现了消费者、销售商、税务、车管所多方共赢的新局面。

在山清看来，践行“为国聚财，为民收税”的神圣使命，不仅要有一流的业务能力、一流的服务水平，还要有坚守底线、严格执法的勇气和品质。

一次，山清在进行留抵退税项目审核过程中，发现一家农产品销售企业报表存在明显的逻辑错误。于是，她便打电话与财务人员沟通，一遍一遍核对企业财务报表，最终找到原因：原来问题出在企业财务人员对政策理解有误，销售了产品没入账。掌握实情后，她主动找到企业说明情况。企业负责人担心被处罚，说话时故意遮遮掩掩，企图蒙混过关。她向企业负责人讲清政策，言明利害，打消了他的顾虑。这家企业负责人承认了失误，最终补缴税款171万元。事后，这家企业负责人专门来到服务大厅，向山清团队道谢："要是没有你，我们企业就被纳入失信名单了。这税款我交得踏实啊！"

还有一次，山清带领工作人员在对一家电梯安装公司进行评估时，发现该公司账务运行手续不规范，制度不健全，导致用于申请抵扣税款的运费发票备注不全，不符合抵扣规定。她拿着发票找企业负责人谈话，告知"运费发票必须明确备注车牌号和运输起始地点"，否则不能抵扣税款。她的真情实意，深深打动了企业负责人。随后，她多次深入该企业进行政策辅导，帮助企业整改、健全和完善制度。在山清团队帮助下，该企业财务管理很快走上规范有序的轨道，依法享受到税收优惠政策，经营发展一路向好。事后，这家公司送来一面锦旗，上书"心系企业，尽职尽责，业务精湛，细心周到"，以感谢山清团队对他们企业的帮助。

"把目光时刻盯在群众需求上，探索更多可能性，实现问题的最优解！"把服务升级无止境当作一种肩负的使命，山清满怀信心。

"无感过渡"背后的故事

一直加班到深夜的山清，突然有些想父亲了。

于是她就驱车赶到医院，想陪他说说话，可老人早已睡下。她没敢敲病房的门，在门外站了很久，鼻子一阵发酸，眼泪控制不住地流了下来……

从2013年5月开始，按照上级税务局的部署，山清带领团队打响了确保"金税三期"准时上线的战斗：数据清理，信息录入，双轨验证……大量繁杂的工作都要提前完成。否则，一旦拖了全省的后腿，后果不堪设想。

为了坚决打赢这场硬仗，山清和同事们豁上了！连续加班加点五个多月，晚上十点之前几乎没回过家，甚至放弃了每个周末的休息时间。就在最后关头，她的父亲却因重度高血压住进了医院。年近70岁的母亲，跑前跑后办好了住院手续才告诉她。父亲住院一个多月，都是由她爱人去照顾。躺在病床上的父亲，一再叮嘱家人，一定不要因为自己影响山清的工作。

大战告捷，"金税三期"如期上线。可她对父亲的那份愧疚，多年来却一直深埋在心里，难以挥去。

每一次接受新的任务，山清都来不及去想象结果如何，但她和大家都清楚，能够全力以赴，拼搏一战，在一场场洗礼中不断走上一个新高度，将意味着什么。

2016 年 3 月，又一场大考摆在山清团队面前。为了确保国家营业税改征增值税改革的顺利实施，她带领团队连续加班三十多天，以优质高效的“战绩”确保了各项数据的“无缝衔接”。期间，她却因连续多天的“连轴转”，导致身体极度困乏，不小心滚下楼梯，造成腿部严重受伤。她心里挂念着工作，简单包扎后又回单位加班，结果造成伤口破裂被再次送往医院。医生对她进行包扎后，忍不住数落她：“请个假休息休息吧。再这样下去，我看你这腿是不想要了！”听了医生善意的劝说，她只是笑了笑，又偷偷跑回到服务大厅。在她的带领下，3.6 万余户纳税人的税种调整以及数百万条数据的调整补录顺利完成。

诗人泰戈尔在《用生命影响生命》这首诗中写道：“请保持你心中的信仰 / 因为你不知道谁会借着你的信仰 / 走出了迷茫……”

这首诗，道出了山清团队的心声。

2018 年，国税地税实行合并。这一年，又恰逢济南市进行区划调整，原来的莱芜市并入济南市。合并后，办税大厅人员由原来的十几个人，增加至 160 多人。时间紧，任务重，每个税务人的肩头都压着一份沉甸甸的责任。

山清临危受命，负责两套人马、两个办税服务厅合并后的管理和服务工作。局领导说：“这项工作由你牵头，局党委放心！”

又一轮的加班加点开始了。尽管此前有多次“赶考”的历练，但山清还是不敢稍有懈怠。

调岗位、定制度、调流程、抓培训……为了实现让纳税人“无感过渡”，山清团队又一次开启“加班模式”“破题模式”“激励模式”等，在以苦为乐的奔赴中续写“光阴的故事”。

有句话说得好：“哪有什么岁月静好，只不过是有人替我们负重前行。”

当你来到办税大厅，递上申报资料，看到税务人员娴熟的操作，看到他们微笑中带着疲惫，看到一切都那么井然有序，也许你想不到，这些年轻人昨天加班到深夜。他们加班的意义，就是为了守护你的平稳与安宁。

2019 年，国家出台减税降费政策。为了让政策红利“直达快享”，山清团队再次闻令“出征”。时值疫情期间，辖区很多地区实行静态管理，一些企业的生产经营受到严峻考验。于是，山清紧急组建了一个16人的减税降费“党员突击队”，星夜奔赴各个企业。同时，山清团队迅速升级“泉城码上办”，远程即可给纳税人帮办代办、免费邮寄。“查验3万多张票据，逐笔核对10万余条数据，与纳税人通话3000余次，认真核实每一笔税款，无一差错！”谈到减税降费工作开展情况，山清难掩心中的自豪。

“落实优惠政策，要有速度更要有温度；助力企业复工复产，要有力度更要有态度！”山清介绍说，在短短30天时间里，她率领“突击队”一鼓作气，审批流程5000多条，涉及留抵退税近2000户次。

就这样，一笔笔退税款精准、高效地落入企业“口袋”之中，为稳经济保民生彰显了税务担当。

疫情期间，山清每天都要接听上百个咨询电话。声带受损说不出话来，她就在微信里用文字交流，耐心为纳税人答疑解惑。一家企业由于投资规模大，资金周转一时发生困难，山清团队就主动协助该企业进行申报，按照规定辅导该企业及时享受研发费用加计扣除优惠，有效缓解了企业的经营压力。

2021年春天，为进一步提升纳税服务水平，山清带领团队再次领命，建设3500平方米的“智慧大厅”，推动实现线上线下办税服务深度融合，打造“互联网+税务”办税新模式。

2021年6月底，“智慧大厅”正式启用。

“可以体验到满满的现代科技感！”山清介绍说，该大厅建成后，一个全新的智能化办税模式，如刷脸办税、虚拟现实、视频连线、涉税体检等，开始大步走进老百姓的生活。一个“让数据多跑腿，群众少跑路”的梦想，逐渐变成现实：在这里，通过智慧微厅、24小时自助机等功能，可实现线下服务无死角；通过电子税务局、码上办等功能，可实现线上服务不打烊；通过税收专家顾问团队等功能，可实现定制服务广覆盖，让“7×24小时”贴心便捷的服务触手可及……

“智慧大厅”启用后不久，山清又转战到一个新的战场，被任命担任该局税源管理科科长。一年后，她再次“转场”，调任市税务局征管和科技发展处副处长。上任伊始，就立即牵头投入到征管软件上线的推进工作之中。

在新的赛道上，专注爱与被爱这道人生命题，山清持续作答作为。

“传帮带”的新境界

对于“超越”这两个字，山清有自己独到的理解。

她说，超越就好比一场接力赛，勇夺桂冠的征途上有成为你的渴望，有超越你的惊喜，更有从个体超越到群体超越的努力。

办税服务大厅是一个青年人聚集的地方，这里的工作人员平均年龄还不到24岁。年轻人有活力、有思想、有闯劲，但也有迷茫与困惑。山清在心中把他们当成自己的兄弟姐妹，甚至当孩子一样呵护着。但她也知道，仅有这些还不够。她是他们工作上的领导，也是领路人，她有责任为他们铺路搭桥，帮助他们登上更高的山峰，去发现和拥抱更美的风景。

有一家企业在申请纳税信用评价调整时，因不符合规定被退回。企业负责人便通过各种关系找到山清，希望通融一下，但被当场拒绝。山清严肃地对他说：“遇到问题，要通过正规渠道解决问题。请相信我们！”随后，山清带领大家主动帮助该企业做辅导、做规范，最终解决了问题。该企业再次申报，经审核顺利通过。“厅务会”上，她把这次“经历”与办税大厅的一百多名年轻同事做了分享。她说：“我们手中的权力是为人民服务的，不是谋求个人利益的。明白了这一点，就不会做出格的事！”这些年来，在山清的影响下，办税大厅没有一个同志在廉洁上出问题、犯错误。

为了让年轻人尽快成长起来，山清探索建立了三项培训机制：一是建立“跟班带徒”机制。选拔一批业务精湛、政治素质过硬的老同志“当师傅”，有计划、有方案、有落实地对年轻人进行“传帮带”。二是建立“常态化培训+实战集合”机制。她结合工作实际，积极搭建舞台，提供机会，让年轻人轮流上讲台解读政策，分享办税服务经验做法，以讲促学、以学促干。三是建立“培训赋能”机制，以日晨会、周授课、月考试、季评优、年考核为载体，让学习成为一种日常习惯，推动一批业务上的“尖子生”脱颖而出。

山清的言传身教，带来了办税服务大厅一片“星光璀璨”：现在，这些风华正茂、朝气蓬勃的年轻人已把心留在了办税服务厅，爱上了税收服务工作。他们当中，有的被纳税人评为“最美办税明星”，有的成为企业信赖的税收专家，还有的成为防控新冠疫情中的“最美逆行者”，并先后有4人考取了硕士研究生，8人在干部竞争上岗中脱颖而出走上领导岗位，涌现出多名全省“百佳能手”、全市“微笑服务明星”等先进典型。

“来自纳税人和社会各界的上百面锦旗，见证了这支年轻服务团队成长和活力迸发的样子！”山清说。

在年轻人心中，山清是一束照亮他们心灵世界的光。在女儿心中，她是偶像。一次，上大学的女儿问她：“妈妈，你是如何爱上这个工作的？”她回答说：“从办理第一笔业务、帮助他人解决第一道难题开始，我就喜欢上这个工作了！”女儿一脸佩服：“你真棒！我也想做一个妈妈那样的人！”

这些年，繁忙的工作，一次次挤走了山清的爱好和那些酝酿了很久的想法，比如她想陪着家人一起吃饭、上街购物、外出旅游，想追追自己喜欢看的《第六感》《彗星来的那一夜》《康熙王朝》等。她在无法停下前行脚步的同时，却得到了家人的理解和认同。很多时候，在自己快要撑不住的时候，是父亲的那句“工作是第一位的”，给了她坚持的力量，是她每次加班回到家时，那盏一直亮着的灯和爱人为她留着的饭菜，让她温暖前行……

这些年，山清有追梦路上的高光时刻，也有难以解开的无奈。一次，女儿在暑假结束准备返校时，向她提出了一个请求：“妈妈，下次我放假回家，你能不能抽时间陪陪我？”

山清一时不知道该怎么回答。因为，她也不知道新一轮的忙碌，会在什么时候突然来临。

宏济博爱天地间

——记济南市劳动模范、宏济堂制药集团扁鹊中药房米娜

宋俊忠

癸卯隆冬，一个雪后初霁的早上，我驱车从济南市区向济南东西大动脉的经十东路力诺阳光科技园区飞驰而去。那里是一个新兴的高科技综合产业园区，园区中就有我约了很久、当日才将见得上面的本文主人公——山东宏济堂制药集团股份有限公司智慧中药房分管生产的副总经理、济南市劳动模范米娜。

既然要访问的是一位中药界女杰，我脑海里很多天来就经常回响着20世纪70年代那部老电影《春苗》的插曲——《赤脚医生向阳花》。这不，往力诺科技园区匆忙赶去的路上，我又在车载音响中放起了这首旋律优美的经典老歌：

“广阔天地把根扎，千朵万朵红似火。出诊愿翻千层岭，采药敢登万丈崖。一根银针治百病，一颗红心暖千家……”

音色清纯甜美，并充满理想主义和浪漫主义色彩，勾出了盘旋在我脑海中的很多事。我心怀崇仰，向着米娜的多彩人生一点点走去……

站在梦想的地平线上

既然是劳动模范，就肯定有很多与普通人不同的地方。

把米娜与“劳模”二字联系在一起的一刹那，我马上联想到的是，在源

远流长的中医药历史长河中，那些广为人知并闪烁着璀璨光芒的名医名家：神医扁鹊、医圣张仲景、外科鼻祖华佗、中医药王孙思邈，还有盛享“东方达尔文”美誉的《本草纲目》著者李时珍，等等。

38 岁的米娜，自然不能比肩历史上的这些中医药名人大家。那么，作为女劳模，支撑她不同凡响的人生的“四梁八柱”有哪些呢？她的故事又有何异于普通人的地方？

想到这里，我自己都闷声笑了。在采访米娜之前，我曾和她通过电话，交谈中得知，她就是本土“老济南”、市中区党家庄人。据历史记载，党家庄已有 650 多年历史。位于古齐（国）鲁（国）交汇处的这块风水宝地，不仅交通方便，土地肥沃，且星罗棋布着渴马峪、吴家泉、黑峪泉、关胜墓、西周墓地遗址等自然历史景点，另外还有三座历史悠久的大型清真寺，是多种文化交会融合的自然人文景观荟萃之地。相传神医扁鹊故里是长清，距离这里也近在咫尺。诗书继世、忠厚传家的祖祖辈辈吃苦耐劳、不畏困难、精明能干和志在四方的精神，应该在米娜身上留下了很深的烙印。

事实果真如此。

时光回到 2003 年，米娜高中毕业填报高考志愿时，在众多的专业中发现了自己比较喜欢的中药学。这个专业以中医药理论为指导，研究中药相关理论、技术与方法，研究领域涵盖中药资源、鉴定、炮制、制剂、应用与流通全过程，包括中药基本理论、资源利用、作用机理、应用方式、质量控制、药用物质基础与现代工艺研究、安全性与有效性评价、营销与管理等方面。“太好啦，我就选这个专业，为老百姓服务，把一颗仁心奉献给平凡的世界。”她为自己击节定夺。就这样，她填报的第一志愿就是山东中医药大学中药学专业，也如愿考上了。

刚接触这个专业时，米娜觉得里面的学问很复杂很枯燥，没半点儿“浪漫”。但后来接触到的核心课程，如中医学基础、方剂学、药用植物学、中药鉴定学、中药分析、中药化学、药理学等，却使自幼就不甘人后、性格倔强的米娜越学越来劲，越学越感到理论和实践的通透。

四年的大学时光，青灯黄卷，米娜没有花前月下，没有像有的同学那样认为考上大学就进入了“保险箱”，放弃了吃苦学习，整天沉溺于吃喝玩乐不思进取，甚至，就连学校周边的千佛山、趵突泉、大明湖这些名胜风景之地，她也很少去游玩。学校距离她家只有十几公里，虽然她从来没有长时间离开过父母，十分想念家人，但除了寒暑假，她也很少回家。同学和老师们都惊奇地发现，她的气质越来越像沉稳的学者，而其各科成绩更是稳妥妥地名列前茅。他们还发现，如果教室里没有米娜，那就一定能在图书馆里找到她。

学校图书馆是米娜最常待的地方，名医、名典、名方则是她最痴迷的。她就像饥渴的小苗，贪婪地吮吸着雨露和营养。古代科学的瑰宝中医药学，堪称博大精深，其“道法自然、天人合一”“阴阳平衡、调和致中”“以人为本、悬壶济世”体现着中华文化内核的理念，常常萦绕在她脑际；“三因制宜、辨证论治”“固本培元、壮筋续骨”“大医精诚、仁心仁术”等丰富了中华文化内涵的种种理论，常常令她读而忘食。站在梦想的地平线上，她不止一次暗暗发誓，一定要把作为中华优秀传统文化的重要组成部分和典型代表的中医药学好、学深、学透，为中医药的传承创新发展，为真正服务好千家万户践行诺言。

米娜曾经抽出一次难得的周末，独自登上学校南面的千佛山。站在山巅，她遥望西南方向，她的家乡党家庄隐约可见，再稍远处的黄河东岸，就是那位被尊为“神医”的扁鹊故里长清。她仿佛聆听到了父老乡亲的细语叮咛，仿佛看到了扁鹊那充满鼓励和期许的温煦目光。她在心里默默地对自己说，一定不要辜负家乡父老和杏林先贤的嘱托和期望，学好知识，学到本领，宏济博爱，为百姓健康和弘扬中医药国粹而努力进取，孜孜以求！

2007 年，米娜大学毕业，选择的第一去向就是济南宏济堂。

“为何把第一个选项定在宏济堂？”我在电话采访时，曾经好奇地这么问她。电话那一头，米娜听我这么问，明显有些兴奋：“上品药，传世香，谁不知道宏济堂？百年宏济堂，千秋做好药。一百多年来，我们宏济堂制药以‘传承国药精华，弘扬民族瑰宝，引领中药创新’为使命，以‘致力于做创新药、疗效药、安全药、放心药’为价值观，汇集生命科学与中医药科研优势资源，诞生了一批具有重大影响力的成果。宏济堂阿胶荣获过 1915 年巴拿马国际博览会最高的金牌奖，很多人都知道；我们的‘人工麝香研制及其产业化’项目荣获了国家科技进步一等奖，宏济堂中医药文化还被列入国家级非物质文化遗产……”

她喝了几口水，接着又是一大段慷慨陈词：“我能被宏济堂这样一家蓬勃向上和充满发展活力的伟大企业所接纳，正是我的荣耀。医者仁心，用医技普济众生；善做好药，也是悬壶济世之列。在我这个理想起飞的高地，仁心释放的所在，一切的一切早已化为我的自觉语言和自觉行动。比如我们‘宏德广布，济世养生’的百年理念，‘修合无人见，存心有天知’的百年业训，‘炮制虽繁必不敢省人，品味虽贵必不敢减物力’的百年堂训’等文化理念，我都能倒背如流；还有药材选购‘五不要’、用人‘五不要’、用人‘五不登堂’和宏济堂行为准则等，也都早就化入我和每个同事的骨髓和灵魂。”

话说得如此响亮、传神、鲜活，心又这般坚定，这，大概就是一位劳模的表征，劳模练就的特殊材料，堪当大任的基础之基础吧。

——正这样想着，蓝天白云下，蔚为壮观、大气磅礴的力诺阳光科技园区迎面而来。

向着更高的天际飞翔

宛如由科幻星际城辏集而成的力诺阳光科技园，密密麻麻的是众多集科研、生产、销售与国际贸易于一体的综合型高科技企业群，到处是集自动化、信息化、智能化和柔性化于一体的智能互联工厂群。

“这样高精尖聚焦的地方，必是盛产劳模的宝地！”面对我情不自禁的此番感慨，踏着路边积雪迎上前来的米娜笑盈盈细声慢语道：“没错。我们科技园的当家人就是省劳模。我和众多工友成长的过程，就是在老一辈劳模工匠引领下一步步历练的过程。”

和米娜握手时我注意到，只有 38 岁的她眼圈泛黑，黑色的发丛中居然露出了一些银白色的发丝，她脸上洋溢着真诚、亲切而又朴实的笑容，也有一些过度劳累的疲惫之态。这与我想象中那个穿着白大褂、优雅洋气的女知识分子形象相去甚远，也与心目中女劳模那种英姿飒爽、风风火火的形象不太一样，感觉她就是我们邻家姐妹中的普通一员。

米娜大概看出了我的心思，她一边引导我拾级而上，参观智慧中药房，一边自嘲地向我介绍说：“我是五月一日出生的，生日就是劳动节，拼命干活就是我来到这个世界的使命。”说到这里，她开心地笑了，也把我逗笑了。

随后，她把我引进接待室。没有过多的寒暄，她喝了一口茶水，又接着介绍起来：“从进入宏济堂，一上班我就迷上了技术革新和技术改造，每天加班到夜里九十点钟，第二天早上又五六点钟起床，简单吃点早饭就匆匆出门上班。太忙了，家里啥活啥事都顾不上。我丈夫是一位软件工程师，也是整天忙碌，有家难顾。所以，我们6岁的女儿甜甜有一回就对老师讲，她最大的心愿是‘能像别的小孩儿那样，让妈妈接送放学、上学’。到现在，女儿全是她66岁的奶奶和年近70岁的姥姥带着。”

说到这里，米娜眼睛有些微微发红，她幽幽的语调里渗出了一丝颤抖。她觉得愧对女儿，在自己的记忆里，孩子从上幼儿园，到现在上小学三年级，她只接送过两次。她抽出一张洁白的纸巾，轻轻擦了擦眼角。

一棵小草能挽救一个生命，一根银针能拉回“整个世界”。在米娜看来，一缕药香也能畅通社会大家庭的共同气息，跨越所有的小我达到至纯至美大我之梦想高地。让需者满意，让人间有爱，或许，在她的内心深处，就因了这些，所有的缺憾都微不足道，所有的亏欠都很快消逝如烟。

我提出想去她工作的核心区域去实地感受一下她的工作环境，也顺便接触一些她的工友和同事。出于安全考虑，米娜委婉而又坚定地谢绝了。不过，她打开了手机，点击页面，让我浏览了实时监控管理系统。材料存储区、调剂区、煎煮区、综合制剂区……我们在网上逦逦穿梭在这座7500平方米的智慧中药房中。在各个一尘不染的工作环境中，所有人都在有条不紊、紧张忙碌地工作着。米娜说：“我们的工作每天都是一样的，每天都这样忙碌。”

我又提出，除了按规定禁止参观的区域，其他地方想看一看。于是，我们穿上隔离衣，戴上隔离帽，在偌大的智慧中药房里参观。其间，米娜给我讲了这么一段战“疫”故事。

2020年初新冠疫情发生后，宏济堂制药被指定为山东省清肺排毒合剂唯一定点生产企业。该公司全体员工利用产品文号丰富、产业链齐全、产能大、生产能力强的特点，充分发挥中医药参与防治重大流行病、传染病的特色优势，并按照政府指示，加大10款防治新冠肺炎诊疗方案推荐用药的生产及供应速度，并在确保厂区防疫安全和员工安全过年的同时，利用春节加大防疫药品生产力度，加快向市场供应的速度，为抗疫再做新贡献。

这一来，本就“全年无休”的米娜和她的工友们就更忙了，一天时间赶出了原来需要加工两天的产品。“2022年11月，我起初被封在家里一周。那一周可真叫度日如年。我必须到我的智慧中药房上班呀，那里离不开我啊！”言及彼情彼景，米娜至今仍眉头紧锁，脸上是无奈的表情。后来，经过组织协调和自己申请，她才被特批“放”了出来，投入到紧张的工作中。一回到厂里，她从此就和大家都吃住在车间，累了就轮休一下，在办公室、会议室或接待室的沙发上躺一躺，有时甚至在地板上铺上被褥躺下就睡。“即使在那样紧张的状态下生产，我们宏济堂全体职工也没忘记百年老字号企业的初心使命。”

米娜有些骄傲而自豪地告诉我，她所在的智慧中药房，疫情期间共为社会面防疫点供应了20万袋汤药，确保每一袋都是“最好”的。“那时各个厂家都往防疫点送药。现场一比较，还是我们的药‘材足汤浓’，最受欢迎。仁心所在，无往不胜。我们每个人都为此备感骄傲！”说到这里，米娜举手投足间无不尽显巾帼豪情。这豪情，渐次涟漪着奋斗者的多少情思；这豪情，流光溢彩着几多宝石般的荣誉：

2017年和2018年，米娜连续两年被宏济堂制药集团股份有限公司授予“明星员工”荣誉称号；2020年，宏济堂制药抗疫药品生产车间团队被中共济南市委宣传部、济南市精神文明办公室和济南市卫生健康委员会授予“战疫团队”荣誉称号；米娜所在团队被评选为“济南市女职工建功立业标兵岗”和“山东省女职工建功立业标兵岗”，她本人被中共力诺集团党委评为“优秀共产党员”“生产标兵”。

“劳模本质上就是无休无止地‘忙碌’吗？”听我猛不丁这么问，米娜扑哧笑出了声。“我个人理解，劳模工匠精神的气质表现，辛勤劳作只是一个方面，而致力于带头技术创新才是更重要的另一方面。”她打开工作日志，从其累计400多个创新案例中，选取了《提升前列欣胶囊一次裹包合格率》这样一个课题，向我娓娓道来。

宏济堂制药集团固体制剂厂可生产片剂、胶囊剂、颗粒剂、散剂、丸剂五大剂型，片剂年生产能力60亿片、胶囊剂达12亿颗粒、颗粒剂4800万袋、散剂6000万袋和丸剂6000万盒，是一个名副其实的生产自动化车间。

随着市场迅速扩大，前列欣、金鸣片、喉症丸、复方西羚解毒胶囊/片、板蓝根颗粒等十几种产品，都急需提升裹包合格率。生产需要、市场呼唤和生产效益都是第一命令。为此，米娜在2020年8月牵头成立了由 7 名业务骨干组成的《提升前列欣胶囊一次裹包合格率》课题技改小组。他们从选择课题、现状调查、目标设定到原因分析、要因确认和对策实施、效果检查、巩固措施，不舍昼夜地埋头于每个环节的技术革新。

围绕提升裹包改善效果，他们统计了此前车间的自检专检数据，针对 20% 质量缺陷的类别进行了分析，得到统计表，绘制排列图，“裹包破损 80.24%”的数字化形象展示，严重浪费包材且重复包装的现象，无不令他们每个人都痛彻心扉。

米娜率领小组成员们，对前列欣 CAM 外包装机产品进行了为期一个月的定期抽检。他们每天对裹包机记录 3 次，每次记录 1 个小时，共收集到样品 439 个，并根据车间质量要求，记录了样品质量缺陷种类和数量，最后统计了抽检数据。现状调查显示，切膜连点导致的裹包异常，在《外包车间产品质量内控标准》中为不合格产品，出现频率较大。当出现切膜连点时需立即停机，对异常裹包手动处理，从而严重影响机台产能发挥，浪费裹包膜。

米娜小组的工友们经过反复研究实验，又通过咨询 CAM 厂家的专家，对比同款机台其他厂家裹包情况，综合测算确定切膜连点占比情况得出结论，切膜连点解决 80% 可提高一次裹包合格率提升至 80%+（1–80%）*96.36%*80%=95.42%，故而把目标设置为 96%。

他们通过对人为操作、环境温湿度、切刀刃口损坏变形和切刀支架、连杆变位等 7 个要因确认，制订了“改变装膜位置，有效避开切膜最外侧连点”“更换切刀左右两侧的两个支架，达到稳定切刀位置的目的”和“更手动调整切膜连杆位置及机台参数”等三大对策。经过两个多月的艰苦鏖战，他们终于取得了可喜的技改硕果：贡献有效生产时间 20 箱 /（100 箱 / 班 ÷8h/ 班）*60min/h=96min/ 天（按照 8h/ 天上班计算），节省裹包膜 20 箱 *40 包 / 箱 *0.35m/ 包 =280m/ 天，每批节省人工工时费用 720 元。

“以此类推，这个课题的攻关效果确实很好。与此同时，我们也在各个环节多点开花，创新项目已经很多。但是，我们不能把眼光放在当下，不能让脚步止于目前。”米娜告诉我，这项成果巩固后，他们随即又盯上了新的攻关课题：前列欣枕包机一次合格率为 95%，严重影响生产效率，需重点进行技术改进。就这样，使命正在肩，奋斗无止境。不断的求索目标和强烈的创新愿景，引导着他们只问耕耘求“最好”，并向着更高的天际不断翱翔。

仁心献给平凡的世界

在米娜带我参观的过程中，不断有来来往往的同事友好地跟我们打招呼。每个人脸上都洋溢着青春朝气的笑靥，每个人的脚步都风也似赛过龙骧虎步。

都说职工的心是企业的根。“每个职工都是一朵小花，都开了，企业就美了；每项劳动和创新都是一首歌，唱开了，企业的愿景就像动人的交响曲。”巧逢工间休息，被米娜拉来的一大帮工友围拢一坐打开话匣子，个个都说得靠谱在理。

“在我们公司，省劳模、市劳模和享有各种荣誉的先进模范，好多都是在农村广阔天地里长大的。像我们的领导米娜，不管有多少荣誉，想到的还是普通老百姓的生活场景，想到的还是把一颗仁心献给这平凡的世界。这种心思和作为的方向，好像我们大家都有。”车间技术指导段华说起来思路相当开阔。

“我也说两句我们的劳模米娜。”生产班长张金玲绘声绘色地夸道，“加入宏济堂 16 年来，米娜从普通工人、工艺员到工艺组组长、车间主任等，始终没有忘记初始之心、来时之路。这个初始之心就是济世之仁心，这个来时之路就是倾情奉献老百姓。她把个人成长完全融入企业发展，在努力提高专业素质的同时提高管理技能，公司上下没一个不好评的。”

“正是米娜的仁心奉献，才使她在能力上不断实现突破，水平上不停提升。”数控主操员滕霞接过话茬，有板有眼地向我介绍，“创新工艺、提高效率，是米娜的‘看家本领’。她多年来理论与实践相结合，对传统工艺进行科学创新与优化改革，提高生产效率。她主持完成了胶囊填充机技术改造；通过工艺改进，使熊胆救心丸、冠心苏合丸实现了规模化生产，缩短了生产周期；她主持的‘复方西羚解毒胶囊挥发油包合方式的研究’荣获济南市质量管理成果三等奖。在提案改善、降本增效方面，她大力倡导小改小革，所在车间累计提案 400 多件：通过对瓶装线多次改造，单位成本降低 32.41%；通过自主改造 CAM 裹包机切刀系统、改造裹包机导向系统，单盒人工成本下降 84%，单盒能耗下降 32.11%。通过导入 SMED 快速换模，实现了金鸣片与复方西羚胶囊每次换模时间节省两小时。前文提到的‘提升前列欣胶囊一次裹包合格率’课题，荣获济南市 2021 年度质量管理成果二等奖和全省优秀职工代表提案三等奖。”

此时此刻，在大家的纷纷赞誉声中，米娜一脸的疲态奇迹般消失殆尽。她深情地环顾一周，对大家提高了嗓门说，过去都是故事，未来才最可期。她最看重的是职工队伍素质的不断提高，是企业发展的可持续能力。“我记得咱们老一辈宏济堂人说过，年轻创业者不要只想不做，一定要实践，还要有不怕失败、承受压力的胸怀。事要做大，人要做小。”她顿了顿站起身来，一脸凝重地说，“事要做到多‘大’？尽阳光责任，铸世界品牌。宏济堂‘成为智慧国药领航者’愿景、‘传承国药精华，弘扬民族瑰宝，引领中药创新’的使命和‘致力于做创新药、疗效药、安全药、放心药’的价值观，就是我们一以贯之努力的方向。人要做到多‘小’？就是用最平常的心、最应该担当负责的态度，和必须始终如一为社会及时提供放心药、及时创新好药的追求目标，合力拼作一颗济世仁心。”

火热的话题，温馨的仁心。这火热的话题，澎湃着在座的每个人的心潮；这温馨的仁心，使我不由自主又看到了电话聊天时“那个”劳模米娜的伟岸形象。

背负着众人追寻的视线，米娜缓缓走到窗前，指着规模宏大、气象壮观的力诺阳光科技园，朗声说道：“百年‘宏济堂’伟名传天下，传承中医药使命比山重。国家中医药管理局等八部门联合制定印发的《‘十四五’中医药文化弘扬工程实施方案》提出，‘挖掘阐释名医名家、经典医籍、传世名方、道地药材、非遗项目等中医药经典元素’‘加强中医药博物馆和文化场馆建设’‘建设50个国家级中医药文化体验场馆’等举措，为我们擘画出发挥和传承中医药文化的宏伟蓝图。只要我们真正践行‘一家人、一桌饭、一条心、一股劲’的力诺集团亲情理念，万众一心，勠力创新，就一定能够源源不断地给企业注入旺盛的生命力，我们也一定能够在这一伟大历程中成就自我，实现仁心奉献平凡世界的愿景。”

这时，从园区某个地方隐约传来了祖海演唱的那首《爱在天地间》的深情旋律，送入耳畔，涌进心田：

“情未了，像春风走来，爱无言，像雪花悄悄离去。彼此间我们也许不曾相识，爱的呼唤让我们在一起。在一起穿过了风和雨，在一起走来了新天地。这份情希望了人间，这份爱温暖在你我心里……”

一片慧心一缕光，洒向人间都是爱

——记济南市劳动模范、济南市长清区慧心居家养老服务中心王慧慧

展恩华

她有一双慧眼，于汹涌澎湃的市场经济大潮中敏锐地捕捉商机，从一间十几平方米的育婴小屋开始，肇启了自己别样的精彩人生；她有一颗慧心，守正创新、开拓进取，把家政服务业做得顺风顺水、风生水起；她更有一颗爱心，“不独亲其亲，不独子其子。使老有所终，壮有所用，幼有所长，鳏寡孤独废疾者，皆有所养”。伴随着事业的发展，她将“本能之爱”延展为无疆的大爱，把一片“慧心”化作阳光，让几千年来人们梦寐以求的大同理想，在长清大地化作触手可及的现实。

她就是民革党员、长清区政协常委、“慧心慧做”品牌创始人、慧心居家养老服务中心主任、山东省巾帼建功标兵、山东省女职工建功立业标兵王慧慧。

惠己惠人，王慧慧在人生华丽起点上，做出了一个让人大跌眼镜的“转身”

迈出校门、走上社会，找一份称心如意的工作，对许多人来说，那可能

是一种奢望。王慧慧找工作似乎来得有些“轻而易举”。大学一毕业，她就以优异的成绩在众多的考生中脱颖而出，考入当时的济南市国家税务局，端上了人人羡慕的“金饭碗”。

阳光洒满了旅途。这样的人生起点确实有点“华丽”，令许多人为之垂涎。

王慧慧是一个阳光女孩，既冰雪聪慧，又吃苦耐劳，每天早来晚走，工作干得很出色，同事和领导对她的前景很看好。

2004 年，王慧慧却做出了一个决定：辞职！

这个出人意料的决定，让家人、同事和所有的亲朋好友大为惊诧。放着手里“金饭碗”不端，去当一个“个体户”，从事一个在许多人看来根本不靠谱的母婴护理，确实让人不可思议。有“闺蜜”生气地“骂”她：“你的头是不是叫门给夹了？”

其实，王慧慧之所以做出这样一个令人咋舌的决定，并非一时的心血来潮，甚至也不是源自某种神圣和崇高的召唤，而是完完全全出于一位母亲的“本能之爱”。

人道是，世间最无私、最伟大的爱就是母爱。2004 年，王慧慧的第一个宝贝呱呱坠地。看着“天使”一般的宝贝儿子，王慧慧心里充满了初为人母的幸福。像所有母亲一样，她希望自己的儿子有一个健康的体魄，有一副聪慧的头脑，将来能干一番非凡的事业。

母亲是孩子最重要的守护者、教育者。儿子的降生，让王慧慧感到肩上多了一份沉甸甸的责任。

“如何让孩子幸福健康地成长？”这成了王慧慧“月子”期间萦绕在脑海挥之不去的问题。王慧慧在省城求学、工作了多年，“科学育婴”早已潜移默化地深入到了她的内心深处。虽说长清区毗邻济南城区，而在科学育婴方面却大大滞后。为了让宝宝得以幸福快乐地长大成人，每周她都要带宝宝去济南一家婴儿馆接受“科育”：洗澡、游泳、推拿、营养、快乐启蒙，“特别的爱”让宝贝在获得极大愉悦的同时得以健康地成长，这给她这个当母亲以极大的欣慰。

然而，这也让王慧慧付出了沉重的代价。丈夫开车、婆婆帮忙，从长清到市里，来来回回也要忙上整整一天。其花费也着实不菲，少则几百，多则上千，渐渐也成了一笔不小的负担。

如何让孩子既能享受到和省城婴儿无差别的待遇，又不给家庭增加额外负担，还能为更多的婴儿提供优质的科学育婴服务？思来想去，最终王慧慧做出了自己亲自“下水”的决定。

当下，科学育婴在大城市已蔚然成风，而在县区还是新兴事物。从小处说，孩子是家庭的希望；从大处说，孩子是民族的未来。随着人们生活水平的提高，科学育婴是大势所趋，必将风靡于世。王慧慧从这种“大势”里，看到了潜藏着的无限商机。

能看到商机，靠的是识，而要干成一番事业，更需要胆。

王慧慧是一个胆识兼备的人，她断然做出“下岗创业”的决定也就在情理之中了。

“为孩子的成长付出多大的代价都是值得的”，这不仅仅是王慧慧的“个见”，也是全家人的共识。王慧慧这个“惠己惠人”的决定虽说让许多人为之错愕，却得到了家人的大力支持。

辞职后，王慧慧在长清城区开办了自己的“慧心育婴馆”。

万事开头难。搞科学育婴，王慧慧毕竟只是一个“没吃过猪肉，只见过猪跑”的知识小白。然而，难能可贵的是，王慧慧是一个极其好学的人。她利用休息的时间，向她认识的月嫂阿姨请教，向母婴行业的专家请教。她还订购了母婴护理方面的书籍，利用晚上的时间仔细研读。青灯黄卷，孜孜不倦，兀兀穷年，直令灯光漂白了四壁。为了掌握真本领，在丈夫和家人的支持下，她拿出准备在济南买房子的钱，抱着襁褓中的孩子到北京、青岛、河南等地学习。

实践出真知。为了熟练掌握婴儿理发器的使用，她就一遍遍在自己的头上刮来刮去。后来，刮掉的头发长了出来，形成了一个黑色的圈，大家看到她别样的头型都想笑，王慧慧却幽默地说：“这是代表成功的凯旋门。”为了不给顾客造成伤害，王慧慧就再拿儿子当“试验品”。单说理发，一年之内，宝贝都是一副“和尚头”。如今，儿子已长大成人，头发又黑又密，儿子说：“这都是付出后的回报。”

功夫不负有心人。很快，王慧慧就从一个对母婴护理知识一知半解的门外汉，变成了拥有丰富实践经验的专家。婴儿游泳、推拿、发汗、催乳，总共几十种服务项目。王慧慧慧心巧手，无论是哪一项技术都了如指掌，无论哪一项操作都驾轻就熟。

万事开头难。正式开业的第一个月，竟没有一个顾客上门。直到第二个

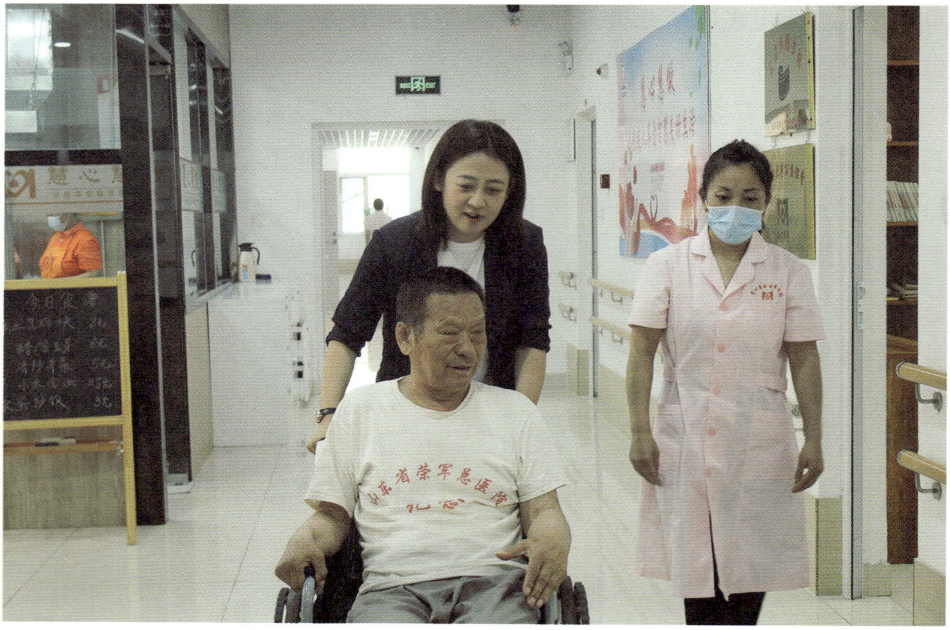

月的第一天，终于迎来了首位顾客的光临。忙了一个上午，淘得了她创业以来的第一笔资金：30 元。也正是这小小的 30 元的收入，拉开了她事业蓬勃发展的序幕。

王慧慧“以婴会友”，不为赚钱，只为“广而告之”。

虽说王慧慧是“半路出家”，但技术上却像游刃有余的庖丁，其高妙的手法令人啧啧称奇。那些深受其益的“婴友”们都成了她的宣传员，无论是旧雨新知，还是熟魏生张，都纷纷光临她的育婴室。一度门可罗雀的育婴室变得天天门庭若市，常常出现 “人满为患”的爆棚。

自此，王慧慧的家政服务产生了“滚雪球”效应。生意一天比一天好，门脸一年比一年大，业务范围也一年比一年大。现如今，王慧慧的公司已经从一个不足 10 平方米的小门店，发展到营业面积达 4600 余平方米的大型集团化公司，旗下拥有 3 家直营门店、3 家分公司、1 家家政培训学校、1 家策划服务公司、1 家婴幼儿托育中心，运营 5 家老年人日间照料中心、11 个物业服务项目。

桃李不言，下自成蹊。近年来，客户送来了 400 多面锦旗、600 多封感谢信。公司也先后荣获济南市“巾帼文明岗”“山东大姐家政服务示范百佳企业”“中国千户百强家庭服务企业”等荣誉。

当年，王慧慧那个“转身”确实让人大跌眼镜。如今，大家不得不对她刮目相看。那个曾经“骂”她头被门夹了的闺蜜，给她点了一个大大的赞：“可真有你的！”

扶贫扶志，王慧慧用一双点石成金的手，让一群生活中的“多余人”破茧成蝶

一天，一位50多岁的女人来到王慧慧的公司。王慧慧端一杯热水递到她手上：“大姐，找我有事？”

那女人逡巡了一下四周，低着头，用手抓着衣角，小声说：“俺想求您，帮俺找个活。孩子他爸嫌弃俺不赚钱，连孩子也嫌俺光知道玩。我感觉自己就是家里的多余人。”

女人名叫董圣爱，一个普通的家庭妇女，她语气里那种“自卑”像针一样扎着王慧慧的心。

随着时代的进步，城市发展日新月异，但城市的迅速扩张，让许多城乡接合部的农民失去土地的同时，也失去了安身立命的“劳动”资格，特别是年长的家庭妇女，不能出去打工，在家里又无所事事，成了游手好闲的“多余人”。人的价值一旦丧失，进而失去的还有做人的尊严。

心地善良的王慧慧看不得姐妹们受委屈。于是，她下定决心：一定要让像董圣爱一样的农村大姐都过上有尊严的生活。

自强自立是改变命运的前提。要让无职无业、尊严缺失的家庭妇女实现人生的“蝶变”，必须先让她们充满信心地去工作。

王慧慧一边鼓励董圣爱自强不息，让她对自己、对生活充满信心，一边让她到自己公司参加各种培训。通过不断“充电”，让她获得自立的才干。在王慧慧的指导下，董圣爱从一个普通的家政服务员做起，边做边学边提高。4年过去了，董圣爱成了一名“金牌月嫂”，月工资也从2000元涨到了8000元。这些年来，她累计工资达40多万元。

原来的“销金锅”成了今天的“小金库”。曾经嫌弃她的老公，不得不

对她另眼相看。董圣爱工作很忙，回家较晚，老公不但不埋怨，还主动为她端茶做饭。孩子是妈妈挣钱的最大受益者，他知道了妈妈的不容易，也变得疼爱、敬重妈妈了。

为了让更多女性摆脱贫困，王慧慧尽可能多地吸收家庭妇女来公司参加培训，并帮助她们就业。

职工王茂玲可谓命运多舛。几年前，丈夫和婆婆两天内相继去世，家中还有四个孩子需要照料。她用一副柔弱的肩担负着家庭的重担，艰难程度可想而知。

屋漏偏逢连阴雨，船迟又遇打头风。关键时刻，王茂玲又生了病。

生活的重担、内心的痛苦，像蛇一样咬着她的心。一向性格开朗的她，变得内向、自卑，不爱说话，很少与人交流，有时还会流露出对生活的绝望情绪。

听说了王茂玲的遭遇后，王慧慧立即在公司内开展了“爱心募捐”。当她带着 8000 余元善款走进王茂玲家时，才发现，对家徒四壁且贫病交加的王茂玲来说，这些钱简直就是杯水车薪。

“授人以鱼不如授人以渔”。于是，王慧慧一面帮助王茂玲治病，一面让她免费参加公司的培训。在王慧慧的帮助下，王茂玲不仅打开了“心结”，重新拣回对生活的信心，而且学会了催乳、小儿推拿、满月发汗等服务技能。王慧慧帮她找到了工作，她每月都能拿到可观的收入，生活日渐好转。看着王茂玲脸上露出久违的笑容，王慧慧从心里为她高兴。

看着这些淳朴、可爱的大嫂们，从一个唯唯诺诺、束手束脚、没有底气的农家妇女蜕变成充满阳光、充满自信、绽放自我的新时代女性，王慧慧心里就充满了幸福感、成就感。

王慧慧是女人，自然对妇女有着天然的“同理心”。然而，可贵的是，王慧慧的关爱并不仅限于家庭妇女，对那些孤苦的男性老人，她同样伸出关爱之手。

有一次，王慧慧听同事说起亲戚金大爷的遭遇：56 岁的金大爷，老伴去世后，一直过着茕茕孑立、形影相吊的生活，生活越来越拮据，性格也越来越孤僻。虽说有一副好身板，但因为自暴自弃，把生活过成了混天聊日。脾气也越来越坏，动不动就骂人。人们避之唯恐不及，躲之唯恐不远。在许多人眼里，金老头就是没用的“废品”。

慧眼独具的王慧慧，一眼就看到了“废品”的价值。

随着我国人口老龄化日益严峻，医院陪护、养老护理人员缺口巨大，尤其是有一些男性老人需要护理，女同志毕竟有诸多不便。

为了金老头，也为了社会需要，王慧慧推出了“男保姆”工程。

王慧慧把“金老头”们集中起来，对他们进行养老护理方面的培训。经过专业培训，首批“金老头”走上了工作岗位。没想到，“男保姆”一经上市，就非常走俏，成了“抢手货”，平均每月收入都在 5000 元以上。

天天有工作，月月有收入。金老头的人生发生了美丽的“蝶变”：由郁郁寡欢到怡然自得，由一文不名到月进千金，由他人的鄙夷不屑到钦佩有加，那种变化简直判若云泥。人们说，金老头有如此的变化，多亏了王慧慧那双能点石成金的手。

多年来，王慧慧坚持举办各种形式的家政服务培训班，免费培训各城镇下岗待就业妇女、贫困职工、失地农民等。截至目前，累计培训 7000 余人，安置就业 5000 余人。一位来公司视察工作的市领导，听了王慧慧的汇报，感慨道：“从你身上，我们看到了爱的力量。”

王慧慧用自己的爱在改变着一个个人的同时，也改变着这个世界。

敬老爱小，王慧慧一手拥抱夕阳，一手托起朝阳，让平凡的生活永远充满无限的希望

在大家眼里，王慧慧就是一颗追逐梦想的正能量的种子。这些年来，王慧慧从“本能的爱”出发，搞家政服务。随着时间的推移，这颗种子逐渐长成一株参天的博爱大树。

后来，王慧慧加入了民革，当上了长清区政协常委。她内心更多了一份“使命”。工作中，她履职尽责，积极主动地为“全面建成小康社会和打赢脱贫攻坚战”贡献自己的力量。她不再把家政服务看作一种职业，而是视为一项事业，一项“一手托起希望的旭日，一手拥抱辉煌的夕阳”的神圣事业，自觉地把助残养老、产业扶贫、就业扶贫融入家政行业，为家政行业的高速发展注入新动能！

肩负着使命，怀揣着责任，王慧慧走家串户，明察暗访。一天，她来到

一家养老中心。她发现，一个本应为老年人提供无微不至关怀的地方，竟成了“被爱遗忘的角落”。一位80多岁的老奶奶解衣开怀，在房间里艰难地用盆解手，完全没有一点做人的尊严。一日三餐，清汤寡水，幸福对这些耄耋老人来说，似乎唾手可得却是又遥不可及。还有，许多农村留守儿童，生活条件极其简陋，甚至连最起码的条件、最基本的关爱都不能得到。

这极大地触动了王慧慧的“软肋”。

作为女儿，王慧慧十分孝顺父母；作为儿媳，王慧慧十分孝顺公婆；作为母亲，王慧慧倍加爱护自己的孩子。自己的老人过着既幸福而又有尊严的生活，自己的孩子享受的是既幸福而又快乐的人生。

“老吾老以及人之老，幼吾幼以及人之幼。”在王慧慧的眼里和心里，仿佛年迈的老人都是自己的长亲，所有的孩子都形同亲生。她暗下决心，尽自己全部的力量，“让夕阳更亮丽，让朝阳更灿烂”。

王慧慧依托“民革义工”社会服务平台，带领员工承接运营东王社区、玉皇山社区、原香溪谷社区、紫薇阁社区、恒大第二社区等5家日间照料中心服务工作。大力推行“长者助餐车”养老特色新模式，深入开展“一元爱公益行”活动，把无疆的大爱送到每位老人心坎上。

2020年初，王慧慧创办了长清东王社区日间照料中心。中心向全区老人开放，“长者助餐车”开启以来，每天服务100多位老人就餐。交上11块钱，周一到周五的午餐可以吃五天，每天两块钱的菜、两毛钱的粥，还有免费的两个馒头。每天的菜品不重样，种类丰富，低油低盐，特适合老年人的健康需求。老人说：“大饭店一吃就饱，助餐百吃不厌。”

有一位老人，就爱上了可口的“助餐”。她的女儿接她去自己的家都不去，理由只有一个，王慧慧的“助餐”合胃口。“宁吃大锅饭，不去大饭店”成了老人们的口头禅。

东山有500多位老人，几乎所有的老人都是王慧慧的“食客”。王慧慧把每个人都装在心里，帮他们所需，解他们之急，消他们之愁，从生活到内心，给他们贴心贴肺的关爱。为给老年人提供全方位的服务，王慧慧推出了“一元爱公益行”活动：一元喝粥、一元洗衣、一元理发、一元艾灸、一元喝茶等多个助老项目，三年来，累计服务老人十多万人次。

老人的身体健康不仅关系到老人的幸福指数，也影响到儿女们的生活质量。所以，老人的健康问题成了王慧慧放不下的牵挂。

为解决患者“看病难”的问题，王慧慧联合山东省立医院、山东大学齐鲁医院、山东省中医院、山东省千佛山医院、济南市妇幼保健院等公立三甲医院，开设医院陪诊服务及家庭诊疗服务，为社区居民提供一站式医疗服务。这一措施，极大地解决了老人和老人儿女们的后顾之忧。

“有困难，找慧慧。”在老年人眼里和心里，王慧慧就是他们的主心骨、贴心人，他们说：“一时见不到慧慧，心里就没了着落。”

无疑，“一元爱公益活动”“11 元长者助餐车”，都是“赔钱赚吆喝”的赔本买卖。要是一笔一笔地加减乘除算起来，人工、水电、食材啥的，怎么算怎么赔。为解决资金缺口，王慧慧煞费苦心。除“政府补一点、个人担一点”之外，更多地靠“化缘”：企业拿一点，爱心捐一点。王慧慧说：“难是难了些，但只要思想不滑坡，办法总比困难多。”这些年，王慧慧坚持了下来，服务质量不但没有下降，还不断提升。从中心成立至今，累计服务老人十多万人次。王慧慧的日间照料中心，业已成为老人们的乐园。

孩子是一轮冉冉升起的朝阳，充满了希望，充满了力量。然而，毋庸讳言，由于种种原因，“阴云蔽日”的状况也屡见不鲜。

为帮助少年儿童健康成长，王慧慧在公司内设立了“慧心基金”这一爱心平台。几年来，通过“慧心基金”筹集的各类善款达 25 万余元，被广泛用于捐助困难家庭的贫困学生。王慧慧每年都会为困难儿童送去助学金、图书、学习用品等。2018 年 3 月，王慧慧为张夏街道中心小学的孩子们捐赠了价值 10000 余元的衣物。

张夏街道张夏村的小烁同学，自幼失去双亲，一直和爷爷奶奶住在一间昏暗又拥挤的小房子里，没有单独的学习空间和书桌。斑驳的墙面、破损的门窗、昏暗的房间、杂乱的床铺、老旧的桌椅，那情景一下子把人拉回到 20 世纪中叶。小烁一直渴望拥有一间属于自己的房间。2023 年 8 月 14 日，王慧慧来到小烁家，帮她圆了“梦”。

笔者来到小烁的“希望小屋”，新颖别致的小屋给人留下了深刻的印象：洁白的墙壁上挂着“向阳而生”的油画，书橱里放满了各类图书，衣架上挂着漂亮的衣物，窗台上的几株绿色植物透着勃勃生机。崭新的书桌上放着时髦的电脑，小烁手把鼠标，用诗一样的文字勾画着自己的未来。她那双晶莹明亮的大眼睛充满了对美好生活的希冀。

王慧慧用爱点亮孩子的心灯，也点亮了孩子的未来。

慧心慧做，王慧慧抢抓机遇，把家政服务推上了“智慧家政”的新高度，而恒久不变的是她源自心灵深处的爱

近些年，随着企业的不断发展，王慧慧将服务视角逐步转变为助力家庭解决“一老一小”问题，大力发展普惠托育服务，逐渐实现了从单一的服务模式向融合家政、物业、养老、托幼、培训、庆典六位一体的综合服务模式、集团化管理模式的转型升级。

在事业发展的进程中，王慧慧深刻认识到：只有与时俱进、不断创新，才能永远立于不败之地。

随着人们生活品质的不断提升，家政服务业在长清区如雨后春笋般发展起来。但在蓬勃发展的同时，家政服务业特别是母婴护理也存在着资质良莠不齐的现象。

2011 年，王慧慧了成立长清区热心大嫂服务中心。中心成立伊始，王慧慧就决心下最大气力打造一支“规范化、专业化、标准化”的服务团队，通过一流的服务，让长清的新妈妈和她们的宝贝们都享受到最专业、最贴心的护理。

这是一个信息化高度发达的时代，信息化时代就是信息产生价值的时代。王慧慧深知信息的含金量。

她抢抓“互联网 +”发展机遇，创新提出了“智慧家政”的服务理念，实现了“慧心慧做”智慧家庭服务创新发展。

立足于云平台带来的服务多样化需求，王慧慧深入探索，在原有服务的基础上，开发了慧心花样面点、慧心净菜、慧心手工等慧心产品系列，增设了慧心物业、慧心手工编织、慧心红娘、慧心时间银行、策划服务、陪诊服务等十多种贴心服务项目，产业链条的不断延伸，让客户尽享新时代家政行业提供的优质服务。

“要做就做样板，要做就做品牌”。王慧慧从培训家庭妇女入手，打造“慧心慧做”品牌。她创建了“助力乡村振兴共建实践站长清分站”，自任站长，成立“慧心巧编手创编织”培训中心，自任主任。通过开展培训活动、搭建

就业平台，帮助1万多名失地家庭妇女重新走上再就业岗位，将“指尖技艺”转化为“指尖经济”，成功举办山东手造第一届手创编织大赛，让手工编织真正成为农民致富的“金钥匙”。

2023年9月27日，由省妇联、省教育厅、省科技厅、省工业和信息化厅、省人力资源和社会保障厅、省乡村振兴局、省文化和旅游厅、山东广播电视台联合举办的“建行杯”第五届山东省妇女创新创业大赛在威海落幕，在“巾帼手工赛道（初创组）”，慧心巧编项目获一等奖。

作为民革长清支部的一员，王慧慧甘做一名义工。她经常带着自己的团队，一起去看望孤寡老人，为老人理发，为他们送上一束漂亮的康乃馨、一碗热腾腾的粥、一段精彩的节目表演。逢年过节，都会精心准备礼品去看望老党员，让他们感受到组织的温暖。疫情期间，作为区政协常委，王慧慧为战胜疫情建言献策。作为一名有强烈社会责任感的企业家，王慧慧带领姐妹们一起，累计捐款13090元，并捐赠了价值3万余元的防疫物资。当看到血液紧张的报道后，又第一时间组织职工积极献血。王慧慧用自己的实际行动，诠释了新时代创业女性的责任与担当。

作为一名政协委员，王慧慧结合本职工作积极建言献策，撰写《关于滩区迁建失地农民再就业的建议》《推进家政服务社区化打造红色物业引领的几点建议》《关于养老服务中心与托幼中心一体化的几点建议》等提案，撰写的社情民意信息《促进家政服务社区化的几点建议》被全国政协采用。

冰心说：“成功的花，人们只惊羡她现时的明艳！然而当初她的芽儿，浸透了奋斗的泪泉，洒遍了牺牲的血雨。”这也许是对王慧慧奋斗人生的写照。

当年，王慧慧因爱的本能的驱使，开始从事家政服务。几十年来，她不畏艰难，执着前行，把一片慧心化作缕缕阳光，温暖着老人、妇女和儿童。然而，她的爱在由“小爱”到“大爱”的升华过程中，“小爱”也曾出现缺失。父母生病，得不到照顾；丈夫的生活，得不到呵护。她的第二个孩子出生后，就几乎成了“孤儿”。因为工作，宝贝在家里嗷嗷待哺，急得老人直流泪。丈夫生气了，要她放弃家政服务。她知道自己对不住家人，内心很愧疚，但又怎能忍心放下和自己一块打拼多年的姐妹们，又怎能放下辛辛苦苦创办的公司，又怎能舍得下那些需要帮助和照顾的老人和孩子？她很矛盾，也很痛苦。她坐在床边，忍受着内心纠结的痛苦，不吃不喝也不说话。

最了解自己的还是丈夫，他不忍心让妻子受情感的折磨，走过来，用手抚抚她的头，把她揽在怀里，轻声说：“该怎么做就怎么做吧！我知道，有更多的人更需要你。作为丈夫，我永远是你的后盾。”

一向要强的王慧慧第一次哭了，是愧疚，更是欣慰！

春雨滋润了百花盛开
唱着豪迈的歌声走过来
承前启后一代代 一代代
我们生活更精彩 更精彩
和谐春风扑面来
洒向人间都是爱 都是爱

这首《洒向人间都是爱》，是王慧慧最爱唱的歌，更是她人生的真实写照。

王慧慧一手拥抱夕阳，一手拥抱未来，把自己的一片慧心化作缕缕阳光、化作浓浓的爱，洒在人们的心坎里。

人们说，一粒种子改变整个世界。王慧慧就是一颗正能量的种子。正是这颗种子，让人们以切身的体会，感受到2500多年前孔子提出的天下大同的梦想，正由遥不可及而变得唾手可得。

世界因王慧慧们而美丽！

云程发轫，金牛山下舞春晖

——记济南市劳动模范、山东汇金股份有限公司孟继云

魏佑湖

小时候，
我们牵着你的手；
长大了，
你领着我们走。
那满满的幸福哟，
荡漾在心头！

小时候，
没有啥好吃的给你留；
长大后，
你带着我们出游。
是改革开放的好政策啊，
带来亿万人民的富足和丰收！

毕业时，
你立志去沪发展；
三年多以后，
被单位派往闽东奋斗。
没有组织的精心培养，
哪有个人事业的点滴成就！

日常中，
父子间同志般思想交流；

工作上，
两代共产党员肩并肩战斗。
感恩伟大的新时代啊，
永远听党话、跟党走！

这首小诗，是孟继云在党的百年华诞时写给儿子的寄语。儿子 2019 年 7 月被华城三电汽车空调有限公司党委授予“优秀共产党员”称号；同年，孟继云被山东省委授予“山东省优秀党务工作者”称号。从这首小诗中，我们可以看到孟继云一心向党的情怀和父子俩平时相互鼓励、共同进步的心愿。

孟继云，1967 年 8 月生，济南市莱芜区人，1988 年 4 月参加工作，1994 年 6 月加入中国共产党，大学本科学历，现任山东汇金股份有限公司董事、副总经理，党总支副书记、第一支部书记，工会主席，山东沪金精工科技股份有限公司董事长。工作三十五年来，他一直从事宣传和党务工作，多年的实践让他成了民企里的党建专家。

一心向党，创建“1345”党建品牌，他是企业党建工作的明白人

山东汇金股份有限公司坐落在莱芜金牛山下、汇河岸边。创建于 1987 年 5 月，同步成立了党支部，2000 年升格为党总支，下设两个支部，党员 63 人。企业是人的集合，怎样才能真正调动员工的积极性、创造性，利用好人力资源来为企业发展服务？这一点无论何时，都是企业党务工作者所关心、思考的问题。

在人们的价值观日益多元化的新经济时代，企业家们苦恼地发现，今天的员工不那么听话、不那么服管了，党务工作越来越难做，越来越感觉话语没有分量。许多企业管理者相信物质激励，甚至只相信金钱的力量，相信奖金、股权、红利和其他福利手段可以充分满足员工的需求，从而激发他们的潜能。

但是，单纯物质激励的力量是暂时的，效果也是逐渐递减的。有人感叹：现在的员工似乎只认识钱，对其他一切都不信服、不“感冒”，可是，给他们增加收入后，情况依然如此。这如何是好?

显而易见的共识是：物质刺激不是唯一的激励手段，精神激励的力量则是持久的。因此，党务工作者应该关注职工精神的力量，探讨如何通过精神教育的方式来解决人的问题。

多年的思想宣传工作实践，让孟继云深悟到“思想政治工作是一切经济工作的生命线”的深刻道理和内涵。“职工的心，企业的根”，抓党建就是抓人心。他认为，只有听党话，跟党走，报党恩，才能培根铸魂，凝聚起大家的心，激发出广大干部职工干事创业的磅礴力量。为切实保证让党建成为企业发展最鲜明的红线，让党建成为企业竞争最强劲的动力，让党建成为企业职工最信赖的品牌，推动党建工作与经营管理高度融合，使党建成为企业发展的“红色引擎”，孟继云与公司领导提出了“1345”党建思路。

“1”指的是，公司要始终坚持党的领导这样一条红线。汇金公司成立于1997年，它的前身是口镇铸造公司，口镇铸造公司的前身是口镇农机配件厂。1987年5月27日，口镇农机配件厂创立的同时就成立了党支部，随后逐步建立健全了相关工作制度，2000年改建为党总支，其间他们先后四次荣获区级先进基层党组织、市级红旗党组织等荣誉称号。栉风沐雨三十年，他们从小到大，从弱到强，由小作坊到现代化制造企业，由国内低端市场到国际高端市场，成为全国铸造行业中的综合实力百强企业。汇金公司发展到今天，最宝贵的经验就是一直坚持紧跟党的领导，不掉队。确保用党建来把方向、管大局、定政策、促发展。党建工作成为企业前进道路上一面高高飘扬的旗帜，引领着企业健康快速地发展壮大。

“3”指的是运用好三个载体，即宣传教育载体、示范带动载体、党群联系载体，把党组织的思想政治工作、组织工作和密切联系群众等三大优势，转化成企业发展的优势。

宣传教育载体是思想政治优势，就是强调思想意识形态教育。思想上的追随是最内在的追随，思想上的看齐是最内在的看齐。

公司先后建立了党员活动室、图书室，成立了广播站。在每个厂区内都设有音柱喇叭，上班下班放军号，每天早晨上班前、中午下班后、下午下班后，三次播放。每次半小时，定时播放一些党的方针政策、中央新闻和企业内部的一些规章制度、新闻、革命歌曲等内容，大张旗鼓地宣传党的领导，为职工营造浓厚的政治氛围，宣传正能量。1991 年又创办了公司的内部刊物《简报》，每月下发一期，主要刊登一些时事政治、好人好事、厂规厂纪、职工报道感言等内容。另外还建立了“党员之家”微信平台，在微信里下发党组织的一些通知、活动照片、学习资料等，方便了党建工作开展和党员之间的交流。要求全员党员下载“学习强国”APP，利用业余时间强化学习，学习教育达到常态化、制度化，注重线上与线下相结合，运用“学习强国”和“灯塔党建在线”平台，学习掌握新思想和党章党规党纪，强化思想教育的引领。用正能量的东西来占领人的思想阵地，武装人的头脑，净化人的灵魂，提高人的政治觉悟。这样一来，通过军事化管理，职工们的精神状态有了振奋。

宣传教育载体，用一句话总结就是“三室一报两平台”。多年来，汇金公司职工形成了“早听广播午看报，晚上必看新闻联播”的良好政治学习习惯。理论上的成熟是政治成熟的基础，政治上的坚定源于理论上的清醒，党员学习掌握马克思主义理论、中央方针政策的深度，决定着政治敏感的程度、思想境界的高度。公司要求党员做到学而深、学而懂、学而信、学而行，学思践悟，真信笃行，把理论的力量转化为改变世界的生产力，全体员工的精气神大大提升。

示范带动载体是组织优势，充分发挥党员和入党积极分子的模范带头作用，在两个主厂区，大版面公示全体党员的基本情况、工作联系点。所有党员在职岗位都设立党员先锋岗，所有入党积极分子在职岗位都设有入党积极分子示范岗，制定党员责任区，挂牌子、亮身份、树形象，按照建设大党建的理念，联合工会、共青团、妇联和企业管理层集体开展活动，充分发挥党总支领导作用、党支部战斗堡垒作用、党员先锋模范作用这三个作用，打造文化融合、党建评级、员工发展三个品牌，以高水平党建促进工作高质量发展。在责任落实上协同发力，在思想引导上凝聚合力，让党旗在岗位上飘起来，在岗位上见真功出实效，树立起了党员价值导向标，从而带动全体职工共同进步，创优争先。孟继云还组织抓现场管理、5S 管理，举办技术比武劳动竞赛等活动，让岗位上的党员起带头作用，辐射党员品牌效应，设立示范岗，党员树立标杆，让其他所有的职工跟着学、跟着做。组建创新团队，开展形式多样、切实有效的活动，提高职工综合素质水平，提升创新驱动能力，这样党建跟生产经营是完全融合的。

党群联系载体是密切联系群众的优势。就是党总支负责人、总支成员和党员定期下车间，包点、包片、包班组，建立工作联系点。汇金厂区比较分散，为了加强党员与职工的交流，在每个车间都设立了党群联系室。党员与职工结对帮扶，通过谈心聊天的方式，了解职工有什么诉求和困难。比如，有些员工思想上比较消极，情绪有波动，党员就通过谈话交流方式，逐步为其解开思想上的疙瘩，帮助其端正思想，积极上进。有的员工在业务技能上有些欠缺，就找专业技术人员来教他、带他，提高业务技能。生活上遇到困难的员工，公司会想尽办法为他们捐款，提供救助，并组织慰问，送去党的关怀和公司的温暖，帮助其正确面对困难，勇于挑战困难、克服困难。

2016年，一个职工的小孩得了白血病，通过了解落实情况后，公司党总支积极带头，并发动全体党员捐款。在党员的带动下，公司其他职工也都积极自愿地献出了自己的一片爱心，甚至影响到了周边的企业、商店和一些社会公益组织自发参与捐款。公司上千人的企业，就有上千个家庭，出现特殊情况是常有的事，这样的捐款活动，有时一年就有好几次。公司为职工及时送去了企业大家庭的温暖，帮助职工增强了战胜困难的信心和勇气。反过来，职工就会感恩公司及党组织，在今后的工作中会立足岗位拼搏奉献，会在企业遇到爬坡过坎、勇攀高峰的征程中勇挑重担，干好每一项工作。一个单位就是一个命运共同体，人与人之间应该互帮互助，一人有困难，大家都伸伸手拉一把，相互支持协作，心往一处想，劲往一处使，才能实现大家与小家、个人与集体的双赢。

“4”是指四项工作机制：双培双推机制、七个一活动机制、党小组建在车间机制、关爱关怀机制。

“双培双推”机制就是把德才兼备的优秀职工培养成党员，把培养的党员推荐到关键岗位上；把管理层的党员培养成党组织负责人，把经过培养的党组织负责人推荐到决策层里去。

人的生命力在于运动，党组织的生命力在于开展活动，通过开展活动，才能启发智慧、锤炼党性、形成共识、打造团队。“七个一”活动机制是

2006年提出来的，即把每年公司定期举行的党员活动，归纳总结为七个方面。归纳为“七个一”是为了让党员牢记，七一是党的生日，具有政治意义。比如：每年聘请专家或领导集中上一次党课或廉政教育课；每年开展一次重温入党誓词活动；每年组织一次革命传统教育活动；每年开展一次党员身边无事故、无隐患、无废品、无浪费、无违章集中宣传教育活动；每年吸收一批入党积极分子；每年年底开展一次走访慰问困难职工和老党员活动；每年召开一次高层次高技能人才座谈会。

“郡县治则天下安”。同样，作为企业负责人，孟继云活学活用毛主席三湾改编时提出的“把党支部建在连上”的做法，把党小组建在车间，目的是加强党员干部与一线职工的交流，让企业党建工作一竿子插到底，打通“最后一公里”，让党的方针政策深入到最基层，贯彻到企业的角角落落，扎根落地。汇金党建工作分为党总支、党支部、党小组、党员四个层次，突出发挥党总支统领核心作用、党支部的战斗堡垒作用、党小组的教育管理作用、党员的模范带头作用，要求每位党员打铁还需自身硬，切实加强学习，不断提高自身素质，坚持原则，树立正气，以身作则，模范带头，用自身的人格力量和良好的形象感染周围群众。这一举措真正实现了党建工作与企业发展的双赢共促。

树立党员在群众中的威信，做群众的表率，一个党员就是一面旗帜。公司要求每一位党员无论在何处，在所有场合都要佩戴党员徽章。孟继云在一次全体党员大会上说：“党员佩戴党员徽章，有一个社会效益：一是，党员在社会上亮身份，证明不是一般群众 ，也区别于一般群众，规范自身行为；二是，在群众中，可以起到模范带头先锋队的作用，承担起党员在社会上的责任；三是群众如有困难，可以寻求帮助，实现一定的社会担当；四是，如有不法分子行恶，看到党员在现场可起到警示作用，党员也可挺身而出维护群众的合法权益。作为一名党员，就应该勇于亮出身份。只有戴上党员徽章，走进群众中，才能真正践行为人民服务的宗旨责任，拉近党群关系，让党联系群众的优良作风发扬光大。”从此，佩戴党员徽章成了一种制度。

这样一来，职工们干劲十足，人心齐了，企业也有了长足的发展。“1345”党建品牌受到省、市、区组织和工会等部门的认可，并引来了外省市及原莱芜市100多家“两新组织”上门学习，受到了交口称赞。2018年度，原莱芜市委组织部授予公司“红旗党组织”荣誉称号。2019年6月，孟继云被山东省委授予“山东省优秀党务工作者”光荣称号。2019 年 8 月 28 日，济南日报以《民企里的党建专家》为题对孟继云的事迹进行了报道。2021 年 5 月 7 日，济南电视台党建栏目《时代风采》以《民企里的“党务专家”孟继云》对孟继云的事迹进行了报道。

在党建引领下，汇金从农机到汽车，从低档次、低附加值到高档次、高附加值，公司不断加大技术改造，实施项目带动策略，实现了华丽蜕变。

自学成才，积极传授工作经验，他是“两新组织”党建工作的带头人

人活着就要有追求。

孟继云追求的是什么？他在日记中写道：“我要干一行，爱一行。只求全心全意为人民服务到白头，争做党建工作的带头人。”

1999 年，孟继云被调到企业办公室，开始从事党务工作。他深知，党建是企业发展的生命线，作为新时期的党务工作者，必须具备良好的政治素质和政策理论水平。为了尽快进入工作角色，他坚持每天学习三个小时，常常学习到深夜。正常下班后，他经常在办公室翻看自费购买的党务丛书，有时一坐就到晚上十点以后。除了努力学习党建理论和党务知识，在日常生活中，他也积极从电视新闻以及报纸杂志上了解党和国家的各项政策。通过夜以继日的学习，他的政治理论水平不断提高，渐渐成为领导器重的党务专家。

孟继云把几年里遇到的一些现象联系起来深入思索，认为轻视党建工作，不只是几个人、几个单位的问题。这会在一定程度上影响党建工作作用的发挥。于是，他提出了“三自”。一要自信，相信自己所从事的党建工作是社会主义物质文明和精神文明建设不可少的。经济改革绝不是要改掉党建工作，而是要通过改进和加强党建工作来为经济建设服务。二要自强，以坚强的意志和开拓精神，靠党建与经营管理高度融合促进企业发展，用事实来提高党建工作在人们心目中的地位。三要自尊，要作风正派，大公无私，这样才能加强党建工作的说服力和感染力，受到别人的尊重。“自信、自强、自尊”的精神，是新时期党建工作者所必须具备的思想和品德。

孟继云紧紧把握党务工作这个生命线，在企业中营造了“爱国爱党、爱家爱岗，心系汇金、乐于奉献”的浓厚氛围，使汇金员工自觉把个人的前途命运和企业的发展壮大联系起来，把个人理想、个人利益同企业的共同理想和集体利益联系起来，使企业始终保持稳定、健康、强劲的发展势头。他经常说，人人都有赤子之心，做党务工作就是还每个人以赤子之心。所以思想政治工作是世界上最光荣的工作，要全身心地投入，要用全部的爱，当作事业去追求。他把平等待人、一视同仁作为党务工作的出发点，与员工先感情交流，后思想接触，和员工坐在一条板凳上，促膝交谈，以心换心。他认为，“锅不热，饼不贴”，只有自己先热起来，对方心里才热乎，感情相通了，才能想到一块儿。

即使后来孟继云走上重要领导岗位，企业的党务工作还是归他负责，在企业分管多项事务的情况下，他依然一如既往地学党务、懂党务、用党务、爱党务。2017 年，恰逢原莱芜市“两新组织”党建起步的一年，在这一年，“两新组织”党建作为“短板”得到了空前的重视和加强。孟继云结合公司实际，倾力打造了“1345”党建品牌，走出了一条党建引领全局，非公企业党建与企业发展相结合的扎实路子，让党务这一利器在汇金经营中运用自如，创造了实实在在的效益，有力促进了企业发展，也为众多民企树立了党建标杆和

样板。

如今的汇金公司，已经有了好几个党建业务能手，他们都是孟继云的“学生”。孟继云并没有像年轻的时候说的那样“成了专家之后就轻松了”，而是继续亲力亲为，为企业培养输送党务人才。

2018 年 4 月，孟继云被推荐为莱芜市“两新组织”党务干部培训班的班长，7 月 26 日又当选为原莱芜市“两新组织”党建联盟秘书长。他积极配合组织部门为“两新组织”党建工作提供服务，向 100 多家企业 177 批次 2375 人次介绍党建工作经验，积极为兄弟单位提供党建工作建议，与 20 多家机关、企事业党组织结成党建共建对象，有力地配合了组织部门的工作，为当地“两新组织”党建工作的创新和发展贡献了力量。作为莱芜区党员教育培训师，2020 年 9 月 10 日，他在全区“两新组织”党建培训班上进行了党建专题授课，并多次为山东大学举办的“两新组织”党建培训班授课。

求贤若渴，引才用才，他是企业人才工作的推进人

孟继云认为，企业发展战略形成之后，人才就是竞争的决定因素。因此他惜才如金，求贤若渴。培养人才看似只是学校的事，但企业作为用人单位，早晚都会碰到人才瓶颈这个企业自身难以解决的问题。他始终坚持“人才就是生产力”的思想，把人才的培训、开发和提升作为关系企业生存的基础性工程，紧抓不放，常抓不懈。

成就大业，重在立人。好的领导应该把人才看成一种资本，特殊的资本，资本的资本。孟继云坚持落实党管人才的理念，坚持人才至上，打造有温度的企业环境；坚持引才育凤，打造有广度的人才队伍；坚持提技强能，打造有高度的事业平台，打好国企专家牌、外企精英牌和产学研合作牌，建立党政领导联系人才制度，制定《高层次人才认定办法》。

孟继云组织公司工会和团委开展不间断的比、学、赶、帮、超活动，以帮助和促进基础人才的涌现。活动的内容包括结对子、传帮带、岗位练兵、技能大赛、专项大赛，各门类的评比、竞赛与奖励等，使大批基础人才脱颖

而出。这些看似平凡的人才，在汇金的日常生产运行工作中发挥着异乎寻常的作用，创造了使人意外的价值。比如，一种球化盖包，不但降低了生产成本，提高了球化剂吸收利用率和铁液质量，而且一并解决了球化燃烧释放浓烟的环保问题。

孟继云还和汇金管理层积极引进高层次创新创业人才。近几年来，引进泰山产业领军人才 4 名；培育全国优秀外来务工人员 3 名、齐鲁首席技师 4 名、省有突出贡献技师 2 名、济南工匠 2 名、市首席技师 18 名，培养各类高技能人才 150 余人。一批思想品质好、政治素质高、工作能力强的骨干队伍逐步成长起来，各条战线上都涌现出一批特别能吃苦、特别能战斗、特别能奉献的模范和典型，培养造就了一支讲大局、讲奉献，凝聚力和向心力特别强的战斗团队，有力地助推了企业的高质量发展，推动了科技创新及科技成果转换，使企业得到了创新、跨越、快速、持续发展。2019 年 3 月，企业被评为山东省“人才工作先进单位”。

由虚变实，创新求变，他是企业党建与经营管理融合的创新人

孟继云就像泰山挑夫，肩负千百斤的重担，每攀登上一个台阶，都是那么艰辛，但同时也享受着领略无限风光的喜悦，心情总是豁然开朗起来。他站在金牛山上，俯瞰着滔滔的汇河水，仿佛又获得了无穷的勇气和力量。“世上无难事，只要肯登攀”，伟人的话不时在他胸中激荡。他要把党建工作提高到新的高度，用实际行动报答党多年的培养教育之恩。

“党建是灵魂，没有灵魂的企业注定是走不远的”。作为企业党务工作者，这是孟继云最有感触的一句话。创新求变、以变应变是党务工作的生命力所在。改革开放的年代，人们的自主意识普遍增强，信息多元化、分配机制的调整，给党务工作带来了新问题，对人们旧有的理想、信念提出了新的挑战。党务工作只有不断超越自身、发展自己，才能紧跟形势、发挥优势。

孟继云牢记党的宗旨，根据企业发展的形势要求，不断改进党务工作的形式和方法，使党务工作与实际问题相结合，由虚变实，改变了思想政治工

作与经济建设“两张皮”的状况。党务工作与经济工作一道去做，使汇金的发展互相促进、相得益彰。

思想问题往往是因为员工工作生活中的实际问题引发的，特别是随着民企经营机制、分配方式的改革，员工的收入、工作环境以及住房、就医、子女上学就业等情况发生变化，带来了新的问题。孟继云和党总支始终坚持“依靠员工办企业”的方针，在工作中不停留在泛泛的说教，而是通过实施“暖心工程”，将思想问题与解决员工工作生活中的实际问题结合起来，起到了药到病除的奇效。对员工怀有感情，走访员工是家常便饭，在走访中了解他们的喜怒哀乐：夫妻矛盾、孩子入学、住房问题、同事关系、与领导闹矛盾等。

经过实践磨合，孟继云与党委一班人提出了“三必须”工作思想。即领导都要有建好家园留住员工的思想，必须要有办好事、办实事稳住员工的思想，必须要有提供帮助、温暖员工让其安心工作的思想。在“三必须”指导下，汇金在紧张的生产经营之余，挤出资金和精力，逐步解决员工所关注的住房、养老保险、就医、困难救助等诸多关系每个人切身利益的问题，把为国为党的“大道理”转化为群众易于接受的为家为厂的“小道理”。

工资福利是员工最关心的问题，处理好了，就能很好地调动员工的积极性，处理不好，员工怨声载道，工作就被动。为此，孟继云与班子一班人在员工工资、奖金分配上动了不少脑筋，他们始终向一线员工倾斜，按岗位、劳动强度定资定级。即便在三年疫情期间，他们想员工之所想，急员工之所急，不减员，不拖欠工资，奖金一分都不欠。“汇金靠我发展，我靠汇金生存”已经深入每个人的内心。让每个员工都切身感受到汇金大家庭的温暖，感受到只要努力工作就有盼头、有甜头、有奔头，让人从心底觉得只有汇金好、国家好，自己才能好，这是最真实、可信的道理。

企业壮大了，职工腰包鼓了。与此同时，汇金不忘公益事业，回馈社会，服务社会，支持慈善公益事业，关爱弱势群体，积极承担社会责任，为帮扶村庄打井、修路、兴修水利、改善生产生活条件，为汶川、玉树等灾区捐款捐物，为莱芜市战役纪念馆捐款，积极捐资助学，开展“慈心一日捐”活动等，各类捐助累计超过千万元。公司被评选为莱芜市甲级“劳动关系和谐企业”，莱芜市工商联系统“抗震救灾先进集体”、莱城区“希望工程贡献奖”，收到群众和政府赠送的表彰锦旗 16 面。

孟继云积极践行党的群众路线，善于与职工群众打成一片，对职工群众始终怀着一种深厚的感情，想问题、做事情都从全心全意维护群众利益的高度出发，无微不至的关怀，使广大职工感受到了单位这个大家庭的温暖。努力倾听职工群众的意见和呼声，不仅为管理层正确决策提供了宝贵依据，而且得到了绝大多数职工群众的拥护和好评。

孟继云用党建理论指导企业的管理实践，参与研创的企业《三、三、八管理法》论文荣获市级一等奖、省级一等奖，参与研创的《资产委托经营管理法》论文获市级一等奖、省级二等奖，作为主创人员研创的《精益生产管理方法的推行》荣获省级一等奖。主持编制了《汇金公司管理文件汇编》，共编辑文件 250 份，101 万字，建立健全了各部室管理体系，规范公司各部室管理工作的管理职责及权限、工作方针和目标、工作程序、工作规范和工作标准，将各项工作都纳入规范化管理，实现了管理由传统管理向科学化管理的重大转变，真正为公司管理从传统的“人治”向“法治”提供了有力的制度保障。

孟继云还以车间为单位把市场价格切块到车间，实施车间成本效益核算，与车间绩效工资、考核、奖惩挂钩，改变了原来的以考核车间生产成本为主的管理模式，进一步提高了公司管理水平，保证了企业健康稳定的发展，企业荣获了省经贸委授予的“山东省管理创新优秀企业”称号。

清正廉洁，忠诚勇担当，他是党员群众的好榜样

1967 年，孟继云出生在一个农民家庭，父亲会木匠手艺，父亲从小就教育他做人要丁是丁卯是卯；1991 年结婚，岳父是抗美援朝老兵，岳父教导他要对党忠诚、热爱祖国、热爱人民。受家庭环境的熏陶，孟继云更加坚定“永远听党话，跟党走，忠诚报国，奉献社会”的志向。

“不要人夸颜色好，只留清气满乾坤”是孟继云的座右铭。他廉洁自律，慎思笃行。“树廉洁之心，行廉洁之事，做廉洁之人”成为他一生的追求。翻开孟继云办公室的抽屉，里面有一摞笔记本，记录了他在汇金公司的点点滴滴。其中有一本扉页上写着“严于律己，以身作则，无私无畏，敬畏党性，坚守清廉红线”这 22 个字。孟继云告诉大家，这是他入党时，领导跟他谈话时说过的话，他记了下来，时时警醒自己。他是这样写的，更是这样做的。他对党忠诚，以廉洁自律为原则，时刻牢记秉持。他说，我们党务工作者就

是为职工服务，不能给别人添麻烦。在工作中，他雷厉风行，遇事不退缩，遇难不放弃，脚踏实地。他时刻注意自身言行，以工作为重，不计较个人得失，以认真负责的态度影响着身边每一个人。

孟继云始终坚持做到“对组织忠、对工作严、对同志暖、对自己廉”。

对组织忠诚即：忠诚担当，言行一致，始终如一。

对工作严即：追求精细慎微，一丝不苟，认真求实，崇尚完美。2004 年，公司与欧盟打了一场反倾销官司，担任副组长的他，工作起来简直不要命了，连续三天三夜都是打着吊瓶修改文件。同志们连续加班都有些受不了，用他的话说，“同志们必须坚持到底，咱不能输给外国人”。疫情期间，他身先士卒，是冲在前线的“逆行者”，每天早早地就赶到公司，亲自参与防疫人员配置、防疫物资配备、职工人员状况的排查，监督车间及办公区域的消毒和职工测温。在公司门口检查站，经常能看到他忙碌的身影，看到有人员进入，他就帮着保卫人员一起进行“两查三问三登记”。每天加班加点，不辞辛苦，坚守防疫第一线，周密部署、严格排查督查，确保了各项防控措施落实到位，带动公司党员在防疫工作中发挥了先锋模范作用。

对同志暖即：视同志如兄弟，无微不至地关心，给予春天般的温暖。公司有一位八十多岁高龄的老工程师，单身一人居住在公司生活小区，与孟继云家是邻居。孟继云家包了水饺、炖了排骨，他就会让妻子给老人家送过去。

对自己廉即：日常工作生活中，严于律己，以身作则，无私无畏，敬畏党性，坚守清廉红线。去年春节后一上班，公司就收到客户发来的感谢信，原来是该客户节前给孟书记个人打过来 5000 元，他当成货款给客户入了账。人家说，这样的人少见。他被企业广大员工誉为“永不湿鞋的管家”。

唯其公正，才更显勇毅；唯其笃行，才弥足珍贵。孟继云就是这样一位无私的人。他站在党旗下，就像一个卫士，散发着光和热。2018 年，汇金公司被评为原莱芜市“党风廉政建设示范点”。孟继云本人在 2019 年被山东省委评为“优秀党务工作者”，2022 年 2 月当选为莱芜区第一次党代会代表，4 月 28 日荣获济南市“劳动模范”称号。

工作三十多年来，孟继云放弃了所有的节假日、休息日，兢兢业业，不辞辛劳，顾全大局，遇到困难就上，遇到荣誉能让则让，集中精力投入到工作中，勤勉奉公，清正廉洁；工作作风扎扎实实，工作方法科学细致，在公司党员干部和全体职工中树立了较高的威信，时时处处起到了模范带头作用。

春种一棵丝瓜，
悄然爬满篱笆。
偶见花开几朵，
秋来滴溜八挂。

无意与花比美，
不惧风吹雨打。
不图世人来夸，
只留人间美味。

孟继云的这首小诗，正是他工作的一个写照。

爱因斯坦说：“人最重要的努力，就是在自我行为中追求道德。我们内在的平衡与存在的本身，皆与道德相连。行为中表现的道德，为人生带来美与品德。”人心是一个广阔的内宇宙，其浩瀚是永远读不厌的一本书。孟继云用他的勤奋、执着、奉公、廉洁书写着对党的忠诚和热爱。

东风浩荡征帆满，豪情满怀谱新篇。如今，已过“知天命”之年的孟继云，依旧秉持“做好党建就是提高生产力”，把改善民生放在工作的首位，积极履行“为民、务实、清廉”这一宗旨，默默地以满腔热忱，坚守在自己的工作岗位上。积极弘扬“听党召唤、艰苦创业、团结协作、无私奉献”的精神和对党忠诚、不怕牺牲、爱国奉献的高尚情怀，以“功成不必在我”的精神境界和“功成必定有我”的历史担当去努力工作，为企业的发展做出新的贡献。

回望过往，汗水和艰辛浸透了行程，亦深亦浅的足印里是赤诚，是一名共产党员用信仰浇灌的花朵，是一个炎黄子孙用忠诚谱写的赞歌。

肩负重担，孟继云云程发轫。放眼望去，极目触天，他心胸更加广阔，目标更加宏伟……

为民掌灯，直至东方既白

——记济南市先进工作者、济南市城市照明服务中心齐春晓

刘兰慧

“灯火里的中国，青春婀娜；灯火里的中国，胸怀辽阔。灯火灿烂的中国梦，灯火荡漾着心中的歌……”自 2021 年春晚之后，这首感悟家国情怀、激扬雄心壮志的《灯火里的中国》传唱大江南北。眺望万家灯火，其背后是大众的美好生活、奋发图强和生生不息。

近些年，城市照明已经从单纯的以功能照明为主，发展成为城市文化的新名片，且正在成为智慧城市的“底座”和“基石”。“一盏灯”的转型升级背后，能够带给我们哪些启示？

在泉城，夜晚的经十路在灯光装扮下，呈现着一派车水马龙的繁华景象。殊不知，在这片繁华背后，有那么一群人，穿梭在城市喧嚣之中，巡查于大街小巷，24 小时不打烊服务，呵护着城市的美丽。

从个人责任到集体荣耀，齐春晓充分感受到了一个团队带来的力量和价值感。

“我不过是干好本职工作罢了，济南市先进工作者的荣誉虽然给了我个人，但城市照明是一群人的事业，不是个人单打独斗就能完成的工作。我能获得这一荣誉，是单位同事的托举，是聚光灯打到我这边了而已。”

2022 年，济南市城市照明服务中心智能监控室副主管、高级工程师齐春晓，荣获“济南市先进工作者”称号。能有这样的一个荣耀时刻，他感慨自己是幸运的。

齐春晓出生于1986年，不足40岁的他已经斩获多项殊荣：济南市青年技术创新能手、山东省新时代岗位建功劳动竞赛标兵、济南工匠、济南市五一劳动奖章获得者……他中等个头，身材微胖，具有“社牛”的属性，脸上始终挂着标志性笑容。

采访期间，他不断接电话，处理一些紧急的工作，不停地起身再坐下。因无法抛开工作专心接受采访，他脸上不时闪现出略带歉意的微笑。

绘制立体济南路灯地图

“人家都说摸着石头过河，我们是连石头都没得摸，只能大着胆子往前蹚。”

济南有多少盏路灯？一年四季路灯的亮灯时间是否有变化？这一系列的问题似乎鲜为人知。然而，在一间很不起眼的房间里，几台电脑却监管着全济南市20余万盏路灯的运行。

“潮起潮落，光影变化，四季交替，每个季节都有不同的开关灯场景。”这也意味着影响路灯开关时间的不确定性因素太多太多，气象、季节等，任何一个要素的缺失都会导致预设偏离。其中，气象可以依靠经验来把握，但是还有很多其他问题需要解决。

曾经有段时间，市民有关路灯的投诉率居高不下。

怎么办？民生无小事，齐春晓和同事们焦头烂额。

用数据说话吧！

刚开始对路灯摸家底时，齐春晓和同事们沿着济南市区大大小小的道路走了一遍，原来他们不掌握究竟有多少路灯。边边角角，他们要带上仪器和笔，一边记录一边走。在济南市区排查路灯时，为了摸清控制线路，他们要在烈日下暴晒，一干就是半个月。济南市早期路灯的控制线路图和开关灯时间表，都是齐春晓这样找出来的。

最后一周，照明队队员们几乎是掐着秒表干活，挂图作战。

经历了两个星期的高温大“烤”，数据测出来了，服务更精准了。市民热线由人声鼎沸到鸦雀无声。

2020年，齐春晓牵头完成了济南市照明光敏采集系统安装等任务，建立了完善的光敏采集管理系统，并据此形成了具有济南特色的城市照明开关灯调节控制方法。

说起来很容易，实际哪有这么简单？2017 年开始路灯管理工作以来，从向老路灯人学习经验，到与山东大学的学生团队一起调研、实验，中心的同事们其实付出了很多，齐春晓反对简单的概括。

经过不断的比对、核算，齐春晓和同事们摸清了济南路灯的家底。

目前济南市主城区东起经十东路圣井中桥，西至长清大学科技园区，南起省道 103 线南部山区柳埠大桥，北至环北路一线。该区域 1400 余条市政道路和桥梁、120 个开放式住宅小区的路灯设施管理维护和 17 座高架路（桥），共计 12.3 万盏路灯的亮化设施纳入了科学专业维护体系。

路灯建成后出了故障怎么办？如何纳入系统中统一管理维护？

以往，每当夜幕降临，路灯亮起时，中心的路灯人便会开着小皮卡进行路面巡查，发现故障路灯全凭“火眼金睛”。

如今，齐春晓自豪地说，照明中心主要通过系统监管、自动巡检和市民热线三个方面发现问题、开展管理维护工作。

“一方面，当然还是离不开‘中枢神经系统——大脑’的控制。城市照明管理结合运用了地理信息系统相关技术。每一盏路灯位置信息被编号并录入系统。这就相当于路灯有了‘身份证’，一旦运行出现故障，系统就能立即在地图上定位标识它。”

通过智慧路灯系统，工作人员能够实时掌握路灯状态，并且清晰准确地定位故障路灯的位置。一旦发现故障路灯，工作人员将第一时间安排责任单位进行处置，及时修复，保证路灯设施正常运行。

“注意！经十路 ×× 路灯显示有预警，请马上到现场进行处理。”

“收到！”

灯的抢修不仅仅限于白天，更多的是在深夜。

照明中心的智能监控室里常年亮着灯，工作人员每天 24 小时值班，一旦发生故障问题，第一时间就能发现并通知检修人员前往故障点，第一时间排除故障。

此外，通过对电量曲线的监测，可以及时发现非法外接电、大面积灭灯等问题。

“想要‘天网恢恢，疏而不漏’，目前条件下必须还得有人工巡检辅助。”

于是，齐春晓和同事们每天走街串巷，定期巡检发现有问题的路灯线杆、变压器及外接设备、地下管网、窨井盖等。对他们而言，这是如吃饭一般的平常事。

“因为有了这些保障，济南的路灯关键时刻没掉过链子。我们的监控也有百密一疏的时候，但群众的眼睛是雪亮的。我们开通了路灯热线87112319，无论市民将路灯问题反映给12345热线还是市城管局热线平台，我们都快速受理，7×24小时值班不打烊。”齐春晓自豪地说。

路灯如何善解人意

忆往昔一盏煤油灯风雨飘摇，看如今万家灯火。

1905年，济南电灯公司创始人刘恩柱在济南老城内院后街建起了济南电灯房，占地约1.9亩。

点亮小路灯，照亮大民生。

曾经，济南路灯大多还是采用高压钠灯，其属于暖色温，视觉昏暗且显色指数低，不能清晰反射被照物体的真实颜色。

而目前，济南经十路全段和舜耕路等部分路段已更换LED灯。LED灯光更白更亮，光效高能耗低，高显色性无疑更有助于司机和行人识别目标，在同样的路面亮度下提供更好的通行条件。

不同区域、不同天气状况下的市民，对照明时间的需求是不一样的。

数据是齐春晓和同事们最亲密的“战友”。

一年四季阴晴雨雪，济南的路灯是如何调控的呢？市民反映路灯不亮是如何解决的呢？这就是济南路灯调控的大脑——智能监控系统的功能。

每天，齐春晓都会及时分析遍布济南的几十台光敏传感器数据，科学分析环境照度变化，及时调控开关灯时间，在最合适的时间点亮路灯，照亮人们回家的路。

以往，照明的时间控制沿用一个时间表。这是在与气象部门协调的基础上，加上一些经验调整而形成的历史数据。

实践出真知。由于济南东西狭长，有时东部天色已经暗淡了，西部的天仍然是亮的。同时，夏季天气多变，昨天也许是晴天，今天就可能是阴雨天，这样开关灯的控制再套用数据肯定是不合理的。

如何让路灯更智慧？齐春晓带着心中的疑惑走访各地。

后来，齐春晓和同事又分别去了北京和杭州等城市，交流借鉴成熟的经验。“我们将原来的单一光敏采集改为现在的分布式光敏采集，应用大数据计算出最合理的照明控制时间。”

“既不会太早，也不会太晚。”齐春晓说，这一采集管理系统，能够实时获取光敏数据，区域内监控形成的光敏变化曲线，为开关灯时间提供了科学合理的参考依据。由此计算出的这个“中和”的时间，能够兼顾济南东西部照明需求。

利用“智慧路灯管理”平台，可以对这些路灯照明设施进行“点、线、面”的全方位监控，实现了对路灯的远程开关、智能巡检、数据汇总、故障报警等一系列智能化控制。

此外，该系统还支持多种亮灯策略配置，如常用的单边亮及隔盏亮策略。可通过设置定时开关灯策略、灯具亮度控制策略，实现节能减排。

家庭教育、求学经历以及工作经历，塑造了齐春晓认真严谨的性格。

齐春晓说：“每年年底，我们利用全年大数据信息，根据济南所处经纬度太阳运行状况、往年日出日落时间、气象数据资料等，最终确定下一年的年度开关灯时间表，将时间表自动导入城市照明管理系统，然后方案下达给远程终端，路灯就会严格执行远程终端保存的时间表，做到全市统一亮灯。”

“不仅能自动亮，还能‘按需照明’，通过不同的控制方案，小小路灯变得更‘聪明’且‘善解人意’。”齐春晓解释说，“除恶劣天气外，在有重要活动保障、特殊需求等情况下，也会及时进行方案调整，重新设定。”

“远程终端实现的是面和线的控制，而分布在路灯上的37000余台单灯控制器，则精准地实现了点的控制。”齐春晓介绍说，“建成单灯控制系统之后，在人车流量减少的下半夜，一条道路上完全可以执行隔一亮一、主亮次灭等控制方案，实现节能运行。”

路灯重塑城市的轮廓

被誉为“现代建筑照明之父”的理查德·凯利说：“光是建筑设计不可分割的一部分。”

2021 年，经十路灯光的照度提亮到 70 勒克斯左右。这个照度值是国家规定的主干道照度设计标准值的两倍多。“这个标准值超过南京中山路，可以媲美北京的长安街。灯火通明，亮如白昼，走在经十路上让人幸福感、安全感‘爆棚’。”

色彩、角度、造型、远近……城市照明所涉及的每一个维度，看上去并不复杂，其实每一步都是巨大的技术跨越，甚至还伴随着惊险。

2017 年 9 月 24 日。

“丁零零……”一阵急促的电话铃声刺破了宁静的夜幕。

济南市创建全国文明城市评审前夜，照明中心的监控系统突然出现故障，全市路灯和 17 座高架桥体亮化面临控制风险。

很多值班的同事都有些恐慌，但齐春晓不能。在冷静地进行简单重启处置无效后，他立即带领监控中心应急处置组的同事，赶往 13 公里外的历山北路路灯监控系统服务器机房。

逐项排查，逐一测试。一次、两次、三次……还是不行。齐春晓下意识地攥紧了拳头，想到沉甸甸的责任，他紧张得有点喘不过气来。

墙上的表针在滴答滴答地行进着。

他和同事们一遍又一遍地测试着。

争分夺秒似乎也无济于事。

额头冒出了豆大的汗珠，他在心里告诉自己冷静、别慌。

经过 9 个多小时的连续调试，故障全部排除。齐春晓累得瘫坐在椅子上，大口地呼吸，让新鲜空气充溢着他的胸腔。

11 台服务器全部重启，监控系统恢复正常运行。看到系统正常的那一刻，齐春晓所有的冷汗和疲惫都烟消云散。

虽然不是在硝烟弥漫的战场，齐春晓却完成了一次战役，这是一次胜利的战役。他回家后照了照镜子，眼角眉梢的稚气还没全褪去，但年轻的面庞上多了一丛胡茬。

责任不是某一瞬间的承担，而是一种长期自觉的坚持。

“看着日子好像是重复，其实每天又都不太一样。”

应急保障，风雨无阻。齐春晓与同事们在创城迎检、夏季防汛、寒潮保障、疫情防控、下沉社区等应急任务中，宛如冲锋在前的战士。

勇于打破固化思维。他们中的佼佼者，不仅是创新者，更是实干家。

远程巡检、现场勘查、应急处置是家常便饭。收到指令，无论是在烈日炎炎的盛夏，还是在寒风刺骨的严冬，齐春晓必定在第一时间赶到事故现场。这一切皆源于他是城市照明监控系统和热线负责人。

多年习惯成自然。

齐春晓每天上班第一件事，就是去监控中心值班室，查看一遍城市照明监控系统运行情况，和值班员聊一聊昨晚的情况，一起分析、复盘一下昨晚的故障情况。分析原因、查找漏洞，才能防止故障的再次发生。

他们点亮城市的夜晚，陪伴夜行的朋友，温暖晚归的行人；他们守护城市的夜晚，为市民带来温暖和希望，照亮城市的角落，保护市民安全和美化市容。他们也像路灯一般重塑着城市的轮廓。

在全球，越来越多的城市以建筑物为背景，通过灯光的变化和色彩的流动，展现出城市的繁华和活力。从香港的维多利亚港灯光秀，到上海的外滩灯光秀，再到广州珠江夜景灯光秀等，璀璨的灯光已成为一张新的城市名片。这张新的名片，因后工业化时代快速推进的城市化而生。经十路“网红大道”色彩的多变，并不是装几盏灯那么简单。

作为一名城市掌灯人，同时也作为一位济南市民，齐春晓深刻地感受到泉城有了国际大都市的样子。他自豪地介绍：“我们也一直在努力，让路灯既要照亮回家路，保障交通安全，又要照亮城市景观大道，扮靓城市夜景。”

师父领进门，修行在个人

齐春晓“先进”在何处？

踏出大学的校门，迈入济南市照明中心的大门，直到在工位坐下那一刻，齐春晓怦怦的心跳才平静了下来，他开始审视自己，开始琢磨下一步该咋干。

晨昏交接，办公室窗外的天空、路旁的路灯融入夜色，他看到的是万家灯火，车辆、人群川流不息，他年轻的心脏躁动不安。他想做点什么，却又不知道从哪里开始。

为掌握路灯电缆接头制作这项维护施工基本功，他利用平时午休时间和周末，不断向有经验的老电工、老路灯人虚心请教；利用每次现场勘查和处置故障的机会，尽可能收集废弃的电缆接头和短截电缆，一遍遍地摸索，一遍遍地练习，逐渐掌握了这门手艺。

自来单位，齐春晓便一直听着“江湖”中关于张利国的传说。

单位有这样一号人物：他每天早上 6∶30 到单位看书，忙碌完一天的日常工作，下班之后再看一个小时的书才回家。其他老职工休息时喜欢打牌，他却闷在屋里读书。原本燃气专业的他，正是凭着这种学习劲头，愣是把自己变成一个行业的大咖，成为中国市政工程协会城市照明专业委员会专家委员，参与国家照明和市政方面国家标准的起草人，也是《城市照明》杂志的主编。

他就是高工张利国。

两个月后，齐春晓理顺了被揪紧的心，打消了所有顾虑，顿了顿足，深深地吸了一口气，敲开了张利国办公室的门。

初次见到这位大师，齐春晓便开门见山地表达了自己的想法：“我要向您学习。”

于是，不久后，齐春晓便搬到了张高工的对面，受他的言传身教，开始“啃”书，日子似乎慢慢步上正轨。

2017 年参与济南市城市照明监控中心智能化升级改造工程，不断完善城市照明监控系统信息化水平，创新开展路灯控制系统 NB-IOT 单灯试点工作，探索改进 BS 路灯控制系统。

齐春晓表示，时代发展了，城市照明步入了信息化智能化阶段，只有自己掌握了过硬的路灯维护基本功，才能真正发现照明设施维护管理中的问题和难点，才能更好地服务城市照明发展。

面对智能门禁管理、变压器管理维保方案论证与试点研究、安全管理等新课题，齐春晓选择直面并击溃这些“敌人”。这些“战斗”经历被他集结成文，多次在《城乡建设》等国家级刊物上发表，还取得实用新型专利 3 项。

2021 年 9 月，通过层层选拔，齐春晓代表济南市参加了山东省城市照明电工职业技能竞赛，为济南市代表队争取到全省第一名的优异成绩，接过了老一辈路灯人的接力棒，成为新一代照明电工冠军团队的一员。

近些年，齐春晓又开始琢磨，自己在大学所学的电气自动化是控制方面的知识，要想履行好城市“大管家”、市民“好家政”的职责，还需扩展一下在公共管理方面的知识。

“受我们这位老师的影响，根据形势变化，人的知识储备库也要不断进行更新。”

行胜于言，2022 年，齐春晓报考了省委党校公共管理专业的研究生。

人生不设限，充满了意料和规划之外的节点。

通过不断对路灯行业定位的加深，自然而然地就会对人生的意义有了追寻。近些年，数字强省建设如火如荼，齐春晓对自己所从事的事业有了更深、更宽泛的理解——照明、景观之外，路灯也是智慧城市非常好的立足点。

光联万物，光感万物

生命的意义在于创造，你在创造热爱的东西时，才会产生愉悦，才会有心流。

谈及近段时间正在做的事，齐春晓的眼睛里焕发出别样的光彩。

传统的照明控制系统，只有一个开关。

当云计算、物联网、元宇宙、大数据、数字孪生等技术出现后，照明控制系统也变得智慧化，甚至已跟城市运行慢慢融为一体，成为智慧城市运维中不可或缺的新基建。

夜晚成为最好的幕布。各地流光溢彩的灯光秀作为城市名片，定格着一座城市的风采。

夜晚的济南，正以一个全新的、艺术与科技融合的光影方式，呈现、诠释着独特的泉城韵味。

行走在泉城的你，是否细心地打量过身边路灯的新变化？

智能照明、马路探头早已无法表达路灯的角色。未来，济南的路灯完全有希望能够成为“六边形战士”，化身为无线网络基站、汽车充电桩、多媒体播放器等。

近年来，济南城市照明服务中心积极探索智慧路灯建设，利用数字化、信息化手段提升智慧路灯日常管理水平，扮靓城市夜色。

此外，智慧路灯、绿色照明的普及能够大幅节省电力资源，提升公共照明管理水平，节省维护成本。

相较于传统路灯，智慧路灯系统不仅在节能环保、民生改善方面具有巨大优势，也是智慧城市落地的重要抓手。

城市夜晚的灯光与城市繁荣息息相关，这是经济社会发展与照明技术进步所共同催生的产物。眼下，全球许多城市更是在不断追求夜晚灯光的新场景、新视觉、新体验，从而提升夜间城市文化的吸引力。

城市照明必须综合考虑自然地理、历史文化、经济发展、交通环境等因素，灯光点亮城市夜空时，更应成为科学和技术进步、文化和艺术魅力的集中体现。

在提升城市形象的同时，将绿色低碳融入其中，让城市照明充分服务夜间经济，让泉城显颜值、聚人气、促发展。

在城市的主干道上，每 35 米就有一盏路灯。作为最密集的城市基础设施，路灯早已不是简单的照明工具。未来，路灯也将作为智慧城市的重要组成部分，为山东的数字强省建设贡献更多力量。

在齐春晓身上有这样一条变与不变的辩证法。

历经岁月的变迁和时代的发展、科技的进步，信息化、智能化设备不断应用，城市照明管理手段不断进步，然而始终不变的是城市照明人服务泉城百姓、守护夜间光明的初心。

观察和记录，是齐春晓的教科书之一。

等待路灯亮起的间隙，仰望天空是路灯人下意识都会做的动作，已经形成了肌肉记忆，也算是路灯人的“职业病”。

外出必看灯，同样成为齐春晓生命中不可或缺的重要部分。

无论去外地出差还是旅游，一下飞机出站，他都会先把当地的路灯拍下来，了解当地用了什么样的灯、灯型是什么样的、隶属于哪个管理部门。

在这里，青春方阵孕育着希望。

在老路灯人挥洒青春和热血的地方，又有一群年轻人，他们默默奔波在春夏秋冬的济南街巷。这篇文章虽然只写了齐春晓工作的局部，虽只聚焦了一个横截面，但大家都会相信，因为有钢铁战士，必有钢铁将军。

在“掌灯人”眼中，这还远远不够。如今，齐春晓和同事们正在与山东大学等科研院校合作，让“按需照明”的管理更加精细化。“我们今年计划实现每盏灯都能够独立控制、独立开关、独立调整亮度。”

“在城市的主干道，我们目前正在设计一种‘灯随车动’的装置，利用雷达灯信号采集设备，让灯光跟随车的移动而移动，由此实现能源利用最大化。”

齐春晓所描述的这一场景，似乎有点科幻。但通过济南市城市照明中心的多方努力，目前已经进入测试阶段，未来将很快真正地扎根泉城。

齐春晓说，与一些劳模和工匠交流，他们的工作是刺激的刑侦、酷炫的科技……而他，没有什么惊天动地，每天都平平淡淡，只不过是一个做好了本职工作的路灯人罢了。那些在“刀光剑影”中的英雄固然可敬，但像齐春晓这样的普通劳动者同样也是英雄，是与人们的日常生活息息相关的“无名英雄”。正像城市的街道边有众多五颜六色的灯光，路灯的灯光略显单调，但也能让人心里充满安全感。这也激励着齐春晓做好人民的守夜人，为更多人送去温暖和明亮。

齐春晓的爱人是一名医务工作者。有时，看着妻子的背影，他觉得妻子是那么单薄却又坚韧。让妻子欣慰的是，丈夫虽工作很忙，却粗中有细，在她工作繁忙的每个日日夜夜，竟把孩子照顾得很好。“你下班也需要路灯呢。”闻言，妻子曾鼻子一酸，扭过头去。

工作之外，怎样才能为自己找到更广阔、更丰富的精神空间？

虽然齐春晓是理工男，却有一颗“文心”。业余时间，他会阅读一些文学作品。“我最喜欢的文学作品是茅盾的《白杨礼赞》，我们就要像白杨树一样，站得直，工作整齐划一，为市民提供高品质的服务。”这是他的目标，也是愿景。

晚霞即将散尽的时候，齐春晓站在面向经十路的窗台边往下看去，街边的公路桥上车水马龙。

2023 年，齐春晓 37 岁了。当年的老路灯人或年事已高，或已离世。每当维修路灯、调控设备，齐春晓都会回想起他们穿着铁鞋攀爬灯杆的那一幕幕场景。

“聪明”的路灯开启了城市智慧之路。

作为一个总是在探索世界的人，齐春晓不会沉湎于过去的高光时刻。立足城市照明智能管理岗位，紧跟前沿科技，他正继续开辟着自己人生旷野的新地图。他坚信，后面的人生还有无数的山峰。

在济南成长、在济南求学、在济南工作，齐春晓对这片土地爱得深沉。名为“春晓”，寒来暑往，为泉城守护路灯，“不知东方之既白”。

择一事，终一生，用心灯照亮济南五千年文明

——记济南市先进工作者、济南市考古研究院郭俊峰

展恩华

二十三年宵衣旰食、风餐露宿，二十三年筚路蓝缕、栉风沐雨，二十三年孜孜不倦、青灯黄卷，二十三年追风逐日、砥砺前行，二十三年寒来暑往、春华秋实。他用“择一事，终一生”的坚守和执着，把生命的火焰化作一盏心灯，照亮了济南五千年悠久文明，以重大考古发现为“济南乃人类文明的发祥地之一”论断提供了无可争辩的实证。他，就是第七届、第八届中国考古学会理事，全国文物系统先进工作者，济南市考古研究院支部书记、副院长、研究馆员郭俊峰。

把考古视为一生的追求和使命

1976 年 6 月，郭俊峰出生在潍坊市昌邑县一个普通的农民家庭。那时候，日子过得很清苦，能吃上一顿带油水的饱饭都是一种奢望。

艰难困苦，玉汝于成。在苦水中长大的郭俊峰，从小就养成了吃苦耐劳的品质。他卖过冰糕，在工地当过小工，还在当地的杀鸡场当过零工。自初中起，他就利用节假日四下里找活干，用自己的劳动所得攒学费、补家用。

工地当小工，扔砖抛泥，靠的是体力。郭俊峰从小就有一种从不服输的秉性，别看他身体瘦弱，但再苦再累，他都能咬牙坚持。一天下来，浑身酸痛，像散了架。多少年之后，那种滋味都挥之不去。

在杀鸡场当零工，也不是一件好差事。烫鸡拔毛的恶臭，让他一提到鸡就恶心；夏天，从 30 多度高温的室外，把杀好的鸡送入零下几十度的冷库，冰火两重天，那种感觉，就像是给人“淬火”。苦是苦，但也让郭俊峰磨炼了意志，锤炼了心性。

世界上没有人想吃苦。郭俊峰也一样。他知道，知识改变命运。他以废寝忘食的态度学习，历经波折之后，最终进入山东大学考古系学习。

之所以选择考古，不为别的，就是为了人生的那份轻松。那时候，郭俊峰天真地以为，考古天天在野外，很像是“云游”，注定能在闲庭信步的翻山越岭中饱览一路迷人的风景。

刚入山大考古系时，他们班只有 10 名同学；刚工作时，济南考古刚刚起步。成立不久的济南市考古研究所仅有 7 人，郭俊峰是第八个“入伙”的。

在中国，考古向来不是一个“热门”专业。即使放到史学专业里，它也是一个“冷门”。

之所以“冷”，源自它的“苦”。

考古在所有的学术门类中，都算得上最苦的“行当”，不但没有游山玩水的轻松写意，反而是常人难以忍受的苦差事。

著名考古学者李零曾戏言：“苦字缓读，用反切法读，就是考古。”

“吃不了苦，考不了古”。“苦”就是考古工作者的基因。野外工作，穿不得西装革履，容不得正襟危坐，满脸都是汗，浑身都是土。“远看像逃难的，近看像要饭的，仔细一看，是考古钻探的”，这些民间顺口溜，把考古人的形象描绘得活灵活现；“考古考古，蹲坑挖土，遇见古墓，还得剔骨”，把考古工作的具体内容概括得历历在目；“考古考古，刨坟挖土，问其滋味，一辈子辛苦”，更是把考古工作者的艰辛归纳得毫厘不爽。

靡不有初，鲜克有终。在从事考古工作的人群中，许多人因不堪其苦，而选择了“适彼乐土”。而郭俊峰却立下“择一事，终一生”的誓言。他之所以从一而终，不是没有跳槽的机会，而是深刻洞悉到考古对于一个区域乃至一个民族的非凡价值。

考古是对历史的链接，是对未来的昭示。那一处处呈现在地表的古代建筑、一处处深埋在地下的古代遗迹，就是一扇扇认知中国文化的大门。即便是在一般人眼里的废铜烂铁、破烂瓦罐，也可能是承载着民族历史和文化的弥足珍贵的瑰宝。从这些瑰宝身上，我们可以清楚地找到“我是谁？从哪里来？又到哪里去？”的准确答案，可以从中寻到民族的根脉，看到民族的魂魄，从中获得民族的文化自信。

1840 年之后的百年间，中国处于中华民族历史上最积贫积弱的时期，时时被凌，处处挨打，国人的民族自信消失殆尽。“西强东弱”“文化西来”等错误观点甚嚣尘上。甚至连梁启超、章太炎这样的思想界领袖，也都曾一度试图将“炎黄遗胄”的“先祖来源”远溯到西域“昆仑之墟”或小亚细亚的古巴比伦，以求证其与古巴比伦和欧洲人具有同样“高贵”的根系。这种严重的民族自卑对有着五千年文明史的泱泱大国、文明古国来说，实在是一种悲哀。

在广泛的阅读学习中，郭俊峰深刻地洞悉到，之所以有这样的局面，一是与国运有关。自鸦片战争以来，随着西方列强的侵略，中国日趋科技落后、物质贫弱、国力衰落，高度发达的中国文明自然难入列强们的“法眼”；再者，欧洲中心论历来是他们企图雄霸世界的“法理”依据；就中国而言，我们的文化“线路”存在着致命的短板，正如康有为在其《孔子改制考》一书中所叹：“六经以前无复书记。夏、殷无征，周籍已去，共和以前，不可年识，秦、汉以后，乃得详记。”据司马迁《史记·五帝本纪》所记载的商代以前的历史，只能依靠神话和传说来勉强支撑，而其他文明古国早在 19 世纪之前，就通过考古学的介入，已经发现了 5000 年前后有关文字、城郭、金属等考古发掘资料，并以此作为他们文明更早的实证。相比之下，一部中华文明史似乎比人家整整少了 1000 年。考古的落后，让我们在西洋人面前少了许多的底气。

然而，正是有了中国考古人的不懈努力，才让国人渐渐找回了自信。同时，也让西方洋人在前所未有的“中国发现”面前惊呆了双眼，不得不从心底折服悠久、深远、博大的中华文明。

殷墟发掘所取得的重要标志性成果就是发现了数量众多的甲骨文。通过罗振玉、王国维等学者对甲骨文的研究，通过甲骨卜辞中的商王世系与《史记·殷本纪》等文献记载的相互印证，从而确证商代是有据可考的信史。而仰韶文化、龙山文化、良渚文化、三星堆文化等诸多考古发现，又一次次从不同的角度再现了更为久远甚至让现代人都不可企及的中国古代文明的灿烂与辉煌。

山东是中华文明的发祥地，济南是其最为重要的组成部分。山大考古系从创立到现在已经经历了 50 年的风雨，一代又一代山大人，从前辈手中接过了历史的接力棒，铸就了山大考古如今的辉煌。正是因为有了刘敦愿、于海广、栾丰实、方辉、崔大庸等教授的努力，才彰显了济南历史的悠久、博大与精深，奠定了济南在整个中华文明的发展进程中举足轻重的历史地位。

认识历史离不开考古学，考古工作者“以事实说话”，为中华文明正本清源，为中华文明的大厦树立起触手可及、坚不可摧的四梁八柱。这座由考古工作者还原的文明大厦，在一次次唤回了中国人文化自信的同时，又一次次筑牢中华民族走向伟大复兴的道路基石。

考古是历史的见证，功在当今，利在千秋。谁的生命与考古结合，其生命的意义必将与整个民族的文明紧紧联系在一起，他的人生也注定产生出不同寻常的价值。

这样的认知，使考古成为郭俊峰生命的自觉，也成了他“择其一事，终其一生”、矢志不移、坚守考古的力量之源。

衣带渐宽终不悔，为伊消得人憔悴

顶严寒酷暑、冒风雪雨雾、踏泥泞坎坷是考古人的常态，翻山越岭、跋山涉水、长时静卧是考古人的功夫。工作以来，郭俊峰长期致力于田野一线，战斗在考古前沿，济南一万余平方公里的辽阔土地上遍布了他和战友们的足迹。

踏破铁鞋无觅处，得来全不费功夫。艰辛的付出总会带来意想不到的惊喜。

2008 年 1 月，郭俊峰受命担任济南市第三次全国文物普查试点工作队的队长，启动历城区第三次文物普查工作。他带领大家驻扎在工地，在寒风刺骨，大雪飞扬的天气里，争分夺秒开展工作，用 1 个多月的时间，走访了 69 个村庄，调查文物点 59 处，新发现 52 处。满满的收获，满满的成就感，所有的辛苦都化作人生的幸福。

2021 年 7 月，在经过一番辛劳的勘探之后，发现了元代郭氏家族墓。这意想不到的收获，让郭俊峰和他的战友欢欣鼓舞。严峻的挑战也随之而来。当时，正值炎炎夏日，地面温度近 40℃。墓葬非常深，有的深达七八米，里面又非常阴冷。郭俊峰上上下下，像当年出入冷库，一次次经历了“冰火两重天”的严峻考验。墓葬清理完成后，烈日与暴雨又轮番上阵。在烈日和雨水轮流攻击下，墓壁岌岌可危。为了保障安全，郭俊峰一方面组织加固墓壁，一方面催促大家加快发掘进度。

他们抢时间，争速度，白天时间不够用，就挑灯夜战。就在发掘完成后，随着一场突如其来的大雨，一处墓壁塌方了。高高的墙壁如果罩在身上，后果不堪设想。让郭俊峰备感欣慰的是，因为他们的“苦战”，考古发掘的资料全部取完。挖掘证明，这座墓葬是山东最大规模元代纪年砖雕壁画家族墓地。

这座古墓的横空出世，惊艳了世人，并成功入选“2021 年度山东省五大考古新发现”。

刘家庄，济南市天桥区的一个村庄，因为棚户区改造被拆除。20 世纪 70 年代，这里曾出土过商代青铜器。根据这些“先兆”，郭俊峰断定，这里必有“真货”。于是，2010 年下半年，在该地新的项目建设前，郭俊峰便带领考古团队进入该区域进行考古发掘。经过半年的发掘，果然发现了 120 座墓葬，其中商代墓葬达 78 座。但令人遗憾的是，如此多的墓葬中只是零散出土了一些陶器，没有发现郭俊峰预想中的商代大墓与青铜器。

队友难免灰心丧气，但郭俊峰仍满怀信心。一无所获的现实，让他不停地思考：“以前这里挖个防空洞都能挖出青铜器，为什么这次大规模发掘却收获甚少？问题出在哪里？”他固守考古的原则：勘察必须横到边、竖到岸，不能放过一处死角。时令已到了春节，年后上班的第一天，郭俊峰冒着寒风和未融化的积雪，再一次来到建设工地。

之前，已对近万平方米的相关区域进行了探测，只剩下不足 30 平方米安塔吊的地方没有“过筛子”。施工方怕费力费时，影响工期，不让再挖。郭俊峰表示，文物工作无小事，绝不能放过最后的希望，必须发掘。他跟对方说：“我只需要一个小时的时间，如果没有文物，你们就可以立刻施工。如果有文物，必须进行抢救！”他们不情愿地给了郭俊峰一个小时。正是这一个小时，刘家庄商代 M121、M122 两座大墓得以重见天日。

在随后的发掘中，130 余件青铜器惊艳现身。谈起当时的情景，郭俊峰依然抑制不住兴奋：“记得那时，寒风刺骨，还下起了小雪。为安全起见，我们加快了清理速度，用了不到两天时间便将墓葬清理完毕。当最后一件青铜器被运回单位时，正好是凌晨 3 点。看着这些宝贝，仿佛看到了自己亲生儿子的呱呱落地，心中的喜悦无以言表，劳累早已被忘在了脑后。”

由于价值重大，刘家庄遗址的考古发掘在 2021 年入选“山东百年百项重要考古发现”。

考古和建设，保护和发展，时常扮演着矛盾的角色。在实际的操作过程中，考古往往会在一定程度上占用建设的时间，影响工程进度；建设工程也可能对地下文物造成破坏。为保护文物和经济建设两不误，郭俊峰善作善为，敢于担当，在山东率先实行的“考古前置”实践中，他创造性提出了“调查 + 勘探的济南新模式”。

郭俊峰积极参与市内考古前置政策制定、建言建议，先后起草、修改各类调研文件和建议近100份，对政策的出台及单位配套政策的制定起了重要作用。最终根据省外先进城市考古前置的经验，结合济南市自己的实际情况，创造性提出了“济南国有建设用地考古前置探索与实践”，缓解了专业人员缺乏与前置工作量巨大之间的矛盾。

考古前置，主动作为，既配合了各项工程的顺利进行，促进了济南的经济建设，又保护了大量珍贵文物，延伸了历史轴线，丰富了历史内涵，活化了历史场景，增强了历史信度。人们说，无论对考古还是对建设，济南考古院都厥功至伟。

这话一点都不虚。“考古前置”的实施，让考古与建设双双降低成本80%，每年直接节省财政工作经费1.9亿元，而土地出让和项目落地的周期时间，比传统工作方式所用时间提前了整整24个月。

近年来，围绕济南的经济建设，郭俊峰先后主持、组织了济南东绕城扩建、济南大东环等大中型考古调查勘探工作项目30余项。先后主持济南元代郭氏家族墓、济南王张荣家族墓地等中型以上的发掘项目20余项，主持项目几乎占济南市总发掘项目的1/3。考古调查1600公里，发现文物点190余处，调查面积超过1000万平方米，勘探面积110万平方米，发掘古墓葬近1000座，出土各类文物3000余件，极大地丰富了济南的文物宝库。

郭俊峰和同事们共同打造的“考古前置”模式，得到了省文化和旅游厅的肯定，并发文要求全省借鉴济南经验，2022年被列为山东省高质量发展案例之首，并将该做法纳入即将出台的“全省工程考古工作管理办法”里实行，《光明日报》等国家级媒体进行了报道并给予了高度肯定。2023年12月4日获山东省文化创新最高奖——省政府颁发的第六届山东省文化创新奖。

一次次重大考古发现，让济南考古一次次实现历史性跨越。

考古不是一个人的单打独斗，它需要全社会的共同参与

25年前，济南市考古研究所刚成立的时候只有8个人。到2023年，已扩

编到52个人，“所”也改为“院”。2012年，济南考古院拿到团体发掘资质，成为全国第六十三个考古团体资质单位，直至10余年后的今天，全国仍不足百家考古资质单位。其中，地市级不足40家，而山东仅有3家。经过持续不断的努力，济南考古院成为一支山东乃至全国的考古强队。

作为第八个进单位的“老同志”，郭俊峰亲眼见证了单位的发展壮大，也见证了众多考古工作者的付出与收获。

有荣耀，也有遗憾。就济南考古院来说，人员上也出现了新的变化。资格老的，退休了；吃不了苦的，跳槽了。郭俊峰成了济南考古界名副其实的“钉子户”。

郭俊峰说：“我不想走，也不能走，考古是我的事业，也是我的生命。择一事，终一生，我要为济南考古贡献全部的力量。”

济南是一座历史悠久、文化沉淀丰厚的城市。“熠熠生辉的青铜艺术”“巧夺天工的雕塑艺术”“古朴沉雄的石刻艺术”，以其独特的艺术特征彰显着别具魅力的济南特色。郭俊峰自豪地说：“从济南，你可以看见古老辉煌的中国。”

为了“从济南，看中国”这一目标，郭俊峰一直在路上。

郭俊峰从做强自己入手，做强做大济南考古文化。

郭俊峰是一名考古工作者，现在也是济南市考古研究院的主要负责人。白天，不是奋斗在考古工地一线，就是在处理单位方方面面的事宜。事无巨细，尽在一人，其繁忙程度可想而知。但，郭俊峰有一种钉子精神，他尽最大努力挤时间写文章。这些年，郭俊峰写了数百万字的考古文章。青灯黄卷，兀兀穷年，夜以继日，通宵达旦，郭俊峰用一种顽强的拼搏铸就了他非凡的学术成果。这些年，郭俊峰在国家和省级刊物共发表专业文章115篇，其中核心期刊达到18篇。任副主编以上编写图书12部，其中主要有《章丘女郎山》《济南考古图记》《济南魏家庄》《济南出土文物精选》《玉琢成器》《济南镜鉴》《济南古钱》等。每一篇文章、每一部图书都是智慧的结晶，都是心血的凝聚。2021年，在山东省文化创新奖评选中，他撰写的《考古发掘深度融入文化遗产保护的新模式》，获得了省政府颁发的第五届山东省文化创新最高奖。

为提高社会对考古工作的关注度，郭俊峰甘做一名考古工作的宣传员。

2018年以来，他商请中央广播电视总台《探索发现》栏目，合作拍摄了18集考古专题片，播出后在社会上产生了强烈反响。其中《水塘下的古墓》一度登上新浪热搜，点击量突破千万。此后，又陆续推出了《济南刘家庄商墓》《济南元代郭氏家族墓》《石室疑冢》《洛庄汉墓》《元代济南王张荣家族墓地》等考古节目，创造了济南文化宣传在国家级电视媒体播出时长最长的纪录。这些宣传，让全社会见证了济南文化的源远流长和博大精深，增强了济南在全国的文化影响力。

郭俊峰说，这种考古工作的“外溢效应”，是他人生的额外收获。对此，他有着满满的成就感。

郭俊峰经常到高校给大学生讲考古公开课，带学生到考古现场实习。他说：“我要发挥‘母鸡带小鸡’的效应，培养更多的人才加入考古队伍，让更多的人了解考古事业，了解中华民族的历史脉络和灿烂成就，增强民族自豪感和文化自信，同时也让济南考古大放异彩。”2023年，他被山东大学历史文化学院、山东大学文化遗产研究院聘为“专业学位研究生合作导师”。

对济南考古的未来，郭俊峰信心满满。

为了当初的誓言，再苦再累他都无怨无悔

一分耕耘，一分收获。长期的坚持，郭俊峰在考古工作中取得累累硕果。20多年来，他先后获各类奖项50余次。他参与的洛庄汉墓、大辛庄遗址发掘项目获“全国十大考古新发现”；他主持的济南市神通寺发掘项目2017年获“山东省优秀田野工地奖”；他主持的济南药山汉墓、元代郭氏家族墓、济南王张荣家族墓，参与的梁二战国墓、济阳三官庙汉墓发掘项目分获2017年、2021年、2022年、2016年、2019年“山东省五大考古新发现奖”；他主持的济南刘家庄遗址，参与的济南洛庄汉墓、大辛庄遗址、长清月庄遗址入选“山东省百年百项重要考古新发现”，2017年获“山东省文物职业技能大赛”三等奖；2020年被市直机关工委授予“出彩机关人”，2022年获山东省社科优秀成果三等奖；2020年、2022年、2023年连续获第四届、第五届、第六届“山东省文化创新奖”；2004年以来年度考核优秀18次，考核记“三等功”6次，

成为本单位年度考核“优秀”等次最多的职工；2022 年济南市委、市政府授予他“济南市先进工作者”称号。同年 7 月 22 日，全国文物工作会议在北京举行，会上公布全国文物系统先进集体、先进工作者和劳动模范名单，他的名字出现在先进工作者名单中。这是一个含金量很高的荣誉，整个山东省只有三人入选，他也是济南市唯一的一人。他赴京参加表彰大会，迎来了人生的高光时刻。中央政治局常委王沪宁同志的讲话，又为他的考古人生注入了无穷的力量。

郭俊峰之所以能成为“获奖专业户”，完全是“坚持”的结果。用他自己的话说：“因为坚持，所以成功。”

采访郭俊峰之前，从报刊和电视上看到过关于他的报道，早就知道他的大名，但见到他的“真人”，还是让我有几分惊诧。

一米七三的个子，不到六十公斤的体重，看到这副身板，脑海里立刻跃出“芦柴棒”“三级风”等概念。

见到我，他把手伸过来。就在握手的刹那，我明显地感到他的力量、他的果毅。就是这双手，穿过尘封千年的岁月，让一件件承载着历史、记录着文明的瑰宝重见天日。

一副高度近视眼镜背后，是一双睿智的眼睛。那眼光极具穿透力，能穿透岁月的尘封，看到消失已久的历史真相，找到鲜活依旧的历史记忆。

我还注意到他的脚。脚上的鞋子是一双普通的运动鞋。仿佛刚从田地里回来的一位老农，脚上还沾满新鲜的泥土。我知道，正是这双脚，踏遍了济南一万多平方公里的土地；正是这双脚，告诉世人“敢问路在何方？路在脚下”的真谛；也正是这双脚，践行着他“择一事，终一生”的初心，让他取得了考古工作的累累硕果。

郭俊峰很少谈自己，他喜欢说他的团队，说自己所有的荣誉都是大家共同努力的结果。他说，他很感激济南市考古研究院这个平台，正是在这个平台，崔大庸、李铭等前辈指引了自己，众多同仁帮助了自己，从而成就了自己的人生。

曲径通幽。从别人的嘴里，我了解到他的不易，品到了他内心的酸楚。

郭俊峰是个特能忍的人。

2016年7月，在章丘风电场占地项目调查勘探中，郭俊峰带领调查勘探队冒着酷暑高温，每天汗流浃背地行走在一座座荒无人烟的高山上。

一天，在危山上，郭俊峰一脚踩到了地上的树刺，尖锐的树刺如锋利的锥子，瞬间贯通鞋底，扎进了他的脚板。他用力拔出树刺，血流了出来。他咬着牙，硬是没吭一声。他们仅用了1个月的时间，就完成了40平方公里内的考古调查。他们每个人平均穿破了两双鞋，其中郭俊峰穿破了3双结实的运动鞋。

1999年7月开始，山东济南曾发掘了规模宏大的济南洛庄汉墓陪葬坑。8月初在准备撤离时，又意外发现了金器，为按计划完成发掘任务，郭俊峰和同事们中午也不休息，饿了，手都来不及洗，用纸捏着馒头往嘴里塞，咕咚咚饮一杯水，就算吃了饭，然后立即进入发掘工作面，以蜷曲的蹲姿、趴姿，在泥土上继续工作。就这样一干就是一个月。工作结束后，郭俊峰腰疼得厉害，他贴了三个月的膏药，硬是没请一天假。

由于生活艰苦，又长期不规律，郭俊峰患上严重的胃病。在编写《章丘女郎山》考古报告时，他胃病发作被迫住院。为了尽快完成编写工作，他将电脑搬进了病房，不顾医生要好好休息的要求，住了10天院，工作了10天，顺利完成了济南市考古研究所成立以来第一部大型考古报告。这10天，他的体重从70公斤降到了58公斤。

考古是一项危险的工作，用“危机四伏”来形容，绝不是夸张。诸如未腐朽的尸体，有细菌病毒侵身的危险；8—9米以上深的墓葬，有塌方的危险；X光拍摄文物，有高辐射的危险；行走在荒山野岭，有毒蛇蜱虫伤人的危险。

然而，最可怕的不只是蜱虫蛇蝎，还有盗墓贼以及“保护伞”下的黑恶势力。

从业21年以来，郭俊峰经历了太多的斗争：在章丘女郎山墓地同盗墓贼斗争，在济南和平路工地同破坏墓葬的开发商斗争，在奥体中路工地同破坏文物的施工单位斗争，唇枪舌剑、刀光剑影，甚至你死我活，郭俊峰毫无惧色。威胁、利诱、攻击、谩骂，郭俊峰绝不动摇。他知道，身后有党和政府及人民群众做他的坚强后盾。

我问到他的家庭，不想却戳到了他的“软肋”。他是父母唯一的儿子，老人双双年逾古稀。2016年母亲得了肺癌，直到今天仍然靠药物维持。当年迈的父母需要自己照顾的时候，自己却天天在野外“疯跑”。看到老人身体每况愈下，他内心就充满深深的负疚。

他感到自己对不住家人，他没能给妻子以浪漫的爱。社会上有“好女不嫁考古郎”的说法，嫁给考古工作者，就意味着聚少离多，意味着承担更多的家务。他欠孩子太多，没到学校开过家长会，没带孩子去他最想去的迪士尼乐园，没带他去商场买他心仪的玩具。作为父亲，他没有尽到作为孩子“第一任老师”应有的责任。郭俊峰感慨道：“我的孩子太多了，那些文物都是我的孩子。”

郭俊峰带我到他们自己建立的考古馆内参观。考古馆内，各种文物林林总总、洋洋大观。他说，这些文物，他不仅知道它们的“出生”日期，更了解它们各自的秉性，了解它们的前世今生。它们传承着灿烂文明，不仅生动地诉说着过去，也深刻地影响着现在和将来。

看着这些“孩子”，郭俊峰一脸的幸福。他说，“辛苦之后的收获和喜悦，比不期而至的惊喜更让人快乐”。这是郭俊峰对考古人生的深刻体味，是他对人生幸福的独到见解。

他指着一件古朴的陶器文物说，别小看这小东西，它把济南的历史上推到7500年到9000年，这不仅是对济南历史文化的贡献，同样是对中华民族悠久历史文化的有力佐证。

我们又谈到了党和政府对考古工作重视，郭俊峰一脸的兴奋。一向不善言辞的他，此时却口若悬河一般。他说，十八大以来，党中央和习近平总书记高度重视考古工作，据不完全统计，习近平总书记对文物考古的指示批示和重要论述达160余次。十九届中央政治局两次集体学习考古和历史研究工作。2021年，现代考古学诞生100周年，习近平总书记专发贺信。2023年6月，文化传承发展座谈会前夕，习近平总书记又前往中国历史研究院考古馆考察，他用“展现了深厚的爱国情怀、坚定的学术志向、顽强的工作作风”来形容、评价考古工作者，要求广大考古工作者增强历史使命感和责任感，发扬严谨求实、艰苦奋斗、敬业奉献的优良传统，继续探索未知、揭示本源，努力建设中国特色、中国风格、中国气派的考古学，更好展示中华文明风采，弘扬中华优秀传统文化，为实现中华民族伟大复兴的中国梦做出新的更大的贡献。

他强调，考古工作是展示和构建中华民族历史、中华文明瑰宝的一项重要文化事业，是一项具有重大社会政治意义的工作，要高度重视考古工作。

郭俊峰说，习总书记的讲话和指示，给全国考古人极大的精神动力。作为一个省会城市考古机构的负责人，这使他备受鼓舞，既感到自己从事的事业无比光荣，又感到使命在肩，责任重大。如何把队伍带好，如何承担起历史使命和责任，顺应时代呼唤，建设国内一流考古机构，为建设中华民族现代文明做出济南考古人的贡献，这成为他思考的方向和继续前进的目标。

在考古的路上，郭俊峰有很长的路要走，历史和人民也给了他更多更大的期待。“我将无我，不负人民”，郭俊峰将这掷地有声的八个字一笔一画地写在自己的日记里。

眼前的郭俊峰，让我生出许多感慨：他创下了令世人刮目相看的非凡业绩，把生命的火焰化作一盏心灯，照亮了济南 9000 年的人类历史。从他身上，我懂得了“超越平凡就走向非凡”是一条颠扑不破的真理。

我又想到了郭俊峰的那句格言：“择一事，终一生。”从简单简单的六个字里，我读到了酷爱、读到了执着，更读到了为了中华民族文化事业义无反顾的博大情怀。

郭俊峰带给我们的，不仅仅是感动……

能切会雕的“激光侠”

——记济南市劳动模范、济南金威刻科技发展有限公司王明利

张丽语

光链全球

春天的泉城百花争妍，游人如织。2023 年的这个春天又与以往有所不同，因为“2023 世界激光产业大会”在这座历史文化底蕴深厚的城市举办。作为中国北方规模最大、层次最高的全球性激光产业盛会，国内外知名院士、行业专家，德国、俄罗斯、韩国等世界激光强国的产业机构代表，国内外知名企业代表约 300 人济济一堂。

王明利西装革履，坐在下面聆听相关领导在介绍以“激遇济南 光链全球”

为主题、围绕产业促进和招商引资两条主线的活动内容。他既拘谨又兴奋。拘谨是因为他平时上班的时候穿工装习惯了，那件浅灰色打底翻出深蓝色衣领、左上角绣着同样深蓝色“J-WEIKE”标志的外套让他觉得亲切自然，现在却把自己套在笔挺的毛料西服里见识来自海内外的专业大咖，这让他如坐针毡；兴奋是因为大会安排了开幕式、世界激光产业可持续发展论坛、济南激光产业发展成果主题展览、激光产业园区恳谈会四项主活动，同时举办济南激光品牌推广行动暨企业国际对接会、第四届全国光辐射安全和激光设备标准化技术委员会成立大会、国家强制标准《光辐射安全技术规范》编制组会议、中国电子学会量子电子学与光电子学分会委员会会议等四场平行会议。这些会议内容让他对自己从事的行业更充满了信心，对未来的前景怀有更美好的憧憬。

在当今科技日新月异的时代，激光技术已经成为引领工业革命的重要力量。1960年，美国物理学家梅曼研制出世界上第一台红宝石激光器，激光技术由此诞生。当前，激光技术在钢铁、化工、汽车、航空航天等领域得到广泛应用。甚至手机壳，都是激光切割的产物。激光刀轻轻一划，电光石火之间，便能刻出各种形状。

神奇的激光是通过刺激原子导致电子跃迁释放辐射而产生具有同调性的增强光子，是20世纪以来继核能、电脑、半导体之后人类的又一重大发明，被称为“最快的刀”“最准的尺”“最亮的光”。激光切割技术的出现，更如一把锐利的刀刃，在制造业领域掀起了一股革新之风。激光切割技术利用高能激光束照射在材料表面，使材料迅速熔化、汽化或达到点燃点，同时以高速气流将熔化或燃烧的材料吹走，从而实现切割的目的。相比于传统的切割方式，激光切割具有切割速度快、精度高、切口质量好、热影响区小等显著优势。

目前，全球激光切割设备市场呈现出稳步增长的趋势。随着制造业向智能化、绿色化转型，国内企业在激光切割设备的研发和生产方面也取得了显著进展，逐渐打破了国外垄断的局面。据济南的数据显示，济南市激光装备产业链核心企业就有20家左右，中小型制造业企业达320多家，2019年以激光切割为主的激光装备出口规模已经占全国第一。

济南成为北方激光产业重要基地有自身独特的优势。长期以来，济南一直是我国重要的装备制造业基地。1985年，济南铸锻所研制出中国第一台激光切割机。如今，金威刻、森峰科技和邦德激光是济南激光装备产业链上的“三剑客”。

金威刻自2004年成立后，从激光雕刻机、激光切割机到光纤激光切割机，其业务始终围绕这一束光。如今，金威刻的产品销往海外许多国家和地区，并成为美国市场份额中占比最大的中国激光机品牌，年销售收入早已突破10亿元。“我们将聚焦智能高端装备，研发并推出激光焊接、六轴机器人光纤激光切割机等项目，推动切割机市场进入智能化时代。”金威刻科技发展有限公司董事长蒋习锋说。

蒋习锋以搞研发出名，他每年把主要精力都盯在研发团队上。他手下的得力干将王明利，多年来带着技术团队先后填补了多项国内技术空白，转化专利技术近百项，形成上百种新产品。王明利参与多项省级科研项目，授权专利20多项，为公司打造极具竞争力和影响力的企业品牌，使公司智能化、自动化、精密化的激光加工装备全面发展，为领跑北方激光切割市场做了不懈的努力。

与此同时，为加快激光产业发展，济南相关部门也行动起来。早在2017年，济南高新区就开始谋划激光产业园，该项目占地面积1200亩，激光生产面积突破20万平方米，分为研发孵化区、零部件配套区、激光设备集成区和综合服务区。坐落在产业园区的金威刻年生产能力高达20000余台，拥有高规格的生产能力、科学的装配产线、完善的售后服务体系，设备在全球180多个国家和地区稳定运行。

繁忙的业务让王明利参加产业大会前，一大早还去了公司一趟。在济南高新区春田路厂区外，等待装货的卡车排起了长队。车间内，工人正在加班加点赶制订单；办公区域，身穿西装的销售人员24小时轮班制，值班的工作人员正在电脑桌前，通过视频或网络软件，用普通话或流利的外语向国内外客户介绍着产品。

求学之旅

时光如白驹过隙，转眼之间，已过而立之年的王明利才意识到自从来到济南、踏进济南金威刻科技发展有限公司的大门，斗转星移已过了13载。他躬耕在研发中心，转眼已经挑起大梁，担任机械设计部经理。

想当年，刚从青岛某大学毕业的他走在海边，面对着翻滚的白色浪花，听着汹涌不断的波涛声，他禁不住一遍遍问自己：未来的路在哪里？该怎样把握住时间的引擎才不至于荒废光阴？那时的他一头扎进人才交流市场，成为万头攒动中不起眼的泡沫。一年后，就在他对自己所学的机床专业产生怀疑的时候，一位很久没联系的亲戚向他伸出了橄榄枝。

“来吧，来济南吧，这边的机床雕刻实力雄厚，发展前景广阔，肯定有你的用武之地。”他被亲戚的话打动，更被亲戚讲的一位英雄人物的经历打动。

2001 年，一位二十岁出头的小伙子与人合伙成立了济南威刻机电设备厂，办公面积仅有 10 平方米，主要生产刻字机，产品销往山东及附近的省市。这一产品几乎没有利润，所以合伙人很快就分道扬镳。但这位小伙子坚持下来，硬撑到 2003 年，这时他敏锐地感受到激光切割技术的快速发展，将研发重点转移到切割机产品上。他带领两名技术人员进行切割机研发，从机械图纸规划、设备制造到参数设置，不分昼夜地反复试验，终于在 2004 年 3 月成功研发出第一台激光切割机。

同年 7 月，这位小伙子注册了济南金威刻科技发展有限公司。因为当时研发力量、生产设备、产能都还在初始阶段，无力与大企业竞争，为了支撑企业发展，小伙子甚至接了几个皮包加工的外单维持企业开支。但即便在这样的困难阶段，他也没有停止对切割机的研发投入，不断对技术进行改进。2005 年年底，随着 5 台 LG900 激光切割机出口美国，金威刻第一次叩开了国际市场大门，迎来了快速发展时期。他清楚地记得，当时的人民币对美元汇率是 8.1，每台机器让公司足足赚了一万多元人民币。从此他一发而不可收，企业开始大跨步地飞速发展，海外业务做得风生水起。

“你来到济南，在这样的技术型老板手底下工作，绝对前途无量。”亲戚的话让王明利吃了定心丸。他也对这位素未谋面的老板，后来在激光领域大名鼎鼎的蒋习锋充满了好奇。

于是，2010 年，王明利来到济南，见到了朴素实干的蒋习锋。蒋总也不善言谈，他一门心思搞研发创新。受他的熏陶和影响，内秀严谨的王明利也同样刻苦学习，他发现上大学时掌握的知识和现在的应用比起来仅是冰山一角，所以在工作之余，他又捡起大学课本上的理论知识，还订阅了激光切割、激光机械设备方面的期刊，以开拓视野，提高理论业务技能。以至于后期金威刻研发中心近200人时，大家聊起比较有价值的专业书，王明利如数家珍，对周炳琨所著的《激光原理》、陈家壁和陈鹤鸣分别著述的《激光原理及应用》，颇有自己的见地。他认为，《激光原理》讲得很深刻，第一章就直接深入讲解原理，比较适合有物理光学基础的人。陈家壁的著作是原理和应用的结合，更注重原理。陈鹤鸣的著作比较简单，原理讲得比较浅显，但应用讲得很详细全面。

白天，王明利虚心地向领导、同事学习实践知识，并经常下车间，解决现场实际问题，考察客户对配件加工、设备性能、设备维护的保养及使用情况，使自己在设备设计、现场管理方面有了长足的发展。抽空，他还努力向老同志、同事学习工作做法和工作思路。规律的生活作息让他开始思考工作的意义和价值，虽然他平时看到微信和网络上有寻求救助的公益活动，也会默默地捐款，但总觉得缺少持续而规范的约束与督导。有几回，他在公司提交了入党申请书，但看到其他同事也很渴望加入党组织，就把名额悄悄地让出来了。后来，负责党务工作的柳秀明告诉他，他已经被批准为预备党员了，不苟言笑的王明利开心得像个孩子。等到告诉他还要去济南市长清区大峰山党性教育基地参观学习，他忍不住拍手说“我请客，感谢大家”。柳秀明知道王明利是把工作和生活分得很清的人，在单位里他绞尽脑汁搞研发，学习新知识，休息时间就宅在家里，很少应酬。可见这次成为预备党员，对他是多大的激励！乘大巴车去长清的路上，王明利告诉柳秀明，他在家喜欢看电视，主要是看枪战片，每次看到革命先烈浴血奋战的场景，他就热血沸腾，充满斗志，等回到单位再搞研发就觉得眼前的困难简直是小菜一碟，不值一提。

大峰山之行，让王明利感受到革命先烈舍生忘死的精神、薪火相传的红色基因。他参观了大峰山革命根据地纪念馆、初心广场、老县委办公旧址、大峰山革命陵园，聆听了信仰如山、一心为民、忠诚担当的教育报告。那一刻，他深刻地了解到，从抗日战争到解放战争，在中国共产党的领导下，在最为艰苦卓绝的条件下，大峰山革命根据地军民始终坚守信仰，红心向党，高举战旗，浴血抗争，使根据地成为“泰西的延安”。那时的条件那么恶劣，我党还取得了胜利，如今在不见硝烟的科技战场上，面对很多海外竞争对手的科技封锁和打压，难道就甘于俯首称臣吗？尤其是在纪念馆里看到锈迹斑斑的刀枪、微微泛黄的书本、抗日战争中受害者的手骨，无一不刺痛着他的心。从长清回来，大家发现王明利的办公桌上又多了两摞书。一摞是关于科学发展观、习近平新时代中国特色社会主义思想的书籍，能使他政治素质过硬，经得起考验；一摞是关于受力分析、工业设计的书籍，能使他的业务技能、理论基础更为扎实。他说："我觉得研发中的阻碍对我来讲不是最大的挑战，在专业领域深潜没错，还得扩展知识面，有思想高度和知识广度。"王明利用两年左右的时间，跳出了工作中的舒适区，又把这两块新领域的业务掌握得游刃有余。比如起吊一根钢材，他会根据数据支撑迅速地测算出变形量；又如焊接架子，他会在设计焊接点前进行力学计算，精准地找到最佳焊接位置。而工业设计的学习又能让顾客清晰立体地看到机器的效果图，像三维立体一样直观真实。

因这种钻研态度和求学精神，王明利先后被济南金威刻科技发展有限公司授予"先进个人""优秀管理者""劳动模范"等荣誉称号。自 2010 年参加工作以来，他一直致力于激光切割机、激光打标机、光纤激光数控切割机床及其自动化技术的研究，渐渐成长为一名优秀的技术骨干人员。2010 年至 2014 年间，公司主营激光雕刻机，其间王明利潜心学习公司的产品，深入生产一线了解产品生产工艺，在实践中不断总结生产过程中存在的问题，并在原生产工艺基础上提出新的工艺改进方案，降低常规产品的生产成本并提高产品质量，降低产品在客户使用过程中的故障率。

宝剑锋从磨砺出，梅花香自苦寒来。多年的努力，让王明利在事业发展中如鱼得水。2021 年，他和团队在济南市"讲理想、比贡献"活动中获得优秀科技创新项目一等奖。2022 年，济南市委、济南市人民政授予王明利"济南市劳动模范"称号。同年，他又站在了济南市总工会组织的“济南工匠”颁奖台上。随后，“济南市五一劳动奖章”、“高新工匠”、山东省企业创新成果项目库的技术创新优秀成果一等奖、国家知识产权局的“中国外观设计优秀奖”等荣誉接踵而至。

2023年以来，济南高新区智能装备产业发展中心综合党委突出特色抓党建示范点建设。济南金威刻党支部是区级党建示范点，坚持党建引领企业发展，以“红船精神”为核心，确定了“三联三攻”党建工作模式，通过支部联企业，参与成立济南高新区激光产业链党委，实现上下游企业抱团发展，攻克了产业联动难题；通过队伍联经营，由党员生产攻坚队带头创新攻坚，通过了国家专利授权160余项，攻克了企业发展难题。在这些工作中，王明利因贡献突出，被授予“山东省新时代岗位建功劳动竞赛标兵个人”称号。

攻克难关

在济南，与“三剑客”一同崛起的还有大批中小型激光设备生产厂。而这些“野蛮生长”的企业，存在着产品同质化以及产品和业态层次较低等诸多问题。

激光装备产业链分上游、中游、下游三部分，济南的激光装备产业主要集中在产业链下游生产领域，且主要集中在激光切割机、激光雕刻机领域。光学元器件、激光器模块、控制系统等高性能芯片、器件依赖进口，核心环节的研发生产能力不足，由此也导致产品附加值低、利润低。为了尽早摆脱发展困境，各企业不断加大科技投入，苦练“内功”。金威刻的蒋习锋给自己的定义是“技术工程师+老板”，他每年推出新产品10项以上，“济南乃至全国有这么多切割机企业，只有不断进行技术革新，才能避免同质化竞争，不然就会陷入拼价格的困境”。2013年，研发团队研发了金属非金属混合激光切割机，这一产品填补了国内空白，达到领先水平。

世界首台光纤（二氧化碳）混切机，是由济南金威刻科技有限公司研发成功的光纤切割设备，成功解决了传统激光切割机只能切割单一材料的问题，填补了业内空白。王明利介绍，CO2激光雕刻机适合雕刻的材质主要有木头、皮革、塑料等非金属材质。光纤（二氧化碳）混切机却装有两种激光器，这两种激光器还可以同时使用。如果切割金属，就转换成光纤激光切割机；如果切割非金属，就转化成二氧化碳激光切割器；有的产品二者都可以使用。以前要实现这种功能，需要两台机器，现在一台就够了。这台机器在美国的大客户中订单很多，即便是在“戴口罩”的特殊时期，一家叫 boss 的公司也是订单不断。

金威刻除了在高新区创业园兴建了研发中心和厂区，还有员工们的宿舍楼。那段时间，他们基本上都吃住在公司，生产没有受到影响。客户订单以前走海运，经青岛港或天津港出口。那时海运受到了一定程度的限制，美国客户着急要货，就选择了空运，差不多一周要两个集装箱，一个集装箱的重量在 20 吨左右。最后，财务数据表明，公司的利润在特殊时期并没有下滑，反而有所上升。

溯本追源，这要归功于多年前一次行业展会上，蒋习锋敏锐的察觉力。2010 年，蒋习锋积极促进产品升级，将原来只能加工非金属的切割机向切割金属方向发展。经过无数次的尝试，企业再一次取得了突破性进展。“原先的这种机器只能加工非金属，2012 年我们用普通的玻璃管去生产非金属加金属，它既可以雕刻普通非金属材料，也可以加工金属材料，虽然只限于加工薄金属，这个产品就相当于实现了很大的突破。原来没有这个产品，一经推出反响很好，这款产品推出后，使我们公司的发展往后延伸了 3 年。”蒋习锋说。

蒋习锋在研发会议上对王明利他们多次强调产业升级的重要性。顾名思义，升级当然指技术更先进、难度更高的产品。对于不同行业，这个先进的技术标准不一样，例如激光器行业是功率、稳定性等参数；但更重要更统一的标准是产品的市场定价权、议价能力、利润率这些核心指标。也就是说，产业升级更重要的是经济上的概念，不仅仅是技术上的。技术是表象，最重要的是市场地位，是通过经济指标来体现的。

当我采访王明利，对这些行话一头雾水时，他举了激光器行业的例子。以前做连续 CW，后面是纳秒紫外，再然后是皮秒，到现在的飞秒。表面上看，技术不断进步，但仔细观察就会发现，国产激光器毛利低，高端产业占有率低的情况并没有改变。目前国产皮秒激光器的议价能力极低，毛利往往只有 20%—30%，同时核心器件仍然依赖国外。飞秒激光器略好一些，但目前竞争情况已经有明显的杀价格的苗头了。飞秒激光器的价格一定是越来越低，但是同时，飞秒激光器里面的国外的核心器件，却可以一纸通知就要涨价，而国内这些下游客户只能默默承受。

国产激光器厂商不敢涨价的原因很多，王明利虽做研发，但也时刻关注着市场的反馈情况。由于国内竞争激烈，很多厂家的技术参数几乎完全相同，而且没有特点。对比纳秒紫外就知道了，高功率的、稳定性好的国外激光器仍然能卖出高溢价，比皮秒还贵，但是一旦陷入同质竞争，价格就会一降再降，不降到所有人无利可图都不行。同时，不健康的市场环境，让一些企业初期还有一些利润，不过3—5年，由于资本的大量介入，本来自由竞争带来的良性的自然的降价没有了，变成了自杀式降价销售冲业绩，开始玩骗融资的套路。这样的环境逼着每个公司都不顾利润先做规模，这对于制造业是很不利的。由于利润太低，没有钱做研发，也没办法提升产品质量，只靠吹参数，造成了市场对国产激光器粗制滥造的坏印象，进一步降低了市场价格，造成恶性循环。

王明利对蒋总的体会感同身受，他对自己的团队说：从本质上分析一下症结，没有核心技术，才造成同质化竞争。从做激光器的角度看，一个激光器的产品里面所谓的核心技术，其实无外乎核心器件。但是拥有这样核心的器件，其实往往是做器件的生意，而不是做激光器本身。“那我们自己如何在这样的环境下成长呢？首先就是默默研发，永远不嫌少，迭代技术，迭代产品，永远属于进行时。其次，要具有一定的商业能力，能回血能挣钱，起码有客户接受产品。”

他印象最深的是2015年前后，公司转型做光纤切割机，那时公司还在开元路，办公室在2楼一间简易的小屋里，桌子上除了电脑就是相关的书籍。当时海外客户催得很急，让他们用一个月设计，三个月出货。如果产品试验没有问题，对方还要大批订单。

就在销售部门担心这个项目能否成功时，王明利主动揽了下来。他和另外两个研发人员窝在办公室里，对着方案反复讨论，不断设计稿纸，纸堆起来像桌子一样高。大会小会，大家各抒己见，在技术方案分歧比较大时，往往都由他来拍板。那段时间，他们经常不知不觉地加班到晚上9点多。等王明利骑着电瓶车回家时，才感到饥肠辘辘。当时做光纤切割，很少有和其他厂家沟通的机会，也见不到现成的机器，他们只能根据原来的基础进行初步设想，比如设计参数是机器每分跑80米，瞬时速度0.5G左右，最后经过性能测试，参数达到了每分100—120米之间，加速度在0.7—0.8g之间，大大超出了他们的预想，顺利完成了实验。几位研发人员击掌庆贺的时候，看着彼此灰扑扑的脸，才想起来这一阵都是胡乱洗一把脸，连笑都不会了。他们还不满足，即便成功了，也要复盘成功的原因。大家总结，这是因为他们从金属和非金属切割到光纤切割的中间过渡阶段，虽然有个大的跳跃，但毕竟有一线的积累经验，在精度、重量、强度和标准方面，凭借理论知识和实践经验有一种准确的预测和估量。所以，实验的成功也是前期积累的结果。最终机器达到了客户的要求，项目顺利完成，整个技术团队因多项技术创新，申请了不少技术专利。

后来，王明利带头研发的三维五轴激光切割机以其强大的切割能力与精确度，已成为当前切割复杂曲面的首选工具。它不仅能进行线性切割，还能执行各种复杂的斜面和曲面切割。在切割复杂曲面时，需要采用多种数控技术来实现精确和高效的切割。比如五轴联动控制技术：五轴激光切割机具有X、Y、Z、A（倾角）、C（旋转）五个自由度。五轴联动控制技术能确保这五个轴同步运动，满足复杂三维结构的切割需求。曲面适应跟随技术：当切割复杂曲面时，整个切割头部都必须能够沿着曲面进行跟随运动，以保持激光的焦点位置及切割材料的相对位置。查找分割及刀路优化技术：通过数控或CAD/CAM系统，将复杂的曲面进行适当的分割，生成最优的切割路径，以减少切割所需时间，提高切割质量。切割参数自动调整技术：根据材料类型、厚度和预定的切割路径，系统可以自动调整切割参数，如激光功率、切割速度、气体流量等，以确保切割效果。误差补偿技术：在实际操作中，机械、热变形和系统误差都可能影响切割精度，通过误差补偿技术，可以提高切割精度。防撞保护技术：在复杂曲面切割过程中，切割头可能会与被切割物体碰撞，防撞保护技术可以及时地检测并响应可能发生的碰撞，保护激光切割头。

根据业务部和销售部反馈的信息，王明利又对机器进行改造升级。比如，原来的机器切割前，人工上料比较困难，有时候物料过大或者过长，需要两三个人配合，还容易受伤。为避免这些情况，王明利带团队又研发了与之配套的机器，只需一个人操控，就可以让机器臂上料，节约时间又不占用过多的员工。慢慢地，切割机本身直接附加了机器臂上料的功能，操作更加简便省时。针对客户反映的处理废渣麻烦的问题，王明利又和团队探讨，用吸盘和抓手让机器自行处理废渣。由此，他设计的三维五轴切管机、三维五轴平面坡口机，为公司打造极具竞争力和影响力的企业品牌夯实了基础。“一种激光切割用重负载机床”“一种激光切割机器人工作站”“多卡盘零尾料上下料管材切割生产线”等多项技术成果被应用于公司生产中，为企业创造经济价值千万元。

客串讲解员

因为激光切割领域涉及的专业知识多，客服部门有时需要研发人员给他们现场讲解产品功能和应用程序。讲得多了，这些相对内秀严谨、笨嘴拙舌的研发人员，口才也变得流利起来。尤其是很多客户扎堆来参观或是公司搞产品展会，研发团队代表就和客服、售后人员都出现在展厅里，一起接待客户。

长期以来，金威刻与福耀集团、奔驰、三菱、通用等知名品牌保持深度合作。战略合作方面，金威刻激光严选 IPG、普雷茨特、松下、安川、柏楚、锐科等一流品质合作商，从核心部件到系统、零部件都严苛把关，保障设备的稳定运行。在国内，金威刻激光服务了胜利油田、临工、徐工、重汽、小鸭等众多知名客户。

对这些老客户，王明利重点介绍核心部件的展示区，包括激光切割头、激光器、横梁、床身、卡盘等。激光头对设备的稳定运行起着重要作用。他有板有眼地讲着：“这边展示的是金威刻激光自主研发的智能激光头，最高精度可以达到 0.001mm，适用于中厚板的切割。激光器方面甄选锐科激光器，具有电光转换效率高、光束质量优越、稳定性高、使用寿命长等优势。横梁我们采用了航空铝横梁，硬度高质量轻，实现了更好的动态性能；卡盘我们精选优质气动卡盘，实现自动定心、夹紧工件，保证切割稳定性和精度。”

其实，他更有权威去介绍核心技术，尤其是讲自主研发切割头。从智能激光头到智能操作系统，从智能管理系统到核心机床部件，金威刻激光都下足了功夫，只为客户带来更加高效、专业、优质的用机体验。王明利带队研发的三维五轴激光切割头可以实现 360 度旋转，解决了三维切割的痛点；自主研发的高功率智能激光头拥有出色的切割品质、速度和稳定性。智能操作系统功能齐全、部署方便，为用户带来了智能、系统的解决方案。由切割头自然会介绍到三维五轴激光切割机，这台设备主要是解决了三维造型的切割痛点，效率高、柔性好，主要应用在汽车行业、航空航天、轨道交通、模具加工方面，最常见的是汽车热成型，比如顶盖、前立柱（A 柱）、中立柱（B 柱）、地板通道、固定架、支撑架、侧梁等。但他自己讲这些引以为傲的内容，就觉得是“王婆卖瓜——自卖自夸”，怎么也张不开嘴。何况，有时来的是海外客户，操着英语、俄语、韩语、日语、西班牙语等的客户，会由公司掌握相应语种的客服人员进行详细介绍。但即便如此，王明利还是把讲解词记得烂熟于胸，防止赶鸭子上架时不至于手足无措。

他最爱给新客户介绍比较有代表性的荣誉证书。“金威刻荣获了高新技术企业、国家级专精特小巨人、中国好技术等国家级殊荣。同时成为首批山东好品山东品牌，也是唯一一家获此殊荣的激光行业企业。去年，金威刻激光获得了美国 MUSE 的最高奖——铂金奖，代表着金威刻激光的技术科研水平已经走到了世界前列。”公司的形象就像他自己的形象一样，让他时刻牢记着、维护着。

当其他讲解员流畅清晰地讲解“俄罗斯—圣瓦西里大教堂”模型时，他一边听着扩音器里传出的解说词——“由激光切出来的上百块光滑无刺的小型样品拼凑而成，体现了艺术与工业的碰撞之美，这个作品去年还获得了红光奖激光文创艺术创新奖。现在我们进入的是非金属切割区，这两款设备主要采用的是二氧化碳激光器，适合非金属材料的切割”，一边安静地退到一边思索：激光领域一定要跟上应用，尤其是新应用。当年光谱物理做 insight，其实是应成像领域学者订制，根据相干拉曼的需求做的。后来领域做大，后面跟着做的都会习惯性地用同一套系统，哪怕其实有更好的可用。大家买激光，很多时候买的不是“满足 ×× 参数的激光”，而是“可以拿来做 ×× 的激光”。

目前公司研发的光纤切割机系列产品已经达到 15 种，可以进行不锈钢、碳钢、合金钢、铝材、管材等金属材质的切割。现在公司瞄准了最先进的技术，目前光纤切割机系列产品在机床里是突破性产品，产值可以迅速扩大，也可以长远发展下去。通过持续的技术创新，金威刻已经发展成为山东最大的激光切割机高新技术企业。王明利他们，用手中的这一束光，像农夫砍瓜切菜一样，对金属和非金属、板材和管材，手到擒来如探囊取物，他们活出了新时代的工匠风采，成了大众眼中的“激光侠”。